室町時代人物事典

水野 大樹

新紀元社

●本書の見方

◆ 時代と収録人物について

室町時代の範囲としては、足利尊氏が建武式目を制定した1336年から、足利義昭が織田信長に京から追放された1573年までを採用しています。収録人物は、室町時代を生き抜いた人物を中心とし、応仁の乱(1467年)以降の室町時代末期、いわゆる戦国時代は、当主などの主要人物だけにとどめています。また、1336年以前でも、後醍醐天皇による挙兵(1333年)に関わった人物、鎌倉幕府滅亡時の幕府の主要人物は収録しました。

◆ 収録人物の名前・読み方について

収録人物で幼名・法号・通称・改名など複数の名前をもつ人物については、一般的に普及していると思われる名前を採用し、原則としてその名前で統一しました。
例:足利義輝は将軍就任時は「義藤」と名乗っていましたが、「足利義輝」が一般的なので「義輝」を採用し、改名前の出来事でも「義輝」としています。
また、人名の読み方に諸説あるものは、基本的に一般的と思われる読み方を採用しました。
例:「護良親王」は「もりよししんのう」と「もりながしんのう」の2つの訓読がありますが、「もりよししんのう」のほうが一般的と考え、すべての項目で「もりよししんのう」を採用しています。

◆ 年号について

南北朝時代の年号は、南朝暦・北朝暦の順に表記しました。また、改元の年は原則として新年号を用いています。

◆ 掲載順について

室町時代の権力者である天皇家と足利家を最初に掲載し、次に室町幕府の重要職である管領と侍所頭人に就任できる「三管四職」家を紹介しています。そして、東北地方から九州地方の順に各地方ごとに章立てして掲載し、その後に公家とその他の人物を掲載しました。

室町時代人物事典／目次

第1章 天皇家・足利家

天皇家‥‥‥‥‥‥‥‥‥‥ 8　　鎌倉公方家‥‥‥‥‥‥‥‥ 59
足利将軍家‥‥‥‥‥‥‥‥ 33

第2章 三管四職家

細川家‥‥‥‥‥‥‥‥‥‥ 74　　赤松家‥‥‥‥‥‥‥‥‥ 132
斯波家‥‥‥‥‥‥‥‥‥‥ 93　　京極家‥‥‥‥‥‥‥‥‥ 145
畠山家‥‥‥‥‥‥‥‥‥ 103　　一色家‥‥‥‥‥‥‥‥‥ 153
山名家‥‥‥‥‥‥‥‥‥ 120

第3章 東北地方の氏族

南部家‥‥‥‥‥‥‥‥‥ 162　　相馬家‥‥‥‥‥‥‥‥‥ 178
大崎家‥‥‥‥‥‥‥‥‥ 166　　白河結城家‥‥‥‥‥‥‥ 182
伊達家‥‥‥‥‥‥‥‥‥ 169　　東北地方の武将‥‥‥‥‥ 188
蘆名家‥‥‥‥‥‥‥‥‥ 174

第4章 関東地方の氏族

上杉家‥‥‥‥‥‥‥‥‥ 198　　小田家‥‥‥‥‥‥‥‥‥ 252
宇都宮家‥‥‥‥‥‥‥‥ 216　　下総結城家‥‥‥‥‥‥‥ 257
小山家‥‥‥‥‥‥‥‥‥ 221　　千葉家‥‥‥‥‥‥‥‥‥ 261
那須家‥‥‥‥‥‥‥‥‥ 227　　原家‥‥‥‥‥‥‥‥‥‥ 268
新田家‥‥‥‥‥‥‥‥‥ 230　　里見家‥‥‥‥‥‥‥‥‥ 271
桃井家‥‥‥‥‥‥‥‥‥ 237　　太田家‥‥‥‥‥‥‥‥‥ 274
白井長尾家‥‥‥‥‥‥‥ 240　　江戸家‥‥‥‥‥‥‥‥‥ 277
佐竹家‥‥‥‥‥‥‥‥‥ 246　　小田原北条家‥‥‥‥‥‥ 281

北条家(鎌倉幕府執権)‥‥‥‥‥ 285　　関東地方の武将‥‥‥‥‥‥‥‥‥ 294
鎌倉幕府幕臣‥‥‥‥‥‥‥‥‥ 292

第5章　中部地方の氏族

越後上杉家‥‥‥‥‥‥‥‥‥ 318　　武田家‥‥‥‥‥‥‥‥‥‥‥‥ 355
長尾家‥‥‥‥‥‥‥‥‥‥‥‥ 321　　今川家‥‥‥‥‥‥‥‥‥‥‥‥ 362
神保家‥‥‥‥‥‥‥‥‥‥‥‥ 327　　高家‥‥‥‥‥‥‥‥‥‥‥‥‥ 373
富樫家‥‥‥‥‥‥‥‥‥‥‥‥ 330　　吉良家‥‥‥‥‥‥‥‥‥‥‥‥ 380
若狭武田家‥‥‥‥‥‥‥‥‥‥ 334　　織田家‥‥‥‥‥‥‥‥‥‥‥‥ 385
朝倉家‥‥‥‥‥‥‥‥‥‥‥‥ 339　　土岐家‥‥‥‥‥‥‥‥‥‥‥‥ 392
小笠原家‥‥‥‥‥‥‥‥‥‥‥ 346　　斎藤家‥‥‥‥‥‥‥‥‥‥‥‥ 402
諏訪家‥‥‥‥‥‥‥‥‥‥‥‥ 352　　中部地方の武将‥‥‥‥‥‥‥‥ 407

第6章　近畿地方の氏族

六角家‥‥‥‥‥‥‥‥‥‥‥‥ 436　　楠木家‥‥‥‥‥‥‥‥‥‥‥‥ 450
浅井家‥‥‥‥‥‥‥‥‥‥‥‥ 441　　筒井家‥‥‥‥‥‥‥‥‥‥‥‥ 458
仁木家‥‥‥‥‥‥‥‥‥‥‥‥ 443　　浦上家‥‥‥‥‥‥‥‥‥‥‥‥ 463
伊勢家‥‥‥‥‥‥‥‥‥‥‥‥ 446　　近畿地方の武将‥‥‥‥‥‥‥‥ 467

第7章　中国・四国地方の氏族

名和家‥‥‥‥‥‥‥‥‥‥‥‥ 496　　大内家‥‥‥‥‥‥‥‥‥‥‥‥ 525
尼子家‥‥‥‥‥‥‥‥‥‥‥‥ 501　　三好家‥‥‥‥‥‥‥‥‥‥‥‥ 536
益田家‥‥‥‥‥‥‥‥‥‥‥‥ 505　　河野家‥‥‥‥‥‥‥‥‥‥‥‥ 542
安芸武田家‥‥‥‥‥‥‥‥‥‥ 508　　長宗我部家‥‥‥‥‥‥‥‥‥‥ 547
毛利家‥‥‥‥‥‥‥‥‥‥‥‥ 512　　中国地方の武将‥‥‥‥‥‥‥‥ 551
吉川家‥‥‥‥‥‥‥‥‥‥‥‥ 516　　四国地方の武将‥‥‥‥‥‥‥‥ 568
小早川家‥‥‥‥‥‥‥‥‥‥‥ 521

第8章 九州地方の氏族

少弐家	578	相良家	612
渋川家	584	伊東家	617
宗家	588	島津家	621
大友家	592	尚家	629
菊池家	597	九州地方の武将	635
阿蘇家	606		

第9章 公家

五摂家	648	四条家	669
北畠家	654	日野家	673
三条家	663	万里小路家	679
花山院家	666	その他の公家	683

第10章 女性・僧侶・文化人など

女性	696	文化人	718
僧侶	706	その他の人々	729

第1章

天皇家・足利家

天皇家‥‥‥‥‥‥‥‥‥‥‥‥‥ 8
足利将軍家‥‥‥‥‥‥‥‥‥‥‥33
鎌倉公方家‥‥‥‥‥‥‥‥‥‥‥59

天皇家

後醍醐天皇と足利尊氏との対立から生じた南北朝の戦いは、日本史上初めて2人の天皇が併存する結果を招いた。後醍醐天皇にはじまる南朝は4代・後亀山天皇の代である1392年（元中9・明徳3）に北朝と和睦し、56年に及んだ南北朝時代は終結し、皇統は北朝に統一された。その後の天皇は政治に介入することはほとんどなくなったが、応仁の乱を契機に将軍の権威が低下すると、相対的に権威を復活させた。

後醍醐天皇

ごだいごてんのう

生没年 1288年（正応1）～1339年（延元4・暦応2）

出身 山城国

主君 第96代天皇

死因 病死

◇正中の変に失敗するも野望は潰えず

後宇多天皇の第2皇子。名は尊治。1308年（延慶1）に立太子し、1318年（文保2）に花園天皇の譲位を受けて践祚。1321年（元亨1）、院政を廃して天皇親政をはじめ、記録所を復活させて後醍醐天皇自ら訴訟の裁決にあたった。

1324年（正中1）、後醍醐天皇による一度目の倒幕計画が発覚した（正中の変）。天皇親政をめざすほか、両統迭立の原則のため自分の子を後継にできない不満が天皇にはあった。六波羅探題は天皇の計画をつかむと、計画に参加していた美濃の有力国人・土岐頼員と多治見国

長を斬刑に処し、公家の日野資朝と日野俊基を捕らえた。天皇は側近の万里小路宣房を勅使に立てて幕府に弁明し、幕府は日野資朝を佐渡へ流罪にすることで事件の幕を引いた。

その後も天皇は、さらなる倒幕計画をもくろみ、皇子の護良親王と宗良親王を比叡山に送り込み、自らも興福寺と延暦寺に行幸を行い、有力寺社の僧兵を味方につけることに成功した。

◇元弘の変でついに鎌倉幕府を滅ぼす

1331年（元弘1）、後醍醐天皇は再び倒幕計画を練ったが、側近の吉田定房が六波羅探題に密告したため再び幕府の知るところとなり、天皇は笠置山に入って幕府討伐の檄を各地に飛ばした。しかし、笠置山は幕府軍によって落とされ、天皇も幕府に捕縛され、廃位されたうえで持明院統の光厳天皇が新たな天皇として践祚した。事件の結果、日野資朝と日野俊基は処刑、天皇の皇子・尊良親王と宗良親王は流罪、後醍醐天皇も隠岐への流罪

8

を命じられた。翌年、天皇は数人の供廻りとともに隠岐へ出発した。

天皇が隠岐に逼塞（ひっそく）している間、幕府の手を逃れた護良親王が各地で反幕府派の武将らを糾合し、後醍醐天皇もひそかに倒幕の綸旨（りんじ）を発した。

そして1332年（正慶（しょうけい）1）末、護良親王が再挙して倒幕の兵を挙げ、これに河内（かわち）の楠木正成（くすのきまさしげ）と播磨（はりま）の赤松則村（あかまつのりむら）も呼応して挙兵した。翌年閏2月、後醍醐天皇は隠岐を脱出して伯耆の名和長年を頼って船上山（じょうさん）に拠った。そして、隠岐にも同道していた側近の千種忠顕（ちぐさただあき）が下山して播磨の赤松軍と合流し、天皇側に寝返った足利尊氏（あしかがたかうじ）とともに六波羅探題を攻め滅ぼした。また、同じ頃に関東では新田義貞（にったよしさだ）が鎌倉に乱入して幕府を滅ぼした。入京した後醍醐天皇は、自らの廃位と光厳天皇の即位を否定して皇位に返り咲き、光厳天皇政権下で昇進した公家の官職もすべて奪って、再び親政を開始した。

しかし、後醍醐天皇は天皇の権威向上のために綸旨万能主義をとったが、所領の安堵まで綸旨で行おうとしたため、遠国の武士たちも安堵の綸旨をもらうために上洛せざるを得ず、その間の農業を妨げる事態となった。また、天皇側近や倒幕に功があった武将を朝廷の官職に登用したため、従来の公家層からは反発を買い、恩賞が武士にとって不公平だったため武士からも不満の声が上がった。また、1334年（建武1）の大内裏造営の発表と造営費の収奪は、戦乱で疲弊していた民衆の心も離れさせることになった。

一方、新政権下では足利尊氏と護良親王との対立が顕在化し、後醍醐天皇は尊氏の圧力に負けて親王を捕らえ、尊氏に引き渡してしまった。1335年（建武2）には西園寺公宗（さいおんじきんむね）ら反後醍醐派の公卿の謀反が発覚し、ついで北条高時の遺児・北条時行（ほうじょうたかとき、ときゆき）が挙兵して鎌倉を占拠するなど重大事件が起こった。

第1章

天皇家・足利家／天皇家

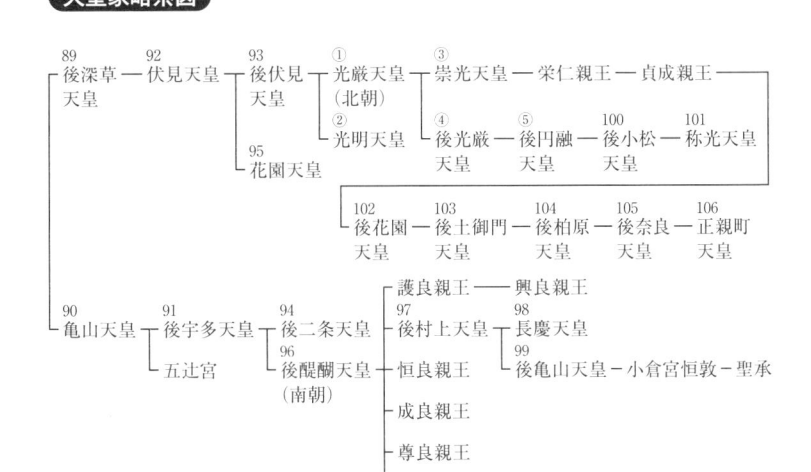

天皇家略系図

89 後深草天皇 — 92 伏見天皇 — 93 後伏見天皇 — ① 光厳天皇（北朝）— ③ 崇光天皇 — 栄仁親王 — 貞成親王
　　　　　　　　　　　　　　　　　　　　　　② 光明天皇 — ④ 後光厳天皇 — ⑤ 後円融天皇 — 100 後小松天皇 — 101 称光天皇
　　　　　　　　　　　　　95 花園天皇

102 後花園天皇 — 103 後土御門天皇 — 104 後柏原天皇 — 105 後奈良天皇 — 106 正親町天皇

90 亀山天皇 — 91 後宇多天皇 — 94 後二条天皇 — 97 後村上天皇
　　　　　　　　　　　　　　　　96 後醍醐天皇（南朝）
　　　　　　　五辻宮
　　　　　　　　　　　　　　　　　　　　護良親王 — 興良親王
　　　　　　　　　　　　　　　　　　　　98 長慶天皇
　　　　　　　　　　　　　　　　　　　　99 後亀山天皇 — 小倉宮恒敦 — 聖承
　　　　　　　　　　　　　　　　　　　　恒良親王
　　　　　　　　　　　　　　　　　　　　成良親王
　　　　　　　　　　　　　　　　　　　　尊良親王
　　　　　　　　　　　　　　　　　　　　宗良親王
　　　　　　　　　　　　　　　　　　　　懐良親王

※数字は即位順
※○数字は北朝天皇

さらに、時行の乱を平定するために鎌倉へ下向した尊氏が天皇に反旗を翻した。1336年（建武3）、尊氏は各地の武将を糾合して京に攻め上り、天皇は京を脱出して比叡山へ逃げ込んだ。北畠顕家や楠木正成らの活躍で、いったんは尊氏を九州に追いやったが、半年もたたないうちに尊氏は巻き返して楠木正成を敗死させ入京した。尊氏は持明院統の光明天皇を擁立して後醍醐天皇に圧力をかけ、天皇は同年11月、尊氏と和睦して比叡山を降り、三種の神器を光明天皇に渡した。ここに後醍醐天皇の親政はわずか3年ももたずに瓦解した。

◇ 南朝を建てて南北朝の動乱が勃発

しかし後醍醐天皇は翌月に幽閉先の花山院御所を脱出して吉野に移り、光明天皇に渡した神器は偽物だったと告げて南朝を樹立した。ここに、朝廷を二分する南北朝時代の幕が開いた。

だが、時代の趨勢は北朝を擁する幕府に分があった。1338年（延元3・建武5）に北畠顕家が和泉石津で戦死し、その2カ月後には南朝軍の主力だった新田義貞も越前藤島で戦死した。この間、吉田定房や坊門清忠といった天皇の側近たちも吉野の山中で死去した。

劣勢を挽回するため、後醍醐天皇は顕家の弟・北畠顕信を新たな鎮守府将軍に任じて義良親王を奉じて奥州に下向させ、まず東国を押さえようと考えた。しかし、海路で東国へ向かった顕信一行は途中で遭難し、52艘という大船団をことごとく失ってしまった。

後醍醐天皇は軍事的に南朝が劣勢に陥るなか、1339年（延元4・暦応2）8月、吉野の行宮で崩御。死の前日、義良親王（後村上天皇）に譲位していた。

後醍醐天皇の死を知った尊氏はこれを悲しみ、天皇の菩提を弔うために天竜寺を建立した。

護良親王

もりよししんのう

生没年 1308年（延慶1）～1335年（建武2）
出身 山城国
主君 後醍醐天皇
死因 殺害

◇ 稀代の武力を誇った後醍醐天皇の子

後醍醐天皇の皇子。天台座主。征夷大将軍。『太平記』によれば後醍醐天皇の3男とされているが、嫡男の尊良親王よりも年長だった可能性が高いとされる。後醍醐天皇の倒幕計画にはなくてはならない存在であった。

護良親王は1325年（正中2）頃に僧籍に入り、1327年（嘉暦2）には早くも天台座主の地位についた。当時、一宮とされなかった皇子が僧籍に入るのは珍しいことではなかったが、護良親王の天台座主就任には明らかな思惑があった。『太平記』に、親王が僧籍に入ってからも武芸を好み鍛錬を欠かさなかったと書かれているように、当時一大兵力を抱えていた比叡山の僧兵を手中に収めるためであった。

1331年（元弘1）、後醍醐天皇の倒幕計画が暴露されて、天皇の側近たちが次々に捕縛されるなか、親王のもとに「幕府が天皇を流罪、親王を死罪とする通達を出した」との知らせが届いた。親王はすぐさま天皇に京からの脱出を具申し、当時天台座主に就いていた弟の尊澄（宗良親王）とともに山を降り、比叡山のふもとで天皇と合流した。

後醍醐天皇とともに奈良の笠置山に入って兵を挙げ幕府軍と戦ったが、笠置山は陥落。天皇は囚われの身となり隠岐へ

10

流されてしまったが、親王は幕府軍の追捕を逃れて各地を転々としながら諸国に幕府追討の令旨を発布し、反幕府勢力の結集に努めた。

そして1332年（正慶1）末、護良親王は吉野で再挙し、同じ頃に河内の千早城で楠木正成も反幕府の兵を挙げた。しかし、親王は二階堂道蘊率いる6万騎の幕府軍に包囲され、吉野から高野山へと逃れた。再び潜伏する身となった護良親王は、その後も全国各地の反幕勢力に向けて倒幕の令旨を発し続けた。

そして翌年5月、全国でいっせいに反幕府勢力が挙兵した。5月7日に赤松則村・千種忠顕・足利尊氏らが六波羅探題を攻め落とし、22日には新田義貞によって鎌倉幕府そのものが倒れた。25日には肥後の菊池らが鎮西探題を陥落させ、27日には長門探題も落ちた。わずか1カ月の間に幕府と幕府の出先機関はすべて陥落したのである。各地の皇室領では、その住民たちがいたるところで交通路を遮断し、幕府軍の相互の連絡を断ち切ることも忘れていなかった。『太平記』や『神皇正統記』は、このときの一斉蜂起を「不思議なり」と記すが、指揮をとっていたのは護良親王であった。

❖ 開幕を望んだ皇室の異端児

船上山に拠っていた後醍醐天皇が京に還幸して建武の新政をはじめたが、護良親王は上洛せずに信貴山にこもった。京を占領した足利尊氏が奉行所を設置し、武士たちの本領安堵の文書を発行するという、武家の棟梁のような行動をとっていたからだ。親王は尊氏の行動を非難し、密かに尊氏討伐の兵を信貴山に集めていた。

後醍醐天皇は建武の新政が軌道に乗っていない現状で、両者の武力衝突が起こ

ることを懸念し、護良親王と交渉して、親王に征夷大将軍と兵部卿の地位を与えることで両者の妥協が成立し、護良親王もようやく上洛を果たした。しかし、親王と尊氏の対立は解消されず、尊氏は建武の新政の失政につけこんで諸国の武士を麾下に収め、一大勢力を築き上げた。対する親王も、新田義貞や楠木正成と通じて反尊氏連合を糾合した。

そして1334年（建武1）10月、両者の対立は頂点に達した。親王が発した尊氏討伐の書状を手に入れた尊氏が、准后の阿野廉子に「護良親王が帝位を奪うために兵を集めている」と讒言したのである。廉子は自分の子・恒良親王を次の天皇にしようと画策しており、そのためには倒幕第一の功臣である護良親王の存在が邪魔だった。

両者が結んだことを知らない護良親王がある日参内すると、親王は後醍醐天皇の命を受けた結城親光と名和長年に捕らえられた。そして身柄を足利直義に預けられ、鎌倉に幽閉されてしまう。護良親王は「武家よりも君のうらめしくわたらせ給う」（尊氏よりも後醍醐天皇が恨めしい）と言い捨てて囚われの身となったという。

❖ 無念の最期を遂げた討幕の指揮者

1335年（建武2）、北条高時の遺児・時行が蜂起して一時的に鎌倉を占領し、直義は鎌倉を追われて駿府に入った。

そのとき、直義は後醍醐天皇と尊氏の指図なく、彼の独断で護良親王を殺害してしまった。

直義が護良親王を殺害した動機は、やがて尊氏討伐の旗頭となりうる護良親王が、時行の手に渡ることを怖れたからだといわれている。

『太平記』によると、護良親王は、首を

第1章 天皇家・足利家／天皇家

11

斬られてもなお、討ち手の刃の先を嚙み切って口にくわえたまま、眼を見開いて絶命したという。

また、『太平記』には「大塔宮（護良親王のこと）、失なわさせ給いし後、たちまちに天下、みな将軍（尊氏のこと）の代と成りてけり」と書かれており、護良親王が尊氏の幕府創設には邪魔者だったことを認めている。

尊良親王

たかよししんのう

生没年	？〜1337年（延元2・建武4）
出身	山城国
主君	後醍醐天皇
死因	自害

◇金ヶ崎城の戦いで尊氏軍に敗北

後醍醐天皇の第一皇子（第二皇子とする説もある）。母は歌人として有名な二条為子。同母弟に宗良親王、異母弟に護良親王、後村上天皇らがいる。誕生後、吉田定房のもとで養育された。

1331年（元弘1）、父の後醍醐天皇が鎌倉幕府打倒をめざして笠置山に入って挙兵すると、尊良親王も父帝にしたがって笠置山に入った。しかし、幕府軍によって笠置山は陥落し、後醍醐天皇とともに脱出したが、河内で捕らえられてしまった。そして翌年、後醍醐天皇は隠岐に、尊良親王は土佐への流刑が決まった。

1333年（元弘3）2月、後醍醐天皇が隠岐を脱出して、幕府から寝返った足利尊氏が5月に京の六波羅探題を攻め落とした。その数日後には関東で挙兵した新田義貞軍が鎌倉を攻め落として、得宗・北条高時以下北条一族を自害に追い込んで鎌倉幕府は滅亡した。

同月、尊良親王は九州大宰府に移り、同地で反幕府派をまとめ上げて鎮西探題

を落とし、8月に京へ戻った。

入京した後醍醐天皇が建武の新政をはじめると、天皇の一宮であるからなんらかの要職にはついていたと考えられるが、尊良親王は記録に現れなくなる。

尊良親王が再び登場するのは1335年（建武2）、尊氏が後醍醐天皇に反旗を翻してからである。尊良親王は新田義貞とともに尊氏討伐のために東下したが、箱根竹ノ下の戦いで敗れ、翌年には異母弟で当時皇太子だった恒良親王とともに義貞に奉じられて北陸へ進撃し、その後、越前金ヶ崎城に拠った。

しかし、斯波高経率いる尊氏軍の攻撃を受け、1337年（延元2・建武4）、金ヶ崎城は陥落。恒良親王は捕らえられたが、尊良親王は義貞の長男・義顕とともに自害して果てた。

懐良親王

かねよししんのう

生没年	？〜1383年（永徳3・弘和3）
出身	山城国
主君	後醍醐天皇→後亀山天皇
死因	戦死？

◇幼少の征西将軍

後醍醐天皇の皇子。征西将軍。京都における南北朝の戦いとは一線を画し、幼い頃から九州地方に下向し、独自の南朝勢力を築いた。1368年（正平23・応安1）に中国に興った明とも冊封関係を結び、「日本国王良懐」となる。そのため、しばらく明は懐良親王を日本の王と誤認し、幕府が明へ使節を送る際にも「良懐」の名を使わねばならなくなった。これは、3代将軍・足利義満が、正式に日明貿易を開始するときの障壁ともなった。

1336年（建武3）に建武の新政が崩壊

すると、後醍醐天皇は皇子たちを各地に派遣した。10歳に満たない少年だった懐良親王は同年、征西将軍に任じられて九州へ出立することになった。

中国地方の陸路は足利尊氏方に押さえられていたため、親王一行は四国経由で海を渡ることになり、懐良親王は、中院義定・五条頼元以下12名ばかりの従者を連れて摂津堺から出航し、伊予の忽那家を頼った。

そこで水軍増強などで数年間を費やした親王一行は1342年（興国3・康永1）、ようやく薩摩に上陸した。

薩摩の谷山に入った親王軍は、幕府方の薩摩守護・島津家と交戦を重ねながら、九州平定をめざした。

◇北九州に南朝勢力を拡大

薩摩国内では、国人衆が島津家の圧力に反発し、たびたび反乱を起こしていた。彼らは、懐良親王という錦の御旗を手に入れ意気盛んとなる。

懐良親王は、九州の南朝方では最大勢力だった肥後の菊池家と合流して、薩摩から北上していく予定だった。しかし、その頃の菊池家は、九州探題・一色範氏や、筑前守護の少弐頼尚などと主導権争いを繰り返しており、援軍を薩摩まで送る余裕がなかった。それでも懐良親王は、反島津勢力の肝付家や伊集院家を自陣営に引き込み、菊池家の少しばかりの援軍を得ては、島津家を攻めて戦況を有利に運んでいった。

劣勢を強いられた島津家当主・貞久は、肥後との連絡ルートを絶つため、平城の伊集院忠国を攻めて菊池家との連絡を遮断してしまった。

身動きの取れなくなった懐良親王は、それからこの地で5年を過ごし、ようやく海路に活路を見いだせるようになったのは、じつに1347年（興国7・貞和3）になってからである。

翌年、待望の肥後入りを果たした懐良親王は、菊池家の本拠・隈府城に征西府を置いた。吉野を出発してから12年が経っていた。

この頃になると、足利尊氏が設置した九州探題と、筑前守護の少弐家との抗争が本格化しはじめていた。さらに京では、尊氏とその弟・直義との不和が決定的となり、観応の擾乱が勃発していた。

直義の養子・直冬が九州に下向してくると、少弐家がこれに近づき、九州でも京と同じように、尊氏方の九州探題・一色範氏、直義方の少弐頼尚、そして南朝勢力との三つ巴の争いが勃発した。

1351年（正平6・観応2）、強大化する直冬軍に抗しきれなくなった一色範氏が南朝に降ってきた。懐良親王は、菊池武光、恵良惟澄、阿蘇惟教ら5000余騎を率いて、直冬軍が陣を構える大宰府へと進軍した。さらに範氏軍1000余騎を加えると、一気に総攻撃をかけて直冬を長門へ駆逐した。さらに直冬が南朝に降ったことで、少弐頼尚が懐良親王に帰順の意を表明した。しかし、少弐家と対立していた範氏は、それを知って懐良親王から離れていった。

武光らの奮戦で北九州に勢力を伸張した懐良親王は、1355年（正平10・文和4）に菊池武澄、少弐頼尚らを率いて範氏討伐に向かった。このときの軍勢は5万余騎とされ、その大軍に怖れをなして一色軍から投降者が続出し、まず豊後国の大友氏泰を降伏させ、続いて豊前を突破し筑前博多へ攻め寄せると、一色範氏、直氏（範氏の嫡男）、範光ら九州探題の一族は戦意を喪失し、長門へ逃げ出した。

こうして懐良親王は直冬と九州探題勢

第1章　天皇家・足利家／天皇家

を駆逐した。しかし、九州にはいまだに豊後の大友家、薩摩の島津家、日向の畠山家など、懐良親王率いる征西府と対立する勢力が存在し、少弐家の動向も流動的だった。

◇40余年を九州で過ごす

懐良親王は、まず薩摩へ三条泰季を送り、島津家を攻めさせた。日向の畠山直顕とも戦闘中だった島津家は、南朝軍の攻撃を支えることができず、1356年（正平11・延文1）に懐良親王に帰順せざるを得なかった。

さらに返す刀で畠山直顕にも攻勢をかけ、菊池家の援軍を得た南朝方は、直顕を歴史の舞台から引きずりおろした。

こうして南九州を支配下に置いた懐良親王軍に、今度は大友氏時、少弐頼尚が反旗を翻した。

懐良親王は1359年（正平14・延文4）、五条頼元・中院義定ら古参の公家武将、菊池武光とその一族、新田一族の岩松盛依、肥後の名和長秋といった主力を集め、大友家と少弐家討伐に出陣した。

まず、阿蘇軍が氏時を敗走させ、懐良親王軍は筑後へ入ると、薩摩の島津家らの援軍も得てその軍勢は4万余騎にまで膨れ上がった。対する少弐家が率いる幕府軍も総力を結集して、6万余騎を率いて筑後へ向かい、大保原で両軍が激突した。懐良親王は前年から病を患っていたとされるが、このときは病をおして戦場に立ったという。

この大保原の戦いで懐良親王は重傷を負ったが、南朝軍が幕府軍を破り、幕府軍は大宰府へ敗走した。さらに2年後の1361年（正平16・康安1）、南朝軍は大宰府を占領して、ここに征西府を置き、その後1372年（文中1・応安5）に今川了俊によって大宰府を奪い返されるまで九州

北部を南朝の勢力下に置くことに成功した。

1383年（弘和3・永徳3）、40余年を九州の地で過ごした懐良親王は、結局上洛の夢は叶わず死去した。親王の死後、九州の南朝勢力は急激に衰退し、1392年（明徳3）に南北朝は合一されることになる。

成良親王

なりよししんのう

生没年	1326年（嘉暦1）～？
出身	山城国
主君	後醍醐天皇
死因	不明

◇中先代の乱で征夷大将軍に就任

後醍醐天皇の皇子。母は阿野廉子。同母兄に恒良親王、同母弟に後村上天皇、異母兄に護良親王、宗良親王、異母弟に懐良親王らがいる。

1332年（元弘2）、前年に蜂起した父の後醍醐天皇が隠岐に流されることになると、母の阿野廉子も天皇に同道することになり、成良親王ら兄弟は中納言・中御門宣明に預けられた。

翌年、後醍醐天皇が隠岐を脱出して再挙すると、各地の武士たちが呼応して鎌倉幕府はあっという間に滅亡した。

再び皇位に返り咲いた後醍醐天皇は建武の新政といわれる親政政治を開始し、成良親王も京に呼び戻され、同年12月には関東の押さえとして鎌倉に派遣された。成良親王はまだ10歳に満たなかったため、足利直義が親王を補佐し、実権は直義が握った。

1335年（建武2）、北条高時の遺児・北条時行が信濃で挙兵し鎌倉に迫ると、直義とともに鎌倉を脱出し、成良親王は京へ送り返された。京に帰った直後に征夷大将軍に任ぜられた。

14

1336年（建武3）、九州に落ち延びていた足利尊氏が再挙して京に迫ると、後醍醐天皇とともに比叡山に入り、同年11月、尊氏と和睦して入京した。このとき、三種の神器は尊氏が擁立した光明天皇に渡され、成良親王は光明天皇の皇太子に立てられた。尊氏は両統迭立の原則にのっとろうとしたのである。しかし、同年12月に後醍醐天皇が京を出奔して吉野に入ったため、成良親王の皇太子も停止され、征夷大将軍の職も剥奪された。

その後も後醍醐天皇とともに南朝勢力を支えたが、1337年（延元2・建武4）、新田義貞とともに越前金ヶ崎城に拠っていた恒良親王が幕府軍に捕らえられると、成良親王も捕らえられて幽閉されてしまった。その後、幕府によって毒殺されたといわれるが定かではない。北朝方の公家・中原師守の日記には1344年（興国5・康永3）に死去したと伝わっている。

恒良親王

つねよししんのう

生没年 1324年（正中1）～1337年（延元2・建武4）

出身 山城国

主君 後醍醐天皇

死因 暗殺

◇ 元弘の乱で千種忠顕とともに進軍

後醍醐天皇の皇子で、皇太子に立てられた。母は阿野廉子で、同母弟に成良親王、後村上天皇がいる。

1331年（元弘1）、父の後醍醐天皇の倒幕計画が発覚すると、天皇は笠置山に拠って幕府軍と戦う道を選んだ。しかし、天皇の準備はまだ整っておらず、天皇に呼応したのは河内の楠木正成くらいで、比叡山に入っていた護良親王も僧兵の糾合に失敗し、笠置山はあっという間に陥

落した。天皇が捕縛されると恒良親王も捕らえられ、いったん中納言・中御門宣明のもとに預けられた。翌年、異母兄の静尊法親王とともに但馬に流され、但馬守護・太田守延の庇護を受けた。

1333年（元弘3）、隠岐に流されていた後醍醐天皇が伯耆に脱出して反幕府の檄を飛ばすと、恒良親王を預けられていた太田守延が幕府に反して親王を奉じて兵を挙げた。恒良親王と守延は天皇側近の千種忠顕と合流して京をめざし、幕府から寝返った足利尊氏とも合流して京に進撃し、ついに同年5月、六波羅探題を攻め滅ぼした。同月には鎌倉も落ちて幕府は滅亡。後醍醐天皇が入京して建武の新政がはじまった。このとき恒良親王は、後醍醐天皇の皇太子に立てられた。

◇ 金ヶ崎城の戦いに敗れて毒殺

建武の新政は3年間で崩壊し、1336年（延元1・建武3）、後醍醐天皇はいったん尊氏と和睦した。しかし、和睦の翌月には天皇は吉野へ出奔し、恒良親王は義兄の尊良親王とともに新田義貞に奉じられて北陸へ下った。このとき恒良親王は後醍醐天皇から皇位を譲与されたといわれる。

恒良親王は越前金ヶ崎城に入ったが、斯波高経率いる幕府軍に包囲された。金ヶ崎城は自然の要害だったため、なかなか陥落しなかったが、やがて兵糧が尽きてしまった。義貞は弟の脇屋義助を連れて援軍を求めて城を出たが、その隙をついた幕府軍が金ヶ崎城に殺到し、城はついに落城した。恒良親王は気比大宮司に背負われて、搦手の絶壁を降りて脱出したが、すぐに幕府軍にとらわれてしまった。京に護送された恒良親王は、かつて父の後醍醐天皇が幽閉された花山院に入れられ、幕府の尋問を受けた。恒良親王

第1章 天皇家・足利家／天皇家

15

は新田義貞・脇屋義助兄弟は自刃したと嘘をついたが、その嘘はすぐにバレた。恒良親王は、怒った直義に命じられた粟飯原氏光によって毒殺されたという。

宗良親王

むねよししんのう

生没年 1311年（応長1）～1385年（元中2・至徳2）
出身 山城国
主君 後醍醐天皇→後村上天皇
死因 不明

◇倒幕のために比叡山天台座主になる

後醍醐天皇の皇子。尊良親王の同母弟にあたる。

14歳で比叡山に入って出家し、妙法院尊澄と名乗った。同時期に異母兄の護良親王も延暦寺に入っており、護良親王が天台座主に、宗良親王が妙法院門主に就任した。

両親王の比叡山入りは、天台宗が抱える僧兵を味方に引き入れるための後醍醐天皇の深謀遠慮だった。1330年（元徳2）3月、後醍醐天皇は興福寺と延暦寺に行幸したが、比叡山の大講堂の落慶供養式を主催した際には、兄の天台座主・護良親王とともに導師として出席した。時の天皇と、出家の身とはいえその皇子2人が姿を現すということは異例のことで、そこには天皇が延暦寺の僧兵を倒幕運動に利用しようという思惑があった。

宗良親王は同年、護良親王から天台座主の地位を受け継いだ。宗良親王と護良親王は母違いの兄弟だったが、長く比叡山で行動をともにしていたため兄弟仲は良かったといい、1331年（元弘1）に後醍醐天皇が京を脱出した際には兄・護良親王とともに山を降り、比叡山のふもとで天皇と合流した。

天皇とともに笠置山に入った宗良親王は幕府軍と戦ったが、笠置山は落城し、捕らえられた宗良親王は翌年、讃岐へ流された。

しかし、翌年には鎌倉幕府が滅亡したため、宗良親王も京へ帰還し、その直後天台座主に復帰した。その後、数年で還俗して後醍醐天皇のもとに駆けつけ、1336年（延元1・建武3）に足利尊氏が天皇に背いて京に進撃してくると、天皇とともに比叡山に入った。比叡山への手配を行ったのは宗良親王だったとされる。

後醍醐天皇は入京してきた尊氏の圧力に負けて和睦し、三種の神器を渡して花山院に幽閉された。宗良親王もこのとき一緒に花山院に幽閉され、翌月に後醍醐天皇が花山院から遁走したときも花山院にとどまった。翌年、親王は後醍醐天皇に遅れること5カ月後くらいに花山院を抜け出し、北畠親房を頼って伊勢に向かい、親房のすすめで吉野に入り、後醍醐天皇との対面を果たした。

そして1338年（延元3・建武5）、宗良親王は天皇の命を受けて遠江に下向することになった。そのとき、東北へ向かう北畠親房、北畠顕信、義良親王らとともに海路で向かったが、途中で遭難し、義良親王ら東北部隊は京へ戻った。宗良親王は運良く遠江に流れ着いたが、幕府側の遠江守護・今川範国の軍に攻められた。親王自身が刀を抜いて戦うほどの乱戦になったが、遠江の南朝軍・井伊高顕と天野景隆の軍勢が駆けつけ、親王はかろうじて難を逃れることができた。

◇信濃を拠点に各地を転戦

その後は井伊高顕の居城・井伊谷城に入って、信濃にいた北条時行とも連携して幕府軍と戦うことになる。遠江は幕府にとっては鎌倉と京の間にある重要拠点

であり、やがて大反攻が開始された。1340年（興国1・暦応3）、幕府軍は南朝方の城を各個撃破する戦法に出て、遠江の各城は落ち、宗良親王は越後寺泊まで逃げ延びた。親王は越中、信濃と転戦し、1344年（興国5・康永3）には信濃大河原城の奪還に成功した。その後はおもに信濃を本拠として活動したが、南朝勢力は衰退の一途をたどり、長く東国にいた親王は1374年（文中3・応安7）、信濃を出てようやく南朝の行宮である吉野の賀名生へ帰り着いた。すでに65歳になっていた。弟の後村上天皇はすでに死に、その子・長慶天皇の時代になっていた。年老いた親王は南朝の悲歌を集めて『新葉和歌集』を編集し、1385年（元中2・至徳2）、南北朝の合一を見る前に逝去した。

興良親王

おきよししんのう

生没年	不詳
出身	不明
主君	後醍醐天皇→後村上天皇
死因	不明

◇建武の新政崩壊後に登場した皇子

護良親王の子で、大塔若宮と呼ばれた。母は北畠親房の妹と伝わる。

興良親王の前半生は伝わらず、父・護良親王が挙兵、潜伏、挙兵を繰り返したときも、どこにいたかはわからない。

興良親王が歴史に登場するのは1336年（延元1・建武3）のこと。この年、前年に後醍醐天皇に反旗を翻した足利尊氏が京へ侵攻し、いったん九州に退いた尊氏が6月に再度京を陥れた。後醍醐天皇が比叡山に逃げ込むと、興良親王は8月、比叡山を出て男山八幡へ移った。男山八幡はのちに南朝の拠点となるところであ

る。そして11月に後醍醐天皇が尊氏と和睦し花山院に幽閉されるが、12月には京を出て吉野に入り南朝を樹立した。このとき興良親王も吉野に入り、後醍醐天皇の猶子となって親王宣下を受けた。

しかし、北畠顕家、新田義貞が相次いで戦死し、南朝勢力の衰退は著しく、後醍醐天皇は退勢を挽回するために、東国方面での巻き返しを図ることにした。1338年（延元3・暦応1）、義良親王（のちの後村上天皇）と北畠顕信を陸奥に、宗良親王を遠江に、北畠親房を関東に派遣することにし、52艘という大船団で海路をとることにした。しかし、船団は暴風のため遭難してしまい、南朝軍は大打撃を受けた。このとき興良親王も船団に乗り込んでいたが、義良親王らとともに吉野に帰った。

北畠親房はかろうじて常陸にたどり着き、常陸の豪族・小田治久を頼って常陸神宮寺城に入り、その後小田城に拠った。親房は同地にとどまり、常陸周辺の豪族を糾合することに努めた。

そして1341年（興国2・暦応4）、興良親王が常陸に向かい、小田城に入って親房と合流した。その後は親房とともに関東豪族を南朝に引き入れるために尽力した。しかし、幕府軍の高師冬の勢力は強く、小田治久も幕府に降ってしまう。小田城を追い出された興良親王は春日顕国とともに下妻政泰の大宝城に入り、親房は関宗祐の関城に入った。だが、陸奥白河の結城親朝が幕府に降り、下野の有力国人・小山朝郷も去就を定めず、同年11月、幕府軍の攻撃によって関城と大宝城はともに落城し、興良親王と親房は脱出したが、下妻政泰と関宗祐は討ち死にした。

常陸を脱出した興良親王は駿河まで逃げ、遠江の井伊氏を頼った。その後3年

ほど遠江に滞在して、信濃の宗良親王らとともに南朝勢力の回復に努めたが、1347年（正平2・貞和3）、吉野に戻って四條畷の戦いに参加した。高師直率いる幕府の大軍に敗れた興良親王は吉野に敗走したが、幕府軍はなおも追撃して吉野の行宮を攻め、興良親王は後村上天皇とともに脱出して賀名生に逃げた。

その後の興良親王の消息はわからず、1351年（正平6・観応2）に赤松則祐に奉じられたという兵部卿親王を興良親王とする説もあるが定説にはいたっていない。一説には、1377年（天授3・永和3）に死去したとも伝わる。

後村上天皇

ごむらかみてんのう

生没年	1328年（嘉暦3）～1368年（正平23・応安1）
出身	山城国
主君	第97代天皇
死因	病死

◇ 後醍醐天皇の後を継ぎ幼年で践祚

97代天皇。後醍醐天皇の皇子。母は阿野廉子で、同母弟に恒良親王、成良親王がいる。

鎌倉幕府が滅亡したあとの1333年（元弘3）10月、後醍醐天皇は北条家残党の掃討と東国豪族の建武の新政への帰属をめざして、北畠親房・顕家父子を陸奥へ派遣することにした。そのとき、顕家に奉じられたのが、まだ幼かった義良親王（のちの後村上天皇）だった。翌年、陸奥の地で親王宣下を受けた。

1335年（建武2）、足利尊氏が後醍醐天皇に反旗を翻したため顕家とともに京へ向けて出発し、翌年近江に入った。顕家の活躍で尊氏を九州に敗走させると、再び顕家とともに陸奥へ戻った。しかし、

九州に落ちた尊氏が再挙して京を奪還すると、後醍醐天皇は吉野へ出奔して南朝を樹立した。

1337年（延元2・建武4）、越前金ヶ崎の戦いで、皇太子だった恒良親王が毒殺されたため、弟の義良親王が立太子することになり、同年8月に陸奥を発して翌1338年（延元3・建武5）、大和に入ったが、幕府軍との戦いに敗れ、顕家は河内に奔り、義良親王は父帝がいる吉野へ逃がされた。同年5月、顕家は和泉国石津で戦死した。

北畠顕家・新田義貞といった主力を失った後醍醐天皇は、東国での巻き返しを図り、義良親王はみたび陸奥へ下向することになった。親王一行は海路で陸奥をめざしたが、途中で遭難して伊勢に戻り、1339年（延元4・暦応2）、親王は吉野に戻った。同年3月、正式に皇太子となり、その5カ月後に後醍醐天皇の崩御にともない践祚した。

◇ 観応の擾乱に便乗して京を奪回

践祚時は11歳の幼帝だったため、当初は四条隆資や洞院実世らが政務を主導した。天皇が積極的に政務に携わるのは1348年（正平3・貞和4）頃からだ。この年、四條畷の戦いで南朝軍の支柱だった楠木正行・正時兄弟が戦死し、勢いづいた幕府軍は後村上天皇がいる吉野の行宮へまで押し寄せ、行宮を含む付近一帯を焼き払った。天皇はかろうじて脱出し、吉野よりも山深い大和国賀名生へ落ち延びた。

1351年（正平6・観応2）、観応の擾乱が勃発し、尊氏は弟・直義討伐に鎌倉へ向かうことになり、後村上天皇に和睦を提示してきた。三種の神器を南朝に引き渡すという北朝が屈服する形の条件であり、南朝はこれを受諾した。しかし、北

畠親房以下の南朝重臣は京に入ると北朝・幕府勢力を政権から追放し、さらに軍事力を京に乱入させて足利義詮を近江に追いやり、北朝の光厳以下3人の上皇を拉致するという狼藉を働いた。激怒した幕府は大軍をもって京を奪還して南朝勢力を追放、和議はわずか4カ月で破談となった。このとき後村上天皇は賀名生を出て男山八幡まで移っていたが、幕府軍に攻められて男山八幡は陥落、再び賀名生へ脱出した。

その後も京の奪還を至上命題として活動し、1361年（正平16・康安1）には再び京を奪還するが、すぐに幕府軍の反撃を受けて2週間ほどで撤退した。また、一方で幕府との和睦も模索したが、将軍・義詮の降伏を条件としたため折り合わず、1368年（正平23・応安1）、摂津住吉で没した。

良成親王
よしなりしんのう

生没年 不詳

出身 不明

主君 後村上天皇

死因 不明

◆南北朝合一後も幕府に徹底抗戦

後村上天皇の皇子。1366年（正平21・貞治5）頃、吉野を離れて四国へ渡った。当時は、南朝方だった中国の大内弘世が1363年（正平18・貞治2）に幕府に帰順し、山名時氏も幕府に降っており、南朝勢力は著しく衰退していた。しかし、九州では懐良親王の勢力がいまだ健在で、良成親王の派遣は九州南朝勢力の強化をめざしたものだった。

1369年（正平24・応安2）、四国から九州に渡って征西府が置かれていた大宰府に入り、叔父にあたる懐良親王とともに

九州で領国経営にあたった。しかし、1372年（文中1・応安5）、新たに幕府の九州探題となった今川了俊に大宰府を奪われ、懐良親王とともに肥後隈府城へ退いた。

1375年（天授1・永和1）、懐良親王の隠退を受けて征西将軍に任ぜられた。その後は肥後の菊池家の援助を受けて、おもに北九州各地を転戦し、その後約10年にわたって南朝勢力の拡大に努め、幕府軍と抗争を続けた。

しかし、やがて今川了俊の勢力が拡大して良成親王方は劣勢になり、1391年（元中8・明徳2）には筑後まで追いやられた。翌年、京で南北朝の合一が成立し、約56年ぶりに朝廷は統一された。しかし、良成親王は京の決定にしたがわずに幕府軍との抗争を続け、南朝が使用をやめた元号も使い続けた。1395年（応永2）頃に死去したとされるが詳細は不明である。

長慶天皇
ちょうけいてんのう

生没年 1343年（興国4・康永2）～1394年（応永1）

出身 大和国

主君 第98代天皇

死因 病死

◆南朝政権樹立を目指した強硬派

南朝の後村上天皇の皇子。98代天皇だが、即位に関して論争があり、長らく歴代天皇には数えられていなかった。長慶天皇が正式に98代天皇と認められたのは、1926年（大正15）のことである。

長慶天皇が即位した1368年（正平23・応安1）の頃は、すでに南朝の衰運は著しかった。さらに即位の翌年には南朝軍の主力であった楠木正儀が北朝方に転

じ、その後も橋本正督や和田助氏らが北朝方に降ってしまい、南朝の軍事力は弱体化した。また、各地の南朝政権も衰退していた。鎌倉幕府倒幕にも参戦し、長らく東国にいた叔父の宗良親王はすでに60歳を超えていた。懐良親王は8歳のときに九州に渡って以来、約40年もの間九州南朝の旗頭として戦い、九州でそれなりの勢力を保っていたが、幕府・北朝方の今川了俊に押され気味だった。

それでも、長慶天皇の南朝政権樹立への執念は果てなかった。1377年（天授3・永和3）には大和と紀伊に檄を飛ばして打倒北朝を命じ、さらに正儀の子・楠木正勝や伊勢の北畠顕泰を招集して河内や和泉へ侵攻した。

対する幕府は、3代将軍・足利義満が自ら東寺まで出陣して、鎮圧に当たった。ゲリラ戦にかけては南朝軍に分があったが、山名一族の大軍が京を進発すると、紀伊の高野山に布陣していた長慶天皇は吉野に逃げ込んだ。これが、長慶天皇にとっての最後の抵抗となった。

◆南朝衰退の時勢に逆らえず出家

長慶天皇はその後、1379年（天授5・康暦1）に大和の栄山寺を行宮として移り住んだ。以降は北朝とは対立したまま、ときに戦うこともあったが、一方で和歌をたしなみ、『源氏物語』の考証など学問にも打ち込むようになった。

そんな折の1382年（弘和2・永徳2）、幕府方に寝返っていた正儀が南朝に復してきた。天皇は正儀の帰還を歓迎したが、同年、和田正武が死に、翌年には懐良親王、北畠顕能が相次いで死んでしまい、南朝にわずかに残っていた戦力はほぼなくなってしまった。

とくに、抗戦派の筆頭でもあった顕能の死は長慶天皇の立場を弱め、同年10月、長慶天皇は弟の熙成親王（後亀山天皇）への譲位を余儀なくされ、出家した。

1392年（明徳3）に南北朝の合一が成立すると、後亀山天皇は京へ戻ったが、長慶天皇は吉野に残った。幕府が和睦の条件であった譲位の儀式を行わずに、後亀山天皇から神器を取り上げたことへの抗議の意味があったと考えられている。譲位の儀式を行わないということは、これまでの南朝の天皇の在位を否定することだったからである。

1394年（応永1）崩御。その後も吉野にとどまっていたとも、京に帰還したともいわれ、没地は定かではない。

後亀山天皇

ごかめやまてんのう

生没年	？〜1424年（応永31）
出身	大和国
主君	第99代天皇
死因	病死

◆動乱の時代を終焉させた南北朝合一

99代天皇。後村上天皇の第2皇子で、長慶天皇の同母弟。南北朝合一時の南朝方の天皇。誕生年については1347年（正平2・貞和3）説と、1350年（正平5・観応1）説がある。月日はともかく、誕生年が不明な天皇は、平安朝以降の歴代天皇のなかでは後亀山天皇以外におらず、当時の天皇の境遇を如実に物語っているといえよう。

後亀山天皇が長慶天皇の後を継いで即位した1383年（弘和3・永徳3）の頃は、南朝の勢力は著しく衰退しており、主力といえるのは楠木正儀くらいだった。その正儀も、一時は北朝方に寝返っていて、後ろ盾だった細川頼之が失脚したためにやむなく南朝に再び戻ってきた人物であり、そのうえ南北朝の合一を志向す

る穏健派であった。

　ただ南朝の力が弱体化したといっても、北朝や幕府にとっては侮れない存在であることに変わりはなかった。三種の神器は南朝の手の内にあり、反幕府勢力によって担ぎ出されるだけの権威は十分にもっていたからである。

　当時の幕府は、3代将軍・足利義満による武断政治が行われており、1379年（天授5・康暦1）に管領・細川頼之を失脚させ、1390年（元中7・明徳1）には山名時熙を討ち、土岐康行も征伐。翌年には「六分の一殿」と称された有力守護大名・山名氏清が討たれた（明徳の乱）。一方で守護大名同士の争いも起こっており、いつ反幕府勢力が結集してもおかしくない状況だった。

　明徳の乱後からはじまった南北朝合一への交渉に、後亀山天皇は吉田宗房と阿野実為を抜擢してこれに当たらせた。北朝方からは大内義弘が責任者となって吉田兼熙が使者として送り込まれた。南北朝の合一といっても、当時の北朝の天皇・後小松天皇は蚊帳の外に置かれており、南朝と幕府による交渉だった。

　そして1392年（元中9・明徳3）10月、後亀山天皇が提示した条件を北朝方（実際は幕府）が承諾するという形で、南北朝の合一が成立した。天皇が示した条件とは、次の3項目だった。

一、後亀山天皇は三種の神器を、譲国の
　　儀式をもって後小松天皇に渡す
二、皇位には今後、南朝と北朝が交互に
　　即位する
三、諸国の国衙領は南朝側が、長講堂領
　　は北朝側が支配する

　後亀山天皇は、南北朝の合一後も、南

朝の勢力を保持するために両統迭立と国衙領の支配という保証を求めたのである。

　同月28日に三種の神器を奉じて吉野を出立した天皇は、翌月2日に入京した。天皇に供奉するのは二条師嗣ら総勢30名ばかりだったという。そして同月5日に三種の神器が後小松天皇に渡され、ここに南北朝に分裂して戦いを繰り広げた動乱の時代は56年ぶりに終焉した。

　このとき、合一の条件である譲国の儀式は行われなかった。譲国の儀式とは、後亀山天皇から後小松天皇に神器を直接渡すことだが、三種の神器は後亀山天皇が入った大覚寺から後小松天皇の御所に移されただけであった。

◇北朝方の約束違反に対抗

　後亀山天皇はその後も洛北の大覚寺に住み、1397年（応永4）に出家して引退した。しかし、後小松天皇が両統迭立という南北朝合一の条件を反故にして、自らの皇子である躬仁親王を皇太子に立てようとしたため、1410年（応永17）、後亀山法皇は京を出て吉野に出奔した。

　法皇は北朝と幕府に対する示威行動として、その後も吉野への潜幸を続けたが、その甲斐なく、1412年（応永19）に躬仁親王が践祚して称光天皇となった。

　その後も後亀山法皇は吉野に居座り、1415年（応永22）には称光天皇即位に反対する北畠満雅（北畠親房の曾孫）が挙兵するが鎮圧され、翌年9月に幕府の説得をいれて京に戻った。その後は、1420年（応永27）に3代将軍・義満の13回忌が挙行されたとき、お布施として馬を献上したことがわかっているくらいで、目立った活動はなく、1424年（応永31）に没した。義満はすでに死に、5代将軍・義量の時代になっていた。

光厳天皇

こうごんてんのう

生没年	1313年（正和2）～1364年（正平19・貞治3）
出身	山城国
主君	北朝初代天皇
死因	病死

◇ 尊氏に院宣を与えた北朝初代天皇

北朝の初代天皇とされる。父は後伏見天皇。後醍醐天皇が践祚すると、両統迭立の原則から、1326年（嘉暦1）に後醍醐天皇の皇太子となった。

1331年（元弘1）、後醍醐天皇の倒幕計画が発覚して天皇が廃位されると、得宗の北条高時に擁立されて践祚した。このとき、後醍醐天皇は神器をもったまま、いまだに笠置山で戦っていたため、後鳥羽天皇以来、神器をともなわないままの践祚となった。

その後、後醍醐天皇は隠岐へ配流され、無事に神器を取り戻し、光厳天皇は同年即位した。

翌年末、後醍醐天皇の皇子・護良親王が吉野で反幕府の兵を挙げると、河内で楠木正成が呼応し、翌年には播磨の赤松則村が挙兵し、光厳天皇の周辺は一変した。さらに1333年（元弘3）には後醍醐天皇が隠岐を脱出して、反幕府軍は京に攻め寄せた。光厳天皇は兵乱を避けるために後伏見・花園上皇とともに六波羅探題に逃げ込んだが、六波羅探題救援のために西上した足利尊氏が幕府を裏切ったため、六波羅探題の北条仲時らとともに東国へ奔ったが、仲時は近江で戦死し、光厳天皇は京に戻された。このとき光厳天皇も流れ矢に当たって負傷したという。入京した後醍醐天皇は、光厳天皇の即位の無効を宣言したが、光厳天皇には

特別に太上天皇の尊号が贈られ、上皇待遇に遇された。

しかし、後醍醐天皇の親政は尊氏の裏切りで2年弱で崩壊し、再び光厳上皇が政治の表舞台に立つことになった。九州へ落ちていた尊氏が京をめざして進軍する際、光厳上皇のもとに尊氏から、上皇の弟・豊仁親王を即位させるよう密書が届き、上皇は尊氏に院宣を与えたのである。そして1336年（建武3）、尊氏が京を奪還すると、豊仁親王が光明天皇として即位し、光厳上皇は院政を開始した。

◇ 幽閉生活を経て出家して自由の身に

1351年（正平6・観応2）、尊氏と弟の直義が対立し、直義が鎌倉へ下向すると、尊氏は直義を討つために南朝と和睦して鎌倉へ向かった。すると、尊氏の留守の隙をついた南朝軍が京を制圧し、光厳上皇は光明上皇・崇光天皇とともに南朝側によって男山八幡に拉致されてしまう。その後、光厳上皇ら3上皇は大和の賀名生へ移され、そこで2年ほど過ごしたあと、河内の金剛山で約3年を過ごす幽閉生活を送ることになった。その間、幕府も何度か上皇たちの奪還を試みたが、いずれも失敗した。

光厳上皇が再び京に戻ったのは1357年（正平12・延文2）。約5年ぶりの京の地だった。すでに落飾していた上皇は、その後表舞台に立つことはなく、世俗との縁を絶って一介の僧侶として各地を行脚したという。その後、丹波国へ隠棲して常照寺を再興し、1364年（正平19・貞治3）に崩御するまで山深い同地で過ごした。1362年（正平17・康安2）には吉野に行幸して南朝の後村上天皇に会い、「北朝の武士たちに政治の表舞台に立たされたのは自分の本意ではなく、今ようやく自由を感じている」と語ったという。

1364年（正平19・貞治3）、病に倒れた上皇のために8万4000基もの石塔婆が建てられたが、同年7月崩御した。

光明天皇
こうみょうてんのう

生没年 1321年（元亨1）～1380年（天授6・康暦2）
出身 山城国
主君 北朝2代天皇
死因 病死

◇尊氏を征夷大将軍に任命

北朝の2代天皇。父は後伏見天皇で、母はのちに院政をひらいた西園寺寧子。北朝初代天皇の光厳天皇は同母兄。

1333年（元弘3）に鎌倉幕府を打ち倒した後醍醐天皇は入京すると、幕府方だった光厳天皇の即位を否定して自らが皇位に返り咲いた。しかし、後醍醐天皇の親政は1335年（建武2）には破綻し、足利尊氏の離反を招いた。1336年（延元1・建武3）、湊川の戦いで尊氏が天皇方の楠木正成軍を破って入京すると、後醍醐天皇は比叡山に遁走したが、このとき尊氏によって擁立されたのが光明天皇だった。歴代天皇が継承するとされた三種の神器は後醍醐天皇の手にあったため、光明天皇は同年8月、兄の光厳上皇の院宣を根拠に践祚した。

同年11月、尊氏と和睦した後醍醐天皇は比叡山を下り、三種の神器は光明天皇に渡されたが、後醍醐天皇は翌月に京を脱出して吉野に入って南朝を樹立し、ここに朝廷は名実ともに南北に分裂してしまった。

光明天皇は足利尊氏を征夷大将軍に任じて幕府を開かせ、1348年（正平3・貞和4）に崇光天皇（光厳上皇の一宮）に譲位するまで尊氏政権をバックアップし

た。その後も上皇として実権を握った。

1352年（正平7・観応3）、足利尊氏・直義兄弟の対立が激化し、尊氏は南朝と和睦して直義を討伐するために鎌倉へ向かった。これにより崇光天皇は廃されて南朝の後村上天皇が入京することになったが、南朝勢力はこれを機に京を制圧しようと目論み、光明上皇は光厳上皇・崇光上皇・直仁親王（北朝の皇太子）とともに南朝軍に拉致され、吉野に幽閉されることになってしまった。その後、光明上皇ら3人の元天皇と元皇太子は賀名生に移され、約5年もの間、幽閉生活を送ることになるが、光明上皇らが幽閉された場所は非常にみすぼらしい小屋だったという。

1357年（正平12・延文2）に解放された光明上皇は京に戻って出家して世俗とは縁を切り、1380年（天授6・康暦2）、大和国の長谷寺で崩御した。

後光厳天皇
ごこうごんてんのう

生没年 1338年（延元3・建武5）～1374年（文中3・応安7）
出身 山城国
主君 北朝4代天皇
死因 病死

◇異例の即位

父は光厳天皇。同母兄に崇光天皇がいる。北朝の4代天皇。

兄の崇光天皇が即位し、花園天皇の皇子・直仁親王（光厳天皇のいとこにあたる）が立太子したため、後光厳天皇は出家して妙法院門跡になる予定だった。

1352年（正平7・文和1）、足利尊氏・直義兄弟の対立が激化し、尊氏はついに直義を追討するために鎌倉への出陣を決め、後顧の憂いを除くために南朝との和

睦を進めた。南朝は、崇光天皇と直仁親王の廃立と三種の神器の譲渡を条件とした和睦を受け入れた。しかし、入京した北畠親房以下の南朝重臣は、北朝と幕府勢力を京から一掃し、光厳上皇・光明上皇・崇光上皇・直仁親王を拉致し、さらに楠木軍らが京を制圧して尊氏の子・義詮を近江に追うなど傍若無人に京を荒らした。義詮はただちに、南朝が和議を破ったと天下に号令をかけ、1カ月足らずで京を奪還した。

しかし、3上皇と皇太子は南朝に連れ去られたままである。幕府としては、天皇の権威がなければ、正統性を訴える南朝の勢力が拡大する恐れがあり、早急に次期天皇を擁立しなければならず、白羽の矢が立ったのが後光厳天皇だった。

義詮は出家間近だった後光厳天皇を担ぎだした。三種の神器は南朝のもとにあったが、神器の有無は皇位継承の絶対条件ではない。ただし、皇位を継ぐための治天の君（通常は上皇）による院宣か現天皇による宣命は、皇位を継承するためには絶対に必要だった。

そこで幕府は窮余の策として、後伏見上皇の皇后・西園寺寧子（光厳天皇の実母）に院政をひらかせて、彼女を名目上の治天の君にして、彼女に院宣を出させて、後光厳天皇を践祚させたのである。先帝の宣命もしくは天皇経験者の院宣のない即位は6世紀の継体天皇以来、神器のない即位は12世紀の後鳥羽天皇以来のことで、両方とも欠いての即位は後にも先にも例はない。

1353年（正平8・文和2）、楠木正儀・山名時氏らが率いる南朝軍が京に乱入し、後光厳天皇は義詮とともに比叡山に逃れた。しかし、比叡山が中立を保って両者の逗留を拒んだため、美濃国垂井ま

で落ちることになった。このときは鎌倉にいた尊氏も大軍を率いて西上し、義詮は後光厳天皇を奉じて京に進撃、激戦のすえ京の奪回に成功した。後光厳天皇は約100日ぶりに入洛した。

しかし、その翌年に再び南朝軍が京を攻撃し、後光厳天皇は再び難を逃れて近江に奔った。このときも幕府が京を奪回し、天皇は約3カ月後に京に還幸した。

その後も南北の戦いは終結を見ることなく、1361年（正平16・康安1）には3度めの都落ちを経験する。このときは約2カ月後に還幸した。

1371年（建徳2・応安4）、子の後円融天皇に譲位して院政を開始した。このとき、1357年（正平12・延文2）に京に戻っていた先帝である崇光上皇は、自分の子・栄仁親王の即位を望んだ。崇光上皇のほうが嫡流であり、理屈でいえば栄仁親王が即位すべきだったが、幕府は後光厳天皇を無理に即位させた経緯もあり、後光厳天皇の意思を尊重せざるを得なかったという。

後円融天皇
ごえんゆうてんのう

生没年 1358年（正平13・延文3）～1393年（明徳4）
出身 山城国
主君 北朝5代天皇
死因 病死

◇ 将軍の権威に押されて権威低下

後光厳天皇の第一皇子。北朝の5代天皇。1371年（建徳2・応安4）、後光厳天皇の譲位を受けて即位。1382年（弘和2・永徳2）、後小松天皇に譲位して院政を行った。

後円融天皇が在位中は、将軍の足利義満が従一位左大臣にまで昇進し、その威

光を朝廷内にまで示していた時期で、義満の好悪によって人事がなされるほどになった。北朝の天皇にとって、将軍家は自らを天皇としてくれた恩義があり、また後円融天皇にとっては、本来は嫡流である崇光上皇の子・栄仁親王が皇位を継ぐべきだったのを幕府の支持を得て即位したという経緯もあり、将軍家に対して不満をもらすことはできなかった。

　しかし、天皇は将軍にすりよろうとする公卿たちを軽蔑した。1381年（弘和1・永徳1）、上臈の三条厳子の父・三条公忠が義満に頼って四条坊門一町の地を所望したことを知ると、天皇は「京内の地を武家に所望するとは」と立腹し、厳子を通じて公忠に伝えさせた。公忠は恐懼して、この地を返却したという。

　後小松天皇に譲位後も上皇として政務を司ったが、将軍・義満の権威はますます高まり、朝廷はないがしろにされた時代でもあった。1391年（元中8・明徳2）に起こった明徳の乱では、それまで国家的な内乱の際は出されていた討伐の綸旨を義満は朝廷に申請せず、上皇は戦いの蚊帳の外に置かれたのだった。

後小松天皇
ごこまつてんのう

生没年	1377年（天授3・永和3）～1433年（永享5）
出身	山城国
主君	第100代天皇
死因	病死

◇ 南北朝合一のときの北朝天皇
　後円融天皇の第一皇子。1382年（弘和2・永徳2）、後円融天皇の譲位を受けて即位し、北朝6代の天皇となった。
　後小松天皇の在位中は、将軍・足利義満の権威が大いに強大になった時代で、

義満は朝廷内にも大きな影響力をもつようになり、天皇が政治に口をはさむことはできなかった。
　1392年（元中9・明徳3）、幕府の主導のもと、南北朝の合一が図られた。当時の南朝はすでに軍事力に見るべきものはなく、南朝内部でも和平派が台頭するようになっていた。南朝最後の天皇である後亀山天皇も和平派だった。
　一方の義満にとっては、北朝の天皇は、先帝の宣命のない異例の形で即位した後光厳天皇の流れを継いでおり、また三種の神器もいまだ南朝の手元にある状態で、北朝天皇の正統性への不安が大きな問題として残っていた。
　前年の明徳の乱で管領家を超越するほどの力をもっていた山名家の勢力を弱体化させ、幕府の基盤を確固たるものとした義満は、南朝へ和睦を提案し、南朝もこれを受け入れた。
　和睦の条件は次のとおりである。
一、後亀山天皇は譲国の儀をもって三種の神器を後小松天皇に授ける
二、将来の皇位は両統迭立とする
三、諸国の国衙領は大覚寺統（南朝のこと）の管轄とする
四、長講堂領は持明院統（北朝のこと）の管轄とする
　この条件は、どちらかといえば南朝有利である。譲国の儀を行うということは、後亀山天皇が後小松天皇に譲位するということで、南朝の歴代天皇の在位を認めることである。逆にいえば、北朝の歴代天皇の在位は認めないということだ。
　結果的には譲国の儀は行われなかったが、後小松天皇がなぜこのような条件を許したのかというと、この和睦は幕府と南朝との間で行われ、北朝の朝廷は蚊帳

の外に置かれていたからだった。つまり、後小松天皇は、この条件をあらかじめ知らされていなかったという。

　事後報告の形でこの事実を知らされた後小松天皇は反発したが、幕府の決定に逆らうことはできなかった。

　1336年（延元1・建武3）に後醍醐天皇が吉野で南朝を樹立して以来、56年ぶりに朝廷は統一され、後小松天皇は皇統譜上、第100代の天皇となった。

伏見宮貞成親王
ふしみのみや・さだふさしんのう

生没年 1372年（応安5）〜1456年（康正2）
出身 山城国
主君 後小松天皇→称光天皇
死因 病死

◇後花園天皇を即位させるために出家

　北朝3代天皇・崇光天皇の孫で、102代天皇・後花園天皇の父。皇室の男子は、嫡子以外は僧籍に入るのが通例だったが、貞成親王は出家することなく、今出川家で養育される一方で元服をすることもなく成長した。親王が元服を済ませたのは、実に40歳（1411年）のときだった。今出川家は西園寺家の庶流の家で、琵琶を家業としており、貞成親王も和歌に親しむとともに、琵琶もよくした。

　1417年（応永24）、家督を継いでいた兄の治仁親王が死去したため、貞成親王が伏見宮家を継いだ。治仁親王の死は、家督を継いで3カ月めという急死であり、このとき貞成親王が毒殺したのではないかといううわさがたった。

　101代天皇の称光天皇は病弱で、1425年（応永32）以降は病床に伏せることが多くなり、次期天皇を誰にするかという問題が持ち上がった。称光天皇には男子がなく、弟の小川宮はすでに死んでい

た。そのため、北朝初代の光厳天皇の嫡流である伏見宮家の当主、貞成親王が皇位継承者としてクローズアップされることになったが、称光天皇と貞成親王とは関係が疎遠で、天皇は自分の死後に貞成親王が即位することに難色を示した。

　しかし、称光天皇の病状は逼迫しており、称光天皇の父である後小松院は早急に後継を決める必要に迫られた。

　そこで後小松院は将軍・足利義持とも相談して、貞成親王の子・彦仁親王を後継に決め、自らの猶子にすることにした。猶子とは、養子とは違って、財産の継承を行わない子のことである。そして、貞成親王の子への継承をしぶる称光天皇をなだめるために、後小松上皇は貞成親王に出家を促し、貞成親王は1425年（応永32）に出家した。当然、貞成親王はわが子への皇位継承について承知しており、納得の出家だったといわれる。

◇太上天皇の尊号を受ける

　1428年（正長1）に称光天皇が崩御し、貞成親王の子・彦仁親王が践祚し後花園天皇となった。このとき、旧南朝の皇胤や遺臣が称光天皇を呪詛したとして捕縛されたが、京では称光天皇を呪詛したのは伏見宮家であるといううわさも立ったという。貞成親王は生涯で2度の殺人のうわさを立てられたことになるが、40歳まで元服できなかった親王のこの度の栄華を考えると、無理からぬことだった。1447年（文安4）、貞成親王は太上天皇の尊号を受け、後光厳院と呼ばれるようになった。その後の皇統は後花園天皇の系統が現在まで続くことになる。

　1456年（康正2）死去。その日記に33年分を記した『看聞日記』がある（9年分を欠損）。

　『看聞日記』で有名な記事が、1435年

26

（永享7）の延暦寺僧が6代将軍・足利義教に斬首された事件である。

　1435年（永享7）、室町幕府の出先機関として比叡山に設けられていた山門使節という3人の天台僧が、将軍・足利義教の命令で斬首されるという事件が起こった。幕府はこの事件を秘密裏に処置しようとして緘口令をしいたが、ある茶売り商人が路頭で口をすべらせてしまい、その日のうちに義教はこの商人を捕らえて首をはねてしまった。貞成親王はこの話を聞くと、日記に「万人恐怖、言うなかれ」と記した。義教の政治が現在、「恐怖政治」といわれるのは、貞成親王の日記の記述が基になっているのである。

小倉宮聖承

おぐらのみや・せいしょう

生没年 不詳
出身 山城国
主君 南朝
死因 病死

◇皇位奪還を狙って挙兵

　後亀山天皇の孫。父は小倉宮を創設した恒敦。

　1428年（正長1）7月、称光天皇が崩御した。称光天皇には子がなく、また称光天皇の父・後小松天皇にも称光天皇以外に皇位を継げる子がいなかった。小倉宮聖承はこのときが両統迭立の約束を履行するチャンスと見て、自分の子を皇位につけようとして京の嵯峨を出奔。嵯峨を出た小倉宮は伊勢方面へ逃亡し、伊勢国司・北畠満雅を頼って伊勢に落ち、満雅とともに同地で挙兵した。

　しかし満雅の反乱は鎮圧され、満雅死後の1430年（永享2）、京に帰還。6代将軍・足利義教と和睦して子を義教の養子に差し出し、1434年（永享6）には出家

して聖承と名乗った。1443年（嘉吉3）、死去。

　義教の養子となった聖承の子は勧修寺門跡に入って出家し、教尊と名乗った。「教」の字は養父・義教からの偏諱である。このとき教尊は12歳だったという。

　教尊はその後、慈尊院僧正坊に入り、1441年（嘉吉1）には義教のために祈祷を施している。

　しかし、1443年（嘉吉3）、南朝皇胤を称する金蔵主・通蔵主を奉じて日野有光・日野資光らが蜂起して京に乱入、内裏を襲撃して三種の神器のうち草薙剣と八尺瓊勾玉を奪って比叡山に逃げ込むという事件が起こった。

　この事件は早々に討伐されたが、南朝の正統な皇胤である教尊は事件への関与を疑われ、捕縛されたうえで隠岐に流罪とされてしまった。

後花園天皇

ごはなぞのてんのう

生没年 1419年（応永26）～1470年（文明2）
出身 山城国
主君 第102代天皇
死因 病死

◇嘉吉の乱の際に討伐の綸旨を下す

　102代天皇。父は伏見宮貞成親王。前代の称光天皇に皇子がいなかったため、後小松上皇と将軍・足利義持の斡旋で、後小松上皇の猶子となった。

　1428年（応永35）、称光天皇がいよいよ危篤状態になったとき、旧南朝の小倉宮（後亀山天皇の孫）が京を出奔して伊勢の国司・北畠満雅を頼って挙兵するという事件が起こった。このとき後花園天皇は、旧南朝勢力に身柄を押さえられる不安があったため、管領・畠山満家の手配のもと、赤松満祐の警備のもと密かに

27

京を脱出して東山若王子坊に移された。その4日後、後花園天皇は後小松上皇の仙洞に行き、そこで後小松上皇の猶子にする手続きがとられた。その3日後、称光天皇が崩御し、後花園天皇が践祚した。立親王・立太子が行われる前の即位劇だった。急な即位であり、また伏見宮家は北朝初代の光厳天皇の嫡流にあたる家柄だったため、後花園天皇の即位にあたっては、その父・貞成親王が称光天皇を呪詛したといううわさが立ったという。

室町時代の朝廷は非常に困窮していたことで知られ、たとえば2代あとの後柏原天皇などは即位の礼を行う金を用意できず、践祚から20年もの間儀式を行えずにいた。朝廷の困窮は後花園天皇の頃から見えることで、後花園天皇の場合は即位の礼は行えたが、礼服やその他の儀式上に必要な小道具などの代金はすべて幕府が支払っている。

とはいえ、当時はまだ天皇の権威はある程度は保たれており、1441年（嘉吉1）に6代将軍・足利義教が殺害される嘉吉の乱が起こった際には、管領・細川持之からの依頼を受けて幕府に対して赤松満祐追討の綸旨を下した。

また、後花園天皇は当代随一の儒学好きとして知られ、文学もよくしたが、奏者の坊城俊秀と万里小路時房が考えた綸旨の文章を添削し、自らの言葉で綸旨を書いた。また、永享の乱（1438年）の際の足利持氏討伐の綸旨も、天皇自ら書いたという。

◇応仁の乱に和平工作を試みるが失敗

1443年（嘉吉3）、旧南朝の遺臣らが皇居を襲撃し、火をつけるという事件が起こった。天皇は御所を脱出して、左大臣・近衛房嗣邸に避難した。すぐさま幕府の追討軍が差し向けられ、首謀者である日野有光・資光父子らは比叡山に逃げ込み、延暦寺の僧兵の糾合を図った。しかし、後花園天皇はすぐさま朝敵討伐の綸旨を比叡山に発布したため、比叡山の僧兵が反乱軍に与することはなかった。日野父子は殺害されて、反乱は3日のうちに鎮圧された。

このとき、三種の神器のうち宝鏡と宝剣は無事だったが、神璽は持ち去られてしまうという痛恨事が起こってしまった。その後も神璽は見つからず、1457年（長禄1）に戻されるまで約15年もの間、三種の神器はそろわなかったのである。このとき、神璽奪還に尽力したのが、嘉吉の乱で没落していた赤松家で、天皇は管領の細川勝元とも相談したうえで、赤松家の再興を許した。

1464年（寛正5）、譲位して上皇となった。

1467年（応仁1）に応仁の乱が始まると後花園上皇は、将軍・義政の妻・日野富子の兄である日野勝光の工作もあり、西軍の山名宗全側に立ち、畠山政長追討の綸旨を出した。しかし、戦乱は一向に収まる気配を見せず、京を舞台にした大乱になってしまった。

上皇は自分が綸旨を出したことが大乱を引き起こしてしまったと後悔し、関白の一条兼良らを勅使に立てて動乱をやめるように幕府に命じた。しかし、兼良と勝光の調停は失敗。上皇は、今度は三宝院門跡の義賢と前内大臣の正親町三条実雅を派遣して仲介をはかるなど、懸命の和平工作に努めたが、いずれも成功しなかった。逆に、戦火はむしろ拡大の一途をたどり、京の町も灰燼に帰した。大乱勃発の責任を感じた上皇は出家して法皇となり、以後は綸旨の要請には応じず中

立を保った。

　法皇はその後も両軍に使いを派遣するなど必死の和平工作を試みたが、いずれも失敗。最終的には細川勝元の圧力に屈し、足利義視討伐の綸旨を出したのである。そして、1470年（文明2）、応仁の大乱の終息を見ることなく崩御した。

後土御門天皇

ごつちみかどてんのう

生没年	1442年（嘉吉2）～1500年（明応9）
出身	山城国
主君	第103代天皇
死因	病死

◇ 応仁の乱終結時の天皇

　後花園天皇の第一皇子。103代天皇。1464年（寛正5）に践祚したが、1470年（文明2）までは父・後花園上皇の院政が行われた。

　1467年（応仁1）、応仁の乱が勃発すると、京が戦場となったため、天皇は将軍御所の室町第に移った。

　中世の天皇は、しばらく在位したのち譲位して上皇になるのが慣例だった。後土御門天皇も譲位を望んだが、当時の状況はそれを許さなかった。

　まず、当時の皇室にはお金がなかった。朝廷の儀式に関わるお金はほとんど幕府や諸大名が融通していたが、応仁の乱以降、室町幕府が弱体化するのにともない、朝廷の財政面は大きな打撃を受けるようになった。上皇になると、仙洞御所という上皇が暮らす場所を新たに作らなければならず、そのほかにも天皇が代われば即位式など多くの儀式をともなうため、経費の増大を抑えるためにも天皇の譲位ができなかったのである。

　それでも、後土御門天皇はたびたび譲位の意向をもらした。応仁の乱がようや

く終わった翌年の1478年（文明10）、乱中に禁裏が焼けなかったこともあり、後土御門天皇は譲位したいと幕府に伝えようとした。このとき後土御門天皇は、これまで何度も譲位の希望を伝えたのに認められず、我慢しても際限がないと不満をもらしており、とにかく天皇が譲位したがっていた様子がわかる。

◇ 譲位できなかった天皇

　しかし、この直前、日野家秀の娘が尼寺の景愛寺の住持になる儀式を行ったとき、日野富子から皇室に経費の援助を求める要請があったが、後土御門天皇は財政不足を理由にこの要請を断っていた。そのため、幕府と天皇との関係は若干悪化していた。後土御門天皇の下問を受けた側近たちは、こうした出来事を踏まえ、天皇が譲位の意思を幕府に伝えると、幕府は天皇が怒りに任せて譲位したいと言っていると判断し、おそらく譲位を認めないだろうと天皇に伝えた。それでも後土御門天皇は譲位の意思を撤回せず、側近との問答は数時間に及んだという。結局、甘露寺親長の説得もあり、天皇は譲位をあきらめざるをえなかった。

　後土御門天皇の譲位を望む気持ちはその後も冷めず、譲位に関する天皇と幕府の攻防は続いた。1493年（明応2）、管領の細川政元が河内に出陣中の将軍・足利義植を廃して、堀越公方・足利政知の子・義澄を擁立する「明応の政変」といわれるクーデターが起こった。征夷大将軍は朝廷の官職であり、もちろん政元が勝手に将軍職を移動させることはできないから、政元は将軍の交代を後土御門天皇に奏請してきた。天皇は政元の行為を悪逆非道と考え、将軍の交代を認めたくなかった。そこで後土御門天皇は、将軍の交代を認めないまま退位しようと考え、再

び譲位をほのめかした。しかし、後土御門天皇の下間を受けた武家伝奏の勧修寺教秀、三条西実隆、甘露寺親長の3人は、将軍交代の奏請に対して天皇の退位を楯に返答することは先例がないとし、幕府との対立を引き起こす恐れがあることから、天皇の譲位に反対し、後土御門天皇もしぶしぶこれを認めた。

結局、後土御門天皇は在位中に譲位することはできず、中世の天皇としては異例の在位36年を数えることになった。その後の後柏原天皇と後奈良天皇も、皇室の困窮と政情の不安定を理由に譲位を実現できず、在位したまま没している。

後柏原天皇

ごかしわばらてんのう

生没年 1464年（寛正5）～1526年（大永6）
出身 山城国
主君 第104代天皇
死因 病死

◇ 明応の政変の混乱で即位式を行えず

104代天皇。後土御門天皇の第一皇子。

後柏原天皇が1500年（明応9）9月に即位したとき、天皇家は経済的に困窮の極みにあった。

後柏原天皇は先代の後土御門天皇が死んだ翌日に践祚したのだが、先代天皇の大葬礼を行うお金すらなく、父帝の後土御門天皇の遺骸は43日間も内裏に安置される有り様だったという。

そんな状況だから、後柏原天皇の即位式を行う資金も当然用意できなかった。天皇は幕府に用立てを頼み、幕府は諸国に徴収を命じた。しかし、当時の幕府は明応の政変（1493年）のあとで混乱していた。管領の細川家に反発する大名も増えており、細川家の号令では思うように金は集まらず、1501年（文亀1）中に集

まったのはわずか100貫ほどで、とても即位式を行うには足りなかった。

その後も金はなかなか集まらず10年以上がたってしまった。しびれを切らした天皇は1515年（永正12）に再度、幕府に徴収を催促した。しかし、将軍・義稙は細川澄元や細川高国との武力闘争中で、また三好党の京への乱入などがあり軍事に忙殺されており、徴収には不熱心だった。

結局、後柏原天皇の即位式が行われたのは1521年（大永1）で、践祚からじつに21年がたっていた。

◇ 足利義材を征夷大将軍に任命

1507年（永正4）は幕府内部で管領の細川政元が養子の澄之に暗殺され、その1カ月後には今度は澄之が細川高国に攻められて討ち死にするという状況で、幕政は混乱の極みにあった。京都から追い出されて山口の大内義興のもとに庇護されていた前将軍・足利義材は、京の混乱を好機と見て京への復帰をもくろみ、義興とともに挙兵の準備を進めた。

義材らの挙兵のうわさは後柏原天皇の元にも届き、天皇は細川澄元や細川成之（前阿波守護で細川家の重鎮）に義興との和議を交渉させたが、義興・義材連合軍は翌年2月には安芸まで進軍してきた。3月になると管領の細川高国が澄元と不和になり伊賀へ逃走。4月には、澄元が京を追放されて甲賀へ出奔するという事態となり、将軍・義澄も京を追われて近江岡山へ逃げ込むという有り様で、京には将軍と管領が不在のうえ、有力武将もことごとくいなくなり、残る権威は天皇のみとなってしまった。

そこに、4月末、義興軍が堺に上陸した。伊賀へ逃走した管領・高国が義材・義興と手を結んだため、天皇は入京した

義材を将軍に任じた。天皇は以前、義材をかくまったとして義興追討の綸旨を出したことがあったが、それはうやむやのうちに撤回され、京の治安を義興の軍事力に頼らざるを得なくなったのである。

1521年（大永1）にようやく即位式を行った後柏原天皇は、その5年後の1526年（大永6）に崩御した。

後奈良天皇

ごならてんのう

生没年 1497年（明応5）～1557年（弘治3）
出身 山城国
主君 第105代天皇
死因 病死

◇財政逼迫で官位乱発

105代天皇。父は後柏原天皇。1526年（大永6）に践祚したが、当時の皇室は財政的に逼迫しており、父の後柏原天皇のときと同様、即位式をすぐに行うことはできなかった。後奈良天皇の即位式が挙行されたのは9年後の1535年（天文4）のことだった。

後奈良天皇以前から皇室は困窮していたが、後奈良天皇の時代になると、禁裏料からの収入も途絶えがちとなり、天皇家の困窮ぐあいはますます深刻化するようになった。

こうした天皇家にとって、唯一の増収の道が、大名への官位の授与だった。実際、各地の大名への官位授与が激増するのが後奈良天皇の時代で、毎年10件以上の官位が授与されている。

即位式のために多額の金銭を寄付したのが今川家と後北条家と大内家だった。なかでも大内家の献金額は多額で、朝廷は当主の大内義隆を、武家としては平清盛以来となる大宰大弐に任官し、義隆の昇殿も許したのである。

とはいえ、本来であれば即位式とともに行うべきの大嘗祭を行うだけの献金は集まらなかった。

後奈良天皇は官位の授与のほかにも、天皇の直筆である宸翰を売ることもあったという。

大名からの献金がなければ生き延びることも難しかった天皇家だが、権威のほうは健在で、室町幕府の権威が失墜すると、天皇家の権威はますます高まることになった。

正親町天皇

おおぎまちてんのう

生没年 1517年（永正14）～1593年（文禄2）
出身 山城国
主君 第106代天皇
死因 病死

◇織田信長を利用して権威を復権

後奈良天皇の第二皇子。1557年（弘治3）、後奈良天皇の死を受けて践祚した。

正親町天皇が践祚した頃、皇室の困窮は相変わらずであった。しかし、先代、先々代に比べて違ったのは、権威の復権であった。将軍がたびたび京から追い出されるなど、室町幕府の権威が著しく失墜するのと同時に、天皇家の権威は回復していったのである。各地の戦国大名もすでに将軍を見放し、新しい権威として天皇を利用するようになった。たとえば毛利隆元が1559年（永禄2）に備中を平定したとき、隆元は備中平定を将軍ではなく天皇に報告している。そのとき隆元は、戦闘で討ち取った敵方の首の一覧表まで天皇に提出したという。

正親町天皇は戦国武将の勢力が各地で強まると、これにお墨付きを与えることで権威を高めていった。たとえば、織田信長が今川義元を倒し、美濃・北伊勢を

第1章 天皇家・足利家／天皇家

31

併呑した際には勅使を岐阜城に派遣して信長の征服事業を称え、領土拡大を承認する綸旨を伝えさせた。天皇はさらに、信長が僭称していた尾張守を追認し、信長の征服事業を正当化した。その後、信長が上洛を開始すると、正親町天皇は信長が担ぎだした将軍・足利義昭ではなく、また当時の将軍である義栄でもなく、一介の武将に過ぎない信長に当てて内裏の警固を命じる綸旨を出している。その後、天皇は入京してきた信長を頼みとし、信長が出征するたびに勅使を派遣してはこれを慰労し、凱旋してきたときも同様に勅使を派遣して信長の懐柔に努めた。

　また、石山本願寺が三好三人衆と結んで挙兵すると、これを戒める綸旨を出して、これまで中立を保ってきた姿勢を変更し、信長を頼りにするようになっていった。さらに正親町天皇は、1570年（元亀1）に信長が浅井・朝倉連合軍との戦いで苦境に陥ると、和議の勧告をして調停に努め、和議を渋る石山本願寺を説得してついに和議を成立させた。

　その後も戦国大名たちと争うことなく、天皇の権威を回復させた正親町天皇は、1586年（天正14）に譲位し、その7年後の1593年（文禄2）に崩御した。

足利将軍家

名門御家人の一家として鎌倉幕府内でも重きをなした名家。尊氏が鎌倉幕府を滅ぼして室町幕府を開き、以降15代にわたって征夷大将軍を輩出して日本の中央政府に君臨した。幕政は将軍専制ではなく有力守護大名との合議制だったこと、6代将軍・義教のあとの2代が幼年将軍だったことから、細川家などの大名家の権力が大きくなり、応仁の乱を機に将軍の権威は低下。1573年（大正1）に15代将軍・義昭が京を追放され室町幕府は実質的に滅んだ。

足利尊氏

あしかが・たかうじ

生没年 1305年（嘉元3）～1358年（正平13・延文3）

出身 丹波国？

主君 北条家→後醍醐天皇→光厳上皇

死因 病死

◇鎌倉幕府を見限り北条氏討伐の挙兵

足利尊氏はもともと「高氏」と名乗っていた。鎌倉幕府執権・北条高時の一字をもらったのである。祖母は北条家一門の北条顕時の娘、妻は六波羅探題・北条（赤橋）久時の娘・登子で、鎌倉幕府執権・北条家と強い結びつきをもっていた。

1331年（元弘1）、後醍醐天皇が京を出奔して笠置山に拠って倒幕の挙兵を起こすと、尊氏は幕命にしたがって天皇討伐軍の大将として上洛した。尊氏は大仏貞直や金沢貞冬らとともに笠置山を包囲。反幕軍の抵抗は激しかったが、約2週間後に笠置山を陥落させて反乱を鎮圧し、

鎌倉に戻った。

1333年（元弘3）、隠岐に流されていた後醍醐天皇が同島を脱出して伯耆船上山で挙兵すると、尊氏は再び幕命を受けて天皇を討伐するために上洛した。しかし、丹波篠村に着陣した尊氏は鎌倉幕府を見限り、天皇の綸旨を受けて北条家討伐の兵を挙げた。大兵力を従える尊氏の反乱は、幕府軍に衝撃を与えるとともに倒幕軍を勢いづかせた。尊氏は播磨の赤松則村・天皇側近の千種忠顕らと合流し、ともに六波羅探題を攻め滅ぼした。その約2週間後には上野国で挙兵した新田義貞軍により鎌倉は落ち、北条家一族の自害によって鎌倉幕府は滅んだ。

◇後醍醐天皇と決裂し、幕府を開く

後醍醐天皇のもとで建武の新政がはじめられると、尊氏は鎌倉を落とした新田義貞を差し置いて、天皇の皇子・護良親王とともに軍功の第一人者とされ、武蔵と上総の守護に補任されるなど手厚い恩賞を受けた。

しかし、後醍醐天皇の新政で重用された武家は尊氏以外には義貞と楠木正成、名和長年（なわながとし）、結城親光（ゆうきちかみつ）くらいのもので、幕府打倒に生死をかけた諸国の武士たちは冷遇された。逆に、戦功も何もない寺院や公卿たちが厚い恩賞を手にした。不満を募らせた武士たちは、源氏の棟梁である尊氏のもとに参集しはじめた。

1335年（建武2）、北条高時の遺児・北条時行（ときゆき）が信濃（しなの）で挙兵し鎌倉を一時占領すると、尊氏は天皇の命令を待たずに鎌倉へ下向し、反乱鎮圧後も天皇の帰還命令を無視して鎌倉に居座った。そして、天皇の命令に従わない尊氏は朝敵とされ、以後およそ1年にわたって尊氏軍と南朝軍との間で戦闘が繰り広げられることになる。

同年、上洛をめざして西上を開始した

尊氏は、翌年正月には京に侵攻し、後醍醐天皇を比叡山（ひえいざん）に追いやった。しかし、北畠顕家（きたばけあきいえ）が奥州から急ぎ救援にかけつけると南朝軍は勢いを盛り返し、尊氏は京から撤退し摂津（せっつ）・播磨を転戦したが敗れ、九州へ敗走した。

九州へ落ちた尊氏は同地の有力武家である少弐家や大友（おおとも）家の協力を得て、多々良浜（たたらはま）の戦いで南朝方の主力・菊池（きくち）軍を破った。態勢を立て直した尊氏は1336年（延元1・建武3）、京をめざして出陣し、弟の直義（ただよし）が山陽道を西下し、尊氏は瀬戸内海を渡って摂津湊川（みなとがわ）に上陸した。尊氏は南朝方の楠木正成を湊川の戦いで破って自害に追い込み、迎撃に出てきた新田義貞を京へ敗走させた。

京に侵攻した尊氏は、再び新田軍を破ると後醍醐天皇を比叡山に追いやり、京

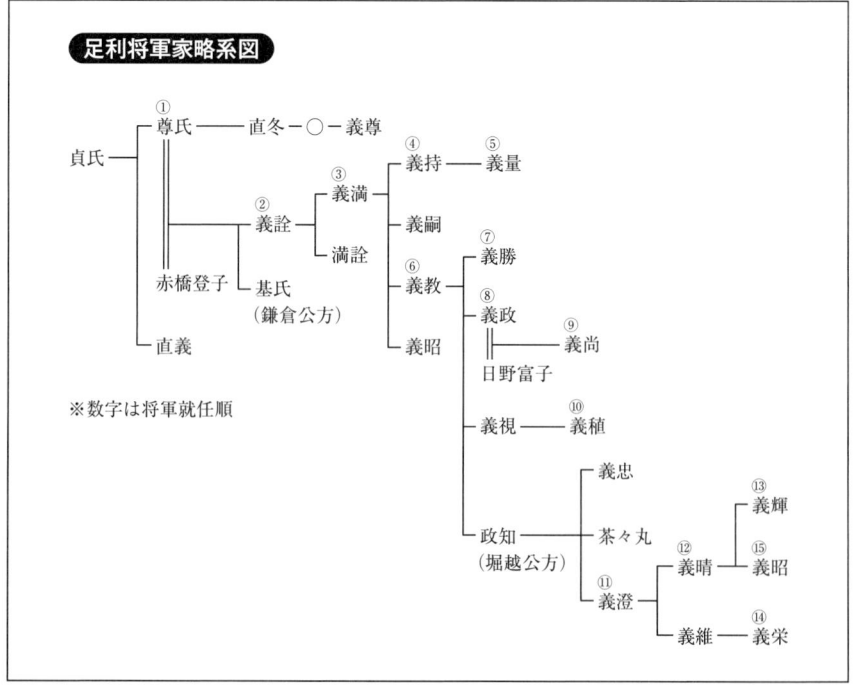

足利将軍家略系図

※数字は将軍就任順

を制圧し、光明天皇を即位させて北朝を開いた。当時の天皇家は、持明院統と大覚寺統に分裂しており、光明天皇は後醍醐天皇と対立する持明院統に属する人物で、その兄・光厳天皇は1331年（元弘1）に後醍醐天皇が隠岐に配流された際に天皇に擁立された経緯があったため、後醍醐天皇が比叡山に逃れたときも行動を別にして京にとどまっていたのである。

尊氏は比叡山に入った後醍醐天皇に働きかけて和睦し、後醍醐天皇を下山させて花山院に幽閉した。しかし、後醍醐天皇は1336年（延元1・建武3）末に京を脱出して吉野に入り、三種の神器を盾に譲位を認めず、南朝を樹立し、ここに半世紀に及ぶ南北朝の動乱がはじまった。

京を制圧した尊氏は「建武式目」を制定して武家政権の再興を天下に示し、実質的な足利幕府を開いた。とはいえ、政権基盤は盤石ではなかった。後醍醐天皇やその皇子に心を寄せる南朝軍が各地で策動していたからである。1338年（延元3・暦応1）に北畠顕家を摂津石津で、新田義貞を越前藤島で敗死させ、1348年（正平3・貞和4）には楠木正行を河内四條畷で破るなど、尊氏は南朝軍の支柱ともいうべき武将を次々に葬ったが、吉野や九州における南朝勢力はいまだ健在であった。

さらに尊氏に追い打ちをかけたのが、幕府内での内訌である。尊氏は政務を弟の直義にほぼ丸投げして、自身は軍事を担う二頭政治を展開していたのだが、南朝軍との戦いで数々の戦功を挙げた尊氏の側近・高師直の勢力が強まると、直義と師直が対立しはじめた。尊氏は当初、中立の態度を崩さなかったが、1350年（正平5・貞和6）に尊氏と師直が中国地方に出陣しているすきをつき、政争に敗

れた直義が京を出奔して挙兵した。尊氏は師直とともに急いで京に戻ったが、直義軍に敗れ、尊氏は直義と和睦した。しかし、直義が約束を反故にして師直を謀殺したため、尊氏と直義は再び対立し、1352年（正平7・観応3）、尊氏は鎌倉に入った直義をついに攻め滅ぼした。

その後も尊氏の戦いの日々は続いた。1353年（正平8・文和2）には楠木正儀・山名時氏ら南朝軍に京に攻め込まれ、鎌倉にとどまっていた尊氏は急遽上洛し、美濃に逃れていた子の足利義詮と合流して、京を制圧していた南朝軍を敗走させた。翌年12月にも、再び山名時氏・足利直冬・桃井直常ら旧直義党を含む南朝軍が京に攻め寄せ、尊氏は京を撤退したが、3カ月後には京を奪回した。

1358年（正平13・延文3）、九州で反幕府闘争を繰り広げる懐良親王を打倒するため、尊氏は自ら出陣することにした。しかし、その直前に京の万里小路邸で波瀾の生涯を閉じた。すでに病魔に侵されていたという。

足利直義

あしかが・ただよし

生没年 1306年（徳治1）～1352年（正平7・文和1）

出身 丹波国？

主君 北条家→後醍醐天皇→光厳上皇

死因 暗殺？

◇ 尊氏と2人3脚で天皇軍を破る

足利貞氏の2男で、足利尊氏の1歳違いの同母弟。

1333年（元弘3）、配流先の隠岐を脱出した後醍醐天皇が鎌倉幕府打倒の兵を挙げると、直義は兄の尊氏とともに天皇討伐のために上洛したが、尊氏が幕府に反旗を翻すとこれにしたがい、六波羅探題

攻めに参加した。

　鎌倉幕府が滅亡して後醍醐天皇による建武の新政が開始され、直義は鎌倉府将軍となった後醍醐天皇の皇子・成良親王の執事として鎌倉に下向した。鎌倉府は、東国における行政権と裁判権を一手に担う大所帯の組織であり、親王が当時まだ10歳に満たない子供だったため、鎌倉府の実権は直義が握ることになった。寛容でおおらかな兄と違って、理性的かつ現実的で当時としては珍しく側室を置かなかったほど生真面目だった直義にとって、この手の仕事は適役だった。直義はつつがなく仕事をまっとうしていた。

　1335年（建武2）、信濃で挙兵した北条時行が鎌倉に攻め寄せてきた。鎌倉府には鎌倉幕府に仕えていた幕臣と武将を数多く在籍させていたため、中には時行に呼応する者もおり、直義は鎌倉を守りきれずに逃亡を余儀なくされた。鎌倉は北条時行の手に落ちたが、このとき直義は逃亡直前に、後醍醐天皇と対立して鎌倉に幽閉中の護良親王を殺害した。そして京で直義の危急を知った尊氏が下向してくると、直義は駿河で尊氏軍に合流して鎌倉に攻め寄せ、時行の反乱を鎮圧した。

　反乱鎮圧後、尊氏のもとに天皇から帰京の命令書が届き、尊氏は上洛しようとした。しかし、鎌倉府で2年間実務に携わっていた直義は、恩賞の不公平や乱発される綸旨や法令による混乱など、天皇の新政でのでたらめぶりに直面していて、直義は上洛しようとする尊氏を押しとどめ、天皇と戦い武家政権を復興するように説得、尊氏も直義の提言を受け入れ、再び戦乱の日々がはじまった。

　直義は尊氏とともに出陣し、箱根で新田義貞軍を破るとそのまま西上して京へ

攻め寄せた。1336年（延元1・建武3）、足利軍は一時は後醍醐天皇を比叡山に追いやり京を制圧したが、北畠顕家軍に敗れて京から撤退し、九州へ逃れた。

　九州に逃れた直義は、尊氏と協力して九州の武将を糾合して、同年中に再び東上。海路で京へ向かった尊氏軍に対し、直義は陸路で京を目指した。京に入る寸前の摂津湊川では、楠木正成・新田義貞を大将とする軍勢が待ち構えていたが、直義軍が新田義貞軍を破り、楠木正成軍も破って正成を自害に追い込み、直義は尊氏とともに京へ入った。

◇ 観応の擾乱と兄との対立

　後醍醐天皇を吉野に追って光明天皇を擁立した尊氏は1337年（延元2・建武4）に幕府を開き、直義は尊氏の右腕として、幕府内の政務全般を司った。直義が目指したのは、北条泰時の政治だったとされ、質素倹約を奨励し、贅沢を禁止するとともに、守護には武功だけでなく政務運営能力の高い人物を補任するなど、秩序の維持に重点を置いた政治を行った。しかし、その政策は逆にいえば保守的で、従来と変わらないものでもあり、いわゆる悪党と呼ばれた身分から成り上がった新興領主層の反発を招いた。その急先鋒が、尊氏の側近で幕府執事として強い影響力を保持していた高師直だった。

　やがて直義と師直の対立は深刻化し、1349年（正平4・貞和5）、直義は尊氏に圧力をかけて師直から執事職を奪った。しかし、師直は武力をもって尊氏に迫って直義の罷免を認めさせ、直義はその地位を尊氏の子・義詮に譲り、出家して禅門に入ることを余儀なくされた。

　直義の恨みは深かった。兄を叱咤して幕府を開かせたこと、幕政をなんとか軌

道に乗せたことについて、大いに貢献をしたとの自負があったからだ。1350年（正平5・観応1）に京を脱出し、政敵である南朝と手を結ぶという奇策に打って出たのも、師直憎しからの所業であった。直義は兵を挙げ、直義側近の桃井直常が義詮を京から追い、尊氏・師直連合軍をも破って播磨へ敗走させ、尊氏と和睦した。こうして直義は再び幕閣に戻ったが、実権はあくまで尊氏・義詮父子にあったため、直義派と尊氏派の武将による戦闘が繰り返された。直義は再び京を脱出して畠山国清、山名時氏、斯波高経らとともに北陸へ下り、一時は鎌倉を奪う活躍を見せたが、東下してきた尊氏軍に伊豆で敗北、降伏した。直義は尊氏とともに鎌倉に入ったが、その直後に病死したという。『太平記』では尊氏に毒殺されたとされているが、真相はそれに近いものであったのかもしれない。

足利義詮

あしかが・よしあきら

生没年 1330年（元徳2）〜1367年（貞治6・正平22）

出身 相模国

主君 室町幕府2代将軍

死因 病死

◇室町幕府を軌道に乗せる

足利尊氏の子。父の死後、室町幕府2代将軍に就任した。兄に足利直冬がいるが、直冬が側室の子であったことから、義詮が嫡男となった経緯があり、直冬とは後年まで対立した。

父・尊氏が、元弘の変（1331年）で、後醍醐天皇討伐のために上洛したとき、尊氏の離反を怖れた鎌倉幕府によって、人質として母・登子とともに鎌倉に置かれた。義詮は、まだ千寿王と名乗る幼い

子供だった。

その後、尊氏が鎌倉幕府に反旗を翻すと、上野国で挙兵した新田義貞らの助けを得て鎌倉を脱出。義貞に奉じられて鎌倉攻めに加わった。

1333年（元弘3）、義貞が鎌倉を陥落させると、義詮は尊氏の命で鎌倉に残った。細川和氏らの補佐のもと関東支配の象徴となり、1336年（延元1・建武3）に建武の新政が崩壊して尊氏が京で幕府を開いた後も、尊氏の弟・足利直義の補佐を受けて鎌倉にとどまった。義詮が居住した御所は鎌倉府と呼ばれ、関東8カ国と伊豆、甲斐の10カ国を管轄していた。義詮と直義を補佐したのは、執事（のちの関東管領）の上杉家だった。このときの義詮の関東支配が、後の鎌倉公方へとつながっていく。

やがて直義と幕府の執事・高師直が、幕政の権力争いで対立し、1351年（正平6・観応2）に直義が敗れて政務から外れると、その代わりに義詮が京へ呼ばれ、以降は京都で政務を執ることになった。鎌倉府を任されたのは、義詮の弟・足利基氏で、基氏が初代鎌倉公方になる。

その後、義詮は京都で直義派と戦いながら、南朝勢とも対峙しなければならなかった。その結果、何度も京都を奪われては奪回することを繰り返すことになる。

◇南朝軍との戦闘の日々

1352年（正平7・文和1）、尊氏が直義討伐に鎌倉に向かった隙をついて、楠木正儀・千種顕経らが率いる軍勢が京に乱入した。義詮は東寺を本陣として迎撃したが、細川頼春が戦死するなど主力の細川軍が敗北したため近江に逃亡。京は南朝に制圧され、さらに光厳・光明・崇光の3上皇と皇太子の直仁親王を南朝に拉致されるという失態を犯してしまった。

近江に逃げ込んだ義詮は翌月、佐々木道誉らの援助を受けて約3万の大軍を率いて京に向かい、北畠顕能軍を淀に破り、楠木党を敗走させて京を奪還した。しかし、3上皇と皇太子を拉致されたままだったため、義詮は出家を予定していた光厳上皇の第3子の弥仁王を引っ張りだして、三種の神器もないまま即位させた。

翌1353年（正平8・文和2）にも、再び南朝軍が攻め寄せ、楠木正儀・山名時氏に攻められた義詮は京を脱出し、美濃に逃れた。義詮は、鎌倉にいた尊氏と連絡をとって号令を出してもらい、近江へ戻って軍勢を集め、再び京を奪還した。

南朝のほかにも、尊氏の庶子で直義の養子になっていた直冬も、直義の死後も尊氏と対立して勢力をもっており、義詮は1354年（正平9・文和3）から翌年にかけて播磨・摂津を転戦し、京でも再び南朝軍との戦いが起こるなど、義詮は戦に明け暮れた。

1358年（正平13・延文3）、尊氏が死去し、義詮が室町幕府2代将軍に就任した。そして翌年、義詮は南朝軍を一挙に葬ろうと、20万という大軍を率いて東寺に布陣し、さらに河内の四天王寺まで南下して南朝軍の動向をうかがった。幕府軍は紀伊・和泉にも攻め入って南朝軍を駆逐し、和田氏や湯浅氏など南朝軍の主力を寝返らせることに成功した。紀伊を制圧した義詮軍は、翌年には楠木正儀が守る河内赤坂に攻め寄せ、南朝の後村上天皇に圧力を加え、後村上天皇は金剛山中へ遁走した。

しかし、このときの戦いの主力を形成していた畠山国清が、鎌倉での不穏事を理由に急遽鎌倉に帰ってしまったため、義詮も兵を引き揚げ京に戻った。

南朝の勢力が衰退に向かいはじめ、幕府がより強大な力をもつようになると、幕府内部で権力争いが起こりはじめた。細川清氏と仁木義長が対立して義長が南朝に奔ったかと思うと、その清氏は佐々木道誉の讒言を受けて失脚してこれも南朝軍に加わり、さらに義詮の弟で鎌倉公方を務めていた基氏と畠山国清が対立して国清が伊豆へ遁走するという事件も起こった。1361年（正平16・康安1）には南朝に下った清氏が楠木正儀とともに京に侵攻し、義詮はまたもや近江へ逃れる事態となった（翌月、京を奪還）。

義詮はその後も、幕府による天下統一をめざして、各地の反乱分子と渡り合った。1362年（正平17・貞治1）に細川清氏を破り、翌年には中国の大内弘世を帰服させ、山名時氏もこの年、幕府に帰順した。大内家と山名家の帰服は幕府の力をより堅固なものとし、仁木義長や桃井直常、石塔頼房も幕府に降り、ようやく政情は安定しつつあった。義詮は新たな御所を作り、内裏を造営し、1365年（正平20・貞治4）には北条高時の33回忌法要を行うなど、内政に目を向けることができるようになった。

そして、その2年後の1367年（正平22・貞治6）、病に倒れ義詮は死去した。

足利直冬

あしかが・ただふゆ

生没年 不詳

出身 相模国？

主君 足利尊氏→足利直義

死因 病死

◇尊氏から冷遇された足利家長子

足利尊氏の長男。母は越前局という女性で、『太平記』によれば尊氏が一夜の契りを結んだときに直冬を身ごもったとされる。直冬は尊氏の庶子とされ、尊氏

の弟・直義の養子になっていることから、越前局はかなり身分の低い女性だったと考えられている。

尊氏が1338年（延元3・暦応1）に征夷大将軍に任じられた後、直冬は尊氏に認知してもらおうと願い出たが許されず、直冬が尊氏の前に列席するときは、仁木家や細川家などの家臣と同列だったともいわれ、尊氏との折り合いは悪くなる一方となった。尊氏が実子として認知したのは1348年（正平3・貞和4）になってからだったといわれている。

そのような関係性だから、1350年（正平5・観応1）に直義と尊氏が対立する観応の擾乱が勃発すると、直冬は養父である直義側について戦った。

直義の権限で長門探題に任命されていた直冬は、直義が失脚したことを知ると中国地方に動員の号令をかけたが、それが尊氏の不興を買い、尊氏は直冬討伐の命令を下した。幕府軍の攻撃を受けた直冬は、備前鞆津から船に乗って九州へ渡り、肥後の国人・川尻俊幸のもとに身を寄せた。

尊氏の長男であり直義の養子という出自は九州諸国の武将をなびかせるには十分な格をもっており、直冬は彼らに参戦を呼びかけて自軍の拡大をはかった。直冬は配下の武将に勝手に恩賞を与えるなどしたため、直冬と尊氏はこのときに完全に決裂した。

◇九州で一大勢力を結成

その頃の九州地方の勢力図は複雑で、直冬軍のほかに、九州探題・一色範氏を中心とする幕府軍、懐良親王率いる南朝軍のほか、少弐頼尚・大友氏泰らの九州土着の諸将らが乱立していた。

直冬は懐良親王軍と協調しながら、九州探題の支配に反抗する少弐家や大友家

とも結んで九州探題・一色家を圧迫していった。直冬軍の急激な膨張に驚いた尊氏は、1350年（正平5・観応1）、自ら軍勢を率いて直冬征討に出陣したが、その間に直義が南朝に降って挙兵し、京に戻った尊氏軍は敗北、高師直・師泰兄弟が討ち取られた。

中央で養父の直義が勢力を回復させている間も、直冬は九州で着実に勢力を広げ、同年中には一色範氏を破って肥前に敗走させた。さらに日向の守護として赴任していた畠山直顕が直冬側に寝返り、薩摩の島津家の北上を足止めした。

そして1351年（正平6・観応2）、直義と尊氏が講和し、直冬は鎮西探題に補任され、幕府に復帰した。

しかし、翌年に再び直義と尊氏が対立して直義が北陸に出奔すると、直冬は鎮西探題を解任されて尊氏から追討命令を下される立場に陥った。さらに同年、直義が死去して観応の擾乱が収まると、幕府軍の巻き返しが激しくなり、直冬はついに九州から撤退した。拠点を中国地方へ移した直冬は南朝に降り、当時南朝方だった周防の大内家を頼って山口に入った。1355年（正平10・文和4）、直冬は山陰の山名時氏、北陸の桃井直常、丹波の石塔頼房ら旧直義派を糾合して京へ侵攻した。2カ月にわたった幕府軍との戦いは直冬軍の敗北に終わり、直冬は中国地方へ敗走した。この戦いのとき、直冬は「この戦いは父・尊氏への反逆ではなく、君側の奸を討伐するための戦いである」という願文を捧げている。

その後も直冬は安芸を拠点に反幕活動を推進し、1362年（正平17、康安2）には、山名時氏とともに備後で挙兵したが、翌年の安芸・備後の戦いで敗れ、さらに盟友だった時氏が、因幡・伯耆・丹

第1章 天皇家・足利家／足利将軍家

39

波・丹後・美作の5カ国領有と引き換えに幕府に帰順し、直冬軍は崩壊した。その後は、直冬も2代将軍・足利義詮に降り、1366年（正平21・貞治5）を最後に表舞台を去り、石見に隠棲したとされる。

没年は1387年（元中4・至徳4）説と1400年（応永7）説があるが、後者が有力とされる。3代将軍・足利義満のもとで室町幕府が最盛期を謳歌していた時代である。

足利義満

あしかが・よしみつ

生没年	1358年（正平13・延文3）～1408年（応永15）
出身	山城国
主君	室町幕府3代将軍
死因	病死

❖ 幼き3代将軍

室町幕府3代将軍。父は足利義詮で、同母弟に足利満詮がいる。母は順徳天皇の後裔となる紀良子。

義満が生まれたのは、祖父・足利尊氏が死去して約4カ月後のことだった。この年、新将軍・義詮は自ら20万の大軍を率いて天王寺まで出陣して南朝と戦い成果を上げて翌年、京に帰還した。しかし、幕府内で内訌が起こり、仁木義長が伊勢に奔り、執事の細川清氏が南朝に降った。1361年（正平16・康安1）、清氏は楠木正儀らとともに京に進撃し、義詮は後光厳天皇とともに近江に逃げた。このとき義満はいったんは建仁寺に逃げ、その後播磨の赤松家のもとに庇護された。これから義満はしばらく播磨に身を寄せることになった。

近江へ逃げた義詮はまもなく京を回復し、清氏を討ち、大内弘世、山名時氏、

石塔頼房らを投降させることに成功して徐々に支配体制を固めていった。1367年（正平22・貞治6）、父の義詮が死去し、翌年、義満が3代将軍に任じられた。

将軍就任後の数年間は、義満が幼少だったため、執事の細川頼之が実質的なトップとして幕政を主導した。その間、畿内・九州の南朝勢力は弱体化し、頼之の政策によって将軍権威の高揚が図られた。

義満が積極的に幕政に関わるのは1378年（天授4・永和4）、20歳を迎える頃のことである。

❖ 細川氏を罷免して幕府内訌を収める

この年、河内・紀伊の南朝軍の動きが再燃し、頼之は南朝軍討伐を号令した。このとき義満は、弟の満詮とともに東寺に出陣した。そして、山名義理を紀伊守護に、山名氏清を和泉守護に任じて、彼らを紀伊に進撃させた。

しかし、このころ幕府内では深刻な内訌が生じていた。義満の執事である細川頼之と、尊氏以来の宿老として幕府に重きをなしていた土岐頼康とが対立し、頼康が勝手に美濃へ帰ってしまったのである。また、反頼之派の筆頭だった京極高秀が近江で挙兵する事態にもなった。

1379年（天授5・康暦1）、義満は頼康と高秀の追討を諸国に命令したが、このとき頼之に反感をもっていた幕府重臣の斯波義将と、頼康の同族である土岐義行は、頼之に対抗するために招集に応じずに近江へ奔って高秀と合流した。義満は再三書状を送って義将の慰撫に努め、義将がようやく帰洛して義満と会見した。両者の会談によって頼康と高秀の追討は撤回され、彼らは赦免されて京に戻った。さらに義将ら反頼之派は軍を率いて義満の御所を包囲して、頼之の罷免を求める示威行動に打って出た。

40

義満は、弟の満詮や諸将と相談したうえで頼之を罷免し、領国淡路への帰国を命じた。頼之は自邸を焼き払って京を出て出家し、領国の淡路へ帰国した。こうして義満が将軍に就任して以来政権を支えてきた執事の細川頼之が失脚し、新たな執事には斯波義将が補任され、幕閣は斯波派の者が占めることになった。

◇実力大名を武力で押さえ込む

1383年（弘和3・永徳3）、九州南朝の主柱だった懐良親王が死去し、九州探題の今川了俊の活躍もあり、九州はほぼ幕府の統制下に入った。また、吉野の南朝も、紀伊で北朝に対抗していた橋本正督が討たれると、強硬派の長慶天皇が譲位して後亀山天皇に代わり、南朝による軍事行動はほぼなくなった。

それに代わって、幕府内での大名の強大化が、義満にとっての問題となった。義満の最初のターゲットは、但馬・備後・美作・伯耆など11カ国の守護を務めて勢威をほこった山名家だった。1389年（元中6・康応1）に当主の山名時義が死去し、子の山名時熙が惣領家を継ぎ、甥の山名氏之（時義の養子になっていた）が伯耆守護を継いだ。しかし、甥の山名満幸と弟の山名氏清は、この継承に不満をもっていた。義満は、山名家の代替わりを好機と見て、時義が生前に将軍に対して不遜な態度があったとして、1390年（元中7・明徳1）、満幸と氏清に命じて時熙と氏之を追討させた。その結果、氏清が丹波・和泉・但馬を、満幸が丹後・出雲・伯耆・隠岐を領有した。

しかし、満幸の態度が傲岸不遜となり、義満は時熙・氏之兄弟を許し、今度は満幸の守護職を奪った。幕府の突然の政策変更に怒った満幸は、氏清を誘って1391年（元中8・明徳2）12月、ついに反乱の兵を挙げた。義満は細川・畠山・今川・一色・大内ら主要な武将を参集させて軍議を開き、自身は一色詮範邸に入って諸将の配陣を決めた。

山名軍が京に乱入してくると、義満は詮範と今川仲秋を馬廻の軍奉行として自ら刀を抜いて出陣した。戦は一昼夜続いたが、氏清が敗死し、満幸が丹後へ逃走して、幕府軍の勝利に終わり、山名家の勢力は著しく衰退し、山名家を破ったことで将軍家の威力を内外に示すことにも成功した。また、1399年（応永6）、中国地方の大大名である大内義弘が幕府に反して兵を挙げたが、これを鎮圧し、大内家の勢力を削ぐことにも成功し、幕府の力は確固たるものとなった。

◇56年ぶりに南北朝合一

もうひとつの義満の懸案事項が、南北朝の合一問題だった。前将軍・義詮の時代から何度か和睦の話はあったが、そのたびに折り合わなかった。しかし、当時は南朝の軍事力はほぼ壊滅状態にあり、また強硬派の長慶天皇から和睦派の後亀山天皇に代わっており、和平の気運は高まっていた。

義満は南朝側に使者を送り、和睦について話を進めていった。そして1392年（元中9・明徳3）、義満が示した和睦条件を南朝が受け入れることで、ついに和睦が成立。後醍醐天皇が吉野に遁走して以来56年ぶりに朝廷の分裂は終焉した。ただし、この和睦に関しては、当事者である北朝は蚊帳の外に置かれ、和睦条件についても義満が強行したもので、朝廷には事後報告だった。関白・一条経嗣はその日記に、「このような大問題を朝議にもかけずに決めるとは浅はかである」と怒りを交えて記している。

1394年（応永1）、義満は将軍職を嫡

第1章

天皇家・足利家／足利将軍家

41

男・義持に譲り、自らは太政大臣に任じられた。五摂家以外の者が太政大臣になるのは、平清盛以来の異例事だった。とはいえ、義持は10歳に満たない幼将軍であり、実権は義満が握った。内外の懸案を取り去った義満は、北山第の造営、土御門内裏の造営などの大土木事業をはじめ、北山第行幸などの行楽など、莫大な費用を使うようになった。そこで義満が費用調達のために行ったのが、明との貿易だった。1401年（応永8）、義満は商人の肥富と禅僧・祖阿を明に派遣し修好を求め、翌年、日本と明との間に修好が結ばれた。体裁は日本が明の属国となる朝貢貿易であり、朝廷や大名の中には不満を覚える者も少なくなかったという。しかし、義満は名を捨てて実を取った。日明貿易による利益は莫大なものとなり、幕府の財政は大いに潤ったという。

1408年（応永15）、義満は病に倒れ、その10日後に死去した。その死は突然であり、義満は没後については何の遺言も残さなかった。

足利満詮

あしかが・みつあきら

生没年	1364年（正平19・貞治3）～1418年（応永25）
出身	山城国
主君	足利義詮→足利義満→足利義持
死因	病死

◇父義詮・兄義満に劣らぬ能力の高さ

2代将軍・足利義詮の4男（2男とする説もある）。母は石清水八幡宮の検校（寺院を総括する役職）であった法印通清の娘で、義詮の側室となった紀良子。3代将軍・義満とは6歳違いの同母弟にあたる。母・良子は側室だったが、正室の渋川幸子に子がいなかったため、義満とともに

幸子の手で育てられた。兄の義満が1368年（正平23・応安1）に将軍に就任した際には、満詮はまだ3歳だった。

義満の陰に隠れる形で表立った活動は知られていないが、1378年（天授4・永和4）に幕府軍が南朝との戦いのために紀伊へ出兵し、義満が東寺まで出陣した際には、兄に同行して、自軍の兵を鼓舞したことが記録されている。

前将軍の子であり、現将軍の弟という血統から地位は高かったが、1403年（応永10）に従二位権大納言に昇進したのを最後に出家した。出家の際には兄である義満が剃髪しており、兄弟仲は悪くなかったことがうかがえる。その後も義満とは良好な関係を保ち、1406年（応永13）頃に満詮の正妻である藤原誠子が義満の側室として召し出された後も仲違いした様子はなく、義満が1408年（応永15）に死んだ後は、4代将軍・義持（満詮にとっては甥にあたる）のもとでも将軍家の重鎮としての地位を保った。

1416年（応永23）、前関東管領の上杉禅秀が、関東管領職をめぐる対立から鎌倉公方の足利持氏の居館を襲撃して鎌倉を占拠するという上杉禅秀の乱が起こった。将軍・義持は、この乱への対応を協議するための会議を設けたが、満詮もその評定に加わった。満詮はその場で、持氏が義持の烏帽子子であり、上杉禅秀軍が鎌倉を制圧した今、京にも影響を及ぼしかねないと述べて、持氏支持を訴えた。結局、義持は満詮の言葉を容れて上杉禅秀軍の討伐を決め、今川範政や上杉房方らを派遣、翌年に無事鎮圧された。

その後も満詮は、以前に母・良子とともに暮らした武者小路小川邸に住み、1418年（応永25）に死去した。

足利義持

あしかが・よしもち

生没年 1386年（元中3・至徳3）～1428年
（正長1）

出身 山城国

主君 室町幕府4代将軍

死因 病死

◇父義満、弟義嗣との確執

　足利義満の嫡男で、母は側室で三宝院坊官安芸法眼の娘・藤原慶子。1394年（応永1）に9歳で征夷大将軍に就任したが、義満存命中に実権はなく、幕府の評定にも義持は参加していなかったという。また、義満が義持の異母弟・義嗣を寵愛したため、義満と折り合いが悪く、義満の死の間近となる1408年（応永15）に後小松天皇が義満の北山第を訪問した際には、義嗣が天皇に謁見している一方、義持は警護に回されている。

　義満の死後、義持主導の幕政がスタートする。義持は、朝廷が義満に贈った上皇の尊号を拒否し、義満が築いてきた朝廷政策を否定した。また、名より実を取って明の属国となっていた対明貿易をやめ、義満の政策路線を変更していった。

　1416年（応永23）、関東で上杉禅秀の乱が勃発すると、鎌倉公方・足利持氏からの要請に応える形で、義持は援軍の派遣を決定。駿河の今川家と信濃の小笠原家に関東出陣を命じ、その結果、禅秀の乱は大軍を擁する幕府軍によって早期に鎮圧された。このとき、京でも大きな問題が起こった。義持の弟・義嗣が京を出奔して出家したのである。義持は、義嗣に対して何度も帰京を促したが、義嗣は聞き入れず、義持はついに義嗣を捕縛して仁和寺に幽閉した。そして、義嗣が禅秀と結んで幕府に謀反を企図したとし

て、1418年（応永25）、義持は側近の富樫満成に命じて義嗣を殺害させた。しかし、この事件を契機に富樫満成が影響力を強めるようになり、満成は斯波義重・細川満元・赤松義則・畠山満則・山名時熙・土岐康政ら有力守護大名を義嗣与党として告発するなど、自らの勢力拡大を図るようになった。さすがに、これほど多くの有力大名が義嗣を支持したとは考えられず、義持は満成を危険視するようになり、満成を追放、殺害する。

　これら一連の騒動を収拾し、幕政は義持を中心とした有力大名による合議制に移行し、義持は1423年（応永30）に嫡男・義量に将軍職を譲るが、義量が2年後に夭折したため、再び幕政に復帰した。

　1427年（応永34）、義持は播磨・備前・美作守護の赤松家の家督相続に介入し、赤松惣領家の赤松満祐と対立した。これは、義持が義持近習の赤松持貞に家督を継がせようとしたためで、近習勢力を増大させて将軍専制を推し進めようとしたともいわれている。

　翌1428年（正長1）、義持は感染症にかかって重体となり、約2週間後に死去した。義量を亡くしていた義持は、諸大名から後継を決めるよう促されたが、将軍後継すら重臣会議で決定するよう遺言して死去した。

足利義嗣

あしかが・よしつぐ

生没年 1394年（応永1）～1418年（応永25）

出身 山城国

主君 足利義満→足利義持

死因 殺害

◇父義満に愛され次期将軍候補に

　室町幕府3代将軍・足利義満の2男で、

4代将軍・足利義持の異母弟。母は義満の側室・春日局。母・春日局は、義満政権下で評定衆の一人に名を連ねた摂津能秀の娘ともいわれる。

多くの側室の間に子女をもうけた義満は、嫡男の義持以外の男子を僧籍に入れており、義嗣も幼少の頃に出家して、天台宗の三大門跡のひとつである梶井門跡（三千院）に入った。

しかし、1408年（応永15）に父・義満の命で還俗して僧籍を離れて北山第に住むようになった。同年3月、元服前の段階で従五位下に叙せられたが、元服前の任官は異例の出来事だった。その後も後小松天皇が北山第に行幸してくると、兄の義持を差し置いて天盃を下賜され、同月28日には早くも従四位下・左近衛中将に叙任された。

そして同年4月に宮中で元服。このときの元服式は、親王並みの形式で行われるという異例の事態で、義嗣はこのとき従三位に昇り、参議として名を連ねることになった。

義嗣が還俗させられたのは、次期将軍候補として義満に偏愛されたからとされるが、宮中における異例の扱いを見る限り、義満が義嗣を皇位継承者にしようとしたとの説もある。実際、義嗣は還俗した際に、義満の側室で後小松天皇の准母となっていた日野康子の猶子となっており、元服後は宮中で「若宮」と呼ばれていた。しかし、義嗣が元服して1カ月もたたないうちに義満が急死してしまい、義嗣の立場は微妙なものになる。兄である将軍・義持は、父・義満の朝廷政策を否定したため、義嗣は母・春日局とともに北山第を追われてしまった。とはいえ、准母・康子の猶子という立場を失ったわけではなく、1411年（応永18）に従

二位権大納言、1414年（応永21）に正二位と、位階は順調に昇進していった。

一方で、兄・義持との仲はついに修復できなかった。

1416年（応永23）、前関東管領の上杉禅秀が鎌倉公方の足利持氏に反旗を翻し、鎌倉を一時占拠する上杉禅秀の乱が勃発した。義持にとって上杉禅秀の反乱は大きな痛手だった。義嗣は禅秀の娘を側室に迎えていたのである。

義嗣に禅秀と共闘する思惑があったかどうかは定かではないが、将軍・義持と関係がよくなかった義嗣は機先を制する形で京都を出奔し、義持からの帰京命令も無視し続けた。しかし、幕府の追っ手により捕らえられ、仁和寺に幽閉されて出家させられた。

その後は相国寺で軟禁させられていたが、1418年（応永25）、義持側近の富樫満成によって殺害された。

足利義量
あしかが・よしかず

生没年 1407年（応永14）～1425年（応永32）

出身 山城国

主君 室町幕府5代将軍

死因 病死

◇19歳で早世した5代将軍

室町幕府4代将軍・足利義持の長男。母は従一位・大納言の日野資康の娘で、義持の正室・栄子。

義持にはほかに子がなかったため、義量は幼少の頃から次期将軍として期待されていた。1417年（応永24）に元服すると、義量は「御方御所様」と呼ばれるようになり、父・義持が大名邸を訪問する際には同行するようになった。また、義持の神社参詣にも連れていかれるように

なるなど、将軍就任前の顔見せを行っている。1423年（応永30）、義持から将軍職を譲られ、室町幕府5代将軍に就任。義量の側近には大館持房・持員兄弟や伊勢貞慶など、次代の義教政権下で活躍する大名クラスの人物があてがわれた。

将軍に就任した義量だったが、出家・隠退したとはいえ隠然たる力をもっていた前将軍・義持が変わらず実権を握っており、義量が幕政を主導することはできなかった。また、義量は幼少の頃から病弱で、将軍就任前にはすでに健康に不安を抱えていた。そのため将軍の地位にあっても、その間は一貫して病気がちであり、義持が義量を差し置いて幕政をリードしたのも、義量の健康不安に大きな理由があった。

種々の祈祷を試みたものの、義量の病状は回復せず、将軍就任からわずか2年後の1425年（応永32）に死去した。満19歳という若さであった。

義量の死後、父である前将軍・義持は、なぜか後嗣を定めようとせず、自らが将軍に返り咲くこともなく、前将軍という肩書きで政務をとった。義量の死後4年間、将軍位は空位のままであったのだ。そのため義持の死後に、後継者問題が表面化するのである。

足利義教

あしかが・よしのり

生没年	1394年（応永1）〜1441年（嘉吉1）
出身	山城国
主君	室町幕府6代将軍
死因	暗殺

◇ 前代未聞のくじ引き将軍

室町幕府6代将軍。3代将軍・足利義満の3男で、4代将軍・足利義持の同母弟。1403年（応永10）に青蓮院に入り、5

年後に得度。その後は大僧正、准三后と順調に出世し、1419年（応永26）に天台座主に就任し、2年間その座にあった。

1428年（応永35）、兄の義持が死去した。義持は5代将軍・義量の死後、後継者を定めずに、自らも将軍位に復帰することなく政務をとっていた。義持は死の間際、諸大名の合議で次期将軍を決めるように遺言しており、管領の畠山満家や義満の猶子となっていた僧・満済らが相談のうえ、くじ引きで後継の将軍を決めることになった。このとき候補に挙げられたのが、義持の4人の兄弟（全員が僧籍に入っていた）で、義教もその中のひとりとなった。

くじは義持死去の前日に義持自身が引いており、その死後に石清水八幡宮の神前で満家が開封。義教が6代将軍に就任することになった。翌日、義教のもとに満家らが赴き、くじ引きの結果を伝え、義教に将軍就任を求めた。このとき義教は、はじめは辞退を申し出たが、やがて受諾したとされている。その後、還俗、官位叙任と手続きが進められ、翌年3月に元服し、35歳で6代将軍に就任した。

◇ 将軍権威を強化させた恐怖政治

義教の時代は、将軍就任直後の1428年（応永35）に南朝の反乱である北畠満雅の乱が起こり、同年には「日本開闢以来、土民蜂起之初めなり」と記された正長の土一揆をきっかけに畿内各地で土一揆が起こるなど、京周辺はにわかに騒然としてきた。また、地方に目を転じても、1431年（永享3）に九州で大内家と大友家の戦が勃発し、関東では鎌倉公方の足利持氏があからさまに幕府に反発するようになった。

こうした騒然とした状況を背景に、義教は将軍の権威を高めて幕府の統制力を

第1章 天皇家・足利家／足利将軍家

45

強化することをめざした。管領以下の諸大名の意向を聞きながら政治を運営するという、それまでの幕政を変え、廃止されていた評定衆と引付頭人を復活させ、賦別奉行を管領直属から将軍直属に変え、政務の決裁は将軍臨席の場ですることにし、訴訟審理の場から管領を締め出し、管領の力を弱めて将軍が実権をもつような政治形態に変えていった。

また、身分にかかわらず、男女関係の不祥事には厳罰で臨んだ。鎌倉公方・足利持氏に対しては、山入家や小栗家などの将軍直属の京都扶持衆を送り込んで監視させ、鎌倉（相模国）と境界を接する駿河の今川家や信濃の小笠原家を優遇して持氏をけん制した。また、中国地方の大大名・大内家の家督争いに介入し、大内持世を助けてこれを後継におさめ、土一揆に対しては赤松家など主力大名を投入して鎮圧していった。

朝廷に対しても、禁裏に小番という役人を常駐させて出仕の規定を厳格に定め、男女別室の制度を設けて風紀を正そうと試みた。また、公家社会を幕府が統制する義満の時代を懐古して、彼らをわずかな罪でも処分していった。そのため、公家社会では義教を恐れるようになり、「万人恐怖」「薄氷を踏むの時節」などといわれた恐怖政治となった。ただし、公家の粛清は義満・義持の時代でも行われていたことで、義教に限った話ではない。

こうして将軍権威の高揚を狙った義教の政策は一定の効果をおさめた。

❖ タブー視されていた比叡山の弾圧

1432年（永享4）から1434年（永享6）にかけて、幕府の重鎮だった斯波義淳、畠山満家、三宝院満済、山名時熙らが相次いで死去すると、義教の専制政治化が

進んだ。1437年（永享9）、弟の大覚寺義昭を自害に追い込み、1438年（永享10）に足利持氏が関東管領・上杉憲実を攻めて関東で戦が勃発すると、後花園天皇に持氏討伐の綸旨を出させて持氏を殺害した。1440年（永享12）には大和の陣中にいた一色義貫と土岐持頼を誅殺し、1441年（嘉吉1）の結城合戦では持氏の遺児・春王丸らを殺した。

さらに義教の治世が恐怖政治といわれた由縁が、比叡山に対する強攻策だった。平安時代以来、比叡山は治外法権的な立場にあり、歴代の権力者は比叡山には手を出さなかったが、義教は荘園の境界問題や比叡山の寺内町・坂本の土倉の金貸しの問題などで、ことごとく比叡山に不利な裁定を下した。そして1434年（永享6）、延暦寺が鎌倉公方・持氏と内通していたと嫌疑をかけて所領を没収し、同年、ついに延暦寺追討を宣言して幕府軍が比叡山を包囲し、比叡山山麓の坂本に火をかけて比叡山を圧迫した。延暦寺は降伏して義教も和睦に応じたが、京にやってきた4人の山門使節を殺害。怒った比叡山は根本中堂に火をかけて24人の宗徒が自害して抗議の姿勢を示した。義教は10歳に満たない頃から、将軍就任直前の30歳代の壮年まで比叡山におり、その間には天台座主という比叡山のトップの座にもついていた。義教は比叡山の世俗化にともなう拝金主義と宗教的堕落、過激になる僧兵たちをつぶさに見ており、それが延暦寺への弾圧につながったともいわれている。

❖ 嘉吉の変で将軍横死

義教の時代は、南北朝が合一してから40～50年ほどしかたっていない時期で、旧南朝勢力がまだ畿内周辺にも残っており、南朝の皇胤も残存していた。伊勢の

国司・北畠満雅は後亀山天皇の孫・小倉宮を奉じて挙兵したし、大和や河内でも旧南朝勢力がたびたび騒動を起こすなど、その力はいまだ侮れないものがあった。そこで義教は、南朝皇胤断絶策を打ち出し、小倉宮を含む皇胤を出家させて政治的な力を奪い、100年以上続いた両統による皇位争奪戦を終結させた。

こうした諸大名や朝廷に対する強攻策は、将軍権威を高めることにつながったが、一方で諸大名は不満と不安を高めていった。1441年（嘉吉1）6月、義教は同年の結城合戦の戦勝祝いの宴で赤松邸を訪れていた。そこで、土岐・一色誅殺に不安を覚えていた赤松満祐によって殺害された（嘉吉の変）。その死は「将軍のかくのごとき犬死、古来その例を知らず」と記された（『看聞日記』）。

大覚寺義昭

だいかくじ・ぎしょう

生没年	1404年（応永11）～1441年（嘉吉1）
出身	山城国
主君	足利義満→足利義持→足利義教
死因	自害

◇幕府に背いた6代将軍の弟

3代将軍・足利義満の子で、4代将軍・足利義持、6代将軍・足利義教の異母弟。若くして出家して大覚寺に入り、1414年（応永21）頃に大覚寺門主、准三宮に任じられた。

兄の義持は、自分の後継を定めることなく、後継は諸大名の合議で決めるように遺言して死去したため、管領の畠山満家以下の重臣たちによって、次期将軍をくじ引きで決めることになったが、そのときの将軍候補4人の中に義昭もいた。くじ引きの結果、1428年（応永35）に兄の義教が将軍位についた。

1437年（永享9）7月、義昭は突然、大覚寺から出奔した。大覚寺は南朝ゆかりの寺院であり、鎌倉公方・足利持氏との内応も疑われ、義昭の逐電は幕府内に衝撃を与えた。同年8月には、河内で楠木家の残党が挙兵し、森口城を攻め落とすという事件が起こった。義昭との関係は不明だが、義昭の出奔と無関係ではないと考えられている。

出奔した義昭は大和に入ったあと土佐に渡った。翌年に、鎌倉公方・持氏と関東管領・上杉憲実との関係が悪化して永享の乱が起こると、幕府は関東での騒乱鎮圧に重点を置いたため、義昭の追跡は中断された。

義昭はその後、土佐を出て伊勢に入った。翌年、永享の乱のめどをつけた幕府は、義昭の伊勢入国を知って木造持康らに命じて伊勢に攻撃をかけたが、義昭は逃げ延びた。義昭は1440年（永享12）には九州に渡り、日向国に身を寄せた。日向国は島津家が守護を世襲しており、当時の守護は義昭と顔見知りだった島津忠国だった。

しかし、やがて義昭の居所は幕府の知るところとなり、忠国に義昭討伐の命が下った。忠国は義昭殺害を逡巡したが、幕命を守るべきとする重臣たちの意見に逆らえず、1441年（嘉吉1）3月、義昭は忠国の命を受けた島津家の家臣に邸を囲まれ自害した。

第1章 天皇家・足利家／足利将軍家

47

足利義尊

あしかが・よしたか

生没年 1413年（応永20）～1442年（嘉吉2）
出身 不明
主君 特になし
死因 殺害

◇赤松氏に推戴された直冬の孫

　足利尊氏の実子で直義の養子となった足利直冬の孫とされる。

　1441年（嘉吉1）、播磨等3カ国の守護・赤松満祐が6代将軍・足利義教を殺害する嘉吉の変が起こった。満祐は義教殺害後、播磨に帰還し、幕府の討伐軍と戦うことになるが、そのとき赤松軍に推戴されたのが足利義尊だった。

　義尊の来歴は不明だが、1441年（嘉吉1）当時は禅僧として播磨にいたといい、弟も同じく禅僧で備中にいたとされる。満祐は当初、南朝皇胤の小倉宮（後亀山天皇の孫）の子を擁立する腹づもりだったが失敗し、その代わりに義尊を奉じたともいう。

　赤松家に擁せられた義尊は将軍を自称し、自分の花押を使って各地に檄を飛ばして味方をつのったため、幕府に衝撃を与えた。管領の細川持之は、義尊の花押を手に入れ、その花押を持った人物を捕らえるように各関所に通達した。

　赤松家の反乱は、幕府軍の山名持豊に居城の赤松城を落とされて満祐が自害したことで終結した。しかし、義尊は満祐の子の教康と、満祐の弟の則繁とともに赤松城を脱出し、逃亡した。

　その後、義尊はしばらく行方をくらまし、翌年3月、僧形のかっこうをして管領の畠山持国（赤松満祐の乱の終結後、持之から交代して就任）のもとを訪ねたが、持国によって殺害された。義尊がなぜ持国のもとを訪ねたのかは不明である。

足利義勝

あしかが・よしかつ

生没年 1434年（永享6）～1443年（嘉吉3）
出身 山城国
主君 室町幕府7代将軍
死因 病死

◇7歳で将軍に就任し、10歳で夭逝

　室町幕府6代将軍・足利義教の長男で、7代将軍。母は義教の側室の日野重子。8代将軍・足利義政の同母兄。異母弟に初代堀越公方の足利政知がいる。義教の正室の日野宗子に男子の子供がいなかったため、義勝が嫡男とされた。重子と宗子は姉妹で、正三位権大納言の日野義資は兄にあたる。

　父・義教は妻の実家・日野家との折り合いが悪く、義勝は生まれて間もなく、義教の側室・正親町三条尹子の養子となり、政所執事の伊勢貞国邸で育った。尹子は側室だったが、義教の寵愛を一身に受け、正室の宗子とともに「御台所」の称号をもち、正室同然の扱いを受けた女性である。

　1441年（嘉吉1）6月、父・義教が播磨の守護・赤松満祐の謀反により殺害された（嘉吉の変）。このとき義勝は満7歳という幼少だったが、管領・細川持之以下の幕閣の協議により、義勝が次期将軍に選ばれた。しかし、義勝はまだ元服をすませていなかったため、それまでは細川持之が中心になって政治を行うことに決まった。征夷大将軍という地位は朝廷の官職であり、天皇から任命されるものであった。通常、朝廷内で任位任官されるのは元服後とされていたための対応だった。

　幕府としては早急に義勝の元服式を行おうと考えていたが、嘉吉の変の事後処

理や、その後に起こった嘉吉の土一揆などの対応に追われ、義勝が元服したのは義教の死後1年以上が経った1442年（嘉吉2）11月のことだった。元服と同時に正五位・左近衛中将に任官し、征夷大将軍を宣下され、正式に室町幕府7代将軍に就任した。

義勝の補佐役だった細川持之は、義勝が将軍に就任する前の同年6月に病気のために管領を辞めており、義勝が将軍に就任したときには管領・畠山持国、但馬の守護・山名持豊（宗全）らが義勝の幕政を見た。

1443年（嘉吉3）6月、李氏朝鮮の使節である朝鮮通信使が、前将軍・義教の死に対する弔問のために来日し、義勝が対応にあたった。

同年7月に義勝は病に倒れ、10日ほどのちに死去した。死因は赤痢だったといわれている。義勝のあとは、同母弟の義政が将軍に就任したが、義勝が死んでから6年後のことであり、その間、将軍位は空位のままだった。

足利義政

あしかが・よしまさ

生没年 1436年（永享8）～1490年（延徳2）
出身 山城国
主君 室町幕府8代将軍
死因 病死

◇ 後継者問題を引き起こす

足利義教の2男。7代将軍となった長兄・義勝が10歳で早世したため、1449年（宝徳1）に8代将軍に就任した。

義政は、応仁の乱勃発の一因を作り、その乱を収拾できなかった無能の将軍といわれるが、当初は政所、奉行衆、番衆を将軍側近として取り立て、強大化する守護大名に対して将軍権力の再興を試み

るなど、積極的に政治に取り組んでいた。

だが、義政の思惑通りにはいかなかった。今参局・烏丸資任・有馬持家などの側近や、妻の日野富子とその一族、そして各地の守護大名らの政治介入はとどまることを知らなかった。加賀の守護・富樫家の内紛に介入したときには管領の細川勝元に反対され、尾張織田家の守護代復帰の件では尾張守護・斯波義健に反対されてしまった。嘉吉の変で没落した赤松家を再興しようとして、山名宗全とも対立した。

こうした状況に嫌気が差したのか、義政は30歳を迎える頃になると、隠居を考え出した。しかし、自身には後継の嫡子がいない。そのため、僧籍に入っていた弟の足利義視を還俗させ、養嫡子に迎えた。ところが翌年、妻の富子が足利義尚を生んだため、にわかに将軍後継問題が発生してしまった。

こうした情勢下で、幕府内は義視派と義尚派に分裂し、さらに畠山家と斯波家の後継争いが加わり、そして幕府の重臣である細川勝元と山名宗全の対立が激化して、1467年（応仁1）、応仁の乱が勃発した。

◇ 応仁の乱における義政の無責任

この乱に際し、義政は当初は両軍に停戦を命じたが収まらず、結局、細川勝元率いる東軍に属すことになり、山名軍追討を命じて、弟の義視を総大将とした。しかし、実子を将軍職に就けたい富子が義視の追い落としを図り、義視が京を出奔。義政は、義視のもとに使者を送って説得に努め、翌年、義視は戻ってきたが、義視と富子の対立は収まらず、同年再び義視は出奔し、山名宗全率いる西軍に寝返ってしまった。ここに将軍家は分裂し、義視を見限った義政は、義視の官

49

位を剥奪して義視を廃嫡し、義尚を正式に後継者に決定した。

応仁の乱は大規模な戦闘は起こらなかったものの各地で小競り合いが勃発し、なかなか決着がつかなかった。そして1473年（文明5）、山名宗全と細川勝元が相次いで死去すると、義政は義尚に将軍職を譲って自らは引退した。しかし、義尚が幼かったため、義政は2年あまりは政事をこなした。大乗院尋尊の日記に「天下公事修まり女中の御計、公方は大御酒、緒大名は犬笠懸、天下泰平の如くなり」とあるように、政務はもっぱら富子が仕切っていた。応仁の乱は1477年（文明9）に終結するが、このときも乱収束に尽力したのは富子であった。

その頃から義政は、義尚・富子と折り合いが悪くなり、1485年（文明17）には義政の側近と義尚の側近が武力衝突するなど溝は深まる一方で、同年、義政は出家した。1489年（延徳1）に義尚が陣没すると、義政は再び政務を執ろうとするが、そのときは富子の反対で復帰はならなかった。

結局、弟・義視と和解し、義視の嫡男義材を10代将軍に就けることで、政治空白を埋めることになった。

◇文化事業に傾倒して財政を安定させる

政治的には存在感を示せなかった義政だったが、文化人としての功績は大きかった。いわゆる東山文化は、義政が創出したものである。

義政は、幼少の頃から文化に傾倒していた。それは、6代将軍・義教の強権振りに恐怖した守護大名たちが、義政に権力を集中させなかったことに起因する。

大乱の戦禍のなかでも酒を飲むことしかできなかった義政だが、文化事業に関しては積極的にリーダーシップをとっ

た。1482年（文明14）に東山山荘の造営に着手するが、義政はそれに先だって、各地の庭園を自ら見て歩き、有名寺院から石や木を徴収した。調度品も義政自身が選んだ。この東山山荘は、慈照寺銀閣として現在に至る。

義政は銀閣寺以外にも、小河御所を造り、母・日野重子のために障子一間2万銭という豪華な屋敷を造った。また、『応仁記』には、5、6年に一度でも大変な猿楽興行や花見、伊勢参宮など9つの行事を毎年行い、贅の限りを尽くしたと書かれている。

これら費用のねん出のために、義政は義教の死後から中断されていた日明貿易を復活させ、義尚に将軍職を譲ったあとも貿易の利権は手放さなかった。貿易の利潤は幕府の財政を安定させたが、同時にそれに関わる管領家や守護大名の懐も潤わせたため、守護大名の勢力拡大を誘発することにもなった。

貿易以外にも、山荘造営のために諸大名に臨時の税金をかけた。これは、天皇の即位や伊勢神宮造営の際に金が足りなかったときに実行されたことはあったが、将軍の個人的事由で追徴されるのは初めてだった。

さらに、徳政令を出すときに、土倉や金貸しから借りた金は十分の一を幕府に納めれば棒引きするという、分一徳政令を発布して、費用の工面に余念がなかった。

義政の代に、たしかに幕府の財政は潤ったが、それが社会に還元されることはなかった。当時は、応仁の乱のために民衆の生活は逼迫しており、飢饉も加わって一揆が頻発していた。しかし、義政はそれらの解決には一切目を向けなかった。

こうした義政に対して、時の天皇・後

花園天皇は詩を送って義政を戒めている。その詩は、民衆は木の根草の実を食べて火もない生活を強いられているのに、御所の草木は誰のために咲きほこっているのか、という内容だった。

義政は調達した金を、すべて文化につぎ込んだため、結局は幕府の財政難を招いて幕府の権力を失墜させてしまった。復活させた日明貿易も、最終的には大内家や細川家に実権を握られていく。

足利義視

あしかが・よしみ

生没年	1439年（永享11）～1491年（延徳3）
出身	山城国
主君	足利義政
死因	病死

◇兄義政に請われて将軍候補として還俗

足利義教の10男で、母は日野重光の娘・重子で、8代将軍・足利義政は同母兄にあたる。幼少の頃から僧籍に入り、天台宗浄土宗門跡となっていたが、兄の義政に男子が生まれなかったため、1464年（寛正5）に義政に請われる形で還俗した。

義視は、当初は義政の要請を拒否していたが、再三にわたる義政の要求と、今後男子が生まれたとしても将軍職は義視に譲るという書状を渡され、還俗を決心したという。義視は、将軍候補に与えられる従五位下左馬頭に叙され、その邸宅の位置から今出川殿と呼ばれた。

ところが、義視が還俗した翌年、義政と正室・日野富子の間に足利義尚が誕生すると、義尚を将軍にしたい富子との仲が一気に険悪になった。富子が、義視の後見役だった管領の細川勝元と対立する山名宗全を頼ったため、将軍家は二分された。

1466年（文正1）、斯波家で家督継承をめぐって内訌が勃発すると、山名家や六角家、土岐家などが内紛に介入して京は騒然となった。さらに、この騒動に便乗して、義政の側近で富子派の伊勢貞親と季瓊真蘂が義視失脚をもくろみ、義政に讒言を行ったことで、義視と義政の関係も悪化。居場所を失った義視は細川勝元のもとに身を寄せたが、一色範直の仲介で、いったん義政と和解した。

◇応仁の乱を経て念願の幕政参画

斯波家に続いて畠山家でも家督をめぐる内紛が起こり、1467年（応仁1）、ついに応仁の乱が勃発した。義視は、義政・富子らとともに勝元率いる東軍に属したが、義視と富子の対立は解消されず、翌年、義視は西軍に寝返った。

西軍に身を投じた義視は、御内書や奉書を発して西軍の旗頭となり、管領や守護を独自に任命していった。1473年（文明5）に山名宗全、細川勝元の両名が死去すると、両軍の動向はこう着状態に陥り、義視は一条兼良の仲介で義政と和解するが、京には戻らず、土岐成頼を頼って美濃国へ寓居した。

1489年（延徳1）に義尚が、1490年（延徳2）に義政が相次いで死去すると、嫡子のなかった義尚の後継は、義視の嫡男・義材となった。富子とも和睦し、義材を10代将軍に就任させたことで、義材の後見役として義視は幕政に復帰した。しかし、前将軍の母である富子は依然幕閣に強い影響力を保っており、義視と富子の対立は続き、富子が義材の従兄弟にあたる足利義澄（堀越公方・足利政知の子）を将軍後継に推す細川政元に接近したことで、両者は再び険悪になってしまった。

翌1491年（延徳3）、義視は病を発症し

病床に伏せ、死去した。そして、その2年後、将軍の義材は政元によって京を追放され、将軍職を失った。

足利義尚

あしかが・よしひさ

生没年	1465年（寛正6）～1489年（延徳1）
出身	山城国
主君	室町幕府9代将軍
死因	病死

◇応仁の乱中に9代将軍に就任

8代将軍・足利義政の嫡男で、9代将軍となる。母は日野富子。叔父の足利義視と将軍位を争い、それが応仁の乱の一要因となった。

義尚が誕生する3日前、将軍・足利義政の弟である足利義視の元服式が行われた。その前年に義視は従五位下・左馬頭に任ぜられており、元服式は次期将軍を約束するものだった。しかし、義尚が誕生したため、義視の次期将軍職は白紙に戻され、幕府は義視派と義尚派に分裂してしまった。

義尚は誕生後すぐに、当時の慣例として政所執事の伊勢貞親邸に預けられた。義政と富子は、伊勢邸で養育されていた義尚のもとに足しげく通ったという。

1467年（応仁1）に応仁の乱が勃発すると、義尚は義政とともに管領・細川勝元に庇護され、東軍に属することになった。

1473年（文明5）、義政から禅譲されて9代将軍に就任。当時、義尚はまだ8歳であった。当初は義政の後見を受けたが、1479年（文明11）に評定始・沙汰始の儀式を行って義政から自立し、将軍側近の奉公衆や同朋衆も義政から義尚のもとに結集するようになった。しかし、前将軍の義政は、政務は義尚に譲ったが、貿易や社寺の保護統制の権限は手放さず、ま

た義尚が義政の寵愛していた女性に手をつけたこともあり、父子関係は険悪化した。さらに義尚は母の富子とも仲たがいして住居を分けることになった。

◇六角氏討伐の陣中で病死

1485年（文明17）、義政が東山山荘に隠棲したことにともない、義尚はようやく幕政を手中に収めることになった。

1487年（長享1）、義尚は南近江の守護・六角高頼追討の兵を挙げた。当時の近江には幕府の直轄領や社寺の荘園が多くあったのだが、高頼はこれらを次々に横領しており、義尚が何度か諌めてもやめなかったのである。

同年9月、義尚は東山山荘にいる父・義政に出征の報告をしたうえで出陣した。近江の坂本に着陣した義尚は、高頼のこもる観音寺城を攻撃して高頼を甲賀に敗走させた。さらに義尚は軍勢を甲賀に入れて高頼を追いつめていった。

義尚は坂本から鈎の里の安養寺に陣を移し、以降は鈎の里に腰を落ち着け、同所で政務をとることになり、死去する1489年（延徳1）までの2年間、京に戻ることはなかった。

こうして武士として活動する一方、義尚は文化にも精通していた。関白・一条兼良から和歌を学び、三条西実隆や広橋兼顕、甘露寺親長、姉小路基綱など多くの文化人公卿と交流し、近江に出陣中にも数回の歌合を催している。そのほか絵画や書にも通じ、後土御門天皇とも絵画を通じて交流した。また、中国の史書や儒学の研究を行うなど文人としての側面も強い人物であった。

1489年（延徳1）、義尚は鈎の里の陣中で病に倒れ、そのまま死去した。京から駆けつけた母の富子に看取られての死であった。

足利義稙(義材)

あしかが・よしたね（よしき）

生没年 1466年（文正1）～1523年（大永3）
出身 美濃国
主君 室町幕府10代将軍
死因 病死

◇義尚の後を継いで10代将軍に

室町幕府10代将軍。6代将軍・足利義教の子・足利義視の嫡男。母は日野重政の娘で、日野富子の妹。初名は義材で、のちに義尹・義稙に改名した。

1477年（文明9）、応仁の乱が終結すると、義稙は父の義視に連れられて美濃の守護・土岐成頼を頼って美濃へ下向した。その後12年間、美濃に隠棲していたが、1489年（延徳1）に9代将軍・足利義尚が死去したのを契機に、父とともに上洛した。その翌年、前将軍の足利義政（義視の兄）も死去したため、幕府は新たな将軍を擁立しなければならなくなった。義政には義尚以外に子はなく、義尚にも男子がいなかったため、次期将軍として義稙に白羽の矢が立った。

しかし、前管領の細川政元は、義稙が義政・義尚父子と対立した義視の子であることを理由に、義稙の将軍就任に難色を示し、義政・義視兄弟の弟である堀越公方・足利政知の子・香厳院清晃を推した。

だが、義稙の叔母にあたる日野富子が義稙を強く推し、1490年（延徳2）、義稙は10代将軍に就任した。

義稙はまず、先代の義尚の事業を引き継ぎ、六角高頼の討伐に向かった。畠山政長・細川政元・赤松政則らを従えた軍勢は1万を超えたといい、1492年（明応1）に南近江を平定した。

◇細川氏のクーデターで将軍職解任

1493年（明応2）、義稙は畠山家の内訌に介入し、河内の畠山基家を討伐するために畠山政長とともに河内に侵攻した。しかし、義稙が京を留守にしている隙をついて、政長と対立していた細川政元が義稙排除のクーデターを起こした。清晃を擁立した政元は、義稙と対立しはじめていた日野富子を味方に引き入れ、さらに伊勢貞宗と赤松政則の協力も得てクーデターを成功させた。

河内の陣中にいた義稙は、政元の放った軍勢に囲まれて降伏し、政長は自害して果てた。そして義稙は将軍位を廃され、清晃が還俗して義澄に改名し、11代将軍に就任した。

その後、龍安寺に幽閉された義稙は小豆島への配流と決められたが、その直前に脱出し、越中の守護代・神保長誠を頼って越中に逃げた。義稙は越中で細川政元に対抗するために檄を飛ばして軍勢をかき集め、能登守護の畠山義統、加賀守護の富樫政親、若狭守護の武田元信、越前守護の朝倉貞景らが、これに応じた。さらに義稙は九州の大友家や紀伊の熊野勢にも援助を頼み、1498年（明応7）に越中を出陣した。義稙は越前一乗谷を経て近江坂本に着陣したが、翌年、政元方の六角高頼・細川政春軍に攻められて敗退して河内へ遁走し、その後、周防守護の大内義興を頼って山口に下向した。

山口に入った義稙は、再び上洛運動を開始し、義興の協力を得て、肥後の有力国人・相良家、薩摩守護の島津家、安芸の毛利家、豊後守護の大友家、近江守護の京極家、丹波守護の一色家などに協力を求める書状を送り、着々と上洛の準備を進めていった。

第1章 天皇家・足利家／足利将軍家

◇大内氏の威光で将軍返り咲き

　義稙が山口に隠遁している間、京では細川家の内訌が激化して細川一族や家臣団を二分する戦いに発展し、権力者が不在となり、収拾がつかない状況に陥っていた。そして1507年（永正4）、京の混乱に乗じて義稙は大内義興とともに出陣して上洛の途についた。驚いた幕府はすぐさま朝廷に働きかけて義稙追討の綸旨を受けて追討軍を編成し、その一方で義興と和睦するために細川高国を遣わした。しかし、権威を失っていた幕府に応じる諸将はおらず、高国もまた義稙側に変節した。翌1508年（永正5）、義稙は義興とともに入京を果たした。将軍の足利義澄と管領の細川澄元は大内軍の軍事力に恐れをなして京を脱出し、義稙は異例の征夷大将軍に再任された。越中に逃げてから実に14年ぶりに将軍位に復帰したのである。

　しかし、その後も将軍位を狙う義澄・澄元派との対立はやまず、1509年（永正6）には義澄が放った刺客に襲われ、義稙は9カ所の傷を負いながら刺客を撃退した。1511年（永正8）には播磨の赤松義村を味方につけた義澄が京に攻め寄せたが、義稙は義興・高国とともに船岡山で義澄軍を破った。同年、義澄が病死したため義稙の地位は安定したが、義稙の地位は義興の軍事力に支えられたものであり、1517年（永正14）に義興が山口に帰国してしまうと、義稙政権は弱体化した。そして1519年（永正16）、船岡山の戦いで敗れて阿波に遁走していた細川澄元に攻められた義稙軍は敗れ、細川高国は近江へ遁走した。

　義稙は澄元と和睦して将軍位にとどまったが、高国の再挙によって澄元が敗れて入京すると、高国との抗争が激化し、

1521年（大永1）に抗争に敗れた義稙は和泉に出奔し、将軍位を解任された。

　義稙はその後、和泉から淡路に移り、さらに再挙を図って阿波の細川家を頼ったが、病に倒れて同地で死去した。

足利義澄

あしかが・よしずみ

生没年	1481年（文明12）～1511年（永正8）
出身	山城国
主君	室町幕府11代将軍
死因	病死

◇義稙を追いやり11代将軍就任

　堀越公方・足利政知（8代将軍・足利義政の弟）の子で、異母兄に足利茶々丸がいる。兄の茶々丸が次期堀越公方に決められていたため、義澄は1487年（長享1）に仏門に入るために上洛、天龍寺香厳院に入室して、法名を清晃とした。

　1489年（延徳1）、9代将軍の足利義尚が近江の陣中で死去した。義尚には子がいなかったため、足利義政の弟の足利義視の子・足利義稙が次期将軍候補となった。義稙は義澄の従兄弟にあたる。これに対し、管領の細川政元は、応仁の乱で敵対していた義視の子である義稙の将軍就任に反対し、政元に担ぎ出されたのが義澄であった。このときは、日野富子ら義稙派が勝利したが、義稙と富子が不和になると、再び政元などの義澄擁立派が活動をはじめた。

　1493年（明応2）、将軍・義稙は畠山基家討伐のために河内に出陣した。政元は義稙の留守を狙って義澄を擁して反乱を起こし、義稙を追放して、翌年義澄は11代将軍に就任した。

　若年の義澄は形式上の将軍であり、実権は細川政元に握られていた。両者の関係は、義澄が長じるにつれて険悪化し、

1502年（文亀2）には義澄が出奔するという事件が起こった。しかし、政元がいなければ義澄は政権を維持できず、政元も義澄の存在が権力の後ろ盾であり、両者は和解と不和を続けながらも協力関係を維持していた。

◇ 義稙との戦いに敗れて都落ち

1507年（永正4）、細川政元が、細川家の後継問題の対立から、養子の細川澄之勢に殺害された。政元にはほかに澄元と高国という2人の養子もおり、政元の死によって細川家の内訌は激化し、京は混乱状態に陥った。

こうした京の混乱に乗じて同年、周防の大内義興に庇護されていた前将軍の足利義稙が兵を挙げ、和泉堺に着陣した。

澄之を倒して管領の座についた澄元は、義澄に義稙との和睦を忠告したが、義澄はこれを拒否した。義澄は1502年（文亀2）に、義稙の死を祈願して石清水八幡宮に願文を捧げており、和睦しても赦免されないと考えたのである。

しかし、大内義興を味方につけた義稙の軍事力は当時の幕府軍では対抗できず、澄元は義興との和睦をめざして、高国を使者として義興のもとに派遣した。ところが、義興方の優勢をみてとった高国が義稙方に転じ、義稙・義興・高国連合軍が京へ進軍してくると、澄元と家臣の三好之長は近江へ逃亡し、義澄はひとり京に残されてしまった。そして、入京してきた義稙によって、1508年（永正5）、義澄は将軍位から追放され、近江に出奔した。

義澄はその後も将軍への復帰をめざして澄元や三好之長らとともに兵を挙げたが、大内軍の兵力の前に失敗。1511年（永正8）に阿波に逃れていた澄元が京へ侵攻して山城国船岡山に着陣し、義稙・

義興軍との戦いに挑んだが、義澄はその直前に病に倒れ、逃亡先の近江岡山城で死去した。

足利義晴

あしかが・よしはる

生没年	1511年（永正8）～1550年（天文19）
出身	近江国
主君	室町幕府12代将軍
死因	病死

◇ 細川家の内情に翻弄された12代将軍

足利義澄の子で、室町幕府12代将軍。義晴は、父の義澄が将軍職を廃されたあと移住した近江で誕生したが、近江守護の六角高頼が義澄派から将軍・足利義稙派に鞍替えしたため、生後すぐに播磨守護の赤松義村のもとに送られた。

1521年（大永1）、義稙と管領・細川高国との対立が激化し、義稙は将軍位を剥奪されて和泉へ遁走、高国が京の実権を握った。しかし、細川家庶流の出身だった高国が政権を維持するためには権威が必要であり、高国に擁立されたのが義晴だった。こうして同年、義晴は入京して元服し、12代将軍に就任した。義晴政権は高国が実権を掌握し、義晴には実権は与えられなかった。

1526年（大永6）、高国が家臣の香西元盛を殺害したことをきっかけに細川家家中で内訌が起こり、京は再び戦乱状態に陥った。義晴・高国政権に対抗したのは、細川晴元・柳本賢治・三好一族などで、高国は畿内諸将に内書を送って協力を求めたが、播磨の浦上家や若狭の武田家らが呼応した程度で軍勢が集まらずに敗退し、1527年（大永7）、義晴は高国に連れられて京を出て近江に出奔した。

義晴が脱出したあとの京には、晴元方の柳本賢治と、義晴方の越前守護・朝倉

教景が在京し、政権は空白状態となった。1528年（享禄1）には近江守護の六角定頼が間に入って和睦交渉を行ったが不調に終わり、1531年（享禄4）、再挙を図って播磨に潜んでいた高国に呼応して、義晴は近江坂本に出陣した。高国は敗れたが、義晴は1534年（天文3）に晴元と和睦して入京した。しかし、義晴と晴元の関係は修復されず、その後も義晴は晴元と対立しては近江に出奔するという行動を繰り返した。

　義晴は1546年（天文15）に将軍位を嫡男の義輝に譲ったが、その間、出奔と入京を繰り返す以外に将軍として目立った活動はなかった。

足利義維

あしかが・よしつな

生没年	？〜1573年（天正1）
出身	近江国
主君	足利義晴
死因	病死

◇ 細川家に担がれた堺公方

　11代将軍・足利義澄の2男。弟に12代将軍・足利義晴、子に14代将軍・足利義栄がいる。

　父の義澄が、大内義興・細川高国連合と対立して将軍職を追われていたため、弟の義晴とともに播磨の赤松家に預けられ、その後1520年（永正17）に阿波に移り、細川之持のもとに庇護された。

　1527年（大永7）、幕府の実権を握っていた細川高国が、細川家嫡流の細川晴元と対立して敗れ、将軍・義晴は高国とともに京を出奔し、近江に逃れた。このとき晴元にかつがれたのが義維で、上洛した義維は晴元や三好元長（晴元の家臣）などの後援を得て従五位下・左馬頭に叙任され、次期将軍候補となった。しか

し、義晴・高国は義維の将軍就任を認めず、同年、近江の六角家の支援を受けて京を奪還。義維は晴元らとともにいったん京を脱出したが、すぐさま反撃に転じて義晴軍を近江へ追いやった。

　京に戻った義維は朝廷の反対で征夷大将軍に任官されることはなかったが、実質的に京の実権を握った。堺に拠点を置いたため、義維は「堺公方」と称された。

　しかし、1532年（天文1）に細川晴元と三好元長が対立して元長が戦死すると、元長派だった義維も晴元と不和となり、堺を離れて阿波へ戻った。その後は阿波で逼塞していたが、1553年（天文22）、義維を受け入れてくれた細川之持の子・細川持隆が殺害されたことをきっかけに阿波を離れ、大内家を頼って周防に下った。

　その後、京に復帰して、嫡男の足利義栄の将軍就任に奔走し、1568年（永禄11）、義栄が14代将軍に就任したことで念願を果たした。しかし、義栄は入京できないまま同年に病死し、義維は阿波に戻り、1573年（天正1）に同地で没した。

足利義輝

あしかが・よしてる

生没年	1536年（天文5）〜1565年（永禄8）
出身	山城国
主君	室町幕府13代将軍
死因	戦死

◇ 実権を握れなかった13代将軍

　12代将軍・足利義晴の子。室町幕府最後の将軍となる足利義昭は同母弟。

　1546年（天文15）、父の義晴から将軍職を譲られ、13代将軍に就任した。父の代から将軍の権威は著しく低下しており、幕政は管領の細川晴元の手に握られていた。また晴元の家臣である三好長慶

56

と三好政長が対立して細川家は二分され、そこに近江守護の六角定頼が介入してきて、京は戦乱のなかにあった。

1550年（天文19）に義晴が死去すると義輝は独立し、東山の中尾城に入って長慶と対峙したが敗れ、義輝は晴元とともに近江坂本へ遁走した。これにより京は長慶が牛耳ることになった。

義輝はその後も長慶と対立したが、京を制圧した長慶の軍事力にはかなわないと見るや、1552年（天文21）、六角家を仲介として長慶と和睦し、翌年正月、入京した。晴元は出家して若狭へ遁走し、義輝は晴元と袂を分かった。

しかし、長慶はもともと細川家の家臣であり、義輝にとっては家臣の家臣という身分である。義輝はそのような人物にかつがれていることに耐えられなくなり、1553年（天文22）に長慶との和議を破棄して、再び晴元と結託した。同年、義輝は長慶が摂津芥川に出陣している隙をついて北野に出陣し、晴元の入京を支援した。しかし、晴元の入京を知った長慶が急ぎ上洛すると、船岡山の戦いで敗れて近江に遁走、その後5年間、近江に身を隠すことになった。

1558年（永禄1）、近江守護の六角義賢を味方に引き入れた義輝と晴元は近江坂本に出陣し、長慶方の松永久秀らと交戦したが劣勢となり、義賢の斡旋によって再び長慶と和議を結んだ。

京に戻った義輝は、将軍として大名同士の争いを調停することもあったが、諸国の大名に偏諱を与えたり、叙位・任官を朝廷に奏請したりといった役割をこなす程度で、実権はあくまで長慶に握られた。1564年（永禄7）に長慶が死去すると、長慶の家臣だった松永久秀が義輝の従兄弟にあたる足利義維の子・足利義栄

を擁立して政権奪取をたくらみ、翌年5月、居城の二条城を攻められ、生母の慶寿院とともに殺害された。

足利義栄

あしかが・よしひで

生没年 1538年（天文7）～1568年（永禄11）

出身 阿波国

主君 室町幕府14代将軍

死因 病死

◇松永久秀にかつがれた14代将軍

足利義維の子。11代将軍・足利義澄の孫で、12代将軍・足利義晴は叔父にあたる。父の義維が阿波守護の細川家に庇護されていたため、義栄も長く阿波で過ごした。

父の義維は義晴の次の将軍候補になったこともあったが、志半ばで阿波に隠棲しており、義栄は早くから上洛の意思をもっていた。しかし、当時、京を支配していた三好長慶は足利義晴・義輝父子の将軍位を廃して、わざわざ新たな将軍を迎える必要性がなく、義栄の上洛はかなわなかった。

しかし、1564年（永禄7）に長慶が死に、翌年に13代将軍の義輝が松永久秀と三好三人衆に殺害されると、次期将軍候補として義栄に白羽の矢が立った。前将軍・義輝の弟である足利義昭も将軍位を狙って活動を活発化させていたが、久秀と三好三人衆という実力者を後ろ盾にした義栄が優位に立った。

しかし、久秀と三人衆が権力争いで対立したため、義栄の上洛は遅延し、1566年（永禄9）、両者が和睦したことでようやく摂津に上陸した。ところが、再び両者の間で戦闘が起こり、義栄は摂津越水城に入ったまま足止めされることになっ

た。久秀と三人衆の戦いは翌年になっても収まらず、1568年（永禄11）になって義栄はようやく14代将軍に任ぜられたが、相変わらず入京はできなかった。

一方、義栄の将軍任官を、流浪先の越前で知った義昭は激怒した。義栄は前将軍・義輝とはほとんどゆかりもなく、さらに義栄を推挙したのは義輝を殺害した久秀と三好三人衆である。義昭は尾張と美濃を平定していた織田信長を頼って1568年（永禄11）、義栄に先駆けて上洛を果たし、三好三人衆は信長軍に敗れて阿波に遁走した。

義栄は、義昭の追討を避けるために摂津を脱出して阿波に戻ったが、折悪く病に倒れ、義昭が入京した翌月に死去した。当時は、松永久秀によって毒殺されたとうわさされたという。

足利義昭

あしかが・よしあき

生没年	1537年（天文6）～1597年（慶長2）
出身	山城国
主君	正親町天皇→後陽成天皇→豊臣秀吉
死因	病死

◇信長に敗れた室町幕府最後の将軍

足利義晴の2男で、15代将軍にして室町幕府最後の将軍。

幼少の頃に僧籍に入り覚慶を号していたが、1565年（永禄8）に13代将軍であった兄の足利義輝が、松永久秀と三好三人衆に襲われて殺害され、義昭も幽閉の身となってしまう。だが、細川藤孝らの助けを得て脱出すると、各地に割拠する大名たちに号令を下し、失墜した幕府権威の復興に乗り出した。

しかし、その道は多難を極めた。義輝を殺害した三好三人衆の襲撃を受け、近江の六角義治が三人衆側に寝返るなど窮

地が続き、義昭は若狭、越前、尾張と放浪を続けることとなった。

そして1568年（永禄11）、義昭は東海地方で頭角を現していた織田信長を頼って上洛に成功し、ついに念願の征夷大将軍に就任した。義昭はすぐに、細川家、斯波家、畠山家の三管領を復活させるなど、精力的に幕府の再建に取りかかった。

ところが、天下布武を目指す信長と対立するようになり、両者の確執は徐々に深まっていった。義昭は、甲斐の武田家、安芸の毛利家、近江の浅井家、越前の朝倉家、越後の上杉家、山城の石山本願寺（一向一揆）と結んで、信長に対抗しようと試みた。そして1573年（天正1）、二条城を本拠に信長討伐の兵を挙げたが、信長の大軍に二条城を包囲されると、正親町天皇の仲介により降伏を余儀なくされた。

ここで事実上、室町幕府は滅亡したが、その後も義昭は征夷大将軍にあり続けており、義昭が征夷大将軍の職を辞したのは、1588年（天正16）のことである。信長への降伏により室町幕府は組織としての機能を失ったが、名実ともに滅亡したのはこのときである。

その後は豊臣秀吉にしたがったが、嫡男の足利義尋の子が仏門に入ったため嫡流は途絶え、以降、足利家が歴史の表舞台に立つことはなかった。

鎌倉公方家

京に拠点を置いた室町幕府は、関東を統治するための機関として鎌倉府を置いた。鎌倉府の長官を「鎌倉公方」といい、足利尊氏の子・基氏が鎌倉に下向して初代の鎌倉公方となった。しかし、関東で着実に力をつけた鎌倉公方は幕府と対立する存在となり、4代鎌倉公方・持氏が幕府に反して挙兵するが失敗。その後も幕府との対立は深まり、5代鎌倉公方・成氏は鎌倉を追われて下総古河に移って独立した。

足利基氏

あしかが・もとうじ

生没年	1340年（興国1・暦応3）〜1367年（正平22・貞治6）
出身	丹波国
主君	足利尊氏
死因	病死

◇初代鎌倉公方となった尊氏の子

足利尊氏の4男（5男とする説もある）で、母は尊氏正室の足利登子。2代将軍・義詮の同母弟にあたる。室町幕府の関東統治機関である鎌倉公方の初代。

1349年（正平4・貞和5）頃から、幕府内では政権運営をめぐって直義と、幕府執事の高師直との確執が顕在化するようになり、そのため尊氏は両者の間を取りもって和睦させた。その条件として、幕政を統括する立場にあった直義は、当時鎌倉にいた義詮にその座を譲って後見となることが決められた。義詮に替わって鎌倉へ送り込まれたのが、基氏だった。

入国当初の基氏はまだ幼く、義詮時代の鎌倉府執事（のちの関東管領）である高師冬（高師直の猶子）と上杉憲顕（尊氏・直義兄弟の従兄弟）の補佐を受けた。

直義と師直の対立は結局、観応の擾乱と呼ばれる尊氏と直義の武力対立にまで発展し、関東でも両派に分かれて、尊氏派の師冬と直義派の憲顕が対立。結局、師冬が敗れて殺害され、鎌倉府執事は憲顕に一本化された。基氏もこの争乱に巻き込まれ、一時鎌倉を逃れて安房に身を置いていたといわれる。

1352年（正平7・文和1）に直義が死去して観応の擾乱は尊氏派の勝利に終わり、基氏も鎌倉へ戻された。

◇関東制圧と京との軋轢

鎌倉に戻った基氏を待ち受けていたのは、上野で挙兵した新田義興・義宗兄弟だった。彼らは幕府と対立する南朝方の人間で、鎌倉府執事の上杉憲顕はこのとき基氏に背いて新田兄弟と結び、基氏は再び鎌倉退去を余儀なくされるなど苦戦

に陥った。当時、尊氏は京を出て鎌倉に在陣しており、幼少の基氏を補佐した。尊氏は幼い基氏を連れて出陣し、武蔵野の戦いで新田軍を撃退した。尊氏は鎌倉を去るにあたって、新たな執事として畠山国清を任じた。しかし、新田軍にとどめを刺すことはできずに、それから6年間、基氏は武蔵国入間川沿いに在陣したままとなり、この間、鎌倉府の機能も入間に移した。

尊氏は、基氏が入間川に在陣している間に死去するが、基氏に重要な権限を与えていた。それが、分国内の土地を鎌倉公方の判断で与えられるというものだった。鎌倉公方が幕府の許可を得ずに関東武士と主従関係を結ぶことを許したのである。このことが、のちのち幕府と鎌倉府との軋轢を生じさせることになった。

1358年（正平13・延文3）、基氏は多摩川・矢口の渡しで、ようやく新田義興を誅殺して反乱を鎮圧した。

しかし、畿内周辺ではいまだに南朝勢力が策動しており、基氏は兄・義詮を助けるために、1359年（正平14・延文4）、執事の畠山国清に出陣を命じたが、国清はたいした働きもできないまま翌年帰国した。また、国清の専横が目に余るようになり、国清罷免を求める1000人以上の関東武士たちが連判状を基氏に提出した。基氏は関東武士たちの行動を「下剋上の至り」と非難したが、「この者たちに背かれたら東国は一日として穏やかにはなるまい」として、国清を更迭した。後継の執事には、以前基氏に反した上杉憲顕を呼び戻して復帰させた。以降、執事職は関東管領と呼ばれるようになり、

鎌倉公方家略系図

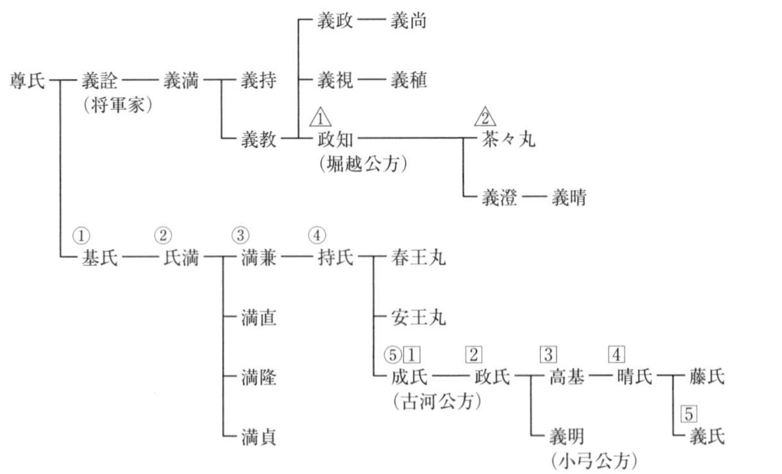

```
尊氏 ─┬─ 義詮 ─── 義満 ─┬─ 義持 ─┬─ 義政 ─── 義尚
      │   （将軍家）      │        │
      │                  │        ├─ 義視 ─── 義種
      │                  │        │    ①
      │                  └─ 義教 ─┴─ 政知 ────── ②茶々丸
      │                             （堀越公方）
      │                                        └─ 義澄 ─── 義晴
      │    ①        ②        ③        ④
      └─ 基氏 ─── 氏満 ─┬─ 満兼 ─── 持氏 ─┬─ 春王丸
                        │                  │
                        ├─ 満直             ├─ 安王丸
                        │                  │  ⑤１      ２       ３       ４
                        ├─ 満隆             └─ 成氏 ─── 政氏 ─┬─ 高基 ─── 晴氏 ─┬─ 藤氏
                        │                     （古河公方）     │                │  ５
                        └─ 満貞                                └─ 義明          └─ 義氏
                                                                  （小弓公方）
```

※①～⑤鎌倉公方就任順
※１～５古河公方就任順
※△１～△２堀越公方就任順

上杉家が世襲することになる。

『太平記』によれば、2代将軍・義詮と基氏の仲は、徐々に険悪になっていったという。もともと基氏と義詮は一緒に過ごした時期がほとんどなく、同母兄弟ながら兄弟としての絆は希薄だった。1366年（正平21・貞治5）には、兄弟の協力関係を誓った「兄弟相譲、誓死不変」という誓書を奉納しているくらいである。

翌年、基氏は病にかかり、政策顧問的立場だった禅僧の義堂周信に後事を託して死去。享年28。

足利氏満

あしかが・うじみつ

生没年 1359年（正平14・延文4）〜1398年（応永5）

出身 相模国

主君 第2代鎌倉公方

死因 病死

◇中央進出の野心

初代鎌倉公方・足利基氏の嫡男で、2代鎌倉公方。母は畠山家国の娘で清渓尼と呼ばれ、母方の叔父に関東管領を務めた畠山国清がいる。父・基氏は死に臨んで、禅僧の義堂周信に後事を託し、清渓尼もまた周信を頼り、氏満は義堂周信から教えを受けたといわれる。

1367年（正平22・貞治6）、基氏の死去にともない、鎌倉公方の2代目に就任した。関東管領は前代に引き続き上杉憲顕が務めた。

翌年、足利義満が室町幕府3代将軍に就任したため、氏満の名代として上杉憲顕が上京すると、その隙をついて武蔵の河越直重・高坂信重らが挙兵した（武蔵平一揆）。さらに下野の宇都宮家が呼応して兵を挙げ、高家と三浦家も鎌倉を出奔して鎌倉府に背いた。氏満は当時9歳

の幼年だったが、憲顕の留守を任されていた憲顕の娘婿・上杉朝房に擁されて河越まで出陣。下野には憲顕の子・上杉憲春が出陣し、平一揆を鎮圧した。

1369年（正平24・応安2）に元服したが、同年に上野で新田一族が挙兵するなど、関東の騒乱は続いた。このとき氏満は上杉朝宗とともに武蔵国本田まで出陣し、新田軍と戦っている。

その後、氏満は関東管領の上杉家と協力しつつ、関東支配を進めていった。

1379年（天授5・康暦1）、京都で康暦の政変というクーデターが起こり、有力守護大名の斯波義将と土岐頼康が領国に帰って、時の管領・細川頼之の罷免を訴えた。これに呼応して近江の京極高秀が挙兵した。氏満はこの機に乗じて中央進出を狙い、山内上杉家当主の上杉憲方に命じて伊豆まで進軍させた。

しかし、氏満の行動を不満とした関東管領・上杉憲春（憲方の兄）が死をもって氏満を諌めるとともに、憲春死後の関東管領職を狙っていた上杉憲方が、義満と通じて関東管領就任の約束を得て、鎌倉に戻ってしまった。また、土岐頼康や斯波義将も目的はあくまで細川頼之の罷免であり、頼之が失脚すると、彼らも軍を退いたため、氏満もやむなく鎌倉に戻った。

◇鎌倉公方の権力を確立

中央進出の野望を断たれた氏満は、東国支配をさらに徹底させていく。1380年（天授6・康暦2）、下野の守護・小山義政が氏満の制止を無視して同国の宇都宮基綱を攻め滅ぼす事件が起こった。氏満はすかさず義政討伐の兵を挙げ、1382年（弘和1・永徳2）には義満に追討の御教書を出させることに成功し、同年、関東随一の勢力を誇った小山義政を屈服させた。

第1章 天皇家・足利家／鎌倉公方家

61

義政の嫡男・若犬丸が父の意思を受け継いで反乱を継続し、陸奥国で再挙すると、氏満は奥州にまで進出した。当時、奥州南部を支配していたのは結城白河家だったが、反乱を抑えるだけの兵力がなく、氏満率いる鎌倉軍の力を借りるよりほかなかったのである。

若犬丸の反乱は1396年（応永3）まで続き、それを鎮圧した氏満の力は増大した。この鎮圧のなか、氏満は1392年（元中9・明徳3）、奥州支配を鎌倉府に併合することを義満に認めさせた。京都では、1391年（元中8・明徳2）に山名一族が反乱を起こした明徳の乱が発生しており、氏満がこれに呼応することを怖れたための懐柔策だったともいわれている。

その後、氏満は鎌倉府の権威向上に尽力し、鎌倉府の人事権を幕府から奪い、関東管領の任命権を手にした。ほかにも、越訴奉行や評定奉行などを設置、組織化し、分国内の中小武士のなかから奉行衆も組織し、軍事力を肥大させた。

1398年（応永5）に病に倒れた氏満は、同年末に死去。死に臨んで、関東管領の上杉朝宗に後事を託した。

足利満兼

あしかが・みつかね

生没年 1378年（天授4・永和4）～1409年（応永16）

出身 相模国

主君 第3代鎌倉公方

死因 病死

◇応永の乱に乗じて幕府打倒を試みる

2代鎌倉公方・足利氏満の嫡男。母は不明。1398年（応永5）11月、父の死去にともない家督を相続し、3代鎌倉公方に就任。関東管領として、前代の上杉朝宗を引き続き登用した。

鎌倉公方に就任すると、満兼は精力的に活動を開始した。1399年（応永6）春、弟の満直と満貞を奥州に派遣し、それぞれを陸奥稲村と陸奥篠川に常駐させて陸奥支配にあたらせた。

同年11月、大内義弘が幕府に反旗を翻し、西国から和泉堺に上陸した（応永の乱）。義弘は周防・長門・石見・豊前・和泉・紀伊の6カ国の守護を兼任する有力守護大名で、その力は管領家をしのぐほど強大であり、将軍・義満にとっては目障りな存在だった。そこで義満は、北山第造営にかこつけて、義弘に人足の供出を求めたり、少弐家討伐の恩賞を出さなかったり、挑発行為を繰り返した。そのために、義弘は幕府に反乱するに至ったのである。

このとき満兼は、今川了俊から誘われて挙兵を決意した。了俊は九州探題を解任されて幕府に不満をもち、義弘と通じていた。満兼と義弘は挙兵前から連絡を取り合い、満兼は義弘挙兵前の7月に、大和守護の興福寺に対して決起を促し、10月には各地に軍勢を催促している。

そして義弘が挙兵した11月に、満兼も軍事行動を開始した。『難太平記』によれば、「満兼は、義満の政治が人心を離れているので、足利氏の天下を自身で維持しようと野望を持ち、天命により将軍に取って代わろうとした」という。

しかし、満兼が武蔵府中まで進軍したところで義弘が敗退してしまい、満兼は鎌倉へ戻らざるを得なかった。満兼は、伊豆三嶋社に願文を奉献して幕府への恭順を示し、義満に赦免されている。

1402年（応永9）、奥州伊達地方の国人・伊達政宗（戦国時代の伊達政宗と同名異人）と会津地方の豪族・蘆名満盛が鎌倉府に反旗を翻した。これは、鎌倉公方の

勢力拡大を怖れた義満が、満兼への牽制のために仕組んだともいわれる。

満兼は、3度にわたって大規模な鎮圧軍を派遣し、同年5月、上杉禅秀がこれを鎮圧した。

1409年（応永16）、義満が死んで1年後、満兼は32年の生涯をとじた。

足利満直

あしかが・みつただ（みつなお）

生没年 ？〜1440年（永享12）
出身 相模国
主君 足利満兼→足利義教
死因 自害

◇奥州支配の夢破れる

2代鎌倉公方・足利氏満の2男で、3代鎌倉公方・足利満兼は実兄。

兄の満兼が1398年（応永5）に鎌倉公方に就任すると、翌年、陸奥国に派遣されて奥州支配にあたることになった。しかし、陸奥は土着の国人・伊達家や田村家などの力が強く、陸奥南部にまでしか進めず、篠川（福島県郡山市）に居館をかまえたので、篠川公方と呼ばれた。

当時、鎌倉公方は幕府将軍家と折り合いが悪く、満直も鎌倉公方側に属して、たびたび対立を繰り返した。

奥州には幕府方の伊達家が勢力を維持しており、満直は、陸奥国安積郡の伊東家、岩瀬郡の二階堂家と結び、伊達政宗とも衝突している。だが、1409年（応永16）に兄の満兼が没し、4代鎌倉公方に甥の持氏が就任すると、満直は徐々に鎌倉公方と距離を取るようになった。

1416年（応永23）に上杉禅秀の乱が起こると、満直は反持氏の立場を鮮明にして禅秀を支持したが、幕府が禅秀討伐を決定すると、幕府方に転じた。やがて、1428年（応永35）に将軍に就任した6代

将軍・足利義教と持氏の関係が悪化すると、1430年（永享2）、持氏に代わって鎌倉公方に就任させてくれるよう義教に頼んだが、これは実現しなかった。

1438年（永享10）、幕府との融和を進言していた前関東管領・上杉憲実が領国の上野に帰ったことをきっかけに、持氏が憲実討伐の兵を挙げた。このとき満直は、将軍・義教の命を受けて、蘆名家ら奥州勢を率いて幕府方として参陣した。

持氏が自害して果てると、義教は次期鎌倉公方に自分の息子を立てようと画策するが、満直は奥州諸将とともに、それに断固として反対した。

しかし、持氏の遺児である安王丸と春王丸を擁立しようとする奥州諸将に対し、満直は自身の公方就任を望んでおり、両派の対立は激化。1440年（永享12）に下総の結城氏朝・持朝父子が安王丸・春王丸を擁立して幕府に反旗を翻すと、伊達家・石川家ら奥州諸将が氏朝に呼応して挙兵し、満直の居館である篠川御所を攻めた。この戦いで満直は自害に追い込まれた。

足利満隆

あしかが・みつたか

生没年 ？〜1417年（応永24）
出身 相模国
主君 足利氏満→足利満兼
死因 自害

◇上杉禅秀の乱で鎌倉制圧

2代鎌倉公方・足利氏満の3男。3代鎌倉公方だった兄の満兼が1409年（応永16）に死ぬと、自ら鎌倉公方の地位を望んだが、公方には幼い満兼の嫡男・持氏が就任することになった。

翌年に、満隆謀反のうわさが流れ、持氏が御所から逃げ出すという事件が発生

した。このときは、関東管領・上杉憲定が両者の仲をとりもち、満隆が弁明することと、持氏の弟・持仲を満隆の養子にすることで和睦したが、満隆はこの風聞に便乗して鎌倉府内で幅を利かせるようになった。だが、持氏が成長して政務を執るようになると、満隆の出番はなくなり、不満を蓄積させていった。

1415年（応永22）、関東管領・上杉禅秀が持氏との確執から関東管領を辞任すると、満隆は禅秀に近づき、反持氏連合を形成した。満隆は、禅秀から「不義の御政道を行う持氏では、やがて謀反が起こる。他家に天下を取られるのは足利家としても嘆かわしいことだから、満隆が持氏に取って替わるべき」だと焚きつけられ、持氏への反感を高めていった。持氏の就任当時から反持氏の態度を示していた、兄である満直とも意を通じ、さらには京都の足利義嗣（将軍・足利義持の弟）とも連絡をとった。

こうして1416年（応永23）、ついに上杉禅秀が蜂起し、満隆も1000余騎を率いて出陣。陣中には、持氏の弟で満隆の養子になっていた持仲もいた。鶴岡八幡宮別棟坊を本営とし、若宮大路の戦いでは持氏軍を敗走させるなどの戦果を挙げた。さらに持氏を駿河に追って鎌倉を占領すると、満隆はみずから公方を僭称した。

だが、翌年に幕府の援軍を得た持氏の反撃にあい、自軍からの内応者も続出したことで進退窮まり、鶴岡八幡宮の雪の下の坊で、禅秀らとともに自害した。

足利満貞

あしかが・みつさだ

生没年 ?～1439年（永享11）
出身 相模国
主君 足利氏満→足利満兼→足利持氏
死因 自害

◇鎌倉公方持氏を支えて、ともに自害

2代鎌倉公方・足利氏満の4男で、3代鎌倉公方・足利満兼の同母弟。また、篠川公方と呼ばれた足利満直の同母弟でもある。兄の満兼が1398年（応永5）に鎌倉公方に就任すると、その翌年、兄・満直とともに奥州に派遣され、満貞は陸奥国稲村におもむいて稲村公方と呼ばれた。

1402年（応永9）、奥州で力をつけつつあった伊達政宗が大崎家や蘆名家などと連携して、奥州支配を強固にしようとする鎌倉公方・満兼に反旗を翻して挙兵した。伊達政宗は室町幕府3代将軍・足利義満の叔母を正室としており、政宗の反乱は鎌倉府と対立する義満の意向があったとも考えられている。

満貞は満兼と協力し、陸奥白河の結城満朝を味方に引き入れるなど戦局を優位に進め、反乱を鎮圧した。満貞は反乱鎮圧後、奥州南部の諸将から連判状をとることで、表面的には南奥諸将を掌握することに成功した。

1409年（応永16）、鎌倉公方が満兼から足利持氏に移ると、満貞の兄・満直と満隆が持氏の就任に反対し、鎌倉府内に権力争いが勃発した。そして1416年（応永23）、満隆と結んだ前関東管領の上杉禅秀が、持氏に反旗を翻して挙兵した。満貞は、2人の兄とは違って持氏を支持しており、この乱でも持氏側に立って出陣した。反乱は翌年、禅秀と満隆が自害

したことで収まった。

　その後も満貞は一貫して持氏支持の立場を守り通し、兄の篠川公方・満直との対立を深めていく。しかし、満直に対抗しているうちに満貞の勢力は徐々に弱体化していき、1424年（応永31）、満貞は奥州を捨てて鎌倉へ戻った。

　その後は、鎌倉で持氏の補佐にあたっていた。だが、持氏と関東管領・上杉憲実の対立が激しくなり、1438年（永享10）、持氏が憲実を攻撃したことをきっかけに永享の乱が勃発した。

　満貞は持氏とともに出陣し、このときも反持氏の兄・満直と対立する。そして6代将軍・義教が憲実を支持したため、関東諸将も幕府軍に合流する者が多く、持氏軍は劣勢に陥った。武蔵国府中に在陣していた満貞と持氏は鎌倉へ戻ったが、留守を任せていた三浦時高の寝返りなどが起こり、1439年（永享11）、鎌倉の瑞泉寺（永安寺とする説もある）に入り、持氏とともに自害した。

足利持氏

あしかが・もちうじ

生没年 1398(応永5)年～1439年(永享11)
出身 相模国
主君 第4代鎌倉公方
死因 自害

◇上杉禅秀の乱鎮圧で幕府と協調

　足利満兼の子で、父の死後の1409年（応永16）、鎌倉公方に就任した。

　1416年（応永23）、前関東管領の上杉禅秀が将軍・足利義持の弟である足利義嗣と内応し、持氏の叔父・満隆を奉じて挙兵した（上杉禅秀の乱）。

　禅秀の乱は、宇都宮持綱や山入与義、小田持家、結城満朝ら関東各地の国人も巻き込んだ大規模なものとなり、鎌倉御

所を急襲された持氏は持ちこたえられず、鎌倉を脱出して箱根に入り、その後駿河まで逃走して、駿河守護・今川範政の保護を受けた。

　持氏は範政を通じて、将軍・義持に援軍を要請。義持は諸大名と相談のうえ、援軍の派兵を決定した。持氏は範政を中心とした討伐軍を編成し、駿河まで攻め寄せてきた禅秀軍を破り、さらに禅秀討伐の幕命を受けた常陸佐竹家や越後上杉家の軍勢が武蔵の禅秀軍を敗走させ、戦況を逆転させた。翌年正月、相模に入った持氏は鎌倉を攻めて禅秀と満隆を自害に追い込み、反乱を鎮圧した。

　持氏はその後、禅秀軍の残党追討を名目に兵を解散させず、将軍の管轄下にあった京都扶持衆の山入家、小栗家、宇都宮家らまで攻め滅ぼした。義持は、持氏の行動に怒ったが、両者の宿将がとりなした結果、持氏が幕府に正式に謝罪することで折り合いをつけ、和睦した。

◇6代将軍義教との不和

　1428年（正長1）、義持が死去し、足利義教が6代将軍に就任すると、いったんは和解していた京と鎌倉の関係は悪化した。元将軍の義持は、子の義量の死後は後継を定めておらず、義教の将軍就任はくじ引きで決まったという経緯があった。持氏はひそかに将軍職を狙っていた節もあり、義教の将軍就任には不満をつのらせていた。そして持氏は、義教の将軍就任に対して賀使を送らず、義教の不興を買ったのである。

　その翌年、幕府は元号を正長から永享に変えたが、持氏はこれに従わず、また幕府に任命権がある鎌倉五山の住持人事を勝手に行うなど、あからさまに幕府に対抗しはじめた。

　1432年（永享4）には、信濃守護の小

第1章

天皇家・足利家／鎌倉公方家

65

笠原政康と争っていた信濃の国人・村上頼清を援護するために、持氏が出兵しようとした。信濃国は鎌倉府の管轄ではなく、幕府の直轄区域であり、関東管領として持氏を補佐してきた上杉憲実は、幕府と対立することの非を説いて持氏に諫言したが、持氏は聞き入れず、関東管領との関係もこれにより悪化させた。

また1438年（永享10）、持氏の嫡男・賢王丸が元服したとき、将軍の一字を与えられるのがこれまでの慣例だったが、持氏は憲実の忠告をきかずに義久と命名。これにより幕府と鎌倉府の関係はさらに悪化し、持氏と憲実も完全に決裂した。憲実は、鎌倉を引き払って領国の上野平井城に帰ってしまった。

◇永享の乱に敗れて自害

持氏は同年、憲実追討の兵を挙げ、武蔵府中まで出陣し、高安寺に布陣した。

将軍・義教はこれを機に持氏の討伐を決定し、駿河の守護・今川範忠や信濃の守護・小笠原政康、篠川公方・足利満直らに持氏討伐を命じた。

幕府軍が相模に侵攻すると、府中にいた持氏は相模に戻って海老名に陣を移した。一方の憲実は、越後軍も含めて上野から南下して武蔵分倍河原に布陣した。さらに相模南部の三浦家や下総の千葉家が幕府側に寝返り、三方を囲まれる事態となった持氏は憲実に和平を申し入れたが、憲実はこれを拒否した。そして憲実配下の長尾忠政軍が持氏軍に乱入して、持氏を捕らえ、鎌倉の永安寺に軟禁。永享の乱は持氏の完敗に終わった。

戦後、憲実は持氏の助命を幕府に懇願したが、義教は持氏を許さず、翌年、持氏の誅殺を憲実に突きつけてきた。憲実も幕命に従わざるをえず、軍を率いて永安寺を囲んだ。こうして持氏は、叔父の

満直ら与党30人ほどとともに自害して果てた。

足利春王丸
あしかが・はるおうまる

生没年	1431年（永享3）～1441年（嘉吉1）
出身	相模国
主君	足利持氏
死因	暗殺

◇結城合戦に担がれて10歳で早世

4代鎌倉公方・足利持氏の3男。母は持氏正室の簗田満助の娘（異説あり）。5代鎌倉公方・足利成氏は弟にあたる。

1438年（永享10）、父の持氏が関東管領・上杉憲実と対立して挙兵し永享の乱が勃発すると、兄の安王丸（春王丸を兄とする説もある）とともに、母方の実家である下野の簗田家のもとに逃れ、そののち下野日光に身を隠した。

永享の乱で父・持氏と兄・義久が自害したため、鎌倉公方職は空席となり、6代将軍・義教は自分の子を鎌倉公方にしようと画策した。しかし、持氏旧臣はもとより、持氏討伐に幕府軍に合流していた奥州・関東諸将のなかには、幕府の関東政治への介入を喜ばない勢力もおり、これに断固反対の姿勢を見せた。

当時、10歳に満たない少年だった春王丸だが、持氏の遺児としてその矢面に立たされ、安王丸とともに下総の結城氏朝・持朝父子に迎えられて結城城に入ると、1440年（永享12）、結城父子の反乱の旗頭に担ぎ上げられた。

結城父子の反乱は結城合戦と呼ばれ、義教はすぐさま討伐軍を編成して下総に下向させた。関東諸将の多くは幕府方についたが、春王丸と安王丸を推戴する結城城を攻めることには躊躇する者も多かったという。その結果、結城父子の反乱

は1年以上も続くことになった。

1441年（嘉吉1）、結城城はついに陥落し、春王丸は安王丸とともに城を抜け出して逃亡を図ったが、幕府軍の長尾実景に捕らえられた。その後、京都へ護送される途中、将軍義教の命を受けた実景の手によって、兄の安王丸とともに美濃垂井の金蓮寺で殺害された。満10歳の若さだった。

足利成氏

あしかが・しげうじ

生没年	1438年（永享10）〜1497年（明応6）
出身	相模国
主君	第5代鎌倉公方
死因	病死

◇復活した鎌倉府の新公方になる

4代鎌倉公方・足利持氏の4男。結城合戦で2人の兄が殺害された際、成氏は信濃の大井家のもとに身を寄せていたため許されていた。その後、再興された鎌倉府に入り、5代鎌倉公方となった。

1438年（永享10）の永享の乱で鎌倉府がいったん滅びると、幕府の直轄支配に嫌悪感を抱く関東諸将の間では、鎌倉府の復活を望む声が日に日に増していった。そして、1441年（嘉吉1）の嘉吉の乱で6代将軍・足利義教が暗殺されると、その声はさらに高まった。

そこで、新たに鎌倉公方に指名されたのが成氏だった。また、関東管領も復活され、扇谷上杉憲忠が就任し、まだ若い成氏の補佐にまわった。しかし、若年の指導者のもとでは権力争いが起こるのはいつの時代でも同じで、鎌倉府内でも関東管領上杉家と、それに反発する関東諸将たちの溝は深まっていった。

1450年（宝徳2）、扇谷上杉家の重臣・太田資清と、山内上杉家の重臣・長尾景仲が、鎌倉の成氏を襲撃するという事件が起こった（江ノ島合戦）。この江ノ島合戦は、憲忠の知らぬところで家臣たちが暴走したものだったが、成氏と上杉家との確執は決定的となった。

そして1454年（享徳3）、成氏は憲忠を自邸に呼び寄せて殺害してしまった。さらに成氏はかつて自分を襲撃した太田資清と長尾景仲追討の兵を挙げ、関東は再び戦乱の時代を迎えることになった。

この争いに対し、幕府は上杉家支持を表明し、朝廷の綸旨を得て成氏討伐に乗り出した。そもそも寡兵だった成氏は鎌倉に戻ることができず、下総国古河に拠点を移し、古河公方と名乗った。

成氏は、今回の出兵はあくまでも上杉家との対立であり幕府に逆心するものではないと主張したが、幕府は成氏の主張を退けた。そして、成氏に代えて新たな鎌倉公方として、義教の子・足利政知を送り込んできた。しかし、政知は鎌倉に入れず伊豆堀越で足止めされたまま、結局同地を拠点にすることになり、以後、政知を堀越公方と呼ぶようになった。

こうして関東は成氏派と政知派に分裂して争い、京にさきがけて戦国時代に突入したのである。

幕府はあくまで政知を支持し、援軍も送っていたが、1467年（応仁1）に応仁の乱が勃発すると、幕府は関東へ兵を出す余裕がなくなってしまった。

1471年（文明3）、成氏は小山家、結城家らを味方につけて箱根山を越え、政知討伐のために伊豆三島へ進軍、堀越の政知を一気に攻めた。当初、戦局は成氏有利に推移したが、政知方の関東管領上杉軍が来援すると、小山・結城の軍勢はあっという間に崩壊し、敗れた成氏は古河へ遁走した。

これにより、小山と結城は幕府に帰順し、成氏はいよいよ追い詰められていく。しかし、今度は山内上杉家の重臣・長尾家の後継者問題がこじれ、1476年（文明8）に長尾景春が当主の山内上杉家に背いて反乱を起こした。この反乱は関東諸将を巻き込み関東一円を戦場とする大規模なものとなり、成氏は上杉家に対抗するために景春を支援する形で介入した。しかし、扇谷上杉家の重臣・太田道灌の活躍により景春の反乱が思ったほどの効果を上げられなかったため、成氏は山内上杉家に対して和議を提案した。

そして1478年（文明10）、両者の間で和議が結ばれ、1483年（文明15）には幕府管領・細川政元の仲介を得て、幕府とも和睦した。この結果、名目上は足利政知が堀越公方として残されたが、政知の支配地域は伊豆に限られ、成氏が実質的な鎌倉公方としての地位を認められることになった。しかし、その後も政知との対立関係は解消されず、また両上杉家が武力抗争を起こすなど関東地方の情勢は騒がしく、成氏は鎌倉に戻ることはできず、1497年（明応6）に古河で死去した。

足利政氏

あしかが・まさうじ

生没年	1466年（文正1）～1531年（享禄4）
出身	下総国
主君	第2代古河公方
死因	病死

◇山内上杉家との関係を強化

5代鎌倉公方で、初代古河公方となった足利成氏の嫡男。1489年（延徳1）、父・成氏の隠退にともない、2代古河公方となった。

政氏が家督を継承した当時は、関東管領の上杉顕定（山内上杉家）と、同族の

上杉定正（扇谷上杉家）が関東における権力争いから武力衝突し、長享の乱と呼ばれる大規模な戦乱が勃発していた。政氏は父と同様に上杉定正を支持して乱に介入した。しかし、1494年（明応3）に定正が死去すると、政氏は顕定派に鞍替えし、定正の後を継いだ上杉朝良と対立した。1496年（明応5）には顕定とともに相模に攻め入り、朝良方の大森藤頼の小田原城を攻め落とした。1505年（永正2）、政氏は顕定とともに朝良がこもる河越城に出陣して朝良を降し、両上杉家は和睦した。この戦いによって政氏と顕定の仲は深まり、政氏は弟の顕実を顕定の養子にして、関東管領山内上杉家との連携を強めていった。しかし、政氏の関東管領びいきに対し、子の足利高基は新興勢力である相模の北条早雲との結びつきの強化を画策し、父子の対立が表面化するようになった。

◇関東情勢をめぐって子高基と決裂

やがて1506年（永正3）に高基が古河を出て宇都宮城に入ったことで、両者の対立は決定的となり、さらに翌年には顕定の弟で越後守護だった上杉房能が守護代の長尾為景に殺され、顕定が越後に出陣すると、その隙をついて長尾景春が顕定方の白井城を攻め落とし、北条早雲も相模に侵攻するなど、関東は再び戦雲に包まれた。

顕定が1510年（永正7）に越後の戦いで戦死すると、その跡目をめぐって顕実と憲房という2人の養子が対立した。政氏が実弟である顕実を支持したのに対し、高基は憲房を支援した。政氏方には岩城常隆、佐竹義舜、小山成長などがつき、高基方には宇都宮成綱、結城政朝らが味方して関東北部は二派に分かれて争った。さらに、政氏の2男・足利義明が

高基と対立して下総に出奔、安房の里見家や上総の真里谷家の支援を受けて小弓公方として独立してしまった。

1516年（永正13）、高基軍に古河城を攻められた政氏は、小山家が離反して高基派に転じたこともあって敗北し、高基に後継の座を譲り、岩槻城に入って出家した。1518年（永正15）には隠居を宣言して高基と和睦し、その後は武蔵久喜にとどまり、1531年（享禄4）に同地で没した。

足利高基

あしかが・たかもと

生没年	1485年（文明17）～1535年（天文4）
出身	下総国
主君	第3代古河公方
死因	病死

◇北条早雲との連携を試みた古河公方

2代古河公方・足利政氏の嫡男で、父の後を継いで3代古河公方となった。11代将軍・足利義澄の偏諱を与えられたが、生涯を通じて京の幕府との関わりはほとんど持たなかった。

山内上杉家と扇谷上杉家が関東を二分して争った長享の乱が1505年（永正2）に終結すると、父の政氏は関東管領の上杉顕定（山内上杉家）を信任し、鎌倉公方と関東管領による関東支配の復活をめざした。しかし、高基は往時の面影を失った関東管領ではなく、新興勢力として伊豆の支配者にのし上がった北条早雲との連携を図り、父・政氏と対立するようになった。そして1506年（永正3）、高基は妻の実家である宇都宮家を頼って出奔した。このときは、古河公方家の分裂が再び関東を二分することを懸念した顕定の仲介によって両者の和睦が成ったが、1510年（永正7）に越後に出陣中の顕定

が戦死すると、顕定の後継をめぐって高基は再び政氏と対立することになった。高基が顕定の養子・上杉憲房を支持し、政氏は実弟で顕定の養子になっていた上杉顕実を推したのである。

高基も政氏も独自の兵力はほとんど持っていなかったため、北関東の諸将を頼り、宇都宮家・結城家・梁田家などが高基を支援し、成田家・小山家・佐竹家などが政氏を支援した。さらに同時期に、高基の弟・義明が高基と対立したうえに早雲にかつがれて下総小弓に出奔して独立、古河公方家は三派に分裂した。

1512年（永正9）、高基は憲房の軍勢とともに古河に侵攻し、政氏を下野の小山城に追い落とし、力ずくで古河公方の跡目を奪取した。その3年後には対立していた顕実が死去したため憲房が関東管領に就任し、さらに1518年（永正15）に政氏を隠居に追い込んで、関東での権威を確立させた。1521年（大永1）には、三浦を滅ぼして相模国内を平定していた北条氏綱（早雲の子）の娘を、子の晴氏にめとらせることで北条家との結びつきを強化した。しかし、小弓公方として独立した弟の義明との対立は持続し、さらに北条家との関係をめぐって子の晴氏とも対立して、1530年（享禄3）頃には古河公方の地位を晴氏に奪われて隠居を余儀なくされた。

足利義明

あしかが・よしあき

生没年	？～1538年（天文7）
出身	下総国
主君	足利政氏
死因	戦死

◇父・兄と対立し小弓公方を称す

2代古河公方・足利政氏の次男。3代古

河公方・足利高基は兄にあたる。次男として誕生したため、幼くして出家して鶴岡八幡宮に入室した。

しかし、1510年（永正7）に父の政氏と兄の高基が対立して戦乱に発展すると、義明も自立をめざして還俗し、相模に進出しはじめていた北条早雲の支援を受けるとともに、上総の豪族・真里谷信清の支援を受けて、信清が原胤隆から奪い取った小弓城に入り独立した。このため、義明のことを小弓公方と呼ぶ。義明はその後、安房の里見家を味方につけて房総半島に一大勢力を築くに至った。

だが、早雲の子・北条氏綱が1521年（大永1）、政氏を追放して古河公方として権威を高めていた高基と手を結んだため北条氏と敵対するようになり、1526年（大永6）には義明の命で里見軍が鎌倉に上陸して北条軍と戦った。

1534年（天文3）、最大の庇護者だった信清が死去すると、後を継いだ信隆とその弟の信応との間で争いが勃発し、義明は信応を支援した。1537年（天文6）には里見義堯とともに信隆の居城・峯上城を攻め落とし、信隆を追放して信応を当主の座につけた。

しかし、追放された信隆が鎌倉へ逃げ延びて北条氏綱を頼ったため、真里谷家の内訌は義明と氏綱の戦いとなり、1538年（天文7）、武蔵国府台で両軍が衝突し（第一次国府台の戦い）、義明は陣頭に立って奮戦したが、氏綱軍の武将・横井神助に討ち取られた。

こうして小弓公方は滅びたが、次男の頼純は生き延び、その子・国朝が喜連川姓を称して関東足利家の嫡流となって存続した。

足利晴氏

あしかが・はるうじ

生没年	1508年（永正5）～1560年（永禄3）
出身	下総国
主君	第4代古河公方
死因	病死

◇義明を滅ぼし古河公方の権威回復

第3代古河公方・足利高基の子で、1535年（天文4）に父の死にともなって4代古河公方となった。父・高基の意思を継いで、古河公方の権威の向上に尽力した。

当時の古河公方は、晴氏率いる古河公方と、晴氏の叔父で上総を拠点としていた足利義明の小弓公方に分裂していた。晴氏方には宇都宮家・結城家・小山家など北関東の諸将が味方につき、義明方を真里谷武田家・里見家・酒井家など房総半島の諸家が支援した。

1538年（天文7）、義明は里見義堯・真里谷信応などの房総勢を引き連れて、武蔵国に侵攻し、国府台に布陣した。これに対して晴氏は、相模を扇谷上杉家から奪い取り勢力を拡大させていた北条氏綱に援助を頼んだ。氏綱は2万の軍勢を率いて国府台に進出し、義明・里見連合軍を打ち破り、義明は討ち死にした。

こうして小弓公方を滅ぼすことに成功した晴氏は、古河公方としての地位を強化するために北条氏綱の娘をめとり、北条家を後ろ盾とした。

しかし、1541年（天文10）に氏綱の死後家督を継いだ氏康とは折り合いが悪く、北条家との同盟を解消して山内上杉家の上杉憲政と結んだ。1545年（天文14）、氏康が駿河に出陣していた隙をつき、晴氏と憲政は反北条の諸将を糾合して、北条綱成が拠る河越城を包囲した。

このとき宇都宮家、小山家、佐竹家、佐野家、結城家など北関東を代表する国人の多くが晴氏の呼びかけに応じ、晴氏・憲政連合軍は8万という大軍にふくれ上がったという。

しかし、氏康が虚偽の和議を申し入れたうえで夜襲をかけて上杉軍を敗走させると、晴氏方の軍勢は浮き足立って統制を失い、晴氏は城から打って出た綱成軍に攻められて古河へ敗走した。

この敗戦により、晴氏と上杉家の勢力は急速に衰えた。とはいえ、1549年（天文18）には宇都宮尚綱に那須討伐を命じるなど、古河公方としての権威はある程度残っており、晴氏はその後も古河城に拠って北条家と対立した。だが、1552年（天文21）に上杉憲政が北条軍に敗れて越後へ遁走すると晴氏はいっそう孤立し、同年、氏康の圧力によって家督を子の義氏（氏綱の娘の子で、氏康の甥にあたる）に譲って引退した。その後、1554年（天文23）に氏康に対して兵を挙げたが鎮圧され、相模国波多野に幽閉された。1557年（弘治3）にいったん古河城に戻されたが、再び下総国栗橋に幽閉され、同地で没した。

足利政知

あしかが・まさとも

生没年 1435年（永享7）〜1491年（延徳3）
出身 山城国
主君 足利義教→足利義政
死因 病死

◇成氏に敗北した堀越公方

6代将軍・足利義教の2男で、兄に7代将軍・足利義勝、弟に8代将軍・足利義政、実子に11代将軍・足利義澄がいる。

1454年（享徳3）、鎌倉公方の足利成氏が関東管領の上杉憲忠を殺害したことを

きっかけに、関東は鎌倉公方派と上杉派に分かれて争う戦乱状態に陥った。これに対して幕府は、それまで幕府に反抗的だった成氏追討を決め、成氏の鎌倉公方職を解任した。そして、新たな鎌倉公方を関東に送り込むことになった。

次期鎌倉公方として白羽の矢が立ったのが、政知だった。当時、政知は出家して天龍寺に入室していたが、異母弟の将軍・義政の命で還俗して、1458年（長禄2）、鎌倉に下向した。

鎌倉は幕府方の扇谷上杉家の支配下にあったが、周辺は成氏軍と上杉軍の戦いが激しく、政知は鎌倉に入ることができず、伊豆国の堀越にとどまり、同地に御所をかまえることになった。そのため、政知のことを堀越公方と呼ぶようになった。堀越を拠点にした政知は、関東管領の上杉政憲とともに成氏と対立し、1471年（文明3）には下総古河まで出陣し、成氏軍と戦った。政知は駿河の今川家や甲斐の武田家らを味方につけて争いを継続したが、北関東諸将を支配下に置いていた成氏との争いには、なかなか決着がつかなかった。

1476年（文明8）、山内上杉家の家宰・長尾家の後継問題がこじれて長尾景春が反旗を翻し、当主の上杉顕定は扇谷上杉家の当主・上杉定正とともに上野へ遁走してしまった。

両上杉家の当主が上野へ逃げてしまったため、政知は伊豆に孤立し、さらに成氏が景春と結んだため、武蔵南部から相模西部一帯は成氏・景春派に制圧されてしまった。1480年（文明12）に景春の反乱はいったん鎮圧されたが、成氏の勢力は政知の勢力を大きく上回るようになり、1482年（文明14）、政知は上杉政憲の進言を容れて成氏と和睦した。これに

より成氏は伊豆一国のみを支配するだけとなり、実質的な関東支配は成氏の手に落ちた。

その後は京に戻ることもできないまま伊豆にとどまり、1487年（長享1）に両上杉家の対立から長享の乱が勃発して関東全域が戦乱状態に陥ったときも、この戦乱に介入することなく、1491年（延徳3）に死去した。

足利茶々丸

あしかが・ちゃちゃまる

生没年 ？〜1498年（明応7）

出身 伊豆国？

主君 足利政知

死因 自害？

◇性格粗暴で堀越公方を滅亡に導く

堀越公方・足利政知の嫡男。11代将軍・足利義澄は異母弟にあたる。

茶々丸は側室の子だったが、政知によって嫡男とされて育った。しかし、政知の正室・円満院の讒言により、後継は異母弟の潤童子と決められ、茶々丸は政知の命により軟禁状態にあった。ただし、茶々丸の廃嫡については、茶々丸が粗暴な性格で、素行不良を咎めた政知によって廃嫡されたとする説もある。

後継の座を奪われた茶々丸は怒り、1491年（延徳3）に父・政知が死去すると、軟禁先を抜け出して潤童子と円満院を殺害し、力ずくで堀越公方の座を奪い取った。しかし、家臣のほとんどが潤童子を支持し、そのうえ茶々丸が、政知以来の旧臣の外山豊前守を誅殺したことで人心は離れ、伊豆はにわかに混乱をきたした。

1493年（明応2）、京で政変が起こり、茶々丸に殺害された潤童子の実弟で、京の天龍寺に入室していた清晃（のちの足利義澄）が11代将軍に担ぎ出された。政変を主導した幕府管領の細川政元にとって、力ずくで堀越公方の座を勝ち取った現将軍の異母兄となる茶々丸は、代々の鎌倉公方がことごとく幕府と対立していたこともあり、危険な存在となった。

そして政元は、かつて9代将軍・足利義尚の申次衆となり、当時は駿河の興国寺城に拠っていた北条早雲に、茶々丸討伐を命じた。

同年、早雲は兵を挙げて伊豆に侵攻し、茶々丸の居館・堀越御所を急襲した。すでに求心力を失っていた茶々丸は、早雲の急襲になすすべなく敗走し、伊豆を追放されて堀越公方は滅亡した。

その後、茶々丸は山内上杉家の上杉顕定を頼って武蔵に落ちたが、顕定は扇谷上杉家との戦いに忙殺されていて茶々丸を支援できず、武蔵を離れた茶々丸は甲斐の武田家のもとに落ち着いた。

茶々丸は甲斐で早雲打倒を画策したが、1498年（明応7）、甲斐に侵攻した早雲の攻撃を受けて自害したと伝わる。

三好四聯衆

第2章

細川家	74
畠波家	93
畠山家	103
山名家	120
赤松家	132
京極家	145
一色家	153

⊜ 細川家

源義家の系統で、足利義清を祖とする足利一門のひとつ。庶流だったため一門内での家格は低かったが、顕氏・定禅兄弟や彼らの従兄弟である和氏・頼春兄弟が南北朝の戦いで戦功を挙げて尊氏の信頼を勝ち取り、室町幕府の有力武家に成長した。その後は代々、管領職を務めて幕政に重きをなし、ときどきの将軍を補佐して影響力を強めていった。しかし、応仁の乱後、後継者争いが勃発して家中は分裂、衰退した。

細川顕氏

ほそかわ・あきうじ

生没年	？〜1352年（正平7・文和1）
出身	三河国
主君	足利尊氏→足利直義→足利尊氏
死因	病死

◇尊氏・直義兄弟から信頼された武断派

父は細川家庶流の細川頼貞。細川家は足利家一門だが家格は低く、1331年（元弘1）に後醍醐天皇が反幕の兵を挙げた際に足利尊氏が鎌倉幕府の討伐軍として上京した際も、幕府の御家人としてではなく、尊氏の家臣として尊氏軍に従軍した。

その頃から尊氏からの信任は厚かったようで、伯耆国船上山に挙兵した後醍醐天皇のもとへ、密使として派遣されたり、建武の新政が成立して尊氏と対立する護良親王が捕らえられたときには、鎌倉へ護送する任務を任されたりしている。

武勇に優れ、尊氏のもとで幾多の戦を

戦い、武功を挙げた。後醍醐天皇から離反した尊氏が、1336年（建武3）に敗れて九州へ落ちると、顕氏は従兄弟の和氏とともに官軍の追撃を封じるために四国に派遣された。その際、尊氏から四国地方での恩賞を与える権限を認められ、顕氏は短期間で四国諸将をまとめ上げることに成功した。

その年のうちに尊氏は九州を出立し京を目指し、顕氏も多数の四国諸将を率いて尊氏軍に合流、尊氏の京都奪還を大いに助け、上陸直後の湊川の戦いにも功があった。その後も畿内を転戦して尊氏を側面援護し、1338年（延元3・建武5）には、高師直らとともに、和泉国で北畠顕家を討ち取る軍功を挙げ、その功により侍所頭人に任じられた。

顕氏は河内・和泉・讃岐3カ国の守護を任されるほどの信任ぶりで、ほかの一族も守護を任され、一族で領有した守護国は7カ国に及び、細川一族の勢力伸張に成功した。当時、執事職を務めた高一

族の守護国が3カ国、佐々木一族が4カ国、上杉一族が3カ国なので、細川一族の躍進ぶりがわかる。

◇ 観応の擾乱で直義派へ

1347年（正平2・貞和3）、楠木正成の子・楠木正行が河内で挙兵し、紀伊の畠山軍を破り、和泉・摂津まで軍を進めた。河内と和泉の守護だった顕氏は、紀伊の守護・畠山国清と丹波の守護・山名時氏とともに正行討伐の軍を編成した。

しかし、顕氏は同年の河内教興寺の戦いで正行軍に敗れ、その後も正行軍を攻略できず、相次ぐ敗戦で顕氏の影響力は低下した。その代わりに台頭してきたのが、翌年の四條畷の戦いで正行を破った高師直・師泰兄弟だった。尊氏は顕氏から河内・和泉の守護職を取り上げ、師泰が顕氏の後を継いで、侍所頭人の職も辞任することになった。

師直の権勢が強くなればなるほど、顕氏は師直と不和となり、足利直義と高師直・尊氏との対立が観応の擾乱に発展すると、顕氏は当初は尊氏方についていたが、1350年（正平5・観応1）に直義が京を脱出したときに離反して讃岐へ逃亡、同地で挙兵した。

それからは直義派の中心人物として活動し、いったんは尊氏を降伏させて、直義勝利の立役者となった。その功により顕氏は和泉守護職を取り戻し、引付頭人に任じられた。しかし、顕氏はその一方で、丹波に逃亡していた尊氏の子・義詮を迎えに行って帰京するなど、尊氏との付き合いは継続していた。

やがて直義派が劣勢になり、1351年（正平6・観応2）、直義は京を脱出して北

細川家略系図

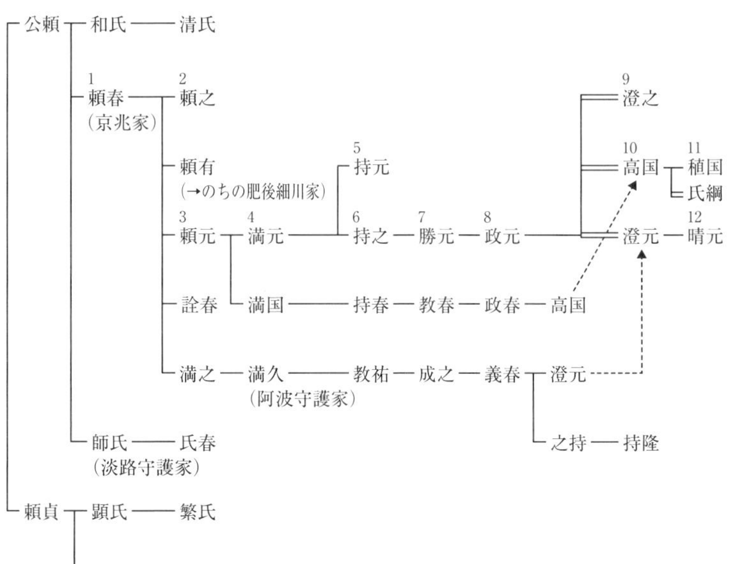

```
公頼 ─┬─ 和氏 ──── 清氏
      │
      ├─ 1           2                                                    9
      │  頼春 ───┬─ 頼之                                                 澄之
      │  (京兆家) │
      │          │   頼有                          5                    10       11
      │          │   (→のちの肥後細川家)          持元                 高国 ──┬─ 植国
      │          │                                                            └─ 氏綱
      │          │   3        4        6       7       8                12
      │          ├─ 頼元 ─┬─ 満元 ─── 持之 ─ 勝元 ─ 政元 ──────── 澄元 ─ 晴元
      │          │        │
      │          │   詮春 ─┴─ 満国 ─── 持春 ─ 教春 ─ 政春 ─ 高国
      │          │
      │          └─ 満之 ─── 満久 ─── 教祐 ─ 成之 ─ 義春 ─┬─ 澄元
      │                       (阿波守護家)                  │
      │                                                     └─ 之持 ─── 持隆
      │
      ├─ 師氏 ──── 氏春
      │  (淡路守護家)
      │
頼貞 ─┼─ 顕氏 ──── 繁氏
      │
      └─ 定禅
```

※数字は京兆家の当主就任順

75

陸へ落ちるが、顕氏はそのまま京に残り、尊氏に仕えることになる。尊氏は直義との和平交渉を進めるために、その代表に顕氏を指名した。顕氏は直義の拠る越前金ヶ崎城に出向いたが、直義は和平交渉を断った。その後、顕氏は直義のもとにとどまり、尊氏との和平交渉を何度も進言するが容れられず、ついに直義は関東へ向けて出立してしまった。

仕方なく顕氏は京に戻り、尊氏が直義討伐のために関東へ下向すると、顕氏は義詮とともに京の留守を任された。1352年（正平7・文和1）2月に直義が急死して観応の擾乱は収まったが、翌月には楠木正儀率いる南朝軍が京に乱入し、顕氏は義詮とともに戦うが敗れ、いったん近江まで遁走した。しかし、陣容を建てなおした義詮・顕氏軍は翌月、京を奪還し、顕氏は勢いにのって南朝の行宮（天皇の御在所）がある男山八幡を攻め、これを陥落させた。

男山八幡陥落の2カ月後の1352年（正平7・文和1）、顕氏は病に倒れ死去した。

細川和氏

ほそかわ・かずうじ

生没年 1296年（永仁4）～1342年（興国3・康永1）

出身 三河国

主君 足利尊氏

死因 病死

❖ 尊氏の関東支配の先鞭をつける

細川顕氏の従兄弟にあたり、管領細川家の祖となる細川頼春は実弟。足利尊氏の家臣として顕氏とともに六波羅探題攻めに参加し、以来、尊氏に従って各地を転戦した。

和氏は武勇に優れるだけでなく、戦略上の人心掌握にも長けていた。建武の新

政の崩壊後、関東武士たちがこぞって尊氏に味方したのは、後醍醐天皇の新政失敗が大きな理由だったが、その間に和氏が駆け回って関東武士をまとめあげたからだといわれている。和氏は、尊氏が京で優遇されていることを誇張して触れ回り、新田義貞に肩入れしていた武将たちまで、鎌倉に残った尊氏の子である足利義詮の旗下に集めたのである。

1335年（建武2）、北条家の生き残りである北条時行が信濃で挙兵し、一時期鎌倉を占拠した（中先代の乱）。和氏は、反乱鎮圧のために東下した尊氏に従い、同地で尊氏が後醍醐天皇から離反すると、尊氏とともに軍勢を率いて京をめざした。1336年（建武3）、京都奪還に失敗した尊氏が九州に逃れると、和氏は従兄弟の顕氏とともに四国に渡って四国地方の平定に尽力、四国の諸将をまとめあげて尊氏軍に合流し、同年の湊川の戦いにおける尊氏勝利に貢献した。こうした戦功が認められ、尊氏が幕府を開くと、阿波・淡路守護に任じられるとともに、引付頭人・侍所頭人など重要な職を歴任して、初期の足利幕府を支えた。

従兄弟の顕氏とは違い、尊氏挙兵から一貫して尊氏に従い、1340年（興国1・暦応3）頃に引退して出家。領国の阿波に移って、竹渓と号して余生を過ごし、1342年（興国3・康永1）に死去した。

細川定禅

ほそかわ・じょうぜん

生没年 不詳

出身 不明

主君 足利尊氏

死因 不明

❖ 正成を破った湊川の戦いに軍功

細川顕氏の弟。幼年の頃に出家したよ

76

第2章　三管四職家／細川家

うで、後醍醐天皇の反乱が起こった際には鎌倉におり、鶴岡八幡宮の若宮別当となっていた。足利家一門として、足利尊氏が後醍醐天皇討伐のために上京する際に討伐軍に加わり、兄・顕氏や従兄弟・和氏らと三河で合流し、尊氏に従って京に入った。

『難太平記』によれば、1335年（建武2）7月に北条高時の遺児・時行が挙兵して鎌倉に攻め込んだ際には（中先代の乱）、足利直義とともに鎌倉におり、時行軍と戦っている。時行は鎌倉の北条家旧臣を糾合して鎌倉を一時占領し、直義はいったん鎌倉から逃げ出すが、そのとき定禅が直義に自害をすすめたという。

その後、定禅は尊氏の命を受けて鎌倉を離れて四国の讃岐に渡り、詫間家・香西家・寒川家など同地の国人諸将を従え、同年11月に尊氏が鎌倉で反後醍醐天皇の兵を挙げると、これに呼応して讃岐鷺田荘で挙兵した。定禅は天皇方の讃岐守護・高松頼重を高松城に破り、備前児島に渡った。児島で尊氏方の中国諸将と合流した定禅は播磨に入り、播磨の赤松範資軍とともに京に攻め上った。東西から京を挟撃する形になった尊氏軍だったが、翌年正月の京の戦いで敗れ、尊氏は九州に逃亡した。

このとき定禅は、播磨に入って敗残の兵を集めるなど尊氏軍の保持に動いた。尊氏が海路で九州に向かう際、定禅は兄の顕氏ら細川家一門とともに再び四国に派遣され、定禅は讃岐方面担当となって軍勢を整えた。

1336年（建武3）5月に尊氏が再挙して九州を出立すると、讃岐水軍を率いて顕氏らとともに尊氏軍に合流し、播磨に上陸した。定禅は、待ち構えていた新田義貞を尻目に西方へ進撃し、直義軍と交戦中の楠木正成軍に攻めかかり、楠木軍を破るのに貢献した（湊川の戦い）。この戦いにおける定禅の活躍ぶりはすさまじかったらしく、『太平記』『梅松論』ともに、定禅の戦功を褒め称えている。

その後は畿内に移って南朝勢との戦いに明け暮れ、室町幕府の創成期を軍事面で支えた。

1337年（延元2・建武4）に兄の顕氏が土佐守護に任じられたあと、定禅が土佐守護代となり、土佐に渡った定禅は国内の南朝方と戦い、1339年（延元4・暦応2）に土佐大高坂城を落城させた。

定禅の消息はそれ以降、伝わっていない。その頃、同族の顕氏や和氏は幕府内で重きをなしていたから、定禅だけが蚊帳の外であったとは考えられず、その前後に死亡したといわれる。

細川師氏
ほそかわ・もろうじ

生没年 1305年（嘉元3）～1348年（正平3・貞和4）
出身 三河国
主君 足利尊氏
死因 不明

◇ 淡路細川氏の初代守護

父は細川公頼で、細川和氏と細川頼春は兄にあたる。『系図纂要』によれば、名は「のりうじ」とする。

1333年（元弘3）に後醍醐天皇が挙兵すると、兄の和氏・頼春とともに京へ向かう足利尊氏と三河で合流し、六波羅探題攻めに参加した。その後も尊氏・直義兄弟に従って各地を転戦し軍功を挙げた。後醍醐天皇の親政が開始されると、直義とともに鎌倉へ下り、直義の側近として戦後処理と関東支配に尽力した。1335年（建武2）に北条高時の遺児・北

条時行が挙兵した際には、従兄弟の細川定禅とともに直義軍の中核として戦い、いったんは敗れて鎌倉から逃亡するが、京から進軍してきた尊氏と合流すると巻き返して時行の乱を鎮圧した。同年、尊氏が建武の新政から離反すると、師氏は尊氏に従い、尊氏の命を受けて兄の和氏や従兄弟の定禅ら細川家一族とともに四国へ渡って、四国平定に関わっている。

1340年（延元5・暦応3）に淡路へ入った師氏は、南朝方だった宇原兵衛を破り、淡路の平定に成功した。師氏は、鎌倉幕府の淡路守護だった長沼家の居館に移り、新たに養宜館を築城して、ここを淡路における拠点とした。その後、師氏は室町幕府から正式に淡路守護職を与えられ、以降の淡路守護は師氏の家系が世襲した。

師氏は淡路に落ち着いたあとも、尊氏方として南朝軍との戦いを続行し、1347年（正平2・貞和3）には淡路から讃岐国小豆島に上陸し、南朝軍の佐々木信胤と交戦、同年6月に信胤の居城・安田城を陥落させ、小豆島を平定した。

翌1348年（正平3・貞和4）に死去。死因は明らかでない。

細川頼春

ほそかわ・よりはる

生没年	？～1352年（正平7・文和1）
出身	三河国？
主君	足利尊氏
死因	戦死

◇ 弓が得意な文武両道の武将

細川和氏の弟で、弟に細川師氏がいる。室町幕府管領職を世襲することになる細川京兆家の祖。文武両道の武将で、とくに弓術に優れ、和歌もよく詠んだ。弓術は後醍醐天皇にも賞賛され、1334年

（建武1）に後醍醐天皇の親政を祝う射礼の儀式が行われた際には射手として参加し、その腕で昇殿を許されたほどだった。そのとき謝恩のしるしとして詠んだ和歌は、南北朝分裂後の北朝の勅撰和歌集である『風雅和歌集』に選ばれている。

元弘の乱（1331年）で、足利尊氏が鎌倉幕府軍として後醍醐天皇討伐軍大将に選ばれると、頼春は兄の和氏ら三河の細川家一門とともに尊氏に従軍して入京。六波羅探題攻めに参加した。

その後は常に尊氏に従い、建武の新政に反旗を翻した尊氏が九州へ落ちる際には、和氏・師氏・顕氏・定禅ら細川家一門とともに四国へ渡り、頼春はおもに伊予方面を担当した。

讃岐・阿波で準備を整えた頼春は、7000余騎をもって伊予に進軍して同地を平定し、さらに伊予の国人・土井義昌、河野通盛を降し、尊氏軍による四国地方平定に大いに活躍した。

頼春ら細川家一門の四国平定が思いのほか早かったおかげで、九州から東上する尊氏は海路と陸路の二手に分かれて進軍することが可能になり、結果、京から迎撃に来た楠木正成・新田義貞軍を挟撃することで、楠木正成を自害に追い込むことができた。

その後、頼春は北陸に落ちた新田義貞を追って、斯波高経とともに追討軍を組織して越前まで進軍した。そして1337年（延元2・建武4）、越前金ヶ崎の戦いで義貞を破り、従軍していた後醍醐天皇の皇子尊良親王を自害に追い込むなど、室町幕府開幕に大きく貢献したのである。

◇ 南朝軍との戦いで戦死

尊氏からの信任は厚く、阿波、備後、伊予3国の守護に任じられ、四国地方における細川家の地盤を築きあげた。

さらに畿内を転戦して南朝軍と戦い、1348年（正平3・貞和4）の四條畷の戦いでは高師直軍に従軍して、師直・師泰兄弟ともよく協力して楠木正行・正時兄弟を自害させた。

やがて観応の擾乱が勃発すると、頼春は尊氏について、直義派と交戦を続ける。尊氏が、直義討伐のために鎌倉へ下向するときには、尊氏の嫡男・義詮の補佐を任されて京の守護を一任された。

この頃、日向国の守護にも任じられており、計4カ国の守護となっている。

九州地方で直義の養子・直冬が兵を挙げると、その討伐軍にも参陣した。

その後も、従兄弟の顕氏が逃亡して直義のもとに走ると、その討伐に向かい、直義が南朝と手を結んで勢力を増強させると、対抗するために阿波へ戻って一宮家、小笠原家と戦い、これを破った。

1352年（正平7・文和1）、南朝軍の楠木正儀と北畠顕能が挙兵して京へ攻め込んでくると、急ぎ京へ戻って義詮の護衛についた。

だが、南朝軍の猛攻を防ぐことができず、七条大宮の戦いで戦死した。

細川繁氏

ほそかわ・しげうじ

生没年 ？～1359年（延文4・正平14）？
出身 不明
主君 足利尊氏→足利義詮
死因 不明

◆四国南朝勢に対した尊氏側近

細川顕氏の子。父とともに足利尊氏に仕え、尊氏・直義兄弟が対立した観応の擾乱では尊氏側についた。

1351年（正平6・観応2）、尊氏は直義討伐を最優先として、南朝と和議を結び、自ら直義が拠る鎌倉へ向かった。京都には尊氏の嫡男・足利義詮が残り、統治にあたった。だが、尊氏不在の京を狙って南朝方が和議を反故にして攻め寄せた。このとき、繁氏は父・顕氏とともに義詮を守って南朝方と戦い、これを京から追い、後亀山天皇の行宮が置かれていた男山八幡まで追撃、敗走させる武功を挙げた。

その直後に父・顕氏が死去し、繁氏は家督を継いで讃岐・土佐の守護となった。その後は領国となった四国へ渡って南朝軍との戦いに従事した。これら武功の恩賞として、1353年（正平8・文和2）には摂津の守護に任じられた。

1355年（正平10・文和4）、反尊氏の急先鋒として九州で戦っていた直義の養子・足利直冬が、旧直義党の桃井直常らと連携して京へ進撃すると、尊氏自身は後光厳天皇を奉じて近江へ遁走。このとき播磨で戦っていた義詮から、四国の細川家一門に号令がくだり、繁氏も一門の嫡流である細川頼之とともに四国勢を率いて播磨に渡り、義詮軍に合流。直冬方の山名時氏軍を迎え撃って撃退した。

1358年（正平13・延文3）に尊氏が死去すると、九州の南朝勢力が力を増し、九州探題・一色直氏が菊池武光軍に大敗を喫し、京へ逃げ帰ってきた。その後釜として、繁氏が九州探題に任命された。

繁氏は讃岐で準備に取りかかったが、その直後に死亡。『太平記』によれば、繁氏が軍資金を得るために崇徳院陵を横領したため、その祟りによって悶死したという。『太平記』は細川家寄りの記述が多く、横領という事実の真偽は不明だが、繁氏の急死には何らかの理由があったものと考えられている。

細川清氏

ほそかわ・きようじ

生没年 ？〜1362年（正平17・貞治1）
出身 四国
主君 足利義詮→南朝（後村上天皇）
死因 戦死

◇2代将軍義詮の信任を得る

細川和氏の長男。室町幕府創成期を支えた細川宗家の嫡男だが、生年は不明。1348年（正平3・貞和4）、南朝軍の楠木正行を退けた四條畷の戦いに参加しており、これが史料による初見となる。このときは従軍したといっても、清氏の叔父で、のちの細川京兆家の祖となる細川頼春が後見人なっているので、10代半ば頃のことと考えられている。

観応の擾乱で足利尊氏・直義兄弟が対立をはじめると、清氏は尊氏派に与して直義派と戦った。その後も南朝征討に奮戦し、戦功を認められ、1352年（正平7・文和1）、伊勢と伊賀の守護に任じられた。

1353年（正平8・文和2）、尊氏が関東に出陣している隙をついて、北畠親房・楠木正儀ら南朝軍が京に攻め込んだ。京の留守を任されていた尊氏の子・足利義詮は、光厳上皇・光明上皇・崇光上皇の北朝3上皇を奪われる惨敗を喫して京から逃亡し、近江へ避難した。この戦いで、清氏は敗走する義詮の殿軍を務め、近江西坂本で南朝軍の追撃を食い止め、さらにその後の京奪還戦にも活躍し、義詮の信頼を勝ち取ったという。

この戦功で清氏は若狭の守護に任命されるとともに、評定衆・引付頭人に名を連ね、幕府内での発言力を強化した。

1355年（正平10・文和4）、桃井直常・山名時氏・足利直冬ら南朝軍が再び京に乱入し、尊氏は後光厳天皇とともに近江

に遁走した。清氏は義詮とともに播磨で戦っていたが、すぐさま取って返し、東寺に本陣をはっていた南朝軍を破った。

その後、清氏は後見人だった頼春の根拠地であり、かつての父の領国であった阿波に渡ったようで、1357年（正平12・延文2）に、越前守護を望んだが許されずに阿波に帰ったという。

1358年（正平13・延文3）、尊氏が没して義詮が2代将軍に就任すると京に呼び戻され、清氏は幕府執事（のちの管領）に抜擢され、義詮政権を支えた。

◇佐々木道誉の讒言で南朝に降る

清氏は、執事の権力を利用して傲慢に振る舞うことが目立つようになり、若狭で半済（年貢の半分を軍事費として守護が強制徴収できる権限のこと）を強行し、寺社勢力や公家から反感を買い、執事職をめぐって対立していた仁木義長や斯波高経と反目することも多くなっていった。1360年（正平15・延文5）には、仁木義長が清氏討伐の挙兵を計画していることを察知し、義長の機先を制してこれを追放した。

ところが、同年に佐々木道誉が「清氏に謀反の疑いがある」と義詮に讒言すると、初めは信じなかった義詮だったが、原因不明の病に侵されるなど体調がすぐれなくなると、清氏に不信を抱くようになった。道誉は、清氏の政敵だった斯波高経の子・氏頼を娘婿に迎えており、高経側の人物であった。『難太平記』はこの事件を、佐々木道誉によるでっち上げと記しているが、『太平記』には清氏の野心は本物だったと書かれている。

室町幕府のために軍功を重ねてきた清氏だったが、1361年（正平16・康安1）、ついに義詮から執事職を解かれたうえに追討軍を差し向けられ、清氏は若狭へ逃

80

亡した。清氏は同年のうちに南朝に降り、若狭に逃げてわずか3カ月後には楠木正儀らとともに南朝軍の一員として京に乱入しいったんは京を奪回するが、すでに南朝には京を長期にわたって制圧する力はなかった。

敗れた清氏は四国に渡って阿波に入ったが、かつての後見人・頼春の子で、清氏の従兄弟にあたる阿波の守護・細川頼之には迎えられず、讃岐に入って退勢の挽回をはかろうとした。しかし、1362年（正平17・貞治1）、義詮の命を受けた頼之の追討軍に攻め込まれ、讃岐白峰の戦いで討死した。執権職を解かれて若狭に奔ってから、わずか10カ月後のことだった。

細川氏春

ほそかわ・うじはる

生没年 ？〜1387年（元中4・嘉慶1）

出身 不明

主君 足利尊氏→南朝（後村上天皇）→足利義詮→足利義満

死因 不明

◇淡路における細川支配の礎

細川師氏の子。1348年（正平3・貞和4）、父の死によって淡路守護・細川家を継いだ。1353年（正平8・文和2）、山名時氏と楠木正儀が京を攻撃する際に、石見・紀伊・播磨の南朝軍がいっせいに蜂起したが、そのとき淡路でも南朝軍が兵を挙げた。淡路に駐屯していた守護の氏春は在地の国人とともに南朝軍と戦い、円鏡寺原の戦いで南朝軍を退けた。

1361年（正平16・康安1）、従兄弟の細川清氏が佐々木道誉に讒言されて将軍・足利義詮から追討命令を受けると、氏春は清氏に呼応して南朝に降った。同年末には清氏とともに南朝の京奪回戦に参加し、京を制圧する戦功を上げた。

しかし、翌年早々には京を奪回され、清氏とともに讃岐へ敗走。阿波・讃岐は元来、細川家の影響力が強い地域で、氏春は各所の国人の結集に努めたが、多くは四国管領として4カ国を領有していた幕府重鎮の細川頼之方につき、なかなか戦力を回復することができなかった。

そして1362年（正平17・貞治1）、細川頼之が備前・美作などの軍勢を率いて渡海。氏春は清氏とともに迎撃したが、清氏は讃岐白峰の戦いで敗死した。氏春は幕府に帰順して許され、再び淡路守護に返り咲いた。

1373年（文中2・応安6）、氏春は南朝討伐軍の大将となって河内に派遣されることになった。同年3月、軍勢を率いて播磨尼崎に上陸した氏春は、摂津の守護・赤松光範と合流して河内天野山金剛寺にある南朝方の行宮へ進軍。氏春は金剛寺塔頭の安養院を内通させることに成功し、8月、一斉攻撃を仕掛けてこれを落とし、南朝の長慶天皇は吉野へ逃げた。

その後は、管領・細川頼之のもとで幕政を支えるとともに、淡路の領国経営にも注力し、1379年（天授5・康暦1）に頼之が失脚すると、頼之とともに京を離れた。しかし、その後も淡路守護の地位は保たれ、淡路における細川家の地盤を確固たるものにした。

細川頼之

ほそかわ・よりゆき

生没年 1329年（元徳1）〜1392年（元中9・明徳3）

出身 三河国

主君 足利義詮→足利義満

死因 病死

◇将軍権威の向上に尽力

細川頼春の子。頼春の死後、1352年

（正平7・文和1）、阿波の守護となる。中国・四国方面の平定を担当し、1362年（正平17・貞治1）には幕府に反して南朝に降った従兄弟の細川清氏を約半年に及んだ戦いのすえ討ち取った。清氏は細川宗家を継ぐ人物であったが、その子・正氏は父の意思を継いで南朝方に残ったため、頼之が細川家の当主に収まった。

1367年（正平22・貞治6）、将軍・足利義詮の死去直前に義詮に招かれて京に戻り、次期将軍の足利義満の補佐役となることを要請された。これには義詮の弟で鎌倉公方だった足利基氏の推挙があったという。義詮の死後、その遺言どおり頼之は義満政権下で管領に任命され、幕政をとることになった。

頼之が管領に就任した頃の幕府は、3代目の将軍が誕生しても動乱の時代の空気を引きずっており、諸将間での勢力争いが絶えなかった。当時は幕府の対抗勢力として南朝という大きな存在があったため、幕府に不満をもつ武将はすぐに南朝に奔って幕府と対立してしまう状況だった。そのため頼之の最初の仕事は、将軍の権威を高めることだった。頼之はある宴の席で、わざと幼君・義満に無礼を働き、勘気を蒙って丹波に蟄居するという芝居をうつなどして、将軍の権威を諸将に示したという。

◆政争に敗れて淡路へ

1368年（正平23・応安1）、南朝の主力だった楠木正儀が、幕府に投降してきた。頼之は南朝の和睦派だった正儀を受け入れたが、これをきっかけに再び南朝との争いは激しくなった。南朝軍は裏切り者の正儀を攻め、幕府はこれを救援せざるを得なかった。しかし、参集された諸将の戦意は乏しく、淀川を渡ることを拒否した。正儀を庇護していた頼之は彼らの行動に不満を覚え、1371年（建徳2・応安4）、突然職を辞して洛西の西芳寺に入ってしまった。当時13歳だった将軍・義満は西芳寺を訪れ、頼之は義満に慰撫されて、ようやく出家を思いとどまった。幕政に戻った頼之は、1373年（文中2・応安6）に赤松範資・細川氏春を南朝攻めに派遣して、河内天野の長慶天皇の行宮を攻めさせ、吉野に敗走させた。これを機に南朝はその後、大掛かりな軍事行動を起こすことはできなくなった。

一方、九州の懐良親王率いる征西府の勢力も、頼之の懸案のひとつだった。頼之は新たな九州探題として今川了俊を抜擢し、了俊は1371年（建徳2・応安4）に九州へ向かった。了俊は翌年には征西府の拠点である大宰府を落として、さらに南朝軍の主力だった菊池家の居城を陥落させ、九州南朝勢力の力を弱めていった。

しかし、頼之が幕府内で立場を固めていくにしたがい、諸将との摩擦が生じはじめた。土岐頼康や山名師義と争い、両者は幕政を離れて領国に帰ってしまい、1378年（天授4・永和4）には管領職を争っていた越中守護・斯波義将との抗争が勃発した。同年、反頼之派だった京極高秀が近江で挙兵し、頼之は義満に進言して1379年（天授5・康暦1）、土岐頼康・京極高秀追討の命令を出させた。各地の武将が京への参集を命じられたが、斯波義将はこれに応じず、逆に近江に奔って京極軍に合流してしまった。驚いた義満は義将を慰撫するために再三書状を送り、上洛した義将の言を受けて討伐命令を撤回、頼康と高秀を赦免してしまった。

頼之の立場は悪くなり、さらに義将が反頼之派を糾合して将軍の御所を軍勢で包囲して頼之の罷免を訴えるに及び、ついに頼之は義満から罷免・下国を通達さ

れた。頼之は同年、京の自邸を焼き払ったうえで出家し、頼元・詮春・氏春ら一族をつれて淡路へ落ちた。

淡路に帰国した頼之は、その後領国である讃岐に渡った。すると、斯波義将と通じた伊予の守護・河野通直に攻められた。頼之は伊予まで進軍して通直を討ち、その後は四国平定を進めながら、義満に対して赦免活動を行った。

そして1389年（元中6・康応1）、義満が厳島に参詣することになったとき、頼之は弟の頼元とともにこれに同道し、10年ぶりに義満と会い、ようやく赦免された。この会合には、九州探題・今川了俊の尽力があったという。

1391年（元中8・明徳2）に斯波義将が管領を辞すると、頼元が管領に補任され、頼之は頼元の後見として上洛し、ついに幕政への復帰を果たした。

同年、山名氏清・満幸が兵を挙げた明徳の乱が起こった。頼元は管領としてこの戦を取り仕切り、頼之も軍を率いて出陣し、畠山基国・京極高詮らとともに満幸敗走に功があった。戦後、備後守護に任じられた。

翌年、病没。義満は頼之のために鹿苑院で葬儀を主催し、自ら経文を写して頼之を供養したという。

細川頼有

ほそかわ・よりあり

生没年 1332年（元弘2）〜1391年（元中8・明徳2）

出身 讃岐国

主君 足利尊氏→足利義詮→足利義満

死因 不明

◇義詮のもとで南朝軍を撃退

細川頼春の子。同母兄に細川頼之（異母兄とする説もある）、同母弟に細川頼元がいる。1350年（正平5・観応1）にはじまった観応の擾乱から戦場に立つようになり、父や兄とともに足利尊氏方として戦った。1352年（正平7・文和1）正月、足利尊氏は弟の足利直義討伐のために南朝と一時的に和睦したが、尊氏の留守をついて楠木正儀・北畠顕能らが京へ侵攻してきた。

頼有は父の頼春とともに京を守っており、攻め寄せる南朝軍と対峙したが、頼春は討ち死にし、頼有は足利義詮とともに近江へ逃げた。頼有は讃岐に渡って軍勢を整え、阿波で兵を集めていた兄の頼之とともに同年3月、再び上京して近江の義詮軍に合流し、京へ侵攻して南朝軍を追いやった。さらに幕府軍は南朝軍を追撃して男山を包囲し、これを陥落させて南朝を吉野に追いやった。頼有も、この作戦に参加している。

1356年（正平11・文和5）、かつて父が務めていた備後守護に任ぜられ、中国管領の頼之とともに中国平定を進めた。

1367年（正平22・貞治6）に将軍・義詮が死去し、頼之が新将軍・義満の管領に就任すると、頼有は四国に渡って、南朝方の伊予・河野家と戦った。

1373年（文中2・応安6）、頼之に代わって阿波の守護に就任。1379年（天授5・康暦1）、斯波義将らのクーデターによって頼之が失脚すると、都落ちした頼之を阿波に迎え入れた。そのため頼有は阿波の守護を解任されてしまう。1381年（弘和1・永徳1）に頼之が阿波守護に復帰し、ともに領国経営にあたった。頼有は頼之の赦免活動を推進し、1389年（元中6・康応1）、頼之はようやく赦免された。

翌年には、山名家の内訌に介入した義満の命を受けて、山名時煕・氏之兄弟の追討軍に参加して軍功をあげた。1391年

（元中8・明徳2）、山名家が没落するきっかけとなる明徳の乱勃発直前に死去した。

細川頼元

ほそかわ・よりもと

生没年 1343年（興国4・康永2）～1397年（応永4）

出身 不明

主君 足利義詮→足利義満

死因 病死

❖明徳の乱を仕切った幕府管領

父は細川頼春。1352年（正平7・文和1）、頼春が南朝軍との戦いで戦死したため、兄・細川頼之の養子となった。

頼之が1367年（正平22・貞治6）に管領に就任し、頼元は頼之を補佐した。1369年（正平24・応安2）、南朝軍の主力だった楠木正儀が頼之に降ったため、裏切り者の正儀を討つために南朝軍の軍事活動が活発化した。河内の守護に任ぜられて南朝軍と対峙した正儀が苦戦に陥ったため、頼元は頼之の命を受けて正儀救援のために河内に出陣した。頼元は1371年（建徳2・応安4）にも、再び正儀救援のために出陣している。

1374年（文中3・応安7）、摂津の守護に任ぜられた。

1378年（天授4・永和4）、南朝軍が再起して北畠顕泰・橋本正督らが挙兵して紀伊を制圧すると、幕府は細川業秀を紀伊の守護に任命して鎮圧に当たらせ、頼元も業秀とともに紀伊に出陣した。頼元は山名義理や赤松光範らとともに南朝軍を撃退し京に戻ったが、その隙をついて南朝軍が再び紀伊を襲い、業秀は敗れて淡路に逃走した。頼元は再び山名軍らとともに紀伊へ向かい、これを撃退した。

そして1379年（天授5・康暦1）、管領として幕政を取り仕切っていた頼之が、

斯波義将らのクーデターによって失脚すると、頼元も摂津の守護を解任され、頼之とともに四国に撤退した。その後はしばらく四国に逼塞していたが、1389年（元中6・康応1）に頼之とともに赦免されて幕府に復帰し、1391年（明徳2）に管領に就任した。同年には明徳の乱が起こり、頼元は管領として戦を取り仕切って、1日で乱を終結させた。頼元はその功績により摂津守護とともに丹後守護に任じられ、ついで頼之の死去にともない讃岐と土佐の守護も兼ねることになった。

2年後、頼元は管領を辞して引退し、1397年（応永4）死去した。

細川満元

ほそかわ・みつもと

生没年 1378年（天授4・永和4）～1426年（応永33）

出身 摂津国

主君 足利義満→足利義持

死因 病死

❖南朝、上杉禅秀の反乱を収める

細川頼元の嫡男。1397年（応永4）の父の死後、家督を継いで摂津・丹波・讃岐・土佐4カ国の守護となった。当時は斯波義将が管領として君臨しており、その後も斯波家と畠山家が管領職を独占していた頃で、満元は細川家の当主として幕府に出仕はしていたが、細川家の家勢はややふるわなかった。

1408年（応永15）に3代将軍・足利義満が死去すると、4代将軍・足利義持に取り立てられ、1412年（応永19）に管領に就任。在任時の1415年（応永22）、伊勢国司の北畠満雅が幕府に反して挙兵した。満雅は、南朝の重臣だった北畠親房の血統であり、父・顕泰は南朝方として

84

幕府と戦っていた。南北朝合一にともない幕府に帰順していたが、満雅は南朝寄りの立場にあり、1410年（応永17）に吉野に出奔していた後亀山上皇と連絡をとったうえでの挙兵だった。

満雅の挙兵とともに、楠木党の残党が大和で挙兵し、同国宇智郡河内を焼き払った。満元は畠山軍を派遣して、楠木残党を討った。幕府軍はその後も、満雅軍に対して優勢だったが、同年10月、後亀山上皇を仲介にして満雅と和睦した。満元が形勢有利のなか満雅と和睦したのは、鎌倉公方・足利持氏が関東で不穏な行動を起こしていたとともに、将軍・足利義持の異母弟・義嗣の動向も不安定であり、これら三者が連携することを恐れたためだった。

翌年には関東で上杉禅秀の乱が起こり、満元は諸大名を集めて軍議を起こし、上杉禅秀討伐を決定した。このとき満元は、将軍・義持の異母弟・義嗣と禅秀との共謀を疑って、義嗣を捕らえた。

1421年（応永28）に管領を辞任し、1426年（応永33）に死去。その後は嫡男の持元が継いだ。

細川持之

ほそかわ・もちゆき

生没年 1400年（応永7）〜1442年（嘉吉2）

出身 山城国

主君 足利義持→足利義教

死因 病死

◇嘉吉の変の収拾に奔走

細川満元の2男。1429年（永享1）、兄・持元の死去にともない家督を継ぎ、摂津・丹波・讃岐・土佐の守護に任ぜられた。1432年（永享4）、管領に就任した。

1441年（嘉吉1）6月、6代将軍・足利義教が赤松満祐に殺害されるという重大事件が起こった。管領として義教に同道していた持之はかろうじて脱出し、将軍討ち死にを朝廷に奏請した。事件の対処にあたることになった持之は、事件の2日後には諸大名を集めて次期将軍を詮議して、義教の子を将軍に決した。これが7代将軍・足利義勝である。

さらに持之は、義教の近親者が赤松家ら反幕派にかつがれないように、義教の兄弟と甥たちを京に呼び寄せるよう手配して、鹿苑院に軟禁した。

幕府の体制を固めた持之は翌月、細川持常と赤松貞村に満祐討伐を命じて出陣させ、さらに山名持豊（のちの山名宗全）と河野通直らも討伐に派遣した。さらに持之は後花園天皇の綸旨をもらい受けることに成功し、満祐・教康父子を朝敵として討伐する大義名分を得た。同年9月、満祐を討ち、乱は鎮圧された。

新たに将軍に就任した義勝は幼年だったため、持之が幕政を主導したが、翌1442年（嘉吉2）、病を得て管領を辞した。約2カ月後に死去。嫡男の勝元が後を継いだ。

細川勝元

ほそかわ・かつもと

生没年 1430年（永享2）〜1473年（文明5）

出身 山城国

主君 足利義政→足利義尚

死因 病死

◇山名宗全と協力して畠山氏を没落へ

細川持之の嫡男。管領職に3度就き、のべ21年間にわたって権力をふるった。

1442年（嘉吉2）、父の死にともない家督を継承し、摂津・丹波・讃岐・土佐の守護に補任された。1445年（文安2）、わずか15歳で管領に就任したが、当面は叔父・細川持賢の後見を受けた。

当時の幕府は、細川家、山名家、畠山家が政治を仕切っており、なかでも一族合わせて9カ国の守護を務める細川家が頭ひとつ抜けていた。しかし、1441年（嘉吉1）の嘉吉の変で功を挙げた山名家が、赤松家の旧領を引き継いで8カ国の守護となり、細川家を猛追していた。後の応仁の乱で対立することになる細川家と山名家であるが、当初は互いにけん制し合いながらも協調路線を歩んでいた。勝元は、山名宗全の娘を正室にするなど、宗全と結んで畠山家と対立した。

一方、畠山持国は水をあけられた細川、山名両家への対抗から、嘉吉の乱で殺害された6代将軍・足利義教によって家督を追われた大名や国人の復権を提唱し、彼らの支持を取りつけて復権をはかった。これに真っ向から対立したのが、勝元だった。勝元と持国の対立は各地で代理戦争を引き起こした。信濃では、持国が支持する小笠原持長と、勝元が支持する小笠原宗康が、加賀では持国派の富樫教家と、勝元派の富樫泰高がそれぞれ対立した。また、大和では興福寺別当の経覚を持国が支持すると、勝元は反経覚派の筒井順永を支持し、両者の争いは収拾がつかなくなっていった。

そして1454年（享徳3）、畠山家に家督騒動が勃発する。男子のいなかった持国は、弟の持富を後継に指名していたのだが、晩年になって、庶子の義就を後継にすると言い出し、持富派と義就派に分かれて内紛がはじまったのである。これを好機と見た勝元は、宗全とともにこの騒動に介入し、持国を隠退に追い込み、畠山家を政治の中心から追いやった。

◇**宗全との対立と将軍家の内訌**

1458年（長禄2）、8代将軍・足利義政は、嘉吉の変で没落した赤松家の再興を許し、播磨・備前などの旧領の回復を支援した。当然、当時の播磨・備前の守護である山名家はこれに反発したが、このときは勝元が間に入って事なきを得た。結局、赤松政則には山名家の領地である播磨国東3郡が与えられることになり、納得できない宗全は、幕府内部に政則の不忠を申し立てて政則から播磨国東3郡を取り上げた。これに対し勝元は、山名家の勢力を削減するために赤松家を支持し、この頃から両者の協調関係がほころびはじめた。勝元が日明貿易の利権をめぐって大内家と対立すると、宗全は大内家に肩入れするなど、勝元と宗全は以降はことあるごとに敵対するようになる。

1464年（寛正5）、男子がいなかった将軍・義政は、弟の足利義視を還俗させて自らの後継とし、勝元が義視の後見となった。ところが翌年、義政と正室・日野富子との間に足利義尚が生まれると、宗全は日野富子と結んで義尚を次期将軍に推し、義視の廃嫡に動き出した。こうして、将軍家の後継問題でも両者は対立姿勢を鮮明にした。また、嫡子のなかった勝元は宗全の末子・豊久を養子にしていたが、1466年（文正1）に実子の政元が生まれたため豊久を廃嫡し、さらなる関係悪化を招いた。

さらに翌1467年（応仁1）1月、宗全は勝元が支持していた畠山政長から管領職を取り上げ、自身が支持する斯波義廉を管領に任命するよう将軍・義政に取り計らい、両者の衝突はもはや不可避な状況となった。翌月になると、宗全は義政を抱き込んで、畠山義就を担いで政長討伐の許可を得て、御霊合戦が勃発した。勝元は当初、政長を支援するために軍勢を整えたが、将軍・義政が勝元と宗全の出兵を許さなかったため自重した。しか

し、宗全側は義政の命を無視して、宗全・斯波義廉・朝倉孝景らが義就軍に加勢し、政長は敗れて逃走した。この合戦を契機に勝元と宗全は完全に決裂し、両軍とも京に兵を集め出し、緊張はピークに達した。

◇ 京を焦土と化した応仁の乱勃発

御霊合戦後、幕府は義政と結んだ宗全・義就・斯波義廉が掌握し、政長は討伐の対象となり、勝元は逼塞を余儀なくされた。勝元は劣勢を挽回すべく反山名陣営に呼びかけ、同年5月には斯波義敏が越前・尾張・遠江へ侵攻し、土岐政康は伊勢へ、赤松政則は播磨へ攻め込んだ。そして同月、勝元は宗全派の一色義直邸を焼き討ちし、ついに両軍の対立は武力闘争へ発展し、応仁の乱が勃発した。両陣営の位置から、勝元軍を東軍、宗全軍を西軍と呼んだ。

勝元軍はさらに幕府御所を占拠して、義政・義尚父子、義視、富子ら将軍家の面々を自陣営に取り込み、義政から宗全追討の御内書を出させ、さらに宗全に取り込まれていた後土御門天皇と後花園上皇を奪還し、戦局は勝元軍が優位に進めていった。しかし、6月になると、中国地方の大大名・大内政弘が西軍として参戦し、8月に入京すると宗全軍は息を吹き返した。さらに同月、東軍陣営にいた義視が伊勢に出奔し、11月に西軍に寝返り、将軍家が分裂した。

両軍の戦いは、同年10月に起こった相国寺の戦いを契機に行き詰まり、その後は大規模な戦闘は起こらず京の各地で小競り合いが頻発するという状況になった。そして1473年（文明5）、義尚が9代将軍に就任し、乱の一因でもあった将軍家の内訌は収まった。

勝敗の決着がつかないなか、両陣営に

参戦していた国人たちは続々と帰国してしまい、1472年（文明4）、勝元は宗全からの和睦の提案を受け入れようとした。しかし、いまだに旧領を回復できていない赤松政則（東軍）と、幕府への復権に固執する畠山義就（西軍）の強烈な反対があり、和睦は成功しなかった。そして翌1473年（文明5）5月、勝元は乱の終結を見ることなく、病死した。

細川成之

ほそかわ・しげゆき

生没年	1434年（永享6）～1511年（永正8）
出身	不明
主君	足利義政→足利義尚
死因	病死

◇ 三河の争奪戦に敗れた阿波細川家当主

阿波細川家の細川教祐の子。1449年（宝徳1）、当主だった叔父の細川持常が死去し、持常に子がいなかったため養子となり、家督を継承して、阿波・三河の守護に任ぜられた。1462年（寛正3）、成之は幕命によって河内へ出陣した。当時の管領は細川勝元で、勝元は畠山家の後継をめぐる内訌に介入していた。成之は、勝元が推す畠山政長を助けて、勝元の政敵である山名宗全が推す畠山義就を討伐するために出陣したのである。翌年、義就がこもる嶽山城は落城し、成之は京に戻った。

1467年（応仁1）、応仁の乱が勃発すると、成之は宗家の細川勝元率いる東軍の将として参戦。応仁の乱は全国に飛び火し、成之の領国・三河でも西軍の一色義直軍との争いが勃発していた。三河はもともと一色家の領国であったため、義直はこれを機に三河の奪回を図ったのである。1474年（文明6）に義直は東軍に帰順したが、三河での対立は続き、1476年

第2章 三管四職家／細川家

87

（文明8）、成之の守護代・東条国家が一色軍に攻められて自害した。成之は抗議のために幕府への出仕を停止したが、一色家の三河占領は暗黙のうちに承認されてしまった。応仁の乱の終結後、一色軍は三河を撤退したが、成之も三河守護を解任され、以後、三河には守護は補任されず、細川家の影響力もなくなった。

1478年（文明10）に出家して家督を嫡男・政之に譲り隠棲した。

政之の死去後、2男の義春を当主に据えたが、1497年（明応6）に義春にも先立たれたため、義春の子・之持を当主に据えて、これを後見した。

晩年、義春のもう一人の子である澄元が、管領・細川政元の養子になって細川宗家を継いだ。しかし、政元にはあと2人、澄之と高国という養子がおり、3者の間で激しい後継者争いが勃発し、一族と被官は分裂、後世に「両細川家の乱」と呼ばれるほどの大乱となった。

成之は細川一族の重鎮ではあったが、この争いには与せず、阿波の慈雲院に逼塞して脱俗の余生を送り、1511年（永正8）に死去した。

細川政元

ほそかわ・まさもと

生没年	1466年（文正1）～1507年（永正4）
出身	山城国
主君	足利義政→足利義尚→足利義澄
死因	暗殺

◇幕府政争に敗れて中軸から距離を置く

細川勝元の子。1473年（文明5）に父・勝元が死去したため、8歳で家督を継いだ。応仁の乱の真っ最中であり、政元は幼いながらも東軍の総大将に担がれ、翌年、政元と西軍大将・山名政豊（山名宗全の子）との間で和議が結ばれた。だ

が、各地の大名を巻き込んだ戦乱は収まらず、結局、応仁の乱が終結したのは1477年（文明9）になってからだった。

その後、1485年（文明17）に管領に就任。1489年（延徳1）、9代将軍・足利義尚が六角高頼討伐の陣中で死去すると、将軍家で後継をめぐる内訌が勃発した。義尚の生母・日野富子が、8代将軍・足利義政の弟・義視の嫡子・義材（後の義稙）を推挙したのに対し、政元は堀越公方・足利政知（同じく義政の弟）の子・足利義澄を推した。結果、義材が10代将軍に就任したが、義材の父として入京した義視の権力が肥大し、義材は義視の増長に不満をもった日野富子と対立することになった。

1493年（明応2）、義材は畠山義豊討伐のため、畠山政長とともに河内へ出陣した。同年4月、政元は義材の留守をついて、義材と対立していた日野富子と、幕府政所執事の伊勢貞宗らを抱き込み、義澄を担ぎ出して11代将軍に就任させるというクーデターを敢行した（明応の政変）。この政変で、義材は捕縛されて幽閉、畠山政長は攻められて自害に追い込まれた。

権力を手中に収めた政元は、逃亡した義材に味方した比叡山を焼き討ちし（1499年）、河内で挙兵した畠山尚順（政長の子）を破り、尚順を支援した筒井順賢、十市遠治らを討伐し、政権基盤は確固たるものとした。

ところが、政元は権力を掌中に収めると政治への関心を失い、管領職にありながら放浪の旅に出るなど、幕政を混乱させた。さらに、政元には子供はおろか、妻も側室もいなかった。そのため1502年（文亀2）、政元は関白・九条政基の子・澄之を養子に迎えたのだが、公家の子が

細川家を継ぐことに対し一門からの反発が大きく、政元は翌年、阿波細川家の細川義春の子・澄元を養子に迎えた。澄元は養子になった後も領国の阿波にとどまっていたが、1506年（永正3）に家臣の三好之長とともに上洛した。政元は澄元を正式な後継者に指名して澄之を廃嫡したが、その後も側近として澄之をそばに置いたこともあり、細川家中は澄之派と澄元派に分裂してしまった。

そして、1507年（永正4）、政元は澄之派の香西元長らに自宅湯殿を襲われ、殺害された。

細川澄之

ほそかわ・すみゆき

生没年	1489年（延徳1）～1507年（永正4）
出身	山城国
主君	細川政元→足利義澄
死因	自害

◇細川家の内訌に翻弄された公家

関白・九条政基の子で、1502年（文亀2）に管領・細川政元の養子に入り、澄之に改名した。

澄之は、細川京兆家の家督継承を約束されて養子に入ったのだが、細川家には多くの庶家があり、一族からは縁もゆかりもない澄之に家督を譲ることへの反発が大きかった。そのため政元は1503年（文亀3）、一門の阿波細川家から澄元を養子に入れて、澄之の廃嫡を考え出した。その後、政元は備中細川家からも高国を養子に迎えて、細川家の家督継承候補は3人になった。そのため、細川家中も三派に分かれて対立し、細川家は全盛を極めた政元の代から、急激に求心力をなくしていく。

澄之は1506年（永正3）に丹波守護に任じられ、丹後の一色義有討伐を命じら

れた。一方、澄元は摂津の守護に任じられており、この処遇は、澄之を追いやって澄元に家督を譲りたい政元の思惑があったという。澄元が家督を継承してしまったら、澄之の居場所はなくなる。そのため、澄之は一色家と内通し、落城を装って戦闘を早めに切り上げた。そして翌年、澄之派の香西元長と薬師寺長忠が政元を殺害して澄元を京から追放し、澄之が家督を継いだ。

こうして当主となった澄之だったが、近江に逃亡した澄元はすぐさま反撃に転じ、澄之は1507年（永正4）に澄元軍に襲われ、自害に追い込まれた。家督を継いで、わずか38日後のことだった。

細川澄元

ほそかわ・すみもと

生没年	1489年（延徳1）～1520年（永正17）
出身	阿波国
主君	細川政元→足利義澄
死因	病死

◇家督争いに終始した一生

阿波細川家・細川義春の子で、1503年（文亀3）に細川京兆家当主・細川政元の養子となり、上洛した。当時、政元には澄元のほかに細川澄之、細川高国という2人の養子がおり、3人は京兆家の家督をめぐって紛争を繰り返していく。

養父の政元は、澄元を家督継承者として認めていたが、1507年（永正4）、それに反発した澄之派の手によって殺害されてしまった。澄之派の攻撃を受けた澄元は近江へ逃れ、高国を味方につけると、政元暗殺からわずか38日後に京に攻め寄せて澄之を自害に追い込み、11代将軍・足利義澄に家督継承を認めさせた。

ところが、今度は澄之討伐で共闘した高国と不和となり、高国を離反に追い込

んで実権を一手に掌握した。この内訌を好機と見たのが、周防に落ちていた前将軍の足利義材だった。

翌年、義材は周防の守護・大内義興に擁立されて上洛した。当時6カ国の守護を兼任していた大内家は、武力・経済力ともに圧倒的で、澄元は義材との和睦をはかったが、先に高国が義材と結んでしまったため交渉は決裂し、劣勢となった澄元は近江へ落ちた。澄元は1509年（永正6）、1511年（永正8）の2度にわたって京へ攻め込むが、いずれも大内軍に迎撃されて敗北、阿波への敗走を余儀なくされた。

高国政権はしばらく安泰としていたが、1518年（永正15）に大内義興が周防に帰国すると、高国と義稙（義材から改名）が不仲となった。反撃の機会を窺っていた澄元は1520年（永正17）、軍を率いて上洛すると、高国と対立していた義稙に迎えられ、念願の家督復帰を成し遂げた。だが、近江の守護・六角家の支持を取りつけた高国の反撃で重臣の三好之長を失い、再び阿波へ落ちる結果となり、失意のうちに阿波で病没した。

細川高国

ほそかわ・たかくに

生没年 1484年（文明16）～1531年（享禄4）
出身 和泉国
主君 細川政元→足利義稙→足利義晴
死因 自害

◇ 家督争いを制して管領に就任

細川家の庶流である野州細川家の出で、細川京兆家当主で時の管領・細川政元の養子に迎えられた。高国が養子に入ったときには、すでに細川澄之と細川澄元の2人が政元の養子になっており、そのため京兆家では三者間で後継者争いが

勃発した。

1507年（永正4）、澄之派によって政元が暗殺される永正の錯乱が勃発する。この騒動によって高国と澄元は京を追放され、京兆家の家督は澄之が継いだ。このとき高国は、一族の細川政賢・細川尚春とともに澄元を支持し、澄之と澄元は京都で武力衝突する事態となった。結果、澄元が勝利し、京兆家の家督は澄元が継ぎ、澄元が管領に就任した。

しかし、高国も細川家の家督継承に執心しており、やがて澄元と対立するようになると、幕政は滞りがちとなった。こうした管領家の内訌に目を付けたのが、周防に落ちていた前将軍・足利義材だった。周防の守護・大内義興が、1508年（永正5）に義材を擁立して上洛を果たすと、高国は義材と結んで京に侵攻を開始した。数に勝る義材・義興・高国の連合軍は澄元と将軍・足利義澄を近江へ敗走させ、義材は義稙と名を改めて将軍職に復帰した。同時に、高国は右京大夫・管領に任じられ、京兆家の家督を継いだ。

◇ ある事件の収拾を間違えて凋落の一途

政権を奪取した高国は、1509年（永正6）、1511年（永正8）と2度にわたる澄元の侵攻を食い止めたが、これらの勝利は戦力に勝る大内軍に依るところが大きかった。そのため、1518年（永正15）に義興が帰国すると、澄元との武力差はなくなった。さらに、義興を仲介に政権を維持していたため、義稙との溝も深まった。1520年（永正17）に澄元の攻撃を受けると、義稙が澄元側に寝返り、高国は敗走を余儀なくされた。

京から逃走した高国は播磨の赤松家の支持を取りつけ、また近江の守護・六角家や越前の守護・朝倉、美濃の守護・土岐家にも支援を仰いで同年中には澄元

を破って京を回復した。再び政権の座に返り咲いた高国は将軍・義稙と対立し、1521年（永正18）には義稙が京から出奔、高国は義稙に代えて足利義晴を12代将軍に擁立して、幕府の実権を完全に握った。

1526年（大永6）、高国の従兄弟にあたる細川尹賢が、重臣の香西元盛を謀殺するという事件が起こり、元盛の兄・波多野稙通と柳本賢治が尹賢に背いて挙兵した。高国は尹賢を支持して反乱の鎮圧に向かわせたが、澄元の遺児・細川晴元と合流した稙通と賢治軍に敗れた。

これを好機と見た晴元は、翌年に阿波から堺に上陸し、足利義維（11代将軍・足利義澄の子）を擁して京に攻め寄せ、敗れた高国は京から遁走した。政権奪回をもくろむ高国は、備前の守護代・浦上村宗を頼って反撃を開始した。1530年（享禄3）、播磨に侵攻した高国は柳本軍を破って摂津へ進み、高国は晴元側の富松城、大物城を落とし、晴元を中島へ敗走させた。

翌年、天王寺付近で高国軍と晴元軍の大規模な戦闘があり、高国は自軍から内応者が現れるなど劣勢を強いられ、浦上村宗が戦死するに至って軍は崩壊、高国は尼崎に逃れた。だが、晴元の執拗な捜索によって、紺屋の甕に隠れていたところを発見され、自害した。

細川晴元

ほそかわ・はるもと

生没年 1514年（永正11）～1563年（永禄6）
出身 阿波国
主君 足利義晴→足利義輝
死因 病死

◇三好長慶に敗れた最後の管領

細川澄元の子で、父が死去した1520年（永正17）、7歳の幼少の身で家督を継いだ。当時は、父と家督継承をめぐって争っていた細川高国が12代将軍・足利義晴を擁立して幕府の実権を握っていた。

1526年（大永6）、高国の従兄弟の細川尹賢が重臣・香西元盛を殺害し、元盛の兄である波多野稙通と柳本賢治が尹賢に反して挙兵すると、稙通と賢治は高国に対抗するために晴元を擁立した。

まだ13歳だった晴元は、重臣・三好元長に後見されていたが、元長は同年10月、高国打倒の兵を挙げた。翌年、堺に上陸した晴元は、将軍・義晴の弟・義維を堺公方として擁立した。

優勢に戦局を進めた晴元軍は、高国を近江に退けて事実上の実権を握った。1530年（享禄3）、備前の守護代・浦上家の支援を取りつけた高国の反撃にあうが、元長らの奮戦もありこれを破り、高国を自害に追い込んだことで、晴元が政権の掌握者となった。

政権を樹立した晴元は、室町幕府の再興に乗り出した。そのため、有名無実化していた管領職を復活させようと、将軍・義晴との和睦をはかった。しかし、義晴への接近は、義維を支えてきた阿波の国人衆の反感を買い、これまで晴元を支えてきた三好元長との対立を深め、さらに河内の半国守護・畠山家の内部抗争をめぐっても元長と反目するに至り、溝は埋めようがなくなった。

1532年（享禄5）、晴元は山科本願寺の証如と結んで一向一揆を起こさせ、元長を敗死させると、元長に与した義維を阿波に追放し、これで晴元はようやく自立した。しかし、元長打倒のために晴元が扇動した一向一揆は、その後もたびたび蜂起するという事態に陥り、そのため晴元は今度は法華宗と結んで法華一揆を起

こさせ、山科本願寺を攻撃させた。そして法華宗が勢力を伸張させると、1536年（天文5）に比叡山と六角家と結んで法華宗勢力を壊滅させた。

その後も、晴元は家臣団や高国の残党による反乱に悩まされ、安定政権には程遠い現実に忙殺された。1543年（天文12）、高国の養子・細川氏綱が河内の畠山家と畠山家の家臣・遊佐家と結んで、晴元に対して挙兵すると、将軍・義晴は氏綱を支持し、さらに晴元の有力家臣・三好長慶も氏綱支持を表明し、晴元は一気に窮地に立たされた。

1549年（天文18）、晴元は摂津江口で長慶軍と戦い敗北を喫すると、政権の座から引きずり降ろされた。その後も、1553年（天文22）、1555年（弘治1）、1558年（永禄1）と長慶に挑むも、勢力を拡大させた長慶にはかなわず、1561年（永禄4）に長慶に降伏する形で和睦した。

晴元の後の管領は氏綱が継いだが、長慶の傀儡に過ぎず、その後は管領は置かれず、晴元が事実上、最後の管領となり、細川家の没落は決定的となった。

細川藤孝

ほそかわ・ふじたか

生没年 1534年（天文3）～1610年（慶長15）
出身 山城国
主君 足利義輝→足利義昭→織田信長
死因 病死

◇ 没落した細川家の再興に尽力

三淵（細川）晴員の子。晴員の兄・細川元常の養子となり、細川上守護家を継いだ。上守護家は、代々管領に任じられていた細川京兆家の分家である。

父が将軍奉公衆だった縁から、藤孝も13代将軍・足利義輝のもとに出仕した。1553年（天文22）、義輝は管領・細川晴

元の家臣・三好長慶との抗争に敗れ、近江へ奔ったが、このとき藤孝も義輝に同行し、約5年もの間を同地で過ごした。その間に京では晴元と長慶の対立が激化して、長慶の勢力が拡大していた。藤孝は義輝の帰京のために、近江の大名・六角義賢と交渉して義賢の協力を取り付け、1558年（永禄1）、義賢の支援を得て長慶と和睦し、義輝とともに京に戻った。しかし、義輝と長慶の関係は改善されず、1565年（永禄8）に義輝は長慶の家臣・松永久秀に殺害されてしまった。藤孝は一乗院に入っていた義輝の弟・足利義昭を庇護して京を脱出し、再び六角義賢を頼った。しかし義賢は家中の内訌などで勢力を弱めていたため、藤孝はさらに北上して越前の朝倉義景を頼り、越前に入った。藤孝は義昭の将軍任官の仲介を義景に頼んだが、当時の義景は一向一揆との戦いに忙殺されていて叶わず、1568年（永禄11）に織田信長を頼って尾張に入った。そして同年、信長の支援を得て入京し、藤孝は義昭を15代将軍に就任させることに成功したのである。

藤孝は京都西部の勝龍寺城を与えられて入城した。1573年（元亀4）、義昭が信長に反旗を翻すと、藤孝は義昭を裏切って信長方に奔り、勝龍寺城を安堵されるとともに長岡一帯を与えられた。

その後も信長方の武将として各地を転戦し、1577年（天正5）には信長を裏切った松永久秀が拠る大和信貴山城を攻め落とす殊勲を挙げた。

信長の死後は豊臣秀吉、徳川家康と、天下人となった武将に臣従し、関ヶ原の戦い後は豊前小倉藩の藩祖となり、1610年（慶長15）までの天寿をまっとうした。

斯波家

源義家の子・義国を祖とする足利家の有力一門。一門の中でも家格は最上位に位置し、足利尊氏が幕府を開くと尊氏を支えて幕政に重きをなし、以降は室町幕府の三管領の筆頭となって代々の将軍を支えた。義将・義重の頃に最盛期を迎える。しかし15世紀後半、義敏と義廉による家督争いが勃発し家中は分裂。両者の争いは応仁の乱のきっかけとなって衰退し、尾張の戦国大名・織田信長によって滅ぼされた。

第2章 三管四職家／斯波家

斯波高経

しば・たかつね

生没年 1305年（嘉元3）～1367年（正平22・貞治6）

出身 陸奥国

主君 北条家→足利尊氏→足利直義→足利尊氏

死因 病死

◇ 新田貞義を討ち取る大殊勲

斯波家4代当主。1323年（元亨3）の北条貞時13回忌の名簿に高経の名が見え、このころ当主の座についたと考えられている。斯波家は鎌倉幕府の御家人ではあったが、もともと足利家一門であり、足利一族のなかでも格式の高い家柄で「一門第一の家格」と呼ばれた。

1333年（元弘3）、隠岐に流されていた後醍醐天皇が同島を脱出して倒幕の兵を挙げ、足利尊氏が反乱鎮圧のために京へ派遣された。このとき高経も足利家一門として尊氏に従って上洛した。尊氏が護

良親王の綸旨に呼応して鎌倉幕府に反旗を翻すと、高経も尊氏とともに六波羅探題攻めに参加し、幕府滅亡に貢献した。1334年（建武1）、二階堂道蘊ら旧幕臣が、北条高時の甥と名乗る僧を擁して紀伊の飯盛山に挙兵すると、楠木正成とともに鎮圧にあたった。

尊氏のもとで越前守護に任じられたが、1336年（建武3）に後醍醐天皇が吉野に移り南北朝の戦いがはじまると、領国を離れて各地を転戦した。1337年（延元2・建武4）、南朝方の新田義貞が恒良親王を奉じて敦賀に進撃してくると、高経は高師泰らと合流してこれを迎撃し、義貞軍を金ヶ崎城に追いつめた。

義貞が味方に引き入れていた平泉寺宗徒500余名を懐柔して形勢を逆転させたのが高経だった。兵糧攻めに苦しんだ義貞が援軍を頼みに城を脱出すると、その隙をついて攻撃を仕掛け、ついに金ヶ崎城を落とした。そして翌年、藤島の戦いで義貞を討ち取った。高経は義貞の遺体

93

を収容すると、葬儀を行ってねんごろに弔い、首を京に送ったという。

◇ 将軍権威の向上に活躍

1339年（延元4・暦応2）には、これまでの功績が認められて若狭守護にも任じられた。しかし、足利家の家臣筋にあたる細川家が讃岐・阿波・備後・淡路を領有したのに比べると、一門第一の家格を誇る高経としては不満が残る論功行賞だった。

1349年（正平4・貞和5）、幕府執事の高師直と足利直義の対立が表面化すると、高経は師直・尊氏に反して直義側についた。政変によって直義が失脚すると尊氏のもとに戻ったが、直義が再起して京を脱出して兵を挙げると再び直義に呼応し、1352年（正平7・文和1）に直義が殺害されると再び尊氏に帰順した。1354年（正平9・文和3）、反尊氏軍として九州で挙兵していた直義の養子・直冬に呼

応してまたしても尊氏に反し、翌年、みたび尊氏に帰順した。しかし、その間も弟の家兼は一貫して尊氏方にいたため、尊氏に三度反しても尊氏には赦免され、越前守護にも復帰している。

1358年（正平13・延文3）に尊氏が死去し、2代将軍・足利義詮の時代になると、足利家一門の長老として再び権勢を得て、幕府内で権力を肥大させていた執事（のちの管領）の細川清氏を失脚に追い込み、その後任に子の斯波義将をねじこんだ。当時、義将はまだ12歳であり、高経が後見役となって幕政を握った。1363年（正平18・貞治2）には大内弘世と山名時氏という2大勢力を幕府に帰順させることに成功し、将軍御所の造営に尽力するなど、将軍の権威向上に大きく貢献した。

しかし、高経の権力が増幅するにつれ、諸大名との軋轢が生じるようにな

斯波家略系図

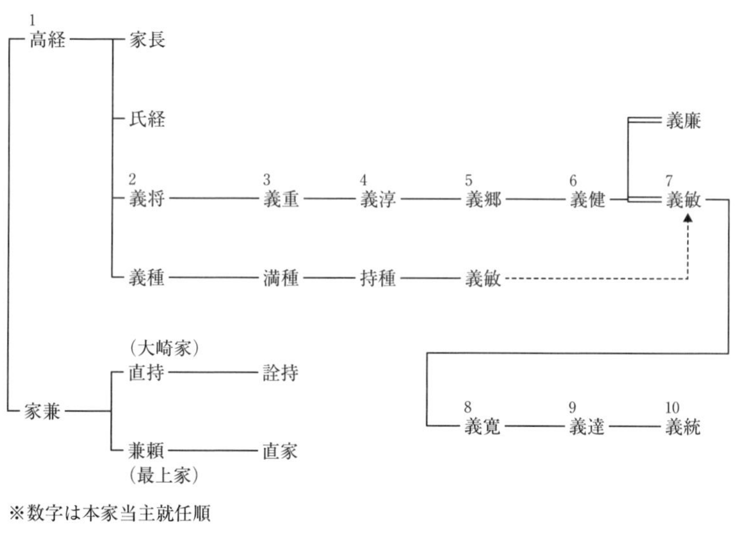

※数字は本家当主就任順

り、とくに幕府創成期にともに尊氏を支えた佐々木道誉との対立が深刻化した。そして1366年（正平21・貞治5）、道誉の讒言によって高経は領地横領の嫌疑をかけられ、討伐の対象となり、子の義将とともに京を追放されて領国の越前へ戻った。追討軍は越前まで侵攻してきたが、高経は越前杣山城に籠ってこれを撃退した。しかし翌年、杣山城内で病没した。

斯波家兼

しば・いえかね

生没年 1308年（徳治3）～1356年（正平11・延文1）

出身 陸奥国

主君 足利尊氏

死因 病死

❖冷遇されようとも尊氏に絶対忠心

斯波高経の弟。1333年（元弘3）に後醍醐天皇討伐のために上京した足利尊氏に、兄の高経とともに従軍し、尊氏が幕府に反すると六波羅探題攻めに参加した。

鎌倉幕府の滅亡後、後醍醐天皇による建武の新政がはじまると、論功行賞において武士は報われず、家兼もその例にもれなかった。1335年（建武2）に尊氏が後醍醐天皇に反すると、家兼は兄にしたがい尊氏方につき、後醍醐天皇率いる南朝軍と戦い、各地を転戦した。1336年（延元1・建武3）に尊氏が九州に落ちたときもこれに随行し、同年の湊川の戦いでは高経とともに楠木軍の退路を断つ活躍を見せた。

同年、入京して幕府を開いた尊氏によって若狭守護に補任。1338年（延元3・暦応1）には、越前守護となった兄の高経とともに、南朝軍の主力だった新田義貞と越前で激戦を繰り広げ、義貞を滅ぼす殊勲を挙げた。しかし、同年に尊氏の

弟・足利直義が幕政の実権を握ると、直義腹心の桃井直常が若狭守護となり、家兼は若狭守護を罷免された。

尊氏・直義兄弟が対立した観応の擾乱が勃発すると、兄の高経は直義方についたが、家兼は尊氏のもとに残り引付頭人に任じられた。このとき桃井直常が直義とともに行動したため、家兼が若狭の守護に返り咲いた。

直義が死去し観応の擾乱が終息すると、1354年（正平9・文和3）に家兼は奥州管領に任命されて、多賀城に入った。もともと斯波家は陸奥国岩手郡を地盤にしており、陸奥地方には強い影響力を保っていたのである。

当時の陸奥は南朝方の鎮守府将軍・北畠顕家が在地豪族を糾合しており、南朝勢力が広がっていた。尊氏は奥州経営のため、石塔義房を奥州管領として送り込み、続いて吉良貞家と畠山国氏を新たに奥州管領として下向させていた。また、当時は観応の擾乱の余波で、旧直義派と尊氏派の対立が続いており、家兼ら4人の奥州管領はそれぞれ両派に分かれて対立する情勢となってしまった。

そのさなか、家兼は奥州の混乱の決着を見ないまま病没した。

斯波家長

しば・いえなが

生没年 ？～1337年（延元2・建武4）

出身 不明

主君 足利尊氏

死因 戦死

❖尊氏の東国支配の先鞭をつけた男

斯波高経の長男。父・高経とともに、足利尊氏に仕えた。

1333年（元弘3）、鎌倉幕府を滅ぼした新田義貞はそのまま上洛したが、このと

95

き関東の抑えのために、鎌倉に尊氏の嫡男・足利義詮を残していった。

しかし、義詮はこのときわずか4歳で、尊氏は義詮を補佐させるために家長を鎌倉へ派遣した。

鎌倉幕府は滅亡し、北条一族は戦死あるいは自刃したとはいっても、北条家の旧臣はなお健在であり、当時の鎌倉は毎日騒動が続いており、世上は不穏な空気に包まれていた。また、上総の粟飯原家や武蔵の河越家など、関東には北条家に心を寄せる国人もまだ存在しており、家長は、関東地方の国人たちの糾合に尽力し、室町幕府の東国支配の先鞭をつけた。建武の新政がはじまると、尊氏の弟・足利直義が鎌倉に下向し、家長は直義とともに義詮を支えて関東経営にあたった。1335年（建武2）、北条高時の遺児・北条時行が信濃で挙兵し、鎌倉に攻め込んできた。時行軍の猛攻に、鎌倉府にいた北条家の旧臣たちは次々に時行軍に投降し、家長・直義は義詮を連れて駿河に逃走。鎌倉は時行に占拠されたが、同年、京から来援にきた尊氏と合流して鎌倉を奪還し、尊氏はこれを機に建武の新政から離反し、家長も尊氏に従った。同年、尊氏と直義は新田義貞追討を名目に上洛したが、家長は義詮とともに鎌倉に残った。

尊氏離反の知らせは陸奥まで届き、鎮守府将軍として奥州鎮撫にあたっていた北畠顕家は同年12月、尊氏追討のために陸奥を出て西上を開始した。顕家軍の進軍スピードは早く、同月中には関東に入り、家長は軍を率いて武蔵へ出陣したが敗れた。1337年（延元2・建武4）、再び家長は相模へ侵攻してきた顕家軍と戦ったが、3日間の籠城戦のすえ敗死した。

斯波氏経
しば・うじつね

生没年 不詳
出身 不明
主君 足利尊氏→足利義詮
死因 不明

◇九州探題となるも失敗

斯波高経の2男。兄弟に斯波家長、斯波義将らがいる。

1358年（正平13・延文3）の足利尊氏の死後も、幕府と南朝との対立は深刻化し、なかでも九州の地は懐良親王率いる征西将軍府が勢力を広げていた。九州探題として赴任した一色範氏・一色直氏父子は南朝軍に追いやられて長門へ撤退し、九州における幕府軍は劣勢に立たされていた。1359年（正平14・延文4）、一色父子に代わって九州探題に任命されたのが、斯波氏経だった。

氏経は九州遠征のために摂津・播磨方面で遠征軍をつのったが、なかなか軍勢は集まらなかった。氏経が九州へ出立したのは、九州探題に任命されて1年以上がたった1361年（正平16・康安1）のことで、率いる軍勢は300騎にも満たなかったという。

播磨から海路、豊後府中に到着した氏経は、高崎山城に入城した。大友氏時、少弐頼尚らから九州情勢を聴取した氏経は、まず肥後の阿蘇惟村を味方につけようと督促したが、惟村は中立を守った。氏経はその他の豪族にも軍勢催促を行ったが、在地豪族のほとんどは動かなかった。氏経は鎌倉幕府以来の薩摩の守護・島津家にも頼ろうとしたが、戦費をねん出するために薩摩・大隈の2国の寺社本所に半済を実施したため、島津貞久の怒りを買って協力を取りつけることができ

なかった。

翌1362年（正平17・貞治1）、征西将軍府の支柱でもあった菊池武光が3万の軍勢を率いて、氏経が拠る高崎山城に攻め寄せた。氏経は、大宰府の防備が手薄になったと見て、少弐冬資に軍を与えて大宰府に向かわせた。しかし、大宰府の急を知った武光はすぐさま軍を返して少弐軍に追いつき、これを打ち破った。

さらに武光は豊後に兵を進め、高崎山城を包囲した。高崎山城は自然の要害でかろうじてもちこたえたが、翌年には籠城をあきらめ、少弐頼尚・冬資らとともに長門の大内家を頼って落ち延びていった。その後、氏経は京に戻り、1367年（正平22・貞治6）出家して嵯峨に隠棲。以降は俗世を離れて余生を過ごしたという。

斯波直持

しば・なおもち

生没年 不詳
出身 不明
主君 足利尊氏→足利義詮
死因 不明

◇ 奥州管領として大崎家の祖となる

斯波家兼の嫡男。父・家兼とともに足利尊氏に仕えた。

1350年（正平5・観応1）にはじまった観応の擾乱では、父・家兼にしたがって尊氏方につき、若狭の守護代として同国から京都方面を転戦した。1352年（正平7・観応3）に南朝軍が京へ侵攻して尊氏の嫡男・足利義詮を近江に追放すると、直持は義詮のもとに軍勢を率いて駆けつけ、義詮の京奪還に貢献した。

1354年（正平9・文和3）、父の家兼が奥州管領に任命されると、弟の斯波兼頼とともに父にしたがって奥州へ下り、多賀城に入った。

1356年（正平11・延文1）、父の死後、奥州管領に任じられた。当時の奥州は南朝勢力が衰退し、直持とともに幕府方の石塔義憲、吉良満家、畠山国詮らが奥州支配をめぐって争っていた。吉良家によって畠山家と石塔家が敗れ、吉良家は後継争いで内訌が続いて自滅し、最終的には直持が闘争に勝利し、以降の奥州支配を確実なものとした。直持は大崎郡師山城に入り、大崎氏を名乗って大崎家の初代となった。このとき、弟の兼頼は羽州へ入って最上家の祖となる。

その後も奥州管領として奥州経営に活躍。1367年（正平22・貞治6）に奥州管領の職を子の詮持に譲って引退した。

斯波兼頼

しば・かねより

生没年 ？～1379年（康暦1・天授5）
出身 不明
主君 足利尊氏→足利義詮→足利基氏→足利氏満
死因 病死

◇ 最上家の出羽支配の土台を作る

斯波家兼の2男で、斯波直持の弟。羽州探題最上家の祖となった。

1354年（正平9・文和3）、父の家兼が奥州管領として奥州多賀城に下向したとき、兼頼も兄の直持とともに同行して入城した。1356年（正平11・延文1）、家兼が死去すると、兄の直持が奥州管領を継承し、兼頼は出羽方面軍の大将となって出羽最上郡山形に入部。このときから、兼頼は最上姓を名乗った。

兼頼は山形城を築城し、ここを本拠とした。当時の出羽は南朝勢力が衰退していた時期だったが、1367年（正平22・貞治6）に鎌倉公方・足利基氏、2代将軍・足利義詮が相次いで死去すると、これを

第2章 三管四職家／斯波家

97

好機とみた寒河江大江家、山家家などの南朝軍が兵を挙げた。

鎮圧に出向いた兼頼は奮戦するが攻めきれず、奥州管領の直持と、新たに鎌倉公方に就任した足利氏満に援軍を要請した。援軍を得た兼頼は山家軍を破り、1368年（正平23・応安1）には、大江郡漆川で寒河江大江家を破った。1373年（文中2・応安6）、寒河江大江家は一族ともども兼頼に降った。

その後は出羽支配を固めていき、山形における最上家の勢力基盤を作った。1375年（天授1・永和1）に嫡男直家に家督を譲って引退。その後の兼頼は時宗に傾倒し、城内に道場を開いて念仏三昧の余生を送ったといわれる。

斯波義将

しば・よしゆき

生没年 1350年（観応1・正平5）～1410年（応永17）

出身 越前国

主君 足利義詮→足利義満→足利義持

死因 病死

◇ 管領を3度も務める

斯波高経の4男。室町幕府の最高職でもある管領に3度も就任した実力者で、足利義詮・足利義満父子の政権を支えた。

義将が最初に管領（当時は執事）に就任したのは、前執事の細川清氏が失脚した1362年（正平17・貞治1）のことである。義将は12歳の幼年だったため、高経が後見役を務めた。

だが、高経と幕府の重臣・佐々木道誉が不和となり、1366年（正平21・貞治5）に高経が道誉の讒言を受けて京を追放されると、義将も執事職を罷免されて高経とともに越前へ落ちていった。翌年に高経が死去すると、義将は将軍・義詮に赦

免され、幕政へ復帰し、越中の守護には任ぜられたものの、越後・若狭などの斯波家の旧領は回復されなかった。

その後、1371年（建徳2・応安4）に反幕派の桃井直常の討伐に成功すると、義将の名声は一気に高まった。

当時の管領は細川頼之だったが、将軍権威の向上をめざす頼之の政治は、武士層の利害とぶつかることも多く諸将の不満を買っていた。足利一門最高の家格を誇る義将は、やがて反頼之派の中心に担がれていく。そして1379年（天授5・康暦1）、幕府に反した土岐頼康と京極高秀追討の命が下ると、義将は軍を率いて近江に奔り、京極高秀と合流した。義将の離反に驚いた将軍の義満は義将を慰撫し、義将は上洛して頼康と高秀の赦免を認めさせた。そして義将は軍勢を集めて将軍御所を包囲して、細川頼之の罷免を義満に強硬に申し入れた。義満は義将の圧力に屈し、頼之は京より追放されて四国へ落ちていった。これにより義将は13年ぶりに管領職に復帰し、旧領を回復した（康暦の政変）。

2度目の管領に就いた義将は、頼之の政治を受け継ぎ、将軍権威の向上をめざし、3代将軍・義満の後見という立場も廃止した。

1390年（元中7・明徳1）、義満は山名家と土岐家の内訌に介入し、両者の勢力を削減し、斯波家の力は相対的に上昇した。義満は翌年、四国に逼塞していた頼之を上洛させたため、義将は抗議のために管領を辞任して越前に帰った。義将が越前に帰っている間に、明徳の乱が起こって山名家は一時的に衰退し、さらに1392年（明徳3）には頼之の主導で南北朝の合一が成立した。頼之の権勢が高まると、義満は細川家の勢力増大を警戒し

て1393年（明徳4）、義将が再び管領に任ぜられた。

1398年（応永5）、義将は管領を辞して畠山基国が管領に就任した。翌年、周防など4カ国の守護を兼ねていた大内義弘が幕府に反して挙兵し、和泉国堺に上陸すると、基国とともに出陣して反乱の鎮圧に貢献した。

◇ **正道を重んじる常識的な宿老**

義将は管領辞任後も、隠然たる勢力を保ち、幕政にも影響を与え続けた。

1408年（応永15）、将軍・義満が死去した。朝廷に大きな影響力をもっていた義満に対し、朝廷は太上法皇の尊号を与えることにした。太上法皇とは、譲位した天皇に贈られる尊号である。義満の正室・日野康子が後小松天皇の准母になっていたために決められたことだったが、それまでの歴史で一例があるのみで、皇族以外の者に贈られるのは前代未聞のことだった。

朝廷から報告を受けた幕府では、諸大名が参集して詮議した。幕府の重臣として義将も参加し、義将は「将軍家にとって大変名誉だが、臣下の身として前例がない」と、新将軍の足利義持に進言し、これを拒否させた。

また、その義持が将軍を継ぐときにも、義将が一役買っている。義満は、義持の異母弟にあたる義嗣を溺愛しており、公式な行事には義持ではなく義嗣を伴わせることが多く、公家たちは義嗣が次期将軍になると考えていたほどだった。

ところが、義将はこの人事に反対し、嫡流の義持を将軍に据えるべきだと説得し、義持の将軍就任を実現させた。

さらに、義満が開始した対明外交が対等でないと具申し、義持は明との外交を断ってしまった。

政敵の細川頼之とともに義満・義持政権を支えた義将は1410年（応永17）に死去した。義将と頼之によって、義満と義持の時代は、室町幕府の最盛期となったのである。

斯波義重

しば・よししげ

生没年 1371年（建徳2・応安4）～1418年（応永25）

出身 不明

主君 足利義満→足利義持

死因 病死

◇ **3カ国の守護を務めた足利一門の重鎮**

斯波義将の子。将軍・足利義満の猶子となって義教と改めた。

1391年（元中8・明徳2）、山名家の後継争いを発端にしてはじまった明徳の乱には、同年に管領職を辞任して越前に帰った父・義将に代わって斯波軍を率いて出陣し、山名氏清軍と交戦した。

1398年（応永5）に家督を継ぎ、越前守護に任ぜられた。翌年には、周防の守護大名大内義弘が反乱の兵を挙げた応永の乱にも参加して武功を挙げ、1400年（応永7）に尾張の守護、1405年（応永12）には畠山基国の後を受けて管領に補任され、新たに遠江の守護にも任じられ、3カ国の守護となった。義重は1409年（応永16）まで管領を務めたが、この時期は山名家・大内家といった有力大名の勢力が削減され、のちに幕政を牛耳る細川家の勢力も抑えられており、政情は安定していた。また、義重の時代には遣明船が頻繁に行き来しており、義重は管領として日明貿易を取り仕切った。

1409年（応永16）6月に管領を辞したが、足利一門の重鎮として影響力を保ち、1418年（応永25）に死去した。

99

斯波義敏

しば・よしとし

生没年	1435年（永享7）～1508年（永正5）
出身	越前国
主君	足利義政→足利義尚
死因	病死

◇ 守護代甲斐家との対立

斯波持種の子。斯波宗家の義健が子のないまま早世したため、庶家の義敏が養子となって宗家を継ぎ、1452年（享徳1）、義敏は越前・尾張・遠江の守護に補任された。持種は、3度管領に就任して幕政に重きをなした義将の弟・義種の孫にあたり、義敏は斯波家の傍流のなかでは高い家格をもった家の出身だった。

室町幕府下では、畿内及び畿内周辺の守護は在京が原則とされていたため、領国の支配は守護代任せになる場合が多く、斯波家もその例にもれなかった。越前では朝倉家、尾張では織田家、遠江では甲斐家（越前守護代も兼任）の各守護代が台頭しており、義敏はなかでも遠江守護代の甲斐常治と折り合いが悪かった。

1456年（康正2）、義敏は常治の非を並べ立てて幕府に訴え出たが、常治は幕府と通じており、管領の細川勝元が逆に常治勝訴を申し渡す結果となり、義敏は主君としての面目を失った。しかし、義敏は常治の追い落としに躍起になり、今度は常治の弟・甲斐近江守を引き立てて常治に対抗させようとした。

1459年（長禄3）、関東で古河公方の足利成氏と堀越公方の足利政知との対立が武力闘争に発展する事態が起こった。幕府は堀越公方救援のための軍を出すことに決め、その主力として義敏率いる斯波軍が選ばれた。義敏は1万の軍勢を率い

て関東へ向けて京を出発するが、途中で進路を変えて越前に向かい、敦賀城の常治を攻めはじめた。驚いた常治はわずか200人ほどの城兵とともに義敏率いる大軍と戦い、義敏は800人あまりの死者を出す惨敗を喫し、京に逃げ帰った。義敏の命令違反に激怒した将軍・足利義政は、義敏の3国の守護を解任し、義敏を引退させて嫡男の松王丸（のちの義寛）に後を継がせた。

◇ 応仁の乱勃発の一翼となった一族内訌

京を追放された義敏は、大内教弘を頼って周防に落ちていった。しかし、義敏が周防にいる頃、幕府によって松王丸が廃され、渋川義鏡の子・義廉が斯波家を継いで3国守護となった。渋川家は足利一門のひとつとはいえ、分家したのは鎌倉時代中期で、義廉も曾祖母（祖母とする説もある）が管領・斯波義将の娘というくらいのつながりしかなく、斯波家とは血縁関係が薄かった。

周防に逼塞していた義敏は、この交代劇に怒り、1463年（寛正4）、将軍側近の政所執事・伊勢貞親を頼って将軍に接近して許しを得ることに成功し、1465年（寛正6）、6年ぶりの入京を果たした。義敏の側室と、貞親の側室が姉妹の関係にあったのだ。

義敏が入京すると、将軍・義政は義廉を廃して義敏を再登板させ、義敏は3国守護にも復帰した。しかし、降板させられた義廉は、当然義敏に反感を抱いた。こうして義敏と義廉の対立がはじまった。

義廉は母方の実家・山名家を頼って義敏と対立。義敏を庇護していた将軍・義政は、山名宗全の圧力に屈して伊勢貞親を解任して、貞親は近江へ遁走した。後ろ盾をなくした義敏は、松王丸とともに越前に帰り、義廉が再び斯波家当主の座

についた。

　越前に帰った義敏は、山名宗全と対立していた管領の細川勝元を頼った。そして1467年（応仁1）、将軍家と畠山家の内訌などが複雑にからみあった末に、応仁の乱が勃発した。義敏は細川勝元率いる東軍に属して入京したが、すぐに越前に戻って義廉軍との戦いに没頭した。

　1471年（文明3）、義廉方だった守護代の朝倉孝景が、細川勝元から越前における守護権限を保証する約束をとりつけて東軍に寝返った。しかし、孝景は義敏軍と合流することなく独自に越前平定を進めはじめ、ついに義廉を尾張へ追いやって、孝景が越前守護に任ぜられた。

　義敏は越前をめぐって孝景と争ったが、細川勝元を後ろ盾にした孝景に対して劣勢となり、1475年（文明7）、大野郡土橋城を落とされて越前を放棄することになる。その後、孝景によって京に送り返され、家督を義寛に譲って引退した。義寛は尾張と遠江の守護を継いだが、尾張は守護代の織田家の勢力が強く、遠江は各地で国人が割拠する状況で、斯波家の影響力は低下し、足利一門のなかでも第一の家格を誇った斯波家は以降、著しく衰退していくことになる。

斯波義廉

しば・よしかど

生没年 不詳
出身 不明
主君 足利義政→足利義尚
死因 不明

◇斯波家を継いだ渋川家の武将

　渋川義鏡の子。渋川家は足利一門の有力者で、室町幕府創成期には九州探題に補任され、その後は断続的に肥後の守護を務めるなど幕府に重用されていた。

　1459年（長禄3）、斯波義健の死後に家督を継いだ斯波義敏が8代将軍・足利義政に廃立されると、義廉が幕命によって斯波家の家督を継ぐことになった。

　斯波家と渋川家は同じ足利一門とはいえ、義廉の曾祖母が、義敏の祖先・義将の娘という薄い血縁関係しかなく、また斯波家には義敏以外にもまだ人材はおり、義廉の登板は強引なものだった。義廉が斯波家を継いだのは、義廉の父・義鏡が堀越公方の足利政知の執事として関東に下っており、古河公方・足利成氏との戦いで援軍が必要で、それに斯波家の軍勢を投入したいという幕府の思惑があったためだった。

　こうして、廃立された義敏と義廉は激しく対立することになった。

　1466年（文正1）、大内教弘を頼って山口に落ちていた義敏が再起して、将軍・義政に圧力をかけて幕政に復帰した。義廉は3国の守護職を取り上げられたうえ、家督も義敏に返還させられ、幕府への出仕も停止させられた。

　しかし、7年近く斯波家の家政を取り仕切っていた義廉に心を寄せる家臣は多く、また岳父の山名宗全が義廉を支持したため、義政はわずか2カ月で斯波家の家督と3国の守護を義廉に戻した。そして翌年、義廉は管領に就任した。

　越前に逃れた義敏は細川勝元を頼って義廉と対立した。この時期、斯波家の家督争いのほかに、管領家の畠山家でも家督争いが起こっており、義廉が畠山義就を支持したため、義敏は畠山政長を支持し、両者の対立は各国の守護や畿内の国人らを巻き込む大規模なものとなった。さらに将軍家でも後継をめぐって義政の子・足利義尚と、義政の弟・足利義視の対立が激化し、義廉や宗全は義尚を支持

第2章 三管四職家／斯波家

101

した。こうして両派の対立は武力闘争に発展し、1467年（応仁1）、応仁の乱が勃発した。義廉は管領に在職のまま宗全率いる西軍の主力として参戦したが、将軍・義政は東軍につき、翌年に管領を罷免されるとともに家督と3国の守護職も剥奪された。義廉が京で戦っている間に、越前には義敏が侵攻し、激しい戦闘が繰り広げられた。

1471年（文明3）、義廉軍の主力として奮戦していた越前守護代の朝倉孝景が東軍に寝返った。孝景は越前に侵攻して、次々と義廉軍を撃破していった。1475年（文明7）には遠江守護代の甲斐敏光も義廉軍から離反したため、義廉は旧領の尾張へ逃走した。その後は尾張で隠棲したとも、越前に戻ったともいわれるが消息は不明である。

斯波義達

しば・よしたつ

生没年	不詳
出身	不明
主君	足利義澄
死因	不明

◇今川家に敗れて衰退の一途をたどる

斯波義寛（斯波義敏の子）の子。尾張・遠江の守護だったが、駿河の守護・今川氏親と遠江の支配をめぐって対立し、1508年（永正5）に遠江守護を今川氏親に奪われた。

1511年（永正8）、義達は今川家の支城である駿河刑部城に攻め寄せ、両者の対立は武力衝突に発展した。義達と氏親の争いはその後6年にわたって続き、その間の1513年（永正10）には尾張守護代の織田達定と遠江遠征をめぐって対立して、これを攻め滅ぼした。

1516年（永正13）、義達は今川家の重臣・大河内貞綱が守る引馬城を攻略して貞綱を自軍に引き入れ、自身も引馬城に入った。しかし、翌年、氏親が引馬城を奪還し、貞綱が討ち取られ、義達も敗れて今川家の捕虜となった。義達は出家して今川氏親に降り、領国の尾張に送り返された。その後は表舞台からは引退し、京から下向してきた公卿と交流するなどして余生を過ごし、1530年代に死去したといわれる。

斯波義統

しば・よしむね

生没年	1513年（永正10）～1554年（天文23）
出身	尾張国
主君	足利義澄
死因	自害

◇守護代・織田家に敗れる

尾張の守護・斯波義達の子。1517年（永正14）、父の義達が駿河の守護・今川氏親との戦いに敗れて出家引退したことにともない、幼少の身で家督を継ぎ、尾張の守護に任じられた。

斯波家は足利一門として幕政に重きをなした名家だったが、義統の代には斯波家の領国は尾張一国となり、その尾張も守護代・織田家が力をつけ、義統の守護職は有名無実化した。

当時の尾張は北部を岩倉織田家が、南部を清州織田家が支配する分割支配となっていて、それぞれに守護代が置かれていた。幼少の義統は、清州織田家の守護代・織田信友に擁されていたが、長じるにつれて信友の専制に不満を抱くようになった。1554年（天文23）、義統は清州織田家一門で清州家の家臣筋にあたる織田弾正忠家・信長に内通し、信友から離反した。しかし、信友に守護所を急襲され、義統は自害して果てた。

102

⊖ 畠山家

足利義兼の子・義純を祖とする足利家の有力一門。義純の五世の孫
だが庶流筋にあたる国清が、足利尊氏による鎌倉幕府討伐に活躍し
て尊氏の信頼を勝ち取り、畠山家の惣領となった。同じく足利一門
である斯波・細川家とともに三管領の地位につき、室町時代を通
して幕政に重きをなした。8代将軍 義政政権下で都合10年管領を
務めた持国が後継を定めなかったことから家督争いが勃発。応仁の
乱終結後も内訌は収まらず衰退した。

第2章

三管四職家／畠山家

畠山国清

はたけやま・くにきよ

生没年	不詳
出身	武蔵国
主君	足利尊氏→足利直義→足利尊氏→足利基氏
死因	不明

❖ 観応の擾乱を左右した勢力

　畠山家国の子。足利尊氏が鎌倉幕府か
ら離反したときから尊氏に従い、室町幕
府創成期に尊氏を支えて活躍した。
　後醍醐天皇の建武の新政が開始される
と、尊氏の弟・足利直義に従って鎌倉へ
下向し、直義とともに尊氏の嫡男・足利
義詮を支えて関東平定に尽力した。1335
年（建武2）に尊氏が後醍醐天皇に反し
て兵を挙げると、国清は尊氏に従軍して
新田義貞を三河矢矧川の戦いで破って上
京した。
　翌年、入京した尊氏が北畠顕家・新田
義貞らに敗れて九州に落ちのびたときは

尊氏とともに九州に入り、尊氏が京を奪
還すると、その功績により紀伊の守護に
任命された。その後も尊氏のもとで南朝
軍との戦いで各地を転戦した。
　1348年（正平3・貞和4）、前年に細川
顕氏、山名時氏が南朝軍に敗れたことを
受けて、尊氏は高師直を大将とする大規
模な討伐軍を編成し、国清もこれに従軍
した。四條畷の戦いで楠木正行を自害に
追い込んだ幕府軍は、師直の弟・高師泰
と国清に楠木軍の残党を追わせた。しか
し、1年たっても楠木軍を追い込むとは
できず、そうこうしているうちに京都で
は直義と師直の関係が険悪になり、師直
が兵を集めて尊氏を脅迫し、直義から実
権を奪うという事件が起こった。師泰も
京に戻らざるを得ず、国清は楠木軍のお
さえのために河内高屋城（当時は石川
城）に拠った。以後、高屋城は戦国時代
まで畠山家の河内における拠点となる。
　その後も高屋城にあった国清のもと
に、尊氏と反目して京を脱出した直義が

103

やってきた。師直に反感をもっていた国清は直義に与し、直義が反尊氏の兵を挙げるとともに出陣し、八幡まで進出した。しかし、情勢が尊氏方に傾くと、国清は細川顕氏の仲介で尊氏に帰順し、1351年（正平6・観応2）の薩埵峠の戦いでは直義軍を破り、決定的なダメージを与えて尊氏の勝利に貢献した。

◇ **関東を制すも南朝の勢力回復で没落**

　1353年（正平8・文和2）、伊豆の守護に補任され、鎌倉公方・足利基氏（尊氏の子）を補佐する関東執事（のちの関東管領）となって鎌倉へ下向した。その後は武蔵の国人を幕府方に糾合することに尽力し、1357年（正平12・延文2）には武蔵の守護も兼任した。1358年（正平13・延文3）、関東南朝軍の支柱だった新田義貞の2男・新田義興を誅殺し、これにより関東における南朝勢力は著しく衰退した。

　1359年（正平14・延文4）、尊氏の死後に2代将軍に就任した義詮は、大規模な南朝討伐を計画した。国清は義詮から招集を受け、1万を超える大軍を率いて上洛、同年11月、領国・河内へと進軍した。河内西部の津々山に布陣した国清は、南朝軍の楠木一族の和田助氏を籠絡し、1360年（正平15・延文5）3月に天野山金剛寺に乱入、大門や坊舎35棟を焼き討ちした。国清は南朝軍が集結していた和泉国の退路を断つためそのまま紀伊へ攻め入り、紀の川筋で南朝軍・四条隆俊を破った。

　しかし、国清が畿内に出陣している間に関東では南朝勢力が再び盛り返してきたため、1360年（正平15・延文5）、国清は急遽関東に戻らなければならなくなった。畿内の南朝討伐軍は国清の軍勢が主力となっていたため、国清の帰国は影響が大きく、結果的に幕府による南朝討伐

畠山家略系図

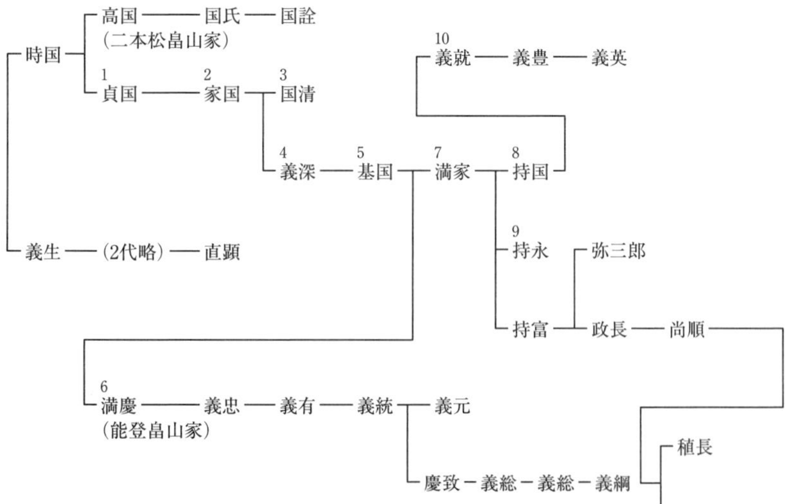

※数字は管領家当主就任順（10代義就以降は二家に分裂）

は失敗に終わり、義詮の国清に対する信頼を低下させてしまった。

さらに悪いことに、関東では直義に同情的だった足利基氏によって、岩松直国ら旧直義派が政界に復帰しており、国清は居場所を失っていった。

そして1361年（正平16・康安1）、旧直義派は関東武士をまとめ上げ、国清の罷免を基氏に訴えた。こうして国清は関東執事の職を辞して伊豆に追われ、翌年、出家して基氏に降った。しかし、基氏が国清を殺害するといううわさが立ったため鎌倉を出奔し、藤沢に入った。

その後上京した国清は、南朝に転じようとするが断られ、奈良周辺で窮死したという。一説に、没年は1364年（正平19・貞治3）と伝わる。

畠山直顕

はたけやま・ただあき

生没年 不詳

出身 美濃国

主君 足利尊氏

死因 不明

◇ 薩摩の雄島津氏を追いつめる

河内守護の畠山家の傍流で、美濃畠山宗義の子。足利家一門として早くから足利尊氏にしたがい、1335年（建武2）に尊氏が建武の新政に反旗を翻した際も、一門とともに尊氏方についた。

1336年（建武3）、京の戦いで後醍醐天皇軍に敗れて九州に落ちた尊氏が多々良浜の戦いに勝利すると、尊氏は九州における支配権確立のため、日向守護として直顕を下向させた。

直顕は、当初は尊氏の命令どおり九州の南朝方の掃討に尽力し、大隅の有力国人・肝付家に攻めかかり、肝付兼重が拠る高城を落城させ、南朝方に大打撃を与

えた。ところが、直顕はそのうち自身の領国支配に没頭しはじめ、幕府の指示を無視するようになっていった。そして1350年（正平5・観応1）、観応の擾乱が勃発すると、尊氏と対立する足利直義方につき、尊氏方の薩摩の守護・島津家を攻め立てた。1352年（正平7・文和1）に直義が殺害された後も、九州地方の直義党の旗頭として戦闘を続け、西国三人衆の1人でもある島津貞久、氏久父子を何度も追いつめた。

しかし、貞久が南朝に降ると形勢は逆転し、やがて九州南朝軍の大将・菊池武光が日向に侵攻してくると、1358年（正平13・延文3）、これを支えきれずに豊後へ敗走した。

その後は、九州探題に任命された今川了俊に従った記録が残されているが、目立った活躍は見られず消息を絶った。

畠山高国

はたけやま・たかくに

生没年 1305年（嘉元3）〜1351年（正平6・観応2）

出身 美濃国

主君 足利尊氏

死因 自害

◇ 対南朝戦で武名を上げる

畠山宗家・時国の子で、二本松畠山家の祖。1333年（元弘3）、足利尊氏が後醍醐天皇討伐のために西上した際に、足利一門として従軍した。

1336年（建武3）、伊勢国で北畠親房ら南朝勢が挙兵すると、高国は討伐を尊氏に命じられ、伊勢守護に補任されて伊勢に下向、これを破った。その後は伊勢守護として同地にとどまった。

1338年（延元3・建武5）、奥州の南朝軍大将として奥州を転戦していた北畠顕

第2章

三管四職家／畠山家

105

家が西上を開始した。顕家軍は鎌倉を攻略して足利義詮・上杉憲顕らを房総方面に追い落とし、さらに兵を西に進めて美濃に着陣した。尊氏は顕家軍討伐の兵を差し向け、高国もこれに従軍した。しかし、尊氏軍は顕家軍に大敗、顕家は高国の領国である伊勢へ侵入して伊賀を通過し、大和へ入った。伊勢はもともと北畠家の影響力が強い土地だった。

同年9月、義良親王（のちの後村上天皇）を奉じた北畠親房・顕信父子、新田義興、北条時行、結城宗広ら南朝軍が吉野を出陣して伊勢に侵攻し、南朝軍は伊勢大湊から東国に向けて大船団を発遣させた。この南朝軍は、途中の海上で暴風雨に見舞われて引き返したが、南朝軍の領国通過を2度も許してしまった責任を咎められ、高国は伊勢守護を罷免され、家督を嫡男・国氏に譲って隠退した。

◇ 奥州に下向して観応の擾乱で自害

1345年（興国6・康永4）、国氏が奥州の南朝軍の鎮圧のために奥州管領に任命されると、引退していた高国も国氏とともに奥州へ下向し、多賀城に着任した。このとき、同じ足利家一門の吉良貞家も奥州管領に任命されており、両者は当初のうちは協力関係を保っていた。しかし、尊氏・直義兄弟が対立し、観応の擾乱が勃発すると、高国・国氏父子は尊氏派となり、吉良貞家は直義派となって対立、奥州の幕府軍は内部分裂してしまった。そして1351年（正平6・観応2）、高国・国氏父子は居城の岩切城を貞家軍に攻められ、一族とともに自刃した。

畠山義深

はたけやま・よしとお

生没年 1331年（元弘1・元徳3）〜1379年（天授5・康暦1）

出身 武蔵国

主君 足利尊氏→足利基氏→足利義詮

死因 病死

◇ 幕府草創期からの忠臣

畠山国清の弟。兄の国清が足利尊氏に帰順して、対立していた足利直義党との戦いのために関東へ下向すると、義深もこれに従って関東へ向かった。1351年（正平6・観応2）に鎌倉の直義攻めや、同年の薩埵峠の戦いに参戦し、翌年、尊氏軍が鎌倉を奪還して尊氏が京に戻った際には鎌倉にとどまり、新たに鎌倉府執事（のちの関東管領）に任命された兄・国清とともに、鎌倉公方・足利基氏を補佐した。同時期、国清は伊豆と武蔵の守護を兼任し、一時期だが国清・義深兄弟は関東に勢をはった。義深はその後も国清に同行し、1359年（正平14・延文4）には尊氏の後を継いだ2代将軍・足利義詮の命で、国清とともに東国の軍国数万騎を率いて入京し、河内・紀伊に進軍して南朝軍と戦い、戦功を挙げた。

1360年（正平15・延文5）に兄の国清が関東武士たちとの確執から鎌倉公方・基氏に攻められると、ともに戦ったが、公称2万を超える大軍勢の前に国清・義深兄弟は敗れ、基氏に降った。

しかし、義深は国清とともに基氏本陣を密かに抜け出した。その後、国清は禅僧に変装してさらなる逃亡を図ったが、義深はここで国清と袂を分かち、剃髪して相模遊行寺に入ったあと、結城直光を頼って下総に落ちていった。1367年（正平22・貞治6）に鎌倉公方・基氏が死去

すると、将軍・義詮に許されて摂津の分郡守護に任命され、畠山家の再興に乗り出した。同年、義深は、クーデターによって幕閣から追放されて領国の越前に帰って幕府に抵抗を続けていた斯波高経を杣山城に攻めて破る殊勲を挙げ、高経に代わって越前守護に補任された。

その後、畠山家は義深の系統が嫡流となり、管領家となって繁栄する。

畠山基国

はたけやま・もとくに

生没年 1352年（正平7・文和1）～1406年（応永13）

出身 不明

主君 足利義満→足利義持

死因 病死

◆畠山家初の管領

畠山義深の子。父・義深が鎌倉公方・足利基氏の死後に許されて幕政に復帰すると、当時の管領・細川頼之はライバルの斯波義将に対抗するために義深を味方に引き入れて義深を取り立てた。基国も1376年（天授2・永和2）に侍所頭人に就任するなど引き立てられたが、1379年（天授5・康暦1）に父・義深が死去し、その直後の政変で細川頼之が失脚すると幕政から遠ざけられた。しかし、3代将軍・足利義満の覚えはめでたく、越中と河内の守護に補任され、両国での基盤作りを行った。

1391年（明徳2）、細川頼之が幕閣に復帰すると、基国も京に呼び戻された。同年、「六分の一殿」と呼ばれるほどの勢力を誇っていた山名氏清が、将軍・義満の挑発に乗って謀反の兵を挙げた。基国は細川頼之・頼元兄弟らとともに出陣し、京に乱入してきた山名満幸軍を打ち破った。基国は戦功として翌年に侍所頭

人に再任されるとともに、山城・尾張・能登・佐渡の守護にも補任され、越中・河内と合わせて6カ国の守護を兼任するなど、その権勢は大いに高まった。

そして1398年（応永5）、畠山家では初めてとなる管領に補任された。基国の就任後、管領職は細川・斯波・畠山の3家が就任する慣例となり、世に「三管領」と呼ばれることになる。

管領就任の翌年、周防・長門など6カ国の守護を兼任し、朝鮮との貿易によって豊かな財力をもち、中国地方西部から九州地方北部にかけて強い影響力をもっていた守護大名・大内義弘が幕府に反旗を翻して挙兵、和泉堺の浦に上陸した。基国は、政敵であり前管領の斯波義将とこのときは協力して大内軍を討つため、公称3万余りの討伐軍を組織して出陣し、和泉へ入国した。1カ月ほどの戦闘ののち、幕府軍は大内軍を破り、戦後の論功行賞で基国は紀伊の守護に補任された。

その後、基国は1404年（応永11）まで管領職にとどまり、足利政権を支えた。

畠山満家

はたけやま・みついえ

生没年 1372年（文中1・応安5）～1433年（永享5）

出身 山城国

主君 足利義持→足利義教

死因 病死

◆義満死後に幕府の重鎮となる

畠山基国の子。山城・紀伊・河内・越中の守護。

1392年（明徳3）の相国寺開山記念の供養に父・基国とともに出席しており、畠山家の家督継承者としてみなされていたが、3代将軍・足利義満に疎まれて幕政から遠ざけられた。1399年（応永6）

第2章 三管四職家／畠山家

107

に起こった大内義弘の反乱（応永の乱）では父・基国とともに和泉国へ出陣して戦功を挙げたが、それでも義満の許しは得られなかった。

1406年（応永13）に基国が死去したが、満家はいまだに義満から遠ざけられたままで家督を継げず（当時、守護大名家の家督相続には将軍の許可が必要だった）、弟の満慶が畠山家を継いだ。しかし、1408年（応永15）に義満が死去すると、将軍・足利義持から赦免されて、満慶から家督を譲り受け、河内・紀伊・越中の守護職を継承した。満家は、スムーズに家督を譲り渡してくれた満慶に対して、能登の守護職を継承させて恩に報いている。

1410年（応永17）に管領に就任し、明との貿易の中断などに対応し、1412年（応永19）に細川満元に管領職を譲って退いた。1421年（応永28）に再び管領に就任。1423年（応永30）、鎌倉公方の足利持氏が小栗満重、宇都宮持綱、桃井宣義ら親幕派の関東諸将を攻め滅ぼすと、満家は管領として幕府をまとめて、諸将と合議のすえ持氏の討伐を決め、将軍・義持は駿河の守護・今川範政に出陣を命じた。このときは持氏が幕府に対して謝罪を表明したので幕府は軍を引いて鎌倉府と和睦した。

1428年（正長1）、5代将軍・足利義量の死後、政務を執っていた前将軍の義持が死去した。義持には生存する子供がおらず、義持は後嗣を決めることなく死んでしまったため、満家は侍所所司の京極高数や将軍家の護持僧・満済らと合議のうえ、義円・義昭・永隆・義承という僧籍に入っていた持氏の4人の兄弟のうちから、くじびきで次期将軍を選ぶことにした。義持の死の直前にくじが引かれ、

義円が次期将軍に選ばれ、翌年、義円が義教と改名して6代将軍に就任した。満家は義教が将軍に就任すると、それを見届けるように5カ月後に管領を辞任した。

しかし、管領辞任後も幕政に重きをなし、義教の諮問をたびたび受け、伊勢国司・北畠満雅の反乱（1428年）、鎌倉公方・持氏との対立（1430年）、大内家の内乱（1433年）などの問題について軍議を主導し、初期の義教政権を支えた。

畠山満慶

はたけやま・みつのり

生没年	？〜1432年（永享4）
出身	不明
主君	足利義持→足利義教
死因	病死

◆能登畠山氏の祖となった幕府宿老

父は畠山基国で、兄に畠山満家がいる。名は「満則」とも書く。

1406年（応永13）に父・基国が死去すると、当時、兄の満家が前将軍・足利義満に忌避されていたため、兄に代わって家督を継ぎ、河内・紀伊・越中・能登の守護を受け継いだ。しかし、2年後に義満が死んだため、家督を満家に譲った。このとき、能登の守護を満家から譲られ、能登畠山家の祖となった。

畠山宗家の家督は譲ったが、その後も幕府にはとどまり、満家とともに幕政を支えた。

1416年（応永23）、前関東管領の上杉禅秀が鎌倉公方・足利持氏に対して反乱を起こしたとき、反乱自体は翌年に鎮圧されたが、乱の影響は京にも及び、義持の弟・義嗣が乱への関与を疑われて捕らえられるという事件が起こった。1418年（応永25）に義嗣は幕命によって殺害されると、同年、満慶も義嗣との与同を疑

われて捕らえられた。満慶は許されたが出家して閉居した。

1428年（正長1）に義持が死ぬと幕政に復帰し、将軍・義教の相伴衆に列した。政策を決めるための重要会議にも宿老として出席し、兄の満家とともに義教の初期の政治を支えた。

畠山持国

はたけやま・もちくに

生没年	1398年（応永5）～1455年（康正1）
出身	河内国
主君	足利義教→足利義勝→足利義政
死因	病死

◇幼年将軍義勝を補佐した管領

畠山満家の子。1433年（永享5）に父・満家が死去して家督を継いだが、それ以前から父とともに幕政に関与していた。しかし、管領の細川持之と対立し、さらに将軍の足利義教が異母弟の畠山持永を寵愛したため幕政から退けられ、河内に蟄居した。

1441年（嘉吉1）、播磨の守護・赤松満祐が将軍・義教を殺害すると幕閣に復帰し、播磨に出陣して赤松軍を攻めた。その際、持国が復帰したときに京を出奔して越中に逃れていた持永を攻めて討ち滅ぼした。

1442（嘉吉2）に管領に就任し、義教の後を継いだ幼君の7代将軍・義勝を補佐した。1443年（嘉吉3）、日野有光らが旧南朝の皇胤を奉じて挙兵し宮中に乱入した際には、すぐさま幕府軍を編成して反乱を鎮圧した。

1445年（文安2）に管領を細川勝元に譲って幕閣を離れるが、1447年（文安4）に領国の紀伊で旧南朝勢力が再び挙兵すると自ら出陣してこれを鎮圧した。

1449年（宝徳1）、8代将軍・足利義政

の将軍就任にかかわり、同年、再び管領に補任された。1453年（享徳2）に管領辞任後も宿老として幕政にかかわり、管領の細川勝元と、勝元と連携した山名宗全と対立するようになった。

持国には長らく子がなかったため、弟の持富を養子にしていたが、1437年（永享9）頃に長男・義就が生まれると持富を廃した。持富が死ぬと、持富の子・畠山弥三郎・政長兄弟が、父の廃立を不満として1454年（享徳3）に兵を挙げた。これにより畠山家の家臣団も弥三郎派と持国派に分裂してしまった。

持国は鎮圧のために出兵し、越中の守護代だった神保次郎左衛門と椎名家を倒したが、弥三郎は細川勝元を頼って反撃に出て、持国は敗退して引退した。しかし、将軍の義政が義就を支持したため、上洛した義就が正式に畠山家の家督を継ぐことになった。そのため、両派の抗争は続き、畠山家の内訌は分国内外で戦闘を繰り返すほどになった。

畠山家の一族・家臣を分裂させる原因を作った持国は、両派の武力闘争が続くなか、1455年（康正1）に死去した。

畠山政長

はたけやま・まさなが

生没年	1442年（嘉吉2）～1493年（明応2）
出身	不明
主君	足利義政→足利義尚→足利義材
死因	自害

◇義就との武力衝突が応仁の乱に発展

畠山持国の弟・畠山持富の子。畠山家当主の持国に長らく実子ができなかったため、父の持富が持国の養子となっていた。しかし、その後に持国に実子・義就が誕生したため、持国は義就を家督継承者とし、政長は父・持富とともに持国に

追われて管領の細川勝元のもとに逃れた。

父の持富が死ぬと、政長は兄の弥三郎とともに勝元の後援を受けて、1454年（享徳3）、持国・義就父子に対して兵を挙げた。このとき、幕府の重鎮・山名宗全も政長兄弟を支持し、山名軍が京の畠山持国邸を急襲して邸を焼き払い、持国・義就父子を京から追放した。

しかし、8代将軍・足利義政が義就を支持したため、兄の弥三郎は家督を継ぐことはできなかった。その結果、畠山家は一族・家臣ともに義就派と弥三郎・政長派に分裂して抗争することになり、領国である河内や紀伊で断続的な戦闘状態に陥った。

1459年（長禄3）頃に兄の弥三郎が死んだため、政長が家臣に擁立された。この頃になると細川勝元と山名宗全が対立するようになっており、政長は翌1460年（長禄4）、当時管領として幕政を握っていた勝元に近づいて、将軍・義政の命を受け、畠山家の家督を義就から奪うことに成功した。紀伊・河内・越中の3国守護となった政長は、義政から義就追討の命を引き出すことにも成功し、河内に逃げた義就を吉野嶽山城に攻めた。義就軍もよく城を守ったため戦闘は長引き、1463年（寛正4）になって政長はようやく城を陥れ、義就は逃走した。

京に凱旋した政長は翌年、細川勝元の後を受けて管領に就任した。

しかし、1466年（文正1）、河内に潜伏していた義就が山名宗全を後ろ盾にして入京すると、両者の対立は再び表面化した。翌1467年（応仁1）正月には宗全の働きかけで義就が幕府への出仕を許され、政長は畠山家の家督を奪われ、3国守護も罷免されたうえに管領も解任されてしまった。

すべてを失った政長は自邸に火を放って、上御霊社の森に入って戦闘態勢を整えた。政長は大和の国人・筒井順宣を味方に引き入れ、順宣は兵2000を率いて政長軍に入った。続いて政長は細川勝元にも援軍を求めたが、将軍・義政は勝元の出兵を許さず、対する義就派の山名宗全もまた政長討討を義政に拒否され、決戦は両畠山軍のみの戦いとなった。

戦いはまる1日続いたが、政長軍が押され気味となり、政長は上御霊社の森の陣に火を放ち、奥野郷に逃亡した。このときの両軍の戦闘は小競り合いていどで終わったが、この小競り合いが以後11年間にも及ぶ応仁の乱の発端となった。

❖乱終結後も内訌は収まらず

1467年（応仁1）5月、政長を支持していた細川勝元が京に軍勢を集めはじめると、山名宗全・畠山義就・斯波義廉らが細川軍に攻め寄せ、勝元も応戦して出たため、戦いがはじまった。応仁の乱の勃発である。勝元は、宗全に先んじて将軍家を囲い込むことに成功したため、政長が同年、再び畠山家の当主に返り咲き、3国の守護にも補任された。

政長と義就はほぼ京に残って戦ったが、領国である河内や越中では両派の争いが激化して、結果として国人の台頭を許すことにつながってしまった。

京での戦いは一進一退が続くとともに、両軍とも決定打を与えることができずに膠着状態となった。

そして1477年（文明9）、義就が河内に撤退し、西軍の主力である中国地方の大大名・大内政弘が自国に戻ったことで山名軍は崩壊し、応仁の乱は終結した。しかし、政長と義就の争いは以後も続き、政長は京を出て河内に侵攻し、義就との戦いを続けたが、河内のほとんどを義就

に奪われてしまった。

両軍の戦いはその後10年以上も続き、1490年（延徳2）に義就が死ぬと義就の子・義豊との争いとなった。この頃には義政はなく、義政の跡を継いだ義尚も死去し、10代将軍・足利義材の時代になっていた。

1493年（明応2）、義材は河内平定をもくろんで義豊討伐を行い、政長も義材とともに義豊を破り、河内・大和の諸城を落としていった。しかし、政長が河内・大和を転戦している間に、中央では政変が起こって義材が将軍位を廃され、管領の細川政元によって足利義澄が11代将軍に就任していた。義澄は義豊を赦免して、逆に政長が追討の対象となった。政長は河内で細川政元配下の上原元秀・安富元家軍と対峙したが、正覚寺城を上原軍に囲まれ、同年4月、政長は嫡男の尚順を脱出させたあとで自害した。

畠山義就

はたけやま・よしなり

生没年	？〜1490年（延徳2）
出身	不明
主君	足利義政
死因	病死

◇ 畠山政長に敗れて守護職罷免

管領・畠山持国の子。はじめ持国には子がなかったため、持国は異母弟の持富を養子にして家督を継がせるつもりでいた。しかし、義就が誕生したため、持富は家督継承者からはずされてしまい、ここに管領家のひとつとして勢力を誇っていた畠山家は、持国・義就派と持富派の二派に分裂してしまった。持富は1452年（享徳1）に死去したが、持富の遺児・弥三郎と政長が家督継承権を主張して義就派と争うことになった。

1454年（享徳3）、弥三郎・政長派の家臣の反乱計画が発覚し、義就は京でこれを討った。しかし、弥三郎と政長は管領の細川勝元を味方に引き入れて反撃、細川軍とともに在京していた持国・義就父子の邸宅を急襲した。敗れた父の持国は河内に隠棲し、義就は伊賀に敗走した。

義就はすぐに上洛して8代将軍・足利義政を頼り、義政から畠山家の正統な後継者であることを認めてもらい、翌年に持国が死去すると畠山家を継いで河内・紀伊・越中の守護に補任された。

1459年（長禄3）頃に弥三郎が死んだため、義就の相手はその弟の政長となると、政長派が巻き返しをはじめた。政長は将軍・義政に近づき、義就は翌1460年（寛正1）、義政によって家督を廃されて3国の守護も解任されたうえ、京を追放されてしまった。

義就は旧領の河内に遁走し嶽山城に拠って、軍勢を整えた。しかし、政長派となった将軍・義政は義就追討を決定し、河内に軍を差し向けてきた。義就は嶽山城に籠り、幕府軍と対峙した。当時の幕府は、古河公方・足利成氏と対立する堀越公方・足利政知に援軍を送ったり、畿内各地で土一揆が起こったりなどがあり、義就追討に十分な兵を出せず、両者の戦いは1463年（寛正4）まで続いた。その間、義就は河内若江城などにも拠りながら、河内の守護代だった遊佐国助らとともに転戦したが、結局、若江城も嶽山城も陥落し、脱出した義就は紀伊の高野山に逃げ落ちた。その後も義就は再挙をめざして高野山を下りて大和・河内・紀伊の国人を糾合し、1466年（文正1）に再挙したが、再び政長軍に敗れて吉野の奥北山に落ちていった。

しかし、管領の細川勝元と対立してい

た山名宗全は、勝元が政長を担いでいたこともあって義就に友好的で、宗全は将軍・義政の正室・日野富子を通して義就の赦免を願い出て、ついにこれを将軍に認めさせた。将軍の許しを得た義就は同年、6年ぶりに畠山家家督に復帰し、3国の守護にも再任された。そして管領も政長から斯波義廉に変えられた。

管領を罷免された政長は1467年（応仁1）正月、洛北の上御霊社の森で義就打倒の兵を挙げた。義就もすぐさま兵を出したが、細川勝元も山名宗全も将軍・義政から出兵の許可を得られなかったため、両畠山軍のみの戦いとなった。このときの戦いは義就軍が政長軍を攻め落とし、政長は陣中を焼き払って撤退した。1日で決着がついた戦いだったが、これが応仁の乱のきっかけとなった。

◇ 名大将と呼ばれた西軍主力

同年5月、ついに細川勝元と山名宗全との対立が洛中での武力闘争に発展し、その後11年に及ぶ応仁の乱が勃発した。義就は宗全方の主力として活躍し、「当時の名大将」と呼ばれた。しかし、細川勝元がいちはやく将軍を抱き込んだため、義就は守護職を解任され、乱の中盤からは政長が管領に就任した。

義就は洛中だけでなく河内・大和・摂津と畿内各地を転戦し、1473年（文明5）に勝元と宗全が相次いで死去した際に講和の機運が高まったときもこれに反対し、戦いを続けた。

1477年（文明9）、政長との戦いの舞台を河内に移した義就は、河内の守護代で政長派の遊佐長直が拠る若江城を攻め落とし、政長派の河内の諸城も多数落としていった。義就はさらに大和に転戦し、筒井順尊や箸尾為国らの政長派の国人たちを打ち破り、大和を支配下に置くこと

に成功した。義就が河内・大和で転戦している間に、義就不在の京では講和が進み、同年11月に両軍の和議が成立し、西軍の主力である大内政弘らが領国に撤退したことで応仁の乱は終結した。しかし、義就の戦いは終わらなかった。畠山家の家督は相変わらず政長であり、しかも政長は管領に再任されており、幕府による討伐の対象は義就だった。

義就追討という幕命を奉じて河内に侵攻してきた政長に対し、義就は徹底抗戦し、河内の主要部を確保した。さらに義就は山城にも侵攻して山城南部を実質的に支配下に置いた。しかし、1485年（文明17）、政長と義就の主戦場と化した山城では、国人たちが団結して両軍の撤退を求める国一揆を起こし、両軍とも山城から撤退せざるを得なくなった。

その後も河内周辺では両者の争いが続き、1490年（延徳2）、義就は両軍の決着を見る前に死去した。

畠山義豊

はたけやま・よしとよ

生没年	？～1499年（明応8）
出身	不明
主君	足利義稙→足利義澄
死因	戦死

◇ 宿敵・政長を敗死させる

畠山義就の2男。1490年（延徳2）、父・義就の死去にともない家督を継いだ。義就・義豊の系統は畠山家の嫡流だったが、義就と叔父の持富が家督を争い、8代将軍・足利義政と管領・細川勝元を味方につけた持富の子・政長が、当時は畠山宗家の当主となっていた。そして、畠山家の家督をめぐる争いは、京の町を荒廃させた応仁の乱のきっかけのひとつになっていた。

義豊は、父・義就の死後に義就派に担がれて、政長と争うことになった。河内の誉田城に拠って争いを続けたが、河内の平定をもくろむ政長は1493年（明応2）2月、河内に侵攻してきた。このときは10代将軍・足利義材が自ら軍を率いて政長とともに出兵し、そのほかにも斯波義寛・赤松政則らの軍勢も出陣した。

義豊は誉田城にこもって政長軍を迎撃した。しかし、政長と義豊が河内で争っている間に、前管領の細川政元が義政を追放するクーデターを起こした。この政変により赤松政則が政元派に寝返り、斯波義寛も帰京してしまったため、義材派の政長は河内で孤立してしまう。そして細川政元は義豊の支援を表明した。政元の支援を受けた義豊は同年閏4月、政長軍を撃退し、正覚寺に逃げた政長を包囲して、ついに政長を自害に追い込んだ。

戦後、義豊は畠山家の家督を認められ、河内の守護に任ぜられた。

しかし、政長の子・尚順は正覚寺を脱出して義豊と対立し、河内では両派の戦いがその後も続けられた。1497年（明応6）には、河内の高屋城を尚順に奪回されるなど、両軍の戦いは一進一退を繰り返した。そして1499年（明応8）、義豊は河内に進撃してきた尚順軍に攻められ、討ち死にした。

畠山義英

はたけやま・よしひで

生没年	不詳
出身	不明
主君	足利義澄
死因	不明

◇いまだ収まらない畠山家の内紛

畠山義豊の子。1499年（明応8）に父・義豊が畠山尚順に攻められて敗死すると

家督を継ぎ、河内の守護に補任された。

祖父・義就以来の政長・尚順派との畠山家の内訌は、義英の代になっても収束せず、義英は河内誉田城を居城として尚順と争いを繰り返した。

当初は管領・細川政元の庇護を受けていたが、細川家で内訌が起こると政元と距離を置くようになり、1504年（永正1）、ついに尚順と和睦して河内の守護職を尚順に譲った。しかし、政元が山城の守護代・赤沢朝経と講和して勢力を盛り返すと、1506年（永正3）に嶽山城を朝経に攻められて尚順とともに没落した。さらに、その後は尚順との和睦も破棄され、再び尚順と対立するようになった。

1520年（永正17）、政元の養子・細川澄元と結んで挙兵。当時の京は、細川高国と細川澄元が権力争いを繰り広げており、尚順の子・畠山稙長は高国派に属していた。河内に侵攻した義英は、澄元の家臣・越智家全とともに河内の高屋城を攻めて、稙長を駆逐した。しかし、細川澄元が高国に敗れて京を追放されたため、義英も吉野に逃れた。1521年（大永1）に再び尚順と講和したが、その後は消息不明となった。

義英の後は嫡男の義堯が継いだが、1532年（天文1）に河内の守護代・木沢長政に攻められて自害し、義就系畠山家は没落した。

畠山尚順

はたけやま・ひさのぶ

生没年	1475年（文明7）～1522年（大永2）
出身	不明
主君	足利義材
死因	不明

◇義豊を敗死させて河内平定

畠山政長の子。1492年（明応1）頃か

113

ら父・政長に従軍して河内・大和を転戦した。翌年には将軍・足利義材が、政長と対立していた畠山義豊（義就の子）を討伐するために河内に出陣すると、政長とともに討伐軍に加わり義豊を攻めた。

しかし、幕府内で政変が起こって義材が将軍位を廃されると、政長の立場は悪くなり、逆に義豊の逆襲を受けて河内正覚寺城を攻められて政長は自害した。

尚順も正覚寺城に拠っていたが、父・政長が自害する前に城を脱出して紀伊に逃れた。その後、河内高屋城に移って再挙を図り、越中から越前に逃れていた前将軍の義材が上洛をめざして挙兵すると、1499年（明応8）、これに呼応して河内で兵を挙げた。尚順は河内を北上して義豊方の河内にある17城を一挙に攻め、ついに義豊を自害に追い込んだ。

義豊の死後、その子・義英が後を継いだが、義豊陣営はしばらく混乱し、尚順はそのすきをついて河内各地を平定していき、摂津まで軍を進めた。

しかし、義材が近江で六角高頼の軍に敗れ、管領・細川政元が討伐軍を出陣させた。政元は宇治に赤沢朝経を、淀に薬師寺元一・長忠兄弟とともに香西元長を、摂津に薬師寺元一の子を派遣して防備を固めた。

山城国飯岡に布陣した尚順は、槇島城の真木島氏を味方につけ、宇治方面へ出陣。政元方の赤沢軍と対戦したが、槇島城を落とされてしまった。続いて御牧城、水主城など尚順方の城は赤沢軍に次々と落とされ、尚順は再び紀伊に敗走した。

◇ 再び畠山家が分裂

翌年、尚順は兵を率いて大和に侵入し、和泉の半国守護で政元にしたがっていた細川元有の居城・岸和田城を攻め、元有を攻め滅ぼした。

しかし、政元に派遣された赤沢朝経に敗れて、再び紀伊へ逃げ帰った。

尚順は畠山家の再興をめざして、目標を政元討伐に向け、1504年（永正1）、対立していた義豊の子・義英と和睦して河内の高屋城に入った。河内の守護職を義英から譲られ、河内は尚順と義英が半分ずつ支配することになった。

しかし、1507年（永正4）に細川政元が暗殺されたのを機に、細川一族が分裂すると、尚順は細川高国陣営に入り、義英は細川澄元方についたため、尚順と義英の講和は崩れ、畠山家は再び分裂することになった。

周防に逃れていた前将軍の義材が1508年（永正5）、周防など6カ国の守護・大内義興に奉じられて東上すると、尚順は高国とともに和泉堺に義材を迎え入れた。

尚順は義材らとともに上洛し、義材が将軍に復帰すると畠山家の家督を認められ、父以来の河内・紀伊・越中の守護にも補任された。

1511年（永正8）に居城・高屋城を嫡男の稙長に譲って、領国の紀伊に隠棲。しかし、1520年（永正17）に家臣に背かれて紀伊を追われて和泉に入り、その後淡路に敗走した。1522年（大永2）、同地で没した。

畠山稙長

はたけやま・たねなが

生没年	1504年（永正1）～1545年（天文14）
出身	河内国
主君	足利義稙→足利義晴
死因	病死

◇ 河内守護となった尚順の子

河内の守護・畠山尚順の嫡男で、1511年（永正8）に父の隠居に伴い家督を継承した。

応仁の乱（1467〜1477年）以来続く畠
山家中の内訌は、稙長の代になっても収
まらず、1520年（永正17）には畠山義英
と越智家全の攻撃を受けて高屋城から撤
退した。稙長は管領の細川高国に働きか
けて高国の支援を得て義英軍に反撃し、
さらに重臣・隅田能房の活躍もあって、
2カ月後には高屋城を奪還、義英を大和
へ追放した。しかし、1531年（享禄4）
に細川晴元と対立した高国が自害に追い
込まれると、後ろ盾をなくした稙長の立
場は悪化した。そのすきをついて晴元の
家臣・三好家が河内へ侵攻してくるが、
これは稙長軍の必死の迎撃で食い止める
ことができた。

　稙長は劣勢を挽回すべく、高国派の残
党と結び、石山本願寺との同盟を画策し
た。しかし、一向一揆を主導する本願
寺との同盟は、幕府を敵に回すことにもつ
ながりかねないため家臣の反発を招い
た。そして1534年（天文3）、重臣の遊佐
長教と木沢長政が稙長の弟・長経を擁立
したことで、稙長は失脚するとともに、
紀伊へ逃亡することになった。

　稙長はその後しばらく逼塞を余儀なく
されたが、1542年（天文11）、細川家の
家臣となっていた木沢長政が晴元に反乱
を起こしたことで、遊佐長教が稙長をか
つぎだし、稙長は長教とともに長政の追
討にあたった。長政を討った稙長は河内
守護に補任され、ようやく高屋城に復帰
することができた。ただ、このとき守護
代に長教を据えたことで、遊佐家の勢力
伸長を許すことにもつながった。

　権力を取り戻した稙長と晴元とは折り
合いが悪く、1543年（天文12）には晴元
に反旗を翻した細川氏綱に与するなど、
最後まで反抗的な態度を崩さないまま、
1545年（天文14）に死去した。

畠山政国

はたけやま・まさくに

生没年 不明
出身 河内国
主君 畠山稙長→畠山長経→足利義晴
死因 不明

◇守護代遊佐家に権力を奪われる

　河内の守護・畠山尚順の3男で、尚順
の後を継いだ畠山稙長の実弟。稙長の生
存中は兄に仕えて畠山家を支えた。応仁
の乱以来の畠山家の内訌は、政国と対立
していた畠山義堯が1532年（天文1）、家
臣の木沢長政に滅ぼされたことで決着を
みた。しかし、稙長・政国の家中では家
臣の遊佐家の勢力が強くなり、遊佐長教
と木沢長政が結んで稙長を追放して、政
国の兄・長経を擁立するという事態に陥
った。このとき政国は家中に残ったとさ
れ、長経に従うことになった。

　その後、遊佐長教と長経が対立するよ
うになったことで長教と稙長が和解し、
稙長が当主に復帰した。そして1545年
（天文14）、稙長が死去したため、政国が
長教に擁立されて当主となった。しか
し、稙長が管領の細川晴元と対立してい
たため、政国は幕府から正式な当主とは
認められなかった。正式な当主ではなか
ったが、家臣団は政国を支持したという。

　しかし、当主に就任した直後から、家
中で影響力を強めていた長教とは折り合
いが悪くなり、1549年（天文18）、家中を
まとめきれなくなった政国は紀伊へ遁走
し、当主の座を嫡男の高政に譲った。没
年は不明だが、一説には、紀伊に逼塞中
の1550年（天文19）に死去したという。

畠山義統

はたけやま・よしむね

生没年 ？～1497年（明応6）

出身 能登国

主君 足利義勝→足利義政→足利義尚→足利義材

死因 病死

◇宗家をしり目に領国能登経営に腐心

能登畠山家義有の子。義有は畠山満慶の孫にあたる。

1440年（永享12）、大和の国人・越智家の反乱の鎮圧に向かった父の義有が陣中で没したので、幼年の義統が能登畠山家を継ぎ、祖父の義忠が後見した。1455年（康正1）に能登の守護に補任された。

当時の畠山家は、宗家の畠山持国の子・義就と、持国の養子の子・政長が家督をめぐって争っており、義統は義就を支援し、同年6月には義就とともに河内に出陣し、政長軍と戦った。

1460年（長禄4）に義就が政長に敗れて京を追われたが、義統は京にとどまり、将軍・足利義政の相伴衆に列した。当時の幕閣は、将軍以下、畠山家の内訌に関しては政長を支持していたが、義統は弟の政国を義就の猶子にするなど、義就支持の姿勢を崩さなかった。

そして1467年（応仁1）に政長と義就の一戦を契機にして応仁の乱が勃発すると、義統は義就とともに山名宗全率いる西軍に属して戦った。しかし、1470年（文明2）に弟の政国が、義就の家臣として従軍していた越前守護代の朝倉孝景に殺害されると義就と不和になり、義統は1472年（文明4）に将軍・義政の赦免を受けて東軍へ鞍替えした。

しかし、その後は積極的に戦闘には参加せず、1477年（文明9）に乱が終結す

ると京の自邸を焼き払って美濃に下り、その後領国の能登に戻った。

その後は能登の領国経営に尽力し、1479年（文明11）には越後守護の上杉房定と協力して、畠山宗家の領国・越中に侵攻するなど勢力の拡大にも努めた。

1488年（長享2）、隣国の加賀で一向一揆が加賀高尾城を攻撃し、守護の富樫政親が自害に追い込まれるという事件が起こった。加賀の一向一揆は能登にも影響を与え、まもなく能登でも一向一揆が勃発した。義統は9代将軍・義尚から幕命を受けて一向一揆の鎮圧のために出陣し、同年、無事に一向一揆を鎮圧し、義尚から感状を与えられた。

1493年（明応2）、義尚の後を受けた10代将軍・義材が、管領・細川政元のクーデターによって京を追放されて越中に下った。義材はその後、越前に入り、義統は越前守護の畠山尚順とともに義材を奉じて入洛を図ったが、近江守護の六角高頼に阻まれて失敗した。

1497年（明応6）に能登で死去し、後を嫡男の義元が継いだ。

畠山義元

はたけやま・よしもと

生没年 ？～1515年（永正12）

出身 能登国

主君 足利義材

死因 病死

◇能登畠山家の嫡流

能登の守護・畠山義統の嫡男で、1497年（明応6）の義統の死後、家督を継いだ。当時の幕府は、政変によって将軍位を廃された前将軍の足利義材が越中に下り、現将軍の足利義澄と対立していた。義元は、父と同じく義材を支持し、1498年（明応7）に義材が上洛をめざして兵

を挙げると、義元は同族の越中守護・畠山尚順とともに義材を軍事面で支援した。しかし、義材軍は近江・河内の戦いで幕府軍に連敗し、翌年、義材は大内義興を頼って周防へ落ちていった。

その頃、義元の領国・能登では、守護代の遊佐統秀が義元の弟・慶致を擁立し、義元から守護職を奪うクーデターを画策していた。在京していた義元は、統秀の動きに気づいたものの、幕府の実力者・細川政元が慶致を支持したため、1500年（明応9）、義元は能登に帰れず上杉家を頼って越後へ逃れた。

その後しばらく越後で蟄居していたが、1506年（永正3）に能登で大規模な一向一揆が発生すると、義元と慶致は和議を結んで畠山家の統一をはかり、義元は能登に帰って一揆の鎮圧に尽力した。このとき義元は、慶致の嫡男・義総を後継にすることを条件に能登の守護に復帰した。

1508年（永正5）、周防に逼塞していた義材が、細川家の内訌に乗じる形で大内義興とともに兵を挙げて入京し、将軍・義澄と管領・細川澄元を追放して将軍に復帰した。義元は義材からの呼び出しに応じて上洛し、義材の側近として仕え、義興・細川高国とともに義材政権を支えた。しかし、1512年（永正9）に能登で一向一揆と結んだ国人たちの反乱が起こると、義元は急ぎ能登へ戻って鎮圧にあたった。この内乱はなかなか鎮圧できず、鎮圧できたのは1514年（永正11）も暮れになってからだった。

その頃、義元は病気がちとなり、その後は京に戻らず、翌年死去した。

畠山慶致

はたけやま・よしむね

生没年 ？～1525年（大永5）
出身 能登国
主君 畠山義統→足利義澄→畠山義元
死因 病死

◇兄義元に協力して能登経営を助ける

能登の守護・畠山義統の2男で、畠山義元の実弟。父が存命中は、兄の義元とともに義統に近侍して互いに切磋琢磨したというが、父の死後に義元が家督を継ぐと、家臣団のなかで義元に反発する者が増え、慶致が対抗馬に擁立された。

能登の守護は在京が義務付けられており、領国経営はもっぱら守護代が行っていた。能登の守護代は遊佐統秀が務めていたが、統秀が旗頭となって義元追放の運動を開始した。能登の国人たちの多くが、能登を実質的に支配していた統秀を支持したため、1500年（明応9）、義元は越後へ追放され、慶致が新たに能登の守護に任じられた。

ところが、1506年（永正3）に畿内から北陸にかけて大規模な一向一揆が勃発すると、慶致は鎮圧に手を焼き、そのため家臣団の中に義元の復帰を支持する声が起こりはじめた。一向一揆鎮圧のためにも家臣団の分裂を避けたい慶致は、守護職を義元に返還する代わりに自身の嫡男・義総を義元の後継者にするという条件で、越後に逃れていた義元と和睦した。

1508年（永正5）、京を追放されていた前将軍の足利義材が、現将軍の足利義澄を追放して将軍に復帰すると、長年義材を支援していた義元が京に呼ばれたため、慶致は兄に代わって領国経営に腐心し、1512年（永正9）に起こった一向一揆と国人衆の反乱も、帰国した義元とと

もに制圧に成功した。1515年（永正12）に義元が死去すると、後を継いだ嫡男の義総を後援した。

畠山義総

はたけやま・よしふさ

生没年 1491年（延徳3）～1545年（天文14）
出身 能登国
主君 足利義稙→足利義晴
死因 病死

◇ 政治的手腕に長け全盛期を創出する

能登の守護・畠山慶致の嫡男で、叔父の義元の養子となり、1515年（永正12）の義元の死後、家督を継いだ。父の慶致と叔父の義元は、一時家中を分裂させる内紛を起こしたが、義総が義元の後継者と決められてからは、畠山家は一枚岩となっていた。義元が病床に伏すと、義総が守護の実務を代行しており、義総への家督継承に異議を唱える者はいなかった。

義総が家督と守護職を継承した頃の畠山家は、近隣の一向一揆を鎮圧し、戦国大名へ変貌を遂げようとする時期だった。義総は、前代に内乱を引き起こした遊佐家嫡流の守護代職を認めず、庶流の遊佐秀盛・秀頼父子を登用し、一方では、家臣たちに偏諱を与えるなどして家臣の権力を分散し、畠山家中の統率をはかった。

さらに、依然北陸で蠢く一向一揆に対しては、南近江の守護・六角家の仲介を得て本願寺と和睦し、能登における一向一揆の息の根を止めた。また、義総は朝廷や12代将軍・足利義晴にたびたび贈り物をして権威の向上をはかるなど、領国経営を推進していった。

義総は、能登だけでなく北陸の政治的安定にも手腕を発揮した。1519年（永正16）に越中の守護代・神保慶宗が反乱を起こしたとき、義総は越中守護・畠山尚順の援軍要請を受けて出陣し、越後の守護代・長尾為景と協力してこれを鎮圧すると、戦後、越中・越後・能登の三国同盟を成立させた。

こうして、能登畠山家の威光は高まり、北陸における存在感を高めた。

◇ 文化にも造詣が深い文武両道

堅城で名高い七尾城が築かれたのは、義総の代である。1526年（大永6）頃には、府中守護館から七尾城に住居を移していたようで、以降、七尾山麓には城下町が発展していく。義総は商人、手工業者を保護し、七尾城下は小京都と称されるほど発展したという。

1538年（天文7）頃には、義総の弟たちが反発し、加賀の一向一揆勢と結び内乱に発展しかけたが、義総は石山本願寺に働きかけて一向一揆勢との緊張を解き、反乱を未然に防いだ。

一方、義総は文化人としても優れており、若い頃から『源氏物語』や『古今和歌集』などの古典の研究に勤しみ、連歌、漢詩、茶道にも造詣が深く、学問にも通じていたため、多くの公家や文化人たちが戦乱を避けて七尾城下を訪れたといい、義総も彼らを手厚く保護した。享禄年間（1528～1532年）には、当代随一の儒学者だった公卿の清原宣賢を招き、『孟子趙注』の講義を受けたとも伝えられている。

こうして能登畠山家は戦国大名として飛躍したが、1545年（天文14）に義総が死去すると、義総の後を継いだ義続は父ほどの力量がなく、家臣団の影響力が強くなり、能登畠山家七人衆と呼ばれた重臣たちが内訌を引き起こして、能登畠山家は衰退の道を辿る。

畠山家俊

はたけやま・いえとし

生没年 ?～1531年（享禄4）
出身 能登国
主君 畠山義総
死因 戦死

❖公家、本願寺と密接だった畠山家傍流

　能登畠山家の一族・畠山政栄の子。父・政栄の死後、能登国羽咋郡を受け継ぎ、西谷内城主となる。1467年（応仁1）に勃発した応仁の乱では、父とともに西軍に加担して戦ったとされるが、一説には家俊の生年は1465年（寛正6）とされ、そうなると応仁の乱には出陣していないことになる。

　家俊は、三管領家の親族として、若い頃から京と能登をたびたび往来し、有力公家と交流をはかり、娘を内大臣・万里小路惟房に嫁がせるなど、朝廷工作を行っている。また、文化人としての活動も残されており、1518年（永正15）には能登に下向していた権大納言・冷泉為広の門人となって句会を催した。また、左大臣・三条公頼から薫物を贈られているが、このときは能登の守護・畠山義総と同じものを贈られるなど、公家からは守護家同様の扱いを受けている。

　本願寺8世蓮如の妻となった蓮能は、家俊の姉で、その関係もあって本願寺との関係は密接だった。1531年（享禄4）に勃発した加賀一向一揆の内紛に際し、家俊は甥にあたる蓮如の13男・実悟を救援するため加賀に出陣した。

　家俊は、越前の守護家の一族である朝倉宗滴、加賀の守護・富樫稙泰・泰俊父子らとともに、若松本泉寺ら加賀の3カ寺の救援に向かったが、加賀国河北郡太田の合戦で戦死した。

畠山義綱

はたけやま・よしつな

生没年 不詳
出身 能登国
主君 足利義輝→足利義昭
死因 不明

❖能登を追放された能登の守護

　畠山義続の子。1552年（天文21）、父・義続が隠居したため家督を継いだ。後見人となった義続とともに守護権力の復権を図ったが、能登の実力者であった重臣の温井総貞を暗殺したことで温井家と三宅家の離反を招いた。さらに1566年（永禄9）には重臣の長続連・遊佐続光らが、義綱の子・義慶を擁立して反乱を起こし、義綱は義続とともに能登を追われ、近江に逃れた。

　義綱は近江の六角家や、越中の神保家、越後の上杉家を頼って能登への帰還をめざし、1568年（永禄11）には能登へ侵攻し続連・続光らと戦ったが敗れ、近江に撤退した。その後も能登奪還をめざして活動したが実現せず、一説には1577年（天正5）頃に死去したと伝わる。

⊖ 山名家

上野国御家人新田義重の養子、三郎義範を祖とし、上野国山名郷に土着して山名姓を名乗った。時氏の代に後醍醐天皇の挙兵が起こると戦功を挙げ、足利尊氏が幕府を開くと尊氏に重用され、侍所頭人に就任できる4家のひとつとなり勢力を拡大させた。応仁の乱では宗全が西軍の総大将となるなど室町時代末期まで勢力を保ったが、乱後、播磨の赤松家との抗争が起こると徐々に衰退していき、戦国期には山陰地方の領地だけが残った。

山名時氏

やまな・ときうじ

生没年 1303年（嘉元1）～1371年（建徳2・応安4）

出身 上野国

主君 足利尊氏→足利直義→南朝（後村上天皇）→足利義詮→足利義満

死因 病死

◇ 室町幕府開幕に貢献した新田一族

山名政氏の子。母は上杉重房の娘で、母方の縁戚に足利尊氏・足利直義兄弟がいる。山名家は上野新田家の一族だが、1333年（元弘3）に尊氏が後醍醐天皇討伐のために上京したときは、尊氏とともに大将となった北条一族の名越高家軍に従軍して上京し、尊氏が鎌倉幕府に離反した際には尊氏に従った。

1335年（建武2）に北条時行が挙兵した際には（中先代の乱）、尊氏とともに鎌倉に下向して討伐に尽力した。その後、尊氏が後醍醐天皇に背くと尊氏に従って上洛したが、北畠顕家・新田義貞軍と戦って敗れた。

1336年（延元1・建武3）に尊氏が九州に逃げた際にも尊氏に同行し、菊池軍を破った筑前多々良浜の戦いに参戦、再度東上して楠木軍を破った湊川の戦いでは軍功を挙げた。1337年（延元2・建武4）、因幡の守護に任ぜられ、1340年（興国1・暦応3）には塩冶高貞討伐に功があって丹波の守護に補任された。1345年（興国6・貞和1）には侍所頭人に任ぜられて幕政にあずかった。

尊氏と直義の対立が激化した観応の擾乱では、1351年（正平6・観応2）以降、直義に与した。翌年に直義が死亡すると、時氏は若狭の所領をめぐって尊氏と対立して京を出奔した子の師義とともに、直義の養子・足利直冬を奉じて南朝に降った。

◇ 六分の一殿への道

その後は南朝軍の主力として各地を転戦し、1353年（正平8・文和2）には楠木

正儀・石塔頼房らとともに高師詮の軍勢を破って入京し、一時的に南朝が京を制圧することに成功した。しかし、幕府軍の反撃を受けて、約1カ月半で南朝軍は京を撤退し、時氏も京を離れた。

1355年（正平10・文和4）にも、再び南朝が京制圧に成功したが、2カ月ほどで撤退した。

その後も南朝方として転戦し、伯耆・因幡・隠岐をほぼ制圧し、1361年（正平16・康安1）には美作の守護・赤松貞範を破って同国を手中に収めた。時氏はさらに西へ転戦して石見・備中・備前の一部も支配下に置き、但馬の守護・仁木頼勝を攻めて、但馬の一部も領有した。

山陰諸国を制圧した時氏の勢力は、室町幕府にとっては見逃せないほど大きなものとなっていた。1358年（正平13・延文3）の尊氏の死後、将軍職を継いだ足利義詮は、南朝勢力の削減を図って、

1363年（正平18・貞治2）、時氏のもとに一色詮光を派遣して幕府への帰順を打診してきた。

時氏は自力で制圧した伯耆、丹波、因幡、美作、丹後の山陰山陽にまたがる5カ国の所領を安堵してくれるなら帰順に応じると条件を出した。詮光の報告を受けた義詮が時氏の条件を受け入れたため、時氏は上洛して義詮と対面し、12年ぶりに幕府に帰順した。幕府に復帰した時氏は改めて5カ国の守護に補任されるとともに、翌年には出雲と隠岐の守護にも任ぜられ、合計7カ国の守護となった。幕府随一の勢力をほこることになった時氏に対し、幕府内では冷ややかな目もあり、『太平記』には「多く所領を持たんと思はば、只御敵にこそ成るべかりけれ」と、多くの所領がほしければ、敵になるのがよいと書かれている。しかし、時氏の帰順は南朝勢力を確実に弱体化さ

第2章 三管四職家／山名家

山名家略系図

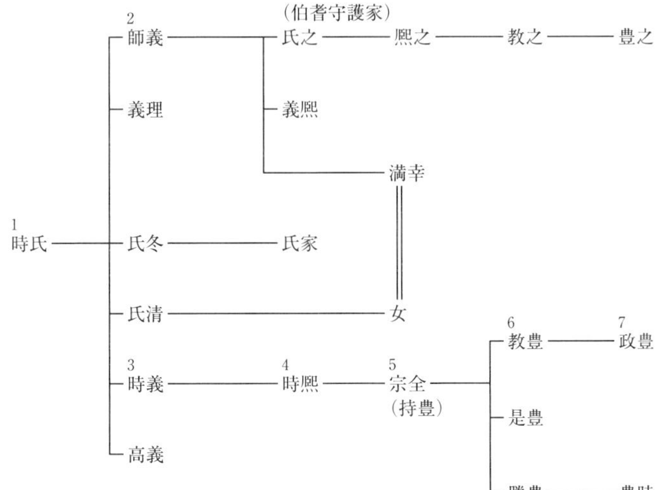

※数字は本家当主就任順

せ、同年の大内家の帰順とともに室町幕府の全国支配を固めさせることになった。

幕府に帰順した時氏は幕府に重用され、義詮の死後の1368年（正平23・応安1）には、管領の細川頼之によって、仁木義長・今川了俊・佐々木氏頼・赤松義則とともに将軍・足利義満の評定衆に列した。その後も引付衆頭人、侍所頭人を歴任するなど重臣として幕政に関与し、赤松家、京極家、一色家と並んで四職と呼ばれる一流家格の土台を築いた。

1370年（建徳1・応安3）に南朝方の楠木正儀が河内で蜂起すると、細川頼之とともに出陣して、楠木軍を敗走させた。同年、家督を子の師義に譲って出家、引退した。

時氏が引退したとき、時氏と一門を合わせ、紀伊・美作・但馬・伯耆・備後・丹波・和泉・丹後・出雲・隠岐・因幡の11カ国を領有した。全国66カ国の6分の1を領有したので、「六分一殿」と称され、幕府内では細川家や大内家をしのぐ最大勢力となった。

山名師義

やまな・もろよし

生没年 1328年（嘉暦3）～1376年（天授2・永和2）

出身 上野国

主君 足利尊氏→南朝（後村上天皇）→足利義詮→足利義満

死因 病死

❖ 南朝の主力から幕府重臣へ

父は「六分一殿」と称された山名時氏。1340年（延元5・暦応3）に父の時氏が塩冶高貞を討伐して出雲に出陣した際に従軍し、それ以降、父とともに各地を転戦した。1347年（正平2・貞和3）には楠木正行を敗走させ、1352年（正平7・

文和1）には伊勢の北畠顕能を攻めて軍功を挙げた。

しかし、同年、伯耆国内の所領問題をめぐって幕府の重鎮・佐々木道誉と対立して京を出奔し、父・時氏とともに南朝に帰順した。同年、赤松則祐・楠木正儀らとともに京に攻め上り敗れたが、翌年にも正儀とともに上洛戦を敢行し、いったん京を制圧した。しかし、すぐに幕府軍に奪還され、出雲へ戻った。

その後も南朝勢力の主力として、おもに山陰方面を転戦して、父とともに山陰・山陽に大きく勢力を広げた。

1363年（正平18・貞治2）、父の時氏が、今まで自力で獲得した伯耆、丹波、因幡、美作、丹後の本領安堵を条件に幕府と和睦したため、師義も父にしたがって幕府に帰順した。

1371年（建徳2・応安4）、父の死にともなって家督を継承し、父の遺領のうち丹後と但馬を受け継ぎ、丹波を弟の氏清に、弟の時義には丹波を分け与えた。

その後は将軍・足利義満にも重んじられ、1376年（天授2・永和2）に死去。義満は7日間の施政停止をもって、師義の死を悼んだという。

山名氏清

やまな・うじきよ

生没年 1344年（興国5・康永3）～1391年（元中8・明徳2）

出身 丹波国

主君 足利義満

死因 戦死

❖ 南朝軍との戦いで軍功を挙げる

山名時氏の4男。長兄に師義、弟に時義がいる。

1371年（建徳2・応安4）に父・時氏が死去し、兄の師義が家督を継ぐと、時氏

122

の遺領・丹波を譲り受けた。1376年（天授2・永和2）、師義が死去すると、山名家の惣領は弟の時義が継承した。このとき、なぜ氏清ではなく弟の時義が家督を継いだのかは明らかではないが、氏清は自分ではなく弟が惣領になったことについてはとくに行動を起こすこともなく、翌年には侍所頭人に抜擢され、時義とともに足利義満政権を支えた。

1378年（天授4・永和4）11月、南朝方の橋本正督が紀伊で挙兵した。守護所に押し寄せた南朝軍は紀伊守護・細川業秀を破り、業秀を淡路へ敗走させた。氏清は山名義理（氏清の次兄）・赤松義則・細川頼元らとともに出陣し、紀伊の奪還に成功した。戦功を認められて和泉の守護と、摂津の分郡守護に任じられた。翌年、和泉土丸城に拠っていた橋本正督と再び交戦し、これを打ち破り、また湯浅家や石垣家など南朝方の諸城を次々に攻略していった。

1380年（天授6・康暦2）には三度、橋本正督と戦い、ついに橋本を敗死させた。同年9月には、紀伊守護となっていた兄の義理とともに、紀伊の南朝軍の征伐に出陣し、南朝重臣の隅田家が拠る紀伊生地城を陥落させた。和泉に帰った氏清は、1382年（弘和2・永徳2）閏正月、今度は河内に出陣し、南朝方に寝返っていた南朝軍主力の楠木正儀軍を打ち破った。

こうした数々の戦功が認められ、氏清は1385年（元中2・至徳2）、山城の守護を得て、3カ国の太守となった。

◇ 明徳の乱に敗れる

その後も南朝軍との戦いに従事し、1388年（元中5・嘉慶2）には河内で挙兵した楠木正勝を破り、正勝は河内千早城へ敗走した。

1389年（元中6・康応1）、山名家惣領の時義が死去した。家督を継いだのは、時義の子・時煕だった。このとき、師義の子で氏清の娘婿となっていた満幸はあからさまに不満をぶちまけ、氏清もまた、傍流から傍流への家督相続を非難した。

こうした山名家の内紛に目をつけたのが将軍・足利義満だった。山名家はもともと観応の擾乱では直義方につき、直義死後は南朝方に転じた一族であり、氏清の父・時氏の代に幕府に降ったが、それも幕府側が5カ国の所領を与えるという、幕府にとっては屈辱的な条件を示した結果だった。その後も山名家は勢力を伸張させ、山名一族で11カ国もの分国を領有する、将軍家に次ぐ実力者へと成り上がった。義満はこうした山名家への警戒を強め、このとき起こった山名家の内紛を利用して、山名家の力を削ごうと画策し、1390年（元中7・明徳1）、義満は氏清と満幸に対して、時煕討伐を命じたのである。

氏清は一族同士の武力衝突は避けたかったが、義満の意向には逆らえず、同年3月、但馬に侵攻して時煕・山名氏之兄弟を攻め、これを備前に敗走させた。戦後、氏清は時煕の所領だった但馬を獲得した。

しかし、満幸に専横な言動が多くなると、義満は満幸を追放して時煕と氏之を京に呼び戻した。京を追放された満幸は和泉の氏清のもとを訪れて挙兵を打診した。氏清は、はじめは拒否したが、満幸の熱心な説得によってついに謀反を決意し、1391年（元中8・明徳2）12月、氏清は和泉で、満幸が丹波で同時に兵を挙げて京へ向けて進撃を開始した（明徳の乱）。

京に入った氏清は四条大宮の法華堂に着陣し、大内・赤松軍との戦いを優勢に進めていった。このとき、大内軍には時

123

熙・氏之兄弟がいたという。

氏清は南北朝の戦乱の時代を生き、自らも何度も出兵して勝利を収めてきた歴戦の雄だったが、満幸は総大将としての経験はなく、また戦闘経験自体が浅かった。そのため満幸は、幕府の大軍に攻め寄せられるとあっけなく敗北し、氏清を見捨てて丹波へ逃げ戻ってしまった。氏清はなおも奮戦するが衆寡敵せず、子の山名時清と山名満氏を脱出させたあと、一色満範に討ち取られた。

京での戦闘が始まる前に、「取り得ずは消えぬと思へあづさ弓　引きて帰らぬ道芝の露」という歌を、和泉堺の妻のもとに送っていたという。

明徳の乱の結果、氏清の分国だった山城・和泉・丹波・但馬はそれぞれ、畠山基国・大内義弘・細川頼元・山名時熙に与えられ、満幸の所領だった丹後・伯耆・出雲・隠岐はそれぞれ、一色満範・山名氏之・京極高詮（出雲と隠岐）に与えられた。戦前、山名一族で11カ国を領していた分国は戦後、わずか3カ国に減らされてしまった。

山名満幸

やまな・みつゆき

生没年	？〜1395年（応永2）
出身	不明
主君	足利義満
死因	戦死

❖明徳の乱のきっかけをつくる

山名師義の4男。叔父に山名時義、山名氏清がいる。

1376年（天授2・永和2）、父の師義が死ぬと、山名家の惣領は師義の弟（満幸の叔父にあたる）・時義に継承された。師義には義幸・氏之・義熙・満幸という4人の男子がいたが、嫡男の義幸は病弱

で、ほかの3人はまだ幼少だったための措置だったという。

しかし、1381年（弘和1・永徳1）に兄の義幸が病気療養のために領国にもどったときには、満幸が3国の守護を継承しており、それ以前から満幸は病弱な義幸の代官として活動していたともいわれ、氏之以下の兄弟が本当に幼少だったのかは疑問が残る。

1389年（元中6・康応1）、時義が死去し、山名家の惣領は時義の子・時熙が継承した。満幸は、時熙の家督相続に不満をもった。山名家の嫡流は、本来は師義流であり、満幸はひそかに、次の惣領の地位を狙っていたのである。また、満幸の実兄である氏之はこのとき、時義の養子になっており、時義の死去により伯耆と隠岐の守護を継承したことも、満幸の不満を増幅させた。

満幸は時熙を追い落とそうと画策し、将軍・足利義満に讒言した。一族で11カ国もの分国を領する山名家が、同族同士で争えば、山名家の力を削ぎ落とすことができると考えた義満は、満幸の讒言を受け入れて、満幸と氏清に時熙討伐を命じた。

氏清は満幸の叔父であり、氏清の娘が満幸の妻となっていた。また、氏清は時義の兄にあたり、氏清もまた時熙の家督継承に異議を唱えていたのである。

こうして1390年（元中7・明徳1）、満幸は氏清とともに出陣して但馬に侵攻して時熙・氏之軍を破り、両者を備後に追いやった。

戦後の論功行賞で満幸は時熙の領地だった伯耆と隠岐の守護を獲得した。ただし、このとき満幸が時熙に代わって惣領となったかについては確実な史料はない。

124

◇明徳の乱に敗れて出家

　時熙・氏之兄弟を排除した満幸だったが、傲岸な振る舞いが多くなり義満に忌避され、1391年（元中8・明徳2）には後円融上皇領だった出雲横田荘を横領したという理由で出雲守護を罷免されるとともに京からも追放されてしまった。その代わりに、時熙・氏之兄弟がわずか1年あまりで許されて入京を果たした。

　時熙の復帰に不満をもった満幸は、和泉の氏清を頼り、氏清の兄である紀伊の守護・山名義理と、満幸の従兄弟にあたる因幡の守護・山名氏家も誘って、1391年、反幕府の兵を挙げた（明徳の乱）。

　同年12月に満幸が丹波で挙兵すると、叔父の氏清も和泉で挙兵して、ともに京をめざして進軍した。しかし、義理は紀伊を動かなかった。

　入京した満幸は二条大路を進んで、細川頼之・畠山基国軍と交戦し、家臣の大足宗信率いる大足隊の奮戦もあり善戦したが、京極高詮軍800余騎が加わると劣勢に陥り、満幸は京を撤退して丹後をめざして逃亡した。満幸軍は500余人の死者を、幕府軍も170人の死者を出し、二条大路は人馬の死体であふれたという。

　氏清が討ち取られ、氏清の弟・山名高義は戦死、氏家が降伏したことで、明徳の乱は幕府側の勝利で終わった。氏清の兄・義理は、最後まで紀伊を動かなかったが、戦後すべての官職を剥奪され淡路に追放された。

　丹後へ帰った満幸は再挙を期したが、すでに領国には新たな守護が入っており、思うように兵が集まらず、再挙をあきらめて出家した。そして1395年（応永2）、京の五条高倉の宿舎で京極高詮に攻められ殺害された。満幸がなぜ京にいたのかを記す史料はない。

山名氏之

やまな・うじゆき

生没年 不詳
出身 不明
主君 足利義満
死因 不明

◇実弟満幸との争いを制し伯耆守護に

　山名師義の2男。明徳の乱を起こした山名満幸は実弟。名は「氏幸」とも書く。父・師義が死去すると、叔父の山名時義が家督を継いだが、その頃、時義の養子となった。

　1389年（元中6・康応1）に養父の時義が死ぬと、義兄の山名時熙が後を継ぎ、氏之は時義の旧領・伯耆と隠岐の守護を譲られた。

　1390年（元中7・明徳1）、時熙の家督相続に反対だった時義の兄で氏之にとっては叔父にあたる山名氏清と、氏之の弟・満幸に讒訴され、将軍・足利義満によって討伐軍を差し向けられる。討伐軍大将となったのは氏清と満幸だった。氏之は領国伯耆で満幸軍を迎撃したが、満幸軍に敗れ、義兄の時熙とともに備後へ逃亡し、出家した。

　その後、満幸の言動に不遜な行いが多かったことから、1391年（元中8・明徳2）、氏之は時熙とともに義満に許され、わずか1年足らずで京に復帰した。

　氏之らの京復帰に激怒した満幸が同年、氏清とともに京に攻め込んでくると（明徳の乱）、氏之は時熙とともに幕府方の大内軍に身を置き、氏清軍と戦った。

　戦後、伯耆の守護に再任され、旧領を回復。その後は、中央政界とは関わらず、もっぱら分国統治を進め、伯耆における山名家の影響力を強固なものとすることに成功した。没年は不明だが、1424

第2章　三管四職家／山名家

125

年（応永31）に発給した文書が残っており、30年以上も伯耆の守護職についていたことがわかっている。

山名時熙

やまな・ときひろ

生没年 1367年（正平22・貞治6）～1435年（永享7）
出身 但馬国？
主君 足利義満→足利義持→足利義教
死因 病死

◇ 義満の不興を買い討伐の対象に

山名時義の嫡男。山名持豊（のちの宗全）の父。

1389年（元中6・康応1）に父が死去すると家督を継いだ。時熙は但馬・備後の守護を継承し、時熙の従兄弟で時義の養子になっていた山名氏之が伯耆・隠岐の守護を継承した。

時熙は本来、山名家の嫡流ではない。父の時義は、前当主の師義（時義の兄）の子たちが病弱および幼少だったため当主に就任していた。そのため、時熙が山名家の家督を継ぐと、師義の4男・山名満幸は、この継承に大いに不満をもった。また、時義の兄・氏清も、この継承に不満をもっていた。

1390年（元中7・明徳1）、満幸が将軍・足利義満に讒言して、時熙の失脚を画策。多数の分国を領有し、大きな影響力をもっていた山名一族の力を削ごうと考えていた義満と利害が一致し、義満は満幸の讒言を受け容れたという。

前年の将軍による厳島参詣の折、病床の時義は同道できず、氏之も時義の看護を理由に同行せず、時熙は同行したもののすぐに帰国してしまうということがあった。また、時熙が当主に就任した際に義満が上洛を促したところ、時熙は喪中

を理由に上洛しなかったという出来事もあり、義満の時熙に対する信任が薄らぎつつあった。

こうして時熙は義弟の氏之（満幸の兄で、時義の養子になっていた）とともに討伐の対象とされ、同年3月、義満は満幸と氏清を大将とする討伐軍を編成し、時熙は領国の但馬にいたところを攻められた。時熙は但馬を捨てて氏之とともに備後に敗走し、出家した。

この結果、時熙と氏之の領国はすべて没収され、伯耆と隠岐が満幸に（隠岐はそれ以前に譲られていた可能性もある）、但馬は氏清に、備後は時の管領・細川頼之に与えられた。

◇ 明徳の乱の勝者となって幕府重鎮に

しかし1391年（元中8・明徳2）、満幸が後円融上皇領である荘園を横領したという理由で出雲守護を罷免されて、京からも追放されると、時熙と氏之は義満に許されて京に戻った。

京を追放された満幸は和泉堺にいた氏清を頼った。そして満幸と氏清は、氏清の兄・山名義理と満幸の従兄弟・山名氏家を誘って、謀反の兵を挙げた（明徳の乱）。時熙は幕府軍の一員として大内義弘・赤松義則と共同して同族の満幸・氏清軍と戦い、幕府軍は氏清を討ち取り、満幸を敗走させた。戦後、時熙は但馬の守護に復帰した。

時熙は一族の内紛の結果、多くの同族を失ったことを悔やんだのか、のちに氏清の娘を妻とし（のちに宗全の母となる）、氏清の弟で明徳の乱で討ち取られた山名高義の子・熙高を養子とし、氏清を開基として播磨に宗鏡寺を創建した。

1399年（応永6）、周防など6カ国の守護・大内義弘が幕府に反して挙兵した応永の乱が勃発した。時熙は、このときに

126

大内軍に呼応して挙兵した同族の山名時清（氏清の嫡子）を討伐するために丹波に出陣、これを屈服させて和泉堺に進撃し、上陸した大内軍とも交戦。戦後、武功を認められて備後の守護を回復した。

義満が死去し、実権が4代将軍・足利義持に移ったあとも将軍家への忠誠を誓い、1414年（応永21）には侍所頭人に任じられ、中央政府に返り咲いた。1428年（応永35）に足利義教が6代将軍に就任すると宿老として幕政を支え、1429年（永享1）に安芸の守護に、1433年（永享5）には伊賀の守護に補任され、4カ国の太守となった。

伊賀の守護になった頃は病気がちで、同年に家督を子の持豊（のちの宗全）に譲って引退、1435年（永享7）死去した。明徳の乱で一時期没落した山名家は、時熙の代で勢力を回復することに成功したのだった。

山名教之

やまな・のりゆき

生没年 ？〜1473年（文明5）
出身 不明
主君 足利義教→足利義勝→足利義政
死因 不明

◇嘉吉の乱で赤松満祐の首級を挙げる

山名熙之の子。熙之は山名氏之の子で、氏之は山名家の勢力を拡大して「六分一殿」と称された山名時氏の孫にあたる。

1430年代に祖父の氏之から家督を継承し、伯耆の守護に補任された。

1441年（嘉吉1）、将軍・足利義教が永享の乱鎮圧を祝うために播磨守護の赤松満祐に招かれた宴会の席で、赤松満祐に謀殺されるという事件が起こった。

教之は一族の山名持豊（のちの山名宗全）とともに播磨に戻った満祐討伐のた

めに出陣し、満祐の首級を挙げる戦功を挙げた。戦後の論功行賞では功を認められて、赤松家の旧領である備前の守護に補任され、伯耆とあわせて2カ国の守護となった。

1453年（享徳2）頃に家督を子の山名豊之に譲り、領国の伯耆に戻って領国経営に専念した。

1467年（応仁1）、嘉吉の変でともに戦った一族の山名持豊と管領の細川勝元の対立を原因とした応仁の乱が勃発した。教之は持豊率いる西軍の主力として参戦し、京都一条大宮で東軍の赤松政則軍と戦った。

乱の最中の1473年（文明5）に死去。長男の豊之はその2年前に戦死していたため、その後は3男の山名之弘が継いだ。しかし、4男の山名元之との家督争いが生じ、伯耆山名家は分裂してしまった。

山名宗全

やまな・そうぜん

生没年 1404年（応永11）〜1473年（文明5）
出身 但馬国？
主君 足利義持→足利義教→足利義政
死因 病死

◇嘉吉の変鎮圧に功を挙げる

山名時熙の子。1420年代から幕府に出仕し、1428年（正長1）、将軍・足利義持の死の際の将軍選びに際しては、くじ引きの現場に居合わせ、義円（のちの足利義教）を6代将軍に選んだ。

1433年（永享5）、家督を譲られ、但馬・備後・安芸・伊賀の守護に補任された。宗全には山名持熙という兄がいたが、持熙は将軍・義教に疎まれて家督を継げず、備後に逼塞していた。家督を継げなかった持熙は宗全を恨み、1437年（永享9）、宗全に対して備後で兵を挙げ

た。宗全は京を出陣して備後に赴き、持熙を追討した。

1440年（永享12）、山名家からは父・時熙以来26年ぶりに侍所頭人に任ぜられ、幕政に重きをなすようになった。

1441年（嘉吉1）、播磨の守護・赤松満祐が将軍・義教を殺害するという事件が起こった（嘉吉の変）。侍所頭人だった宗全は、自ら主力となって討伐軍を編成し、領国の但馬に戻って一族の山名教之とともに播磨に侵攻し、赤松氏の領国だった美作には一族の山名教清を派遣した。

播磨に入った宗全は、満祐が籠もる赤松城を落城させて自害に追い込むなど、討伐軍一の活躍を見せた。戦後の論功行賞で宗全は播磨と石見の守護に、教之は備前の守護に、教清は美作の守護に補任され、満祐の分国3国をすべて手に入れた。一族の領国は8カ国となり、明徳の乱で衰退した家勢を回復することに成功した。

◇ 将軍家の内訌に介入して応仁の乱勃発

宗全は、幕閣での権威保持を図って管領家の細川勝元に近寄り、娘を勝元の夫人として送り込んだ。しかし、嘉吉の変後の赤松家再興をめぐって、赤松家の旧領・播磨が一族の領国であった宗全は再興に反対し、勝元は山名氏の勢力削減を狙って賛成したため、両者はしだいに対立するようになった。

そして1450年（宝徳2）、阿波の細川成之が赤松家再興を目論み、満祐の甥・則尚を押し立てようとしたため、勝元と宗全の仲は決定的に決裂し、1454年（享徳3）には勝元が宗全の邸宅に軍勢を差し向けるという事件まで起こった。また、細川家の後ろ盾を得た赤松則尚が赤松家再興を企んで播磨に侵攻し、宗全の子・山名教豊を攻めたため、宗全は則尚を討

ち取った。1458年（長禄2）には赤松家の再興が許されて加賀の半国守護に補任されると、宗全は加賀の守護だった富樫成春とともにこれに反対し、赤松政則の入国を阻止した。

さらに、勝元の養子になっていた宗全の末子・山名豊久が、勝元に実子が生まれたために出家させられてしまい、怒った宗全が豊久を還俗させて手元に引き取るという事件が起こり、幕府内の実力者である両者の対立は決定的となった。

宗全と勝元の対立が深まる同時期に、管領家の斯波家、畠山家でも家督をめぐる内訌が起こっており、宗全が斯波義廉擁立に力を貸すと、幕府政所執事の伊勢貞親が斯波義敏擁立を将軍・足利義政に働きかけたため、斯波家の内訌はますます激しくなった。

畠山家では、畠山持国の甥・畠山政長が、持国の実子・畠山義就派に追われて細川勝元を頼り、宗全もはじめは政長を支持したが、義就が宗全を頼ってきたため、畠山家の内訌も激しさを増した。

これに加えて、将軍家でも義政の実子・足利義尚派と、義政の弟で養子の足利義視派に分裂して争っており、勝元は義視が将軍継嗣として養子に入った際に後見役に指名されていた関係で義視派につき、義尚の母・日野富子や伊勢貞親それに対抗して宗全を義尚の補佐役として頼ってきた。

1467年（文正2）正月、宗全は河内に出奔していた畠山義就を迎え入れ、将軍・義政に働きかけて畠山政長の管領職を解任させて義就の幕府への出仕を認めさせた。怒った政長は上御霊社の森で兵を挙げたが、義政は宗全と勝元に出陣の許可を与えず、政長軍が敗れて撤退した。この政長の挙兵は小競り合い程度の

戦いで終わったが、これが11年にも及ぶ応仁の乱の発端となった。

◇ **西軍を指揮し、乱の終結を見ずに死去**

義就派についていた宗全は、政長敗走を受けて幕府内における勢威を強めた。これに対し、勝元は軍勢を京に集めはじめ、宗全も対抗して軍勢を集めはじめた。同年5月、細川方の軍勢が山名方の一色義直邸を焼き討ちにし、応仁の乱が勃発した。

勝元は将軍・義政を味方に引き入れ宗全討伐の命令を受けることに成功し、義視・義尚・日野富子も細川派に入ったため、宗全は反官軍となって戦うことになってしまった。

緒戦は細川方が圧倒し、宗全は西国の大大名・大内政弘に援軍を求め、大内軍は7月に入京した。宗全は反撃に転じて形勢を逆転、西陣に本陣をかまえた。そのまま両軍はにらみ合いが続いたまま年を越し、その後も各地で小競り合いが勃発したが、戦局を決めるほどの勝利を両軍とも得られなかった。1468年（応仁2）には細川方の義視が将軍・義政と対立して宗全側に寝返り、そのため1469年（文明1）には義尚の将軍継承が発表された。

同年閏8月、旧南朝勢力が皇胤・小倉宮を奉じて紀伊で挙兵すると、宗全は小倉宮を迎え入れた。しかし、相変わらず京での小競り合いは起こるものの、大きな戦いはないまま推移し、1472年（文明4）、宗全は勝元に和平を申し入れた。

しかし、戦乱はすでに各地に飛び火しており、和平は京だけで済むものではなく、交渉は決裂した。和平に失敗した宗全は同年8月、家督を山名政豊に譲って引退した。宗全はすでにこのとき健康を害しており、翌年3月に病死した。

宗全の死の2カ月後には細川勝元も死去し、応仁の乱勃発時の大将2人が死んだ。このとき両軍に和睦の機運が高まったが折り合いがつかず、戦いはその後も継続された。その結果、幕府の凋落は決定的となり、京の町は焦土と化し、多くの公卿たちは京を離れ、各地に飛び火した戦乱は収まることはなく、日本は本格的な戦国時代へと突入するのである。

山名教豊
やまな・のりとよ

生没年 ？〜1467年（応仁1）
出身 但馬国？
主君 足利義政
死因 病死

◇ **嘉吉の変鎮圧に功あった宗全の子**

山名宗全の子。生年は1424年（応永31）とする説がある。

1441年（嘉吉1）、赤松満祐が6代将軍・足利義教を弑逆する事件が起こると、侍所頭人だった父・宗全とともに討伐のために出陣し、赤松家の居城である赤松城を包囲して、山名軍による満祐討伐を助けた。

1450年（宝徳2）、父・宗全が出家したため家督を継ぎ、但馬・播磨・備後・安芸の守護に補任された。

1454年（享徳3）、嘉吉の変で没落した赤松氏の遺臣が、満祐の甥・赤松則尚を奉じて挙兵し、教豊の領国である播磨に侵攻してきた。教豊は、但馬に隠棲していた父・宗全とともに則尚討伐に出陣し、播磨の堀城に入城し、翌年、則尚軍を打ち破った。

1467年（応仁1）5月に勃発した応仁の乱では、父・宗全が率いる西軍に属し、父とともに洛中に布陣したが、同年9月に陣中で没した。

山名政豊

やまな・まさとよ

生没年 不詳

出身 不明

主君 足利義政→足利義尚→足利義稙

死因 病死

◇応仁の乱終結時の山名家当主

山名教豊の子（教豊の父である山名宗全の子という説もある）。

1467年（応仁1）、応仁の乱の陣中で父・教豊が病没したあと、山名宗家は引退していた宗全が再び返り咲いたが、1473年（文明5）に政豊が家督を継いだ。

当時は応仁の乱も7年めに突入し、両軍とも決定的な勝利を得られず、和平の機運が高まっていた。また、乱勃発の張本人でもあった宗全と細川勝元が相次いで死去したことにより、政豊は細川家の家督を継いだ細川政元と話を進め、1474年（文明6）、講和を結んだ。しかし、畠山家の内訌が収まらなかったため乱は続き、1477年（文明9）に西軍の大内政弘が撤退したことで、ようやく乱は収束した。

1479年（文明11）、政豊は京を離れて領国の但馬に下向し、一族の領国である隣国の伯耆と因幡で起こっていた国人一揆を鎮圧した。

また、政豊の領国であった播磨・美作・備前の3国は、応仁の乱の際に赤松家に制圧されており、1480年（文明12）からは旧領回復のために3国へ侵攻した。当初は政豊が優勢で、一時的に3国を再び手中に収めた。しかし、1488年（長享2）、赤松家の守護代・浦上宗助が国人を糾合して、政豊方の備前福岡城を攻めて山名軍は敗れ、政豊は備前から撤退した。美作と播磨でも赤松家の勢力が強く

なり、政豊の支配地は但馬一国のみとなった。しかし、権威が凋落した幕府内では四職家としての家格は健在で、1489年（延徳1）に将軍・足利義尚が死去すると、管領の細川政元らと図って、足利義視の子・足利義稙を担ぎ出すなどの謀略に関わった。

没年は1499年（明応8）とする説と、1502年（文亀2）とする説がある。

山名豊時

やまな・とよとき

生没年 不詳

出身 不明

主君 足利義尚→足利義材

死因 不明

◇政争に介入せずに領国経営に専念

因幡の守護を世襲した山名家の一族に養子に入った山名勝豊の子といわれるが、伯耆の守護家・山名豊氏の子とする説もある。

文明年間（1469～1487年）に家督を継いで因幡守護となった。豊時が守護に就任した頃の因幡は、応仁の乱の影響で赤松家の勢力が盛んになっており、国内では国人たちも山名方と赤松方に分裂して抗争を続けている状況だった。

1479年（文明11）、幕府奉公衆として因幡国内の幕府直轄地を管理していた毛利次郎が、赤松政則に通じたうえで国人を糾合して豊時に反して兵を挙げた。豊時は惣領家の山名政豊とともに出陣して、翌年にこれを鎮圧した。

その後は播磨にとどまって領国支配を進めたが、毛利氏ら国人たちの勢力はさらに勢いづき、豊時の領国経営はうまく進まなかった。1487年（長享1）、将軍の足利義尚が近江の六角家を討伐するために近江に出陣した際には、子の山名豊重

を派遣し、自身は因幡にとどまらざるを
えなかった。

　同年、毛利次郎が山名一族の庶流筋に
あたる山名政実と結んで再び挙兵した
が、毛利軍は前回ほど国人をまとめられ
ず、豊時は伯耆守護の山名政之らの援軍
も得て、2度めの反乱を無事に鎮圧した。

　1491年（延徳3）、義尚の後を受けた将
軍・足利義材が、六角高頼を討つために
近江に出陣したときには上洛して、豊時
も従軍して近江に赴いた。その後は義材
に近侍し、1493年（明応2）には応仁の
乱以来、いまだに決着がついていなかっ
た畠山家の内訌に義材が介入し、畠山政
長とともに畠山義豊征伐のために河内へ
出陣したが、豊時も討伐軍に従軍した。

　しかし、義材が京を留守にしている隙
をついて、管領・細川政元がクーデター
を起こし、義材を廃して足利義澄を将軍
位につけた。豊時は、このクーデターに
は加担せず、また積極的に義材を支持も
しなかったが、翌年には京を離れて因幡
に下向した。

　1504年（永正1）まで因幡の守護とし
て在任し、その後は豊時の子・豊重が因
幡守護に任ぜられた。

第2章

三管四職家／山名家

131

赤松家

播磨土着の武家で、鎌倉時代中頃に播磨赤松村の地頭となった赤松家範を家祖とする。家範の曾孫・則村が鎌倉幕府打倒に戦功を挙げて足利尊氏の信頼を勝ち取り、足利政権下で勢力を得て、室町幕府侍所頭人に任命される4家のひとつとなった。則村の曾孫・満祐が6代将軍・義教を殺害したため没落したが、政則の時代に復活。しかし、播磨守護代の浦上家が徐々に力をつけてくると勢力を失い、浦上家による下剋上を許して没落した。

赤松則村

あかまつ・のりむら

生没年 1277年（建治3）～1350年（正平5・観応1）

出身 播磨国

主君 北条家→後醍醐天皇→足利尊氏

死因 病死

◇鎌倉幕府を見限り北条氏討伐の挙兵

播磨の地頭（地頭代とする説もある）・赤松茂則の子。出家して名乗った円心という名でも有名。

1333年（元弘3）、王政復古を願う後醍醐天皇が、鎌倉幕府討伐の兵を挙げた。茂則から地頭職を受け継いでいた則村のもとにも、後醍醐天皇の皇子・護良親王の令旨が届けられ、則村は天皇方として兵を挙げた。

領国播磨佐用荘の苔縄城で挙兵した則村は、山陽・山陰諸国の北条勢の上洛を阻止するため東上し、兵庫津に陣を敷いて街道を封鎖しつつ、摂津山崎で六波羅探題軍と戦い軍功を挙げた。

六波羅探題陥落の一連の戦いのなかで、則村は蓮華王院で大敗を喫したことがあった。則村はわずか7騎の味方とともに命からがら遁走。その後、討ち取られた赤松軍の首が六条河原に晒されたが、それらのなかに、赤松入道円心の札をつけた首が5つもあったという。

鎌倉幕府が滅亡し、伯耆の船上山に拠っていた後醍醐天皇はいよいよ還幸することになった。その際、則村率いる赤松軍は、伯耆の国人・名和一族とともに入洛する天皇一行の護衛をし、天皇とともに入洛した。

◇建武政権への反発

皇位に復帰した後醍醐天皇による建武の新政がはじまり、戦後の論功行賞が行われた。則村は楠木正成らと同様、反幕府派としてまっさきに兵を挙げ、六波羅探題攻略にも武功を挙げたが、則村に与えられた恩賞は本貫地の佐用荘1つだけだった。後醍醐天皇の施政に不満を覚え

た則村は1334年（建武1）、佐用荘へ帰り、1335年（建武2）に足利尊氏が後醍醐天皇に反旗を翻すと、2万余騎の兵を集めて尊氏に呼応して挙兵した。

尊氏は鎌倉から西上して京へ攻め込んだが、1336年（建武3）に北畠顕家・新田義貞・楠木正成らに敗れて京を脱出して播磨へ逃亡した。尊氏を迎え入れた則村は、尊氏に九州で再起を図ることを進言し、自らは白旗城にこもって建武政府軍の足止めを買って出た。また、則村は尊氏に対して「官軍は錦の御旗を先立てているが、こちらには対応の旗がないから朝敵とされる。持明院統の天子を奉じて、こちらも錦の御旗を立てるべきだ」と進言したとされる。尊氏は軍勢を率いて九州へ渡り、則村は公称6万という大軍で押し寄せる新田義貞軍を、わずか800余騎で籠城して城を守った。

則村はこのとき、建武新政府軍に対し

て「播磨の守護職さえ補任してくれれば、寝返る準備はある」と使者を送り、それを信じた建武新政府は後醍醐天皇からの綸旨を持って戻ってきた。ところが則村は、「手の平を返す綸旨に信憑性はない。播磨守護職は将軍（尊氏）から受け取る」と後醍醐天皇の綸旨を拒否した。

これは則村の策略で、この使者の往来で建武新政府軍は10日ほど攻撃の手を休める結果となり、尊氏はその間に無事に九州へ渡り、九州北部を制圧したのである。同年、九州で再挙した尊氏が京奪還をめざして東上を開始すると、則村も一族をあげて尊氏軍に合流し、尊氏軍が新田義貞と楠木正成を打ち破る援護射撃を果たした。

則村の領国である播磨では、1338年（暦応1・延元3）に新田一族の金谷経氏率いる南朝軍が蜂起し、則村は子の赤松範資とともに鎮圧にあたり、1342年（興

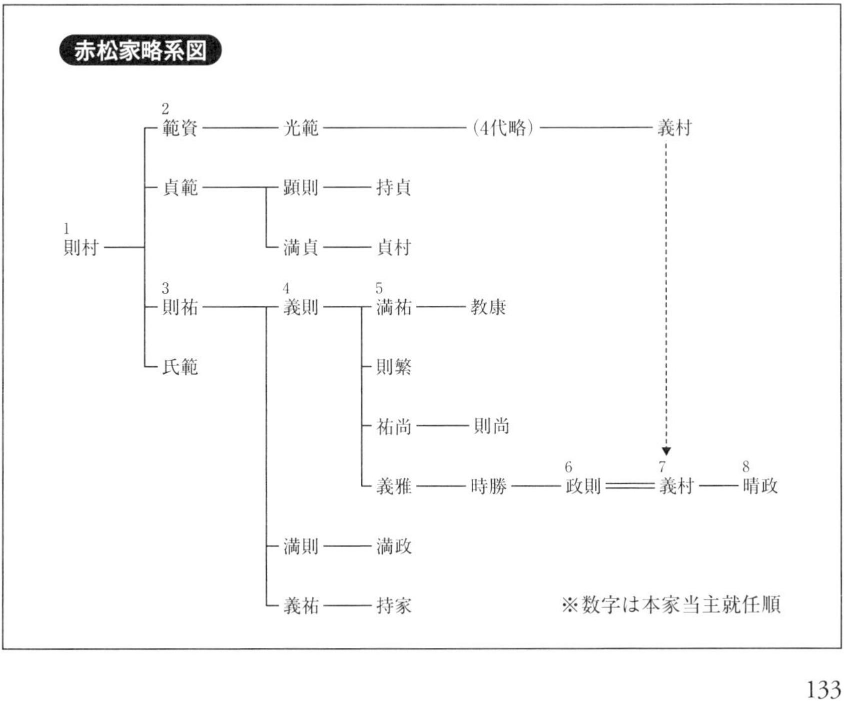

赤松家略系図

```
1 則村 ┬ 2 範資 ─── 光範 ──（4代略）── 義村 ┐
        │                                      ┊
        ├ 貞範 ┬ 顕則 ── 持貞                  ┊
        │      └ 満貞 ── 貞村                  ┊
        │                                      ┊
        ├ 3 則祐 ┬ 4 義則 ┬ 5 満祐 ── 教康     ┊
        │        │        ├ 則繁               ┊
        │        │        ├ 祐尚 ── 則尚       ┊
        │        │        └ 義雅 ── 時勝 ── 6 政則 ═ 7 義村 ── 8 晴政
        │        │                              ↑↊←──────┘
        │        ├ 満則 ── 満政
        │        └ 義祐 ── 持家
        └ 氏範
```

※数字は本家当主就任順

国3・康永1）にようやく反乱を鎮圧した。

その後は、幕府の重臣として尊氏に従った。1350年（正平5・観応1）、尊氏の弟・足利直義が、執事の高師直との確執から南朝に降って観応の擾乱が勃発した。則村は尊氏派に属し、九州で蜂起した直義の養子・足利直冬を追討するために出陣することになったが、その準備の最中、京都七条の邸宅で病没した。

赤松氏範

あかまつ・うじのり

生没年 1330年（元徳2）～1386年（元中3・至徳3）

出身 播磨国

主君 足利尊氏→後村上天皇→長慶天皇→後亀山天皇

死因 自害

◇南朝の主力となった赤松家の異端児

赤松則村の4男。兄に赤松範資・貞範・則祐がいる。

赤松一族は、足利尊氏と後醍醐天皇が袂を分かって以来、尊氏方について活躍したが、氏範だけは南朝方の武将として各地を転戦した。氏範が南朝に降ったのは、兄・則祐の命があったとする説もあるが、3人の兄との兄弟仲が悪かったという説もあり、後者の解釈が一般的である。

1349年（正平4・貞和5）、幕府執事の高師直と、尊氏の弟で幕政を取り仕切っていた足利直義の対立が表面化し、さらに1350年（正平5・観応1）に直義が師直を支持した尊氏と決別して南朝に降るという事件が起こった（観応の擾乱）。赤松一族は尊氏を支持し、直義軍討伐に向かうことになったが、そのタイミングで父の則村が死んでしまった。氏範は父の死を機に尊氏のもとを離れ、吉野の南朝行宮に赴き、南朝に降った。その後は南

朝方の主力として活躍し、1353年（正平8・文和2）には楠木正儀らとともに京に侵攻して足利義詮を追放し、一時的ではあるが京の奪還に成功した。さらに1355年（正平10・文和4）にも再び京を制圧する武功を挙げた。しかし、1360年（正平15・延文5）に南朝を離れて播磨に帰還し、兄・則祐のもとに降った。

1369年（正平24・応安2）に再び南朝に帰順して幕府軍と戦ったが敗れ、則祐のとりなしもあって再び幕府に帰順した。

その後、1386年（元中3・至徳3）にみたび幕府に反して、幕府方の細川・山名軍に攻められ、播磨清水寺に入って一族郎党100人余とともに自害した。

赤松則祐

あかまつ・のりすけ

生没年 1311年（応長1）～1371年（応安4・建徳2）

出身 播磨国

主君 後醍醐天皇→足利尊氏→足利義詮

死因 病死

◇南朝との戦いで活躍

赤松則村の3男。佐々木道誉の娘を妻とした。

1331年（元弘1）に後醍醐天皇が反幕の兵を挙げると、則祐は比叡山に入山し、当時延暦寺に入っていた護良親王と誼を通じ、反幕挙兵を約束したという。

1333年（元弘3）に隠岐に流されていた後醍醐天皇が同島を脱出すると、則祐は護良親王の令旨を播磨にいた父・則村に届け、則村に挙兵を勧めた。則祐は、後醍醐天皇方として挙兵した赤松軍に従軍し、播磨から東上して丹波で足利尊氏軍に合流、ともに六波羅探題攻めに参戦した。その後、建武の新政が崩壊すると、反旗を翻した足利尊氏に従い、父・

則村とともに官軍から離反した。

その後は父とともに一貫して尊氏方の武将として活躍し、尊氏が京の戦いで敗れて九州へ落ちる際には、播磨で新田義貞軍を約50日間足止めする戦功を挙げ、尊氏の再上京を側面支援した。

1350年（正平5・観応1）に父の則村が死去し、翌年には長兄の赤松範資が死んだため、則祐が赤松宗家の当主となって播磨の守護に任じられた。

1350年（正平5・観応1）から本格化した尊氏と足利直義の対立（観応の擾乱）では、播磨や摂津を転戦し尊氏を助けた。しかし、尊氏と直義がいったん講和した1351年（正平6・観応2）、則祐は護良親王の子とされる赤松宮を奉じて播磨で兵を集めはじめた。尊氏は則祐の動きを察知し、ただちに則祐追討をかかげて討伐軍を派遣した。

同年、尊氏と和睦していた南朝軍が約束を反故にして京を武力制圧すると、則祐は幕府に帰順し、播磨・摂津・河内を転戦して南朝軍を打ち破った。しかし、このとき則祐は、尊氏に対して南朝との和睦を進言した。

その後は、播磨と接する伯耆を地盤に強固な兵力を保有していた南朝軍の山名家との戦いが多くなった。1353年（正平8・文和2）、山名時氏が楠木正儀らとともに再び入洛して京を制圧した。京を守っていた義詮は美濃へ逃げ、則祐は播磨から上洛して南朝軍を追いやった。翌年には但馬から山名軍が播磨に侵攻してきたが、播磨南条の戦いで打ち破った。

1355年（正平10・文和4）、山名時氏が足利直冬を奉じて再び京に乱入し、則祐は播磨に逃れてきた義詮を迎え入れた。則祐は軍勢を整えると、義詮とともに播磨を出陣して山名軍を山崎へ敗走させた。

翌年、1352年（正平7・文和1）に南朝方に寝返った富田秀貞の後を受けて、兄の赤松貞範が美作守護に補任され、赤松家は播磨・摂津・美作と、一族で3カ国の領主となった。

◇ 義満からも好かれた人望高い武将

1358年（正平13・延文3）の尊氏の死後は、2代将軍・義詮に仕えた。1361年（正平16・康安1）、山名時氏が貞範の領国・美作を攻め、赤松家の諸城をことごとく陥落させていった。則祐は播磨から出陣して激戦のすえ山名軍を追い返すことに成功した。

同年末、楠木正儀・細川清氏らの南朝軍が入京して将軍邸を焼き払い、京を制圧した。このとき義詮は近江に脱出したが、義詮の子で幼少の足利義満は播磨に避難し、則祐がこれを保護した。まだ幼かった義満をあやすために、則祐の家臣が田舎風流を演じてみせたが、義満にとって、このときの記憶は強烈だったようで、成長して将軍になってからも赤松邸を訪れては田舎風流を見物し、のちに毎年恒例の行事になったという。

1371年（建徳2・応安4）、死去。則祐は人望も高く、関白の近衛道嗣は則祐の死後、「赤松則祐律師他界と云々、随分の大名の上、武家の為の忠功他に異なるものか、惜しむ可し」と悼んでいる。

赤松範資

あかまつ・のりすけ

生没年 ？〜1351年（正平6・観応2）

出身 播磨国

主君 後醍醐天皇→足利尊氏

死因 病死

◇ 鎌倉幕府滅亡から武功を重ねる

赤松則村の嫡男。赤松貞範、則祐、氏範は弟にあたる。

1333年（元弘3）、父の則村が護良親王の令旨に呼応して、鎌倉幕府に反旗を翻すとこれに従い、弟の則祐らとともに播磨から京へ進撃し、足利尊氏の六波羅探題攻めに加わった。

しかし、建武の新政で冷遇されたため、一族とともに領国の播磨へ帰り、尊氏が後醍醐天皇に反旗を翻すと、父とともに後醍醐天皇に見切りをつけて尊氏に従った。その後は弟の貞範や則祐とともに尊氏軍の主力として戦い、1336年（建武3）の湊川の戦いなどで活躍した。

尊氏が京に復帰して光明天皇を擁立して北朝を樹立、幕府を興すと、論功行賞で摂津の守護に補任された。

1348年（正平3・貞和4）、南朝方の楠木正行が、範資の領国・摂津に攻め寄せた。範資は正行軍を迎撃したが、阿倍野の戦いでいったんは敗北し、執事の高師直の援軍を得て、四條畷の戦いで正行を敗死させた。これ以降、高師直以下の高一族の存在感が高まり、尊氏の弟で幕政を取り仕切っていた足利直義と激しく対立するようになり、観応の擾乱が勃発した。範資は師直・尊氏派に属して直義軍と戦い、1349年（正平4・貞和5）には直義派の足利直冬の上洛を阻止するため、父・則村とともに美作に出陣して直冬を敗走させた。

1350年（正平5・観応1）に則村が死去すると赤松宗家の当主となり、摂津守護とともに播磨の守護を兼任した。

翌年、尊氏が備前に出陣しているすきをついて直義が京を出奔して南朝と手を結び、男山八幡に布陣して摂津に侵攻してきた。範資は備前から引き返してきた尊氏と合流して直義軍と戦い敗走させたが、直義はすぐさま京へ侵攻して尊氏を播磨へ追いやった。勢いを得た直義は、

再び摂津に侵攻し、範資は打出浜で直義軍と対陣したが敗北した。

打出浜の戦いの敗北により、尊氏は直義と講和を結んだが、その約1カ月後、範資は摂津で急死した。

赤松貞範

あかまつ・さだのり

生没年 1306年（徳治1）～1374年（文中3・応安7）

出身 播磨国

主君 後醍醐天皇→足利尊氏→足利義詮

死因 病死

◇新田軍を迎撃し尊氏の西上に貢献

父は赤松則村。兄に赤松範資、弟に赤松則祐・赤松氏範がいる。

1335年（建武2）、北条高時の遺児・北条時行が信濃で挙兵した。時行軍は鎌倉に侵攻すると、鎌倉を守っていた足利直義らを駿河に追いやり、鎌倉を制圧した。京にいた足利尊氏は、直義救援のための援軍を組織し、自らが総大将となって京を出陣、関東へ向けて進軍した。このとき、貞範も時行討伐軍の一員に名を連ねた。尊氏が貞範の父・則村に、貞範の参加を希望したためだったという。

時行軍を破った尊氏は鎌倉を動かず、貞範も尊氏とともに鎌倉にとどまった。そして、尊氏が後醍醐天皇に反旗を翻すと、これに従った。尊氏討伐のために東下してきた新田義貞は、三河国矢作、同国手越河原の戦いで足利軍を粉砕し、相模に入国して箱根に迫った。

このとき、貞範は斯波高経・土岐頼遠・佐々木道誉らとともに箱根に向けて出陣し、箱根竹ノ下の戦いで新田軍と戦った。この戦いで貞範は先陣を務めたといい、7000の脇屋義助隊に対して、わずか300の兵で対峙して善戦し、これを見

た大友貞載が新田軍から足利方に寝返ったといわれる。事の真偽は不明だが、この戦いで功があったことは事実のようで、貞範は戦後、丹波に所領を与えられた。新田軍を破った尊氏はそのまま西上して京へ兵を進め、摂津山崎の戦いでは貞範は兄の範資とともに、ここでも先陣を務めた。

1356年（正平11・延文1）、美作の守護に補任されたが、1363年（正平18・貞治2）に南朝方の山名家が幕府に帰順してくると美作守護を取り上げられ、山名時義が新たに任ぜられた。それでも貞範は幕府と赤松家に対しては忠実で、その後は所領の丹波に隠棲し、1374年（文中3・応安7）に死去した。

赤松義則

あかまつ・よしのり

生没年 1358年（正平13・延文3）～1427年（応永34）

出身 播磨国

主君 足利義満→足利義持

死因 病死

◇**将軍家に重用され3カ国守護に復帰**

赤松則祐の子。1371年（建徳2・応安4）、父・則祐の死にともない赤松宗家の家督を継ぎ、播磨・摂津・備前の3カ国の守護に補任された。しかし、摂津の守護は1374年（文中3・応安7）に細川頼元に奪われてしまった。ただし、摂津の有馬郡は義則の所領として残された。

家督を継ぐ前から3代将軍・足利義満のもとに出仕し、義満の信頼は厚く、1388年（元中5・嘉慶2）には赤松家としてははじめてとなる侍所頭人に任ぜられた。1391年（明徳2）に再び侍所頭人となると、同年、山名家の家督争いを発端にはじまった明徳の乱が勃発した。義則

は領国で軍勢を集めると洛中に布陣し、入京してきた山名氏清軍を相手に奮戦した。この戦いで義則は、弟の満則を失うなど多くの犠牲を出したが、山名軍を敗走させることに成功した。

戦後の論功行賞で、義則は美作の守護に任命されて3国守護に復帰し、摂津の中島郡も拝領した。

1399年（応永6）にみたび侍所頭人になると、同年、今度は中国の守護大名・大内義弘が幕府に反して挙兵した応永の乱が勃発した。義則は、堺に上陸した大内軍を討伐する軍の主将となって出陣し、大内義弘を敗走させた。

1408年（応永15）の義満の死後も、4代将軍・足利義持に幕府の宿老として重用された。1414年（応永21）頃に引退して播磨へ戻り、1427年（応永34）に死去した。

赤松持貞

あかまつ・もちさだ

生没年 ？～1427年（応永34）

出身 不明

主君 足利義持

死因 切腹

◇**将軍義持に寵愛された赤松家庶流**

赤松顕則の子。顕則は赤松則村の2男・貞範の3男である。持貞は4代将軍・足利義持に気に入られ、その寵愛ぶりは度を越しており、その勢いは惣領家の満祐をしのぐほどだったという。

1427年（応永34）、赤松宗家の当主・義則が死去して満祐が家督を継ぐと、義持は赤松家の分国のなかでも惣領地ともいえる播磨国を召し上げて将軍の直轄地とし、持貞を播磨の代官にすると言い出した。満祐は、播磨国は曽祖父以来の領地であり、義持に対して翻意を求めたが

聞き入れられず、二条西洞院にあった自邸を焼き払ったうえで播磨へ帰ってしまった。義持の護持僧として近侍していた満済から報告を受けた義持は激怒し、満祐討伐の兵を送り込むよう命じた。義持の命令に対して、満祐に同情的だった管領の畠山満家は、両者の仲をとりもとうと画策し、満祐討伐の準備を遅らせた。

そんな折、持貞が義持の側室のひとりと密通していたという事実が表面化した。持貞の裏切りに怒った義持は、持貞に切腹を命じ、持貞は1427年（応永34）、切腹して果てた。

ただし、持貞に密通の事実はなく、将軍家と赤松家との対立を憂慮した畠山満家が、持貞を排除するためにでっち上げたとする説もある。また、そもそも満祐が自邸を焼き払って播磨に帰ったのは、持貞による讒言があったためとする説もあり、持貞切腹事件の真相は明らかではない。

赤松満祐

あかまつ・みつすけ

生没年 1373年（文中2・応安6）～1441年（嘉吉1）

出身 播磨国

主君 足利義持→足利義教

死因 自害

◇播磨領有をめぐって将軍義持と対立

赤松義則の子。父・義則が長命だったため、家督を譲られたのは1427年（応永34）と遅く、満祐はすでに50歳を超えていた。ただ、それより以前から赤松宗家の次期当主として幕府に出仕し、1411年（応永18）に侍所頭人に就任し、2年で辞任したあと、1428年（応永35）に再び同職に任命された。

1427年（応永34）に家督を相続したと

き、前将軍・足利義持は満祐の領国である播磨を召し上げて将軍の直轄地にすると通達してきた。そして、その代官として、義持が寵愛する赤松家庶流の持貞を派遣するとした。

赤松家にとって、播磨は足利幕府創設以来の先祖伝来の土地であり、満祐は再三義持に翻意を求めたが、義持は聞き入れなかった。不満を高めた満祐は京の自邸を焼いて、播磨に帰ってしまった。

満祐の行動に激怒した義持は、満祐の追討令を発したが、幕府内には満祐に同情する声が多く、命令を受けた畠山満家や一色義貫はなかなか兵を挙げなかった。満家は両者の間を周旋し、満祐は備前と美作は召し上げられてもいいが、播磨だけは安堵してほしいと要求したが、それでも義持の怒りは解けなかった。

しかし、当事者である持貞が、義持の側室と密通していたことが判明し、義持の怒りは持貞に向けられ、持貞は切腹に追い込まれた。満祐は、満家のとりなしもあって上洛して義持に謝罪して赦免され、3国の守護も安堵された。

◇将軍権力を強化させる義教に不信感

1428年（応永35）、義持が死去し、足利義教が将軍に就任した。満祐は義教政権にも出仕し、同年、侍所頭人に再任された。また同年、京周辺で農民が蜂起した正長の土一揆が起こった。侍所頭人だった満祐は鎮圧軍の指揮官となってこれを鎮圧したが、翌年には播磨で守護支配に反対した国人が蜂起した播磨の国一揆が勃発した。この一揆も満祐が播磨に帰って鎮圧した。

しかし、将軍・義教は、赤松家庶家の赤松貞村（持貞の甥）を寵愛し、やがて幕府内の宿老的な立場になっていた満祐を疎むようになった。1437年（永享9）

頃には、満祐の所領のうち播磨と美作が召し上げられるといううわさが立ち、満祐のもとにもその情報が届いた。

そして1440年（永享12）、満祐の弟・義雅が摂津に有していた領地を召し上げられ、貞村に譲渡されるという事件が起こった。さらに義雅の領地はすべて没収され、一部は満祐に分け与えられたが、貞村にも多く分配され、満祐は義教に対して不満をいだいた。

当時の義教は、将軍権力の強化に努めており、南朝の残党の討伐、管領家の斯波家や畠山家、四職家の山名家や京極家の相続問題に介入しては、意中の者を後継に据えていた。また、長年幕府と対立していた鎌倉公方・足利持氏を1439年（永享11）に攻め滅ぼし、歴代の為政者が手を出せなかった比叡山まで屈服させるという成功を収めていた。

そして、義雅が所領を没収された2カ月後には、大和の国人一揆鎮圧のために着陣していた一色義貫と土岐持頼が、義教の命によって誅殺された。義貫も持頼も幕府内の有力守護大名であり、両家とも幕府創設時の功臣であったため、その衝撃は大きかった。そして、今度は満祐が討伐されるといううわさが京内に広まり、満祐は病気を理由に隠居した。1441年（嘉吉1）には、加賀の守護・富樫家の後継をめぐって、当主の富樫教家が義教の不興を買って京を出奔するという事件も起こり、義教の守護大名に対する圧迫は強まり、満祐誅殺のうわさも信ぴょう性をもって語られるようになったという。

◆ 嘉吉の乱で将軍殺害

1441年（嘉吉1）、滅ぼされた鎌倉公方持氏の遺児・春王丸と安王丸を擁して関東で戦っていた結城氏朝が、1年以上の

籠城戦のすえ討ち取られた。

満祐は、嫡男の赤松教康とはかって、祝勝の宴と称して、義教を二条西洞院にある教康邸に招いた。このとき義教には、正親町三条実雅以下の公卿たちや、管領・細川持之、侍所頭人・山名持豊が供奉し、そのほかにも畠山持永、細川持常、大内持世などの有力守護も同行していた。その宴の最中、赤松家の家臣が乱入し、義教の首をはねて殺害した。正親町三条実雅は刀をとって応戦したがかなわず、抜刀して立ち向かった義教の近習・細川持春と山名熈貴は討ち取られ、大内持世は重傷を負った。

教康は蟄居していた満祐に義教誅殺を報告して自邸に迎え入れると、屋敷を焼き払ったうえで一族をあげて播磨へ帰っていった。満祐は播磨の安国寺で義教の葬儀をとり行い、義教の首を相国寺の瑞渓周鳳に返却した。

満祐は国内の国人をまとめて幕府の追討軍を待ち受け、足利直冬の末裔とされる義尊を擁し、書写山坂本城に入った。

義教の殺害1カ月後、赤松家討伐の綸旨を受けた幕府は、但馬守護の山名持豊・阿波守護の細川持常・赤松貞村・若狭守護の武田信繁らの大軍を播磨に派遣し、海からは淡路守護の細川成春の軍勢が播磨に押し寄せた。

但馬口・備前口・因幡口を守っていた赤松軍は総崩れとなり、坂本城も陥落し、満祐は一族とともに城山城に撤退した。城山城は幕府の大軍に包囲され、ついに山名軍が総攻撃をかけてきた。

満祐は嫡男・教康、弟の赤松則繁と甥の赤松則尚を脱出させたうえで、一族69人とともに切腹して果てた。

ここに、播磨の守護として一時代を築いた赤松家はいったん滅亡した。

赤松貞村

あかまつ・さだむら

生没年 1393年（明徳4）～1447年（文安4）
出身 播磨国
主君 足利義教
死因 病死

◇将軍に寵愛され惣領家討伐軍に加わる

　四職家のひとつ、赤松家の庶流・春日部赤松家の出身。父は赤松満貞（満則とする説もある）。

　1428年（正長1）に足利義教が6代将軍に就任し、赤松家宗家の当主・赤松満祐が侍所頭人に再任されると、貞村も義教に出仕した。やがて義教と満祐の間がこじれて満祐が疎まれるようになると、貞村は義教の寵愛を受けるようになった。さらに、将軍権威の向上のために有力守護大名の勢力の削減を図る義教は、3カ国の守護を務める赤松家の庶家にあたる貞村をますます重用するようになった。

　1440年（永享12）、将軍・義教は、赤松満祐の弟・義雅が有する所領をすべて没収した。その所領は満祐とともに、貞村にも分与された。

　貞村に対する義教の寵愛とともに、土岐家や一色家が義教に討伐されるなどの背景もあり、赤松宗家が討伐されるとの風聞が京に立ち、1441年（嘉吉1）、赤松家の当主・満祐はついに義教に反逆して、宴に招いた義教を殺害してしまった。貞村も、義教とともにその宴に参加していたが、からくも脱出した。

　幕府はすぐさま赤松家討伐の軍を挙げ、このとき貞村は宗家と袂を分かって幕府方につき、討伐軍大将の細川持常軍に、若狭守護の武田信繁らとともに侍大将となり、満祐討伐のために摂津を出陣して、播磨に侵攻した。貞村は明石まで軍を進め、満祐軍と戦って宗家滅亡の一翼をになった。しかしその後は、義教が死亡したことと赤松宗家が滅亡したことで立場を失い、隠居したと見られる。1447年（文安4）に死去したが、満祐討伐軍の陣中で没したとする説もある。

赤松則繁

あかまつ・のりしげ

生没年 ？～1448年（文安5）
出身 不明
主君 足利義持→足利義教
死因 自害

◇嘉吉の変を主導する

　赤松義則の子で、赤松満祐の同母弟。

　1424年（応永31）、細川宗家の細川持之邸で行われた花見に出席した則繁は、些細なことから持之の家臣といさかいを起こし、その家臣を殺害した。激怒した前将軍・足利義持は、則繁に対して切腹を命じたが、則繁は京を出奔して姿をくらました。

　その後、1428年（正長1）の義持の死後に復帰したと見られる。

　1440年（永享12）、弟の義雅の所領が時の将軍・足利義教に取り上げられ、赤松家庶流の赤松貞村に分与されるという事件が起こった。同年には土岐持頼と一色義貫という有力守護大名が謀殺されており、満祐・則繁兄弟は義教に不信感を抱き始めた。そして則繁は満祐とともに義教殺害の計画を立て、1441年（嘉吉1）、満祐の嫡男・教康の邸宅で結城合戦の祝宴を催すことにして、その場に義教を招待した。当時、満祐は病気と称して逼塞していたので、則繁が先頭に立って計画を進め、その宴の最中に、ついに義教を殺害した（嘉吉の乱）。

　則繁は、満祐を迎え入れると一族とと

もに播磨へ下向し、山名軍を迎え撃つために、播磨の美作口で守りを固めた。美作は赤松家の領国だったが、播磨の国人を糾合するのに手一杯で、美作は山名軍の手に落ち、則繁は美作口を撤退して、満祐が拠る坂本城に入った。

しかし、但馬・因幡方面からは山名軍が、山城・摂津方面からは幕府の討伐軍が押し寄せ、さらに淡路の細川軍が合流して城は落城。則繁は脱出したが、兄の満祐が自害して、赤松家は滅んだ。

城を抜け出した則繁は、筑前守護の少弐教頼を頼って九州へ落ちた。その後、教頼の援助を受けて李氏朝鮮へ渡海して倭寇の大将となった。1443年（嘉吉3）、義教の後継・足利義勝の将軍就任を祝う朝鮮の使者が幕府に則繁のことを報告したため、則繁は再び追討の対象となった。1448年（文安5）、朝鮮から対馬に渡った則繁は、同地で少弐教頼と合流して肥前に上陸した。しかし、周防・長門などを領有する大内政弘軍の攻撃を受けて敗れ、則繁は九州を離れた。

その後は河内に逃亡したが、再び幕府の追討を受け、同年8月、幕府の命を受けた阿波の守護・細川持常に攻められ、潜伏先の当麻寺を包囲されて自害した。

有馬持家

ありま・もちいえ

生没年 不詳
出身 摂津国
主君 足利義教→足利義勝→足利義政
死因 不明

◇三魔と称された有馬家の2代当主

父は赤松則祐の子・有馬義祐で、摂津有馬郡を領した有馬家の2代当主。宗家の赤松家とは別に、室町幕府に仕えた。

1441年（嘉吉1）の嘉吉の変で、宗家

の赤松満祐が6代将軍・足利義教を殺害して播磨国に下国したとき、持家はほかの庶家とともに京都に残り、山名宗全率いる満祐追討軍に加わった。有馬家は赤松家の庶流だったが、持家が満祐に加担しなかったことで許された。

嘉吉の変後、赤松一族の代表となったのが、持家の従兄弟で赤松家庶流の赤松満政で、時の管領・畠山持国は、満政に播磨国東3郡の代官職を与えた。ところが、播磨国全域の支配を目論んだ山名宗全の謀略で播磨東3郡を奪われた満政が、1444年（文安1）に所領奪還を図って挙兵した。このとき持家は、当初は満政を支持した。しかし、翌年に後花園天皇が満政討伐の綸旨を下し、山名軍に細川勝元の軍が加わると、満政側は劣勢に陥り、持家は自家存続のために幕府軍に寝返って、満政討伐軍に加わった。

だが、幕府から満政を支援した咎を責められ、持家は嫡男の元家に家督を譲って自身は引退を余儀なくされた。

『臥雲日件録』には、持家は8代将軍・足利義政の寵臣だった今参局、烏丸資任とともに「三魔」と呼ばれ、「政は三魔より出づ」といわれるほどの権勢を誇ったとされている。しかし、この時期には持家はすでに引退しているので、この「三魔」は嫡男・元家のことではないかといわれている。

赤松満政

あかまつ・みつまさ

生没年 ？～1445年（文安2）
出身 播磨国
主君 足利義持→足利義量→足利義教
死因 戦死

◇義教治世で権勢を誇る

赤松家の庶流、大河内赤松家の出身

で、嘉吉の変で6代将軍・足利義教を殺害した赤松満祐や、8代将軍・足利義政の側近として権勢をふるった有馬持家は従兄弟にあたる。満政自身も義教に重用されて幕府の申次衆となって権勢を誇るが、その前半生は不明である。

1422年（応永29）、4代将軍・足利義持の伊勢参宮の際、満政は畠山家や細川家などの管領家とともに義持に随伴するなど将軍に重用された。1428年（正長1）に義持が死去し、6代将軍・足利義教の治世に入ってから、満政の権力は大きくなる。満政は義教の寵愛を受け、幕臣から24名だけが選ばれる「帯刀」という供者に指名され、この頃から将軍の近習として存在感を増した。

その後満政は、将軍と諸大名の中継ぎ役である申次を行うようになり、さらに幕府の財政面や対明貿易などの職務にも関与した。また、義教が催す連歌や和歌の歌会には必ず出席するなど、義教からの信頼は非常に厚かった。1433年（永享5）に、延暦寺衆徒の強訴があったとき、訴えられた幕臣の飯尾為種や延暦寺の下級僧侶・光聚院猷秀は流罪に処されたが、同様に訴えられていた満政は、義教が延暦寺と交渉を行って沙汰無しとなっている。

1441年（嘉吉1）の嘉吉の変で義教が殺害されると、満政は乱の首謀者である同族の赤松満祐の追討軍に加わり、幕府への忠誠を示したが、乱後の論功行賞では何も得られなかった。満祐の所領だった美作国は山名教清に、備前国は山名教之に、播磨国は山名持豊に与えられ、義教の後ろ盾をなくした満政の没落は早かった。

その後、明石・加東・美嚢の播磨東3郡の代官に任じられ、過日の権勢には及

ばないものの、多少は勢力を盛り返したが、満政の権力回復を快く思わなかった山名家が、幕府に工作した結果、1444年（文安1）に3郡すべてを没収され、播磨は山名家の支配下に置かれた。

これを不服とした満政は、嫡子の赤松祐則や、嘉吉の変で幕府に降伏していた同族の赤松則尚らとともに播磨国に下り、所領回復を目指して兵を挙げた。

翌1445年（文安2）、山名宗全は朝廷に働きかけて、後花園天皇から治罰の綸旨を引き出して満政追討の兵を挙げた。山名家はもちろん、細川勝元をはじめ、益田家や毛利家などの山陰・山陽の有力国人までもが動員され、満政は幕府軍の播磨侵攻を許し、劣勢となった。

満政は、従兄弟の有馬持家を頼って摂津に逃れるが、最初は協力的だった持家が幕府方に寝返ったことで進退窮まり、ついに幕府軍に討ち取られた。以降、赤松家は播磨での勢力を失い、1458年（長禄2）に赤松政則が赤松家の再興を果たすまで没落することになる。

赤松則尚

あかまつ・のりなお

生没年 1425年（応永32）～1455年（康正1）

出身 播磨国

主君 足利義政

死因 自害

◇ 山名氏との戦いに敗れる

赤松満祐の甥にあたり、満祐が6代将軍・足利義教を殺害した嘉吉の変（1441年）の際には、満祐に従って播磨国で兵を挙げて戦った。城山城に拠って幕府の追討軍を迎え撃ったが、9月に満祐が自害に追い込まれると、落城前に城を抜け出して各地に潜伏した。

満祐亡き後、赤松宗家は没落し、幕政

の中心は満祐討伐に功のあった山名家に移った。則尚は赤松家の再興の機会をうかがい、1444年（文安1）に播磨国奪回の兵を挙げた赤松満政（満祐の従兄弟）に呼応して満政軍に加わったが敗北。則尚は再び逃走し、潜伏の生活が始まった。

この後、則尚は阿波の守護・細川持常に庇護されたといわれ、山名家に権力が集中するのを恐れた細川家のバックアップのもと、8代将軍・足利義政の赦免を受けて幕政に復帰した。

しかし、熱望していた播磨の回復は山名宗全の反発から叶わず、しだいに宗全と対立するようになった。則尚は播磨に下国し、一族・遺臣を集めて1455年（康正1）に打倒宗全をかかげて挙兵、宗全の孫・山名政豊を攻めた。

しかし、居城檀徳山城を宗全に落とされて完敗を喫し、則尚は備前へ逃亡をはかった。宗全は厳しい追跡を命じ、則尚はついに宗全の追撃をかわすことができず、備前国鹿久居島で自害に追い込まれた。

赤松政則

あかまつ・まさのり

生没年 1455年（康正1）～1496年（明応5）
出身 播磨国
主君 足利義政→足利義尚→足利義材
死因 病死

◇没落していた赤松家を再興する

赤松時勝の子。時勝は赤松満祐の弟・義雅の子にあたる。父の時勝は、嘉吉の変（1441年）の際に満祐以下69人の一族が自害したとき、落城した城山城から脱出し、乱に参加しなかった一族の満政（満祐の従兄弟）のもとで育てられた。

しかし、満政は播磨の領有をめぐって山名持豊と対立して滅ぼされてしまい、時勝は京の建仁寺に入り、政則もまた建仁寺で養育されたという。

赤松家の惣領家は滅び、播磨における赤松家の影響力は弱まったが、赤松家の旧臣たちは、お家再興を目指し、当主として仮託されたのが政則だった。

1457年（長禄1）、赤松家の旧臣は、南朝の皇孫を奉じる後南朝軍に奪われていた神爾（八尺瓊勾玉）を奪い返した功によって、赤松家の再興を幕府に認めさせた。そのとき、赤松家の当主に立てられたのが政則だった。政則は赤松家再興とともに加賀の半国守護にも任じられ、赤松家の再興に乗り出した。

1467年（応仁1）、応仁の乱が勃発すると、政則は細川勝元率いる東軍に属した。当時、政則はまだ赤松家の旧領・播磨への復帰を果たしていなかったが、軍勢を集めるために播磨に入った政則が号令をかけると、国内の寺社領に潜伏していた赤松家旧臣がぞくぞくと集まり、赤松軍が播磨を平定した。

政則は播磨を拠点に、さらに美作・備前へ侵攻し、翌年には両国を制圧した。政則は細川勝元によって侍所頭人にも任命され、1441年（嘉吉1）に失った赤松家の勢力を回復することに成功した。

しかし、赤松家中では、政則の側近として侍所所司代に任命された浦上則宗が徐々に力を強め、政則は則宗と対立するようになった。

◇浦上則宗との対立を制す

1477年（文明9）に応仁の乱は終結したが、11年に及んだ戦乱の影響で、各国の国人たちの自立性を高める結果になった。政則の領国もその例に漏れず、1483年（文明15）、備前金川城主・松田元成が政則に反して挙兵した。

第2章 三管四職家／赤松家

政則は、反乱鎮圧のために浦上則宗の子・則国を派遣したが、元成は備後の守護・山名俊豊と結んで対抗して逆襲した。

政則は自ら出陣して播磨小塩城に入ると、山名家の本領である但馬に攻め入った。しかし、山名軍に敗れて播磨へ帰国した。このとき、京にいた浦上則宗が政則の廃立を企んだため、政則は和泉堺に脱出した。その間に則宗は、赤松一族の有馬澄則の家督継承を、将軍・足利義尚に認めさせてしまった。

しかし政則は、義尚の父として政務を後見していた前将軍の義政を頼って上洛し、義政の仲介を受けて則宗と和睦し、当主の座を確保した。

その後は、隣国の山名家との戦闘を繰り返し、山名家の内訌に乗じて播磨・美作から山名軍を撤退させた。

1491年（延徳3）、将軍・足利義材が六角高頼討伐の軍を挙げると、軍奉行に任命されて従軍した。1493年（明応2）に細川政元が将軍・義材を廃して義澄を擁立すると、政則は政元派に与し、赤松家の勢力維持に努めた。

滅亡した赤松家を再興し、再び3カ国の守護にまで登りつめた赤松家だったが、1496年（明応5）に政則が死んだあとは衰退に向かう。

赤松晴政

あかまつ・はるまさ

生没年 ？～1565年（永禄8）
出身 播磨国
主君 足利義晴→足利義輝
死因 不明

◇守護代浦上家との対立

赤松義村の嫡男で、赤松家の当主となった。生年は1513年（永正10）説が有力だが、1495年（明応4）とする説もある。

当時の赤松家は、備前の守護代・浦上村宗が主家をしのぐ力をつけており、1520年（永正17）、父の義村は村宗によって引退させられ、晴政が家督を継いだ。

晴政は播磨・備前・美作の守護に任ぜられたが、実権は村宗が握っていた。

翌年には村宗の手によって父・義村が殺害され、晴政も名目上の守護ではあったが播磨置塩城に軟禁された。

1531年（享禄4）、京での細川晴元との政争に敗れて各地を流浪していた細川高国が備前をおとずれ、村宗を頼ってきた。村宗が高国を奉じて京へ出陣すると、晴政は細川晴元に通じて村宗打倒の兵を挙げて播磨から摂津へ侵攻した。

当初、晴政は村宗軍に呼応する形をとって村宗・高国軍を油断させ、摂津天王寺に布陣していた村宗軍の背後を急襲した。村宗軍内の赤松家の家臣たちも晴政側に寝返ったため、村宗軍は混乱し、晴政はついに村宗を討ち取った。

家中から浦上家の勢力は排除したが、村宗の子・宗景が備前で自立し、さらに1538年（天文7）には出雲の守護代・尼子晴久が播磨に侵攻し、晴政は淡路に奔った。

翌年、阿波の守護・細川持隆を頼って播磨奪回をめざしたが再び尼子軍に敗れて和泉堺に逃れた。

1541年（天文10）に尼子晴久が郡山城の戦いで毛利軍に敗れると播磨に復帰したが、晴政が各地を転々としている間に赤松家中は再び浦上一族に握られており、往時の勢いを回復できないまま1565年（永禄8）に死去した。

京極家

鎌倉幕府の有力御家人・佐々木家の一族。室町時代、南近江の半国守護だった六角家とは同族。道誉の時代に後醍醐天皇の倒幕に協力し、その後は足利尊氏に従って室町幕府創成期の功臣となり、四職家のひとつに数えられる有力守護大名となった。応仁の乱後、持清死後の家督をめぐって家中が分裂し、この内訌が半世紀も続いたことから勢力を失い没落した。しかし、小勢力となりながらも戦国時代を生き抜き、江戸時代以降も大名として生き残った。

佐々木道誉

ささき・どうよ

生没年 1296年（永仁4）〜1373年（応安6・文中2）

出身 相模国

主君 足利尊氏→足利義詮→足利義満

死因 病死

◆鎌倉幕府滅亡に貢献

鎌倉幕府の御家人で近江の守護・佐々木宗氏の子で、のちに佐々木貞宗の養子となって佐々木京極家を継いだ。室町幕府創成期の重臣であり功臣で、高師直・土岐頼遠らとともに「ばさら大名」の代表者とされる。俗名は高氏。自ら署名する場合は「導誉」と書いた。

佐々木家は鎌倉幕府の有力御家人で、道誉も検非違使を務めるなど重用され、執権北条家の当主・北条高時が出家すると道誉も出家するなど、北条家とは密接な関係にあった。

1331年（元弘1）、倒幕計画が暴露され

た後醍醐天皇が京を脱出して笠置山に拠って挙兵した。幕府は討伐軍を上京させたが、このとき道誉も討伐軍の一員として従軍した。笠置山の陥落後、天皇とともに多くの側近が逮捕されたが、道誉はそのうち千種忠顕を預けられた。その後、幕府軍が鎌倉へ帰ったあとも、道誉は一族とともに京警備のために在京。翌年、後醍醐天皇の流罪が決まり、天皇は隠岐へ流されることになり、道誉は千葉貞胤らとともに道中の警固についた。

1333年（元弘3）、後醍醐天皇が配流先の隠岐を抜け出して再び倒幕の兵を起こした。幕府は再び討伐軍を派遣したが、大将となった足利尊氏が天皇方に寝返り、ついに六波羅探題は陥落した。このとき道誉も後醍醐天皇に呼応して幕府を見限った。探題南方の北条仲時は光厳天皇を奉じて近江へ遁走したが、近江を守っていた道誉が仲時軍を破って光厳天皇を奪い返し、仲時を自害に追い込んだ。このとき道誉は、光厳天皇と後伏見上

145

皇・花園法皇を近江伊吹の太平寺に移し、神器を接収したとされる。

こうして道誉は、六波羅攻めには加わらなかったが、鎌倉幕府滅亡に大きく貢献したのである。

◇尊氏に決起を促し幕府開幕に尽力

入京した後醍醐天皇は皇位に復帰して親政を開始した（建武の新政）。後醍醐天皇政権下で、道誉は雑訴決断所八番局筆頭に抜擢された。

1335年（建武2）、北条高時の遺児・時行が信濃に挙兵し、鎌倉を占拠すると、尊氏は鎌倉奪還をめざして京を出陣し、道誉は東下軍の大将として尊氏に従った。道誉は遠江小夜中山の戦いで敵将の首をとるなどして活躍し、尊氏による鎌倉奪還に貢献した。鎌倉に入った尊氏は、後醍醐天皇からの帰京の催促に応じず、徐々に建武の新政からの離反の動きを強めたが、天皇に反旗を翻す決心がつかなかった。そこで道誉は、上杉憲房・細川和氏と連れ立って尊氏の弟・足利直義のもとに赴き、尊氏の決起を求めた。

同年、尊氏はついに後醍醐天皇に反旗を翻し、道誉は直義らとともに、京から派遣された新田義貞率いる討伐軍と戦うために鎌倉を出て三河国矢矧に出陣した。しかし、新田軍に破れ、道誉と直義は駿河国手越まで撤退した。その後、新田軍に追撃され、このときの戦いで道誉の弟・貞満が戦死した。

結局、道誉は箱根まで撤退し、同地で尊氏と合流して新田義貞と対陣した。道誉は、新田軍に従軍していた佐々木一族の塩冶高貞に寝返りを誘い、高貞とともに大友貞載が尊氏軍に呼応したため、新田軍は敗走した。翌年、尊氏は軍勢を率いて入京したが、北畠顕家・新田義貞軍に敗れて九州へ落ちていった。このとき道誉は尊氏の九州逃走には同行せず、近江にとどまった。

同年、九州で軍勢を整えた尊氏が再上洛すると、道誉は尊氏に合流し、後醍醐天皇が逃れた比叡山を包囲し、ついに後

京極家略系図

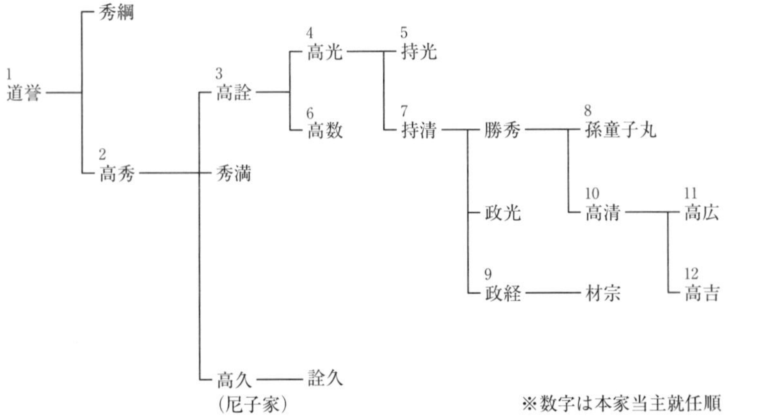

- 1 道誉
  - 秀綱
  - 2 高秀
    - 秀満
      - 3 高詮
        - 4 高光 ─ 5 持光 ─ 7 持清
          - 勝秀 ─ 8 孫童子丸
          - 政光 ─ 10 高清 ─ 11 高広 / 12 高吉
          - 9 政経 ─ 材宗
        - 6 高数
    - 高久（尼子家）─ 詮久

※数字は本家当主就任順

醍醐天皇を比叡山から下山させることに
成功した。同年、尊氏は光明天皇を擁立
して正式に室町幕府を開き、道誉は若狭
の守護に補任された。1338年（延元3・
暦応1）には近江の守護に任ぜられた
が、同年のうちに一族の嫡流である佐々
木六角家の氏頼が近江守護に補任され、
道誉は守護職を剥奪されたが、道誉の幕
府内における立場は強く、直義を除け
ば、高師直に次ぐほどの権勢を誇った。

◇朝廷との周旋も担う幕府の実力者

その後は引付頭人、評定衆など要職を
歴任し、1343年（興国4・康永2）には
出雲の守護に補任された。また、当時の
武将としては高度な文化的素養をもって
いた道誉は、公武を周旋する役割も担っ
ていた。こうして尊氏・直義政権を支え
ながら、一方で1348年（正平3・貞和4）
の四條畷の戦いに出陣するなど南朝勢力
との戦いにも活躍した。

1349年（正平4・貞和5）頃から高師直
を支持する尊氏と反師直の直義の対立が
顕在化すると、道誉は尊氏方についた。
1351年（正平6・観応2）、直義が京を出
奔して尊氏と直義の全面戦争がはじまり、尊氏は直義討伐のために出陣するこ
とになった。このとき尊氏は京に置いて
いく嫡男・足利義詮を守るために便宜
上、南朝と和睦したが、この南朝との和
睦を進言したのが道誉だったという。同
年、尊氏は鎌倉を制圧して、翌年には直
義を殺害して尊氏派の勝利となり、道誉
は義詮によって佐々木一門の惣領格に任
ぜられ、道誉の権威はさらに高まった。

1352年（正平7・観応3）、南北朝の和
睦が破れると、南朝勢力は北朝の崇光天
皇、光厳・光明の2上皇、皇太子の直仁
親王を拉致した。尊氏以下北朝方は光厳
上皇の皇子・弥仁王を天皇に擁立するこ

とにしたが、践祚の院宣を発する上皇が
おらず、三種の神器もない状況では、い
くら幕府でも弥仁王を践祚させることは
できなかった。そこで道誉は、光明・光
厳両上皇の実母である西園寺寧子を治天
の君として院政を行わせるという苦肉の
策を絞り出し、義詮の命を受けて、北朝
方の公家と交渉を重ね、幕府の失態に批
判的だった寧子も説得して、なんとか弥
仁王の践祚を成功させた。

その後、道誉は引付頭人に復帰し、政
所執事にも就任して幕政に深く関わり、
上総・飛騨の守護に補任され、各地の地
頭職を宛がわれ、また幕府管領の人選に
まで介入するなど、尊氏の死後の義詮政
権下でも幕府随一の実力者にのし上がっ
た。1361年（正平16・康安1）には政敵
の細川清氏を追い落とし、1366年（正平
21・貞治5）には足利一門の有力守護大
名だった斯波高経を失脚させた。

1368年（正平23・応安1）、すでに70歳
を超えていた道誉は家督を子の高秀に譲
り、その5年後に近江で没した。

佐々木秀綱

ささき・ひでつな

生没年 ？～1353年（文和2・正平8）
出身 近江国
主君 足利尊氏
死因 戦死

◇妙法院を焼き討ちした天魔の所為

佐々木道誉の嫡男。

1331年（元弘1）に後醍醐天皇が笠置
山で幕府打倒の兵を挙げた際には、鎌倉
幕府軍として天皇の討伐にあたったが、
1333年（元弘3）に足利尊氏が後醍醐天
皇方に寝返ると、父とともに足利尊氏に
従い、六波羅探題の陥落に功があった。
1335年（建武2）に尊氏が後醍醐天皇政

147

権から離脱すると、秀綱も一族とともに後醍醐天皇から離反した。尊氏が九州に逃れた際は近江にとどまって畿内の守りを固め、翌年の尊氏の再上洛を側面支援した。尊氏が幕府を開くと父の道誉とともに重用されてその権勢は高まった。

1340年（興国1・暦応3）、家臣が僧兵に殴打されたとして、道誉とともに天台宗の有力門跡である妙法院に火をかけた。この事件は、当時の北朝の権大納言・中院通冬が「言語道断の悪行。すこぶる天魔の所為」と日記に記したように、世相の評判は悪く、妙法院の本山・延暦寺は道誉と秀綱の処罰を訴えた。

尊氏は、当初は2人を黙認していたが、妙法院の強訴にあって、やむなく秀綱を陸奥国へ配流することを決定した。

しかし、同年末には、尊氏から勲功として越前国田中荘をあてがわれており、実際には陸奥に流されることはなく、引き続き幕府で重用された。

1350年（正平5・観応1）頃から激化した観応の擾乱では尊氏方につき、真っ先に尊氏軍に合流して武功を挙げた。

その後は南朝軍との戦いに明け暮れ、1353年（正平8・文和2）に京を追われた足利尊氏の嫡男・足利義詮を守っていたが、近江堅田で戦死した。

京極高詮

きょうごく・たかのり

生没年 1352年（正平7・文和1）～1401年（応永8）

出身 近江国

主君 足利義詮→足利義満

死因 病死

◇明徳の乱鎮圧に活躍

上総の守護・佐々木高秀の子。佐々木道誉の嫡孫にあたる。

1365年（正平20・貞治4）、同族の六角氏頼の養子になったが、その後に氏頼に実子・満高ができたため、満高が成長するまでのつなぎとして近江の守護に補任された。1377年（天授3・永和3）、満高に守護職を譲って京極家に復帰し、1391年（明徳2）に家督を継いで、飛騨の守護に任ぜられた。

同年、前年から続く山名家の後継をめぐる争いが幕府に反する反乱となり、但馬方面で挙兵した山名満幸と山名氏清が京へ攻め寄せた。高詮は幕命を受けて飛騨の軍勢3000を率いて京の守備につき、洛中に乱入してきた満幸の軍勢と戦った。高詮は細川頼之・畠山基国とともに奮戦し、足利義満の奉公衆の軍団も加勢して、満幸軍を敗走させた。

戦後、戦功を賞されて出雲と隠岐の守護に任ぜられ、飛騨と合わせて3カ国の守護大名に躍進した。

1394年（応永1）には、京極家としてははじめて侍所頭人に就任。高詮の侍所頭人就任によって、その後、侍所頭人は山名家・赤松家・一色家とともに京極家が交代で就任するようになり、四職の一家に数えられることになった。

侍所頭人在任時の出来事としては、1395年（応永2）に、明徳の乱で逃亡していた山名満幸を捕らえて処刑し、1397年（応永4）には、九州で幕府に背いて反していた少弐貞頼と菊池武朝を討伐するために、大内義弘と渋川満頼に討たせた。

1399年（応永6）、周防・長門など6カ国を領有する守護大名・大内義弘が幕府に反して兵を挙げて和泉堺に上陸した。高詮は堺に出陣して大内軍を包囲したが、弟の京極秀満が義弘に呼応して近江で挙兵したため軍を近江に返して鎮圧した。戦後、石見の守護に任ぜられた。

1401年（応永8）に死去し、後を嫡男の高光が継いだ。

なお、高詮が出雲の守護になったときに守護代として派遣した甥の京極持久が、のちの尼子家の祖となった。

京極持光

きょうごく・もちみつ

生没年 ？～1439年（永享11）
出身 播磨国
主君 足利義持→足利義教
死因 病死

◇義満の命を受けて延暦寺を攻撃

京極高光の子。1413年（応永20）に家督を継ぎ、出雲・隠岐・飛騨の守護に補任された。1424年（応永31）に侍所頭人に就任し、山城の守護も兼任し、4カ国の守護大名となった。

1434年（永享6）、延暦寺の衆徒が鎌倉公方・足利持氏と通じて将軍・足利義教を呪詛したという事件が起こり、怒った義教は延暦寺の所領を没収した。これに対し、延暦寺は朝廷に強訴して対抗したが、これが義教の怒りを増幅させる結果となり、同年、持光は義教の命を受けて、同族の近江守護・六角満綱とともに比叡山を攻め、これを降伏させた。

当時、近江の守護は満綱だったが、持光は近江の半国守護に任じられていたとされる。持光の半国守護に関する史料は見当たらないが、戦後に持光は義教に命じられて、近江国内の延暦寺の所領を横領しており、実質的な管理権は握っていたようだ。

1439年（永享11）死去。男子がいなかったため、後は叔父の高数が継いだ。

京極高数

きょうごく・たかかず

生没年 ？～1441年（嘉吉1）
出身 不明
主君 足利義持→足利義教
死因 戦死

◇嘉吉の乱で奮戦のうえ殉死

近江・出雲など6カ国の守護を歴任した京極高詮の2男。兄に京極高光がいる。

1411年（応永18）、兄の高光が守護として治めていた飛騨で、守護代の姉小路尹綱が飛騨北部の領有をめぐって守護・京極家に反して兵を挙げた。高光が病床に伏せっていたため、高数が追討軍を指揮することになり、京を出陣して飛騨に侵攻し、尹綱を高堂城に追い詰めて討ち取った。

1413年（応永20）、高光が死去し、後を高光の嫡子・持高（持光）が継いだが、持高が幼少だったため、叔父にあたる高数が持高の後見人として家中を統率した。

1421年（応永28）に侍所頭人に任ぜられ、幕政に関わるとともに山城守護にも補任された。

1439年（永享11）、持高が子をなさないまま死去した。持高には持清という弟がいたが、将軍・足利義教の寵愛を受けていた高数が、京極宗家の家督を継ぎ、出雲・隠岐・飛騨の守護に補任された。ただし、このとき高数ではなく持清が後継となったとする説もある。

高数はその後も、義教の側近として重用され、1441年（嘉吉1）に義教が赤松満祐に討たれた際も供奉しており、管領の細川持之らが逃げ出したあとも奮戦し、義教に殉じて戦死した。

149

京極持清

きょうごく・もちきよ

生没年	1407年（応永14）〜1470年（文明2）
出身	近江国
主君	足利義教→足利義政
死因	病死

◇ 将軍義政の寵愛を得て侍所頭人に就任

京極高光の2男で、兄に京極持高（持光）がいる。

1438年（永享10）、鎌倉公方・足利持氏と前関東管領・上杉憲実とが武力衝突した永享の乱が起こり、持清は持氏討伐のために関東に下向し戦功を挙げた。その翌年（永享11）に兄の持高が死去。持高に子がいなかったことから、持高・持清兄弟の叔父にあたる京極高数が当主となった（このとき高数ではなく持清が後を継いだとする史料もある）。

しかし、1441年（嘉吉1）に起こった嘉吉の変で、高数が将軍・足利義教とともに殺害されたため、持清が家督を相続した。持清は侍所頭人に任命され、出雲・隠岐・飛騨の3国の守護に補任された。

幕府軍が将軍殺害の下手人である赤松満祐を討伐するために播磨へ出陣すると、持清は京の守備を任された。

1449年（文安6）に侍所頭人に再任され、1466年（文正1）まで17年間在任した。同職としては異例の長さといえ、将軍・足利義政の信頼が深かったことがうかがえる。

1467年（応仁1）に応仁の乱が勃発すると、持清は同じ四職家である山名宗全との対立から、細川勝元率いる東軍に与した。しかし、京極家は一族をあげて東軍に属するということにはならなかった。持清の2人の子である京極政経と京極政光が次代の家督をめぐって争い、政

光が西軍に奔ったのである。

乱が拡大した翌年（応仁2）、持清は西軍の近江守護・六角高頼を近江に攻めた。近江に入った持清は、高頼の従兄である六角政堯と結んで高頼方の高瀬城を攻撃した。そして同年中には高頼の居城である観音寺城を陥落させ、高頼を近江から追いやった。1469年（文明1）には、六角政堯に代わって近江守護に任ぜられ、4カ国の守護となった。しかし、高頼との戦いはその後も続き、近江国内は六角派と京極派に分裂した。

1470年（文明2）、激しい戦乱の中、近江で病没した。

京極政経

きょうごく・まさつね

生没年	1453年（享徳2）〜1508年（永正5）
出身	近江国
主君	足利義尚→足利義稙→足利義澄
死因	不明

◇ 応仁の乱中に京極家分裂

近江など4カ国の守護を務めた京極持清の3男。

1470年（文明2）に父・持清が死去した。長兄の勝秀はすでに死んでおり、京極宗家の家督は、勝秀の子・孫童子丸が継いだ。しかし、孫童子丸も翌年に夭折し、政経と次兄・政光の間で家督争いが勃発した。京極家の重臣一族である多賀家もこのとき分裂し、多賀高忠（京極高数の子）が政経側に、多賀清直（高忠の義兄）が政光側について争った。

当時は応仁の乱勃発から3年がたっていたが、政経は多賀高忠とともに六角政堯を味方につけて、細川勝元率いる東軍に属していた。

政経は高忠と政堯とともに近江を転戦し、両者の活躍によって北近江を制圧し

た。そして、東軍には将軍・足利義政も属していたため、同年（文明2）に家督の継承を義政から認められ、北近江とともに飛騨・出雲・隠岐の守護に補任された。

しかし、1471年（文明3）に六角政堯が戦死すると情勢が変わった。政光・多賀清直連合が尾張の守護代・斎藤妙椿に助けを求め、前年に誼を通じていた南近江の六角高頼の軍勢も合わせて攻勢をかけてきたのである。政経軍は大敗を喫し、政経は翌年、多賀高忠とともに越前に逃亡した。京極家の家督は孫童子丸の兄・乙童子丸（のちの京極高清）が継ぎ、政光がその後見人となった。飛騨・出雲・隠岐の守護職も乙童子丸に奪われてしまった。同年、政光が病死し、多賀清直・宗直父子が後見人となって政経と対立を続けていくことになる。

越前に逃亡した政経は旧領国の出雲に逃れ、出雲の国人を糾合して軍勢を整えると、1475年（文明7）に上洛して、幕府から近江奪還の命令書を受領した。このとき、出雲・隠岐・飛騨の守護に再任され、旧領を奪回した。

政経は比叡山宗徒と信濃守護家の一門である小笠原家長を味方につけ、近江に侵攻した。緒戦は政経・多賀高忠軍が戦況を優勢に進めたが、西軍が高清・多賀清直軍に援軍を派遣すると形勢が逆転し、政経は300余人の死者を出す惨敗を喫し、撤退した。

その後も両軍の対立は続き、応仁の乱が1477年（文明9）に終結したあとも近江の戦乱は続いた。1481年（文明13）、幕府の仲介によって両軍は和睦し、ようやく戦乱は収まった。しかし、北近江は高清に、南近江は六角高頼に押さえられ、政経と多賀高忠は近江に入ることはできず、政経は再び領国の出雲へ下った。

◇ **領国出雲で尼子家と対立**

出雲に入った政経は、今度は守護代・尼子経久と対立することになった。1482年（文明14）、政経が経久に税の納付を要求すると、経久が拒否したため、政経は幕命を得て1484年（文明16）、経久を攻撃した。出雲の国人を糾合した政経は経久を出雲から追放し、出雲の実権を掌握した。その後、政経は経久と講和し、再び経久を出雲の守護代とし、1487年（長享1）、出雲を経久に託して再び上洛して将軍・足利義尚に仕えた。

同年8月、義尚が六角高頼を討つために、近江へ出陣した。政経はこれを近江奪回の機会ととらえ、討伐軍に従軍したが、翌年の近江松尾の戦いで高清軍に敗れ、伊勢に没落した。

義尚が1489年（長享3）に陣没したため六角征伐は中止されたが、政経は伊勢で軍勢を立て直して再び近江に侵攻し、今度は高清軍に勝利して高清を近江から追放した。翌年には将軍・足利義稙から近江守護に補任された。

しかし、応仁の乱以来の戦乱のため、近江国内の国人は自立して割拠する状況で、政経の近江経営はうまくいかなかった。そのため、1492年（明応1）に義稙の命によって、京極家当主の座を廃されて、高清が当主の座につき、近江守護も取り上げられた。

その後、明応の政変によって義稙が将軍位から追放されると、再び政経が近江に復帰した。高清は美濃守護代・斎藤利国（妙椿の養子）と結んで北近江に侵攻し、政経は旧敵である六角高頼と結んで対抗した。しかし、美濃を平定した斎藤軍の兵力には及ばず、1495年（明応4）、再び政経は出雲に逃れた。

その後は1508年（永正5）まで出雲守

護にとどまったが、実権はほぼ守護代の尼子経久が握っていた。

政経は嫡孫の吉童子丸に家督を譲り、経久に後見を頼んで死去したが、吉童子丸のその後の行方はわからず、経久が出雲を乗っ取る形で台頭することになる。

京極高清

きょうごく・たかきよ

生没年	1460年（寛正1）〜？
出身	近江国
主君	足利義政→足利義稙→足利義澄
死因	不明

✧ 京極家の内紛を収めるが権勢は衰退

京極勝秀の子。1470年（文明2）に京極家当主の持清が死去したが、勝秀がすでに死んでいたため、高清の弟・孫童子丸が後継となった。

このとき、京極家ではすでに政経と政光という持清の2人の子の対立が顕在化しており、孫童子丸の後見に政経が選ばれたことで、両者の対立は一気に激化した。

高清は政経に対抗する政光に担がれ、幼少ながら京極家の内訌に巻き込まれた。1467年（応仁1）にはじまった応仁の乱で、京極家は細川勝元率いる東軍に属していたが、政光は高清を引き連れて西軍に寝返り、南近江で勢力を誇っていた六角高頼と結んで政経に対抗した。

政光は、さらに尾張の守護代・斎藤妙椿を味方につけて北近江を席巻し、政経を越前に追いやり、1472年（文明4）、高清が新たな京極家当主となり、出雲・飛騨・隠岐の守護に補任された。

その後も政経派との対立は続き、翌年には再挙した政経によって、高清は家督を廃され、守護職も解任された。しかし、この対立の間に高清は北近江における勢力基盤を強固なものとし、1485年

（文明17）には、政経派の京極家重臣・多賀高忠を美濃に追い、2年後には高忠を討ち取った。

1490年（延徳2）、近江の守護となった政経が近江に入国してくると、政経に敗北して越前に逃れ、その後尾張の守護代・斎藤利国（妙椿の養子）を頼った。政経が幕府の不興を買ったため、1492年（明応1）に京極家当主に復帰し、翌年には近江に再入国した。

1497年（明応6）に斎藤利国が美濃の土一揆で戦死すると、利国の庇護を受けていた高清も一時没落したが、1499年（明応8）に北近江に復帰して政経を出雲へ追いやった。政経の子・京極材宗は近江に残ったが、1505年（永正2）、材宗と和睦した。1470年以来の内訌は、35年ぶりにようやく決着した。

しかし、京極家の内訌は、幕府内での立場を失う結果となり、高清と材宗が和睦した時点で、京極家の領国は北近江のみとなっていた。さらに、長年にわたる近江の戦乱は、国内の国人たちの自立性を高めることになり、高清の領地支配は難しいものになった。

そして1523年（大永3）、高清の後継をめぐって京極家は、高清の嫡男・高広派と、高清が推す2男の高吉派に、再び分裂してしまう。翌年、浅井亮政・浅見貞則ら高広を推す国人たちが蜂起し、高清は尾張へ逃走した。

しかし、貞則や亮政に権力を掌握された高広は、高清に和睦をもちかけ、高清は高広と結んで浅井亮政に対したが敗北した。

結局、高清は亮政と和解して、高広とともに亮政の居城・小谷城で暮らすことになり、北近江の実権は事実上、浅井氏に移った。かつて四職として名を馳せた京極家は没落してしまった。

152

一色家

清和源氏の一つ河内源氏系の名門。足利家一門で、斯波家・渋川家などと同族。足利尊氏にしたがって室町幕府創設に功があり、丹後・若狭の守護として近畿地方北部を代表する大名となるとともに、赤松家・京極家・山名家とともに四職家の一つとなり幕政に重きをなした。満範の死後、持範・義貫兄弟による内訌が起こり勢力が衰え、若狭守護を武田家に奪われた。応仁の乱後は丹後一国を支配したが、戦国時代になって細川家との戦いに敗れ滅んだ。

第2章 三管四職家／一色家

一色範氏

いっしき・のりうじ

生没年 ？～1369年（正平24・応安2）
出身 三河国？
主君 足利尊氏
死因 病死

◇尊氏方の初代九州探題

一色公深の子。公深は足利宗家4代当主の足利泰氏の子であり、一色家は足利家の一門として室町幕府創成期の重臣として活躍した。

範氏は、1333年（元弘3）に足利尊氏が幕命を受けて後醍醐天皇討伐のために上京する途上で、三河で尊氏軍に合流した。尊氏が丹波篠村で幕府に反したときには、尊氏とともに篠村八幡宮を参拝したという。その後はしばらく史料から姿を消すが、尊氏が後醍醐天皇の建武の新政に反して京の戦いで敗れて九州に落ち延びた1336年（建武3）、範氏も尊氏にしたがって九州へ落ちた。

同年、尊氏軍は筑前多々良浜の戦いで、後醍醐天皇方の菊池武敏らを撃破した。九州北部を制圧した尊氏は、再び京をめざして西上するが、そのとき九州の拠点として九州探題を置き、その初代に範氏が任じられた。

そのころ九州では、鎌倉幕府以来の守護である筑前の少弐家、豊後の守護・大友家、薩摩の守護・島津家が西国三人衆と呼ばれて権勢を誇っており、ほかにも菊池家をはじめ阿蘇家や蒲池家など各地に国人が割拠していた。

西国三人衆は尊氏政権には協力的だったが、九州探題が九州を支配することに対しては否定的で、そのため九州の各家はあるときは尊氏方につき、あるときは南朝につき、あるときは観応の擾乱で対立した足利直義方につくなど離合集散を繰り返し、範氏もそれらの対処に苦慮した。また、九州では、1341年（興国2・暦応4）に九州に下向してきた後醍醐天皇の皇子・懐良親王の勢力が強く、範氏

153

の九州支配は困難をきわめた。

◇艱難辛苦の探題時代

　範氏の苦難の理由は、尊氏が少弐家や大友家らに遠慮して、九州探題に権限を与えなかったからだった。範氏は、探題の権力のなさを嘆いて、じつに9回にわたって尊氏に嘆願書を送っている。

　範氏はそのなかで、経済的基盤がなくて兵を動員することができないから、直轄地か守護国を作ってほしいことを訴えた。当時の諸将は恩賞として土地をほしがったが、範氏には配分する領地がなかったため、九州探題に従う諸将は少なかったのである。しかし、少弐家・島津家・大友家が強い影響力をもっていた九州では、範氏に分け与える所領はほとんどなく、尊氏は結局、範氏の嘆願には応えず、九州諸将を統括するための訴訟権、裁判権もないまま、範氏は5年間も重責を担わなければならなかった。

　1349年（正平4・貞和5）、観応の擾乱が起こり、尊氏と直義が対立すると、直義の養子・足利直冬が九州へ下向してきた。尊氏方だった少弐頼尚は、範氏に対抗するために直冬を大宰府に迎え入れた。さらに中央で直義が高師直を滅ぼして実権を握ると、直冬を長門探題に任命したため、範氏の立場は苦しくなった。

　1352年（正平7・文和1）に直義が死去すると、直冬は九州を離れて長門へ落ち、範氏は再び大宰府を奪還して九州探題となったが、少弐家は南朝の懐良親王に降ってしまった。

　翌年には少弐・菊池連合軍に攻められた範氏は、針摺原の戦いで敗北し、大宰府は南朝軍の手に落ちた。その後も範氏の劣勢は続き、1355年（正平10・文和4）、南朝軍の大規模な博多侵攻を受けて九州から逃亡し、その後、京へ戻った。

　その後は隠棲して暮らし、1369年（正

一色家略系図

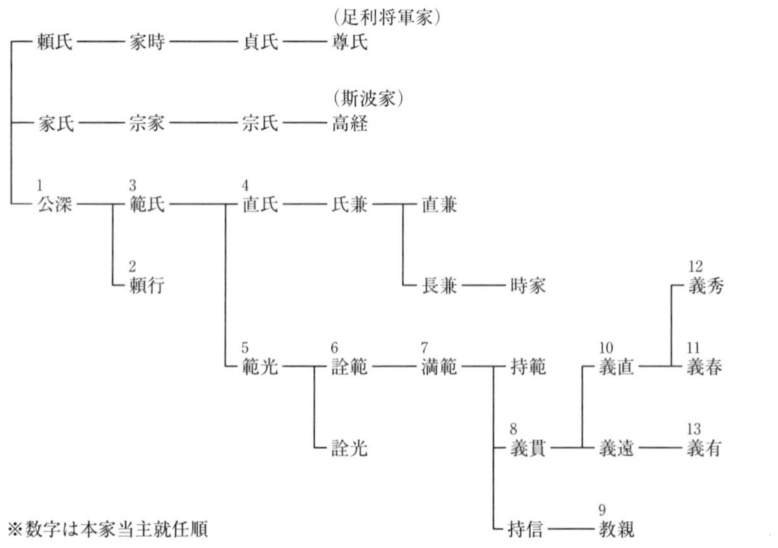

```
                                （足利将軍家）
      ┌ 頼氏 ── 家時 ── 貞氏 ── 尊氏

                                （斯波家）
      ├ 家氏 ── 宗家 ── 宗氏 ── 高経

        1       3       4
      └ 公深 ─┬ 範氏 ─┬ 直氏 ── 氏兼 ── 直兼
              │       │
              │ 2     │                                      12
              └ 頼行   └ 長兼 ── 時家                        義秀

                5       6       7              10      11
              └ 範光 ─┬ 詮範 ── 満範 ── 持範 ── 義直 ── 義春
                      │
                      │        8              13
                      └ 詮光    義貫 ── 義遠 ── 義有

                                9
                               持信 ── 教親
```

※数字は本家当主就任順

平24・応安2）に死去した。しかし、そ
の子孫は幕府に重んじられ、四職家の一
つとして重きをなした。

一色直氏

いっしき・なおうじ

生没年 不詳
出身 三河国？
主君 足利尊氏
死因 不明

◇九州南朝勢に敗れて九州探題から逃亡

九州探題・一色範氏の子。

1346年（興国7・貞和2）に、足利尊氏
の命により九州へ下向し、父・範氏の後
を受けて九州探題に任命された。懐良親
王率いる九州南朝軍、大宰府に拠る筑前
守護・少弐家らの九州諸将、さらには観
応の擾乱で九州へ下ってきた足利直冬と
対立し、幾度も合戦を繰り返した。

1352年（正平7・観応3）に足利直義が
死去したことで後ろ盾を失った直冬は九
州を去り、直氏は同年、筑前・肥前・肥
後の3国の守護に任ぜられ、翌年には日
向の守護にも補任された。

だが九州は、京や東国とは違い、少弐
家・大友家・島津家が鎌倉時代以来の守
護として君臨しており、その影響力は非
常に強く、九州探題の権威は低かった。

直氏は父・範氏とともに九州支配に努
めたが、九州諸将の離合集散は激しく、
いったんは九州探題に従っても、一度戦
に敗れれば南朝方に奔ってしまう状況
で、1353年（正平8・文和2）に筑前針摺
原の戦いで、菊池武光率いる南朝軍に大
敗を喫すると、多くの諸将が離れていっ
た。1355年（正平10・文和4）に、再び
南朝軍に博多を攻められて大敗し、つい
に九州を捨てて長門へ逃亡する羽目とな
った。

それから一時、九州へ戻るが、またもや
南朝軍に敗れ、1358年（正平13・延文3）
に京へ戻ったのを最後に消息を絶った。

一色範光

いっしき・のりみつ

生没年 1324年（正中1）～1388年（元中5・
嘉慶2）
出身 三河国？
主君 足利尊氏→足利義詮
死因 病死

◇将軍義詮に重用される

一色範氏の2男で、一色直氏の弟。

1333年（元弘3）、父・範氏とともに、
後醍醐天皇討伐のために足利尊氏に合流
し、丹波篠村での反幕決起の際にも同道
した。その後は兄の直氏と行動をともに
し、1346年（興国7・貞和2）、幕命を受
けて直氏とともに南朝討伐のために九州
へ下向し、父・範氏、兄・直氏とともに
懐良親王率いる南朝軍と戦い、父や兄を
援助して活躍した。

しかし、九州における南朝軍の勢力は
強く、大宰府を失ったうえ、1355年（正
平10・文和4）には博多を攻められて、
父の範氏と兄の直氏は長門へ脱出した。
範光は筑前に踏みとどまってなおも戦を
続けたが、1357年（正平12・延文2）、南
朝方の菊池軍と筑前麻生山での戦いで敗
北し、長門へ逃れ、翌年3月に幕命によ
って帰京した。

その後、範光が一色家の当主となり、
1358年（正平13・延文3）に尊氏が死ん
で足利義詮が将軍になると、義詮に重用
された。

義詮の時代は、幕政は執事（のちの管
領）を中心に有力守護大名による合議制
となり、執事の権力が強まった。2代将
軍・義詮政権の初期の執事・斯波高経の

第2章 三管四職家／一色家

155

権力が強まると、高経は一族を引き立てて幕府の中枢を占め、ほかの守護大名との軋轢を深めていった。高経の専横に対して、佐々木道誉・赤松則祐・六角氏頼らの守護大名が結託して高経を讒言し、1366年（正平21・貞治5）、斯波一族を京から追放した。この政変劇に範光も加担していたと見られ、高経失脚後、範光は高経の旧領・若狭の守護に任じられた。

1379年（天授5・永和5）には三河の守護にも補任され、2カ国を領有。三河はもともと鎌倉時代の承久の乱後に一色家が守護に任じられた地で、一色家にとっては念願の本貫地への復帰となった。その後、若狭と三河は一色家が守護職を世襲するようになり、一色家による領国化が進められた。

一色詮範

いっしき・あきのり

生没年	?～1406年（応永13）
出身	不明
主君	足利義満
死因	病死

❖将軍義満のもと幕府で重きをなす

一色範光の子。1381年（永徳1・弘和1）、家督を継ぐ前に、一色家としてははじめてとなる侍所頭人兼山城守護に任ぜられ、若くして幕政に関与することになった。

1388年（元中5・嘉慶2）、父・範光の死にともない、一色家の当主となり、若狭と三河の守護に補任された。

1389年（元中6・嘉慶3）、南朝勢力として伊勢に割拠していた北畠顕泰が挙兵すると、幕命を受けて討伐に赴いて反乱平定に功があった。1391年（元中8・明徳2）に山名家の内訌に端を発した明徳の乱が起こった際には、京の守備隊とし

て出陣し、京へ攻め込んできた山名氏清軍を破った。戦後の論功行賞で尾張の分郡守護（知多郡・海東郡）となり、子の満範には丹後一国が与えられた。その後も将軍・足利義満に重んじられ、1394年（応永1）には大和の小夫宗清の反乱を平定し、1395年（応永2）に義満の出家にならって剃髪して出家した。

1399年（応永6）、周防・長門など6カ国の守護を兼任していた中国の大大名・大内義弘が反乱の兵を挙げた応永の乱にも従軍し、和泉に上陸して堺城にこもった大内軍を攻めて武功を挙げた。

1406年（応永13）、死去。詮範は幕府権力の盤石化に尽くしたため、これ以降一色家は幕府の重職を担う四職家の一つとして存在感を高めることになる。

一色満範

いっしき・みつのり

生没年	?～1409年（応永16）
出身	不明
主君	足利義満→足利義持
死因	病死

❖明徳の乱で山名氏清を討ち取る

一色詮範の子。

1391年（明徳2）、但馬の守護・山名氏清とその甥・山名満幸が、山名家の家督争いに介入してきた3代将軍・足利義満に反して挙兵し、明徳の乱が勃発した。

義満は但馬方面に討伐軍を派遣するとともに、有力大名に命じて京を守備させたが、満範も招集されて父の詮範とともに京の守備についた。

二条大宮付近で山名軍と衝突した満範は、氏清を討ち取るという大戦果を挙げた。戦後の論功行賞で、満範は戦功を認められて丹後の守護に補任された。

その後も幕府で重んじられ、応永年間

156

（1394〜1428年）中期頃には侍所頭人にも就任したと考えられている。

1406年（応永13）に父の詮範が死去したため、満範が一色宗家の家督を継ぎ、若狭と三河の守護にも補任された。

1408年（応永15）、中国大陸からの漂流船が、満範の領国である若狭国の小浜に漂着した。南蛮人は若狭国主の満範に対して黒象・山馬・孔雀・鸚鵡などを贈り、感激した満範は南蛮人を半年間ほど滞留させ、手厚くもてなした。船の修理を終えた南蛮人が帰途につくとき、たまたま台風が若狭を直撃し、南蛮船は沈没してしまったが、満範は南蛮人のために新たに船を造船し、これを与えて帰国させたという。

一色義貫

いっしき・よしつら

生没年 1400年（応永7）〜1440年（永享12）

出身 若狭国？

主君 足利義持→足利義教

死因 暗殺

◇ 家督争いを制して幕閣に重きをなす

一色満範の子。義貫は10歳で家督を継いだが、その際に兄・一色持範との間で家督争いが起こった。当時、10歳だった義貫は当然、推戴されただけで、実質的には家臣間の権力争いだった。結局、義貫派の勝利となり、幼年の当主・義貫が誕生し、義貫は三河・若狭・丹後の守護を受け継ぎ、尾張の分郡守護も継承した。このとき若狭の守護代・三方範忠が義貫を支えた。

1414年（応永21）、伊勢の守護・北畠満雅が同国で反乱を起こした。同年に侍所頭人に就任していた義貫は、4代将軍・足利義持から旗・鎧・太刀を与えられ、追討軍の総大将に任命された。翌年、伊勢に入った義貫は満雅軍を破る戦功を立て、戦後、山城守護に補任された。

1423年（応永30）には鎌倉公方・足利持氏の反乱に際し、再び旗を与えられて討伐軍の大将とされた。このときは、関東下向の直前に持氏が幕府に謝罪してきたため、討伐は中止された。

1427年（応永34）、足利義持と赤松家惣領家との対立から、赤松満祐が京の自邸を焼き払って領国の播磨に帰ってしまうという事件が起こった。怒った義持は満祐の討伐を決定し、再び義貫に旗を与えて討伐隊の大将に任命した。しかし、満祐の出奔に対して多くの守護大名は同情的で、義貫も討伐には反対した。満祐の出奔の理由は、義持が赤松家の本貫地である播磨を召し上げ、将軍直轄地としたうえで赤松家分家の赤松持貞を代官にしようと画策したためで、満祐には落ち度がなかった。満祐討伐は、管領の畠山満家らによる仲介もあって中止された。

◇ 将軍義教の勘気に触れて討伐

足利義教が6代将軍に就任した後も、義貫は義教の御相伴衆として重用された。1430年（永享2）、義教が右近衛大将の官位を与えられ、後花園天皇に対する拝賀式を行うことになり、義貫は供奉の一騎打の一員に選ばれた。このとき、義貫は一騎打の順序について先陣を務めることを主張したが入れられず、病気と称してこれに参加しないという事件を起こした。

この義貫の行動は義教の不興を買い、義教は義貫の追討を決め、討伐軍を編成した。義貫は幕府による討伐隊の派遣に対して武装して待ち構えたが、畠山満家や山名時熙らの尽力によって処罰は免れ、翌年には将軍・義教の訪問を受け、1432年（永享4）には再び侍所頭人に就

任するなど、幕府内での地位を保った。

1436年（永享8）からは、大和の反乱鎮定にあたった。当時、大和では1429年（正長2）以来、越智家・箸尾家・筒井家ら国人同士が争い、戦乱状態となっていた。大和の戦乱は一向に決着がつかず、1439年（永享11）にいったんは終結を見たが、翌年に関東で結城合戦がはじまると、それに呼応するかのように再び越智家の残党が活動をはじめた。

義貫は再び大和に出陣し、越智家討伐戦を展開したが、1440年（永享12）5月、将軍・義教から義貫殺害を命じられた御相伴衆の武田信栄に朝食に招かれ、信栄の陣所を訪れたところを暗殺された。義貫暗殺の名目上の理由は、関東公方・足利持氏と関東管領・上杉憲実との戦いを発端とする永享の乱（1438年）の際に、持氏方として戦った同族の一色時家を領国の三河にかくまったためだった。

また、1413年（応永20）に若狭国太良荘が東寺領とされ、当時行われていた半済の中止を幕府が求めたが、義貫がこれを拒否し続け、1440年（永享12）になっても大和出陣を口実に幕命を無視し続けており、これも討伐理由のひとつとなったと考えられている。

義貫死後、一色家の領国は、三河守護が細川持常、若狭守護が武田信賢（信栄の子。信栄は義貫死後の1カ月後に急死）がそれぞれ補任された。一色家は義貫の弟である持信の子・教親が継承し、丹後一国を与えられただけとなった。

一色教親

いっしき・のりちか

生没年 1419年（応永26）～1451年（宝徳3）
出身 若狭国？
主君 足利義教→足利義政
死因 戦死

◇惣領家一色義貫を下して惣領を継承

一色持信の子。1440年（永享12）に将軍・足利義教に暗殺された一色義貫は叔父にあたる。

父の持信は義貫の弟で、将軍・義教の側近として、義教が将軍に就任した当初から近習として重用された。持信に対する義教の信任はことさら厚く、正月恒例の将軍からの賜物も、各守護家の当主並みのものを与えられたという。また、義教と対面する場合には持信を通さなければならなかった。

1434年（永享6）に持信が死去すると、教親も父と同様に義教の側近として仕えた。持信は、兄であり惣領家の義貫とは折り合いは悪くなかったが、教親は叔父・義貫との折り合いが悪かった。1440年（永享12）に義貫が、越智家追討のために大和へ出陣中に将軍・義教に殺害されると、その翌日、教親は自ら進んで京の勘解由小路堀川にあった義貫の邸宅を接収するために襲撃し、義貫の家臣20数名を討ち取った。

戦後の論功行賞で、教親は義貫の旧領・丹後の守護と、義貫とともに討たれた土岐持頼の旧領・伊勢の半国守護に補任され、四職家の一家である一色家の惣領となった。

1441年（嘉吉1）、義教が赤松満祐邸で満祐に殺害された際には、義教に供奉していたが脱出した。義教死後はいったん幕政から離れたが、1447年（文安4）に侍所頭人

158

に就任し、2年間務めた。その間は山城守護も兼任し、幕政を支えた。

1451年（宝徳3）、死去。教親には子がいなかったようで、義貫の子・一色義直が後を継いだ。

一色義直

いっしき・よしなお

生没年 ？～1498年（明応7）
出身 若狭国？
主君 足利義政→足利義尚→足利義材
死因 不明

◇応仁の乱で西軍につき守護職解任

一色義貫の子。父・義貫が1440年（永享12）に将軍・足利義教に殺害されたときは、追討対象となった義貫の子だったため家督を継承できず、従兄弟の一色教親が惣領となった。

1451年（宝徳3）に教親が死去すると、義教がすでに死亡していたこともあり義直が家督を継ぎ、丹後と伊勢半国の守護に補任された。義直は8代将軍・足利義政の御相伴衆として仕え、毎年1回、将軍が京の義直邸を訪問することが慣例化したというほどの寵愛を得た。

義直は家督を相続する際に、丹後と伊勢だけでなく、父の旧領である若狭と三河の一部にも支配権を得ており、曽祖父以来の本貫地である若狭・三河の全土回復を目指していた。そこに1467年（応仁1）、畠山家や斯波家の家督争いに端を発した応仁の乱が勃発した。義直は、旧領回復を条件に山名宗全率いる西軍に与し、将軍・義政が推す東軍と対立した。若狭守護の武田家が東軍についたことも、西軍入りの理由だった。

同年5月、東軍についた大和の国人・筒井光宣に義直邸を襲撃され、義直は敗れ宗全の陣に逃げた。こうして、両軍の間で本格的な合戦がはじまった。

義直はその後、船岡山に入っていた大内軍と合流し、山名教之らとともに守りを固めた。9月、内藤元貞が丹波の国人を率いて嵯峨に攻め込んできたため、大内政弘は義直と教之に船岡山を任せて、斯波義廉・畠山義就らとともに嵯峨へ出陣すると、その隙をついて浦上則宗・山名是豊ら東軍が船岡山に襲いかかった。義直と教之は東軍の軍勢を迎え撃ったが、50余人の戦死者を出して敗北し、義直はすべての軍勢とともに船岡山を捨てて敗走した。

結果として義政と対立することとなってしまったため、同年に伊勢の半国守護を、1468年（応仁2）に丹後の守護を解任され、丹後は武田信賢、伊勢半国は土岐政康に与えられた。

◇将軍義尚のもとで守護職復帰

1474年（文明6）、細川政元と山名政豊（宗全の孫）の間に和睦が成立すると、義直の子・義春が、乱の最中に将軍に就任していた足利義尚（義政の子）に出仕し、義直も東軍に帰順した。義直と義政の関係も修復され、同年に義春が丹後の守護に復帰すると、丹後国内に駐屯していた若狭武田家の軍勢を一掃して、丹後を平定した。

1477年（文明9）には伊勢半国守護にも復帰し、応仁の乱以前の旧領を回復したが、南伊勢の半国守護兼伊勢国司を務めていた畠山家が一色家の旧領回復に反対して争って敗れたため、北伊勢には入ることができなかった。

義春が1484年（文明16）に19歳の若さで病没したため、義直が再び登板。丹後の守護に補任されたが、北畠家が南北伊勢を平定したため、伊勢半国守護には補任されなかった。その後も将軍家に出仕

し、1487年（長享1）に将軍・義尚が六角高頼を攻めた際には、2男の義秀を出陣させ、将軍が義尚から足利義材に変わったあとの1491年（延徳3）の六角攻めには自ら参戦した。

1498年（明応7）、丹後で国人一揆が勃発し、鎮圧のために丹後に入ったが、その後、史料からは姿を消した。ともに丹後に入った子の義秀は、同年5月に国人一揆のために自害に追い込まれており、その頃死去したと考えられる。

義秀の死去により、一色惣領家の血統は絶え、『一色軍記』によれば義春の従兄弟である義季（のちの一色義有）が後を継いだという。

一色義清

いっしき・よしきよ

生没年	?〜1582年（天正10）
出身	不明
主君	一色義定
死因	戦死

◇四職家・一色家最後の嫡流

一色義幸の子。当時の一色家は義清の甥・一色義定が当主を務め、丹波と丹後をめぐって織田信長配下の細川藤孝と対立していた。1582年（天正10）、いったん細川家と和睦していた義定が藤孝に暗殺されると、藤孝は義清の居城である弓木城に攻め寄せた。義定が死んだことで家督惣代となった義清は細川軍と対峙したが、吉原城・宮津城と一色方の城を落とした細川軍に優位に戦いを進められ、同年、弓木城は落城。義清は自刃した。義清の死により、室町幕府の名門として勢威を振るった一色家嫡流は滅亡した。

160

第 **3** 章

東北地方の氏族

南部家 ····················· 162
大崎家 ····················· 166
伊達家 ····················· 169
蘆名家 ····················· 174
相馬家 ····················· 178
白河結城家 ················· 182
東北地方の武将 ············· 188

南部家

甲斐源氏の一流で、源義家の弟・新羅三郎義光を祖とする。甲斐国巨摩郡南部六郷を所領し南部姓を名乗った。鎌倉時代末期に陸奥糠部地方に所領を得て庶家が下向し土着した。南北朝時代は当初は南朝軍として参戦したが、南朝が衰退すると幕府に帰順。政行から守行の時代に勢力を伸ばし、伊達家と並んで奥州を代表する武家に躍進した。光政の代に安東家・小野寺家との抗争に敗れ一時弱体化したが、15世紀後半、津軽を平定して力を盛り返した。

南部政長

なんぶ・まさなが

生没年 ？～1360年（正平15・延文5）
出身 不明
主君 後醍醐天皇→後村上天皇
死因 病死

◇奥州南朝の武力の要として奮戦

鎌倉幕府の御内人だった南部政行の子。1333年（元弘3）、後醍醐天皇が鎌倉幕府打倒の兵を挙げ、鎌倉幕府方の討伐軍だった新田義貞が天皇方に寝返ると、政長は義貞に呼応して、上野国で義貞と合流して鎌倉攻めに参戦した。

1335年（建武2）に足利尊氏が後醍醐天皇から離反した際には、新田義貞とともに後醍醐天皇方に与し、鎮守府将軍として奥州に下向してきた北畠顕家とともに奥州の南朝軍として活動した。南部家は奥州では有力国人として勢力をもっていたため、幕府は政長に対して帰順を申し入れたが、政長は最後まで南朝を裏切ることはなかった。1338年（延元3・暦応1）に和泉国石津の戦いで戦死した兄・師行の遺言が「安易に節操を曲げるな」だったといわれる。

しかし、顕家が石津の戦いで戦死すると、奥州の南朝軍は統率力を失い、徐々に劣勢となり、幕府方につく諸将も増えていった。1340年（興国1・暦応3）、政長は幕府方の和賀家が拠る岩崎城を攻略し、続けて稗貫家を攻め滅ぼした。

その後も、数少ない南朝方の武将として各地を転戦し、1357年（正平12・延文2）には津軽の曾我家を攻め滅ぼした。政長の活動は京にも届いており、後醍醐天皇の後を継いだ後村上天皇から恩賞として太刀と鎧が贈られた。

その後も再三にわたる幕府からの帰順要請を拒否した政長は、南北朝の動乱の結末を見ないまま、1360年（正平15・延文5）に没した。

南部信光

なんぶ・のぶみつ

生没年 不詳
出身 不明
主君 後村上天皇
死因 不明

◇衰退する奥州南朝勢を支える

南部政長の孫。父の南部信政が夭折したため、1350年（正平5・観応1）に家督を継いだ。祖父と同様、南朝に与して奥州を転戦した。

信光が家督を継いだ頃は、奥州には奥州管領として吉良貞家と畠山国氏が入国して、それまで奥州総大将として幕府の中心にいた石塔義房の子・義憲を加えた3者が主導権争いをしていた。また、それまで南朝軍の主力だった伊達家は、1347年（正平2・貞和3）頃に幕府に降り、奥州の南朝勢力は衰退しつつあった。

1350年（正平5・観応1）末、観応の擾乱が勃発すると、幕府の分裂は奥州にも波及し、吉良貞家は直義派、畠山国氏は尊氏派となって対立するようになった。

一方の南朝軍は、出羽国にいた南朝鎮守府将軍の北畠顕信が、南朝軍を結集させて北朝の分裂に乗じて多賀国府の奪還をめざした。信光も顕信から参集の号令を受け、1351年（正平6・観応2）、出羽まで出陣、顕信とともに幕府軍を破り、15年ぶりの南朝による多賀国府入りを援助した。

しかし翌年、観応の擾乱は足利尊氏が弟の直義を破って終結し、軍を建てなおした奥州管領・吉良貞家が多賀国府に攻め寄せ、多賀国府は再び幕府に奪還され、信光も領地へ逃げ帰った。

その後の南朝軍の抵抗は散発的となり、幕府による奥州支配が徐々に確立していったが、信光が守る八戸根城を落と

第3章 東北地方の氏族／南部家

南部家略系図

```
政行 ┬ 師行
     │
     └ 政長 ─ 信政 ┬ 信光
                    │ （八戸家）
                    │
                    └ 政光
                      （七戸家）

義元 ─ 義行 ─ 信長 ─ 政行 ─ 守行 ┬ 義政
（三戸家）                        │
                                  ├ 政盛 ─（3代略）┬ 安信 ─ 晴政
                                  │                │
                                  ├ 行長            └ 高信 ┬ 信直
                                  │ （蠣崎家）        （石川家）│
                                  │                        │
                                  └ 則信                    └ 政信
                                    （津軽家）
```

163

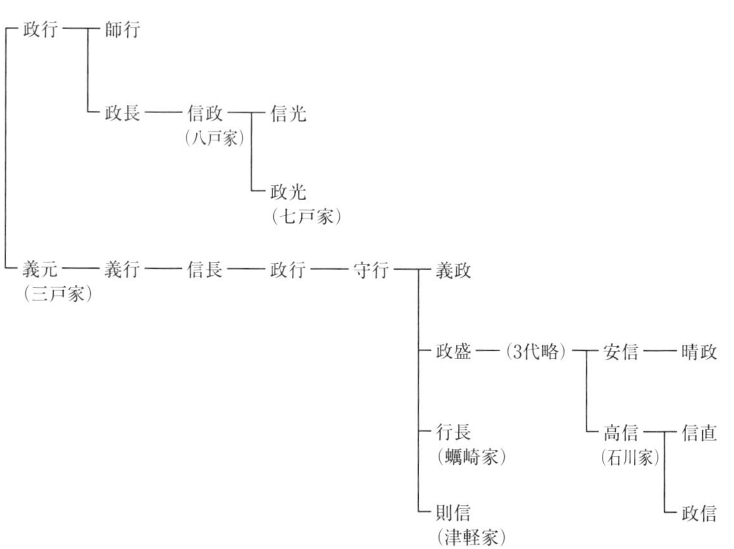

すことはできなかった。

信光はその後も、出羽の北畠顕信と連絡をとりあい、1355年（正平10・文和4）には大炊助に任じられ、翌年には薩摩守に推挙された。

その間も南朝軍の勢力は各地で衰退していったが、信光は南朝のために戦い、1360年（正平15・延文5）には陸奥の2郡を顕信によって安堵された。

1367年（正平22・貞治6）、信光は正月恒例の年賀の挨拶のため、一族がいる甲斐国波木井城にいたところ、幕府方の神大和守の軍勢から急襲を受けた。しかし信光はこれを退け、ただちに反撃に出ると大和守の居城・神城を落とした。同年には神城陥落とともに長年の南朝に対する功績が認められて、後村上天皇から甲冑と感状を受け取った。信光はその甲冑を家宝として大切にしたという。

1376年（天授2・永和2）、信光は所領を弟の政光に譲り引退。この頃に死去したとされるが、一説では南北朝合一後まで生きたともいわれる。

南部師行

なんぶ・もろゆき

生没年 ？〜1338年（暦応1・延元3）
出身 不明
主君 後醍醐天皇
死因 戦死

◇倒幕の利を諭して一族の名を上げる

鎌倉幕府の御内人だった南部政行の子。弟の政長が宗家を継いだため、師行は甲斐国波木井南部家の養子となり、甲斐へ下向した。

1333年（元弘3）、後醍醐天皇による倒幕挙兵が起こると、師行のもとにも後醍醐天皇から軍事催促の綸旨が届けられた。このとき師行は、一族に倒幕の利を

説いて、後醍醐天皇の綸旨に応じた。

師行は、幕府大番役として京都にいた養祖父・波木井実継と連絡を取って情報収集をはじめた。やがて上野で新田義貞が幕府に反して挙兵し鎌倉を攻めると、これに従軍して武功を挙げ、鎌倉陥落に貢献した。同年、皇位に返り咲いた後醍醐天皇によって建武の新政が開始されると、師行は京にとどまって武者所に任命されるなど、南部家は一族で名を挙げることに成功した。

1334年（建武1）、鎮守府将軍として奥州平定を命じられた北畠顕家が義良親王を奉じて陸奥へ下向すると、師行はこれに随行して陸奥へ下り、糠部郡の目代に任命され、さらに鹿角郡の地頭となるなど顕家政権下で重用され、おもに陸奥北部方面の支配を担当した。

1335年（建武2）に足利尊氏が建武の新政から離反すると、顕家とともにその討伐軍として上京、1338年（延元3・暦応1）には再び顕家とともに西上して、幕府軍を敗走させた美濃青野原の戦いに従軍した。しかし、その後に畿内に入ると顕家軍は劣勢に陥り、同年、和泉国石津の戦いで高師直軍に大敗を喫し、顕家とともに戦死した。

南部守行

なんぶ・もりゆき

生没年 1359年（正平14・延文4）〜1437年（永享9）
出身 陸奥国
主君 足利義持→足利義教
死因 戦死

◇鎌倉公方・持氏の信頼を得る

三戸南部家の当主・南部政行の子。いつ家督を継いだのかは不明だが、1392年（元中9・明徳3）の南北朝合一時には守

164

行が当主であった。このとき、三戸南部家の庶家にあたる八戸南部家の当主・政光があくまで南朝への忠誠を示したため、守行は3代将軍・足利義満と政光の間を取りもって、双方が納得できる妥協案を示した。それが、政光の所領である甲斐南部郡を将軍家に返還する代わりに、南朝から与えられた八戸南部家の居城・根城を安堵するというものだった。政光はこの条件を受け入れ、ようやく南部家一族はすべて幕府に帰順した。

1416年（応永23）、前関東管領の上杉禅秀が鎌倉公方・足利持氏に反して兵を挙げた。守行は当初、禅秀に従軍して鎌倉に入ったが、幕府が持氏支持を表明すると持氏方に転じ、禅秀軍討伐に功があった。その後、守行は持氏の名代として上洛を果たしており、持氏の信頼が厚かったことがわかる。

1435年（永享7）、近隣の和賀郡を治める和賀家で内訌が勃発し、これに稗貫郡の稗貫家が介入したことで戦乱となった。和賀家庶家に頼られた守行は稗貫郡に進出し、1437年（永享9）に稗貫家を屈服させた。同年、陸奥遠野地方（岩手県南部）を領する阿曽沼家が、同族の大槌家に攻められると、守行は阿曽沼を救援するために出陣。守行は沿岸部の大槌領に侵攻して大槌城を攻めたが、この戦いのなかで戦死した。

南部義政

なんぶ・よしまさ

生没年 不詳
出身 陸奥国
主君 足利義持→足利義教
死因 不明

◇ **南部氏隆盛の時代をつくる**
　南部守行の子。南部家は、父・守行の

代に秋田仙北地方にまで版図を広げていた。義政は、家督継承前から守行に同行して戦場を駆け巡り、南部家の勢力伸長に貢献した。1416年（応永23）の上杉禅秀の乱では父とともに幕府方について、禅秀ら反乱軍の鎮圧に功があったとされる。

当時の奥州は、幕府機関の奥州探題が設置され大崎家が任じられていたが、奥州全体を統治するほどの権力はなく、各郡の国人の勢力が強く、彼らは自領の拡大を図って相争っていた。義政も、さらなる領土の拡大をめざし、1432年（永享4）、津軽地方へ侵攻して十三湊を拠点とする安東家を攻めた。安東家は、古くから津軽を支配しており、幕府や朝廷からは「日の本将軍」と呼ばれるほどの勢威をほこっていた。戦局の大勢は義政有利に運んだが、安東家の意を受けた幕府が調停に入り、義政は安東家と和睦して津軽侵攻は頓挫した。

しかし、1441年（嘉吉1）に6代将軍・足利義教が赤松満祐に殺害されると幕府はしばらく混乱し、これを好機と見た義政は、津軽への侵攻を再開した。そして翌年、安東家を出羽へ追いやって、ついに十三湊を手中に収めた。

第3章　東北地方の氏族／南部家

大崎家

足利家の有力一門である斯波家から分かれた、東北地方を代表する名門。のちに戦国大名として名を成す最上家は大崎家の分家筋にあたる。南北朝の内乱時は幕府側について奥州平定に活躍した。代々奥州管領（のちの奥州探題）の地位に君臨し、奥州随一の実力者となったが、室町時代後期から一族の独立や国人の離反などが起こるようになり勢力を弱めていった。義兼の代に家中で内訌が起こると陸奥南部の伊達家に支援を求めたことで権威を失墜させ没落した。

大崎詮持

おおさき・あきもち

生没年 ?～1400年（応永7）
出身 陸奥国
主君 足利基氏→足利満兼
死因 自害

◇ 奥州支配をめぐって鎌倉府と対立

奥州管領として奥州に赴任した斯波家兼の孫にあたり、1383年（弘和3・永徳3）に父・直持の死にともなって奥州管領となった。

1391年（明徳2）、3代将軍の足利義満は、奥州支配をさらに固めることを意図して、奥州を鎌倉府の支配下に入れることに決めた。そして、陸奥国黒川郡（現在の宮城県黒川郡）に鎌倉府の支庁として黒川御所を設け、鎌倉公方・足利基氏の弟・時満を送り込んだ。

さらに1399年（応永6）には黒川御所を廃し、安積郡（現在の宮城県郡山市）に篠川御所、岩瀬郡（現在の福島県須賀川市）に稲村御所を設置して、3代鎌倉公方・足利満兼の弟である足利満直と足利満貞がそれぞれの地に下向し、鎌倉府による奥州支配がさらに強化された。詮持は奥州管領としての地位は保っていたが鎌倉への居住を強いられ、奥州支配の権限は実質的に2つの御所に奪われる形になった。

こうした鎌倉府のやり方に奥州の諸将は不満をもち、伊達家が中心になって両御所と対抗するようになった。

詮持も当初は反鎌倉府として立ち回ったが、鎌倉府と京の幕府との関係が険悪化していたことに乗じ、1400年（応永7）、将軍の義満と取引し、奥州支配の実権を奥州探題に戻すことを認めさせることに成功した。

しかし、幕府と詮持の取引を察知した鎌倉公方満兼は、詮持の鎌倉の自邸に兵を差し向けた。詮持は鎌倉から逃れたが、陸奥国に入ったところで追っ手に囲まれて自害した。

大崎教兼

おおさき・のりかね

生没年 不詳
出身 陸奥国
主君 足利義教→足利義政
死因 不明

◆陸奥と中央幕府の仲介人

　足利一門の斯波家の後裔である大崎家は、15世紀初期の頃には、陸奥大崎郡・名生郡・小野郡・新田郡・中新田郡の5郡35万石を領有し、陸奥の大勢力に成長した。大崎家は幕府から代々、奥州管領に任ぜられ、伊達家・葛西家・蘆名家・南部家などの有力国人も、大崎家に参候していた。

　教兼は奥州管領・大崎詮持の子孫で、1460年代に家督を継いだ。当時の大崎家は奥州探題ではあったが、国人たちは勢力を強め、伊達家・葛西家・留守家など大崎家の近隣国人がとくに成長著しく、大崎家の権威は儀礼的なものに過ぎなくなっていった。ただし、1465年（寛正6）、将軍・足利義政から、古河公方・足利成氏追討の命がくだり、教兼は奥州探題として将軍の命令を諸国人に伝達しており、教兼は陸奥と京を仲介する外交的な役割を担う立場にはあった。

　1467年（応仁1）、京で応仁の乱が勃発した。教兼を含めて陸奥の国人は京には出陣しなかったが、争乱の余波は陸奥にも及び、1468年（応仁2）に大崎家の家臣・氏家家が反乱を起こした。居城の名生城を落とされた教兼は、江刺家と薄衣家に助けを求め、この大崎家の内乱に葛西家や本吉家らが介入して、周辺国人を巻き込む争乱となった。

　翌年（文明1）、教兼は糠部家や和賀家なども糾合して自ら出陣し、かろうじて氏家家の反乱を鎮圧したという。

第3章　東北地方の氏族／大崎家

大崎家略系図

```
（斯波家）
高経 ──── 義将

家兼 ──┬── 直持 ──── 詮持 ──┬── 満詮 ──── 持兼 ──── 教兼
       │   （大崎家）         │
       └── 兼頼              └── 持家
          （最上家）             （高清水家）

                          政兼 ──── 義兼 ──┬── 義直 ──── 義隆
                                           │
                                           └── 高兼 ──── 女
                                                         ‖
                          女                             ‖
                          │                 尚宗 ──── 稙宗 ──── 義宣
                          ├──
                          │
                          伊達成宗
                          （伊達家）
```

167

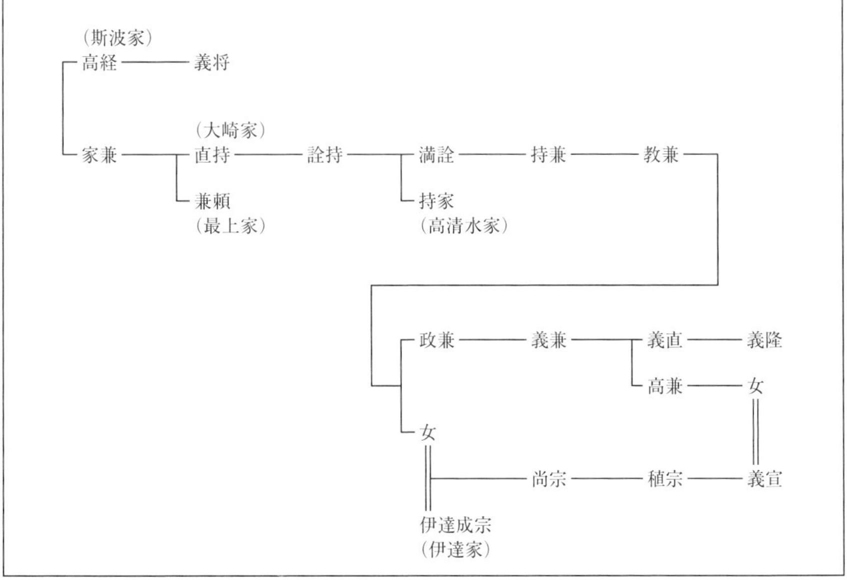

を弱めることになった。

大崎義直

おおさき・よしなお

生没年 ？〜1577年（天正5）
出身 陸奥国
主君 足利義晴→足利義輝
死因 不明

◇伊達家の力添えで内紛を収拾

大崎義兼の子。1530年（享禄3）に兄の高兼が死去したため、家督を継いだ。

大崎家は室町時代中頃までは奥州探題として権勢を誇っていたが、この頃は伊達家が幕府から陸奥の守護に任ぜられており、大崎家の権威は失われていた。

1534年（天文3）、大崎領だった志田郡の国人・新田頼遠が、中新田家や高木家らとともに義直に対して反乱を起こした。義直は頼遠討伐の下知をくだしたが、重臣の氏家家が義直から離反し、古川家ら大崎一族も頼遠方についたため、大崎家中は二派に分裂してしまった。

1535年（天文4）、義直は頼遠方の泉沢城を攻撃し、岩出沢城も落城させた。しかし、頼遠方も反撃し、岩出沢城を奪還すると、義直方の諸城に火を放つなどして勢力を広げはじめた。

義直は自力での反乱鎮圧をあきらめ、伊達稙宗に救援を求めた。1536年（天文5）、稙宗は黒川家・留守家・懸田家・国分家などと協力し3000余騎を率いて大崎領に入り、頼遠方の拠点である古川城に攻め寄せた。古川城は落城し、頼遠が拠る岩出沢城も落ちて、義直は稙宗の力で、ようやく反乱を鎮圧した。

戦後、義直は稙宗の提案を受け入れて、稙宗の2男の小僧丸を養子にした。小僧丸はのちに義宣と名乗って大崎家を継ぐことになるが、これにより大崎家中は義直派と義宣派に分裂し、さらに勢力

伊達家

藤原北家流を称し、陸奥南部の伊達郡を領有した国人領主。南北朝時代には南朝方の武将として活躍し、南北朝合一後は鎌倉府の支配下にあった。政宗（戦国時代の伊達政宗とは同名異人）の代に鎌倉府に反して敗れたが、奥州探題・大崎家の衰退もあってその後も勢力を保持した。稙宗の代に陸奥の守護に任じられると、積極的に近隣の国人と姻戚関係を結んで勢力を拡大させ、奥州を代表する国人となった。

第3章　東北地方の氏族／伊達家

伊達行朝

だて・ゆきとも

生没年 1291年（正応4）〜1348年（貞和4・正平3）

出身 岩代国

主君 後醍醐天皇

死因 不明

◇奥州南朝軍として活躍

奥州中央部の伊達郡を本貫地とした伊達家の当主。鎌倉時代末期の後醍醐天皇の反乱の際は、天皇方に帰順して幕府に反し、奥州の倒幕軍の中心として活躍した。

1333年（元弘3）、鎌倉幕府が滅び、建武の新政が成立すると本領を安堵され、1335年（建武2）に足利尊氏が新政から離反した際には後醍醐天皇方について尊氏軍と戦った。行朝は、南方の鎮守府将軍として奥州に派遣されていた北畠顕家とともに奥州南朝勢の主力として転戦し、2度にわたる顕家の上洛戦にも、

5000余騎の軍勢を率いて参戦した。

1338年（延元3・暦応1）の2度目の上洛戦では、顕家とともに鎌倉を制圧し、続く美濃青野原の戦いで勝利を収めた行朝と顕家は、京へ侵攻しようと軍を進めるが、和泉石津での戦いで高師直に敗れ、顕家は命を落としてしまった。

行朝は後醍醐天皇一行と合流し、北畠親房らとともに、海路で奥州へ向かうことにした。

しかし、南朝勢の渡海は失敗に終わり、奥州では幕府軍の勢力が優勢となってしまった。さらに1343年（興国4・康永2）、奥州南朝勢の結城親朝が北朝方に寝返るに至って、奥州の南朝軍は表立った反抗はできなくなり、行朝の消息も不明となった。

伊達政宗

だて・まさむね

生没年 1353年（文和2・正平8）～1405年（応永12）？

出身 陸奥国？

主君 足利義満→足利満兼

死因 病死

◇鎌倉府に反発し名声を上げる

伊達家の領土を広げ、伊達家の勢力を拡大させた伊達宗遠の子。政宗自身も、伊達家を陸奥を代表する国人に成長させ、伊達家中興の祖として崇められた。ちなみに、戦国武将として有名な伊達政宗は、この政宗の名にあやかって名付けられた。

1380年（天授6・康暦2）、父・宗遠に従って出羽国へ侵攻し、出羽国置賜郡を領有していた長井家を滅ぼして米沢を奪取した。同年、宗遠から家督を譲られた

が、家督相続当初は宗遠の後見を受けた。翌1381年（天授4・永和4）には奥州管領の大崎家と戦い、亘理郡・信夫郡・伊具郡を奪い、伊達家の領土を広げた。

当時、奥州は幕府機関である奥州管領が支配していたが、下野国の小山家が1382年（弘和2・永徳2）に起こした反乱が奥州まで波及し、奥州は鎌倉公方の管轄下に置かれることになった。その結果、3代鎌倉公方・足利満兼の弟・満直と満貞が、それぞれ陸奥南部の篠川と稲村に常駐するようになり、それぞれ篠川御所、稲村御所と呼ばれた。

鎌倉府の満兼は幕府と対立しており、3代将軍・足利義満の生母の妹を正室にしていた政宗は、徐々に満兼との折り合いが悪くなり、篠川御所や稲村御所とも対立するようになっていった。そして1400年（応永7）、政宗のもとに鎌倉府から領土を献上するよう要求があったのを

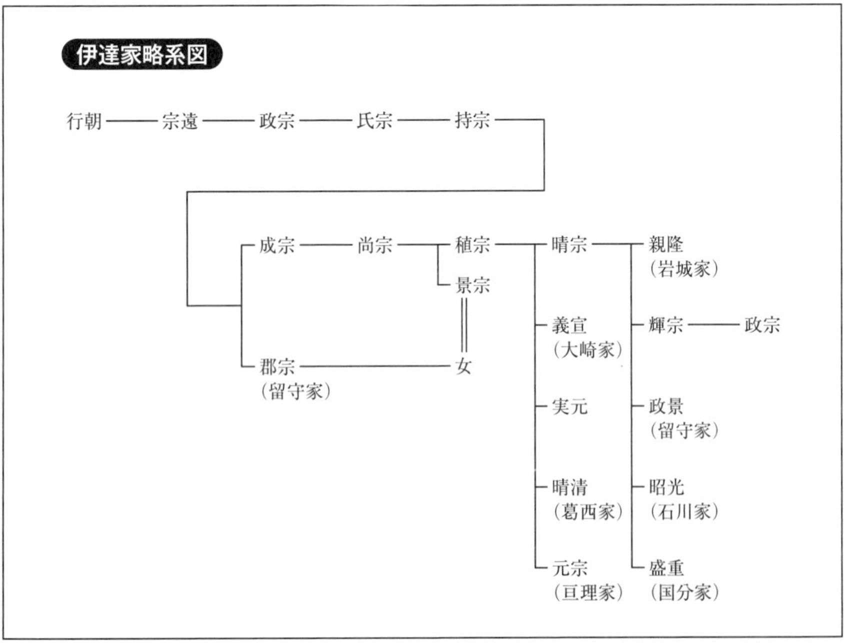

伊達家略系図

行朝 ── 宗遠 ── 政宗 ── 氏宗 ── 持宗 ──

成宗 ── 尚宗 ── 稙宗 ── 晴宗 ── 親隆（岩城家）

景宗

郡宗（留守家） ── 女

義宣（大崎家） ── 輝宗 ── 政宗

実元 ── 政景（留守家）

晴清（葛西家） ── 昭光（石川家）

元宗（亘理家） ── 盛重（国分家）

機会に、ついに政宗は蘆名満盛と結んで鎌倉府に反旗を翻した。陸奥国赤館に布陣した政宗は、鎌倉府から派遣された上野国の国人・岩松満純と、陸奥白河の国人・結城満朝の軍勢を敗走させるなど頑強に抵抗し、政宗の反乱はその後2年にも及んだ。1402年（応永9）、関東管領・上杉朝宗の子・上杉禅秀が率いる討伐軍が鎌倉から進撃してくると、2度にわたって迎撃したが、3度めの攻撃の前に敗れ、鎌倉府と和睦して領国へ帰った。

鎌倉府との戦いに敗れはしたものの、和睦という形で戦を終えた政宗の名声は奥州に響き、伊達家の勢威はさらに上がったという。

伊達持宗

だて・もちむね

生没年	1393年（明徳4）〜1469年（応仁3）
出身	陸奥国
主君	足利持氏→足利義政
死因	病死

◇ 幕府と結んで陸奥支配を強化

伊達政宗の嫡孫で、1412年（応永19）、父・伊達氏宗の死にともない、伊達家の当主に就任した。

当時の奥州は鎌倉府の管轄下にあり、鎌倉府は奥州支配をより強固なものとするため、鎌倉公方・足利満兼の弟である足利満直（篠川御所）と足利満貞（稲村御所）を陸奥南部に常駐させていた。

しかし、陸奥にはもともと奥州管領として足利一門の大崎家がおり、奥州諸将は形式上は奥州管領にしたがっていた。そのため、新たな支配者として奥州に入ってきた両御所と奥州諸将との軋轢は深まっていった。

その急先鋒となったのが、陸奥中央部で勢力を拡大させつつあった伊達家である。1413年（応永20）、持宗は南朝の重臣だった脇屋家の末裔を擁立して大仏城（のちの福島城）に拠り、大崎家の支持のもと、鎌倉府に対して兵を挙げた。この反乱には、陸奥北部で大きく勢力を広げていた南部家も賛同しており、鎌倉府に反乱鎮圧を命じられた陸奥二本松の畠山家は、半年を費やしても反乱を収めることができなかった。しかし、伊達軍のほうも、大崎家や南部家が支持したとはいっても積極的な援助は期待できず、持宗は鎌倉府と和睦して兵を退いた。

このとき伊達家の権威はいったん低下したが、1416年（応永23）の上杉禅秀の乱や、1438年（永享10）の永享の乱など関東地方が戦乱に巻き込まれると、篠川御所と稲村御所の存在意義は薄れ、持宗は再び勢力を取り戻した。その後も持宗は鎌倉府との対立を続け、一方で幕府や朝廷に接近することで、伊達家の勢力を陸奥一帯に広げていった。

伊達成宗

だて・なりむね

生没年	1435年（永享7）〜？
出身	陸奥国
主君	足利義政
死因	不明

◇ 幕府と鎌倉府からも一目置かれる

伊達持宗の子で、1469年（応仁3）の持宗の死後、家督を継いだ。

成宗が伊達家の当主になった頃は、京は応仁の乱の真っ最中で、陸奥地方は古河公方・足利成氏と堀越公方・足利政知の対立が関東・東北地方の諸将も巻き込む享徳の乱という大乱を引き起こしていた。伊達家は持宗の代に幕府方につき、成氏に対抗した。成宗も父と同じく幕府方につき、1471年（文明3）には8代将

第3章　東北地方の氏族／伊達家

171

軍・足利義政から、足利成氏討伐の御内書を受け取った。しかし、成氏は伊達家の取り込みを画策し、同年、成宗は成氏の要請で白河に出向いて、蘆名家・白河結城家と会談した。

当時、伊達家は陸奥を代表する国人に成長しており、このように両派から催促を受けるようになっていた。また、陸奥国内でも地位を高めており、1472年（文明4）には葛西家と大崎家の対立を仲裁して、領地を交換させている。

1483年（文明15）、足利成氏と幕府が和睦したことで関東の戦乱は一段落し、成宗は同年、上洛して将軍・義政と日野富子に謁見し、金や太刀などを献上し、陸奥における地位を確固たるものとした。

1488年（長享2）、奥州探題の大崎家で後継問題がこじれ、大崎家領内で反乱が相次いでいた。独力で鎮圧することができなかった当主の大崎義兼から救援の依頼を受けた成宗は、さらなる勢力の拡大の好機ととらえて大崎家の内乱に介入し、義兼を助けてこれを鎮圧した。

成宗は伊達家の勢力伸張に大きく寄与し、伊達家代々の子孫が成宗追悼の祭礼を行うようになったほど影響力が高かった。晩年は子の尚宗と対立し、1494年（明応3）頃に死去した。

伊達稙宗

だて・たねむね

生没年	1488年（長享2）〜1565年（永禄8）
出身	陸奥国
主君	足利義稙→足利義晴→足利義輝
死因	病死

◇奥州探題に代わって陸奥守護に就任

伊達尚宗の子で、伊達家14代当主。1514年（永正11）に、父の死去にともない家督を継いだ。伊達家はすでに陸奥国

で最大の勢力となっていたため、稙宗は幕府との結びつきを強めることに尽力し、1517年（永正14）には、10代将軍・足利義稙に多額の進物を送って、それまで大崎家が世襲していた左京大夫の官位を得ると、名実ともに奥州における伊達家の権威を確固たるものとした。稙の字は、このとき義稙から偏諱を与えられたものである。また、1523年（大永3）には陸奥の守護に任命された。元来、奥州には奥州管領という統治機構があったため守護は置かれておらず、ここで稙宗が守護職を得たということは、伊達家による奥州統治を幕府が認めたということでもあった。

稙宗は、こうして奥州における力関係を一変させ、奥州管領・大崎家をはじめ、岩城家・葛西家・相馬家・蘆名家・二階堂家といった陸奥の有力国人衆と争いつつ、一方で各家と姻戚関係を結びながら徐々に支配領域を広めていった。1536年（天文5）には、分国法『塵芥集』を制定して所領内の統率を強化し、戦国大名への一歩を踏み出した。同年には、大崎家の内訌に介入して、奥州探題をも統制下に置くことに成功した。

だが、こうした強力なリーダーシップは、やがて稙宗の独裁へとつながり、伊達家中で反感を招くことになった。

1540年（天文9）頃、稙宗は3男の伊達実元を、縁戚関係にある越後の守護・上杉家の養子にすることを決めたが、嫡男の伊達晴宗がこれに反対し、1542年（天文11）、桑折家や中野家など有力家臣を味方につけた晴宗が反乱を起こし、稙宗は捕られて西山城に幽閉された。稙宗はすぐに救出されたが、両者の対立は奥州全体を巻き込む戦へと発展した。

両者の争いは、1548年（天文17）に13

代将軍・足利義輝の仲介で和睦が成立して終わったが、この乱の結果、伊達家の勢力は著しく低下した。戦後、稙宗は晴宗に家督を譲って隠棲し、その後は表舞台に立つことなく、1565年（永禄8）に死去した。

伊達晴宗

だて・はるむね

生没年 1519年（永正16）～1578年（天正5）
出身 陸奥国
主君 足利義晴→足利義輝
死因 病死

◇戦国大名へと成長を遂げる

伊達稙宗の嫡男。1539年（天文8）、晴宗の弟・時宗丸が、実子のいなかった越後守護の上杉定実の養子になるという話が持ち上がった。その2年前にもうひとりの弟・義宣が大崎家の養子になっていたこともあり、晴宗はこの話に反対だった。

しかし、奥州諸将と婚姻関係を結ぶことで勢力を拡大させてきた父・稙宗はこの話に積極的で、1542年（天文11）、稙宗は晴宗の反対を押し切って、時宗丸の入嗣を強行しようとした。さらに稙宗が、晴宗の姉婿・相馬顕胤に領土の一部を割譲することを決めるという事態が重なり、ついに晴宗は父・稙宗に反した。

晴宗は、稙宗の施政に不満を募らせていた家臣を誘って挙兵、稙宗の館を襲い、稙宗を捕らえて幽閉した。この幽閉事件自体は、稙宗が間もなく稙宗派の家臣によって救出されたことで決着した。しかし、晴宗が伊達家家臣団を押さえたため稙宗は居城に戻れず、奥州諸将を糾合して兵を挙げた。こうして両者の争いは奥州諸将を巻き込む大がかりな戦乱に発展した（伊達氏天文の乱という）。

当初は晴宗方が劣勢だったが、対立が長引くにつれて稙宗方の諸将の中に厭戦気分が生じはじめて離脱する者が増え、1547年（天文16）に会津の領主・蘆名家が晴宗方に寝返ったことで両軍の勢力は拮抗することになった。

晴宗はなおも戦を継続したが、晴宗方に転じた蘆名盛氏と岩城重隆が和睦を提案。晴宗もこれを受け入れて、13代将軍・足利義輝に頼んで仲介してもらい、およそ6年にわたった父との抗争に決着をつけた。和睦とはいえ、稙宗は居城を破壊したうえで引退し、晴宗が伊達家の家督を継ぐという条件で、実質的には晴宗の勝利であった。

晴宗は稙宗と同様に、周辺豪族と姻戚関係を結ぶことで勢力を拡大させ、1553年（天文22）には仙台地方の有力豪族だった懸田家を滅ぼした。1564年（永禄7）に子の輝宗に家督を譲ったが、大御所として輝宗を後見し、実権を握り続けた。そのため晩年は輝宗と対立するようになったが、やがて和解して隠居した。

第3章 東北地方の氏族／伊達家

蘆名家

桓武平氏を祖とし、平安時代末期に会津地方に領地を与えられ土着した。鎌倉幕府の有力御家人・三浦家とは同族。南北朝合一の頃には会津地方随一の武家として君臨し、会津守護に任命されたとする説もある。盛政の代に近隣の猪苗代家・新宮家・北田家などを攻め滅ぼして勢力を拡大させた。盛高の代に家臣団が分裂して内乱が勃発するが、これを鎮圧したことで蘆名家の名は高まり、伊達家・南部家とともに奥州を代表する名家に成長した。

蘆名盛政

あしな・もりまさ

生没年	1361年(正平16・延文6)〜？
出身	相模国
主君	足利氏満→足利持氏→足利満直
死因	不明

◆周辺国人を追いやり領国支配を強化

蘆名直盛の子。父の直盛は鎌倉府に出仕していた。兄の詮盛は、鎌倉公方・足利氏満にしたがって小山義政の乱(1380〜1382年)の鎮圧に出陣した。

1408年(応永15)、蘆名家の分家である北田家が謀反を起こし、盛政が討伐に向かった。北田家との戦いは断続的に行われ、翌年、盛政は北田城を落とし、反乱を鎮圧した。1415年(応永22)からは一族の新宮家との対立が激化し、4年間の戦いをへて新宮家を越後へ追いやり、蘆名家の領土拡張を図った。

1428年(正長1)、幕府で足利義持が死去して足利義教が6代将軍に就任した。鎌倉公方・足利持氏は義教の将軍就任に不満を高め、京と鎌倉の関係は険悪になった。同年、義教は持氏をけん制するために、持氏と対立していた篠川公方の足利満直と奥州諸将に書状を送り、誘いをかけた。このとき盛政のもとにも義教からの書状が届き、盛政は幕府寄りとなって満直に臣従した。

その後、持氏と義教の対立は武力闘争に発展するが、その前の1434年(永享6)に家督を嫡男・盛久に譲った。没年は不明だが、この頃に死去したものと考えられている。

蘆名盛詮

あしな・もりあき

生没年	？〜1466年(文正1)
出身	陸奥国
主君	足利義政
死因	病死

◆領内の不満分子を制圧していく

蘆名盛信の子。1451年(宝徳3)、父・

盛信の死にともない家督を継いだ。盛詮は嫡男ではなかったが、長兄の盛久が1444年（文安1）に家臣の手で毒殺されたため、盛詮が家督を継いだと伝わる。

蘆名家の代替わりを狙って、領内では不穏な動きが相次いだ。1451年（宝徳3）に家臣の松本右馬允と猪苗代盛光が反乱を起こし、1453年（享徳2）には家臣の芳賀将監も盛詮に反して兵を挙げた。

盛詮は陸奥白河の結城義季の助けを借りて、これらの反乱に対応した。

1459年（長禄3）、盛詮は山内越中守が拠る中野館を攻めて、これを敗死させて領土を拡大した。このときも白河結城家が、蘆名と山内の戦いに介在した。

しかし、白河結城家はのちに会津侵攻を企てたため、盛詮と白河結城家は対立関係となったが、1460年（寛正1）、将軍・足利義政の仲介で和睦した。

両者が和睦すると、将軍・義政は蘆名・白河結城に、古河公方・足利成氏討伐の命を下した。そのほか、伊達、大崎、葛西、黒川などの東北諸将にも成氏討伐の

命が下されたが、このとき盛詮は諸将と歩調を合わせ、討伐軍は出さなかった。

1464年（寛正5）には、猪苗代盛光が再び反して兵を挙げたが、これを鎮圧した。

1466年（文正1）に死去。あとを子の盛高が継いだ。

蘆名盛高
あしな・もりたか

生没年	1448年(文安5)～1517年(永正14)
出身	陸奥国
主君	足利義政
死因	病死

◆ 蘆名家の内訌を制す

蘆名盛詮の子。1460年（寛正1）に元服し、蘆名家当主として将軍・足利義政に謁見した。1466年（文正1）、父・盛詮が死去し、家督を継いだ。

翌年、京で応仁の乱が勃発した。応仁の乱は全国各地の守護大名や国人を巻き込んだ大争乱となったが、蘆名家が応仁の乱に際して行動した記録はない。

しかし、関東・東北地方では応仁の乱

蘆名家略系図

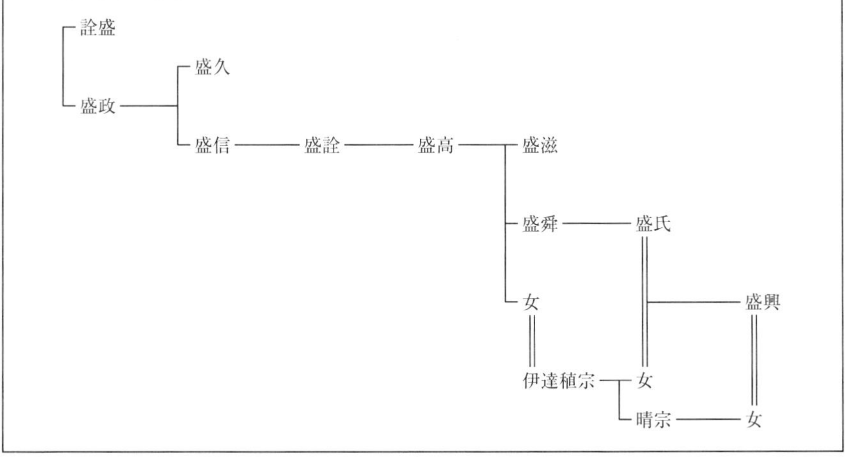

```
┌ 詮盛
│
盛政 ┬ 盛久
   │
   └ 盛信 ── 盛詮 ── 盛高 ┬ 盛滋
                      │
                      ├ 盛舜 ── 盛氏
                      │              ┌ 盛興
                      └ 女          │
                        ‖           └ 女
                        伊達稙宗 ── 女
                                  └ 晴宗 ── 女
```

より前に争乱の時代が訪れており、盛高もその流れに逆らうことはできなかった。

関東では古河公方・足利成氏が、堀越公方・足利政知や越後守護代の長尾景信らと戦いを続けており、1471年（文明3）、将軍・義政から奥州南部の諸将に成氏討伐の命が下された。

将軍の命を受けた盛高は、白河の結城家のもとに赴き、同地で伊達家、二階堂家、二本松家、岩城家、田村家、石川家らと会合した。もともと奥州南部の諸将は成氏寄りの者が多く、このときも将軍の命令にはしたがわず、諸将は会合の結果、出陣を取りやめた。

その後の盛高は、おもに領内で起きた戦乱の鎮圧と、周辺地域への出兵を繰り返し、地盤を固めるとともに領土の拡張に努めた。1479年（文明11）には大沼郡高田城主・渋川義基を滅ぼし、1492年（延徳4）には猪苗代盛頼の家臣・猪苗代伊賀の反乱を鎮圧。その直後に盛高に反した蘆名家の分家の出である富田家と、その従兄弟の松本藤右衛門を討伐した。

1494年（明応3）、陸奥伊達郡の伊達家で内紛が起こり、伊達尚宗とその子・稙宗が対立して合戦が起こると、尚宗が盛高を頼ってきた。盛高は尚宗を擁して長井郡へ兵を進めて稙宗軍を打ち破り、尚宗の領地復帰を助けた。

その後の会津領内では散発的に反乱が勃発し、常世家・三橋家・山内家などが蜂起して盛高を悩ませた。

1505年（永正2）、蘆名家の重臣である富田盛実と松本源三が権力争いをめぐって対立し、盛高は盛実を支持し、盛高の子・盛滋は源三を支持したため、蘆名家中は両派に分裂してしまった。

蘆名家の分裂を見て、白河結城家が両者の和睦を斡旋してきたが、盛高・盛滋

ともにこれを拒否し、同年10月、ついに両軍は耶麻郡塩川で合戦になった。その結果、盛高軍が勝利し、盛滋は伊達家を頼って落ちていった。

盛滋はその後、盛高のもとに降り、盛高も盛滋を許した。1517年（永正14）に死去。後を盛滋が継いだ。

蘆名盛舜

あしな・もりきよ

生没年 1490年（延徳2）～1553年（天文22）
出身 陸奥国
主君 足利義晴
死因 病死

◇領内の反乱に悩まされた生涯

蘆名盛高の子。父の後を継いだ嫡男の盛滋が早世したため、盛滋の養子となって蘆名家の当主となった。1505年（永正2）、兄の盛滋と父・盛高が争ったときは、盛高派に与して黒川に残った。

1521年（大永1）に兄・盛滋の死去にともない家督を相続した。同年、父の代から蘆名家と対立していた家臣筋の松本大学・藤左衛門兄弟が兵を挙げたので、盛舜が自ら出陣してこれを討伐した。その7日後には南会津の長沼実国が反乱を起こしたが鎮圧。その2カ月後には、父の代にも謀反を起こした一族の猪苗代盛光が黒川城に攻め寄せたが、撃退した。

3つの反乱を鎮圧した盛舜は、同年7月、家臣の富田左近を京に派遣し、将軍・足利義晴に家督相続について報告させて、改めて将軍から後継者の地位の許しを得た。

1528年（享禄1）、奥州総奉行の葛西晴重が死去し、それをきっかけに伊達家と葛西家の対立が表面化した。盛舜は、伊達稙宗の妻が盛舜の姉だった関係で伊達家を支援し、葛西家の石巻城を落城させ

て、伊達家の勢力拡大を助けた。

1541年（天文10）に家督を子の盛氏に譲ったが、その後も猪苗代盛親（盛光の長男）や山内氏の反乱などが起こり、盛舜は晩年になっても戦場に出陣し、1550年（天文19）には田村郡の国人・田村家が会津に侵攻してくるなど、盛舜の気が休まることはなかった。

蘆名盛氏

あしな・もりうじ

生没年 1521年（大永1）～1580年（天正8）
出身 陸奥国
主君 足利義晴→足利義輝
死因 病死

◇天文の乱に介入して伊達晴宗と結ぶ

蘆名盛舜の子。武田信玄が4人の優れた武将の一人に挙げるなど、猛将として知られた。1541年（天文10）に父・盛舜から家督を譲られた。

1542年（天文11）、陸奥伊達郡の伊達家で、当主の伊達稙宗が子の伊達晴宗に西山城に幽閉されるという事件が起こった。稙宗の家臣・小梁川宗朝はこの事件を、相馬顕胤・田村隆顕・二階堂輝行・蘆名盛氏の奥州南部を代表する国人4者に連絡した。この4人はいずれも稙宗の娘を妻にしていた。盛氏は、ほかの3人と連携して稙宗派に属することで伊達家の内訌に介入することになった。

戦局は稙宗派に有利なうちに進んだが、晴宗は伊達軍の精鋭をまとめあげており、伊達家の内訌は決着をみないままに5年を過ごした。

1547年（天文16）、盛氏は稙宗派の田村・二階堂両家と領地問題で対立して稙宗派を離脱して晴宗派に寝返った。相馬家に次ぐ軍事力をもっていた盛氏の離脱は稙宗派に打撃を与え、同年6月、盛氏は岩城重

隆とともに安積口へ出陣し、8月には長井郡へ出兵して稙宗軍を打ち破った。翌年、将軍・足利義輝の仲介を受けて、伊達家の内訌は5年目にしてようやく収まった。

晴宗と誼を通じた盛氏は、田村隆顕と安積郡の領有をめぐって戦った。隆顕が常陸佐竹家と結ぶと、晴氏は関東の北条家と甲斐の武田家と結んで対抗し、1550年（天文19）に田村軍を撃破して安積郡中地を手中に収め、翌年、結城晴綱の周旋を受けて隆顕と和睦した。しかし、安積郡全土を領有したわけではなく、田村・二階堂との対立は続いた。

一方、会津領内でも反乱が起こり、1561年（永禄4）には庶兄の氏方が謀反を起こした。1566年（永禄9）、盛氏は岩瀬郡に侵攻し、二階堂家の一族・横田家の居城・横田城を落とし、さらに長沼城を落城させて二階堂家は盛氏に降った。

その後、戦国時代後半に入っても盛氏の勢力拡大は進められ、1580年（天正8）に死去した。

相馬家

平将門の子・平将国が常陸国に下り、5代目の胤国が下総国相馬郡に戻り相馬姓を名乗った。その後、庶家が陸奥行方郡に下向して土着した。南北朝の争乱で一貫して幕府方に加担したことで行方郡を含む周辺4郡を領有し、現在の福島県西部を支配下に置き、陸奥を代表する国人領主に成長した。その後は岩城家や標葉家などの周辺豪族と抗争を繰り返しながら領土拡大に努め、戦国大名へと成長を遂げた。

相馬重胤

そうま・しげたね

生没年	？～1336年（建武3・延元1）
出身	下総国
主君	後醍醐天皇→足利尊氏
死因	自害

◇ 奥州相馬氏の祖

下総相馬家4代当主・相馬胤村の孫。胤村は、嫡男の胤氏に下総国相馬郡と惣領家督を譲り、重胤の父にあたる師胤に陸奥国行方郡を与えた。重胤は師胤とともに奥州に下向し、奥州相馬家は惣領の下総相馬家から独立して、別々の道を歩むことになった。

1333年（元弘3）、後醍醐天皇が鎌倉幕府に反して兵を挙げると、天皇方に呼応した。天皇による建武の新政では本領を安堵され、行方郡奉行、伊具・亘理・宇多・金原保各郡の検断職にも任命された。しかし、建武政権の奥州支配の要となる陸奥国府からははずされ、宇多郡奉行を任された結城宗広に臣従する形となり、決して優遇されてはいなかった。

1335年（建武2）、足利尊氏が後醍醐天皇に反旗を翻して建武の新政から離脱すると、重胤は去就を決めず、嫡男の親胤だけが鎌倉に参陣して尊氏方につき、尊氏とともに上洛の途についた。親胤はその後の京の戦いから九州上陸まで尊氏にしたがった。

尊氏の反乱を受けて、陸奥南朝軍を束ねていた鎮守府将軍の北畠顕家は、尊氏追討の兵を挙げて上洛を開始した。これを受けて尊氏は、陸奥の斯波家長に顕家の追撃を命じ、このとき重胤は建武の新政を見限って本拠地の小高城に2男の光胤を残し、家長に従軍して鎌倉へ向かった。このとき、重胤は光胤に対して、足利方から離反することのないよう言い聞かせたという。

鎌倉に到着した重胤らは、1336年（建武3）、京の戦いで尊氏軍を破って奥州へ戻る途中の顕家軍を迎え撃つ形となっ

178

た。しかし、顕家軍に敗れて重胤ら家長軍は敗走し、重胤は鎌倉法華堂で自害した。

相馬親胤

そうま・ちかたね

生没年	不詳
出身	陸奥国
主君	足利尊氏
死因	病死

◇尊氏に従軍して九州まで

相馬重胤の嫡男。1335年（建武2）、北条時行が建武の新政に兵を挙げた中先代の乱を鎮圧するために、鎌倉に東下していた足利尊氏が建武の新政から離反すると、親胤は本家の下総相馬家に反して尊氏方につき、下総の守護一族・千葉胤貞（相馬家は千葉家の庶流にあたる）らとともに鎌倉に着陣した。親胤は西上を開始した尊氏の軍勢に従って東海道をのぼって上洛し、さらに京で敗退した尊氏が九州へ落ちたときも従った。この頃、去就を定めていなかった父の重胤も尊氏方について鎌倉に着陣し、弟の光胤が陸奥の本領を守ることになった。

九州から再上洛した尊氏は、後醍醐天皇軍を破って京を制圧し、1336年（延元1・建武3）、幕府を開いた。親胤はそれ

までの軍功を認められ、天皇方についていた下総相馬家の闕所地である下総国相馬郡を与えられた。

親胤は、その後も一貫して尊氏に属して各地を転戦した。そして、本領の行方郡に戻ったのは、1337年（延元2・建武4）のことだった。父の重胤はすでに死亡しており、弟の光胤も居城・小高城を南朝軍に攻められて戦死、光胤にしたがっていた親胤の嫡男・胤頼は、残った一族家臣らとともに敗走して山に入って逼塞を余儀なくされていた。

陸奥に戻った親胤は、帰郷後すぐに小高城を取り戻し、奥州総奉行の石塔義房と連携して、南朝方の北畠顕家と対立し、奥州の南朝軍との戦いに明け暮れた。さらに顕家が、後醍醐天皇の上洛命令で奥州を離れると、顕家の弟・北畠顕信と争い、霊山城、黒木城、宇多庄熊野堂を立て続けに攻撃し、奥州南朝軍の衰退に大きく貢献した。1340年（興国1・暦応3）には結城家の白河城を攻略し、結城親朝を降伏させた。

◇南北朝両軍から必要とされた武力

1350年（正平5・観応1）、幕府内で尊氏と弟・足利直義との対立が深刻化し、直義が南朝に降って幕府への反抗をあからさまにすると、その影響は奥州にも波

第3章 東北地方の氏族／相馬家

相馬家略系図

```
          ┌─ 胤氏
胤村 ─────┤
(下総相馬家)│
          └─ 師胤 ──── 重胤 ──┬─ 親胤 ── 胤頼 ── (5代略) ── 顕胤
            (陸奥相馬家)       │                              ‖
                              │                              ‖
                              └─ 光胤                        ‖
                                                    伊達稙宗 ── 女
```

179

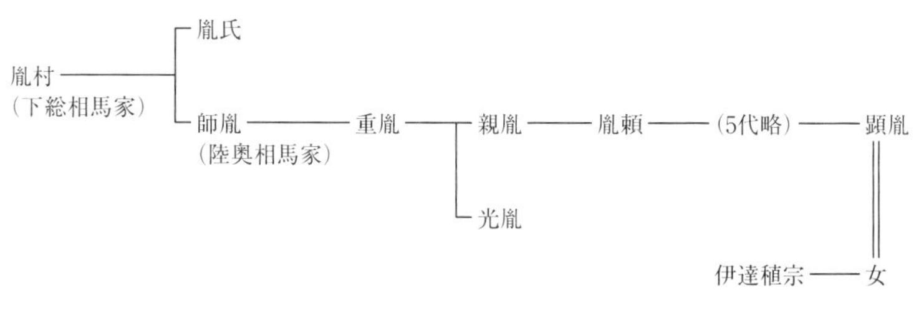

及した。当時、陸奥には奥州管領として吉良貞家と畠山高国が幕府から派遣されていたが、貞家が直義方に、高国が尊氏方について対立をはじめたのである。そして、この機に乗じて南朝方の顕信も復権を図って動きはじめた。

親胤は貞家に味方して、1351年（正平6・観応2）に貞家とともに高国を自害に追い込むと、続いて顕信との戦いを始めた。このとき、親胤のもとには南朝から再三にわたって帰順要請が送られてきた。南朝は海道4郡守護職、海道4郡内闕所地などの恩賞を約束して親胤の帰順を促したが、親胤はなびかなかった。

1352年（正平7・文和1）、貞家は顕信の拠点である多賀城を攻撃した。このとき親胤のもとには両軍から参陣要請があったが、親胤は病床に伏せており、この戦いに加わることはできなかった。しかし、そんな事情を知らない尊氏は、親胤不参戦の報せを聞いて、御教書を出して親胤をとがめた。親胤は尊氏に事情を説明する使者を出すと、嫡男の胤頼を貞家軍に派遣することで尊氏への忠誠をあらわした。

1358年（正平13・延文3）頃に家督を胤頼に譲って引退した。

相馬光胤

そうま・みつたね

生没年 ？〜1336年（建武3・延元1）
出身 陸奥国
主君 足利尊氏
死因 戦死

◇亡き父の後を受け尊氏に臣従

相馬重胤の2男で、相馬家の勢力伸張に大功を挙げた相馬親胤の弟。

1335年（建武2）、足利尊氏が建武の新政から離反すると、父の重胤と兄の親胤

は尊氏方について奥州を進発した。このとき、光胤は居城の小高城に残って領地を守った。一説によると、重胤とともに鎌倉まで進軍したが、途中で返されたともいう。

父の重胤は鎌倉の戦いで後醍醐天皇方の北畠顕家軍に敗れて自害し、家督を継承した兄の親胤は尊氏に従軍して九州に渡ってしまい、残された光胤は惣領代として小高城を死守せんとした。

重胤から、何があっても足利方から離反しないようにいわれていた光胤は、兵糧を貯え籠城戦に備えつつ、南朝方の宇多庄熊野堂や標葉庄に攻撃を加えてけん制し、懸命に戦った。

しかし、家臣団は陸奥と鎌倉に分割され、重胤に従軍した家臣の多くは鎌倉で討死しており、光胤の戦力では南朝軍の攻撃に耐えきれなくなった。光胤は兄・親胤の嫡男である胤頼に所領を譲って、幼い胤頼と一族を城から逃がすと、奥州南朝軍の総大将である北畠顕家と対峙したが城は落城し、光胤は討ち死にした。

その後、小高城は、城から逃れた胤頼が2年後に親胤と合流して奪還し、相馬家は旧領を回復した。

相馬顕胤

そうま・あきたね

生没年 1508年（永正5）〜1549年（天文18）
出身 陸奥国
主君 足利義晴→足利義輝
死因 病死

◇鉄軍配を自在に操る怪力無双

陸奥相馬家14代当主。幼少の頃から身体能力に長け、成長してからは身の丈6尺（約180センチメートル）と恵まれ、相馬家に伝わる太刀を腰に差すと、脇差に見えるといわれた。鉄軍配を振り回し

て采配を振るう怪力の持ち主で、また民衆を愛し、広く公平な心をもっていたという。

当時の奥州で覇を唱えていたのが、陸奥中央部を支配していた伊達稙宗だった。稙宗は陸奥の守護となり、奥州の諸大名に自分の子を養子として送り込み、あるいは娘を嫁がせて姻戚関係を結んで影響力を大きくしていった。顕胤も、稙宗の長女を妻としている。

顕胤は稙宗に目をかけられており、顕胤も岳父の稙宗に対して孝行に励んだという。そして稙宗は、伊達郡内の所領の一部を顕胤に割譲することを決めたが、これが伊達家中から反発を受けた。とくに稙宗・顕胤陣営に反発したのが、稙宗の嫡男・晴宗だった。さらに晴宗の弟・実元の越後上杉家への養子入りをめぐって稙宗と晴宗の対立は激化し、1542年（天文11）、晴宗が稙宗を幽閉するという実力行使に出たことで、奥州諸将を巻き込んだ天文の大乱へ発展していく。

◇天文の大乱における顕胤の立ち位置

顕胤は晴宗の悪行を責め、晴宗派との溝を深め、同年に晴宗が稙宗派である伊達郡の有力国人・懸田義宗に攻撃を加えたことで両派の対立は決定的となった。顕胤は義宗を救援し、翌1543年（天文12）には晴宗本隊と激突したのである。

しかし、相馬家の家臣団の中には晴宗派に寝返るものが出てくるなど家中は混乱し、相馬家以外の各家内でも同様のことが起こり混乱に拍車をかけた。

当初、戦いは稙宗側が優勢に進めていた。顕胤は、信夫大森城の戦い、平沢の戦い、伊達郡高子原の戦いなどで晴宗軍を翻弄し勝利を挙げるなど、稙宗派の主力として各地を転戦した。

しかし、しだいに晴宗派が盛り返し、両軍の戦いは一進一退を繰り返すようになった。そして1548年（天文17）、13代将軍・足利義輝の勧告によって両軍は和睦し、6年にわたって続いた奥州の大乱は終息した。

この乱によって伊達家の影響力は低下し、蘆名家や最上家の勢力が伸張し、顕胤も伊達家の支配から逃れて独自の行動を取るようになった。顕胤は乱の最中に宇多郡を黒木家から横領するなど、自身の領地拡大をはかっていたこともあり、翌年の顕胤の死後、相馬家は大きく成長した。

第3章　東北地方の氏族／相馬家

白河結城家

下総結城家の庶家で、寒川家・関家などと同族。庶家の中では最大の実力者で、陸奥南部5郡を領する大豪族となり、室町時代には宗家と肩を並べるほどの勢力を誇った。関東地方と領地を接していたことから関東諸将との結びつきも強く、常陸の佐竹家や下野の宇都宮家の内訌を調停するなどの役割も果たした。しかし、1500年代に入って分家の小峰家と対立して勢力を弱め、岩城家や佐竹家などに所領を奪われて没落した。

結城宗広

ゆうき・むねひろ

生没年	？～1338年（延元3・暦応1）
出身	陸奥国
主君	北条家→後醍醐天皇
死因	自害

◇ 尊氏の上洛阻止に軍功を挙げる

鎌倉幕府御家人・結城祐広の子。宗広も幕府御家人として南奥州方面の政務を任されるなど、幕府執権の北条家から信任を得ていた。

しかし、1333年（元弘3）に後醍醐天皇が倒幕の兵を挙げると、後醍醐天皇側に寝返って、上野で挙兵した新田義貞とともに鎌倉攻めに加わった。

鎌倉幕府滅亡後、後醍醐天皇による建武の新政がはじまると、鎌倉陥落の功績を認められて、宗広は諸郡奉行に任命され、後醍醐天皇の側近・北畠顕家とともに奥州支配を任された。

1335年（建武2）、北条時行による中先

代の乱の鎮圧に鎌倉に下向してきた足利尊氏が、後醍醐天皇の帰京命令を無視して建武の新政に叛いて上洛戦を開始した。宗広は顕家軍に従軍して陸奥を進発して西下、入京すると新田義貞・楠木正成らと合流して尊氏軍と戦い、天皇軍に敗れた尊氏は九州へ敗走した。

このときの勲功で、宗広は後醍醐天皇から「宗広は公家の御宝」との勅語と、鬼丸の太刀を与えられた。

◇ 奥州南朝軍の雄として活動

京から奥州へ戻った宗広は、再び顕家とともに奥州統治に従事した。しかし、帰国後の奥州は尊氏方の勢力が強まっており、宗広ら天皇軍は劣勢を強いられ、奥州南朝の拠点を多賀国府から霊山城へ移さざるを得なかった。

その頃、京の後醍醐天皇は、九州で態勢を立て直した尊氏の攻撃を受けていた。後醍醐天皇は、宗広と顕家に至急上洛するよう綸旨を送った。宗広は、再び顕家とともに上洛の途についたが、入洛

直前の和泉国で顕家が討ち死にし、宗広は後醍醐天皇とともに吉野へ逃れた。

　そして宗広は、後醍醐天皇の皇子を奥州に下向させて奥州南朝軍を団結させることを天皇に進言し、宗良親王と義良親王が奥州に下向することになった。そして1338年（延元3・暦応1）、宗広は、顕家の父・北畠親房とともに2皇子を擁して海路で陸奥を目指すことになった。

　ところが、伊勢沖あたりの天竜灘という場所で暴風雨に襲われ、宗広ら一行を乗せた船は難破してしまう。乗船者はみな散り散りとなって、宗広はなんとか伊勢の安野津へ泳ぎ着いた。

　伊勢にたどり着いた宗広は、改めて奥州行きを模索したが、同地で病に倒れた。そして「私の菩提を弔うのに、供物施僧の善根をする必要はない。追善供養もまた無要。ただ朝敵の首を取って我が墓前に供えよ」と遺言し、自害した。

結城親朝

ゆうき・ちかとも

生没年 ？～1347年（正平2・貞和3）
出身 陸奥国
主君 後醍醐天皇→足利尊氏
死因 病死

◆ **南朝衰退を決定づけた北朝への帰順**

　結城宗広の嫡男。後醍醐天皇の「三木一草」と呼ばれた結城親光の実兄にあたる。

　1333年（元弘3）、後醍醐天皇の倒幕の綸旨を受けて、父と弟とともに倒幕軍に参加し、鎌倉陥落に功を挙げた。建武の新政で陸奥将軍府が設置されると、奥州の評定衆、引付頭人に任命されるなど、父と弟同様に後醍醐天皇から重用された。また、高野郡・岩瀬郡・安積郡の検断にも任命され、白河結城家の所領を拡大させた。

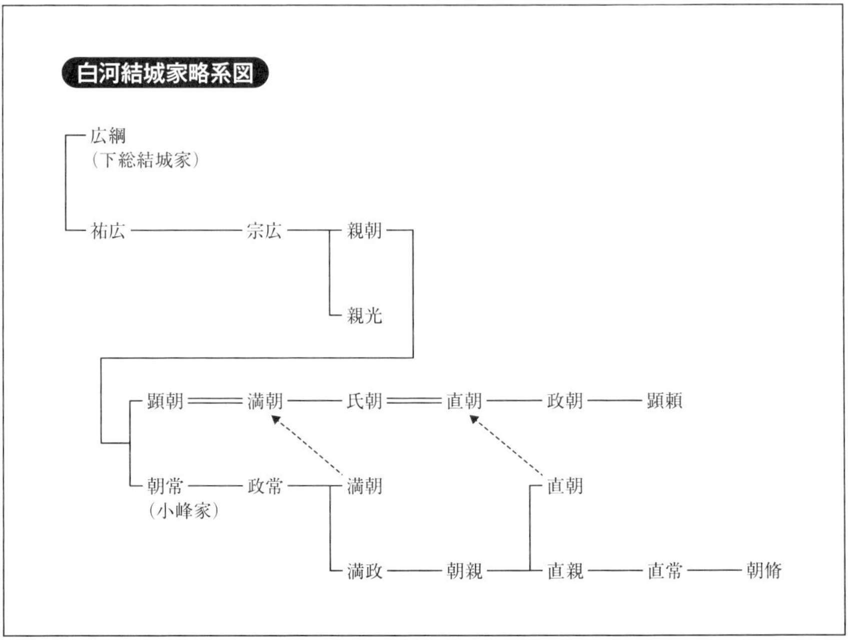

第3章　東北地方の氏族／白河結城家

白河結城家略系図

```
─ 広綱
　 （下総結城家）

─ 祐広 ── 宗広 ┬ 親朝
　　　　　　　　└ 親光

┬ 顕朝 ═ 満朝 ── 氏朝 ── 直朝 ── 政朝 ── 顕頼
│
├ 朝常 ── 政常 ┬ 満朝
│ （小峰家）　　└ 直朝
│
└ 満政 ── 朝親 ── 直親 ── 直常 ── 朝脩
```

183

1335年（建武2）に足利尊氏が建武の新政から離反し、南北朝の対立がはじまると、結城一族は後醍醐天皇にしたがって南朝軍として転戦した。

後醍醐天皇の側近・北畠親房の2男の北畠顕信が陸奥に下向すると、拠点の白河小峰城に迎え、また顕信の進軍を助けて、尊氏方の武将・石塔義房と戦った。

しかし、1339年（延元4・暦応2）に後醍醐天皇が崩御してから南朝勢の勢いは衰退の一途をたどり、足利尊氏が天下を治めつつあった。

やがて親朝は、南朝軍との関わりを避けはじめ、北畠親房から送られてくる書簡を無視し続けた。その書簡の数は、現存するだけで70通を超えるというから、南朝にとって親朝がどれだけ重要な人物だったかが窺い知れる。

そして1343年（興国4・康永2）、親朝はついに尊氏に帰順した。親朝の離反は、劣勢を続ける南朝軍にとって大打撃となった。

結城親光

ゆうき・ちかみつ

生没年 ？〜1336年（建武3・延元1）
出身 陸奥国
主君 北条家→後醍醐天皇
死因 戦死

◇六波羅陥落に功あった三木一草の1人

結城宗広の2男。楠木正成、名和長年、千種忠顕とともに後醍醐天皇の側近として活躍し、「三木一草」の1人に数えられた。

鎌倉幕府の御家人であり、1331年（元弘1）に後醍醐天皇が反幕の兵を起こすと、幕命を受けて後醍醐天皇討伐隊として上洛し、楠木正成が籠城する赤坂城攻めに加わった。

しかし、1333年（元弘3）に後醍醐天皇が再挙すると、在京していた親光は後醍醐天皇側に寝返り、足利尊氏や千種忠顕らとともに六波羅探題を攻めて、これを陥落させた。この軍功で後醍醐天皇からの信任を得た親光は、建武の新政下では雑訴決断所や恩賞方の奉行人に登用されるなど優遇された。

1335年（建武2）、北条時行が挙兵した中先代の乱を機に尊氏が後醍醐天皇に反旗を翻すと、親光は討伐軍に参加して鎌倉へ進軍したが、天皇軍の大友貞載の裏切りによって箱根竹ノ下の戦いで敗れた。親光は京に戻り、上洛してくる尊氏軍に備えるために名和長年とともに出陣して近江勢多に布陣した。

しかし、公家政権を推し進める建武の新政に反発する武家方は多く、親光らは道中で味方を増やしてきた尊氏軍の進軍を止めることができず、尊氏軍を入京させてしまった。

親光は急いで京に戻ると、突然後醍醐天皇から離反して尊氏に降伏を申し出た。そして、親光は応対に出てきた大友貞載を見ると、突然貞載に斬りかかってこれを殺害すると、周囲の将兵らも次々に斬り殺した。しかし、すぐに取り押えられ、親光もその場で斬殺された。

『梅松論』によると、親光は尊氏に投降する前に、「大友と刺し違え、死をもって忠節を尽くしたい」と後醍醐天皇の制止を振り切って出陣したとされる。

結城顕朝

ゆうき・あきとも

生没年 不詳
出身 陸奥国
主君 足利尊氏→足利義詮
死因 不明

◇ 結城氏の地盤を整える

結城親朝の嫡男で、1340年（興国1・暦応3）に親朝から惣領を譲られ家督を継いだ。このとき、父の親朝は新たに小峰家を創始し、顕朝の弟・朝常が小峰家を継ぎ、宗家の嫡流が途絶えたときには小峰家から養子が入ることに決められた。

1343年（興国4・康永2）、父が足利尊氏に帰順したとき、ともに尊氏に仕えた。1346年（興国7・貞和2）、幕府方の奥州管領・畠山国氏にしたがって南朝方の伊達家、田村家らと戦い、翌年には国氏の父・畠山高国らと南朝方の拠点である霊山城と宇津峰城を攻めるなど、奥州の幕府方として活躍した。

1350年（正平5・観応1）、尊氏の弟・足利直義と、幕府執事・高師直の対立が激化し観応の擾乱が勃発すると、両派の対立は奥州にも影響を及ぼし、顕朝は奥州管領・吉良貞家とともに直義派に属し、尊氏派の畠山国氏らが拠っていた岩切城を攻め落とした。

しかし、その後、尊氏側に帰参し、1353年（正平8・文和2）には尊氏から奥州白河以下8郡の検断職に任命された。検断は、その土地の統治と裁判権を幕府から任される重職で、尊氏からの信頼は厚かった。その後、奥州管領の斯波家と吉良家が並立状態になると、吉良治家が勢力拡大を企図して2代将軍・足利義詮に謀反を起こし、斯波家との対立を激化させた。1367年（正平22・貞治6）、顕朝は義詮から吉良家討伐を命じられて出陣、治家を討ち取って吉良家の勢力を奥州から駆逐した。

1369年（正平24・応安2）、小峰家から満朝を養子に迎えて家督を譲って一線から退くと、以降は歴史の表舞台から姿を消した。

結城満朝

ゆうき・みつとも

生没年 不詳
出身 陸奥国
主君 足利満兼→足利持氏
死因 不明

◇ 鎌倉府と敵対し上杉禅秀の乱で失速

白河結城一族の小峰政常の子。宗家の結城顕朝の養子に入り、1369年（正平24・応安2）に白河結城家の家督を継ぎ、父と同じく検断職に任命された。政常は顕朝の甥にあたる。

養父の顕朝は幕府に直接仕えたが、満朝は幕府が東国支配のために置いた鎌倉府の支配下に置かれた。1399年（応永6）、鎌倉公方・足利満兼は弟の足利満貞と足利満直を、それぞれ篠川公方、稲村公方として奥州支配を強化するために派遣した。このとき、満兼は陸奥の有力国人だった伊達家に所領の割譲を求めた。これに反発した伊達政宗が、翌年、満兼に対して反乱の兵を挙げる。

白河結城家は伊達家の南部にあり、伊達家と鎌倉の中間に位置していたため、満朝は満兼から伊達軍の進軍阻止を命じられた。満朝は関東管領・上杉憲宗の子・上杉禅秀、会津の蘆名家らとともに迎撃にあたり、伊達軍を敗走させた。

しかし、1409年（応永16）に満兼が死去し、鎌倉公方が足利持氏に代わると、満朝は鎌倉府から距離を置くようにな

り、1413年（応永20）に伊達持宗が反持氏の兵を挙げたときには、満朝は持氏からの出兵命令を拒否している。そして1416年（応永23）、持氏と対立した上杉禅秀が反乱を起こすと、満朝は鎌倉府から離反して上杉禅秀側につき、反鎌倉府の姿勢を鮮明にした。

満朝らはいったん鎌倉を占拠して気勢をあげたが、幕府から援軍が派遣されてくると一気に劣勢に立たされ、禅秀が自害したことで乱は終結した。このときの、そして以降の満朝の動向は不明な点が多く、1440年（永享12）に結城家が幕府に反した結城合戦に参戦して室町幕府と戦ったとも、幕府の京都扶持衆になったともいわれ、その詳細は不明である。

結城朝常

ゆうき・ともつね

生没年	不詳
出身	陸奥国
主君	足利尊氏
死因	不明

◇奥州南朝勢と戦った親幕派

結城親朝の子。長兄の顕朝が惣領家を継ぎ、朝常は父の親朝が創始した小峰家を継いで、小峰城主となった。

1343年（興国4・康永2）に父の親朝が足利尊氏に帰順したとき、朝常も尊氏に降った。当時の奥州には、まだ南朝勢力が残っており、朝常のもとにも南朝からの帰順要請が来ていたが、朝常はこれを拒否している。

南朝勢力は、北畠顕信を大将に陸奥国霊山城と宇津峰城を拠点に、幕府軍と戦っていた。この南朝勢力に対して、奥州幕府軍を統率する奥州管領の畠山家、吉良家の両家は、1347年（正平2・貞和3）、1352年（正平7・文和1）、1353年（正平8・

文和2）と立て続けに宇津峰城、霊山城に攻撃を仕掛けた。朝常も幕府軍としてこの合戦に従軍し、南朝軍撃退に尽力した。

奥州で幕府軍と南朝軍が争いを繰り返していた頃、幕府内では尊氏と、尊氏の弟・足利直義との間で武力衝突に至る観応の擾乱が勃発し、奥州の幕府軍も二派に分裂、朝常は尊氏方の奥州管領・畠山家につき、直義方の吉良家と対立した。幕府軍が分裂すると、その隙をついた南朝勢が一時的に息を吹き返したが、朝常ら幕府軍は1353年（正平8・文和2）5月に宇津峰城を陥落させ、それと前後して霊山城も陥落、奥州における南北朝の争いは、事実上終結した。

結城直朝

ゆうき・なおとも

生没年	不詳
出身	陸奥国
主君	足利義教→足利義勝→足利義政
死因	不明

◇白河結城家の最盛期を創出した武将

小峰朝親の子で、白河結城氏朝の養子となって白河結城家の家督を継ぎ、7代当主となった。

当時の白河結城家は、下総結城家と違って鎌倉府の支配下にはなく、幕府の支配下に置かれていた。そして、陸奥南部における幕府勢力として、多大な影響力をもち、幕府が南奥の諸将に下す御内書には、白河結城家と談合して事を決めるよう命じたものが多かった。

直朝は1432年（永享4）に修理大夫に任じられ、その頃に家督を継いだ。1438年（永享10）、鎌倉公方・足利持氏と関東管領・上杉憲実の対立が武力闘争に発展した永享の乱では、幕府が支持した上

186

杉軍に味方して、持氏軍と戦った。

1454年（享徳3）、永享の乱で自害に追い込まれた足利持氏の子で、鎌倉公方を継いでいた足利成氏が、関東管領の上杉憲忠を殺害したことをきっかけに、関東諸将を二分する享徳の乱が勃発した。

このとき幕府は上杉軍を支援して成氏と対立し、直朝は幕府から成氏の討伐を命じられ、奥州探題の大崎家とともに出陣を要請された。しかし、直朝はこの乱に積極的に介入せず、幕命を受けながらも最後まで兵を出さなかった。ただし、直朝は成氏に追放された宇都宮等綱を保護するなど、まったく関東に不介入というわけではなかった。

また、1472年（文明4）には、下那須と上那須に分裂していた下野の有力国人・那須家の仲介をし、那須家の統一に一役買った。そのほか、常陸国の佐竹家の内紛や、会津の蘆名家の内乱に介入し、当主盛詮を支援して勢力圏を広げた。

結城政朝

ゆうき・まさとも

生没年 不詳
出身 陸奥国
主君 足利成氏→足利政氏
死因 不明

◇ 分家の小峰家と対立

結城直朝の子。父の直朝とともに、享徳の乱以降、戦乱状況に陥った関東に巧みに介入し、白河結城家の勢力拡大に貢献した。直朝が生きているうちから、直朝の名代として行動することも多く、1470年（文明2）には陸奥相馬郡の国人・相馬高胤と一揆契約を結び、1474年（文明6）には相馬家と対立していた岩城家を抱き込んで3者同盟を結んだ。

1489年（延徳1）、常陸の守護・佐竹義治と対立していた、佐竹家一族の山入義藤が、会津の蘆名盛高に佐竹家打倒のための援軍を要請してきた。白河結城家は、直朝の時代から蘆名家と同盟を結んでおり、政朝もまた蘆名家から妻をめとっていた。政朝は盛高から話を聞くと関東への介入を決め、伊達尚宗も誘って常陸へ侵攻した。しかし、佐竹軍の逆襲にあい、小里の戦い（茨城県常陸太田市）で敗れて撤退した。

1506年（永正3）、古河公方・足利政氏と、その子・足利高基の対立が武力闘争に発展、関東諸将は両派に分かれて対立した。政朝も古河公方の内訌に介入し、政氏方にたって参戦した。このとき、白河結城家は、有力な分家である小峰家と共闘していたが、当主の小峰朝脩が高基方に転じたため結城家は分裂してしまった。政朝には小峰家の娘との間に嫡男・顕頼がいたが、政朝は蘆名家からめとった側室を寵愛し、側室との間に生まれた五郎に家督を譲ろうとしていた。こうした政朝に対する不満から、朝脩は政朝に反したという。

1510年（永正7）、政朝は朝脩を襲って自害に追い込んだが、小峰家は岩城常隆の援助を受けて反撃し、政朝は追放されて下野の国人・那須家のもとに逃げ込み、その後、消息を絶った。

政朝追放後、白河結城家は小峰家が乗っ取る形で存続したが、白河結城家の所領だった常陸依上保と小里郡は佐竹家に、いわき地方の所領は岩城家に、下野武茂荘は宇都宮家に奪われ、白河結城家の勢力は衰退した。

東北地方の武将

室町時代、東北地方は現在の山形県と秋田県の一部が出羽国、それ以外が陸奥国と呼ばれた。鎌倉時代以降、恩賞として土地を宛がわれた関東武家の庶家が土着した例が多い。東北地方は京から離れていたこともあり、独立心が強く、鎌倉府の支配下に入ったあともしたがわないことも多かった。南部家や伊達家、大崎家が有力武家として成長したが、安東家や葛西家など小領主が割拠し、室町時代を通じて抗争を繰り返した。

安東盛季
あんどう・もりすえ

生没年	?～1415年（文安2）
出身	陸奥国
主君	足利義満
死因	不明

❖ 蝦夷との交易で潤った津軽の国人

陸奥津軽地方の国人・安東貞季の子で、津軽安東家の惣領。安東家は津軽海峡の制海権を握って蝦夷地との交易を行うなど、陸奥北部では南部家と並ぶ有力国人であった。1395年（応永2）、出羽秋田郡で旧南朝軍の秋田家が幕府に反して挙兵すると、盛季は3代将軍・足利義満の命を受けてこれを鎮圧し、新たに秋田地方を義満から与えられ、盛季は弟の安東鹿季を秋田に派遣した。

15世紀初頭頃から、陸奥北部の一方の雄・南部家の力が強くなり、南部家は津軽地方へたびたび侵攻してくるようになった。1418年（応永25）には大光寺城と

藤崎城を落とされて津軽南部を失い、さらに1432年（永享4）、盛季は南部家との戦いに敗れて本拠地の十三湊を南部家に奪われ、蝦夷島（現在の北海道）の松前に逃走した。盛季の没年は不明だが、蝦夷島に渡海後まもなく死去したとされ、その後は盛季の子・安東康季が後を継いだ。康季は津軽の復帰をめざして蝦夷島を離れて南部家と戦うが、1445年（文安2）に敗れて死去した。

斯波詮高
しば・あきたか

生没年	1476年（文明8）～1549年（天文18）
出身	陸奥国
主君	足利義澄→足利義稙→足利義晴→足利義輝
死因	不明

❖ 奥州に割拠した足利一門斯波家の庶流

陸奥高水寺斯波家の当主。室町幕府で管領を務めた斯波家の同族で、南北朝の内乱のときに奥州総大将となって下向し

てきた斯波家長を祖とする。

将軍家一門という権威のもと、高水寺斯波家は南北朝の動乱期に力をつけ、陸奥志和郡をほぼ制圧する勢力となった。

詮高は奥州探題・大崎教兼の子とされ、明応年間（1492〜1501年）に高水寺斯波家の家督を継いだと見られる。

当時の高水寺斯波家は、北方で勢力を広げてきた三戸南部家に圧迫されており、詮高は稗貫家や和賀家と結んで南部家に対抗していた。

1540年（天文9）、南部家は南下して岩手郡滴石城を攻めて戸沢家を破り、これを臣従させた。岩手郡まで進出してきた南部家に対し、詮高は1545年（天文14）に岩手郡に侵攻し、滴石城を落とすと太田郷にも攻め寄せて、南部家の勢力を岩手郡から撤退させた。詮高は2男の詮貞を滴石城に、3男の詮義を猪去館の城代に任じて、岩手郡を支配下に収めた。

しかし、その後も南部家の南下圧力はやまず、南部家との対立を解消できないまま、1549年（天文18）に死去した。

和賀定義

わが・さだよし

生没年 不詳
出身 陸奥国
主君 足利義政
死因 不明

◇内訌に悩まされた陸奥の名家

和賀家は、鎌倉時代初めの頃から陸奥国和賀郡（現在の岩手県南部）に土着した家で、南北朝時代には嫡流家が幕府方、庶流家が南朝方に与して南北に分かれて争った。1392年（明徳3）、3代将軍・足利義満のもとで南北朝は合一したが、陸奥では八戸を根拠地に勢力を拡大していた八戸南部家が幕府の機関である鎌倉

府に帰順せず、さらに和賀家の嫡流家が八戸南部家を支持して、庶流家と対立した。この結果、和賀家の嫡流は没落し、庶流である鬼柳家が和賀家を名乗ることになったと見られる。和賀家はその後も一族の間で内訌が続発し、家中はなかなか収まらなかったが、1467年（応仁1）に勃発した応仁の乱が奥州にも波及すると、ようやく一族が団結した。だが、当時の当主・和賀定義は、江刺郡に続いて胆沢郡に侵攻したが、どちらも敗れた。

しかし、鎌倉時代以来の名家として家格は決して低くはなく、1470年（文明2）には上京して大番役を務めた。また、奥州探題内の序列でも、奥州探題家の大崎家が筆頭、現在の岩手県北部を支配下に治めていた南部家、陸奥中央部で勢力を拡大していた伊達家などに続く第三列座に名を連ねていた。

葛西清貞

かさい・きよさだ

生没年 不詳
出身 陸奥国
主君 後醍醐天皇
死因 戦死

◇尊氏と戦った奥州の南朝武将

葛西家は桓武平氏秩父家の庶流で、下総国葛西荘を領有したことから葛西家を称した。鎌倉時代になって一族の者が奥州に下向して土着した。

1333年（元弘3）に鎌倉幕府が滅亡し、後醍醐天皇による建武の新政がはじまると、鎮守府将軍に任じられた北畠顕家が天皇の皇子・義良親王を奉じて奥州に下向してきた。清貞は、多賀城に入った顕家のもとに赴き、本領を安堵されるとともに、新たに石巻日和山城を与えられた。清貞は日和山城に移り、本領の寺

池は一族の葛西高清に与えた。

1335年（建武2）、関東で北条時行が挙兵した中先代の乱が起こり、乱を鎮圧した足利尊氏が京に戻らずに後醍醐天皇に反旗を翻した。尊氏が新田義貞軍を破って入京して洛中を制圧すると、後醍醐天皇は北畠顕家に尊氏追討の綸旨をくだし、翌年、顕家は奥州から京へ向けて出陣した。このとき清貞も、高清とともに顕家軍に従軍し、京までのぼった。奥州兵を率いた顕家は入京すると尊氏軍を打ち破って、尊氏を九州に敗走させた。

清貞は顕家とともに奥州に戻ったが、1337年（延元2・建武4）、顕家は天皇の命を受けて再上洛し、清貞も再び顕家にしたがって入京した。しかし、このとき高清は従軍せず、尊氏に降った。清貞はその後も南朝方に加わったため、奥州葛西家は高清の系統が継承することになり、清貞は1350年（正平5・観応1）ごろに戦死したという。

葛西宗清

かさい・むねきよ

生没年	不詳
出身	陸奥国
主君	足利義澄→足利義稙
死因	不明

◇葛西家躍進の原動力となる

伊達家12代当主・伊達成宗の2男だが、葛西満重の養子となって葛西家に入った。宗清が葛西家に入った経緯は明らかでないが、15世紀末、葛西家では嫡流家と庶流家による激しい内訌が起こっていた。そこに、当時奥州随一の勢力を誇っていた伊達家が武力介入して、葛西家の内紛を収めた。伊達家の当主・成宗はこの機に乗じて自分の息子を葛西家の養子に送り込んだと考えられている。

宗清の葛西家入嗣は庶流家を刺激し、1499年（明応8）には、葛西家の分家である登米地方の国人・末永家による、宗清暗殺未遂事件が発生した。このとき、宗清は入嗣したばかりだったこともあり、末永家に対する処罰を徹底できず、結局、1511年（永正8）、末永家は再び宗清に反したのである。

このときの反乱は末永家だけでなく、葛西家の家老だった門田家と勝田家も末永側に加担し、そのほか山内首藤家・横山家・登米家など周辺の諸氏族も末永家に味方をした。同年8月、彼らの謀議を察知した宗清は先手を仕掛け、山内首藤家が抑える桃生地方へ攻め寄せた。敵軍の背後をついた宗清軍は、中津山城、平城、神取城など末永・山内首藤方の諸城を落とし、これに留守家などが加わって山内首藤氏の居城である大森城を包囲した。宗清は大森城の兵糧を断ち、1カ月以上の籠城戦のすえ、これを落として反乱を鎮圧した。

その後、宗清は山内首藤氏の残党を滅ぼし、葛西七郡に加えて桃生・登米の両郡を併合し、葛西家を躍進させることに成功した。

留守家任

るす・いえとう

生没年	？～1351（正平7・文和1）
出身	陸奥国
主君	後醍醐天皇→足利尊氏
死因	戦死

◇南北朝の動乱に衰退した奥州の土豪

留守家は、鎌倉時代に陸奥国留守職として奥州に下向した伊沢左近将監家景の子孫とされ、多賀城周辺に所領を拡大させた。南北朝時代に名が見えるのは、7代当主・留守家高、8代当主・留守家

次、そして9代当主・家任である。

1350年（正平5・観応1）頃からはじまる観応の擾乱では、奥州も尊氏方と、対立する足利直義方に分かれて争ったが、家高の後を継いだ留守家次は、尊氏方の奥州管領・畠山国氏に従軍して、直義方の吉良貞家軍と戦った。

両者の争いがピークを迎えた1351年（正平7・文和1）の岩切城の戦いにおいて、家次は余目に拠って岩切城にこもる畠山軍を支援し、家任もこの戦いに加わった。しかし、吉良方についた結城軍に余目城を攻められ、岩切城の国氏との連携を遮断されてしまい、これにより岩切城の籠城戦は破綻し、畠山軍は敗退した。家任もこの戦いで戦死し、一族の大半も滅ぼされてしまった。

しかし、観応の擾乱が尊氏方の勝利に終わると、留守家の功績は幕府に認められ、宮城郡などの所領を安堵された。さらに淡路守にも任命され、家名は存続できた。しかし、それ以降も奥州の戦乱に巻き込まれながら勢力を衰退させ、最終的には奥州を制した斯波家の傘下に収まり、その後の家督騒動で陸奥国の有力国人でもある伊達家の介入を許し、留守家は没落した。

国分宗綱

こくぶん・むねつな

生没年 不詳
出身 陸奥国
主君 伊達稙宗
死因 不明

◇伊達家と結んで勢力を拡大

陸奥宮城郡の国人。宗政ともいう。国分家は下総千葉家の後裔とされる。江戸時代に作られた系図によると、1481年（文明13）生まれである。当時の国分家は、領土を接する留守家と対立していた。国分家と留守家の対立は南北朝の動乱以来の因縁で、戦国時代末期まで抗争を繰り返すほどの宿敵だった。宗綱の代になると、陸奥で大きな影響力をもっていた伊達家が陸奥守護として両家の仲介を試みたが、対立は収まらなかった。

1536年（天文5）、奥州探題の大崎家で内訌が起こり、当主の大崎義直は伊達稙宗に援軍を求めてきた。稙宗は義直支援を決めて陸奥南部の国人を招集し、宗綱もこのとき稙宗の招きに応じて大崎家の内訌に介入することになった。

宗綱は稙宗らとともに大崎領師山城に入って、反義直陣営の古川城を落とし、ついで岩出山城を落城させて、大崎の乱の平定に一役買った。

1542年（天文11）、稙宗と嫡男の晴宗が不和となり、晴宗が稙宗を幽閉したことで伊達家天文の乱が勃発した。この乱は、奥州諸将を巻き込む大乱となったが、宗綱は稙宗方として参戦した。宗綱はおもに、晴宗に加担した留守家と戦い、留守家を足止めする成果を挙げた。

伊達家天文の乱は、1548年（天文17）に両者が和解して決着したが、宗綱はその後も伊達家と協力関係を築き、宮城郡において一定の勢力を築き上げ、国分家を戦国大名に押し上げる基礎を作った。

小野寺泰道

おのでら・やすみち

生没年 1403年（応永10）～1477年（文明9）
出身 陸奥国
主君 足利成氏→足利義政
死因 不明

◇南部家との争いに勝利し出羽を制圧

室町時代から戦国時代にかけて仙北（現在の秋田県南部）に勢力をはってい

た小野寺家の中興の祖といわれる。小野寺家は鎌倉幕府創成期に仙北のうち雄勝郡の地頭職を得て、その後庶流が仙北に下向して土着したとされる。南北朝時代には南朝方について戦ったが、南北朝合一以降は幕府に従い、鎌倉府の支配下に入った。

泰道が仙北小野寺家の当主になった頃は、陸奥北部に大きく勢力を伸ばしていた南部家が出羽への侵攻をはじめており、泰道も南部家と対立するようになった。1458年（長禄2）、南部家当主の南部光政が、葛西家の支援を受けて小野寺領に侵攻した。泰道は近隣の戸沢家とともに南部軍に対抗したが敗北し、このとき小野寺家は南部家の支配下に入ったとされる。

しかし、泰道は南部麾下に甘んじることなく戦力を蓄え、1464年（寛正5）には南部家に対抗して、将軍・足利義政に馬を献上して幕府に接近するなど独自の活動を行うようになった。そして1465年（寛正6）、両者は再び衝突した。

この戦いは足掛け4年にわたって続き、1468年（応仁2）、小野寺軍が勝利し、南部家は出羽での拠点を失った。

最上兼頼

もがみ・かねより

生没年 1315年（正和4）〜1379年（天授5・康暦1）
出身 陸奥国
主君 足利尊氏→足利基氏→足利氏満
死因 不明

◇最上家の祖となった将軍家一門

奥州管領・斯波家兼の子で、のちに出羽山形地方に入部して出羽最上家の祖となった。斯波家は足利家一門に連なる名家である。

1335年（建武2）に足利尊氏が後醍醐天皇に反旗を翻すと、父・家兼とともに足利方につき、陸奥から北陸方面を転戦して南朝軍と戦った。南朝軍の重臣・新田義貞が敗死した藤島の戦いにも参加し、義貞の首をとったのは兼頼配下の武将だったとされる。

1354年（正平9・文和3）、父の家兼が足利尊氏によって奥州管領に任命されると、父とともに陸奥に帰還した。当時の奥州は元奥州管領の畠山家と吉良家、元奥州総大将（奥州管領の前身）の石塔家の3家が主導権争いをしており、家兼・兼頼父子の下向は、新たな管領家として奥州を平定することが目的だった。

こうした情勢下、兼頼は出羽方面を担当することになり、1356年（正平11・延文1）、「出羽大将」の肩書きを与えられて出羽の山形盆地へ入った。当時の出羽は寒河江家をはじめとする南朝方の抵抗が激しかったのである。

兼頼は翌年には山形城を築いてここを本拠地として、足利一門という名声を楯に出羽の豪族を恭順させていった。当時の斯波家は、嫡流の高経が幕府の管領を務めるなど、幕政に重きをなしていたのである。また、兼頼は寺社の復興に非常に力を入れて民心を掌握し、山形地方で徐々に勢力を広げていった。

1367年（正平22・貞治6）、鎌倉公方の足利基氏と2代将軍・足利義詮が相次いで死去したのを契機に、新田義宗と脇屋義助ら南朝軍が越後で蜂起すると、陸奥国内でも南朝方の国人が挙兵し、寒河江大江家もまた再び出羽で反幕府の兵を挙げた。

兼頼は、奥州管領を継いでいた兄の直持とともに兵を出し、奥州平定に尽力し、同年には漆川の戦いで寒河江大江家

を破り、出羽の南朝勢力を駆逐し、出羽における影響力を確保した。この頃、名を斯波から最上に改称したようだ。その後、兼頼は出家して時宗の僧侶となり、家督を嫡男の直家に譲り（漆川の戦い以前に家督を譲ったとする説もある）、1379年（天授5・康暦1）に死去した。

最上義定
もがみ・よしさだ

生没年 ？～1520年（永正17）
出身 出羽国
主君 足利義稙
死因 病死？

◇伊達家と争い続けた羽州探題当主

　羽州探題・最上家の9代当主。戦国大名として著名な最上義光の祖父。

　最上家は当時、出羽で一番の勢力を誇った家柄で、寒河江大江家・中野家・山辺家などの周辺国人と婚姻関係を結んで、山形城を拠点に最上・村山郡を支配していた。しかし、隣国陸奥では宮城地方の伊達家の勢力が拡大し、その兵力は出羽地方にも差し向けられた。

　そして1514年（永正11）、伊達稙宗の軍勢が山形地方へ侵攻してきた。義定は天童家、延沢家、飯田家などの最上一族とともに立ち上がり、さらに寒河江大江家、山辺家、吉川家などの周辺国人を糾合して、軍勢を整えて出陣。長谷堂で伊達軍と対峙した。

　しかし、長谷堂での戦いは伊達軍に分があり、最上連合軍は1000人を超える死者を出す惨敗を喫し、長谷堂城は伊達軍に制圧されてしまった。だが、その後も義定は周辺の国人らとともに、出羽の伊達支配に頑強に抵抗し、翌1515年（永正12）、稙宗は長谷堂城を義定に返し、義定が稙宗の妹を娶ることで和睦した。

その後は、稙宗の間接的な支配を受けながらも無難に領国経営をこなし、1520年（永正17）に死去。義定には子がなく、また後嗣を定めないままの死だったため、義定の死後、山形城は伊達家の監視下に置かれた。

天童頼基
てんどう・よりもと

生没年 不詳
出身 出羽国
主君 足利持氏→足利義教
死因 病死？

◇享徳の乱で幕府方についた出羽の名家

　天童家は清和源氏新田家の庶流・里見家が祖であり、鎌倉時代に出羽に下向した氏族であった。南北朝時代になって里見家の嫡流が絶えたため、出羽大将・斯波（最上）兼頼の弟を養子に迎え、以降の出羽里見家は羽州探題・最上一族に数えられるようになる。その後、出羽天童に拠点を移し、天童姓を称するようになった。

　天童家は最上家一族ではあったが、本来は最上家と同じ足利一族であり、陸奥の奥州管領・大崎家とともに奥羽を代表する国人であった。頼基が天童家の当主を継いだとき、頼基は修理大夫に任ぜられたが、修理大夫は従四位下相当の官職であり、幕府も天童家を出羽を代表する家格と見なしていた。

　1454年（享徳3）、鎌倉公方の足利成氏が、対立していた関東管領の上杉憲忠を誅殺し、これを契機に関東地方は公方派と関東管領派に分裂した。これに対し、幕府は反鎌倉公方派を支援して、成氏討伐の命を下した。幕府は奥州の国人にも号令をかけたが、このとき頼基は最上義春とともに出羽の大将に選ばれ、幕府か

第3章 東北地方の氏族／東北地方の武将

193

ら御内書を受け取っている。頼基が実際に出陣したかどうかは不明だが、頼基死後の1466年（文正1）には北畠観融によって菩提所が整備されており、その後も出羽の有力国人として存在感を示したようだ。

二階堂行嗣

にかいどう・ゆきつぐ

生没年 ？～1459年（長禄3）
出身 陸奥国
主君 足利満兼→足利持氏→足利義政
死因 戦死

◇3代鎌倉公方と対立して戦死

二階堂家はもともと鎌倉に住んでいた幕府官僚の一族で、鎌倉時代の後半に奥州に下向したとされる。後醍醐天皇が鎌倉幕府に反したときは当初、北条家とともに戦った。戦後に天皇方に降り、朝廷が南北朝に分裂すると北朝方に転じ、二階堂家は官僚としての能力を買われて室町幕府でも重用された。

その後は幕府によって奥州支配を任された鎌倉府の支配下に入り、行嗣も鎌倉公方の足利氏満・満兼父子にしたがった。1402年（応永9）に満兼が奥州支配を強化するために2人の弟、足利満貞と足利満直を南奥に下向させた際は、行嗣が軍事的に支援した。

行嗣は1404年（応永11）に拠点となる須賀川城を築き、南奥を代表する国人へと成長していった。

1413年（応永20）、奥州に下向していた足利満貞の奥州支配に反抗した伊達持宗が、周辺の国人を糾合して反乱を起こした。このとき行嗣は奥州諸将には与せず、鎌倉府に反乱勃発を報告するなど、鎌倉府寄りに行動した。

しかし、満兼の子で3代鎌倉公方とな

った足利持氏とは折り合いが悪く、1438年（永享10）に持氏が、対立する関東管領・上杉憲実討伐の兵を挙げると、行嗣は憲実支持を表明し、伊達家・田村家・蘆名家など奥州諸将とともに持氏打倒に出陣し、翌年の反乱平定に尽力した。

1454年（享徳3）に鎌倉公方・足利成氏と関東管領・上杉憲忠との対立を契機に勃発した享徳の乱では、上杉方を支持した幕府からの御内書を受けて上杉軍に従軍。1459年（長禄3）に上野に出陣したが、同年、戦死した。

伊賀盛光

いが・もりみつ

生没年 不詳
出身 不明
主君 後醍醐天皇→足利尊氏
死因 不明

◇陸奥で倒幕の兵を挙げる

伊賀家は藤原秀郷の末裔を称し、鎌倉幕府には御家人として名を連ねた。

1333年（元弘3）に後醍醐天皇が倒幕の綸旨を出して挙兵すると、天皇に呼応して陸奥南部で兵を挙げた。翌年、北畠顕家が後醍醐天皇の皇子・義良親王（のちの後村上天皇）を奉じて奥州に下向してくると、顕家のもとに臣従した。

その後は顕家とともに、奥州の北条家残党の討伐に活躍し、1335年（建武2）には功績を認められて陸奥の引付衆に選ばれた。同年、中先代の乱をきっかけに足利尊氏が後醍醐天皇に反すると建武の新政は崩壊し、盛光は後醍醐天皇から離反して尊氏方についた。

1336年（延元1・建武3）、後醍醐天皇方の楠木正成が、常陸の幕府方の佐竹家を追討するために、一族の楠木正家を派遣し、正家は常陸那珂郡に瓜連城を築い

194

た。ここに、京から奥州に下向しようとしていた顕家が到着し、正家・顕家軍は常陸の小田家や小栗家を攻撃して、これを敗走させた。

このとき盛光は、佐竹義篤の呼びかけに応じて常陸に入り、佐竹軍と合流して瓜連城を攻略する手柄を挙げた。

翌年には、奥州管領として奥州に下向してきた石塔義房に随行して多賀城に入城した。

しかし、その後は岩城家の勢力が伸長してきて陸奥での勢力を衰退させた。

岩城常隆

いわき・つねたか

生没年	不詳
出身	陸奥国
主君	足利成氏→足利政氏
死因	不明

◇常陸国佐竹家と結んで勢力を拡大

岩城親隆の子。文明年間（1469〜1487年）に父から家督を譲られた。ただし、父・親隆は隠退したわけではなく、父とともに領内経営に尽力した。

常隆は1483年（文明15）、大舘城を築いてそこを拠点とした。当時、岩城家はいわき地方を制圧しており、隣の白河地方を制圧していた白河結城家とは同盟を結んでいた。常隆の目は、隣国常陸の佐竹家へと向けられた。当時、佐竹家は、佐竹本宗家と一族の山入家が抗争を繰り返していた。常隆はこの内訌に介入し、1485年（文明17）に常陸に侵攻、常陸最北部の多珂郡車城を攻略し、山入家をけん制した。

その後、山入家と佐竹家の間で講和の気運が高まると、常隆は両家を仲介して、1493年（明応2）、和議を成立させた。しかし、山入氏義が和議の条件を守

らず、佐竹義舜を追放したため、常隆は義舜とともに氏義を攻め、山入家を滅ぼした。

常隆はその後、佐竹家と誼を通じて、佐竹家が白河結城家と領地をめぐって対立すると佐竹家を支援し、また佐竹家と江戸家の同盟の仲介をするなど、1500年代前半までは佐竹家に強い影響力を保持した。また、白河結城家と佐竹家と同盟したことで、岩城領の北に接する田村家や石川家の領内まで勢力を拡大させた。

1514年（永正11）、古河公方・足利政氏とその子・高基が対立すると、政氏の要請を受けた常隆は、佐竹義舜とともに下野宇都宮に出陣し、高基方の宇都宮家を破った。

1523年（大永3）頃に家督を子の盛隆に譲って隠退した。

小峰満政

こみね・みつまさ

生没年	不詳
出身	陸奥国
主君	足利氏満
死因	不明

◇鎌倉府にしたがい戦功を挙げる

小峰政常の子。小峰家は白河結城家の庶流で、本宗家に匹敵する勢力をもち、白河結城家に後継がいない場合は小峰家から選ばれていた。実際、満政の兄弟の満朝は、白河結城家に養子に入って、本宗家の家督を継いだ。

幕府と鎌倉府との間がしだいに険悪化していくと、満政は鎌倉府方についた。1380年（天授6・康暦2）、下野の守護・小山義政が鎌倉公方・足利氏満の意に反して宇都宮基綱を討ち滅ぼすと、氏満は義政追討の軍を出陣させ、満政は氏満の命にしたがって義政を攻めた。1386年

第3章 東北地方の氏族／東北地方の武将

195

（元中3・至徳3）、陸奥の田村家の支援を受けた義政の子・小山若犬丸が反乱を起こすと再び討伐軍に参加して下野に出陣し、反乱鎮圧に戦功を挙げた。戦後、氏満は田村家の所領を取り上げたが、満政が田村荘の代官に任命された。

氏満の死後、氏満の子・足利満兼が鎌倉公方に就任すると満兼にしたがい、1399年（応永6）に満兼が奥州支配を強化するために弟の満貞（稲村御所）と満直（篠川御所）を奥州に派遣した際には、両御所に協力して陸奥南部の支配を強めていった。

しかし、鎌倉公方による陸奥支配は、奥州諸将の理解を得られず、1400年（応永7）、伊達政宗が奥州探題の大崎家を擁立して反乱を起こした。満政は、当時結城家の家督を継いでいた兄弟の結城満朝とともに伊達軍と戦い、反乱鎮圧に戦功を挙げた。

コシャマイン

こしゃまいん

生没年 ？～1457年（長禄1）
出身 蝦夷
主君 特になし
死因 戦死

◇ 日本史上最初のアイヌの反乱

15世紀中期の蝦夷地（現在の北海道）東部のアイヌの首長。

この頃の蝦夷地には、多くの和人が移住してきており、アイヌと和人が共存していた。しかし、1432年（永享4）に津軽地方の領有をめぐって南部家と争っていた安東家が敗れて蝦夷へ逃れてくると、本州から渡海して道南に館を築いていた和人と対立するようになった。これにより道南は群雄割拠の地となり、彼らは各々、アイヌとの交易で資財を蓄え、

さらに交易圏を拡大しようとはかり、しだいにアイヌの自由交易を侵害しはじめた。

1456年（康正2）、志濃里の鍛冶屋村で、マキリというアイヌが使用する小刀の出来不出来をめぐって、和人の鍛冶職人がアイヌの青年を刺殺するという事件が起こった。これまで和人からの圧迫を受けていたアイヌの感情は爆発し、コシャマインは翌1457年（長禄1）、武力蜂起に打って出た。

コシャマインはまず志濃里を支配していた小林良景の館を攻め落とすと、道南に点在していた「道南十二館」と呼ばれる和人の館を次々と襲い、12館のうち10館を攻め落とした。残ったのは、安東一族の下国家政の茂別館と、同じく安東一族の蠣崎季繁の花沢館の2つだけとなった。季繁は、客将として蠣崎家にいた武田信広を総大将に据えてコシャマイン軍に対峙し、両軍の戦いは半年以上にわたって継続した。そして、コシャマインは七重浜での信広軍との戦いで、子とともに討ち死にし、戦いはアイヌの敗北に終わった。その結果、アイヌは拠点を後退させ、道南における蠣崎家の勢力が伸張した。

その後も、和人とアイヌの対立は解消されず、1550年（天文19）に和睦が成立するまで、じつに100年近くもの間、争い続けることになる。

第4章

関東地方の氏族

上杉家	198
宇都宮家	216
小山家	221
那須家	227
新田家	230
桃井家	237
白井長尾家	240
佐竹家	246
小田家	252
下総結城家	257
千葉家	261
原家	268
里見家	271
太田家	274
江戸家	277
小田原北条家	281
北条家（鎌倉幕府執権）	285
鎌倉幕府幕臣	292
関東地方の武将	294

上杉家

藤原北家流の公家。鎌倉時代に皇族将軍となった宗尊親王にしたがって関東に下向して武家化した。足利家との結びつきが強く、室町時代には、幕府の関東統治機関である鎌倉府の重臣・関東管領を代々務めた。上杉家からは多くの分家が出たが、室町時代を通じて有力だったのは山内上杉家と扇谷上杉家の2家である。鎌倉公方家とともに関東に君臨したが、室町時代末期の戦乱で徐々に勢力を失い、相模の北条家が台頭してくると抗争に敗れて没落した。

上杉憲房
うえすぎ・のりふさ

生没年	？～1336年（建武3・延元1）
出身	不明
主君	足利尊氏
死因	戦死

◇尊氏から信頼された尊氏の叔父

上杉頼重の子。妹の清子は足利貞氏の正室となって足利尊氏・直義兄弟を生んだ。上杉家はもともと藤原北家流の公家だったが、後嵯峨天皇の皇子・宗尊親王が鎌倉幕府6代将軍に就任したときにともに関東に下向し、そのまま関東に土着した。鎌倉幕府の有力御家人である足利家と婚姻関係を結び、足利宗家の当主2代の生母を送り込んで力を得た。

憲房は尊氏の叔父として尊氏の信頼は厚く、尊氏が1333年（元弘3）に伯耆船上山で倒幕の兵を挙げた後醍醐天皇討伐のために西上する際にはこれにしたがい、道中、尊氏は謀反の意を憲房だけに伝えていたという。

憲房は上洛の途上で尊氏の命を受けて、三河の足利一門の重鎮・吉良貞義のもとに赴いて、倒幕挙兵の意向を伝えて決起を促した。吉良軍とともに上洛して尊氏に合流し、六波羅探題攻めに功があり、建武の新政がはじまると雑訴決断所二番奉行に任ぜられた。

その後も京にとどまり、1335年（建武2）に、中先代の乱を起こした北条時行の討伐に尊氏が東上すると、尊氏に従って北条軍と戦った。

尊氏が後醍醐天皇に反すると、尊氏政権下で上野の守護に補任され、翌年、尊氏の上洛戦にも従軍し、鎌倉を出陣して箱根竹ノ下の戦いで新田義貞軍を打ち破り、尊氏の入京を援護した。

しかし、軍勢を立て直して上洛した新田義貞軍と、奥州から攻めのぼった北畠顕家軍と洛中で戦い、尊氏・直義兄弟を逃がすために鴨川の四条河原付近で討ち死にした。

上杉重能

うえすぎ・しげよし

生没年 ？～1350年（正平5・観応1）
出身 不明
主君 足利尊氏→足利直義
死因 暗殺

◇六波羅探題陥落に功を挙げる

父は勧修寺道宏。のち母方の叔父・上杉憲房の養子となって関東へ下向した。足利尊氏・直義兄弟の従兄弟にあたる。

1333年（元弘3）、倒幕の兵を挙げた後醍醐天皇の討伐のために、足利尊氏が鎌倉を出陣すると、重能は養父・憲房とともに従軍した。

上洛の途上、重能は尊氏の命を受けて、伯耆船上山に拠っていた後醍醐天皇のもとに赴いて倒幕の綸旨を受け取り、近江まで進軍していた尊氏のもとに綸旨を届けたとされる。そのまま尊氏軍に従軍し、六波羅探題攻めに参加した。

後醍醐天皇の建武の新政下で、尊氏が伊豆の守護に補任されると守護代となり、直義とともに鎌倉へ下向。直義とともに関東経営に尽力した。

1335年（建武2）、北条高時の遺児・時行が信濃で挙兵し、鎌倉へ攻め寄せてきた。重能は直義とともに時行軍と戦ったが、直義軍は敗走。その後、尊氏の援軍を得て鎌倉を奪回し、翌年、後醍醐天皇に反旗を翻した尊氏に同道して入京したが、新田義貞・北畠顕家軍に敗れた。このときの戦いで養父・憲房を失った。『太平記』には、新田義貞が尊氏に一騎打ちを持ちかけて尊氏が受けて立とうとした際に、重能が尊氏を諫めたことになって

上杉家略系図

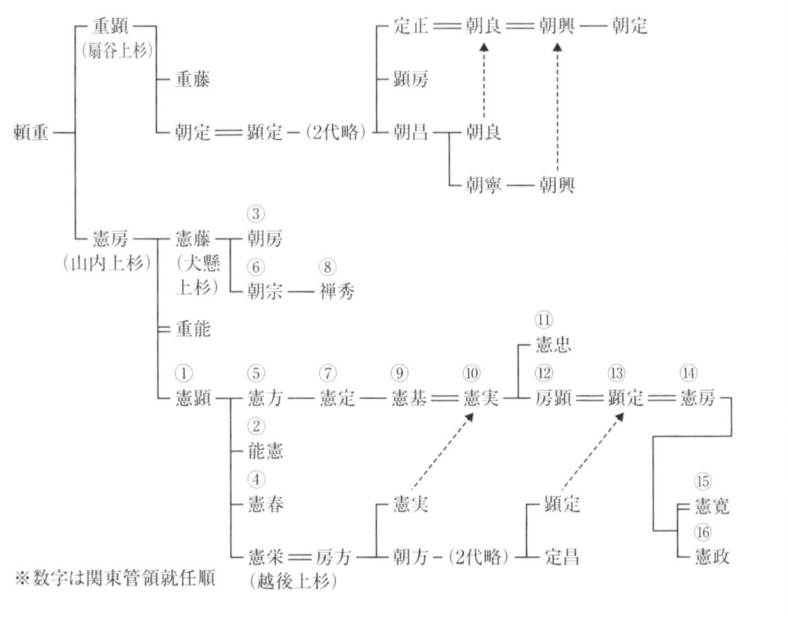

頼重
├─ 重顕（扇谷上杉）
│　├─ 重藤
│　└─ 朝定 ＝ 顕定 －（2代略）
│　　　├─ 定正 ＝ 朝良 ＝ 朝興 － 朝定
│　　　├─ 顕房
│　　　└─ 朝昌 ─┬─ 朝良
│　　　　　　　　└─ 朝寧 － 朝興
└─ 憲房（山内上杉）
　　├─ 憲藤（犬懸上杉）─┬─ ③朝房
　　│　　　　　　　　　　└─ ⑥朝宗 － ⑧禅秀
　　├─ 重能
　　└─ ①憲顕 ─┬─ ⑤憲方 － ⑦憲定 － ⑨憲基 － ⑩憲実 ─┬─ ⑪憲忠
　　　　　　　　 │　　　　　　　　　　　　　　　　　　　　 └─ ⑫房顕 ＝ ⑬顕定 ＝ ⑭憲房
　　　　　　　　 ├─ ②能憲　　　　　　　　　　　　　　　　　　　　　　　├─ ⑮憲寛
　　　　　　　　 ├─ ④憲春　　　　　　　　　　　　　　　　　　　　　　　└─ ⑯憲政
　　　　　　　　 └─ 憲栄 ＝ 房方（越後上杉）
　　　　　　　　　　　　　　憲実
　　　　　　　　　　　　　　朝方 －（2代略）─┬─ 顕定
　　　　　　　　　　　　　　　　　　　　　　　└─ 定昌

※数字は関東管領就任順

いる。

京の戦いで敗れた尊氏は、いったん九州へ逃げ延びるが、このとき重能も尊氏に従い、尊氏が再東上する際にも尊氏の水軍に加わって上洛した。

再び京を制圧した尊氏は北朝の光明天皇を擁立し、征夷大将軍に任命されて幕府を開いた。重能は連年の戦功を認められて伊豆の守護に任じられ、直義の腹心として幕政に関わった。

しかし、幕府内での直義の存在感が高まるにつれ、軍功によってのし上がってきた執事（のちの管領）の高師直と直義の対立が激化した。1349年（正平4・貞和5）、重能は同僚の畠山直宗とともに高師直を直義邸に招いて暗殺を図ろうと試みたが、政所執事の粟飯原清胤の変心によって失敗した。その直後、師直は直義派のクーデターによって執事を解任されたが、その2カ月後に師直が軍勢を集めて直義邸を襲った。尊氏の裁定によって師直が執事に復帰し、直義は出家引退、重能は畠山直宗とともに出家させられたうえで越前に配流された。

しかし、師直は暗殺を企てた重能と直宗を許さず、1350年（正平5・観応1）、重能は師直が放った刺客の手によって殺害された。

上杉憲顕

うえすぎ・のりあき

生没年 1306年（徳治1）～1368年（正平23・応安1）

出身 上野国

主君 足利尊氏→足利直義→足利基氏→足利氏満

死因 病死

◇尊氏の血縁で鎌倉府に従事

上杉憲房の子。足利尊氏・直義兄弟の従兄弟にあたり、関東執事（のちの関東管領）として、室町幕府創成期の関東経営に尽力した。尊氏と血縁関係にあったことから、早くから尊氏に仕えた。

建武の新政がはじまり、関東支配のために後醍醐天皇の皇子・成良親王が鎌倉に派遣されると、憲顕は関東廂番に任ぜられ、足利直義とともに鎌倉に下向した。1335年（建武2）に尊氏が後醍醐天皇に反すると、父・憲房とともに尊氏に従った。1336年（延元1・建武3）、京の戦いで父・憲房が戦死したため、上野守護を父から引き継ぎ、翌年上野に下向した。

憲顕は上野の領国経営に着手したが、憲顕の経営手法は法治主義にのっとった統治と称賛され、直義からは「見事な統治である」とする書状を受け取るほど関東では評判だったという。

1337年（延元2・建武4）、京を奪還して北朝を樹立した尊氏を討伐するために、南朝の鎮守府将軍・北畠顕家が奥州を出陣して西上を開始すると、憲顕は領国で迎撃したが敗北した。軍勢を立て直した憲顕は、顕家軍を追撃して美濃の青野原で交戦したが、ここでも顕家軍に敗れた。1338年（延元3・暦応1）、北畠顕家との戦いで戦死した弟の上杉憲藤に代わって関東執事に任ぜられた。ただし、このときは高師直冬も関東執事に就任している。1341年（興国2・暦応4）、南朝の新田義宗が挙兵して上野に侵攻してくるとこれを鎮圧し、同年、越後の守護に任じられた。

1349年（正平4・貞和5）、直義が高師直と対立して失脚すると、鎌倉にいた尊氏の嫡男・足利義詮が上洛することとなり、鎌倉には尊氏の子・足利基氏が下向してきた。

憲顕は師冬とともに基氏を補佐したが、翌年に直義が南朝と結んで反師直の兵を挙げると、上野に帰って直義に呼応して挙兵した。鎌倉に兵を進めた憲顕に対し、師冬は基氏を奉じて鎌倉を脱出したが、憲顕は追撃して基氏を奪い返して鎌倉に復帰した。

しかし、1351年（正平6・観応2）に尊氏自ら出陣し、翌年に直義が死去すると、尊氏軍に敗れた憲顕は信濃に逃亡した。同年、南朝軍が畿内と関東で同時に挙兵すると、憲顕は信濃にいた宗良親王軍に従軍して幕府軍と戦ったが、笛吹峠の戦いで敗れ、再び信濃に逃げた。

◇ 尊氏と対立するも関東管領に就任

1362年（正平17・貞治1）、鎌倉公方の基氏は、関東諸将に評判が悪かった関東執事・畠山国清を解任して、憲顕を呼び戻して関東執事に任命した。憲顕は笛吹峠の戦い以来、史料上では消息が不明となっていたが、基氏とは連絡を取っていたと考えられている。

当時は尊氏がすでに死去して義詮が2代将軍に就任していたが、義詮・基氏とも幼いときに憲顕の補佐を受けており、憲顕に親近感をもっていた。憲顕は上洛して義詮に謁見して正式に許されると越後と武蔵の守護に補任され、改めて関東執事に任じられて鎌倉に下った。

1367年（正平22・貞治6）に基氏と義詮が相次いで死去すると、後継の鎌倉公方・足利氏満と3代将軍・足利義満のもとでも冷遇されず、引き続き関東管領として氏満を補佐した。

翌年、憲顕の関東支配に不満を抱いていた河越直重が挙兵し、さらに南朝軍の新田義宗・義興兄弟が越後と上野の国境付近で兵を挙げた。憲顕は河越に出陣して河越直重の反乱（武蔵平一揆とい

う）を鎮圧し、続いて新田軍の平定のために上野足利に布陣したが、同年、その陣中で死去した。憲顕の死後、関東管領はその子が受け継ぎ、憲顕の系統が山内上杉家となった。

上杉能憲

うえすぎ・よしのり

生没年 1333年（元弘3）～1378年（天授4・永和4）

出身 相模国

主君 足利尊氏→足利直義→足利氏満

死因 病死

◇ 観応の擾乱で高師直一族を殺害

上杉憲顕の子で、叔父の上杉重能の養子となった。

養父の重能は足利直義の重臣として、幕府創成期の幕政を担ったが、1349年（正平4・貞和5）の高師直のクーデターによって直義が失脚すると越前に配流されたうえ、同地で師直派の刺客によって殺害された。

能憲は京を脱出して、関東執事を務めていた実父の憲顕を頼って鎌倉へ逃げ落ち、さらに常陸信太荘に入った。1350年（正平5・観応1）、出家引退していた直義が再挙して幕府に反すると、能憲は父・憲顕とともに直義派に与して挙兵し、もうひとりの関東執事・高師冬を攻め、甲斐に逃れた師冬を攻め滅ぼした。

翌年、能憲は軍勢を西に向けて上洛し、直義と合流すると打出浜の戦いで尊氏・師直軍を破った。直義は、高一族の出家引退という条件を尊氏に呑ませて和睦した。そして師直らを京へ護送する途上、能憲は従兄弟の顕能と図って師直・師泰兄弟を襲って殺害し、さらに高一族を皆殺しにして、養父の仇を討った。

同年、直義と尊氏の和睦が決裂する

第4章 関東地方の氏族／上杉家

201

と、直義は京を脱出し、能憲も直義に従った。その後は父の憲顕とともに直義派の武将として戦ったが、直義の死後は、史料上からは消息を絶った。

1362年（正平17・貞治1）に父・憲顕が関東執事として政界に復帰すると能憲も復権し、鎌倉に入って憲顕を補佐した。1368年（正平23・応安1）に憲顕が死去すると、能憲が関東管領の後任となり、武蔵・上野の守護にも補任された。

能憲は、もうひとりの関東管領・上杉朝房（能憲の従兄弟）とともに、鎌倉公方・足利氏満を支え、能憲以降、関東管領は両上杉家が世襲することになった。

1378年（天授4・永和4）、死去。親交のあった禅僧の義堂周信は能憲の死に顔を見て、「柔和で美しく生けるが如く」と記した。

上杉顕能

うえすぎ・あきよし

生没年	不詳
出身	不明
主君	足利尊氏→足利直義
死因	不明

◇ 観応の擾乱で直義と行動を共にする

上杉重行の子。のちに叔父にあたる上杉重能の養子となった。重能が足利尊氏・直義兄弟の従兄弟という関係もあり、南北朝の動乱期には一貫して北朝方にあった。

1349年（正平4・貞和5）、幕府執事として権勢をほこった高師直と、実質的に幕政を取り仕切っていた直義との対立が顕在化すると、養父の重能は直義方についた。重能は同僚の畠山直宗とともに師直排斥を企てたが失敗し、同年、師直のクーデターによって直義が失脚すると、重能は流罪となって配流先で師直派によ

って殺害されてしまった。

1350年（正平5・観応1）、直義が南朝に降って挙兵すると、顕能は直義にしたがって尊氏に背いた。直義方には畠山国清、山名時氏、斯波高経、桃井直常、細川顕氏などの実力者が味方し、関東では顕能の一族で関東管領の上杉憲顕が直義を支持した。翌年、京に進撃した直義軍は尊氏の子・足利義詮を京から追放し、備前から急いで戻ってきた尊氏を摂津打出浜の戦いで破って、緒戦は直義軍の圧勝に終わった。顕能もこの一連の戦いに参戦し、軍功を挙げた。直義と尊氏は、高師直・師泰兄弟の出家隠退を条件に和睦した。そして師直兄弟を京へ護送途中、顕能はこれを待ち受けて師直兄弟を殺害し、養父の仇を討った。

直義が政権に復帰すると、顕能は備前の守護に任ぜられたが、同年のうちに直義は失脚し、顕能は守護職を罷免され、その後消息を絶った。

上杉朝定

うえすぎ・ともさだ

生没年	1321年（元亨1）〜1352年（正平7・文和1）
出身	山城国
主君	足利尊氏→足利直義
死因	不明

◇ 室町幕府開幕に貢献

上杉重顕の子。足利尊氏・直義兄弟の従兄弟にあたり、のちに足利尊氏の姪を妻に迎えた。重顕の家系は在京しており、1333年（元弘3）に尊氏が後醍醐天皇の倒幕挙兵に呼応して鎌倉幕府に背くと、尊氏にしたがった。

1335年（建武2）に尊氏が後醍醐天皇の建武の新政に反旗を翻したときも尊氏方として活動し、尊氏が開幕した1336年

（延元1・建武3）には、これまでの戦功が求められて丹後の守護に任じられた。

1344年（興国5・康永3）に引付衆四番頭人に抜擢され、尊氏政権下で訴訟関係を担当。一説には、高師直とともに幕府執事（のちの管領）にも就任したとされ、尊氏からの信頼は厚かった。

しかし、上杉一門は尊氏よりも直義に近く、1349年（正平4・貞和5）に尊氏と直義の不和が表面化すると、朝定は直義方に属して尊氏と戦った。とはいえ、朝定は尊氏とも近く、尊氏の嫡男・足利義詮が朝定邸を訪れて会談するなど、両者の和解に尽力した。

1351年（正平6・観応2）、山名時氏・斯波高経・細川顕氏などの有力武将を味方に引き入れた直義軍は京へ進撃して義詮を追放し、さらに摂津打出浜の戦いで尊氏を破り、直義が政権に復帰する条件で両者は和睦した。

しかし、同年内に直義は再び失脚して京を出奔し、朝定は直義にしたがって北陸方面を転戦した。1352年（正平7・文和1）、直義とともに北陸から信濃に入ったところで、同地で没した。戦死・病死の両説がある。

その後、養子の顕定が後を継ぎ、顕定の系統が扇谷上杉家となり、関東で大勢力をほこることになる。

上杉憲春

うえすぎ・のりはる

生没年 ？〜1379年（天授5・康暦1）
出身 不明
主君 足利基氏→足利氏満
死因 自害

◇氏満忠臣の謎の切腹

初代関東管領で、足利尊氏の従兄弟である上杉憲顕の子。足利尊氏の死後、父

の憲顕が関東管領に復帰すると、憲春も鎌倉府に出仕し、鎌倉公方・足利基氏、その子・足利氏満に仕えた。

1368年（正平23・応安1）、南朝方の新田義宗と脇屋義治が上野で挙兵すると、兄の上杉能憲とともに憲顕に従って鎮圧にあたり軍功を挙げ、1371年（建徳2・応安4）に上野の守護に、1378年（天授4・永和4）には武蔵の守護に任じられた。

1378年（天授4・永和4）、当主の能憲が死去すると、憲春の弟・憲方が家督を継いだが、憲春は引き続き上野の守護にとどまるなど弟を補佐し、同年には、関東管領に就任した（1377年に就任したとする説もある）。

1379年（天授5・康暦1）、幕府内で管領の細川頼之と前管領の斯波義将が対立し、義将派だった前近江守護の佐々木高秀が挙兵すると、3代将軍・足利義満と敵対していた鎌倉公方・足利氏満は、これを好機ととらえて京への出陣を画策した。憲春は再三、幕府を相手にすることの非を氏満に説いたが、氏満には聞き入れられず、憲春は鎌倉山内の自邸に入って、ついに切腹して果てた。

上杉憲定

うえすぎ・のりさだ

生没年 1375年（天授1・永和1）〜1412年（応永19）
出身 相模国
主君 足利満兼→足利持氏
死因 病死

◇幕府と鎌倉府の確執を調停

山内上杉家の当主で、室町幕府創成期の重臣・上杉憲方の子。1394年（応永1）、父・憲方の死により家督を継ぎ、上野と伊豆の守護に補任された。

1399年（応永6）、長門・周防など6カ

第4章
関東地方の氏族／上杉家

203

国の守護を務めていた大大名・大内義弘（おおうちよしひろ）が幕府に反して挙兵した。

このとき義弘は、今川了俊を仲介にして、幕府と対立していた鎌倉公方・足利満兼（みつかね）と誼を通じており、満兼は義弘に呼応して出陣の準備をはじめた。

将軍の足利義満は、関東管領（かんとうかんれい）の上杉朝宗（よしみつ）に満兼の行動に注意するよう指示するとともに、将軍家と関係が深かった山内上杉家の当主であった憲定にも、満兼の出兵の有無を詰問する書状を出しており、憲定は義満に対して心配ないと答えた。

しかし、満兼は義弘に呼応するために武蔵府中（むさし）に移動して軍勢を整えはじめた。憲定は、将軍・義満に心配ない旨を回答していたこともあり、府中まで赴いて出兵の非を説き、必死に満兼を諫めた。その後、義弘が戦死して反乱は収まったが、満兼は陣を解かずに武蔵に在陣しつづけた。

憲定も武蔵にとどまって鎌倉に戻るように満兼を説得しつづけ、幕府が足利家の本領である下野国足利荘（しもつけ）を鎌倉府に譲るという妥協策を提示したこともあり、翌年、ようやく満兼を鎌倉に撤退させることに成功した。満兼の鎌倉撤退後、憲定は将軍・義満にとりなして満兼の赦免を求め、同時に義弘と満兼を仲介した今川了俊の赦免も求めて、両者は義満の宥免を得ることができたという。

1405年（応永12）、憲定は関東管領に補任された。当時の鎌倉府は、関東8州と甲斐・信濃（かい・しなの）を管轄し、制度上は奥州（おうしゅう）も鎌倉府の管轄下にあった。満兼は奥州支配をめざして1399年（応永6）に弟の満直と満貞（ただ・みつさだ）を陸奥に派遣していたが、陸奥の有力国人・伊達政宗（だてまさむね）が鎌倉府支配に反発していた。結局、満兼の奥州支配は失敗に終わり、その後満兼は政治に対する

意欲を失い、憲定が実質的な鎌倉府の権力者となった。

1409年（応永16）に満兼が死去し、満兼の子・足利持氏（もちうじ）が鎌倉公方となると、引き続き関東管領として持氏を補佐した。憲定は、満兼の時代に険悪になっていた鎌倉と京との関係修復に努めたが、持氏もまた独立志向が強い公方で、憲定の周旋もうまくいかなかった。さらに京との接近を図る憲定に反発する派閥も生まれ、1411年（応永18）、憲定は関東管領を辞任した。反憲定派による事実上の失脚であったとされる。翌年、憲定は37歳の若さで没した。

上杉朝房

うえすぎ・ともふさ

生没年	不詳
出身	不明
主君	足利義詮→足利氏満→足利義満
死因	不明

◇関東における上杉氏の躍進を果たす

犬懸上杉家（いぬがけ）の当主・上杉憲藤（のりふじ）の子。関東管領（かんとうかんれい）・上杉朝宗（ともむね）の兄にあたる。

1338年（延元3・暦応1）（とうかんれい・りゃくおう）に摂津渡辺河（きたばけあきいえ）の戦いで、父・憲藤が北畠顕家軍に敗れて戦死したとき、朝房はまだ幼少だったため、弟の朝宗とともに家臣の石川入道（いしかわ）のもとに預けられて養育された。

やがて幕府に出仕し、2代将軍・足利義詮（よしあきら）のもとで1364年（正平19・貞治3）（じょうへい・じょうじ）、上総（かずさ）の守護に補任された。上総守護は翌年罷免されたが、1366年（正平21・貞治5）に信濃（しなの）の守護に任ぜられた（のちに上総の守護にも復帰）。

1368年（正平23・応安1）（おうあん）、前年に鎌倉公方・足利基氏（もとうじ）が死去し、若年の足利氏満（みつ）が鎌倉公方に新任したのを機に、旧足利直義党（ただよし）の関東の国人が蜂起した国一揆

が勃発した。そのとき上洛していた関東管領の上杉憲顕は幕府を味方につけたうえで帰国したが、このとき朝房も憲顕とともに関東に下向した。

鎌倉に入った朝房はただちに出陣し、国人一揆が拠る河越城を包囲攻撃して落城させ、反乱を鎮圧した。戦後、反乱に加担した国人の領地は没収され、多くは上杉家が領有することになり、上杉家躍進のきっかけとなった。

同年、山内上杉能憲とともに関東管領に就任し、幼少の氏満を支えた。

1369年（正平24・応安2）、領国の信濃で国人領主の村上家が幕府に反したため、討伐のために鎌倉を出陣して信濃に侵攻。善光寺付近まで進軍したところで、家臣の栗田某が村上家と通じたため栗田城を攻めたが敗れ、鎌倉へ撤退した。

信濃での敗戦で立場を悪くした朝房は、翌1370年（建徳1・応安3）に関東管領を辞任した。1376年（天授2・永和2）には上総の守護職を弟の朝宗に譲って上洛し、3代将軍・足利義満のもとに出仕。

1377年（天授3・永和3）には信濃守護を解任されたと見られ、この頃に家督を朝宗に譲って引退したと考えられる。

その後も在京して余生を過ごし、一説には1391年（元中8・明徳2）に京の四条で没したという。

上杉朝宗

うえすぎ・ともむね

生没年 ？～1414年（応永21）

出身 不明

主君 足利氏満→足利満兼

死因 病死

◇**蜂起する公方満兼を必死に止める**

犬懸上杉家の当主・上杉憲藤の子。上杉氏憲（禅秀）の父。

1338年（延元3・暦応1）に父の憲藤が、北畠顕家との戦いで戦死したときは幼少だったため、兄の朝房とともに家臣の石川入道に引き取られて彼に養育されたという。ただし、一説にはその翌年に生まれたともいう。前半生の事蹟には不明な点が多く、史料上で確認できるのは、1376年（天授2・永和2）に上総の守護職を兄の朝房から譲られた頃からである。翌年には朝房から正式に家督を譲られ、犬懸上杉家の当主となった。

1395年（応永2）、山内上杉家の憲方の後を継いで関東管領に就任するとともに武蔵の守護に補任され、鎌倉公方・足利氏満を補佐した。

1399年（応永6）、前年に氏満が死んで新たに鎌倉公方に就任した足利満兼が、大内義弘の反乱に呼応して出陣のかまえを見せた。このとき将軍・足利義満は、満兼の動向を気にして、朝宗に満兼を諫めるように依頼した。義満は山内上杉家の当主・憲定のもとにも同様の書状を送っており、朝宗は憲定とともに満兼を諫止することに尽力した。

1405年（応永12）に関東管領を辞任し、1409年（応永16）に満兼が死去すると、出家して家督を子の氏憲（禅秀）に譲って引退した。1414年（応永21）に死去。その2年後に、子の氏憲は鎌倉公方・足利持氏に反旗を翻すことになる。

上杉禅秀

うえすぎ・ぜんしゅう

生没年 ？～1417年（応永24）

出身 相模国

主君 足利満兼→足利持氏

死因 自害

◇**公方持氏との確執**

禅秀は出家名で、本姓は氏憲。犬懸上

杉家の当主で関東管領も務めた上杉朝宗の長子で、1411年（応永18）に関東管領に就任した。

3代鎌倉公方・足利満兼の後を継いだ足利持氏が幼少だったことから、政務は関東管領だった禅秀が行っていた。だが、持氏は成長するにつれ自立心を高め、禅秀の政務介入を快く思わなくなっていった。

1415年（応永22）、禅秀の家人である越幡六郎が、病気で出仕しなかったことを理由に、持氏から所領を没収されてしまった。禅秀は持氏に抗議したが容れられず、これに憤慨した禅秀は「法外な御政道に従って職になんの益もない」と吐き捨てて、管領職を勝手に辞めて領国に帰ってしまった。

そして1416年（応永23）、禅秀は持氏の叔父・足利満隆を誘い、東国の諸氏に打倒鎌倉公方の決起を呼びかけた。下総の守護・千葉兼胤、上野の新田一族・岩松満純、下野の那須資之（以上3人は禅秀の娘婿にあたる）、舅にあたる甲斐の守護・武田信満が呼応し、さらに常陸守護一族の佐竹与義、常陸の有力国人である小田治朝と大掾満幹、下野守護一族の宇都宮持綱も禅秀方についた。さらに満兼の弟の篠川公方・足利満直、南奥の有力国人・白河結城満朝が鎌倉府に反旗を翻し、相模国の国人・曾我家や土肥家なども呼応し、東国の有力国人が続々と禅秀のもとに集まった。

◇上杉禅秀の乱勃発

準備万端整った1416年（応永23）、禅秀は浄妙寺の東にある持氏の御所を急襲した。

禅秀は、その日中に息子を持氏のもとに出仕させて油断を誘っており、寝入りを襲われた持氏は完全に虚を突かれた。

六本松では岩松勢が、扇谷から駆けつけた上杉氏定軍を破り、化粧坂では二階堂信濃守ら禅秀軍が勝利を収め、関東管領・上杉憲基の屋敷に火を放って、持氏軍を追い込んだ。こうして数に勝る禅秀軍は各地で勝利を重ね、ついに持氏を鎌倉から退去させ、禅秀は満隆を鎌倉公方とし、鎌倉を制圧した。

禅秀らは、鎌倉から逃げ出した持氏派を追討したが、持氏にとどめを刺すことはできなかった。持氏は駿河に入り、そこで幕府の援軍を得ることになる。

幕府・持氏連合軍は、翌年に駿河を出立して小田原を落として鎌倉へ軍を進めた。幕府は出陣前に、関東諸氏に対して「公方に味方せねば所領を没収する」と回状を発しており、また幕府の大軍を味方につけた持氏軍を見た諸将らは、禅秀を見限って持氏に寝返ってしまった。

兵を失った禅秀は進退窮まり、鶴岡八幡宮の雪の下の坊で自害した。

この乱を境に、犬懸上杉家は力を失い、以降は山内上杉家と扇谷上杉氏が関東経営の中心となっていく。

上杉憲基

うえすぎ・のりもと

生没年	1392年（明徳3・元中9）〜1418年（応永25）
出身	相模国
主君	足利持氏
死因	病死

◇上杉禅秀の乱を収めて権勢を得る

山内上杉憲定の長子で、1412年（応永19）に山内上杉家の家督を継いだ。鎌倉公方・足利持氏が、当時の関東管領・上杉禅秀と対立するようになり、代わって憲基が寵愛されるようになった。

1415年（応永22）、持氏が禅秀の家人

の所領を没収したことで禅秀が管領職を辞して抵抗の意を見せると、憲基が関東管領に任命された。

1416年（応永23）、禅秀が反持氏の兵を挙げると、憲基は持氏を守ってよく戦った。だが、数に勝る禅秀軍の猛攻を支えきれず、持氏とともに鎌倉から退去し、持氏を駿河へ逃がすと、自分は伊豆の国清寺に入った。ところが、そこにも禅秀軍が押し寄せて敗退、越後へ落ちた。伯父にあたる越後の守護・上杉房方の支援を受け、さらに持氏のもとへ京都幕府の援軍が駆けつけると形勢は逆転、翌年、禅秀らを自害に追い込んで鎌倉府の奪還に成功した。

しかし、持氏が禅秀に与した諸氏の弾圧を積極的に進めはじめると、憲基はこれに反発し、翌年に関東管領職を辞任。憲基は領国の伊豆で隠棲していたが、持氏から管領職への復帰を促され、上野と伊豆の闕所地の処分を憲基が担当することを条件に、約1カ月後に管領職に復帰した。闕所地とは、幕府や鎌倉府が公式に没収した土地のことで、東国の闕所地の扱いは鎌倉公方の持つ特権だった。

このように持氏からの信任は厚かったが、1418年（応永25）に急死した。

上杉憲実

うえすぎ・のりざね

生没年	1410年（応永17）～1466年（文正1）
出身	相模国
主君	足利持氏→足利義教
死因	病死

◇険悪だった幕府と鎌倉府の調停役

越後の守護・上杉房方の子で、1417年（応永24）に山内上杉憲基の養子に迎えられ、翌年に憲基が死去すると家督を継いだ。幼年ながら関東管領に就任し、上

野・伊豆・武蔵の守護に補任された。

1423年（応永30）、常陸の小栗満重が反乱を起こし、出陣した憲実は小栗城を攻め落とした。

憲実は、若い時期から才気に優れ、年を重ねるごとに鎌倉府内における影響力を強めていった。幕府からも信頼され、憲実は鎌倉府と幕府の橋渡し役をになうことになった。

1428年（正長1）に4代将軍・足利義持が死去すると、後継者はくじ引きの結果、義持の弟・足利義教と決まった。このとき、将軍家一族であり、義持の猶子にもなっていた鎌倉公方の足利持氏は将軍職を望んでいたため、幕府と鎌倉府の仲は険悪となり、その間を取り持ったのが、憲実だった。将軍職の希望を一蹴された持氏は同年、兵を率いて上洛しようとしたが、憲実がこれを必死に諫め、持氏の上洛は中止された。しかし、憲実と持氏の間では、このあと同様のことが再三繰り返されるようになり、持氏の幕府に対する反抗的な態度は収まらなかった。翌年に元号が改元されたときも、持氏がこれに従わなかったため、憲実は幕府に謝罪の使者を送っている。

また、幕府が鎌倉府を敵視するのは、鎌倉府が幕府領を押領していることも要因の1つだと考え、憲実は1432年（永享4）にその一部を返還して、幕府との溝を埋めようと奔走した。また、義教が富士遊覧を計画したときも、幕府政治顧問の醍醐寺三宝院門跡満済らに進物するなど、両者の調停に尽力した。

◇永享の乱で鎌倉公方が滅亡

1436年（永享8）、信濃で守護の小笠原家と、有力国人の村上家が対立し、村上頼清が持氏を頼って援軍を要請してきた。持氏はこれを快諾し、桃井左衛門督

を大将に、関東の国人らを招集し、出陣の準備を整えた。しかし、当時の信濃は幕府の管轄下にあった。そのため憲実は、信濃国内の内訌に鎌倉府が介入すれば、幕府との関係はいっそう険悪なものになってしまうと持氏に諫言し、持氏の出兵は中止させることに成功した。

しかし翌年、持氏は再び信濃出兵のための準備をはじめた。このとき、持氏の出兵準備がじつは憲実討伐のための軍であるとのうわさが飛び交い、鎌倉中が騒然となったといい、憲実は相模国藤沢に退避した。憲実は、持氏に対して謀反の意思がないことをたびたび申し送って持氏の怒りを解いたが、関東管領を辞めようと考えていた。しかし、持氏が憲実の邸宅までやってきて在職を懇願したため、憲実は職にとどまった。

ところが、1438年（永享10）にまたしても持氏との間で確執が生じる。この年の6月、持氏の嫡男が元服することになり、憲実は慣例どおり将軍の諱をもらうため、京に使者を送るべきだと進言したが、持氏はこれを容れずに義久と名乗らせて元服をすませてしまった。このとき「憲実が出仕したら殿中で誅せられる」といううわさが立ったため、憲実は病を偽って弟の重方を代わりに出仕させ、憲実自身は、元服式に参加しなかった。

こうして、持氏と憲実の溝は深まり、憲実が身の危険を感じて領国の上野国に戻ると、2人の仲は修復不可能となった。

鎌倉府内では、出仕を拒否して勝手に下向した憲実に対する対応が協議され、持氏は憲実討伐を決めた。

関東の事態に対して、幕府は憲実支持を表明して持氏討伐の軍を派兵した。同年9月、箱根山で持氏軍と対峙した幕府軍は、持氏方の有力武将だった上杉憲直軍を破った。こうして、幕府と鎌倉府との戦いである永享の乱が勃発した。

憲実も上野で兵を挙げると、10月には武蔵へ侵攻して持氏軍と対峙した。幕府の支持を得た憲実のもとには、持氏軍から寝返る者が相次ぎ、持氏はやがて押し寄せた幕府軍によって敗走を余儀なくされた。憲実は幕府軍と合流して相模へ進軍し、持氏を追いつめて、ついに持氏は降伏して出家した。

戦後、憲実は持氏の助命と、持氏の子・義久の鎌倉公方就任を幕府に嘆願したが、将軍・足利義教はこれを許さず、持氏の討伐を命じた。それでも憲実は何度も嘆願の使者を京に送ったが、逆に義教から謀反を疑われるに及び、ついに憲実は幕命を入れて1439年（永享11）、持氏の拠る永安寺を包囲した。その結果、持氏は自害し、その数週間後に義久も自害して、鎌倉公方は滅亡した。

◇ 政務から一線引いて隠棲

持氏の死後、憲実は出家した。そして、同年に持氏の墓参りをし、「このたび讒者のために御勘当をこうむり、思いがけず御敵となりました。しかりといえども、心中に不義の無いことを御照覧あれ」（『永享記』）と脇差しを突き立てて自害しようとしたが、家臣によって止められたという。憲実は弟の上杉清方に後事を託し、そのまま伊豆国へ隠遁した。

1440年（永享12）、持氏の遺児である春王丸・安王丸兄弟を擁した下総の結城氏朝が挙兵した結城合戦が勃発すると、幕府からの再三にわたる出兵要請を断り切れず、憲実は神奈川へ出陣した。やがて結城城が落城して紛争が収まると、憲実は幕府の関東管領再任の要請を断って、政務に復帰することなく隠棲した。

このとき憲実は、2男の上杉房顕に越

後と丹波の所領を譲り、嫡男の上杉憲忠を含めたほかの男子を出家させ、決して還俗しないよう命じた。憲実は、主君を死なせた自身の子が関東政務に携われば、必ず禍根を残すことを危惧したという。しかし、1447年（文安4）、山内上杉家の家宰・長尾景仲が憲実の意に反して、嫡男の憲忠を還俗させて当主に就任させ、さらに翌年、幕府は憲忠を関東管領に補任してしまった。憲実は、憲忠が約束を違えたことに激怒して憲忠を勘当したという。その後、憲実は関東を離れ、1452年（享徳1）には大内教弘を頼って長門に下向した。憲実が長門に滞在していた1454年（享徳3）、新たに鎌倉公方に就任した足利成氏によって嫡男の憲忠が暗殺されるという事件が起こり、憲実の危惧したとおりになってしまった。

その後も憲実は長門にとどまり、1466年（文正1）、長門大寧寺で死去した。

持氏との確執ばかりが取り沙汰されるが、憲実は足利学校や金沢文庫を再興するなど文化事業にも大きく寄与したことでも名高い。

上杉憲忠

うえすぎ・のりただ

生没年 1433年（永享5）～1454年（享徳3）
出身 相模国
主君 足利成氏
死因 暗殺

❖父の意に背いて関東管領就任

関東管領を務めた山内上杉家の当主・上杉憲実の子。弟に関東管領になった上杉房顕がいる。妻は扇谷上杉持朝の娘。父の憲実は、心ならずも前鎌倉公方の足利持氏を自害に追い込んだことを悔やんで1439年（永享11）に出家したが、このとき憲実は後難を避けるために、越後上

杉家にあずけていた房顕以外の実子を出家させていた。しかし、1446年（文安3）に関東管領の上杉清方が死去すると、山内上杉家の家宰として家中を取り仕切っていた長尾景仲に引っぱり出される形で憲忠は還俗して家督を継ぐことになり、翌年には関東管領に就任した。このとき憲忠は、「不忠の子」として憲実から義絶されてしまった。

憲忠は関東管領に就任するとともに、上野・武蔵・伊豆の守護に補任されたが、伊豆の守護就任については史料では確認できない。就任当初はまだ幼く、家宰の長尾景仲の補佐を受けた。

憲忠が関東管領に就任した当時の鎌倉公方は足利成氏だった。成氏の父である持氏は憲忠の父・憲実に殺害されており（永享の乱）、また2人の兄もその後の結城合戦で命を落としていたこともあり、当初から両者の関係はうまくいかなかった。成氏は、永享の乱や結城合戦で持氏に味方した諸将の一族を優遇したため、憲忠派は反発を強めていった。

そして1450年（宝徳2）、長尾景仲は扇谷上杉家の家宰・太田資清とともにクーデターを計画し、成氏派を一掃しようとした。しかし、成氏はこれを事前に察知して鎌倉へ脱出して江ノ島へ逃亡。景仲・資清軍は江ノ島の成氏を攻めて合戦となった。しかし、クーデター計画はおろか、江ノ島への出兵にも憲忠は関与しておらず、憲忠はこのとき成氏を攻めているのが自らの家臣であるとは知らずに、成氏を救援するために軍勢まで派遣している。戦は景仲軍の敗北で終わったが、憲忠は戦後、自分の家臣である景仲が当事者であることに驚き、蟄居謹慎した。

その後、景仲の家宰職を罷免させるこ

第4章 関東地方の氏族／上杉家

209

とで成氏と和睦し、憲忠は鎌倉に戻って関東管領に復帰した。

しかし、両者の対立はもはや不可避となっていた。1454年（享徳3）、景仲が鎌倉を離れたすきをついて、成氏は憲忠を鎌倉御所に招いた。憲忠が御所に入ると、成氏党の武将が乱入急襲し、憲忠は防戦する間もなく多賀谷氏家に討ち取られた。わずか21歳であった。

憲忠の死後、成氏軍は景仲のあとに家宰を務めていた長尾実景を攻め滅ぼし、ここにその後30年にわたって関東諸将を巻き込む享徳の乱が勃発する。

上杉顕房

うえすぎ・あきふさ

生没年 1435年（永享7）～1455年（康正1）
出身 武蔵国
主君 足利成氏
死因 自害

◇鎌倉府に反旗を翻して返り討ち

扇谷上杉家の当主・上杉持朝の嫡男。弟に上杉定正がいる。父の持朝は、1439年（永享11）の永享の乱で鎌倉公方・足利持氏打倒に功績を挙げ、翌年の結城合戦にも副将として出陣した。しかし、1449年（宝徳1）に持氏の遺児・足利成氏が鎌倉公方に就任することになり、持朝はかつて成氏の父・持氏を討伐したことから、成氏のもとに仕官することを避けたため、顕房が家督を継ぎ、相模の守護に補任された。家督継承時は14歳の若年だったため、家宰の太田資清・資長父子の補佐を受けた。

しかし、鎌倉公方・成氏は、かつて父を殺害した上杉家を恨んでおり、鎌倉府内は鎌倉公方派と関東管領派に分裂してしまった。そして1450年（宝徳2）、顕房は山内上杉家の当主で関東管領だった上杉憲忠の家宰・長尾景仲と謀って、太田資清とともに成氏を江ノ島に攻めた。顕房は由比ヶ浜で成氏軍と対峙したが、小田家・宇都宮家・千葉家などの反上杉派が集結し、この戦いは成氏方の勝利に終わった。戦後、顕房と憲忠は赦免されたが、成氏と上杉家との関係は決定的に決裂した。

◇享徳の乱で無念の自決

1454年（享徳3）、成氏が憲忠を鎌倉御所に招いて殺害し、さらに長尾景仲のあとに憲忠の家宰となっていた長尾実景を攻め滅ぼしたことで、関東を戦乱の渦に巻き込む享徳の乱が勃発した。

顕房は憲忠の後を継いだ山内上杉房顕とともに、成氏に宣戦布告し、顕房の家臣・長尾景長とも協力して上野で挙兵した。

顕房は、実景の死後に家宰に復帰した景仲とともに相模に侵攻して、再び江ノ島で成氏軍と戦い、これを追い落とした。成氏はそのころ鎌倉を出陣して、上杉軍の拠点である上野平井城を攻めるために武蔵国府中の高安寺に入っていた。

顕房軍はさらに進軍して武蔵に攻め入り、府中付近の分倍河原に布陣した。しかし、成氏軍が奇襲をかけて攻め寄せると顕房軍は動揺し、高幡方面まで撤退したが、犬懸上杉家の上杉憲秋が自害に追い込まれる敗戦を喫した。憲秋の死を知った顕房は、再び分倍河原に進軍したが、激戦のすえ敗北した。撤退したものの退路を絶たれた顕房は、同族の上杉藤朝らとともに自害して果てた。

顕房には子・政真がいたが、まだ幼かったため、その後、父の持朝が復帰して当主に返り咲いた。

上杉房顕

うえすぎ・ふさあき

生没年 1435年（永享7）～1466年（文正1）
出身 武蔵国
主君 足利義政
死因 病死

❖幕府と通じ公方成氏と対立

　山内上杉家の当主・上杉憲実の子で、兄に上杉憲忠がいる。

　1454年（享徳3）に関東管領だった兄の上杉憲忠が、鎌倉公方・足利成氏に謀殺されると、その後任の関東管領に任ぜられて、京から鎌倉へ下向した。

　房顕は、扇谷上杉家の上杉持朝と共闘し、山内上杉家の家宰・長尾景仲と、扇谷上杉家の家宰・太田資清を軍団長として、成氏と対立することになった。

　景仲はいちはやく京の幕府に成氏反乱を報告して、幕府を上杉派に取り込み、幕府は成氏追討の綸旨を得て、駿河の守護・今川家に討伐を命じると、翌年、今川範忠が鎌倉を占拠して、成氏は下総の古河へ逃亡した。

　房顕は武蔵北部の本庄まで陣を進め、ここを本営とした。そして、ここから20年以上も成氏軍と上杉軍の対陣は続き、その間、公方も関東管領も鎌倉に帰れない状況に陥った。1458年（長禄2）に幕府から新たな鎌倉公方として6代将軍・足利義教の子・足利政知が送り込まれたが、実権を幕府に握られていた政知に関東諸将は反発し、政知も鎌倉に入れず伊豆堀越にとどまっていた。

　房顕は連年のように成氏との戦いに明け暮れた。1463年（寛正4）には、房顕軍の主力だった景仲が死去し、その3年後に房顕も陣中に没した。

上杉持朝

うえすぎ・もちとも

生没年 1416年（応永23）～1467年（応仁1）
出身 相模国
主君 足利義政
死因 病死

❖享徳の乱で武蔵国に進出

　扇谷上杉家の当主・上杉氏定の子。父・氏定の後を継いだ兄の持定が早世したため、1419年（応永26）に家督を継いだ。幼少だったため、当初は従兄弟の上杉定頼が後見役として家政を取り仕切り、1433年（永享5）頃に正式な当主となったとみられる。

　1439年（永享11）、鎌倉公方・足利持氏と関東管領・上杉憲実が対立し、持氏が憲実打倒の兵を挙げた。持朝は憲実方について戦い、翌年の結城合戦では、憲実引退後に関東管領代行を務めていた上杉清方（憲実の弟）に従って、結城城攻めの副将として従軍した。

　1449年（文安6）に家督を子・顕房に譲って隠退したが、1454年（享徳3）に娘婿の山内上杉憲忠が鎌倉公方・足利成氏に殺害されて享徳の乱が勃発すると、打倒成氏のために現場に復帰、さらに翌年には子の顕房が成氏軍との戦いで戦死したため、扇谷上杉家の当主に復帰した。成氏との戦いのなかで、武蔵の守護・山内上杉家と、山内上杉家の家宰で武蔵の守護代・長尾家は戦いに忙殺されてほとんど武蔵におらず、武蔵は支配者がいない状況に陥っていた。そこで、持朝は河越・岩付・江戸に進出し、それぞれに城を築いて武蔵を横領し、そのうち河越を拠点として活動をはじめた。1457年（長禄1）に河越城は完成し、持朝は家臣の太田道真とともに入城し、以後は

第4章

関東地方の氏族／上杉家

211

そこに居住することが多くなった。

その後、持朝は、1458年（長禄2）に新たに鎌倉公方に任ぜられて下向してきた足利政知（将軍・足利義政の兄）とも対立しはじめ、そのため持朝と幕府との関係は険悪になった。持朝は政知との対立を優先することにして、成氏との和睦を探ったが、講和が成る前の1467年（応仁1）に病没した。

上杉定正

うえすぎ・さだまさ

生没年	？～1494年（明応3）
出身	相模国
主君	足利義政→足利義尚
死因	事故

◇ 長尾景春の乱を鎮圧して勢力伸長

扇谷上杉家の当主・上杉持朝の3男。兄に扇谷上杉顕房がいる。

1473年（文明5）、兄の嫡男・上杉政真が古河公方・足利成氏との戦いで戦死したため、扇谷上杉家の家督を継いだ。定正が当主になった頃は、古河公方の成氏と堀越公方の足利政知が勢力争いを繰り広げており、そこに両上杉家をはじめ関東各地の国人たちが両派に分かれて抗争を続けていた。京では、1467年（応仁1）以来の応仁の乱が続いており、幕府は関東に目を配る余裕はなかった。

定正率いる扇谷上杉軍は、同族の山内上杉家とともに、堀越公方側に立って戦っていた。

1476年（文明8）、山内上杉家の家宰を務めていた長尾家で内紛が起こった。当時の長尾家は白井長尾家・惣社長尾家・犬懸長尾家・足利長尾家に分かれていて、家宰職は各家が順番に就任するという暗黙のルールができあがっていた。直近の家宰は白井長尾家の景仲と景信が続

けて就任していたため、山内上杉家の当主・上杉顕定は惣社長尾家の忠景を新たな家宰に任命した。これに白井長尾家の景春が反発し、顕定に背いて兵を挙げた。

これに対し、定正は顕定と協力して景春の反乱鎮圧に尽力した。なかでも定正の家臣・太田道灌の活躍はめざましく、1480年（文明12）、道灌は景春の最後の拠点であった武蔵日野城を落とし、景春は古河公方成氏のもとに逃亡した。

こうして景春の反乱は、ほぼ定正の家臣・太田道灌の活躍によって鎮圧され、この戦いを通じて扇谷上杉家の勢力は急速に大きくなった。

しかし、山内上杉家と肩を並べるほどの力をもつに至った定正は、しだいに顕定と対立するようになり、それとともに家臣でありながら名声を高めた太田道灌との関係も悪化していった。

1486年（文明18）、定正は自邸に道灌を招くと、すきを見て道灌を暗殺した。道灌暗殺には、対立していた顕定の策略があったとする説もある。

道灌の殺害は、定正にとっては痛恨事だった。道灌の子・資康は当然として、多くの家臣が定正を見限って、顕定のもとへ奔ったのである。そして1487年（長享1）、定正の弱体化をみてとった顕定が、定正方の下野勧農城を攻撃し、両者は軍事衝突した。

顕定方には、定正の異母兄で相模三浦家の当主となっていた三浦高救や、越後守護の上杉房定がつき、定正方には古河公方成氏のもとに逃亡していた長尾景春が再挙して味方についた。さらに定正は、堀越公方・足利茶々丸を攻め滅ぼして伊豆を乗っ取り、相模まで進出してきた北条早雲に援軍を頼んだ。

しかし、1494年（明応3）、定正は乱の

212

さなかに陣中で没した。落馬が原因だったという。

上杉顕定

うえすぎ・あきさだ

生没年 1454年（享徳3）～1510年（永正7）
出身 越後国
主君 足利成氏
死因 自害

◇成氏と和睦し享徳の乱を終結させる

越後の守護・上杉房定の子。山内上杉家の当主・房顕の養子となって1466年（寛正7）に山内上杉家の家督を継いだ。

当時の関東地方は、両上杉家と古河公方・足利成氏との対立から起こった享徳の乱により、各地の国人が両派に分かれて抗争を続けていた。顕定も成氏派との戦いに転戦していたが、1476年（文明8）、家臣で顕定軍の主力だった長尾景春が顕定に背いて成氏と結んで兵を挙げたことで苦境に陥った。

景春軍の攻撃によって武蔵から追いやられ、顕定と扇谷上杉家の当主・上杉定正は、上野へ撤退した。

もともと関東の武将には鎌倉公方・足利家に心を寄せる者が多く、景春の反乱に呼応する国人も多数出て、両上杉家は当初は苦戦を強いられた。しかし、扇谷上杉家の家宰・太田道灌が各地の景春方の城を次々に落とし、1477年（文明9）には武蔵の有力国人だった、景春方の豊島家を攻め滅ぼして形勢を逆転した。

景春軍はしぶとく抵抗したが、顕定軍は1478年（文明10）には景春の拠点であった武蔵鉢形城を攻略し、続いて相模と上総の景春方の諸城を落とした。そして1480年（文明12）、道灌が武蔵日野城を落として景春は下総の成氏のもとへ逃げ去った。顕定は成氏と和睦して、20年に

及んだ享徳の乱は終結した。

◇扇谷上杉家との対立激化

こうして関東の争乱を収束させた顕定だったが、新たな火種が勃発した。一連の戦いを通して勢力を大幅に拡大させた扇谷上杉定正との対立である。

1487年（長享1）、両者の対立は武力闘争に発展し、以後18年間、再び関東は戦乱の渦に巻き込まれる。この戦いは、途中で定正が死去するが、山内上杉家と扇谷上杉家の対立は収まらず、定正の後継・朝良は、堀越公方から伊豆を奪って相模まで侵攻してきた新興武将の北条早雲とも結んで顕定に対抗した。

1505年（永正2）、顕定は朝良の拠点である河越城を攻めて、朝良は降伏した。しかし1507年（永正4）、弟の越後守護・上杉房能が守護代・長尾為景の謀反によって殺害されると、顕定は後事を朝良に託して1509年（永正6）7月、7000騎の軍勢を率いて関東を出発して越後へ出陣した。顕定は長尾家の一族である上田長尾房長を味方につけ、その居城・坂戸城を根拠とした。

顕定の越後入りを知ると、本庄房長などの揚北衆をはじめ、上条定憲、八条修理亮、平子房長などの上杉一族・国人が顕定のもとに駆けつけ、顕定軍は各地で為景軍を打ち破り、同年8月には為景を越中に追いやった。越後府中に入った顕定は、為景に味方した国人たちの所領を没収して自軍の兵に知行した。

翌年、再起した為景軍は越中を出て佐渡に渡り、1510年（永正7）4月、越後の蒲原津に上陸してきた。急報を受けた顕定はこれを迎え撃ち、顕定方の栖吉城主・長尾房景が為景軍を撃退し、顕定も軍を率いて為景方の拠点・黒滝城を攻略した。しかし、為景は周辺国人を掌握し

213

て逆襲に転じ、顕定は寺泊を攻略されると、椎谷、柏崎の戦いで連敗。為景軍が府中に迫ると、関東へ撤退することにした。しかし、長尾房長が為景方に寝返り、長森原の戦いで顕定は高梨政盛に攻められ自害した。

上杉朝良

うえすぎ・ともよし

生没年 ？～1518年（永正15）
出身 不明
主君 足利義澄
死因 病死

◆北条早雲に相模を追放される

扇谷上杉家の上杉朝昌の子で、のちに扇谷上杉家当主の上杉定正（父・朝昌の兄）の養子となり、1494年（明応3）に扇谷上杉家の家督を継いだ。

当時、父の朝昌と養父の定正は、山内上杉家の当主・上杉顕定と争っており、定正は武力闘争の最中に死去した。

顕定は古河公方・足利政氏や越後守護の上杉房能を味方につけて善戦し、これに対して朝良は、堀越公方を滅ぼして伊豆国を奪い取り相模西部にまで進出してきていた北条早雲を味方に引き入れることに成功した。

相模はもともと扇谷上杉家が領有する国だったが、朝良は早雲とその後ろ盾になっていた駿河の今川家の協力を取り付けるために、相模の一部の支配権を早雲に譲渡するなどの懐柔策を行ったという。早雲の活躍によって、山内上杉家の兵を相模から撤退させることはできたが、1505年（永正2）、居城である武蔵河越城を包囲され、朝良はついに顕定に降伏を申し出た。戦後、甥の朝興を養子にして家督を譲って隠退した。

その後、相模へ進出してきた早雲が急

速に力をつけるようになり、旧敵である山内上杉家と連携して早雲に対抗するが、早雲の勢いは止まらず、1518年（永正15）、扇谷上杉家にとっての相模における最後の拠点三浦城を落とされて、朝良は相模から駆逐されてしまった。

同年、武蔵江戸で病没した。

上杉朝定

うえすぎ・ともさだ

生没年 ？～1546年（天文15）
出身 武蔵国
主君 足利義晴
死因 戦死

◆河越城の戦いであえなく戦死

扇谷上杉家の当主・上杉朝興の子。1537年（天文6）に父の朝興が死去したことにともない家督を継いだ。

かつては相模・伊豆・武蔵に影響力を及ぼした扇谷上杉家も、朝定の時代には小田原北条家の勢力に浸食され、武蔵の一部を領有するにすぎないほどまで零落していた。朝定は小田原北条家に対する備えとして、武蔵府中に深大寺城を築き、本拠の河越城を死守しようと図った。しかし、1537年（天文6）に北条氏綱に攻められて河越城は落城し、朝定は武蔵松山城まで撤退した。朝定は北条家討伐のために、山内上杉家の上杉憲政と協力し、1545年（天文14）には駿河の守護大名・今川義元の協力を取り付けることにも成功した。そして同年、義元が小田原北条家に奪われていた駿河富士川以東の地を奪回するために出陣すると、北条氏康も駿河に出陣した。

朝定と憲政はその隙をついて、関八州の軍勢8万騎を率いて河越城に攻め寄せた。対する北条籠城軍はわずか3000ばかりで、朝定と憲政は北条方の密使が通れ

ないほどの軍勢で城を包囲した。しかし翌年、急いで武蔵に軍を返した氏康が奇襲をかけて攻め寄せると上杉軍は浮き足立ち、混乱のなかで朝定は討ち取られた。

上杉憲房

うえすぎ・のりふさ

生没年 1467年（応仁1）～1525年（大永5）
出身 武蔵国
主君 足利義稙
死因 病死

◇ 顕実との内訌で山内上杉家は弱体化

山内上杉家の当主で関東管領を務めた上杉憲実の孫。

1509年（永正6）、当時の山内上杉家の当主・上杉顕定の弟で、越後の守護だった上杉房能を殺害した長尾為景を討伐するために、憲房は顕定とともに出陣した。越後に侵攻した顕定軍は、長尾為景と為景に擁立された守護・上杉定実を越中に追放して越後を制圧した。憲房は越後制圧後に帰国して上野白井城に入っていたが、翌年、長尾為景が再挙して越後に乱入して顕定は敗れて自害した。

顕定の死後、顕定の養子になっていた足利成氏の子・顕実が家督を継いだが、憲房も正統な後継者を主張して顕実と争った。顕実が兄の古河公方・政氏に援助を求めると、憲房は政氏と対立していた政氏の子・高基と結んで対抗した。扇谷上杉家の上杉朝良が両者の仲介に尽力したが失敗し、1512年（永正9）、憲房は顕実が拠る武蔵鉢形城を攻略して顕実を追放した。こうして憲房が山内上杉家の当主となったが、この家督争いによって山内上杉家はますます弱体化した。

その後は上杉朝良とともに、関東で急速に勢力を広げてきた小田原北条家に対抗するが、1525年（大永5）に病没した。

上杉憲政

うえすぎ・のりまさ

生没年 1523年（大永3）～1579年（天正7）
出身 武蔵国
主君 足利義晴→足利義輝
死因 病死

◇ 謙信に上杉家を継がせる

山内上杉家の当主・上杉憲房の子。山内上杉家の事実上最後の当主。

1531年（享禄4）、父・憲房の養子で家督を継いでいた上杉憲寛が家中から追放されたため、山内上杉家の当主となった。同時に、関東管領に就任している。

当時、山内上杉家は上野国を領有していたが、北に越前の長尾家、南に相模を平定して武蔵に侵攻してきた新興の北条家、西に信濃を平定した甲斐の武田家、東に下総古河公方と、四方を囲まれた情勢だった。

1545年（天文14）、憲政は同族の扇谷上杉家の上杉朝定とともに、駿河の今川家とよしみを通じ、古河公方・足利晴氏も味方に取り込むことに成功して、8万という大軍を率いて北条綱成が拠る河越城を包囲した。しかし、北条氏康の奇襲が成功し、朝定は戦死、憲政は居城の上野白井城へ撤退した。

扇谷上杉家を滅ぼした北条家は武蔵をほぼ制圧し、上野にもたびたび侵攻してくるようになり、憲政配下の武将の中からも北条家に投降する者が増えていった。

1552年（天文21）、北条軍の攻撃に耐えかねた憲政は、ついに白井城を放棄して越後の長尾景虎を頼って落ちていった。そして、長尾景虎を養子に迎えて山内上杉家を継がせた。これが上杉謙信である。

第4章

関東地方の氏族／上杉家

宇都宮家

藤原北家流を自称する武家。豊後の守護になったこともある豊後宇都宮家とは同族。南北朝時代には南朝方についたが、氏綱の代に幕府方に鞍替えし、下野の守護となって北関東に君臨。佐竹家・小山家などとともに「関東八屋形」の一家に数えられるまでになった。鎌倉公方と上杉家の抗争を発端にした享徳の乱で一時期弱体化したが、成綱の代に芳賀家・佐竹家を打ち倒して勢力を盛り返し、最盛期を迎えた。

宇都宮公綱

うつのみや・きんつな

生没年 1302年（乾元1）～1356年（正平11・延文1）

出身 下野国

主君 鎌倉幕府→後醍醐天皇→足利尊氏→後醍醐天皇

死因 病死

◇紀清両党を率いた坂東一の弓取り

鎌倉幕府の御家人・宇都宮貞綱の子。文武両道の猛者といわれ、『太平記』では「坂東一の弓取り」と称されている。

1331年（元弘1）、京を脱出した後醍醐天皇が鎌倉幕府に対して反乱を起こした。天皇は敗れて隠岐へ流されたが、その後も畿内では楠木正成を中心とした悪党が反幕活動を続けていた。1332年（元弘2）、公綱は幕府の命令を受けて、六波羅探題を救援するために上洛し、赤坂城・千早城に楠木正成を攻めた。

翌年、隠岐を脱出した後醍醐天皇が再び挙兵すると、公綱は六波羅探題軍とともに幕府軍として出陣したが、六波羅探題が落ちると大和へ撤退し、さらに鎌倉が天皇方の新田義貞によって制圧されると、公綱は後醍醐天皇に降った。

建武の新政では雑訴決断所の奉行を務め、1335年（建武2）に足利尊氏が天皇に反旗を翻したときには、後醍醐天皇に従って、新田義貞の軍勢に従軍して箱根竹ノ下で尊氏軍と戦ったが敗れ、尊氏に降伏した。その後はそのまま尊氏に従って尊氏の上洛戦に従軍し、洛中の戦いでは三井寺で新田義貞と相対した。

しかし、尊氏軍が天皇軍に敗れて京を撤退して九州に落ちると、公綱は後醍醐天皇の元に帰参した。

1336年（延元1・建武3）、九州から戻ってきた尊氏が京を制圧して室町幕府を開幕し、南北朝の動乱がはじまるが、その後の公綱は一貫して南朝方として行動し、関東における南朝軍の主力として活動した。

1337年（延元2・建武4）、後醍醐天皇の命を受けた鎮守府将軍・北畠顕家が西上を開始すると、公綱は陸奥を進発した顕家を宇都宮城に迎え入れ、顕家とともに武蔵・相模の幕府軍と戦った。1339年（延元4・暦応2）に後醍醐天皇が崩御したあとは、天皇の子・後村上天皇に仕え、1352年（正平7・文和1）には後村上天皇から東国静謐の命を受けるなど、晩年まで南朝のために尽くした。1356年（正平11・延文1）に死去。

公綱は文化にも造詣が深く、最後の勅撰和歌集『新続古今和歌集』（1438年成立）に入選するなど和歌にも秀でていた。

宇都宮氏綱

うつのみや・うじつな

生没年 1326年（嘉暦1）～1370年（建徳1・応安3）
出身 下野国
主君 足利尊氏→足利基氏
死因 病死

◇尊氏に従い軍功を挙げる

関東南朝軍の主力として活動した宇都宮公綱の子。

1335年（建武2）、北条家の嫡流・北条

時行が反乱を起こして鎌倉を一時占拠した。父の公綱は時行討伐軍に従軍、京から下向してきた足利尊氏と合流し、時行討伐に功を挙げた。このとき尊氏が後醍醐天皇から離反すると、公綱は天皇方に残ったが、家臣の芳賀禅可は幼少の氏綱を擁立して尊氏方についた。こうして氏綱は、父と袂を分かつことになる。

1350年（正平5・観応1）、尊氏の右腕として幕政を取り仕切っていた尊氏の弟・足利直義が、幕府執事の高師直と対立し、南朝に降って幕府に反旗を翻した（観応の擾乱）。氏綱は尊氏方につき、直義派の関東武将と戦った。1351年（正平6・観応2）の駿河薩埵峠の戦いでは、直義軍の背後をついて尊氏に勝利をもたらす殊勲を挙げたという。翌年には、上野国那波荘で桃井直常ら直義軍に勝利をおさめ、さらに相模国足柄山でも戦果を挙げた。

関東各地を転戦して直義軍の退路を断った氏綱の戦功は高く評価され、戦後、尊氏から上野と越後の守護に補任された。その後は、幕府の地方機関として機能することになる鎌倉府に仕えることとなる。だが、鎌倉公方・足利基氏は幼少

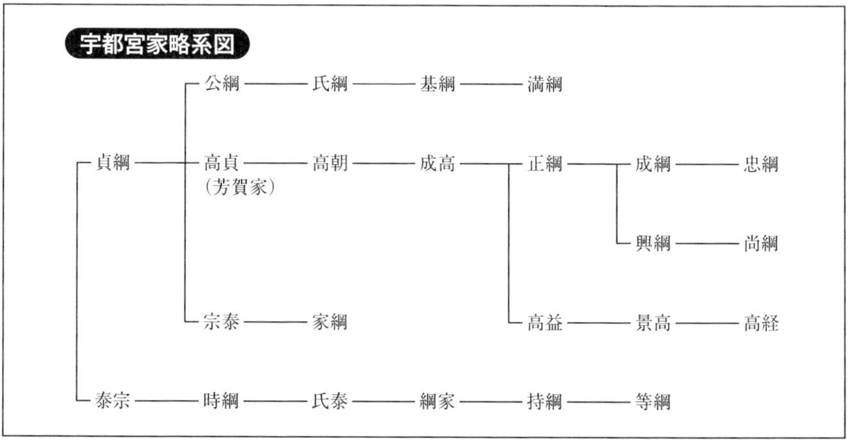

第4章 関東地方の氏族／宇都宮家

宇都宮家略系図

```
          ┌─ 公綱 ─── 氏綱 ─── 基綱 ─── 満綱
          │
貞綱 ─────┼─ 高貞 ─── 高朝 ─── 成高 ──┬─ 正綱 ──┬─ 成綱 ─── 忠綱
          │  （芳賀家）                  │          │
          │                              │          └─ 興綱 ─── 尚綱
          │                              │
          ├─ 宗泰 ─── 家綱              └─ 高益 ─── 景高 ─── 高経
          │
          └─ 泰宗 ─── 時綱 ─── 氏泰 ─── 綱家 ─── 持綱 ─── 等綱
```

217

の頃から直義の補佐を受けていたことから直義に同情しており、没落していた旧直義派を登用しはじめ、高家や宇都宮家など尊氏派の国人を遠ざけはじめた。そして1362年（正平17・貞治1）、尊氏によって追放されていた上杉憲顕が幕府に許されて政務に復帰すると、2代将軍・足利義詮は基氏の意向を受け、憲顕の旧領だった上野と越後の守護職を氏綱から剥奪し、憲顕に与えた。氏綱の家臣・芳賀禅可は、この裁定に激怒して憲顕追討の兵を挙げたが討伐されてしまった。氏綱は基氏に謝罪して許されたが、基氏からの信頼は完全に失ってしまった。

基氏の死後の1368年（正平23・応安1）、氏綱は相模の守護を罷免された河越家ら武蔵平一揆に呼応して蜂起したが、2代鎌倉公方・足利氏満に鎮圧され、守護復帰はかなわず、多くの所領も失った。

宇都宮基綱

うつのみや・もとつな

生没年 1350年（正平5・観応1）～1380年（天授6・康暦2）

出身 下野国

主君 足利氏満

死因 戦死

◇小山氏の乱で若くして戦死

越後・下野の守護・宇都宮氏綱の嫡男。

1368年（正平23・応安1）、父の氏綱が武蔵平一揆に呼応して鎌倉府に反旗を翻したことで、宇都宮家は所領の大半を失ってしまった。しかし、平安時代以来の下野の有力国人である宇都宮家は、下野国内では一目置かれる存在であり、名家としての威厳は保っていた。

そのため、同じく下野の名家で守護を務めていた小山義政と、鎌倉から戻った氏綱・基綱父子とが対立するようになっ

た。さらに、将軍家とも結びつきが強かった小山家のこれ以上の勢力伸張を望まない鎌倉公方・足利氏満が基綱を支援したことで、両家の対立は深刻化した。これに対し、義政は1379年（天授5・康暦1）に、基綱の居城である宇都宮城の南西わずか1里の場所に犬飼城を新たに築いて基綱を挑発した。

そして1380年（天授6・康暦2）、小山義政が宇都宮家領の茂原荘に侵攻したことで、両者の間で戦乱が勃発した。

このとき氏満は義政に対して調停を働きかけていたため、義政の行動は鎌倉府に対する反乱となった。

基綱は多劫家・今泉家など宇都宮一族を糾合して、義政の攻撃に対応したが、義政軍の猛攻を防ぎきれず、鎌倉府からの援軍が到着する前に宇都宮城は落城し、基綱も戦死した。

宇都宮等綱

うつのみや・ひとつな

生没年 1420年（応永27）～1460年（長禄4）

出身 下野国

主君 足利義教→足利義勝→足利義政

死因 病死

◇鎌倉公方と対立した生涯

上総の守護・宇都宮持綱の嫡男。

持綱は上杉禅秀の乱（1416年）の際に、鎌倉公方・足利持氏に味方して功を挙げ、上総守護に任命されて鎌倉に在番していた。しかし、やがて持氏が幕府と対立して権力の拡充に動き出すと、持綱は、それを危惧した幕府により京都扶持衆に任じられて持氏の監視を命じられた。そのため持綱と持氏との関係は悪化し、1423年（応永30）、持綱は持氏によって誅殺されてしまう。

等綱は、そのときわずか3歳だったた

め助命されたが、家督は庶流の宇都宮家綱が継ぐことになり、等綱は諸国を流浪するという厳しい生活を強いられることになった。

1439年（永享11）に、鎌倉府と関東管領が武力衝突した永享の乱で持氏が自害すると、等綱は10年以上ぶりに宇都宮に帰還し、さらに1440年（永享12）の結城合戦で家綱が戦死したため、6代将軍・足利義教によってようやく宇都宮家の当主と認められた。

1449年（文安6）、永享の乱で滅亡した鎌倉府が再興され、持氏の遺児・足利成氏が鎌倉公方に就任したが、成氏は父である持氏を自害に追い込んだ関東管領の上杉家とは折り合いが悪く、1454年（享徳3）、成氏が関東管領・上杉憲忠を殺害し、享徳の乱が勃発した。等綱は成氏討伐を決定した幕府軍に参陣して成氏追討に加わった。1457年（長禄1）、鎌倉を追われた成氏は下総古河に移り古河公方を名乗り態勢を立て直すと、等綱の居城・宇都宮城に攻め寄せた。

関東諸将を味方につけた成氏軍の猛攻に城内から内応者が続出し、等綱は城から追放されてしまう。その後、白河結城家を頼って奥州に落ち、宇都宮に戻ることなく1460年（長禄4）、病没した。

宇都宮成綱

うつのみや・しげつな

生没年 1468年（応仁2）～1516年（永正13）
出身 下野国
主君 足利政氏→足利高基
死因 病死

◇反対派家臣粛清で家中をまとめる

宇都宮正綱の子。1477年（文明9）に正綱が死去したことで家督を継いだ。成綱はまだ幼少だったため、宇都宮家庶流

の武茂家が後見した。しかし、しだいに武茂家が家政を専横するようになったため、父・正綱の実家である芳賀高益が武茂家を征伐し、成綱の権威を確保した。

当時の関東は、古河公方と堀越公方が対立して関東諸将が二分している状況で、さらに1506年（永正3）には古河公方の足利政氏とその子・足利高基が対立し、古河公方内も二分された。

成綱は、娘を高基に嫁がせていた関係で高基派に属すが、一族の芳賀景高（高益の子）は政氏を支持し、宇都宮家中も分裂してしまった。

成綱は、政氏に味方する下野の小山家、常陸の佐竹家、陸奥南部の岩城家らとも対立し、外敵に抗するためにも、成綱は家中の反対派を粛清する必要に駆られた。1512年（永正9）、成綱は芳賀家を攻撃し、1514年（永正11）、芳賀家とその重臣を討滅して、ようやく家中をまとめることに成功した。

1514年（永正11）、佐竹家と岩城家が下野の有力国人・那須家と結び、宇都宮へ攻め寄せた。軍勢の総数は2万に及んだという。

成綱の嫡男・宇都宮忠綱が迎撃にあたり、忠綱は佐竹・岩城・那須連合軍の猛攻にさらされ苦戦を強いられたが、成綱の援軍が間に合い撃退に成功した。

1516年（永正13）、成綱は佐竹家との戦いに勝利して自領を守り、下野国内の宇都宮家の権威を保ったが、同年、宇都宮城で病に倒れ、この世を去った。

しかし、成綱の後を継いだ忠綱は、成綱の弟で芳賀家の家督を継いでいた興綱と対立し、興綱に家督を奪われ、さらにその興綱も芳賀家と不和になって自害に追い込まれるなど、宇都宮家は凋落してしまう。

第4章

関東地方の氏族／宇都宮家

219

宇都宮尚綱

うつのみや・ひさつな

生没年 1513年（永正10）～1549年（天文18）
出身 下野国
主君 足利晴氏
死因 戦死

◇那須家に敗戦し衰退をたどる

　宇都宮興綱の子。1532年（天文1）、父の興綱が、対立していた家臣の芳賀高経・壬生綱房ら重臣のクーデターによって隠居させられたため、尚綱が家督を継いだ。

　しかし、4年後に興綱が彼らによって自害に追い込まれると、尚綱は芳賀家と壬生家を遠ざけるようになった。そして1539年（天文8）、下野の国人・那須家中で、那須政資・那須高資父子が後継をめぐって対立すると、尚綱は常陸の佐竹家・下野の小田家と結んで那須政資を支持し、芳賀家は那須高資を支持する小山家に接近し、宇都宮家は二分された。

　1541年（天文10）、尚綱は芳賀家を攻めて高経を打ち滅ぼし、芳賀家は断絶した。尚綱は、重臣の益子家から益子高定を芳賀家の養子に入れ、以降、家中はまとまった。

　1549年（天文18）、尚綱は古河公方・足利晴氏から那須家討伐の命を受ける。版図拡大をもくろんでいた尚綱は、これを好機とみて2500余騎を率いて、自ら出陣した。

　対する那須家はわずか300騎という少勢だったため、野戦を避けて策をめぐらせ、尚綱軍の進軍途上に伏兵を潜ませた。尚綱は那須家の策略にはまり、本陣を奇襲され、混乱する陣中で尚綱は自ら最前線に出て戦ったが、戦死した。

　尚綱の後を継いだ子の広綱は、当時まだ4歳だったため、壬生家や塩谷家ら重臣に宇都宮城を奪われ、宇都宮家は衰退の一途をたどる。

小山家

藤原秀郷を祖とする関東随一の名門で、下野南部の広領域を有した。鎌倉時代以来下野の守護を務め、室町幕府からも引き続き下野の守護を安堵された。しかし、同じく下野南部で力をもっていた宇都宮家との抗争が勃発し、敗れた小山家はいったん断絶したが、鎌倉公方の足利氏満が名門消滅を惜しんで、同族の結城家から養子を入れることで再興。しかし、享徳の乱にはじまった関東の争乱に巻き込まれ、家中に内訌が起こり没落した。

第4章 関東地方の氏族／小山家

小山秀朝

おやま・ひでとも

生没年 ？〜1335年（建武2）
出身 下野国
主君 鎌倉幕府→後醍醐天皇
死因 自害

◇中先代の乱で没した関東の名族

　小山家は鎌倉時代を通して下野国守護を任された関東地方の名族で、1331年（元弘1）に後醍醐天皇が反幕の兵を挙げたときも、鎌倉幕府軍として笠置山に後醍醐天皇を、赤坂城に楠木正成を攻めた。この戦いは幕府が鎮圧に成功し、秀朝は、捕らえられて下野に配流された後醍醐天皇の側近・洞院公敏を預かることになった。

　1333年（元弘3）に後醍醐天皇の綸旨を受けた上野の新田義貞が挙兵し鎌倉へ迫ると、秀朝は義貞に呼応して天皇方に寝返り、義貞軍に合流して鎌倉攻めに加わった。秀朝は、下総の守護・千葉貞胤とともに武蔵国鶴見で、幕府軍の金沢貞将を撃破する功を挙げ、鎌倉陥落に一役買った。そして、建武の新政下では、下野の守護兼国司に任じられた。

　1335年（建武2）に、北条家一族の北条時行が信濃で挙兵し（中先代の乱）、時行は上野を通って鎌倉を目指した。建武の新政が関東支配のために設置した鎌倉府では、渋川義季や岩松経家などの足利一門が時行の反乱に対峙したが敗北し、鎌倉府長官の足利直義から秀朝のもとに出陣要請が下された。

　しかし、下野から武蔵へ進軍した秀朝は時行軍の前に敗北し、一族郎党数百人とともに、武蔵府中で自害して果てた。

　惣領と多くの家人を失った小山家は存亡の危機に立たされたが、後を継いだ幼少の朝氏を中心に一族がまとまり、建武の新政から離脱した足利尊氏に従うことで危機を乗り越えるのである。

221

小山氏政

おやま・うじまさ

生没年 1329年（元徳1）～1355年（正平10・文和4）

出身 下野国

主君 足利尊氏

死因 不明

◇ 兄と争い尊氏方の態度を鮮明にする

下野の守護・小山秀朝の2男。兄の朝氏に子がなかったことから、朝氏の死後、小山家の家督を継いだ。

1335年（建武2）に足利尊氏が後醍醐天皇に反旗を翻した際、兄の朝氏は建武の新政から離反して尊氏方についた。

しかし、幕府が関東経営のために設置した鎌倉府では、畠山家や高家などの新興勢力が台頭し、朝氏は1339年（延元4・暦応2）に南朝軍制圧のために幕府から派遣された高師冬と対立するようになり、当時常陸にいた南朝の重臣・北畠親房からは帰順要請が届くようになった。

一方の氏政は、あくまで幕府方につくことを主張し、小山家は幕府につくか南朝につくかで分裂含みとなった。この問題は、1346年（興国7・貞和2）に朝氏が早世したことで決着がつき、後を継いだ氏政は、幕府方につくことを表明し、この年、幕府が北朝に馬を献上したときには、氏政も馬1頭を差し出している。

1350年（正平5・観応1）、尊氏と弟の足利直義が対立して直義が幕府に反すると（観応の擾乱）、氏政は尊氏方について宇都宮氏綱らとともに参陣し、駿河薩埵峠で直義軍と戦い、続いて1352年（正平7・文和1）の笛吹峠の戦いでも活躍した。1353年（正平8・文和2）に尊氏が大軍を率いて京に向かった際には、佐竹義篤・結城直光・小田孝朝などの関東国人とともに従軍して上洛した。

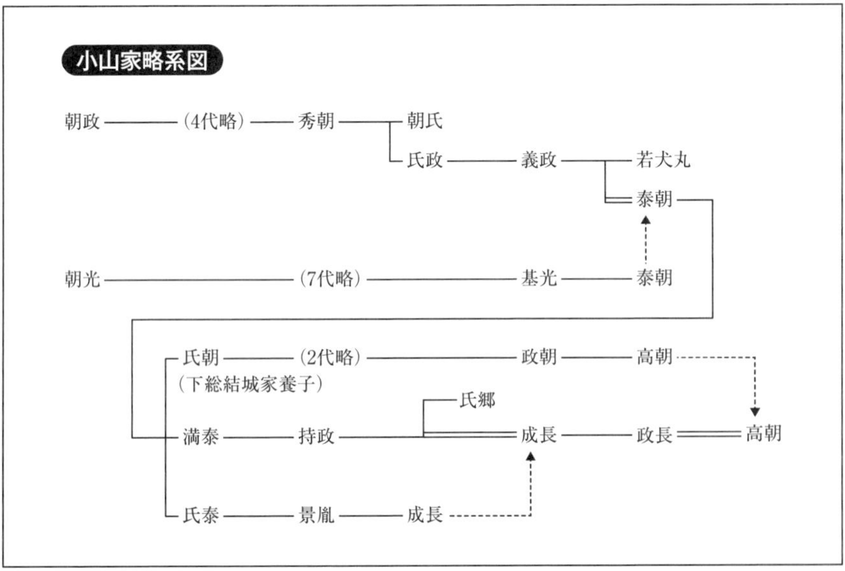

小山家略系図

小山義政

おやま・よしまさ

生没年 ？〜1382年（弘和2・永徳2）
出身 下野国
主君 足利氏満
死因 自害

◇武蔵平一揆鎮圧に功を挙げる

　小山氏政の子。1355年（正平10・文和4）に父が死去したため後を継ぎ、下野の守護に任じられた。当時の関東は、1350年（正平5・観応1）に勃発した足利尊氏・直義兄弟の対立（観応の擾乱）が尾を引き、観応の擾乱終結後もその禍根を残したままだった。

　初代鎌倉公方・足利基氏は尊氏の子だったが、叔父の直義を擁護し、尊氏が死ぬと旧直義派を積極的に登用するようになった。基氏政権下で冷遇されるようになった尊氏方の諸将の不満は高まり、基氏の死の翌年の1368年（正平23・応安1）、足利義満の将軍就任を祝うために関東管領・上杉憲顕が上洛した隙をつき、武蔵で平一揆を結成して蜂起した。

　義政は、鎌倉府方について武蔵平一揆の討伐軍に従軍し、平一揆に呼応して挙兵した南朝軍の新田義宗・脇屋義治らを破る軍功を挙げた。

◇宇都宮家への侵攻で鎌倉公方と対立

　小山家は鎌倉時代初期から下野の守護を歴任した名門だったが、下野には平安時代以来、勢力を張っていた名家・宇都宮家が存在した。宇都宮家は南北朝の争乱で家中が南北に分裂したこともあって、小山家の後塵を拝する形になっていたが、名家としての権威は失っておらず、下野国内では小山家と並ぶ勢力であった。さらに小山家の勢力拡大を望まない鎌倉公方・足利氏満が宇都宮家を支援

したため、義政と宇都宮家の対立は激化し、1379年（天授5・康暦1）には義政が宇都宮家の居城・宇都宮城のすぐ近くに犬飼城を築いて挑発するなど、両家の緊張は高まった。

　そして1380年（天授6・康暦2）、義政は宇都宮領の茂原荘に侵攻し、宇都宮基綱と武力衝突に至った。このとき鎌倉公方の足利氏満からは再三にわたって私闘中止の勧告が届いたが、義政は公方の勧告を無視して基綱を攻め滅ぼしてしまった。これに怒った氏満は、関東8カ国に義政討伐を命じ、義政は、自ら武蔵まで出陣してきた氏満と対峙するが敗れ、降伏した。

　このとき、氏満から出された降伏条件は、所領の大半を没収するという過酷なものだった。そのため義政は鎌倉府に出仕せず、再び氏満の怒りを買って討伐の対象となった。1381年（弘和1・永徳1）、義政は氏満に臣従して出家したが、翌年、再び反旗を翻した。義政は糟尾山に新たに櫃沢城を築城し、ここを拠点として鎌倉軍に対抗したが、同年、城は落城し、義政は糟尾山中で自害した。

　義政の反乱は、この後、義政の嫡男・小山若犬丸に引き継がれ、17年にも及ぶ長い戦いとなる。

小山若犬丸

おやま・わかいぬまる

生没年 ？〜1397年（応永4）？
出身 下野国
主君 小山義政
死因 自害

◇鎌倉公方への反抗に捧げた一生

　下野の守護・小山義政の子。
　1380年（天授6・康暦2）に父の義政が、鎌倉公方・足利氏満の命令を無視し

て宇都宮基綱を攻め滅ぼしたことから、氏満と対立することになり、2年後の1382年（弘和2・永徳2）に鎌倉軍に攻められて自害した。このとき若犬丸は元服前の少年だったが、下野を脱出して陸奥に潜伏した。そして1386年（元中3・至徳3）、若犬丸は下野に戻ってかつての居城・祇園城で挙兵した。

氏満は下野の守護・木戸法季に若犬丸討伐を命じたが、若犬丸は法季軍を迎撃して勝利。これに対し氏満は、自ら下総古河まで出陣して若犬丸の討伐にあたり、敗北した若犬丸は逃亡して、再び身を隠した。このとき氏満は、関東8カ国に触れを出して若犬丸を探させたが、若犬丸を見つけることはできなかった。

若犬丸はその後、小田孝朝を頼って常陸小田城に逃れたが、1387年（元中4・嘉慶1）、小田家が拠った男体城は落城し小田家は敗北。若犬丸は常陸を脱出し、田村庄司家を頼って陸奥南部へ逃れた。

その後も若犬丸は10年に及ぶ逃亡生活を続けたが、1396年（応永3）、鎌倉府方の白河結城家が田村庄司家を攻めて田村庄司は敗北し、若犬丸は逃亡したが、翌年、追い詰められて自害した。

若犬丸の死により、小山家の嫡流は断絶し、その後は一族の結城泰朝が小山家の養子に入って小山家を再興した。

小山持政

おやま・もちまさ

生没年	不詳
出身	陸奥国
主君	足利持氏→足利成氏→足利義政
死因	不明

◇結城家から家督を継ぐ

小山満泰の子。1382年（弘和2・永徳2）の小山義政の乱で小山義政の子・若犬丸が行方をくらませたことで、10世紀以来の関東の名門・小山家の嫡流は絶えた。小山家を滅ぼした張本人である鎌倉公方・足利氏満は、名門家がなくなるのを惜しみ、同族である結城基光の子・泰朝に小山家の名跡を継がせた。持政は泰朝の嫡孫にあたる。

持政が家督を継承したとき、関東では鎌倉公方・足利持氏が幕府からの独立を志向しはじめており、1438年（永享10）についに幕府に反旗を翻した。

持政はこのとき、本家の結城家と袂を分かって幕府側に立ち、持氏の敗死後に結城氏朝が挙兵すると、本家を見限って結城城の包囲軍の一員に名を連ねた。

持政は戦後、恩賞として下野国の守護に補任された。小山家としては、じつに60年ぶりの守護復帰であった。

だが、持氏が死んでも、鎌倉公方と幕府方の関東管領・上杉家の対立が続いた。持氏の跡を継いだ足利成氏は、父・持氏を殺害した関東管領上杉家と対立し、1454年（享徳3）12月、ついに関東管領・上杉憲忠を殺してしまった。これ以降、関東は鎌倉公方派と関東管領派の二派に分かれる戦国時代へと突入する。持政は、今度は鎌倉公方方について活動した。成氏からの信頼も厚く、成氏は「持政を兄弟と思い、その子孫は決して粗略に扱わない」という書状をわざわざ持政に書き送るほどだった。しかし、成氏軍の旗色が悪くなると、小山家中では一族や重臣のなかに上杉方に遁走する者も出てくるようになり、さらに将軍・足利義政からは再三にわたって帰順命令が届いたため、1471年（文明3）、持政はついに幕府・関東管領側に寝返った。

持政の没年は不明だが、幕府方に鞍替えした頃に没したとされる。

小山成長

おやま・しげなが

生没年 不詳
出身 下野国
主君 足利政氏
死因 不明

◇古河公方家の内紛に介入して没落

下総の国人・結城家一族の山川家の出身。下野の守護で、結城家一族の小山持政が継嗣のないまま死去したため、1471年（文明3）頃、成長が持政の養子となって小山家の家督を継いだ。

当時の関東は、古河公方の足利成氏と堀越公方の足利政知が争い、関東管領の上杉家と幕府が堀越公方を支援して、関東国人は二派に分裂して争っていた。小山家は当初は古河公方方として戦ったが、成長が家督相続した頃は幕府に帰順し、上杉家に臣従していた。

1482年（文明14）、成氏と幕府が和睦したことで関東の大乱は終息したが、1487年（長享1）、山内上杉家と扇谷上杉家の対立が激化して、再び関東諸将は両派に分かれて戦いをはじめた。古河公方の足利政氏（成氏の子）は扇谷上杉定正を支持し、成長は政氏方について扇谷上杉軍勢として活動した。しかし、1494年（明応3）に定正が死去すると、政氏は山内上杉家側に鞍替えし、成長も政氏とともに山内上杉を支持した。

両上杉家の戦いはなかなか決着がつかず、さらに1506年（永正3）、古河公方・政氏と、その子・足利高基の間で対立が深刻化したことで、関東情勢は混迷を極めた。成長は引き続き政氏を支持したが、戦況は高基有利に運び、古河城を退去した政氏を成長は小山家の居城である祇園城に迎えた。成長は常陸の佐竹義舜

に救援を求めて、なんとか劣勢を挽回しようとしたが、1514年（永正11）に高基側の宇都宮成綱・結城政朝らの軍勢に敗れ、政氏は古河公方の地位を高基に譲って引退した。

その後、成長は1516年（永正13）に高基方に転身し、子の政長に家督を譲って引退した。

小山政長

おやま・まさなが

生没年 不詳
出身 下野国
主君 足利高基
死因 不明

◇連歌に傾倒して没落を早める

小山成長の嫡男。古河公方家の内紛で、劣勢の足利政氏に加担していた父を諌め、足利高基に転じるよう進言したといわれ、家名断絶の危機を乗り切った。

1516年（永正13）、小山家の支援を失った政氏方は一気に勢力を低下させ、高基が古河公方に正式に就任し、政氏は出家して余生を送った。

政長は小山家内の統一をはかろうとするが、一族や家臣の対立が続きうまくいかなかった。そのうち政長は連歌に傾倒し、連歌会に出席するなどの活動をはじめ、清原宣賢など京の公卿とも交流をもった。しかし、政長が戦乱の時代における当主としての役目をなかば放棄したため、小山家は政長の時代に大きく衰退してしまった。

政長は1530年（享禄3）前後に死去したが、政長には男子がいなかった。そのため、一門の小山小四郎が政長の養子となって家督を継いだ。当時、古河公方では、小山家が支援していた高基が、子の足利晴氏と対立し、小四郎のもとにも高

第4章 関東地方の氏族／小山家

225

基から軍事催促の書状が届けられた。小四郎は高基救援のために出陣するが、晴氏軍に敗れ、高基も最終的に晴氏に家督を譲って引退に追い込まれた。小四郎もこのとき引退を余儀なくされ、小山家は一族の下総結城家から高朝を養子に入れ、高朝が小山家の家督を継ぐことになった。

小山高朝

おやま・たかとも

生没年	1508年（永正5）〜1574年（天正2）
出身	下総国
主君	足利晴氏
死因	病死

◇混乱する家中をまとめ上げる

下総の国人・結城政朝の3男で、1535年（天文4）頃に小山政長の養子に入り小山家の家督を継いだ。

高朝は強力なリーダシップをとり、混乱していた小山家内部の統制に乗り出した。高朝は、6年ほどにわたって大中寺の所領を横領していた家臣の水谷家を攻め滅ぼすなど、反抗的な家臣は武力で抑えこんでいった。そして、太田家など小山家に忠誠を尽くす家臣には所領の安堵や加増を行い、内部の結束を固めた。

また、実家である結城家との連携を強め、周辺諸将と渡り合った。1539年（天文8）、下野の国人・那須家で後継者争いが勃発し、高朝は兄の結城政勝と連合して那須高資を支援し、那須政資を支持した宇都宮俊綱・佐竹義篤・小田政治らと合戦を繰り広げ、宇都宮城を壊滅寸前に追い込んだ。

1547年（天文16）、父の政朝が死去すると、その隙をついて宇都宮家が小山へ攻めてきたが、高朝は兄の結城政勝とともにこれを撃退し、多数の首を討ち取っ

たと伝わる。また、高朝の3男・小山晴朝が政勝の養子に入るなど、高朝と結城家の関係は緊密であった。

1545年（天文14）の河越合戦で、古河公方・足利晴氏は扇谷・山内両上杉家と連合して北条氏康に対抗したが敗れた。北条家は1552年（天文21）に晴氏を廃し、晴氏の子で氏康の甥にあたる足利義氏を古河公方に就任させ、自らは関東管領を称するようになった。

こうした情勢下、兄の政勝は氏康に接近したが、高朝はそれまで緊密な関係を維持してきた晴氏を見限ることができなかった。

しかし、後北条家の権勢が強くなるにつれ、嫡男の秀綱も氏康へ近づき、政勝からもたびたび義氏を支援するように説得された。これに対し高朝は、家督を秀綱に譲って隠居することで抗議の意を示した。

隠居したといっても、高朝は小山家内での影響力は保ち続けたという。

⊖ 那須家

藤原道長の後裔で、下野国那須郡を支配した国人領主。鎌倉時代は御家人の地位を得て、室町時代には幕府機関の鎌倉府に出仕した。守護には任じられなかったが、鎌倉時代以来の名門として君臨し、小山家や大関家などをしのぐ勢力をつけ、「関東八屋形」の一つとなった。1400年代に家中が分裂し、上那須家と下那須家に分裂したが、15世紀はじめに上那須家が滅亡し、下那須家が統一。しかし、その後も家中の内訌が続き、家臣団の台頭もあって関東の小勢力となった。

第4章 関東地方の氏族／那須家

那須資房

なす・すけふさ

生没年	不詳
出身	下野国
主君	足利高基
死因	不明

◇100年ぶりに那須家を統一

鎌倉時代以来の関東の名門として、下野で勢力をもっていた那須家は、鎌倉幕府滅亡時は足利尊氏に従軍し、室町幕府開幕後は鎌倉府に仕えていた。幕府から守護職を与えられることはなかったが、古来の有力国人として勢力を有していた。しかし、14世紀後半から家中で内訌が続き、1416年（応永23）に勃発した上杉禅秀の乱では、一族が二分して矛を交えることとなり、那須家は上那須家と下那須家に分裂してしまった。

16世紀初頭、上那須家の那須資親が嫡子がいないまま死去。上那須家は白河結城家から資永を養子に迎えたが、すぐ後に実子となる資久が誕生してしまったため、両者の間で家督争いが勃発し、その結果、1514年（永正11）に両者共倒れとなって上那須家は滅びてしまった。

このとき、下那須家の当主を務めていたのが資房だった。資房は、嫡男の那須政資に上那須家を継がせて上下那須家を統一し、分裂していた那須家は、資房のもとで統一された。

◇戦国武将の礎を築く

1520年（永正17）、下総の結城顕頼と陸奥南部の岩城常隆の連合軍が、那須家に攻め寄せた。結城・岩城連合軍は、政資の拠る山田城を攻撃したが、政資はわずか300余騎の寡兵でよく守った。資房は、山田城へ援軍として赴き、縄釣台で岩城勢と交戦となった。一進一退の攻防の末、からくも資房の勝利となり、連合軍は撤退した。

ところが翌年、結城家と岩城家は、下野の宇都宮家と小田家と結んで再び那須家に攻め込んだ。兵を増やした連合軍は

227

山田城を落とし、資房の拠る烏山城へと軍を進めた。しかし、資房が奮戦して烏山城はなかなか落ちず、常陸の有力国人・佐竹家の仲介を得て、政資が岩城常隆の娘を正室に迎えることで和議が成立し、資房は危機を脱した。

その後、資房は上那須家の家臣と下那須家の家臣との縁組を進めて那須家中の団結をはかった。また、宇都宮一族の茂木家や佐竹家とも縁組し、内外の憂慮を取り除いていった。この時期に統一がはかれたことで、那須家は戦国時代を生き残っていくことができたとされる。

那須政資

なす・まさすけ

生没年 ？〜1546年（天文15）
出身 下野国
主君 足利晴氏
死因 不明

◇ 那須家が再び分裂

那須資房の嫡男。当時の那須家は上那須家と下那須家に分裂しており、分裂していた上下那須家の統一をはかるため、父の資房によって上那須家に送り込まれ、上那須家を継いだ。父・資房の隠居後には下那須家の家督も相続し、政資の代に那須家は名実ともに統一された。

政資は父・資房とともに那須家の旧領

確保と勢力の拡大をはかり、陸奥南部の岩城常隆の娘を正室に迎えて北方の脅威を取り除くと、父の代から対立していた下野の宇都宮家との和睦を画策した。

しかし、嫡男の那須高資が宇都宮家との関係融和に反対し、重臣の大関宗増が高資に同調したため、那須家中は政資派と高資派の二派に分裂してしまった。

そして1539年（天文8）、ついに両者は武力衝突に至った。政資は、常陸の佐竹家と宇都宮家の協力を取りつけて、高資の拠る烏山城に攻め寄せた。

一方、高資は小山家と結んで政資軍と対峙し、政資軍は攻め切れないまま年をまたいで布陣した。しかし、長陣を嫌った佐竹軍が帰国してしまい、また結城家の侵攻を受けた宇都宮軍も領国に戻り、政資は1544年（天文13）頃に高資に家督を譲ることを条件に和睦し、政資は隠居した。その結果、那須家と宇都宮家との対立は続き、那須家の影響力は徐々に低下していくことになる。

那須家略系図

```
資之 ── 氏資 ─── 資親 ─── 資久
      （上那須家）
                        ═══ 資永

      資重 ── (2代略) ── 資房 ── 政資 ── 高資
    （下那須家）
```

228

那須高資

なす・たかすけ

生没年 ？〜1551年（天文20）
出身 下野国
主君 特になし
死因 暗殺

◇合戦に明け暮れ、最後は暗殺の悲運

那須政資の嫡男。

高資は、領内安定化のために近隣諸国と姻戚関係を結び続ける父・政資の融和策に不満をもっていた。それに同調したのが、那須家古参の重臣でもあった大関宗増だった。

高資と宗増は、陸奥南部の岩城家や下総結城家、下野の小山家らと手を結び、1539年（天文8）、宇都宮家と結ぼうとする父・政資に反発して父に対して反旗を翻した。烏山城で政資軍を迎え撃った高資は、1年以上にわたって籠城を続け、ついに家督を譲ることを条件にした和議を結ぶことに成功した。

高資は、当時勢力を伸ばしはじめていた小田原北条家と意を通じたことから、小田原北条家と敵対していた宇都宮家とも反目することになった。そして1549年（天文18）、古河公方・足利晴氏と結んだ宇都宮尚綱が那須領に侵攻し、両軍の争いが勃発した。

2000余騎の大軍で攻め寄せた尚綱・晴氏連合軍に対し、高資は300余騎の兵力で迎撃にあたり、五月女坂の戦いで尚綱を討ち取ることに成功したことで連合軍は崩壊。高資は勢いに乗じて塩谷郡東部にまで所領を拡大した。

しかし、当主を討たれた宇都宮家が反撃に転じ、尚綱の後を継いだ宇都宮広綱は、那須家の重臣だった大田原綱清に内応を仕掛け、高資は千本城で暗殺されて

しまった。

その後の那須家は、大田原氏の主導で動くようになり、豊臣秀吉の小田原攻めに遅参したことで改易となり、那須家の歴史は幕を閉じるのである。

第4章

関東地方の氏族／那須家

229

新田家

上野国新田軍世良田を本貫地とし、上野地方に大きな勢力を保持した足利一門。同じく関東北部に勢力をはった岩松家・世良田家は同族。義貞の代に鎌倉幕府滅亡があり、鎌倉陥落の立役者となった義貞が後醍醐天皇の信頼を勝ち取り権勢を得た。しかし、同族の足利尊氏が後醍醐天皇に反旗を翻すと、尊氏と対立して義貞は戦死。後裔は南朝方について幕府と徹底的に対立したため、やがて新田家は没落した。

新田義貞
にった・よしさだ

生没年 1301年（正安3）〜1338年（延元3・暦応1）
出身 上野国
主君 北条氏→後醍醐天皇
死因 戦死

◆幕府に反して鎌倉を陥落させる

足利家一門に連なる上野の国人で、鎌倉幕府の御家人。新田家は岩松家・世良田家・江田家・大館家など多くの庶家をもっていた。

1331年（元弘1）、後醍醐天皇が倒幕の兵を挙げたが敗れ、天皇は隠岐に流された。しかし、天皇に呼応した河内の悪党・楠木正成は逃げ延び、翌年11月、天皇の皇子・護良親王とともに再び倒幕の兵を挙げた。そのとき義貞は京都大番役として在京しており、幕命を受けて正成討伐のために河内へ進軍した。しかし義貞は翌1333年（元弘3）3月、隠岐を脱出

して伯耆に上陸した天皇から倒幕の綸旨を受け取ると、仮病と偽って上野へ帰国した。

同年、天皇軍討伐のための資金を調達するために、幕府は全国に「有徳銭」の徴収を命じ、上野にも紀親連と黒沼四郎という2人の幕臣が徴税に訪れた。しかし、両名の振る舞いが無法に過ぎたため、帰国したばかりの義貞は黒沼を斬殺し、親連を拘留した。当時の上野は幕府高官の長崎家が守護を務めていたため、義貞の反幕行為はすぐに鎌倉に通報され、幕府の追討対象となった義貞は、同年5月8日、弟の新田義助・一族の大館宗氏・堀口貞満・岩松経家・江田行義・桃井尚義らとともに、上野で幕府に背いて挙兵した。前日には、後醍醐天皇側に寝返った一門の大将・足利尊氏が六波羅探題を攻め落としていた。

倒幕の兵を挙げた義貞は東山道を西進し、途中で里見家・鳥山家ら越後を拠点にしていた一族と合流し、さらに尊氏の

230

子・足利義詮（当時は千寿王）を擁した足利軍を内包して、新田軍は数万という大軍となって武蔵に侵攻した。義貞軍は久米川の戦いで幕府方の長崎高重軍を破ったが、分倍河原の戦いで北条泰家軍に敗れ、いったん狭山まで撤退した。ここに、相模の御家人・三浦義勝が幕府を裏切って松田家・土肥家・本間家・渋谷家ら相模の国人を率いて義貞軍に合流すると、義貞はすぐさま分倍河原に急襲をかけて泰家軍を破り、義貞軍は一気に鎌倉へ攻め寄せた。

義貞は鎌倉を攻撃する際に軍を3軍に分け、大館宗氏・江田行義軍を極楽寺方面へ、堀口貞満軍を巨福呂坂へ、義貞率いる本隊は化粧坂へ進軍した。幕府方は金沢貞将率いる安房・上総軍が化粧坂の守りについた。合戦は、巨福呂坂で執権の赤橋守時（尊氏の義兄）を自害に追い込むなど義貞軍が優位に進めたが、極楽寺坂では新田軍大将の大館宗氏が敗死するなど苦戦を続けた。義貞は極楽寺坂方面軍を助けるために進路を変え、干潮を利用して稲村ヶ崎を突破し、幕府軍を破って鎌倉市街へ突入した。義貞は周辺に次々と火を放って幕府軍を追い込み、1333年（元弘3）5月22日、北条高時以下一族郎党283人が自害し、義貞の奮闘によって、鎌倉幕府はついに滅亡した。

◇尊氏率いる北朝勢と戦い越前で戦死

鎌倉幕府を滅ぼした義貞は、北条軍の残党刈りを行うなど鎌倉を制圧したが、京の尊氏が細川和氏・細川頼春・細川師氏を鎌倉に派遣すると、足利軍と新田軍が対立しはじめた。義貞は両軍の対立を回避するために上洛し、鎌倉は尊氏の支配下に入った。

後醍醐天皇に出仕した義貞は、上野・越後・播磨の国司に任じられ、弟の新田義助は駿河の国司に任じられた。また、

第4章　関東地方の氏族／新田家

新田家略系図

```
義重 ┬ 義俊
     │ （里見家）
     │
     ├ 義範 ― 義節 ―― 重国
     │              （山名家）
     │
     ├ 義兼 ―(2代略)┬ 政氏 ――――(2代略)┬ 義貞 ┬ 義顕
     │              │                    │      ├ 義興
     │              │                    │ 義助 ― 義宗 ― 満純
     │              │                  （脇屋家）       （岩松家）
     │              ├ 家氏 ― 宗氏 ― 氏明
     │              │ （大舘家）
     │              │
     │              └ 家貞 ― 貞義
     │                     （堀口家）
     │
     └ 義季 ―――― ○ ┬ 有氏 ― 行義
                      │              （世良田家）
                      └ 満氏
                       （江田家）
義康
（足利家）
```

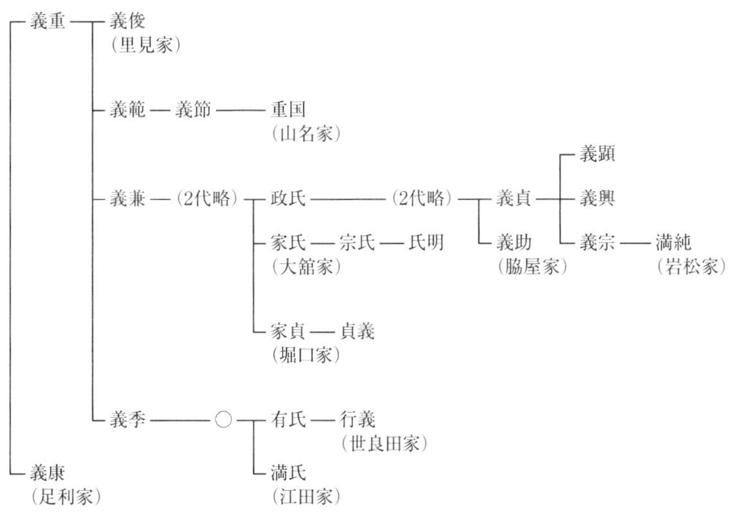

義貞の子・新田義顕が武者所一番頭人に任じられたほか、堀口貞義が二番頭人に、江田行義が三番頭人に、脇屋義治が五番頭人になるなど、新田一族は建武の新政下で重用された。

1335年（建武2）、北条高時の遺児・北条時行が信濃で挙兵し、上野を経由して鎌倉に攻め寄せ、鎌倉を守っていた足利直義らを追い落として鎌倉を制圧した。在京していた尊氏は、天皇の許しを得ないまま出陣し、時行の反乱を制圧したあと、帰京命令を無視して鎌倉に居座った。そして尊氏は、天皇に対して義貞誅滅の書状を送った。義貞は護良親王を殺害した尊氏こそ謀反人であるとして朝廷に奏請し、朝廷は義貞に尊氏追討を命じた。同年11月、義貞は一族のほかに甲斐武田家・豊後大友家・周防大内家ら数万の兵を率いて東下し、三河・遠江・駿河で尊氏軍に連勝し、箱根へ攻め寄せた。しかし、塩冶高貞らの寝返りや、脇屋義助軍の敗北などがあり、義貞は箱根から撤退した。このとき義貞の家臣が、追撃してくる尊氏軍の進行を止めるために、天竜川の橋を壊そうとした。これに対し義貞は、勝ちに乗じた軍勢は架橋するにも時間をかけないほど勢いをもっているものであり、橋を落として慌てて逃げ帰ったと言われては末代の恥辱であると言って、橋をそのままに撤退したという。

翌1336年（延元1・建武3）正月、京に侵攻してきた尊氏軍に対し、義貞は摂津山崎で迎撃したが敗れ、尊氏は京へ侵入し、後醍醐天皇は比叡山へ逃れた。義貞は、奥州から大急ぎで西上してきた北畠顕家軍と合流し、尊氏の拠点である園城寺を攻めて尊氏軍を破り、尊氏を丹波へ追いやった。尊氏は播磨を経て九州へ落ちたが、その途次で光厳天皇を擁立して

義貞追討の宣旨を受け取り、義貞は北朝方の朝敵となった。

義貞は同年3月、播磨に兵を進めて尊氏方の赤松軍を攻めたが、赤松軍の激しい抵抗にあって5月に撤退。そこに九州から尊氏軍が襲来し、義貞は楠木正成とともに湊川で尊氏軍を迎え撃ったが敗れて正成は戦死し、義貞は京へ逃げ帰った。その後も敗勢を挽回できず、尊氏の入京を許し、義貞は後醍醐天皇とともに比叡山に敗走した。

後醍醐天皇はここに至って尊氏と和睦し、同年10月に下山して入京し、一方の義貞は天皇の皇子・尊良親王と恒良親王を擁して越前に下り、金ヶ崎城に入城した。その2カ月後、天皇は京を出奔して吉野に入り、南朝を開いた。

当時の越前は、建武の新政下で国司に任じられた義貞の弟・脇屋義助と、越前守護に任じられた新田一族の堀口貞義が勢力を伸ばしていたが、尊氏方の越前守護・斯波高経が急速に勢力を拡大していた。高経は仁木頼章、高師泰ら尊氏方の主力武将の救援を得て金ヶ崎城に攻め寄せ、1337年（延元2・建武4）、金ヶ崎城は落城した。義貞は直前に城を脱出したが、尊良親王と義貞の嫡男・新田義顕らが自害し、恒良親王は捕らえられて京に送られた。

越前杣山城に入った義貞はなんとか勢力を回復させ、1338年（延元3・暦応1）、再び上洛戦を開始した北畠顕家に呼応する形で越前に挙兵し、尊氏方の黒丸城を落として高経を破った。しかし、尊氏軍の主力が陣取る近江を避けた顕家が伊勢に迂回したため、義貞は顕家軍に合流することができなかった。

黒丸城を落とした義貞は越前国府を攻略して気勢を上げ、高経方の平泉寺衆徒

が籠もる藤島城を包囲したが、合戦の最中に弓を射られて戦死した。その1カ月後、後醍醐天皇が吉野で崩御した。

脇屋義助

わきや・よしすけ

生没年 1305年（嘉元3）～1342年（興国3・康永1）
出身 上野国
主君 後醍醐天皇
死因 病死

◇ 兄とともに鎌倉幕府滅亡の大殊勲

新田義貞の弟。「脇屋」は、義助が住んでいた上野新田郡脇屋荘に由来する。

1333年（元弘3）、配流先の隠岐を脱出した後醍醐天皇が倒幕の兵を挙げると、兄の義貞とともに呼応して上野で挙兵、途中で越後・甲斐一党と合流して武蔵へ侵攻し、分倍河原の戦いで幕府軍を打ち破り、鎌倉幕府の本拠地である鎌倉に攻め入った。義助は鎌倉攻めの副将軍として従軍し、幕府軍と激戦を繰り広げた。義助と対峙したのは、北条一族の金沢貞将だった。貞将の守りは堅く、義助も攻めあぐんだが、義貞が稲村ヶ崎を突破して鎌倉へ侵入すると、幕府軍は総崩れとなり、義助もついに貞将を敗走させて鎌倉へ入った。

鎌倉市街でも幕府軍との猛烈な戦は続くが、得宗の北条高時を自害に追い込んで鎌倉幕府を滅亡させた。

鎌倉を制圧後、兄の義貞とともに上洛して後醍醐天皇に拝謁。天皇による建武の新政下では、駿河と越前の守護に任じられ、武者所の役人として登用されるなど重用された。

1335年（建武2）、北条高時の遺児・北条時行が信濃で挙兵し、鎌倉を一時制圧した。時行の反乱を鎮圧するために鎌倉

へ出陣した足利尊氏は、反乱鎮圧後も鎌倉に居座り、同年、後醍醐天皇に反旗を翻した。義助は兄・義貞とともに後醍醐天皇に忠誠を誓い、以降は尊氏軍との抗争を繰り広げることになる。

翌1336年（建武3）、鎌倉から西上した尊氏軍が京に乱入すると、義貞や楠木正成らとともに戦い、尊氏軍を九州へ敗走させると、尊氏方の赤松則村を討伐するために播磨・備前へ兵を進め、備前三石城・備後福山城を攻め立てた。

しかし、赤松軍の籠城戦の前に城を落とせず、三石城の攻略途中に尊氏が九州で再挙、再上洛してくるとの報せを受けて撤退、摂津湊川で義貞と合流し、ここで尊氏を迎撃することになった。

しかし、湊川の戦いでは、楠木正成軍との連携がうまくいかずに惨敗を喫し、これを契機に後醍醐天皇軍は京都を追われ、後醍醐天皇は吉野へ、義助は義貞とともに越前へ落ちた。

義貞・義助兄弟は越前の金ヶ崎城を拠点に尊氏軍と対峙したが、1337年（延元2・建武4）に高師泰・斯波高経軍に攻められ、義助と義貞が救援を頼みに城を出たすきに金ヶ崎城は落城し、さらに翌年、義貞も越前藤島の戦いで戦死してしまった。越前新田軍の大将となった義助は、黒丸城を奪還するなど奮戦したが、翌年には越前を離れて美濃に入り、やがて大和に入って吉野の天皇軍に合流した。

1342年（興国3・康永1）、伊予で幕府軍と対峙していた大館氏明から吉野に、援軍の派遣の要請があり、義助は四国南朝軍の大将として四国に渡り、讃岐の細川軍を破って伊予に入った。しかし、その直後に突然病に倒れ、同年5月、伊予の国府で病没した。

第4章
関東地方の氏族／新田家

233

新田義顕

にった・よしあき

生没年	?～1337年（延元2・建武4）
出身	不明
主君	後醍醐天皇
死因	自害

◇ 倒幕に功あった義貞の嫡男

新田義貞の嫡男。1333年（元弘3）、父・義貞が後醍醐天皇の倒幕の綸旨に呼応すると、父とともに鎌倉攻めに従軍し、鎌倉の制圧に戦功を挙げた。後醍醐天皇による建武の新政が開始されると、義顕は武者所一番方の頭人に任じられ、新政府の重臣として重用された。

1335年（建武2）に同族の足利尊氏が後醍醐天皇に反旗を翻すと、父・義貞とともに後醍醐天皇側につき、尊氏軍との抗争がはじまった。翌年、九州に逃れていた尊氏は光厳上皇の新田義貞追討の院宣を手に東上し、摂津湊川で新田・楠木軍と衝突した。義顕は義貞とともに尊氏軍を迎え撃ったが、楠木正成が尊氏軍に敗れ、新田軍は京へ撤退して後醍醐天皇を比叡山に逃し、京に乱入してきた尊氏軍と戦ったが、名和長年らが戦死するなど惨敗を喫し、義顕は比叡山へ逃亡した。

その後、義顕は義貞とともに、後醍醐天皇の皇子である恒良親王と尊良親王を奉じて越前に下り、越前金ヶ崎城を本拠として幕府軍と対峙した。

金ヶ崎城に入った義顕は、義貞の命を受けて、杣山城主の瓜生保に援軍を頼みに城を出て、南朝方への参戦を約束させたが、瓜生は越前守護の斯波高経に寝返ってしまうなど、新田軍は徐々に追い詰められていった。

1337年（延元2・建武4）、尊氏は義貞討伐のために斯波高経を大将にして高師泰・今川頼貞・仁木頼章らの軍勢を派遣し、幕府軍が金ヶ崎城を包囲した。新田軍は籠城戦を強いられ、兵糧が欠乏したところ、瓜生保が再び新田軍に寝返って兵糧救援に出陣したが、瓜生軍は斯波軍に迎撃されて全滅し、義貞は弟の脇屋義助らとともに新たな援軍を頼みに城を脱出した。

しかし、義貞の援軍が到着する前に、幕府軍が金ヶ崎城に総攻撃をかけ、城は落城。義顕は恒良親王を城外に逃したあと、尊良親王にも逃亡を勧めたが、尊良親王がこれを拒絶したため、ともに自害して果てた。

新田義興

にった・よしおき

生没年	1331年（元弘1）～1358年（正平13・延文3）
出身	不明
主君	後村上天皇
死因	戦死

◇ 義貞の子として戦場へ

新田義貞の2男。庶子だったため、父・義貞からは遠ざけられていたという。南朝の東国方面最後の砦として、最期まで南朝に殉じた。

1337年（延元2・建武4）、兄の新田義顕が越前金ヶ崎城の戦いに敗れて自害し、同年、父の義貞も幕府軍に敗れて戦死した。義興は正室の子ではなかったため、新田家を継いだのは弟の新田義宗だった。その後は幼年の義宗を連れて越前・武蔵・上野などに潜伏した。

1352年（正平7・文和1）、足利尊氏・直義兄弟の抗争である観応の擾乱が勃発し、直義が鎌倉で殺害されるという事件が起こった。

義興はこの機をとらえ、弟の義宗、従兄弟の脇屋義治（脇屋義助の子）とともに一族を率いて上野で挙兵した。後村上天皇（後醍醐天皇の子）から尊氏討伐の綸旨を受け取った義興は、関東各地に軍事催促を触れ回り、南朝方の国人衆のほか、旧直義配下の上杉憲顕をはじめとする諸将を加えて鎌倉に向けて進軍した。

幕府方の上野の守護代・芳賀高貞軍を打ち破った義興は、鎌倉から迎撃にきた尊氏自ら率いる軍勢と武蔵小手指原で衝突、尊氏を自害寸前まで追い詰めるほどの完勝を収めた。

義興はさらに尊氏軍を追撃したが、尊氏方の仁木頼章・義長兄弟の軍勢に敗れ、義宗・義治軍と離れ離れになってしまう。しかし、義興はさらに兵を進め、旧直義派の石塔頼房と合流する幸運も得て鎌倉に乱入、鎌倉公方・足利基氏を追い落として、ついに鎌倉を占拠した。しかし、その頃、笛吹峠に布陣していた義宗・義治軍に、態勢を立て直した尊氏軍が襲いかかり、劣勢となった上杉憲顕軍が信濃へ撤退、義宗と義治は越後へ逃走し、従軍していた関東の国人たちも領国へ帰ってしまった。

笛吹峠の戦いで義宗軍が敗北したことを知った義興は鎌倉を放棄して、相模国府津山へと撤退した。

その後、再起をかけて再び武蔵に潜伏した義興だったが、1358年（正平13・延文3）、関東管領・畠山国清が放った刺客のだまし討ちにあい、多摩川矢口渡で討死した。

新田義宗

にった・よしむね

生没年	？～1368年（応安1・正平23）
出身	越後国
主君	後村上天皇
死因	戦死

◇仇敵尊氏を自害寸前に追い込む

新田義貞の3男。1337年（延元2・建武4）に兄の新田義顕が金ヶ崎城の戦いで自害すると、家督を継いだ。当時、義宗は10歳に満たない幼年だったため、その後、異母兄の新田義興とともに潜伏することになった。

1352年（正平7・文和1）、足利尊氏の片腕として幕府の重職を占めていた尊氏の弟・足利直義が、尊氏と対立して鎌倉で殺害されると、幕府の出先機関である鎌倉府から直義派の諸将が駆逐され、鎌倉府は一時的に弱体化した。この機をとらえた義宗は、兄の義興とともに上野で挙兵した。

吉野の後村上天皇から尊氏討伐の綸旨を得た義宗軍のもとには、関東各地の国人衆が参戦し、旧直義派の諸将も加わって、一行は鎌倉へ兵を進めた。

一方の幕府軍は、鎌倉にいた尊氏自らが軍を率いて出陣し、両軍は武蔵小手指原で激突した。義宗軍には、鎌倉府執事（のちの関東管領）を務めた上杉憲顕が加わっており、上杉軍の奮戦もあって新田軍は、尊氏を自害寸前まで追い込む勝利を収めた。

義宗は兄の義興とともに尊氏軍をさらに追撃したが、途中で義興と離れ離れになってしまい、義宗はいったん撤退して笛吹峠に陣を敷き直した。その頃、義興は鎌倉に攻め入り、鎌倉公方の足利基氏を追い落とす完勝を収めて鎌倉を占拠し

ていた。

　しかし、義宗のもとには、義興軍による鎌倉制圧の知らせは届かず、義興の帰りを待っていた義宗軍に、態勢を立て直した尊氏軍が攻め寄せた。戦局は尊氏軍の有利に進み、新田軍からは、尊氏方へ寝返るものも出はじめた。義宗は自ら鎧兜を脱ぎ、馬の鞍をおろして休息して、陣営の動揺を鎮めようと大将としての器を見せつけた。

　だが、尊氏軍の大軍を目の当たりにした上杉憲顕軍が戦線を離脱すると、義宗軍は混乱をきたして、義宗も越後への敗走を余儀なくされた。

　その後、鎌倉を撤退してきた義興と合流し、再挙の機会をうかがったが、1358年（正平13・延文3）に義興が武蔵で謀殺されると上野へ撤退し、従兄弟の脇屋義治（脇屋義助の子）と合流した。

　1368年（正平23・応安1）、足利基氏政権下で冷遇されていた関東の国人衆が、基氏の死を契機にいっせいに蜂起した（武蔵平一揆）。このとき義宗は義治とともに平一揆に呼応して越後で挙兵し、上野へ兵を進めて鎌倉軍と対峙した。義宗軍は50余日のゲリラ戦で幕府軍を悩ませたが、同年、沼田荘の戦いで鎌倉軍に討ち取られた。

⊜ 桃井家

足利家の一門で、上野国桃井荘を本貫地とした。新田義貞とともに鎌倉攻めに参加して戦功を挙げ、後醍醐天皇と足利尊氏が対立すると、尊氏方についた。室町幕府創設以降は足利直義に近く、3カ国の守護に任じられるなど室町幕府創成期の重臣として活躍した。直義が兄の尊氏と袂を分かつと直義党の主力として尊氏と対立したため、直義の死後は家勢はふるわなかった。南北朝合一後は庶家が幕府の奉行衆となって幕政に復帰した。

第4章
関東地方の氏族／桃井家

桃井直常

もものい・ただつね

生没年	不詳
出身	上野国
主君	足利尊氏→足利直義→足利基氏
死因	不明

◇高師直との対立

1335年（建武2）、足利尊氏が後醍醐天皇に反して兵を挙げ、翌年初頭に入京すると、南朝の鎮守府将軍として陸奥にいた北畠顕家は急ぎ上洛して新田義貞・楠木正成ら南朝の主力軍と合流して尊氏を九州に敗走させた。顕家は翌年、再び奥州平定をめざして東国へ下向したが、そのとき直常は下野・常陸周辺で、顕家軍と衝突した。

その後も幕府軍としておもに関東で戦い、1338年（延元3・暦応1）には美濃青野原の戦いで再び顕家と対峙した。この戦いでは直常ら幕府軍が敗れるも、顕家軍にも大きなダメージを与え、以降の戦局を有利に導いた。

いったん伊勢に退いた顕家が、京都を目指して大和に入ると、直常は高師直らとともに奈良の般若坂で顕家軍を迎撃し、直常は顕家を敗走させる殊勲を立てた。このときの戦功が認められ、同年、若狭の守護に補任された。

その後も尊氏にしたがい各地で南朝軍と戦って戦功を挙げ、1340年（興国1・暦応3）に伊賀の守護、1344年（興国5・康永3）には越中の守護に任じられた。

1349年（正平4・貞和5）、尊氏の弟・足利直義と、幕府執事の高師直が対立すると、直義方についた。このとき尊氏が師直を支持したため、幕府は尊氏派と直義派に分裂し、直常は斯波高経や細川顕氏らとともに直義派の主力をなすことになる。

◇直義派の武闘派として活躍

1350年（正平5・観応1）、師直のクーデターによって政権から外された直義が京を脱出し、翌1351年（正平6・観応2）

237

初頭、尊氏と師直が、直義の養子で九州方面を転戦していた足利直冬を討伐するために京を出陣すると、その隙をついた直義が7000余騎を率いて京に乱入した。このとき直常は、領国越中のほか加賀・能登などで兵を糾合して直義軍に合流し、尊氏方の佐々木道誉軍を打ち破る殊勲を挙げた。直義軍は、山名時氏・小笠原政長らを尊氏軍から寝返らせることにも成功して、ついに尊氏を降伏させ、直義が幕政を握った。直常は、直義政権下では引付方頭人に任命され、幕政の中枢をになうことになった。

しかし、尊氏が復権を目指して諸将を糾合して直義を圧迫しはじめると、直義は直常ら与党を率いて越前へ逃れた。

その後、直義一党は鎌倉に入ったが、南朝と和睦した尊氏が自ら指揮をとって鎌倉に侵攻して制圧すると、直義が殺害されてしまった。直常は直義の死後も尊氏に臣従せず、関東から北陸にかけて転戦し、尊氏軍と戦った。

1354年（正平9・文和3）、直常は反尊氏派の主力として山陰方面で戦っていた山名時氏や、中国地方の大勢力であった大内弘世らと共闘して、南朝軍とともに入京し、京を制圧した。しかし、すぐに幕府軍の反撃にあい、翌年には京を離

れ、再び信濃・越中方面に落ちていった。

その後は直義に同情的だった鎌倉公方・足利基氏の庇護を受けて鎌倉に入ったが、1367年（正平22・貞治6）の基氏の死後、出家して幕府に帰順した。

同年、将軍・足利義詮が死去すると、再び幕府に反旗を翻して越中で兵を挙げたが、越中守護・斯波義将に敗れた。1369年（正平24・応安2）には再挙して能登を攻めたが、能登の守護・吉見家との戦いに敗れて飛騨へ撤退し、そのまま消息を絶った。

桃井直信

もものい・ただのぶ

生没年 不詳
出身 不明
主君 足利尊氏→足利直義→足利義詮
死因 不明

◇新田義貞討伐に功を挙げる

桃井貞頼の子で、桃井直常の弟。兄の直常とともに足利尊氏にしたがって後醍醐天皇方と戦った。

1337年（延元2・建武4）、南朝軍の新田義貞が、後醍醐天皇の皇子である恒良親王と尊良親王を奉じて越前金ヶ崎城に入った。金ヶ崎城は同年落城したが、義貞は弟の脇屋義助とともに脱出し、翌年

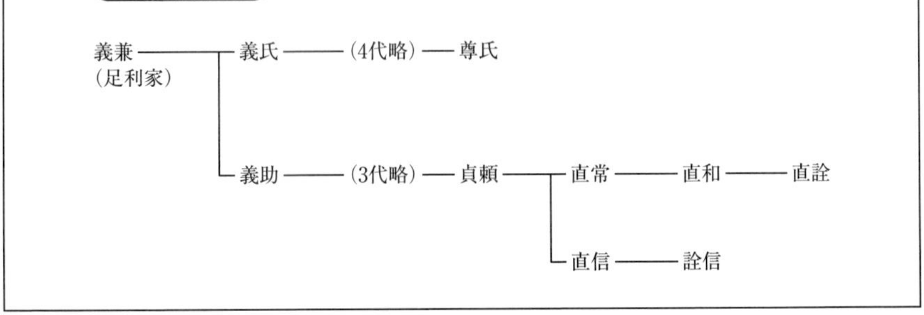

桃井家略系図

```
義兼 ─────┬── 義氏 ──── (4代略) ── 尊氏
(足利家)  │
          │
          └── 義助 ── (3代略) ── 貞頼 ─┬── 直常 ── 直和 ── 直詮
                                        │
                                        └── 直信 ── 詮信
```

再挙して金ヶ崎城を奪還した。直信はこのとき斯波高経軍と合流して金ヶ崎城攻めに参加した。

同年には兄の直常とともに、京に入った北畠顕家軍と戦った。

尊氏と足利直義の間で発生した幕府の内訌が武力闘争に発展した観応の擾乱では、直義派につき、兄と行動をともにして各地を転戦して尊氏派と戦った。

1367年（正平22・貞治6）に直常が幕府に帰順すると、直信もこれにしたがい幕府に降り、越中守護に補任された。

しかし、翌年2月に直常が京を出奔して越中に下ってくると、前越中守護・斯波義将が幕政に復帰したこともあって、同年8月に越中守護を解任された。

その後は再び京に復帰したが、幕政には関与できないまま死去した。没年は不明。子の桃井詮信は2代将軍・足利義詮に仕え、子孫はその後室町幕府の奉公衆となったと伝わる。

桃井直詮

もものい・なおあきら

生没年 1403年（応永10）〜1480年（文明12）

出身 不明

主君 足利義政

死因 病死

◇幸若舞の祖となった桃井家嫡流

桃井直和の子で、桃井直常の孫とされる。能や歌舞伎の原型とされる幸若舞の祖。幸若舞という名は、直詮の幼名が「幸若丸」だったことにちなむ。

1412年（応永19）に父・直和が没したため、4代将軍・足利義持の直臣となっていた一族の桃井詮信を頼って上京し、その後、比叡山の光林房に入った。

直詮はそこで音声学を学んだ。『八島

の軍』という草子（源平合戦の屋島の戦いを題材にしたもの）に曲節をつけて歌ったところ、それが学侶の目に止まり、後小松上皇に召されるまでになった。

その後、上皇のもとで数曲を集め、これが幸若舞のはじまりとなる。

直詮は後花園天皇にも召され、大夫の称号を受け、のちには幕府にも出仕するようになった。一時、8代将軍・足利義政の不興を買って逼塞したが、1465年（寛正6）に赦免され、義政とともにその弟・足利義視にも仕え、管領家の細川勝元の扶持を受けた。

1467年（応仁1）、応仁の乱が勃発すると、京を離れて越前に下向し、越前守護代の朝倉家の庇護のもとに入った。

その後は越前にとどまり、1480年（文明12）に同地で死去した。

白井長尾家

越後と上野の守護だった山内上杉家の家臣で上野守護代だった上野長尾家の支流。上野長尾家とともに山内上杉家の重臣として関東北部に勢力を得た。景守の代に上野守護代となり、永享の乱後に鎌倉府の力が失われて山内上杉家が関東を代表する大名となると、白井長尾家の権勢もあがった。上杉家と鎌倉公方が武力衝突した享徳の乱では上杉方主力として活躍したが、相模の北条家の躍進にあい衰退した。

長尾景忠

ながお・かげただ

生没年	不詳
出身	相模国
主君	上杉憲顕
死因	不明

◇関東管領に仕えた長尾家繁栄の祖

足利尊氏の叔父・上杉憲房の重臣だった長尾景為の子。

1341年（興国2・暦応4）、上杉憲房の子・上杉憲顕が上野・越後の守護に補任されると、景忠は越後の守護代に任命されて越後国に入国し、北陸方面の南朝軍と戦い、越後平定に尽力した。

1349年（正平4・貞和5）、足利尊氏の弟・足利直義と幕府執事の高師直が対立し、足利直義が政治的に失脚して観応の擾乱が勃発した。翌年、京を脱出した直義が、師直と師直を支持する尊氏に対して挙兵した。景忠の主君・憲顕は、従兄弟の上杉重能が師直に殺害されていたこ

ともあり直義派に属し、景忠も憲顕にしたがって尊氏と対立した。劣勢となった直義が北陸に下向すると、これを越後に迎え入れ、直義の関東入部を助けた。

さらに直義の命で上野に侵攻し、尊氏派の宇都宮家と戦った。1352年（正平7・文和1）に直義が死去して観応の擾乱が終結すると、直義派の主力だった上杉憲顕は上野・越後の守護を解任され、それにともない景忠も越後の守護代を解任された。その後も景忠は尊氏への反抗を続け、南朝方の新田義宗・義興兄弟らとともに挙兵したが、敗北して越後へ逃れた。

1358年（正平13・延文3）に尊氏が死去すると、鎌倉公方の足利基氏が上杉憲顕を復権させたことで、景忠も憲顕にしたがって幕府方に転じた。憲顕が関東管領に任じられ上野・越後の守護に再任されると、景忠も両国の守護代に復帰した。その後、景忠は上野に下って領国支配に力を尽くすことになり、越後の運営はもっぱら弟の長尾景恒が行うようにな

り、越後の守護代も景恒の嫡流が担うようになる。

景忠は上野白井城を拠点とし、上州長尾家の祖となる。景忠の子孫は、関東各地に散らばり、足利長尾家、白井長尾家、鎌倉長尾家を創設し、長尾家は関東の有力国人となっていった。

景忠の嫡流は関東管領・上杉家の家宰職を担当することになる。

長尾景仲

ながお・かげなか

生没年	1388年（嘉慶2・元中5）～1463年（寛正4）
出身	上野国
主君	上杉憲定→上杉憲基→上杉憲実→上杉憲忠→上杉房顕
死因	病死

◇知勇兼備の不双の案者

鎌倉長尾家の長尾房景の子で、1401年（応永8）に白井長尾家の養子となって家督を継ぎ、関東管領・上杉憲定に仕えた。

1416年（応永23）に勃発した上杉禅秀の乱では、鎌倉公方・足利持氏軍に加わり、由比ヶ浜で禅秀軍を破って持氏勝利に貢献した。

乱終結後から持氏の専制化が強まる

と、時の関東管領・上杉憲実と持氏の仲がしだいに険悪となり、1438年（永享10）、ついに永享の乱として武力衝突に至った。景仲は、憲実側について持氏軍と対峙し、持氏捕縛に功を挙げた。続く結城合戦では、結城家討伐を命じられた上杉清方に従軍し、結城方の一色軍を破り、清方を勝利に導いた。これら一連の騒乱により、関東地方の支配体制は大きく崩れ、政務を執ったのは関東管領・上杉家ではあったが、その家宰で武蔵の守護代だった長尾家の影響力も増大した。

1449年（宝徳1）、持氏の子・足利成氏が鎌倉公方に就任すると、関東管領には上杉憲忠が指名された。だが、憲忠が若かったため、景仲が名代として鎌倉に入り、政務を仕切ることになった。

この頃の景仲は、若年だった扇谷上杉家の当主・上杉顕房を補佐していた太田資清とともに、「関東の不双の案者」と評価されている。

◇戦い続け、享徳の乱途中に逝去

収拾しかけた関東情勢だったが、成氏が永享の乱と結城合戦で持氏方について没落していた武家を重用し、幕府に対決姿勢を見せはじめると、親幕派の上杉家と対立するようになった。

第4章　関東地方の氏族／白井長尾家

白井長尾家略系図

景為 ─┬─ 景忠 ─┬─ 景直 ── 景英 ── 房景 ── 景仲
　　　 │　　　　 │　（鎌倉長尾家）
　　　 │　　　　 ├─ 景行 ─┬─ 忠房
　　　 │　　　　 │　　　　 （総社長尾家）
　　　 │　　　　 └─ 清景 ── 景守 ＝＝ 景仲 ─┬─ 景信 ── 景春 ── 景英
　　　 └─ 景恒　　　　　　　　　　　　　　　　 ├─ 忠景
　　　 （越後長尾家）　　　　　　　　　　　　　 └─ 景明

241

1450年（宝徳2）、景仲は資清と図って兵を挙げ、成氏の御所を襲った。このとき景仲は、主君・憲忠の許しを得ずに挙兵しており、憲忠は首謀者が景仲とは知らず、鎌倉を脱出した成氏を救援するために反乱討伐に出陣した。この反乱は、成氏と憲忠が和睦して沈静化したが、成氏と上杉家の対立は決定的となった。そして1454年（享徳3）、景仲が相模長尾郷の御霊宮へ参詣に出かけた留守を狙い、成氏が憲忠を御所に誘い出して誅殺したことで享徳の乱が勃発した。

鎌倉へ引き返した景仲は、上杉家家臣を引き連れて上野へ入り、成氏討伐を決心する。越後の守護・上杉房定に援軍を要請し、一方で憲忠の弟・房顕を次の関東管領に推挙するなど幕府にも働きかけて幕府を味方につけることに成功した。

1456年（康正2）、景仲軍と成氏軍は武蔵分倍河原で激突したが、景仲軍は敗北を喫し、さらに結城成朝らの激しい追撃にあい、景仲は命からがら常陸小栗城まで逃げ延びた。しかし、分倍河原の戦いで主力を失っていた景仲は、小栗城を支えることができず、城は落城、景仲は上野国に逃れた。

その後も景仲は戦い続けたが、乱の最中の1463年（寛正4）、鎌倉で没した。

長尾景信

ながお・かげのぶ

生没年	1413年（応永20）～1473年（文明5）
出身	上野国
主君	上杉房顕→上杉顕定
死因	病死

◇古河公方と対立した白井長尾家当主

上野国守護代として関東地方に居を構えた、白井長尾家の嫡流。父・長尾景仲の隠居にともない家督を継ぎ、山内上杉

家に仕えた。

1438年（永享10）の永享の乱、続く結城合戦を経て鎌倉公方が滅び、関東地方は幕府が直轄することとなったが、関東諸将は幕府の直接支配を喜ばず、鎌倉府復活を願った。そのため幕府は、前鎌倉公方・足利持氏の子・足利成氏を鎌倉公方として下向させ、鎌倉府を復活させた。

ところが、成氏と時の関東管領・上杉憲忠が対立し、1454年（享徳3）、憲忠が成氏によって殺害されてしまう。これに激怒したのが弟の上杉房顕だった。房顕は当時在京して8代将軍・足利義政に仕えていたことから、義政の命を受けて山内上杉家の家督を継ぎ、成氏打倒の兵を挙げた。景信は新たな主君・房顕のもとで、討伐軍の主将格として関東に入り、成氏軍と戦った。上杉軍には幕府が後ろ盾となったが、関東には成氏を支持する家も多く、両者の対立は関東全域を巻き込む大乱に発展して長期化した。

1471年（文明3）、景信は上杉軍の指揮を執って、成氏の本拠地である下総古河をめざして出陣した。景信は、まず下野国に侵攻し、赤見城・樺崎城を相次いで攻略すると、ついに下総国へ攻め寄せ、成氏の居城でもある古河城までも落城させた。しかし、翌年には成氏の逆襲にあって古河城は奪回され、両者の戦いは一進一退を繰り返した。

1473年（文明5）、景信は再び総大将として下総国へ攻め寄せるが、武蔵五十子の陣内で没した。景信の死後、白井長尾家では後継者争いが勃発し、関東地方はさらに混乱をきわめることになる。

長尾景春

ながお・かげはる

生没年 1443年（嘉吉3）～1514年（永正11）
出身 上野国
主君 上杉顕定→足利成氏
死因 病死

◇山内上杉家への恨みから反乱へ

　長尾景信の嫡男で、父・景信とともに山内上杉家に出仕し、古河公方・足利成氏との戦闘にもたびたび参戦した。景春は、とにかく武勇に優れた武将で、北条早雲は景春を「武略、知略に優れた勇士」と称賛した。

　自他ともにその力を認めていた景春は、景信の後継は当然、自分であると思っていた。ところが、主君の上杉顕定は景春の家督継承は認めたものの、上杉家の家宰職には景信の弟・総社長尾家の忠景を指名した。これは、景信の代に力をつけた白井長尾家がさらに勢力を伸ばすことを、顕定が危惧したからだという。

　このことがあってから、景春と顕定の仲は非常に険悪となり、1475年（文明7）、景春は武蔵鉢形城に入り、山内上杉家と対立していた古河公方・足利成氏と結んで、翌年に蜂起した。

　このとき、景春の蜂起を懸念していた扇谷上杉家の家宰・太田道灌は、上杉顕定に対して、景春を一時的に武蔵の守護代に就任させて和解をはかるべきだと進言したが、容れられなかったという。

　1477年（文明9）、景春は武蔵北部の五十子に陣を敷いていた顕定軍に攻め寄せた。不意を衝かれた顕定軍は潰走し、それを知った関東の諸将たちが景春になびき、景春の軍は一大勢力となった。

　この景春の反乱鎮圧を担ったのは、太田道灌と長尾忠景だった。両者とも、景春の縁者であったが、なかでも道灌の活躍は目覚ましく、景春は徐々に劣勢を強いられることとなる。

◇最期まで衰えなかった景春の士気

　同年、道灌は景春方の溝呂木城、小磯城、平塚城、石神井城を次々と落とし、さらに要害として難攻不落といわれた小沢城まで落城させた。景春は、態勢を立て直そうと撤退するが、そこを道灌に攻められ、用土原の戦いで大敗を喫してしまう。からくも鉢形城に逃げ込むが、もはや劣勢の挽回は難しくなった。だが、そこに成氏の援軍8000余騎が現れ、景春は九死に一生を得たのだった。

　その後も、景春と道灌の両者の争いは続くが、双方ともに致命傷を与えるには至らなかった。そのようななか、古河公方成氏は長年続く戦乱に疲弊し、越後の守護・上杉房定を通じて幕府に和議を求めはじめた。そのため、成氏の景春に対する支援も消極的なものとなる。

　後ろ盾を失った景春は追い詰められ、1480年（文明12）に日野城を道灌に落とされ、景春は武蔵から撤退し、長尾景春の乱は終結した。景春は、成氏を頼って古河へ移った。

　景春に勝利した道灌の活躍があり、関東管領・山内上杉家の下に置かれていた扇谷上杉家の権勢は一気に高まった。

　そして、その権勢に危機感を抱いた山内上杉家と扇谷上杉家が対立するようになり、1488年（長享2）、両軍は武力衝突に至った。下総に逼塞していた景春は、これを好機と見て、扇谷上杉家を支援して山内上杉家への抵抗を再開した。景春は大森家を頼って相模に入ったが、1505年（永正2）に山内上杉軍に敗れ、上野に撤退。それでも景春は戦いをやめず、1509年（永正6）に山内上杉顕定が越後

に出陣すると北条早雲と結んで再挙した。

ところが、翌年に越後の戦いで顕定が戦死すると、嫡男の長尾景英が上杉家との和睦を図るようになり、景春と景英が対立することになった。景春は景英との確執が解けないまま、1514年（永正11）に死去した。

長尾忠景

ながお・ただかげ

生没年	？〜1501年（文亀1）
出身	上野国
主君	上杉顕定→上杉顕実
死因	病死

◇長尾景春と対立した上杉家の家宰

長尾景仲の子。白井長尾家の長尾景信の弟で、長尾景棟の後を継いで総社長尾家の当主となった。

1454年（享徳3）、鎌倉公方・足利成氏が関東管領・上杉憲忠を謀殺したことを契機に、関東を戦国時代へ突入させたとされる享徳の乱が勃発した。鎌倉を追われた成氏は下総古河に御所を移して、以降、古河公方と称されるようになった。それに対し、両上杉軍は武蔵五十子に陣を敷き、利根川を挟んで両軍は対峙した。このとき山内上杉家の家中を取り仕切っていたのが、忠景の兄で上杉家家宰（執事）の長尾景信だった。忠景は兄・景信とともに乱に参戦した。

1473年（文明5）、兄の景信が陣中で没すると、忠景は山内上杉家当主・上杉顕定によって家宰に任ぜられた。その後、忠景は30年にわたって家宰職にあり、動乱の時代の山内上杉家を支えていくことになる。

上杉家の家宰という役職は、関東管領上杉家を取りまとめる要職であり、上杉家のみならず関東全圏に影響力を行使で

きる地位でもあり、家宰に就任することは長尾家宗家の地位にのぼるという意味合いをもっていた。そのため、享徳の乱で軍事的にも活躍していた景信の子・長尾景春は、忠景の家宰就任に大いに不満を抱き、1476年（文明8）、山内上杉家に対して反乱を起こした。

忠景は、扇谷上杉家の家宰・太田道灌と協力して景春の反乱に対応し、道灌の活躍もあって1480年（文明12）に景春の反乱は鎮圧された。しかし、道灌の活躍は扇谷上杉家の関東での地位を引き上げ、山内上杉家と対立する結果になった。1486年（文明18）、道灌が扇谷上杉定正に殺害されたことをきっかけに、両上杉家の戦いが勃発した。忠景は主君・顕定とともに上野府中に出陣し、上野西部の定正方の長野業尚と戦った。

その後、両上杉家の戦いは約20年にわたって続くことになる。忠景は乱の最中の1501年（文亀1）に陣没した。嫡子・長尾顕忠が後を継ぎ、山内上杉家の家宰に任ぜられた。

長尾顕方

ながお・あきかた

生没年	不詳
出身	上野国
主君	上杉顕定→上杉顕実→上杉憲房
死因	病死

◇北条家と結んで上杉家から離反

長尾景致の子。長尾顕忠の養子となり、1509年（永正6）、総社長尾家の当主に就任して、武蔵鉢形城に入った。一説には、このとき山内上杉家の家宰に任じられたとされる。

同年、山内上杉家の当主・上杉顕定は、越後へ侵攻した。その2年前、越後の守護代・長尾為景の下剋上によって、

顕定の弟で越後の守護だった上杉房能が殺害されており、顕定は越後の所領回復を図ったのである。このとき顕方は鉢形城に残って、顕定軍の兵站を担当した。

越後に入った顕定は為景を越中に追放して越後支配に乗り出した。しかし、翌年に為景が再挙して越後を奪還され、撤退の途中を追撃されて戦死した。顕定の死後、養子となっていた古河公方足利成氏の子・顕実が家督を継ぎ、顕方は顕実を支えた。しかし、顕定のもうひとりの養子である上杉憲房と顕実が対立するようになる。顕方は顕実を支持したが、憲房派によって顕実は下総に追放され、顕方も憲房に従った。

当時、関東では北条早雲とその子・氏綱の勢力が急速に拡大しており、北条家は伊豆・相模をおさえて武蔵にまで進出して、両上杉家と対立していた。北条氏綱は上杉家をけん制するために越後の長尾為景と結ぼうと画策し、顕方に為景との同盟の仲介を依頼してきた。

顕方はこのとき氏綱に内応して、北条家と越後長尾家との同盟締結に走り、山内上杉家から離反した。

しかし、為景は北条家と敵対する山内上杉家とほどなく和睦したため、顕方の立場は悪くなり、いつしか家宰の職から追放されたという。

第4章　関東地方の氏族／白井長尾家

245

佐竹家

清和源氏義光の流れを汲む、常陸国佐竹郷に土着した豪族で、関東地方の名門の1つ。鎌倉時代には冷遇されたが、貞義が足利尊氏にしたがって戦功を挙げたことで常陸の守護となり、室町幕府滅亡まで代々常陸守護に任命され、北関東を代表する武家に成長した。1490年代に支族の山入家との抗争が勃発し、約1世紀にわたって争い、一時期勢力を弱めたが、義舜の代に山入家を破り、江戸・小野崎ら近隣武家を破って復活を遂げた。

佐竹貞義

さたけ・さだよし

生没年 1287年（弘安10）〜1352年（正平7・文和1）

出身 常陸国

主君 北条家→足利尊氏

死因 病死

◇冷遇された鎌倉時代からの脱却

　鎌倉幕府滅亡時の佐竹家の当主。佐竹家は平安時代以来の常陸の有力国人だったが、鎌倉時代には所領の多くを幕府に没収されるなど不遇の時代を過ごした。

　1331年（元弘1）、倒幕計画が露見した後醍醐天皇が笠置山で兵を挙げると、幕命を受けた貞義は上洛して、幕府軍として笠置山に後醍醐天皇を攻めた。しかし、1333年（元弘3）に天皇が再び挙兵し、天皇に呼応した足利尊氏が幕府から離れると、貞義は尊氏にしたがい幕府から離反した。

　1335年（建武2）、北条家の生き残りで

あった北条時行が信濃で挙兵し、関東に残っていた北条家旧臣らを糾合して、鎌倉に攻め寄せた。鎌倉を守っていた尊氏の弟・足利直義は時行軍の前に敗走し、このとき貞義の子・佐竹義直が時行軍との戦いで戦死した。常陸に戻っていた貞義は出陣して鎌倉に急行し、直義の三河への逃亡を救援した。そして、京から東上してきた尊氏軍とともに時行軍を敗走させる戦功を挙げた。このときの佐竹一族の働きを認められ、貞義は常陸の守護に補任された。その後、時行の反乱を鎮圧した尊氏は、天皇からの帰京命令を無視して鎌倉に居座り、同年冬、ついに天皇に反旗を翻した。貞義は一族をあげて尊氏にしたがい、常陸に戻って奥州から西上してくる天皇方の北畠顕家の軍勢と対峙した。貞義の子、師義・義春らは尊氏の上洛戦にしたがい、佐竹一族は尊氏の信頼を得た。

　その後も関東の幕府軍の主力として南朝軍と戦い、南朝方の北畠親房が常陸に

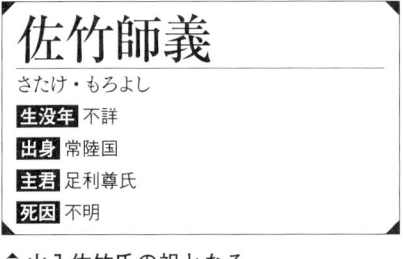

上陸して小田家の小田城に拠ると、貞義は西金砂山城に入って小田城の親房軍と対峙した。6男の義冬を失うなど貞義も多大な犠牲をはらったが、1339年（延元4・暦応2）、高師冬の来援を受け、貞義はついに親房を常陸から追放することに成功した。

こうした活躍は幕府にも認められ、常陸の守護は以降、佐竹家が世襲することになり、陸奥南部にも所領を与えられ、貞義は佐竹家の勢力拡大に大きく貢献したのだった。

佐竹師義

さたけ・もろよし

生没年 不詳
出身 常陸国
主君 足利尊氏
死因 不明

◇山入佐竹氏の祖となる

常陸守護・佐竹貞義の4男で、山入佐竹家の祖となった。

足利尊氏が、1335年（建武2）に北条時行が蜂起した中先代の乱を機に、建武の新政から離反して京へ進軍すると、父の貞義は陸奥から西上してくる北畠顕家に対応するため常陸に残ったが、師義は兄の義篤・義春とともに鎌倉に参陣して尊氏に従軍した。

尊氏とともに西上した師義は、2人の兄とともに東海道での戦いから洛中の戦いまで参戦したが、1336年（建武3）に尊氏軍は敗れて京から撤退した。師義の兄・義春は足利直義にしたがい、摂津国の戦いでは直義の危機を救って重傷を負ったという。

師義は播磨まで撤退して尊氏と合流し、義篤と義春は関東南朝軍との戦いを尊氏に命じられて常陸へ戻ったが、師義は尊氏とともに九州へ逃れた。同年、九州南朝方の菊池軍との筑前多々良浜の戦いに参戦して尊氏の再上洛を援護し、尊氏と楠木正成との戦いである湊川の戦いにも功があったという。

尊氏の信任を得た師義は、京を制圧した尊氏から常陸国山入郡を与えられ、これを機に山入氏を名乗るようになった。

1350年（正平5・観応1）、幕府執事・

第4章　関東地方の氏族／佐竹家

佐竹家略系図

```
貞義 ─┬─ 義篤 ─ 義宣 ─ 義盛 ═ 義人 ┐
       │                              │
       │              ┌─ 義俊 ─ 義治 ─┬─ 義舜 ─┬─ 義篤 ─ 義昭
       │              │               │        └─ 義里（南家）
       │              └─ 実定         ├─ 義武
       │                              ├─ 義信 ─ 義廉
       │                              │  （北家）
       ├─ 義春                        └─ 雅義 ─ 義堅
       │                                 （東家）
       ├─ 義直
       │
       ├─ 義冬
       │
       └─ 師義 ─┬─ 与義 ─ 義郷 ─ 義知
                 └─ 祐義 ─ 義真 ─ 義藤 ─ 氏藤
```

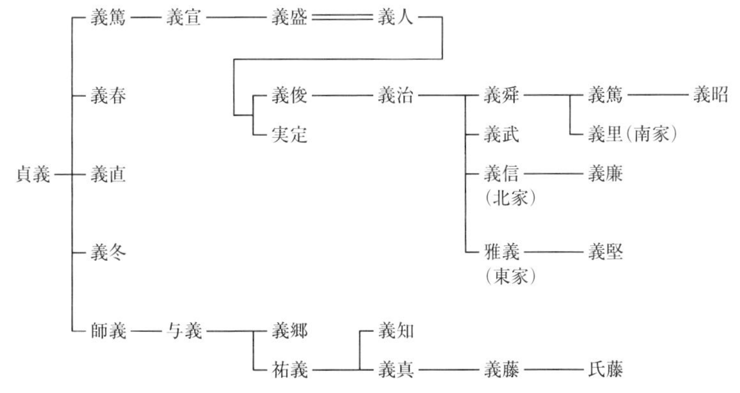

高師直と、尊氏の弟・足利直義の対立が激化し、直義が南朝に降って幕府に反旗を翻すと（観応の擾乱）、師義は尊氏方について直義軍と戦った。翌年、直義方の畠山国清を討伐するために摂津に侵攻したが、松岡城の戦いで敗れ撤退。1352年（正平7・文和1）には東上した尊氏軍に従軍して上杉憲顕らと戦った。没年は不明だが、この頃に死去したとされる。

師義のあとは子の与義が継ぎ、山入家は佐竹一族として常陸の有力国人に成長し、やがて本家の佐竹家とも対立するようになる。

佐竹義篤

さたけ・よしあつ

生没年	1311年（応長1）〜1362年（正平17・貞治1）
出身	常陸国
主君	足利尊氏→足利義詮
死因	病死

❖佐竹氏を隆盛に導いた武将

佐竹貞義の嫡男で、佐竹家10代当主。山入家の祖となった佐竹師義は弟にあたる。

1333年（元弘3）に足利尊氏が後醍醐天皇に呼応して鎌倉幕府から離反すると、父の貞義とともに尊氏にしたがった。1335年（建武2）に尊氏が後醍醐天皇に反すると尊氏に臣従した。このとき義篤は尊氏の上洛戦には参戦せず、奥州南朝軍の大将である鎮守府将軍・北畠顕家と対峙するために、父の貞義とともに常陸にとどまった。同年、奥州から西上を開始し常陸へ侵攻してきた顕家軍と甕の原で激突したが敗れ、貞義とともに常陸西金砂山城へ撤退、顕家軍の西上を許してしまった。

1336年（延元1・建武3）、南朝方の常陸

那珂郡代官・楠木正家が常陸に下向し、領内の瓜連城に入城した。正家は小田家・那珂家・大掾家ら常陸の国人を南朝方に糾合し、さらに下総の相馬家を味方に引き入れて勢力を拡大させていった。義篤は父の貞義とともに武生城にこもって軍勢を集め、瓜連城へ攻め寄せた。佐竹軍は、義篤の弟・義冬が戦死するなど苦戦を強いられたが、同年末に瓜連城を攻め落とし、正家を奥州へ追いやった。

その後も引き続き常陸を中心に関東の南朝軍との戦いを繰り広げ、関東の幕府軍の主力として活躍し、着実に常陸国内における佐竹家の名声を上げていった。その結果、常陸国内では佐都西郡太田郷、久慈東郡高倉郷、那珂西郡、多珂荘、石崎保、小場県などを手に入れて常陸最大の国人に成長し、そのほかにも幕府から陸奥中野郡や小堤郡を与えられ、さらに越中や加賀にも所領を与えられた。

こうした領地拡大にともない、稲木家、額田家、岡田家などの庶家が各地に散り、宗家被官として活躍することになり、佐竹家を大きく発展させることにつながった。

佐竹義宣

さたけ・よしのぶ

生没年	？〜1389年（康応1・元中6）
出身	常陸国
主君	足利基氏→足利氏満
死因	病死

❖小田家を破り常陸の支配力を強める

佐竹義篤の嫡男。1362年（正平17・貞治1）に父・義篤が死去すると家督を継ぎ、常陸の守護に補任された。一説には義篤の生前の1355年（正平10・文和4）に家督を継いだともいう。

1363年（正平18・貞治2）、鎌倉公方・

足利基氏によって越後と下野の守護職を剥奪された宇都宮氏綱の家臣・芳賀禅可が、鎌倉府に対して反乱を起こした。

　基氏は禅可追討を決め、関東諸将に出陣の下知をくだし、義宣も常陸を出陣して討伐軍に従軍した。討伐軍の先鋒を務めた義宣は、禅可がこもった岩殿山城に攻め寄せ、禅可軍を破って降伏させた。

　この勝利によって、義宣は基氏の信頼を得て、関東管領に復帰した上杉憲顕政権のもとでも重用された。

　1387年（元中4・至徳4）、常陸の国人・小田家が、鎌倉府によって討たれた小山義政の遺児をかくまっていたことが発覚し、鎌倉府は小田家討伐を決めた。義宣は、領国内の国人の不祥事ということもあって討伐軍に従軍し、常陸北部をおさえて小田家と陸奥方面との交通を遮断して兵糧を断つことに成功、小田家が拠点とした男体城を落城させた。

　その結果、かつての守護家である有力国人・小田家は没落し、常陸国内における佐竹家の影響力はますます高まることになった。

佐竹義人

さたけ・よしひと

生没年 1399年（応永6）～1467年（応仁1）

出身 相模国？

主君 足利持氏

死因 病死

◇庶家・山入家と反目し収拾つかず

　関東管領・上杉憲定の2男。常陸の守護・佐竹家11代当主・佐竹義盛に男子がなかったため、1407年（応永14）、佐竹家に請われて養子に入り家督を継いだ。

　しかし、佐竹家とは血縁関係のない義人の家督相続に反発する一族は多く、とくに庶流の山入家は義人の当主就任に激

しく反抗した。義人の常陸下向を妨害する者も多く、義人は鎌倉公方・足利持氏の支援を得て、ようやく常陸へ入国することができた。

　幕府からは正式に佐竹家の家督相続を認められたが、山入家との関係は改善されず、1416年（応永23）に勃発した上杉禅秀の乱でも、義人は鎌倉府方、山入家は禅秀方について両家は分かれて対立した。禅秀の乱鎮圧に功を挙げた義人は戦後、鎌倉府の評定衆頭人に任命された。しかし幕府は、幕府に反抗的な鎌倉府をけん制するために山入家を京都扶持衆に取り立てて支援し、幕府の後ろ盾を得た山入家は額田家・稲木家・長倉家といった佐竹家庶流を味方に引き入れて山入一揆を形成し、義人への反抗をあからさまにした。

　そして1418年（応永25）、幕府が山入与義を常陸の守護に推したため、山入家と佐竹家との対立は激化したが、義人を支持する持氏が、鎌倉にいた与義を攻めて自害に追い込み、山入家の勢力は一時衰退した。しかし、1423年（応永30）には、山入一揆の一員である額田家が義人に反して挙兵し、持氏の支援を受けた義人が額田城を攻め落として額田家の反乱を鎮圧した。さらに稲木家と長倉家が相次いで兵を挙げ、義人はこれらの鎮圧に多忙を極めた。さらに与義の後を継いだ山入義郷も、義人への反抗をやめず、義人の領国経営は困難をきわめた。

　1439年（永享11）、義人の熱心な支援者だった持氏が永享の乱で自害に追い込まれると、子の義俊に後を譲って義人は隠居を余儀なくされた。しかし、1441年（嘉吉1）に家政に復帰し、義俊を後見した。その際にも、山入一揆の庶家とは相変わらず対立を続けており、さらに義人

が当主の義俊よりも2男の佐竹実定を取り立てるなどの混乱もあり、佐竹家の権勢は一時的に停滞した。

佐竹義治
さたけ・よしはる

生没年 1443年（嘉吉3）〜1490年（延徳2）
出身 常陸国
主君 足利義尚
死因 病死

◇伊達家・蘆名家と戦う

常陸の守護・佐竹家の14代当主。父の義俊が、弟の実定と家督争いを起こして家中の混乱を招いた。さらに、その家督問題に家臣の江戸通房や庶家の山入祐義らが介入し、1452年（享徳1）には、父・義俊とともに居城を追われたこともあった。

また、当時の佐竹家は、庶家が山入一揆を結んで本家に対抗しており、1477年（文明9）に義治が家督を継いだ頃も、一族の内紛は一向に収まらず、山入一揆との衝突は繰り返された。

義治は、3男の義武を久米城に、4男の義信を利員城に、5男の雅義を山方城に配して防備を固めた。1478年（文明10）、山入義知が下野の国人・那須資持の支援を得て、久米城に攻め寄せた。

この戦で義武は討ち死にして城は落城、久米城は義知の拠点となってしまう。義治は1カ月後に、南奥州の岩城家から援軍を得て久米城奪還に乗り出して義知を討ち、義信を久米城主に据えた。義信はその後、久米を名乗って佐竹家に臣従した。

その後は、常陸侵攻をもくろむ岩城家の侵攻を受けたり、伊達家や白河結城家、蘆名家などの奥州勢力も義治領に侵入するなど、攻撃を頻繁に受けるも、義

治はことごとく撃退し、佐竹宗家を守り抜いたのである。

佐竹義舜
さたけ・よしきよ

生没年 1470年（文明2）〜1517年（永正14）
出身 常陸国
主君 足利政氏
死因 病死

◇100年続いた山入氏との抗争に終止符

常陸の守護・佐竹義治の2男（異説あり）。長男は早世していたため義舜が嫡男となり、1490年（延徳2）に父・義治が死没すると家督を継承した。

当時の佐竹家は、庶家の山入家が中心となった山入一揆と対立しており、義舜が当主になった4カ月後には、山入義藤・氏義父子が義舜の居城・太田城に攻め寄せてきた。山入方には、山入一揆に加わった庶家が味方し、義舜は太田城を奪われ、孫根城へ逃亡した。1492年（明応1）、義藤が没すると、妻の実家である岩城家の調停で、義舜は氏義と和議を結んだ。しかし、氏義は太田城を明け渡さず、さらに1500年（明応9）、義舜は氏義に孫根城を攻められて敗北し、義舜は東金砂山へ退却を余儀なくされた。

義舜は、山入方だった江戸通雅、小野崎親通を味方に引き入れ、岩城家の支援も得るなど、山入家への反撃の準備を整え、1504年（永正1）、ついに氏義を太田城に討ち、約100年にわたった佐竹家中の内紛を平定した。

内紛にけりをつけた義舜は、家法二十三ヶ条を制定し、軍事力の強化をはかり、旧領の回復に努める。だが、江戸家、小野崎家、岩城家の所領を認めざるを得ない部分もあった。とくに、勢力を

増してきていた江戸家とは、岩城家を仲介にして盟約を結ぶほどで、このとき義舜は江戸家に対して一家同位の待遇を認めた。

こうして、国内の安定化に努めると、ようやく佐竹家は外への勢力拡大に着手することができるようになった。1511年（永正8）には、白河結城家に奪われていた依上保を奪還するなど、義舜の代に佐竹家は戦国大名への道を歩み出す。晩年には、下那須への進出もはかり、佐竹家の勢力伸張に尽力した。

その頃関東では、山内上杉顕定の死後の家督をめぐって上杉顕実と上杉憲房が対立し、古河公方・足利政氏が顕実を支援したことで、関東を二分する大規模な戦乱が勃発していた（永正の乱）。佐竹家も乱に巻き込まれ、義舜は政氏・顕実方に加担した。1514年（永正11）に岩城常隆と連合して、宇都宮家・結城家連合軍と戦うなど、義舜は常陸にとどまらず各地を転戦した。

1517年（永正14）、義舜は永正の乱が終結する前に病に倒れ没した。

佐竹義昭

さたけ・よしあき

生没年	1531年（享禄4）～1565年（永禄8）
出身	常陸国
主君	足利義氏
死因	病死

◆戦国大名佐竹氏を現出させた武将

戦国時代に佐竹家の勢力を大きく拡大させた当主。

1545年（天文14）、父の佐竹義篤が死去し、義昭が家督を継いだ。家督相続当初は、一族の佐竹義里（佐竹南家）、佐竹義廉（佐竹北家）、佐竹義堅（佐竹東家）が交替で補佐にあたり、それは一族

の結束をさらに深めることになった。

成長した義昭は、積極的に対外戦に出て勢力を拡大させ、大塚家や船尾家などの国人を麾下に加え、1557年（弘治3）に下野の宇都宮と同盟を結ぶと、陸奥南部の白河結城家への侵攻を開始した。

義昭は下野の那須家などを味方に引き入れて戦局を有利に進め、古河公方・足利義氏の和睦の命令を無視して侵攻を続行、さらに南進して常陸統一を目指した。古河公方を手中に収めて勢力を強めてきた小田原北条家に対しては、越後の上杉謙信と結ぶことで対抗した。

1564年（永禄7）には小田政治の居城小田城を攻め落とし、小田領の大半を奪取すると、宍戸家、真壁家、大掾家、松野家、茂木家らを傘下に取り込んで、佐竹家の勢力は絶頂に達した。

常陸国のほとんどを平定し、統一を目前とした義昭だったが、1565年（永禄8）、34歳という若さで没した。

その後は、佐竹義重、佐竹義宣が義昭の意志を受け継ぎ、佐竹家は戦国時代を生き抜いていく。

第4章 関東地方の氏族／佐竹家

小田家

鎌倉時代に常陸守護に補任された常陸の名家。藤原北家の出身とする。常陸南朝方の中心となって活躍したがのちに幕府に帰順し、関東八屋形の一家となり、常陸を代表する国人に成長した。南北朝時代は南朝方として幕府方の佐竹家と争ったため、南北朝合一後は常陸の実権を佐竹家に奪われた。鎌倉府と関東管領が対立するようになると鎌倉府に味方し、佐竹家と抗争を繰り返したが、政治の代に佐竹家と和睦した。しかし徐々に勢力を失い、北条家の台頭とともに衰退した。

小田治久

おだ・はるひさ

生没年 1283年（弘安6）～1352年（正平7・文和1）
出身 常陸国
主君 北条家→後醍醐天皇→足利尊氏
死因 病死

◇ 勢力を回復した関東の名門

鎌倉幕府の常陸守護・小田貞宗の子。

1331年（元弘1）、後醍醐天皇が幕府に反旗を翻して笠置山で挙兵すると、治久は幕命を受けて討伐軍に従軍、六波羅探題軍とともに笠置山を包囲した。戦後、捕らえられて常陸に配流となった天皇側近の万里小路藤房を預けられた。

しかし、1333年（元弘3）に後醍醐天皇が再び蜂起すると鎌倉幕府から離反し、藤房を擁して上洛し、後醍醐天皇のもとに出仕した。皇位に復帰した後醍醐天皇の建武の新政下で、治久は宮内少輔に任じられるなど、同じ常陸の国人であ

る佐竹家や大掾家よりも優遇され、常陸における旧領も回復した。1335年（建武2）、北条時行が兵を挙げた中先代の乱を契機に、足利尊氏が建武の新政から離反すると、後醍醐天皇の親政に反感を抱いていた各地の武家の多くが尊氏になびいた。しかし、治久は後醍醐天皇への忠誠を捨てず、その後は関東地方の南朝軍の主力として活動することになる。

1336年（延元1・建武3）、楠木正成一族の楠木正家が常陸に下向し、瓜連城に入城した。治久は、大掾家・那珂（江戸）家ら国内の南朝勢とともに正家をバックアップし、幕府方の佐竹家と戦い、佐竹家当主・佐竹貞義の子・貞冬を討ち取るなど奮戦したが、高師冬の救援を受けた佐竹軍に敗れて城は落城し、治久は小田へ戻った。

1338年（延元3・暦応1）には、南朝の重臣・北畠親房が常陸へ入国し、治久は親房を居城の小田城に迎え入れた。1341年（興国2・暦応4）には護良親王の子・

興良親王を迎え入れ、幕府方の常陸守護・佐竹家と対峙した。しかし、当時の常陸は、那珂家は瓜連城の戦いで没落し、大掾家は幕府方に寝返るなど南朝軍は劣勢であり、治久は陸奥白河の結城親朝に、再三にわたって援軍の催促を行ったが、親朝は動かなかった。さらに、幕府軍の高師冬によって、治久の領地である佐倉・東条・亀谷・高井が次々と制圧され、小田城は幕府軍に包囲された。同年末、治久は親房と興良親王を脱出させて幕府に帰順し、城を開城した。

その後は、親房が頼った関城と、興良親王が頼った大宝城攻めに加わるなど、幕府に忠誠を誓ったが、降伏後に没収された旧領は回復できなかった。

小田孝朝

おだ・たかとも

生没年 1337年（延元2・建武4）～1414年（応永21）

出身 常陸国

主君 足利氏満

死因 病死

◆鎌倉府への疑念が勢力縮小を招く

小田治久の子で、小田家9代当主。剣術に秀で、小田流剣法を創設したとされ

る。

孝朝が家督を継いだ頃、小田家は幕府にしたがっており、孝朝は東国統治の地方機関であった鎌倉府に出仕した。1380年（天授6・康暦2）、下野の守護・小山義政が宇都宮元綱を攻め滅ぼし、鎌倉公方・足利氏満の不興を買って武力衝突になったとき、孝朝はその鎮定に武功を挙げた。この勲功が認められ、孝朝は父・治久の代に失っていた小田家の旧領を回復した。しかし、1385年（元中2・至徳2）、氏満によって小田家の所領だった信太荘と田中荘の一部が没収され、その所領は氏満の側近である関東管領・上杉憲方に与えられた。

その頃、鎌倉府に反抗して各地でゲリラ戦を行っていた小山義政の子・小山若犬丸が、孝朝を頼って小田城をおとずれた。氏満への不満が高じていた孝朝は、若犬丸を支援して小田城に匿った。

しかし、1387年（元中4・嘉慶1）、若犬丸を保護していることを氏満に知られてしまい、孝朝は鎌倉に幽閉されてしまう。小田城は氏満軍により陥落し、孝朝は助命されたものの、所領は大幅に削減されてしまった。

その後は引退状態に追い込まれ、文化

```
小田家略系図

忠綱 ─────┬─ 朝綱
（宇都宮家） │
          └─ 知家 ─（5代略）─ 治久 ── 孝朝 ── 治朝 ── 持家 ─┐
                                                          │
              ┌─ 朝久 ── 成治 ─┬─ 治孝
              │                  │
              │                  ├─ 顕家
              │                  │
              │                  └─ 政治 ── 氏治
```

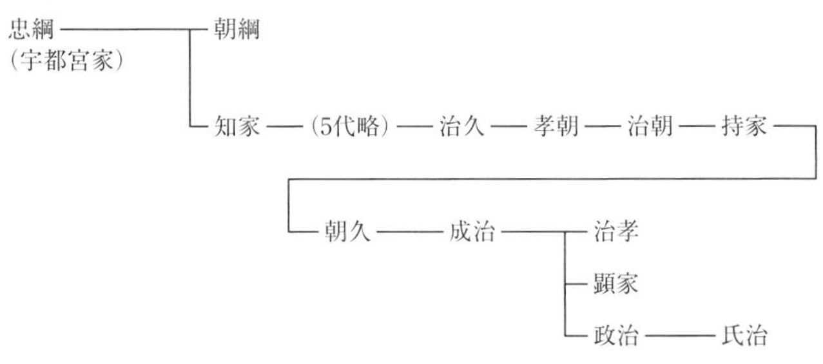

活動に傾倒して政治の舞台には立たず、
1414年（応永21）、小田城で死去した。

小田持家

おだ・もちいえ

生没年 1402年（応永9）～1481年（文明13）
出身 常陸国
主君 足利氏満→足利持氏→足利成氏
死因 病死

◇関東の合戦で勢力を衰退させる

小田孝朝の嫡男・治朝の子で、父の治
朝が早世したため、1414年（応永21）の
孝朝の死後、後を継いで小田家10代当主
となった。

孝朝の代に鎌倉府に所領を没収されて
しまった小田家の勢力は低下していた。
そんな中、1416年（応永23）、前関東管
領・上杉禅秀が、鎌倉公方・足利持氏に
反旗を翻し、関東諸将を誘って兵を挙げ
た。まだ若かった持家は、家臣団の補佐
を受けて禅秀に与することに決し、鎌倉
府に対抗することになった。当初は、鎌
倉を制圧するなど禅秀軍は破竹の勢いで
戦局を有利に運んだが、幕府軍が持氏に
加勢すると、禅秀軍はまたたく間に瓦解
してしまった。戦後、持家は所領を没収
され、小田家はさらに苦境に立たされる
ことになった。

1438年（永享10）、足利持氏と関東管
領・上杉憲実との対立が武力闘争に発展
し、永享の乱が勃発した。このとき持家
は持氏方に属して戦ったが、今回は幕府
が憲実を支援し、同年中に持氏方は敗
れ、持家は所領の信太荘を没収され、小
田家の勢力をますます衰えさせる結果と
なった。下総結城家が持氏の遺児を擁立
して反乱を起こした結城合戦（1440年）
では、幕府軍に加わって功を挙げたもの
の、旧領回復はならなかった。信太荘に

は、上杉家の家臣・土岐家が代官として
入部し、持家と上杉家との間に軋轢を生
じるようになる。

1449年（宝徳1）、持氏の子・足利成氏
が、持氏の死後空席となっていた鎌倉公
方に就任した。成氏は父・持氏方だった
家を優遇し、このとき持家は没収されて
いた所領を回復することに成功した。し
かし、そのために成氏と関東管領・上杉
家が対立するようになり、1450年（宝徳
2）、上杉家の家臣である長尾景仲と太田
資清が兵を挙げて鎌倉に侵攻し、鎌倉御
所の成氏を襲うという事件が起こった。
このとき持家は成氏方の武将として成氏
を江ノ島方面に退避させると、小山持
政・千葉胤将らとともに長尾・太田軍を
迎撃して敗走させた。

1454年（享徳3）、成氏が関東管領・上
杉憲忠を殺害したことをきっかけに享徳
の乱が勃発すると、持家は、上杉家の関
東地方での勢力増大を嫌った関東諸将と
ともに成氏を支持し、鎌倉から古河へ移
った成氏を支えた。

1459年（長禄3）には、持家の所領で
ある信太荘に侵攻してきた上杉軍を、佐
竹実定らとともに迎撃して勝利し、常陸
における上杉軍の勢力を低下させた。

小田朝久

おだ・ともひさ

生没年 1417年（応永24）～1455年（康正1）
出身 常陸国
主君 足利成氏
死因 病死

◇勢力回復を目指すも病で早世

小田持家の嫡男で、父・持家とともに
鎌倉公方・足利成氏に仕えた。

成氏は、永享の乱や結城合戦で勢力を
落とした結城家や里見家などの、かつて

父・足利持氏を支持した関東諸将を手厚く遇し、小田家もそのなかに含まれていた。一方、持氏殺害の張本人である関東管領・上杉家と対立するようになり、1450年（宝徳2）の江ノ島合戦を経て、両陣営は互いに互いの所領を押領するなど、両者の溝は深まった。

1454年（享徳3）、成氏が関東管領・上杉憲忠を殺害して、享徳の乱が勃発した。成氏軍は多くの犠牲を出しながらも上杉軍を撃破していき、武蔵国にまで侵攻して破竹の快進撃を続けた。

しかし、成氏が鎌倉を離れている隙に上杉軍に鎌倉を制圧され、成氏は下総国古河に拠点を移した。このとき朝久は成氏とともに古河に入り、上杉軍と対峙した。朝久は古河の守備隊長として活動し、成氏からの信任も厚かったという。

同年、朝久は成氏の側近・簗瀬家とともに、常陸国小栗城に拠る長尾景仲に攻撃を加え、戦局は朝久ら成氏軍の優位に進んだ。ところが、朝久はその陣中で病を発症し、そのまま病死してしまった。

小田成治

おだ・しげはる

生没年	1449年（文安6）～1514年（永正11）
出身	常陸国
主君	足利成氏
死因	病死

◇勢力回復に尽力する

小田朝久の嫡男で、1455年（康正1）に父の朝久が病死したことにより家督を継承したが、幼少であったため祖父・持家が後見した。

成長した成治は、小田家の勢力を回復しようと精力的に活動を開始した。旧領である田中荘を押領して回復するなど動いたが、佐竹家の家臣・江戸家が南進し

て勢力の伸長をはかりはじめ、たびたび衝突するなど、成治の旧領回復活動はうまく進まなかった。1481年（文明13）、成治は真壁家・大掾家らの協力を得て江戸家の拠点である水戸へ侵攻したが敗れ、その後の江戸家の鹿島郡への進出を許してしまった。

1487年（長享1）、山内上杉顕定と扇谷上杉定正の対立が武力闘争に発展し、再び関東地方の諸将は二派に分裂した。成治は扇谷上杉家方に加担したが、この戦いで扇谷上杉の勢力は後退し、そのため、共闘した成治もその影響力を減退させてしまった。

また、堀越公方を滅ぼして伊豆国を奪い取り、相模・武蔵方面へ進出してきた小田原北条家の勢力が関東で大きくなり、小田家の存在感はますます薄くなっていった。それでも成治は、1494年（明応3）に旧敵の江戸家と同盟して大掾家を攻めるなど、勢力の挽回を図った。

しかし、成治の晩年には嫡男の小田治孝と、2男の顕家が家督を争い、小田家は内部から崩壊していくことになる。

小田政治

おだ・まさはる

生没年	1492年（明応1）～1548年（天文17）
出身	常陸国
主君	足利高基→足利晴元
死因	病死

◇戦国時代の序章を迎えた小田家当主

小田成治の子。一説には堀越公方・足利政知の子、あるいは11代将軍・足利義澄の子ともする。

成治の晩年に小田家中は、成治の嫡男・小田治孝と2男・小田顕家が家督をめぐって対立していた。この争いで、山内上杉家が顕家を支援し、扇谷上杉家が

第4章

関東地方の氏族／小田家

255

治孝と結んで、両上杉家が小田家中に介入してきた。そして1496年（明応5）、顕家が治孝を殺害するという事件が起こり、小田家は混乱した。

　3男の政治は幼少だったため2人の兄の対立の外に置かれたが、小田家重臣は政治を擁立し、さらに家中の分裂を回避するため、常陸の国人・大掾家に協力を頼んで家中の統一を図った。こうした重臣の動きを見た顕家は同年、政治のもとに攻め寄せたが、政治軍は顕家を破り、顕家を討ち滅ぼした。戦後、政治が家督を継いだ。

　当時の関東地方は、古河公方・足利政氏と、その子・足利高基が争っており、政治は高基を支援し、政氏を支持した佐竹家と常陸国内で争っていた。1516年（永正13）に高基が政氏を追放して古河公方の内訌は収まったが、今度は高基と子・足利晴氏が対立し、さらに晴氏と叔父の足利義明が対立するなど、古河公方の権威と勢力は落ち込んでいった。一方で伊豆・相模をほぼ制圧した小田原北条家が関東一円に勢力を拡大しはじめ、関東の諸将は反北条家にまとまり、政治も佐竹家と和睦して北条家と対立するようになっていった。

　そして1546年（天文15）、北条綱成の拠る河越城に、関東管領・山内上杉憲政が、古河公方・足利晴氏と扇谷上杉朝定と連合して攻め込んだ。政治は、扇谷上杉氏にしたがって、関東管領軍に参陣した。しかし、この戦いは北条氏康の夜襲で小田原北条家の大勝に終わった。

　戦後も、政治は北条家と反目を続け、1548年（天文17）に死去した。

下総結城家

下野の名門・小山家の流れをくむ、下野土着の豪族。白河結城家・関家・寒川家などは結城家の庶家にあたる。南北朝の動乱期には幕府方として戦い、一時期は安房の守護に任じられるなど関東を代表する国人となったが、鎌倉公方・足利持氏の死後、持氏の遺児とともに幕府に反乱する結城合戦を引き起こし没落した。しかし、その後持氏の遺児・成氏が鎌倉公方に就任すると再興を許され、戦国時代には下総を代表する戦国大名となった。

結城氏朝

ゆうき・うじとも

生没年	1402年（応永9）～1441年（嘉吉1）
出身	下総国
主君	足利持氏→足利春王丸・安王丸
死因	戦死

◇下総結城家を復活させる

　下総結城家第11代当主。結城家一族の小山家に養子に入った結城泰朝の子。陸奥南部に勢力を有した白河結城家とは同族。本来、下総結城家が惣領家だったが、南北朝の動乱で白河結城家が南朝に与して活躍したとき、下総結城家は当初から北朝方についており、後醍醐天皇によって白河結城家が惣領家と認められたため、下総結城家は没落した。しかし、結城基光の代に起こった小山義政の乱（1380年）によって没落した小山家を吸収し、下総結城家は勢力を回復した。

　氏朝は、結城家10代当主で叔父にあたる結城満広の養子となり、満広が死去し

た1416年（応永23）、結城家の家督を継ぎ、鎌倉公方・足利持氏に仕えた。

　1438年（永享10）、持氏と関東管領・上杉憲実が対立し、これに幕府が介入して永享の乱が勃発した。持氏からの信頼が厚かった氏朝は、持氏から憲実討伐の命を受け出陣したが、将軍・足利義教に中立の立場を取るよう命じられ、合戦そのものには参戦しなかったという。

　持氏が自害に追い込まれ、鎌倉公方が滅亡したことで乱は終結するが、関東の混乱は収まらなかった。義教は、これを機に関東を幕府の直轄にするべく、自身の子を鎌倉に下向させようとしたが、幕府による直接支配を嫌う関東諸将たちからの反感を買うこととなった。持氏を支持していた氏朝も、幕府の直接支配には反対した。

　前鎌倉公方・足利持氏には春王丸と安王丸という子がおり、この2人は日光山に落ちて難を逃れていた。氏朝は1440年（永享12）、この2人を結城城に迎え、幕

府に対して挙兵した。

氏朝の挙兵には、将軍支配に不満を覚えていた一族の小山家、下野の宇都宮家、下総の那須、常陸の佐竹家など関東の有力国人が呼応し、さらには信濃の大井家が結城家支持を表明するなど、氏朝らの勢力は一気に増大した。

これに対して幕府は、関東管領家の上杉清方に出陣を命じたが、氏朝側の軍勢が予想以上に多く、駿河の守護・今川家、信濃の守護・小笠原らを追加で派遣し、さらに甲斐の守護・武田家、越前の守護代・朝倉、美濃の守護・土岐家なども加わり総勢10万ともいわれる大軍が、結城城を包囲した。

守勢に適するといわれた結城城はなかなか落ちず、氏朝らの抵抗は1年以上にも及んだ。『永享記』には、結城軍の方が士気高く、毎日の合戦ではいつも城方が勝っていたと書かれている。

だが、結局は多勢に無勢で結城城は落城し、氏朝は奮戦むなしく嫡男の結城持朝とともに討ち取られた。春王丸と安王丸は捕らえられ、2人は美濃で斬られた。

結城成朝
ゆうき・しげとも

生没年 1439年（永享11）～1462年（寛正3）
出身 下総国
主君 足利成氏
死因 暗殺

◆古河公方成氏を支えた結城家当主

結城氏朝の4男。2歳のときに結城合戦を迎え、結城城が落城した際に、家臣多賀谷家の手によって常陸国佐竹家のもとに逃がされた。

1449年（宝徳1）に足利成氏が鎌倉公方に就任して鎌倉府が復活すると、成氏は父・足利持氏と兄の春王丸・安王丸に尽くして没落した武士たちを側近に取り立てた。成朝も成氏に重用され、結城家の再興を許された。成朝の「成」の字は成氏からの偏諱である。

この成氏の行動は、幕府派の関東管領・上杉憲忠との確執を生んだ。1454年（享徳3）、成氏の命を受けた成朝は、上総の真里谷武田信長、安房の里見義実、下総の印東式部少輔ら成氏側近と共謀し

結城家略系図

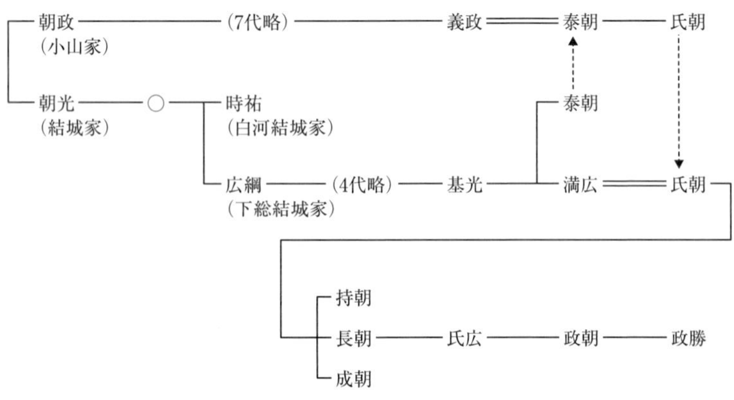

朝政（小山家）——（7代略）——義政＝＝泰朝——氏朝

朝光（結城家）——○——時祐（白河結城家）

泰朝

広綱（下総結城家）——（4代略）——基光——満広＝＝氏朝

持朝

長朝——氏広——政朝——政勝

成朝

て憲忠を襲い、ついに殺害した。これに対し上杉家は幕府の協力を取り付けて成氏に対抗し、享徳の乱が勃発した。

成氏は鎌倉を出て上杉軍と合戦を繰り返し、その留守をついた幕府方の駿河今川軍に鎌倉を占拠され、成氏は鎌倉に戻ることができなくなった。成氏は成朝を頼って下総国に奔り、古河城に入って以降は古河公方となる。

成朝は、以降も成氏にしたがって各地を転戦したため、結城家の勢力は疲弊を免れなかった。そのため、家臣・多賀谷家の増長を許し、1462年（寛正3）、成朝は多賀谷朝経によって暗殺された。

結城政朝

ゆうき・まさとも

生没年 1479年（文明11）～1547年（天文16）
出身 下総国
主君 足利成氏→足利高基
死因 病死

❖結城家を飛躍させた結城家中興の祖

下総結城氏広の子。氏広が31歳の若さで死去した1481年（文明13）、わずか2歳で家督を継いだ。

政朝が幼少だったため、結城家代々の家老たちが政朝を補佐していたが、そのうちの多賀谷和泉守の発言力がしだいに大きくなり、それに対抗するように、家老の山川景貞も影響力を強めていた。

成人した政朝は、1499年（明応8）、多賀谷家種に協力を仰ぎ、100余騎で多賀谷和泉守の邸宅を急襲すると、その与党をことごとく討ち取って、多賀谷和泉守一族を粛清した。その4日後には山川景貞も粛清し、こうして政朝は結城家の実権を取り戻した。

1506年（永正3）、古河公方・足利政氏とその子・足利高基の対立が表面化し、

さらに翌年には関東管領・上杉顕定と越後の守護代・長尾家の対立が関東地方に波及し、さらに出家していた高基の弟・足利義明が還俗して上総に入って政氏・高基と対立し、再び関東地方は戦乱状態に陥った。この状況において、政朝は足利高基方について活動し、1514年（永正11）に高基の古河公方擁立に尽力し、足利政氏派の佐竹家、岩城家を破って名声を高め、1526年（大永6）には猿山合戦で宇都宮家に大勝して旧領の下野国中村以下12郷を回復した。さらに、隣接する小山家に自身の3男・高朝を入れて、小山家を結城家に取り込み、支配領域を広げた。

また、政朝は一族家臣の上下関係を統率し、多賀谷家・水谷家・山川家などの有力家臣を取り込み、主従関係でありながら同盟関係というつながりで抑え込んだ。彼らは、ときに独立の動きを見せたりもしたが、永正の乱などでは、政朝とともに戦い、少なくとも政朝の存命中に謀反することはなかった。

結城政勝

ゆうき・まさかつ

生没年 1503年（文亀3）～1559年（永禄2）
出身 下総国
主君 足利晴氏
死因 病死

❖領土拡大と斬新な分国法

結城政朝の子で、1527年（大永7）に父の隠居にともない家督を継いだ。一説には、政勝には政直という長兄がおり、政直死後の1532年（天文1）頃に家督を継いだという説もある。

1547年（天文16）に父の政朝が病没すると、小田家と宇都宮家が、結城家一族の小山家領に攻め込んできた。政勝は、

第4章 関東地方の氏族／下総結城家

259

弟の小山高朝の救援に赴き、多数の首級を挙げて小田・宇都宮軍を撃退した。

　戦国時代の真っただ中にあって、関東地方も混とんとしており、宇都宮家は佐竹家・小田家と結び、対する政勝は那須家・小山家と連合した。しかし、1545年（天文14）の河越合戦で北条氏康が、古河公方・足利晴氏、扇谷・山内両上杉家の連合軍を破って勢力を拡大すると、政勝は小田原北条家に接近した。

　1556年（弘治2）、小田原北条家の後ろ盾を得て小田家を破り、小田家の所領を奪った。こうして、下館・下妻・山川・小山・富屋・小栗・海老島と支配領域を広げたが、それら所領には「結城洞中」の3名がおり、実質的な支配には至らなかったという。この頃に作成された分国法『結城氏新法度』も、政勝が自ら統治していた結城郡に限って施行されていた。

　この『結城氏新法度』は、104条に及ぶ長大なもので、主従関係、行政手続、刑事事犯などの領内統治に関するものから、飲食や衣類にまで具体的な規定がなされており、当時としては画期的な分国法だったといわれる。

　政勝の死後、結城家は上杉謙信の麾下に加わり、小田原北条家と対立した。そして、豊臣秀吉の小田原征伐の後に、徳川家康の実子にして秀吉の養子だった秀康を養子に迎え、大名として存続していくのである。

260

千葉家

坂東八平氏、関東八屋形の１家に数えられる関東を代表する守護大名。鎌倉時代初期から室町時代末期まで一貫して下総守護に任じられた関東の名家で、房総半島で勢力をふるった。南北朝の動乱時は当初は南朝方として活動したが、やがて幕府に帰順した。1454年（享徳3）にはじまる享徳の乱で家中は分裂し、宗家が滅んだことで千葉家は衰退。やがて相模で力をつけた北条家の傘下に収まり、北条家の滅亡とともに千葉家も滅んだ。

第4章 関東地方の氏族／千葉家

千葉貞胤

ちば・さだたね

生没年 1291年（正応4）〜1351年（正平6・観応2）

出身 下総国

主君 鎌倉幕府→後醍醐天皇→足利尊氏

死因 病死

◇幕府滅亡に貢献した関東一の豪族

　鎌倉幕府の下総、伊賀の守護だった千葉胤宗の子。1331年（元弘1）、京を脱出して笠置山で挙兵した後醍醐天皇を討伐するために、幕命を受けて上洛し、赤坂城の楠木正成を攻めた。しかし、1333年（元弘3）に後醍醐天皇が再挙した際には、鎌倉幕府から離反し、天皇の綸旨に呼応した上野の新田義貞とともに鎌倉へ攻め寄せた。そのとき、北条一族の金沢貞将を破る殊勲を挙げた。

　鎌倉幕府が滅亡し、後醍醐天皇による建武の新政がはじまると、下総は足利尊氏の支配下に置かれたため守護には任じ

られなかったが、国内支配の実権は貞胤にあり、後醍醐天皇も千葉家の家格を認めていたという。貞胤はその後も天皇方の主力として活動し、1335年（建武2）に足利尊氏が後醍醐天皇に反旗を翻した際には新田義貞とともに京を進発して東下し、駿河手越河原の戦いで尊氏の弟・足利直義を敗走させた。

　箱根竹ノ下の戦いで尊氏軍に敗れて京に戻ったが、翌年に尊氏軍が入京すると、義貞・北畠顕家・楠木正成らとともに迎撃し、尊氏軍を京から追い出した。しかし1336年（建武3）、九州に逃れていた尊氏が再挙して京を制圧すると、貞胤は京を離れ、再起をはかるため義貞とともに越前へ向かった。

　だが、途上の木芽峠で義貞とはぐれた貞胤は、尊氏方の斯波高経に追いつかれ、高経の説得に折れて尊氏に降伏した。尊氏政権下では、1336年（延元1・建武3）に下総の守護に任じられ、その後も南朝軍との戦いに従事して軍功を認

261

められ、1339年（延元4・暦応2）には伊賀の守護にも補任されるなど、尊氏に重用された。1346年（興国7・貞和2）には遠江の守護にも任じられ、関東の名族としての威厳を保つことに成功した。

千葉氏胤

ちば・うじたね

生没年 ？～1365年（正平20・貞治4）

出身 不明

主君 足利尊氏→足利直義→足利尊氏→足利義詮

死因 病死

◇関東千葉氏の隆盛を築いた武将

下総の守護・千葉貞胤の2男。兄の千葉一胤が、南朝との戦いで戦死していたため、1351年（正平6・観応2）、貞胤が死去すると千葉家の家督を継ぎ、下総と伊賀の守護に補任された。

氏胤が家督を相続した頃、幕府内では幕府執事の高師直と、将軍・足利尊氏の弟・足利直義の対立が激化して、直義が幕府に反するという観応の擾乱が勃発し

ていた。氏胤は当初、直義派に属し、1351年（正平6・観応2）、直義派が足利義詮（尊氏の嫡男）・高師直・佐々木道誉ら尊氏派の重臣とともに尊氏をも京から追放した際には、吉良満貞・斯波高経らとともに入京し、直義政権の一角をになうことになった。高師直・師泰兄弟の引退を条件に尊氏と直義は和睦し、尊氏は京に戻ったが、直義派が高一族を誅殺したことで両派は再び対立し、同年、直義は京を出奔した。このとき氏胤は京にとどまり、直義から離れて尊氏に臣従した。尊氏には許されたが、伊賀の守護は解任された。

京を出奔した直義は鎌倉に入り、京から出陣してきた尊氏軍と対峙するために駿河まで進出した。氏胤も直義討伐軍に従軍して東海道を東下し、1351年（正平6・観応2）、駿河薩埵峠で直義軍と戦った。氏胤はこの戦いで上杉憲顕隊と互角に渡り合うなど奮戦したという。

翌年に直義が死去すると、幕府の混乱に乗じて関東の南朝軍が武蔵で挙兵し

千葉家略系図

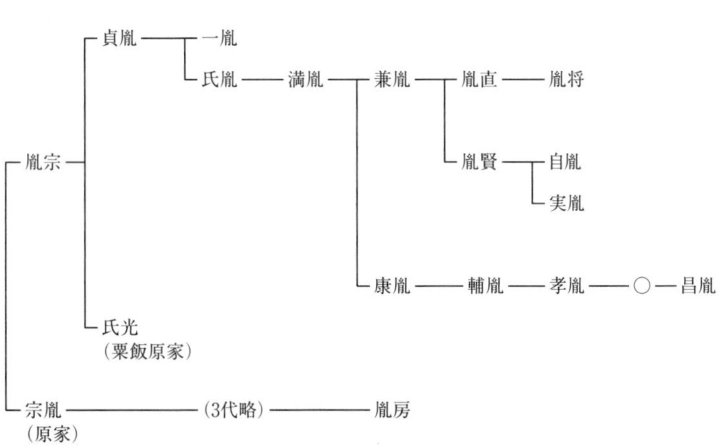

```
          貞胤 ─┬─ 一胤
                └─ 氏胤 ── 満胤 ─┬─ 兼胤 ─┬─ 胤直 ── 胤将
                                          │
                                          └─ 胤賢 ─┬─ 自胤
                                                    └─ 実胤
                                          康胤 ── 輔胤 ── 孝胤 ── ○ ── 昌胤
  胤宗 ─┤
        └─ 氏光
           （粟飯原家）
        宗胤 ──────（3代略）────── 胤房
       （原家）
```

た。氏胤は武蔵へ出陣して再び上杉憲顕隊と対峙し、今回は憲顕を敗走させることに成功した。こうした功績が認められ、氏胤は1352年（正平7・文和1）に上総の守護に任じられ、両総の支配者となった。

しかし、1355年（正平10・文和4）、氏胤は突然、上総の守護職を解任され、代わりに佐々木道誉が任じられた。氏胤はこの裁定に不満を抱き、道誉の代官の入国を妨害し、道誉と対立した。道誉は幕府に氏胤の非道を訴え、尊氏も道誉を支持したが、氏胤は執拗に抵抗し、尊氏死後の1362年（正平17・貞治1）、氏胤は上総の守護に復帰した。しかし、氏胤が浄光明寺の所領を横領していたことが発覚し、その2年後に再び上総守護を解任された。

1365年（正平20・貞治4）、氏胤は京で病に倒れ、帰国途中の美濃で死去した。

氏胤は京で生まれ育ったともいわれ、文化にも造詣が深く、歌人としての能力も優れており、勅撰和歌集である『新千載和歌集』（1359年成立）にも数首が選出された。

千葉満胤

ちば・みつたね

生没年 1359年（正平14・延文4）〜1426年（応永33）

出身 下総国

主君 足利満兼→足利持氏→上杉禅秀→足利持氏

死因 病死

◇上杉禅秀に与して鎌倉府に謀反

下総・上総の守護・千葉氏胤の嫡男。父の氏胤が早世したため、1365年（正平20・貞治4）にわずか6歳で家督を継ぎ、下総の守護に補任された。

当主就任当初は、千葉六党と呼ばれる相馬家・武石家・大須賀家・国分家・東家・円城寺家が満胤を補佐したが、満胤は長じると彼らを遠ざけ、直臣の中村家らを重用するようになり、家臣団の対立が起こった。

1399年（応永6）、足利満兼が鎌倉公方に就任する際、関東管領・上杉朝宗は鎌倉公方を支援する家として、源頼朝以来の8つの関東の名家を選出した。このとき、常陸の守護・佐竹家、下野の守護・結城家、旧下野守護の小山家と宇都宮家、常陸の国人・小田家、下野の国人・那須家と長沼家とともに、千葉家も選ばれ、この8家を関東八屋形と呼んだ。これにより満胤の権威は向上し、家臣団の対立も解消された。

1416年（応永23）、前関東管領の上杉禅秀が鎌倉公方・足利持氏に反旗を翻して兵を挙げた。満胤は、長子・千葉兼胤の妻に禅秀の娘をもらっていたことから、禅秀に与して鎌倉府と戦った。

禅秀側には、佐竹家や小山家など関東八屋形に含まれる国人も加わり、同年中には鎌倉を占領する一大勢力に成長した。しかし、幕府が持氏を支持して禅秀追討の命をくだすと、禅秀側から寝返る家が続出し、禅秀軍は瓦解した。

満胤も、幕府から派遣された駿河の守護・今川範氏と戦闘を繰り広げたが、戦況の不利を悟り持氏に降伏した。

持氏に許された満胤は本領を安堵されたが、政務からは手を引くことになり、家督を嫡男の兼胤に譲って引退した。

第4章 関東地方の氏族／千葉家

263

千葉兼胤

ちば・かねたね

生没年 1392年（元中9・明徳3）～1430年（永享2）

出身 下総国

主君 足利持氏→上杉禅秀→足利持氏

死因 不明

❖上杉禅秀の乱以降の千葉家を守る

　下総の守護・千葉満胤の嫡男。

　1409年（応永16）、鎌倉公方・足利満兼が死去すると、鎌倉府内の混乱に乗じて、上野で新田家の末裔と称する土豪が反乱を起こした。このとき兼胤は、父・満胤の命を受けて反乱討伐に出陣し、無事に鎮圧した。これが兼胤の初陣であった。

　室町時代創成期から房総半島に影響力をもってきた千葉家だったが、この頃になると鎌倉府が独自の力をもつようになり、諸家の勢力拡大を望まない鎌倉府によって千葉家の領国支配の拡大は抑えられてしまった。千葉一族は鎌倉府の奉公衆となり、兼胤も徐々に実権を削られていった。やがて1416年（応永23）に上杉禅秀の乱が起こると、禅秀の娘婿だった兼胤は、父の満胤とともに禅秀に従って鎌倉府に反旗を翻した。8000余騎を率いて極楽寺周辺に兵を進めた兼胤は鎌倉府軍を敗走させ、禅秀による鎌倉占領に貢献した。

　翌年、幕府の援軍を得た鎌倉公方・足利持氏の反撃にあい、禅秀軍は鎌倉を放棄し、兼胤は駿河入江荘に布陣して持氏軍と対峙したが、味方武将が次々と公方側に寝返り敗退し、兼胤も持氏に降伏した。このとき父の満胤が引退し、兼胤が家督を継ぎ、下総の守護に補任された。

　1418年（応永25）、上総国で大規模な国一揆が勃発した。参加したのは禅秀の残党で、国一揆は市原平三城に集結した。持氏は兼胤に国一揆の鎮圧を命じ、兼胤は常陸の国人・鹿島家らとともに市原平三城に攻め寄せて落城させ、国一揆の鎮圧に貢献した。

千葉康胤

ちば・やすたね

生没年 ？～1456年（康正2）

出身 不明

主君 足利持氏→足利成氏

死因 戦死

❖千葉本家を乗っ取る

　千葉満胤の子で、はじめは常陸の大掾家に養子に入っていたが、のちに千葉家に復帰して千葉荘馬加村に居を構えたため、馬加姓を名乗った。

　1438年（永享10）、4代鎌倉公方・足利持氏と関東管領・上杉憲実の対立が武力闘争に発展し、関東諸将を巻き込んだ永享の乱が勃発した。関東八屋形の一家として鎌倉府内で重用されていた千葉家のもとには持氏、憲実の双方から援軍の誘いがあった。このとき、千葉家当主は康胤の甥・千葉胤直だったが、胤直は鎌倉公方側につくことを決め、康胤もそれに従った。

　永享の乱は持氏が敗れて終結したが、1440年（永享12）、持氏の遺児を擁立した結城氏朝が幕府に反して挙兵した。康胤は当主の胤直に従軍し、幕府が送り込んだ結城討伐軍に参戦した。さらに1441年（嘉吉1）、6代将軍・足利義教が暗殺された嘉吉の変では、上京して赤松満祐追討伐にも参戦している。

　永享の乱と結城氏朝の反乱のために鎌倉公方は一時滅んだが、関東諸将は京にいた持氏の遺児を次の公方にするよう幕

府に働きかけ、1449年（宝徳1）、持氏の4男・足利成氏が新たな鎌倉公方として鎌倉に入った。しかし成氏は、親兄弟を殺害した関東管領・上杉家を快く思わず、1454年（享徳3）に成氏が関東管領・上杉憲忠を殺害したことで、享徳の乱が勃発した。

康胤はこのとき、当主の胤直に鎌倉公方側につくよう進言し、千葉一族は成氏を支援することになった。しかし、胤直は幕府に反することをよしとせず、成氏に幕府との講和を進言したが、成氏に拒否されたため、胤直は上杉軍に寝返った。このとき、康胤は胤直ら本家と袂を分かって成氏のもとに残り、千葉家は二派に分裂した。

1455年（康正1）、康胤は千葉一族の原胤房と共謀して、千葉城に胤直を襲った。胤直軍は千葉城を捨てて多古城と志摩城へ逃れたが、康胤が多古城を、胤房が志摩城を同時に攻め、胤直ら本家一族を自刃に追い込んだ。

この千葉家の内訌に対し、成氏と対立していた幕府は、成氏派である康胤・胤房が下総を支配することを懸念して両者の追討を決め、千葉一族の東常縁を下向させた。常縁は胤直の甥・千葉実胤とともに康胤軍と対峙し、1456年（康正2）、康胤は常縁軍の攻撃を受けて戦死した。

千葉胤直

ちば・たねなお

生没年 1419年（応永26）〜1455年（康正1）

出身 下総国

主君 足利持氏→足利義教→足利義政

死因 自害

◇ 永享の乱、結城合戦で武功を挙げる

千葉兼胤の嫡男。1430年（永享2）、父の死後に家督を継いだ。

当時の関東は、関東経営を任されていた幕府の機関・鎌倉府と幕府との対立が顕在化し、鎌倉府内も鎌倉公方派と、幕府寄りの関東管領派に分裂した。そして1438年（永享10）、鎌倉公方・足利持氏と関東管領・上杉憲実が武力衝突を起こした。持氏から軍事催促の書状を受け取った胤直は驚き、扇谷上杉持朝と連絡をとってともに鎌倉公方館に入って、出陣の中止を求めた。しかし、持氏は胤直らの進言を聞き入れず、下総に帰った胤直は軍勢を整えると、上野の上杉憲実の陣営に入った。持氏の反乱は同年中には鎮圧され、捕らえられた持氏は鎌倉の永安寺に幽閉された。このとき胤直は上杉持朝とともに、幕府から永安寺の警護を命じられた。憲実は持氏の助命を幕府に嘆願したが、将軍・足利義教の怒りは解けず、胤直と持朝は持氏の殺害を命じられた。そして1439年（永享11）、胤直は持朝とともに永安寺を攻め、持氏を自害に追い込んだ。

1440年（永享12）、下総の結城氏朝・持朝父子が持氏の遺児を擁立して兵を挙げた。胤直は上総・下総の軍勢を率いて幕府軍と合流して結城城を包囲し、氏朝・持朝父子を自害させた。

戦後、胤直は領国に戻ると出家し、翌年には家督を子の千葉胤将に譲った。しかし、前当主として家中における影響力は保っていた。また、幕府からも特別扱いを受けており、子の胤将は下総の守護に任じられていたが、1448年（文安5）に胤直が上総の守護に補任された。

◇ 享徳の乱で千葉本家断絶

1454年（享徳3）、持氏の死後に鎌倉公方になっていた足利成氏が、関東管領・上杉憲忠を誅殺したことをきっかけに、関東諸将を二分する大乱となる享徳の乱

が勃発した。

享徳の乱で幕府は関東管領・上杉家を支持したため、胤直は幕府側の上杉陣営として参戦することになった。しかし、一族の馬加康胤らは成氏方に残り、享徳の乱によって千葉家は分裂してしまった。そして1455年（康正1）、馬加康胤が一族の原胤房とともに本家に対して兵を挙げ、胤直が拠る千葉城へ攻め込んできた。不意をつかれた胤直は退却を余儀なくされ、胤直の軍勢は千葉城の北方の多古城と志摩城へ逃れ、上杉軍の援軍を待って籠城した。

しかし同年、北関東方面における上杉軍の拠点だった常陸の小栗城が成氏軍に落とされたため、上杉軍は十分な援軍を胤直に出せず、籠城から約4カ月後、志摩城と多古城は落城し、胤直は城を捨てて逃亡したが、敗戦を悟り自害した。

千葉胤賢

ちば・たねかた

生没年	？～1455年（康正1）
出身	下総国
主君	足利義政
死因	自害

◇突然の謀反に宗家を奪われる

千葉兼胤の2男で、千葉胤直の弟にあたる。1454年（享徳3）、鎌倉公方・足利成氏が、現職の関東管領・上杉憲忠を殺害するという事件が起こった。この事件をきっかけに、関東は鎌倉公方派と関東管領派に分裂し、さらに幕府が関東管領派を支援したことで、関東全域を巻き込む大乱となった（享徳の乱）。

当時の千葉家の当主は胤賢の兄・胤直で、千葉宗家は幕府・関東管領派に属して成氏派と戦った。しかし、千葉家一族の原胤房と馬加康胤は成氏派に属したた

め、千葉家は二派に分裂した。その直後、原胤房と馬加康胤が胤直の居城・千葉城を襲った。このとき胤賢は兄・胤直とともに千葉城にいて、反乱軍を迎撃したが、不意をつかれたこともあって敗北、城は落城し、胤賢は兄とともに志摩城へ退却し、胤直の子・千葉胤宣は多古城に入った。胤賢らは上杉軍の援軍が到着するまで城に籠城することに決したが、上杉軍は常陸の拠点だった小栗城を落とされるなど苦戦を強いられており、胤賢ら千葉宗家へ十分な援軍を送ることができず、各地で敗北を重ねた。

そして籠城から約4カ月、ついに多古城が陥落して胤宣は自害。それから3日後には、多古城攻撃軍も合流して志摩城は胤房軍の猛攻にさらされた。胤房からは開城勧告がたびたび出されたが、胤賢らは最後まで屈することはなく、ついに兄・胤直も自害して果てた。

胤賢は子の千葉実胤と自胤を連れて城を抜け出し、南の小堤城に入り、なおも抵抗を続けたが、1カ月後に小堤城も落城し、胤賢は自害した。

子の実胤と自胤はその後、幕府から派遣されてきた東常縁と合流して対抗したが、成氏方の簗田持助に攻められ武蔵国へ落ちた。ここに、下総の守護・千葉家の嫡流は滅亡した。

千葉輔胤

ちば・すけたね

生没年	1421年（応永28）～1492年（明応1）
出身	下総国
主君	足利成氏
死因	病死

◇古河公方成氏を庇護した千葉氏庶流

千葉（馬加）康胤の子で、印旛沼郡印東庄岩橋郷を所領していたことから岩橋

姓を名乗った。

1455年（康正1）、父の康胤が千葉本宗家の千葉胤直を滅ぼしたことで千葉家は分裂した。下総における千葉家の影響力は低下し、下総は古河公方・足利成氏の支配下に入った。その翌年、父の康胤は宗家側についた一族の東常縁との戦いで戦死し、同年中から輔胤も常縁と何度も戦いを繰り広げた。

1457年（康正3）、将軍・足利義政の弟・足利政知が新しい鎌倉公方として関東に下向してきたが、鎌倉周辺には古河公方方の国人が割拠していたため、政知は鎌倉に入れず伊豆堀越にとどまり、堀越公方を名乗った。1471年（文明3）、輔胤は同じく成氏方の小山家・結城家らとともに、政知を攻めるために伊豆三島へ進軍を開始した。輔胤軍は、政知方の今川範忠軍を破るなど優勢に戦いを進めたが、山内上杉顕定軍が政知の救援にかけつけると劣勢に立たされ、退却中に伏兵の奇襲を受けて惨敗を喫した。山内上杉家の家臣・長尾景信は、このすきをついて下野に侵攻して同国を制圧し、さらに成氏の居城・古河城を落とし、城を失った成氏は、輔胤のもとに逃亡してきた。

輔胤はこの頃に引退し、家督を子の孝胤に譲ったが孝胤を後見し、成氏の保護にも尽力した。そして翌年には成氏を支援して古河城を奪還した。

千葉昌胤

ちば・まさたね

生没年 1495年（明応4）～1546年（天文15）
出身 下総国
主君 足利政氏→足利高基→足利晴氏
死因 病死

◇古河公方の内紛に介入

千葉家庶流の千葉（岩橋）輔胤の曾孫

にあたる。

昌胤の代になると、古河公方家が足利晴氏・足利義明兄弟の対立によって分裂し、千葉家内も晴氏派と義明派に分かれて対立するようになっていた。1517年（永正14）、義明は上総の国人・真里谷武田家の援助を得て下総に侵攻し、昌胤の重臣・原家の居城・小弓城に攻め寄せた。原虎胤ら原一族は応戦したが敗れ、義明軍に小弓城を奪われてしまい、義明は小弓公方を称して独立した。こうして晴氏と義明の対立は決定的となり、また昌胤と義明の対立も深まった。

その後、義明陣営でも内紛が起こり、真里谷武田家が分裂した。真里谷武田信隆は、堀越公方を滅ぼして伊豆・相模を制圧した北条氏綱と結んで義明討伐を画策し、1538年（天文7）に下総国府台で両軍が激突する第一次国府台の戦いが勃発した。このとき、晴氏が北条家を支持したため、昌胤も国府台に出陣し、北条軍の一角を担って北条家の勝利に貢献した。この戦いで義明は戦死し、昌胤は義明に奪われていた小弓城を奪還した。

この戦いでは、千葉家と北条家は、表面上は晴氏の指揮下にあり、あくまで対等の立場であった。昌胤は下総での復権をはかり、北条家との関係を強化していき、氏綱の子・北条氏康の娘を嫡男の千葉利胤の正室に迎え入れた。

しかし、第一次国府台の戦いを機に武蔵まで進出してきた氏綱は、上総・下総にも勢力を伸ばすようになり、千葉家の勢力は徐々に衰退していった。

第4章 関東地方の氏族／千葉家

267

原家

代々下総の守護に任じられた千葉家の14代当主・満胤の4男高胤が、下総国香取郡原郷を領して原姓を名乗ったとされる。庶家でもあり、千葉家の重臣として徐々に力をつけた。古河公方と関東管領との抗争のなかで千葉家宗家は滅び、千葉家の庶家・馬加家が千葉宗家を継いだ。原家はその家宰として重用された。しかし、宗家を滅ぼした馬加・原家への風当たりは強く、幕府軍に攻められて甲斐へ逃亡し、下総での力を失った。

原胤房

はら・たねふさ

生没年 不詳

出身 下総国

主君 千葉満胤→千葉兼胤→千葉胤直→足利成氏

死因 不明

◇千葉宗家を滅ぼした千葉家庶流

1413年（応永20）に家督を継承して、宗家の千葉満胤の重臣となり、千葉家の家宰として影響力をもった。

1454年（享徳3）、鎌倉公方・足利成氏が、関東管領・上杉憲忠を殺害したことをきっかけに、関東各家を二分する享徳の乱が勃発した。

宗家の千葉家は、成氏の側近として出仕しており、成氏に出兵の停止と上杉家との和睦を進言したが成氏に黙殺されたため、千葉家は上杉方として乱に参戦した。

このとき、千葉家一族で重臣でもあった胤房は、宗家以上に成氏と緊密な関係をもっていたため、宗家にはしたがわずに成氏方に残った。また、千葉家の重臣・円城寺家と折り合いが悪く、その対立も起因していた。

胤房は成氏の命を受けて、千葉家庶流の馬加康胤とともに宗家の千葉胤直が拠る亥鼻城を攻め、胤直を志摩城へ敗走させた。胤房は追撃の手を緩めず、ついに志摩城も攻略し、胤直は嫡男・千葉胤宣とともに自害し、千葉家嫡流は滅びた。千葉家は馬加康胤が継ぎ、胤房はその家宰におさまった。

しかし、その3カ月後、8代将軍・足利義政が派遣した千葉一族の東常縁が攻め寄せると、康胤・胤房軍は敗れ、胤房は千葉方面へ逃走し、その後消息を絶った。

原胤清

はら・たねきよ

生没年 ？〜1556年（弘治2）
出身 下総国
主君 千葉昌胤→千葉利胤→千葉親胤
死因 病死？

◇ 後期千葉氏執権として権力をふるう

千葉本宗家を滅ぼした原胤房の嫡孫。父である原胤隆の遅い子供だったため、胤清が生まれたときには胤隆の弟・原朝胤が家督を継いでおり、胤清は家督を継がずに千葉家に仕えた。当時の千葉家は、嫡流は胤房によって滅ぼされていたため、庶流の岩橋家が千葉家を自称して認められていた。

胤清の頃の関東地方は、小田原北条家が勢力を拡大しており、関東地方は動乱のさなかにあった。胤清は武勇に優れており、千葉家の総大将としてたびたび出陣した。1503年（文亀3）には下総葛飾郡に侵攻してきた北条早雲と戦い、これを撃退し、1510年（永正7）には安房の里見家の侵攻を防いだ。1513年（永正10）には北条早雲の後を継いだ北条氏綱・氏康父子が進軍してくるのを、武蔵国で迎え撃って潰走させた。

しかし、1517年（永正14）、古河公方・足利高基の弟で、家督継承をめざして還俗して上総に入っていた足利義明が、真里谷武田家の協力を得て下総に侵攻し、原家の居城・小弓城に攻め寄せてきた。胤清は、当主の朝胤とともに義明軍と戦ったが、朝胤が討ち取られて原軍は壊滅し、小弓城は義明に奪い取られてしまった。かろうじて城を脱出した胤清は、原家の家督を継いで、一族の高城家を頼って根木内城に逃げ、その後、北条家を頼って勢力の回復を目指した。

1538年（天文7）、真里谷武田家とともに安房の里見家の支援を受けた義明の勢力拡大に危機感をもった小田原北条家が、義明と武力衝突した。このとき胤清は、北条氏綱軍にしたがって義明と対峙し、北条軍の活躍で義明は戦死した。戦後、小田原北条家から小弓城が胤清に返還された。

原胤貞

はら・たねさだ

生没年 ？〜1569年（永禄12）？
出身 下総国
主君 千葉昌胤→千葉利胤→千葉親胤
死因 不明

◇ 合戦に明け暮れ、最後は暗殺の悲運

原胤清の子。胤貞の時代の原家は、古河公方・足利晴氏の叔父・足利義明に居城の小弓城を奪われていた。しかし、

第4章
関東地方の氏族／原家

原家略系図

```
┌ 胤宗 ───(2代略)─── 満胤 ─┬─ 兼胤 ─── 胤直
│ （千葉家）            │
│                       └─ 康胤
│                          （馬加家）
│
│                          ┌─ 胤隆 ─── 胤清 ─── 胤貞 ─── 胤栄
└ 宗胤 ───(2代略)─── 胤親 ─── 胤房 ─┤
  （原家）                           └─ 朝胤
```

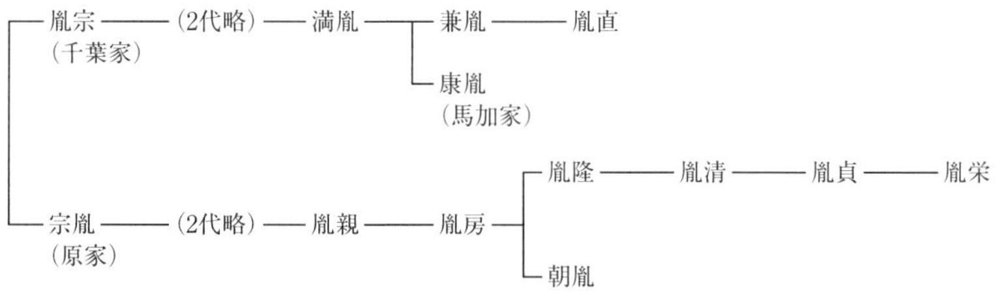

1538年（天文7）、小田原北条家と義明が下総国府台で武力衝突した際、胤清・胤貞父子は北条軍に加担し、この戦いで義明が戦死したため、翌年になって小弓城は原家に返還され、胤清・胤貞は小弓城に復帰した。さらに、国府台の戦いの戦功で下総臼井荘を手に入れ、地元豪族の臼井景胤に娘を嫁がせ、1557年（弘治3）に景胤が死去すると景胤の後を継いだ臼井久胤の後見として臼井城に入り、臼井荘から臼井家の影響力を排除した。

その後、上総にまで勢力圏を拡大させてきた安房里見家麾下の正木家との対立が深刻化した。そして1561年（永禄4）、小田原北条家と関東管領・上杉家が武力衝突し、上杉軍は武蔵の北条方の諸城を陥れて相模へ侵攻してきた。北条家と結んでいた胤貞は、主家の千葉家とともに相模へ出陣した。しかし、その隙を正木家につかれ、小弓城と臼井城を奪われてしまった。しかし、1564年（永禄7）の第2次国府台の戦いで里見家が小田原北条家に敗れると、里見家麾下だった正木家も打撃をこうむり、胤貞は臼井城を回復し、まもなく小弓城も奪還した。

胤貞の後は嫡男の胤栄が継ぎ、原家は千葉家とともに小田原北条家の支配下に置かれ、やがて豊臣秀吉の小田原征伐によって没落していく。

原虎胤

はら・とらたね

生没年 1497年（明応6）〜1564年（永禄7）

出身 下総国

主君 千葉勝胤→武田信虎→武田晴信→北条氏康→武田信玄

死因 病死

◇鬼美濃と恐れられた豪傑

原家庶流の原友胤の子。生涯38度の合

戦に参戦し、全身50か所にも及ぶ傷を受けながら勝利を重ね、官途名の美濃守から「鬼美濃」と称された。

1517年（永正14）に古河公方・足利高基の弟・足利義明によって原家の居城である小弓城を攻略されたとき、城を脱出して父の友胤とともに甲斐に落ち、武田家に仕えた。1541年（天文10）、父の友胤が死去すると後を継いで武田家の足軽大将となり、軍事面で武田家を支えるようになった。

1551年（天文20）、武田家と対立していた信濃の守護・小笠原家との戦いでは、小笠原家の重要拠点だった平瀬城を攻め落とし、武田家の信濃平定に貢献。また、攻城戦の名手としても知られ、虎胤が落とした城は最低限の修復で済み、すぐに使用できたといわれる。

1553年（天文22）、甲斐国内で日蓮宗と浄土宗の論争があったとき、虎胤はひそかに浄土宗側を支持していた。しかし、それが武田家当主の武田信玄に知られ、武田家の分国法である『甲州法度次第』で禁じられていた「一宗教への帰依」に反したとして、虎胤は甲斐を追放された。甲斐を追い出された虎胤は相模に下向し北条氏康に出仕したが、1554年（天文23）に武田家と北条家が同盟を結ぶと信玄に許され、武田家に帰参した。

その後も信玄麾下で活躍したが、1561年（永禄4）の信濃割ヶ嶽城の戦いで負傷し、以降は信玄から養生を命じられて第一線から退いた。

⊖ 里見家

清和源氏新田家の一族。鎌倉時代は幕府御家人として活動した。南北朝時代は南朝に与したため一時期没落したが、鎌倉府に出仕して復権し、安房を代表する国人に成長した。安房国は上杉家と結城家が守護に任じられていたが、室町時代中期に武田家・正木家・酒井家などの群雄が割拠し、守護の力は及ばなかった。そんな安房を統一したのが里見家だった。その後、安房の戦国大名として戦国時代を生き抜き、江戸時代初期に改易となるまで続いた。

第4章 関東地方の氏族／里見家

里見時成

さとみ・ときなり

生没年 1309年（延慶2）〜1337年（延元2・建武4）
出身 上野国
主君 新田義貞
死因 戦死

◆新田義貞に従って鎌倉攻めに加わる

上野国里見荘を本貫地とする里見家の当主で、鎌倉幕府御家人。

1333年（元弘3）、後醍醐天皇が伯耆国で倒幕の兵を起こすと、一族の宗家・新田義貞とともに幕府から離反し、上野で挙兵した。時成は義貞に従軍して鎌倉攻めに加わり、鎌倉制圧に功を挙げた。その後、義貞とともに上洛して後醍醐朝に出仕した。

1335年（建武2）、北条時行が兵を挙げた中先代の乱を機に足利尊氏が後醍醐天皇から離反すると、時成は尊氏討伐の軍に加わって義貞とともに東下して箱根竹

ノ下の戦いで尊氏軍と戦ったが敗れて京に敗走した。

同年、尊氏は九州で再起すると、湊川で楠木正成を破って京に入り、時成は義貞とともに戦ったが敗れ、近江へ落ち延びた。義貞が、後醍醐天皇の皇子・尊良親王と恒良親王を奉じて越前敦賀に向かうと、時成もこれにしたがい、金ヶ崎城で態勢の挽回をはかった。

翌1336年（延元1・建武3）、尊氏軍による金ヶ崎城攻めがはじまり、包囲攻撃された金ヶ崎城内はやがて兵糧が尽きてしまった。時成は、救援を頼むために義貞の弟・脇屋義助とともに城を脱出し、越前の国人・瓜生保のもとに向かった。義助らの説得に折れた瓜生家は、金ヶ崎城救援のために居城の杣山城を進発し、金ヶ崎城へ向かった。

しかし、時成は東郷村越坂で、尊氏方の今川頼貞軍に襲われ、戦死した。

その後、南北朝の動乱期における里見家の動向は不明で、幕府内で足利尊氏・

271

直義兄弟の内訌が武力衝突に発展した観応の擾乱で、里見義宗が直義派に属すが、直義が敗れたことで没落した。

里見家基

さとみ・いえもと

生没年	?～1441年（嘉吉1）
出身	常陸国
主君	足利持氏
死因	戦死

◇結城合戦で幕府軍と戦い戦死

　鎌倉幕府滅亡時（1333年）、新田一族として新田義貞とともに鎌倉制圧に功があった里見時成が戦死後、里見家はしばらく歴史上に名を見せなくなる。その後、1398年（応永5）に鎌倉公方に就任した足利満兼の代に、里見家兼という人物が常陸国に所領を得たとされる。その家兼の子が家基で、時成の流れを汲む宗家ではなく、足利尊氏と足利直義が対立した観応の擾乱で直義にしたがい、美濃に所領を得た美濃里見家の里見義宗の後裔であるといわれている。

　家基は満兼の後を継いだ足利持氏にしたがい、鎌倉に出仕した。1438年（永享10）、持氏が6代将軍・足利義教が支持す

る関東管領・上杉憲実と武力闘争を起こした永享の乱の際には、持氏方の武将として活動した。持氏が敗れて自害した後の1440年（永享12）、持氏の遺児・春王丸と安王丸を擁した結城氏朝が幕府に反して結城城で挙兵した。このとき家基は氏朝に加担して結城城に入り、結城家とともに幕府軍と対峙した。

　これに対して義教は、越後の守護・上杉清方を大将に、駿河の守護・今川範忠、信濃の守護・小笠原政康ら名門家を討伐に向かわせ、翌1441年（嘉吉1）、結城城を包囲攻撃した。幕府軍の猛攻を支えきれなくなった結城城は落城し、家基もこのとき戦死した。

里見義実

さとみ・よしざね

生没年	1417年（応永24）～1488年（長享2）
出身	常陸国
主君	足利成氏
死因	病死

◇謎に包まれる義実の安房進出

　1441年（嘉吉1）結城合戦で戦死した里見家基の子。父とともに結城城に入って幕府軍と戦い、結城城が落城する際に

里見家略系図

```
         ┌ 義康
         │ （足利家）
         │
         │ 義重 ┬ 義兼 ┌ 時成
         └（新田家）│ 義俊 ─ ○ ┤
                  （里見家）  └ 義基 ─（5代略）─ 家兼 ─ 家基 ┐
                                                              │
                             ┌ 義実 ─ 義通 ─ 義豊
                             │
                             └ 実堯 ─ 義堯 ─ 義弘
```

城外へ逃げて安房国へ落ち、安房里見家の祖となった。

当時の安房国は、誰が守護職についていたのかは不明だが、鎌倉府や関東管領上杉家の所領が多く点在する地で、安西家・神余家・丸家・東条家・山下家らの国人が割拠していたが、鎌倉府の支配力が強い地域だった。義実がどのような経緯で安房で影響力をもつようになったのかは不明だが、義実は足利将軍家一族という家格であり、そうした権威によって安房国内の国人を糾合したようだ。

1447年（文安4）、永享の乱で足利持氏が自害後、空席になっていた鎌倉公方に、持氏の子・足利成氏が就任した。成氏は、かつて持氏にしたがって永享の乱で没落していた各家を登用し、このとき義実も成氏に招かれて鎌倉府に出仕することになった。

鎌倉公方・足利成氏が持氏の旧臣を優遇するようになると、関東管領・上杉家と軋轢が生じるようになった。そして1454年（享徳3）、成氏は結城成朝らの側近を率いて関東管領・上杉憲忠を襲撃し、殺害してしまった。このとき、義実も成氏の側近として憲忠殺害の現場にいたという。憲忠誅殺によって両者の関係は決裂し、享徳の乱と呼ばれる大乱が勃発した。義実は成氏方として、成氏が鎌倉を離れて古河に移った際も成氏にしたがったが、房総半島の鎌倉公方軍を結集するために安房に戻り、同じく成氏側近で上総に入った武田信長とともに、房総半島の上杉軍の攻略に着手した。

1471年（文明3）、上杉軍に攻められた成氏が古河を脱出し、下総佐倉へ逃げてきた際には、義実は成氏のもとに参陣し、翌年の成氏の古河復帰に尽力した。

1478年（文明10）に成氏と上杉家の和

睦が成立して享徳の乱は終結したが、幕府が送り込んだ堀越公方・足利政知との対立は続き、義実は最後まで成氏の側近として活動し、1488年（長享2）に死去した。

里見義堯

さとみ・よしたか

生没年 1512年（永正9）～1574年（天正2）
出身 安房国
主君 足利義明
死因 戦死

◇ 房総半島で勢力を広げる

里見実堯の子。1533年（天文2）、父の実堯が本家当主の里見義豊（義堯の従兄弟にあたる）に殺害された。義堯は相模の北条氏綱の援助を得て、翌年兵を挙げ、安房稲村城を攻めて義豊を破り、里見家の当主に収まった。しかし、上総の実力者・真里谷家の家督争いをめぐって氏綱と対立し、1538年（天文7）、古河公方・足利高基と対立して上総に落ちていた足利義明と結んで氏綱を攻めたが敗北した（第一次国府台の戦い）。

戦後も北条家とは対立しながらも、安房・上総で勢力圏を広げ、拠点を安房から上総に移して久留里城を居城とし、房総半島第一の実力者にのし上がった。その後も越後の上杉謙信や常陸の佐竹家などと協調して北条家と連年戦った。1562年（永禄5）、家督を子の義弘に譲って隠退し、1574年（天正2）に死去した。

太田家

室町時代から戦国時代にかけて武蔵で勢力をはった国人。扇谷上杉家の地頭だったことから上杉家との結びつきが強く、上杉家が関東管領に就任すると、上杉家の重臣として活躍した。資清の代に若年の当主に代わって扇谷上杉家中の実権を握って扇谷上杉家の発展に尽力した。道灌の代に最盛期を迎えたが、道灌が当主・扇谷上杉定正に殺害されると扇谷上杉家は衰退の道をたどり、太田家は山内上杉家に転じた。両上杉家が没落するとともに太田家も没落した。

太田資清

おおた・すけきよ

生没年 1411年（応永18）〜1488年（長享2）
出身 相模国
主君 上杉持朝→上杉政真→上杉定正
死因 病死

◇江戸城と川越城を築城

太田家は扇谷上杉家の家宰を務めており、資清は上杉持朝のもとで家宰とともに相模守護代にも任命されている。

1439年（永享11）、鎌倉公方足利持氏と関東管領山内上杉憲実の対立が激化し、永享の乱が勃発した。このとき、持朝は山内上杉家につき、持氏を自害に追い込んで勝利を収めた。敗北した持氏の自害後、資清は持氏軍残党の追討軍に加わり、持氏方の一色家を討ち取った。

持朝が1449年（文安6）に隠居すると、嫡子上杉顕房が扇谷上杉家の家督を継いだ。だが、顕房がまだ若年だったため、資清が補佐役として政務を執り、諸事を下知することとなった。

この頃、山内上杉家の若い当主・上杉憲忠を補佐していた長尾景仲とともに、「関東の不双の案者」と評価された。

持氏が死亡したことで、鎌倉府は滅びたが、関東諸士の嘆願により足利成氏が鎌倉公方に就任し、関東の政情不安を抑えにかかった。ところが、成氏が専制化を強め、関東管領上杉家との溝を深めていった。

資清も成氏派とたびたび衝突を繰り返し、1451年（宝徳3）、景仲とともに鎌倉の成氏の御所を急襲した。この謀反は上杉憲実の仲介で収まったが、鎌倉公方と上杉家の対立は決定的となり、1454年（享徳3）、享徳の乱が勃発した。

このとき、成氏軍との戦いのために資清は、息子の太田資長（道灌）とともに江戸城、川越城を築いたといわれる。

幕府は、下総古河城に退いて古河公方と呼ばれ実権を握り続ける成氏に代わって、新しい鎌倉公方として足利政知を鎌

倉へ向かわせた。だが、成氏を支持する関東諸士の反抗を受けて、政知は伊豆堀越にとどまって堀越公方と呼ばれるようになる。この政知と持朝が仲違いを起こし、三浦時高、大森氏頼、千葉実胤ら扇谷上杉家の重臣が讒言によって隠遁させられ、資清も同時期に隠遁している。

この両者の対立は、幕府の仲介を得て和睦し、資清は政務に復帰すると再び成氏と対峙した。結局、享徳の乱が終結するのは1482年（文明14）のことで、その間、長尾景春の乱、用土原の戦いなどで資清は戦場に立っている。

享徳の乱は両者の和睦で落着したが、常に第一線で戦い続け、さまざまに功を挙げた資清の名声は高まったという。

太田道灌

おおた・どうかん

生没年 1432年（永享4）〜1486年（文明18）
出身 武蔵国
主君 上杉持朝→上杉政真→上杉定正
死因 暗殺

◇関東に道灌の名声が高まる

太田資清の子で、幼少の頃から学問に秀でていた。『永享記』によれば、9歳で五山に入って2年間で学問を修め、山内上杉家が道灌を家臣にほしがったが、扇谷上杉持朝は「万金にもかえがたい」といって資長の名と備中守を与えて召しかえたという。

1455年（康正1）、鎌倉公方の足利成氏と両上杉家との戦い（享徳の乱）で扇谷上杉顕房が自害して父の資清が引退すると、道灌が家督を継いだ。この頃、父とともに江戸城の築城に着手したといわれている。道灌は家督を継いでからも学業に励み、また彼の賞罰は公平で、善悪に対しては慈悲を持って善政を敷いたため、それを聞きつけた武功の将が多く集まった。それが内外に伝わり、道灌の名は高まった。

この頃、関東の戦乱は恒常化し、諸将は経済的に逼迫し、人夫の確保も難しくなっていた。そこで道灌は、寺社領への干渉を積極的に行い、鎌倉鶴岡八幡宮領の足立郡佐々目郷の代官の地位を得て人夫を徴発した。また、戦費を工面するために八幡宮領に反銭を賦課して、扇谷上杉家の財政を回復させた。

◇三州の安危は道灌にかかっている

1476年（文明8）、駿河守護今川家で家

第4章
関東地方の氏族／太田家

太田家略系図

```
資房 ── 資清 ─┬─ 道灌 ── 資康 ─┬─ 資時
              │                  │
              │                  └─ 資高
              │
              │      資忠 ══ 資家
              │       ↑       ↑
              └─ ○ ─┬─ 資忠
                     │
                     └─ 資家 ───
```

275

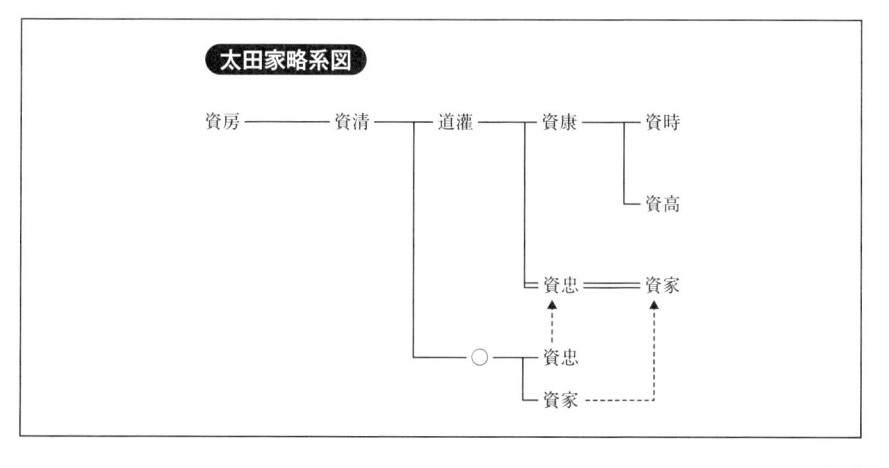

督をめぐって内訌が勃発した。道灌は、この内紛の調停を依頼されて駿河に入ったが、その隙をついて、山内上杉家の家臣で主家に反旗を翻していた長尾景春が古河公方・足利成氏と結んで挙兵した。景春は道灌の従兄弟にあたるため、挙兵前には景春から謀反に加わるよう誘いがあったが、道灌は景春の誘いを断ったという。そして、主君扇谷上杉定正に景春を討つよう進言しているが、定正は道灌の進言を容れなかった。

景春挙兵の報を知った道灌は、今川家の食客だった北条早雲と会談して今川家の内訌を収めると、関東に戻って景春と対陣した。翌年4月に景春方の豊島家を滅ぼすと、1カ月後には景春が拠る鉢形城を攻めて景春を敗走させた。しかし、成氏の援軍もあって景春にとどめを刺すことはできなかった。

その後も関東各地を転戦し、1478年（文明10）正月の平塚城の戦いでは、わずか50余騎で700余騎に及ぶ成氏方の平塚勢を圧倒し、翌年には下総国臼井城を攻略し、千葉孝胤を敗走させた。1480年（文明12）6月、景春はついに道灌に降伏した。

こうして道灌の名声は絶頂に達したが、扇谷上杉家の勢力拡大を恐れた山内顕定が定正に道灌の讒言を繰り返し、1486年（文明18）、道灌は定正によって殺害されてしまった。「三州（相模・武蔵・上野）の安危は武（武蔵国）の一州に係り、武の安危は公の一城（道灌の拠る江戸城）に係る」といわれたように、当時の関東を牛耳っていたのは道灌であった。道灌の死後、人々の心は定正のもとを離れてしまい、扇谷上杉家は没落していくことになる。

江戸家

常陸国那珂郡に土着した国人。室町時代には南朝に属し、高師冬に敗れて没落したが、その後幕府方に転じて足利尊氏から那珂郡江戸郷を与えられて江戸姓を名乗った。守護の佐竹家とは縁戚関係を結び、通房の代に大掾家に代わって三戸地方を得て勢力を大きく伸ばした。1470年代に起こった佐竹家の内訌を契機に独立した国人領主となり、小田家や鹿島家を凌駕する力をつけたが、戦国時代に入って佐竹家が常陸国内を平定したことで衰退した。

第4章 関東地方の氏族／江戸家

江戸下野守

えど・しもつけのかみ

生没年 不詳
出身 武蔵国
主君 新田義興→足利基氏
死因 不明

◇武蔵野合戦で新田義興を裏切る

江戸家は武蔵七党のひとつ秩父家の庶流で、朝廷が南北朝に分裂した際は、足利尊氏が擁立した北朝に従った。

1349年（正平4・貞和5）、幕府内では尊氏の弟・足利直義と、幕府執事・高師直の対立が激化し、幕府内を二分する観応の擾乱が勃発した。高師直が直義派の武将に殺害された後は、尊氏と直義の兄弟対決となった。

その争いは各地に波及し、関東も尊氏派と直義派に分かれて対立し、下野守はこのとき直義派の武将として活動した。

観応の擾乱は1352年（正平7・文和1）に直義が死去したことで終息したが、関東ではその後も両派の対立が収まらなかった。そして同年、こうした幕府内の混乱に乗じて、関東南朝軍の新田義興・義宗兄弟が上野で兵を挙げた。このとき、多くの旧直義派の武将が新田軍に呼応して挙兵し、江戸下野守も義興軍に合流して鎌倉に兵を進めた。

鎌倉に入った義興軍は尊氏の子で鎌倉公方だった足利基氏の館を襲撃して破り、基氏は鎌倉から逃走した。義興軍は鎌倉を占拠したが、再挙した幕府軍に敗れて、すぐさま鎌倉から撤退した。

1358年（正平13・延文3）、関東管領の畠山国清は、関東南朝軍の主力である義興を破るため、義興軍内に謀略を仕掛け、江戸下野守に内応の誘いをかけた。国清はもともと直義派の武将で、観応の擾乱では江戸下野守とともに戦っていたこともあり、下野守は国清の誘いに応じ、叔父の江戸遠江守とともに、義興に嘘の救援挙兵を求めた。義興は下野守の要請に応え、同年10月、下野守らと合流

277

して、多摩河矢口から鎌倉へ向けて船を出した。しかし、義興が乗った船には下野守らがあらかじめ穴を開けておいたため、船は沈み、義興は完全に船が沈没する前に船の上で自刃したという。

下野守の没年は不詳だが、『太平記』では、義興の死後、義興の怨霊に呪い殺されたことになっている。

江戸通房

えど・みちふさ

生没年	?～1465年（寛正6）
出身	常陸国
主君	佐竹義憲→佐竹義人→佐竹実定
死因	病死

◇水戸城を奪った江戸氏中興の祖

通房の祖父・江戸通高は、小山若犬丸の乱討伐に功があり、常陸国内に河和田、鯉淵、赤尾関を与えられ、江戸家発展の礎を築いた。

1416年（応永23）、前関東管領・上杉禅秀が鎌倉府に対して反乱を起こした。このとき、江戸家は常陸の守護・佐竹義憲にしたがい、鎌倉公方・足利持氏を支援して乱の鎮圧に加わった。

戦後、禅秀に与した各家は弾圧され、常陸国内でも、名門の大掾満幹の所領が没収されることになり、大掾家は本拠地

である水戸を失い、水戸は通房に与えられた。しかし、満幹は水戸の明け渡しをあくまで拒否して居座り、江戸家と大掾家は水戸の領有をめぐって対立するようになった。そして1426年（応永33）、両者は武力衝突し、主家の佐竹家のバックアップを得て水戸へ侵攻した通房は満幹軍を打ち破って、実力で水戸城を奪い取った。

水戸に本拠を移した通房は、水戸城の南の支城である武熊城に弟の江戸通常を配し、それまでの居城・河和田城にも一門を配して、水戸全域を支配するに至った。その後、佐竹家の家督争いに介入し、佐竹実定を家督継承させて江戸家の存在感を高めた。1454年（享徳3）に勃発した享徳の乱では、関東管領・上杉房顕に従った。

江戸通雅

えど・みちまさ

生没年	1462年（寛正3）～1511年（永正7）
出身	常陸国
主君	佐竹義舜
死因	病死

◇江戸氏を戦国大名に押し上げる

江戸通房の子で、兄の江戸通長とともに江戸家の勢力伸張に尽力した。1481年

江戸家略系図

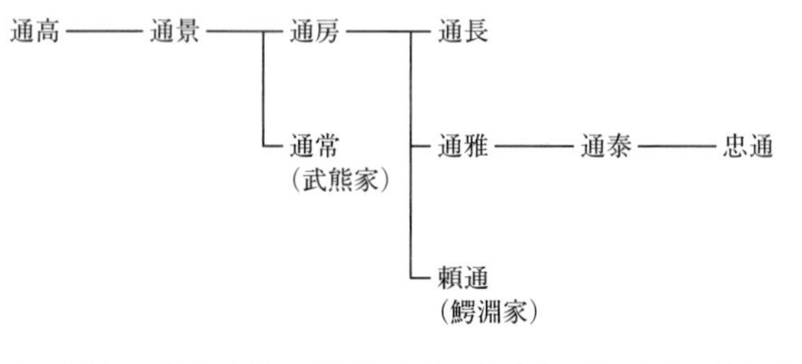

```
通高 ── 通景 ──┬── 通房 ──┬── 通長
              │         │
              └── 通常   ├── 通雅 ── 通泰 ── 忠通
                 （武熊家）│
                         └── 頼通
                            （鰐淵家）
```

（文明13）、水戸の南をおさえていた小幡家を破って小幡城を奪取し、通雅は水戸の南への進出を開始した。1486年（文明18）には、さらに南進して鹿島郡に侵攻し、鹿島一族の徳宿家を攻め、徳宿城を奪取した。

この頃、常陸守護・佐竹家内では、宗家と分家の山入家との間で内紛が続いており、山入家が幕府の直臣である京都扶持衆だったことから幕府や鎌倉公方を巻き込んで、周辺諸国にも影響を及ぼしていた。

通雅はこの内訌においては山入家と結んで、水戸西北部の佐竹家領を押領し、版図を拡大していった。しかし、陸奥の岩城家が内訌に介入してくると、岩城家の仲介もあって山入家から離反して、佐竹義舜側に寝返った。1504年（永正1）、通雅は岩城親隆らとともに佐竹義舜を助けて山入家を攻め、これを滅ぼした。

こうして版図拡大とともに、佐竹家にも恩を売ることとなり、1510年（永正7）には義舜との間に一家同位の盟約を結んだ。守護である佐竹家が、江戸家の独立勢力を認めたことで、江戸家は戦国大名として生まれ変わるのである。

江戸通泰

えど・みちやす

生没年 1484年（文明16）～1535年（天文4）
出身 常陸国
主君 佐竹義舜→佐竹義篤
死因 病死

◇佐竹氏からの独立をはかる

江戸通雅の子。

父・通雅の活躍で江戸家は、守護家である佐竹と同格の家であることを認められた。

当時の関東地方は、1510年（永正7）頃から古河公方家内で公方の足利政氏とその嫡男・足利高基が対立し、関東諸将を巻き込んだ戦乱に発展していた。通泰は高基に与して戦ったが、佐竹義舜は政氏方についたため、江戸家は佐竹家と対立することになった。

その後、常陸南部の鹿島家で内紛が勃発すると、大掾一族の大掾通幹を娘婿としていた通泰は南進のチャンスと見てこの内紛に介入した。鹿島家は、前当主の鹿島景幹が戦死したあと、幼少の鹿島義幹が家督を継いでいたが、義幹の家臣が専横をふるったため、松本政信ら重鎮たちの間では、大掾家や佐竹家と結んで鹿島家当主の義幹を追放しようという機運が高まっていたのである。

1524年（大永4）、通泰は大掾家などと組んで義幹を下総国に追放し、そのあとに娘婿の通幹を家督に据えて鹿島進出をはかった。しかし、江戸家の勢力が南進することを危惧した大掾家が反発し、通泰の鹿島進出はならなかった。

江戸忠通

えど・ただみち

生没年 1507年（永正4）～1564年（永禄7）
出身 常陸国
主君 佐竹義舜→佐竹義篤→佐竹義昭
死因 病死

◇佐竹家の軍門に降る

江戸通泰の子で、通泰が没した1535年（天文4）に家督を継いだ。父の代から活躍し、但馬守を名乗っていた。通泰存命の1532年（天文1）には、小幡城の小幡義清を破り、江戸家の版図拡大に貢献した。

忠通は常陸の守護・佐竹義舜の娘を正室に迎えるなど、佐竹家と結んで勢力の拡大を図った。しかし、1545年（天文

14）に義舜の子・義篤が死ぬと、後を継いだ佐竹義昭と対立するようになり、1547年（天文16）の大部平の戦い、1550年（天文19）の戸村の戦いなど、佐竹家と軍事衝突するようになった。一連の戦いで、いったんは義昭軍を敗走させる殊勲を挙げたが、1551年（天文20）に再び義昭軍と戦って敗れ、降伏を余儀なくされた。

　その後は、佐竹家と同盟を結んでいた宇都宮広綱を救援するために下野に侵攻し、壬生綱房と戦い、また佐竹家と対立する小田家と戦うために常陸南部に侵攻するなど佐竹家麾下の武将として活動した。

△ 小田原北条家

室町幕府の政所執事を務めた伊勢家の出で、駿河の守護・今川家の縁戚となって今川家の内訌鎮圧に功があった伊勢新九郎長氏（後の北条早雲）を祖とし、子の氏綱の代に北条姓を名乗った。鎌倉幕府執権の北条氏と区別するため、「後北条家」と呼ぶこともある。早雲の時代に伊豆と相模を平定して関東を代表する大名となった。氏綱の代に武蔵に侵攻して勢力範囲を広げ、関東土着の国人たちを糾合して関東一帯に覇を唱えた。

第4章
関東地方の氏族／小田原北条家

北条早雲

ほうじょう・そううん

生没年 ？〜1519年（永正16）
出身 備中国
主君 足利義尚→足利義視→足利義澄→今川氏親
死因 病死

◇ 今川氏の家督騒動に介入して駿河へ

8代将軍・足利義政の申次衆だった伊勢盛定の2男。幕府の政所執事を世襲した伊勢家の庶流である。

早雲の姉・北川殿は駿河の守護・今川義忠の正室となっていたが、1476年（文明8）に義忠が戦死すると、今川家で後継争いが勃発した。このとき早雲は姉の要請を受けて駿河に下向し、同じく今川家の内訌に介入していた関東の扇谷上杉家の家臣・太田道灌にわたりをつけ、今川家の家督争いを調停した。

京に戻った早雲は1483年（文明15）に9代将軍・足利義尚の申次衆となり、父

と同様に幕府奉行衆に名を連ねた。

ところが、1487年（長享1）、北川殿から再び駿河への下向を求める知らせが届けられた。今川家で、再び家督問題が勃発したのである。早雲は駿河へ下り、北川殿の子・今川氏親を支援して、対立する小鹿範満を殺害し、氏親の家督継承に貢献した。早雲に感謝した氏親は、早雲に駿河東部の興国寺城を与え、早雲はその後京には戻らず、興国寺城を拠点にするようになった。

◇ 堀越公方を滅して関東へ進出

1491年（延徳3）、伊豆の堀越公方家で家督争いが勃発し、2代堀越公方・足利潤童子が異母兄の足利茶々丸に殺害されるという事件が起こった。潤童子が11代将軍・足利義澄の実弟だったことから、幕府は氏親に茶々丸討伐を命じ、1493年（明応2）、早雲は氏親の命を受けて伊豆に侵攻して堀越御所に攻め寄せ、茶々丸を国外に敗走させた。堀越公方を滅ぼした早雲は伊豆韮山に拠点を移し、伊豆を

281

平定した。

　当時の関東地方は、扇谷上杉家と山内上杉家の対立が武力闘争に発展し、関東諸家を巻き込む長享の乱が勃発しており、早雲は扇谷上杉家の上杉定正にしたがって武蔵に出陣した。しかし、1494年（明応3）に定正が戦死したため、早雲は伊豆に撤退した。定正は相模の守護を務めていたが、同年、大森氏頼と三浦時高という2人の守護代も相次いで死去し、さらに両家で家督争いが勃発して相模国内は混乱した。早雲は両家の内訌に介入することで相模侵攻のきっかけを得ると、1500年（明応9）頃には大森家の居城・小田原城を奪取した。

　早雲は定正の後を継いだ扇谷上杉朝良と同盟を結び、再び武蔵へ出陣して山内上杉顕定と戦い、さらに相模国内の扇谷上杉領を徐々に侵食していった。1510年（永正7）に両上杉家が和睦すると朝良と対立するようになり、1518年（永正15）、早雲は朝良方の相模の守護代家・三浦道寸を攻め滅ぼして上杉軍を相模から追いやり、相模を手に入れた。

　早雲は相模国内で検地を行い、『早雲寺殿廿一箇条』を定めるなど領国支配を強化すると同時に、両上杉家との戦いを続行し、徐々に関東地方における存在感を高めていったが、翌年死去した。

北条氏綱

ほうじょう・うじつな

生没年 1487年（長享1）～1541年（天文10）
出身 駿河国
主君 今川氏親→今川氏輝→今川義元
死因 病死

◇江戸城を奪取した北条家の2代目

　北条早雲の嫡男で、1518年（永正15）に家督を継いだ。早雲の死後まもなく、氏綱は鎌倉幕府執権の北条家にならって、姓を伊勢から北条に変えた。これは、関東に乱入してきた新興の伊勢家が「他国の凶徒」と呼ばれていたことに対して、執権北条家の名を借りて正当性を主張するためだったといわれる。

　氏綱の代になると、古河公方や両上杉家の内紛は収まっていたが、それによって関東諸将は各自に自立して割拠しており、全国に先だって戦国時代のまっただなかにあった。氏綱は、拠点を伊豆韮山から相模小田原に移し、まずは領国経営の確立に乗り出した。一方、軍事行動にも余念がなく、1523年（大永3）には武蔵国に侵攻して上杉家の支配下にあった地域を次々と侵食し、武蔵南西部を制圧した。翌年には、扇谷上杉朝興を高縄原の戦いで破って扇谷上杉家の居城・江戸城を奪取すると、北方に進路をとり蕨

小田原北条家略系図

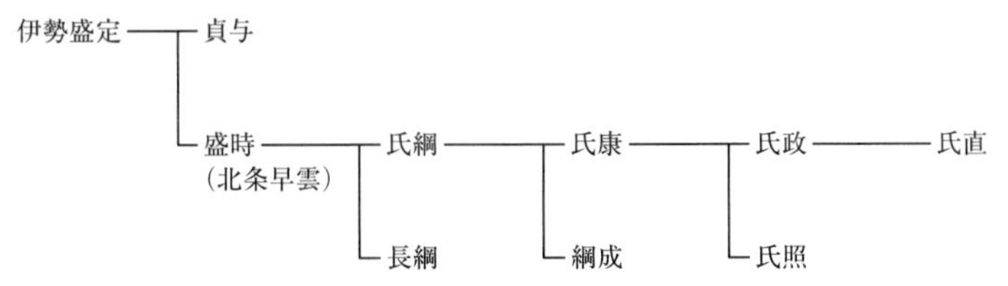

```
伊勢盛定 ── 貞与

         ┌ 盛時 ──── 氏綱 ──── 氏康 ──── 氏政 ──── 氏直
         └（北条早雲）
                    └ 長綱      └ 綱成     └ 氏照
```

282

城、毛呂城を攻略し、関東での存在感を一気に高めていった。

氏綱は、その後も関東諸将を味方につけた朝興と対立を続けるが、1537年（天文6）に朝興が死去すると攻勢を強め、一気に扇谷上杉家の拠点・河越城を攻略すると、目標を房総半島に転じた。氏綱は翌年の国府台の戦いで安房の里見義堯と上総の小弓公方・足利義明の連合軍を滅ぼし、小田原北条家の勢力は関東一帯に及ぶこととなった。

国府台の戦いの勝利は、義明と対立関係にあった古河公方・足利晴氏に恩を売ることにもなり、非公式ではあるものの、氏綱は晴氏から関東管領に任命されている。また、娘を晴氏に興入れさせて姻戚関係を結ぶと、両上杉家を押しのけて関東の覇者へと成り上がった。

一方、形式的には主従関係にあった駿河の守護・今川家からの自立も、氏綱の代にはかられた。

1536年（天文5）、今川家10代当主・今川氏輝が急死したため、今川家内では家督をめぐって内訌が勃発した。氏綱は嫡流の今川義元を支持して、義元の家督継承に一役買った。ところが、今川家の内訌には氏綱と対立していた甲斐の守護・武田信虎も介入しており、信虎も義元を支持していた。その結果、義元は信虎と甲駿同盟を結ぶに至り、氏綱はこれを機に義元のもとを離れ義元と対立していくことになる。

氏綱は両上杉家と今川家との抗争のさなかの1541年（天文10）、病に倒れ、嫡男の北条氏康に五カ条の訓戒を遺して死去した。

北条長綱

ほうじょう・ながつな

生没年 1493年（明応2）～1589年（天正17）
出身 駿河国
主君 北条早雲→北条氏綱→北条氏康→北条氏政→北条氏直
死因 病死

◇小田原北条氏100年間の生き証人

北条早雲の3男で、若くして僧籍に入って玄庵宗哲を号し、還俗しないまま97歳で死去するまで、小田原北条家を支え続けた。

文武両道の名将として知られ、とくに弓術と馬術に優れていたといわれる。北条氏綱の関東進出に大きく貢献し、甲斐山中合戦（1535年）、武蔵入間川合戦（1536年）に戦功を挙げ、1538年（天文7）の国府台の戦いでは、小弓公方・足利義明を討ち、安房の実力者・里見義堯を敗走させて戦勝の立役者となった。長綱の知行は5000貫（北条家直臣の全所領の約1割）を超えていたといわれ、その卓越した才能は北条家内でも一目置かれていた。

一方、長綱は文化人としても多才な面をもち、和歌、連歌、茶道に通じ、庭園にも造詣が深く、早雲寺（小田原北条氏の菩提寺）の庭園を造ったのも長綱である。また、各作法にも詳しく、氏康の娘が嫁ぐ際には『玄庵おほへ（覚え）書』を執筆して与えている。ほかにも、馬の鞍作りの名手としても知られ、鞍打玄庵とも呼ばれた。さらに尺八にも長けており、自ら製作した尺八は玄庵切りと呼ばれて後世に残っている。その後も5代当主・北条氏直に至るまで北条家の重臣として自家を支え、一族の支柱となった。1589年（天正17）に死去。

第4章 関東地方の氏族／小田原北条家

北条氏康

ほうじょう・うじやす

生没年	1515年（永正12）〜1571年（元亀2）
出身	相模国
主君	特になし
死因	病死

◇戦国大名北条氏を確立した武将

　北条氏綱の嫡男で、父が死去した1541年（天文10）に家督を継いだ（異説あり）。

　若年のころから戦場に立ち、氏綱の関東侵攻戦に従軍して戦功を重ねた。また、父の存命中から政務に携わり、1537年（天文6）に鶴岡八幡宮に宛てた文書に、父氏綱とともに連署したのをはじめとし、以降は単独署判の文書も見られる。

　当時の北条家は、かつての主君である駿河の今川家と駿河東部の領有権をめぐって対立していた。そして1545年（天文14）、今川義元は両上杉家と結んで、駿河東部の北条領へ侵攻した。氏康は自ら軍勢を率いて駿河に出陣したが、その隙をついて両上杉家が古河公方・足利晴氏と結んで北条方の武蔵河越城に攻め寄せ包囲した。驚いた氏康は、甲斐の武田晴信を仲介にして義元と和睦して河越に向かい、扇谷上杉朝定を討ち取る勝利を挙げた。この戦いの結果、両上杉勢力は関東から一掃され、古河公方も北条家が制圧し、北条家が関東の覇者としての地位を盤石のものとした。

　氏康は内政面でも手腕を発揮し、領国の税制改革や検地、家臣団統制のための台帳作りなどを進めた。また、家臣との連携、絆が深かったことでも知られ、氏康は軍議の際に家臣からさまざまな戦略、軍略を聞き取り、それらの意見を多数決によって態度を決めたといわれている。

　氏康は文武両道の名将で、三条西実隆に師事した歌道は一級品で、足利学校の校長だった九華瑞璵から三略の講義を受けるなど、好学な人物だったともいわれている。

北条家(鎌倉幕府執権)

桓武平氏の流れをくみ、鎌倉幕府の執権として幕政を牛耳った。北条家の嫡流である得宗家による専制政治が定着すると徐々に幕政は腐敗し、また家臣である御内人・長崎家の権力が増大して衰弱した。高時の代に後醍醐天皇の反乱を受け、一度は鎮圧に成功したが、二度目の反乱で足利尊氏を筆頭に多くの有力御家人の裏切りにあい、新田義貞に鎌倉を攻められて滅亡。その後、高時の遺子・時行が反乱を起こしたが鎮圧された。

第4章 関東地方の氏族／北条家(鎌倉幕府執権)

北条高時

ほうじょう・たかとき

生没年 1303年(嘉元1)～1333年(元弘3)
出身 相模国
主君 守邦親王
死因 自害

◇放蕩三昧の北条家最後の得宗

鎌倉幕府最後の北条家得宗で、第14代執権。14歳という若年で執権についたため、幕政の実権を握っていたのは内管領の長崎円喜・高資父子であった。

そのため、長じてからも政治には積極的には関わらず、田楽や闘犬を好み、政務を放棄する生活を送ったという。

長崎父子の蝦夷の蜂起と安東家の内紛がからみあった蝦夷大乱(1320年)が起こるが、北条家はこの紛争を収めることができず、さらに軍を派遣しても鎮圧できず、幕府の権威を貶めた。

こうした状況下で、幕府内では長崎父子の権勢が強まり、得宗の高時を上回る

ほどの権威を身につけた。

1324年(正中1)、後醍醐天皇による倒幕計画が発覚。事前に計画を知った幕府は天皇側近の日野資朝と日野俊基を捕らえたが、天皇に対しては罪を問わなかった。1331年(元弘1)、再び後醍醐天皇の倒幕計画が発覚し、高時は討伐軍を京に派遣した。高時は捕らえた天皇に対し、隠岐への流罪を命じた。しかし、1333年(元弘3)に隠岐を脱出した後醍醐天皇が伯耆船上山に拠って兵を挙げると、諸国の反幕勢力が次々と挙兵した。

高時は鎮圧のために軍を派遣するが、足利尊氏、新田義貞など有力御家人たちが次々と寝返り、同年、上野で挙兵した新田義貞が関東の諸将を糾合して鎌倉へ攻め寄せた。高時は、一族郎党を鎌倉の各方面へ出撃させたが、新田軍に押し切られ、北条家菩提寺の東勝寺まで退却した。鎌倉に乱入してきた新田軍は市内を焼き討ち、追い込まれた高時は一族、家臣1000人とともに東勝寺で自刃した。

285

北条時行

ほうじょう・ときゆき

生没年 ？～1353年（正平8・文和2）
出身 相模国
主君 北条高時→後醍醐天皇
死因 斬首

◇中先代の乱を引き起こす

北条家得宗・北条高時の2男。

父の高時は、鎌倉幕府最後の得宗で、世では遊びにうつつを抜かして政治を放棄した暗君といわれた。

1333年（元弘3）、新田義貞軍によって鎌倉が陥落し、父の高時ほか一族の多くの者が自害して、鎌倉幕府は滅んだ。このとき幼かった時行は、高時の異母弟・北条泰家に導かれ、北条家の旧領である信濃の諏訪頼重のもとに逃れて雌伏の時を過ごした。

そして1335年（建武2）、時行は諏訪家の協力を得て、信濃で後醍醐天皇に反する兵を挙げた。時行軍は信濃青沼で、諏訪家と対立していた天皇方の小笠原貞宗を撃破し、信濃各地を転戦して信濃を制圧。同時期に、越後では北条一族の名越時兼も挙兵し、両軍は関東をめざして進軍した。信濃から武蔵へ入った時行は、武蔵女影原で足利一族の渋川義季を破り、武蔵国府では小山秀朝を自刃させる戦果を挙げた。破竹の勢いは止まらず、迎撃に出てきた今川範満を破り、ついに鎌倉へ入った。

当時の鎌倉は、建武の新政の東国機関・鎌倉将軍府が置かれ、足利尊氏の弟・足利直義が後醍醐天皇の皇子・成良親王を補佐していた。鎌倉に入った時行軍は、鎌倉府に出仕していた北条家の旧臣を糾合して鎌倉府を攻め、直義と成良親王を敗走させ、ついに鎌倉を奪回した。

三河まで逃れた直義は、危急を京の尊氏に知らせ、3万の軍勢を率いた尊氏と合流し、鎌倉へ兵を進めた。時行は尊氏軍を迎撃するために鎌倉を進発したが、遠江橋本の戦いに敗れ、さらに相模川の戦いでも敗走し、鎌倉へ撤退した。しかし、鎌倉に攻め寄せた尊氏軍に敗れ、時

北条家（鎌倉幕府執権）略系図

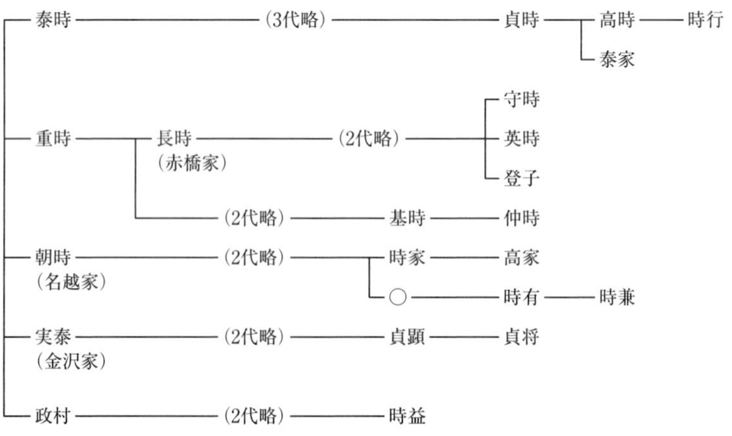

```
泰時 ──────(3代略)────── 貞時 ── 高時 ── 時行
                                  └ 泰家

                               ┌ 守時
重時 ─ 長時 ──(2代略)───────────┼ 英時
       （赤橋家）               └ 登子

       └(2代略)── 基時 ── 仲時

朝時 ──(2代略)── 時家 ── 高家
（名越家）
       └ ○ ── 時有 ── 時兼

実泰 ──(2代略)── 貞顕 ── 貞将
（金沢家）

政村 ──(2代略)── 時益
```

行を支えていた諏訪頼重も自刃し、時行は鎌倉を捨てて逃亡した。

　時行の反乱が鎮圧されると、尊氏は後醍醐天皇からの離反を決め、1336年（建武3）に京を制圧して幕府を開き、後醍醐天皇は大和吉野に逃れて南朝を創始して、尊氏軍と後醍醐天皇軍が対決することになった。

　1338年（延元3・暦応1）、後醍醐天皇は奥州の北畠顕家に上洛を命じ、顕家は上洛を開始した。顕家軍は北関東を突破すると、武蔵で幕府軍と対峙した。このとき時行は、顕家軍に呼応して伊豆で兵を挙げ、箱根に侵攻した。やがて顕家が武蔵利根川の戦いで幕府軍を破って鎌倉に入ると、顕家軍に合流し、顕家による鎌倉制圧に戦功を挙げた。その後も顕家の上洛戦に参戦し、美濃青野原の戦いでも顕家軍の勝利に貢献した。

　しかし、その後、顕家とは袂を分かって、再び時行は行方をくらませた。そして1352年（正平7・観応3）、南朝方の新田義貞の子・新田義宗・義興兄弟とともに上野で兵を挙げた。当時、鎌倉府の足利基氏を補佐するために鎌倉にいた尊氏は、すぐさま討伐軍を差し向け、時行はついに捕らえられ、翌年、鎌倉龍ノ口で処刑された。ここに、北条得宗家は名実ともに滅亡した。

北条仲時

ほうじょう・なかとき

生没年	1306年（徳治1）〜1333年（元弘3）
出身	相模国
主君	守邦親王
死因	自害

◇六波羅探題最後の北条家

　鎌倉幕府13代執権・北条基時の子。1330年（元徳2）、六波羅探題北方に就任

し、入京した。

　1331年（元弘1）、倒幕計画が発覚した後醍醐天皇が京を脱出し、笠置山に拠って挙兵すると、六波羅探題軍を率いて笠置山を攻め落として天皇を捕縛し、さらに天皇に呼応していた護良親王や楠木正成らの追討にも戦功を挙げた。

　1333年（元弘3）、配流先の隠岐を脱出した後醍醐天皇が伯耆で再挙すると、先鋒隊として上洛してきた赤松則村、千種忠顕軍を迎撃し、一進一退の攻防を続けていたが、足利尊氏が幕府軍から離反して後醍醐天皇軍に合流すると支えきれず、六波羅探題は陥落した。

　仲時は、六波羅探題南方の北条時益とともに光厳天皇・後伏見上皇・花園上皇を奉じて関東で再起を図るため、京を離れて山科街道を下っていった。

　逃走途中、近江守山にさしかかったあたりで、仲時らは野伏勢に奇襲され、時益は矢で射られ討ち死にし、光厳天皇も流れ矢を受けたという。

　さらに、近江で合流した佐々木時家が、後醍醐天皇側に降伏し、後方を任せていた自軍が相次いで投降するという事態に見舞われ、さらに天皇方の佐々木道誉が山科街道をおさえたため仲時らは進軍することができなくなった。近江米原あたりで進軍を止められた仲時は、近くの蓮華寺に入り、一族・家臣とともに自害した。このとき仲時とともに自害したのは432人にのぼったという。

　ここに六波羅探題は滅び、光厳天皇らは佐々木道誉らに連れられて京へ送還されることになり、その半月後には鎌倉も陥落し、鎌倉幕府は滅亡した。

第4章

関東地方の氏族／北条家（鎌倉幕府執権）

北条英時

ほうじょう・ひでとき

生没年 ?〜1333（元弘3）
出身 相模国
主君 守邦親王
死因 自害

◇鎮西探題で善政を敷いた尊氏の義兄

鎌倉幕府16代執権・赤橋守時の弟で、妹の登子は足利尊氏の正室。1321年（元応3）に鎮西探題として筑前博多へ下向し、鎌倉幕府最後の鎮西探題となった。

1331年（元弘1）、後醍醐天皇が笠置山に拠って倒幕の兵を挙げた。天皇の反乱は六波羅探題軍によって鎮圧されたが、九州でも天皇に呼応する者が現れはじめた。そして1333年（元弘3）、後醍醐天皇が伯耆船上山に拠って再び挙兵すると、天皇の討幕の綸旨が九州にも発布された。このとき本来であれば鎮西探題に、九州の各将から天皇の綸旨が届けられるはずだったが、鎮西探題にはほんの数通しか届けられなかったという。

そして、倒幕の綸旨を受け取った肥後の菊池武時が、鎮西探題へ攻め寄せた。

このとき西国三人衆と呼ばれた筑前の守護・少弐貞経、豊後の守護・大友貞宗が武時に呼応する約束だったが、両者は土壇場で英時側に寝返り、武時の反乱は鎮圧された。ところが、武時討伐からわずか2カ月後、京の六波羅探題が陥落すると、少弐家と大友家が鎮西探題から離反し、西国三人衆のもう1人、薩摩の守護・島津貞久と連合して、英時の探題へと攻め寄せた。

英時は防衛に努めるが、援軍の望みもない戦いに敗北を悟り、一族200余名とともに自害して果てた。鎌倉で北条一族が滅んだ3日後のことだった。

北条泰家

ほうじょう・やすいえ

生没年 不詳
出身 相模国
主君 守邦親王
死因 不明

◇執権高時の遺児時行を信濃に逃がす

北条貞時の子で、北条高時の同母弟にあたる。1326年（正中3）に兄の高時が執権職を辞任すると、後任として名が挙がったが、内管領の長崎高資の反対にあって就任できなかった。執権に就任したのが庶流の北条貞顕だったため、激怒した泰家は出家した。

1333年（元弘3）、後醍醐天皇の倒幕の綸旨に呼応した上野国の御家人・新田義貞が挙兵し、関東諸将を糾合して大軍をともなって鎌倉に攻め寄せた。泰家は兵を率いて出陣し、武蔵国分倍河原の戦いで新田義貞軍を一度破ったが、新田軍の反撃にあって鎌倉へ撤退した。

稲村ヶ崎を突破した新田義貞軍が鎌倉に乱入し、化粧坂などの三方の防御軍も敗退し、同年7月、鎌倉幕府は滅亡した。

しかし、兄の高時をはじめ一族が自害したとき、泰家は高時の遺児・時行を逃すと、自らも鎌倉を脱出した。その際、北条家の家臣であった諏訪盛高に、高時の子・時行を託した。

鎌倉を脱出した泰家は、かつての申次衆・西園寺公宗を頼って京都に入った。泰家と公宗は反政府の挙兵の密議をこらし、北条時行の信濃諏訪軍と、越中で雌伏し北条軍の残党を集めていた名越時兼軍が同時に挙兵して政権を揺さぶり、一方で公宗が自邸に招いた後醍醐天皇を暗殺するという計画を立てた。

しかし計画は露見し、公宗は捕らえら

れて殺害され、泰家は京を出奔して信濃に下った。1335年（建武2）、時行とともに信濃で挙兵し、時行軍はいったんは鎌倉を奪還することに成功したが、泰家の消息はその後、知れなくなった。

金沢貞将

かねさわ・さだゆき

生没年 1302年（正安4）～1333年（元弘3）
出身 相模国
主君 北条高時
死因 戦死

◇鎌倉幕府に殉じて戦死

15代執権・金沢貞顕の子。評定衆・引付頭人などを歴任した、鎌倉幕府の重臣。

1324年（正中1）、後醍醐天皇の倒幕計画が露見した正中の変のあと、六波羅探題南方に任ぜられ、5000の兵を率いて入京した。後醍醐天皇の倒幕計画を未遂に終わらせると、貞将は1330年（元徳2）に鎌倉に帰還した。

1333年（元弘3）、後醍醐天皇の倒幕の挙兵に呼応した上野国の御家人・新田義貞が兵を挙げて鎌倉へ進撃してくると、貞将は軍勢を率いて下総まで出陣した。しかし河下辺の戦いで新田軍に敗れ、武蔵国鶴見まで撤退したが、鶴見の戦いでも千葉貞胤の軍勢に押し切られて鎌倉へ撤退した。

鎌倉では押し寄せる新田軍に対して、山内方面の総大将となって戦った。合戦の最中、貞将はいったん御所へ戻り、得宗・北条高時のもとに戦況を報告しにいった。高時は貞将の忠臣ぶりに感激し、貞将を六波羅探題南方および探題北方に任ずる御教書をその場で書いて貞将に手渡したという。高時は、貞将がすでに探題南方に任ぜられていたことすら知らな

かったのである。

貞将はその御教書を鎧の中にしまって、再び戦場へ戻って、新田軍との戦いのなかで戦死した。

大仏貞直

おさらぎ・さだなお

生没年 ？～1333年（元弘3）
出身 相模国
主君 北条高時
死因 戦死

◇反幕府軍と徹底抗戦

北条家一族の大仏宗泰の子。

1331年（元弘1）、倒幕計画が暴露された後醍醐天皇が笠置山で挙兵すると、後醍醐天皇を討伐する六波羅探題からの援軍要請を受けて、大将として20万7000余騎という大軍を率いて上洛。笠置山を攻略して後醍醐天皇を捕縛すると、赤坂城で挙兵した楠木正成と対峙し、兵糧攻めでこれを落とし、正成を敗走させた。

1333年（元弘3）、後醍醐天皇が再び挙兵すると、上野の新田義貞が天皇に呼応して兵を挙げ、鎌倉へ攻め寄せてきた。貞直は新田軍を極楽寺口で迎撃するが、新田軍の挟撃作戦にはまって孤立してしまった。進退窮まった貞直陣営では、切腹して果てる将兵が続出するが、貞直は「武士ならば、敵を前にして腹を切るのではなく戦って果てるべし」と将兵を鼓舞し、果敢に新田軍に突撃を敢行した。

貞直は、新田義貞の弟・脇屋義助の軍に突っ込み、討ち死にした。このとき義助軍に突撃した将兵は、貞直を含めてわずか60騎程度だったといわれている。

第4章 関東地方の氏族／北条家（鎌倉幕府執権）

赤橋守時

あかはし・もりとき

生没年 1295年（永仁3）～1333年（元弘3）

出身 相模国

主君 守邦親王

死因 自害

◇長崎氏の傀儡執権

　鎌倉幕府16代執権で、最後の執権。父は北条家庶流の赤橋久時。妹の登子は足利尊氏の正室となり、2代将軍・足利義詮、初代鎌倉公方・足利基氏の母となった。

　1326年（正中3）、14代執権・北条高時が出家して執権を辞すると、内管領・長崎高資の後押しで金沢貞顕が15代執権に就任した。しかし、高時の弟・北条泰家が貞顕の執権就任に反発し、貞顕は就任わずか10日で執権を辞職。その後を継いだのが、守時だった。

　執権に就任したとはいえ、幕府の実質的な頭領は得宗の高時であり、幕府の実権は長崎高資が掌握していたため、守時は傀儡の執権だった。

　1333年（元弘3）、倒幕計画の発覚によって前年に隠岐に流されていた後醍醐天皇が同島を脱出し、伯耆国船上山で挙兵した。守時は高時の命を受けて、天皇軍討伐のための兵を出陣させた。このとき義弟の足利尊氏も討伐軍に加わり、尊氏は正室の登子と嫡男の義詮を人質として鎌倉に残し、守時が2人を預かった。しかし、丹波篠山に入った尊氏は後醍醐天皇の綸旨を受けて幕府軍から寝返り、六波羅探題を攻め落とした。守時にとって、義弟・尊氏の反乱は幕府内での立場を危うくし、高時からは守時自身も尊氏とかねて挙兵の準備をしているのではないかと詰問される事態に陥った。

　尊氏の挙兵とほぼ同時期に、上野の足利一族・新田義貞も挙兵し、義貞は関東各地の足利一門を糾合して鎌倉へ攻め寄せた。守時は自ら軍を率いて巨福呂坂に向かい、洲崎に陣を敷き、鎌倉西一帯を制圧していた義貞と対峙した。守時と義貞は65度に及ぶ合戦を繰り返し、守時はかろうじて新田軍の猛攻を食い止めたが、徐々に兵力は削られ、5万余騎あった軍勢は、わずか300騎にまで減ってしまい、守時はついに切腹して果てた。

　その後、残された90名も続いて自刃し、守時軍は全滅、義貞軍は鎌倉へ突入し、3日後に鎌倉は陥落した。

名越高家

なごえ・たかいえ

生没年 ？～1333年（元弘3）

出身 相模国

主君 北条高時

死因 戦死

◇北条氏から煙たがられた名越流嫡男

　鎌倉幕府2代執権北条泰時の2男・北条朝時からつながる、北条家のなかでも家格の高い名越流の嫡男。

　1333年（元弘3）、後醍醐天皇が配流先の隠岐から脱出して伯耆国船上山に拠って挙兵した。畿内各地では天皇に呼応する者も多く、鎌倉幕府は六波羅探題の援軍を派遣することに決し、このとき足利尊氏とともに高家が討伐軍の大将に選ばれた。

　高家と尊氏は上洛すると、軍議のために六波羅探題に向かい、六波羅での軍議を終えた高家は、派手な大鎧や兜を身につけ、7600余騎を率いて、鳥羽から久我畷を進軍して伯耆へ向かった。

　高家軍の迎撃にあたったのは、結城親光、赤松則村、千種忠顕の軍勢だった。

290

高家は自ら陣頭指揮を執って天皇軍と戦ったが、畔に隠れていた赤松軍の奇襲を受け、眉間を矢で射ぬかれ、戦死した。

名越時有

なごえ・ときあり

生没年 不詳
出身 越中国
主君 北条高時
死因 自害

◇ 越中に滅んだ北条家名越流

北条家名越流の出身で、越中守護に補任された。

1331年（元弘1）、京を出奔した後醍醐天皇が笠置山に拠って倒幕の兵を挙げたが、幕府方の六波羅探題軍に敗れて天皇は捕縛されて隠岐に流された。このとき後醍醐天皇の皇子・恒性法親王が連座して越中へ配流となり、越中の守護だった時有が、親王をあずけられた。

後醍醐天皇は2年後に再び兵を挙げ、これに足利尊氏や新田義貞など多くの幕府御家人たちも呼応し、北陸方面の武士団も幕府から離反し、恒性法親王を救出して後醍醐天皇に合流しようと企んだ。そのため、北条高時の命により、時有は恒性法親王を殺害した。

その後、時有は越中・能登の国人に招集をかけ、天皇軍に対する軍勢を整えようとしたが、天皇の皇子を殺害した時有にしたがう者はほとんどおらず、逆に時有の居城・放生津城に攻め寄せてきた。

このとき時有の下に残った者は、一族郎党、譜代家臣あわせてわずか79名だった。時有は防戦をあきらめ、女性と幼い者を海中に沈め、自らは放生津城に火を放って自害した。

1335年（建武2）に北条高時の遺児・北条時行が挙兵したときには、時有の遺児・名越時兼が時行に呼応して北陸方面で挙兵したが、途中の加賀大聖寺城で敗北し、復権はならなかった。

糸田貞義

いとだ・さだよし

生没年 ？～1334年（建武1）
出身 不明
主君 北条高時
死因 戦死

◇ 九州幕府軍として倒幕軍と戦う

北条家一門金沢流の北条政顕の子。北条英時の養子となった北条高政の同母弟にあたる。1323年（元亨3）に豊前の守護に補任されて下向し、豊前国田川郡糸田荘を領したため、糸田と呼ばれる。

1331年（元弘1）に後醍醐天皇の2度めの倒幕計画が暴露され、後醍醐天皇はついに京を出奔して笠置山に拠って兵を挙げた。貞義は大将軍に任命されて京に出陣し、笠置山を包囲し、これを陥落させた。

1333年（元弘3）、後醍醐天皇が再び挙兵すると、今度の挙兵は各地で反幕府派が呼応する大乱となり、九州でも少弐家や大友家が幕府に反して兵を挙げ、筑前の鎮西探題はまたたく間に落ち、探題の北条英時は自害した。このとき貞義は鎮西探題の戦いには加わっておらず、豊前で反幕派と戦っていたとみられる。同年、鎌倉幕府は滅亡した。

1334年（建武1）、貞義は兄の高政とともに、筑後と豊前で挙兵した。北九州は古くから平氏の地盤だったので、貞義らに味方する者も少なくなく、総勢5000ほどの兵を集めたという。しかし、天皇方の少弐貞経に攻められ、戦死した。

第4章 関東地方の氏族／北条家（鎌倉幕府執権）

291

鎌倉幕府幕臣

北条家の家臣として鎌倉幕府に仕えた人たち。北条家の専制政治による政治の腐敗にともない、内管領の長崎家の勢力が増大し、そのほかの幕臣の存在感は薄らいでいった。最後の内管領として鎌倉幕府を私物化した長崎高資が有名。後醍醐天皇が倒幕の兵を挙げると、関東武士の多くが天皇方になびき、新田義貞の鎌倉攻めによって多くの幕臣が自害したが、室町幕府の出先機関である鎌倉府に仕える者もいた。

長崎高資

ながさき・たかすけ

生没年	?～1333年（正慶2・元弘3）
出身	相模国
主君	北条高時
死因	自害

◇鎌倉幕府の実権を握った内管領

北条家得宗家の被官である内管領・長崎円喜（高綱）の嫡男。北条高時が得宗家を継いだとき、幼い高時を補佐するために、高時の父・貞時が円喜・高資父子に後見を頼んだとされる。

実質的に鎌倉幕府の実権を握った高資は、その頃から傍若無人な振る舞いが増えていった。1322年（元亨2）頃、奥州安東家で内紛が勃発し、高資が仲裁に入ったが、当事者双方から賄賂を受け取って、その紛争を鎮めるどころか長期化させてしまい、その結果、蝦夷大乱につながることで幕府の権威を落としてしまった。また、1324年（正中1）に後醍醐天皇の倒幕計画が発覚した際に、後醍醐天皇の罪を問わないと決したのも実質的には高資であり、この裁定が2度めの天皇の挙兵を可能にした。

得宗の高時は政治に興味をもたず、政務はもっぱら高資の手中にあったため、高資は実権を失うことなく強権を振るっていた。しかし、次期執権の人事にまで自らの意見を強行する高資の専横を疎んだ高時は、1332年（元弘2）、側近の長崎高頼らに命じて、高資の誅殺をはかった。ところが、この計画は事前に高資の知るところとなり、高資は高時に弁明させるなど、高資の権勢は得宗である高時を上回るほどだった。

1333年（元弘3）、後醍醐天皇挙兵し、天皇の討伐に向かった幕府御家人の足利尊氏が天皇側に寝返って六波羅探題が陥落すると、鎌倉の防備を固めて戦うことを決意した。しかし、鎌倉に乱入してきた新田義貞軍に敗れ、高時以下の北条一族とともに東勝寺に入り、自害した。

二階堂貞藤

にかいどう・さだふじ

生没年 ？～1334年（建武1）
出身 甲斐国
主君 北条高時→後醍醐天皇
死因 斬首

◇鎌倉幕府の穏健派

　鎌倉幕府の政所執事。幕府滅亡後は、建武の新政に参加した。

　1331年（元弘1）、京を出奔して笠置山で倒幕の兵を挙げた後醍醐天皇が捕縛されると、鎌倉幕府内ではその処分をめぐって主張が2つにわかれた。厳罰を求めたのが内管領・長崎高資で、それに対する温厚派が、貞藤だった。

　貞藤は、鎌倉幕府将軍はあくまで天皇に任命されている天皇の家臣であることを説明し、天皇の近臣を捕らえ流罪にすることは武家の悪行であり、そのうえ天皇の皇子・護良親王を流罪にし、天皇までも流罪に処したら、次に反幕の機運が上がれば人は背き、幕府の運も危うくなると主張し、天皇の減刑を求めた。

　しかし、貞藤の意見は退けられ、後醍醐天皇は隠岐へ配流となった。

　1333年（元弘3）、隠岐を脱出した後醍醐天皇が倒幕の兵を挙げると、貞藤も討伐軍の一員として上洛し、楠木正成が拠る千早城攻めに参戦した。

　鎌倉幕府滅亡後、幕府重臣の身ながら死一等を減じられて建武の新政に登用され、雑訴決断所の役人として出仕した。

　しかし、1334年（建武1）、公卿の西園寺公宗の後醍醐天皇暗殺の陰謀が露見したとき、貞藤も陰謀に加担したとされ、子の二階堂兼藤とともに六条河原で処刑された。

二階堂時綱

にかいどう・ときつな

生没年 1280年（弘安3）～？
出身 三河国？
主君 鎌倉幕府→足利尊氏→足利直義
死因 不明

◇直義に賭けた佐々木道誉の岳父

　鎌倉幕府の官僚で、評定衆や政所執事などを歴任した。足利尊氏の寵臣・佐々木道誉の岳父で、法名の行譓でも知られる。

　二階堂家は代々北条家と近い家だったが、1333年（元弘3）に、足利尊氏が鎌倉幕府に反旗を翻すと時綱は鎌倉を脱出して尊氏にしたがった。このとき、二階堂家では、幕府にしたがって命を落とした者が多く出たという。

　鎌倉幕府の滅亡後、後醍醐天皇による建武の新政が開始されたが、武士を冷遇する新政は各地の武士たちの不満を招いた。1335年（建武2）に北条時行が反乱の兵を挙げた中先代の乱を機に足利尊氏が新政から離反すると、時綱も尊氏にしたがって新政から離れた。

　やがて建武の新政が崩壊し、尊氏が室町幕府を開幕すると、1344年（興国5・康永3）に引付方に任命された。

　その後1346年（興国7・貞和2）には、雑務沙汰とも呼ばれ、売買、貸借関係の諸事項を扱う訴訟機関でもある政所執事に任命され、その後は内談方を務めるなど、尊氏からも重用された。

　やがて幕府内で、尊氏と弟足利直義の不和からはじまる観応の擾乱が勃発すると、時綱は直義についた。

　直義が京を追われた1351年（正平6・観応2）、時綱は北国へ逃れる直義に同行したが、その後、消息を絶った。

第4章

関東地方の氏族／鎌倉幕府幕臣

関東地方の武将

平安時代、京の貴族政権からあぶれた貴族の子息たちの多くが関東地方に下向し、荘園開墾などで勢力をつけていき、平氏と源氏を中心に武士化した。武士の世になってからは鎌倉幕府御家人となり、室町時代以降は有力国人として幕府を支える一方、ときに幕府に反した。室町時代の関東は鎌倉府が統括したが、鎌倉府と関東管領の抗争が勃発し、関東武将は鎌倉府方と関東管領方に分かれて争いをはじめ、京より一歩先に戦国乱世の時代を迎えた。

木戸法季
きど・のりすえ

生没年	不詳
出身	下野国
主君	足利氏満
死因	不明

◇小山義政の乱に大将として活躍

木戸家は、下野国足利荘木戸郷を本貫地とする氏族で、鎌倉時代初期から足利家に仕えていた。鎌倉幕府滅亡以降、足利尊氏にしたがい、その後、鎌倉府が設置されると鎌倉府の重臣となった。

1380年（天授6・康暦2）、下野の守護・小山義政が、代々下野国司を受け継いでいた下野の国人領主・宇都宮基綱を攻め滅ぼすという事件が起こった（小山義政の乱）。鎌倉公方の足利氏満は、義政の行動を南朝と結んだ反乱ととらえ、義政討伐を関東8州の国人たちに命じ、自らも出陣して武蔵国村岡に着陣した。

このとき法季は、関東管領・上杉憲方とともに討伐軍の大将に選ばれ、小山に出陣した。法季は上杉軍とともに奮戦して義政の拠点・鷲城を落城させて義政を降伏させた。しかし、義政が氏満への謝罪を拒否したため、再び義政を襲い、1382年（弘和2・永徳2）、義政の新たな拠点・櫃沢城を落として義政を討ち取った。義政追討の大将として戦功を上げた法季は、戦後、義政に代わって下野守護に補任された。

しかし、陸奥の田村家のもとに逃れていた義政の子・若犬丸が1386年（元中3・至徳3）に蜂起し、法季のもとに攻め寄せた。法季は下野国を本貫地としていた国人だったが、本来は国人領主というより足利家の家臣という色が濃く、下野国内における地盤も弱く、そのため若犬丸の反乱に同調する国人領主も出て、法季はこの戦いに敗れて足利荘に敗走した。その後、法季の消息は不明となり、下野守護も、小山家の庶流・結城基光に代えられた。

大高重成

おおたか・しげなり

生没年 不詳

出身 下野国

主君 足利尊氏→足利直義→足利尊氏

死因 不明

◇室町幕府開幕に大きく貢献

　高家一族で、高師直の父の従兄弟にあたる南重長の子。父の重長は、足利尊氏の父・足利貞氏の執事を務めた。

　『太平記』では怪力無双の武将として登場し、5尺6寸（約1.7メートル）の長刀を操ったという。

　1333年（元弘3）、隠岐を脱出した後醍醐天皇が倒幕の兵を挙げた。鎌倉幕府の有力御家人だった足利尊氏は、幕府の命を受けて天皇討伐軍の総大将となって京へ出陣した。このとき重成も、高一族として尊氏に従軍した。丹波篠山に入った尊氏は、その地で幕府に反旗を翻し、幕府の地方機関である六波羅探題へ攻め寄せ、重成も六波羅探題攻めに加わった。

　1335年（建武2）、北条一族の北条時行が信濃で反乱を起こして鎌倉を制圧すると、尊氏にしたがって京を進発して鎌倉へ下り、時行軍との戦いで負傷しながら鎌倉奪還に戦功を挙げた。

　その後、尊氏が後醍醐天皇に背くと尊氏にしたがい、尊氏・直義兄弟とともに東海道で天皇軍と闘いながら上洛した。翌年の京の戦いで尊氏は敗れ、九州に逃亡することになったが、そのときも重成は尊氏に同道し、九州では天皇方の菊池家との戦いで戦功を挙げた。

　同年、尊氏が京に凱旋して幕府を開くと、将軍警固を任とする侍所所司に抜擢され、所領も与えられた。1338年（延元3・暦応1）には、それまでの功績を認め

られて若狭の守護に補任された。

　1349年（正平4・貞和5）、一族の高師直と直義が幕府内の権力をめぐって争うと直義方に与し、直義の側近となった。師直ら尊氏方の高一族を誅殺した直義は、幕政を握った。しかし高一族を殺された尊氏は巻き返しを図り、京を出奔した直義は尊氏に対抗するために南朝との和睦をはかった。このとき直義方の連絡役として南朝との間を周旋したのが、重成だった。そして、重成の尽力もあって1351年（正平6・観応2）、直義と南朝の和睦は成立し、ここに幕府を二分する観応の擾乱が勃発した。

　しかし、重成は、直義が関東入国をめざして越前に下っていったときに、直義方から尊氏方へ寝返った。その後は尊氏に重用され、1351年（正平6・観応2）に若狭の守護に再任され、1352年（正平7・観応3）には引付頭人にも名を連ねたが、その後は消息を絶った。

大田原資清

おおたわら・すけきよ

生没年 1486年（文明18）〜1560年（永禄3）

出身 下野国

主君 那須資親→那須資久→那須資房→那須政資

死因 病死

◇すぐれた智勇ゆえに那須家を追放

　大田原家は、武蔵七党の丹治党・安保家から分かれ、下野国那須郡大俵郷に下向し、はじめ大俵姓を名乗った。下野那須郡の那須家に仕え、那須家・蘆野家・伊王野家・千本家・福原家・大関家とともに那須七騎に数えられる有力国人となった。

　資清は、上下に分裂した那須家の上那須家に仕えており、1516年（永正13）の

上那須家滅亡に深く関わった。上那須家では、那須資永と那須資久が家督相続を争い、資清は資久側について資永と戦ったが、資久側は劣勢で、同年ついに資久が殺害されてしまった。これに対して、資久派は資清を中心に巻き返しをはかり、資永を自害に追い込み、家督継承者を失った上那須家は滅亡した。

その後、資久を支持していた上那須家の那須資房によって那須家は統一され、資清は那須家のもとに仕えた。資清は頭脳明晰で武勇にも優れていたといわれ、那須資房にも重用されたが、旧下那須家の重臣だった資清の台頭を、旧上那須家の重臣・大関宗増は喜ばず、1518年（永正15）、資清は宗増の讒言によって失脚した。那須家を追放された資清は翌年、越前に下って身を潜めたといわれる。資清は、そこで越前の守護・朝倉孝景と親交を持ち、朝倉家の支援を受けて1542年（天文11）に下野に帰国した。

資清は、大関宗増の嫡男・大関増次を謀殺し、断絶していた大田原家の再興に成功した。さらに、大関家に自身の長男・高増を養子に入れ、大関家を乗っ取ってしまう。また、大関家と同じく那須家の重臣として活躍していた那須七騎の福原家のもとに2男・資孝を入れて福原家も手中に入れた。

資清は那須家の家臣に復帰し、当主の那須政資に娘を輿入れさせるなど、再び那須家の重臣の地位を得た。

1549年（天文18）、那須家は領土を接して対立していた宇都宮と武力衝突を起こし、資清は五月女坂に布陣して宇都宮尚綱を討ち取る戦功を挙げた。これに対し、態勢を立て直した宇都宮軍は1551年（天文20）、諏訪領に侵攻し、政資の子・那須高資を千本城で殺害した。その

結果、資清の孫・資胤が那須家の後継となり、資清は外祖父として那須家中に大きく影響力を及ぼすようになった。

資清死後の大田原家は千本家を滅ぼして勢力を広げ、豊臣秀吉の小田原征伐にもいち早く参陣して所領を安堵された。

上山高元
かみやま・たかもと

生没年	？〜1348年（正平3・貞和4）
出身	不明
主君	高師直
死因	戦死

◇高師直を救った忠義の士

上山家の出自は不明だが、高師直の家人だったといわれる。

1347年（正平2・貞和3）、尊氏方の細川顕氏、山名時氏らが南朝方に立て続けに敗れると、翌年、尊氏は総大将格だった高師直を出陣させることにした。

このとき高元は、師直にしたがって参陣した。楠木正行軍が師直のいる本陣に奇襲をかけてきたとき、高元はたまたま師直のもとを訪ねていた。しかし、高元は鎧を持たずに立ち寄っただけだったため、高元はそばにあった師直の鎧に手をかけた。だが、それを見たほかの家臣に諫められて争いとなった。そこに師直が通りかかり、「師直にかわって働いてくれようとする者に、鎧一領ごときを惜しまない」といって、高元に鎧を与えた。正行軍の猛攻にさらされた師直は、窮地に追い込まれた。高元は師直の身代わりを申し出て、師直の馬に乗り戦場を駆けだした。高元は、正行の弟・楠木正時によって討ち取られたが、その間に師直はなんとか逃げ延びることに成功した。

関宗祐

せき・むねすけ

生没年 ?～1343年（興国4・康永2）
出身 不明
主君 後醍醐天皇
死因 戦死

◇北畠親房を助けて幕府軍と戦う

　常陸関城の城主。1333年（元弘3）に足利尊氏が後醍醐天皇の綸旨に呼応して鎌倉幕府に反すると、関東各地でも尊氏に呼応する武将が多く出た。

　関家は1247年（宝治1）の宝治合戦で鎌倉幕府に敗れて没落し、所領の常陸関荘を奪われており、宗祐は旧領奪回をめざして倒幕軍に参加して兵を挙げた。

　尊氏が後醍醐天皇に反旗を翻すと、後醍醐天皇側につき、関東の南朝軍の主力として尊氏軍と戦った。とくに、尊氏から関荘を与えられていた結城朝祐との対立が激化した。

　1338年（延元3・暦応1）、後醍醐天皇の重臣・北畠親房が、関東の南朝勢力の拡大をめざして常陸に下向してきた。親房は常陸の小田治久を頼って小田城に入ったが、1341年（興国2・暦応4）に高師冬軍に攻められて小田城は落城し、治久は幕府軍に降伏した。

　同年、宗祐は小田城を脱出した親房を関城に迎え入れた。

　宗祐は、下妻政泰の居城である常陸大宝城に拠る春日顕国と連携し、籠城戦を展開して幕府軍に対抗した。

　しかし、師冬率いる幕府軍は両城を分断するとともに、周辺の南朝勢力を各個撃破して宗祐らの糧道を断ち、宗祐は追い詰められていった。

　1343年（興国4・康永2）、南朝軍最後の頼みの綱だった陸奥白河の結城親朝が幕府軍に与したことで戦局は決定的となり、総攻撃を受けた関城は落城し、宗祐は子の関宗政とともに討ち取られた。

小栗満重

おぐり・みつしげ

生没年 不詳
出身 常陸国
主君 足利氏満→足利持氏→上杉禅秀
死因 不明

◇小栗判官伝説の張本人

　小栗家は、常陸の国人・大掾家の庶流で、平安時代以来の常陸の有力国人。

　満重は、鎌倉公方・足利氏満から偏諱を受けるなど、鎌倉府に重んじられていたが、一方で京都扶持衆として幕府とも主従関係を結んでいた。

　1416年（応永23）、前関東管領の上杉禅秀が、満兼の後を継いだ鎌倉公方・足利持氏に対して謀反を起こすと、満重は禅秀に与して鎌倉府に反旗を翻した。

　このとき満重は、宗家の大掾家とともに禅秀方に参戦した。禅秀方には常陸の守護・佐竹家一族や下総の守護・千葉家も加担し、当初は禅秀軍が戦況を有利に運んだ。しかし、幕府が持氏支持を打ち出し、所領安堵などをちらつかせて禅秀方の諸将の寝返りを誘うなどして形勢を逆転し、禅秀軍は総崩れとなった。

　戦後、満重は所領の一部を没収されたが、この裁定に不満を抱き、1422年（応永29）、同じく京都扶持衆だった宇都宮持綱らと共謀して持氏に反し、再び謀反を起こした。いったんは鎮圧されたが、その後再挙して1425年（応永32）と1429年（正長2）にも挙兵し、持氏を悩ませた。しかし、1430年（永享2）に持氏自ら陣頭指揮を執って小栗城に攻め寄せると、佐竹家が持氏を支援し、これによっ

て糧道を断たれた小栗城は陥落した。

　満重は、自害したとも逃げ出したともいわれるが、詳細は不明。このとき三河へ落ちのびたとする話が、有名な「小栗判官伝説」となる。

那珂通辰

なか・みちとき

生没年 ？〜1336年（延元1・建武3）
出身 常陸国
主君 後醍醐天皇
死因 自害

◇関東の南朝勢として猛威をふるう

　那珂家は鎌倉幕府御家人の名門で、常陸国那珂郷を本貫とした、平安時代以来の有力国人である。

　1335年（建武2）、足利尊氏が後醍醐天皇に反旗を翻した。後醍醐天皇は奥州に下向していた北畠顕家に上洛を命じ、顕家は軍を率いて奥州を進発した。顕家軍が常陸に入ると、尊氏方についた佐竹家が顕家軍の進軍を妨害し、真弓山麓に布陣した。このとき通辰は後醍醐天皇に味方し、2000の軍勢を率いて佐竹軍を破り、顕家の上洛を助けた。その後は顕家軍に従軍して、鎌倉制圧戦、美濃青野原の戦いにも参戦し、上洛を果たした。通辰の戦功は天皇にも認められ、通辰は天皇から菊桐紋章を与えられたという。

　常陸に戻った通辰は、小田家とともに常陸の天皇軍として佐竹家と対立、幾度も合戦を重ねた。1336年（延元1・建武3）、楠木一族の楠木正家が常陸瓜連城に入り、通辰は、小田家・大掾家らとともに正家を支援して、佐竹貞義と争った。同年、楠木軍は貞義の子・佐竹義冬を討ち取る勝利を得て、佐竹軍を金砂山城へ敗走させた。その頃、京では湊川の戦いに勝利した尊氏が入京し、吉野に逃げた

後醍醐天皇が南朝を開き、名実ともに朝廷は南北に2分した。

　金砂山城に撤退した佐竹軍に対し、通辰は金砂山城への夜襲を計画した。しかし、事前に察知した佐竹軍に、逆に手薄となった瓜連城を攻められ、城は陥落した。退路を断たれた通辰は最後まで刀を振るって戦ったものの、ついに従者はわずか34人となり、通辰は増井勝楽寺に入って自害した。

　その後、那珂家は尊氏に降り、常陸江戸郷を与えられて江戸姓を名乗ることになる。

鹿島幹重

かしま・もとしげ

生没年 不詳
出身 常陸国
主君 足利尊氏→足利基氏→足利氏満
死因 不明

◇関東北朝勢として活躍

　鹿島家は常陸大掾家の流れを汲む、常陸を代表する国人である。

　1336年（延元1・建武3）に後醍醐天皇と足利尊氏が対立して、朝廷が二派に分裂すると、幹重は宗家の大掾家とともに足利尊氏方に属し、関東の幕府軍として活躍した。

　1338年（延元3・暦応1）、後醍醐天皇の側近・北畠親房が常陸に入国し、小田治久の神宮寺城に入城した。親房の入国を知った幹重は、常陸の守護・佐竹貞義とともに神宮寺城を攻め、親房を小田城へ敗走させた。

　1350年（正平5・貞和6）、尊氏の弟・足利直義と幕府執事の高師直の対立が激化し、観応の擾乱が勃発すると、幕府の内訌に乗じて各地の南朝勢が劣勢を回復すべく動きはじめた。関東では1352年

（正平7・文和1）に、上野国で新田義興が挙兵し、一時鎌倉を占拠するほどの活躍をみせた。幹重は尊氏の命を受けて武蔵に出陣し、義興軍との合戦に及び、義興軍の敗走に貢献した。

幹重はこれらの功績により、常陸の一宮である鹿島神宮の治安を担当する鹿島惣大行事職に補任された。

観応の擾乱後、幹重は幕府の東国統治機関である鎌倉府に仕えた。1380年（天授6・康暦2）、下野の国人・小山義政が、領地を接する宇都宮家との争いから、鎌倉公方・足利氏満の命を無視して宇都宮基綱を攻め滅ぼした。幹重は氏満の命を受けて討伐軍に参戦し、義政がこもる鷲城を攻め、義政討伐に貢献した。

大掾満幹

だいじょう・みつもと

生没年	？〜1430年（永享1）
出身	常陸国
主君	足利持氏→上杉禅秀→足利義教
死因	暗殺

❖ 上杉禅秀の乱に加担して没落

常陸の国人で、平国香を祖とする桓武平氏の一族。

14世紀から15世紀にかけて、常陸南部には常陸平氏一門が割拠し、大掾家・真壁家・小栗家・東条家・鹿島家・行方家・吉田家の7家が、常陸平氏七流として勢力をもっていた。なかでも大掾家は、常陸平氏一門の惣領として君臨し、各家を軍事的に主導する立場にあった。

満幹の祖父・大掾高幹は、足利尊氏・直義兄弟の対立が武力衝突に発展した観応の擾乱のときに、尊氏方について畿内を転戦し、その後は鎌倉公方・足利基氏の側近として活動した。

1416年（応永23）、前関東管領の上杉

禅秀が、鎌倉公方・足利持氏と対立して挙兵した。満幹は禅秀の子・教朝を養子にしていた関係で持氏に反し、禅秀方について兵を挙げた。常陸平氏のうち行方家・小栗家らも満幹にしたがい、そのほか山入家や小田家も禅秀方に加担したため、当初は禅秀方が有利に戦を進め、禅秀軍はいったん鎌倉を制圧する勢いだった。しかし、幕府が持氏を支持して駿河守護・今川家らで編成した禅秀討伐軍を派遣すると戦況は一変し、禅秀は討ち取られ、満幹は持氏に帰順した。

1422年（応永29）に大掾家配下の小栗満重が鎌倉府に対して反乱を起こすと、満幹の立場はさらに悪くなり、1426年（応永33）には江戸通房に水戸城を奪取されて、満幹の所領は常陸南郡の一郡のみになってしまった。

その後、満幹は京都扶持衆に編成されて幕府方についたが、それが持氏の不興を買って1430年（永享1）、鎌倉に召されたところを持氏派によって暗殺された。満幹の死後、鎌倉府が常陸平氏を鎌倉府奉公衆に編成したことで孤立していき、大掾家の勢力は衰えていった。

多賀谷氏家

たがや・うじいえ

生没年	1408年（応永15）〜1465年（寛正6）
出身	常陸国
主君	結城氏朝→結城成朝
死因	病死

❖ 結城家再興に尽力した筆頭家老

多賀谷家は武蔵七党のひとつで、武蔵国騎西庄多賀谷郷を本貫地とした。室町時代初期に下総結城家の家人となり、下総多賀城に入った。

1440年（永享12）、前年に幕府によって自害に追い込まれた鎌倉公方・足利持

第4章

関東地方の氏族／関東地方の武将

299

氏の遺児・春王丸と安王丸を擁して、結城氏朝が幕府に反して挙兵した。結城家の家人だった氏家は、氏朝とともに結城城にこもって幕府軍と対峙したが敗れて翌年に城は落城、氏朝は子の持朝とともに戦死した。氏家は、氏朝から幼少の4男・結城成朝を託されて城を脱出し、佐竹を頼って常陸国へ逃げた。

その後、氏家は成朝を養育し、結城家の再興に尽力し、1449年（宝徳1）、鎌倉公方・足利成氏によって8年ぶりに結城家の再興を果たした。結城家復活に大功を挙げた氏家は、成朝の第一の側近となり、結城家のなかでも大きな影響力をもつようになった。

1451年（宝徳3）、成氏と関東管領・上杉憲忠との間に不和が生じ、成朝に憲忠誅殺の命が下された。氏家は、成朝にしたがって憲忠の鎌倉西御門館を急襲し、憲忠の首級を挙げた。多賀谷家は、この功により陪臣ながら関東諸将の会合に列席するようになり、また公方への拝顔も許されるという待遇を得た。

氏家はその頃、家督を嫡男の多賀谷朝経に譲って引退し、1465年（寛正6）に死去した。

一井貞政

いちのい・さだまさ

生没年	？～1337年（延元2・建武4）
出身	上野国
主君	新田義貞
死因	自害

◇後醍醐天皇から信任された新田一族

一井家は新田家の一族で、鎌倉時代の新田家の低迷にともなって没落しており、の田地を売却するなど経済的には非常に困窮していたといわれている。

1331年（元弘1）、伯耆船上山で挙兵し

た後醍醐天皇に呼応して、新田義貞が上野で挙兵すると、貞政は義貞のもとに参陣した。貞政は義貞とともに鎌倉攻めに加わり、その後も各地を転戦して武功を挙げた。後醍醐天皇によって建武の新政が成立すると、新田家は後醍醐天皇によって厚遇された。貞政も新田一族として、義貞とともに優遇され、皇居警備を担う武者所に任命された。武者所は五番制になっており、貞政はその一番に取りたてられ、また越後の守護代（守護は新田義貞）にも任命されている。

1335年（建武2）、足利尊氏が後醍醐天皇に背いて挙兵し京に向けて進軍した。貞政は義貞とともに尊氏討伐に東下したが、箱根竹ノ下の戦いで尊氏軍に敗れ、京に撤退した。

翌年の洛中の戦いでは、天皇軍が尊氏軍を追い落としたものの、約半年後に再上京してきた尊氏軍は、湊川の戦いで楠木正成と新田義貞を破って京を制圧し、後醍醐天皇は吉野に、義貞は恒良親王と尊良親王を擁して越前に落ちた。貞政も義貞にしたがって越前に入り、天然の要害である金ヶ崎城にこもり、義貞とともに再起をはかった。しかし、1337年（延元2・建武4）、尊氏方の高師泰軍の猛攻を受けて城は落城、貞政は義貞の嫡男・新田義顕や尊良親王とともに自害した。

栗生顕友

くりゅう・あきとも

生没年	不詳
出身	上野国
主君	新田義貞
死因	不明

◇金ヶ崎城で尊氏軍に敗れる

上野の国人で、南朝の重臣・新田義貞に仕えた。由良具滋、篠塚伊賀守、畑時

300

能とともに新田四天王と呼ばれ、義貞のもとで数々の戦功を挙げた。

1333年（元弘3）、倒幕活動を再開させた後醍醐天皇に呼応した新田義貞が上野国で挙兵すると義貞に従い、鎌倉攻めに参戦した。1335年（建武2）に足利尊氏が後醍醐天皇に反旗を翻して兵を挙げると、義貞とともに天皇方につき、義貞に従って尊氏軍と戦った。

翌年の京の戦いに敗れた尊氏は九州に逃亡するが、同年中に西国の諸将をまとめ上げて再上洛し、摂津湊川の戦いで楠木正成を破った。入京した尊氏は京を制圧し、1337年（延元2・建武4）、京を出奔した後醍醐天皇は吉野に南朝を開き、義貞は天皇の皇子・恒良親王と尊良親王を擁して越前へ逃走した。このとき顕友も、義貞に従って越前へ従軍し、金ヶ崎城に入城した。

しかし、越前には尊氏方の斯波高経がすでに入っており、義貞軍は苦戦を強いられた。義貞は金ヶ崎城の兵糧を得るために城を出たが、その隙をついた高師泰に城は落とされた。このとき顕友は城を脱出して義貞と合流し、再起をはかったが、1338年（延元3・暦応1）、藤島の戦いで斯波高経軍に敗れて義貞は戦死した。顕友は、義貞の首を上野に持ち帰り、僧籍に入って寶禅寺で義貞の菩提を弔ったと伝えられる。

世良田政義

せらだ・まさよし

生没年 不詳
出身 上野国
主君 新田義貞→宗良親王
死因 戦死

◇新田一族の生き残り

世良田家は新田一族の庶流。鎌倉幕府からは、本家の新田家より厚遇されており、鎌倉幕府5代将軍・藤原頼嗣の頃には、将軍の神社詣でに従い、三河守に補任された。

1333年（元弘3）、隠岐に流されていた後醍醐天皇が島を脱出して伯耆船上山で幕府打倒の兵を挙げると、新田義貞が天皇の綸旨を受けて呼応、倒幕の兵を挙げた。政義は本家の義貞に従って鎌倉攻めに従軍し、鎌倉陥落のために戦った。皇位に復帰した後醍醐天皇が開始した建武の新政での処遇は不明だが、1335年（建武2）に足利尊氏が後醍醐天皇から離反して、南北朝の戦いがはじまると、政義は南朝方に与して上野に戻り、関東の南朝勢として尊氏方と戦った。

後醍醐天皇は尊氏率いる幕府軍と対峙するために、各地に自らの皇子を派遣して抗戦を続けた。そのうち遠江に下向した宗良親王は、信濃を拠点に南朝軍を糾合し、武蔵や上野にも転戦したが、政義は宗良親王に従っていた。

政義は、上野にやってきた宗良親王を上野寺尾城に迎え入れ、足利軍と交戦。その後、宗良親王とともに三河へ向かう途中の戦で戦死したという。

世良田義政

せらだ・よしまさ

生没年 ？〜1364年（正平19・貞治3）
出身 上野国
主君 新田義貞→足利尊氏
死因 自害

◇忠心を疑われて自害に追い込まれる

新田一門の岩松政経の長子で、世良田家に養子として入って世良田家の家督を継いだ。1333年（元弘3）、隠岐に流されていた後醍醐天皇が同島を脱出して倒幕の綸旨を出すと、一門の当主である足

第4章 関東地方の氏族／関東地方の武将

301

尊氏の命を受けて新田義貞のもとに参陣し、同年の鎌倉攻めに加わった。

しかし、1335年（建武2）に尊氏が後醍醐天皇に反旗を翻して新田義貞と対立するようになると、宗家の義貞と袂を分かち尊氏方について各地を転戦した。

その後、京を制圧した尊氏が幕府を開くと、義政は上野に戻り、幕府が東国支配のためにおいた鎌倉府に出仕した。

1355年（正平10・文和4）、上総の守護だった千葉氏胤が上総支配に失敗したため、幕府は氏胤を解任して、佐々木道誉を新たな守護に任じた。しかし、下総と上総という房総半島の守護に任じられていた氏胤は、道誉の代官の上総入りを妨害するなど道誉の上総守護就任に執拗に反発した。

結局、1362年（正平17・貞治1）、道誉の政敵である斯波高経が幕府の実権を握ったことから、上総の守護は氏胤に戻されたが、その後、いったんは千葉氏に守護職が戻ったが、氏胤の不正が明らかになったため1364年（正平19・貞治3）に氏胤は再び解任され、このとき上総の守護に補任されたのが、義政だった。

しかし、その直後、義政は南朝に通じたかどで鎌倉公方・足利基氏に攻められ、兄弟や梶原景安とともに鎌倉の如来堂で自害に追い込まれた。

江田行義

えだ・ゆきよし

生没年 不詳
出身 上野国
主君 新田義貞
死因 不明

◇鎌倉攻めの大将として活躍

新田家の一族で、本姓は世良田。

行義は、1333年（元弘3）に倒幕の兵を挙げた新田義貞にしたがい、鎌倉攻めに参加した。極楽坂から進軍する新田軍の大将に任命された行義は、迎撃に出てきた北条一族の大仏貞直を敗走させる戦功を挙げ、鎌倉幕府滅亡に貢献した。後醍醐天皇による建武の新政が成立すると、功績を認められた行義は武者所三番頭人に任じられた。

1335年（建武2）に勃発した中先代の乱で、挙兵した北条時行の討伐のために鎌倉へ下った足利尊氏が、そのまま後醍醐天皇から離反すると、行義は義貞とともに天皇方に属し、尊氏軍と戦った。

上洛戦を開始した尊氏軍は、翌年正月には近江まで迫り、尊氏軍の先発隊と天皇方の名和長年・結城親光軍が激突した。このとき行義も近江に出陣し、丹後・但馬から南下してきた尊氏方の軍勢と合戦に及んだが敗れて京に撤退、義貞軍に合流して宇治に兵を進めた。

その後、天皇軍は入京した尊氏軍を敗走させ、尊氏は播磨へ逃れた。

義貞は尊氏軍を追撃するために播磨に侵攻し、白旗城の赤松則村を攻めた。このとき行義は、義貞の命で美作国へ派遣されて、美作東部を制圧し、赤松軍の退路を断った。しかし、義貞が攻める白旗城はなかなか落ちず、やがて九州に逃れていた尊氏が軍勢を整えて再上京してきたため、義貞は包囲を解き、行義も美作を出陣して摂津に入り、瀬戸内海からやってくる尊氏を待ち受けた。しかし、摂津湊川の戦いで楠木正成が敗れて自害、義貞は京に敗走し、行義も行方をくらまし、以降、消息を絶った。

302

岩松経家

いわまつ・つねいえ

生没年 ?〜1335年（建武2）
出身 上野国
主君 新田義貞→足利直義
死因 戦死

❖宗家を超えた新田一族

岩松家は新田一門で、鎌倉幕府の御家人として出仕しており、鎌倉時代には宗家より厚遇されていた。

1333年（元弘3）、後醍醐天皇の綸旨を受け取った新田義貞が倒幕の兵を挙げると、経家はほかの一門とともに義貞にしたがい鎌倉攻略に功を挙げた。

義貞が上洛した際には義貞に同道し、鎌倉制圧の恩賞として、建武の新政がはじまると飛騨の守護に任ぜられ、北条家の旧領である伊勢国笠間荘など10カ所の地頭に任じられるなど、新田一族のなかでも厚遇された。義貞は在京して後醍醐天皇に近侍したが、経家は鎌倉に戻り、関東経営のために足利直義が鎌倉に下向してくると、その指揮下に入った。鎌倉では関東廂番に任じられるなど、直義からの信任も厚かった。

1335年（建武2）、北条家の生き残りである北条時行が、信濃の国人・諏訪頼重の協力を得て信濃で蜂起した。鎌倉に在番していた経家は、直義の命を受けて、渋川義季らとともに武蔵女影原に布陣し、信濃から武蔵北部に抜けて南下してきた時行軍の迎撃にあたった。しかし、当時の関東には北条家の旧臣たちが多く生き残っており、時行の挙兵に呼応する者も多かった。武蔵に入った時行は彼らを糾合して軍勢を増やして勢いづき、経家はこの戦いで討ち死にした。

岩松満純

いわまつ・みつずみ

生没年 ?〜1417年（応永24）
出身 上野国
主君 足利持氏→上杉禅秀
死因 斬首

❖上杉禅秀に与して首を斬られる

上野新田荘の国人領主。新田義貞の3男・新田義宗の子ともいわれる、新田一族の末裔。

1416年（応永23）、前関東管領の上杉禅秀が鎌倉公方・足利持氏に反して挙兵した。禅秀は持氏の叔父・足利満隆や持氏の弟・足利持仲を味方に引き入れ、那須家・千葉家・宇都宮家などの関東の守護家や有力国人を糾合して軍勢を増やしていった。このとき満純は、禅秀の娘を正室に迎えていたため禅秀に味方し、禅秀と満隆が鎌倉で挙兵すると、上野で反鎌倉府の兵を挙げた。鎌倉に攻め寄せた満純は、扇谷を固める持氏方の上杉定氏軍を破って化粧坂に押し寄せ、佐介の国清寺に火を放った。放たれた火は風に乗って、関東管領・上杉憲基の屋敷まで業火に包んだ。憲基はやむなく、持氏を連れて小田原へ敗走した。

鎌倉を制圧した禅秀らは、一時的ではあるが鎌倉公方を名乗って東国の支配権を得るが、それも束の間のことだった。鎌倉府陥落を知った4代将軍・足利義持は、諸将と相談のうえで持氏支持を決め、駿河の守護・今川範政を中心とする援軍を送った。援軍を得た持氏は、一気に反撃を開始した。この攻勢に、禅秀軍のほとんどの諸将が持氏方に寝返ったが、満純は最後まで禅秀方について奮戦したが敗れた。その後、満純は新田荘に潜伏したが、武蔵佐賀荘の国人・舞木持

第4章 関東地方の氏族／関東地方の武将

303

広に武蔵国入間川の戦いで敗れ、鎌倉竜ノ口で斬首された。

大館氏清

おおだち・うじきよ

生没年 1335年（建武2）〜1412年（応永19）
出身 上野国
主君 北畠顕能
死因 不明

◇伊賀国に存続した新田一族

大館宗氏の子・氏明の2男。大館家は新田家の一族で、父の氏明は新田義貞とともに南朝に仕えて足利尊氏らと対立した。氏明は伊予国世田城を細川頼春に攻められて自害したが、長兄の大館義冬は3代将軍・足利義満に仕えた。

氏清は、幼少の頃に伊勢国の国司の元に身を寄せており、以降は国司・北畠顕能に属して活動した。

1361年（正平16・康安1）、氏清は顕能にしたがって伊賀国へ攻め寄せると、氏清は伊賀国の制圧に成功した。これで北畠家は伊賀国を手中に収めたが、北勢には土岐家、中勢には仁木家と長野家がおり、戦乱がやむことはなかった。氏清も、この戦乱のなかで転戦した。1373年（文中2・応安6）には鈴鹿山で仁木義長と戦い、これを破って伊賀国から仁木家の勢力を駆逐することに成功した。こうした氏清の武勇は北畠顕能に寵愛され、氏清は顕能の娘を娶っている。

氏清は、伊賀守を名乗って関岡城に拠り、以降は関岡家を名乗った。

ただ、氏清の事績は、江戸時代に編纂された『関岡家始末』にあるだけで、存在自体を疑う向きもある。

由良具滋

ゆら・ともしげ

生没年 ？〜1337年（建武4・延元2）
出身 上野国
主君 新田義貞
死因 戦死

◇新田四天王の一人

由良家は、武蔵七党のひとつ小野姓横山・猪俣党の出といわれる横瀬家を祖とし、主家であった岩松家から実権を奪って由良姓を名乗った。

具滋は、1333年（元弘3）に後醍醐天皇に呼応した新田義貞が、鎌倉幕府に対して挙兵したときから義貞にしたがい、栗生顕友、篠塚伊賀守、畑時能とともに新田四天王の一人に数えられる猛将であった。義貞の鎌倉攻めの際には、稲村ヶ崎口から鎌倉に攻め入り、鎌倉制圧に功を挙げた。1335年（建武2）、信濃の諏訪頼重とともに後醍醐天皇に反して挙兵した北条時行の反乱を鎮圧した足利尊氏が、天皇の帰京命令を無視してそのまま天皇から離反した。尊氏の離反に対し、後醍醐天皇は義貞に尊氏討伐を命じ、義貞は京を進発して鎌倉に向かった。このとき具滋も義貞に従軍し、箱根竹ノ下で尊氏軍と戦うが、義貞軍の大友貞載の寝返りなどもあって具滋らは敗走し、建武の新政の崩壊を招く結果となった。具滋は、その後も義貞に同道し、常に義貞の右腕として活動したという。

1336年（延元1・建武3）、湊川の戦いに敗れた義貞が越前国へ落ちると、具滋も義貞とともに金ヶ崎城に入って、尊氏軍と対峙した。しかし、越前には尊氏方の斯波高経が勢力を広げつつあり、義貞軍は劣勢を強いられた。そして翌1337年（延元2・建武4）、金ヶ崎城は高師泰と斯

波高経の大軍によって包囲され、さらに兵糧攻めによって落城。具滋は、落城前に部下数十騎だけを率いて城外に突撃を敢行し、数時間に及び戦い続けたが、ついに討ち取られた。

大島義政

おおしま・よしまさ

生没年 1306年（嘉元4）～1344年（康永3・興国5）
出身 上野国
主君 新田義貞
死因 不明

◇巨福呂坂で幕府軍を破り幕府を打倒

大島家は上野出身の国人で、新田家の一族とされる。一説には、里見家の後裔とも土岐家の流れを汲むともいわれる。

1333年（元弘3）、新田義貞が後醍醐天皇の倒幕挙兵に呼応して兵を挙げると、他の一族とともに義貞のもとに参陣し、義貞にしたがって鎌倉攻めに加わった。『太平記』によれば、義貞は新田軍を3隊に分け、義政は第二部隊の副将を任され、上将軍・堀口貞満とともに巨福呂坂に攻め寄せた。総勢10万余騎という大軍だったという。対する幕府軍は、京の六波羅探題の救援のために兵を出していたこともあり、また関東の多くの諸将が天皇方に寝返ったため劣勢を強いられた。義政が攻め寄せた巨福呂坂方面には、現職の第16代執権・赤橋守時が迎撃に出たが、義政と貞満が赤橋軍を破って鎌倉に入り、鎌倉で合流した義貞とともに鎌倉を陥落させた。

鎌倉幕府打倒に功あった義政は、建武の新政で従五位下に叙されて兵庫頭となり、武者所に任命されるなど優遇された。1335年（建武2）に足利尊氏が後醍醐天皇に反旗を翻して南北朝の争いが起

こると、義貞に従って南朝方に与し尊氏軍と戦った。1344年（興国5・康永3）、幕府軍との戦いの最中に死去した。

堀口貞満

ほりぐち・さだみつ

生没年 1297年（永仁5）～1338年（延元3・暦応1）
出身 上野国
主君 新田義貞→後醍醐天皇
死因 戦死

◇鎌倉陥落に功あった南朝の忠臣

上野新田郡の土豪・堀口貞義の子。

1333年（元弘3）、後醍醐天皇に呼応して新田義貞が挙兵すると、貞満は父・貞義とともに新田軍に合流して鎌倉へ進撃した。相模藤沢まで進出した新田軍は兵を3隊に分け、貞満は巨福呂坂方面を担当した。義貞が稲村ヶ崎を突破して鎌倉に入ると、巨福呂坂を攻略して幕府御所へ乱入し、執権・赤橋守時を斬るなどの軍功を挙げ、鎌倉攻略に貢献した。

1334年（建武1）に後醍醐天皇による建武の新政がはじまると、功績を認められて正六位上、翌年には従五位上に叙された。このとき父の貞義は越前守護に補任され、武者所二番頭人に抜擢された。

1336年（延元1・建武3）、後醍醐天皇に反旗を翻して入京した足利尊氏に対し、天皇が尊氏と和睦して比叡山から下山しようとすると、貞満は新田義貞の倒幕の功を天皇に説いて和睦に反対した。その結果、天皇は恒良親王と尊良親王を義貞に預けて、義貞は越前へ下向した。貞満は義貞にしたがって越前金ヶ崎城に入城した。しかし、金ヶ崎城は翌年、落城し、貞満はかろうじて城を脱出し、そこで義貞とは別れて美濃国根尾徳山に潜伏した。1337年（延元2・建武4）、北畠

第4章 関東地方の氏族／関東地方の武将

顕家が陸奥から西上して入京すると顕家軍に合流して幕府軍と戦った。

しかし、翌1338年（延元3・暦応1）、越前での幕府軍との戦いで戦死した。

船田義昌

ふなだ・よしまさ

生没年 ？～1336年（延元1・建武3）
出身 上野国
主君 新田義貞
死因 戦死

◇新田軍を指揮した新田義貞の執事

船田家は上野の国人で、義昌は新田義貞の執事として仕え、義貞の一連の合戦に参謀として寄与した。

1331年（元弘1）、京を脱出した後醍醐天皇が笠置山に拠って倒幕の兵を挙げると、河内国で楠木正成が挙兵し、義貞は幕命を受けて天皇軍の討伐のために西上した。しかし、義貞は正成を攻めた千早城の戦いの最中、病気を理由に帰国してしまった。『太平記』には、このとき義昌が策略をめぐらせ、鎌倉幕府を見限って後醍醐天皇に寝返るために、護良親王と接触することを義貞に進言したことが描かれている。こうして義貞は倒幕の綸旨を得て、1333年（元弘3）、隠岐に流されていた後醍醐天皇が伯耆で再挙すると、関東ではいちはやく天皇に呼応して挙兵し、鎌倉攻めを敢行して幕府打倒を果たした。

鎌倉攻めの際に、義昌の名は出てこないが、化粧坂に向かった本隊に加わったとされている。鎌倉は新田軍によって制圧され、鎌倉幕府は滅亡した。

このとき、北条家得宗・北条高時の嫡子・邦時が9歳の若さで処刑されているが、邦時を捕らえたのが義昌だった。邦時は、幕臣で叔父にあたる五大院宗繁の

庇護を受けて鎌倉を脱出していたが、宗繁が自らの保身のために義昌に密告したといわれている。ちなみに、宗繁はその後、義昌によって処刑されている。

義昌はその後も義貞に従って各地を転戦。1336年（建武3）、前年に後醍醐天皇に反旗を翻した足利尊氏が入京すると、義貞とともに出陣して京都三条河原に布陣した。

この戦いで義貞らの天皇軍は勝利して尊氏軍を九州に追い落としたが、義昌は三条河原の戦いで戦死した。

高田憲顕

たかだ・のりあき

生没年 不詳
出身 上野国
主君 上杉憲政
死因 不明

◇上杉家に仕えた上野国人

高田家は、上野国甘楽郡高田城を居城とし、1333年（元弘3）に後醍醐天皇が反幕の兵を挙げると、天皇方の新田義貞に従い、その後は鎌倉府に仕えた。

憲頼は、関東管領・上杉憲政に仕え、関東に勢力を伸ばしていた北条家や、隣国の武田家と戦った。1547年（天文16）、武田晴信が信濃の志賀城主・笠原清繁を攻めた。清繁から救援の要請を受けた上杉憲政は笠原軍の支援を決め、清繁と縁戚関係をもつ憲頼が出陣した。

憲頼は志賀城に入って清繁とともに籠城し、憲政の援軍を待った。ところが、憲政の援軍はその途中で武田軍との合戦に敗れてしまった。『妙法寺記』によると、このとき晴信は、討ち取った上杉軍の首を志賀城下に並べ、城兵の戦意を喪失させたという。憲頼は最後まで籠城して戦ったが、同年、清繁ら城兵300余名

とともに討ち取られた。

通説では、憲頼はこの志賀城防衛戦で戦死したとされるが、1560年（永禄3）に上杉謙信が憲政を擁して関東に出兵してきたとき、「高田小次郎　にほひ中黒」なる人物が参陣しており、これが憲頼ではないかともいわれている。

高田家はその後、小田原北条家の家臣となり、小田原北条家が滅亡すると徳川家康に召し出されて、徳川家の旗本として存続していく。

臼井興胤

うすい・おきたね

生没年 1312年（正和1）？～1364年（貞治3・正平19）

出身 下総国

主君 新田義貞→足利尊氏

死因 病死？

❖ 倒幕に軍功を挙げて旧領を回復

臼井家は、鎌倉時代以来、下総の守護に補任されていた千葉家の一門で、下総国印旛郡臼井郷を本貫とした。

興胤は、父の臼井祐胤が早世したため、わずか3歳で家督を継いだといわれている。しかし、後見役だった叔父の志津胤氏が臼井家惣領の奪取をはかったため、興胤は家臣に連れられて居城の臼井城を脱出し、支城の岩戸城に入った。岩戸城主の岩戸胤安は、興胤を鎌倉建長寺に預け、胤氏との合戦に及ぶことになる。しかし、合戦は胤氏が勝利し、臼井宗家の所領は志津家が押領したため、興胤は下総に戻れず、建長寺で過ごすことになった。

1333年（元弘3）、新田義貞が幕府に反して挙兵すると、興胤は義貞軍に従軍し、鎌倉攻めに加わった。その後、1335年（建武2）に足利尊氏が後醍醐天皇か

ら離反すると、尊氏方について各地を転戦し、その功績から臼井家惣領を認められ、1338年（延元3・暦応1）、旧領を回復した。しかし、志津家との軋轢は解消されず、胤氏は反興胤の姿勢を改めなかった。そのため、1340年（興国1・暦応3）、興胤は臼井城の改修工事と偽って志津家の兵を臼井城に召集し、手薄になった志津城に攻め寄せて胤氏を自害に追い込み、興胤は臼井家惣領に権力を集中させることに成功した。

臼井家はその後、千葉家一門として下総における影響力を保ち、永享の乱や享徳の乱を生き抜き、関東管領・上杉家との戦乱を経て、臼井城を守り通した。しかし、16世紀半ばの久胤の代になって、臼井家は一門の原胤貞に乗っ取られた。

粟飯原氏光

あいはら・うじみつ

生没年 不詳

出身 下総国

主君 守邦親王→後醍醐天皇→足利尊氏

死因 不明

❖ 恒良親王、成良親王を毒殺

粟飯原家は、下総の守護を世襲した関東の名門・千葉家の一族。鎌倉時代初期に起こった和田合戦（1213年）によって、一時は家系が断絶するが、千葉本家に匿われていた粟飯原胤秀が再興した。

その後、嫡流が絶えたことから、千葉貞胤の弟・氏光が粟飯原家に入って家督を継いだ。

氏光は、鎌倉幕府最後の将軍・守邦親王に仕えていたが、1333年（元弘3）に兄の貞胤が後醍醐天皇側に寝返ったとき、氏光も幕府から離反し、以降は兄と行動をともにした。

1335年（建武2）に後醍醐天皇と足利

第4章 関東地方の氏族／関東地方の武将

307

尊氏が対立して南北朝の動乱がはじまると、当初は後醍醐天皇にしたがい、新田義貞らとともに尊氏軍と戦った。しかし、1336年（建武3）に湊川の戦いで楠木正成が尊氏軍に敗れ、尊氏が京を制圧すると貞胤は尊氏に降伏し、氏光も兄にしたがって尊氏に降った。

1337年（延元2・建武4）、越前金ヶ崎城の戦いで敗れた後醍醐天皇の皇子・恒良親王が捕らえられ、京に送られてきた。氏光は、尊氏の弟で室町幕府の政務をになっていた足利直義の命を受けて、恒良親王に毒を盛って殺害したという。

粟飯原清胤

あいはら・きよたね

生没年	？〜1353年（正平8・文和2）
出身	下総国
主君	足利尊氏→足利直義→足利尊氏
死因	戦死

◇ 直義失脚のきっかけを作った文官

室町幕府創成期に足利尊氏・直義兄弟に重用された粟飯原氏光の子。1340年（興国1・暦応3）前後に家督を譲られた。

清胤は実務に優れた官吏であり、幕府の政務を任されていた直義に重用され、訴訟業務に携わり、1344年（興国5・康永3）には引付方三番奉行人に抜擢された。1347年（正平2・貞和3）には、幕府財政を司る政所の長官である執事に任じられ、幕府内で重きをなした。

1349年（正平4・貞和5）頃から、幕府内では直義と幕府執事の高師直との対立が表面化するようになり、清胤は直義派として活動した。同年、直義は師直の暗殺を図るが、その際、清胤は上杉重能や畠山直宗とともに、直義から事前に計画を知らされるなど、直義方の筆頭官吏であった。

直義は師直を自邸に呼び出して暗殺しようと図ったが、清胤は師直が直義邸にやってくると土壇場で直義から離反し、秘密裏に師直に直義の計画を知らせ、師直の窮地を救ったとされる。

清胤から報告を受けた師直は、同年、大軍を率いて尊氏邸を襲い、直義の罷免を求めるクーデターを起こすが、このとき清胤は師直軍の一員として参加した。

直義は政界から引退し、直義の代わりに尊氏の子・足利義詮が京に入ると、清胤は御所奉行に任じられて義詮の側近として仕えた。

1353年（正平8・文和2）、南朝方の山名時氏と楠木正儀が挙兵して京に攻め寄せた。南朝軍は直義の養子・足利直冬、石塔頼房、桃井直常などの歴戦の武将をそろえた大軍で、当時、尊氏が鎌倉に下向して留守にしていたこともあり、幕府軍は後光厳天皇を比叡山に逃すなど苦戦を強いられた。清胤は文官でありながら京の神楽岡に出陣し、南朝軍と対峙したが戦死した。

真里谷信勝

まりやつ・のぶかつ

生没年	？〜1523年（大永3）
出身	上総国
主君	足利義明
死因	不明

◇ 足利義明を小弓公方に擁立

真里谷家は、甲斐の守護一族・武田信長が享徳の乱の混乱のさなか、1455年（康正1）に上総に侵攻し、上総西部を統治するために真里谷城に嫡男の武田信高を入れて城主としたのがはじまり。信勝は、信長の嫡孫にあたり、1510年（永正7）頃に真里谷家4代当主となった。

当時、関東地方では小田原北条家が勢

力を広げており、また古河公方でも内訌が勃発しており、戦国乱世の真っただ中であった。房総では、小弓城主の原家が下総守護の千葉家を後ろ盾にして、信勝や同族の庁南宗信を圧迫していた。

　信勝は、これに対抗するため、古河公方・足利政氏の子・足利義明を擁立するとともに、安房の里見家を味方につけた。そして1517年（永正14）、小弓城に原胤隆を攻めて胤隆を討ち取ると、信勝は小弓城を奪い取って義明を入城させ、義明を小弓公方として独立させた。

　その後、信勝は義明を後ろ盾にし、領土を接する三上家を滅ぼすなど、上総一円にその勢力を広げることに成功した。

　信勝の死後、後を継いだ真里谷信保は、しだいに専横を振るうようになった義明と不和になった。また、一族のなかも義明派と勢力を伸長する小田原北条家派とに分裂してしまい、以降は家内の内訌に悩まされ続けることになる。

　やがて、豊臣秀吉の小田原征伐がはじまると、真里谷家は中立を保ったため、戦後処理で領地を没収され没落した。

人見四郎

ひとみ・しろう

生没年 ？～1333年（元弘3）
出身 武蔵国
主君 北条家
死因 戦死

❖ 鎌倉幕府を見限り北条氏討伐の挙兵

　人見家は武蔵七党に属する一族で、鎌倉幕府創設以前から武蔵国人見に土着して人見氏を名乗ったといわれる。人見家は、源頼朝ゆかりの武家であった。

　人見家は鎌倉幕府開幕以来、関東御家人として幕府に仕え、北条家が幕府の実権を握ると、北条家の旗本格として活動

した。

　1333年（元弘3）、その2年前に倒幕計画が暴露したことで隠岐に流されていた後醍醐天皇が、同島を脱出して鎌倉幕府打倒の兵を挙げた。幕府は天皇討伐を決定し、四郎も討伐軍への参戦を命じられた。このとき、四郎はすでに70歳を超える老齢だったが、足利尊氏と名越高家を大将とする討伐軍に加わって西上した。

　四郎は、天皇に呼応して河内で挙兵した楠木正成の拠る赤坂城へ向かう軍に同行し、合戦の先駆けを務めるために、進軍前夜に「花さかぬ　老い木の桜朽ちぬとも　その名は苔の下に隠れじ」という辞世の句を書きつけたという。

　翌朝、四郎は本間資貞という武将とともに自軍を率いて赤坂城へ向かい、名乗りをあげながら敵城へ迫ったが、城門の前で敵の矢に射られて戦死した。

小山田高家

おやまだ・たかいえ

生没年 ？～1336年（建武3）
出身 武蔵国
主君 新田義貞
死因 戦死

❖ 湊川の戦いで新田義貞を救った忠臣

　武蔵七党のひとつである秩父家の一族で、小山田荘（現在の東京都町田市付近）を領していた。戦国期、甲斐国の戦国大名・武田家に仕えた小山田家と同族。

　高家は、1333年（元弘3）に後醍醐天皇に呼応して挙兵した新田義貞にしたがって鎌倉攻めに参加した。高家は、当時鎌倉幕府に奪われていた小山田城を奪還することに成功し、その後は義貞麾下の武将として各地を転戦した。

　幕府滅亡後の後醍醐天皇による建武の新政は、公家中心の政治が各地の武士た

第4章　関東地方の氏族／関東地方の武将

309

ちの反感を買い、1335年（建武2）に足利尊氏が反旗を翻したことで瓦解した。高家は義貞と行動をともにし、後醍醐天皇率いる南朝に属し、尊氏と対立した。

同年、高家は播磨に兵を進め、足利尊氏に与する播磨の国人・赤松則村の居城・白旗城に攻め寄せた。

しかし、赤松軍の抵抗は激しく、高家の攻撃は失敗に終わった。

翌年、京の戦いで敗れて九州に逃れていた尊氏が、軍勢を集めて再び上洛してきた。天皇軍は、新田義貞と楠木正成を摂津に派遣して尊氏軍の襲来に備え、上陸してきた尊氏軍と湊川で激突した。

天皇方の戦略の拙さもあり、戦局は尊氏軍の有利に運び、大将の楠木正成が敗れて自害し、義貞も戦線を離脱した。義貞は追撃してきた尊氏軍に追いつかれ、窮地に陥ったが、そのとき高家が義貞の救援に現れ、高家は義貞を逃したあと、敵陣に突入して討ち取られたという。

熊谷直経
くまがい・なおつね
生没年 不詳
出身 武蔵国
主君 鎌倉幕府→後醍醐天皇→足利尊氏
死因 不明

◇武蔵から安芸へ移った北朝の武将

熊谷家は、武蔵七党の私市党の一族とされる。武蔵熊谷郷を本貫地としていたが、それとはべつに安芸三入荘の地頭となっており、直経は熊谷宗家の惣領の立場にあったが、武蔵から安芸に活動の拠点を移した。

1331年（元弘1）、後醍醐天皇は鎌倉幕府打倒の兵を挙げたが敗れ、隠岐へ流罪となった。しかし、天皇に呼応して挙兵した楠木正成は翌年再び兵を挙げ、河内

の千早城に拠って幕府に対抗していた。1333年（元弘3）、直経のもとに正成討伐の幕命が届き、直経は千早城を包囲攻撃する六波羅探題軍に合流した。直経は22カ所の傷を負いながら千早城の大手門に突撃するなど奮戦したが、幕府軍は千早城を攻略できずに撤退した。

そして、その3カ月後、隠岐を脱出した後醍醐天皇を討伐するために上洛した足利尊氏と合流したが、尊氏が天皇方に寝返って挙兵すると、尊氏に同調して六波羅探題攻めに加わった。しかし、後醍醐天皇による建武の新政下では、千早城の戦いで幕府軍に加わっていたことを責められて所領の半分を没収されるなど冷遇された。そのため、1335年（建武2）、尊氏が建武の新政から離反すると、直経も尊氏に従って新政を見限った。直経は所領の安芸に下り、安芸の守護・武田家に属して各地を転戦し、安芸国内における幕府方の優勢を勝ち取った。

1336年（延元1・建武3）、室町幕府が成立すると、直経をはじめ、熊谷直氏、熊谷直平ら一族には多くの恩賞や感状が与えられた。

安芸に戻った直経は1348年（正平3・貞和4）、安芸南部に勢力を伸ばして高松城を築城して本城とした。そして1365年（正平20・貞治4）、所領のすべてを嫡男・熊谷宗直に譲って隠居した。

篠塚重広
しのづか・しげひろ
生没年 不詳
出身 武蔵国
主君 新田義貞
死因 不明

◇怪力無双の新田四天王

篠塚家は、武蔵七党のひとつ秩父家の

流れを汲む畠山家を祖とし、武蔵国篠塚城の城主となり、篠塚氏を名乗った。後醍醐天皇の寵妃だった阿野廉子に仕えていた伊賀局は重広の娘にあたる。

重広は、1333年（元弘3）に起こった後醍醐天皇の反乱に呼応して挙兵した新田義貞にしたがい、鎌倉攻めに従軍して鎌倉制圧に武功を挙げた。重広は、栗生顕友・由良具滋・畑時能とともに新田四天王に数えられ、その武名は高かった。身長6尺5寸（約190センチメートル）という大男で、8尺（約250センチメートル）もの金棒を振り回す怪力の持ち主だったと伝えられる。

1335年（建武2）に足利尊氏が建武の新政から離反して兵を挙げると、義貞にしたがって後醍醐天皇方に属した。1336年（建武3）、京に侵攻してきた足利尊氏軍と近江園城寺で合戦に及び、怪力を駆使してその実力を発揮したという。

同年夏に再挙した尊氏軍と湊川で戦った楠木正成が敗れ自害し、新田義貞が敗走すると、後醍醐天皇は吉野に遁走して南朝を開いた。1338年（延元3・暦応1）に義貞が戦死し、その翌年には北畠顕家も死に、主力戦力を失った南朝の勢力は衰退の一途をたどった。重広は義貞の死後も南朝方の武将として幕府軍と戦い、同じ頃に四国に渡った新田一族の大館氏明と合流し、世田城に拠った。

1342年（興国3・康永1）、四国南朝軍の大将だった脇屋義助（義貞の弟）が死去すると、幕府方の阿波の守護・細川頼春が世田城に攻め寄せた。重広は氏明とともに世田城を守備したが、瀬戸内海から伊予に上陸してきた細川軍の猛攻の前に城は落城、氏明は自害した。重広は城を脱出して因島へ渡ったとされるが、その後は消息不明となった。

畑時能

はた・ときよし

生没年 ？〜1341年（暦応4・興国2）
出身 武蔵国
主君 新田義貞→後醍醐天皇
死因 戦死

◇新田軍随一の剛勇者

武蔵国野上村を本貫とした武蔵の国人。南北朝時代随一の剛勇として知られ、「犬獅子」という愛犬を連れて戦場に立ったことでも知られる。

1333年（元弘3）、倒幕の兵を挙げた後醍醐天皇に呼応した新田義貞が上野で挙兵したとき、義貞のもとに参陣した。時能は、義貞が改修した武蔵金窪城（現在の埼玉県上里町）に拠って、新田軍の鎌倉進撃を支えたという。義貞による鎌倉陥落に従軍して功を挙げ、その後も義貞にしたがって播磨、加賀、越前などを転戦し、義貞の右腕として活躍した。

1336年（建武3）、後醍醐天皇に反した足利尊氏が京を制圧すると、義貞と後醍醐天皇は比叡山に逃れ、その後天皇は吉野へ遁走して南朝を開き、義貞は恒良親王と尊良親王を奉じて越前へ下った。このとき時能も義貞とともに越前へ下り、金ヶ崎城に入城した。しかし、翌年に金ヶ崎城は落城、義貞も1338年（延元3・暦応1）に越前藤島の戦いで戦死した。

時能はその間、義貞の別働隊として、一井兵部少輔とともに越前鷹巣城を拠点に越前で幕府軍と戦っていた。しかし、義貞の死後、越前南朝軍は劣勢に陥り、若狭・能登・越中の3カ国も幕府側に落ち、時能の鷹巣城は孤立した。

時能は、幕府軍の猛攻をわずか27人の手勢で迎え撃った。幕府軍は鷹巣城攻めのために30カ所以上の砦を築いて万全を

第4章 関東地方の氏族／関東地方の武将

期したが、時能は砦を各個撃破する戦略
で幕府軍を追い込んだが、戦死した。

河越直重

かわごえ・なおしげ

生没年 不詳
出身 武蔵国
主君 足利尊氏→足利基氏
死因 不明

◇平一揆を主導したばさら大名

河越家は桓武平氏秩父家の流れを汲
み、武蔵河越荘を領して河越を名乗った。

直重は、いわゆる「ばさら大名」のひ
とりで、『太平記』には上洛したときの
直重一行が、濃紫・薄紅など様々な色に
染めた30頭の馬を引き連れていた様が描
かれ、人々の耳目を驚かせたという。

南北朝の動乱のなか、河越家の一族も
分裂して対立したが、直重は一貫して足
利尊氏方に属して功を立て、幕府の東国
機関・鎌倉府に出仕した。1349年（正平
4・貞和5）、尊氏の弟・足利直義と、幕
府執事・高師直の権力闘争が激化し、幕
府内は直義派と師直・尊氏派に分裂した
（観応の擾乱）。この内訌において、直重
は関東の平氏流の国人たちを糾合して平
一揆を結成して尊氏を支持した。

1351年（正平6・観応2）、鎌倉に入っ
ていた直義を追討するために、尊氏が自
ら軍を率いて東下してきた。直重は平一
揆を率いて尊氏軍に参陣し、尊氏軍の勝
利に貢献した。

観応の擾乱は直義の死によって尊氏方
の勝利に終わったが、1352年（正平7・
文和1）、幕府の内訌を好機とみた南朝方
の新田義興・義宗兄弟が武蔵で挙兵し
た。旧直義派の関東諸将も義興らと結ん
で兵を挙げ、大規模な戦闘に発展した。

この合戦に、直重は再び平一揆を指導

して武蔵に出陣し、小手指原の戦いで新
田義宗を敗走させる戦功を挙げた。

これらの戦功が認められ、1353年（正
平8・文和2）、直重は相模の守護に補任
された。その後は鎌倉公方の足利基氏に
仕え、室町幕府創成期の関東経営を支え
た。1359年（正平14・延文4）、尊氏の死
後に将軍職を継いだ足利義詮の命によ
り、関東管領・畠山国清が畿内の南朝軍
征伐のために上洛したときには、直重も
軍勢を率いて従軍した。

1362年（正平17・康安2）、直義派だっ
た上杉憲顕が関東管領に復帰した。憲顕
は将軍・義詮が鎌倉にいたときの補佐役
だったこともあって幕府にも影響力をも
っており、観応の擾乱でかつて憲顕と敵
対していた直重は、相模の守護を解任さ
れ、憲顕との間に軋轢が生じた。

そして1367年（正平22・貞治6）、鎌倉
公方・基氏が死去すると、直重は平一揆
を主導して河越城で兵を挙げ、憲顕に反
乱を起こした。

これに対して憲顕は幕府の支持を取り
付けると、甲斐の守護・武田家の協力を
得て武蔵に出陣し、これに上杉一族と相
模の守護・三浦家が加勢し、同年6月、
平一揆は鎮圧され、敗れた直重は伊勢へ
敗走した。戦後、直重の領地はすべて没
収され、武蔵の名門・河越家は没落した。

豊島景村

としま・かげむら

生没年 不詳
出身 武蔵国
主君 鎌倉幕府→後醍醐天皇
死因 不明

◇鎌倉攻めに参加した武蔵の国人

豊島氏は、平氏一門の坂東八平氏の1
つである秩父家から分かれたといわれ

る。鎌倉幕府の信頼を得て、土佐の守護職を与えられたこともあった。

鎌倉幕府が滅亡した頃、豊島家当主の兄・豊島泰景が早世し、その子・朝泰が幼少だったため、景村が家督を継いだ。この頃の豊島家は、武蔵石神井城を拠点として、豊島郡から多摩郡一帯（現在のほぼ東京都全域）を領有する有力国人で、新座郡や児玉郡など現在の埼玉県方面にも勢力範囲を広げていた。

1333年（元弘3）、上野の国人・新田義貞が後醍醐天皇に呼応して倒幕の兵を挙げると、景村は義貞とともに幕府に反し、義貞の鎌倉攻めに参陣した。

1335年（建武2）に足利尊氏が後醍醐天皇に反旗を翻すと、景村は義貞とともに天皇方に残ったが、間もなく尊氏方に転じたとされる。

安保光泰

あんぼ・みつやす

生没年 不詳
出身 武蔵国
主君 足利尊氏→足利基氏
死因 不明

◇ 尊氏にしたがって倒幕に加担

安保家は、武蔵七党の丹党を出自とし、平安時代に武蔵国安保に移り、安保姓を名乗った。

1333年（元弘3）、後醍醐天皇が反鎌倉幕府の兵を挙げると、鎌倉幕府の御家人だった安保家は幕府軍に属し、後醍醐天皇に呼応して鎌倉に進軍する新田義貞軍と分倍河原で戦って敗北し、幕府滅亡後、天皇による建武の新政が開始されると、所領を没収された。

光泰は安保家の庶流の出だったが、宗家と袂を分かち、丹波で後醍醐天皇方に寝返った足利尊氏にしたがい倒幕軍に加

わり、武蔵に所領を得た。

1335年（建武2）、北条家の遺児・北条時行が挙兵すると（中先代の乱）、光泰は京から下向してきた尊氏軍に合流し、先陣を務めて大功を挙げた。このときの活躍が認められ、尊氏が室町幕府を興すと、没収されていた宗家の旧領を与えられ、そのほかにも出羽・播磨・信濃に所領を得た。その後、尊氏が後醍醐天皇から離反すると尊氏方につき、尊氏の関東の拠点である鎌倉府に出仕して、関東の南朝軍と戦った。光泰は1340年（興国1・暦応3）前後に引退して嫡男の安保泰規に後を譲った。泰規は鎌倉府に出仕して、鎌倉公方・足利基氏を助け、安保家の家名を守った。

成田顕泰

なりた・あきやす

生没年 1465年（寛正6）～1524年（大永4）
出身 武蔵国
主君 上杉顕定→上杉顕実
死因 病死

◇ 山内上杉家に仕えた戦上手の武将

成田家は武蔵七党の横山家の一族で、鎌倉時代には幕府の御家人として活動した武蔵の有力国人で、関東八屋形の一家に名を連ねた。

顕泰は、成田家中興の祖と呼ばれた成田資員の孫にあたり、山内上杉家に仕えていた。1487年（長享1）、山内上杉顕定と扇谷上杉定正の対立が武力衝突に発展し、長享の乱が勃発すると、顕泰は上杉顕定軍に従軍して扇谷上杉軍と戦い軍功を挙げた。1489年（延徳1）には、扇谷上杉方の武蔵の国人・忍家と児玉家を滅ぼして勢力を拡大した。顕泰は翌年に忍城を築城しここを拠点とするが、以降1590年（天正18）まで、成田家が忍城主

を務めることになる。

　顕泰はその後も山内上杉家に仕えたが、当時は伊豆を拠点にした北条早雲の勢力が、山内上杉家の所領である相模にまで侵食しはじめ、顕泰も山内上杉軍として早雲軍と戦い、1509年（永正6）には上杉方から北条方に寝返った上田政盛の反乱を鎮圧するなどの戦功を挙げた。しかし、山内上杉家で家督をめぐる内訌が勃発すると、顕泰が支援した上杉顕実が1512年（永正9）、対立する上杉憲房軍に敗れたため、顕泰も隠居を余儀なくされ、後を嫡男の成田親泰が継いだ。

大石定重

おおいし・さだしげ

生没年 不詳

出身 武蔵国

主君 上杉顕定→上杉憲房→上杉憲政

死因 不明

❖小田原北条家に圧迫される

　大石家は、木曽義仲の子・義宗を祖とし、信濃国から武蔵国に移って土着した国人。室町時代以降は関東管領・山内上杉家に仕え、武蔵の守護代を任された。定重が大石家を継いだ頃の関東地方は、長尾景春の乱（1476〜1480年）が終わり、扇谷・山内の両上杉家が激しく対立する長享の乱が勃発した頃であった。山内上杉家の重臣だった定重は、山内上杉顕定にしたがって各地を転戦した。両上杉家の内訌は1505年（永正2）に和睦が成立して終結したが、関東地方の混乱は収まらず、山内上杉家内で家督継承問題による内紛が起こると、その隙をついて堀越公方を滅ぼして伊豆を制圧した北条早雲が武蔵への侵攻を強めてきた。早雲は、扇谷上杉家の家臣・上田政盛に援軍を送り、政盛は1510年（永正7）に権現

山で挙兵。定重は、長尾家、成田家らとともに、この鎮圧にあたった。

　権現山における早雲の援軍を撃退することはできたが、早雲の関東における勢力伸長は止まらなかった。1516年（永正13）には相模の三浦家が早雲に敗れ、定重は再び早雲の脅威にさらされることになる。そのため定重は、1521年（大永1）に防備に不安のある居城の高月城から、堅固な滝山城に本拠を移した。

　その後の定重の動向は不明となり、1546年（天文15）の河越城の戦いには、定重の子・定久が上杉軍として参戦している。

大森氏頼

おおもり・うじより

生没年 ？〜1494年（明応3）

出身 相模国

主君 足利持氏→足利成氏→上杉定正

死因 病死

❖小田原を整備した文武両道の武将

　大森家は駿河国大森郷を本貫地とした国人で、室町時代に入って箱根まで勢力を拡大し、1416年（応永23）の上杉禅秀の乱で鎌倉公方に味方し、所領を相模西部一帯に広げた。

　氏頼の頃は、関東地方は戦乱の渦中にあった。大森家は鎌倉府の支配下にあったが、1454年（享徳3）にはじまった享徳の乱で鎌倉公方・足利成氏が根拠地を鎌倉から古河に移すと、幕府派の上杉家に鞍替えした。そのため、家中は成氏派と上杉派に分裂し、山内上杉家の家宰・長尾景春の乱（1476〜1480年）で両派が激突することになる。氏頼は、扇谷上杉家の家臣・太田道灌とともに乱の鎮圧に活躍し、その結果、大森家中の反対派を退けて大森家を統一した。

氏頼は小田原城を本拠とし、城郭形成と城下町の整備に取り組み、軍事、経済両面の基盤を確立させた。また、仏教を手厚く保護して領内支配を円滑に行い、寺社から富を吸い上げるなど、政治的手腕を発揮した。文武に優れた氏頼は、扇谷上杉家内でも影響力を高めていった。1476年（文明8）に道灌が、扇谷上杉定正の代理として駿河今川家の家督争いを調停したときも、氏頼がその便をはかったといわれる。扇谷・山内両上杉家が争う長享の乱（1487年〜）が勃発すると、氏頼は定正に従って主要な合戦に出陣して活躍した。

氏頼は1494年（明応3）に死去し、その後、大森家は堀越公方を滅ぼして伊豆を制圧した北条早雲によって滅ぼされることになる。

三浦時高

みうら・ときたか

生没年	1416年（応永23）〜1494年（明応3）
出身	相模国
主君	足利持氏→上杉憲実
死因	自害

◇永享の乱で幕府に臣従

相模の国人。三浦家は高望王流の桓武平氏の出身。父は三浦高明。

時高は鎌倉公方・足利持氏に仕え、1429年（永享1）に相模の守護に補任されたとされる。しかし、鎌倉幕府以来、相模の守護は代々三浦家が歴任していたが、父・高明のときに一色家に奪われていたともいわれ、守護ではなく守護代だったとする説が有力である。

1438年（永享10）、幕府と対立を続ける鎌倉公方・足利持氏に嫌気をさした関東管領・上杉憲実が領国の上野に出奔し、持氏は憲実追討の兵を挙げた（永享

の乱）。同年8月、持氏は武蔵高安寺に出陣したが、その際に時高が鎌倉府の留守を任されることになった。しかし、時高は憲実に呼応して同年10月、鎌倉を引き払って本拠の三浦に帰り、軍備を整えると鎌倉に侵攻して鎌倉府御所を焼き払い、これを占拠してしまった。

時高の鎌倉占領によって持氏は鎌倉に入ることができず、箱根の戦いで敗れた持氏は捕らえられて、翌年、自害した。

これにより時高は幕府からの信頼を勝ち取り、持氏の死後に鎌倉公方を継いだ足利成氏を補佐した。しかし、成氏がやがて幕府寄りの関東管領・上杉憲忠と対立するようになると成氏から離反し、時高は幕府・上杉方として活動した。

時高は三浦郡から鎌倉郡まで領土を拡張して勢力をつけ、大森家・曾我家とともに扇谷上杉家の重臣に名を連ねるまでに出世した。

こうして相模を代表する国人に成長した時高だったが、時高は嗣子に恵まれなかった。そのため時高は1480年代に、主家の扇谷上杉持朝の孫を養子として、これを後継とした。これが、のちの三浦義同である。ところが、晩年になって時高には、高教という実子が生まれた。時高は義同を殺して高教を後継に立てようとしたため、義同は大森家を頼って出奔した。このため、三浦家は時高派と義同派に分裂し、1494年（明応3）、大森家の支援を受けた義同が、時高の居城である新井城に攻め寄せた。同年、新井城は落城し、時高は子の高教とともに自害して果てた。

当時の人々は、時高の死に際して、かつての永享の乱で主君・足利持氏を攻め滅ぼした報いであると評したという。

第4章

関東地方の氏族／関東地方の武将

315

三浦義同

みうら・よしあつ

生没年 ？〜1516年（永正13）
出身 相模国
主君 上杉定正→上杉朝良
死因 戦死

◇ 三浦家の内訌を収める

扇谷上杉高救の子で、関東管領・上杉持朝の孫にあたる。扇谷上杉家の重臣である相模の守護代・三浦時高に子がいなかったため、時高の養子になった。

しかし、時高の晩年に、時高の実子・高教が生まれたため、義同と時高の関係は悪化し、家中の被官も両派に分裂した。時高は高教に家督を譲ることを決め、後顧の憂いをなくすために義同を殺害するつもりであるという風聞が義同の耳に達した。義同は母方の実家である大森家を頼って逃げ出して出家、道寸と称して小田原の足柄総世寺に隠棲した。

1494年（明応3）、大森家の後援を受けた義同は兵を挙げ、時高・高教父子の居城・新井城を攻めて城を落とし、時高父子を自害に追い込んだ（1500年とする説もある）。三浦家の当主となった義同は相模の守護代に任ぜられ、新井城を子の義意に譲って、自身は岡崎城に拠って勢力の拡大に努めた。

当時の相模は守護・一色家の力は及ばず、鎌倉府は古河公方と堀越公方とに分裂して勢力を失い、関東管領の上杉家も扇谷上杉家と山内上杉家の対立や関東各地の戦乱勃発に謀殺されて相模支配はままならなかった。

そこに、駿河の守護・今川家の食客から成り上がった北条早雲が伊豆を掌中に収め、1495年（明応4）には小田原城主・大森藤頼を滅ぼして小田原まで勢力を伸

ばしてきた。早雲は、越後の守護代・長尾家と誼を通じて武蔵まで出陣して、着々と地盤を固めていった。

◇ 北条早雲に敗れて三浦家滅亡

義同は1510年（永正7）頃、早雲の相模の拠点である逗子の住吉城を攻めてこれを攻略し、早雲と対立するようになった。これに対して早雲は、扇谷上杉家の朝良と和睦して上杉家を相模から撤退させることに成功し、義同との対立を深めていった。

1512年（永正9）、早雲は伊豆を出陣して大軍をもって義同が拠る岡崎城に攻め寄せた。義同は迎撃したが岡崎城は落ち、逗子住吉城へ脱出した。しかし、住吉城の戦いでも苦戦が続き、弟の住吉城主・三浦道香が戦死し、義同は子の義意が拠る新井城へ移った。

新井城は三方が海に面しており、引橋を引いて籠城すれば四方を海に囲まれる天然の要害だった。

早雲は力攻めをあきらめて持久戦に持ち込み、以後、両軍は3年という長きにわたって対峙することになった。義同は主君の上杉朝良に再三にわたって援軍を要請し、朝良は三浦家を援助するために援軍を送り出した。しかし、上杉軍は玉縄城の戦いで早雲軍に敗れ、援軍の望みは断たれた。

1516年（永正13）、新井城はついに落城し、義同は家臣100余名とともに討ち取られた。相模三浦家は滅亡し、その後は北条家が相模の支配者となる。

第 5 章

中部地方の武将

越後上杉家……………318
長尾家…………………321
神保家…………………327
畠山家…………………330
松倉武田家……………334
朝倉家…………………339
小笠原家………………346
諏訪家…………………352
武田家…………………355
今川家…………………362
飛騨家…………………373
斎藤家…………………380
織田家…………………385
土岐家…………………392
斎藤家…………………402
中部地方の武将………407

越後上杉家

藤原氏の一族だが、足利家と縁戚関係を結んだことから足利家の被官となった。室町時代になって、関東管領に就任した憲顕が越後の守護となり、その後室町時代を通して憲顕の系統が越後に君臨した。享徳の乱で関東管領・上杉憲忠が殺害されると、越後上杉家の顕定が関東管領となり、越後上杉家は関東にも勢力範囲を広げた。しかし、関東争乱のうちに守護代の長尾家が力をつけ、長尾家の反乱にあって衰退した。

上杉房定

うえすぎ・ふささだ

生没年	1431年（永享3）～1494年（明応3）
出身	越後国
主君	足利義政
死因	病死

◆古河公方と対立し堀越公方を支持

上条上杉家の祖・上杉清方の子。子に、山内上杉家の当主となった上杉房能がいる。越後守護だった従兄弟の上杉房朝が1449年（宝徳1）、男子をなさないまま死去したため、房朝の養子となって越後守護に任じられた。

家督継承の翌年、房定は前代当主の房朝のもとで権勢をほこっていた守護代の長尾邦景・実景父子を攻め滅ぼし、守護権力を確立した。

1454年（享徳3）、鎌倉公方・足利成氏が関東管領・上杉憲忠を殺害するという事件が起こった。憲忠は、房定の従兄弟にあたる。房定は将軍・足利義政から成

氏追討の命を受け取り、上野へ侵攻した。同地で憲忠の弟・房顕と合流した房定は成氏軍を追撃したが、成氏は下総古河へ逃れて同地で独立し、以降「古河公方」と呼ばれるようになった。

その後、房定は成氏軍との戦いのために関東に残り、その後16年間、関東に居座った。1457年（長禄1）、将軍・義政の異母兄・足利政知が新たな鎌倉公方に就任し、下向してきた。しかし、政知の実権は幕府に握られており、関東諸将が政知の鎌倉入りを阻止したため、政知は鎌倉に入れず、伊豆堀越に公方御所を構えた。このため、政知のことを堀越公方といい、関東には2人の公方が誕生してしまった。房定は、対立する成氏に対抗するために堀越公方の政知を支援した。

1466年（文正1）、山内上杉家の当主・房顕が死去したが、房顕に男子がいなかったため、房定の子・顕定が房顕の養子になって山内上杉家を継いだ。

1469年（文明1）に守護代として越後

の留守をあずかっていた長尾頼景が没すると、房定は10数年ぶりに越後に帰った。しかし、その後も関東の情勢には気を配り、長尾景春の反乱をきっかけに上杉家と古河公方家の間に和睦の気運が高まると、房定は積極的に介入し、1482年（文明14）、両上杉家と古河公方・成氏との和睦を成立させることに尽力した。

房定の活躍で、20年に及んだ関東の争乱はいちおう収束し、房定の関東における地位は確立した。しかし、1487年（長享1）、山内上杉家と扇谷上杉家の対立が武力対立に発展し、房定は山内上杉家の当主になっていた実子・顕定を支援し、自らも関東に出陣して戦った。

房定は、両家の対立が続くなか、1494年（明応3）に死去した。

房定は文芸を好み、「常泰」と号して和歌を詠み、『新撰菟玖波集』（宗祇撰）にも選ばれた文化人でもあった。そのため、飛鳥井雅康や万里集九、宗長ら京の貴族や文化人たちが、応仁の乱という戦乱を避けて越後府中を訪れたという。

上杉房能

うえすぎ・ふさよし

生没年 ？～1507年（永正4）
出身 越後国
主君 足利義政
死因 自害

◇守護代長尾家に敗れて自害

越後守護・上杉房定の子。兄に、山内上杉家の当主となって関東管領を務めた上杉顕定がいる。

1494年（明応3）に父の房定が死去すると家督を相続し、越後の守護に補任された。当時は山内上杉家と扇谷上杉家が武力抗争をしていた頃で、房能は実兄の山内上杉顕定を支援するため、たびたび関東へ出陣した。そのため、領国の越後経営は守護代の長尾能景任せになった。

1506年（永正3）、越中の守護・畠山尚順から一向一揆鎮圧の援軍要請を受けた房能は、能景に軍を与えて越中に出陣させた。しかし、越中の守護代・神保慶宗が一揆側に寝返り、能景は戦死してしまった。

第5章 中部地方の氏族／越後上杉家

越後上杉家略系図

憲方（山内上杉家）━━憲定━━憲基━━憲実━━憲忠

憲定━━房方━━憲基

憲実━━房顕━━顕定

憲栄（越後上杉家）━━房方━━憲実

朝方━━房朝━━房定━━顕定

清方（上条上杉家）━━房定━━房能

定実

房実━━定憲

319

能景の死後、守護代は能景の子・為景（上杉謙信の父）が継いだ。為景は国内の国人の人心をよく掌握し、主君である房能に反抗することが多くなった。房能は為景排斥の軍勢を集めたが、1507年（永正4）、機先を制した為景が房能打倒の軍を起こし、房能は越後府中を追われ、兄・顕定を頼って関東へ落ち延びた。しかし、追っ手の追及が激しく、天水越で自害して果てた。

上杉定実

うえすぎ・さだざね

生没年	?～1550年（天文19）
出身	越後国
主君	足利義輝
死因	病死

◇越後上杉家最後の嫡流

上杉房定の弟・房実の子。越後守護代の長尾為景の妹を妻にし、実子は長尾晴景に嫁いだ。

1507年（永正4）、舅の長尾為景に擁立されて、為景とともに守護・上杉房能打倒の兵を挙げ、これを自害に追い込んだ。房能の死後に守護職を継承したが、実態は為景の傀儡だった。そのため、やがて為景と対立するようになり、一族の上条定憲や家臣の宇佐美定満らの協力のもと、何度か為景に反旗を翻したが失敗し、定実は幽閉されてしまった。

しかし、上条定憲は一族である定実の権威回復をもくろみ、1536年（天文5）の反乱が成功し、為景を隠居に追い込んだ。しかし、それでも実権は長尾家、あるいは国人勢力の手に落ち、守護支配を進めることはできなかった。

為景のあとに守護代となった為景の子・晴景は統治者としては力量不足だったため、定実の権威は一時回復し、これ

に乗じて守護権奪回を計画するが、定実に実子がなかったため、定実は娘の嫁ぎ先である奥州伊達家から養子を迎えることとし、伊達稙宗の子・時宗丸を擁立することになった。しかし、守護代の長尾晴景は時宗丸擁立に反対し、越後は擁立派と反対派とに分裂して対立した。1539年（天文8）、擁立派の中条藤資が伊達稙宗の援兵を受けて反対派の本庄房長を破ったが、翌年には反対派の揚北衆のひとり色部勝長が藤資の鳥坂城を攻撃すると、家中の内乱のさなかにあった稙宗は援兵を出せず、晴景軍も加わったため藤資は敗れ、時宗丸擁立は自然消滅してしまった。反対派の優勢を見た定実は晴景に降り、晴景と景虎（晴景の弟、のちの上杉謙信）が対立すると両者を仲介し、景虎擁立に力を貸した。1550年（天文19）に病死し、越後上杉家は断絶した。

長尾家

坂東八平氏のひとつに数えられる家格で、鎌倉時代末期に上杉家の被官となり越後に下った。室町時代は越後守護・上杉家の家宰として存在感を保ち、越後の守護代の地位を得た。関東で享徳の乱が起こると上杉家とともに関東に進出して戦功を挙げたが、1500年代になって守護の上杉家と確執が生じ反乱。主君の上杉顕定を討ち取って実質的な越後の国主に君臨した。晴景の後を継いだ景虎（上杉謙信）が上杉家の当主となりに越後を統一した。

第5章 中部地方の氏族／長尾家

長尾高景

ながお・たかかげ

生没年	1333年（元弘3）～1389年（元中6・康応1）
出身	上野国
主君	上杉憲顕→上杉憲栄→上杉房方
死因	病死

◇越後守護代の地位を固める

越後の守護代を務めた長尾景恒の3男。越後の守護・上杉憲顕に仕えた。長兄の新左衛門尉が南朝方の越後の国人・小国家との戦いで戦死すると、その後を継いで越後蒲原荘の代官となった。

のち越後三条城に移って同地を根拠地として、父・景恒とともに憲顕に重用された。1366年（正平21・貞治5）には、景恒に続いて守護代に任じられ、以降、高景の系統が越後の守護代を代々継承していくことになる。

1378年（天授4・永和4）、越後の守護・上杉憲栄が突然出家して守護を辞め、但馬に隠棲してしまった。憲栄には跡を継げる男子がおらず、越後の守護職はこの時期、一時的に空席となり、守護代だった高景が越後の政務を取り仕切ることになった。しかし、当時は南北朝合一前で南朝勢力の蠢動もあり、いつまでも守護がいない状態が続けば、やがてこの地に関係のない家が越後守護に補任されてしまう。高景は、関東地方に散らばっている各上杉家に越後上杉家の後継者となるべき人物を打診した。そして1380年（天授6・康暦2）、高景は、憲栄の兄で関東管領を務めていた上杉憲方の次男・龍命丸（のちの上杉房方）を越後に迎えることに成功し、房方と改名させて越後上杉家の当主に擁立した。房方は同年、無事に越後の守護に補任された。高景は、越後に入国した房方に仕え、自らは春日山城を築城してそこを居城とし、守護代として房方を支えた。

高景は猛将として聞こえ、相国寺の僧・絶海中津が中国王朝・明に留学した

321

際に、明の僧侶から高景の肖像画を求められたという逸話もある。

1388年（元中5・嘉慶2）、佐渡へ侵攻したが、翌年、佐渡の陣中で没した。

長尾邦景

ながお・くにかげ

生没年 ？～1450年（宝徳2）
出身 越後国
主君 上杉房方→上杉朝方→上杉房朝→上杉頼方
死因 切腹

◇守護上杉家と対立し幕府に接近

越後の守護代・長尾高景の子。1389年（元中6・康応1）に死んだ父に代わって家督を継ぎ、越後の守護・上杉房方の越後守護代に任じられた。

室町時代、越後の守護は在京が原則で、そのため、祖父の代から越後の守護代を歴任し、越後の国人衆をまとめていた長尾家と守護・上杉家との関係は、代を重ねるごとに軋轢を生んだ。

1421年（応永28）に越後の守護に補任された上杉頼方の弟は、関東管領の上杉憲実だった。ちょうどそのころ、鎌倉公方の足利持氏が幕府と対立し、宇都宮家

や大掾家などの将軍の直属の家臣である京都扶持衆を討伐していった。将軍の足利義持は、憲実との関係から越後守護の頼方が鎌倉府と通じているという疑いをかけて、頼方の討伐を考えるまでになった。幕府の重臣・細川満元のとりなしがあって討伐は中止されたが、頼方は自分にかけられた疑いを晴らすために、鎌倉府に通じているのは邦景であるとして義持に討伐を求めた。

こうして1423年（応永30）、義持は邦景討伐の命をくだした。しかし、翌年に幕府と鎌倉府が和睦し、1426年（応永33）に頼方の後ろ盾だった細川満元が死去したことで、邦景方に寝返る国人が続出し、戦いは邦景の勝利に終わった。

その後、邦景は幕府に接近し、1435年（永享7）にはわざわざ上洛して持氏討伐についての意見を将軍・義教に述べるまでになった。

◇守護上杉家に滅ぼされる

1438年（永享10）、鎌倉公方の持氏と関東管領・憲実の対立が顕在化して、持氏が憲実打倒の兵を挙げると、邦景は憲実を支持して越後から軍勢を派遣して憲実を助けた。1440年（永享12）に、常陸

長尾家略系図

```
        ┌─ 高景 ── 邦景 ── 実景
        │
        │         ┌─ 景房 ── 頼景 ── 重景 ── 能景 ── 為景 ──┬─ 晴景
        │                                                      │
        │                                                      └─ 景虎
        │                                                         （上杉謙信）
        ├─ 景春
        │  （古志長尾家）
        │
        └─ 新左衛門尉
           （上田長尾家）
```

結城家が持氏の2人の遺児を擁立して挙兵した際には、守護の上杉房朝を大将にした討伐軍を派遣し、戦後、将軍・義教から感状を与えられたという。

しかし、在京していた守護の房朝が越後の直接支配をもくろんで帰国すると、房朝と邦景の対立が表面化した。

とくに、鎌倉公方・持氏の死後、空席になっていた鎌倉公方職について、房朝は持氏の遺児・成氏の就任を図ったが、これに対して邦景は、成氏にとって関東管領の上杉家は親兄弟の仇であり、成氏を復権させることは禍を残すことになるとして、房朝に諫言した。

邦景排斥のチャンスを狙っていた房朝は、この邦景の言動を主君をないがしろにするものとして激怒して、邦景を捕らえ、1450年（宝徳2）、邦景は切腹を命じられて腹を切って死去した。邦景の子・実景は越後を脱出して信濃へ出奔したが、追撃されて攻め滅ぼされた。

長尾能景

ながお・よしかげ

生没年 ？〜1506年（永正3）
出身 越後国
主君 上杉房定→上杉房能
死因 戦死

◇守護上杉家に臣従した越後守護代

長尾重景の子。越後の守護代を代々務めた越後長尾家の当主。祖父の長尾頼景は、越後長尾家の嫡流ではなかったが、嫡流の長尾邦景が謀反の疑いをかけられて切腹したため、頼景の系統がその後、越後長尾家を継ぐことになった。

父の重景は、越後守護の上杉房定とともに関東で起こった享徳の乱に介入し、古河公方と両上杉家との和睦に尽力した。1482年（文明14）、享徳の乱が終わ

った年に父・重景は死去し、能景が家督を継いで越後の守護代に任じられた。

1494年（明応3）、上杉房定が死去し、上杉房能が新たな越後守護となった。房定は関東出兵や在京が多く、越後経営は長尾家に頼ることが多かったが、房能は自ら越後支配に取り組んだ。房能は守護就任の直後から領国内の検地を行い、能景も房能を助けて検地に尽力した。

1498年（明応7）、房能は国内の国人領主に対し、「守護不入の権」を大幅に制限する触れを出した。守護不入の権とは、守護が介入できない国人の所領のことで、これを制限したということは、国人たちの自治を制限して彼らを守護の支配下に入れるということである。その後の戦国時代ではどの大名も同じようなことをしていたが、房能の時代ではまだ少数派の制度だった。そのため、房能の政策は国人たちの不興を買い、さらに関東出兵なども加わって、国人たちの反発は高まっていった。

能景は越後守護代を継承する家柄であり、越後最大の不入地をもっていたが、守護代という立場上、率先して房能に不入地を差し出したという。

1506年（永正3）、能景は隣国越中で起こった一向一揆を討伐するために越中に侵攻したが、越中守護代・神保家の裏切りにあい戦死した。

長尾為景

ながお・ためかげ

生没年 ？〜1536年（天文5）
出身 越後国
主君 上杉房能→上杉定実
死因 不明

◇守護上杉氏を滅ぼし下剋上を達成

1506年（永正3）に父の長尾能景が戦

死した後、家督と守護代職を継いだ。野心旺盛だった為景は、父のように守護代の地位に甘んじるつもりはなく、翌1507年（永正4）には守護の上杉房能に対して兵を挙げた。この挙兵は、前年の越中の一向一揆との戦いにおいて、父・能景に援軍を送らなかった房能に激怒したためともいわれる。

為景は、上条上杉家から房能の養子に入っていた上杉定実を担ぎ出し、守護支配に不満を募らせていた越後の国人たちの糾合に成功した。

対する房能には、本庄家や色部家ら揚北衆から援軍が送られたが、為景は疾風怒濤の進軍で府中の居館を包囲してしまった。抗する術をなくした房能は、関東管領に就いていた兄の上杉顕定を頼ろうと、関東方面へ逃げ出した。房能の逃亡に気づいた為景は、包囲軍から追撃隊を差し向け、天水越で房能に追いつき、房能を自害に追い込んだ。

守護の房能を滅ぼした為景は越後の支配者に成り上がり、房能側についた本庄家や色部家を攻め、彼らに大打撃を与えると、上杉定実を守護に祭り上げ、幕府に定実の守護職と、自身の守護代職を認めさせた。

❖関東管領顕定を滅ぼし権勢は絶頂

1509年（永正6）、房能の死に激怒した上杉顕定が為景討伐の兵を上げて越後に侵攻してきた。関東の精鋭を率いた顕定軍に敗れた為景は佐渡へ敗走し、越後は顕定が制圧した。

しかし、顕定の拠点である関東では、小田原北条家が台頭しつつあり、関東情勢は混沌としていた。そのため、顕定自身は越後に残ったが、多くの軍勢を関東に返してしまった。そして1510年（永正7）、態勢を立て直した為景は、手薄になっ

た越後へ上陸し、定実の実家である上条家に働きかけて上条定実を自陣に迎えることに成功すると、戦局を有利に進めていった。顕定軍が不利になると、為景の一族である古志長尾家の当主・長尾房景が為景方に寝返り、また顕定の守護支配に反発する国人たちも一斉に蜂起、さらに顕定の退路を守備していた上田長尾家も顕定から離反し、為景は一気に勝負を決めた。長森原の戦いで顕定を敗死させると、為景は越後国の支配権を手中に収めたのである。

為景は幕府に働きかけて、再び定実の守護復帰と自身の守護代復帰を認めさせ、国政のすべてを牛耳った。そして、越中・加賀へ侵攻し、越中の守護代である神保家と椎名家を滅ぼして勢力を拡大させた。

しかし、為景の権勢が増すと、守護の上杉定実とその弟・上条定憲が為景の支配に不満を抱くようになり、1514年（永正11）、定実と定憲は為景打倒の兵を挙げた。為景は、揚北衆の新発田家と中条家を味方につけ、上杉家の家臣・宇佐美家の拠る小野城に攻め寄せた。守護と守護代の戦いに対し、越後の国人衆は積極的に為景に反抗することはなく、為景軍は定実ら守護軍を潰走させ、定実を幽閉してしまった。

しかし、相次ぐ戦乱や遠征は国内財政を欠乏させ、為景はそれを国人たちに負担させたため、国人衆のなかには為景に不満をもつ者も現れるようになった。

❖幕府の政変で為景の権勢にも翳り

1530年（享禄3）、上条定憲が再び為景に対して兵を挙げたが、為景は定憲軍を撃破、さらに幕府に仲介を頼んで定憲を屈服させた。また、揚北衆の本庄房長・色部憲長・鮎川清長・新発田綱貞・五十

公野景家・安田長秀・水原政家・竹俣昌綱・中条藤資らと一揆契約を結び、さらに刈羽郡の北条松若丸と斎藤定信らを加えた「越後国人衆軍陣壁書」という軍事同盟を成立させ、越後支配を本格化させた。しかし翌年、京の幕府で為景を積極的に支持していた管領・細川高国が失脚する政変が起こると、幕府の後ろ盾をなくした為景から離反する国人が相次ぎ、揚北衆との一揆契約も有名無実化してしまった。

この状況を好機とみた定憲が、1533年（天文2）にみたび為景打倒の兵を挙げると、為景を見限った多くの国人たちが定憲にしたがって参戦。さらに一族の上田長尾房長が為景から離反し、為景は徐々に劣勢を強いられるようになった。

中越・下越を押さえられた為景は、上越の北条光広・山吉政久らを味方に取り込み対抗したが、1535年（天文4）の宇佐美家との戦いに敗れ、さらに定憲軍が会津の蘆名家や小千谷の平子家を味方につけ、為景は追い込まれていった。

為景は最後の手段として、朝廷に手を回して後奈良天皇から錦の御旗を授かり、内乱平定の綸旨を手にすると、官軍を称して敵陣営の動揺を誘った。しかし、すでに権威を失った天皇の綸旨に屈する国人はいなかった。

そして1536年（天文5）、頸城郡夷守郷で為景と定憲による合戦が行われ、為景が定憲軍を撃破したが、為景は合戦の最中に傷を受け、子の晴景に家督を譲って隠棲し、同年中に没した。

長尾晴景

ながお・はるかげ

生没年 ？～1553年（天文22）
出身 越後国
主君 上杉定実
死因 病死

◇揚北衆への対応に苦慮

長尾為景の子。1536年（天文5）、父・為景の隠居にともなって家督を継ぎ、越後の守護代に任じられた。当時の越後は守護の上杉定実が為景によって幽閉される一方、越後北部に割拠した揚北衆と呼ばれる国人が長尾家と対立していた。晴景は定実を復権させ、揚北衆とも和睦を図るなど国内の統一事業を進めていった。しかし、定実の後継として陸奥の伊達家から養子を迎える話が出ると、揚北衆のひとつ中条家が伊達家と縁戚であったことからほかの揚北衆がこれに反対し、再び越後は混乱した。1543年（天文12）、晴景は揚北衆をけん制するために、弟の長尾景虎（のちの上杉謙信）を栃尾城に送り込み対応した。景虎が栃尾一帯の反乱を平定すると、揚北衆の中条藤資や本庄実乃らが景虎を越後の国主に擁立しようと策動しはじめた。晴景は生来病弱だったこともあり、1548年（天文17）守護の定実の調停を容れて家督を景虎に譲って隠退した。

上杉謙信

うえすぎ・けんしん

生没年 1530年（享禄3）～1578年（天正6）
出身 越後国
主君 上杉定実→上杉憲政→足利義昭
死因 病死

◇北陸地方を制圧した関東管領

越後の守護代・長尾為景の子。母は一

族の古志長尾房景の娘とされる。

　父の為景は越後の守護・上杉房能に反旗を翻してこれを滅ぼして越後の実権を握ったが、1536年（天文5）に死去した。父の死後、謙信の義兄・長尾晴景が跡を継ぎ、謙信は出家して林泉寺に入ったが、為景の傀儡だった守護・上杉定実が為景の死を機に復権し、さらに1545年（天文14）には家臣の黒田秀忠が反旗を翻すなど、晴景の支配は揺るぎはじめた。謙信は仏門に入っていたが、秀忠の反乱鎮圧のために出陣して秀忠を破った。

　これを機に国内では謙信の声望が高まり、兄・晴景の求心力は低下した。そして1548年（天文17）、中条藤資・高梨政頼、本庄実乃などの国人が謙信を担いでクーデターを起こし、晴景は守護の定実の提言を容れて引退し、謙信が家督と守護代の地位を継いだ。1550年（天文19）、守護の定実が死去。定実に後継がいなかったことから、謙信は幕府によって越後国主の地位を認められ、その翌年には国内の反乱を収めて名実ともに越後の支配者となった。

　1552年（天文21）、伊豆・相模を制圧し、武蔵にまで侵食してきた北条氏康に敗れた関東管領の上杉憲政が謙信を頼って越後に落ちてきた。謙信は憲政を庇護して北条家を攻めるために関東に出陣したが、信濃中南部を制圧した甲斐の武田信玄がその間に信濃北部に侵攻し、信玄に敗れた信濃の守護・小笠原長時が越後に逃亡してきた。さらに翌年には謙信方の北信濃の国人・村上義清と高梨政頼も信玄に敗れて謙信に救援を求めてきた。謙信は関東の兵を撤退させて信濃に入り、川中島で信玄軍と対峙した。謙信は優位に戦いを進めたが、信玄が持久戦に

持ち込むと撤退した。その後も謙信は北信濃をめぐって信玄と対立し、5度にわたって川中島で信玄と戦ったが決着はつかなかった。

　一方で謙信は、関東で勢力を増大させていた北条氏康とも対立を続け、1560年（永禄3）以降、連年にわたって関東に出陣し、関東で越年することも多くなった。とくに1561年（永禄4）の小田原攻めは大規模で、関東諸将を糾合して10万を超す軍勢で氏康の居城・小田原城を包囲した。しかし、氏康と同盟を結ぶ信玄が北信濃に侵攻して謙信を牽制したことから撤退した。同年、謙信は上杉憲政に請われて憲政の養子となって山内上杉家を継ぎ、関東管領に就任した。

　その後も謙信は、関東甲信越をめぐって信玄と氏康と対立を続けたが、関東では武蔵をほぼ手中に収めた北条家の勢力が強まり、1569年（永禄12）に北条家と和睦した。しかし、1571年（元亀2）に氏康が死ぬと、再び北条家と対立。翌年、謙信は尾張の織田信長と同盟を結んで北条家に対抗したが、謙信の勢力範囲は上野までに限られ、関東諸将の多くが北条方についた。

　ここに至って謙信は関東制圧をあきらめて上洛を目指すことにし、1576年（天正4）に隣国の越中の一向一揆を撃退し、越中守護代・椎名康胤を破って越中を平定。さらに翌年9月には、能登へ進出して能登の守護・畠山家を破って能登を平定し、越後・越中・能登の3カ国を手中に収めた。

　越後に戻った謙信は同年12月、再び関東への出陣命令を出したが病に倒れ、1578年（天正6）3月、死去した。

🏯 神保家

上野国の神保邑を本貫とした国人で、室町時代に関東執事となった畠山家に仕え、畠山家が越中守護に補任されたとき、越中に下向し守護代となった。畠山家はそのほかに3国守護を兼ねており、また原則として在京していたため、守護代の権力は強くなり、神保家も越中国内で権勢を得るようになった。その後も、京を追い出された将軍・足利義材を匿うなど一定の存在感を示したが、越後の上杉家に敗れて没落した。

神保長誠

じんぼう・ながのぶ

生没年 ？～1501年（文亀1）
出身 越中国
主君 畠山政長→畠山尚順
死因 病死

◇ 畠山家の内紛に介入する

越中の守護代を務めた神保家の当主。室町時代の越中は、守護の畠山家が在京していたため、神保家・遊佐家・椎名家の3家が分郡守護代としてそれぞれの領地を治めていた。

1448年（文安5）、越中など3カ国の守護で管領も務めた幕府の重臣・畠山持国の家督をめぐって、畠山弥三郎と畠山義就による内訌が勃発した。長誠の父・国宗は、持国の甥・弥三郎を支持したが、1455年（享徳4）に義就が家督を継ぎ、国宗は義就によって討伐された。

長誠ら弥三郎派は、1459年（長禄3）に弥三郎が死去したため、弥三郎の弟・

政長を担ぎ出し、管領・細川勝元を味方につけて逆襲に転じ、1460年（長禄4）に将軍・足利義政は義就に代えて政長の家督継承を命じた。さらに、政長派は義就討伐の幕命を得て義就を攻撃、政長と義就の対立は泥沼化した。政長の復権にともない長誠は射水郡・婦負郡の守護代に任じられた。

1465年（寛正6）に政長が管領に就任し、越中における長誠の地位も安定したが、義就派は山名宗全と斯波義廉の支持を取りつけて反撃を開始した。翌年に義就が河内を奪取して勢力を回復すると、幕府は義就を赦免し、管領も政長から斯波義廉へと交代させた。間もなく、義廉の政略によって畠山家の家督は再び義就にうつった。

一転して劣勢となった長誠は1467年（応仁1）、政長を擁して挙兵した。長誠は細川勝元と連絡を取り連合を打診していたが、将軍・義政の命により畠山家の家督騒動への介入を禁じられていたため

勝元は動けず、そのため長誠らは単身で義就軍と対峙せざるを得なくなった。

宗全も義就軍に加担することを禁じられていたが、義就軍には斯波家らが加わり政長軍は敗れ、長誠らは京から撤退した。そして約1カ月後、宗全と勝元が全面戦争に突入し、応仁の乱が勃発した。

◇越中公方を援けて存在感を示す

長誠と政長は勝元とともに東軍を形成し、将軍家と朝廷を取り込み、政長は再び畠山家の家督を相続することに成功した。長誠は当初は京で戦ったが、長誠の家臣・鞍川家が越中で義就派に寝返ると、京から300の軍勢を率いて越中に戻って鞍川家の反乱を鎮圧した。

その後、長誠は越中にとどまり、越中における影響力を強固なものとした。この頃の越中には、応仁の乱のために京にいられなくなった公卿や文化人などが多く来訪しており、守護の畠山家に代わって長誠が彼らを迎え入れた。

1493年（明応2）、管領の細川政元がクーデターを起こして将軍・足利義材を廃立させると、義材派だった政長が政元に攻められて自害し、在京していた長誠の一族、家臣の多くも討ち死にし、長誠は大きな打撃を受けた。

将軍位を廃された義材は、長誠を頼って越中に下向し、長誠は放生津に御所を造営して義材を保護した。そして1498年（明応7）、越前の朝倉家と協力して義材

の上洛を助けたが、義材は政元軍に敗れて大内家を頼って周防へ落ちていった。このとき長誠は、嫡子の慶宗を護衛として同行させた。その後も国内経営に尽力し、1501年（文亀1）、病死した。

神保慶宗

じんぼう・よしむね

生没年 ?～1520年（永正17）
出身 越中国
主君 畠山尚順
死因 自害

◇神保家の勢力を大きく後退させる

越中の守護代・神保長誠の嫡男。1493年（明応2）、10代将軍・足利義材が京を追放され、父の長誠を頼って越中に下向してきた。長誠は義材を迎え入れ、1498年（明応7）に義材を上洛させたが、その際、父の命で慶宗は義材の上洛に同行した。しかし、義材は近江の六角家に敗れて入京できず、慶宗は義材とともに大内家を頼って周防山口に落ちた。慶宗は義材を山口に送り届けると越中に戻り、1501年（文亀1）、長誠が病没したため家督を継いだ。

当時、越中では、義材と対立していた管領・細川政元の画策によって一向一揆の勢力が大きくなり、多くの国人が越後に逃れるほどだった。1506年（永正3）、越後の守護代・長尾能景は、越中の国人たちの意向を受けて一向一揆を討伐する

神保家略系図

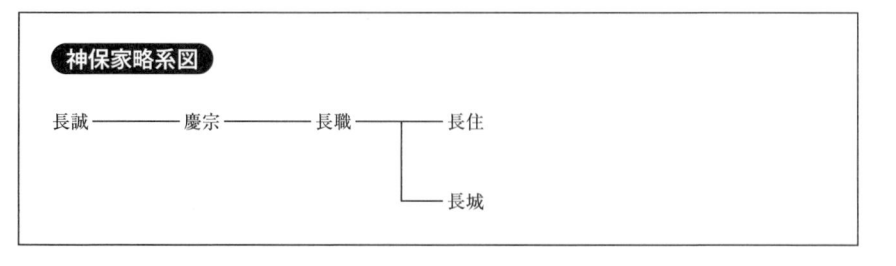

長誠 ——— 慶宗 ——— 長職 ——┬── 長住

　　　　　　　　　　　　　　　└── 長城

328

ために越中に侵攻したが、慶宗は一向一揆との妥協を画策していたため能景軍に援軍を送らず、能景は一向一揆との戦いで戦死してしまった。

能景を見殺しにしたことで慶宗は越後国衆から恨みを買い、さらに河内の一向一揆と対立する越中・河内の守護・畠山尚順の不興を買うことになった。そして1519年（永正16）、能景の子・長尾為景は尚順と結んで越中へ侵攻し、さらに能登の守護・畠山義総も為景に呼応して越中に攻め込んできた。

この戦乱に際し、越中国内も慶宗派と尚順派に分裂し、神保家とともに越中の守護代を務めていた椎名慶胤は慶宗を支持し、もうひとりの守護代・遊佐慶親は尚順を支持した。慶宗は、一向一揆の支援も受けて、いったんは為景を退けたものの、能登畠山軍との挟撃作戦を実行した為景が形勢を逆転した。しかし、慶宗軍も両軍を迎撃して持ちこたえて合戦は長引き、冬を迎えて為景と義総はそれぞれの領国に撤退した。

翌年、為景は尚順・義総と共闘して再び越中に侵攻した。このときは尚順が一向一揆と合戦不介入の盟約を結んだため、慶宗は劣勢を強いられ、境川城と守山城を落とされ、多くの家臣を失う大惨敗を喫した。慶宗は尚順に帰順を願い出たが尚順に拒絶され、同年、自害した。

神保長職

じんぼう・ながもと

生没年 ？～1572年（元亀3）
出身 越中国
主君 上杉謙信
死因 病死

❖神保家の再興と没落

越中の守護代・神保慶宗の嫡男。

父・慶宗が主家の畠山家の不興を買い、畠山家と結んだ越後の守護代・長尾為景によって1520年（永正17）に滅ぼされたため、神保家は一時没落していた。しかし、長年守護代を務めていた神保家を支持する国人は多く、1543年（天文12）、長職は神保家再興を図って、守護代・椎名家の領地・新川郡へ侵攻し、富山城を築いてここを新たな拠点として、ついに神保家を再興した。椎名家は越後の守護代・長尾家と結びついていたが、その頃長尾家では家督争いが勃発しており椎名家に援軍を出せず、能登畠山家を仲介にして長職は椎名家と和睦し、新川郡の支配権を認められた。しかし、その後も椎名家との対立は解消されず、1560年（永禄3）、長尾家の家督争いを制した長尾景虎（後の上杉謙信）が椎名家支援を名目に越中へ侵攻した。

長職は長尾家に対するために、甲斐の武田晴信と同盟を結んでおり、同時に一向一揆とも和睦して長尾軍を迎撃したが、富山城を落とされて増山城へ撤退した。しかし、1562年（永禄5）に再び景虎に攻めこまれて新川郡を失い、長職は上杉家に従属することになった。

1566年（永禄9）、能登畠山家に内紛が勃発すると、景虎にしたがって当主の畠山義綱を支援したが敗れ、これを機に神保家中は親上杉派（景虎が関東管領を相続し上杉に改姓）派と反上杉派に分裂した。長職の嫡子・長住も反上杉派となり、長職と袂を分かった。

神保家の内紛は、上杉謙信（長尾景虎改め）の介入もあって長職ら親上杉派の勝利となったが、その結果、神保家は上杉家への従属性を強めることになった。1570年（元亀1）、長職は2男の神保長城に家督を譲り、その2年後に死去した。

第5章 中部地方の氏族／神保家

329

富樫家

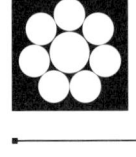

平安時代以来の加賀土着の国人。鎌倉幕府滅亡時に足利尊氏に協力して加賀の守護に任じられた。3代将軍・足利義満の時代に、斯波家に守護を奪われたが、義満の死後復権。しかし、相続をめぐって内訌が起こり、加賀は南北に分断された。その後、赤松家が北加賀の半国守護となるなど富樫家の支配は安定せず、一向一揆に当主の政親が殺されるという事態も起こったが、なおも加賀では存在感を発揮し、戦国末期の一向一揆の襲撃で滅亡するまで存続した。

富樫昌家
とがし・まさいえ

生没年	？～1387年（嘉慶1・元中4）
出身	加賀国
主君	足利義詮→足利義満
死因	病死

◆ 幕府政争に巻き込まれた加賀国守護

1333年（元弘3）の元弘の乱の際、昌家の祖父にあたる富樫高家は足利尊氏にしたがって倒幕に功を挙げ、建武の新政崩壊後も尊氏方に属し、加賀の守護に補任された。

昌家は、父の富樫氏春の没後に家督を継承したが、幼少であったため守護代の額三河守が後見人となって政務を執った。昌家が元服するのは1366年（正平21・貞治5）で、元服後は、ほかの守護大名同様に在京し、昌家は3代将軍・足利義満を自邸に招いて10万疋に及ぶ引き出物を献上するなど、積極的に幕府との関係強化に努めた。

また、南朝勢力との戦いにも兵を出し、1370年（正平25・応安3）には越中に挙兵した桃井直和を攻め滅ぼした。

室町幕府の支配体制が安定してくると、幕府内では細川家と斯波家の政争が顕在化し、昌家は細川派に属した。そのため、1379年（天授5・康暦1）に斯波高経・土岐頼康らによるクーデターにより細川頼之が失脚すると、昌家にも討伐軍が差し向けられるといううわさが流れるなど、幕府内での立場は一気に悪くなってしまった。

幕府との関係も悪化し、領国内の課税について義満と対立するなど、昌家は徐々に追いつめられていった。しかし、義満はそれまでの昌家の忠心を認めており、昌家存命中には、富樫家を敵対視することはなかった。

昌家の死後、富樫家の家督は弟の満家が継承したが、義満は満家の加賀守護補任を認めず、斯波義種（高経の子）が加賀の守護に任じられ、富樫家が加賀の守

護に復帰するのは15世紀初頭まで待たねばならない。

富樫満成

とがし・みつなり

生没年 ?～1419年（応永26）
出身 加賀国
主君 足利義満→足利義持
死因 殺害

◇ 将軍の寵愛を受けて加賀守護復帰

満成は富樫家庶流の久安家の出自といわれ、1392年（元中9・明徳3）頃から3代将軍・足利義満に出仕し在京していた。そこで義満の寵愛を受け、1410年（応永17）には4代将軍・足利義持の申次衆に任命された。申次衆は、将軍の意向を文書で伝えたり、各将と将軍の折衝の段取りをつけたりする秘書のような役目をいい、幕内での権力は大きかった。『看聞日記』は、満成を「近日権威傍若無人」と記している。

1414年（応永21）、加賀の守護・斯波義種が失脚すると、将軍の後ろ盾を得ていた満成が加賀の守護に補任された。ただし、このとき満成に与えられたのは加賀半国で、満成は北2郡を領有し、南2郡

は富樫家嫡流の富樫満春が領有することになった。

加賀における富樫家の復権を果たした満成だったが、その絶頂期は長くなかった。1416年（応永23）、鎌倉公方・足利持氏と、前関東管領・上杉禅秀が武力衝突する上杉禅秀の乱が勃発すると、それと同時期に、京都では義持の異母弟にあたる足利義嗣が突如として出奔するという事件が起こった。

義嗣は、亡父・義満からの寵愛を受けており、義持との兄弟仲は決して良くはなかった。そのため、義嗣の出奔は上杉禅秀の乱に乗じて幕府の転覆をはかったものではないかと噂され、義持は満成に義嗣の捜索を命じた。

満成は、1417年（応永24）10月に義嗣を捕縛し、義持の命を受けて義嗣の尋問を行い、義嗣を出家させて事態を収拾した。そして、満成は、細川満元や斯波義重ら多くの守護大名が義嗣を支持し、義持殺害を企てていたとする旨を、義持に報告したのである。これにより、謹慎・流罪に処された大名や公家が多数に上ったといわれている。また、翌1418年（応永25）には、満成は義嗣誅殺を命じ

第5章 中部地方の氏族／富樫家

富樫家略系図

```
高家 ── 氏春 ┬ 昌家 ── 詮親                           幸千代
             │
             └ 満家 ── 満春 ┬ 教家 ── 成春 ── 政親
                           │
                           └ 泰高 ┬ 政親 ◄╴╴╴╴
                                  │
                                  └ 泰成

家明 ── 家成 ── 家永 ── 満成
```

331

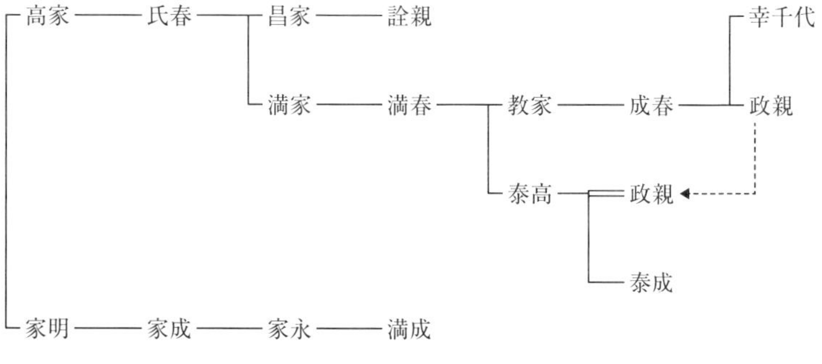

られ、これを実行した。

しかし、こうした満成の行動は他の守護大名から不興を買い、とくに細川家・斯波家といった足利一門が大きく反発した。そして、義嗣謀反の絵を描いていたのは満成であるという風聞が囁かれはじめ、翌1419年（応永26）、満成は幕政から追放され、失脚した。

京を逐電した満成は、大和吉野山へ逃れたが、赦免の偽報を信じて河内まで出てきたところを、畠山満家によって討たれた。

富樫泰高

とがし・やすたか

|生没年| 不詳
|出身| 加賀国
|主君| 足利義教→足利義勝→足利義政→足利義尚→足利義稙
|死因| 不明

◇実兄・教家との対立

加賀の守護・富樫満春の子。1440年（永享12）、家督を継いでいた兄の教家が、6代将軍・足利義教の怒りを買って加賀の守護職を罷免されると、僧籍に入っていた泰高が還俗して富樫家の家督を継ぎ、加賀の守護に補任された。

しかし、翌年義教が播磨の守護・赤松満祐に殺害されると（嘉吉の変）、幼少の足利義勝が将軍となり、幕府内では有力守護大名による権力争いが勃発し、富樫家も政争に巻き込まれ、泰高と教家の兄弟対立に発展した。

管領の細川持之は、幕政の混乱を収拾するため、義教に追放された者を復権させる政策を採り、これを楯にとって教家が守護への復帰を画策しはじめたのである。しかし、泰高が持之を後ろ盾にしていたため、教家の要求は却下された。す

ると教家は、持之と対立する管領家の畠山持国に庇護を求めた。

1442年（嘉吉2）、持之が死去して畠山持国が管領に就任すると、泰高の立場は悪くなり、持国は泰高の守護を罷免し、教家の嫡男・成春を加賀の守護に補任した。しかし、加賀の在地勢力は泰高を支持し、両者の対立は国人衆を巻き込んで加賀を二分してしまった。

泰高と教家の対立は激化する一方で、越前の守護・斯波家が泰高に加勢するなど周辺国にまで影響を及ぼし、1447年（文安4）に両者の和議が成立し、成春が北半国を、泰高が南半国を領有することで決着した。

◇富樫家一本化と衰退への一歩

1458年（長禄2）、嘉吉の変で没落していた赤松家が再興された。このとき幕府は成春の加賀半国守護を解任し、赤松家当主の赤松政則を加賀北半国の守護に補任した。この事態に対して泰高は、分裂して弱体化している富樫家の一本化をめざし、同年、泰高は教家とともに父の法要を執り行い両派の合流をはかり、1464年（寛正5）には成春の嫡男・政親に富樫家の家督を譲って富樫家をひとつにまとめることに成功した。そして1467年（応仁1）、赤松家が旧領の播磨を回復すると、加賀北半国は再び富樫家が領有することになった。

同年、応仁の乱が勃発すると、富樫家は細川勝元率いる東軍に属したが、すでに引退していた泰高は合戦には参加しなかった。

1488年（長享2）、加賀国内で大規模な一向一揆が発生した。一向宗を弾圧する政親と対立した一向一揆は、隠居していた泰高を引っぱり出し、政親が自害に追い込まれると、泰高が再び富樫家の当主

となり加賀の守護に復帰した。しかし、加賀の一向一揆の勢力は増長し、泰高の勢力は徐々に衰退していった。

富樫政親

とがし・まさちか

生没年 1455年（康正1）？〜1488年（長享2）

出身 加賀国

主君 足利義政→足利義尚

死因 自害

◇分裂していた富樫家を統一

加賀の守護・富樫泰高の兄である教家の孫。1464年（寛正5）、泰高の後を継いで富樫家当主となり、加賀国南半国守護となった。それまで分裂していた富樫家は、政親の家督継承で一本化され、1467年（応仁1）には赤松家から加賀北半国の守護職を奪回し、富樫家による加賀一国支配を実現させた。

1467年（応仁1）に応仁の乱が勃発すると、政親は細川勝元率いる東軍に属し、山名宗全率いる西軍に与した弟・幸千代と敵対することになった。

政親は、越前の守護代・朝倉孝景と本願寺の支援を得て加賀に帰国すると、幸千代を破って国内の幸千代派を掃討し、政親による一国支配を確定させた。

しかし、西軍に属した能登・越中の守護・畠山家との対立や、潜伏していた幸千代派の残党が挙兵するなど国内は鎮まらず、さらに一向宗徒も国内の騒動を見て富樫家に反抗しはじめた。

こうした情勢下、政親はまず一向宗の弾圧に乗り出し、1475年（文明7）に総攻撃をかけ、加賀の一向宗徒の多くが越中に追放された。

1487年（長享1）、政親は将軍・足利義尚が推進する六角高頼討伐軍に従軍する

ため、国内に重税を課して軍事費を調達することになった。しかし、応仁の乱で疲弊していた国人は政親に反発し、越中の一向一揆と結託して蜂起した。

同年、近江に布陣していた政親は、本国内の不穏な動きを聞きつけると、義尚の許しを得て加賀へ帰還。翌年、国人と一向宗による大規模な反乱が勃発し、反乱軍は政親が拠る高尾城を包囲した。

政親は幕府に救援を依頼し、越前の守護に成り上がっていた朝倉孝景が政親救援のために出兵した。しかし、一向一揆が越前と加賀の国境を封鎖したため朝倉軍は入国できず、20万ともいわれる大軍に包囲攻撃された政親は、あえなく自害して果てた。

政親自害の報告を受けた将軍・義尚は激怒し、本願寺の総帥・蓮如に対して激しく抗議し、蓮如は「御叱りの御書」、「騒動しずめの御書」と呼ばれる書簡を出し、加賀の一向衆を叱責したが、加賀の一向一揆は沈静化されなかった。

第5章 中部地方の氏族／富樫家

若狭武田家

清和源氏・源義光を祖とし、鎌倉時代に安芸国守護職に補任された安芸武田家の庶流。信栄の代に、幕命により一色義貫を誅殺した恩賞で若狭守護を与えられ土着した。応仁の乱では細川勝元率いる東軍に属し活躍した。しかし、古来若狭に影響力を持っていた隣国・丹後の守護・一色家との抗争が続き疲弊の度合いを強めると、家臣団の組織化に失敗して激しい内訌の末、越前国朝倉家によって滅ぼされた。

武田信栄

たけだ・のぶひで

生没年 1413年（応永20）～1440年（永享12）
出身 安芸国
主君 足利義教
死因 病死

◇ 義教に重用された若狭武田家の初代

安芸の分郡守護だった武田信繁の子。のちに若狭の守護に任ぜられて若狭武田家の初代当主となった。

1432年（永享4）、6代将軍・足利義教の命によって、九州の大友持直と少弐満貞を討伐するために、父・信繁とともに筑前へ向かった。前年、筑前の領有をめぐって、幕府方の大内盛世が持直と満貞に敗れて戦死しており、信栄らの九州下向の目的は筑前の回復にあった。

その後は義教に重用され、相伴衆となって在京するようになった。

義教は、将軍権威の確立をめざし、守護大名の相続問題に介入することが多

く、その頃は四職の一家で、丹後など3カ国の守護大名・一色家の相続問題に介入していた。

1440年（永享12）、大和の国人・越智家の反乱討伐のために、信栄は大和に出陣した。このとき信栄は陣中で、義教から一色義貫討伐の密命を受け取った。そして、信栄は義貫を食事に誘って自陣に招くと、隙をついて義貫を殺害した。

帰国した信栄は、義貫暗殺の功を認められて、義貫の旧領である若狭一国を与えられ同年、若狭へ下向したが、その直後に病没した。

武田信賢

たけだ・のぶかた

生没年 1420年（応永27）～1471年（文明3）
出身 安芸国
主君 足利義教→足利義勝→足利義政
死因 病死

◇ 応仁の乱の中核をなした男

安芸の守護・武田信繁の子。若狭武田

家の祖となった武田信栄の弟で、信栄の死後に若狭武田家の家督を継承し、若狭守護に補任された。身の丈7尺9寸（約239センチメートル）とも伝えられる巨漢で、伊豆守の官位をとって「伊豆大人」と呼ばれた。

1441年（嘉吉1）、6代将軍・足利義教が播磨の守護・赤松満祐に殺害される嘉吉の変が勃発すると、信賢は幕命を受けて満祐討伐に従軍した。ところが、領国若狭では幕府の混乱に乗じて土一揆が発生し、さらに兄・信栄に滅ぼされた一色家も兵を挙げたため、信賢は兵を若狭に返して、反乱の鎮圧にあたった。

1467年（応仁1）に応仁の乱が勃発すると、信賢は細川勝元率いる東軍に属し、播磨の赤松政則らとともに、東軍の中核をなした。乱発生の3日前には、細川勝元邸に招かれて軍議に参加したともいう。乱が勃発すると、信賢は京の実相院を攻め落として同所を陣所とし、一色義直邸を攻めて焼き討ちした。その後は京の市街地を舞台に越前の守護・斯波義廉軍と戦ったが、周防など6カ国の守護を務める大内政弘が入京すると、東軍は劣勢に追い込まれた。翌年、信賢は北大路烏丸に布陣していた大内軍を攻撃したが、決着はつかなかった。

京での戦いが小休止すると、1468年（応仁2）、信賢は丹後へ攻め入り、若狭小浜の領有をめぐって対立していた丹後の守護・一色義直を追放し、幕府から丹後の守護に補任され、領国を拡大することに成功した。

しかし、応仁の乱が長期にわたったことで、信賢は逸見繁経ら有力家臣を失うことになり、さらに信賢の弟で安芸の守護代を任せていた武田元綱が信賢を裏切って西軍に転じるなど劣勢となり、乱の終結を見ないまま1471年（文明3）に病死した。

武田国信

たけだ・くにのぶ

生没年 1438年（永享10）～1490年（延徳2）
出身 安芸国
主君 足利義政→足利義尚
死因 病死

◇応仁の乱で活躍

若狭の守護・武田信賢の弟で、信賢が若狭の守護に補任されると、信賢とともに安芸から若狭へ移った。

第5章 中部地方の氏族／若狭武田家

若狭武田家略系図

```
┌ 氏信 ── (2代略) ── 信繁 ──┬ 信栄
│                              │
│                              ├ 信賢
│                              │
│                              ├ 国信 ── 信親 ──┬ 元光 ── 信豊 ── 義統
│                              │                  │
│                              └ 元綱 ──┬ 元信 ── 信孝
└ 信成                                   │
  (甲斐武田家)                           └ 信孝
```

335

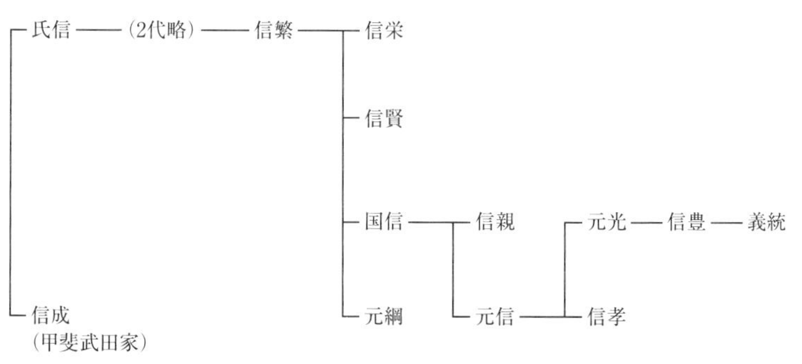

1467年（応仁1）に勃発した応仁の乱では、細川勝元率いる東軍に属し、若狭武田家は東軍の副将格となって中核をなした。国信は、近江京極家の重臣・多賀高忠とともに京の東口の防衛についていたが、高忠陣営のなかに内応者が現れ、西軍方の江南の守護・六角高頼が進軍してきた。国信は、一度は六角軍の撃退に成功したが、美濃の守護代・斎藤妙椿が高頼の援軍に駆けつけると支えきれず、東口から撤退し東軍本陣に合流した。

その後は兄の信賢とともに丹後に進軍し、丹後の守護・一色家と戦い、一色義直を同国から追放した。1471年（文明3）、乱の最中に兄の信賢が病没し、信賢の子が幼かったため国信が家督を継ぎ、若狭と丹後の守護に補任された。同年には東軍に寝返った越前の守護代・朝倉孝景を救援するために越前に出陣するなど、東軍の主力として活動を続けた。

1473年（文明5）に細川勝元と山名宗全が相次いで死去すると、両軍に和平の機運が高まった。国信は、それぞれの後を継いだ山名政豊と細川政元の間を周旋して、両者の和睦に尽力し、1474年（文明6）に和議が成立した。しかし、8代将軍・足利義政は、両者が和睦すると、信賢が奪い取った丹後を一色家へ返還するよう求めてきた。国信は和睦を斡旋した手前もあって、将軍の命令を受け入れたが、丹後で戦っていた武田家家臣はこれに反発し、筆頭家老の逸見宗見は一色軍と徹底抗戦を続けた。しかし、丹後は長年一色家が領有していたこともあり、国人の多くが一色家を支持したため、逸見軍は劣勢に立たされた。国信のもとには宗見から援軍派遣の催促が届いたが、国信は幕命を優先して兵を出さず、宗見は討ち死にした。

宗見を見殺しにしたことで国信の求心力は一気に低下し、1474年（文明7）、国信は出家して嫡男の信親に家督を譲った。

その後は、9代将軍・足利義尚の御相伴衆となって在京し、1487年（長享1）に義尚による六角高頼討伐に参陣した。また、京では宗祇や三条西実隆ら文化人と交わって、文化活動に傾倒した。1490年（延徳2）に病没。

武田元信

たけだ・もとのぶ

生没年	1461年（寛正2）～1521年（大永1）
出身	若狭国
主君	足利義尚→足利義材→足利義澄
死因	病死

◇一色家との対立激化

若狭守護・武田国信の子。1490年（延徳2）の父の死後、兄の信親がすでに死去していたため元信が家督を継ぎ、若狭の守護に任ぜられた。1502年（文亀2）に11代将軍・足利義澄の相伴衆となるなど、父と同様、幕府と縁が深かった。

もともと若狭は一色家が代々守護に任ぜられていた国で、さらに一色家の所領・丹後は若狭の隣国にあたり、応仁の乱の一時期、武田家が守護に補任されたこともあり、元信の時代になると武田家と一色家の対立は深まっていた。

1506年（永正3）、元信は丹後へ侵攻した。このとき元信は管領・細川政元と通じており、やがて丹波の守護・細川澄之の援軍を得た。翌年には、政元の家臣・赤沢宗益が元信の援軍として、軍を率いて丹後に侵攻した。しかし、一色軍の抵抗はしぶとく、まず丹波勢が一色家と和睦して帰国し、さらに政元が家臣の香西元長らに殺害されたため赤沢勢も京に戻

り、孤立した元信も若狭へ撤退した。

　武田家と一色家の対立はその後も続き、1517年（永正14）には一色軍が若狭に侵攻してきた。元信は隣国越前の守護・朝倉家に援軍を頼み、参陣した朝倉宗滴軍とともに一色勢を追い払い、さらに丹後へ兵を進めて、丹後の一部所領化に成功した。

　軍事的には一色家との対立に終始したが、一方で元信は和歌や連歌に通じた文化人でもあった。そのため若狭には、三条西実隆や甘露寺親長らの公家文化人がよく訪れたという。こうして朝廷とのパイプも作った元信は、1521年（大永1）には、公家以外の立場としては異例の従三位に叙せられたが、同年死去した。

武田元光

たけだ・もとみつ

生没年 1494年（明応3）～1551年（天文20）

出身 若狭国

主君 足利義植→足利義晴

死因 病死

◇細川高国を支持して政争に敗れる

　武田元信の子。1519年（永正16）に父の元信が出家隠退したため、家督を継いで若狭の守護に補任された。

　隣国丹後の一色家との対立は、父祖以来続いており、元光は1522年（大永2）、新たな居城として、より防御力を備えた後瀬山城を築城した。そして守護館を山麓に移し、京の邸を引き払ってそこに住むようになった。その後、後瀬山城は若狭武田家の代々の居城となった。

　当時の若狭は一色家の侵攻だけでなく、国内の国人の蜂起もたびたび起こり、情勢は不安定だった。そのため元信は、管領の細川高国とよしみを通じ領国の安定を図っていた。

　1526年（大永6）、波多野稙通と柳本賢治が高国に背いて丹波で挙兵し、さらに阿波の三好元長が細川晴元を擁して挙兵し、和泉に上陸した。元信は高国救援のために京に出陣したが、翌年、桂川の戦いで敗北し、高国とともに近江へ逃れた。その後も高国を支援しながら晴元政権と対立したが、高国の復権はならなかった。

　1535年（天文4）、元光は出家して、嫡男の信豊に家督を譲ろうとしたが、元光の弟・信孝がこれに反抗し、元光軍の主力だった粟屋党が信孝方についたため家中は二派に分裂してしまった。元光はかつて対立していた管領の細川晴元に協力を求めて、幕府軍の力を借りて反乱を鎮圧し、1539年（天文8）、家督を正式に信豊に譲って隠退した。

　元光は父と同様、和歌に優れ、京の三条西実隆らとも親交があり、引退後は文化人として余生を送り、1551年（天文20）に病死した。

武田信豊

たけだ・のぶとよ

生没年 1514年（永正11）～？

出身 若狭国

主君 足利義晴→足利義輝

死因 不明

◇朝廷に協力を仰いで内紛を収める

　武田元光の子。1535年（天文4）に父・元光の出家にともなって家督を継ごうとすると、叔父の信孝が反対して家中は分裂した。そして、武田家の重臣・粟屋元隆が信孝派に与して武田家に背いて兵を挙げた。

　元隆が挙兵すると、丹後にあった武田領の土豪たちが呼応し、続いて家臣の逸見家も兵を挙げ、さらに信孝を支援する

第5章

中部地方の氏族／若狭武田家

越前朝倉軍も若狭に迫るという情勢に陥り、信豊は窮地に陥った。

若狭小浜に禁裏料所があり、そこからの貢租は当時貧窮にあえいでいた皇室にとっては貴重な財源であった。また、公家の領地も少なからずあり、公家にとっても金銭状況は皇室と同じだった。

管領の細川晴元も、若狭武田家は幕府の軍事催促に応じてくれる数少ない大名であり、朝廷・公家からの陳情もあって、若狭の内訌に介入した。信豊も自ら本願寺証如に働きかけて、朝倉家をけん制するために加賀の一向一揆を扇動してくれるように頼み込んだ。

こうして2大勢力の助けを借りて、信豊は1538年（天文7）、ようやく元隆の反乱を鎮圧した。

信豊は将軍・足利義晴の娘を、子の義統の妻に迎え入れて将軍家と結んだ。しかし、当時の幕府は戦乱に明け暮れており、信豊は幕府からたびたび出兵要請を受けることになり、河内・山城・丹波へと出陣した。こうした度重なる軍事活動は財政的に武田家を逼迫させ、国人や家臣の離反を招いた。

1552年（天文21）、三好長慶に敗れた細川晴元が京を出奔して信豊に助力を求め、信豊は丹波の晴元党と合流して京に侵攻し、長慶の家臣・松永長頼と戦った。しかし、この間に嫡子・義統と不和になり、1558年（永禄1）には若狭の内乱は激化して、信豊はついに若狭を出奔して近江の六角家を頼った。1561年（永禄4）に和議が成立して帰国し、出家した。没年は明らかでない。

その後、若狭武田家は義統が継いだが、激しい内訌によって家臣は離反し、義統の死後、若狭は越前朝倉家によって制圧されることになる。

朝倉家

本来は但馬に土着した国人だったが、南北朝の動乱期に幕府方として戦功を挙げ、恩賞として越前に領地を得て、越前に拠点を移した。越前守護の斯波家の守護代として勢力を拡大させ、同じく守護代の甲斐家とともに斯波家を支えた。応仁の乱のときの義景の代に斯波家を裏切って下剋上を果たし、越前から斯波家を追いやった。その後は一乗谷を拠点に力をつけ、北陸随一の守護大名から戦国大名へと転身した。

第5章 中部地方の氏族／朝倉家

朝倉教景

あさくら・のりかげ

生没年 1380年（天授6・康暦2）～1463年（寛正4）

出身 不明

主君 足利義教

死因 病死

❖永享の乱、結城合戦に軍功を挙げる

朝倉貞景の子。朝倉家は越前に土着した有力国人。室町幕府が創設されて守護として越前を領有した斯波家に仕えるようになり、越前の守護代となった。

1437年（永享9）、6代将軍・足利義教の命を受けて、教景は大和に出陣した。当時の大和は、「大和四家」と呼ばれた筒井家・越智家・箸尾家・十市家の4家が、南北朝の争乱以来、筒井派と越智派に分かれ、南北朝合一後も対立関係が続いていた。さらに、大和は他国とは違い守護が置かれず、興福寺が守護的な役割を果たしていたが、諸大名のように武力的支

配が行えなかった。そして筒井・十市連合と、越智・箸尾連合が武力衝突し、1429年（永享1）以来、争乱は収まらなかった。

教景は筒井軍を支援する形で大和に入り、翌年には幕府の重臣・一色義貫軍とも連携して大和の反乱鎮圧に尽力した。

しかし、同年、関東で鎌倉公方・足利持氏が前関東管領・上杉憲実を攻めた永享の乱が勃発すると、幕府に呼び戻されて争乱鎮圧のために関東に下向した。教景は、信濃の守護・小笠原政康、駿河の守護・今川範忠らとともに鎌倉に入り、持氏とその子・義久を討伐した。

翌年、持氏の2人の遺児を擁して常陸の国人・結城氏朝が挙兵すると、再び関東に出陣し、春王丸と安王丸を生け捕りにする功を挙げた。

その功により将軍・義教には寵愛され、義教から諱の「教」を与えられた。

339

朝倉孝景

あさくら・たかかげ

生没年	1428年(正長1)～1481年(文明13)
出身	越前国
主君	斯波義敏→斯波義廉
死因	病死

◆斯波家に勝利し越前支配を進める

　朝倉家景の子。はじめ教景と名乗り、のち繁景に改名し、その後に孝景を名乗った。戦国時代の朝倉孝景とは同名異人。

　1458年(長禄2)、越前の守護・斯波義敏は、8代将軍・足利義政から、関東の古河公方と対立していた堀越公方・足利政知救援のための出陣の命を受けた。

　しかし、京から出陣した義敏は関東には向かわず、越前の守護代・甲斐常治のもとに軍勢を差し向けた。当時の越前では、守護・義敏の影響力が弱まり、守護代・甲斐常治の力が強まっており、義敏は不満を高めていた。義敏はこれを機に常治の討伐を決めたのである。

　このとき孝景は、同じ守護代の立場である常治を支持し、両者の戦いは翌年まで続いた。孝景はこの間、21度出陣して一度も敗れなかったという。守護と守護

代の争いの結果、守護の義敏が敗れた。

　その後、斯波一族の渋川家から義廉が迎えられて斯波家の当主となり、孝景は義敏方についた堀江石見守の所領を奪い、越前での影響力を高めていった。

　孝景はその後も自領の拡大を図って、国内の国人や一族と争った。1460年(寛正1)には阿波賀城戸口の戦いで一族の阿波賀家を倒し、1462年(寛正3)の鯖江・新庄の戦いと檜山・蓮ヶ浦の戦いで斯波家の宿老・千福家を破り、1465年(寛正6)の杣山の戦いでは斯波家の重臣・増沢家を倒し、1466年(文正1)の大野・井野の戦いでは国人の二宮家を破り、越前の支配体制を固めていった。

◆応仁の乱で越前守護を奪取

　1467年(応仁1)、斯波家の家督争いも関係した応仁の乱が勃発した。

　斯波家は当主の義廉と、前当主の義敏が対立し、孝景は守護代・甲斐家とともに義廉方について西軍の主力として応仁の乱に参戦した。開戦後1年は京の戦場で戦い、若狭の武田信賢軍や近江の京極持清軍などを破る活躍をし、朝倉孝景の武名は両軍の間で高まったという。翌年、義廉を擁して越前に帰国し、その後は京に戻らず義敏派の諸将との戦いに専

朝倉家略系図

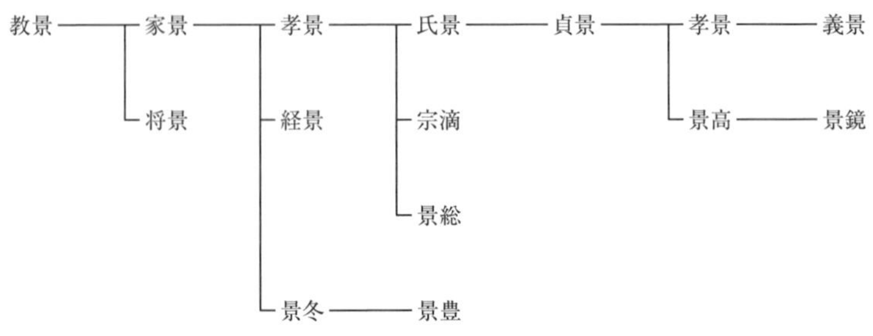

教景 ─┬─ 家景 ─┬─ 孝景 ─┬─ 氏景 ─── 貞景 ─┬─ 孝景 ─── 義景
　　　 │　　　　 │　　　　 │　　　　　　　　　 │
　　　 └─ 将景　 └─ 経景 ─┼─ 宗滴　　　　　　 └─ 景高 ─── 景鏡
　　　　　　　　　　　　　 │
　　　　　　　　　　　　　 └─ 景総
　　　　　　　　　　 └─ 景冬 ─── 景豊

340

念し、着実に越前支配を固めていった。

　しかし、1471年（文明3）、守護代の甲斐家が義敏派と結びかけたのを見ると、孝景は義廉が属す西軍を見限って東軍に内通し、甲斐家と対立するようになった。越前一乗谷を本拠とした孝景は、甲斐派と連戦、さらに越前吉崎にいた一向宗の蓮如と結んで一向一揆を使って戦局を有利に進めていった。1472年（文明4）には、甲斐家の拠点だった府中の守護所を落として甲斐家の勢力を削いだ。

　1474年（文明6）に、美濃の守護代・斎藤妙椿の仲介で甲斐家と和睦したが、1475年（文明7）の大畔暇の戦いに勝利して甲斐家を越前から放逐した。

　こうして越前一国を掌中に収めた孝景は、斯波家から越前の守護職を奪い、名実ともに越前の支配者となった。孝景は守護に補任されなかったとする説もあるが、越前支配に対する将軍・義政の御内書は与えられており、越前の支配者としてのお墨付きはもらっていた。

　しかし、斯波義敏の子・義寛が越前の奪回を図って、弟の義孝をはじめ甲斐家や二宮家を糾合して越前に入って孝景軍と対立するようになった。両軍の争いの決着がつかないなか、1481年（文明13）、孝景は死去した。その死に際して、公家の甘露寺親長は日記に「天下悪事始行張本也」と記した。

朝倉氏景

あさくら・うじかげ

生没年 1449年（文安6）〜1486年（文明18）
出身 越前国
主君 斯波義敏→斯波義廉
死因 病死

❖ **斯波家と甲斐家の対立を決着させる**
　越前の守護代・朝倉孝景の子。1467年

（応仁1）に応仁の乱が勃発すると、父・孝景に従軍して越前の守護・斯波義廉が属す西軍に参戦し、入京した。

　翌年、父・孝景が越前平定を図って帰国すると、父の名代として200人の兵を率いて京に残った。

　1471年（文明3）、孝景が東軍に寝返ると、京にいた氏景は阿波の守護・細川成之の京屋敷に入り、8代将軍・足利義政に謁見した氏景は、義政から越後の守護・上杉房定と尾張の守護代・織田伊勢守らを孝景の援軍として派遣する約束を取り付けた。さらに将軍側近の近江の国人・朽木貞綱と若狭の守護・武田国信の援軍派遣も許された。

　1477年（文明9）に応仁の乱が終結すると越前に帰国し、父・孝景とともに越前守護代の甲斐家との戦いに専念した。

　1481年（文明13）に父が死去し、氏景が朝倉家当主の座につき、父の遺志を継いで斯波義寛・甲斐家連合との戦いを続け、同年に甲斐敏光を加賀に敗走させた。甲斐家を追った氏景は、美濃の守護代の斎藤妙椿に仲介を頼んで斯波義廉の子・義俊と和睦。義俊を越前に迎え入れた氏景は、1483年（文明15）には斯波義敏の子・義寛との戦いを制して義寛を尾張に退かせた。

　同年、氏景は主君の斯波家と正式に和睦し、主君として斯波家を立てることにし、越前の守護代は朝倉家、遠江の守護代は甲斐家、尾張の守護代は織田家とすることに決着した。

　斯波家と甲斐家との抗争に決着をつけ、越前支配を完全なものとした氏景だったが、家督を継いでわずか6年で病に倒れ、1486年（文明18）に死去した。

第5章 中部地方の氏族／朝倉家

朝倉将景

あさくら・ゆきかげ

生没年 ？〜1459年（長禄3）
出身 越前国
主君 斯波義敏
死因 戦死

❖朝倉孝景と対立した孝景の叔父

　朝倉教景の2男で、孝景の叔父にあたる。だが、将景と孝景はもともと折り合いが悪かったようで、越前国内の守護と守護代の対立に巻き込まれ、両者が争う状況となってしまう。

　1452年（宝徳4）、越前守護の斯波義健が、18歳の若さで急逝した。その後を継いだのが、斯波家庶流から養子に入った斯波義敏だった。

　それまで越前国を実質的に経営していたのは守護代の甲斐家だったが、義敏は自ら越前国の経営に乗り出し、守護代の甲斐常治との対立を深めていった。朝倉家当主の孝景は、当初は義敏を支持していたが、徐々に常治とともに義敏と反目するようになり、義敏を支持していた将景とも対立するようになった。

　守護と守護代の争いは、1458年（長禄2）に長禄合戦という武力衝突に至った。両者の争いは激化し、関東出兵の幕命を両者が無視するほどであった。

　将景は義敏軍として出陣し、義敏を支持する国人たちとともに、常治・孝景軍と対峙した。幕府の調停が入るも、義敏が条件を不服として合戦を続行したため、幕府は常治に肩入れするようになり、将景らはしだいに劣勢を強いられるようになった。義敏は幕府の支援を得た常治軍に敗れて周防へ没落したが、将景は堀江利真らとともに抵抗を続けた。

　1459年（長禄3）8月、将景らと常治軍は越前国和田で最後の合戦を迎えることになる。この戦いでは孝景の活躍が目覚ましく、将景は討ち死にした。

朝倉宗滴

あさくら・そうてき

生没年 1477年（文明9）〜1555年（弘治1）
出身 越前国
主君 朝倉氏景→朝倉貞景→朝倉孝景→朝倉義景
死因 病死

❖一向一揆の鎮圧で朝倉宗家を支える

　朝倉孝景の子で、朝倉氏景の弟。貞景・孝景・義景の朝倉家3代に仕えた。曽祖父と同じ諱「教景」を名乗っており、朝倉教景ともいう。

　1503年（文亀3）、宗滴は、一族の朝倉景豊と、異母兄で管領の細川政元に仕えていた朝倉景総とともに、甥で当主の朝倉貞景に対する謀反を計画した。計画を主導したのは宗滴と景総だったが、宗滴は挙兵直前に寝返り、貞景に謀反の計画を密告。貞景はすぐさま出陣して景豊の居城である敦賀城を急襲してこれを落城させ、京から出陣していた景総は景豊と合流する間もなく加賀へ撤退した。

　宗滴は、寝返りの功績を認められて、景豊の旧領である敦賀を与えられ、貞景はさらに国内支配を強固なものとした。これ以降、宗滴は朝倉宗家のために力を尽くすことになる。

　1506年（永正3）、国内で蜂起した一向一揆を鎮圧したが、同年7月、越中・加賀・能登の一向一揆がいっせいに蜂起して越前へ攻め込んできた。宗滴は朝倉軍の大将として九頭竜川に出陣して、30万という大軍を擁する一向一揆軍に勝利を収め、さらに超勝寺・本覚寺などの越前国内の一向宗の拠点を攻撃し、本拠地で

ある吉崎御坊の堂舎を破却して、一向一揆を徹底的につぶした。

1512年（永正9）に貞景が死去すると、その子・孝景の後見人となって孝景政権を支えた。

1517年（永正14）、若狭の守護・武田家を救援するために丹後に侵攻した宗滴は丹後の守護代・延永家の加佐郡庫橋城を攻め落とした。

◇ 朝倉宗家3代に仕えて最盛期を現出

1527年（大永7）、細川晴元を擁した三好元長・柳本賢治らの軍勢に京を追放されて近江に奔った細川高国の援軍要請を受け、宗滴が朝倉家の名代として出陣した。高国を擁した宗滴は京に入って、千乗寺口の戦いで細川晴元方の遊佐弾正・渡辺新五郎らを討ち取って、高国の再入京を助けた。高国を入京させた宗滴は翌年、帰国したが、宗滴軍が帰ると晴元軍が再挙して、結局、高国は再び近江に脱出することになった。

その後も国内だけにとどまらず、周辺国にも出陣し、1531年（享禄4）には加賀の一向一揆の分裂に乗じて、能登畠山家と連携して加賀手取川まで侵攻した。しかし、このときは畠山軍が敗北したため、越前に撤退した。

1544年（天文13）には、家臣の斎藤道三によって美濃を追放されて越前に逃れていた前美濃守護の土岐頼純の美濃復帰を図り、尾張の守護代・織田信秀と協力して美濃に侵攻し、赤坂の戦いで道三軍を破って美濃に入った。道三が拠る稲葉山城を包囲・攻撃し、城下を焼き払ったが、道三軍の反撃にあって敗北、越前に撤退した。

1555年（弘治1）7月、越後の長尾景虎と連携して加賀の一向一揆を討つべく出陣し、大聖寺城・津葉城・千足城を落と

して勢いをつけたが、陣中で病に倒れて越前に帰国し、同年9月、死去した。

朝倉貞景

あさくら・さだかげ

生没年	1473年（文明5）～1512年（永正9）
出身	越前国
主君	足利義尚→足利義材→足利義澄
死因	病死

◇ クーデターを鎮め支配強化に成功

朝倉氏景の嫡男。1486年（文明18）、父・氏景の死去にともない、家督を継ぎ、越前の守護に補任された。

1491年（延徳3）、将軍・足利義材は近江の内乱を鎮圧するために六角高頼討伐の陣を出した。このとき前の越前守護家で尾張に追われていた斯波義寛に、将軍から朝倉家討伐の御内書が与えられたが、貞景は京に赦免を求める使者を出し、これを取り下げさせることに成功した。

1493年（明応2）、管領・細川政元が前将軍の生母・日野富子らと結んで将軍・義材を廃立するクーデターを起こし、新たに足利義澄を将軍に擁立した。このとき貞景は兵2000を上洛させて、義澄への臣従を誓った。

1503年（文亀3）、かつて貞景を補佐して朝倉家をまとめた景冬の子・景豊が、貞景の祖父・孝景の子である景総と宗滴と結んで、貞景に対して反乱を企んだ。景豊・景総・宗滴の3人は朝倉家の重鎮として家中に大きな勢力をもっており、貞景にとっては危急存亡のときだったが、挙兵直前に宗滴が貞景に計画を密告してきた。貞景は報告を受けるや夜中に出陣して景豊の居城・敦賀城を攻めて落とした。敦賀城に向かっていた景総は、敦賀城の落城を知ると加賀へ出奔した。翌年、景総は加賀から越後へ侵攻した

第5章　中部地方の氏族／朝倉家

343

が、貞景はこれを迎撃して、再び加賀へ敗走させた。さらに1506年（永正3）には越前に侵攻してきた加賀の一向一揆を九頭竜川で打ち倒した。貞景は戦後、越前国内の一向一揆の拠点を破却し、さらに加賀との国境の関所の取り締まりを厳重にして一向一揆の侵入を防いだ。こうして貞景は、朝倉家による越前支配を確固たるものにした。

1512年（永正9）、鷹狩に赴く途中で病に倒れ、そのまま死去した。

朝倉孝景

あさくら・たかかげ

生没年 1493年（明応2）～1548年（天文17）
出身 越前国
主君 足利義材（義稙）→足利義晴
死因 病死

◇丹後、美濃、近江の戦乱に幕命出兵

朝倉貞景の嫡男。1512年（永正9）、父・貞景が死去し、家督を継いで越前守護となった。

1508年（永正5）、かつて細川政元のクーデターによって将軍位を廃されていた足利義稙（義材から改名）が、大内義興と細川高国に擁立されて将軍に復帰した。しかし、やがて義稙と高国が対立し、1513年（永正10）、義稙は近江甲賀郡へ出奔した。孝景はこのとき近江に入って義稙を迎え入れ、同年中に義稙を帰京させた。

1517年（永正14）、丹後の守護・一色義清と守護代の延永春信の対立が激化して、春信は隣国の若狭守護・武田元信の家臣・逸見家を誘い、逸見家は元信に背いて丹後の内乱に与することになった。

孝景は義清と元信の守護方を救援するために両国に出陣し、若狭の反乱鎮圧に力を貸した。同じころ、隣国の美濃でも

守護の土岐政房・頼芸父子と、守護一族の土岐政頼・守護代・斎藤利良が争う内乱が勃発し、敗れた政頼と利良が美濃を捨てて越前に逃れてきた。孝景は1519年（永正16）、幕命により、弟の景高を大将とする3000の兵を出して政頼と利良を美濃に帰国させた。

1525年（大永5）には、浅井亮政と六角家が対立していた近江の内乱に介入して亮政を助け、これ以後、浅井家と強い同盟関係を結んだ。

◇一向一揆勢を制する

孝景の時代は、京の幕府の権威が凋落し、京周辺では絶えず戦乱が起こっていたが、孝景は足利将軍家への臣従という形は崩さなかった。1527年（大永7）に将軍・足利義晴派の細川高国が細川晴元と争ったときには、高国派として兵を上洛させた。このときの戦功によって、孝景は御相伴衆に加えられた。

当主就任以来、周辺諸国や京への出陣を繰り返していた孝景だったが、これ以降は加賀の一向一揆との戦いをはじめた。当時の加賀の一向一揆は一国を支配するほどの力を得ていたが、内部では現状維持派と勢力拡大派に分かれて抗争が勃発していた。1531年（享禄4）、孝景は現状維持派を支持して内訌に介入したが、加賀河北郡太田の戦いで敗北した。

その後、孝景は加賀への侵攻をやめたが、一向一揆の越前侵攻に備えて、加賀との国境の関所の取り締まりをさらに厳重にした。しかし、関所の取り締まり強化は、加賀以北と京との往来を制限することになり、近江の浅井家や六角家はもちろん、朝廷や幕府からもたびたび関所の取り締まりをゆるめることを求められた。孝景は1535年（天文4）に後奈良天皇の即位費用を、1540年（天文9）には

344

内裏修理費を献上するなど、朝廷とは良好な関係を築いていたが、一向一揆の脅威が去らない以上、関所の取り締まりをゆるめることはできなかった。そこで孝景は本願寺証如と和睦交渉をはじめ、1541年（天文10）、ようやく和議が成立して、関所は開放された。

1548年（天文17）に死去。およそ35年の治世の間、孝景は何度となく近隣諸国に出兵したが、そのほとんどは幕命によるもので、自国の領土拡大を狙ったものではなかった。また、加賀の一向一揆以外の他国兵を越前に侵攻させることはなく、越前朝倉家の最盛期を創出した。

朝倉義景

あさくら・よしかげ

生没年	1533年（天文2）～1573年（天正1）
出身	越前国
主君	足利義輝→足利義昭
死因	自害

◇戦国大名として自立

朝倉孝景の子。1548年（天文17）に父の死去にともない家督を継ぎ、越前の守護に補任された。義景は越前の国主であり、戦国大名として自立した存在だったが、幕府将軍には忠誠を尽くした。はじめは延景と名乗っていたが、1552年（天文21）に13代将軍・足利義輝から偏諱を与えられて義景と名乗ったのも、その現れである。

また、将軍の義輝が松永久秀らに殺害され、1566年（永禄9）に義輝の弟・義昭が越前に下ってきたとき、義景は義昭を迎え入れ、これを大いに歓待した。

上洛を悲願とした義昭は、義景の庇護のもと越後の上杉謙信に上洛の援助を求め、義景にも上洛を求めた。しかし、当時の義景には加賀の一向一揆が背後に控

えており、おいそれと上洛に踏み出すことはできなかった。

そこで義景は、同盟関係にあった近江の浅井家を通じて尾張の織田信長に義昭の庇護を求め、1568年（永禄11）、義昭は越前を離れて尾張に入った。

1570年（元亀1）、信長が義景討伐のために出陣すると、浅井長政とともに姉川で信長軍と戦ったが敗北した。しかし、義景と長政はすきをついて南近江に侵攻し、信長方の森可成を討ち取り、さらに比叡山を味方につけて、同年、信長と講和して義景は越前に帰国した。

しかし、その後も信長との対立は解消されず、1573年（天正1）に再び信長に越前に侵攻され、一族の朝倉景鏡の裏切りもあって、織田軍にやぶれて、ついに自害して果てた。義景の死をもって、越前朝倉家は滅亡した。

第5章 中部地方の氏族／朝倉家

345

小笠原家

甲斐源氏の流れを汲む源氏一門。室町時代には代々、信濃守護を歴任し、重きをなしたが、信濃国内は土着の国人の勢力が強く一国を支配することはできなかった。長秀の代の1400年（応永7）、高梨家・村上家・海野家などの国人が一揆契約を結んで小笠原家に反し兵を挙げ、小笠原家の守護職は剥奪された。その後、永享の乱で幕府方にたって守護職を回復したが、内訌が絶えず、応仁の乱を契機に家中は3派に分裂し衰退した。

小笠原貞宗

おがさわら・さだむね

生没年 1292年（正応5）～1347年（正平2・貞和3）

出身 信濃国

主君 鎌倉幕府→後醍醐天皇→足利尊氏

死因 病死

◇鎌倉幕府を見限り北条氏討伐の挙兵

　鎌倉幕府の御家人だった小笠原宗長の子。鎌倉時代の信濃国は、幕府の直轄地であり、守護は北条一族が補任されていたが、小笠原家は信濃の国司に任じられ、信濃の有力御家人として幕府に仕えていた。1331年（元弘1）に後醍醐天皇による倒幕挙兵が勃発すると、貞宗は幕命を受け、西上してくる足利尊氏と合流して、天皇討伐軍に従軍した。

　1333年（元弘3）に再び後醍醐天皇が倒幕の兵を挙げると、貞宗は幕府方についたが、上洛した尊氏が後醍醐天皇方に寝返って幕府に反旗を翻すと、貞宗は幕府から離反して東下し、新田義貞の鎌倉攻めに従軍し、鎌倉陥落に功を挙げた。

　信濃の実力者だった貞宗の挙兵は天皇方にとっては大きく影響し、そのため貞宗は後醍醐天皇による建武の新政がはじまると、信濃の守護に任じられた。

　しかし、小笠原家と並ぶ信濃の実力者であった諏訪家が貞宗の支配に反発し、諏訪頼重はついに信濃に潜伏していた北条高時の遺児・北条時行を擁立して建武の新政に反旗を翻して挙兵した。

　貞宗はいまだに信濃国内の北条家旧臣と戦っている最中で、頼重と時行の挙兵に多くの北条家旧臣が集まり、貞宗は時行軍に敗退し、頼重・時行軍に鎌倉侵攻を許す結果となった。しかし、京から東下してきた尊氏軍と合流して鎌倉攻めに加わり戦功を挙げ、戦後、貞宗は畿内に3カ所の所領を宛がわれた。そのため、尊氏が建武の新政から離反すると、貞宗は尊氏にしたがって建武政権から離反した。これに対し、天皇方の新田義貞が軍

勢を率いて東山道と東海道を攻め上って
きた。急いで信濃に戻った貞宗は、天皇
方の東山道軍と対峙したが大井城を落と
され、東山道軍の侵攻を許してしまっ
た。しかし、このときも尊氏軍が箱根・
竹ノ下の戦いで義貞軍を破ったため大事
には至らなかった。その後は、上洛をめ
ざす尊氏軍とは分かれて信濃に戻り、信
濃国内の旧北条軍および建武新政府軍と
の戦いに従事した。

　1338年（延元3・暦応1）、南朝方の北
畠顕家が奥州を進発して鎌倉を攻め落と
し、東海道を西上してくると、貞宗は美
濃の守護・土岐頼遠とともに青野原に
布陣して顕家軍を迎撃したが敗れた。

　その後も甲信地方の幕府軍の主力とし
て活動し、信濃の南朝軍との戦いによる
戦功が認められ、1342年（興国3・康永
1）には信濃の守護に復帰した。

小笠原政長

おがさわら・まさなが

生没年 不詳
出身 信濃国
主君 足利尊氏
死因 病死

◇足利政権で信濃国内の平定を進める

　小笠原貞宗の嫡男。父・貞宗ととも

に、足利尊氏に従って各地を転戦した。
父の活躍により、当時の小笠原家は尊氏
からの信任が厚く、1345年（興国6・貞
和1）に後醍醐天皇の冥福を祈るために
尊氏は天竜寺供養儀式を行ったが、この
とき政長はその先陣12名の一人に加えら
れ、また弟の政経をはじめ、一族の宗
光・行嗣らも供奉人として参列するな
ど、尊氏に重用された。

　1347年（正平2・貞和3）に家督を継い
だ政長は、信濃の守護に補任されるとと
もに、尊氏から信濃春近領を与えられて
信濃における勢力を拡大させた。また、
尊氏からは闕所地を国人らに与えられる
権限も付与され、信濃国内における権限
を強化していった。

　1350年（正平5・観応1）、幕府執事の
高師直と、尊氏の弟・足利直義の対立が
激化して直義が南朝に降って幕府に反す
ると、政長は尊氏・師直方につき、1351
年（正平6・観応2）には尊氏から、直義
の信濃侵攻を防ぐよう命じられた。しか
し、直義は信濃を通過しなかったよう
で、政長は遠江へ出陣して、直義方の吉
良家と戦っている。

　1352年（正平7・文和1）に直義の死で
観応の擾乱が決着すると、今度は信濃の
南朝勢が勢いを取り戻し、後醍醐天皇の

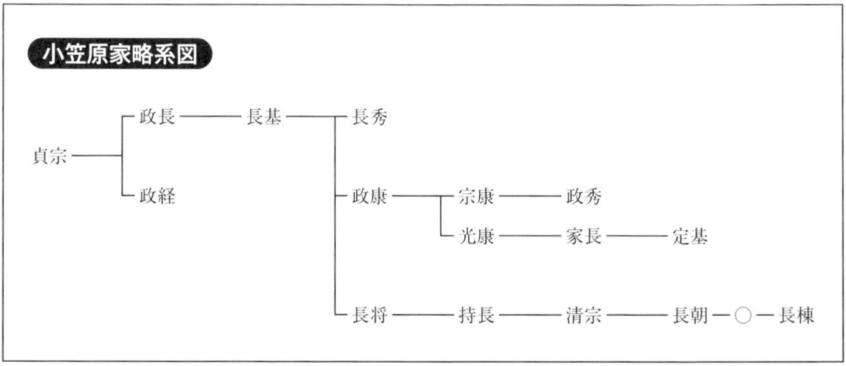

第5章　中部地方の氏族／小笠原家

小笠原家略系図

```
                ┌─ 政長 ─── 長基 ─── 長秀
貞宗 ─┤                              ├─ 政康 ─┬─ 宗康 ─── 政秀
        └─ 政経                      │          └─ 光康 ─── 家長 ─── 定基
                                     └─ 長将 ─── 持長 ─── 清宗 ─── 長朝 ─ ○ ─ 長棟
```

347

皇子・宗良親王が反守護勢力の諏訪家、仁科家を味方につけて、1355年（正平10・文和4）に挙兵した。このとき政長はすでに子の長基に家督を譲っていたが、長基とともに宗良親王軍と対峙し、同年、両軍は塩尻郡桔梗ヶ原で武力衝突した。この戦いで政長は親王軍に完勝を収め、以降、信濃での南朝勢力は衰退し、政長による守護支配が確立した。

◇ 嫡子長基の不運な時代

政長は1365年（正平20・貞治4）頃に死去したが、信濃における影響力を増大させた政長の死は小笠原家にとっては大きく、政長の子・長基の代になると、信濃国は幕府の東国経営機関である鎌倉府の管轄に組み込まれ、それにともない、1366年（正平21・貞治5）に長基は信濃の守護を解任され、関東管領・上杉朝房が信濃の守護に任命された。その後、信濃国は鎌倉府の手から幕府の元へ戻されるが、信濃の守護に任命されたのは小笠原家ではなく、斯波義種だった。

しかし、鎌倉時代以来の信濃の実力者である小笠原家は、守護解任後も信濃国内での影響力、軍事指揮権は保持しており、1387年（元中4・嘉慶1）には斯波義種に代わって長基名義で軍を出している。小笠原家が信濃の守護に復帰するのは、長基の子・長秀の代となる1399年（応永6）まで待たなければならない。

小笠原長秀

おがさわら・ながひで

生没年	？〜1424年（応永31）
出身	信濃国
主君	足利義満
死因	不明

◇ 高圧的な婆沙羅大名の自業自得

小笠原長基の2男。若くして上洛して幕府に出仕し、3代将軍・足利義満に仕えた。義満には重用されたようで、1399年（応永6）に大内義弘が幕府に反して兵を挙げた応永の乱の戦後、当時の信濃の守護だった斯波義重が尾張の守護へ配置転換となったことにともない、長秀が信濃の守護に補任された。

翌1400年（応永7）、京を出立した長秀は信濃へ入り、佐久郡の大井館を経由して善光寺に入った。しかし、小笠原家が守護職を失ってから30年間の上杉家・斯波家の国内支配はうまくいっておらず、信濃国内は各地の国人勢力が大きくなっていた。さらに、長らく信濃を離れていた長秀に対し、信濃の国人たちは当初から反感を抱いていた。

同年、長秀が信濃北部の有力国人・村上家の支配下にあった川中島に対し、年貢の徴収を強行したことで、長秀と村上家の対立が勃発した。村上家には仁科家・祢津家・海野家・高梨家・井上家・窪寺家などの信濃中部から北部にかけての大小の国人たちが同調して国人一揆を結成して長秀に反し、1万を超える軍勢で長秀の拠る横田城に攻め寄せた。

信濃に入ったばかりの長秀は、一族を結集する時間もなく大敗を喫した。一族の大井光矩の仲介によって一命は取りとめたが、信濃の反乱は幕府にも報告され、長秀は翌年、信濃の守護を罷免され、信濃は再び幕府の直轄領となった

その後、長秀は京に戻り、在京のまま1424年（応永31）に死去した。

小笠原政康

おがさわら・まさやす

生没年 1376年（永和2・天授2）～1442年
（嘉吉2）

出身 信濃国

主君 足利義持→足利義量→足利義教

死因 不明

◇25年ぶりに信濃国守護職に復帰

　小笠原長基の3男。次兄長秀が失脚した後の小笠原家督を継いだ。1400年（応永7）に、信濃国人が長秀に反抗して起こった大塔合戦のときは信濃に在中していたが、政康も兄・長秀には反発しており、長秀に加担することなく様子見を決め込んだ。

　戦後、信濃の守護は再び斯波家のものとなり、政康は一時期、逼塞を余儀なくされた。しかし、1417年（応永24）に鎌倉公方・足利持氏と、前関東管領・上杉禅秀の対立が武力闘争に発展し、一時、禅秀が鎌倉を制圧して持氏が駿河へ逃走する事態に陥った。

　幕府は、禅秀討伐の援軍を進発させたが、このとき政康は、信濃国内の一族・国人衆をまとめ上げて信濃の防備に努めつつ、いつでも出陣できる態勢を整えた。政康はこれを機に、信濃国内の軍事指揮権を掌握し、守護の斯波家の力をも上回るようになった。また、上杉禅秀の乱の余波で、守護不在で混乱していた甲斐に、新たに武田信元が守護に就任して入国しようとしたが、国人たちに阻まれるという事件が起こったとき、それを武力で助けたのが政康だった。

　こうした功績が認められ、1425年（応永32）、信濃の守護に補任された。さらに、長秀が失った旧領も回復し、4代将軍・足利義持からは太刀が贈られた。

　1434年（永享6）頃、鎌倉公方持氏は、信濃で政康と対立していた村上家に援軍を寄こした。当時の信濃は幕府の管轄下にあり、鎌倉府が介入することはタブーであった。このときは、関東管領・上杉憲実の諫言で派兵は中止となったが、幕府と鎌倉府の関係は悪化した。

　そのため、6代将軍・足利義教は、戦略的要地として信濃国佐久郡を設定し、同地で対立していた大井家と芦田家の争いに介入した。政康は芦田家討伐を命じられて芦田家を攻め滅ぼし、またこの時期には祢津家や海野家ら大文字一揆も小笠原家に降り、村上家とも誼を通じて、信濃支配を固めていった。

　そして1438年（永享10）、持氏と憲実が武力衝突に至る永享の乱が勃発すると、政康は幕命を受けて憲実の救援のために鎌倉へ出陣した。

　1440年（永享12）に下総で結城家が幕府に対して兵を挙げた結城合戦でも、政康は信濃国人を組織して出陣し、結城城陥落に功を挙げた。このとき政康に従った信濃国人が『結城陣番帳』に記されているが、ほとんどの国人が名を連ねており、政康の統治力が窺える。

　政康の代にようやく守護大名として成長した小笠原家だったが、政康の死後、家督争いなど内紛が続き混乱していく。

小笠原持長

おがさわら・もちなが

生没年 1396年（応永3）～1462年（寛正3）

出身 信濃国

主君 足利義教→足利義政

死因 病死

◇畠山家と結んで家督継承争いを主導

　小笠原長将（政康の兄）の子。足利義教が将軍に就任したころ（1428年）に幕

第5章

中部地方の氏族／小笠原家

349

府に出仕し、将軍家の奉公衆として仕えた。1440年（永享12）に下総国で結城家が幕府に対して兵を挙げた結城合戦では、将軍・義教の命を受けて関東へ出陣した。1441年（嘉吉1）に義教が赤松満祐に殺害されると、満祐討伐軍の一員としても参加し、軍功を挙げたという。また、持長の実母が管領家の畠山持国の旧妻である関係を利用して畠山家とも誼を通じており、その持国が1442年（嘉吉2）に管領に就任したことで、持長の権威も強まることになった。

1446年（文安3）、持長と、政康の子・宗康との間で信濃守護家である小笠原家の家督相続をめぐる争いが勃発した。小笠原家の家督は、長将・政康兄弟の父である長基のあと、長将の弟で政康の兄・長秀が継ぎ（長将はすでに戦死）、その後政康が継承し、政康の死後は宗康が継いでいた。前前代の長秀は家督を政康に譲る際に、「政康のあとは、政康に子がいない場合は長将の子に譲れ」と置文を残しており、政康流の家督相続を支持していた。しかし持長は、父の長将は若くして戦死しただけで、生きていれば惣領を継いでいたはずであり、その子である自分が次の惣領の権利があると主張した。持長のバックには前管領・畠山持国（1445年に交代）が控えており、持国も持長を支持したため、小笠原家は両派に分裂、ついに武力闘争にまで発展してしまった。宗康の側には立場上、畠山家と対立する管領家・細川勝元がついた。

◇ 信濃守護をめぐる内紛

持長は1000の兵を率いて信濃に侵攻すると、宗康のいる信濃守護所を襲撃した。対する宗康の兵力は約3000ほどで、漆田原大黒塚で戦闘が繰り広げられ、1日に7度の合戦が行われたという。当初

は宗康軍が優勢に戦を進めたが、7度めの合戦で持長が自ら敵陣へ乗り込んで、ついに宗康の首を取ったという。

しかし、畠山持長と幕府内の権力をめぐって争っていた管領・細川勝元は、幕閣の会議をリードして、戦いに勝利した持長の家督就任を許さず、家督は宗康の弟・光康が継ぎ、信濃の守護も光康に与えられた。持長はその後も府中の井川館にとどまり、小笠原家は松尾の光康派と、府中の持長派に分裂して争った。

1449年（宝徳1）に勝元が管領を辞任し、再び持国が管領に就任すると、持長は持国の裁量によって信濃の守護に任じられたが、1452年（享徳1）に勝元が再び管領になると、光康が信濃守護に再任されるなど、信濃国内は混乱した。

その後も、持長は信濃守護職をめぐって光康と争ったが、信濃守護への復帰はかなわず、1462年（寛正3）、病没した。持長没後は、持長の子・清宗が父の遺志を継ぎ、光康とその子・家長と対立した。また、宗康の遺児・政秀も家督の継承権を主張するようになり、小笠原家は3派に分裂して争うようになる。

小笠原政秀

おがさわら・まさひで

生没年	？～1493年（明応2）
出身	信濃国
主君	足利義政
死因	暗殺

◇ 小笠原家の内紛で暗殺

小笠原宗康の子。父の宗康は、同族の小笠原持長と家督相続をめぐって争い、持長に敗れ戦死した。幼少だった政秀は、父の弟・光康のもとに逃れた。宗康は持長との合戦の最中、弟の光康に宛てて、「家督、守護職、所領はすべて光康

に譲るので、遺児・政秀を養育し、政秀が無事に育ったあかつきには家督を政秀に譲ってほしい」との書状を届けていたという。

光康は兄・宗康の遺志を尊重し、政秀に家督を譲って死去した。政秀は1463年（寛正4）、信濃の守護に補任された。しかし、光康の子・家長と、持長の子・清宗が政秀の家督継承に反対し、小笠原家は3派に分裂して争うことになった。

1467年（応仁1）、京で応仁の乱が勃発すると、政秀は東軍に属して京にいたが、同年、信濃の居城・伊那城に帰り、清宗が拠る府中城を襲撃し、再び信濃国内で戦乱がはじまった。清宗側も応戦し、両者の戦いはついに決着を見ず、1478年（文明10）に清宗が死去したことにより、政秀は清宗の子・長朝を養子に迎えて、両者はいったん休戦した。

一方、家長との対立は解消されず、1493年（明応2）、政秀は家長の子・定基に松尾城に誘われ、そこで嫡男・長定とともに謀殺された。

小笠原長棟

おがさわら・ながむね

生没年 1492年（明応1）～1542年（天文11）

出身 信濃国

主君 足利義晴

死因 病死

◇小笠原家を統一するも凋落は防げず

小笠原長朝の孫（子とする説もある）。当時の信濃は、守護家で鈴岡城主の小笠原政秀（鈴岡小笠原家）が滅亡し、伊那城に拠る伊那小笠原家と、府中林城に拠る府中小笠原家の二派が対立していた。

長棟は、鈴岡小笠原家を滅ぼした伊那小笠原家の定基との間で合戦を繰り返していた。また、信濃国内では守護家の小笠原家が分裂して勢力を弱めているうちに、村上家・海野家・高梨家・諏訪家・井上家・仁科家などの国人領主が自立化し、各地で相争う事態になっていた。

長棟は諏訪家との争いも勃発したため小笠原家の統一を急ぎ、天文初年（1530年代）に、伊那小笠原家の小笠原定基を攻めてこれを破り、定基を信濃から追放した。こうして長年にわたって分裂抗争してきた小笠原家は、府中小笠原家の長棟によって統一された。

しかし、かつての守護家である小笠原家の凋落は明らかで、群雄が割拠する信濃国内を統一する力は失われていた。

長棟の子が、戦国大名として著名な長時で、長時の代に小笠原家は戦国大名化し、諏訪家と和睦して隣国・甲斐の武田家と対立。村上義清や木曽義康らとも提携して武田晴信（のちの信玄）と戦ったが、徐々に信濃を侵食され、1550年（天文19）、居城の府中林城を落とされて信濃における小笠原家は滅亡した。

諏訪家

信濃の豪族で、諏訪社の神官。鎌倉幕府滅亡時には、得宗北条家高時の子・時行を諏訪にかくまい、中先代の乱を起こして建武の新政崩壊のきっかけを作った。その後も、南朝方として活動したが、1374年（文中3）についに室町幕府に降った。頼満の代に上社と下社に分かれていた諏訪大社が統一され、頼重の代になると「信濃四大将」と称されるほどの権勢を得たが、甲斐の守護・武田家との抗争に敗れて滅亡した。

諏訪頼重

すわ・よりしげ

生没年	?～1335年（建武2）
出身	信濃国
主君	鎌倉幕府→北条時行
死因	自害

◇中先代の乱の首謀者

信濃諏訪の人で、諏訪大社の神職である大祝を務めた。

1333年（元弘3）に新田義貞によって鎌倉が陥落したとき、北条一族の数人は鎌倉を逃げ出していた。それが、北条家得宗・高時の弟の泰家と、高時の子・時行であった。頼重は、幼い時行を信濃にかくまい、諏訪大社で時行の養育を引き受けた。北条家の御内人だった頼重は、北条家の再興を強く願い、時行をその旗頭に据えようと考えた。

後醍醐天皇の建武の新政がはじまってから、陸奥や九州などで北条家の残党が挙兵をしては鎮圧されていた。頼重は、

単発の挙兵では新政府を覆すのは無理だと考え、信濃を離れて京に潜伏していた北条泰家と、北陸で策動していた北条家一族の名越時兼と連絡をとり、1335年（建武2）、頼重は時行を奉じて、5万余騎を率いて信濃で兵を挙げた。頼重軍は信濃府中に攻め入ると、国衙を襲撃して天皇方の国司を自害に追い込み、そのまま東進して上野へ進軍してさらに武蔵へ攻め寄せた。

勢いに乗じた頼重らは、女影原、小手指原、井出の沢で、迎撃に出てきた足利直義軍を蹴散らして、わずか10日間の進軍で鎌倉に侵攻、ついに鎌倉から足利直義以下の幕府軍を駆逐して、念願の鎌倉奪還を成し遂げた。

しかし、京から足利尊氏が大軍を率いて鎌倉に進撃してくると、7度の合戦を繰り返して抵抗するが敗北し、鎌倉から撤退した。鎌倉奪還から、わずか20日あまりだった。

敗れた頼重らは、相模勝長寿院に逃げ

352

込んだ。自害を決意した頼重は、「力及ばず敗れたが、大将殿（時行）は逃げのびて、もう一度足利勢を攻略してほしい。そのために我々が自決した後は顔の皮をはぎ、敵の目をくらましてほしい」と、悲壮な覚悟を告げた。やがて勝長寿院にやってきた足利軍は、顔の皮をはがされたいくつもの死体を目にし、時行の死体を確認できなかった。

時行は、頼重のおかげで逃げのび、やがて尊氏と対立した後醍醐天皇の重臣・北畠顕家とともに、尊氏らと激戦を繰り広げることになる。

諏訪頼満
すわ・よりみつ

生没年	不詳
出身	信濃国
主君	特になし
死因	不明

✧二分されていた諏訪大社を一本化

諏訪政満の子。諏訪家は代々信濃の諏訪大社の神職である大祝を務める家柄で、信濃諏訪地方の名士だった。しかし、大祝という職は、諏訪家の惣領家が受け継ぐわけではなく、14世紀中頃に諏訪家は大祝家と惣領家に分裂した。

1483年（文明15）、大祝家の諏訪継満が、惣領家を酒宴に招いて、頼満の父・政満とその嫡子・宮若丸を殺害するという事件が起こった。しかし、継満は周辺の国人の離反を招いて居城の樋沢城を攻められて高遠に逃亡した。

このとき、頼満が国人らに推挙されて惣領家を継ぐことになった。

諏訪大社は上社と下社に分かれていて、上社を諏訪家、下社を金刺家が継いでいて、両家は激しく対立していた。

1518年（永正15）、下社の金刺家が諏訪家領に侵攻し、諏訪家の諸城に襲いかかった。頼満は迎撃するとともに反撃に移り、下社の社殿を焼き払って金刺家当主の興春を討ち取り、その子・昌春を甲斐に追放した。これにより金刺家は一

第5章 中部地方の氏族／諏訪家

諏訪家略系図

頼重 —— 時継 —— 頼継

継宗 —— 信員

頼隣（高遠家）

信嗣 —— （3代略）—— 信満 —— 政満（惣領家）—— 宮若丸

政満（惣領家）—— 頼満 —— 頼隆 —— 頼重

○ —— 頼員

頼満 —— 継満（大祝家）

353

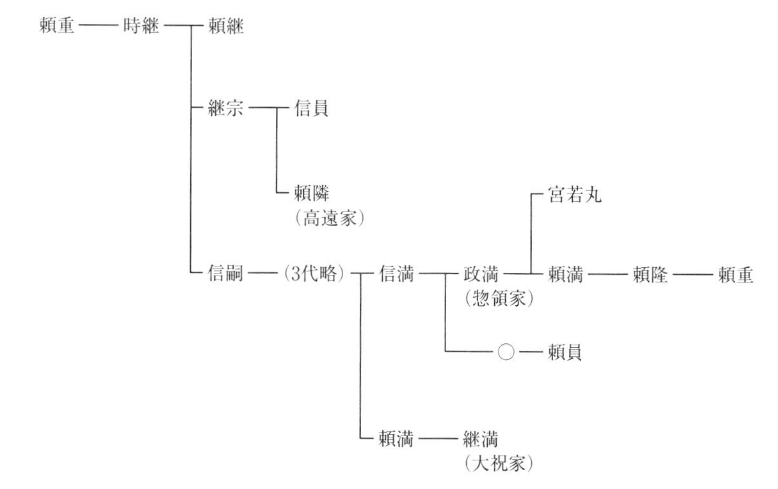

時、衰退した。その後、頼満は高遠に逃亡した大祝家当主継満の子・頼継を攻めてこれを降し、惣領家が大祝も兼ねることにして両家の二重構造を解消して諏訪家を統一した。

その頃、隣国の甲斐では、内訌によって一時衰退していた守護の武田家が、当主・信虎の力によって甲斐一国を統一した。当時の信濃は守護の小笠原家が衰退し、諏訪家を含む国人が各地に割拠する状況で、大きな力をもった勢力が不在だった。そこで信虎は信濃の簒奪をめざし、1528年（享禄1）、頼満に追放されて甲斐に逃げ込んでいた金刺昌春を推戴して諏訪に侵攻してきた。頼満は嫡男の頼隆とともに出陣して武田軍と対峙した。同年、信濃神戸の戦いでは敗北したが、甲信国境の堺川の戦いで武田軍を打ち破って甲斐へ敗走させた。

その後も信虎との対立は続いたが、1535年（天文4）、信虎と和睦し、甲斐武田家と婚姻関係を結んで、諏訪地方一帯を領有する戦国大名となり、頼満は「諏訪家中興の祖」といわれるようになった。

1537年（天文6）頃に死去。嫡男の頼隆が死去していたため、頼隆の子・頼重が家督を継いだ。

諏訪頼重

すわ・よりしげ

生没年 1516年（永正13）～1542年（天文11）
出身 信濃国
主君 特になし
死因 自害

❖信玄に滅ぼされた諏訪宗家の当主

諏訪頼隆の子。中先代の乱に加担した諏訪頼重とは同名異人。

1537年（天文6）頃に祖父の頼満が死去すると、すでに父・頼隆が死んでいたため頼重が諏訪宗家の家督を継いだ。

諏訪家は、頼満の時代に大きく成長し、小笠原家・村上家・木曾家とともに「信濃四大将」と称されていた。

1540年（天文9）、頼重は甲斐の守護・武田信虎の娘を正室に迎え、祖父・頼満と同様に武田家と同盟を結んだ。翌年、頼重は武田家の後ろ盾を得て埴生郡の村上義清と結んで、小県郡の海野家と禰津家を攻めて同地を攻略した。

しかし、同年6月、甲斐でクーデターが発生し、信虎が子の晴信に追放されると、頼重と武田家の関係は悪化。さらに、その翌月、関東に逃亡していた海野棟綱が関東管領・上杉憲政とともに小県郡に侵攻してくると、頼重は憲政と単独講和を結び晴信の不興を買い、武田家との同盟は解消されてしまった。

晴信は同年、かつての諏訪大社大祝家の高遠頼継、諏訪大社禰宜・矢島満清ら、頼重と対立する諏訪の国人を糾合して諏訪地方に侵攻し、頼重の居城・上原城を攻め立てた。不意をつかれた頼重は上原城を捨てて桑原城に入り軍勢を立て直すが、1542年（天文11）、晴信に降った。

その後、頼重は甲府へ送られ、板垣東光寺に幽閉されたのち、同年、切腹を命じられて自刃した。

武田家

清和源氏の一流で、源義光を始祖とする甲斐源氏の宗家。安芸の守護となった武田家が本来の嫡流で、戦国時代に上総で勢力を得た上総武田家は甲斐武田家の支流。鎌倉幕府滅亡に際して足利尊氏に味方をして甲斐の守護に任じられ、室町時代を通して甲斐国で一大勢力を築いた。信昌の後継をめぐって内訌が生じたが、油川家・小山田家を討滅した信虎が甲斐国内を平定し、信玄の代に至って戦国大名として飛躍した。

第5章 中部地方の氏族／武田家

武田信武

たけだ・のぶたけ

生没年	？〜1359年（正平14・延文4）
出身	安芸国
主君	鎌倉幕府→足利尊氏
死因	病死

◇ 甲斐国に進出した安芸武田氏

鎌倉幕府の安芸の守護。

1333年（元弘3）、後醍醐天皇が伯耆船上山で鎌倉幕府打倒の兵を起こすと、幕命にしたがって上洛し、後醍醐天皇討伐軍に加わった。そのため、幕府滅亡後に後醍醐天皇が建武の新政をはじめると冷遇された。1335年（建武2）、足利尊氏が後醍醐天皇から離反すると、信武は尊氏方についた。以降は尊氏から厚く信頼されるようになり、同年には安芸の守護に補任された。

1335年（建武2）以降は中国地方に下り、安芸の有力国人・吉川経盛らを糾合して尊氏軍の主力として、安芸の天皇軍

と戦った。信武はその後、石見まで進出し、石見の守護・上野頼兼と合流して1342年（興国3・康永1）には石見の有力国人・益田家の庶流・福屋家を福屋城に攻め、さらに福屋軍が撤退して入城した要害堅固で知られた本明城を落とした。続いて中国南朝軍の主将・新田義氏の拠点である小石見城を落城させるなど活躍し、中国地方西部に幕府の勢力を伸長させることに大きく貢献した。

やがて、尊氏と直義が対立する観応の擾乱が勃発すると、信武は尊氏側につき、これまでの軍功を買われて、1351年（正平6・観応2）に鎌倉へ遁走した直義を追討するために甲斐の守護に補任された。直義軍追討のために甲斐へ下向した信武は、その後そのまま甲斐にとどまり、甲斐における武田家の勢力基盤の基礎を築き上げ、後世、信武は甲斐武田家中興の祖と呼ばれるようになる。

信武は多くの軍功を挙げた武人だったが、一方で禅宗や和歌への造詣も深く、

355

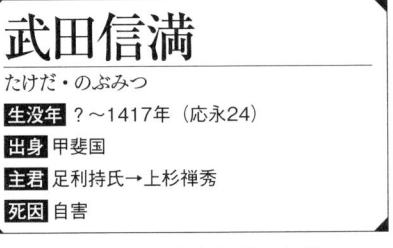

勅撰和歌集『新千載和歌集』(1359年完成)には信武の作品が収められている。

武田信満

たけだ・のぶみつ

生没年 ?～1417年（応永24）
出身 甲斐国
主君 足利持氏→上杉禅秀
死因 自害

◇上杉禅秀の乱で家名存続の危機

甲斐の守護・武田信春の嫡男で、1413年（応永20）の父の死にともない家督を継ぎ、甲斐の守護を継承した。

1416年（応永23）、前関東管領の上杉禅秀が、鎌倉公方・足利持氏に対して謀反を起こし挙兵した。信満は、娘を禅秀のもとに嫁がせていたことから禅秀に加担し甲斐で挙兵、相模で禅秀と合流した。禅秀軍は破竹の勢いで連勝を重ね、持氏を鎌倉から追放して鎌倉を占拠する

と、持氏の叔父・足利満隆を鎌倉公方と称して鎌倉を制圧した。

しかし幕府は、禅秀の乱が畿内に波及することを恐れ、持氏を支持して援軍を出すと、戦況は逆転。禅秀についていた諸将は、次々と幕府に籠絡されて禅秀軍は瓦解した。禅秀は自害に追い込まれ、信満は甲斐へ逃げ帰った。

甲斐は関東の御分国として鎌倉府に出仕していたのだが、信満は責任を追及されることを怖れて出仕しなくなった。

すると持氏は1417年（応永24）、それを謀反と断じて上杉軍を信満討伐に向かわせた。信満は防戦に努めたが徐々に追いつめられ、都留郡木賊山（天目山）で自害して果てた。

武田家略系図

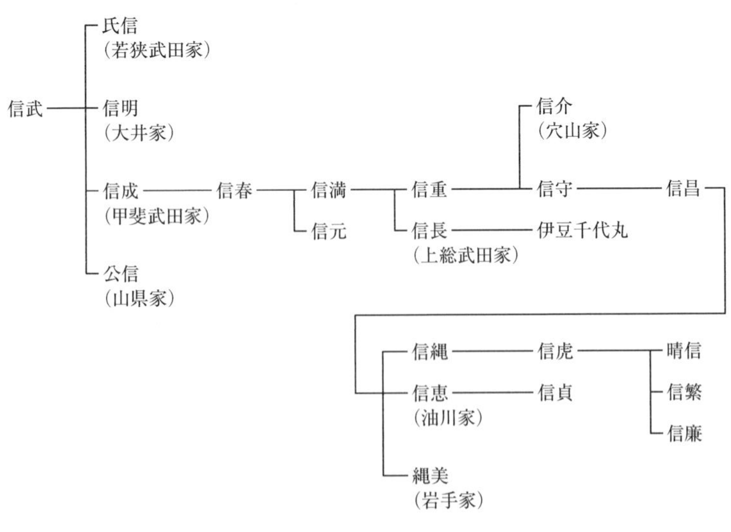

```
信武 ┬ 氏信
     │ （若狭武田家）
     │
     ├ 信明
     │ （大井家）
     │
     ├ 信成 ─── 信春 ─┬ 信満 ─┬ 信重 ─── 信守 ┬ 信介
     │ （甲斐武田家）   │        │              │ （穴山家）
     │                 └ 信元    │              └ 信守 ─── 信昌
     │                           └ 信長 ─── 伊豆千代丸
     │                             （上総武田家）
     └ 公信
       （山県家）
```

（系図下段）
信縄 ─── 信虎 ┬ 晴信
信恵 ─── 信貞   ├ 信繁
（油川家）   └ 信廉
縄美
（岩手家）

356

武田信重

たけだ・のぶしげ

生没年	？～1450年（宝徳2）
出身	甲斐国
主君	足利義教→足利義勝→足利義政
死因	戦死

◇混乱を極める甲斐国の流浪の守護

甲斐の守護・武田信満の嫡男だが、父・信満が上杉禅秀の乱で反乱軍に与して自害に追い込まれると、鎌倉公方・足利持氏の討伐を避けて紀伊国に逃げ落ち、高野山に入って出家した。

そのため、甲斐は一時的に守護不在となり、支配権をめぐって国人層が自立し、そこに鎌倉府と幕府の思惑が複雑に絡みあい、甲斐国内は混乱した。

まず台頭したのが、武田家の一族・逸見有直だった。有直は、足利持氏に甲斐の守護就任への推挙を願い出て、持氏もそれを受け入れるが、6代将軍・足利義教はそれを認めず、信満の弟・武田信元（信重の叔父）を守護に任じた。

信元は信濃の守護・小笠原政康、小笠原家の庶流で甲斐の守護代・跡部家の支援を得て有直と対峙するが、武田家の甲斐国における影響力を取り戻すことはできなかった。

1420年（応永27）に信元が死去すると、信重の弟・信長の子にあたる伊豆千代丸が担ぎ出されるが、幼少だったため跡部家が専横を振るうようになり、甲斐国は西を逸見家、東を跡部家が押領する状況となった。

甲斐は関東に接する国で、鎌倉の押さえのためにも幕府は重視しており、この事態を重く見た幕府は、翌年に信重を呼び戻して甲斐の守護に補任した。しかし、国内の抵抗が激しく、信重は入国す

ることができなかった。信重が甲斐国に入国を果たしたのは、じつに17年後の1438年（永享10）だった。そのため信重は流浪の守護と形容される。

◇武田氏復興の礎を築く

信重が甲斐に入った年に、鎌倉府と幕府が武力衝突に至る永享の乱が勃発した。信重のもとには両軍から出兵の要請が届いたが、信重は中立を保って兵を出さなかった。この乱は鎌倉公方・足利持氏が自害して終結し、甲斐では持氏を後ろ盾にしていた逸見家が没落した。

続いて、持氏の遺児を擁した下総の結城氏朝・持朝父子が幕府に反旗を翻した結城合戦が起こると、信重は幕府の要請にしたがって結城城攻略に従軍し、持朝の首級を挙げるという殊勲を挙げた。

1441年（嘉吉1）、将軍・義教が播磨の守護・赤松満祐に殺害されるという事件が起こった。幕命を受けた信重は上洛し、満祐討伐に加わって武功を挙げた。こうした活躍により、信重の幕府内での評価は上がり、それにともない甲斐における信重の影響力も増し、勢力をもっていた跡部家を圧迫するようになった。

翌1442年（嘉吉2）、信濃の守護・小笠原政康の死後の家督争いに介入するなど、周辺地域への影響力も増していき、信重のもとでは徐々に譜代家臣団も形成された。

1450年（宝徳2）、信重は反対勢力の黒坂家の討伐に向かったが、その途上に、小山城の穴山伊豆守に急襲され殺害されてしまった。

穴山伊豆守は、信重の叔父・信元の子ともいわれ、当時勘気を受けて追放されていた。そのため、信重は2男の信介に穴山家の家督を継がせたのだが、伊豆守はそれに反発したとされている。

第5章 中部地方の氏族／武田家

357

武田信長

たけだ・のぶなが

生没年 不詳
出身 甲斐国
主君 足利義教→足利成氏
死因 病死

◇上総武田氏の祖となる

　武田信満の2男で、武田信重の実弟。
　1416年（応永23）の上杉禅秀の乱において、父・信満とともに禅秀側に与して鎌倉公方・足利持氏と対立した。禅秀が自害して乱は終結したが、持氏は禅秀に味方した諸将の討伐に乗り出し、信満・信長父子の領国である甲斐にも攻め寄せた。信満が自害に追い込まれると、京にいた長兄・信重は出家して高野山に入ったため、信満の弟・信元（信長の叔父にあたる）が甲斐の守護に補任された。信元の死後、信長が守護に就く話が出たが、禅秀に与した罪を許されず、幕府から許可が下りなかった。
　その後、信長の子・伊豆千代丸が守護に任じられたが、伊豆千代丸が幼かったため守護代の跡部家や、持氏の支持を得た一族の逸見家などに国内は牛耳られることとなる。さらに、たびたび持氏から討伐軍が派遣され、信長はそのたびに防戦に一杯となった。
　1425年（応永32）、1426年（応永33）の2度にわたる持氏軍との合戦に敗れた信長は持氏に降伏し、以降は国内の跡部家との戦いに忙殺される。しかし1433年（永享5）、信長は跡部家に敗退して甲斐から逃走、6代将軍・足利義教を頼って上洛した。その後は在京したまま義教に仕え、1440年（永享12）に勃発した結城合戦では幕府軍として出陣した。
　1441年（嘉吉1）に義教が殺害される

と京を離れて鎌倉に下向し、鎌倉公方・足利成氏に仕えた。1454年（享徳3）、成氏と関東管領・上杉憲忠の対立をきっかけに享徳の乱が勃発すると、信長は成氏方に属して幕府・上杉軍と各地を転戦した。翌年には安房の国人・里見義実とともに武蔵に侵攻し、山内上杉房顕の拠点である騎西城を落とすなど戦功を挙げ、1456年（康正2）には上総の守護代に任じられたという。同年、信長は成氏の命を受けて上総に侵攻して庁南城と真理谷城を築き、上総武田家の祖となった。その後も信長は久留里・笹子方面へ勢力範囲を広げてゆき、上総武田家は上総を代表する国人として戦国時代を迎えるほどに成長した。
　信長は、成氏が拠点を下総古河に移したあとも一貫して成氏に仕えた。1482年（文明14）に享徳の乱が終息すると、上総畔蒜荘を押領するなど自立化を強め、上総武田家は戦国大名化への道を歩み始めるのである。

武田信昌

たけだ・のぶまさ

生没年 1447年（文安4）～1505年（永正2）
出身 甲斐国
主君 足利義政
死因 病死

◇跡部氏を排斥し守護体制を強化

　武田信守の嫡男で、甲斐の守護・武田信重の嫡孫にあたる。父の信守が早世したため、1455年（康正1）に家督を継いだときには、まだ8歳だった。
　甲斐国内は、祖父の代から守護代の跡部家が専横を続けており、幼少の信昌を補佐したのも、守護代・跡部景家だった。
　1464年（寛正5）に、景家の父・跡部明海が没すると、信昌は跡部家と対立す

358

るようになり、信濃の有力国人である諏訪家などの支援を得て、小田野城に景家を追いつめて自害させた。

当時、関東では幕府と古河公方・足利成氏との戦いである享徳の乱の最中で、上総に拠点を移していた大叔父の武田信長は成氏に従っていたが、信昌は幕府方に加担した。しかし、跡部家を滅ぼしたあとも甲斐国内は穴山家や小山田家などの国人が割拠していて混乱をきわめており、信昌は1465年（寛正6）に8代将軍・足利義政から関東出陣の命を下されたが、出兵する余裕はなかった。

1492年（明応1）に嫡男・信縄に家督を譲り隠居するが、信昌は2男の油川信恵を寵愛したため、油川氏の乱ともいわれる内紛を導いてしまう。

武田信縄

たけだ・のぶつな

生没年	？～1507年（永正4）
出身	甲斐国
主君	足利義稙→足利義澄
死因	病死

❖兄弟対決により甲斐国大混乱

甲斐の守護・武田信昌の嫡男で、1492年（明応1）に家督を継承した。しかし病弱だったため、隠居した父の信昌が後見役として補佐した。

当時の甲斐は、国人同士の争いが絶えず、守護の武田家の支配体制は盤石ではなかった。やがて、彼らの紛争は武田家内にも波及し、それは信縄と弟・油川信恵との家督争いに発展してしまう。さらに、父の信昌が信恵を支持したため、家中はいっそう混乱した。

信縄には岩手家・内藤家・秋山家といった譜代の家臣がつき、信恵には小山田家・加藤家・穴山家・栗原家などの国人

層が加勢し、甲斐は二派に分裂、両軍は1493年（明応2）と1494年（明応3）に激しく武力衝突するなど対立は激化した。

こうした武田家の内紛に付け入るように、1493年（明応2）に堀越公方を滅ぼして伊豆を制圧した伊勢盛時（のちの北条早雲）が2万の大軍を率いて甲斐に侵攻。これに対し信縄は、すぐさま信恵に休戦を申しいれ、兄弟で早雲軍に対峙して、これを撃退した。早雲は、その後も何度か甲斐に侵攻するが、そのたびに信縄は早雲軍を撃退した。

伊豆の北条家に対しては信恵とともに戦ったが、両者の対立は収まらなかった。1498年（明応7）に起きた明応の大地震で両者が和睦した時期もあったが、信縄と信恵の対立は断続的に行われ、1505年（永正2）に父・信昌が死去すると、その対立は激しさを増した。

この頃、信縄は病に倒れ、富士浅間神社に病平癒の願文を納めるなどしたが、その祈りも空しく、1507年（永正4）に病没した。

武田信虎

たけだ・のぶとら

生没年	1494年（明応3）～1574年（天正2）
出身	甲斐国
主君	足利義澄→足利義稙→足利義晴→足利義輝→足利義昭
死因	病死

❖油川信恵を討ち果たし宗家統一

武田信縄の嫡男。武田信玄の父として有名で、甲斐武田家を戦国武将へ脱皮させ、戦国最強といわれた軍隊を組織し、家中・国内の統一に成功した。のちに信玄によって追放されるが、各地を歩き回って信玄よりも長生きした。

1507年（永正4）に父・信縄の死去に

第5章　中部地方の氏族／武田家

359

ともない家督を継いだ。

　当時の武田家は、信縄とその弟・油川信恵が武力対立しており、信恵は信虎が家督を継いだ直後から反発していた。

　信恵方には、信恵の弟・岩手縄美が加担し、栗原家・小山田家・工藤家・上條家らの有力国人たちが参陣し、対する信虎方には譜代家臣の曽根家・甘利家・駒井家・小田切家に加え、萩原家や金丸家などの中小国人たちが加担した。ちなみに穴山家や大井家といった、武田一族の有力国人は、信虎の代になって中立を保ち、どちらの軍にも加わらなかった。

　1508年（永正5）、信虎方が信恵の拠る勝山城へ攻め寄せた。夜陰に乗じた攻撃だったため、信恵軍は奇襲を受けた形となり城内は大混乱に陥り、信恵は嫡男の信貞とともに討ち死にし、信恵の弟・縄美は自害して果てた。

　こうして祖父・信昌の代から続く内紛は決着し、ようやく武田家は信虎のもとで統一をみたのである。

◇小山田氏らを降して国内統一

　家中を統一した信虎は、続いて国内の統一をはかった。1510年（永正7）には東部郡内地方で大きく勢力を伸張していた小山田信有を降して小山田家を支配下に収めた。

　小山田家を従属させた信虎は、続いて西郡の大井家と今井家の被官化を図ったが、大井信達は駿河の領主・今川氏親と結び、信虎に激しく抵抗した。信虎は1515年（永正12）の合戦で信達に敗れ、翌年にも敗戦を喫するなど、大井家との戦いは劣勢を強いられたが、1517年（永正14）に今川軍が拠る吉田山城を陥落させて氏親と和睦し、大井家を追い詰めていった。そして同年、今川家の後ろ盾をなくした信達を降伏させることに成功

し、甲斐の統一に成功した。

　信虎は甲府に躑躅ヶ崎館を築いて居館を移し、家臣団も甲府に移住させ、城下町の整備を行った。

　1521年（大永1）、一時は和睦をした今川家が再び甲斐へ侵攻してきたが、今川軍破り、この戦いで穴山家が信虎に降伏した。

◇クーデターで国を追われる

　信虎は、関東における関東管領・上杉家と北条家の対立に介入し、1526年（大永6）には北条氏綱に勝利を収めたが、それ以上の攻勢を強めることはできなかった。また、その翌年には信濃へ侵攻して諏訪家と戦い敗れるなど、対外侵攻は思うように戦果を残せなかった。

　1541年（天文10）、信濃国小県郡海野城に海野棟綱を攻め、海野家を滅ぼして帰国したところ、信虎は嫡男の晴信（のちの武田信玄）のクーデターにより駿河へ追放され、強制隠居させられてしまう。凶作による飢饉にもかかわらず信虎は大量の兵を動員したり、軍費の調達のために増税を課したりと、民心が離れたことを晴信が懸念したためのクーデターだったといわれる。当時の記録である『妙法寺伝』には「兵を大勢かりだされ迷惑のいたり」と、信虎支配に対する民衆の不満が書き連ねてある。

　追放後の信虎は、以降は死ぬまで甲斐国の地を踏むことはできなかったが、武田家と疎遠になったわけではなく、2男の信繁や5男の信廉とは連絡を取り合っていたという。また、信虎を追放した晴信は、今川家に対して信虎の隠居費として金を送金しており、また信虎は桶狭間の戦いで義元が戦死した後の今川家中の様子を晴信に伝えるなど、信虎と晴信の間にも交流があったとされる。

義元の死後、信虎は駿河を離れて上洛し、13代将軍・足利義輝に仕えた。義輝が殺害された後も在京し、15代将軍・足利義昭にも仕えた。

武田晴信

たけだ・はるのぶ

生没年 1521年（大永1）～1573年（元亀4）
出身 甲斐国
主君 足利義晴→足利義輝→足利義昭
死因 病死

◇ 凱旋帰国後の突如のクーデター

武田信虎の嫡男。後に信玄を名乗り、甲斐の虎と異名され、騎馬軍団を組織して戦国大名として天下にその名を轟かせた。

晴信が元服した1536年（天文5）、武田家と対立していた駿河の領主・今川家で家督争いが起こり（花倉の乱）、父の信虎は今川義元を支援して今川家と和議を結ぶことに成功し、信濃への攻勢を強めた。同年、信濃の国人・村上義清と戦った海ノ口城合戦が晴信の初陣とされる。晴信は、海ノ口城将平賀源心を討ち取り、初陣を勝利で飾った。

その後、村上軍の反撃に遭った武田軍は、信濃海尻城を攻められ苦戦を強いられた。このとき、晴信が甲斐国から援軍として出陣し、城代上原昌辰とともに村上軍を撃退した。

1541年（天文10）、晴信は父・信虎とともに、信濃国海野平に海野棟綱を攻め、これを滅ぼして帰国する。そして、帰国後すぐに信虎を駿河国へ追放し、強引に家督を継いで19代当主となった。

このクーデターには、多くの武田家重臣が賛同し、さらに信虎の妻であり晴信の母でもある大井夫人も承知していたという。そのため晴信のクーデターはスムーズに進み、信虎退去後も家中に動揺は生じなかった。

◇ 戦国大名武田氏の全盛期

当主となった晴信は信濃国への侵攻を続け、1542年（天文11）には甲斐と信濃の国境近くの国人・諏訪頼重を攻めて自害に追い込み、諏訪郡を制圧した。翌年には、小田井家を降し、続いて藤原頼親、高遠頼継、志賀清重らを攻め、信濃を次々と侵食していった。

この頃、晴信は分国法である『甲州法度之次第』を制定し、領国支配を盤石なものとしている。

晴信はさらに信濃への侵攻を続けたが、1548年（天文17）、佐久地方の有力国人・村上義清との戦いに敗れ、さらに2年後にも義清に敗れるなど、信濃制圧は頓挫した。

しかし1551年（天文20）、晴信の家臣・真田幸隆の奮戦で義清を敗走させ、かつての守護家で中信に勢力を残していた小笠原家を駆逐して北信をのぞく信濃国を平定した。

上杉謙信との川中島の戦いを経て、その後は関東地方に目を向け、今川家や北条家、徳川家らと同盟と決裂を繰り返しながら、駿河、西上野、遠江、三河を支配下に置き、晴信の時代に武田家は全盛期を創出した。

1572年（元亀3）、15代将軍・足利義昭に請われる形で上洛するが、その途上で病に見舞われ、故郷への帰国途中に死去した。

第5章 中部地方の氏族／武田家

361

今川家

足利将軍家の一族で、「御所が絶えれば吉良が継ぎ、吉良が絶えれば今川が継ぐ」といわれるほどの家格を有した。南北朝の戦乱では一貫して幕府方につき、高い家格もあって駿河・遠江の守護となり、東海地方の太守として君臨した。16世紀初頭の氏親の代に、いったん斯波家に奪われていた遠江の守護職を取り返し、義元の代には三河まで侵攻して最盛期を迎えたが、尾張の織田家に敗れて没落した。

今川範国

いまがわ・のりくに

生没年 ？～1384年（元中1・至徳1）
出身 駿河国
主君 足利尊氏
死因 病死

◆抜群の武功で今川氏の祖となる

駿河今川家の祖。今川基氏の5男。今川家は足利一門とはいえ、もともとは駿河の小規模な在地領主にすぎなかった。その今川家を国持ち大名にまで出世させたのが範国だった。

1335年（建武2）、北条時行が中先代の乱を起こして鎌倉に侵攻、同地を占領し、鎌倉を守っていた足利尊氏の弟・足利直義は三河まで逃げた。時行追討のため東下した尊氏は三河で直義軍と合流し、駿河に入った。このとき範国は3人の兄弟とともに尊氏・直義軍に合流し、討伐軍に加わった。

駿河の小夜中山（静岡県掛川市）での

時行軍との戦いにおける範国ら今川家の奮戦はめざましく、範国の兄・今川頼国が時行軍の大将・名越邦時を打ち取り、時行軍の撤退のきっかけをつくる殊勲を挙げた。戦後、戦功が認められて、範国は駿河・遠江2国の守護に任じられた。

5男だった範国が守護を拝命したのは、中先代の乱でほかの兄弟が軒並み戦死してしまったからだった。

長兄の頼国は、遠江小夜中山の戦いに続く相模川の戦いで命を落とした。このとき、三兄・今川頼周も戦死している。次兄・今川範満は、数々の殊勲を挙げた末に、小手指原の戦いで討死。四兄は早くに出家して僧籍に入って大喜法圻と名乗り、円覚寺・建長寺の住職を歴任した名僧であった。範国は、彼らの勲功も合わせて、尊氏から評価されたのである。このとき、長兄の頼国には今川頼貞という子がおり、頼国の戦功が認められて頼貞は丹後・因幡の守護に任じられたが、観応の擾乱で尊氏と対立した足利直冬に

与したため没落している。

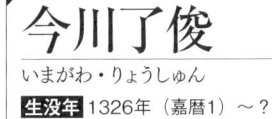

◇ **著名な戦場に出陣**

中先代の乱を鎮圧したあと、尊氏は後醍醐天皇からの帰京命令を無視して鎌倉に居座り、1335年（建武2）、後醍醐天皇から離反した。範国は尊氏にしたがい、新田義貞・北畠顕家ら天皇方と激闘を繰り広げる。京都合戦、駿河手越河原の戦い、美濃青野原の戦い、河内四條畷の戦いなど、室町幕府成立に関わる戦いに姿を見せては、その武勇を知らしめた。

後醍醐天皇の皇子である宗良親王が遠江の三嶽城に拠っていたこともあり、当時、南朝勢力がまだ強かった駿河・遠江の守護として、南朝勢力の掃討にも貢献し、2男・今川了俊は九州探題に任じられるなど、尊氏からの信頼は高かった。

幕府の執事・高師直と足利直義の対立をきっかけにはじまった観応の擾乱では、範国は尊氏方につき、直義の敗北を決定的にした1351年（正平6・観応2）の薩埵峠の戦いで軍功を挙げ、幕府内での地位を確固たるものとした。

1353年（正平8・文和2）に範国は、家督と守護職を嫡男の今川範氏に譲り隠居

した。しかし、尊氏の強い要請により室町幕府の政界に復帰し、引付頭人を務めて幕政を支えた。

数々の武功を挙げた範国だが、彼は歌道や、武家の有識故実にも精通した文化人でもあった。花園上皇が『風雅和歌集』を選んだとき、範国の和歌を撰じようと内意を示したが、範国は「次男貞世（了俊）は貴君に就いて本格的に和歌を学んでいるから、彼の作品を入選して下さらば、それが彼のはげみとなり本当の歌人となることができるだろう。私の代わりに是非貞世の作品を採用して下さい」と言って、それを断ったという。

今川了俊

いまがわ・りょうしゅん

生没年 1326年（嘉暦1）～？
出身 駿河国
主君 足利尊氏→足利義詮→足利義満
死因 不明

◇ **南朝勢駆逐のために九州へ**

今川範国の2男で、父とともに足利尊氏に仕えた。数々の功を挙げて、侍所頭人、引付頭人などの要職を歴任し、尊氏

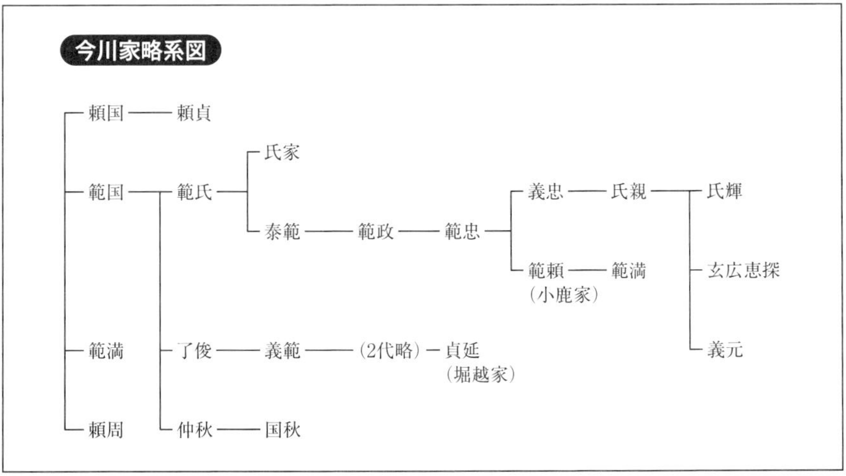

第5章　中部地方の氏族／今川家

今川家略系図

```
頼国 ── 頼貞

範国 ── 範氏 ┬ 氏家
            └ 泰範 ── 範政 ── 範忠 ┬ 義忠 ── 氏親 ┬ 氏輝
                                    │              ├ 玄広恵探
                                    └ 範頼 ── 範満  └ 義元
                                      （小鹿家）

範満 ── 了俊 ── 義範 ── （2代略） ── 貞延
                                      （堀越家）

頼周 ── 仲秋 ── 国秋
```

363

の死後も2代将軍・足利義詮に重用された。九州探題として、九州地方の平定を成し遂げ、室町幕府屈指の実力者となった。

1367年（正平22・貞治6）に義詮が死去し、3代将軍・足利義満の代になると、室町幕府の政治も安定したかにみえたが、問題は九州地方にあった。

1355年（正平10・文和4）に初代九州探題・一色家が駆逐されてから、九州では後醍醐天皇の皇子・懐良親王を中心とした南朝方の勢力が幅を利かせており、後に続いた斯波氏経、渋川義行も南朝軍に敗れて九州を去っていた。

そして、九州平定を使命として1370年（正平25・応安3）に九州探題に任じられたのが、了俊だった。了俊は、まず弟の今川仲秋と子の今川義範を九州に先行させて、九州の動静を探らせた。仲秋は海路で肥前に入り松浦党と合流、義範は豊後にわたって大友氏時と合流した。

了俊自身は翌年、安芸の守護に補任されると西下して、安芸国内の国人層を糾合しながら軍を進め、長門の守護・大内弘世と誼を通じて、豊前の国人・門司家とも連絡を取って万全の態勢を整えた。

了俊は、義範を豊後に挙兵させ、南朝方の主力・菊池武光を豊後におびき出し、その隙をついて九州に上陸、大宰府へ進軍を開始した。肥前の軍勢を率いてきた仲秋と合流した了俊は、1372年（文中1・応安5）、菊池軍の拠る有智山城へ攻め寄せた。城はわずか2日で落ち、懐良親王と武光らは大宰府を捨てて肥後へ逃走した。南朝方が12年もの間守り通してきた大宰府は、了俊の軍略によって、ついに幕府の手に帰した。

しかし、これで九州が平定されたわけではない。懐良親王は健在であり、菊池

一族とともに肥後で戦っていた。また、幕府軍として九州各地を転戦して軍功を挙げていた筑前の守護・少弐冬資は了俊と折り合いが悪く、1374年（文中3・応安7）には了俊からの援軍の催促を断って出陣しなかった。

1375年（天授1・永和1）、了俊は菊池家の本拠でもある肥後への侵攻を本格化させる。このとき、了俊は西国三人衆と呼ばれた少弐冬資、薩摩の守護・島津氏久、豊後の守護・大友親世にも招集をかけた。島津氏久と大友親世は、了俊が陣を敷いた肥後水島へやってきたが、少弐冬資だけが来なかった。冬資は、探題の勢いが増すにつれ、領国筑前への介入に警戒心を抱いていた。さらに、そのため冬資が南朝軍と連絡を取りはじめているとの疑惑が、了俊のもとへ届けられていた。了俊は、冬資を連れてくるよう氏久に依頼し、氏久はなんとか冬資を説得して陣中へ連れてきた。陣中で歓迎の宴を催すなか、了俊と仲秋は突然冬資に斬りかかり、冬資を殺害した。

驚いたのは、冬資の説得にあたった氏久だった。何にも聞かされていなかった氏久は、自身の面目を潰されたことに腹を立て、出陣を直前にして薩摩へ帰ってしまった。

了俊は、冬資誅殺のいきさつと理由を述べて弁明に努めたが、氏久は聞く耳を持たず、以降は完全に探題から離反してしまう。親世もまた、これ以降は積極的に了俊に協力することはなくなった。

◇ 九州平定と探題罷免

一頓挫してしまった九州平定を再開するには、2年の時間を要した。1377年（天授3・永和3）の肥前蜷打の戦いで菊池軍を破り、1381年（弘和1・永徳1）には菊池家の本城・隈府城を陥落させて、

364

ついに南朝軍にとどめを刺した。

残された課題は、薩摩島津家の動向である。氏久は、九州の南朝軍が滅び、1391年（元中8・明徳2）に南北朝が合一したあとも、かたくなに了俊に抵抗し続けた。了俊は、薩摩の国人を懐柔して島津家をけん制しながら時期をうかがっていた。そして、1395年（応永2）、ようやく島津氏打倒のめどが立った。

ところが、了俊は突然、九州探題を罷免されてしまう。幕府内で了俊を支持していた元管領の細川頼之が死去し、その政争相手だった斯波義将が管領になったことで、幕府内での後ろ盾を失ったことが大きかった。また、3代将軍・足利義満が、実績多寡の了俊の強大化を怖れたともいわれている。了俊自身は、「大内義弘が将軍義満を討とうと誘ってきたが、それを断ったので義弘が義満に讒訴した」と書き残している。

京に戻った了俊に与えられたのは、駿河半国と遠江半国だけだった。しかも、両国とも今川家の惣領家が守護に補任されている国であった。

さらに了俊の苦境は続き、1399年（応永6）に大内義弘が幕府に反旗を翻した応永の乱においては、その関与を義満に疑われ、討伐軍を出されることになってしまう。ただし、この件については関東管領の上杉憲実と今川惣領家の今川泰範がなんとかとりなして赦免された。

その後の了俊は、歌論書や教訓書などの著作活動に没頭する。『太平記』の批判書として当時の情勢を補てんする『難太平記』は、とくに有名である。ほかにも、『了俊大草子』『二言抄』『了俊一子伝』など多くの著作が残されている。

今川仲秋

いまがわ・なかあき

生没年 不詳
出身 駿河国
主君 足利義詮→足利義満
死因 不明

◇了俊とともに九州平定に尽力

父は今川範国。九州探題として幕府軍による九州平定に尽力した今川了俊の弟で、後に了俊の養子となり、了俊の子・今川貞臣の後見役として貞臣の教育に腐心した。

九州探題に任命された了俊とともに九州平定に尽力した。了俊の先遣隊として1370年（正平25・応安3）に海路を使って肥前にわたり、肥前松浦党と合流して了俊の九州上陸を助けた。

肥前に入った仲秋は、長田次郎四郎、深堀時弘、龍造寺熊龍丸ら肥前の国人を糾合して、南朝勢の征西府がある筑前大宰府に向けて進軍を開始した。

途中、進軍を邪魔する南朝軍を蹴散らしながら、薩摩の島津親忠、禰寝久清らと合流して兵力を増強、筑前高宮で了俊軍と合流した。

公称7万余騎の大軍勢となった今川軍は、1372年（文中1・応安5）、大宰府有智山城を包囲し、これをわずか2日で落城させ、幕府念願の大宰府奪還を成し遂げた。仲秋は戦後、肥前のうち佐嘉郡・杵島郡・高来郡を与えられた。

その後も九州南朝勢との戦いに明け暮れ、1377年（天授3・永和3）の蜷打の戦いでは、南朝軍の主力・菊池武朝を破る殊勲を挙げ、肥後への進撃を開始した。

続く詫磨の戦いでは、逆に武朝の猛攻に抗しきれずに敗退するが、九州平定の使命に燃える仲秋は、1380年（天授6・

第5章 中部地方の氏族／今川家

康暦2）に再び肥後へ侵攻し、菊池軍と矛を交えた。そして、木野城、隈府城を陥落させ、南朝軍の支柱だった菊池家に大打撃を与えた。

こうした数々の戦功が認められ、1388年（嘉慶2）に遠江の守護に、1393年（明徳4）には尾張の守護に補任された。

了俊が1395年（応永2）に九州探題を罷免されると仲秋も京に戻り、その後は領国遠江に帰ったが、その後の詳細は明らかでない。仲秋の子・今川国秋は、仲秋が京に戻ったあとも九州に残り、仲秋の領地だった肥前3郡を支配した。しかし、国秋の子・今川国治の代のときに、母方の実家である九州千葉家と対立して敗れ、九州における今川家の影響力は失われてしまった。

今川泰範

いまがわ・やすのり

生没年	不詳
出身	駿河国
主君	足利義詮→足利義満
死因	不明

◇応永の乱に活躍して2カ国守護

今川範国の孫。父・今川範氏は、観応の擾乱最大の戦いとなった薩埵峠の戦いで大いに活躍し、足利尊氏から「一人当千」と賞賛され、遠江の守護に任じられた。遠江の守護はその後、範国に返されたが、その代わりに駿河の守護となり、範国の後継者としての地位を築いたが、範国よりも先に死んでしまった。

範氏の後を継いだのは嫡男で、泰範の兄にあたる氏家だった。しかし、氏家は生来病弱で、早世してしまった。

泰範は氏家の死去時、僧籍に入っていたが還俗して、1369年（正平24・応安2）、今川家の惣領となり、駿河の守護に任じられた。遠江の守護は祖父・範国が継続した。1378年（天授4・永和4）には侍所頭人となり幕政にも参画するなど取り立てられたが、同年中に侍所頭人は罷免された。以降、侍所頭人は四職家が交代に就任することになるため、今川家では泰範が最後の侍所頭人となった。

1395年（応永2）、範国の2男・今川了俊が九州探題を解任され、京に戻ってきた。了俊はその後、駿河と遠江の半国守護に任じられたが、駿河は泰範の領国であり、駿河は泰範と了俊による分割統治とされた。

1399年（応永6）、周防・長門など6カ国の守護を務める中国の守護大名・大内義弘が反幕府の兵を挙げ、和泉堺に上陸した。この応永の乱には泰範も上京して討伐軍として参加した。翌年、一族の了俊が大内義弘と鎌倉公方・足利満兼とを結びつける役割をしたとして討伐の対象となりそうになったが、泰範が関東管領・上杉憲定を取りなして、憲定とともに将軍・義満に助命嘆願して許しを得た。泰範はその後、応永の乱の戦功を認められ、遠江の守護に補任され、駿河・遠江の2カ国の太守となった。

しかし、駿河の守護は、範国以来、一貫して今川家が世襲したが、遠江は1405年（応永12）に尾張と越前の守護・斯波義重にさらわれ、1407年（応永14）に泰範が再び取り戻したが、泰範死後は再度、斯波家に移り、16世紀初頭まで今川家には回ってこなかった。このことが後世、遠江をめぐる今川家と斯波家との対立に結びつく。

今川範政

いまがわ・のりまさ

生没年 1364年（正平19・貞治3）〜1433
年（永享5）

出身 駿河国

主君 足利義持→足利義教

死因 病死

◇上杉禅秀の乱を鎮圧

今川泰範の嫡男。泰範の死後に家督を
継承した。ただ、泰範の没年が明らかで
ないため、泰範の生前に家督を継いだ可
能性もある。

1416年（応永23）、前関東管領の上杉
禅秀が反乱の兵を挙げた、上杉禅秀の乱
が勃発した。禅秀は、鎌倉公方・足利持
氏に管領職を罷免されたことに不満を抱
き、関東国人らと連合し、持氏討伐の挙
兵に至ったのである。

禅秀軍は鎌倉を占拠し、鎌倉を放棄し
た持氏は範政を頼って駿河国に逃げ込ん
できた。当時の守護は在京するのが通例
となっていたが、今川家だけは在国を認
められており、範政は持氏を保護し、幕
府へ禅秀の乱を報告した。

範政から報告を受けた幕府は、範政に
禅秀討伐を命じ、範政は越後の守護・上
杉房方、信濃の守護・小笠原政康ととも
に出陣し、鎌倉へ向けて進軍を開始し
た。翌年、範政らの討伐軍は箱根で禅秀
軍を破ると鎌倉を占拠し、禅秀に味方し
た関東諸将に幕府への帰順を命じた。幕
府という後ろ盾を得ていた範政に対し、
多くの国人が寝返り、禅秀軍は崩壊し
た。こうして、範政は上杉禅秀の乱の鎮
圧に功を挙げた。

1428年（正長1）、将軍・足利義持が死
去し、義持の弟・足利義教が6代将軍と
なった。このとき鎌倉公方の持氏が将軍

職を望んで京と鎌倉の関係はこじれ、
1432年（永享4）、義教は持氏をけん制す
るために大軍を率いて駿河に下向した。
このとき範政は駿府に望嶽亭という建物
を建て、義教を招いた。

今川範忠

いまがわ・のりただ

生没年 1408年（応永15）〜？

出身 駿河国

主君 足利義教→足利義政

死因 不明

◇永享の乱で公方持氏を滅ぼす

今川範政の嫡男だが、父の範政が末弟
の千代秋丸を寵愛したため、両者の間に
家督争いが起こった。幕府の実力者・山
名時熙が千代秋丸を支持し、管領・細川
持之が範忠を支持したため、今川家の家
督争いは幕府内の抗争に持ち込まれた
が、6代将軍・足利義教が範忠を支持し
たため、1433年（永享5）、義教の意向に
より範忠が家督と駿河の守護を継いだ。

今川家の家督問題に義教が介入したこ
とに敏感に反応したのが、鎌倉公方・足
利持氏だった。この頃、東国支配を盤石
にしたい幕府と、自身の権勢を死守した
い鎌倉府の対立が表面化しており、とく
に持氏はくじ引きで将軍になった義教に
対抗心をむき出しにしていた。

持氏は、範忠が家督を継いだ1433年
（永享5）頃、反範忠派だった駿河の国
人・狩野家や富士家に働きかけて一揆を
起こさせたが、範忠は湯島城に狩野家を
攻め滅ぼした。しかし、これによって持
氏と範忠の対立は確定的となった。

1438年（永享10）、足利持氏と関東管
領・上杉憲実が武力衝突し、永享の乱が
勃発した。この争乱で幕府は上杉憲実を
支持し、範忠は義教の命を受けて関東へ

第5章 中部地方の氏族／今川家

向けて出陣すると、箱根峠の戦いで持氏軍を蹴散らし、その勢いのまま鎌倉を制圧した。さらに上杉軍が上野から武蔵へ侵攻して持氏軍を破ると、持氏に与していた関東諸将たちは次々と幕府軍に寝返り、持氏は自害に追い込まれ、永享の乱は範忠の活躍によって鎮圧された。

◇ 関東平定に功を挙げた天下一苗字

永享の乱勃発から2年後、下総の国人・結城氏朝が、持氏の遺児を擁立して幕府に反旗を翻した（結城合戦）。このときも、範忠は義教の命により出陣し、関東管領代・上杉清方と、信濃の守護・小笠原政康らとともに下総に侵攻し、結城城を包囲。翌年、範忠らは結城城を陥落させ、結城氏朝の反乱の鎮圧に成功した。

これら一連の合戦における軍功として、範忠は義教から「天下一苗字」の恩賞を得た。これは、今川の苗字は範忠の直系だけ名乗れるというもので、これによって、庶流の今川家は改名することになり、遠江今川は堀越家、範忠の2男・弥五郎は小鹿家、ほかにも傍流から瀬名家が生まれたといわれる。

範忠らの活躍によって関東平定に成功したかに思えたが、1441年（嘉吉1）の嘉吉の変で義教が暗殺されたことで鎌倉府が復活し、1449年（宝徳1）、持氏の子で在京していた足利成氏が鎌倉へ下向した。しかし、成氏と関東管領・上杉憲忠が対立し、1454年（享徳3）に成氏が憲忠を殺害し、享徳の乱が勃発した。範忠は幕府が支援した上杉軍とともに成氏を攻め、1455年（享徳4）には相模に侵攻して成氏軍を撃破し、鎌倉を占領した。範忠が鎌倉を占拠したため成氏は鎌倉に戻ることができず、下総古河へ落ちて古河公方となった。

今川義忠

いまがわ・よしただ

生没年 1436年（永享8）～1476年（文明8）
出身 駿河国
主君 足利義政→足利義尚
死因 戦死

◇ 応仁の乱で上洛と遠江侵攻

今川範忠の子。1461年（寛正2）に家督を継ぎ、駿河の守護に補任された。

1467年（応仁1）、管領家の斯波家と畠山家の家督争いに、将軍の継嗣をめぐる争いと細川勝元と山名宗全との確執などが絡みあった結果、京を舞台にした応仁の乱が勃発した。

応仁の乱は各国の守護も巻き込む大規模な戦闘となり、義忠も1000余騎を率いて上洛し、戦闘に加わった。乱が勃発する前、義忠のもとには東軍の細川勝元と西軍の山名宗全から勧誘の書状が届けられたが、義忠は「守護の任務は将軍の警固である」と主張して、東軍支持で家中をまとめたという。ただし、遠江の守護・斯波義廉が西軍の主力となっており、そうした理由から東軍に味方をしたというのが実状のようだ。

応仁の乱は膠着状態が続き、義忠は勝元から領国に帰って遠江を撹乱するよういわれて1468年（応仁2）に駿河に戻り、すぐさま遠江に侵攻した。もともと遠江の守護職は今川家に与えられており、それを斯波家に奪われたという経緯があり、遠江奪還は今川家の宿願でもあった。遠江の守護となった斯波家は、遠江をあまり重要視していなかったようで、普通の守護大名は領国に有力家臣を守護代として送り込んで領国統治をすすめるのだが、斯波家は遠江の守護代に越前の守護代・甲斐家を任命し、遠江専任

368

の守護代を置かなかった。そのため遠江における斯波家の影響力はそれほど強くなく、関東でいちはやく戦国乱世の時代を迎えると遠江でも国人層が各所に割拠するようになっていた。そのため、義忠の遠江侵攻戦は各地の国人を各個撃破していく戦いとならざるを得ず、順調には進まなかった。

遠江侵攻から6年ほどたった1474年（文明6）、義忠は守護・斯波家の後ろ盾を得て遠江中部で勢力をつけつつあった狩野家を攻め、居城の見付城を陥落させ、一族の堀越貞延（今川了俊の末裔）を新たな城主とした。

1476年（文明8）には、遠江東部の横地城（現在の静岡県菊川市）を居城とする横地家を破り、横地家の分家である勝間田家の居城・勝間田城を落城させて遠江東部を平定した。

東遠の実力者だった横地家と勝間田家を滅ぼした義忠は駿河への帰途についたが、その途中の塩買坂（静岡県菊川市）で横地家残党に急襲され殺害された。

小鹿範満

おしか・のりみつ

生没年 ？～1487年（長享1）
出身 駿河国
主君 今川義忠→足利義尚
死因 戦死

❖北条早雲の介入を許す

今川家の分家・小鹿の当主。今川惣領家の氏親とは従兄弟にあたる。

1476年（文明8）に今川義忠が横死したとき、義忠の嫡男・龍王丸（のちの氏親）は6歳という幼少だったため、義忠の甥である範満を後継に推す一派が現れ、今川家中は分裂してしまった。

範満派には三浦家と朝比奈家という今

川家重臣の筆頭の両家がつき、龍王丸派には今川家の分家である瀬名家、関口家などがついた。さらに、今川家は足利家の分家であるという理由を持ちだして、伊豆の堀越公方・足利政知が、この家督争いに介入してきた。政知が支持したのは範満だった。

一方の龍王丸の実母・北川殿は、我が子の当主就任を望み、実家の伊勢家に支援を要請し、弟の伊勢盛時（のちの北条早雲）が京から駿河に下向してきた。

両派の対立は日を追うごとに深まっていき、駿河草薙でついに武力衝突が起こった。範満は三浦家や朝比奈家らの軍勢とともに稲荷神社に陣を敷いたが、盛時軍の前に劣勢を強いられた。範満は、実母の実家である堀越公方家執事の犬懸上杉政憲に援軍を要請し、政憲は扇谷上杉家の家宰である太田道灌とともに駿河に出陣し、盛時軍と対峙した。

盛時は、政憲が扇谷上杉家と結んだことを警戒し、早期解決を図るべく、八幡山に布陣した太田道灌に談判を申し出た。盛時は、「龍王丸が成人するまで範満を家督代行とし、範満は龍王丸が成人したら、家督を速やかに渡す」という折衷案を提案し、道灌は協議のすえ、盛時の案を受け入れ、政憲・道灌軍は撤退し、関東へ帰った。盛時も、範満軍の撤退を見届けてから京に帰っていった。

こうして範満は当主代行として今川館に入り、政務をとることになり、今川家中の抗争も収まった。

しかし、範満は龍王丸が17歳になっても、当主代行から降りようとはしなかった。当時の17歳といえば、とうに元服を済ませていてもいい年代である。

龍王丸の母・北川殿は、この事態に直面して、再び弟の伊勢盛時に支援を要請

第5章 中部地方の氏族／今川家

369

し、盛時が駿河にやってきた。

ここに、今川家中は再び二派に分裂して争うことになった。しかし、範満の後ろ盾だった堀越公方・足利政知は関東の騒乱に忙殺され、太田道灌はすでに死去しており、また以前は範満派についた朝比奈家や三浦家も、今度は龍王丸派についたため、範満派の勢力は弱体化していた。そして1487年（長享1）、範満は伊勢盛時軍に今川館を攻められて、ついに討ち取られた。

今川氏親
いまがわ・うじちか

|生没年|1473年（文明5）～1526年（大永6）|
出身 駿河国
主君 足利義尚→足利義材→足利義澄→足利義稙
死因 病死

◇今川家に内紛を呼び込んだ張本人

今川義忠の嫡男。1476年（文明8）に父の義忠が戦死すると、氏親が幼少だったため、従兄弟の小鹿範満が家督継承を主張し、今川家は両派に分裂して争うことになった。このときは、氏親の母方の叔父である伊勢盛時（のちの北条早雲）の仲介によって、氏親が元服するまで範満が当主代行となることで決着がついた。しかし、範満は氏親が成長しても家督を譲る気配がなく、1487年（長享1）、再び早雲が駿河に下向して小鹿範満を自害に追い込み、ようやく氏親が家督を継いだ。このとき氏親は、自身の家督継承に功があった早雲に、駿河と伊豆の国境方面の興国寺城を与え、早雲はこれを機に京を離れた。

1493年（明応2）、早雲が伊豆に侵攻し、堀越公方として伊豆を支配していた足利茶々丸を討ち、伊豆を手中に収め

た。このとき氏親も早雲の伊豆侵攻に援軍を派兵してこれを援けた。以降、氏親と早雲は協力体制を築いて領土拡大に乗り出す。氏親の勢力伸長の手始めは、遠江の奪還であった。遠江は守護・斯波家の所領であったが、もともとは今川家が領有していたもので、父の義忠が遠江に侵攻したのも、旧領回復が悲願だったからともいわれる。

遠江をめぐる斯波家との戦いには早雲からの援軍もかけつけ、氏親が1508年（永正5）に遠江の守護に補任されたことで、戦局は氏親の優勢に傾いた。1516年（永正13）、斯波家の家臣・大河内貞綱を滅ぼし、援軍に駆けつけた斯波義達を降伏させ、遠江を平定した。

◇今川家を戦国大名に昇華させる

氏親は遠江の経営を安定させるため、1518年（永正15）に領内の検地を行い、ほかの守護大名同様に荘園制からの脱却をはかった。

また、財源を確保するために井川、梅ケ島、大河内、玉川の各金山を開発し、それらはあわせて安倍金山と呼ばれた。安倍金山では、安倍川と大井川河岸段丘に堆積した砂金を採取する「追掘」という方法が用いられていたが、氏親は坑道を掘って金鉱石を直接採掘する「問掘」へ進化させ、金山経営を軌道に乗せるとともに、その財力によって戦国大名への道を歩みはじめた。

氏親は、遠江の経営を安定させると、隣国の甲斐・三河へも進出を開始し、武田家と松平家と対立した。

甲斐においては、領主の武田信虎と対立していた大井信達に加勢し、信虎とたびたび衝突したが、1517年（永正14）に同盟を結んで和睦し、甲斐からは撤退した。しかし、その後も三河の松平家とは

対立を続けた。

その後は体調不良に悩まされ、一線から退くが、嫡男・今川氏輝が未成年だったため、妻の寿桂尼の補佐を受けながら政務を取り仕切った。

死期を悟った氏親は、1526年（大永6）に分国法『今川仮名目録』を制定した。この分国法は、のちに武田信玄が定めた『甲州法度之次第』にも大きく影響を与えたものとして知られ、幕府からの独立を明文化するなど、当時としては画期的なものだった。

今川家を戦国大名へ進化させ、駿河・遠江における今川家の勢力を盤石にした氏親は、『今川仮名目録』を制定して間もなく死去した。

今川氏輝
いまがわ・うじてる

生没年 1513年（永正10）〜1536年（天文5）
出身 駿河国
主君 足利義晴
死因 不明

◇突然死を迎えた今川家の若き当主

今川氏親の嫡男。父の氏親の没後（1526年）に家督を継いだが、氏輝はそのとき14歳だったため、母の寿桂尼が後見人として政務を執った。氏輝の発給文書が見られるようになるのは、2年後の1528年（享禄1）のことである。

実施的な政治を行いはじめるのは、1532年（天文1）以降のことで、氏輝は積極的に朝廷へ朝貢をして関係強化に努め、また父・氏親の母方の実家にあたる小田原北条家と連携して、甲斐の領主・武田家と争った。

氏輝はさらなる軍事力の強化を図り、馬廻り衆を創設して家臣団の強化をはかった。馬廻り衆は、有力家臣団の息子な

どに「一字状」という文書で諱を与え、君臣の絆を深め、彼らは武田家との戦いで大いに活躍したという。

ほかには、江尻宿の間口二間の役を免除するなどして、清水湊の活性化をはかっており、商業振興政策として注目されている。

氏輝は、父・氏親の遺志を継いで、今川家のさらなる飛躍をめざしたが、1536年（天文5）に23歳の若さで死去した。氏輝の死と同日に、氏輝の弟・彦五郎も死去しており、家中の争いに巻き込まれて毒殺されたともいわれている。氏輝には嫡子がなく、次弟の彦五郎も死去したため、弟の玄広恵探と今川義元が、次期の家督をめぐって争うことになる。

玄広恵探
げんこう・えたん

生没年 1517年（永正14）〜1536年（天文5）
出身 駿河国
主君 今川氏親→今川氏輝
死因 自害

◇花倉の乱に敗れて自害した義元の兄

今川氏親の3男。母は、今川家の有力家臣である福島家の娘で、恵探は側室の子である。

長兄の氏輝が家督を継承するにあたり、恵探と5男の今川義元（当時は栴岳承芳）は僧籍に入っていた。

1536年（天文5）、当主の氏輝が急逝し、次兄の彦五郎も同日に死去してしまったため、朝比奈家をはじめとする重臣は、義元を家督継承者とする旨を幕府に奏請し、幕府も義元の家督継承を認めた。義元が正室・寿桂尼の子だったからである。

しかし恵探は、母の実家であり朝比奈家とともに今川家の重臣筆頭だった福島

第5章　中部地方の氏族／今川家

371

家の支援を受けて、自分こそが家督継承者であると譲らなかった。そこで寿桂尼は、幕府から届いた家督継承許可証を持参して福島屋敷を訪問したが、恵探と福島一族は寿桂尼を拘束して、義元側に宣戦布告した。

　義元はすぐさま軍勢を整えると出陣し、福島屋敷を攻撃された恵探は敗れ、福島家の拠点である花倉城に敗走した。しかし、相模の小田原北条家、甲斐の武田家も義元を支援するに至り、劣勢を覆すことはできなかった。花倉城も落城間近になると、恵探は瀬戸谷普門寺において自害して果てた。

今川義元

いまがわ・よしもと

生没年 1519年（永正16）～1560年（永禄3）
出身 駿河国
主君 足利義晴→足利義輝
死因 戦死

◇今川家の最盛期を創出

　今川氏親の5男。兄の氏輝が今川家の家督を継いでいたが、1536年（天文5）、氏輝は23歳の若さで急逝した。今川家の重臣は、氏輝の同母弟である義元を次期当主として幕府に奏請し、幕府もそれを認めた。当時僧籍に入っていた義元は還俗して、将軍・足利義晴の偏諱を受けて「義元」と名乗るようになった。

　しかし、義元の腹違いの兄・玄広恵探が義元の家督継承に反対し、義元の母である寿桂尼を拘束するという狼藉に打って出た。義元陣営はすぐさま兵を挙げて恵探の屋敷に攻め寄せ、これを降した。

　正式に家督を継いだ義元は、兄・氏輝の政策を踏襲し、遠江と三河への進出をはじめた。しかし、1537年（天文6）、その隙をついて伊豆の北条氏綱が駿東郡へ

の侵攻を開始した。氏綱は駿東郡以西へ進出してくることはなかったため、義元は尾張の支配者となり三河への侵食をはじめていた織田信秀との三河での戦いに専念した。しかし、北条家の挑発が激しくなってきたため、1545年（天文14）、三河から撤退して富士郡へ兵を進めた。一方で義元は関東管領の上杉憲政と結び、さらに同盟を結んでいた甲斐の武田信玄の援助も受けて、3方から氏綱を攻め、北条軍を撃退した。

　その後も義元は、三河への侵攻作戦を進め、1548年（天文17）には小豆坂の戦いで織田軍を破るなど、着実に三河での地盤を築いていった。しかし、北条家による駿東郡・富士郡方面への攻撃は断続的に続いた。そこで義元は武田信玄と北条氏康と会合をもち、3家による同盟を結んだ。

　こうして東方の脅威を取り除いた義元は、駿河のみならず遠江でも検知を実行して収入を増やし、実力を蓄えていった。そして1560年（永禄3）、義元は駿河・遠江・三河から兵をかき集め、総勢2万5000という大軍を率いて上洛を開始した。義元は三河にあった織田方の拠点である丸根城と鷲津城を攻略すると、桶狭間に本陣をおいて休息をとった。しかし、そこを織田信長の一軍に急襲され、狼狽した今川軍は瓦解し、義元もその戦いで討ち取られた。

高家

源義家の庶子・高階惟章を祖先とするとされる。代々足利家の執事を務め、室町時代には幕府を開いた足利尊氏の側近として活動した。南朝との戦いで多くの軍功を挙げたことから尾張・三河・伊豆などに所領を得て権力を増大させ、尊氏の弟・足利直義と対立、武力抗争を起こす（観応の擾乱）。観応の擾乱で直義方は敗れたが、高師直・師泰が殺害されたため衰退した。その後は庶家が関東に下って鎌倉府に出仕した。

高師直
こうの・もろなお

生没年	？～1351年（観応2・正平6）
出身	不明
主君	足利尊氏
死因	殺害

◇文武両道の傲岸不遜

足利家の被官・高家の当主で、鎌倉時代から足利尊氏に仕えた。武勇に優れ、室町幕府創設に尽力し、幕府創成期を支えた幕府の重臣。伝統的権威にとらわれない"ばさら大名"を代表するひとりで、尊氏が建武の新政下で征夷大将軍になれなかったときには「もし王（天皇・院）がなくて叶わないなら、木をもって作るか、金をもって鋳るかして、生きている院・天皇はどこかへ流せばよい」と発言したという。

1333年（元弘3）、伯耆船上山で挙兵した後醍醐天皇を討伐するために、尊氏が幕府軍の大将として上洛した際、師直も

尊氏にしたがって西上した。それからは常に尊氏の側にいて、弟の高師泰とともに尊氏に従軍した。

1335年（建武2）、信濃で挙兵した北条時行が鎌倉を制圧し、尊氏の弟・足利直義は三河まで逃走した。尊氏は鎌倉奪還をめざして京を進発し、師直も従軍した。時行の反乱を鎮圧した尊氏は、後醍醐天皇の帰京命令を無視して鎌倉に居座り、同年、後醍醐天皇から離反した。師直は箱根竹ノ下に着陣して、京から進軍してきた新田義貞軍を破った。尊氏の上洛戦に参戦して京で天皇軍と戦い、敗れた尊氏が九州に逃れる際にも同道した。

◇立て続けに金星を挙げて権威確立

1336年（延元1・建武3）に尊氏が京を制圧して光厳天皇を擁立し、後醍醐天皇の南朝との対立がはじまると、師直は各地を転戦して武功を挙げ、尊氏政権の執事（のちの管領）に任じられた。

1338年（延元3・暦応1）、師直は奥州から畿内に入っていた北畠顕家を討った

373

めに和泉に出陣し、顕家を八幡山に追いつめた。大軍で八幡山を包囲した師直は天王寺に着陣し、持久戦に持ち込んで顕家軍を追い込んでいき、ついに顕家を討ち取った。北畠顕家を討つと、顕家の弟・北畠顕信がこもる男山八幡宮に兵を進めて境内を焼き討ち、顕信軍を敗走させた。

師直はこうした武功を背景に、恩賞方や引付方など要職を歴任し、幕府内における地位を確立していった。

1347年（正平2・貞和3）、楠木正成の子・楠木正行が河内で挙兵し、河内の守護・細川顕氏を破り、迎撃に出陣した山名時氏を天王寺で敗走させ、京に迫ってきた。翌年、尊氏の命を受けた師直は、弟の師泰・佐々木道誉・細川清氏らとともに大軍を率いて出陣し、正行の本拠地・河内東条へ攻め寄せ、河内四條畷に布陣した。

大軍を前にした正行は、師直の陣営めざして突撃を敢行し、上山六郎という武将が師直の身代わりになって戦死するまでに追いつめられたが、最後は数にものをいわせて正行を圧倒し、正行・正時兄弟を自害に追い込んだ。

正行軍を破った師直は、そのまま南朝朝廷の拠点である大和の吉野へ攻め寄せた。師直は夢窓疎石を仲介に立てて南朝側と和平交渉を行ったが、南朝が和睦を拒否したため、師直は吉野の行宮に乱入すると、吉野山の神社仏閣を焼き討ちした。

◆観応の擾乱で直義と対立

四條畷の戦いでの勝利は、師直の権威をさらに高め、それにともない幕府内の政務を司っていた足利直義との対立を深めることにつながった。未遂に終わったが、直義の腹心である上杉重能と畠山直宗が師直の暗殺を図るほどに両者の対立は深刻化していた。

そして1349年（正平4・貞和5）、直義の要請を受けた尊氏によって、師直は突然執事職を解任された。師直は、河内に出陣していた弟の師泰を京に呼び戻して兵を集めると、直義邸へ向けて兵を進めた。驚いた直義が尊氏邸に逃げ込むと、師直は尊氏邸を包囲し、直義の引き渡しを要求した。尊氏は師直の執事復帰と直義の政務からの引退を条件に、師直と直義の和睦を図り、直義がこれを受け入れて、師直の無血クーデターは成功した。

政権に復帰した師直は、自身の暗殺を企てた上杉重能と畠山直宗を流罪とし

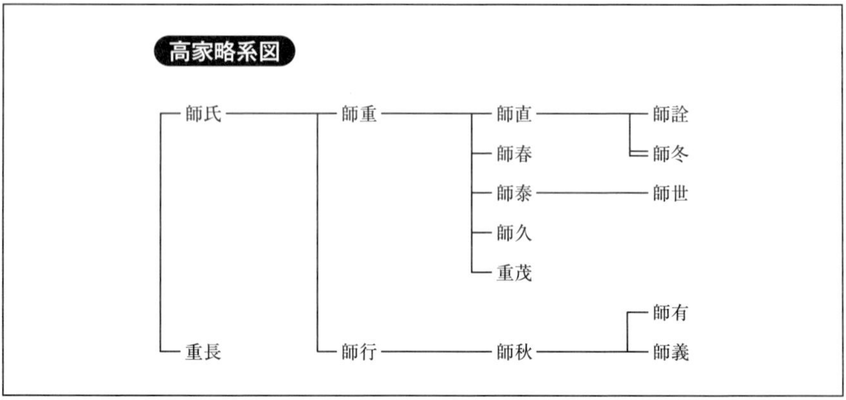

高家略系図

```
師氏 ─┬─ 師重 ─┬─ 師直 ─┬─ 師詮
      │        │        └─ 師冬
      │        ├─ 師春
      │        ├─ 師泰 ── 師世
      │        ├─ 師久
      │        └─ 重茂
      │
      └─ 重長 ─── 師行 ─── 師秋 ─┬─ 師有
                                  └─ 師義
```

て、両者を流罪先の越前で奇襲し、殺害した。

1350年（正平5・観応1）、直義の養子足利直冬が九州で挙兵し、少弐家・大友家が幕府に反して直冬方につくと、師直は尊氏の出陣を要請して、ともに直冬討伐のために京を進発した。しかし、これを好機ととらえた直義が、京を出奔して師直討伐の兵を挙げた。直義の軍事催促に畠山国清、石塔頼房、山名時氏、斯波高経、細川顕氏といった有力武将が呼応し、直義軍は一大勢力となり、さらに直義は南朝に降って南朝勢も味方につけた。同年、京に侵攻した直義軍は、尊氏の嫡男・足利義詮を敗走させて京を制圧した。

備前まで進んでいた尊氏と師直は驚いて軍を戻し、播磨で義詮と合流して急いで京をめざしたが、播磨光明寺で石塔頼房軍に敗れ、続いて摂津の打出浜で行われた直義軍との合戦では、2万の軍勢が1000足らずに減らされるほどの惨敗を喫した。

師直と尊氏は、赤松家の城である播磨松岡城に逃げ、尊氏の側近・饗庭氏直の仲介により、師直・師泰兄弟が出家して政界を引退することを条件に、和議が成立した。このとき、師直の家臣だった薬師寺公義は、直義が師直を生かすわけがないと和睦に反対したが、師直は聞く耳を持たなかったという。

僧体となった師直と師泰は、尊氏らとともに直義軍に引率されて京へ向かうが、その途中、師直に殺害された上杉重能の養子・上杉能憲の一党によって師直と師泰は殺害された。

師直の死後、高一族の多くが殺害され、高家の嫡流は滅んだ。

高師泰

こうの・もろやす

生没年 ？～1351年（正平6・観応2）

出身 三河国？

主君 足利尊氏

死因 殺害

◇室町幕府の武力の象徴

高師直の弟。兄の師直とともに足利尊氏の側近として活躍し、室町幕府創設に大きく貢献した。

1333年（元弘3）、鎌倉幕府打倒の兵を挙げた尊氏にしたがい、六波羅探題攻めに加わった。幕府滅亡後、後醍醐天皇による建武の新政が開始されると、雑訴決断所奉行に任命された。

1335年（建武2）、尊氏が鎌倉で建武の新政から離反すると、追討軍として新田義貞が派遣された。師泰は、師直とともに箱根竹ノ下に出陣して新田軍を迎撃して義貞を敗走させると、追撃しながら尊氏にしたがって上洛した。京の戦いで尊氏が敗れ九州へ逃れると、師泰は尊氏に同行して九州に入り、九州諸将を糾合して尊氏軍の態勢立て直しに貢献した。

1336年（延元1・建武3）、筑前多々良浜で天皇方の菊池家を破った尊氏は再上洛をはかり、摂津湊川で楠木正成と戦った。師泰は山陽道を東に向かった尊氏の弟・足利直義軍の副将として京をめざし、迎撃に出た新田義貞軍を破って尊氏の再入京を助けた。

敗れた義貞は京を出奔して越前金ヶ崎城に入ったが、1337年（延元2・建武4）、師泰は斯波高経とともにこれを攻め落とし、尊良親王・新田義顕を自害に追い込んだ。1338年（延元3・暦応1）、北畠顕家が奥州から攻め上って畿内に入り、大和・河内・和泉へ進軍すると、師泰は

尊氏の命を受けて兄・師直とともに和泉に出陣し、堺浦石津で顕家を破った。その後1347年（正平2・貞和3）に、細川顕氏・畠山国清連合軍が大敗を喫した楠木正行を河内四條畷で破るなど、連年にわたり南朝軍との戦いに出陣し、戦功を挙げた。

◇ 観応の擾乱で誅殺

こうした功績が認められ、師泰は侍所所司に任じられ、幕府執事（のちの管領）となった兄の師直とともに幕政を支えた。しかし、高兄弟の権力が強まると、尊氏の右腕として政務を司っていた直義と高兄弟が対立しはじめた。また、師泰は兄の師直と同じく、伝統的な権威にしばられない"ばさら大名"のひとりで、秩序を重んじる直義と軋轢を生むことにもなった。

1349年（正平4・貞和5）、師泰は河内で挙兵した楠木正儀と戦うために河内に出陣した。師泰が正儀軍と戦っている最中、師泰のもとに師直からの帰京命令が届いた。直義の工作により、師直が執事を罷免されたのである。京に戻った師泰は1万の軍勢を率いて、師直とともに直義が逃げ込んだ尊氏邸を包囲し、尊氏は師直の執事復帰と直義の失脚を約束して和睦し、師泰は再び政権に復帰した。

しかし、直義との対立は収まらなかった。1350年（正平5・観応1）、九州で直義の養子・足利直冬が挙兵し、師泰は直冬を支援する石見の三隅家を討伐するために出陣し、三隅城を包囲した。しかし、九州では大友家と少弐家が直冬方について幕府に反し、尊氏自身が出陣することになった。この隙をついて直義は河内に出奔して師直・師泰討伐を呼びかけ、蜂起した。尊氏は備前から京に戻り、師泰も石見から急遽帰国したが、摂津の打出浜で直義軍に大敗を喫し、師泰は頭と胸に傷を負って降伏した。

戦いに敗れた尊氏は、師直・師泰兄弟が出家することを条件として和睦した。

師泰は摂津から京へ戻る途上、直義派の上杉能憲に襲われて師直とともに殺害された。

高師冬

こうの・もろふゆ

生没年 ？～1351（正平6・観応2）
出身 不明
主君 足利尊氏
死因 自害

◇ 関東の幕府支配に貢献

高師行の子で、高師直は従兄弟にあたる。のち師直の猶子となって、師直の弟・師泰の娘と結婚した。

師直・師泰兄弟とともに足利尊氏にしたがって上京し、1335年（建武2）に尊氏が、北条時行が蜂起した中先代の乱を鎮圧するために鎌倉に下向すると、これにしたがった。同年、尊氏が後醍醐天皇に反旗を翻したときも、高一族は尊氏方についた。

1339年（延元4・暦応2）、師冬は、関東支配のために鎌倉におかれた鎌倉府の足利義詮を支える関東執事に任命され、鎌倉に下向した。

当時の関東は、常陸の小田城に後醍醐天皇の重臣・北畠親房が入り、周辺の国人を糾合して一定の勢力を持ちつつある頃だった。師冬は武蔵や常陸にたびたび出陣して、南朝軍と戦った。1341年（興国2・暦応4）、師冬は幕府の大軍を率いて常陸に侵攻し、親房が拠る小田城を攻め立てた。師冬軍によって小田城は落城し、城主の小田治久を降伏させたが、親房は城を脱出して常陸関城に入った。

その後も師冬は親房率いる南朝軍との戦いを続け、同じく南朝軍の常陸大宝城を攻め、また周辺の南朝勢力を各個撃破して大宝城と関城を分断し、両城の糧道を断つことに成功した。

そして1343年（興国4・康永2）、師冬は陸奥白河の結城親朝を籠絡して南朝軍を弱体化させ、同年に総攻撃をかけて、ついに関城と大宝城を落城させた。この勝利によって親房は京へ撤退し、関東の戦乱はひとまず収まったのである。

翌年、師冬は関東執事を解任されて、京へ戻った。その後は京の幕府で尊氏に仕えて、畿内の南朝軍との戦いに転戦し、1347年（正平2・貞和3）には伊賀の守護に補任された。

◇ 観応の擾乱に敗れて自害

1350年（正平5・観応1）、尊氏とその弟・足利直義の対立が激化し、直義が南朝に降って完全に尊氏と袂を割って観応の擾乱が勃発すると、師冬は尊氏方についた。

同年、師冬は、直義方の関東執事・上杉憲顕に対抗するために、尊氏の命を受けて再び関東執事に任ぜられて、新な鎌倉公方・足利基氏とともに鎌倉へ下向した。鎌倉に到着した師冬は、当初は憲顕と協力して基氏を補佐したが、憲顕は同族の上杉重能が師直派に殺害されると師冬と対立して上野に帰って挙兵した。

鎌倉に迫った憲顕軍に対し、師冬は抵抗を試みるが敗北し、鎌倉公方・基氏を憲顕に奪取され、師冬は鎌倉を出奔して甲斐に逃亡した。

師冬は甲斐国須沢城に入って軍勢を立て直そうとしたが、憲顕は子の上杉能憲軍に追撃させ、さらに直義方の信濃の国人・諏訪氏も須沢城に攻めよせ、須沢城は両軍によって包囲されてしまった。

師冬は籠城戦に入ったが、1351年（正平6・観応2）正月に能憲・諏訪軍の総攻撃を受けて城は落城し、師冬は自害して果てた。

高重茂

こうの・しげもち

生没年 不詳
出身 不明
主君 足利尊氏→足利基氏→足利直義
死因 不明

◇ 観応の擾乱で直義方につく

高師重の子。高師直と高師泰の弟にあたる。兄・師直が足利家の執事を務めていた関係で、1333年（元弘3）に足利尊氏が鎌倉幕府に反旗を翻すと、兄たちとともに尊氏にしたがった。

その後も兄たちとともに尊氏にしたがい、1335年（建武2）に尊氏が後醍醐天皇の建武の新政から離脱した際にも、尊氏とともに鎌倉にいた。

その後、尊氏は鎌倉を出陣して入京したが、洛中の戦いで北畠顕家・新田義貞軍に敗れ、いったん九州に落ち延びることになった。このとき重茂も尊氏に随行して九州へ下向した。

九州で軍勢を立て直した尊氏は、1336年（延元1・建武3）、九州の天皇方の菊池家と多々良浜で戦い、これを打ち破った。このとき重茂は、多数の捕虜の命を助けるように尊氏に進言したという。

京を奪還した尊氏が1336年（延元1・建武3）に幕府を開くと、翌年、重茂は武蔵の守護に補任されて鎌倉へ下向し、鎌倉府の足利義詮を補佐した。

1337年（延元2・建武4）、尊氏追討の命を受けた北畠顕家が、陸奥を出陣して京へ向かった。鎌倉にいた重茂は、関東執事の斯波家長や上杉憲顕らとともに鎌

倉を守ったが顕家軍に敗れ、義詮を連れて憲顕や桃井直常らとともに鎌倉を脱出した。その後、顕家が鎌倉を離れると、再び鎌倉を奪回した。

その後、再び京に戻って引付頭人に任ぜられて尊氏の弟・足利直義とともに創成期の足利幕府を支えた。

1344年（興国5・康永3）、常陸の北畠親房率いる南朝軍を倒した高師冬が京に呼び戻されたため、これに代わって関東執事となり、再び義詮を補佐することになった。

1350年（正平5・観応1）にはじまった観応の擾乱では、兄の師直・師泰と袂を分かって直義方について活動した。

重茂は鎌倉幕府滅亡から観応の擾乱まで、有力武将として重用されたが、この間、兄の師直や師泰ら高一族が数々の武勲を挙げているのに対し、重茂には合戦に関するエピソードは皆無で、実務にたけた能吏だったようである。

高師秋

こうの・もろあき

生没年	不詳
出身	不明
主君	足利尊氏→足利直義
死因	不明

◇南朝主力の北畠家との戦い

高師行の子で、兄弟に師冬がいる。高師直とは従兄弟の関係にあたる。

高家の嫡流であり、師直とともに足利尊氏に仕えた。

1336年（建武3）、九州に逃れていた尊氏が再挙して入京し、光明天皇を擁立して幕府を開くと、1338年（延元3・暦応1）に伊勢の守護に補任された。伊勢の地は、後醍醐天皇の重臣・北畠親房の拠点であり、当時は親房の子・北畠顕能が

伊勢国司として君臨していた。師秋の守護就任は北畠家討伐が目的であり、同年、師秋は伊勢へ下向した。

しかし同年、尊氏討伐のために奥州を出発した北畠顕家軍が怒涛の勢いで鎌倉を落として上洛してくると、師秋は尊氏に呼び戻されて京の守備についた。

1342年（興国3・康永1）、師秋は再び伊勢の北畠軍を攻めた。師秋は伊勢の国人・工藤藤房を寝返らせると長野城に入って、攻め寄せた北畠軍を破った。その後も師秋は伊勢にとどまり、伊勢の北畠家ら南朝勢力と戦ったが、1345年（興国6・貞和1）に家臣・矢部実俊の離反にあって長野城を捨て、同年長野城の奪還をはかって兵を挙げたが、再び敗れた。

1350年（正平5・観応1)、幕政を取り仕切っていた尊氏の弟・足利直義と、一族の師直が対立すると、師秋は一族から離反して直義についた。

翌年、直義が京を出奔して北陸へ下ったとき、師秋は直義に同道したとされるが、一方で再び伊勢に侵攻して北畠軍と戦ったともいわれる。その後は史料上から消息を絶った。

高師詮

こうの・もろあきら

生没年	不詳
出身	不明
主君	足利尊氏
死因	不明

◇正体不明の高師直の子

高師直の子。父の師直は、足利家の執事として尊氏に古くから仕えた重臣で、尊氏が1333年（元弘3）に反幕の兵を挙げたときから中先代の乱、尊氏の九州落ち、尊氏の再入京までを尊氏に同行して数々の武勲を挙げた。1336年（延元1・

建武3）に尊氏が幕府を開いたあとは畿内を転戦して南朝勢力と戦い、幕府随一の権勢を誇った。しかし、尊氏の弟として幕政を取り仕切っていた足利直義と対立し、1350年（正平5・観応1）に父・師直は殺害されてしまった。このとき師直とともに叔父の師泰も殺害され、その累は高一族にも及び、師詮の兄・師夏（師詮のほうが兄とする説もある）も殺害された。このとき師詮は殺害されていないため、あるいは師直の猶子・師冬とともに鎌倉にいたとされる。

父と兄が殺害されたため、その後は一時身を隠すが、1352年（正平7・文和1）に直義が死去すると幕府に復帰し、同年、丹波の守護に補任された。1353年（正平8・文和2）、幕府から南朝に寝返った山名時氏が、楠木正儀・石塔頼房らとともに山陰で挙兵した。師詮は、丹波の国人・荻野朝忠とともに山名軍と戦ったが敗北し、自害したというが真偽は不詳。

師詮は、昭和時代まで足利尊氏像とされていた騎馬武者像のモデルに擬せられることがある。この像には2代将軍・足利義詮の花押が押されており、この像が師詮だとすれば、少なくとも尊氏死後の1358年（正平13・延文3）までは生きていたと考えられる。

高師英

こうの・もろひで

生没年	不詳
出身	不明
主君	足利基氏→足利義満
死因	不明

◇ 観応の擾乱で直義方につく

高師有の子。高師秋の孫にあたる。

父の師有は、足利尊氏と足利直義が対立した観応の擾乱で、ほかの高一族と袂を分かって直義方についた。そのため、1351年（正平6・観応2）に打出浜の戦いで高師直軍が直義方に敗れて、師直・師泰兄弟ほか高一族が殺害されたときも、命を取り留めた。

その後、直義が京を脱出して北陸経由で鎌倉に入ると、師有もこれにしたがって鎌倉に入った。このとき師英も父とともに鎌倉へ下向したと考えられる。

直義の死後は、心情的に直義に心を寄せていた鎌倉公方・足利基氏に赦免されて鎌倉府に出仕した。

1361年（正平16・康安1）には、旧直義方の関東武将とともに関東管領・畠山国清の排斥に加担し、同年、父の師有が国清の後任として関東管領に補任されると、父のもとで基氏を補佐した。

翌年、師有が病気を理由に関東管領を辞任し、師英は上洛して足利義詮・義満父子に仕えた。

その後はしばらく史料に登場しなくなるが、1404年（応永11）に山城の守護に任ぜられ、1416年（応永23）まで在任した。1406年（応永13）、山城国に段銭が課せられ、公卿の山科教言が段銭の免除を師英に嘆願し、師英はその件について将軍・義満に相談している。

その後、1418年（応永25）に佐渡の守護に補任されたが、それ以降は消息不明となった。そして師英のあとは高家はふるわず、一族の多くは鎌倉公方の近習となり、高家庶流の大高家や南家がわずかに命脈を保った。

吉良家

清和源氏足利家の庶流で、三河国吉良庄の地頭となり吉良姓を名乗った。駿河の守護・今川家とは同族で、足利一門の中では高い家格を有していた。室町時代には幕府の評定衆に名を連ね、また一族が鎌倉府の重臣となり、その後は奥州経営を任せられるなど重用された。しかし、他家に比べて武力に劣り、守護大名として名を上げることはできず、奥州に下った一族も斯波家・石塔家などと対立して勢力を弱めた。

吉良貞家

きら・さだいえ

生没年	不詳
出身	三河国
主君	足利尊氏→足利直義
死因	不明

◇尊氏の信頼に応えた抜群の武功

吉良家は足利家の庶流のなかでも第一の名門といわれ、当初から足利宗家の足利尊氏にしたがっていた。1333年（元弘3）の六波羅探題攻めにも参戦し、鎌倉幕府が滅び建武の新政がはじまると、鎌倉将軍・成良親王の警護をするための関東廂番職に任じられ、尊氏の弟・足利直義とともに鎌倉に下向した。

1335年（建武2）、北条家の生き残りである北条時行が反乱の兵を挙げる中先代の乱が起こった。貞家は直義とともに時行軍と対峙したが、建武政権に降っていた北条家の旧臣たちが時行に呼応したため直義軍は敗れ、貞家も直義とともに鎌

倉を捨てて駿河へ敗走した。その後、京から救援にやってきた尊氏軍と駿河で合流して鎌倉へ兵を進め、時行軍から鎌倉を奪還した。

尊氏はそのまま鎌倉に居座り、同地で後醍醐天皇への離反を決意し、貞家も一族をあげて尊氏にしたがい、尊氏の幕府創設に尽力し、因幡・但馬の2カ国の守護に任命され、さらに引付頭人に任じられて幕政にも関与するようになった。

1345年（興国6・貞和1）には、畠山国氏とともに奥州管領に任じられ、奥州国府に下向した。貞家の役目は、奥州南朝勢の掃討である。貞家は、南朝方の北畠顕信らと繰り返し争い、徐々に幕府の勢力圏を拡大させ、尊氏の期待に応えた。

◇観応の擾乱で直義派に転向

1349年（正平4・貞和5）、幕府執事の高師直と、幕府の行政権を握っていた足利直義が対立する観応の擾乱がはじまり、その幕府内の内訌は師直派についた尊氏と直義の対立に発展した。

観応の擾乱は奥州にも波及した。奥州管領の畠山家が尊氏派となり、奥州支配をめぐって畠山家と対立を深めていた貞家は直義派に加担し、1351年（正平6・観応2）、畠山国氏がこもる岩切城に攻め寄せた。

国氏は、陸奥の有力国人だった留守家の支援を得て天然の要害である岩切城をよく守り、貞家の岩切城攻めは1カ月以上にわたった。貞家軍はついに絶壁をよじ登って城内に突入し、畠山軍は国氏をはじめ一族が自害して果てた。貞家はさらに留守家の新田城に攻め寄せ、留守家を降伏させることにも成功した。

しかし、貞家と国氏が戦っている隙をつき、北畠顕信ら南朝勢が攻め寄せると、岩切合戦で疲弊していた貞家は敗れ、多賀城を奪われてしまった。翌年、貞家は態勢を立て直して、顕信に奪われた多賀城の奪回に動き出した。南朝軍は伊達宗遠、田村庄司、大河戸家らの支援を得て奮戦するが、貞家軍の圧倒的な物量に負けて、宇津峯城へ退却を余儀なくされ、貞家は多賀城奪還に成功した。

さらに兵を進めた貞家は宇津峯城を落城させ、南朝の奥州勢力は大きく後退することになる。

しかし、以降の貞家の消息は途切れ、この前後に死去したとされている。

第5章 中部地方の氏族／吉良家

吉良家略系図

```
                          （足利将軍家）
泰氏 ── 頼氏 ── 家時 ── 貞氏 ── 尊氏

                  （斯波家）
                  家氏 ──（2代略）── 家兼


                       （奥州管領）
義継 ── 経氏 ── 経家 ── 貞家 ── 満家 ── 持家 ── 義勝

                       貞経 └ 治氏 ── 治家 ──（4代略）── 成高 ─ 頼康

                       氏家


（三河吉良家）
長氏 ┬ 満氏 ── 貞義 ── 満義 ┬ 満貞
     │                       │
     └ 国氏                  └ 尊義
       （今川家）              （東条吉良家）
```

381

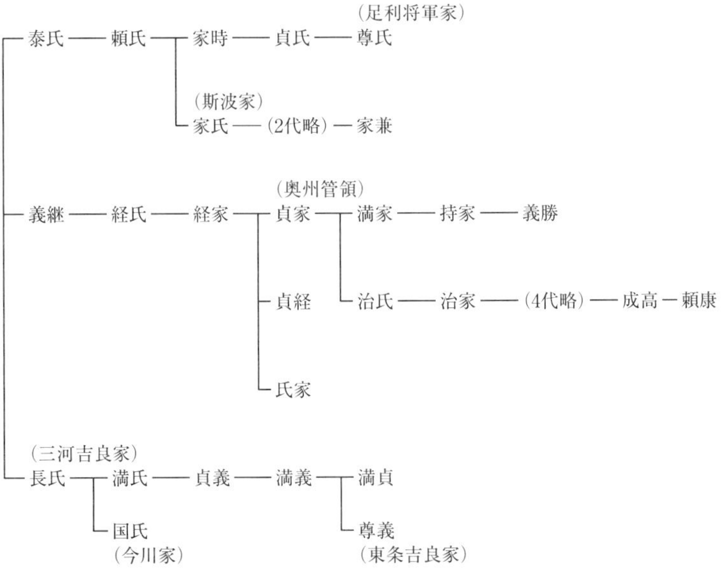

吉良満家

きら・みついえ

生没年 不詳
出身 三河国
主君 足利直義→足利尊氏→足利基氏→足利満氏
死因 不明

❖奥州の支配競争に敗れて関東へ

　吉良満家は貞家の嫡男で、貞家の後を継いで奥州管領に任じられた。父の貞家は、足利尊氏と足利直義が争った観応の擾乱で直義方についたが、観応の擾乱が直義の敗北で収まると、1352年（正平7・文和1）頃、満家は足利尊氏に帰順した。

　その頃、没落していた畠山国詮が独自に奥州管領を名乗り、さらに幕府から派遣された石塔義憲も同じく奥州管領を称し、続いて幕府から正式な奥州管領として斯波家兼が任じられて下向してくると、満家を含めて奥州には4人の奥州管領が誕生するという事態に陥り、奥州情勢は混乱した。

　まず頭角を現したのが、石塔義憲だった。義憲は周辺国人の糾合に成功し、1354年（正平9・文和3）、満家の拠点・多賀城に攻め込み、多賀城は落城し、満家は陸奥中央部の伊達家を頼って遁走した。

　伊達家の支援を受けた満家は、斯波家兼・直持父子と連合してすぐさま反撃に転じ、義憲を攻撃して、同年、多賀城の奪還に成功。さらに畠山国詮と竹城保長田で合戦し、国詮を二本松へ追い落とした。

　しかし、一族の吉良治家が幕府に反して兵を挙げ、幕府方の結城顕朝軍に敗れるという事態が起こった。これにより吉良家の勢力は一気に低下し、奥州は斯波家の勢力下に置かれることになった。

吉良満義

きら・みつよし

生没年 ？〜1356年（延文1・正平11）
出身 三河国
主君 足利尊氏→足利直義→南朝（後村上天皇）→足利尊氏
死因 不明

❖直義方についた吉良荘の凶徒

　足利家一門の吉良家の当主で、三河国吉良荘を本貫地とした。1331年（元弘1）の挙兵に失敗し隠岐へ流されていた後醍醐天皇が、1333年（元弘3）に再び挙兵すると、足利尊氏にしたがって鎌倉幕府に反旗を翻し、京都の六波羅探題攻めに加わり武功を挙げた。

　幕府崩壊後に建武の新政が成立すると、満義は尊氏の弟・足利直義にしたがって関東に下向し、鎌倉府に従事した。尊氏・直義兄弟からの信任は厚かったようで、鎌倉府では一族の吉良貞家とともに関東廂番頭人に列せられた。

　1335年（建武2）に尊氏が後醍醐天皇に反旗を翻すと尊氏軍にしたがい、その後は尊氏軍として各地を転戦し、1336年（延元1・建武3）に室町幕府が成立すると引付頭人に任命され、幕政に関与するなど尊氏に重用された。

　その後、京を離れて再び鎌倉に下向し、直義とともに関東支配に尽力した。しかし、1338年（延元3・建武5）、奥州から西上してきた南朝軍の北畠顕家軍に鎌倉を攻められて敗走し、続く美濃の青野原の戦いに参戦したが、再び顕家軍に敗れた。

　その後は京に戻った直義にしたがって満義も上京し、直義政権下の幕政に関与し、1349年（正平4・貞和5）頃から尊氏と直義の対立が表面化すると、直義方に

ついて活動した。政争に敗れた直義が政権から離れたあとは満貞は三河に戻った。鎌倉に入った直義を討伐するために尊氏が下向してきた際には、満義が積極的に進軍を妨害し、尊氏からは「吉良荘の凶徒」と呼ばれた。

直義の死後は南朝に降って、あくまで尊氏に反抗したが、1355年（正平10・文和4）前後に尊氏に降伏した。

吉良満貞
きら・みつさだ

生没年 ？～1384年（至徳1・元中1）
出身 三河国
主君 足利尊氏→足利直義→足利直冬→足利義詮
死因 不明

◇反尊氏から幕政参与の逆転人生

足利直義の側近として活動した吉良満義の子で、三河国吉良荘西条を領した。当初は父の満義にしたがって、足利尊氏に従軍し各地を転戦した。

1349年（正平4・貞和5）頃からはじまる足利尊氏と直義の対立、いわゆる観応の擾乱では、父とともに直義方につき、満貞は直義とともに越前へ逃れ、その後は直義と分かれて遠江へ侵攻し、さらに畿内に戻って南朝の楠木正儀とも意を通じて男山八幡に陣取って、近江勢多で幕府軍と戦った。

1352年（正平7・文和1）の直義の死で観応の擾乱は収まり、父の満義は尊氏に帰順したが、満貞はその後も直義の養子・足利直冬にしたがって尊氏と対立を続けた。

だが、満義の死後、満貞の家臣の一部が満貞の弟・吉良尊義を吉良家当主に担いで東条吉良家を名乗って尊氏に帰順してしまい、満貞もいよいよ進退を迫られ

ることになった。

それでも満貞は幕府に対する抵抗をやめなかったが、1360年（正平15・延文5）に三河の守護・大島義高との戦いに敗れ、尊氏の後を継いだ2代将軍・足利義詮に帰順した。

その後は、遠江国引馬荘を与えられ、1363年（正平18・貞治2）には引付頭人に任命されるなど、義詮からは信任された。

吉良成高
きら・しげたか

生没年 不詳
出身 上野国
主君 足利成氏→上杉持朝
死因 不明

◇享徳の乱で上杉家を支援

吉良満家の流れを汲む武蔵吉良家の当主で、世田谷と蒔田に居所を構え、それぞれ世田谷御所、蒔田御所と称していた。

1454年（宝徳3）、鎌倉公方の足利成氏が、対立していた関東管領・上杉憲忠を誅殺して享徳の乱が勃発すると、関東諸将は鎌倉公方派と関東管領派に分裂して抗争を繰り返すことになる。

成高は、扇谷上杉持朝の娘を妻に娶っていたことから関東管領派に属した。やがて、1476年（文明8）に上杉家の有力家臣・長尾景春が謀反を起こすと、管領派だった関東諸将も景春に呼応して反旗を翻した。

扇谷上杉家の家宰・太田道灌が、武蔵の国人・豊島家討伐のために出陣すると、成高は道灌に代わって江戸城代を務め、数度の合戦を下知して勝利を挙げた。『太田道灌状』には、「吉良殿様は江戸城に御籠城になって、御命令になっていたので、城下の軍勢はそれに従って数

第5章 中部地方の氏族／吉良家

383

度合戦を致して遂に勝利を得た」と記されている。

吉良殿という敬称が使われているのは、当時の吉良家は、鎌倉府のなかでも関東管領の次に列せられた家格の1つで、別格の待遇を受けていたためである。吉良家は足利家一門の名門であり、没落したとはいえ関東ではそれなりの地位を保っていたのである。

吉良頼康

きら・よりやす

生没年	不詳
出身	武蔵国？
主君	小田原北条家
死因	不明

◇戦国大名でない戦国大名

吉良成高の嫡男。1495年（明応4）に小田原城を奪取した北条早雲の武蔵国への侵攻が現実味を帯びてくると、父・成高の政略により、早雲の嫡男・北条氏綱の娘を妻にし、吉良家はいち早く小田原北条家に接近した。

頼康の時代、吉良家は相当な財力を所有していたようで、氏綱が鶴岡八幡宮の回復に着手したとき、頼康は材木と人夫5万人を供出して協力した。

その後も後北条家にしたがい、1561年（永禄4）に関東管領の上杉憲政を擁した長尾景虎（のちの上杉謙信）が小田原城に攻め寄せたとき、頼康は世田谷の大平家や江戸家ら軍勢を集めて蒔田湾から援軍を派遣しようとしたが、北条氏康に鎌倉の玉縄城の守備に回された。

頼康もまた父の成高と同じく、戦場に出ることがなかった。それどころか、頼康の発給した文書はすべて武蔵国内のものばかりで、他国との交流もまったくない。当時はすでに戦国時代に入ってお

り、各大名は隙あらば領国拡大に腐心していたときだが、頼康は自領の保護に腐心していた。

そのためか、小田原北条家も最後まで吉良領に攻め入ることはなく、上杉謙信や武田信玄が関東に攻め寄せたときにも、吉良領だけは戦火を免れた。

その後の吉良家は、頼康の後を継いだ氏朝が氏綱の後継・北条氏康の娘を妻にすると、実権を後北条家に奪われた。後北条氏が滅びた後は、氏朝の子が徳川家康に仕え、蒔田家を称して存続した。

織田家

越前丹生郡の荘官だった織田家は、室町時代になると、越前守護の斯波家にしたがい被官化した。やがて斯波家が尾張の守護を兼任することになると、守護代として尾張に下向。徐々に勢力範囲を広げ、尾張では斯波家をしのぐ力をつけた。織田大和守家と織田伊勢守家に分裂後も、両家で尾張を支配し、庶流の織田信長が駿河の守護・今川家を滅ぼしたことで東海地方を代表する戦国大名へと飛躍した。

第5章 中部地方の氏族／織田家

織田郷広

おだ・さとひろ

生没年	?～1451年（宝徳3）
出身	尾張国
主君	斯波義重→斯波義健
死因	自害

◇尾張守護代織田家の祖

　1400年（応永7）に越前の守護だった斯波義重が、尾張の守護を兼任することとなり、織田常松が守護代として尾張へ入国するが、この常松が郷広と同一人物とされる。

　1441年（嘉吉1）、6代将軍・足利義教が播磨の守護・赤松満祐に殺害されると、義教の子・足利義勝が将軍職についた。幕政の中心となった管領の細川持之は、義教に迫害されていた大名や公卿を復帰させる政策をとり、それにもとづいて持之は旧領回復令を発した。郷広は、この旧領回復令を盾に取って所領の拡大を目論んだ。しかし、斯波家の家老・甲

斐家などが、郷広の行為を押領と弾劾し、郷広は尾張を追放されてしまう。

　越前に戻った郷広は、尾張の守護代への復帰を試み、1451年（宝徳3）、8代将軍・足利義政の乳母だった今参局を介して、義政から守護代再任の確約を取り付けることに成功した。

　しかし、義政の生母・日野重子の反対にあい、郷広の再任の件は反故にされた。郷広は、主君の斯波義健に赦免を働きかけて守護代復帰をはかったが、義健は郷広の意見を受け入れず、1451年（宝徳3）、越前で自害に追い込まれた。

織田敏広

おだ・としひろ

生没年	?～1481年（文明13）
出身	尾張国
主君	斯波義健→斯波義敏→斯波義廉
死因	病死

◇嫡流家から庶流岩倉織田家への没落

　織田郷広の嫡男で、1441年（嘉吉1）

385

に父が所領の押領で尾張国を追放されると、敏広が尾張の守護代に任じられた。

1452年（享徳1）に尾張の守護・斯波義健が早世した後は、守護を継いだ斯波義敏に仕えたが、実質的に斯波家の権力を掌握していた斯波家家老の甲斐家の支配下にあった。1457年（長禄1）には、越前の守護代・甲斐常治の命により、義敏家臣の討伐のために上洛した。

義敏は主家をもしのぐ力をつけた甲斐家と対立し、1459年（長禄3）、幕命に逆らって甲斐家を攻めたが敗れた。幕府の不興を買った義敏は越前を出奔して周防へ落ち、一族の斯波義廉が後を継いだ。ここに斯波家は義敏派と義廉派に分裂し、細川勝元や山名宗全といった幕府重臣が斯波家の内訌に介入し、さらに将軍家の家督問題も発生し、1467年（応仁1）、応仁の乱が勃発した。敏広は、主君の義廉にしたがい西軍に属して戦った。対する義敏は、織田家庶流の大和守家の織田敏定を味方につけたため、織田家も応仁の乱によって分裂してしまった。

上洛して義廉とともに京で戦った敏広は、1475年（文明7）に義廉とともに尾張に帰国した。そこからは、敏定との対立が激化し、また、西軍についていた敏広は幕府から凶徒扱いされて守護代を罷免されてしまう。

敏広は清州城に入って対立を続け、敏定の拠る下津城を攻撃、焼き払うなど抗争は続いた。それでも、幕府の後ろ盾を得ている敏定軍が有利に戦局を運び、1478年（文明10）には清州城を奪われてしまった。

しかし、敏広は隣国美濃の実力者だった斎藤妙椿の娘を娶っていたことから、妙椿の助力を得て巻き返し、敏定を徐々に追いつめていった。

両者の争いは幕府の介入もあって1479年（文明11）に和睦が成立し、尾張を南北に分割して統治することで収まった。敏広は、春日井郡・丹波郡・葉栗郡・中島郡の尾張上四郡を支配することになり、岩倉織田家の祖となった。

織田家略系図

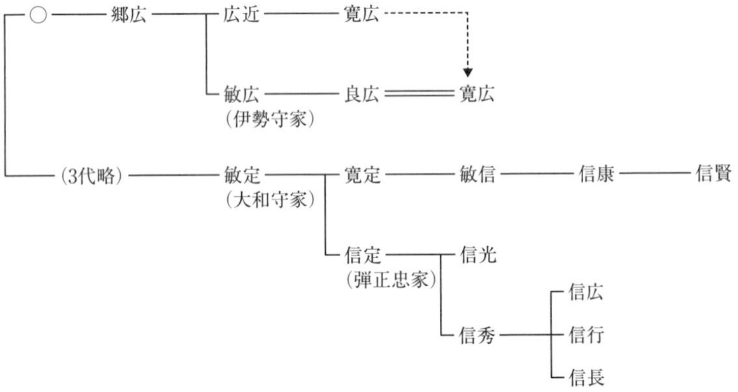

○ ─ 郷広 ─ 広近 ─ 寛広

郷広 ─ 敏広（伊勢守家） ─ 良広 ═ 寛広

（3代略） ─ 敏定（大和守家） ─ 寛定 ─ 敏信 ─ 信康 ─ 信賢

敏定 ─ 信定（弾正忠家） ─ 信光

信定 ─ 信秀 ─ 信広

信秀 ─ 信行

信秀 ─ 信長

織田敏定

おだ・としさだ

生没年 ?～1495年（明応4）
出身 尾張国
主君 斯波義敏→斯波義寛
死因 病死

◇織田家庶流から織田家嫡流へ下剋上

敏定は、清州城を本拠とした織田大和守家の出で、尾張の守護代・織田伊勢守家の庶流である。

敏定が織田大和守を相続した頃、主家の斯波家では斯波義敏と斯波義廉が家督をめぐって争っており、やがて斯波家の内訌は1467年（応仁1）に勃発した応仁の乱の遠因となってしまう。敏定は応仁の乱では、義敏を支持して東軍に属し、義廉を支持して西軍に属した尾張の守護代で本家の織田敏広と対立することになり、織田家は2派に分裂した。

敏定は尾張にとどまって敏広軍と戦い、国内の下津や清州城をめぐって争った。しかし、京では斯波義敏の家臣で越前の守護代だった朝倉孝景が、斯波家に反旗を翻して越前を乗っ取る事態となり、義敏は斯波家の本貫地ともいえる越前を失い、勢力を著しく後退させた。

越前を失ったのは義廉も同じで、1475年（文明7）、義廉は敏広とともに尾張に入国し、それに対して敏定は清州城に入って対抗した。翌年には義廉が拠る下津城を攻撃して城下を焼き払い、敏広と義廉を敗走させた。

1478年（文明10）には、幕府から正式に尾張の守護代に任命され、それと同時に敏広と義廉の討伐を命じられた。敏定は、信濃の守護・小笠原家長の支援を得て優勢に立つが、敏広の反撃にあって右目を失い、敗走を余儀なくされた。敏広

との対立は、最終的に幕府が介入して1479年（文明11）に和議を結ぶことで決着し、敏定は愛知郡・知多郡・海東郡・海西郡の下四郡を統治し、敏広の伊勢守家と尾張を分割支配することになった。

敏定と敏広はその後も対立を続けるが、1481年（文明13）に敏広が死去すると、敏定は伊勢守家と協調するようになり、1487年（長享1）に9代将軍・足利義尚が六角高頼討伐を決めると、伊勢守家の織田寛広とともに討伐軍に参陣した。

1495年（明応4）、美濃の守護・土岐家が家督をめぐって内乱状態に陥ると、土岐元頼を支援して内訌に介入するが、出陣の途次で病に倒れて没した。

織田寛広

おだ・とおひろ

生没年 不詳
出身 尾張国
主君 斯波義寛
死因 不明

◇美濃土岐氏の内紛に介入し没落

織田家の庶流で木ノ下城（犬山城）を拠点とした織田広近の子で、織田伊勢守家に養子に入り、織田敏広の死後に家督を継いだ。

敏広は、応仁の乱（1467年）で斯波義廉が属した西軍についた結果、東軍を支持した幕府から追討を受けて、尾張の守護代の座を追われていた。尾張の守護は、義廉と対立した斯波義敏の子・斯波義寛が継いでいたこともあり、敏広の後を継いだ寛広は義寛から疎んじられることになった。

しかし1481年（文明13）、寛広は義寛に帰順し、このとき義寛から偏諱を与えられて寛広を名乗った。

一方で、対立していた守護代織田大和

第5章 中部地方の氏族／織田家

守家とも和睦し、尾張を両家で支配する体制を築いた。1487年（長享1）には、9代将軍・足利義尚が六角高頼討伐の兵を挙げると、織田大和守家の織田敏定とともに出陣した。

1495年（明応4）、隣国美濃の守護・土岐家で、後継をめぐる家督争いが勃発した。この内訌に両織田家も介入することになり、寛広は養父の敏広が美濃の守護代・斎藤妙純と姻戚関係にあったため、妙純が支持する土岐政房に味方した。一方、大和守家の織田敏定・寛定父子は、政房と対立する土岐元頼を支持した石丸家と姻戚関係にあったことから、元頼派に属し、再び織田家は分裂した。

土岐家の内訌は、1496年（明応5）に妙純方の勝利に終わったが、尾張国内での両織田家の対立は収まらず、翌年に妙純が死去すると織田大和守家が巻き返し、寛広は力を失い、それ以降消息不明となった。

立するなど幕府内では混乱が続いた。

それを好機と見た信定は、幕府の直轄地だった尾張の港町・津島に攻め寄せた。津島は、伊勢湾の交易の中核をなす港町で、商業・流通の拠点として栄えていた。

津島には、在地領主の大橋家・岡本家・恒川家・山川家の4家が幕府の意を受けて支配しており、大きな影響力をもっていた。信定は当初、話し合いで解決しようとしたが、津島4家は取り合わず、1524年（大永4）、信定は強硬手段に打って出て津島の町に火を放ち、ついに実力で幕府の直轄地である津島を手に入れた。

津島に拠点を構えた信定は、伊勢湾交易で経済的に発展を遂げ、尾張守護代の織田大和守家に匹敵するほどの力をつけ、分裂を繰り返して庶家が入り乱れていた織田家のなかで、頭ひとつ抜け出した存在となった。

織田信定

おだ・のぶさだ

生没年 ？〜1538年（天文7）
出身 尾張国
主君 織田達勝
死因 病死

◇ **戦国大名織田家の礎となる**

織田大和守家の分家・織田弾正忠家の出身。織田弾正忠家は、大和守家の重臣・清州三奉行に名を連ねた。信定は、後に尾張の戦国大名になる織田信長の祖父にあたる。

1508年（永正5）、京では11代将軍・足利義澄と前将軍・足利義稙が対立し、敗れた義澄は将軍位を廃されて近江に出奔した。その後も義澄派と義稙派の抗争は続き、一方で義稙は管領の細川高国と対

織田信友

おだ・のぶとも

生没年 ？〜1555年（天文24）
出身 尾張国
主君 斯波義統
死因 自害

◇ **織田信長と対立した大和守家の当主**

尾張の守護代を務めた織田大和守家の当主。信友が守護代に任じられた頃、尾張の守護・斯波家の権勢は著しく低下しており、信友は若年の斯波義統を擁立して、尾張の実権を握った。

しかし、当時は庶流の織田弾正忠家が頭角を現してきており、守護代の大和守家をしのぐ勢いであった。そのため信友は、織田弾正忠家の当主・織田信秀が死没すると、その家督相続に介入して織田

弾正忠家の分裂をはかった。

　信友は信秀の2男・織田信行（信勝）を支持し、信秀の後を継いだ嫡男の織田信長と対立した。当時の信長は、うつけ者として周囲の評判はすこぶる悪く、織田弾正忠家は両派に分かれて対立した。

　1552年（天文21）、信長の家臣で鳴海城に入っていた山口教継・教吉父子が信長に反して兵を挙げた。信友は、信長が鳴海城に出陣した隙をついて、信長方の松葉城と深田城を攻め落とした。信長は、信友の傀儡となっていた守護の斯波義統を味方につけ、また叔父で守山城を守っていた織田信光の支援を取りつけ、信友打倒に出陣。両軍は尾張萱津で武力衝突し、信友は敗走し、さらに松葉城と深田城を奪回される大敗を喫した。

　1554年（天文23）、尾張へたびたび侵攻していた駿河の今川義元が甲斐の武田晴信と相模の北条氏康と三国同盟を結んで、信長を圧迫するようになった。信友は信長と対抗するために今川義元と結び、同年には信長への内応が疑われていた守護の斯波義統を自害に追い込み、大和守家の結束を固めた。しかし、傀儡とはいえ主家である義統を自害させたことで人心は離れ、義統の嫡男・義銀が信長を頼ったことで信友は窮地に陥り、義統が自害してからわずか6日後に信長軍に攻められて敗北し、捕縛された。

　捕らえられた信友は自害を命じられ、織田大和守家は断絶した。

織田信秀

おだ・のぶひで

生没年	？〜1551年（天文20）
出身	尾張国
主君	織田達勝→織田信友
死因	病死

◇守護代、守護を上回る勢力を構築

　織田弾正忠家の織田信定の嫡男。1527年（大永7）に家督を継いだ。織田信長の父として著名。

　信秀の名が史料に現れるのは、連歌師宗長の日記で、1526年（大永6）に宗長が弾正忠家の拠点・津島を訪問した際、信定が若年の息子・信秀を連れて挨拶に来たという。信秀は、それ以来連歌をたしなみ、今川方の那古屋城主・今川氏豊と連歌を通じて交友を持つようになる。1534年（天文3）のある日、信秀はいつものように那古屋に呼ばれて連歌を楽しんだ。そこで、信秀は仮病を使って自分の家臣を城内に連れ込み、なんと那古屋城を乗っ取ってしまった。信秀は、那古屋城近くに古渡城を築城し、自らは古渡城を拠点にして那古屋城を嫡男の信長に譲った。

　次いで信秀は、隣国の三河と美濃への侵攻にも着手し、1535年（天文4）には信秀の妹を妻にしていた三河の松平信定を内応させて三河岡崎城を攻め落とし、1538年（天文7）には美濃の大垣城を落城させた。しかし、松平信定が宗家の松平広忠に帰順すると岡崎城は奪回され、今度は3000の軍勢で三河安祥城に攻め寄せ、1540年（天文9）、松平信康・林光政らを討ち取って安祥城を奪い、三河進出の拠点とした。

　この戦乱のなか、松平家は駿河の今川義元を頼ったため、信秀は今川家とも対

第5章

中部地方の氏族／織田家

389

立していくことになる。

1542年（天文11）、義元は安祥城奪回のために三河に侵攻し、信秀は今川軍の10分の1に満たない戦力でこれを撃破した。今川軍を撃退した信秀の声望は高まり、守護代の大和守家の織田達勝をしのぐ勢力となった。

◇織田家の基礎を作り上げる

力をつけたといっても、信秀は守護代・大和守家の家臣の1人にすぎない。そこで信秀は、家臣の平手政秀を京都に派遣し、内裏修造費用4000貫を貢納することで朝廷の後ろ盾を得た。信秀は従五位下・三河守に叙任され、官位を得た信秀はその後、守護代家の達勝を無視して独自の命令で諸将を動かすようになった。

1542年（天文11）、美濃では斎藤道三が守護の土岐頼芸を追放するという事件が起こった。信秀は美濃を追放された頼芸を保護し、頼芸復帰を名目に、越前の朝倉家とともに美濃に侵攻した。しかし、道三の居城・稲葉山城を攻めきれず撤退した。ところが、その退却を道三軍に追撃され、信秀は5000ともいわれる戦死者を出す大惨敗を喫した。

戦勝の勢いに乗じた道三は同年、信秀に奪われていた大垣城の奪還に乗り出した。信秀は大垣城に援軍を出すが、その隙をついて守護代・達勝の後を継いだ織田信友が、信秀の古渡城に攻め寄せた。驚いた信秀は大垣城を放棄して帰国し、信友軍を撃破した。その後も美濃斎藤家・駿河今川家・三河松平家と戦闘を繰り返し、国内でも信秀の甥にあたる犬山城主・織田信清が反旗を翻すなど、国内外の平定に奔走した。

1551年（天文20）に死去。信秀の死は2年間、秘匿されたともいわれる。

織田信光

おだ・のぶみつ

生没年	1516年（永正13）～1556年（弘治1）
出身	尾張国
主君	織田信友→織田信長
死因	戦死

◇信長の草創期を支えた織田家の武将

織田弾正忠家・織田信定の3男で、織田信秀の弟。織田信長の叔父にあたる。

信光は武勇に優れ、兄の信秀が今川義元率いる駿河の大軍を相手に戦った第1次小豆坂の戦い（1540年）では、今川陣中に突撃を敢行し、今川軍を撃破する軍功を挙げた。『甫庵信長記』では、織田信房・佐々孫介・中野又兵衛・下方左近らとともに「小豆坂七本槍」と呼び、その武勇を讃えている。

信秀の死後、後を継いだ信長とは一時的に距離を取っていたが、1552年（天文21）に信長が守護代の織田大和守信友を清州に攻めたときには、信長に加担して信友軍を打倒した。

その後は信長にしたがって各地を転戦し、1554年（天文23）には尾張に侵攻してきた今川軍を撃破するなど、信長軍の主力として活躍した。1555年（天文24）には、再度信長に反抗した信友を討ち取る戦功を挙げた。

このときの信友との戦いでは、信光のもとに信友から内応の誘いがあったという。信友は、信光に尾張下四郡を与えることを条件にしたといわれている。

信光は、この信友の内応の誘いに乗ったふりをして信友の居城・清州城に入り、信友を捕縛して清州城を乗っ取ったという。

その後、信光は清州城を信長に譲り、自身は那古屋城に入った。しかし、その

翌年、信光は家臣の坂井孫八郎に攻められて殺害された。

織田信長

おだ・のぶなが

生没年	1534年（天文3）～1582年（天正10）
出身	尾張国
主君	織田信友→斯波義銀→足利義昭
死因	自害

◇ 尾張・美濃国を平定し戦国大名へ

織田信秀の嫡男で、1551年（天文20）の父の死後に家督を継いだ。しかし、当時の信長は奇行が目立ち、「うつけ者」と呼ばれて周囲から煙たがられる存在であり、そのため守護代の大和守家の織田信友が信長の弟・信行を擁立し、信長と対立した。

信長は、信友が傀儡としていた守護の斯波義統を内応させることに成功して翌年、信友軍を破り、1555年（天文24）に信友を処刑して大和守家を滅ぼした。尾張国には、大和守家のほかにも上四郡を治める伊勢守家の織田信賢がいたが、信長は1559年（永禄2）に信賢を攻め滅ぼし、続いて守護の斯波義銀（義統の子）を尾張から追放し、ついに尾張の支配者となった。同年、信長は上洛し、13代将軍・足利義輝に謁見して尾張の支配者となったことを報告した。

翌年、遠江と三河を制圧した駿河の国主・今川義元が尾張侵攻の兵を挙げた。信長は4万ともいわれる今川軍を桶狭間で迎え撃ち、わずか4000余騎で崩壊させて義元の首を取る殊勲を挙げた。さらに三河の松平元康と同盟して後顧の憂いを除き、西方へ目を向けることになる。翌1561年（永禄4）には、美濃の斎藤龍興を滅ぼし美濃を制圧し、岐阜城に拠点を移して、本格的な上洛の機を窺うこととなる。

◇ 天下統一目前に自刃

1568年（永禄11）、三好三人衆によって京を追われていた前将軍の弟・足利義昭が信長を頼ってくると、信長は義昭とともに上洛を果たし、義昭を15代将軍に据えて、畿内の制圧に乗り出した。

そして、1573年（元亀4）に義昭を敗走させて、室町幕府を実質的に滅亡に追い込むと、反信長派だった諸将を次々に破り、甲斐の武田勝頼を長篠の戦い（1575年）で滅ぼし、1578年（天正6）には御館の乱で混乱している越中に侵攻し、加賀と能登を攻略した。

中部地方から畿内一帯をほぼ平定した信長は、中国地方の大勢力となっていた毛利家を攻めた。しかし、毛利攻めの最中の1582年（天正10）、重臣であった明智光秀が謀反の兵を挙げ、本能寺を攻められた信長は自害して果てた。

スペインの商人で当時在京していたアビラ＝ヒロンが著した『日本王国記』によると、信長は最後に「余は自ら死を招いた」と言い残したとある。

第5章 中部地方の氏族／織田家

391

土岐家

摂津源氏の流れを汲む美濃源氏の嫡流として、美濃国で栄えた。鎌倉幕府の御家人として仕え、南北朝の動乱期には一貫して幕府に味方をして足利家の信頼を得て、室町時代を通して守護として美濃に君臨した。足利一門ではなかったため三管四職にはなれなかったが、幕府には重用された。しかし、頼武・頼芸兄弟の代に内訌が起こり、家臣の斎藤道三にそこをつけ込まれて美濃国を道三に奪われて衰退した。

土岐頼貞

とき・よりさだ

生没年	1271年（文永8）～1336年（建武3）
出身	相模国
主君	北条家→足利尊氏
死因	病死

◇北条家を見限って足利尊氏に臣従

鎌倉幕府の有力御家人・土岐光定の子。母は北条貞時（第9代執権）の娘。

1318年（文保2）に即位した後醍醐天皇は、天皇親政の回復を目指して、さかんに倒幕の密議を凝らしていた。1324年（正中1）、頼貞のもとにも、天皇側近の日野資朝から倒幕の誘いがあったという。母が北条家得宗一族だったため、頼貞はこれを断ったが、一族の土岐頼兼（頼貞の子とする説もある）が倒幕の密議に参加しており、これが発覚すると頼兼は六波羅探題に攻め滅ぼされ、このとき頼貞も関与を疑われた。

1333年（元弘3）、後醍醐天皇が伯耆船

上山で倒幕の兵を挙げ、天皇軍の討伐軍として上洛した足利尊氏が天皇軍に寝返った。このとき頼貞は尊氏の上洛戦や六波羅探題攻めには参加せず、一方で六波羅探題に加勢するわけでもなく、領国で中立を保った。そして、同年5月に護良親王や尊氏らによって六波羅探題が攻め滅ぼされ、北条一族が近江へ遁走すると、一族を挙げて尊氏にしたがい、後醍醐天皇に臣従した。

後醍醐天皇による建武の新政が開始されると、頼貞は美濃の守護に補任され、美濃一国を手に入れた。

1335年（建武2）、北条一族の北条時行の反乱を鎮圧するために鎌倉に下向した足利尊氏が、同地で天皇に反旗を翻すと、頼貞は尊氏方につき、三河矢作川の戦いに参戦し、天皇方の新田義貞軍と戦った。その後、翌年の尊氏の上洛戦に従軍し、京の戦いで敗れた尊氏が九州へ逃れた際も尊氏に同行した。

1336年（建武3）、筑前多々良浜の戦い

392

で菊池軍を破った尊氏は、再上洛をめざして九州を進発した。頼貞は尊氏本隊に従軍してともに京をめざしたが、道中の備前で病没した（ただし、1339年に死去したとする説もある）。

土岐頼清

とき・よりきよ

生没年 ？～1336年（建武3）
出身 美濃国
主君 足利尊氏
死因 病死

◇父に先立つ土岐家の嫡子

美濃の守護・土岐頼貞の嫡男。父の頼貞とともに足利尊氏に従って後醍醐天皇と対立した。土岐家は当時、美濃国一円に支流を配置し、その強力な統制の元に精鋭からなる軍団を作り上げていた。彼らは土岐家の家紋が桔梗であることにちなみ、桔梗一揆と呼ばれて怖れられた。

1333年（元弘3）、足利尊氏によって六波羅探題が陥落すると、頼清は父の頼貞とともに尊氏にしたがい、関東に向けて逃走する北条一門を美濃で妨害した。建武の新政下では、伊予の守護に補任された。

1335年（建武2）、足利尊氏が後醍醐天皇に反し、鎌倉で挙兵した。頼清は父の頼貞やほかの兄弟とともに尊氏方に加担し、三河矢作川の戦いで高師直らとともに京から進軍してきた天皇方の新田義貞軍と戦ったが敗走、続く箱根竹ノ下の戦いにも参戦した。義貞を敗走させた尊氏軍はそのまま西上するが、頼清も一族とともに尊氏軍に従軍して京に入り、洛中で天皇軍と戦った。しかし、京の戦いは天皇軍に凱歌が上がり、敗れた尊氏は九州へ敗走することになった。このとき父の頼貞は尊氏とともに九州へ渡り、頼清は細川一族とともに四国に渡り、四国の国人たちの糾合に努めた。

1336年（建武3）、筑前多々良浜の戦いに勝利した尊氏が九州を進発して上洛を開始すると、頼清も京をめざして伊予を出陣した。しかし、摂津の芥川に上陸したところで病没したという。尊氏軍が摂津に到着したのは、頼清が死んで約1カ月後のことだった。

第5章 中部地方の氏族／土岐家

土岐家略系図

```
頼貞 ┬ 頼清 ─── 頼康 ══ 康行 ─── 康政 ─── 持頼
     │                   ↑
     ├ 頼遠      頼雄 ┬ 康行
     │                └ 満貞
     ├ 直氏 ─── 詮直
     └ 頼忠 ─── 頼益 ─── 持益 ══ 成頼 ┬ 政房 ┬ 頼武
                                        │      ├ 頼芸
                                        └ 元頼  └ 治頼
```

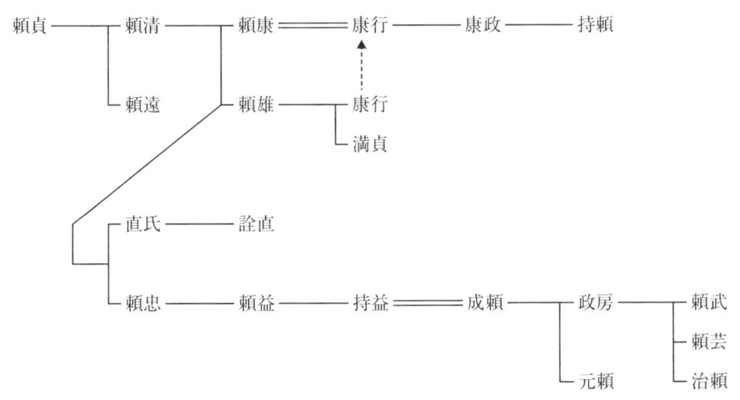

土岐頼遠

とき・よりとお

生没年	?～1342年（興国3・康永1）
出身	美濃国
主君	足利尊氏
死因	斬首

❖ 足利軍のなかでも屈指の猛将

　美濃の守護・土岐頼貞の7男。佐々木道誉・高師直とともに、ばさら大名を代表する武将とされる。

　1333年（元弘3）、六波羅探題陥落後に父の頼貞が足利尊氏にしたがったため、頼遠も尊氏軍に従軍した。1335年（建武2）、尊氏が後醍醐天皇に反旗を翻して鎌倉で兵を挙げると、頼遠は一族とともに尊氏方に与し、鎌倉へ参陣した。天皇方の新田義貞が、尊氏討伐のために東下してくると、尊氏の弟・足利直義と尊氏の家臣・高師泰らとともに三河矢作川に出陣したが、義貞軍に敗れて撤退した。その後、義貞軍を破った箱根竹ノ下の戦いにも参戦した。

　尊氏の上洛戦にも従軍して、翌年、入京したが、尊氏軍は敗れて播磨へ敗走した。このとき尊氏は九州へ渡って態勢を立て直すことになり、父の頼貞や兄の土岐頼清は尊氏にしたがって西走したが、頼遠は領国の美濃に帰って、美濃の天皇方の軍勢と戦った。

　翌年、尊氏が再挙して京へ向かうと、頼遠は直義の軍事催促に応じて近江に出陣して比叡山を攻め、その後入京して尊氏の京制圧戦を側面支援した。

　1338年（延元3・暦応1）、南朝の鎮守府将軍・北畠顕家が京に向けて出陣した。顕家軍は北関東を突破すると鎌倉を制圧して、さらに兵を進めて美濃に侵攻した。

　美濃を守備していた頼遠は、顕家軍を迎撃するために出陣した。顕家は、南朝の主力をなす猛将として知られており、軍議の席では、顕家の大軍を前にして尻込みする武将も多かった。駿河の守護・今川範国らは、近江まで行軍させて、京から進発してくる高師泰軍と挟撃する作戦を提案したが、頼遠は「目の前の敵に一矢も報いずに美濃を通すわけにはいかない」と反対し、青野原に布陣した。

　頼遠は自ら最前線で戦ったが、大軍の北畠軍を相手にしだいに劣勢となり、自身も深手を負い、一時期消息不明になるほどだった。

　青野原の戦いは、北畠顕家の勝利に終わったが、顕家軍のダメージも深く、態勢を立て直す必要に迫られた顕家は進路を変えて伊勢に入った。そのため、北陸方面の新田義貞軍と合流できず、顕家は摂津石津で高師直に敗れて討死した。

❖ 古い権威に弓を引いて自滅

　父・頼貞の死後に家督を継いだ頼遠は美濃の守護に補任され、尊氏にも重用され、幕府内での権勢は高まった。しかし、頼遠の活躍期間は短命に終わった。

　1342年（興国3・康永1）9月、頼遠が酒を飲みながら家路についていると、その途上で朝廷行事から帰る光厳上皇の一行と出会った。すぐに下馬して道を譲るのがしきたりだが、頼遠は騎乗したまま道も譲らず、そればかりか上皇一行に雑言を浴びせて、牛車に矢を射かけた。当時の北朝の天皇は幕府の傀儡だったが、征夷大将軍は天皇が任命するものであり、天皇がいなければ幕府も存在できないという関係にあった。頼遠の功績を認めていた尊氏も、頼遠の狼藉を放っておくわけにはいかず、頼遠は事情説明のため幕府から出頭を求められた。しかし、

394

頼遠は幕府の許可も得ずに美濃へ帰国してしまった。そのため、頼遠が謀反を企てているといううわさが立ちはじめた。頼遠は夢窓疎石に仲介を頼んで許しを請うたが認められず、同年12月、捕らえられ六条河原で斬首された。

それでも尊氏は、これまでの頼遠の戦功を認め、この一件は頼遠個人の責任として土岐家の存続を許し、頼遠の死の直後に頼遠の甥・頼康に後を継がせ、美濃の守護も安堵した。

土岐頼康

とき・よりやす

生没年 1318年（文保2）～1387年（元中4・嘉慶1）

出身 美濃国

主君 足利尊氏→足利義詮→足利義満

死因 病死

◇尊氏に重用された美濃の武士

土岐頼清の嫡男で、美濃の守護・土岐頼遠は叔父にあたる。

1342年（興国3・康永1）に頼遠が処刑された後、家督を継いで美濃の守護に補任され、その後、足利尊氏・義詮・義満の3代の将軍に仕え、45年という長期にわたって守護職を務めた。

土岐家は、祖父・頼貞の時代から一族の結束が固く、頼康はその武力を使って美濃を完全に平定することに成功した。

1350年（正平5・観応1）、尊氏の弟・足利直義と幕府執事・高師直の対立が激化し、直義が南朝に降って幕府に反旗を翻した。細川顕氏・山名時氏・斯波高経・吉良貞氏ら足利一門の多くが直義方につくなか、頼康は一貫して尊氏を支援し、美濃の直義軍と合戦を繰り返した。

1351年（正平6・観応2）、高師直ら高一族が誅殺されて尊氏と直義はいったん和睦するが、再び対立して直義が京を出奔し、尊氏が再び京を制圧した。このとき頼康は尾張の守護に補任された。

その後も頼康は美濃に在国しながら尊氏を支えた。1353年（正平8・文和2）、京を南朝軍に攻められた足利義詮が、後光厳天皇を奉じて京を脱出し、美濃に逃れてきた。頼康は義詮と天皇を迎え入れ、このときの頼康の功に対して、天皇から釈迦像と宸翰が下賜されたという。

◇幕府内の政争に明け暮れる

尊氏が世を去り、義詮が2代将軍になると、幕府内での権力争いが起こりはじめ、各国の守護大名同士に軋轢が生じるようになった。当時、幕府内で権勢をふるっていた一人に、幕府創設以来の足利一門の重臣で、伊勢の守護だった仁木義長がいた。頼康は管領の細川清氏、河内の守護・畠山国清、近江の守護・佐々木道誉らとともに1360年（正平15・延文5）、義長排除のクーデターを起こし、義長を幕府から出奔して南朝に降った。直後に頼康は伊勢の守護に補任され、3カ国の太守となった。

1367年（正平22・貞治6）に2代将軍・足利義詮が死去し、幼少の足利義満が将軍位につくと、義満の後見役である管領・細川頼之の権勢が高まった。

これに対し、足利一門の斯波家と山名家が頼之の施政に不満を抱くようになり、頼康も頼之と対立してしだいに頼康の足は京都から遠のき、ついには義満の出府命令も無視するようになった。このため義満の怒りを買い、一時は頼康討伐の命令が下されたほどである。

そして1379年（天授5・康暦1）、頼康は斯波高経・義将父子、京極高秀らと結んで洛中に軍勢を入れて将軍邸を包囲して、頼之の罷免を求めるという事件を起

こした。その結果、頼之は政界から追放されて四国に下向し、斯波義将が管領に就任し、頼康は失っていた伊勢の守護職を奪還した。翌年には、頼康の甥・土岐詮直が侍所頭人に任じられるなど、幕府内での頼康の地位は高まった。

その後も、鎌倉幕府の滅亡と建武の新政の崩壊を知る数少ない重鎮として重きをなし、1387年（元中4・嘉慶1）に病に倒れて死去した。

土岐康行

とき・やすゆき

生没年	？〜1404年（応永11）
出身	不明
主君	足利義満
死因	病死

◇ 東海の雄に義満からの挑発

父は土岐頼雄で、美濃など3カ国の守護となった土岐頼康の甥にあたる。頼康に男子がなかったことから養子となり、1387年（元中4・嘉慶1）に家督を継いだ。この頃、土岐家は頼康の功績により美濃・尾張・伊勢の守護職に任じられており、幕府の宿老として重きをなしていた。土岐家惣領を継いだ康行は、従兄弟の土岐詮直を尾張の守護代とした。また、当時の守護は在京が原則だったが、すでに侍所頭人を経験していた弟の土岐満貞を代理として在京させ、自らは美濃にいることにした。

ところが、康行が3カ国の守護に補任されたことに満貞が不満を持ちはじめた。さらに、満貞は侍所頭人という要職の経験者という立場を利用して3代将軍・足利義満に接近して尾張の守護職を熱望し、1388年（元中5・嘉慶2）、ついに康行は尾張の守護を解任され、幕府は次の尾張守護に満貞を補任した。

しかし、満貞が尾張へ下向すると、尾張の守護代・土岐詮直が満貞の入国を阻止するとともに、武力を使って満貞を追い払ってしまった。京へ撤退した満貞は、詮直の狼藉を義満に訴え、1390年（元中7・明徳1）、義満は土岐康行追討の命をくだした。

康行は美濃に戻って詮直とともに美濃小島城に入って準備を整えた。康行討伐の大将に任じられたのは、一族の土岐頼忠だった。しかし、頼忠は討伐に向かったとはいえ、同族の康行を攻めることを躊躇し、小島城を挟んで対峙するだけで積極的な攻撃は行わなかった。翌1390年（元中7・明徳1）、康行は降伏し、義満の軍門に降った。

康行は戦後、尾張と伊勢の守護を解任されて隠退し、美濃の守護には頼忠が任命された。しかし、その翌年には早くも義満に許されて、同年勃発した山名家の反乱である明徳の乱に幕府軍として出陣して戦功を挙げ、伊勢の半国守護に補任され、幕政に復帰した。

その後は拠点を伊勢に移して、世保土岐家を名乗った。伏見宮貞成親王（後花園天皇の父）はその日記に、世保家が土岐家の惣領であると記している。

土岐詮直

とき・あきなお

生没年	？〜1399年（応永6）
出身	美濃国
主君	土岐康行
死因	戦死

◇ 義満に謀られ応永の乱で敗死

土岐直氏の子で、従兄弟にあたる土岐康行の娘婿。康行が土岐家の家督を継いで、美濃・尾張・伊勢の守護に補任されたとき、尾張の守護代に任じられた。

土岐家は康行の養父・土岐頼康の代に勢力拡大に成功し、東海地方で大きな影響力をもつようになった。しかし、政権の安定を目指す3代将軍・足利義満は、強力な守護勢力の弱体化を狙っており、まず狙いをつけられたのが土岐家だった。当時、土岐家では当主の康行と弟の土岐満貞が、守護職就任をめぐって対立しており、侍所頭人として幕政に参画していた満貞は義満に近く、尾張の守護への補任を義満に訴え続けていた。

そして1388年（元中5・嘉慶2）、義満は康行の尾張守護職を解任し、後任に満貞を補任した。この裁定に康行と詮直は不満をあらわにし、同年、尾張に下向してきた満貞に対し、詮直は満貞の尾張入国を妨害し、武力をもって満貞を撃退した。満貞は京に戻って義満に助けを求め、義満は康行と詮直を謀反人として討伐を命じた。そして1390年（元中7・明徳1）、詮直・康行軍は敗退し、詮直は尾張の守護代を解任されて尾張から追放された。

1399年（応永6）、周防など6カ国の守護を務める大内義弘が、幕府に反旗を翻して挙兵した（応永の乱）。詮直はこのとき義弘に呼応して美濃国永森で挙兵した。美濃の守護で従兄弟にあたる土岐頼益と戦ったが敗れ、討ち死にした。

土岐満貞

とき・みつさだ

生没年	不詳
出身	美濃国
主君	足利義満
死因	不明

◆野心を利用されて没落

美濃など3カ国の守護となった土岐康行の弟。

1387年（元中4・嘉慶1）、兄の康行が叔父である土岐頼康の養子となって土岐本宗家の家督を継いだ。前代の頼康は、宗家だけでなく庶家の者も幕府に送り込むことで土岐家の勢力拡大を図っており、満貞も1385年（元中2・至徳2）に頼康の代理として侍所頭人に補任されるなど、幕政に参画していた。そのため満貞は、兄の康行が守護に就任すると、兄の代理として在京することになり、翌年には再び侍所頭人に就任した。

しかし、侍所頭人という、幕府では管領に次ぐ要職に2度も就任した満貞は、自らも国持大名になることを欲し、将軍・足利義満に対して、兄・康行の領国のうち尾張の守護への補任を願った。

義満も、美濃・伊勢・尾張の3国の守護を兼ね、勢力を伸ばす土岐家に脅威を覚えており、満貞の願いを聞き入れて1388年（元中5・嘉慶2）、康行の尾張守護を解任して、満貞が新たな守護に任命された。

これに対し、尾張の守護代を務めていた土岐詮直（満貞・康行兄弟の従兄弟にあたる）が強く反発し、満貞が尾張へ下向すると、満貞の尾張入国を実力で阻止してきた。満貞は黒田宿で待ち構えていた詮直軍に急襲されて敗走、京へ戻って義満に康行と詮直が謀反を起こしたと報告した。そして翌年、義満によって康行追討の御教書が発布され、幕府軍に攻められた康行と詮直は敗れ、満貞はようやく尾張に入った。

1391年（元中8・明徳2）、有力守護大名・山名家の一族である山名氏清が反乱を起こすと（明徳の乱）、満貞は幕府軍の一員として山名軍と洛中で戦った。しかし、このとき他将が挙げた首級を自らの手柄にしようとしたことが発覚して義

満の怒りを買い、満貞は尾張の守護を解任された。その後は駿河の守護・今川家を頼って、駿河島田に逼塞したという。

土岐頼益

とき・よります

生没年 1351年（正平6・観応2）～1414年（応永21）
出身 美濃国
主君 足利義満→足利義持
死因 病死

◇土岐西池田家として美濃国平定

　土岐頼忠の2男で、土岐家当主の土岐康行の従兄弟にあたる。

　1390年（元中7・明徳1）、当主の土岐康行と弟の土岐満貞との対立が激化し、3代将軍・足利義満が満貞を支持したことから康行追討の命がくだされた。このとき頼益は義満の命を受けて、父の頼忠とともに討伐軍の大将に任命され、康行と尾張守護代の土岐詮直（康行・頼益の従兄弟）と美濃で戦い、両者を討伐した。この乱で、土岐家嫡流である康行が没落し、父の頼忠が美濃の守護に補任された。

　1395年（応永2）、頼忠の後を継いで土岐家の当主となり、美濃の守護に補任された。これ以降、頼益の系統である土岐西池田家が、土岐家の主流とみなされるようになった。

　しかし、美濃国内には庶流の西池田家に対する反発が強く、さらに一族の石谷家、多治見家、肥田瀬家、今峰家、明智家などの多くが、幕府奉公衆として将軍直属とされてしまい、一族の結束は弱まった。また、国内の遠山家や東家、山県家、屋代家などの有力国人も奉公衆とされ、頼益は美濃の掌握に苦心した。

　頼益は、義満とその子の4代将軍・足

利義持からの信任が厚く、頼益も将軍家に尽くした。1399年（応永6）の応永の乱では、一族の土岐詮直が大内義弘に呼応して挙兵したが、頼益は詮直を美濃国永森城に攻め、敗死させた。

　幕府内では評定衆、侍所頭人など重職を歴任し、1403年（応永10）の着座次第では、北の座首・将軍義持に対して、南の座首侍所当土岐頼益とあり、破格の待遇を受けるなど、幕府では重用された。

土岐持益

とき・もちます

生没年 ？～1474年（文明6）
出身 美濃国
主君 足利義持→足利義教→足利義政
死因 病死

◇守護代の影響力を増大させる

　土岐頼益の嫡男。1414年（応永21）、父の死後家督を継いだが、幼少だったため、守護代の富島家が補佐した。

　持益は、父の頼益が将軍に重用されていたことから将軍家からの信望も厚く、持益という名も、4代将軍・足利義持からの偏諱である。

　1428年（正長1）、危篤状態に陥った称光天皇に男子がおらず、先代の後小松天皇の系統にも皇位を継げる者がいなかったため、朝廷と幕府は北朝3代天皇・崇光天皇の3世の孫にあたる後花園天皇を擁立した。これに対し、旧南朝の小倉宮聖承（後亀山天皇の孫）が皇位を望んで反乱を起こし、南朝の遺臣・北畠満雅が呼応して伊勢で挙兵した。このとき持益は、一族の伊勢の守護・土岐持頼とともに、幕府の命を受けて伊勢に出陣し、満雅の反乱を鎮圧した。

　1444年（文安1）、美濃の守護代・富島家と、土岐家の家臣・斎藤宗円との対立

が激化し、富島軍が宗円の居城・稲葉山城に攻め寄せた。このとき、宗円は持益に支援を求め、持益は宗円と連携して富島家の反乱の鎮圧にかかった。しかし、両者の争いはなかなか収まらず、美濃錯乱と呼ばれる内乱状態が何年にもわたって続いたが、富島家は没落し、斎藤家が新たに美濃の守護代についた。

　1467年（応仁1）に応仁の乱が勃発すると、持益は当初中立を守って動かなかったが、没落していた富島家が復権をめざして東軍についたことで、持益は西軍に属した。持益は乱の終結を見ることなく没するが、持益没後に後継争いが勃発し、守護代の斎藤家がさらに台頭することになる。

土岐持頼

とき・もちより

生没年	？〜1440年（永享12）
出身	伊勢国
主君	足利義持→足利義教
死因	戦死

◆将軍家からの疑惑は晴らせず

　土岐康政の子。伊勢・志摩の守護・土岐康行の孫にあたり、土岐世保家の3代当主。1417年（応永24）に家督を継いだ。「蓬切」という名剣を所持する剣豪だったという。

　1416年（応永23）、関東で上杉禅秀の乱が勃発したとき、4代将軍・足利義持の弟・足利義嗣が上杉禅秀との関与を疑われて出奔するという事件が起こった。このとき持頼も関与を疑われ、家督を剥奪されそうになるが、義持の護持僧・三宝院満済のとりなしを得て許されたという。持頼と満済の結びつきは強かったようで、満済の日記にはたびたび持頼が登場し、伊勢守護就任の際も、満済の後ろ盾があったとされる。

　1428年（正長1）、伊勢の国司・北畠満雅が幕府に反して挙兵した。当時の伊勢の守護は畠山満家だったが、持頼に反乱軍討伐の命が下され、満家に代わって持頼が伊勢・志摩の守護に任じられ、伊勢へ出陣し、翌年には満雅の反乱を鎮圧した。このときは、本家の美濃守護・土岐持益とともに満雅を追いつめた。

　6代将軍・足利義教は、旧南朝勢力の弱体化をはかっていたため、満雅を打倒した持頼の評価は上がり、1432年（永享4）に義教が駿河に下向した際には、大軍を率いて同道するなど、持頼は義教に重用されるようになった。1437年（永享9）には、大和で起こった越智家の反乱を鎮圧するために大和に出陣し、翌年に越智方の多武峰を落として越智家を敗走させる戦功を挙げた。

　1440年（永享12）、再び大和で反乱が起こり、持頼は三河など3カ国の守護を務める一色義貫とともに大和に出陣した。義貫は、持頼の子を正室に迎えており、両者は良好な関係を築いていて、1437年（永享9）以来、大和の反乱にはともに出陣していた。

　しかし同年、大和に布陣中、持頼は将軍・義教の命を受けた伊勢の国人・長野満藤によって陣所を攻められて敗死した。このとき、義貫も義教の刺客・武田信栄によって殺害された。

　持頼が義教に謀殺された理由は明らかでないが、一説には、1438年（永享10）に関東で起こった永享の乱で、謀反を起こした鎌倉公方・足利持氏の残党を匿った一色義貫に加担したためという。

　持頼の死によって、土岐世保家はその後、守護職に返り咲くことができず、没落した。

土岐成頼

とき・しげより

生没年	1442年（嘉吉2）～1497年（明応6）
出身	不明
主君	足利義視→足利義尚
死因	病死

◇応仁の乱の時代の土岐家惣領

　丹後の守護・一色一族の一色義遠の子（異説あり）。美濃の守護・土岐持益の養子となり、土岐家の家督を継いだ。

　持益の嫡男・土岐持兼は早世していたため、持益の晩年の頃には家督継承をめぐって家中で対立が勃発しており、美濃家の重臣・富島家を排除して力をつけていた守護代の斎藤利永が成頼を強硬に推挙し、1456年（康正2）、利永は持益を引退させて成頼を土岐家の後継者に認めさせた。当時、成頼はまだ15歳だったため、利永が後見役を務め、利永の土岐家中における影響力は増した。

　1467年（応仁1）に勃発した応仁の乱では、養父の持益とともに西軍に属し、8000余騎を率いて上洛した。持益は乱の最中に死去したが、成頼は持益の死後も京で戦い続けた。1477年（文明9）、両軍が和睦して応仁の乱は終結したが、このとき成頼は、将軍継嗣争いに敗れた足利義視・義材父子を擁して美濃に帰国した。その後、義視と義材は10年以上も美濃に滞在することになる。

　成頼は、応仁の乱の際には西軍の重鎮として京で重きをなしたが、その間のほとんどを在京していたため、美濃国内は守護代の斎藤家にまかせていた。しかし、利永の後を継いだ守護代・斎藤妙椿が、公家や寺社の荘園や国衙領を押領するなど、勢力を拡大しており、守護の土岐家の影響力は低下していた。

◇晩節を汚した船田合戦

　成頼には5人の男子がいたが、成頼は4男・元頼を溺愛した。そのため、嫡男の政房ではなく元頼に家督を譲りたいと考えた。それが、船田合戦と呼ばれる美濃の大乱へつながってしまう。

　政房を支持していたのは、妙椿の後を継いで守護代になっていた斎藤妙純だった。一方、成頼側には、守護代奪取を狙う斎藤家の家臣・石丸利光が加担した。

　1495年（明応4）、広大な正法寺境内に、成頼軍と政房軍の双方が布陣し、戦闘が開始された。この戦いは政房側の勝利に終わり、成頼は政房に家督を譲って城田山舎衛寺への隠居を余儀なくされた。

　土岐家の家督争いは終結したが、利光と妙純の争いは収まらなかった。翌1496年（明応5）、利光は、管領・細川政元や近江の守護・六角高頼、伊勢の国司・北畠材親を頼って、妙純に対抗した。成頼は、当初は中立を保ったが、利光が元頼を擁していること、また幕府の支持を取りつけていることを聞き、利光を迎え入れたという。

　対する妙純は政房を味方に引き入れ、尾張の守護代・織田家、近江の半国守護・京極家などに支援を頼んで攻撃にうつり、再び妙純が勝利。成頼は城を脱出したが、利光と元頼は城内で自害した。

　この合戦の翌年、成頼は病死した。成頼の代で土岐家の勢力は低下し、美濃の内乱を平定した斎藤家の力が強くなる。

土岐頼芸

とき・よりのり

生没年	1502年（文亀2）～1582年（天正10）
出身	美濃国
主君	足利義晴
死因	病死

◇斎藤道三に追放される

　美濃の守護・土岐政房の2男。画才に秀でており、とくに鷹の絵を描くのが得意で、「土岐鷹」と呼ばれた彼の作品は、当時から名画として珍重された。

　父の政房は、長兄・頼武より頼芸を溺愛しており、頼武の廃嫡を考えるようになったため、美濃は頼武派と頼芸派に分裂した。

　頼武には守護代・斎藤利良がつき、頼芸には小守護代（守護代の代官のこと）・長井長弘と、その家臣で斎藤道三の父にあたる西村勘九郎が加担した。

　頼芸派は2度の敗戦を経験するが、1530年（享禄3）の戦に勝ち、頼武から家督を奪い、1536年（天文5）には幕府から正式に家督継承を認められ、美濃の守護に補任された。

　こうして守護代・斎藤家は没落し、1538年（天文7）に利良が死去して斎藤家が断絶すると、頼芸は長井家の家臣で、頼武派との戦いで戦功を挙げて重用していた、西村勘九郎に斎藤家を継がせた。

　しかし、勘九郎の後を継いだ道三と頼芸は折り合いが悪く、1542年（天文11）、頼芸は道三によって大桑城を包囲された。このときは頼芸が尾張の守護代・織田信秀の支援を得て勝利したが、1548年（天文17）に道三と信秀が和解すると、後ろ盾をなくした頼芸は美濃を追放され、美濃は道三に乗っ取られてしま

った。

　その後、頼芸は妹の嫁ぎ先である近江の六角家を頼り、続いて実弟・土岐治頼が拠る常陸の江戸崎城まで落ちた。頼芸は、治頼に家宝と系図を譲り、土岐宗家を継承させた。

　江戸崎城を出た頼芸は、上総の同族土岐為頼を頼り、その後、甲斐の武田家を頼るなど放浪を続ける。最後は、道三に属していた旧臣の稲葉一鉄の仲介を得て美濃へ戻り、同地で没した。

第5章

中部地方の氏族／土岐家

斎藤家

室町時代には美濃の守護・土岐家にしたがって守護代を任せられる家柄となり、土岐家に次ぐ実力を有した。1440年代に同じく守護代の富島家との権力争いが勃発したが利永がこれに勝利し、土岐家第一の重臣の地位を得た。応仁の乱の際に生じた土岐家の内訌では、重臣の石光家と争ってこれを退けたが、利親のあとを幼年の勝千代（利良）が継ぐと、長井家が台頭して衰退。長井家の家臣・西村勘九郎（斎藤道三）に家を乗っ取られた。

斎藤宗円

さいとう・そうえん

生没年 1389年（康応1）～1450年（宝徳2）
出身 美濃国
主君 土岐頼益→土岐持益
死因 暗殺

◇守護代を奪い美濃斎藤家の礎を築く

斎藤家は平安時代に美濃の目代として派遣されて土着した国人で、鎌倉時代は守護の北条家のもとで勢力を拡大させ、室町時代になると守護・土岐家と並ぶ美濃の実力者に成長した。

1414年（応永21）、美濃の守護・土岐頼益が死去し、後を子の土岐持益が継いだ。このとき持益は9歳という幼年であったため、宗円は富島家とともに重臣として持益を支え、美濃の守護代に任じられるなど重用された。しかし、やがて家中の権力をめぐって富島家と対立するようになり、1444年（文安1）、富島家の代替わりを好機と見た宗円は、京都の土岐館にいた富島高景を攻めて殺害した。

これに対して富島一族は、近江の守護・京極家の支援を得て、宗円の居城・稲葉山城に攻め寄せ、対する宗円は守護の持益を説得して味方に引き入れ、不破垂井で両軍は衝突した。この戦いに宗円は敗北したが、当主を失った富島家は宗円を追い詰めることはできず、このときはいったん両軍が和睦し、持益を擁した宗円が守護代に就任した。

しかし、守護代職を奪われる形となった富島家は宗円の支配に服さず、1446年（文安3）に対立が再燃し、1449年（宝徳1）には再び武力衝突し、討ち死にした人数は両軍合わせて数百名という大激戦となった。宗円は地位と領地の保証を求めるために、富島家との戦いの最中でもたびたび自ら上洛し、幕府への働きかけを強めていったが、1450年（宝徳2）、京都の山名邸からの帰途、富島家の手の者に暗殺された。

斎藤利藤

さいとう・としふじ

生没年 ?～1498年（明応7）
出身 美濃国
主君 土岐成頼
死因 病死

◇実権のない守護代職に怒り心頭

美濃の守護代・斎藤宗円の孫にあたり、父・利永の後を継いで美濃の守護代に任じられた。しかし、後見役だった叔父の斎藤妙椿に実権を握られていた。

1480年（文明12）に妙椿が死去すると、利藤と妙椿の子・妙純との対立が表面化した。両者の対立は、美濃文明の乱ともいわれるほど激烈を極めた。

当時の美濃の守護は土岐成頼だったが、成頼を守護に推したのが妙椿であり、妙椿の妹が成頼に嫁いでいたこともあり、成頼は妙純に肩入れし、利藤は守護代ではあったが、実権は妙純に握られていた。この状況に対し、利藤は幕府に働きかけた。当時の幕府は、将軍の足利義材と管領の細川政元が対立しており、義材は応仁の乱の際に成頼のもとに身を寄せていたこともあって成頼を支援したため、政元は利藤方についた。やがて、義材が前将軍・義尚の母・日野富子と対立して翌年に将軍職を追われると、幕府は利藤を支持し、利藤は妙純を屈服させる形で和睦した。ところが、1494年（明応3）に成頼の後継者問題が勃発し、嫡男の土岐政房を支持する妙純と、4男の土岐元頼を支持する利藤が再び対立をはじめる。利藤は、重臣の石丸利光を引き込んで妙純と争い、同年、両軍は武力衝突した。尾張の守護代・織田家が妙純方に援軍を出すなど戦いは妙純軍が戦局を有利に進め、利藤は利光・元頼とともに近江に逃亡した。

近江に逃れた利藤は、近江の守護・六角高頼に支援を頼み、管領の細川政元にも支援を要請するなど態勢を立て直し、1496年（明応5）に再挙して美濃へ侵攻した。これに対して妙純は、越前の守護・朝倉家の支援を取りつけ、また江北の半国守護・京極家も妙純方につき、利藤軍は妙純軍に再び敗れた。利光と元頼は自害し、利藤は助命されたが隠居を余儀なくされ、その2年後に没した。

第5章 中部地方の氏族／斎藤家

斎藤家略系図

```
宗円 ─── 利永 ─┬─ 利藤 ─── 利国
              │
              └─ 妙純
                  ┊
                  ↓
       妙椿 ═══ 妙純 ─── 利親 ─── 利良 ═══ 道三 ─┬─ 義龍
                                              │
                                              ├─ 孫四郎
                                              │
                                              └─ 喜平次
```

403

斎藤妙椿

さいとう・みょうちん

生没年 1411年（応永18）～1480年（文明12）
出身 美濃国
主君 土岐成頼
死因 病死

◇美濃を掌握した美濃斎藤氏の猛将

　美濃の守護代・斎藤宗円の子。1456年（康正2）に守護となった土岐成頼が幼少だったため、妙椿はこれを機に政務に介入し、美濃国内での影響力を高めていった。また、守護代を継いでいた甥の斎藤利藤の後見役を務め、守護代、守護をしのぐ実力者となった。

　1467年（応仁1）に応仁の乱が勃発すると、守護の成頼は西軍に与して上洛し、美濃の政務は妙椿に委ねられた。

　応仁の乱中、妙椿は美濃国内外で戦い、美濃を守るとともに勢力の伸長をはかった。まず、守護代職をめぐって対立関係に合った土岐家の重臣・富島家一族を滅ぼし、1469年（文明1）には美濃国内の郡上に領地をもっていた幕府奉行人の東常縁が幕命により下総に出陣した隙をついて領土を押領。土岐家の家臣・長江元景を討ち取って今須方面へ勢力を伸長させた。

　一方、西軍の武将として各地を転戦し、1469年（文明1）には江南の六角高頼に援軍を派遣して、江北の京極政経を撃破し、1473年（文明5）には伊勢へ出兵、翌年に越前にも兵を出し、1476年（文明8）には尾張へ進軍して、守護代の織田敏定と戦うなど、積極的に外征を行った。こうした妙椿の武勇は、すぐに京にも知られるようになり、幕府内では「美濃の妙椿」として怖れられる存在にまでなった。あるとき、妙椿が大軍を率

いて上洛するという噂が立った。それを聞いた東軍の細川勝元・政国は、延暦寺にその防衛を依頼し、信濃国の小笠原家長、木曾家豊らに討伐を命じるなど、妙椿の動向は、応仁の乱の中枢を担っていた者からも注視されていた。

　応仁の乱が勝敗を見ずに終結した後も、妙椿は尾張や三河への出兵を続け、勢力の拡大を図ったが、1480年（文明12）に病に倒れて没した。このとき、妙椿は守護の成頼に、自分の養子である妙純を重用するよう遺言し、守護代の斎藤利藤の怒りを買うことになる。

　妙椿は武勇ばかりではなく、文化人との交流も多かった。応仁の乱で京が廃墟と化すと、前関白の一条兼良を美濃へ招いて連歌会などを催したほか、公卿の甘露寺元長や四条隆永などを保護し、当時宗祇とともに連歌界の重鎮だった連歌師の専順なども、戦乱を避けて妙椿のもとに保護を求めた。

　また、妙椿が領地を奪った東常縁も歌人として知られており、常縁の歌に感動した妙椿は、奪いとった領地を常縁に返還し、その後は常縁と親交をもった。

斎藤妙純

さいとう・みょうじゅん

生没年 ？～1497年（明応5）
出身 美濃国
主君 土岐成頼→土岐政房
死因 戦死

◇隆盛を築くも土一揆勢力に敗北

　美濃の守護代・斎藤利永の子で、叔父・斎藤妙椿の養子となった。

　1467年（応仁1）に応仁の乱が勃発すると、妙純は妙椿にしたがって西軍に与し、各地を転戦した。

　1480年（文明12）に妙椿が死没する

と、妙椿に実権を掌握されて不遇をかこっていた異母兄の守護代・斎藤利藤と対立するようになった。同年、両者は武力衝突し、守護・土岐成頼の支援を受けた妙純が勝利したが、幕府を味方につけた利藤軍の逆襲にあい、妙純は半ば利藤に屈服するかたちで和睦した。

1494年（明応3）、成頼の後継をめぐって嫡男の土岐政房と4男の元頼が対立すると、妙純は政房を支持し、元頼方についた利藤と再び対立するようになった。

妙純は尾張の守護代・織田家、越前の守護・朝倉家などを味方につけ、対する利藤は江南の守護・六角高頼、伊勢の国司・北畠家に支援を要請し、両者の対立は激化し、1495年（明応4）に船田合戦と呼ばれる大乱が勃発した。この合戦は1年以上にわたって繰り広げられたが、妙純軍は戦局を有利に進め、利藤と元頼を近江に遁走させて政房を守護に就任させ、国内の実権を握った。

利藤を隠居に追いやった妙純は、近江の京極家の内訌に介入し、京極高清を支援するために同年、近江に出陣した。しかし、対立する京極政経を支援する江南の六角高頼との戦いが長期化し、その間、従軍を余儀なくされた馬借（金貸しの一種）や郷民が在陣に反発しはじめた。1497年（明応5）、六角家とは和睦がなったが、長期在陣に不満を爆発させた馬借や土一揆勢力に襲われ、妙純は殺害された。この謀反により、妙純の嫡男・利親も殺されてしまい、美濃の実力者だった斎藤家はその後、没落していくことになる。

斎藤道三

さいとう・どうさん

生没年 1494年（明応3）～1556年（弘治2）
出身 美濃国
主君 土岐政房→土岐頼芸
死因 戦死

◇父子二代で実現した国盗り物語

日本史上、下剋上の典型とされる人物で、父・西村新左衛門尉とともに、美濃の守護・土岐家の有力家臣だった長井家の家督を奪って台頭した。

1497年（明応5）、美濃を掌握していた守護代・斎藤妙純の死後、斎藤家の力は衰え、代わって台頭してきたのが重臣の長井家だった。道三の父は、この長井家の家臣として重用され、長井家の傍系の家督を継いだ。

道三は1517年（永正14）からはじまる美濃の守護・土岐家の家督争いに乗じ、長井家とともにしだいに美濃国内における影響力を強めていった。1530年（享禄3）に土岐頼芸を守護につけた道三は、対立していた土岐頼武派の守護代・斎藤家を討ち滅ぼし、1538年（天文7）に斎藤利良が死没すると、道三は頼芸の命を受けて斎藤家の家督を継ぎ、美濃の守護代に任じられた。

しかし、道三の影響力は頼芸をもしのぐほどになり、道三と頼芸はやがて対立し、1542年（天文11）、道三は頼芸打倒の兵を挙げ、頼芸の拠点・大桑城へ攻め寄せた。大桑城を包囲した道三に対し、頼芸は尾張の織田信秀に支援を求め、このときは道三と頼芸が和睦して、道三の反乱は沈静化した。

しかし、道三は水面下で信秀にわたりをつけ、1548年（天文17）に信秀と同盟を結んだ。1552年（天文21）、道三は織

第5章 中部地方の氏族／斎藤家

405

田家の後ろ盾をなくした頼芸を大桑城に攻め、大桑城は落城、頼芸を美濃から追放した。道三は主家である守護の土岐家を滅ぼし、自ら美濃の支配者となったのである。

◇父子の不和と旧土岐家家臣団の憎悪

美濃一国の支配者に成り上がった道三は、その2年後の1554年（天文23）には隠退し、嫡男の義龍に家督を譲り、自らは出家した。

しかし、道三は義龍の弟・孫四郎と喜平次を寵愛したため、義龍の廃嫡がうわさとなり、義龍と道三はやがて対立するに至った。道三が義龍を遠ざけたのは、義龍の実父が頼芸であったからだともいわれる。

1555年（弘治1）、義龍は道三打倒の兵を挙げた。このとき、土岐家の旧臣たちは、土岐家を滅亡に追いやった道三から離反し、多くの者が義龍につき、1万7000余騎を率いた義龍軍に対し、道三軍はわずか2500騎だったとされる。

翌年、長良川で激突した両軍は激しい戦いを繰り広げるものの、寡兵の道三軍に勝ち目はなく、討ち死にした。

そして1555年（弘治1）、美濃国内には義龍の廃嫡のうわさが流れ、義龍はついに父・道三への反逆を決意し、挙兵した。

当時の斎藤家は、道三が下剋上によって成り上がったために直属の家臣や軍団をもっておらず、その多くはかつての守護・土岐家の旧臣たちであった。彼らは、主家・土岐家を滅亡に追い込んだ道三を快く思っておらず、義龍が兵を挙げると、こぞって義龍のもとに参陣した。

義龍は兵力で圧倒して道三を追い詰め、翌年の長良川の戦いで道三を討ち取り、2人の弟も殺害した。

美濃の支配者となった義龍は幕府に接近し、1559年（永禄2）には幕府の相伴衆に列せられ、将軍・足利義輝から一色氏を称することを許されたという。

国内をよく治めた義龍の喫緊の敵は、隣国・尾張の織田信長だった。信長は道三の死後、たびたび美濃へ侵攻してきたが、義龍はこれをよく防ぎ、義龍存命中は信長の侵略を許さなかった。

1561年（永禄4）に死去。後を継いだ嫡男の龍興は信長に敗れて美濃を手放し、斎藤家はわずか3代で没落した。

斎藤義龍
さいとう・よしたつ

生没年	1527年（大永7）～1561年（永禄4）
出身	美濃国
主君	斎藤道三→足利義輝
死因	病死

◇父を討ち取り戦国大名に名乗り

斎藤道三の嫡男で、身の丈6尺5寸（約197センチメートル）という大男だったとされる。1554年（天文23）に父・道三から家督を譲られたが、道三が弟の孫四郎と喜平次を寵愛したため、家督相続前から道三との確執は深まっていた。

406

中部地方の武将

中部地方は足利家一門の今川家や、足利家の執事から幕閣の中心人物となった高家、鎌倉時代以来の有力国人である土岐家など室町幕府に影響力のある勢力が点在した地域であった。また、東国を治める鎌倉府のお目付け役としても、甲斐や駿河は幕府にとっては重要な拠点であった。関東の動乱に巻き込まれる形で、中央より一足先に下剋上が巻き起こり、戦国時代に突入した。

大井田氏経

おおいだ・うじつね

生没年 不詳
出身 越後国
主君 新田義貞
死因 不明

◆生涯を義貞に捧げた越後の武将

新田家の一族で、越後国魚沼郡大井田郷を領して大井田姓を名乗った。

1333年（元弘3）に新田義貞が上野国で挙兵すると、氏経は父・経隆、兄・経兼、弟・経世とともに、同族の里見家、羽川家らを引き連れて義貞のもとに合流した。大井田家らの越後軍は、化粧坂から鎌倉に進軍して鎌倉陥落に貢献した。

建武の新政では式部大夫、弾正少弼に任じられ、足利尊氏が反旗を翻して南北朝の動乱が始まると、南朝方についた義貞にしたがって各地を転戦した。

1336年（延元1・建武3）、尊氏が九州へ敗走すると、義貞は九州からの上洛路を押さえるために播磨白旗城に拠る尊氏方の赤松家を攻めた。このとき氏経は、西方の足利方からの援軍を止めるため、備前三石城の攻略を命じられた。氏経は石橋家、飽浦家、田井家ら足利勢を次々と撃破し、美作国までを制圧した。

ところが、本隊である義貞軍が白旗城を攻めきれず、そうこうしているうちに尊氏軍が九州から上洛してきてしまった。陸路を進んできたのは、5万とも30万ともいわれる大軍を率いた足利直義だった。氏経は、備中福山城で直義軍の迎撃にあたったが敗退し、湊川の戦いで楠木正成が敗れると、義貞とともに北陸へ落ちていった。

1338年（延元3・暦応1）に義貞が戦死したあとも、氏経は新田家を支え続け、翌年に幕府軍の総攻撃を受けても、居城大井田城だけは死守した。

本庄房長

ほんじょう・ふさなが

生没年 ?～1539年（天文8）
出身 越後国
主君 上杉房能→長尾為景→上杉定実
死因 病死

◆越後守護代長尾家に反発した揚北衆

　本庄時長の子。本庄家は桓武平家を名乗り、鎌倉時代初期のころに越後に下向した一族で、室町時代以降は中条家らとともに「揚北衆」といわれた。越後は守護の上杉家と守護代の長尾の勢力が強い地域だったが、出羽との国境付近にあった揚北衆は、室町時代以前からの有力国人だったため、守護の統制下にありながらも独自の勢力を築いていた。

　1507年（永正4）、守護代の長尾為景が守護の上杉房能に反して兵を挙げ、房能は自害に追い込まれた。この事件以降、越後は為景派と反為景派に分かれて争うことになった。揚北衆は、時長以下の色部家や竹復家らとともに反為景派として活動し、中条家や安田家らは為景派となった。同年、時長が居城・本庄城で挙兵すると、為景は中条藤資に本庄城を攻めさせた。時長は中条軍に敗北し、嫡男の弥次郎は討ち取られ、房長は城を捨てて逃亡した。色部家も為景に敗れ、揚北地域は為景によって平定された。時長はその頃に死去し、房長が後を継いだ。

　房長は為景に臣従して本庄城に復帰したが、1533年（天文2）に上杉一族の上条定憲が為景打倒の兵を挙げると、房長は上条派に与して為景に反した。房長は色部家や鮎川家らとともに越北で為景派と戦い、1536年（天文5）、為景が嫡子・晴景に家督を譲って引退したため、房長も兵を引き揚げた。

　1539年（天文8）、晴景のもとで守護に復帰した上杉定実には子がいなかったため、奥州の伊達稙宗の子・時宗丸を養子にする計画が進んだ。時宗丸の実母は揚北衆の中条藤資の妹だったため、房長以下の揚北衆は、この養子縁組に反対した。同年、藤資は先手を打って本庄城を攻撃してきた。房長は鮎川清長らとともに城に入って防戦したが、藤資方には伊達稙宗からの援軍も加わり、本庄城は落城した。房長は出羽の大宝寺家を頼ることにして城を抜け出したが、鮎川清長が房長派から離脱し、さらに弟の小川長資が房長を裏切って本庄城を乗っ取ってしまった。

　出羽への途上にあった房長は、長資の裏切りに驚愕悲嘆し、ついに陣中で倒れ、そのまま死去したという。

上条定憲

じょうじょう・さだのり

生没年 不詳
出身 越後国
主君 上杉房能→上杉定実
死因 不明

◆越後守護代長尾家と対立

　越後の守護・上杉家の一族で、上条上杉家といわれる。上杉房実の子。

　定憲が上条家の家督を継いだのは永正年間（1504～1521年）前半のころだが、そのころの越後は守護の上杉家と守護代の長尾家が激しく対立していた。

　1507年（永正4）、守護の上杉房能が長尾為景によって倒された。このとき定憲は、為景が房能の養子で定憲の実兄・定実を擁立していたことから、為景派について戦い、為景・定実政権樹立に貢献した。しかし、守護に補任されたとはいえ、為景に実権を握られていた定実は、

やがて為景と対立するようになり、一族の定憲に為景打倒の協力を要請してきた。定憲は家臣の宇佐美房忠とともに1514年（永正11）、反為景の兵を挙げた。だが、揚北衆の中条家や新発田家が為景に加担し、房忠の小野城が落城し、定憲・定実軍は同年の上田城下の戦いで大敗を喫し、定実は幽閉され、定憲は上条城に逼塞した。

◇長尾為景を追いつめ上杉家を復権

その後、越後は長尾為景が支配することになり、定憲はしばらく息を潜めていたが、1530年（享禄3）、再び反為景の兵を挙げた。このときも揚北衆が為景派につき、定憲は苦境に陥ったが、幕府の仲介もあって為景に降伏して命はとりとめた。だが、定憲の為景排除の野望はついえることはなく、1531年（享禄4）に再挙して越後府中を攻めた。

前回の挙兵からわずか1年だが、為景の後ろ盾だった管領の細川高国が同年、没落したこともあり、揚北衆はここに至って為景を見限って、ある者は定憲方につき、ある者は中立を保った。また、長尾一族の上田長尾房長も定憲の反乱に加担した。定憲軍は中越・下越を占拠し、さらに定憲は会津の蘆名家や出羽の砂越家を味方に引き入れ、為景軍を徐々に追いつめていった。

両軍の戦いは5年にもわたり、1535年（天文4）には枇杷城の戦い、蔵王堂口の戦いなどで定憲方が勝利を収め、対する為景は朝廷から内乱平定の綸旨をもらうなどして対抗した。

1536年（天文5）、定憲は宇佐美定満を筆頭にした宇佐美と家臣の柿崎軍を府中へ出陣させた。この戦いは、信濃の国人・高梨家の援軍を得た為景軍が勝利したが、定憲はさらに軍勢を投入して為景

を追いつめた。同年、為景が家督を子の晴景に譲って隠退したため、越後の内乱はようやく収まり、定憲の兄・上杉定実が守護に返り咲いた。定憲も越後政府に復帰したが、その後の活動を記すものはなく、この頃に死去したとされる。

黒川茂実

くろかわ・しげざね

生没年	不詳
出身	越後国
主君	新田義貞→足利尊氏→上杉憲顕
死因	不明

◇北朝に与して関東・北陸で連戦

黒川家は鎌倉幕府創設の功臣・三浦和田家の一族で、鎌倉時代初期に越後奥山荘に下向した。

1333年（元弘3）、隠岐から脱出した後醍醐天皇が伯耆船上山で挙兵し、上野国の新田義貞がこれに呼応して兵を挙げた。鎌倉時代に三浦和田家は北条家によってことごとく滅亡に追い込まれていた恨みもあり、茂実は越後から上野に入って義貞軍に合流し、義貞にしたがって鎌倉攻めに参加した。

幕府滅亡後、戦功を認められた茂実は本領を安堵されるとともに奥山荘中条と金山を与えられた。しかし、もともとの領主であった中条家と所領をめぐって対立することになってしまった。

その後、新田義貞が足利尊氏と袂を分かつと、茂実は尊氏方に与した。関東の押さえとして尊氏方の高師泰が鎌倉に下ってくると、茂実は鎌倉に入って師泰軍に属し、鎌倉御所の警固にあたった。1336年（建武3）には、茂実は相模三浦郡に侵攻して馬入川の戦いで戦功を挙げたという。

その後は越後の領地に戻り、越後守護

第5章　中部地方の氏族／中部地方の武将

の上杉憲顕にしたがって、越後の南朝勢力追討に出陣し、1341年（興国2・暦応4）の蒲原の戦いでは小国家を討ち取る軍功を挙げた。

1350年（正平5・観応1）に尊氏と弟の足利直義が不和になって争いがはじまると（観応の擾乱）、茂実は尊氏方について越後各地を転戦し、1359年（正平14・延文4）に家督を子の時実に譲った。しかし、その後も戦場にはたびたび出陣し、1376年（天授2・永和2）には守護代の長尾家から戦勝に対する感状を与えられている。

中条房資
なかじょう・ふさすけ
生没年 不詳
出身 越後国
主君 上杉房朝
死因 不明

◇上杉家にしたがい長尾家と戦う

越後の国人。中条家は、鎌倉幕府の有力御家人だった三浦一族の流れをくむ。南北朝の動乱の時代には足利方につき、越後の守護・上杉家とともに南朝軍と戦い、下越の有力国人に成長していった。

1423年（応永30）、越後守護の上杉頼方と守護代の長尾邦景が対立し、幕府が頼方を、鎌倉府が邦景を支援する形で武力闘争に発展した。

上杉家を二分したこの戦いに、房資は本庄家・色部家らとともに頼方派として参戦した。房資は阿賀野川をわたって邦景方の三条城を急襲して山吉久盛を降し、続いて護摩堂山城・大面城を攻略して三条以北を頼方派に従属させることに成功した。しかし、頼方派の主力だった黒川家が寝返ると、加地家・新発田家らも黒川家になびいたため、房資は一転し

て窮地に陥った。房資は上杉一族の上杉頼藤に助けを借りて脱出することに成功すると、翌年反撃に転じて、黒川・加地・新発田の各将を攻めて勝利した。1426年（応永33）、再び黒川家と新発田家が裏切り、房資は川間城にこもったが、邦景・実景父子の軍も合流して川間城は包囲された。しかし、同年、邦景が幕府に赦免されたことで邦景は軍をひいた。

房資はその後も守護・上杉家にしたがいながら、下越に独自の勢力を築き、越後揚北衆の一家として名を上げた。

中条藤資
なかじょう・ふじすけ
生没年 不詳
出身 越後国
主君 上杉房朝→上杉定実→上杉謙信
死因 不明

◇越後の内乱を乗り切る

中条定資の子。揚北衆のひとりとして下越に勢力を張った。鳥坂城城主。

1507年（永正4）、越後守護代の長尾為景が、主君の越後守護・上杉房能に反して房能の養子・定実を擁立して反乱を起こし、房能を自害に追い込んだ。その後、越後は守護側と守護代側に二分する戦いがはじまった。

藤資は為景・定実方につき、同じ揚北衆である反為景派の本庄家の居城・本庄城を攻略し、本庄時長を追いやった。

翌年には、揚北衆の色部家を攻めて破り、色部家は為景派に降った。藤資は実権を握った為景のもとで所領を安堵され、越北で独自の勢力を築いた。

為景の死後、定実は奥州伊達家から養子を迎える方針を打ち出した。伊達稙宗の子・時宗丸（のちの上杉実元）に白羽の矢が立ったが、実元の母は藤資の妹だ

ったため、藤資は積極的に時宗丸擁立に加わった。そして1539年（天文8）11月、植宗から援兵を受けて反対派の本庄房長を本庄城に攻めて、これを破った。しかし翌年6月、同じく反対派の色部勝長に居城の鳥坂城を攻められて敗退し、時宗丸の養子問題は頓挫してしまった。

しかし、その後も越後では勢力を維持し、為景死後の晴景と景虎の対立では景虎擁立に尽力し、以後は景虎の重臣として活躍し、川中島の戦いにも参戦した。

大熊政秀

おおくま・まさひで

生没年	不詳
出身	越後国
主君	上杉房能→長尾為景→上杉定実
死因	不明

◇長尾家の下剋上に寄与する

大熊家はもともと山内上杉家の家臣で、政秀の祖父・朝徳の代に越後に下向して、越後の守護家である上杉家に仕えるようになった。1504年（永正1）に父の朝忠が関東出陣中に戦死したため、政秀がその後を継いだ。

1507年（永正4）、守護代の長尾為景が守護の上杉房能に反して房能を自害に追い込み、房能の養子・定実を守護に擁立して越後の実権を握った。この下剋上により、越後は為景派と反為景派に二分され、戦乱の時代を迎えた。

政秀は当初は為景方に与したが、1508年（永正5）に房能の兄で関東管領だった上杉顕定が為景討伐のために越後へ侵攻してくると、政秀は顕定方として出陣した。顕定は怒涛の勢いで越後府中へ攻め寄せ、為景と定実を越中に追いやった。しかし、為景は翌年には再挙して顕定を討ち取って越後支配を奪還し、政秀

も再び為景のもとに出仕した。

当時の越後は、隣国越中の一向一揆の侵攻を受けており、1519年（永正16）以来、為景はたびたび越中に出兵した。この越中侵攻は、越後の国人たちにとっては大きな負担となり、為景の求心力は徐々に失われていった。

1530年（享禄3）、為景との対立に敗れて没落し、中央から遠ざけられていた守護の上杉定実の弟・上条定憲が為景に反して挙兵した。このとき政秀は為景を見限って上条定憲方について戦い、上条方の勝利に貢献した。

為景の引退後、長尾家では後継の晴景に対して、弟の景虎（のちの上杉謙信）を擁立する動きが起こり、政秀は景虎擁立に尽力した。その功績を認められ、3000貫の所領を新たに与えられた。

井上俊清

いのうえ・としきよ

生没年	不詳
出身	越中国
主君	名越時有→足利尊氏→南朝（後醍醐天皇）→足利尊氏→足利直義
死因	不明

◇越中に一時代を築く

井上俊清は、鎌倉時代後期の越中の守護・名越時有に仕えた武将である。

1331年（元弘1）に反幕の兵を挙げて幕府に捕らえられ、隠岐に流された後醍醐天皇が、1333年（元弘3）に再び挙兵すると、足利尊氏が鎌倉幕府に反旗を翻して京都六波羅探題を陥落させた。

このとき、名越時有が反乱鎮圧のために俊清ら国人層に招集をかけたが、俊清はこれに反して時有を攻め滅ぼした。建武の新政下では、この軍功を認められて越中の守護に補任された。

第5章 中部地方の氏族／中部地方の武将

1335年（建武2）に北条時行が鎌倉奪還の兵を挙げた中先代の乱を機に、足利尊氏が建武の新政から離反すると、俊清は尊氏にしたがった。俊清は越中の国人を結集して、能登境の石動山に、南朝方の中院貞清を攻め滅ぼした。

その後も尊氏にしたがってはいたが、俊清はあくまで自領保全と拡大にメリットがあるから幕府にしたがっていただけで、独立志向が強かった。俊清は、東大寺領高瀬荘に対する地頭の違乱排除を命じた幕府の通達を無視し、地頭層の在地領主としての拡大を容認した。

こうした反抗的な態度が続いたため、1344年（興国5・康永3）に守護職を罷免された。これに対して俊清は、南朝勢と結んで幕府と対立、幕府は吉見頼隆に俊清討伐を命じた。

俊清は2度にわたる吉見軍との合戦に敗れ没落し、しばらく身を潜めることになるが、中央で観応の擾乱が勃発すると、尊氏の対直義対策として、俊清が再び越中の守護に任命された。

ところが、俊清は直義の死後に旧直義派だった桃井直常に同調して幕府に反旗を翻し、1359年（正平14・延文4）に幕府から再び討伐軍を派遣された。

俊清は、頼隆率いる討伐軍に敗北し、越中東端の宮崎城に逃げ込むが敗れて、以降は行方不明となった。

吉見氏頼

よしみ・うじより

生没年	不詳
出身	能登国
主君	足利尊氏
死因	不明

◇北陸で活躍した北朝勢の武将

能登の守護・吉見頼隆の子。吉見家は

鎌倉幕府創始者である源頼朝の末裔と称し、武蔵国横見郡吉見荘に土着して吉見姓を名乗った。吉見家は鎌倉時代に各地に広がり、武蔵の本家が滅びたあと、能登に移住した吉見家が本家となった。

1333年（元弘3）に鎌倉幕府が滅ぶと、氏頼は父とともに足利尊氏にしたがい、尊氏が後醍醐天皇から離反した際も尊氏方に与した。

1337年（延元2・建武4）、京を追われた南朝方の新田義貞が越前金ヶ崎城に入城すると、尊氏は越前の守護・斯波高経に義貞討伐を命じ、氏頼は能登の守護に補任されていた父とともに高経軍に参陣した。同年、金ヶ崎城は落城し、没落した義貞も越前藤島で討たれたが、義貞の弟・脇屋義助や新田軍の武将・畑時能らをはじめとする南朝勢が北陸各地で反幕活動を行うようになり、南朝軍はたびたび能登への侵攻を繰り返した。氏頼は能登を拠点に各地を転戦し、1346年（興国7・貞和2）には、新田軍を能登木尾嶽城に攻めて勝利を収めるなど軍功を挙げ、1348年（正平3・貞和4）、父の後を継いで能登の守護に補任された。

1349年（正平4・貞和5）、幕府内で尊氏と足利直義の対立に至る観応の擾乱が勃発すると、氏頼は尊氏派に属して、北陸方面の直義派の諸将と戦った。

1350年（正平5・観応1）、越前の守護も務めたことがある井上俊清が直義派に寝返り、越中を拠点に北陸に大きな影響力をもっていた越中の守護・桃井直常と合流した。直義派の主力となった直常は、たびたび能登に侵攻し、そのたびに氏頼は出陣して、直常と戦った。1352年（正平7・観応3）、氏頼は能登の有力国人だった飯河家を味方に引き込んで、直常軍を撃退した。1362年（正平17・康安2）

には、木尾嶽城にこもった南朝方の富来俊行らと戦い、木尾嶽城を落城させて富来家を没落させた。

氏頼は、その後も一貫して尊氏派に属したが、1379年（天授5・康暦1）に管領の細川頼之が、斯波義将らのクーデターによって失脚すると、頼之に近かった氏頼は能登の守護を罷免された。

その後、1383年（弘和3・永徳3）の文書を最後に消息を絶った。

温井孝宗
ぬくい・たかむね

生没年 ?～1531年（享禄4）
出身 能登国
主君 畠山義統→畠山義元→畠山義政→畠山義総
死因 戦死

◇ 能登の有力国人温井氏発展の礎

温井家は、輪島の領主として発展した国人で、能登の守護・畠山家に仕えた。輪島は、鎌倉時代の頃には長家の支配下にあったが、室町時代に入ってから温井家が勢力を伸張した。

孝宗は、能登の守護・畠山義統から義総までの畠山家4代にわたって仕え、能登における温井家の基盤を堅固なものとした。

孝宗の頃の温井家は輪島地方を代表する国人に成長しており、孝宗は1479年（文明11）に山城清水寺に20貫文を寄進し、大永年間（1521～1527年）には鳳至郡の岩蔵寺、輪島重蔵宮に寺領を寄進したり、社殿の造営を行ったりするなど、京にもその名は聞こえていた。

孝宗は文武両道の武将と伝えられており、当代随一の文化人として知られていた公卿の三条西実隆と交流を持ち、実隆は孝宗の和歌を称賛したという。

15世紀後半から、加賀国では一向一揆衆の力が強まり、1488年（長享2）には守護の富樫政親が一向一揆に滅ぼされてしまった。一向一揆はその後も勢力を拡大して加賀一国を支配し、やがて能登侵攻を企むようになった。

1531年（享禄4）、一向一揆内に内紛が勃発し、孝宗は主君・畠山義総が支持する三ヶ寺派の援軍として出兵したが大敗を喫し、戦死した。

温井総貞
ぬくい・ふささだ

生没年 ?～1555年（弘治1）
出身 能登国
主君 畠山義総→畠山義続→畠山義綱
死因 暗殺

◇ 畠山七人衆の筆頭となり権力掌握

温井孝宗の嫡男。

1545年（天文14）、畠山義総が死没して義続が家督を継ぐと、先年に畠山家内の内紛で没落していた義総の弟・畠山駿河守が、権力の回復を狙って挙兵した。駿河守は1547年（天文16）、一向一揆の支持を得て能登南部の押水に進軍した。

この戦いに従軍した総貞は、駿河守軍を数百人討ち取る活躍を見せ、駿河守の撃退に大きく貢献した。このときの活躍で、温井家は能登国内で大きく台頭することになった。

総貞の台頭に危機感を抱いたのが、能登の守護代・遊佐続光だった。両者の対立は武力衝突に発展し、1550年（天文19）、続光が総貞の拠る七尾城を包囲攻撃した。七尾城は、畠山家の居城であったが、実質的に温井家と遊佐家の権力闘争だった。このときの戦いは両者の和睦で収まり、畠山家の重臣7名が畠山七人衆となって能登支配の実権を握ること

なる。すなわち、温井総貞、遊佐続光、遊佐宗円、長族連、三宅総広、平総知、伊丹総堅の7名である。

しかし、総貞と続光が再び対立し、1553年（天文22）、いったん国外に逃れた続光が、河内畠山家の支援を得て能登に侵攻してきた。対する総貞は、続光を謀反人と断じて国人衆に招集をかけ、続光軍を撃退。続光は越前へ落ちた。

これにより、総貞の権勢はいっそう強まり、その権力は守護・畠山家を圧倒した。総貞は七人衆から引退し、神保総誠、飯川光誠、温井続宗、三宅綱賢を新たに七人衆に加え、自らは七人衆を統治するという立場に立って、その権力をますます増大させていった。

しかし、1555年（弘治1）、義続の子・義綱が守護権力の回復を目論み、総貞は義綱の手によって暗殺された。温井一族は、これに対して報復の兵を挙げるが、総貞を失ったことで国人衆らも積極的に温井家に協力することがなくなり、温井家は敗れて加賀へ落ちていった。

気比氏治

けひ・うじはる

生没年 ？〜1337年（延元2・建武4）

出身 越前国

主君 後醍醐天皇

死因 自害

◆新田義貞を助けた越前の神官

気比家は、越前国敦賀の気比神宮の大宮司職を司る家で、鎌倉時代末期に武士化した。1333年（元弘3）に後醍醐天皇が鎌倉幕府打倒の兵を挙げると、幕府に反して天皇軍に味方した。

1335年（建武2）、鎌倉幕府最後の得宗である北条高時の遺児・北条時行が信濃で挙兵して鎌倉を制圧すると、足利尊氏

は反乱鎮圧をきっかけにして後醍醐天皇から離反した。京都は、後醍醐天皇率いる南朝軍と、尊氏軍の争いとなった。

1336年（延元1・建武3）、湊川の戦いで楠木正成を失った南朝軍は劣勢を強いられ、南朝の主将・新田義貞も尊氏軍に敗北して京を脱出、北陸へ逃れた。このとき、義貞軍を越前敦賀の金ヶ崎城に迎えたのが、氏治だった。氏治は、子の斉春とともに気比神宮の武士団を率いて義貞軍に合流し、6万ともいわれる幕府方の高師泰軍の迎撃にあたった。

しかし、義貞軍は南朝方に寝返った越前の国人・瓜生保の援軍を得たものの、尊氏方の大軍を前に4カ月余りで落城した。義貞と同行していた後醍醐天皇の皇子・尊良親王は自害、氏治も親王とともに切腹して果てた。

子の斉春は、後醍醐天皇の皇子・恒良親王を逃がしてから城へ戻り、父の後を追って自害したという。

瓜生保

うりゅう・たもつ

生没年 ？〜1337年（延元2・建武4）

出身 越前国

主君 足利尊氏→南朝（後醍醐天皇）

死因 戦死

◆義貞に賭けて越前に散った義将

瓜生家は平安時代の嵯峨天皇の末裔で、鎌倉時代初期に越前に下り土着した氏族である。

1333年（元弘3）、後醍醐天皇が倒幕の兵を挙げると、保は天皇に呼応して越前で挙兵し、鎌倉幕府軍と戦った。やがて1335年（建武2）に足利尊氏が後醍醐天皇に背くと、保は尊氏にしたがって後醍醐天皇から離反した。

1336年（延元1・建武3）、京の戦いに

敗れて九州に逃げ落ちていた尊氏が再挙して上京し、湊川の戦いで楠木正成・新田義貞ら南朝軍を破って京を制圧した。京を負われた義貞は越前敦賀の金ヶ崎城に逃げ込み、保はこのとき越前の守護・斯波高経率いる尊氏軍に従軍し、金ヶ崎城を包囲した。ところが、弟の照・重・攘運らが、義貞の弟・脇屋義助の説得に折れて南朝方へ寝返った。そして、弟たちは保にも翻心を促し、同年、保は斯波軍から離反して金ヶ崎城を側面支援することにした。

保は北陸道に関所を設けて、斯波軍の後続の進軍を断ち、居城の杣山城に攻め寄せる高経軍を蹴散らし、金ヶ崎城にこもる義貞を大いに助けた。

籠城していた義貞軍が兵糧攻めにあうと、保は義貞から物資救援を依頼され、兵を二分して敦賀に向かったが、道中、まちぶせていた高経麾下の今川頼貞軍に討ち取られ、戦死した。

甲斐常治

かい・つねはる

生没年 ？～1459年（長禄3）
出身 越前国
主君 斯波義淳→斯波義健→斯波義敏
死因 病死

◇越前国を我が物顔で支配した守護代

甲斐家は、下野の国人・佐野家から分かれたといわれる。室町幕府成立後、斯波家が越前の守護に任じられたとき、甲斐教光が斯波家の執事となった。その後、越前の守護代を務めるようになり、常治は斯波義淳の代から守護代として仕えていた。

1433年（永享5）に義淳の後を継いだ義郷が早世すると、幼少の義健が家督を継ぎ、常治は斯波一族の長老・斯波持種とともに義健の後見人となり、斯波家支配の実権の一翼を握るようになった。しかし、常治は徐々に傲慢さを増していき、ほかの被官たちと軋轢を生じさせ、対立は日を追って激化していった。

1452年（享徳1）に義健が若くして死去すると、持種の子・義敏が後を継いだが、義敏も常治と対立をするようになった。そして1458年（長禄2）、常治が病床に伏したのを機に、義敏は国内の有力国人である堀江家とともに、常治に対して挙兵した。

常治は、同じく守護代の地位にあった朝倉孝景を派遣して迎撃にあたらせ、翌年には義敏軍を越前から追い落とした。義敏の挙兵は、8代将軍・足利義政からの関東出兵の命令を反故にしたうえでなされたものだったため、義政は激怒し、義敏の3カ国の守護職を解任した。義敏は戦に敗れたうえに幕府の不興を買ったことで家督を奪われて周防に没落した。その後、朝倉孝景の活躍によって、1459年（長禄3）8月までに越前国内の反甲斐分子はことごとく放逐された。

京で病床に臥せっていた常治は、この戦いの結末を見る前に他界した。常治死後の甲斐家は、斯波家内での影響力を保持したが、やがて朝倉家に、その座を取って代わられることになる。

村上義光

むらかみ・よしてる

生没年 ？～1333年（元弘3・正慶2）
出身 信濃国
主君 護良親王
死因 自害

◇護良親王の身代わりとなって割腹

村上家の出自はさまざま伝えられており、正確なものは不明だが、源頼信の

流れを汲む清和源氏流とされる。

1331年（元弘1）に、後醍醐天皇が笠置山に入って兵を挙げると、義光は後醍醐天皇の皇子・護良親王の令旨に応じて、信濃で挙兵した。義光は、息子の義隆とともに各地を転戦し、常に護良親王に従って忠誠を尽くしたという。『太平記』に描かれる義光は、怪力無双の勇者で、敵兵を10メートル以上も先に放り投げ、護良親王から「古代中国の勇者・北宮黝の勢いをしのぐ」と称賛された。

笠置山が陥落して後醍醐天皇は捕らえられたが、護良親王は無事に脱出して吉野にこもり、その後は各地を流浪して幕府の追討を避けて潜伏した。その間も義光は護良親王に同道した。

1333年（正慶2・元弘3）、隠岐に流されていた後醍醐天皇が再挙して伯耆船上山で挙兵すると、護良親王は天皇に呼応して吉野で挙兵した。しかし、幕府の追討軍が吉野に攻め寄せ、二階堂貞藤の攻撃を受けて吉野は陥落した。

このとき、護良親王は抵抗をあきらめて山中で最後の宴を開いたが、義光は自らが身代わりになると申し出て、護良親王を吉野から脱出させた。義光は親王を逃がすと、親王の鎧兜を身にまとって敵兵の前に立ち、割腹して果てたという。

村上義清

むらかみ・よしきよ

生没年 1501年（文亀1）～1573年（元亀4）
出身 信濃国
主君 小笠原家→上杉謙信
死因 病死

◇信濃の有力国人村上氏の最後の当主

村上家は、清和源氏頼信流の源顕清が信濃に下って村上を名乗った。

村上家は、義光の代に元弘の変（1331

年）が起こり、義光は護良親王の身代わりとなって戦死した。その後は、信濃の北条家の残党と対立したことで足利家に属したが、幕府側の信濃の守護・小笠原家と対立するようになり、信濃国内で勢力を巨大化させていった。そうしたなかで、義清は1517年（永正14）に葛尾城を父の顕国から譲り受け、その翌年に佐久郡に侵攻する甲斐の守護・武田信虎軍の迎撃戦に初陣を果たし、1520年（永正17）に家督を継いだ。その後は、武田信虎と組んで信濃小県郡の海野家を攻め、その所領を奪うなど版図を広げ、北信濃4郡を領するまでに成長した。

1541年（天文10）に、武田信虎が嫡男・晴信に追放されると、晴信の信濃侵攻は本格化した。諏訪家、高遠家、藤沢家など信濃の国人が次々と撃破され、晴信は電光石火の早業で信濃の平定を進めていった。

◇武田信玄を翻弄した戦上手

1548年（天文17）、義清は領地に侵攻してきた晴信と上田原で戦った。義清は晴信軍の重臣・板垣信方を自陣近くまでおびき出して急襲し、その首級を挙げ、さらに甘利虎泰、才間河内守など晴信軍の有力武将を撃破した。さらに義清は7000の兵を率いて晴信の本陣に攻め寄せ、晴信にも手傷を負わせて武田軍を追いやった。

その後、小笠原家など信濃の諸将が息を吹き返し、晴信包囲網を敷いて信濃の奪還に乗り出すが、晴信の前にことごとく敗れ去り、信濃守護の小笠原家は、義清を頼って葛尾城に身を寄せた。

1550年（天文19）、義清は対立していた中野小館の高梨政頼を攻めた。その隙をついて、晴信が葛尾城の支城・戸石城に攻め寄せた。

義清は急遽、高梨家と和睦を結ぶと戸石城の後詰に急行し、2000の軍勢で武田軍に迫った。晴信は、一時撤退を決めるが、義清は激しい追撃戦を行うと、720名を討ち取り、またもや武田軍に大打撃を与えた。このとき、義清は武田方に降伏した将のなかに紛れ込んで武田本陣に潜り込んだともいわれる。

しかし、翌年、家臣の真田幸隆の内応調略などで家臣団は切り崩され、戸石城は落城した。続いて、信濃の名門国人・仁科家が晴信に降伏し、村上勢からは大須賀家が晴信に降った。1553年（天文22）には、義清の支城であった狐落城・苅谷原城・会田城が次々と攻め落とされた。義清は、越後の上杉謙信と結んで、一時的に盛り返す場面も見られたが、劣勢を挽回することはできなかった。

晴信に敗れた義清は信濃を追われて謙信を頼って越後へ落ちた。そのまま上杉家の家臣となり、1561年（永禄4）の川中島の戦いにも従軍した。

市河興仙

いちかわ・こうせん

生没年 不詳
出身 信濃国
主君 足利尊氏→上杉朝房→斯波義将→小笠原長秀
死因 不明

◇将軍家への忠義を守った信濃国人

市河家は信濃に本領を持つ国人で、北条時行が信濃で挙兵した中先代の乱では足利尊氏に従い、以降は尊氏に仕えることになった。

興仙は本名を頼房といい、1343年（興国4・康永2）に家督を継ぎ、信濃国高井郡志久見郷などの所領を譲り受けた。観応の擾乱の際には、足利直義方だった越

後の守護の上杉家に従軍し、尊氏軍と戦ったが、上杉家が尊氏に帰順したことで、興仙も幕府に臣従した。その後は、信濃の守護・小笠原家と上杉家の家臣となり、1368年（正平23・応安1）に関東で鎌倉府に反旗を翻した平一揆が勃発すると、信濃の守護・上杉朝房にしたがって関東まで軍を進め、武蔵河越の戦いや、宇都宮城攻めに加わった。

信濃国内の国人たちは自立心が強く、なかなか守護にしたがわない者も多く、信濃国内で守護方と反守護方の争いがたびたび繰り返されていた。

興仙は、これらの争いにおいて、すべて守護方として出陣しており、1386年（元中3・至徳3）には守護・小笠原家にしたがわない高梨家を攻め、翌年には有力国人だった村上家とも矛を交えた。

1400年（応永7）、小笠原長秀が守護職に補任されて下向してくると、その横暴さに国人たちが大文字一揆を結成して反抗、大塔合戦が勃発した。興仙は長秀側について戦ったが、一揆勢の猛攻に大敗を喫した。だが、一貫して幕府守護に味方した興仙は、その忠節を幕府からも認められていたようで、3代将軍・足利義満からは感状を与えられた。

その後、興仙の消息は知れなくなってしまうが、市河家は戦国時代を生き抜き、明治時代の廃藩置県まで存続した。

大井貞隆

おおい・さだたか

生没年 不詳
出身 信濃国
主君 小笠原長時
死因 不明

◇武田家の信濃侵攻に活躍

大井家は、信濃源氏小笠原家の一族。

第5章 中部地方の氏族／中部地方の武将

貞隆の家は大井家の庶流・岩村田大井家で、信濃小県郡長窪城の城主を務めた。

貞隆は長窪城主になったあと、1493年（明応2）に兄・忠重の養子となり、岩村田大井家の家督を継いだ。

甲斐を統一した武田信虎が、対立していた駿河の今川家と和睦し、信濃への侵攻を開始した。信虎は、諏訪郡の諏訪頼重と結び、1540年（天文9）に貞隆の長窪城に攻め入り、長窪城は落城した。

その翌年、信虎は嫡男・晴信のクーデターによって家督を奪われて駿河に追放され、晴信は諏訪家との和睦を反故にして諏訪に攻め寄せた。貞隆はこの機に乗じて長窪城を奪回し、晴信に抵抗した。

1543年（天文12）、晴信が長窪城の再奪還をはかって、貞隆を攻めた。長窪城を包囲された貞隆は、周辺国人の望月家らの支援を得て防戦に努めたが、家臣の芦田信守が晴信に内応し、貞隆は捕縛されて甲斐国へ連行された。

貞隆の後を継いだ弟の貞清は、佐久郡内山城に入って晴信と対立したが、1546年（天文15）、晴信に内山城を攻められて降伏した。

木曾義在

きそ・よしあり

生没年	1493年（明応2）〜1558年（永禄1）
出身	信濃国
主君	足利義植
死因	不明

◇平和主義で内政を充実させた名君

木曾家は、信濃木曾郡の国人領主で、清和源氏・木曾義仲を祖とすると称した。

木曾家は、1331年（元弘1）にはじまる後醍醐天皇による倒幕挙兵から建武の新政崩壊にかけて、当主の木曾家村が足利尊氏に仕えて軍功を挙げ、信濃の自領

を安堵された。

義在は、家村11代の子孫にあたる。木曾家は足利家の譜代の家臣として、守護と同格の扱いを受けていたため自立志向が強く、父の木曾義元の代には、信濃の守護・小笠原家に対して兵を挙げるなど、小笠原家と対立していた。

義在は、1504年（永正1）に父・義元の戦死を受けて家督を継いだが、まだ幼少だったため、叔父の木曾義勝が後見役として補佐した。

成長した義在は、内政に目を配り版図の拡大を企図することはなかった。義在が他国に出陣したのは、1513年（永正10）に10代将軍・足利義植が六角家討伐に近江へ出陣した際に従軍した程度で、他国へ向けた発給書はほとんどない。

義在は木曾谷の道路改修を行い、妻籠から新洗馬までの宿駅を定めた。また、美濃国落合から塩尻に抜ける木曾の本道を開いて、木曾に立ち寄る旅人や商人を増やし、材木の商品化にも努めるなどして経済力を高めた。

この頃には、父・義元の代に対立していた飛騨の有力国人・三木家との関係も修復し、義在は内政の充実をはかった。

義在は、信濃国内でも徹底的に合戦を避け、信濃の守護家・小笠原長時とも和睦し、国内の有力国人だった諏訪家や村上家とも友好関係を築いた。

木曾義康

きそ・よしやす

生没年	1514年（永正11）〜1579年（天正7）
出身	信濃国
主君	武田晴信
死因	不明

◇戦国大名として生き残る

木曾義在の子で、1542年（天文11）に

家督を継いだ。義在の内政策と対外政策によって、義康の代になると木曾家は小笠原長時（信濃守護）・村上義清（北信濃の国人）、諏訪頼重（諏訪大社大祝）とともに信濃四大将と称されるほどの力をつけた。しかし、その時期は甲斐の武田晴信（のちの信玄）の台頭とも重なり、義康もすぐに晴信の侵攻にさらされることになった。

諏訪家・高遠家・藤沢家・小笠原家など、信濃の国人たちは次々と晴信に敗れ、この間、義康は木曾福島城を拠点に防備を固めて晴信に対抗した。1549年（天文18）には、晴信軍を撤退させる場面もあったが、1555年（天文24）の晴信の木曾侵攻戦に敗れ、義康は晴信に降伏し、武田家に仕えることになった。

その後、義康は、嫡男の義昌と晴信の娘を結婚させ、武田家と姻戚関係を結び、御親類衆として厚遇され、木曾領は義康に安堵された。義康は、本領の経営に従事しつつ、晴信出陣の際には従軍して功を挙げたといわれる。また、本領の木曾領では独自に発給書を発するなど、木曾地域の国主のような立場にあった。

義康の後を継いだ義昌の代に晴信が病没すると、木曾家は東海地方から畿内にかけてを制圧した織田信長の誘いに応じて、晴信の後を継いだ武田勝頼から離反し、信長に臣従を誓っている。本能寺の変後は、徳川家康に仕えるが、江戸幕府開幕後は下総国海上郡阿知戸に移封され、その子義利の代に改易され、木曾家は滅びた。

平賀源心

ひらか・げんしん

生没年 ?〜1537年（天文5）
出身 信濃国
主君 小笠原家
死因 戦死

◇武田信玄初陣の相手を務めた武将

武田信玄（晴信）の初陣の相手として有名な武将。源心は、清和源氏小笠原流の岩村田大井家の出で、大井成瀬と称した。信濃国佐久郡の平賀城の城主となり、平賀姓を名乗ったといわれる。

「勇力人にすぐれ、常に長剣を好む。玄信（平賀源心）戦場におもむくごとにさきがけとなり、退くときはかならず殿たり」といわれ、70人力の剛の者と伝わる。源心は大井軍の先鋒として、戦場の最前線で活躍したという。

1522年（大永2）、源心は信濃埴科郡の国人・村上義清を誘って、甲斐の守護・武田信虎を甲斐若神子に攻めた。このときは、信虎家臣の馬場虎貞の奮戦により、撤退した。

そして1536年（天文5）、晴信の初陣となる海ノ口城合戦が起こった。

信虎は8000の大軍を率いて佐久郡に進軍し、5000の兵を村上義清の海尻城へ向かわせ、2500の兵を支城海ノ口城へ向かわせた（残り500は本陣の守備）。対する海ノ口城には、源心が海尻城から500の援軍を率いて籠城した。

源心は1カ月以上にわたって海ノ口城を守り、年の瀬も迫ったため信虎軍は撤退を決めた。そのとき、殿軍を務めた晴信は、撤退するとみせかけて源心の油断を誘い、わずか300余騎で夜襲をかけて海ノ口城を襲い、源心は最後の1人になるまで刀を振るったが、討ち取られた。

第5章 中部地方の氏族／中部地方の武将

笠原清繁

かさはら・きよしげ

生没年 ？～1547年（天文16）
出身 信濃国
主君 特になし
死因 戦死

◇凄惨を極めた志賀城攻城戦

笠原家は、信濃の有力国人である諏訪家の庶流といわれる。

清繁が活躍したのは、甲斐国に武田信玄（晴信）が台頭してきたころであり、清繁も晴信と交戦した。

諏訪家・高遠家・藤沢家などを没落させ、信濃平定を着々と進める晴信に対し、清繁は居城の志賀城から出陣して守備隊を襲って、武田方の城砦を奪うなど対抗していた。1547年（天文16）、晴信が7000の兵を率いて志賀城を包囲攻撃した。清繁は、関東管領・上杉憲政に支援を頼み、憲政は2万の大軍を志賀城へ向かわせた。だが、小田井原で晴信が派遣した別働隊と激突し、3000名以上の戦死者を出す惨敗を喫してしまった。

晴信は、その戦いの首級を志賀城前にさらし、城内の兵士たちの気勢を殺ぎ、1カ月にわたって籠城してきた志賀城はついに落城した。清繁は、このとき一族ともども討ち取られたという。

真田幸隆

さなだ・ゆきたか

生没年 1513年（永正10）～1574年（天正2）
出身 信濃国
主君 海野棟綱→武田晴信
死因 病死

◇武田晴信に仕える

真田家は信濃の名門・海野家から分かれたとされ、海野家最後の当主・棟綱が滅びた後は、真田家がその家系を継いだといわれる。幸隆は、当初は海野棟綱に従い、甲斐の守護・武田信虎と対立していた。1541年（天文10）に信虎が、諏訪頼重・村上義清と連合して海野家を攻めた海野平合戦で、棟綱は敗れて上野国へ落ちるが、幸隆も棟綱とともに、関東管領・上杉家を頼って上野国箕輪城城主・長野業正のもとへ逃亡した。

その後、1541年（天文10）に武田晴信（信玄）が父・信虎を追放して家督を継承すると、幸隆は海野家のもとを離れて晴信に仕えるようになった。

1548年（天文17）、晴信は信濃への侵攻を再開し、信濃北部で勢力をもっていた村上義清を攻め、両軍は上田原で交戦した。幸隆もこの戦に従軍して、右翼陣を任され、村上軍の屋代元綱や雨宮正利らを討ち取る殊勲を挙げた。

1550年（天文19）に、晴信が義清の戸石城を攻めた際には、幸隆が敵陣営の籠絡工作を任された。幸隆は須田家・寺尾家の籠絡には成功したが、義清の猛攻にさらされた武田軍は大敗を喫した。しかし、その翌年、幸隆は戸石城の矢沢信重を内応させるなど謀略を駆使し、わずか1日で難攻不落の戸石城を落とした。

◇武田家内で一目置かれた知将

1553年（天文22）、幸隆は村上家の最後の拠点であった塩田家を攻略し、村上義清は信濃を捨てて越後の上杉謙信のもとに落ちていった。村上家を滅ぼした晴信は、信濃のほとんどを制圧することとなり、幸隆は晴信の父・信虎に奪われた旧領を回復した。

義清以下、晴信に駆逐された信濃の諸将は、対抗しうる勢力として越後の上杉謙信を頼り、晴信と謙信は対立を深めていった。1561年（永禄4）、両軍は川中島

で4度めとなる決戦を行ったが、幸隆も嫡男の信綱とともに出陣した。

1563年（永禄6）には、上野国三原荘での鎌原家と羽尾家の所領争いに介入し、幸隆は鎌原家を支持して出陣した。幸隆は羽尾家に味方した斎藤憲広の上野岩櫃城に攻め寄せ、城内の斎藤弥三郎を内応させて岩櫃城を攻略した。戦後、幸隆は上野国吾妻郡を与えられた。

この頃には、武田家の上野国攻略拠点の箕輪城代に任命されるなど、外様でありながら譜代の家臣と同格の扱いを受けている。戦場では謀略などが多く、幸隆は知将・軍師のイメージが強いが、幸隆の身体には戦場で負った傷が25か所もあったといい、戦場に立てば勇猛果敢な武将だったという。

1571年（元亀2）、謙信方の上野国群馬郡の白井城を攻略し、1573年（天正1）に信玄が上洛の途についたときも上野の武田方拠点を防衛した。

翌年、吾妻郡をめぐって謙信と争っているさなかに死去した。

常田隆永

ときだ・たかなが

生没年 不詳
出身 信濃国
主君 海野棟綱→武田晴信
死因 不明

◇上野国に散った幸隆の弟

真田幸隆の弟。父は真田頼昌とする説と、海野棟綱とする説がある。

当初は海野家に仕えたが、1541年（天文10）に甲斐の武田晴信（のちの武田信玄）が父・信虎を追放して家督を継承すると、兄の幸隆とともに晴信に臣従して武田家の家臣となった。

晴信のもとで各地を転戦して武功を挙

げ、1554年（天文23）に甲相駿三国同盟が締結されると、吾妻郡の箱岩城城主に任命された。

1563年（永禄6）に幸隆・信綱父子が、鎌原家と羽尾家の所領争いに介入し、斎藤憲広を岩櫃城に攻めると、隆永は憲広の居城上野国長野原城に攻め寄せた。憲広は岩櫃城で幸隆と戦闘中だったため、岩櫃城は落城し、隆永は岩櫃城の城代に任命された。

しかし、翌年に憲広の反撃にあって岩櫃城を奪還され、隆永は嫡男の俊綱ともども討ち死にしたとも、城はなんとか守ったが、父子とも討ち死にしたともいう。

しかし、1550年（天文19）の戸石崩れの際、村上陣営に隆永がいたとする説もあり、幸隆が翌年に戸石城を落としたのは、隆永の内応があったからだという。

高梨政盛

たかなし・まさもり

生没年 ？～1513年（永正10）
出身 信濃国
主君 長尾為景
死因 病死

◇関東管領・上杉顕定を自害に追い込む

高梨家は北信濃に勢力を持っていた信濃の国人で、鎌倉時代には、すでに信濃に土着し、室町時代末期には信濃の有力国人となっていた。

鎌倉幕府が崩壊すると、高梨家は足利尊氏に仕えて功を挙げ、北信濃の所領を安堵された。その後は、信濃の守護・小笠原家と対立し、独自の勢力を保った。

政盛は、地理的に近い越後の守護代・長尾家と姻戚関係を結び、越後にも所領を持つなど勢力を拡大した。

1507年（永正4）、長尾為景が越後守護

第5章 中部地方の氏族／中部地方の武将

421

の上杉房能を殺害して権力を掌握する下剋上が起きた。政盛は、為景の外祖父であったことから為景に加担し、このクーデターに一役買っている。

弟の死を知った関東管領・上杉顕定は、1509年（永正6）に越後へ進軍し、為景陣営に攻め寄せた。政盛は、このときも為景に兵を出し、顕定軍の撃退に協力した。さらに政盛は、為景とともに撤退する顕定を追撃し、長森原の戦いで顕定を自刃に追い込むなどの活躍を見せた。

高梨家は、以降も長尾家と深い関係を持ち、上杉謙信の代には政盛の孫・政頼が外交役を担って京との折衝を行うなど重用された。

小山田弥太郎

おやまだ・やたろう

生没年	？〜1508年（永正5）
出身	甲斐国
主君	武田信昌→油川信恵
死因	戦死

◇武田氏の内紛に介入し討死

小山田家は、武蔵秩父家の流れを汲む国人で、13世紀初頭に甲斐に土着したとみられる。

弥太郎という名は、小山田家の嫡流が名乗る名のようで、ここで述べる弥太郎は、小山田家14代当主の信隆である。

小山田家は、甲斐の守護・武田家に仕え、上杉禅秀の乱（1416年）でも守護の武田信満に従って一族は戦ったが、鎌倉公方・足利持氏の追討を受けて大打撃を被った。弥太郎の代になった1490年代、当主の武田信昌が家督を譲った嫡男の信縄よりも次男の油川信恵を寵愛し、信縄の排除を画策したため、武田家に家督争いの内紛が生じた。弥太郎は信昌・信恵

を支持し、さらに当主家の混乱を機に、相模の北条早雲と縁戚関係を結んで勢力の拡大をはかった。

1507年（永正4）に信縄が病没し、信縄の嫡男・信虎が家督を継ぐと、信恵がそれに反発して挙兵し、甲斐は再び混乱状態に陥った。弥太郎はこのときも信恵を支持し、守護の信虎に反旗を翻した。

翌年、信虎の奇襲を受けた信恵方は、居城の勝山城を落とされ、信恵は自害し、信虎の完勝に終わった。

弥太郎が勝山城にいたかは不明だが、同年末に弥太郎は信虎の領内に侵攻。これに対して信虎はすぐさま迎撃に出ると、そのまま小山田領の都留郡に進軍した。弥太郎に有利な場面もあったが、境小山田合戦で信虎軍の猛攻に徐々に押され始め、信虎の夜襲に敗死した。

狩野貞長

かのう・さだなが

生没年	不詳
出身	駿河国
主君	後醍醐天皇→後村上天皇
死因	不明

◇駿河国内で今川家と戦った南朝武将

狩野家は鎌倉幕府の御家人で、駿河の阿倍城城主だった。1331年（元弘1）に後醍醐天皇が倒幕の兵を挙げると、貞長は天皇に呼応して駿河で倒幕の兵を挙げた。天皇が建武の新政をはじめると、功績を認められて、新政府の重要機関である武者所の奉行人に抜擢された。

1335年（建武2）に中先代の乱が勃発すると、足利尊氏が反乱鎮圧に鎌倉へ下向、そのまま鎌倉に居座って建武の新政から離反し、南北朝時代の幕が開いた。貞長は、阿倍城を拠点に後醍醐天皇側に属し、駿河の国人・入江家や蒲原家など

とともに、尊氏軍と戦闘を繰り広げた。

駿河の尊氏派の主力は足利一族の今川家で、今川範国が駿河の守護に任命されて下向してきた。

しかし、南朝勢力が各地で敗退を繰り返して劣勢を強いられはじめると、貞長ら駿河勢も、徐々に範国の軍勢に圧迫され、貞長は阿倍城を落とされて北方の内牧城へ移らざるを得なくなった。

1339年（延元4・暦応2）には、南朝軍の主力であった遠江の井伊高顕の三岳城が落城し、井伊家のもとにいた後醍醐天皇の皇子・宗良親王が、貞長の居城・内牧城に逃げ落ちた。

貞長は、宗良親王を奉じて南朝勢力の挽回をはかったが、新たに南朝に味方する者もなく、今川家の大軍に抗する力を得られなかった。

狩野家は、その後も南朝方として活動し、いったんは阿倍城を回復するものの、1433年（永享5）に再び阿倍城を落とされて没落した。

伊達景宗

だて・かげむね

生没年 不詳
出身 駿河国
主君 足利尊氏→今川範氏
死因 不明

◇ 将軍家奉行衆として活躍

陸奥伊達郡で勢力を伸張させた伊達家の分流で、鎌倉時代に駿河の地頭職を得て、その子孫である景宗が駿河伊達家の祖となった。

1334年（建武1）、鎌倉幕府が滅亡して建武の新政がはじまったが、公家政治に偏った後醍醐天皇の政治に、武士の不満は高まり、景宗もそのひとりだった。そして翌年、足利尊氏が建武の新政に反旗

を翻すと、景宗は一族をあげて尊氏にしたがい、駿河の本領を安堵された。

1350年（正平5・観応1）に尊氏と足利直義が争う観応の擾乱が勃発すると、景宗は尊氏派に属して直義勢と戦い、1351年（正平6・観応2）の伊豆境の合戦では、駿河の守護・今川範国軍に従軍して、直義軍と戦った。この戦いでは直義軍に完敗を喫したが、その後も駿河国内で直義軍と激戦を繰り広げ、尊氏が駿河に下向してくるまでの間、駿河国府を守りきった。景宗は、このときの戦功として駿河有度郡入江荘内の所領を与えられた。

その後は、駿河の守護・今川家の家臣となって直義軍と戦い、直義死後は再び南朝軍との戦闘に明け暮れた。

景宗の没年は不詳だが、駿河伊達家はその後も今川家と主従関係を強めながら戦国時代を迎えることになる。

葛山氏堯

かつらやま・うじたか

生没年 不詳
出身 駿河国
主君 今川氏親
死因 不明

◇ 幕府奉公衆からの独立

葛山家は藤原氏の末裔で、古くから駿河国葛山に土着した国人だった。鎌倉時代に幕府の御家人として、駿河東部に勢力を拡大させた。室町時代に入ると、幕府の奉公衆として幕府直属となったが、応仁の乱（1467）を機に将軍の権力が低下するに従って在地領主化し、駿河の守護・今川家に接近して独立性を維持してきた。

氏堯の出自は明らかでなく、北条早雲の2男・氏時が葛山家に養子に入って氏

第5章

中部地方の氏族／中部地方の武将

堯と名乗ったとも、氏時の嫡男であるともいわれる。

1491年（延徳3）の伊豆の堀越公方の家督継承による内紛に乗じて、北条早雲が伊豆を奪ったとき、氏堯は早雲の援軍として堀越御所攻めに出陣した。この戦の際、早雲は駿河の守護・今川氏親から家臣団300余名を与えられているが、氏堯はそれには含まれておらず、この時点では今川家の家臣ではなく、まだ独立性を保っていたと考えられる。

しかし、その後は今川家に臣従して家臣となり、氏堯は嫡男の氏広が家督を継いだ1516年（永正13）頃に死去した。

葛山家はその後、氏広の子・氏元の代には駿東郡から富士7郡の一部まで勢力を伸ばしたが、今川義元が桶狭間の戦いに敗れて今川家が衰退すると、甲斐の守護・武田晴信（信玄）に鞍替えした。

福島正成

くしま・まさしげ

生没年 不詳
出身 駿河国
主君 今川氏親
死因 不明

◇武田信虎に完敗を喫し討死

福島家は源頼光の流れといわれる。九島とも書くことから、「福島」は「ふくしま」ではなく、「くしま」と読む。

正成は駿河の国人で、駿河の守護・今川氏親に仕え、対立していた甲斐の守護・武田家と戦った。

1521年（大永1）、正成は氏親の命を受け、駿河・遠江の連合軍1万5000騎を率いて甲斐へ侵攻した。正成は、甲斐の国人・穴山信綱と結んで、武田信虎の拠る府中へ軍を進め、府中近くの飯地台に陣を敷いた。対する信虎は、3000に満たな

い兵を率いて飯田河原で迎撃態勢に入り、そこで両軍は激突した。兵数では劣る武田軍だったが、荻原昌勝と原虎胤の活躍で正成軍を撃退し、正成は本陣への撤退を余儀なくされた。

およそ2カ月後、正成と信虎は上条河原で再戦を果たした。両軍は一進一退を繰り返し、決着がつかないまま夜を迎え、両軍は本陣へ退いた。ところが、武田軍の別動隊が夜陰に紛れて正成本陣に奇襲をかけた。この奇襲に正成軍は総崩れとなり、正成も討ち取られた。

ただ、正成はその後も生き延び、今川家の家督争いからはじまった花倉の乱（1536年）で、今川義元と対立して戦死したともいわれている。

石塔義房

いしどう・よしふさ

生没年 不詳
出身 不明
主君 足利尊氏→足利直義→足利直冬
死因 不明

◇尊氏に反発した足利一族の猛将

石塔家は足利家の一族で、義房は足利尊氏の曽曽祖父・足利泰氏の孫にあたる。義房の父・頼茂の頃から、石塔を名乗った。石塔家は足利家の庶流として足利家に仕え、義房も1333年（元弘3）、足利尊氏に従って鎌倉幕府倒幕に従軍し、建武の新政期には、伊豆・駿河の守護に任じられた足利尊氏の守護代となった。1335年（建武2）に足利尊氏が建武の新政から離反すると、義房も天皇から離反し尊氏にしたがった。

尊氏が室町幕府を開幕すると、義房は尊氏の守護を引き継ぎ、伊豆・駿河両国の守護に就任した。

1338年（延元3・暦応1）、足利幕府と

後醍醐天皇の南朝の争いのなかで、南朝の鎮守府将軍・北畠顕家が戦死すると、尊氏は奥州統治のために奥州総大将を設置し、義房がその総大将に指名された。

義房は、伊豆・駿河の守護職を解任され、一族を率いて奥州へ下向した。北畠顕家がいなくなったとはいえ、奥州の南朝勢力の勢いは強く、1340年（興国1・暦応3）に顕家の弟・顕信が奥州に入ると、両者の争いは激化した。

義房の猛威は南朝方を圧倒し、室町幕府の奥州統治の先鞭をつけるのに大きく貢献したが、尊氏が奥州管領の吉良貞家を重用し、義房は1345年（興国6・貞和1）に奥州総大将を解任された。

1350年（正平5・観応1）、尊氏と直義兄弟の仲が決裂し武力闘争に発展すると、義房は直義派に属して活動した。直義が鎌倉で殺害されたあとも、義房は尊氏にはしたがわず、直義の養子・直冬とともに幕府に反し、直冬が南朝に降ると義房も南朝に属するようになった。

1352年（正平7・文和1）には、新田義興・義宗兄弟が武蔵国で挙兵し、尊氏軍と合戦に及んだ。このとき、義房は新田軍に属し、尊氏軍を撤退させる勝利をおさめたが、反撃に出た尊氏軍に敗れて没落。その後、消息を絶った。

石塔頼房
いしどう・よりふさ

生没年 不詳
出身 不明
主君 足利尊氏→足利直義→南朝（後村上天皇）→足利義詮
死因 不明

◇直義陣営の武断派

石塔義房の子。鎌倉幕府滅亡時から足利尊氏にしたがい、南朝との戦いでは東北地方を転戦して武功を挙げた。

しかし、奥州総大将として陸奥に下向した父・義房が、奥州の支配権をめぐって、奥州管領の吉良貞家と畠山国氏と対立するようになると、吉良家寄りの尊氏と確執が生じはじめた。そして1350年（正平5・観応1）、幕府執事の高師直との対立から失脚していた足利直義が幕府に反して挙兵すると、頼房は父とともに直義のもとに参陣し、尊氏と袂を分かった。このとき頼房は、尊氏に対抗するために直義に南朝への帰順を勧め、直義は南朝に降った。

京を脱出した頼房は、後村上天皇から尊氏討伐の綸旨を受け取り、同年、大和生駒山で挙兵した。当時、尊氏と高師直は足利直義の養子で山陰地方で挙兵した足利直冬を討伐するために出陣しており、頼房ら直義軍は京に侵攻した。

翌1351年（正平6・観応2）正月、桃井直常らとともに入京して幕府軍を破り、尊氏が引き返してきたところを、播磨まで出陣してこれを撃破し、さらに摂津打出浜で尊氏に勝利した。

この勝利で直義は尊氏と和睦して政権に復帰し、武功を認められた頼房は引付頭人に任命され、さらに伊勢の守護に補任されて直義に重用された。

しかし、直義が高師直を謀殺したことで直義と尊氏の対立は再燃し、同年7月、直義は京を出奔した。頼房は直義とともに京を脱出し、伊勢に帰って軍勢を立て直し、翌月、近江に移って挙兵するとそのまま東下して、鎌倉に入っていた直義と合流し、同年12月には尊氏軍を迎え撃つために駿河薩埵峠に出陣した。

薩埵峠の戦いで直義軍は敗れ、翌年、直義は尊氏に毒殺された。頼房は尊氏に降らず、南朝方として活動した。

1353年（正平8・文和2）、幕府に反して南朝に降った山名時氏と協力して、足利直冬・桃井直常ら旧直義派と、楠木正儀ら南朝軍とともに挙兵。尊氏が鎌倉に下向中の隙をついて京に侵攻し、京の留守を任されていた尊氏の嫡男・足利義詮を近江に追った。

その後、南朝の刑部卿に任ぜられ、1354年（正平9・文和3）、再び南朝軍を率いて京に侵攻して尊氏を近江に追いやった。さらに1361年（正平16・康安1）にも、三度京を制圧して義詮を再び近江に奔らせるなど、南朝方の主力として活動した。しかし、やがて南朝が劣勢になると、1364年（正平19・貞治3）に義詮に降伏した。その後は、旧南朝軍だったことから幕府内では冷遇され、頼房の息子が3代将軍・足利義満に仕えた記録を残し、史料上に石塔家の記録は見られなくなる。

井伊高顕

いい・たかあき

生没年	?～1386年（至徳3・元中3）
出身	遠江国
主君	後醍醐天皇→足利義詮
死因	不明

◇南朝を支持した井伊家惣領

井伊家は、藤原北家流の名門で、遠江国敷智郡村櫛に住み、その後井伊谷に移り住んで井伊姓を名乗った。

井伊家の所領とその周辺は、大覚寺統（のちの南朝）の荘園が集中しており、そのため当初から高顕は、父の道政とともに後醍醐天皇にしたがっていた。

父・道政は、遠江における南朝軍の主力として仁木義長や高師泰ら幕府方の有力武将を相手に戦い、南北朝合一の後も一貫して南朝を支持した。

幕府勢に押される南朝は、奥州に拠点を作って再起をはかろうと画策し、重臣の北畠親房に宗良親王を奉じさせて海路東国へ向かわせた。ところが1338年（延元3・建武5）、宗良親王を奉じた南朝軍の船団は暴風雨に見舞われて難破してしまい、船団は散り散りとなってしまった。このとき、漂流した宗良親王が遠江の白羽湊に流れ着いた。

この宗良親王を助けたのが、高顕だった。高顕は、遠江の国人・天野景隆とともに、幕府方の遠江守護・今川範国に攻められていた宗良親王の援軍として駆けつけた。高顕は、範国軍の背後を奇襲し、数に勝る範国軍を混乱させて、宗良親王を井伊谷の三岳城に迎え入れた。

しかし、1339年（延元4・暦応2）、遠江に侵攻してきた高師泰らに攻められ、三岳城は落城し、宗良親王は遠江を離れて信濃へ移った。高顕はその後も遠江の南朝軍として活動し、その後は宗良親王の子・尹良親王を擁して幕府への反抗を続けた。しかし、南朝の衰微が顕著になると高顕は幕府方に転じ、遠江の守護・今川家一族の今川了俊が1370年（応安3・建徳1）に九州探題に下向したときには、高顕も同行したとされる。

その後も井伊家は江戸時代まで続き、井伊直政、井伊直弼らを輩出する名門となった。

大河内貞綱

おおかわち・さだつな

生没年	?～1517年（永正14）
出身	遠江国
主君	吉良義尭→斯波義達
死因	自害

◇今川家に敗れた引馬城主

大河内家は、平安時代に三河に土着。

室町時代には、三河の守護・吉良家に仕え、遠江国引馬荘の代官を務めた。

貞綱が引馬荘引馬城主となった頃、隣国駿河の今川家が遠江に侵攻し、遠江の守護だった斯波家と武力衝突を繰り返すようになった。

1501年（文亀1）、斯波寛元・義雄兄弟は、信濃の守護・小笠原貞朝と結んで、遠江に進軍した今川軍を迎撃した。このとき、貞綱は斯波軍の堀江家に従軍して黒山城を拠点に今川軍と戦った。しかし、斯波・小笠原連合軍は、今川方の朝比奈泰熙と伊勢宗瑞の猛攻の前に敗れ、貞綱の黒山城も落城し、貞綱は引馬からの撤退を余儀なくされた。

その後、今川氏親が甲斐の守護・武田家の家督争いに介入して甲斐へ軍を進めると、1516年（永正13）に貞綱は引馬城奪還のために遠江に進軍し、斯波義達とともに引馬城の占拠に成功した。

ところが、氏親は早々に武田信虎と和議を結んで引馬城に攻めかかった。貞綱は籠城して防戦に努めていたが、氏親は大雨で増水した天竜川に橋を架け、安倍金山の金掘衆を動員して城中の筒井戸の水を抜いた。水源を断たれた引馬城は間もなく落城、貞綱は自害したとも討ち死にしたともいわれる。

三戸七郎

みと・しちろう

生没年 ？～1350年（正平5・観応1）
出身 三河国
主君 足利尊氏
死因 戦死

❖初代鎌倉公方の後見役を果たす

三戸家は源頼政の末裔で、伊豆国田方郡の三戸荘に土着した氏族とされる。ただし、『太平記』では高家の一族と記

述されている。七郎の時代には三河に居を移していたが、三河は足利家の影響力が強い地域で、今川家と吉良家が足利一門として勢力をふるっていた。七郎は今川家にしたがい、1331年（元弘1）に後醍醐天皇が鎌倉幕府打倒の兵を挙げたときには、天皇軍討伐のために上京する足利尊氏にしたがって入京した。

1335年（建武2）に尊氏が後醍醐天皇に背いて上洛した際には尊氏方につき、関東方面の南朝軍との戦いに参戦した。

1349年（正平4・貞和5）、尊氏の弟・足利直義と幕府執事の高師直が幕府内の主導権争いから対立し、直義が南朝に降って幕府に反旗を翻すと、七郎は師直にしたがって直義討伐の軍に加わった。その際、尊氏は鎌倉にいた嫡男の足利義詮を京に呼び戻し、義詮に代えて子の基氏を鎌倉に下向させた。このとき七郎は、尊氏の従兄弟・上杉憲顕とともに基氏の後見人を任された。

しかし、鎌倉では直義派の勢力が強く、憲顕も一族を高師直に誅殺されたことから直義派に転じた。1350年（正平5・観応1）、憲顕は直義派の石塔義房らとともに鎌倉に攻め寄せた。七郎は憲顕軍と戦ったが敗れ、基氏を拉致されてしまい、七郎は義房を追撃して再び戦闘に及んだが敗れて戦死した。

また、『太平記』によると、翌年の1351年（正平6・観応2）に起こった駿河薩埵山の戦いに参陣し、その陣中で突如として発狂し、自害したという。

第5章 中部地方の氏族／中部地方の武将

饗庭氏直

あえば・うじなお

生没年 不詳
出身 三河国
主君 足利尊氏
死因 不明

❖ 尊氏陣営屈指の寵臣

　三河国播豆郡饗場御厨の出身といわれ、美濃土岐家の流れを汲む。通称命鶴丸と名乗った。

　1333年（元弘3）、後醍醐天皇が幕府に反して兵を挙げると、足利尊氏が討伐軍の大将として上洛した。京への途上の駿河・三河には足利一族が多く土着しており、このとき今川家・吉良家などが尊氏に合流したが、氏直もこのとき三河で尊氏の上洛軍に加わった。

　鎌倉幕府滅亡後は、尊氏に従って各地を転戦し、室町幕府創成に尽力した。

　1350年（正平5・観応1）、幕府執事の高師直と対立した、尊氏の弟・足利直義が京を出奔して師直追討の兵を集め、観応の擾乱が勃発した。氏直は尊氏・師直方につき、1351年（正平6・観応2）、直義が南朝に降ると、直義との講和を図るために尊氏の使者として、直義のもとに赴いた。

　1352年（正平7・文和1）、新田義貞の遺児・義興と義宗が上野国で挙兵した。直義討伐のために鎌倉にいた尊氏は、新田軍の猛攻にさらされて鎌倉を脱出し、武蔵国小手指原で新田軍と対峙することになった。このとき、氏直は6000余騎の大将として新田軍と戦ったが敗退し、尊氏とともに石浜に逃亡した。

　その後、氏直の足跡はほとんど史料に見られなくなる。近江に在住したことが、延暦寺の旧記に書かれている。

足助重範

あすけ・しげのり

生没年 1292年（正応5）～1332年（元弘2）
出身 三河国
主君 後醍醐天皇
死因 斬首

❖ 後醍醐天皇の倒幕運動に関与

　足助家は代々朝廷直属の在京武士で、三河の八条院領（皇室の領地のひとつ）の荘官に任じられて同地に土着。鎌倉時代には幕府の御家人として重用された。重範は、足助家7代目惣領である。

　1324年（正中1）、皇位継承をめぐって幕府と対立した後醍醐天皇は、幕府打倒の挙兵を画策した。その際、天皇の側近である日野資朝と日野俊基が諸国をめぐって天皇の協力者となる人物を探していた。足助家は鎌倉時代初期の承久の変で後鳥羽天皇に味方した実績があったことから、重範のもとにも倒幕の綸旨が届けられた。

　綸旨を受け取った重範は天皇方に参画することに決め、従祖父の足助重成を京へ送り込み、重成は後醍醐天皇ら倒幕派が、禁中で催した無礼講にも出席し、倒幕の計画を練り込んでいった。

　このときの倒幕計画は事前に露見したが、日野資朝と俊基が罪をかぶったため重範は罪に問われなかった。

　1331年（元弘1）、再び倒幕計画が暴露された後醍醐天皇が幕府の追及を受けて京を脱出すると、重範は天皇が入った笠置山に一番駆けし、笠置防衛の大将として全軍の指揮を任された。

　重範は、押し寄せる幕府軍7万5000余騎を相手にひるむことなく、弓を持って渡り合った。一時、幕府軍を後退させる殊勲を挙げるが、鎌倉からさらなる大軍

が派遣されてくると敗れ、重範は捕らえられ、翌年、六条河原で斬首された。

石橋和義

いしばし・かずよし

生没年 不詳
出身 三河国
主君 足利尊氏→足利義詮
死因 不明

◇幕府開幕に貢献した3カ国の守護

石橋家は、足利家一門の斯波家の庶流で、室町時代初期には斯波家にしたがって尊氏政権で重きをなした。

1335年（建武2）、足利尊氏が後醍醐天皇に背いて建武の新政から離反すると、尊氏にしたがった。翌年、摂津で尊氏が新田義貞に敗れて九州へ敗走する際には、備前の守りを任されて同地にとどまり、約半年後の尊氏の九州再挙を助けた。同年、尊氏が九州を出陣して上洛してくると、山陽の兵をまとめて尊氏に合流し、畿内を転戦して各地で武功を挙げた。これらの功績から、尊氏からの信頼を勝ち取り、室町幕府政権では伯耆・備前・若狭の3カ国の守護に任じられ、引付頭人、評定衆筆頭に名を連ね、幕府内で重きをなした。

だが、1363年（正平18・貞治2）に若狭の所領をめぐって、幕府の権力者でもあった斯波高経と争い、その結果、すべての官職を奪われてしまった。

その後、高経が失脚すると、2代将軍・足利義詮の計らいで、子の石橋棟義が奥州総大将に任命されて奥州に下向し、和義も棟義とともに奥州に入った。

その頃の奥州は、奥州管領の吉良家と斯波家が争い、棟義は両家の対立に歯止めをかけるために派遣されたという。

棟義は陸奥守に任じられ、和義とともに奥州において一定の影響力を持ったが、斯波家が吉良家を追って東北で地盤を固めると石橋家の勢力は衰えた。

上野頼兼

うえの・よりかね

生没年 ？〜1351年（正平6・観応2）
出身 三河国
主君 足利尊氏→足利直義
死因 戦死

◇石見国の南朝勢力を一掃

上野家は、足利義氏（足利尊氏の5代祖先）の孫・上野律師義弁を祖とし、鎌倉時代には三河国の守護も務めた名門。三河国八条院領上野荘を領し、上野を名乗った。足利家一門として、当初から足利尊氏にしたがって各地を転戦した。

1336年（延元1・建武3）に尊氏が建武の新政から離反し、摂津打出浜の戦いで新田義貞ら南朝軍に敗れて九州へ落ちると、頼兼も尊氏に同行して九州へ渡った。同年に菊池武敏を筑後黒木城に攻めて、これを敗走させ、尊氏の再上洛の先鞭をつけた。このとき頼兼は尊氏とともに上洛せず、石見の守護に任じられ、山陰方面の南朝勢力の征討を任された。1339年（延元4・暦応2）10月には、南朝勢力の石見の国人・内田致景が拠る豊田城に攻め込んだ。豊田城をめぐる両者の攻防は激戦となり、約1年間にわたる長期戦となった。

頼兼は、鷲頭家・平子家・三井家・土屋家ら周防と長門の諸将を味方につけ、石見の益田兼見や吉川経明も頼兼に応じ、有利に戦局を進めていった。だが、内田軍の援軍として、日野邦光と新田義氏軍がやって来ると、高津家・周布家・三隅家・福屋家らが内田家に加勢し、一転して頼兼は苦境に立たされた。頼兼は

第5章 中部地方の氏族／中部地方の武将

429

いったん兵を退き、2カ月の期間をかけて態勢を立て直し、1年後の翌1340年（興国1・暦応3）10月、一気に豊田城を攻めて落城させることに成功した。

その後も、石見を中心に南朝勢力と戦いを続け、1350年（正平5・観応1）にはそれまでの功績を認められて丹波の守護に任命された。

尊氏と弟の足利直義の対立から観応の擾乱が勃発すると、頼兼は足利直義を支持し、直義の養子・足利直冬の長門探題赴任に力を貸した。そして1351年（正平6・観応2）、幕府から派遣された討伐軍と但馬で戦い、その最中に戦死した。

松平信光

まつだいら・のぶみつ

生没年	不詳
出身	三河国
主君	伊勢貞親
死因	不明

◇三河に勢力を広げた徳川家康の祖

三河松平郷を領地とした土豪で、江戸幕府を開府した徳川家康の祖。応永年間（1394〜1428年）初期の生まれといわれる。

1421年（応永28）、三河岩津郷を治めていた国人の中根大膳と争い、父・泰親とともに岩津城を攻めて落城させた。信光はその後、岩津城を拠点として、加茂郡大給の長坂家を滅ぼし、信光は子の親忠に大給城を守らせた。

その後、室町幕府で政所執事を務めていた伊勢貞親の被官となり、1465年（寛正6）には8代将軍・足利義政の命を受けて、三河額田郡の国人一揆を鎮圧し、額田郡を支配下に収めた。

1467年（応仁1）に応仁の乱が勃発すると、三河でも戦乱が起こり、信光はこ

れを機に軍事行動を活発化させ、矢作川を越えて西三河に侵攻し、1471年（文明3）には梁田播磨守の居城・安祥城を攻略して碧海郡を制圧した。

さらに信光は勢力の拡大を図って岡崎城を攻め、同地の有力国人だった岡崎城主・西郷頼嗣を降した。

信光は三河各地に一族を分封し、西三河一帯を勢力下に置くことに成功した。

1488年（長享2）頃に死去。信光の勢力拡大活動が、のちの大大名・徳川家の基礎をつくったといえる。

千秋親昌

せんしゅう・ちかまさ

生没年	不詳
出身	尾張国
主君	後醍醐天皇
死因	不明

◇尾張の神官を務めた謎多き人物

尾張の熱田神宮の神官職を世襲する氏族で、12世紀に藤原南家の一流が大宮司職に就任し、千秋を名乗った。

熱田神宮は三種の神器のうち神剣を祀る神社であり、後醍醐天皇によって官社に列され、朝廷の宗祀となった。そのため天皇との結びつきは強く、1333年（元弘3）、後醍醐天皇が反幕の兵を挙げると、親昌は後醍醐天皇にしたがった。

1335年（建武2）、北条時行が信濃で兵を挙げて鎌倉を制圧すると（中先代の乱）、足利尊氏は鎌倉に下って反乱を鎮圧したが、そのまま京に戻らず後醍醐天皇に反旗を翻した。

後醍醐天皇は尊氏討伐の命を下して新田義貞を鎌倉へ差し向けたが、親昌はその際、義貞とともに尊氏討伐軍に従軍して関東へ下向した。親昌は遠江鷺坂で尊氏の弟・足利直義軍を破る殊勲を挙げた

が、新田軍が箱根で敗れ、親昌も京へ撤退した。

1337年（延元2・建武4）、前年に後醍醐天皇が吉野で南朝を樹立すると、奥州にいた北畠顕家が入京するために上洛を開始した。顕家が熱田に到着すると、親昌は500余騎を率いて顕家軍に合流した。その後は、南朝軍の尾張の押さえとして、甥で猶子となった昌能とともに熱田に残った。昌能は、建武の新政内で武者所などの要職を歴任し、尾張・伊勢・吉野と東国を結ぶ街道整備に尽力した。親昌と昌能は、1352年（正平7・文和1）に尊氏軍と戦ったあと消息を絶った。

多治見国長

たじみ・くになが

生没年 ？～1324年（正中1）
出身 美濃国
主君 後醍醐天皇
死因 自害

◇幕府滅亡を前に自害した倒幕の志士

美濃国多治見の人で、美濃の守護として勢力をほこった土岐家の一族。

後醍醐天皇の命で諸国の反幕分子の発掘に奔走していた日野資朝に、鎌倉幕府の衰運を説かれて、後醍醐天皇の倒幕計画に参加することを決意した。

国長は、一族の土岐頼兼と土岐頼員にも声をかけて上洛して天皇方に加わり、1324年（正中1）、後醍醐天皇らが催した無礼講にもそろって参加した。

ところが、この倒幕計画は事前に六波羅探題の知るところとなってしまう。その理由は、『太平記』では土岐頼員が寝物語に妻に語ったことが、妻の父である六波羅奉行に伝わったとされる。ただし、『花園天皇宸記』によれば、頼員は国長にしたがって上洛したものの乗り気

ではなく、密告は自らの意志によるものだったという。

いずれにしろ、計画が暴露された国長のもとには、六波羅探題から小串範行という武将が3000余騎を率いて国長邸に押し寄せた。

国長は六波羅探題の出陣を知らずに前夜の深酒で酔いつぶれていた。突然の敵襲に、一族郎党わずか20余名で防戦に努めるが、裏手から敵兵が侵入してくると、国長は一族と刺し違えて自害して果てた。

東常縁

とう・つねより

生没年 ？～1484年（文明16）
出身 美濃国
主君 足利義教→足利義政
死因 不明

◇宗家の内紛を収拾した将軍側近

東家は、室町時代を通じて下総の守護を歴任した千葉家の庶流で、承久の乱（1221年）の戦功で美濃国郡上郡山田荘の地頭に補任されて美濃に下向して同地に土着した。東家は武家であるとともに、二条流の和歌を継承した歌人としても著名であった。

常縁は1400年代の生まれで、父祖と同じく上洛し、6代将軍・足利義教の側近として仕えた。1440年（永享12）に結城合戦が勃発すると、父の東益之が幕府に反して挙兵した結城氏朝に内通したと疑われたため、常縁も父に連座して幕府への出仕を止められ蟄居した。翌年、義教が殺害されると許されて、再び幕府に出仕し、1449年（宝徳1）に8代将軍・足利義政の側近となった。

1455年（康正1）、享徳の乱に対する対応をめぐって下総守護の千葉家で内訌が

第5章　中部地方の氏族／中部地方の武将

431

起こり、家臣団も分裂して下総は戦乱状態に陥った。常縁にとって下総千葉家は宗家にあたるため、常縁は将軍義政の命を受けて内乱鎮圧のために下総に下向した。下総に到着した常縁は、南奥の相馬家、国分家らに援助を求めて、宗家に反して挙兵した庶流の千葉康胤を攻め、翌年には康胤の居城・馬加城を攻め落とした。常縁はその後も下総に在陣して、古河公方・足利成氏と戦った。

◇連歌師宗祇に古今伝授

1467年（応仁1）、京で応仁の乱が勃発すると、常縁の領地である美濃山田荘を東軍方の美濃守護代・斎藤妙椿に攻められて、居城の篠脇城は落城した。下総で篠脇城落城の知らせを聞いた常縁は、同じ義政側近で歌人仲間でもあった妙椿に領地返還を懇願する歌を送っている。

1469年（文明1）、常縁は下総を離れ、14年ぶりに上洛した。そして妙椿と会見して、篠脇城の返還を認めさせたのである。その後は美濃の本領に帰って領地の復興に尽力した。

1471年（文明3）、常縁のもとに連歌師の宗祇がたずねてきた。宗祇は応仁の乱で荒廃した京から避難し、二条流の和歌の大家である常縁に教えを請いにきたのだった。常縁は宗祇の求めに応じて『古今和歌集』の読み方や解釈を宗祇に教えたが、これがのちの「古今伝授」のはじまりとなった。

常縁による宗祇への古今伝授は京でも評判となり、1480年（文明12）には後土御門天皇に招かれて上洛し、天皇に進講して古今伝授を行った。さらに9代将軍・足利義尚、関白の近衛政家、内大臣の三条公敦にも古今伝授を行っている。

道化六郎左衛門

どうけ・ろくろうざえもん

生没年	？～1556年（弘治2）
出身	美濃国
主君	斎藤道三
死因	戦死

◇道化者の語源となった義理堅い武将

道化家は道家家とも書き、光明峯寺道家を祖とするとされる。光明峯寺道家とは、鎌倉時代の関白・九条道家のことだが詳細は不明で、道化家は古くから美濃に勢力をもっていた。

六郎左衛門は、室町時代末期の武将で、美濃の守護・土岐家を降して美濃の実権を握った斎藤道三の家臣である。

道三は1554年（天文23）、家督を嫡男の義龍に譲って隠居するが、道三が次男の孫四郎をかわいがっていたことから義龍の廃嫡がうわさされ、道三と義龍の仲は険悪になった。

翌年、義龍は弟たちを殺害して、父・道三に対して兵を挙げ、義龍は家臣に「自分に従うのであれば剃髪して出仕せよ」と命じ、みずからも剃髪した。

道三に仕えていた六郎左衛門は、道三につくか義龍につくか困り果てた。そして、六郎左衛門の出した答えは、頭の半分だけ剃るということだった。六郎左衛門は、「どちらを主君とし、いずれを敵とするか決めかねるゆえ、半分だけ剃った」と言って、義龍の元へ出仕した。

この逸話が、「道化者」の語源となったといわれている。

だが、1556年（弘治2）の長良川の戦いで、六郎左衛門は劣勢の道三方に馳せ参じ、道三とともに討ち死にした。

長井道利

ながい・みちとし

生没年 ？～1571年（元亀2）
出身 美濃国
主君 斎藤道三→斎藤義龍→斎藤龍興→足利義昭
死因 戦死

◇反信長を生涯貫いた美濃の武将

道利の出自は不明な点が多く、斎藤道三の弟とも、道三の若い頃の子ともいわれる。また、美濃の守護代だった長井利隆の子ともいわれる。いずれにせよ、道利は斎藤道三、義龍、龍興の父子三代に仕えた。

1554年（天文23）に道三が隠居し、義龍に家督を譲ったころから、道三と義龍の父子仲は険悪になり、義龍は道三が寵愛していた弟2人を殺害してしまった。この事件の首謀者が道利だったといわれ、道利は義龍を焚きつけて、弟の誅殺を提言した。1556年（弘治2）の長良川の戦いでも、道利は義龍方につき、かつての主君・道三を討ち倒した。その後も義龍に仕え、義龍の死後は、その子・龍興の家老として仕えた。

道利は、可児・加茂地方の代官に任じられ、また金山城の城主を務め、美濃東部を指揮下に置いた。

その後、尾張の織田信長が美濃侵攻をはじめると、道利は信長軍に対抗するが、信長方の斎藤利治の猛攻にさらされて落城、道利は稲葉山城へ撤退した。だが、1567年（永禄10）に稲葉山城も陥落し、道利は龍興とともに伊勢へ落ちた。ただ、道利は、このときに義興と別れて各地を流浪していたともいわれる。

道利は、その後も反信長の姿勢を貫き、長島一向一揆に加わり、信長と敵対

していた15代将軍・足利義昭に仕えた。

1571年（元亀2）、摂津白井河原の戦いで和田惟政の援軍に駆けつけたが、信長方の荒木村重軍に討たれた。

稲葉一鉄

いなば・いってつ

生没年 1515年（永正12）～1589年（天正16）
出身 美濃国
主君 土岐頼芸→斎藤道三→斎藤義龍→斎藤龍興→織田信長→豊臣秀吉
死因 病死

◇戦国乱世を生き抜いた知勇兼備の将

はじめ美濃の守護・土岐家に仕え、その後美濃で台頭した斎藤家を補佐し、斎藤家が弱体化すると尾張の織田信長に出仕した。安藤守就・氏家直元とともに「美濃三人衆」と呼ばれた。

はじめ美濃の守護・土岐頼芸に仕え、頼芸が斎藤道三によって美濃国を追放されると、道三に仕えた。道三とその嫡男・義龍が争った1556年（弘治2）の長良川の戦いでは、頼芸を追放した道三に反旗を翻して義龍方につき、道三討伐に功を挙げた。

義龍の死後はその子・龍興に仕えたが、龍興の失政への諫言を聞き入れられなかったことから龍興を見限り、1563年（永禄6）に尾張の織田信長に寝返って美濃制圧に力を貸した。

織田信長のもとでは各地を転戦し、立て続けに武功を挙げて武名を高めた。とくに1570年（元亀1）の姉川の戦いでは、近江の浅井長政に本陣を急襲され窮地に立たされた信長を救い、徳川家康に次ぐ戦功と認められた。

一鉄は武勇一辺倒ではなく、学識も高かったといわれる。あるとき、信長に一鉄を讒言する者があり、信長は一鉄を茶

第5章　中部地方の氏族／中部地方の武将

433

亭に呼びつけ誅殺しようとした。そこで一鉄は、床間にかけられた虚堂智愚の墨蹟を読み、自らの無実を申し出た。信長は、「文武兼備の将なり。汝、実に罪なし。我、過れり」と言って、一鉄に点茶を与えたという。

本能寺の変後は、豊臣秀吉に仕えて美濃の本領を安堵され、1584年（天正12）の小牧長久手の戦いを最後に、前線から引退した。

三木直頼

みつき・なおより

生没年	?～1554年（天文23）
出身	飛騨国
主君	京極家
死因	病死

◇飛騨に突如として現れ南飛騨を制圧

三木家は藤原氏の流れを汲むともいわれ、室町時代には近江の守護・京極家の重臣・多賀家の家臣となった。直頼の時代になると、飛騨川と、その支流である馬瀬川の上流域に向かって勢力を伸ばし、飛騨南部から飛騨中央部に進出した。1521年（大永1）には居城としていた三仏寺城を、国司の姉小路家に攻められるほどの有力国人に成長した。

直頼はその後、三木家の領土の拡張に尽力し、東相模守、東甲斐守、阿多野蔵人、黒川越中守ら、阿多野郷と馬瀬郷にいた有力国人を次々と打ち破って麾下に入れた。1526年（大永6）には、高山盆地へ進出して大野郡を制圧し、下呂に桜洞城を築いてここを居城とした。1528年（大永8）には信濃木曽郡へ侵攻して、信濃の有力国人だった木曾義元を討ち取り、国外においてもその影響力を強めていった。この頃になると、直頼はすでに独立した国人勢力となっていた。

当時の飛騨は、守護の京極家が内訌のすえにかつての威光を失い、誰が守護に任命されていたのかも記録に残っておらず、飛騨国司の姉小路家がかろうじて国内のまとめ役となっていた。しかし、姉小路家も内訌の果てに2家に分裂し、勢力を減退させていた。1531年（享禄4）、直頼は古河姉小路家の内訌に介入して実権を掌握し、名実ともに南飛騨を支配下に収めた。

◇三木家を戦国大名に押し上げる

一方、飛騨北部には江馬家という有力国人が勃興しており、直頼はこれと争うが、直頼の嫡子・良頼に江馬家の娘を正室として迎えて、いったん和解した。

1538年（天文7）、直頼は、美濃の守護・土岐頼芸の救援依頼を受けて、美濃へ出陣した。当時の美濃は、斎藤道三と結んだ頼芸と、前守護の土岐頼武・頼純父子が家督をめぐって激しく争っており、頼純方には越前の朝倉家が味方についていた。直頼は江馬家をはじめ、古河姉小路家の軍勢を率いて、頼純の越前落ちに一役買った。しかし、1544年（天文13）に江馬時経が直頼に反して挙兵し、飛騨国内は再び戦乱の時代を迎えたが、1546年（天文15）に時経が死去すると、再び江馬家と講和した。

その後は飛騨国内の整備に努め、寺院や神社の建立、修繕を行って領民の人心を掌握して地盤を固め、三木家の戦国大名化に大きく寄与した。1554年（天文23）に死去。

第6章

近畿地方の氏族

六角家‥‥‥‥‥‥‥‥‥‥‥‥436
浅井家‥‥‥‥‥‥‥‥‥‥‥‥441
仁木家‥‥‥‥‥‥‥‥‥‥‥‥443
伊勢家‥‥‥‥‥‥‥‥‥‥‥‥446
楠木家‥‥‥‥‥‥‥‥‥‥‥‥450
筒井家‥‥‥‥‥‥‥‥‥‥‥‥458
浦上家‥‥‥‥‥‥‥‥‥‥‥‥463
近畿地方の武将‥‥‥‥‥‥‥467

六角家

近江源氏を出自とする佐々木家の嫡流で、鎌倉幕府の成立に貢献し、鎌倉幕府内で勢力を増長させた。鎌倉時代の泰綱の代に近江南六郡と京都六角の館を与えられて六角氏を名乗るようになった。このとき、弟の氏信が近江北六郡を領して京極氏を名乗った。室町時代には、京極家に嫡流を奪われたことで幕政に深く関与することはなかったが、幕府内の政争に巻き込まれることなく、衰退する京極家をしり目に、定頼の代に戦国大名となった。

六角時信

ろっかく・ときのぶ

生没年 不詳
出身 不明
主君 鎌倉幕府→後醍醐天皇→足利尊氏
死因 不明

◇**六波羅探題陥落まで幕府軍として従軍**

鎌倉幕府の有力御家人・佐々木家のなかでも嫡流とされる佐々木六角家の当主。

1331年（元弘1）に後醍醐天皇が京を脱出して笠置山で倒幕の兵を挙げたとき、時信は検非違使として在京していた。幕府は当初、天皇の行方をつかめていなかったが、時信が天皇が比叡山に拠ったという情報をつかみ、六波羅探題軍とともに比叡山に出陣した。

その後、時信一行は笠置山に進路を変え、鎌倉軍と合流して笠置山を攻めてこれを陥落させた。

戦後、時信は、倒幕挙兵の罪で捕らえ

られた後醍醐天皇の一宮・尊良親王を預けられた。その後、尊良親王は土佐への流罪と決められ、親王が土佐へ向かう道中を時信が警護した。

その後も時信は京にとどまり、河内でゲリラ戦を続ける楠木軍と戦い、1333年（元弘3）には、駐屯していた摂津天王寺を楠木正成・四条隆貞らに率いられた反乱軍に攻められて敗走した。

同年、配流先の隠岐を脱出して伯耆船上山で後醍醐天皇が再挙すると、多くの武士が反幕派となり、幕府の有力御家人だった足利尊氏までも天皇方に寝返った。時信は六波羅探題に入って、攻め寄せる尊氏軍と戦ったが、六波羅探題は陥落し、時信は光厳天皇を奉じた北条仲時とともに京から逃げ出した。しかし、仲時が下向途上で自害すると、京に戻り、尊氏軍に従軍していた一族の佐々木道誉を頼って天皇方に帰順した。

同年、入京した後醍醐天皇によって建武の新政が開始されると、時信は雑訴決

断所の四番筆頭に抜擢された。

1336年（建武3）、建武の新政が崩壊すると尊氏方につき、このころ嫡男の氏頼に家督を譲ったとみられる。その後、理由は不明だが尊氏の不興を買い、佐々木家は京極家流の道誉のもとに移った。

没年は不詳だが、一説には1346年（興国7・貞和2）に死去したという。

六角氏頼

ろっかく・うじより

生没年 1326年（嘉暦1）～1370年（建徳1・応安3）
出身 近江国
主君 足利尊氏→足利直義→足利義詮
死因 病死

◇佐々木家本流の近江守護

六角時信の嫡男。13歳の若さで近江の守護に補任された。

氏頼は若くして六角家の家督を継ぎ、若年の頃から戦場に駆り出された。戦国時代の六角家の居城として有名な観音寺城は、この頃、氏頼が六角家の居城とし

て使用したことにはじまる。

1338年（延元3・暦応1）、奥州南朝軍の主将・北畠顕家が西上して近江に迫ると、佐々木道誉・秀綱父子、高師直・師冬父子らとともに尊氏軍として出陣した。佐々木・高軍が近江をおさえたため、顕家は進路を変えて伊勢に入っていった。

1349年（正平4・貞和5）、幕府内部で、足利直義と幕府執事の高師直が対立する観応の擾乱が勃発すると、氏頼は道誉とともに尊氏方についた。

1350年（正平5・観応1）に直義派の石塔頼房、上野頼勝が挙兵したときには、氏頼は近江守山で上野軍を迎撃した。しかし、その後、戦況が直義に傾くと直義に降った。

近江は東国から京へ向かう際の重要な拠点であり、守護として近江をおさえる氏頼の寝返りは尊氏方には驚きをもってとらえられ、尊氏は一族の道誉とともに氏頼に尊氏派への復帰をうながした。

尊氏と直義の板挟みとなった氏頼は

第6章 近畿地方の氏族／六角家

六角家略系図

```
泰綱 ── 頼綱 ──── 時信 ──── 氏頼
        （六角家）

        義信 ──────── 持綱

        満高 ──── 満綱 ──── 時綱 ──── 政堯 ──── 氏綱

                           久頼 ──── 高頼 ──── 定頼

        高詮 ◄╌╌╌╌╌╌╌╌╌

氏信 ──（2代略）── 道誉 ──── 高秀 ──── 高詮 ──── ○ ──── 持高
（京極家）
                                              持清
```

437

1351年（正平6・観応2）、家督を嫡男の義信に譲り、高野山に入って出家してしまった。直義が殺害されて観応の擾乱が終息すると、氏頼は還俗して当主に復帰し、1354年（正平9・文和3）には近江の守護に再任された。

その後は1368年（正平23・応安1）には引付方筆頭に任じられるなど、道誉とともに重んじられ、近江における六角家の基礎を固めた。

しかし、1368年（正平23・応安1）に嫡男・義信が死去し、氏頼に子がほかにいなかったため、佐々木高秀の子・高詮を養子に迎えた。ところが、その後に氏頼に実子が生まれたため家督争いが起こり、氏頼は家督問題を収拾しないまま、1370年（建徳1・応安3）に死去した。

六角満高

ろっかく・みつたか

生没年 ？～1416年（応永23）
出身 近江国
主君 足利義満→足利義持
死因 病死

◇将軍義満に重用された六角家当主

近江の守護・六角氏頼の子。

父の氏頼は、嫡男の義信を失ったあと一族の佐々木高秀の子・高詮を養子に迎えていた。しかし、その後に満高が生まれたため、氏頼が1370年（建徳1・応安3）に死去すると、高詮派と満高派に分かれて相続争いが起こった。このときは幕府の調停もあり、満高が成長するまで高詮が近江守護になるという妥協案が成立した。しかし、六角家内では、庶流の京極家に対する反発が強く、1377年（天授3・永和3）に高詮は追放され、満高が家督を継ぎ、近江の守護に補任された。

1391年（明徳2）、山名家の相続問題を

契機にはじまった明徳の乱では、3代将軍・足利義満の命を受け出陣し、1399年（応永6）に、周防など6カ国の守護だった大内義弘が幕府に対して反旗を翻したときも義満の命を受けて和泉堺に上陸した大内軍の追討に出陣した。

1410年（応永17）、飛騨の国司・姉小路尹綱が幕府に反して挙兵した。満高は4代将軍・足利義持から反乱制圧のために飛騨への出陣を命じられるが、これを拒否した。そのために翌年、近江の守護を解任された。しかし、近江は鎌倉時代以来の京極家の本貫地であり、新たに補任された義持の側近・青木持通では領国支配がままならず、わずか半年で近江守護に復帰した。その後は幕府に忠誠を尽くし、1416年（応永23）に死去した。

六角満綱

ろっかく・みつつな

生没年 1401年（応永8）～1445年（文安2）
出身 近江国
主君 足利義持→足利義教
死因 自害

◇比叡山討伐の大将となる

六角満高の子。母が足利尊氏の子・足利基氏の娘で、3代将軍・足利義満の娘を妻に迎えるなど、足利将軍家と縁が深かった。4代将軍・足利義持、6代将軍・足利義教とは義兄弟の関係になる。

1415年（応永22）、伊勢の国司・北畠満雅が、京を出奔して吉野に入っていた後亀山天皇に呼応する形で幕府に反した。当時の六角家の当主は父・満高だったが、満綱が討伐軍に従軍した。

1428年（正長1）に義教が将軍に就任すると、満綱は義教の義弟という関係もあって重用された。1434年（永享6）、延暦寺が義教を呪詛したといううわさが義

教の耳に届くと、義教は比叡山の討伐を決め、満綱が討伐軍の大将に選ばれた。満綱は一族の京極持高とともに出陣して比叡山を包囲し、山麓の坂本に放火するなど延暦寺を追い詰め、これを降伏させた。その後、義教の命を受けて近江国内の延暦寺領を横領していった。

しかし、1441年（嘉吉1）に義教が弑逆されると後ろ盾を失い、さらに幕府の混乱に乗じて近江で土一揆が発生した。満綱は領内に徳政令を発布するなど鎮撫に努めたが、京にも波及した土一揆に対し、京では一揆を扇動しているのは六角家であるとするうわさが流れた。延暦寺は旧領回復の好機ととらえ、今回の一揆の首謀者は満綱であると幕府に訴え、同年、満綱は京の自邸を襲撃されて京を出奔して近江に帰国した。しかし、近江の守護職は解任され、家督も嫡男の持綱に譲って隠退した。

しかし、1445年（文安2）、持綱と弟の時綱が対立して時綱派が挙兵し、時綱軍に攻められて持綱とともに自害した。

六角高頼

ろっかく・たかより

生没年 ？～1520年（永正17）

出身 近江国

主君 足利義政→足利義尚→足利義材

死因 病死

◇応仁の乱で西軍につく

六角久頼の子。1456年（康正2）に父・久頼が自害したため家督を継いだが、2年後に後見人となっていた庶流の六角政堯に家督を奪われた。しかし、政堯が1460年（長禄4）、守護代・伊庭満隆の子を殺害したため将軍・足利義政の不興を買って廃嫡され、高頼が再び当主に復帰した。

1467年（応仁1）、斯波家、畠山家、将軍家の家督争いなどが原因となって応仁の乱が勃発すると、高頼は山名宗全率いる西軍に属した。将軍家が東軍についたため高頼は近江の守護職を奪われ、一族の京極持清が近江守護となり、高頼は近江国内で持清と戦った。

当初は、3カ国の守護を務めていた持清が、領国の兵を動員して優勢に戦いを進めた。高頼は居城の観音寺城を退去して近江甲賀へ出奔するなど苦戦を強いられていった。しかし、1470年（文明2）に持清が死去し、京極家では後継をめぐって内訌が勃発した。高頼はこの機を逃さずに反撃を開始し、劣勢を挽回して、1477年（文明9）に応仁の乱が終結するころには、近江南部を制圧した。そして翌年、近江守護に復帰した。

近江の守護に返り咲いた高頼は、新たな軍勢を整えるために、国内の寺社領や公家領を横領して、それらを国人や土豪に与えていった。さらに高頼は、将軍直属の奉公衆の所領まで取り上げたため、幕府の不興を買うことになり、1487年（長享1）、将軍・足利義尚は高頼討伐の軍を出陣させた。この出兵は、義尚自ら近江に出陣するほどの力の入れようだったが、守護代・伊庭家などの活躍で戦線は膠着し、戦いは3年にわたって続いた。1489年（延徳1）に義尚が近江の陣中で没したため幕府軍は撤退し、高頼は幕府と和睦したが、すでに国人たちに分与していた横領地を返還することができず、高頼は近江守護職を剥奪されたうえ、再び幕府の討伐を受ける。

高頼は重臣の山内政綱を討ち取られて伊勢へ出奔するなど苦境に立たされたが、高頼がしぶとく抵抗したため幕府は討伐をあきらめて撤退せざるを得なくな

第6章 近畿地方の氏族／六角家

439

った。1493年（明応2）の政変によって足利義材が将軍位を追放されると、高頼は再び巻き返して1495年（明応4）に赦免を勝ち取って近江守護に復帰した。

1508年（永正4）、将軍位を廃されて周防に逃げていた前将軍の義材が、周防の守護・大内義興と細川高国の尽力によって将軍に復帰し、京を追われた現将軍の足利義澄が近江に逃げてきた。高頼は義澄を迎え入れたが、一方で義材とも通じて勢力の安泰を図った。

1514年（永正11）、守護代家の伊庭貞隆が高頼に反して出奔し、江北で有力国人にのし上がっていた浅井亮政と結んで、高頼領に攻め込んできた。この反乱は長期化し、高頼は1520年（永正17）に貞隆方の岡山城を落とし、6年がかりでようやく反乱を終息させた。

その2カ月後、高頼は病没した。

六角定頼

ろっかく・さだより

生没年 1495年（明応4）〜1552年（天文21）
出身 近江国
主君 足利義稙→足利義晴
死因 病死

◇六角家を戦国大名に脱皮させる

六角高頼の子。兄の氏綱が死去し、氏綱の子・義久が家督を継いだが幼少だったため、1520年（永正17）に高頼が死ぬと定頼が後見役についた。

当時は、管領家の細川家の内訌が激化して、幕府の混乱は極みに達していた。その混乱は京の隣国に位置する近江にも波及し、1520年（永正17）に細川高国と細川澄元が対立し、高国が京を出奔して定頼を頼って近江にきた。定頼は高国を支援して、高国の再入京に尽力した。

翌年（大永1）、将軍・足利義稙が高国

と対立して淡路に出奔し、前将軍・足利義澄の子・義晴が将軍に就任した。このとき定頼は、義澄が近江で死去したときの形見である鎧を、義晴に献上した。

その後も定頼は、幕府の政争に巻き込まれ、高国が没落して細川晴元が政権を握ると、晴元に頼まれて本願寺や一向一揆の討伐に出陣した。定頼は義晴と晴元の厚い信頼を得て、結果的に幕府の瓦解に歯止めをかけることになった。

一方の近江国内では、江北の京極家が没落して国人の浅井亮政が力をつけており、定頼は1538年（天文7）に江北に侵攻し、浅井家をしたがわせることに成功した。また、近江の有力国人・蒲生秀紀を討伐するなど着実に国内支配を固め、1552年（天文21）に死去した。

浅井家

近江国浅井郡を本拠とした鎌倉時代以来の国人領主。室町時代初期には北近江の有力国人となっており、京極家が近江の守護になるとこれに従い、譜代の家臣として活動した。藤原姓を自称しているが出自は不明。亮政の代に、京極家の内訌の混乱に乗じて京極家中の実権を握り、久政、長政の活躍で戦国大名へと成長した。尾張の戦国大名織田信長との抗争に敗れて滅亡したが、長政の娘が徳川将軍家に嫁いで、血脈を紡いだ。

浅井亮政

あざい・すけまさ

生没年 1491年（延徳3）～1542年（天文11）
出身 近江国
主君 京極高清→京極高延
死因 病死

◇京極家に仕えた近江の国人

北近江の国人で、近江の守護・京極家に仕えた。のちに戦国大名として活躍する浅井家の基礎を築いた。浅井家は近江浅井郡を本拠とする国人で、南北朝の動乱期に江北に勢力を広げた。

近江の守護は、室町幕府創設以来、一族の六角家がほぼ独占して就任していたが、応仁の乱を契機に京極家が入部するようになった。しかし、父祖伝来の領国である六角家の影響力は強く、京極家は江北に追いやられ、江南は六角家が支配する体制になっていた。

浅井家は京極家入部以来の被官として、京極家中で重きをなした。亮政の

父・直種の時代に京極家で家督争いが勃発し、嫡流の材宗と傍流の高清の二派に分裂した。直種は今井家・三田村家らと結んで材宗を推し、高清派の上坂家と対立した。直種は1501年（文亀1）、上坂家との戦いで戦死した。

◇京極家中を掌握し六角家と対立

直種の死後、亮政が浅井家当主となったが、京極家の内訌はまだ続いた。高清の2人の子による家督争いである。亮政は長男・高広派に属して、次男・高吉派の上坂家と対立した。

1523年（大永3）、亮政は今井家・三田村家ら北近江の国人とともに浅見貞則を盟主として挙兵し、高清・高吉父子を追放、高広が家督を継いだ。

しかし、高広の側近となった浅見貞則が専横をふるうようになり、亮政は今度は自分が盟主となって国人層を糾合し、先に追放した上坂家とも和睦して浅見貞則と対立した。亮政はこの戦いに勝利して貞則を家中から追放し、高清に家督を

441

継がせてこれを傀儡とし、京極家の実権を握った。

　1525年（大永5）、近江南部の実力者である近江守護・六角定頼（当時は六角家が守護職に復帰していた）が、近江統一をめざして江北に侵攻してきた。亮政は隣国越前の守護・朝倉教景に援軍を求め、以後、一進一退の攻防を繰り返しながら、六角軍との戦いは10年以上にも及んだ。1535年（天文4）に再び江北に侵攻してきた六角定頼軍との戦いで亮政は佐和山城を失い、1538年（天文7）の戦いでは居城の小谷城を落とされ、江北はついに六角定頼の手に落ちた。

　亮政は定頼に従属することになったが、主家の京極家を傀儡としながら江北の支配権は保持した。定頼が観音寺城に引き揚げると、先に江北を追放されていた京極高吉が定頼の後援を受けて亮政と対立しはじめたが、その矢先の1542年（天文11）に死去した。

浅井久政

あざい・ひさまさ

生没年	？～1573年（天正1）
出身	近江国
主君	京極高吉→六角義賢
死因	病死

◇浅井家を戦国大名に押し上げる

　浅井亮政の子。亮政が1542年（天文11）に死去したので家督を継いだ。

　しかし、亮政は久政誕生の前に、一族

の田屋家から明政という男子を娘婿に迎え、明政に家督を継がせるつもりでいた。そのため、明政は久政の家督継承に不満をもった。

　そして明政は、亮政の死去の直前に不和になっていた京極家当主の京極高吉と結んで、久政に対抗した。

　一方で、江南の六角義賢も江北地方の奪回をあきらめず、再び侵攻するかまえを見せはじめた。

　京極家と六角家という2大勢力に挟撃される形になった久政は、明政との対立もあり、六角義賢と結ぶことで急場をしのぐことにした。

　しかし、六角家への接近は、赤尾家・遠藤家・安養寺家などの浅井家重臣の不興を買った。久政は自らが引退して、家督を嫡男の長政に譲ることで重臣たちと妥協した。

　浅井家はその後、長政のもとで結束し、江北一帯を領する戦国大名へとかけ上っていくが、隠居したとはいえ、長政の実父としての影響力は強く、浅井家の飛躍は久政と長政によるものともいえる。

浅井家略系図

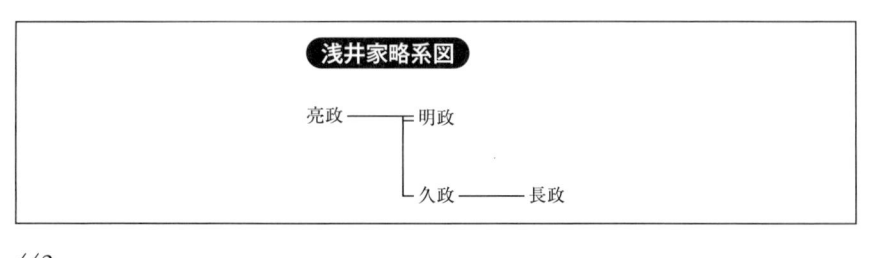

```
亮政 ┬ 明政
     │
     └ 久政 ── 長政
```

⊖ 仁木家

清和源氏足利氏の一族で、古くから足利家に仕える家柄。三河国額田郡仁木荘を本貫地とした。鎌倉幕府滅亡時から足利尊氏にしたがい、草創期の室町幕府で重きをなした。しかし、義長の代に細川家との政争に敗れて没落し、中央政府内での影響力はなくした。その後は伊勢地方の有力な家としての地位はかろうじて保ち、応仁の乱の混乱期には伊勢の守護を回復したこともあったが、大永年間（1521～1528年）の国人との対立に敗れて家は衰亡の一途をたどった。

仁木頼章

にき・よりあき

生没年 1299年（正安1）～1359年（正平14・延文4)

出身 三河国

主君 足利尊氏

死因 病死

◇天皇と戦った尊氏方の有力武将

　仁木家は三河に土着した足利家の一門だが、同じく三河に土着した一門の今川家や吉良家に比べると家格は低い一族だった。

　1333年（元弘3）、倒幕の兵を挙げた後醍醐天皇を討伐するために、足利尊氏が上洛を開始すると、三河で尊氏軍に合流し、六波羅探題攻めに加わった。1336年（建武3）に洛中の戦いで敗れた尊氏が九州へ敗走する際は、丹波の守護に補任され、国内の国人をまとめると丹波氷上城を拠点にして、播磨・備前・美作にも侵攻し、多くの国人を尊氏派に組み込み、

建武新政府軍との戦いを繰り広げて尊氏の再上洛を側面援護した。

　湊川の戦いで楠木正成を破った尊氏が入京すると、後醍醐天皇は比叡山へ逃れ、天皇の側近・新田義貞は、恒良親王と尊良親王を奉じて越前金ヶ崎城へ落ちた。光明天皇を擁立した尊氏は征夷大将軍に任ぜられて幕府を開き、すぐさま義貞追討を命じた。頼章も追討軍のメンバーに選ばれ、高師泰・今川頼貞らとともに2万の軍勢を率いて出陣した。頼章らは金ヶ崎城を兵糧攻めにし、翌年、これを落とした。

　その後も尊氏方の有力武将として各地を転戦し、1348年（正平3・貞和4）には、摂津から河内にかけて勢力を強めてきた楠木正行軍を討伐するために、高師直にしたがって出陣し、正行を破った。

　1350年（正平5・観応1）頃から、幕府執事の高師直と尊氏の弟・足利直義との対立が表面化し、やがて尊氏と直義との対立に発展すると、頼章は尊氏方につい

た。1351年（観応2）に高師直が直義派
の上杉能憲らに殺害され、高一族は衰退
し、頼章は師直の後任として執事に任ぜ
られた。このとき頼章は丹後、武蔵、下
野の守護にも補任され、丹波と合わせて
4カ国を領有する大守護大名となった。

その後、頼章は1358年（正平13・延文
3）に尊氏が死ぬまで執事職を務め、南
朝や直義の養子・直冬との戦いなどで混
乱を極める室町幕府創成期を政治面で支
えた。尊氏死後に、自ら執事職を辞任し
て出家し、翌年死去した。

仁木義長

にき・よしなが

生没年 ？〜1376年（永和2・天授2）

出身 三河国

主君 足利尊氏→足利義詮→南朝（後村上天
皇）→足利義詮

死因 病死

❖ 自ら掴み取った幕内の地位と名声

武勇に優れ、室町幕府の開幕に多大な
功績を残した。一方、傲岸不遜な性格で

周囲からは嫌われ、仁木家の衰退を招い
た張本人とされる。

仁木家は足利家一門だが家格は低く、
兄・頼章と義長の活躍によって、室町幕
府内での地位を高めていった。

義長は、1333年（元弘3）に足利尊氏
が鎌倉幕府に反旗を翻したときから尊氏
軍に従軍して戦場を駆けめぐり、数々の
戦功を挙げた。建武の新政から離脱した
尊氏が九州へ下向すると尊氏に同道し、
筑前多々良浜の戦い（1336年）では、建
武新政府軍の主力だった肥後の菊池武敏
を敗走させる殊勲を挙げた。

尊氏は、群雄が割拠する九州地方の制
圧のために九州探題を置き、一色範氏を
任命し、その補佐として義長も九州に残
留することになった。

しかし1337年（延元2・建武4）に、尊
氏が正式に室町幕府を開くと、後事を範
氏に託して京へ上り、兄・頼章とともに
尊氏を補佐していくことになる。

尊氏からの信頼は絶大で、備後・遠
江・伊賀・伊勢（志摩兼任）5カ国の守

仁木家略系図

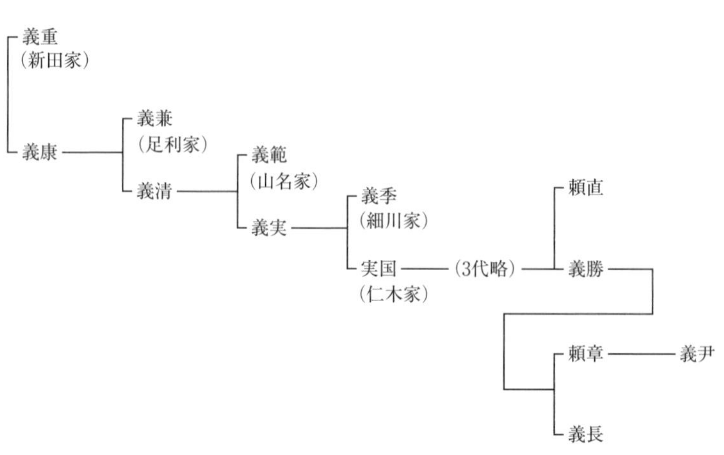

```
義重
（新田家）
義康 ─┬─ 義兼
       │   （足利家）
       └─ 義清 ─┬─ 義範
                  │   （山名家）
                  └─ 義実 ─┬─ 義季
                             │   （細川家）
                             └─ 実国 ── （3代略） ─┬─ 頼直
                                （仁木家）           │
                                                      ├─ 義勝
                                                      │
                                                      ├─ 頼章 ── 義尹
                                                      │
                                                      └─ 義長
```

護、侍所頭人などに任じられている。

1349年（正平4・貞和5）、足利直義と高師直の対立が深刻化し、尊氏が師直を支持して観応の擾乱が勃発すると、義長は終始、尊氏に忠誠を尽くし、尊氏からの信頼はさらに高まることになる。

1358年（正平13・延文3）に尊氏が死去し、さらに翌年、頼章もこの世を去ると、義長は後任の執事となった細川清氏と不和となる。

清氏は、義長排斥のため美濃の守護・土岐頼康と、武蔵の守護・畠山国清を味方に引き入れて義長討伐軍を組織し、両者の対立は武力衝突に発展した。

義長は清氏に対抗して2代将軍・足利義詮を味方につけようとするが失敗し、逆に清氏に義詮を抱き込まれ、逆賊の烙印を押されてしまう。

そして翌年、清氏・国清軍に攻められた義長は敗れて伊勢へ敗走した。守護を解任された義長は、失地を回復するために南朝に降ったが、積極的な軍事活動は行わず、1366年（正平21・貞治5）には帰参を許され、伊勢の守護に復帰した。しかし、以後、仁木家の勢威はふるわなかった。

仁木義尹

にき・よしただ

生没年 不詳
出身 不明
主君 足利義詮→足利義満
死因 不明

◇南朝軍との戦いの末に南朝に降る

室町幕府創設期の功臣・仁木頼章の子。一説には頼章の孫ともいわれる。

1360年（正平15・延文5）に叔父の仁木義長が政争に敗れて没落したあとも幕政に関与し、同年には丹波と丹後の守護

に補任された。1361年（正平16・康安1）末、細川清氏・楠木正儀を中心とした南朝軍が京に乱入し、将軍・足利義詮と後光厳天皇を近江へ追い落として京を制圧した。義尹もこのとき義詮とともに戦ったが敗れて丹波にいったん撤退し、近江で軍勢を立て直した義詮のもとに参じて、同月の京奪回戦に参加した。

1362年（正平17・貞治1）、山陰地方を制圧していた南朝方の山名時氏が伯耆で挙兵し、丹波に侵攻してきた。義尹は山名軍を迎撃し、山名軍を伯耆へ敗走させた。

1368年（正平23・応安1）、前年末に将軍・足利義詮が死去したことを受け、摂津・河内で楠木一党が、越後で新田義宗と脇屋義治が、安芸では足利直冬が、伊勢では北畠教具など、南朝軍が各地で蜂起した。伊予でも河野家が挙兵し、義尹は伊予の守護に補任されて河野家討伐のために伊予へ下向した。だが、河野軍に敗れて讃岐に撤退、その後帰京した。

1370年（建徳1・応安3）に引付衆に任ぜられたが、その後に管領家の細川家と対立するようになり、1378年（天授4・永和4）に領国の丹波を細川頼之軍に攻められ、その後消息を絶った。

第6章

近畿地方の氏族／仁木家

445

伊勢家

室町時代以前の来歴は不詳で、家伝によると伊勢貞継が足利貞氏の烏帽子子で、足利尊氏の養育にあたったとされる。実際、室町幕府内では政所執事を世襲し、歴代将軍の養育を任されるなど、幕府内で権勢を誇った。8代将軍・義政の治世で、貞親が強権を振るって応仁の乱を誘発し、影響力を低下させたこともあったが、貞親の子貞宗によって権威を取り戻した。戦国大名の小田原北条家（P.281）の祖・北条早雲は、伊勢家の後裔とされている。

伊勢貞継

いせ・さだつぐ

生没年 1309年（延慶2）～1391年（元中8・明徳2）
出身 不明
主君 足利尊氏→足利義詮→足利義満
死因 病死

◇将軍家に信頼された官僚

伊勢盛継の子。貞継は足利尊氏の父・貞氏の烏帽子子であったとされ、足利家の家臣であったようだ。

足利尊氏・足利義詮・足利義満の3代に仕えた。1358年（正平13・延文3）に誕生した義満は貞継邸で産まれており、その後も貞継夫婦が義満を養育していることから、足利家の信頼は厚かったことがうかがえる。

1379年（天授5・康暦1）、管領として強権をふるっていた細川頼之と対立した斯波義将を中心としたグループが、将軍・義満邸を包囲して頼之の罷免を求めるクーデターが勃発した。義満は義将らの圧力に屈し、頼之の管領職を剥奪して京から追放した。

このクーデターによって幕閣の頼之派は一掃されたが、このとき貞継は政所執事に就任している。その後、政所執事職は伊勢家が代々世襲していくことになり、伊勢家は幕府の有力者となった。

伊勢貞行

いせ・さだゆき

生没年 1358年（正平13・延文3）～1410年（応永17）
出身 山城国
主君 足利義満→足利義持
死因 病死

◇義満を養育した幕府政所執事

伊勢貞信の子。伊勢家としてはじめて政所執事となった伊勢貞継の孫にあたり、弟の貞長とともに3代将軍・足利義満に重用された。1386年（元中3・至徳3）、義満に嫡男・義持が生まれると、義

持は貞行のもとに引き取られて、貞行夫婦に養育された。

1391年（元中8・明徳2）、祖父・貞継の後を受けて政所執事に任ぜられた。政所は領地に関する訴訟を担当した役所であり、武家の訴訟は貞行を通して行わなければならず、貞行は幕閣内で大きな権力を握った。

貞行は政所執事に任ぜられたとき、三河額田郡山中に所領を与えられ、三河の地盤の基礎を築いた。

1393年（明徳4）、義持の矢開の儀（当家の嫡男であることを内外に示す儀式）が行われたときには惣奉行を務め、義持が成長すると義持にも重用された。

1395年（応永2）ころの正月、将軍を辞任して隠居していた義満が貞行邸を訪問し、風呂に入っていった。それ以来、毎年正月4日には貞行邸で風呂に入ることが恒例の行事となったという。

1401年（応永8）に出家して吉野に隠居したが、政所執事の職は罷免されることはなく、1410年（応永17）に死去するまで執事職を務めた。

伊勢貞国

いせ・さだくに

生没年 1398年（応永5）～1454年（享徳3）
出身 山城国
主君 足利義教→足利義勝
死因 病死

◇**将軍義教に重用された伊勢家当主**

伊勢貞行の子。兄の貞経の養子となった。一説には貞経の子とも。

貞行の後は兄の貞経が家督を継いでいたが、1430年（永享2）に貞経が家臣を殺害するという事件を起こした。しかも翌年に、その家臣には何の罪もないことが明らかとなり、貞経は将軍・足利義教の怒りを買い、家督を廃されて吉野に謹慎となった。そのため、同年、貞国が伊勢家の家督を継ぐとともに、貞経の後を受けて政所執事に任命された。

父と同様に将軍家に重用され、1434年（永享6）に義教の嫡子・義勝が生まれると、自邸に引き取ってこれを養育した。3代将軍・義満、4代将軍・義持も誕生直後に伊勢家に預けられており、伊勢家と将軍家のつながりは非常に深かった。

兄の貞経は義教の勘気を被って失脚したが、貞国は義教に重用され、義教はし

第6章 近畿地方の氏族／伊勢家

伊勢家略系図

```
┌─貞継════貞信────┬─貞行────貞経
│            ↑        │
│            │        └─貞長
│                          ┌─貞親────貞宗────貞陸
├─頼継────貞信    貞国─┤
│                          │
│                          └─女
│                              ┌─北川殿
└─盛経────経久────盛久────盛綱────盛定──┤
                                              └─北条早雲
```

447

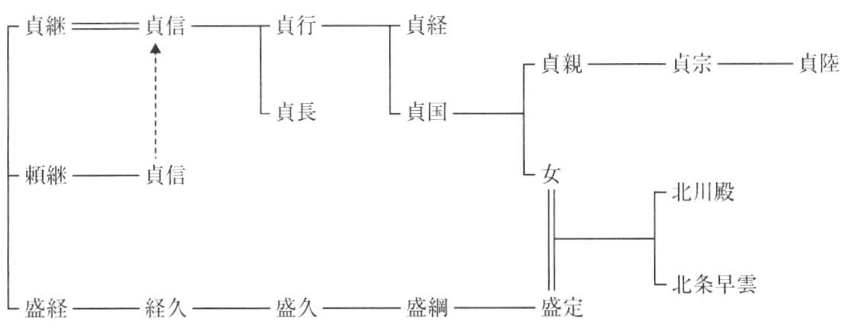

ばしば貞国邸を訪れては風呂に入っていったという。

1449年（宝徳1）に政所執事を辞任し、1454年（享徳3）に死去した。

ちなみに貞国の娘は伊勢家庶流の伊勢盛定に嫁いで、のちに北条早雲と呼ばれる盛時を生んでおり、貞国は早雲の母方の祖父という関係になる。

伊勢貞親

いせ・さだちか

生没年 1417年（応永24）〜1473年（文明5）
出身 山城国
主君 足利義政
死因 病死

◇応仁の乱勃発の一因

伊勢貞国の子。1454年（享徳3）に父・貞国の死去にともない家督を継ぎ、政所執事に就任した。

6代将軍・足利義教の嫡男・義勝が伊勢貞国のもとで養育されたように、将軍家の男子は伊勢家で養育されることが慣例化しており、貞親も義教の第3子・義政を養育していた。義教の死後、義勝が将軍職に就いたが、義勝が早世したため、義政が8代将軍となった。貞親は義政の育ての親だったため、義政からの信頼は絶大なものがあり、「政所政治」と世に言われるほどの権勢を誇った。

貞親は諸大名家の家督相続に介入するとともに、将軍家の相続問題にも介入した。当時、将軍家は義政の弟で義政の養子になっていた義視派と、義政の実子である義尚派が対立していた。貞親は義尚の乳父にもなっていたため、義尚の実母・日野富子と結んで義尚擁立に動き、義視を殺害する計画を立てた。しかし1466年（文正1）、事前に計画を察知した義視は、幕府重鎮の細川勝元の邸宅を訪

れて援助を求め、勝元が義政に報告した。計画の頓挫を知った貞親は、あわてて伊勢へ遁走した。

しかし、翌年に応仁の乱が勃発すると、義政に呼び戻されて再入京して、再び義政に仕えた。貞親復帰に対し義視は激怒し、義視は義政から離反して山名宗全率いる西軍に鞍替えし、応仁の乱の長期化の原因をつくった。

義政のもとに再出仕したが、幕府の実権は細川勝元に握られ、また自前の軍隊をもたなかった貞親は乱に参加することもできず、かつての権勢を取り戻すことはできなかった。

1471年（文明3）に出家隠退し、戦乱を避けて若狭に下向し、1473年（文明5）、同地で死去した。

義政政権下で強権をふるい、日野富子とともに賄賂政治を横行させて幕政を腐敗させたとして、当時から貞親の評判は悪く、応仁の乱勃発の張本人ともいわれた。

伊勢貞宗

いせ・さだむね

生没年 1444年（文安1）〜1509年（永正6）
出身 山城国
主君 足利義政→足利義尚→足利義澄
死因 病死

◇将軍義尚の信頼厚かった公明正大な男

伊勢貞親の子。専横をきわめ、横暴な振る舞いが多かった父・貞親とは違い、穏和で堅実な人物だった。父の貞親が斯波家の家督争いに介入して、問題を大きくしていたころ、貞宗は父に対して泣いて諫言し、かえって父の怒りを買って父によって幽閉されてしまったという。

1466年（文正1）に貞親が将軍・足利義政の弟・義視の暗殺計画が露見したこ

448

とによって伊勢に遁走したとき、義政の命で政所執事に任ぜられた。

1473年（文明5）、応仁の乱のさなか、足利義尚が9代将軍に就任した。貞宗は父とともに義尚を養育していたことから義尚に重用された。政所執事の担当である領地の訴訟問題については公正な裁きを下し、当時の人々は貞宗を「式目を正した」と評したという。

1480年（文明12）、義尚が父の義政と不和になり出家しようとしたときは義尚を諫止し、義尚は出家を思いとどまった。また、1483年（文明15）に義尚が実母の日野富子と対立した際には、義尚は貞宗邸に移るなど、義尚の貞宗に対する信頼は厚かった。貞宗は両者を仲介して翌年に和睦させた。1485年（文明17）に義尚直属の奉公衆と、義政家臣の奉行人が対立して武力抗争に発展すると、これに嫌気が差した義政は出家してしまった。このときも貞宗は義政と義尚の間を周旋し、親子の対立の緩和に尽力した。

1489年（延徳1）に義尚が、1490年（延徳2）に義政が相次いで死去し、貞宗はこの年をもって政所執事の職を辞し、引退した。その後は著作・文化活動に専念したが、幕府内における影響力はいまだに大きかった。

1493年（明応2）、義尚の後を継いで将軍に就任していた足利義材が、管領・細川政元のクーデターによって将軍位から追放され、堀越公方・足利政知（義尚の異母兄）の子・義澄が将軍に擁立された。これを明応の政変というが、この政変に貞宗も関与しており、貞宗は義澄の後見人として幕政に復帰した。

また、同年、山城守護として山城の国一揆に対応していた嫡男の貞陸を助けるために2000の軍勢を率いて山城宇治に侵攻した。貞宗は宇治河原の戦いで国一揆勢を打ち破り、そのまま山城南部へ進撃して、国一揆勢がこもる稲屋妻城に攻め寄せて、ついにこれを落城させた。こうして8年間にわたって山城南部を支配していた国一揆を壊滅させ、その後数年間、山城は伊勢家の支配下に置かれることになった。

その後も貞陸とともに義澄政権を支えったが、1507年（永正4）に細川政元が養子の澄之に殺害され、翌年には将軍位を追われて周防に逼塞していた義材が再挙して入京して将軍・義澄が追放されてしまった。貞宗は義材派に寝返って京にとどまったが、同年のうちに政界を引退した。翌年死去。

貞宗は混乱をきわめた政権争いのなかをうまく泳ぎつつ命脈を保った政治家だったが、一方では射芸・和歌・連歌・詩文に通じる当代きっての文化人でもあった。また、武家殿中の儀礼や故実にも詳しく、多くの故実書を書写相伝した。

第6章　近畿地方の氏族／伊勢家

楠木家

出自には諸説あり、『尊卑文脈』によれば伊予橘氏の後裔とされる。楠木家が歴史の表舞台に登場するのは、河内国で野伏、山伏、土豪を束ねる棟梁であった正成からで、彼らのような者を「悪党」と呼んだ。1331年（元弘1）の元弘の乱から南朝方に与し、鎌倉幕府滅亡に功を挙げて、南朝の有力家臣にのし上がった。南北朝の争いでは一貫して南朝方の武将として活動したが、南北朝合一とともに歴史の表舞台から姿を消した。

楠木正成

くすのき・まさしげ

生没年 1294年（永仁2）？〜1336年（建武3・延元1）

出身 河内国

主君 後醍醐天皇

死因 自害

◇後醍醐天皇との運命の出会い

河内の豪族で、後醍醐天皇の倒幕運動に早くから参加し、鎌倉幕府討伐に貢献した。楠木家は鎌倉幕府の地頭として河内に土着したと考えられ、正成は鎌倉時代後期には悪党としてすでに名を上げていた。

1331年（元弘1）、倒幕計画が発覚した後醍醐天皇は、幕府機関である六波羅探題の追及を逃れて京を脱出し、笠置山に拠って挙兵した。正成は天皇の綸旨を受け取ると河内を発して笠置山に向かい、天皇への臣従を誓った。河内へ戻った正成は拠点の赤坂城で、一族を挙げて反幕

の兵を挙げ、押し寄せる20万という幕府の大軍を迎え撃ったが敗退した。笠置山の後醍醐天皇も敗れて捕らわれ、天皇は隠岐へ配流された。

翌年末、態勢を立て直した正成は再挙して赤坂城を奪還し、その奥に千早城を築城、弟の楠木正季を赤坂城に残し、正成は千早城に立て籠もった。翌1333年（元弘3）、吉野で護良親王が挙兵し、幕府は大軍の討伐軍を西上させ、赤坂・千早両城を包囲した。赤坂城は陥落し、吉野の護良親王も敗れたが、正成は千早城を守り、その間に後醍醐天皇が隠岐を脱出して伯耆船上山で兵を挙げた。播磨の赤松家、肥後の菊池家など諸国で反幕の兵を挙げる者が続出し、幕府軍の大将だった足利尊氏が天皇方に寝返ったことで大勢は決し、同年5月に六波羅探題は陥落、その2週間後に鎌倉も新田義貞軍によって制圧され、鎌倉幕府は滅亡した。

◇建武の親政下で天皇に重用される

正成は、伯耆から上京する天皇と摂津

で合流し、入京した。正成の戦功は大いに認められ、建武の新政下では河内と和泉を与えられ、雑訴決断所・記録所・武者所など要職に任じられるなど天皇に重用され、名和長年・結城親光・千種忠顕とともに「三木一草」と称された。

しかし、新政権は天皇親政をめざしたため、結果的に武士を冷遇することになった。そして1335年（建武2）、鎌倉に出陣していた足利尊氏が天皇に反旗を翻した。翌年正月、尊氏が京に攻め上ってくると、正成は新田義貞らとともに尊氏軍を迎え撃ち、河内・大和・紀伊から5000余騎を動員して宇治に布陣した。しかし、尊氏軍は先に入京して京を制圧。京に戻った正成は、新田義貞・北畠顕家・名和長年ら天皇方の諸将と連携して尊氏軍と戦い、尊氏はついに京を放棄して摂津方面へ逃げた。正成は逃げる尊氏軍を追撃し、摂津打出浜で再び合戦となり、正成は尊氏軍を破り、尊氏は九州へ逃れた。その途上、光厳天皇を擁立した尊氏が、建武の新政で後醍醐天皇が行った恩賞のすべてを否定し、すべての旧領を建武以前に回復すると宣言すると、敗れた尊氏方に寝返る者が続出した。

正成は、尊氏の人望の高さを後醍醐天皇に訴え、人望のない義貞を退けて尊氏との和睦を進言した。そして、正成自らが和睦の使者に立つと提案したが、後醍醐天皇の取り巻きの公卿たちによって却下された。

◇ 忠心に殉じた悲運の闘将

1336年（建武3）、九州に落ちてわずか3カ月後に尊氏が再挙し、間もなく京を目指して進軍してくるという知らせが伝わると、後醍醐天皇陣営は慌ただしくなった。新田義貞はすでに播磨に出陣し、尊氏方の赤松軍と戦っていたが劣勢だった。

正成にも出陣命令が下され、正成は軍議の席で、天皇を比叡山に逃し、入京してきた尊氏軍を義貞と正成で挟撃するという作戦を提案した。同席していた多くの公卿は正成の案に賛成したが、後醍醐天皇の側近・坊門清忠が1年の間に2度も

楠木家略系図

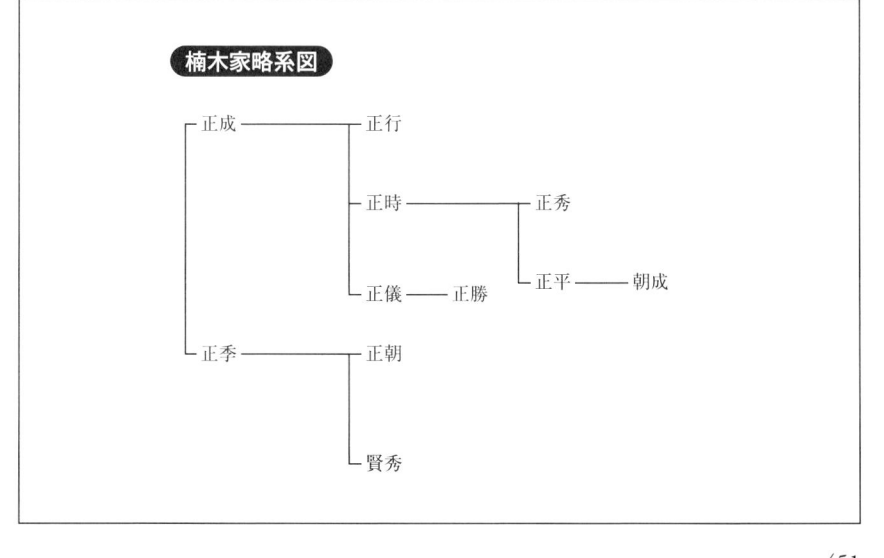

```
正成 ┬ 正行
     │
     ├ 正時 ┬ 正秀
     │      │
     │      └ 正平 ── 朝成
     │
     └ 正儀 ── 正勝
     
正季 ┬ 正朝
     │
     └ 賢秀
```

天皇が京を離れるのは前代未聞で認められないと強硬に反対し、天皇も清忠を支持したため、正成の案は却下された。

足利軍は、尊氏が海路、尊氏の弟・足利直義が陸路の進路を取り、正成は新田義貞とともに尊氏軍と直義軍の合流地点である摂津湊川で迎撃することになった。その途中、正成は子の正行に戦死の覚悟を伝え、また天皇には今回の合戦は自軍の敗北に終わるとする上奏文を送ったという。

湊川に布陣した正成と義貞に、まず直義軍が襲いかかった。そこに、上陸した尊氏方の細川軍が義貞軍に攻め寄せ、義貞は後退、正成と義貞は分断されてしまい、さらに義貞は両足利軍の猛攻を受けて京へ撤退し、正成は湊川に孤立した。正成はそれでも足利軍と戦い、合戦は数時間にも及んだという。しかし、徐々に戦力を減らした正成軍は、最後は73騎にまで減らしてしまい、正成は負傷した兵士を逃がすと、弟の正季とともに一軒の農家にこもり、「七度生まれ変わって、朝敵を攻め滅ぼしましょう」と言葉を交わし、互いに刺し違えて自害した。

その武勇、戦略眼は官軍のみならず敵方の足利軍も認めるほどで、正成の死に際しては、尊氏自ら正成の首を楠木家のもとに送り届けたという。

楠木正季
くすのき・まさすえ

生没年	？～1336年（延元1・建武3）
出身	不明
主君	後醍醐天皇
死因	自害

❖ 湊川の戦いで自害した正成の弟

楠木正成の弟。生年は不詳で、正成との年齢差も不明である。兄とともに、後

醍醐天皇の鎌倉幕府倒幕の綸旨に呼応し、最後まで戦った。

1331年（元弘1）、京を出奔して笠置山に拠った後醍醐天皇に呼応した正成・正季兄弟は、河内千早城と河内赤坂城で挙兵した。後醍醐天皇が捕縛されたのちも、正成兄弟は同地を拠点にしてゲリラ戦を繰り広げ、後醍醐天皇の再挙を待った。このとき『太平記』では正成の活躍ばかりが書かれ、正季はほとんど登場しないが、正季もこのゲリラ戦に加わっていたことは確実である。

1333年（元弘3）、後醍醐天皇が配流先の隠岐から脱出して倒幕の綸旨を出すと、天皇の皇子・護良親王の尽力もあって各地の反幕軍が兵を挙げ、鎌倉幕府は滅亡した。正季は兄とともに後醍醐天皇を摂津まで出迎えに行き、後醍醐天皇に従って京に凱旋した。

後醍醐天皇による建武の新政がはじまると、正季は武者所所衆に任ぜられた。

1335年（建武2）に後醍醐天皇に反旗を翻した足利尊氏が鎌倉から京に入ると、北畠顕家らとともに尊氏軍を迎撃し、尊氏を九州に敗走させた。

翌年、尊氏は九州を出陣し、尊氏が海路で摂津に上陸し、直義が陸路で京へ向けて進撃してきた。正季は、兄の正成とともに摂津湊川に布陣して直義軍と戦ったが、海路から上陸した尊氏軍に背後をつかれ、ついに力尽き、兄の正成と刺し違えて自害した。

452

楠木正行

くすのき・まさつら

生没年 ？〜1348年（貞和4・正平3）
出身 河内国
主君 後醍醐天皇→後村上天皇
死因 自害

◇父に劣らぬ戦上手の猛将

楠木正成の子。正成・新田義貞・北畠顕家らの主力を失ったあとの南朝の武力の要となった。「大楠公」と呼ばれた父正成に対して、「小楠公」と呼ばれる。

正成が1336年（建武3）の湊川の戦いに臨んだとき、正行も従軍しており、死を覚悟した正成は正行を逃して後事を託した。西国街道を桜井の宿まで来たとき、正成は「私が討ち死にすれば尊氏の天下となるだろう。しかし、そなたは降伏することなく金剛山辺りに再起の兵を養い、戦い抜いて、楠木一族の精神をまっとうせよ」と正行に言い聞かせたという。

正行は父の死後、その遺領を継ぎ、左衛門尉に任じられた。

1347年（正平2・貞和3）、正行は楠木家の拠点である河内で兵を挙げた。当時はすでに後醍醐天皇はなく、尊氏率いる幕府軍が勢力を増し、幕府と南朝の勢力バランスは大きく幕府に傾いていた。

正行は、まず紀伊隅田城を攻め、足利方の国人・隅田家を降すと、河内に兵を返して、幕府の河内における拠点である八尾城を落城させた。

幕府は、河内の守護・細川顕氏を正行討伐に向かわせるが、正行は藤井寺で顕氏軍を迎撃し、敗走させた。正行は顕氏を追撃して顕氏軍を再び破って軍を進めた。

このとき、撤退する敵軍が1本の橋に殺到したため橋が崩れ、多くの兵士が水没してしまった。正行はこれら敵兵を救助し、衣服や食物を与えたという。

顕氏の敗戦に驚いた幕府は、若狭・丹波の守護で、山陰地方に勢力をほこっていた山名時氏を、正行討伐に向かわせた。時氏は顕氏と合流して兵力を増やし、摂津住吉で正行軍と激突した。正行の一族である和田賢秀らの奮戦で、正行軍が勝利し、時氏と顕氏は撤退した。

◇尊氏を震撼せしめた圧倒的な武力

正行は摂津・河内を転戦して幕府軍との戦いに勝利を重ね、尊氏は翌1348年（正平3・貞和4）、高師直に出陣を命じ、師直は8万の兵を率いて摂津四條畷に進軍した。正行は金剛山にこもってゲリラ戦で迎撃しようと、南朝の重臣・北畠親房に提案したが、親房が主力決戦を主張したため、正行は3000の兵力で四條畷へ打って出た。

正行は、狙いを師直の首級にだけ定め、全軍まとめて突撃を敢行し、師直のいる本陣へ迫った。しかし、兵力差にはかなわず、徐々に劣勢を強いられ、さらに後詰に来ていた四条隆資率いる2万の軍勢が幕府軍に足止めされ、正行軍は敗北した。正行は、弟・正時と刺し違えて自害して果てた。北朝の公卿・洞院公賢は、正行の死の知らせを受け取ると、日記に「天下万歳を呼ぶ云々。当年初めて誠に祝言に相叶ふものか」と記した。また、2代将軍・足利義詮は正行を敬愛していたことで知られている。現在、義詮の墓は正行の首塚の隣に並べられているが、これは義詮の遺言によるものだという。

第6章 近畿地方の氏族／楠木家

453

楠木正時

くすのき・まさとき

生没年 ？～1348年（貞和4・正平3）
出身 河内国
主君 後村上天皇
死因 自害

◇兄正行とともに南朝の武力の要

楠木正成の子。兄に楠木正行がいる。正之ともいう。父の正成が湊川の戦いで自害したとき、正時はまだ幼かったという。その後は、楠木党のもとで養育され、成長してからは兄の正行とともに南朝軍の主力となって幕府軍と戦った。幕府軍との戦いで畿内を転戦したが、その戦いのほとんどを兄の正行と行動をともにした。

1347年（正平2・貞和3）12月、正時は正行とともに河内で挙兵した。正行・正時軍は摂津・河内で幕府軍を破り、藤井寺の戦いでは、幕府方の河内の守護・細川顕氏軍を破る殊勲を挙げた。さらに、顕氏軍に合流した山名時氏も破り、南朝軍の主力として活躍した。

翌1348年（正平3・貞和4）、幕府は高師直を楠木軍討伐のために派遣し、師直は8万という大軍を率いて摂津へ侵攻した。これに対し、正時は正行とともに出陣するが、その直前に楠木軍は吉野の後村上天皇のもとを訪れ、先帝・後醍醐天皇の墓を詣でた。そして、吉野の如意輪寺に参詣し、御堂の扉を過去帳に見立てて一族郎党が名前を刻んだという。

摂津四條畷へ出陣した正時は、敵軍の大将・高師直の首だけを目標にかかげて突進し、ついに高師直と名乗りを上げた武将の首をとった。しかし、かつて幕府軍にいたことのある兵士が、その首は上山高元の首であると証言したため、正時

は再び師直の陣場へ突入したが敗退した。観念した正時は、正行とともに自害して果てた。

楠木正儀

くすのき・まさのり

生没年 不詳
出身 河内国
主君 後村上天皇→長慶天皇→足利義満→後亀山天皇
死因 不明

◇南朝主力として4度、京を制圧する

楠木正成の3男で、兄に楠木正行、楠木正時がいる。一族と同様、南朝の主力として幕府と対立した。

1348年（正平3・貞和4）、兄の正行と正時が四條畷の戦いで幕府方の高師直に討ち取られ、正儀が楠木家の当主となった。正儀は河内を拠点とし、幕府方の河内の守護・高師泰と戦った。1349年（正平4・貞和5）頃から、幕府内では足利尊氏の弟・足利直義と高師直・師泰兄弟の対立が顕在化し、師泰は河内を撤退、代わりに畠山国清が河内に入った。直義と高兄弟の対立が武力闘争に突入すると、国清は直義方について京に戻ったため、正儀はその隙をついて徐々に河内国内の幕府領を侵食し、摂津まで勢力範囲を広げていった。このとき正儀は、幕政を主導していた直義に近づき、南朝と幕府との和睦交渉を進めていたが、南朝公卿が和睦条件のハードルを上げたため、交渉は決裂した。

1351年（正平6・観応2）、直義が南朝に降って幕府に対して挙兵すると、正儀は直義の養子・足利直冬を擁して兵を挙げた。さらに同年、直義に対抗するために尊氏が南朝と和睦すると、正儀ら南朝勢力は勢いづいた。翌1352年（正平7・

文和1）、尊氏が直義討伐のために鎌倉に出陣したすきをつき、正儀は千種顕経・北畠顕能らとともに京に攻め寄せ、京を守っていた尊氏の子・足利義詮ら幕府軍を近江に敗走させ、京を制圧した。しかし、約1カ月後には幕府軍の反撃を受けて京を撤退した。

1353年（正平8・文和2）、山陰の実力者・山名時氏が幕府から離反して南朝に降ってきた。当時、尊氏は鎌倉で関東経営にあたっており、正儀は時氏と語らって京奪回を計画して兵を挙げ、京に侵攻した。山名軍が北から、正儀軍が南から京に攻め寄せ、正儀らは幕府軍を京から追いやり、再び京を制圧した。

このときは山名軍内で自領へ戻る兵士が続出したため、正儀は時氏とともに京を去ったが、1355年（正平10・延文1）、再び時氏とともに挙兵。今度は足利直冬と結び、さらに旧直義党の桃井直常・石塔頼房とも結んで京に攻め寄せて幕府軍を破り、みたび京を制圧した。しかし、このときも尊氏率いる幕府軍の反撃を受けて数カ月ともたずに京を撤退することになった。このときの戦闘は非常に激しいものとなり、京の町は朝の炊事の煙一筋すら上らないほどだったという。

その後も正儀は南朝軍の主力として幕府と対立し、1361年（正平16・康安1）にも、政争に敗れて南朝に降ってきた細川清氏とともに京を攻め、4度目の京奪還を果たしたが、すぐに義詮の反撃を受けて京から撤退した。これ以降、南朝が再び京に入ることはなかった。

◇南朝を離れ北朝へ

4度目の京撤退を受けて、正儀は再び幕府との和睦をはじめ、佐々木道誉・細川頼之ら幕府重臣と条件をつめていった。しかし、1368年（正平23・応安1）に南朝の後村上天皇が崩御し、反和睦派の長慶天皇が後を継ぐと和平交渉は破綻した。さらに、長慶天皇の側近には主戦派が多く集められるようになり、南朝内での正儀の立場は悪くなっていった。

そして1369年（正平24・応安2）、居場所を失った正儀は細川頼之を仲介にして幕府に降った。幕府は正儀を河内と紀伊の守護に補任して厚遇したが、正儀自身は河内の守護になったおかげで、河内をめぐって子の正勝や一族の和田正武と戦わなければならなくなってしまった。

北朝は、正儀に中務大輔という厚遇を与え、南朝の衰退ぶりを喧伝している。だが、正儀のことを快く思わない輩も多かった。たとえば、1370年（建徳1・応安3）の正武との戦いでは、援軍を要請した正儀を無視して、幕府の諸将は援軍を出さなかった。幕府内で唯一、正儀の味方だったのは、管領の細川頼之だけだった。

そのため、康暦の政変（1379年）で細川頼之が、対立する斯波義将によって地位を追われると、正儀は幕府のなかでいよいよ孤立してしまった。

結局、居場所を失った正儀は、1382年（弘和2・永徳2）に南朝に帰参する。その頃には、南朝の主戦派が立場を悪くしており、後亀山天皇が即位したことも手伝って、正儀の復帰は認められたようだ。

この後、1392年（元中9・明徳3）に後亀山天皇から北朝の後小松天皇に三種の神器が譲渡されるに至って、南北朝の戦いは終焉を迎えるのであるが、このときに正儀の名は見られない。

正儀の名が最後に見えるのは、1386年（元中3・至徳3）の書簡までである。南朝に復帰して以降の正儀の消息は、1383年（弘和3・永徳3）に参議に昇進したことくらいで、あとは一切不明となった。

楠木正家

くすのき・まさいえ

生没年 ？～1348年（貞和4・正平3）
出身 不明
主君 後村上天皇
死因 戦死

◇関東以東で活躍した楠木家の一族

楠木正成の一族で、一説には正成の弟とされ、正成の従兄弟とする説もある。

1331年（元弘1）の正成の挙兵時から行動をともにし、1333年（元弘3）に正成が護良親王に呼応して河内で再挙した際も従軍して幕府軍と戦った。

戦後、後醍醐天皇の親政下で、正成に与えられた常陸瓜連荘の代官となり、常陸に下向した。

1336年（延元1・建武3）、正家は関東の南朝勢力の拠点として、同地に瓜連城を築き、大掾家や那珂家ら関東南朝軍とともに入城した。正家は、幕府方の常陸の守護・佐竹軍と戦い、当主貞義の子・佐竹義冬を討ち取る活躍をしたが、佐竹軍の逆襲にあい、同年、瓜連城は落城した。

正家はその後、奥州惣奉行として陸奥多賀城に入っていた北畠顕家を頼って陸奥に落ちた。

1338年（延元3・建武5）、顕家が後醍醐天皇の命によって、陸奥から京へ向かったとき、正家もこれに同行したとされる。

顕家軍は鎌倉を攻略すると、駿河・美濃の各戦闘にも勝利して伊勢へ入り、その後、京侵攻をめざして伊賀・河内などを転戦した。

1348年（正平3・貞和4）、一族の楠木正行・正時兄弟（正成の子）とともに四條畷の戦いで高師直軍と戦って戦死した。

楠木正勝

くすのき・まさかつ

生没年 不詳
出身 不明
主君 長慶天皇→後亀山天皇
死因 不明

◇斜陽の南朝を支え続けた最後の忠臣

楠木正成の末子とされる楠木正儀の子。父・正儀とともに南朝軍の主力として活動した。

1368年（正平23・応安1）、北朝との和睦派だった後村上天皇が崩御し、対北朝強硬派の長慶天皇が、南朝天皇に践祚した。そして翌年、幕府管領の細川頼之と水面下で和平交渉をしていた父の正儀が、幕府に帰順してしまった。しかし、正勝はあくまで南朝方として戦うことにして父と袂を分かち、その後は父とも争うことになる。

しかし、山名時氏・大内弘世が次々に幕府に帰順したあとの南朝最後の支柱だった正儀の出奔は、南朝軍を衰退に追い込み、正勝は敗北を重ねていった。

1382年（弘和2・永徳2）、細川頼之という後ろ盾をなくした父・正儀が、13年ぶりに南朝に帰順してきた。

その後は父とともに南朝軍の要として戦場に出るが、もはや南朝軍に挽回する力はなかった。

1392年（元中9・明徳3）、正勝のもとに将軍・足利義満から招待の書状が届いたが、正勝はこれを拒否。あくまで南朝の京帰還をめざした。しかし、畠山基国・大内義弘らの大軍が正勝の拠る河内千早城に攻め寄せて城は落ち、大和に追い詰められた正勝ら南朝軍は、同年10月、ついに南北朝合一の和睦を余儀なくされた。

456

和睦の合意にともない、後亀山天皇は吉野から京に移ったが、正勝は吉野に残った。その後の正勝の行方はわからない。

和田賢秀

わだ・けんしゅう

生没年	？～1348年（貞和4・正平3）
出身	不明
主君	後村上天皇
死因	戦死

◇南朝に忠誠を尽くした楠木正成の甥

　楠木正季の末子。正季は楠木正成の弟なので、賢秀は正成の甥にあたる。名字は「にぎた」と読むこともある。

　南北朝の動乱期には、ほかの楠木一族とともに南朝に属し、正成の子である正行・正時兄弟（賢秀の従兄弟）と河内・摂津を中心に畿内を転戦した。

　1347年（正平2・貞和3）、賢秀は正行らとともに摂津住吉に攻め寄せた。幕府は山陰地方一帯に力をもっていた山名時氏を大将とした追討軍を編成し、時氏は伯耆を出陣した。賢秀軍は時氏軍を住吉で迎え撃つとこれを破り、時氏軍は伯耆へ敗走した。

　翌年、幕府は楠木軍討伐のために高師直に8万の軍勢をつけて摂津に侵攻させた。賢秀は正行・正時兄弟とともに幕府軍を迎え撃ったが、楠木軍は数千という少勢で、当初から勝ち目は薄かった。そのため、賢秀ら楠木一党は戦前、吉野に入って後村上天皇に拝謁し、その後、吉野の如意輪寺に参詣して、御堂の扉を過去帳に見立てて自らの名前を刻んだという。

　楠木軍は大軍の幕府軍を前に奮戦し、一時は師直の首を取った。しかし、討ち取ったと思った師直は実は影武者で、楠木軍は徐々に兵数を減らしていった。敗北は決定的となり、正行と正時は自害して果て、賢秀は兄弟の自害を見届けてから師直の本陣に突撃したが討ち取られた。

筒井家

大和の実質的な守護だった興福寺の僧徒で、興福寺領内の検断権を司る官符衆徒を務める家柄だった。興福寺代官として荘園管理や年貢徴収を請け負い、室町時代後期に武家化した。大神氏を祖とする。室町時代初期までの動向は不明で、順覚の代に歴史に登場する。大和国の他国人との抗争に明け暮れ、順弘の代に大和永享の乱を勝ちぬいて大和国内に覇を唱えた。その後、応仁の乱や幕府内の政争に巻き込まれたが戦国大名として生き残り、大坂の陣で滅亡した。

筒井順覚

つつい・じゅんかく

生没年	?〜1434年（永享6）
出身	大和国
主君	興福寺→足利義持→足利義教
死因	戦死

◇興福寺の派閥争いに活躍

系譜上、大和筒井家の初代とされる。筒井郷を本拠とし、順覚の時代にはすでに筒井館という城館を居城にしていたほどで、大和では強い勢力をもっていた。

南北朝時代以降の興福寺は、一乗院と大乗院という門跡が対立しており、僧徒も二派に分裂して争っていた。順覚は一乗院派に加担し、大乗院派の十市家・古市家・豊田家などと対立した。

1404年（応永11）、一乗院派の箸尾為妙が大乗院派に寝返り、十市遠重とともに兵を挙げ、順覚の所領に乱入して筒井郷を焼き払うという事件が起こった。順覚は箸尾・十市が旧南朝勢力を支援して

いると幕府に訴え、幕府の援軍を得た順覚は箸尾・十市連合軍を破った。

1414年（応永21）、興福寺と対立していた多武峰寺（現在の談山神社）が、興福寺衆徒の沢家と衝突して戦乱が勃発した。4代将軍・足利義持は両陣営に停戦を命じたが収まらず、順覚は越智家・布施家・十市家らとともに兵を出して沢家を支援した。幕府は興福寺の衆徒を上洛させて停戦を命じ、順覚らは幕命にしたがって撤退した。

1429年（永享1）、足利義教が正式に6代将軍に就任すると、順覚は上洛して義教に拝謁し、興福寺領の河上五ヶ関の代官職に任じられた。これで筒井家は正式に幕府の被官となった。

同年、一乗院派の井戸家と大乗院派の豊田家の対立が戦乱に発展し、順覚は十市家らとともに井戸家を支援し、豊田家を支持した越智家・箸尾家と対立した。越智家が旧南朝勢力の支援者だったこともあり、幕府は順覚らに加担したが、越

智・箸尾軍に敗れ、筒井郷は焼き払われてしまった。

その後も両派の戦いはやまず、1434年（永享6）、順覚は越智領に侵攻し、越智家の居城・貝吹山城を攻めたが、越智維道軍の逆襲にあい、橿原の慈明寺まで撤退したが、追撃してきた越智軍に討ち取られた。

筒井順永

つつい・じゅんえい

生没年	1419年（応永26）～1476年（文明8）
出身	大和国
主君	足利義教→足利義政
死因	病死

◇ 兄順弘を排斥し家督を相続

筒井順覚の子。当時、筒井家は越智家・古市家・豊田家らの大和国人と対立し戦闘状態にあり、1434年（永享6）には父・順覚が越智家との戦いで戦死した。父の死後、順永の兄・順弘が家督を継ぎ、順永は兄の光宣とともに順弘を支え、越智家らとの戦いを継続した。

この大和の内乱において、幕府は一貫して筒井方を支援しており、1435年（永享7）には幕府軍が大和に下向してきたが、越智家を討伐することはできなかった。1438年（永享10）、再び幕府は畠山・細川・斯波という主力を大和に侵攻させ、

順永は順弘とともに幕府軍に協力し越智家と対峙した。翌年、幕府軍と順弘は越智方の多武峰寺を攻めると、堂舎・坊舎を焼き討ち、越智維道を討ち取った。

しかし、兄の順弘には人望がなく、一族から順弘排斥の機運が高まり、1441年（嘉吉1）、順永は兄の光宣と共謀して順弘を追放し、自らが当主の座についた。追放された順弘は越智家を頼って反撃に出て、1443年（嘉吉3）に筒井館を奪回したが、幕府が順永を支持したこともあって家臣は順弘にしたがわず、順弘は家臣に殺害されたため、順永は筒井館に帰還した。

◇ 応仁の乱では東軍として畿内を転戦

順永は興福寺の一乗院派で、もう一方の門跡・大乗院派と争っていたが、1444年（文安1）に幕府が大乗院門跡の経覚を興福寺別当に任じて大和支配を大乗院に与えたため、順永は大乗院経覚に攻められ、経覚とはその後10年にわたって抗争が続くことになる。その間に順永は筒井館を失い鬼薗山城に拠った。

1455年（康正1）、隣国の河内の守護・畠山持国が死去すると後継者争いが勃発し、畠山家は畠山義就派と畠山政長派に分裂して争うようになった。両派の対立は大和にも波及し、越智家が義就派に加担したため、順永は箸尾家・片岡家らと

第6章　近畿地方の氏族／筒井家

筒井家略系図

```
順覚 ┬ 順弘
     ├ 光宣
     └ 順永 ┬ 順尊 ── 順興 ── 順昭 ── 順慶
            └ 順盛
```

459

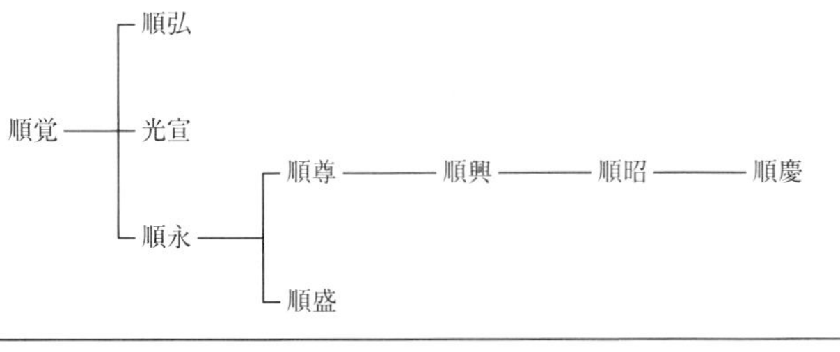

ともに政長派を支援したが、同年、鬼薗山城は越智家の攻撃によって陥落し、筒井家領は幕府に没収されてしまい、順永一族は一時期没落した。

しかし、管領の細川勝元と、義就の最大の支援者である山名宗全との対立が激化すると、勝元は筒井一族を復活させて大和の押さえとしようと画策し、1459年（長禄3）、順永と兄の光宣は許されて所領を回復し、筒井領内の越智家・小泉家・龍田家を駆逐して筒井館に復帰した。

その後も、大和の国人は畠山家の内訌に翻弄され、順永も勝元の命を受けて連年の出陣を余儀なくされた。

そして1467年（応仁1）、政長と義就が京で激突したのをきっかけに応仁の乱が勃発すると、順永は勝元率いる東軍に加担し、山名宗全率いる西軍と戦った。大和の国人たちは、箸尾為国・十市遠清のほか布施家・万歳家らが東軍、越智家栄・古市胤栄のほか小泉家・八田家らが西軍について対立した。このとき、順永の兄・光宣は70歳を超えた老体だったが、上洛して東軍の参謀として活動したという。順永は応仁の乱ではおもに河内・大和方面を転戦し、1471年（文明3）には十市遠清らとともに河内に侵攻し、西軍方の遊佐家の居城・若松城を落とすなどの戦功を挙げた。

1476年（文明8）、死去。子の順尊が後を継いだが、応仁の乱の結果、大和の多くの国人が没落して大和は越智家の支配力が強まり、筒井家も順尊の時代に一時期没落した。

成身院光宣

じょうしんいん・こうせん

生没年	1390年（元中7・明徳1）〜1470年（文明1）
出身	大和国
主君	足利義教→足利義政
死因	病死

◇越智家との対立を制す

筒井順覚の2男。興福寺の院家のひとつ成身院に入ったため、成身院を号す。

筒井家は興福寺の僧徒として、年貢徴収を請け負うほどの名家で、興福寺の一乗院と大乗院という両門跡の対立が深まると、一乗院派の有力国人として活動することになった。

1429年（永享1）、大乗院派の豊田家と一乗院派の井戸家の対立が激化して武力抗争に発展すると、筒井家は井戸家を支援し、光宣も父・順覚とともに戦場に立って戦った。しかし、大乗院派の越智家の軍事力が一乗院派を上回り、筒井家は劣勢となっていた。そこで光宣は上洛して6代将軍・足利義教に援軍を要請、義教は越智家が旧南朝勢力に近いこともあって光宣の要請を受け入れ、1432年（永享4）、幕府軍を大和に下向させた。幕府軍の出兵によって越智軍は撤退したが、両派の対立関係は解消されず、1434年（永享6）に再び武力衝突が起こり、越智家領に攻め込んだ筒井軍は越智軍に逆襲されて、当主の順覚が戦死してしまった。光宣は、西大寺に入室していた長兄の順弘を還俗させて当主に据え、弟の順永とともに兄を支える体制を作り上げた。順覚の死によって筒井家は一時期没落していたが、1439年（永享11）、光宣は再び将軍・義教にかけあって幕府軍を出してもらい、越智家方の多武峰寺を攻

460

めて堂舎を焼き払い、さらに長谷寺に逃亡した越智維道を追撃して殺害した。

◇**畠山家の家督問題で再び越智家と対立**

　こうして越智家の脅威をいったんは排除したが、河上五ヶ関の代官職をめぐって光宣と当主の順弘が対立し、1441年（嘉吉1）、光宣は弟の順永と共謀して順弘を追放し、順永を新たな当主に据えた。しかし、順弘は旧敵・越智家と結んでしぶとく抵抗し、また大乗院門跡の経覚も順弘を支援したため、大和国内は再び戦乱状態に陥り、1443年（嘉吉3）には筒井館を順弘に奪われてしまう。その直後に順弘が家臣に殺害されたため、順永と光宣は筒井館に復帰できたが、反筒井派の越智家や古市家との戦いは続いた。

　1455年（康正1）、河内の守護・畠山持国が死去すると、畠山家で跡目争いが勃発して家中が2派に分裂し、その騒動は大和国内にも波及、越智家は畠山義就を支持し、筒井家は畠山政長を支援した。同年の戦いで光宣は越智軍に敗れ、筒井領は幕府によって没収されてしまったが、光宣は上洛して反義就派の管領・細川勝元に働きかけると、筒井家の赦免を取りつけ、1459年（長禄3）には、没収された領地の返還を実現させ、筒井家は再び筒井館に復帰した。

　その後、畠山家の家督争いは激化し、1467年（応仁1）、ついに京で武力衝突を起こし（上御霊の戦い）、ついで勝元軍が洛中の一色義直邸を攻撃したことで応仁の乱が勃発した。筒井家は勝元率いる東軍に加担し、光宣は上洛して東軍本陣に入って勝元の参謀として指揮をとったという。上御霊の戦いで敗走した畠山政長をかくまい、勝元による一色邸攻撃を指揮したのも光宣だったという。

筒井順興

つつい・じゅんこう

生没年	1484年（文明16）～1535年（天文4）
出身	大和国
主君	足利義澄→足利義稙→足利義晴
死因	戦死

◇**筒井家を再興し、細川家と対立**

　筒井順尊の子。1491年（延徳3）に父の順尊が畠山義豊（畠山義就の子）との戦いのなかで戦死したため、順興が家督を継いだ。10歳に満たない幼年だったため、叔父の成身院順盛が後見となった。当時の筒井家は応仁の乱の結果没落し、大和は義豊派の越智家と古市家がほぼ支配する状況にあった。筒井家は畠山政長の子・尚順を支援しながら、同じく没落していた十市家と協力して、ともに旧領回復をめざし、1497年（明応6）、尚順が河内高屋城の義豊を破ったのを契機に、順盛と十市遠治が蜂起して古市澄胤を攻め破り、さらに越智家栄を敗走させて、順盛と順興はようやく筒井郷に復帰した。

　しかし、義豊と尚順の戦いは一進一退を繰り返し、さらに1499年（明応8）、河内と大和の制圧をもくろんだ細川家が伊賀へ遁走した古市澄胤と結んで大和へ侵攻してきた。細川軍の侵攻に対し、順興を含む大和の国人たちの間には和睦の機運が高まり、1505年（永正2）、筒井家・越智家・十市家・箸尾家・布施家などの国人が一堂に会して国人一揆を結び、長年にわたる対立関係を解消して、一致して細川軍にあたることで結束した。そして1506年（永正3）と1507年（永正4）の細川軍の侵攻を、大和の国人たちは一致して食い止めたのである。

　1532年（天文1）、細川晴元の呼びかけ

第6章

近畿地方の氏族／筒井家

461

に応じた本願寺証如が河内・摂津の一向一揆を扇動すると、大和の一向一揆もこれに呼応して興福寺と春日社に攻め寄せた。一向一揆はまたたく間に興福寺の僧坊の多くを焼き討ち、春日社の境内も多くが破壊された。一向一揆はさらに僧徒たちが逃げ込んだ高取城を包囲し、順興は十市遠忠とともに城に駆けつけて一向一揆を破り、高取城を救出した。さらに越智・布施連合が生駒一帯を焼き討ちした一向一揆を破り、結束した大和国人によって興福寺はなんとか滅亡を免れた。

　その後も細川家の大和侵攻は続き、晴元の家臣・木沢長政との戦いに没頭し、長政との決着を見ないまま1535年（天文4）に死去した。

筒井順慶

つつい・じゅんけい

生没年 1549年（天文18）〜1584年（天正12）
出身 大和国
主君 興福寺
死因 病死

◇大和をめぐって松永久秀と抗争

　筒井順昭の子。1550年（天文19）に父・順昭が死去して家督を継いだが、2歳に満たない幼少だったため、叔父の筒井順政や実母の大方殿が後見した。しかし1560年（永禄3）、大和信貴山城を拠点にしていた松永久秀に筒井城を奪われ、順慶は一族とともに河内に逃れた。その後も久秀とは大和領有をめぐって抗争を繰り返し、1566年（永禄9）にいったん筒井城を奪還したが、1568年（永禄11）に再び久秀に敗れて筒井城を逃れた。しかし、久秀と織田信長が対立するようになると、順慶は信長に接近し、信長の援助を得て1573年（天正1）に久秀を破った。1576年（天正4）には信長から大和

一国を与えられ、名実ともに大和の支配者となった。

浦上家

平安時代に隆盛した紀氏の後裔で、播磨国揖保郡浦上郷に土着し、浦上氏を名乗った。鎌倉幕府滅亡時には、播磨の有力国人だった赤松家にしたがって倒幕に功があり、室町時代創設から観応の擾乱にかけて足利尊氏方として活動し、赤松家の有力被官となった。嘉吉の乱（1441年）で赤松家が没落したが、則宗の活躍で赤松家の再興を果たした。村宗の代に、主家・赤松家を乗っ取り下剋上に成功し、戦国大名となった。

浦上則宗

うらがみ・のりむね

生没年 1429年（永享1）～1502年（文亀2）
出身 美作国
主君 赤松満祐→赤松政則
死因 病死

❖主家赤松家の再興に尽力

赤松家の家臣で、浦上宗安の子。

浦上家はもともと播磨の浦上荘を本貫地としていた。建武の新政崩壊後、播磨には守護として赤松家が入部し、浦上家は赤松一族とともに後醍醐天皇方と戦い、備前の守護代に任ぜられた。その後は赤松家の重臣となり、赤松家の隆盛とともに浦上家も勢力を拡大していった。

1441年（嘉吉1）、主君の赤松満祐が6代将軍・足利義教を殺害したことで、赤松家は幕府の追討を受けた。このとき、父の宗安は播磨赤松城に入って赤松家のために戦っている。

赤松家はこの件で一時、没落したが、

則宗は小寺豊職ら赤松家旧臣と連絡を取り合いながら、赤松家再興に尽力し、1457年（長禄1）に赤松政則のもとで再興が許された。

しかし、再興当初は加賀の半国守護を与えられたのみで、則宗は政則とともに在京し、今度は勢力の回復に尽力することになる。

1467年（応仁1）に応仁の乱が勃発すると、政則は細川勝元率いる東軍に加担した。将軍・足利義政が東軍に属したため、乱の勃発直後に政則は播磨・美作・備前の守護に補任された。しかし、守護とは名ばかりで、3国には山名家の勢力が根付いていた。

則宗は同僚の宇野政秀とともに旧領播磨に侵攻して山名軍と戦い、1470年（文明2）までに播磨を制圧し、ついに実力で旧領を回復した。

❖赤松家を抑えて播磨の実権を握る

則宗ら家臣の活躍によって、赤松家当主の政則は将軍・義政に引き立てられ、

第6章 近畿地方の氏族／浦上家

463

則宗も侍所頭人に抜擢された。その後も則宗は在京して、1481年（文明13）には山城の守護代に任ぜられ、則宗の名は幕府内外に聞こえるようになった。

しかし、当主の政則と則宗が在京し続けているうちに、赤松家の家臣・松田元成が政則に背いて山名家と結んで挙兵した。政則は播磨防衛のために但馬に出陣したが、政則が敗れて姫路に敗走し、則宗も播磨に出陣した。播磨の国人たちが政則を見限って則宗のもとに参集すると、政則は和泉堺に遁走し、則宗が赤松家の実権を握った。

則宗は元成が拠る金川城を落として元成を討ち取ったが、赤松家中で権力争いが勃発し、国人たちも則宗派と反則宗派に分裂してしまった。そして、播磨の混乱を見た山名軍が播磨に乱入し、則宗は京へ撤退した。

1485年（文明17）、則宗は政則と和睦して、播磨奪還をめざして山名軍と戦い、1488年（長享2）に山名政豊を但馬に追放し、播磨を回復した。

1496年（明応5）に政則が死去すると、養子の赤松義村を擁立したが、実権は則宗が握り続けて国政を担当し、事実上の播磨の国主として君臨した。

則宗に対して反発する国人や赤松家旧臣も多くいたが、則宗の時代はよく反乱をおさえ、浦上家が戦国大名となる基礎を作った。

浦上村宗

うらがみ・むらむね

生没年 ？〜1531年（享禄4）
出身 美作国
主君 赤松義村→赤松晴政
死因 戦死

◇主君赤松義村との対立

浦上宗助の子。浦上家を実質的な播磨の国主にまで押し上げた浦上則宗は、実子に早く死なれていたため、甥の宗助を養子にしていたが、宗助も則宗より先に死去したため、村宗が1502年（文亀2）に浦上家の家督を継承した。

村宗が家督を継ぐと、則宗の死に乗じて、赤松家に背いて西備前で独立していた松田元勝が浦上領に攻め寄せた。村宗は緒戦に敗れて苦境に陥ったが、家臣の宇喜多能家の決死の攻撃によって劣勢を挽回してこれを退け、赤松家中での権威を保持することに成功した。

赤松家の当主・義村は、当初は幼年だったため傀儡に甘んじていたが、成長すると家政を独断で取り仕切る村宗を疎んじるようになった。

浦上家略系図

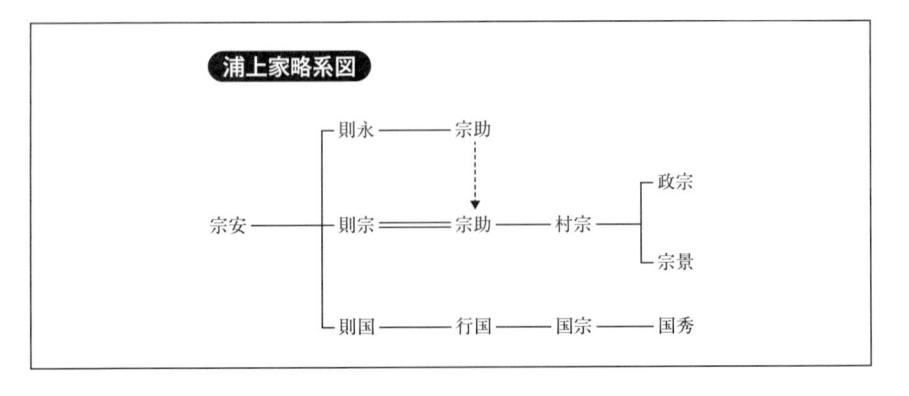

```
        ┌ 則永 ──── 宗助
        │              ┊
        │              ↓                   ┌ 政宗
 宗安 ──┼ 則宗 ══ 宗助 ── 村宗 ──┤
        │                                  └ 宗景
        │
        └ 則国 ── 行国 ── 国宗 ── 国秀
```

義村は重臣の小寺則職らと共謀して村宗を孤立させ、怒った村宗は1518年（永正15）、居城である備前三石城に帰ってしまった。義村は、これを赤松家への謀反であるとし、自ら出陣して三石城に攻め寄せたが、村宗はこれを敗走させ、さらに翌年にも侵攻してきた義村軍を迎撃した。

義村はなおもあきらめず、1520年（永正17）に再び浦上領を攻めたが、村宗の家臣・宇喜多能家の活躍によって、みたび敗走していった。

◇細川家の内訌に介入して戦死

村宗はかつての仇敵・松田元勝の子・元陸と和睦し、さらに赤松家の家臣で美作の守護代を務めていた中村則久を味方につけて攻勢に転じた。村宗軍は、義村方の大将格の小寺則職を討ち取り、義村軍を壊滅させた。

同年、播磨の守護館まで進撃した村宗は、義村を捕らえて強引に家督を返上させると、義村の子でわずか2歳の才松丸（のちの晴政）を家督に据えて、赤松家の実権を奪い取った。

さらに村宗は、義村を播磨室津に幽閉し、翌年、和議を結ぶと称して義村を呼び寄せて殺害してしまった。

こうして村宗は才松丸を傀儡とした浦上政権を樹立し、事実上の備前・美作・西播磨を領有する一大勢力に成長したのである。

浦上家と赤松家が激しく争っているころ、京では管領細川家の内訌が激しさを増し、抗争に敗れた管領の細川高国が、各地を流浪したすえに、1529年（享禄2）、村宗の居城・三石城を訪れた。村宗は高国を迎え入れて支援を約束し、翌年には出陣して細川晴元軍と各地で戦戈を交えた。

1531年（享禄4）には、晴元方の摂津池田城を落とし、京の守備隊・木沢長政軍も打ち破り、村宗は高国を入京させることに成功した。

しかし、高国復帰に対して、晴元方の阿波の三好元長が大挙して渡海して和泉堺に上陸し、京をめざして軍を進めてきた。村宗は高国を擁して出陣し、両軍は摂津天王寺で対峙した。そこへ、村宗の傀儡だった当主の赤松晴政が軍を率いてやってくると、晴政は晴元方に寝返って村宗軍の背後を攻撃した。村宗軍は晴政の突然の裏切りの奇襲に浮き足立ち、村宗は必死に防戦したが、自軍の兵は逃げ惑うばかりで、ついに討ち取られた。

浦上政宗

うらがみ・まさむね

生没年 ？～1564年（永禄7）
出身 美作国
主君 特になし
死因 戦死

◇尼子家に攻められ没落の道へ

浦上村宗の子。1531年（享禄4）に父が戦死したため家督を継いだ。幼少だったようで、一族の浦上国秀が後見役を務めた。

政宗の当面の敵は、父・村宗を裏切って殺害した当主の赤松晴政であった。しかし、出雲を拠点に山陰に勢力を広げてきた尼子晴久が1537年（天文6）、播磨に侵攻してきた。政宗と晴政は播磨を守備するという点で利害が一致して和議を結び、尼子軍と対峙した。しかし、長年の播磨の内訌は、確実に両者の勢力を弱めており、国人のなかには尼子軍に奔る者も現れて苦戦を強いられ、1539年（天文8）、政宗は居城の播磨室山城を捨てて晴政とともに和泉へ遁走した。

しかし、尼子軍が播磨に駐屯している

第6章 近畿地方の氏族／浦上家

465

すきをついて、周防の大内軍が安芸に侵攻して守護の武田信実を破り、信実が出雲へ落ちてきた。尼子軍は信実を助けるために播磨から撤退し、政宗と晴政は播磨を奪還した。だが、再び尼子軍に対応するにあたって、政宗と弟の宗景が対立し、1551年（天文20）、政宗が尼子晴久と結び、宗景は毛利元就と結んだ。国内も二派に分裂し、政宗の勢力は徐々に弱まっていった。

領国の内乱は以後、10年以上にわたって続き、1563年（永禄6）に宗景とようやく和睦した。そして、赤松家重臣の小寺政職とも同盟を結ぶなど態勢の立て直しを図っていた矢先、晴政の娘婿・赤松政秀に夜襲を仕掛けられて殺害された。

浦上宗景

うらがみ・むねかげ

生没年	生没年不詳
出身	不明
主君	浦上村宗→浦上政宗→織田信長
死因	不明

◇家臣の宇喜多秀家に裏切られる

浦上村宗の2男。1531年（享禄4）に父の村宗が戦死すると、兄の政宗が家督を継いだ。しかし、宗景と政宗兄弟の仲は父の生前から不和であり、宗景は播磨を離れて備前に移り、天神山城を築いてそこを居城とするようになった。

1551年（天文20）、出雲と因幡を支配下に収めた尼子晴久が南下をはじめた。政宗は晴久と和議を結ぶことで対応しようとしたが、宗景はあくまで徹底抗戦を主張し、兄弟の仲は決裂、それ以後、宗景は播磨には入らず、本格的に備前を拠点にするようになり、備前統一をめざすとともに美作にも兵を出し、その勢力圏を広げていった。

1553年（天文22）、政宗と和睦した晴久が美作に侵攻してきた。宗景は美作に入って尼子軍と対峙したが、数に勝る尼子軍に敗れて天神山城に撤退した。しかし、宗景の戦いぶりや統率力は浦上家中で評価され、多くの家臣が政宗のもとを離れ宗景のもとに集まってきた。そのため浦上家は播磨の政宗派と、備前の宗景派に分裂してしまった。1564年（永禄7）、政宗がかつての主家である赤松政秀に暗殺されると、政宗の子・忠宗が家督を継いだ。しかし、宗景は忠宗の家督継承に反対し、忠宗を殺害して播磨浦上家を滅ぼし、名実ともに浦上家の当主となった。1569年（永禄11）には備前の松田家を滅ぼし、勢力圏をさらに広げたが、1575年（天正3）、家臣の宇喜多直家の裏切りにあい備前を追放された。その後は、備前奪回を目論んだが願いは叶わずやがて没落した。

近畿地方の武将

近畿地方は室町幕府の膝元であり、各国の守護は足利一門か、開幕以来の重臣が就任した。そのため室町時代前期から中期にかけては、土着の国人層は守護大名の支配下に置かれ、守護代として取り立てられた国人以外は目立った動きは少なかった。ただし、大和だけは守護が置かれず、興福寺がその代わりを果たしていたため、早くから国人たちの勢力争いがはじまった。応仁の乱以降、幕府の権威が低下すると、各地に国人たちが割拠することになった。

服部持法

はっとり・じほう

生没年 不詳
出身 伊賀国
主君 特になし
死因 不明

◇伊賀に勢力を大きくした悪党育ち

伊賀国阿拝郡を本貫とする鎌倉幕府の御家人。服部郷を本拠としたため、服部を名乗った。

1300年（正安2）ころから、東大寺が伊賀国内に所有していた荘園（名張郡黒田荘）では悪党が蜂起するようになった。東大寺は六波羅探題に対して鎮圧を要請し、六波羅探題は鎮圧隊を派遣したが、悪党を取り締まることはできなかった。そのため、東大寺から再要請された六波羅探題は、1327年（嘉暦2）、伊賀の守護代・平常茂と、伊賀随一の勢力をほこっていた服部持法に討伐を命じた。

しかし、持法らは、逆に悪党らと結ん

で、取り締まりをしたふりをして幕府には討伐したとウソの報告をした。その後も幕府からは何度も討伐の命が下されたが、そのたびに持法は不徹底な取り締まりに終始し、伊賀における影響力を拡大していった。1333年（元弘3）に鎌倉幕府が滅亡すると持法は、鞆田荘・玉滝荘・湯船荘など東大寺が所有する北伊賀の荘園を次々に侵略していった。

室町幕府から伊賀の守護に補任された仁木義長も、持法の悪党行為を取り締まったが、持法は伊賀国内の河合党や柘植党らの悪党とも結んで勢力を拡大したため、義長の鎮圧も徹底できなかった。

しかし、持法らは守護の仁木家とは共存し、1346年（興国7・貞和2）には伊賀安国寺の寺領保護を命じられている。

持法のその後の消息は不明だが、服部家の勢力は室町時代を通して保たれ、守護の仁木家が滅んだあとは、服部家を中心にした国人たちが一揆を結成して伊賀一国を支配した。

佐藤元清

さとう・もときよ

生没年 不詳
出身 伊勢国
主君 足利尊氏→足利義詮
死因 不明

❖観応の擾乱で直義派の諸将を撃破

　伊勢の国人・佐藤家出身の南北朝時代の武将。佐藤家は奥州藤原氏の末裔とされる。

　1349年（正平4・貞和5）、足利尊氏の弟・足利直義と、幕府執事の高師直との対立が顕在化し、師直が直義派を一掃して実権を握った。しかし、翌年、南朝に帰順した直義が尊氏に反旗を翻し、観応の擾乱が勃発した。

　元清は尊氏方につき、信濃の守護家・小笠原為経の軍勢に加担して信濃に入った。

　1351年（正平6・観応2）、尊氏は小笠原ら信濃軍に対して、直義軍の信濃国入りを阻止するように命じた。元清は、高梨経頼・武田文元ら信濃の国人とともに筑摩方面へ出陣し、直義方の諏訪家・香坂家・禰津家らと戦った。

　小県郡中尾の戦いでは、元清は2000余騎を率いた禰津行貞と対峙して奮戦し、これを退ける軍功を挙げた。

　1352年（正平7・文和1）には、元清は駿河に進軍し、直義方の吉良家の代官・富長家と戦った。

　同年に直義が死去すると、元清は伊勢に呼び戻され、伊勢の守護・仁木義長の配下に入った。

　元清は、今度は南朝方と戦い、伊勢を転戦して各地で軍功を挙げ、近江の領地を与えられ、さらに摂津の橘御園の代官職を与えられたという。

長野藤継

ながの・ふじつぐ

生没年 1449年（宝徳1）〜1486年（文明18）
出身 伊勢国
主君 特になし
死因 不明

❖応仁の乱で西軍に与し北畠家と対立

　長野家は源平合戦の折に平家残党を討伐するために伊勢に派遣され、戦功によって同地の地頭となって土着した一族である。

　鎌倉幕府が滅び、南朝と室町幕府との対立がはじまると、長野家は幕府方として活動し、伊勢国司として南伊勢に勢力を張っていた南朝方の北畠家と対立した。伊勢は、仁木家、細川家、土岐家が代わる代わる守護となっていて、守護家が定着せず、国人層の勢力が強い地域であり、長野家も守護家の被官ではない独立した国人勢力だった。

　1467年（応仁1）、将軍継嗣問題や畠山家の内訌などが絡み合い、応仁の乱という大規模な戦乱が勃発した。藤継は、当時の伊勢の守護・一色義直とともに山名宗全率いる西軍に加担し、細川勝元率いる東軍に与した伊勢国司・北畠教具と対立し、北畠領である桑名まで侵攻した。同年、東軍方の土岐政康が伊勢の守護に補任され、土岐軍が伊勢に侵攻してくると、政康とも対立するようになり、伊勢国内は騒然とした。1471年（文明3）、教具の死後に家督を継いだ北畠政郷が西軍に寝返ったが、藤継と政郷の対立は続き、藤継は美濃の守護・土岐成頼と結んでこれに対抗し、北畠軍の侵攻を食い止めることに成功した。1480年（文明12）には政郷と和睦して、藤継の領土支配はようやく安定した。

朽木経氏

くつき・つねうじ

生没年 不詳
出身 近江国
主君 足利尊氏→足利義詮
死因 不明

◇ 尊氏も認めた近江の独立勢力

朽木家は、近江源氏佐々木家（京極家）の庶流で、鎌倉時代前半ころに近江国朽木荘を与えられて土着した。

1333年（元弘3）に後醍醐天皇に続いて足利尊氏が鎌倉幕府倒幕の兵を挙げ、六波羅探題が陥落すると、経氏は幕府を見限って建武の新政方に帰順した。

しかし、建武政権下では優遇どころか冷遇された。そのため、1335年（建武2）に尊氏が後醍醐天皇に背いたときには、迷わず尊氏にしたがい、入京して三条河原付近で新田義貞軍と戦った。

洛中での戦いに敗れた尊氏は京を出奔して播磨まで逃走したが、経氏は播磨まで尊氏に随行している。

1338年（延元3・建武5）、尊氏は、南朝勢力の本拠地である吉野攻めを計画し、討伐軍の大将として佐々木道誉を派遣した。このとき道誉は、一門である経氏にも出陣を要請した。経氏は、湖西の高島郡に割拠していた同族の高島七頭（高島家・朽木家・平井家・横山家・永田家・田中家・山崎家）にも参集を呼びかけ、南朝軍の拠点である吉野を攻めると、その後に新田義貞が拠っていた越前金ヶ崎城を包囲した。

こうした戦功が尊氏に認められ、1345年（興国6・貞和1）には天龍寺の落慶供養に三番隊将軍後陣として参列した。

1352年（正平7・観応3）には、尊氏の名代として京を守っていた足利義詮から御教書を与えられ、義詮の信頼も勝ち取っていたこともわかる。

近江国は1335年（建武2）以降、朽木家と同族である六角家と京極家が守護に任命されたが、朽木家を含む高島七頭は守護支配には組み込まれず、独立した勢力として認められるようになった。

朽木貞高

くつき・さだたか

生没年 不詳
出身 近江国
主君 足利義政→足利義尚
死因 不明

◇ 若狭の主導権争いにたびたび出陣

室町時代中期の近江の国人で、朽木時綱の子。室町幕府に仕えた。

1441年（嘉吉1）、その前年に将軍・足利義教によって誅殺された一色義貫の残党が、旧国の若狭で幕府に反抗的な行動に出たため、管領の細川持之は討伐を決め、貞高は侍所頭人の京極持清の命を受けて出陣した。

その後も若狭では、旧領主の一色家と、新領主の若狭武田家との対立がやまず、貞高はそのたびに出陣を命じられ、1446年（文安3）と1454年（享徳3）にも若狭方面へ出陣した。

1467年（応仁1）に応仁の乱が勃発すると、貞高は細川勝元率いる東軍に属したが、その詳細は知られていない。

1487年（長享1）、応仁の乱が終わったあと、近江の守護・六角高頼が勢力拡大を期して、近江国内の寺社領や公家領を横領していった。寺社や公家の嘆願を受けた将軍・足利義尚は、六角高頼を討伐するために自ら出陣し、貞高もその軍勢にしたがった。

出陣した貞高は近江に入り、高頼が北

第6章 近畿地方の氏族／近畿地方の武将

469

国街道を封鎖するために築いた高島郡河上城を攻撃した。

河上城の戦いで貞高が戦果を挙げたかどうかは定かではなく、その後、貞高は史料上から消えた。

伊庭貞隆

いば・さだたか

生没年	不詳
出身	不明
主君	六角高頼
死因	不明

◇応仁の乱で東軍に与した近江の守護代

伊庭家は近江源氏佐々木家の一族で、鎌倉時代から近江国蒲生郡伊庭郷に土着した。室町時代に入って佐々木六角家が南近江の守護を世襲するようになると、一族として重臣の座に収まり、蒲生家・嵯峨家・馬淵家などとともに守護代に任ぜられるようになった。

貞隆は南近江の守護代を務めた伊庭満隆の子である。父の満隆は、家督争いのために弱体化した当主の六角家を立て直し、他の守護代家をしのぐ力をつけた。

ところが1460年（長禄4）、満隆の勢力拡大に不安を覚えた時の当主・六角政堯が、満隆を殺害してしまった。貞隆は幼少だったのか、一族の伊庭行隆が後を継いだ。

1467年（応仁1）に応仁の乱が勃発すると、六角家は細川勝元率いる西軍に属し、貞隆は行隆とともに当主・六角高頼の留守居役として六角家の居城の観音寺城を守った。しかし、東軍方の京極持清に攻められ、翌年に観音寺城は落城し行隆は討ち死にし、貞隆が伊庭家の当主となった。その後は近江に戻った高頼とともに、近江の京極家勢力を駆逐し、高頼の近江支配に尽力した。

◇主家六角高頼との争いに敗れて没落

1487年（長享1）、六角家の勢力拡大に危機感をもった将軍・足利義尚が六角討伐を決め、貞隆は六角家重臣の山内政綱とともにこれを迎撃した。1491年（延徳3）に山内政綱が戦死すると、貞隆の権力はますます増大し、近江国内では高頼と肩を並べるほどになった。

このような事態を高頼が黙視するわけもなく、1502年（文亀2）、高頼は貞隆討伐の兵を挙げた。

貞隆はいったん琵琶湖西岸に逃げたが、管領の細川政元の後援を受けて反撃に転じた。貞隆は、高頼方の青地城・永原城など諸城を攻略し、高頼の居城・観音寺城を攻め、高頼を追放し、高頼は家臣の蒲生貞秀の音羽城に逃げ落ちた。

1507年（永正4）、細川政元の後継をめぐって京で争いが起こり、政元が殺害された。翌年、政元に追放されていた前将軍の足利義材が周防の大内家の援助を受けて京に復帰し、現職の将軍・足利義澄は京を出奔し、近江の支配者となっていた貞隆のもとに逃げてきた。

この京の混乱に際し、義材派の高頼が近江奪回を図り、再び貞隆と高頼の争いがはじまった。

1511年（永正8）、水茎岡山城にいた義澄が死去し、翌月には水茎岡山城主・九里備前守が討たれ、貞隆は劣勢に陥った。貞隆は1514年（永正11）に北近江に出奔し、江北で勢力を広げつつあった浅井亮政のもとに逃亡した。

貞隆と高頼の争いはその後、6年あまりも続き、1520年（永正17）、ついに水茎岡山城が陥落し、近江内乱は貞隆の敗北に終わった。貞隆は子の貞説とともに没落した。

松永久秀

まつなが・ひさひで

生没年	1510年（永正7）～1577年（天正5）
出身	不明
主君	三好長慶→三好義継→織田信長
死因	自害

◇将軍を暗殺し旧勢力の排除を目論む

松永家の出自は不明で、久秀の前半生も詳細は不明である。久秀が史料上に現れるのは、1542年（天文11）に三好長慶の武将として山城南部に進駐したときである。このとき久秀は30歳前後だったといわれる。

久秀が台頭するのは、長慶が13代将軍・足利義輝を追放して京都を支配しはじめる1549年（天文18）頃からである。長慶の部下として実績を積み上げた久秀は、三好家内で出世を重ねて、1556年（弘治2）に摂津滝山城を与えられて城持ち大名の仲間入りを果たした。

1564年（永禄7）に長慶が死去すると、三好三人衆とともに、三好家を継いだ義継を支えたが、この時点で、すでに主家をしのぐほどの実力者となっていた。

翌年には、義輝の居館・京都二条御所に攻め寄せて義輝を攻め滅ぼし、畿内の平定を目論んだ。しかし、それは三好三人衆との確執を生み、また1567年（永禄10）に東大寺大仏殿を炎上させて国内国人の離反を招き、さらに久秀とともに各戦場に戦ってきた実弟の長頼が戦死してしまい劣勢を強いられ続けた。

1568年（永禄11）に東海地方を制圧した織田信長が上洛してくると、久秀は信長に臣従の意を表して劣勢を挽回するが、15代将軍・足利義昭による信長包囲網が形成されてくると、今度はそちらになびいて信長から離反した。1572年（元亀3）に信長の大軍に攻められ、いったんは降伏するが、1577年（天正5）に再び信長に対して兵を挙げた。これは、大和を筒井順慶に、丹波を明智光秀に与えた信長に対する反発だったとされる。

久秀は、越後の上杉謙信の上洛に一縷の望みを託していたようだが、謙信は動かず、進退窮まった久秀は居城の信貴山城で自害した。

高間行秀

たかま・ゆきひで

生没年	不詳
出身	不明
主君	護良親王
死因	不明

◇『太平記』から消された倒幕の功臣

鎌倉時代末期から南北朝時代にかけての武将。大和出身で、金剛山付近の高天郷を拠点としたといわれる。

1331年（元弘1）、笠置山に拠った後醍醐天皇が挙兵し、比叡山の護良親王が倒幕の令旨を発すると、行秀は弟の高間快全とともに護良親王に呼応して兵を挙げた。後醍醐天皇が捕らわれると、護良親王とともに潜伏し、1333年（元弘3）に再び後醍醐天皇が倒幕の挙兵を起こすと、行秀も大和で挙兵した。菜山の戦い、石黒坂の戦いで幕府軍に勝利すると、吉野に拠っていた護良親王と合流し、二階堂道蘊率いる幕府軍と対峙した。しかし、幕府軍に圧倒されて吉野は陥落し、行秀は部下2人を失いながら奮戦し、親王の脱出を助けた。

吉野を脱出した行秀は山城方面へ進軍し、その後は大和興福寺攻撃に加わり戦功を挙げた。その後も護良親王軍として転戦し、河内千早城で戦う楠木正成を後方支援し、足利尊氏軍による六波羅探題

攻めにも加わったという。

護良親王のもとで各地を転戦し、鎌倉幕府滅亡にも貢献した行秀だったが、その後の行方はわからず、『太平記』にも登場しない。

玉井西阿

たまい・せいあ

生没年 ？～1348年（正平3・貞和4）
出身 不明
主君 後醍醐天皇→後村上天皇
死因 戦死

◇ **劣勢の南朝を支えた南朝の忠臣**

南北朝時代の武将。

1336年（延元1・建武3）、九州に逃れていた足利尊氏が再挙して摂津に上陸し、湊川で楠木正成を討ち取り、入京を果たした。在京していた後醍醐天皇は比叡山に逃れたが、尊氏と和睦していったん京に帰った。

しかし、後醍醐天皇は比叡山から下りる際に、尊良親王と恒良親王を新田義貞に託して越前へ向かわせ、自身も同年12月に京を出奔して大和吉野に入って南朝を開いた。

このとき西阿は、楠木正行とともに後醍醐天皇の供奉の列に加わった。

西阿は南朝方の武将として、大和戎重城を拠点として幕府軍と戦った。さらに西阿は、周辺に安房城・石原田城を築城し、その後詰めとして外鎌山城、赤尾城、外山城を築いて南朝の朝廷が置かれる吉野の防備を固めた。

しかし、1339年（延元4・暦応2）に後醍醐天皇が崩御すると幕府軍の攻勢は激しくなり、1341年（興国2・暦応4）、幕府軍の攻撃を受けて戎重城は落城した。西阿はからくも脱出して戸賀間城に逃れたが、このとき西阿の嫡男・木工助は捕

らえられて処刑され、六条河原に梟首された。

その後も幕府軍の追撃の勢いはとまらず、安房城・赤尾城を攻略され、戸賀間城も落城した。

西阿はその後も南朝方として活動し、1348年（正平3・貞和4）の四條畷の戦いで討ち取られたという。

越智維道

おち・これみち

生没年 ？～1439年（永享11）
出身 大和国
主君 大覚寺義昭
死因 不明

◇ **筒井家との対立を制して大和を掌握**

大和の国人。興福寺一乗院の国衆で、南大和で勢力をもった。

南北朝の動乱期、南朝の朝廷が大和吉野にあったことから、大和国内は南朝と北朝の対立が激しかった。なかでも越智家は、楠木家とともに南朝方の主力として活動し、北朝方の有力国人・筒井家と対立していた。

南北朝の対立は1392年（明徳3）に終焉し、興福寺が大和の守護の代わりとして統治したが、越智家と筒井家の対立の構図はその後も続いた。

1429年（永享1）、大乗院の豊田家と一乗院の井戸家が領地をめぐって対立すると、維道は箸尾家・万歳家らとともに豊田家を支持し、井戸派の筒井家・十市家らと対立し、さらに国内の国人たちも両派に分裂して、ついに武力闘争へ発展した。豊田派の代表格となった維道は、隣国河内の守護・畠山満家を仲間に引き入れて筒井軍を攻撃した。対する筒井家は管領の細川持之の支援を受けて逆襲し、畠山家と細川家という幕府の領袖が介入

したことで、大和の戦乱は長期化することになった。

1434年（永享6）、満家の援軍を得た維道は、筒井城を攻めて筒井順覚を敗死させ、筒井家はいったん没落した。

◇ 賊軍にされて無念の自害

しかし、将軍の足利義教は、旧南朝方である越智家の勢力拡大を喜ばず、筒井家を支援したため、反幕勢力となってしまった維道方からは離脱する国人が続出し、1435年（永享7）、維道は幕府軍の後ろ盾を得た筒井軍に敗れ、吉野山中へ没落した。

1438年（永享10）、将軍・義教の弟である大覚寺義昭が、謀反の疑いをかけられて京を出奔し、吉野の維道のもとへ逃れてきた。

維道は箸尾家らの国人を糾合して吉野を出て多武峰を根拠として、義昭を奉じて挙兵した。これに対して義教は、一色義貫を大将にした討伐軍を派遣した。

しかし、その頃関東では、鎌倉公方・足利持氏と関東管領・上杉憲実の対立が頂点に達し、持氏が憲実討伐の兵を挙げた。もともと幕府に反抗的だった持氏の挙兵は、幕府にとっては見過ごせず、また持氏と義昭が通じているという風聞もあったため、幕府は持氏討伐を決めて、朝廷から綸旨をもらって軍を発した。そのため、大和の乱に対する幕府の対応は後手にまわり、一色軍を相手に惟道はゲリラ戦などを駆使して奮戦した。

しかし、同年11月に持氏が捕らえられると、維道・義昭の反乱に対する幕府軍の攻撃は本格化し、1439年（永享11）、多武峰を包囲された維道は敗れた。維道は、捕らえられて殺害されたとも、自害したともいわれる。

越智家栄

おち・いえひで

生没年 不詳
出身 不明
主君 畠山持国→畠山義就→細川政元
死因 不明

◇ 15年ぶりの神璽奪回に尽力

大和の国人。1440年代に越智家の家督を継いだとされる。

1456年（康正2）、赤松家の旧臣30人ほどが、家栄の支配地域である大和国宇智郡に集まった。赤松家は、1441年（嘉吉1）に当主の満祐父子が将軍・足利義教を殺害したために討伐され、赤松家は断絶にこそならなかったものの、旧領はすべて取り上げられ、この頃は没落していた。しかし、赤松家は室町幕府創設の功臣の家であり、多くの家臣を擁しており、彼らの多くが浪人となって困窮していた。そこで、赤松家の旧臣たちは赤松家の再興をめざし、公家の三条実量に接近して、幕府と朝廷に願い出た。そして、1443年（嘉吉3）に旧南朝に奪われていた三種の神器のひとつ、神璽を取り戻すことを条件に、家の再興を許されていた。このとき赤松家の旧臣が宇智郡に集まったのは、神璽奪還のための打ち合わせだった。

そして翌年12月、家栄は赤松家旧臣とともに吉野に潜入し、旧南朝の皇胤・一宮と二宮を襲い、吉野川流域へ追い詰めて2人を殺害した。しかし、神璽は吉野の郷民に持ち去られてしまった。そこで1458年（長禄2）3月、家栄の与同である小川弘光が宮の母の在所へ押し入って、ついに神璽を奪った。神璽を手に入れた弘光は、ひとまず家栄の在所に戻り、同年8月30日、神璽は15年ぶりに朝廷のも

とに戻ったのである。

◇応仁の乱を挟んで筒井家と対立

　家栄の頃の大和は、興福寺衆徒の筒井家、古市家、十市家などの国人が国内の覇権をめぐって争っていた。さらに河内の守護・畠山家が大和の内乱に介入してきた。やがて畠山家の家督をめぐって畠山政長と畠山義就が争うと、大和国内も両派に分裂して争うようになった。家栄は古市家とともに義就派につき、政長派の筒井家・十市家・箸尾家らと対立した。1467年（応仁1）に応仁の乱が勃発すると、両派の対立は激化し、家栄は娘婿である古市澄胤・畠山義就らとともに筒井家らの勢力を大和から追放した。

　1493年（明応2）には、長年の宿敵であった畠山政長を自害に追い込み、同年の細川政元のクーデター（明応の政変）にも参画して上洛を果たして幕政にも関与するようになった。

　しかし、1495年（明応4）に政長の遺児・畠山尚順が軍勢を整えて大和に侵攻し、在京していた家栄は大和へ出陣するが、尚順に加担した筒井家の攻撃を受けて敗北して吉野へ遁走した。その後も筒井家との対立は続き、吉野を出て高取城を奪還するなど、大和支配をめぐって合戦を続けたが、筒井家との争いのなかで死去した。没年は不明だが、一説には1500年（明応9）ともいわれる。

古市澄胤

ふるいち・ちょういん

生没年	1452年（享徳1）～1508年（永正5）
出身	大和国
主君	細川政元
死因	戦死

◇応仁の乱と山城国一揆

　古市家は興福寺衆徒として興福寺に仕えていた国人で、室町時代になって武士化した。澄胤は、居城の古市城で生まれている。1465年（寛正6）、澄胤は興福寺発心院で出家して倫観房澄胤と称した。「澄胤」は「すみたね」ではなく「ちょういん」と読むのが正式である。

　1467年（応仁1）に応仁の乱が勃発すると、兄で当主の古市胤栄は、大和国内で対立する筒井家が東軍方についたため、西軍に加担して活動した。

　1475年（文明7）、春日社頭の戦いで兄・胤栄が筒井・十市軍に敗北すると、澄胤は発心院を退去して兄の胤栄から家督を譲られた。

　古市家の当主となった澄胤は、南大和の越智家栄の娘を室に迎えて越智氏と結び、筒井家や十市家ら北大和の国人たちを圧倒した。1478年（文明10）には官符職を筒井家から奪い取ることに成功し、大和奈良から山城南部にわたる大勢力となり、越智家とともに大和を代表する有力国人となった。

　1477年（文明9）に応仁の乱は終結したが、畠山政長と畠山義就による家督争いは続き、両者は山城南部や大和を中心に戦いを続けていた。山城国内は打ち続く戦乱のために疲弊し、1485年（文明17）、山城の国人たちは畠山軍の撤退を求めて蜂起して両軍を撤退させ、南山城の2郡の自治支配に乗り出した（山城の国一揆）。国一揆は、翌年に山城守護に任命された伊勢貞陸の支配も拒み、細川家の被官・安富元家を奉行として、これに対抗した。しかし、国一揆は奉行・安富派と守護・伊勢派に分裂してしまい弱体化した。そこに、管領・細川政元の家臣である上原元秀の命を受けた澄胤が、大和から山城南部に乱入し、安富元家を攻め滅ぼした。

しかし、安富派の国一揆衆はあくまで伊勢貞陸の支配を拒否し、稲八妻城に拠って抵抗を続けた。そこで上原元秀は再び澄胤を呼び寄せ、澄胤に南山城2郡の知行権を与えることを約束して、出陣を命じた。

1493年（明応2）9月、兵を率いて大和から山城に入った澄胤は、国一揆数百人が籠もる稲八妻城を攻めた。国一揆側は籠城して戦ったが、約1週間後、澄胤が城を落とした。

これにより山城の国一揆は崩壊し、澄胤は南山城2郡を手に入れた。戦後、澄胤は山城の守護代に任ぜられた。

◇ 勢力挽回を期して細川家と通じる

やがて越智家栄と対立するようになり、そこに畠山尚順と結んだ筒井家が勢力を盛り返して攻め込んできた。1497年（明応6）に越智家栄は筒井軍のために吉野に没落し、同年、澄胤も白豪寺の戦いで筒井軍に敗れて伊賀に出奔した。

白豪寺の戦いでの敗戦は、一族の吉田家や見覚院らの離反を招き、澄胤の大和における立場は急速に悪くなっていった。1499年（明応8）には、細川政元の家臣・赤沢朝経が大和へ侵攻してくると、澄胤は勢力挽回を期して朝経に通じて、朝経の大和在陣に協力した。そのため、大和の国人たちは、ますます澄胤を遠ざけるようになり、同年に大和国人たちの間で和睦の動きが出たときも、澄胤だけははずされてしまった。

1505年（永正2）、細川政元と対立する畠山尚順が大和に逃げこむと、政元は尚順をかくまったとして、再び赤沢朝経を大和に派遣した。筒井家・箸尾家・越智家・十市家らは結束して赤沢軍にあたったが、澄胤は赤沢方に加勢して大和の国人と戦った。

その後も大和の国人たちとは距離を置き、細川政元にしたがって戦い、1508年（永正5）、赤沢長経（朝経の養子）とともに河内に出陣し、畠山尚順の河内高屋城を攻めた。しかし、長経軍は尚順軍に迎撃されて敗北し、澄胤は帰国の途中で斬られたという。

十市遠清

といち・とおきよ

生没年 ？〜1495年（明応4）
出身 大和国
主君 畠山持国→細川勝元
死因 病死

◇ 大和の騒乱で中立を保つ

大和国国人で、十市遠栄の子。1440年（永享12）、父の遠栄が大和永享の乱の戦いのなかで自害した。このとき将軍の足利義教は遠清がまだ幼かったことを理由に遠清の家督相続を認めず、十市家はいったん断絶してしまった。

1442年（嘉吉2）、その前年に義教が死去したこともあり、管領・畠山持国のとりなしで遠清が家督を継ぎ、改めて十市家を再興した。

当時の大和国には守護大名がおらず、興福寺が守護の役割を担っていた。しかし、このころになると興福寺の支配力も弱まり、大和国内には十市家をはじめ筒井家、越智家ら国人が勢力争いを繰り広げていた。遠清も成長してから大和式上郡一帯を勢力下におき、父の支配権を取り戻すなど、大和の有力国人に成長した。

1460年代に入って管領・畠山家で家督をめぐって畠山義就と畠山弥三郎・政長父子が対立をはじめた。畠山家は大和の隣国・河内の守護であり、大和の争乱にも介入していたため、大和の国人も二派に分かれ、越智家が義就派に、筒井家

第6章　近畿地方の氏族／近畿地方の武将

が弥三郎派についた。しかし、遠清は中立を保ち、1466年（文正1）には筒井順永と越智家栄との和解に尽力し、いったんは大和国人同士の争いを終結に導くことに成功した。

しかし、畠山家の内訌は収まらず、1467年（応仁1）に応仁の乱が勃発すると、大和国内も再び戦乱状態に陥った。

遠清は応仁の乱では、筒井家らとともに細川勝元率いる東軍に属したが、このときも遠清は積極的に乱に加担することはなかった。

しかし、乱が長引くと、大和にも乱は波及し、遠清も争乱に巻き込まれ、1475年（文明7）に河内へ侵攻してきた西軍の大内政弘と戦い、大内方の古市・越智連合軍を打ち破った。だが、西軍の勢いは強く、遠清は吐田家との戦いに敗れ、さらに子の遠為が西軍に鞍替えしてしまった。遠清は遠為討伐のために出陣したが、1479年（文明11）、河内に侵攻してきた畠山義就軍に返り討ちにあい、所領も越智家栄に奪い取られて没落した。

その後も遠清は、嫡男の遠相とともに所領の回復を狙って越智家と戦い、越智家の大和支配に反対する細川勝元・畠山政長を味方につけたが、越智家栄・古市澄胤・畠山義就の連合軍に敗れ、所領を回復できないまま1495年（明応4）に死去した。

箸尾宗信

はしお・むねのぶ

生没年 ?～1467年（応仁1）
出身 大和国
主君 畠山政長
死因 病死

◇大和の戦乱で越智家を破る

大和国の国人。箸尾家は南北朝時代には南朝方として戦い、大和国内では越智家とともに北朝方の筒井家と対立していた。やがて南北朝の合一が成立したが、大和国内の対立は収まらなかった。

1429年（正長2）に大和永享の乱と呼ばれる戦いが大和で勃発し、箸尾家は越智家と結んで筒井家と抗争を繰り広げ、両軍の対立は長年にわたったが、将軍・足利義教が大和内乱に介入し、1440年（永享12）、箸尾家方の敗北に終わり、箸尾家は没落した。

しかし1441年（嘉吉1）、将軍・足利義教が赤松満祐に弑逆されると復興し、1443年（嘉吉3）、宗信は当主の箸尾春代を殺害し、箸尾家当主となった。

当主となった宗信は、これまで対立していた筒井家と結び、越智家と対立するようになった。だが、筒井家は家督争いから弱体化し、この機に乗じて越智家や古市家が筒井家と対立を再燃させ、大和国内では再び戦乱がはじまった。

さらに隣国河内の守護・畠山家における内訌が大和にも波及し、宗信は筒井家とともに畠山政長を支持し、越智党は畠山義就を支持した。1457年（康正3）、宗信の所領であった大和長川荘が幕府の直轄領とされ、越智党が宗信の所領を横領しはじめた。宗信は管領の細川勝元に働きかけて所領回復の御教書を受け取り、また勝元から軍勢ももらって越智党を破り、所領を回復した。

その後も宗信は筒井家とともに政長を支援しながら、義就派の越智党と対立し、大和国内は二派に分裂して争った。

1467年（応仁1）、義就との政争に敗れた政長が幕府を出奔して京の御霊神社で挙兵した。宗信も政長軍として御霊神社に出陣したが、政長軍は義就軍に敗れ、宗信はその直後に死去した。

淡輪助重

たんのわ・すけしげ

生没年 不詳
出身 不明
主君 足利尊氏→足利直義
死因 不明

◇ 観応の擾乱で南朝に降る

　淡輪家は、和泉国淡輪荘の荘官で、鎌倉時代末期には検断権を得て在地領主化した。1333年（元弘3）、後醍醐天皇と鎌倉幕府の対立がついに武力衝突へ発展すると、助重の父・淡輪重氏は丹波で挙兵した足利尊氏のもとに駆けつけて参陣し、六波羅探題攻めに加わった。このとき助重の名は史料上に見えないが、従軍したと考えられている。

　1336年（建武3）に尊氏が後醍醐天皇と袂を分かって京に攻め寄せてくると、助重のもとには足利方と天皇方の双方からの誘いがあったが、助重は父・重氏とともに尊氏方についた。

　その後は和泉南部の南朝勢力と戦い、同年10月には南朝方の岸和田家を八木城に攻めて、これを破った。

　翌1337年（延元2・建武4）には、和泉の守護に補任された細川顕氏にしたがって横山城の戦いに参戦し、さらに壺井の戦いと河内天野の戦いにも従軍して楠木党を撃破し、戦功を挙げた。

　1348年（正平3・貞和4）、助重は新たに和泉守護となった高師泰にしたがって和泉国内を転戦し、南朝勢力を各個撃破していった。翌年には河内にも転戦した。このころには、和泉の北朝方の拠点である井山城の城代にもなっている。

　しかし、助重は1351年（正平6・観応2）、観応の擾乱にともなう尊氏・直義の対立のなかで直義派となって南朝に降り、田代了賢が守る井山城を攻めた。

　その後は、幕府方に残った叔父の重継の系統が淡輪家を発展させていく。

和田正遠

わだ・まさとお

生没年 不詳
出身 不明
主君 後醍醐天皇
死因 不明

◇ 湊川で戦死した楠木一族

　楠木正成の一族で、一説には正成の甥ともいわれる。1331年（元弘1）に楠木正成が護良親王の令旨を受けて、反幕府の兵を挙げたとき、正遠も正成とともに河内赤坂で挙兵した。

　後醍醐天皇が捕らえられて隠岐に流され、護良親王も吉野を捨てて各地を流浪する間も、親王と連絡を取り合いながら、正遠は正成以下の楠木党とともに河内でゲリラ的に散発挙兵し、幕府軍を悩ませた。1333年（元弘3）に後醍醐天皇が再挙して兵を挙げると、河内各地で幕府軍を破り、建武の新政がはじまると武者所五番に詰めた。

　その後は正成とともに、一貫して後醍醐天皇方として活動した。1336年（延元1・建武3）、後醍醐天皇に背いた足利尊氏が鎌倉から西上して入京すると、新田義貞や北畠顕家とともに尊氏軍と戦い、尊氏を九州へ没落させた。

　しかし、九州で態勢を整えた尊氏は、同年中に再挙して海路と陸路に分かれて東上して、尊氏軍は摂津に上陸した。正遠は正成とともに出陣して、尊氏軍を迎撃したが、朝廷の戦術の甘さもあって湊川の戦いで大敗し、その戦のなかで戦死したという。

和田正忠

わだ・まさただ

生没年 ？～1352年（正平7・文和1）
出身 不明
主君 後醍醐天皇→後村上天皇
死因 病死

◇観応の擾乱の隙をついて京を制圧

　楠木正季の子とされる。楠木正成は叔父にあたる。

　1336年（延元1・建武3）に、父・正季が湊川の戦いで自害したころに生まれたとされる。父の死後は、楠木一族のもとで育てられ、長じて正成の子・正儀（正忠にとっては従兄弟にあたる）とともに、南朝軍の主力として幕府軍と戦った。

　1352年（正平7・文和1）、足利尊氏と足利直義が対立すると、尊氏は直義追討に専念するために南朝と和睦を図った。南朝側は尊氏の和睦を受け入れたが、これを機会に京の制圧をもくろんだ。正忠は、尊氏が鎌倉へ出陣した隙をついて、正儀とともに桂川を北上して京をめざした。

　正儀・正忠軍は、その途上で南下してきた細川顕氏軍を破り、入京すると六条辺で細川頼春軍を一蹴して、京を守っていた足利義詮らを近江へ追いやった。

　その後、正忠は男山八幡まで来ていた後村上天皇の守備隊として男山へ戻った。しかし、義詮がすぐに再挙して上洛すると南朝軍は京から遁走し、正忠は正儀とともに出陣したが、淀川河口の戦いで赤松光範軍に敗れて撤退した。

　正忠は本拠地の河内東条へ逃げ帰ったが、直後に病を発し、そのまま死去したという。

和田正武

わだ・まさたけ

生没年 不詳
出身 不明
主君 後醍醐天皇→後村上天皇→長慶天皇
死因 不明

◇幕府軍と戦い続けた南朝の武力の要

　和田正遠の子とされるが、異説もある。楠木正成の子・正儀とともに南朝方の武将として活動した。

　1353年（正平8・文和2）、正武は河内東条を出陣し、正儀とともに渡辺橋の戦いで赤松満貞軍を破り、山城の男山八幡まで進出した。

　男山八幡で、足利直冬党の吉良満貞と石塔頼房と合流した正武・正儀軍は、そこから京に攻め入り、京の足利義詮を美濃まで追いやり、京を制圧することに成功した。しかし、義詮はすぐに再挙し、約20日後には京を奪回した。

　1359年（正平14・延文4）、新将軍となった義詮が南朝勢力の制圧をもくろんで、鎌倉府の執事だった畠山国清が関東の大軍を率いて上洛し、伊勢など5カ国の守護を兼任していた幕府の有力者・仁木義長とともに河内へ侵攻してきた。

　幕府軍の兵力は南朝勢力の倍以上を有し、河内の南朝勢力は撃破されていった。正武は正儀とともに河内東条城で幕府軍と対峙したが、1360年（正平15・延文5）には東条城を落とされて赤坂城へ移った。しかし、赤坂城も落城し、正武と正儀は金剛山の千早城に入って、なおも幕府軍に対抗した。

　そんな折、鎌倉で反国清派の武将たちが国清を弾劾しはじめたため、国清は急遽鎌倉へ帰国した。それにしたがって幕府軍も撤退したため、正武と正儀は旧領

を回復することができた。その後も、幕府軍との戦いは続き、1361年（正平16・康安1）には摂津の浄光寺を攻めて佐々木秀詮・氏詮軍を破り、1362年（正平17・康安2）には摂津守護代の箕浦定俊軍を打ち破るなど、勢力の衰退が著しい南朝軍にあって奮戦した。

1369年（正平24・応安2）、これまでともに行動してきた正儀が、幕府方に帰順してしまった。正儀は南朝のなかでは穏健派で、それまでも北朝との和睦を南朝朝廷に進言しており、後村上天皇の死後に後を継いだ長慶天皇が強硬派だったための寝返りだった。正武はこのとき、正儀と袂を分かって南朝軍にとどまった。

同年春、正武は長慶天皇の命を受けて、橋本正督とともに正儀が拠る東条城を攻撃。さらに翌年にも、正武は正儀の子・正勝とともに出陣して正儀と戦ったが、敗退した。

1371年（建徳2・応安4）、再び正武は正儀を攻めたが、幕府の援軍が到着して撤退。1378年（天授4・永和4）には和泉へ侵攻して土丸城を攻略したが、南朝軍の兵力では維持することはできず、正武は吉野へ戻った。

1382年（弘和2・永徳2）、細川頼之という後ろ盾を失った正儀が、南朝に再び降ってきたが、正武は、その頃に病没したとされる。

久下時重

くさか・ときしげ

生没年	不詳
出身	不明
主君	足利尊氏→足利義詮
死因	不明

❖尊氏に信頼されて丹波に勢力伸長

丹波の国人。久下家は源満仲系の清和源氏の末裔で、丹波栗作郷に土着した。

1333年（元弘3）、鎌倉幕府に反旗を翻した後醍醐天皇討伐のために上京してきた足利尊氏が、丹波の篠村で後醍醐天皇方に寝返った際、時重は200余騎を率いて真っ先に尊氏のもとに駆けつけて臣従を誓ったという。

その後は尊氏方の武将として転戦し、尊氏が建武の新政から離脱したときも尊氏にしたがった。

1336年（建武3）正月、尊氏は鎌倉から上洛して後醍醐天皇を比叡山に追って入京を果たしたが、新田義貞・北畠顕家の軍に敗れ、丹波へ撤退した。このとき時重は尊氏を領地へ迎え入れ、その後の尊氏の九州落ちの手助けをした。

1350年（正平5・観応1）に尊氏と足利直義が対立して観応の擾乱が勃発すると、時重は尊氏方についた。1351年（正平6・観応2）、尊氏が中国平定のために出陣すると、その隙をついた直義が南朝に降って挙兵した。京にとどまっていた尊氏の子・義詮は京を出奔したが、このとき時重は義詮をかくまい、その後、無事に義詮を京へ復帰させた。

こうした功績が認められ、時重は丹波に10カ所以上の所領をあてがわれ、荻野家と並ぶ丹波の有力国人へと成長した。

荻野朝忠

おぎの・ともただ

生没年	不詳
出身	不明
主君	足利尊氏→後醍醐天皇→足利尊氏
死因	不明

❖室町幕府開幕に貢献するも尊氏に反旗

室町時代の丹波の有力国人。荻野家は、鎌倉幕府創設の功臣・梶原景時の末裔とされ、承久の乱（1221年）後に丹波

第6章
近畿地方の氏族／近畿地方の武将

に下向し、有力な国人に成長した。

1333年（元弘3）、後醍醐天皇討伐のために上京した足利尊氏が、丹波篠村で幕府に反旗を翻し、諸国に軍事催促の下知をくだした。朝忠はこの催促に応じて尊氏のもとに赴き、六波羅探題攻めに参加した。1335年（建武2）に尊氏が後醍醐天皇に背くと、丹波の守護・仁木頼章とともに尊氏方として戦った。京の戦いで敗れた尊氏は丹波に逃れたが、このとき朝忠は頼章とともに尊氏を迎え、尊氏が九州に落ちた際には丹波にとどまり、丹波平定に尽力した。このころ、丹波の守護代に任ぜられた。

1336年（延元1・建武3）、尊氏が九州を出陣して再入京して、正式に朝廷が南北朝に分裂すると、新田一族の江田行義が丹波へ侵攻してきた。行義は丹波高山寺城を占領して頑強に抵抗し、朝忠は1339年（延元4・暦応2）まで3年がかりで、ようやく高山寺城を奪還した。

1343年（興国4・康永2）、朝忠は備前の児島高徳とはかって尊氏に反旗を翻し、高山寺城に立てこもった。

これに対し、幕府は山名時氏を丹波の守護に新任して朝忠の討伐に当たらせた。高山寺城は落城し、朝忠は時氏に降伏した。

その後は尊氏方に再び復帰し、丹波国内の南朝勢力との戦いを続け、1348年（正平3・貞和4）の四條畷の戦いには、高師直軍に従軍して、楠木正行軍と戦った。1350年（正平5・観応1）に足利尊氏と弟の足利直義が袂を分かって武力抗争をはじめた観応の擾乱では、尊氏方についた。

1353年（正平8・文和2）、観応の擾乱を機に幕府に背いていた山名時氏が、直義の養子・足利直冬に呼応して、楠木正

儀らとともに京に乱入して義詮を近江へ追いやった。このとき朝忠は、丹波の守護・高師詮（高師直の子）にしたがって、丹波の兵を糾合して山名時氏を追って山城に入国した。

しかし、時氏ら南朝軍はすでに京を制圧したあとで、幕府軍の多くは近江に退去してしまっていた。師詮軍は山城に孤立し、朝忠の弟が討ち死にするなど大敗を喫し、師詮も自害に追い込まれた。

かろうじて丹波に逃げ延びた朝忠は、中津川家ら丹波の国人とともに勢いづいた南朝勢力の掃討に尽力した。

内藤元貞

ないとう・もとさだ

生没年	？〜1480年（文明12）
出身	丹波国
主君	細川勝元→細川政元
死因	不明

◆応仁の乱では一貫して東軍として戦う

内藤家は藤原秀郷流を自称した丹波の土豪で、南北朝の内乱で足利尊氏方についたことで、丹波の有力国人に成長した。

元貞は管領家のひとつである細川家の被官で、1451年（宝徳3）、丹波の守護・細川勝元に出仕し、丹波の守護代に任ぜられた。

1467年（応仁1）に応仁の乱が勃発すると、細川勝元方の東軍に属して、おもに丹波で西軍と戦った。1468年（応仁2）9月、元貞は久下家・中沢家・荻野家ら丹波の国人を糾合して、西軍の背後をつこうと丹波を出陣し、洛中の嵯峨・仁和寺一帯に攻め寄せた。元貞率いる丹波勢は、斯波義廉・畠山義就・大内政弘といった西軍の主力と対戦し、天龍寺・臨川寺を焼き払うなど奮戦したが敗北して丹波に撤退した。

1470年（文明2）には再び山城に侵攻し、畠山義就が拠る勝竜寺城に攻め寄せ、近隣の村を焼き払ったが、勝負はつかずに丹波に戻った。

その後も丹波と山城を往復しながら、1477年（文明9）の応仁の乱の終結まで、一貫して東軍方として戦った。

しかし、細川勝元が死去すると、その後継となった細川政元と折り合いが悪くなり、1479年（文明11）、政元の家臣である一宮成宗が丹波に侵攻して元貞を急襲した。元貞は安富元家らとともに成宗を討ち滅ぼした。

その後は政元と和解して、1480年（文明12）に死去するまで丹波の守護代の地位にあった。

内藤国貞

ないとう・くにさだ

生没年 ?〜1553年（天文22）
出身 不明
主君 細川高国→細川晴元
死因 戦死

◇宗家細川家を離れ丹波の支配力強化

内藤貞正の子。丹波の守護・細川家の被官。1520年（永正17）ころに父・貞正から家督を受け継ぎ、丹波の守護代に任じられ、居城の八木城城主となった。細川家が家督をめぐる内訌や政権内での権力闘争に明け暮れていたため、丹波で力をもつようになった。

国貞ははじめ丹波守護・細川高国にしたがっていた。しかし、1526年（大永6）に高国が近臣の香西元盛を讒言によって殺害し、兄弟の波多野稙通・柳本賢治が高国に反して兵を挙げた。このとき国貞は、反乱軍の討伐軍に名を連ねていたが、途中で高国に背いて稙通に呼応して挙兵した。

その後は波多野家による福知山支配を黙認していたが、稙通の死後、その孫の秀治の時代になると、丹波守護になった細川晴元のもとに戻り、丹波の守護代にも復帰した。このころ八木城城主となって自立した。

晴元が家臣の三好長慶と対立すると、国貞は長慶側に立ち、1553年（天文22）、長慶の家臣・松永久秀とともに、晴元方の波多野晴通を攻めた。しかし、香西元成らの逆襲にあい、八木城に戻って籠城したが城は落城し、国貞も討ち取られた。

その後、内藤家は奥丹波をめぐって波多野家と、小畑城に入っていた内藤家の重臣・波々伯部伊勢守と争い、さらに若狭武田家や新興勢力・赤井家などとも争い、やがて勢力を衰退させていった。

波多野稙通

はたの・たねみち

生没年 ?〜1530年（享禄3）
出身 丹波国
主君 細川政元→細川高国→細川晴元
死因 自害

◇細川高国の政権樹立に貢献

丹波八上城を築城し、本城を根拠にした丹波の国人。父は細川元盛に仕えた波多野秀長で、香西元盛は弟にあたる。波多野家は丹波福知山の国人で、16世紀初頭には福知山地方一帯を支配していた。

稙通は父と同様、丹波の守護だった細川政元に仕えた。しかし、政元の家督をめぐって養子の澄之と澄元が争い、1507年（永正4）に政元と澄之が殺害されると、稙通は澄元方についた。その後、澄元と細川高国の対立が顕在化すると、丹波の守護代・内藤貞正らとともに澄元を見限って高国を支援し、高国政権樹立に

第6章 近畿地方の氏族／近畿地方の武将

貢献した。

高国の後ろ盾を得た稙通は丹波で勢力を拡大した。さらに稙通は弟の元盛を細川家の有力家臣の香西家に、賢治を大和の有力国人の柳本家に送り込み、将軍・足利義稙の信頼も得て評定衆にも列した。

1518年（永正15）、高国政権を軍事的に支えていた大内義興が帰国すると、没落していた澄元が再挙し、稙通は高国方として転戦した。1520年（永正17）、高国が澄元軍に敗れると、稙通はいったん丹波に帰国したが、翌年、高国が近江の六角定頼の支援を受けて上洛すると、稙通も出陣し、再び高国の京奪回を助けた。

しかし、弟の元盛が丹波守護・細川尹賢に阿波細川家との内通を高国に讒訴されたうえ、1526年（大永6）に誅殺されたことに激怒し、弟の丹波神尾山城主・柳本賢治とともに、阿波の守護・細川晴元と通じて同年、細川高国に反して挙兵した。晴元は、澄元の子であり、高国との対立は晴元の代にも持ち越されていたのである。

◇内藤家との勢力争いに敗北

稙通・賢治兄弟は丹波国内の国人を糾合したうえ、摂津・山城の国人や丹波守護代の八木城主・内藤国貞を味方につけた。しかし、塩見家や上林家など丹波北部方面の国人は高国方につき、丹波国内を二分する戦乱となった。

晴元と高国の戦いは晴元側の勝利で終わり、稙通は晴元政権の重臣として幕閣に入閣し、晴元側近の三好元長とともに晴元を支えることになった。

しかし、稙通の勢力の拡大は、丹波の守護代・内藤国貞との対立を生んだ。国貞は1530年（享禄3）、高国を擁立して挙兵した備前の浦上村宗と通じて、村宗に

稙通の弟・賢治を殺害させたため、稙通と国貞との対立は頂点に達した。

稙通は国貞・村宗軍を討伐するために摂津に進撃し、池田城に拠った。しかし、村宗軍に攻められて城は落城し、稙通は自害して果てた。

その後、稙通の後を継いだ秀忠によって国貞は没落し、波多野家は丹波を代表する戦国大名となった。

波多野秀忠

はたの・ひでただ

生没年	不詳
出身	丹波国
主君	細川高国→足利義稙
死因	不明

◇守護を圧倒する権勢を誇る

波多野稙通の子。1530年（享禄3）、父が池田城で自害したため、家督を継いだ。父の稙通は細川晴元政権樹立の立役者として晴元に重用されたが、稙通の死後、晴元は三好家を重用するようになったため、秀忠は晴元から離反した。1532年（天文1）、秀忠は、晴元と対立して討たれた細川高国の弟・細川晴国を擁立して、晴元に反して挙兵した。

翌年には晴元方の赤沢景盛を破って丹波母坪城を奪い取り、晴国方の主力として活躍したが、1534年（天文3）に一転して晴国を見限って晴元のもとへ参じ、許されて丹波の守護代に任ぜられた。

しかし、父の代からの宿敵である元守護代の内藤国貞との対立が再燃した。1538年（天文7）、晴元のもとを去った国貞が挙兵すると、秀忠は晴元の側近・三好政長とともに出陣して国貞の拠る八木城を攻め落として国貞を追放し、父の仇をとった。

秀忠は晴元政権のもとでしだいに勢力

482

を拡大させ、娘を摂津の守護代・三好長慶に嫁がせて三好家との関係を修復し、さらに丹波国内の国人たちとも友好関係を築いて、丹波随一の有力国人となった。その勢力は丹波のみならず摂津・山城・播磨にも及んだといい、公家の山科言継が秀忠のことを「丹州守護」と書き記すほどの権勢を誇った。

柳本賢治

やなぎもと・かたはる

生没年 ?～1530年（享禄3）
出身 丹波国
主君 細川高国→足利義維
死因 殺害

◇香西元盛の死を機に細川高国に反旗

波多野秀長の子。兄弟に波多野植通・香西元盛がいる。はじめ兄弟とともに細川高国の家臣として各地を転戦し、1524年（大永4）には細川澄元の残党を討つために和泉に侵攻した。

1526年（大永6）、細川一族で摂津の分郡守護を務めていた細川尹賢が細川高国に讒言して、賢治の弟の香西元盛を殺害するという事件が起こった。

賢治は、兄の丹波八上城主・波多野植通とともに高国に背き、同年、丹波神尾山城で挙兵した。賢治は高国軍に城を包囲されたが、高国方だった丹波守護代の内藤国貞が賢治方に寝返り、丹波黒井城主・赤井五郎の攻撃を撃退した。

賢治と植通は、阿波の守護で高国と対立していた細川晴元に共闘を呼びかけ、1527年（大永7）、細川晴元は家臣の三好元長と三好政長を出陣させた。賢治は堺に上陸した三好軍と合流し、摂津の桂川で高国軍と戦った。三好軍の奮戦もあり、桂川の戦いは賢治兄弟・三好軍が勝利し、高国は将軍・足利義晴を奉じて近江に出奔した。

賢治は植通とともに入京し、義晴の弟・義維を擁立したが、晴元が幼少だったこともあり朝廷の支持を得られず、晴元と義維は京には入れず堺にとどまった。

しかし、晴元の家臣・三好元長が入京すると、賢治は元長と対立し、元長排斥を企んで晴元に讒言した。晴元は賢治の讒言を信じて元長を阿波に追いやり、さらに1529年（享禄2）、元長討伐を賢治に命じ、賢治は元長方の摂津伊丹城主・伊丹元扶を攻め滅ぼした。

しかし、翌年、京を出奔していた細川高国が備前の守護代・浦上家を頼って京をうかがい、若狭に逃げていた将軍の義晴を奉じて、再び晴元政権と激しく対立するようになった。

賢治は義晴との和睦を晴元に進言したが、晴元は義維と気脈を通じてこれに反対した。その間にも高国は浦上家の軍事力を背景に播磨にまで進出し、播磨の守護代・別所家と対立した。

賢治は別所家の要請を受けて1530年（享禄3）、播磨に出陣して浦上軍と対峙したが、その陣中で殺害された。

香西元盛

こうざい・もともり

生没年 ?～1526年（大永6）
出身 丹波国
主君 細川高国
死因 自害

◇細川尹賢の讒言で滅ぼされる

波多野秀長の子。兄弟に波多野植通・柳本賢治がいる。

細川高国の家臣として名を上げた兄の波多野植通の命によって、丹波の香西家に入って家督を継いだ。

元盛も兄弟とともに高国に仕え、1518

年（永正15）に高国政権を軍事的に支えていた大内義興が周防に帰国したあとは丹波の防衛を任された。1524年（大永4）には、兄の稙通とともに和泉に出陣し、かつて高国と対立して没落した細川澄元の残党を討ち取った。

元盛は、稙通・賢治とともに細川高国政権の重臣に名を連ね勢威をふるったが、それが細川一族や高国のほかの家臣との軋轢を生んだ。

なかでも、細川家の庶流で摂津の分郡守護を務めていた細川尹賢は、尼崎城の修築中に尹賢の家臣と元盛の家臣がけんかしたことから元盛を恨み、両者の対立は深刻化した。尹賢は、高国と対立していた阿波の守護・細川晴元と元盛が内通しているとする文書を偽造し、それを高国に渡した。高国は尹賢の讒言を信じて、尹賢に元盛討伐を命じた。

1526年（大永6）、元盛は尹賢に攻められて自害した。

池田充正

いけだ・みつまさ

生没年 不詳
出身 不明
主君 細川勝元→細川政元
死因 不明

◆経済力を利して細川家の最有力家臣に

池田家は平安時代後期に摂津豊島の地頭となり、源平合戦後に一族の者が摂津に下向した。朝廷が南北に分裂した際には、足利尊氏にしたがった。

充正は15世紀中頃に池田家の家督を継承し、摂津の守護である管領家・細川京兆家に臣従した。充正は主君の細川勝元の信任を得て、細川家が所有する荘園の年貢請負代官に任じられて富を蓄積し、高利貸しにも手を出して、池田家の財政

を潤すことに成功した。

経済的な基盤を築いた充正は、1443年（嘉吉3）に池田城を整備してここを居城とし、馬場や弓場を作るとともに家臣屋敷まで設けた。一国人でありながら常備軍までしたがえた充正の名声は京にも聞こえるようになり、細川家被官のなかでは最有力の力をもつようになった。

1467年（応仁1）、応仁の乱が勃発すると東軍に属し、摂津で守りを固めたが、1469年（文明1）、西軍の大内政弘軍に攻められて池田城は落城した。1473年（文明5）に勝元が死去すると子の政元に臣従して西軍との戦いを続行した。1477年（文明9）に乱が収束して大内軍が帰国すると、池田城を奪還した。

その後も荘園代官の任を務め、池田家の勢力拡大に努めた。その財力から、応仁の乱のために荒廃した京から文化人を招き、連歌師として著名な牡丹花肖柏を池田に住まわせるなど、文化活動にも注力した。没年は不詳だが、一説には1482年（文明14）に死去したとされる。

薬師寺長忠

やくしじ・ながただ

生没年 ？〜1507年（永正4）
出身 不明
主君 細川政元→細川澄之
死因 戦死

◆細川家の内訌で澄之を支持

細川京兆家の当主・細川政元の家臣。兄の薬師寺元一とともに摂津の守護代を務めた。薬師寺氏は下野の国人・小山家の後裔で、いつからか上京し細川家に出仕するようになった。

1504年（永正1）、摂津の半国守護代だった兄の元一が、額田宗朝らとともに摂津淀城に拠って、政元に反旗を翻して挙

兵した。長忠は政元の命を受けて淀城へ出陣し、兄の元一を攻めた。同年、長忠は宗朝を討ち取り、元一を切腹に追い込んで反乱を鎮圧した。

戦後、長忠は功を認められて、摂津の全域守護に任ぜられた。

そのころ細川家中では、政元の後継をめぐって深刻な内訌が起こりはじめていた。子がいなかった政元が、3人の養子を迎えていたからだ。争っていたのは細川澄之、細川澄元、細川高国の3人であったが、当面の争いは澄之と澄元であった。細川家は二派に分裂し、長忠は澄之派の武将として行動した。

しかし、澄之は公卿の二条家からの養子だったため細川一族の支持を得られず、政元も澄之を遠ざけはじめたため、1507年（永正4）、長忠は政元の有力家臣だった香西元長とともに政元を襲って、これを殺害した。さらに対抗勢力の澄元と、澄元派の有力武将だった三好之長を近江に奔らせ、澄之派がいったんは京を制圧した。

しかし、このとき高国は澄元を支持し、細川家中でも、二条家の血を引く澄之より、細川一族から迎えられた澄元を支持する勢力が多く、同年8月、多くの支持を取り付けた澄元派が再挙して京に乱入し、長忠は澄之らとともに討ち取られた。

茨木長隆

いばらぎ・ながたか

生没年 不詳
出身 不明
主君 細川高国→細川晴元
死因 不明

◇細川晴元の政権樹立に尽力

茨木家の出自は不明で、古くから摂津

茨木に土着した土豪だったと考えられている。

管領・細川家の家督争いに勝利して、長年管領を務めた摂津の守護・細川高国に仕えた。1526年（大永6）、高国が讒言を信じて有力家臣の香西元盛を殺害すると、元盛の兄である波多野稙通と柳本賢治が高国に反して挙兵した。そこへ、かつて高国に滅ぼされた細川澄元の子・晴元が阿波で兵を挙げて波多野・柳本軍に合流し、高国は京を追放されてしまった。このとき長隆は晴元方に与し、戦後、上洛して晴元のもとに出仕して、京都代官に任ぜられ、細川家の奉行人の地位を得た。晴元と高国の対立はその後も続き、長隆は1531年（享禄4）、晴元擁立に尽力した三好元長や晴元家臣の木沢長政らとともに、摂津に出陣して高国を殺害した。

しかし、高国がいなくなると晴元政権内で権力闘争が勃発し、長隆と元長が対立しはじめた。そして翌年、長隆は一向一揆を扇動して元長を攻めて自害に追いやり、晴元政権での地盤を固め、畿内の実権を掌握した。

1533年（天文2）には、法華宗の力を借りてその一向一揆を壊滅させ、さらに1536年（天文5）には近江の六角氏と比叡山の助力を得て法華宗を倒して京から追放した。これにより、晴元の政権はいちおうは安定した。

しかし、1543年（天文12）ころから、高国の養子・細川氏綱が勢力を得て晴元に反抗するようになると、晴元政権は動揺し、1549年（天文18）に晴元の有力家臣・三好長慶が氏綱方に寝返ったことで晴元は敗北して京を出奔した。長隆は晴元とともに長慶と戦ったが、晴元出奔後は長慶に降り、細川氏綱の奉行人に任ぜ

第6章　近畿地方の氏族／近畿地方の武将

485

られた。しかし、氏綱は長慶の傀儡であり、長隆もやがて没落していった。

遊佐長護
ゆさ・ながもり

生没年 不詳
出身 不明
主君 畠山基国→畠山満家
死因 不明

◇畠山家に仕えて越中の守護代に就任

遊佐家はもともと出羽国の人で、畠山国氏が奥州管領となって奥州に下向した際に畠山家に臣従し、のちに上京して河内守護の畠山家に仕えた。その後は畠山家の重要被官としての地位を築き、畠山家中で重きをなすようになった。

長護は南北朝時代末期の遊佐家の当主で、遊佐国長の父とされる（国長と長護を同一人とする説もある）。

1382年（永徳2）、河内守護の楠木正儀が南朝方に寝返って河内で挙兵すると、畠山基国に討伐命令が下り、長護は基国とともに出陣して奮戦し、正儀の反幕行動を鎮圧した。同年、正儀に代わって基国が河内の守護に補任されると、長護が河内の守護代に任じられた。河内に入部した長護は基国の命を受けて若江城を築いて（1385年〈元中2・至徳2〉頃に完成）、ここを拠点として領国支配に努め、河内における遊佐家の影響力を高めていった。

その後、畠山家が幕府の重臣として重きをなすようになると、基国によって京に呼び戻され、守護代の地位のまま在京して、畠山家の政務を取り仕切った。

1390年（元中7・明徳1）頃には越中国の守護代（守護は畠山基国の兼職）にも補任された。このときも長護は越中に下向しなかったので、越中には分郡守護代が置かれ、長護の影響力は限定的なものとなった。このとき越中の分郡守護代となったのが遊佐加賀守家、神保家、椎名家で、3家とも長護とは折り合いが悪かったという。

1406年（応永13）に基国が死去すると、その後を継いだ満慶・満家兄弟に仕え、畠山家を支え続けた。

遊佐長教
ゆさ・ながのり

生没年 1491年（延徳3）〜1551年（天文20）
出身 河内国
主君 畠山尚順→畠山稙長→畠山長経→畠山稙長→畠山政国
死因 暗殺

◇主家畠山家を乗っ取り実権を掌握

遊佐順盛の子で、遊佐長護の曾孫にあたる。

遊佐家は長護の時代以来、河内の守護を世襲する畠山家の重臣であり、1511年（永正8）の父の死後、河内の守護代に補任された。

当時の畠山家は応仁の乱以来の内訌に揺れており、そこに河内の支配権をめぐって細川家とも対立するようになっていた。長教は主君の畠山尚順の子・稙長の補佐役となったが、稙長が家督を継ぐと対立するようになり、1534年（天文3）、稙長の弟・長経を擁立してクーデターを起こして稙長を追放した。しかし、河内の支配権をめぐって長経とも対立するようになり、1541年（天文10）、北河内の半国守護代・木沢長政とともに長経の守護所を襲って攻め滅ぼし、稙長を家督に復帰させた。1542年（天文11）には、管領・細川晴元の被官である三好長慶と結んで木沢長政を討ち取り、畠山家の実権を握った。

1545年（天文14）に植長が死去すると、その弟の政国を擁立してこれを傀儡化し、実質的な河内の支配者に君臨した。

1546年（天文15）、細川家中で細川氏綱と細川晴元の対立が激化すると、長教は氏綱を支援して摂津へ侵攻し、晴元軍と戦い、晴元を丹波に追放し、氏綱の管領就任に尽力した。

しかし翌年、晴元の家臣・三好長慶に攻められて摂津舎利寺の戦いで惨敗を喫して河内へ帰還し、1548年（天文17）に長慶と和睦した。その後は、細川晴元から離反して独自の政権を打ち立てようとする長慶に協力して各地を転戦し、晴元の重臣・三好政長を討ち取った江口の戦いにも参戦し戦功を挙げた。

長教は、晴元を追放して京を制圧した長慶政権下の有力国人となったが、1551年（天文20）、晴元陣営の刺客によって暗殺された。

岩見雅助

いわみ・まさすけ

生没年 不詳
出身 不明
主君 赤松満祐→三条実量→赤松政則
死因 暗殺

◇神璽を奪還して主家赤松家を再興する

播磨・備前・美作の守護を務め、四職家の一家として権勢を誇った赤松満祐に仕えた武将。1441年（嘉吉1）、満祐は弟の則繁と謀って6代将軍・足利義教を自邸に招き、これを弑逆した。そのため、赤松家は一族ともども討伐の対象となり、同年、幕府の追討軍の前に敗れ、赤松家は没落した。

浪人となった雅助は京に上り、満祐の甥にあたる赤松時勝をかくまっていた大納言・三条実量に仕えた。

雅助は赤松家の旧臣とともに、赤松家再興をめざして活動をはじめた。

1454年（享徳3）、満祐のもうひとりの甥・赤松則尚が幕府に反して挙兵したが、雅助はこの反乱には加担せず、別に再興の道を探っていた。そして、実量を通じて、1443年（嘉吉3）に旧南朝勢力に奪われていた三種の神器のひとつである神璽を取り返すことを条件に、赤松家の再興を認めさせることに成功した。

1458年（長禄2）、雅助ら赤松家の旧臣たちは、大和の有力国人であった越智家栄らの協力を得て、旧南朝軍を破り、神璽の奪還を成し遂げた。

翌年、赤松時勝の子・政則が赤松家の家督を相続し、加賀半国の守護に任ぜられ、赤松家は復興した。このとき赤松家の再興を許したのは、幕府の実力者だった管領の細川勝元であった。勝元は、赤松家の旧領3国を手に入れていた政敵の山名家の弱体化を狙っていた。

山名宗全は、前加賀の守護・富樫成春を支持して勝元・政則と争い、赤松家復興の首謀者のひとりであった雅助は、宗全の恨みを買い、その家臣の手によって殺害されたという。

橋本正督

はしもと・まさたか

生没年 ？～1380年（天授6・康暦2）
出身 不明
主君 後亀山天皇→長慶天皇
死因 戦死

◇南朝の主力として活躍した楠木一族

紀伊国橋本を本貫地とした武将。父母は不明で、楠木正成の孫とする系図があるが真偽は不詳。ただし、楠木一族であったことは確かなようだ。

第6章 近畿地方の氏族／近畿地方の武将

487

楠木正成の3男・楠木正儀とともに南朝方の武将として活動し、南朝朝廷の検非違使に任ぜられた。1353年（正平8・文和2）、幕府方の日根野家が守っていた和泉土丸城を正儀とともに攻め落とし、正督が入城した。1361年（正平16・康安1）、再び正儀と連合して摂津に侵攻し、摂津の守護代・京極秀詮を攻めて、翌年には秀詮の弟・京極氏詮を敗死させる戦功を挙げた。

1369年（正平24・応安2）に正儀が幕府に降ったあとも、正督は南朝軍にしたがい、長慶天皇を擁して南朝朝廷を再び吉野に戻し、河内に侵攻してきた正儀と戦った。しかし、しだいに南朝勢力が衰退したため、1375年（天授1・永和1）、土丸城を細川頼元軍に攻められたのを契機に幕府に降った。その後は幕府軍として紀伊に出陣し、南朝方の諸城を落としていった。しかし、1378年（天授4・永和4）、再び南朝方に鞍替えし、河内の楠木正勝、和泉の和田正武、伊勢の北畠顕泰、大和の十市家、紀伊の湯浅家・熊野神社などとともにいっせいに蜂起した。正督は本貫地の紀伊に戻り、紀伊の守護・細川業秀を襲って淡路に追い落とした。

だが、翌年になると幕府は細川頼元、山名義理・氏清兄弟、石塔頼世、赤松光範らを動員して、大軍勢で河内・大和・紀伊に侵攻し、敗れた正督は和泉に敗走した。正督は土丸城に入って抗戦したが、幕府の大軍に攻められ、一族の橋本正尹らを失う大敗を喫した。

大敗を喫した正督は紀伊へ逃れて、なおも幕府と対立したが、1380年（天授6・康暦2）、山名氏清率いる幕府軍との戦いのなかで戦死した。

湯浅宗藤

ゆあさ・むねふじ

生没年 不詳
出身 紀伊国
主君 鎌倉幕府→楠木正成
死因 不明

◆**楠木正成に敗れて後醍醐天皇に帰順**

紀伊国阿氐河荘を本領とした南北朝時代の武将。地名をとって阿氐河宗藤ともいう。

1331年（元弘1）、京を脱出した後醍醐天皇が笠置山に拠って鎌倉幕府打倒の挙兵を起こすと、宗藤は幕命を受けて出陣し、天皇方として挙兵した楠木正成の拠る河内赤坂城を攻めた。宗藤は楠木軍の激しい抵抗にあいながらも、ついにこれを落城させ、軍功を認められて赤坂の地頭職を与えられた。

その後は赤坂城の守備を担当し、翌1332年（元弘2）に楠木正成が再び河内で挙兵すると、出陣して楠木軍の反乱を鎮圧に向かったが敗れた。敗戦後、宗藤は湯浅党を率いて正成に降った。

正成麾下に属してからは、摂津・河内を転戦して幕府軍と戦い、鎌倉幕府滅亡を側面支援した。幕府滅亡後も正成の配下に加わり、1336年（延元1・建武3）に足利尊氏が後醍醐天皇に背いたときも正成にしたがって後醍醐天皇方についた。

1340年（興国1・暦応3）、懐良親王を奉じて、脇屋義助や五条頼元らとともに四国に渡り、伊予に入った。しかし、1342年（興国3・康永1）に義助が死去したため、四国を離れて紀伊へ帰った。

その後も南朝方として戦い、1360年（正平15・延文5）には幕府方の湯河荘司を破るなどの軍功を挙げたが、その後の消息は不明。

488

赤沢朝経

あかざわ・ともつね

生没年 ?〜1507年（永正4）
出身 不明
主君 小笠原家→細川政元
死因 自害

◇小笠原流弓術を京に伝えた信濃守護代

　赤沢家は信濃の守護・小笠原と同族で、もともとは信濃小笠原家の家臣で信濃に在住し、南北朝の動乱期には小笠原家に従軍した。のち、信濃の守護代にも任ぜられた。

　朝経も信濃守護代家の出で、家督を継いで信濃の守護代にもなった。しかし、1490年（延徳2）ころ、家督を子の政経に譲って上洛し、小笠原流の弓法を管領の細川政元に伝授したことから、政元の家臣となった。

　その後、政元の推薦により8代将軍・足利義政の弓道師範となり、武者所に出仕することになった。

　その後は政元の軍事活動にたびたび出陣し、1499年（明応8）には前将軍・足利義材（義稙）に与した延暦寺を襲撃して根本中堂などを焼き払い、翌年には京の土一揆を鎮圧し、同年には河内に攻め寄せてきた紀伊の守護・畠山尚順を破って紀伊に追い返すなど、政元政権の主力として活躍した。また、大和の有力国人・古市澄胤を助けて、しばしば大和への侵攻も繰り返し、政元の信頼を得て山城の三郡守護代にも任命された。

　主君の政元には子がいなかったため養子をとっていたのだが、澄之・澄元・高国という3人も養子になっていたため、細川家は3派に分裂して争うようになってしまった。

　そして1504年（永正1）、政元の重臣・薬師寺元一が澄元を擁立して政元に反旗を翻すと、朝経はこれに呼応して政元に背いた。しかし、元一は摂津の戦いで政元軍に敗れて自害し、朝経は政元に許しを請い、許されて再び政元のもとに戻った。

◇細川家の内紛に巻き込まれて戦死

　その後は再び政元の主力武将として河内へ侵攻し、畠山義英を河内誉田城に破り、河内高屋城の畠山尚順を破るなど畠山家と抗争を繰り返した。そして、その間に河内と大和の寺社領を次々と横領して勢力を拡大していった。1506年（永正3）にも再び大和へ出陣し、義英をかくまった大和の国人一揆を粉砕して、大和郡山城を攻略し、朝経は大和で大きく勢力を広げた。

　政元の後継問題に関しては、朝経は三好之長とともに澄元派に与し、澄之をかついでいた香西元長らと対立した。

　1507年（永正4）、朝経は政元の命を受けて丹後へ侵攻した。当時の丹後は、守護の一色義有と守護代の延永家が対立し、さらに国人が相次いで挙兵して混乱をきわめていた。丹後に入った朝経は一色義有軍と戦火を交え、さらに若狭守護の武田元信も丹後の内乱に介入してきて、これとも戦った。

　しかし、丹後での戦乱の最中に、政元が澄之派の薬師寺長忠や香西元長らに襲われて殺害されてしまった。急報を受けた朝経は、陣をたたんですぐに帰国の途についたが、そこを一色義有軍に襲われ、宮津の戦いで敗れて自害した。

　その後は、養子となっていた長経が、からくも丹後から逃げ延びて帰京し、澄元派となって澄之派と対立した。

赤沢長経

あかざわ・ながつね

生没年	?〜1508年（永正5）
出身	不明
主君	細川政元→細川澄元
死因	斬首

❖ 丹後の戦乱と細川家の内訌で父を失う

赤沢朝経の養子となって細川政元に仕えたが、朝経の養子になるまでの前半生については不明。

1507年（永正4）、養父の朝経が、主君の細川政元の命を受けて丹後に出陣すると、長経もこれに従軍して丹後に入った。当時の丹後は、守護の一色家の勢力が弱まり、守護代の延永家が反乱を起こし、国人たちも両派に分かれて挙兵、さらに隣国若狭の守護・武田元信が領土蚕食を狙って進出し、そのうえ越前の守護・朝倉家も若狭武田家を助けて出兵するという、混乱きわまりない状況にあった。丹後に入った長経は、朝経とともに一色義有軍と戦い、細川家の領土拡大を図った。しかし、当時の細川家は、政元の後継をめぐって、澄之・澄元・高国の3人の養子が争っており、丹後国内に引けをとらない混乱ぶりを呈していた。

そして、朝経・長経父子が丹後に出陣中のすきを狙って、澄之派の薬師寺長忠と香西元長が政元を殺害するという事態になってしまった。

戦場で急を聞いた朝経・長経父子は、すぐさま撤退して帰京しようと図ったが、そこを一色義有方の国人衆に襲われ、朝経は自害に追い込まれた。長経はからくも逃げて京に帰り着き、澄元のもとに出仕した。

❖ 細川澄元を支持し、高国軍に敗北

長経は入京すると、朝経の死によって

支配者を失った大和へ出陣し、十市家・箸尾家・楢原家・筒井家・越智家といった大和の国人衆をことごとく破って、再び大和を制圧した。

一方、政元を殺害した澄之派は、高国派の反撃にあって、長忠・元長は討ち死にし、澄之も自害して、澄之政権はわずか約40日で崩壊した。その後、長経が擁立する澄元が政元の後継となり、将軍・足利義澄に拝謁して正式に細川家を継いで管領に補任された。

しかし、1508年（永正5）、政元によって将軍位を廃されて周防に没落していた前将軍・足利義材（義稙）が、細川家の内紛に乗じて、大内義興の軍事力を背景に和泉堺に上陸すると、高国が義材を擁して大内軍とともに京への進軍をはじめた。大内の大軍の出陣を聞いた将軍・義澄は近江に逃亡し、澄元もまた近江へ出奔した。長経は高国派の畠山尚順を攻めるために河内へ入り、尚順と対立する畠山義英を味方に引き入れ、澄元派の大和の国人・古市澄胤とも合流して尚順軍と戦った。

しかし、大内軍の援軍を得た尚順軍に長経連合軍は敗北し、長経は大和へ逃亡したが、大和初瀬で高国方に捕らえられ、河内で斬首された。

木沢長政

きざわ・ながまさ

生没年	?〜1542年（天文11）
出身	不明
主君	畠山義堯→細川晴元→細川晴国
死因	戦死

❖ 勢力を拡大して主家畠山義堯と対立

はじめ河内の守護・畠山義堯に仕えた。義堯は、妻の兄である細川晴元と結んで、政敵の細川高国と争ったが、長政

は義堯配下として高国軍との戦いに摂津や大和を転戦した。しかし、晴元が政権を握ると、晴元と義堯が対立しはじめ、長政は1530年（享禄3）、義堯を離反して晴元のもとに奔った。

1531年（享禄4）、晴元の側近・三好元長によって高国が滅ぼされると、長政は高国方の摂津守護・細川尹賢を攻め滅ぼした。

やがて長政の台頭を恐れた三好元長が義堯と結び、1532年（享禄5）には長政の居城・飯盛城を攻められた。このとき晴元は長政支持を打ち出し、本願寺証如に頼んで一向一揆を飯盛城に派遣した。長政は一向一揆の来援を受けて元長軍を撃退すると、一揆勢とともに反撃にうつって、かつての主君である義堯を自刃に追い込み、さらに元長を堺まで追撃して自害させた。

元長という政敵を追いやった長政は、晴元政権で勢力を増していった。一方で、1534年（天文3）、河内の守護・畠山家の重臣・遊佐長教と結んで、当主の畠山稙長を追放して、稙長の弟・長経を傀儡として擁立し、長教とともに河内の実権を握った。さらに大和信貴山城を築いて大和にも勢力を伸長させていった。

1541年（天文10）、摂津の国人の紛争への介入をめぐって、長政は晴元と対立し、晴元政権下で着実に力をつけつつあった三好長慶と武力衝突した。長政は一庫城の戦いでいったんは勝利して京へ進撃したが、将軍・足利義晴の支持を得られず、晴元との和睦も失敗して孤立してしまった。さらに翌年には、河内畠山家でも反長政の動きが顕在化し、遊佐長教によって長政派の当主・政国が追放されて稙長が当主に復帰した。

長政は政国を擁して飯盛城を出陣して河内高屋城へむかった。一方の長教は、反長教派だった管領の細川晴元にわたりをつけて、晴元は三好長慶と三好政長を前線に送り込んだ。両軍は河内太平寺付近で激しい戦闘を交えたが、幕府軍を味方につけた長教軍が優勢に戦局を進め、長政は長教軍に討ち取られた。

長政は一代の梟雄と呼べる人物で、長政の死後、木沢家はまったくふるわなかった。

垣屋豊遠
かきや・とよとお

生没年 ？～1485年（文明17）
出身 不明
主君 山名政豊
死因 戦死

◇山名氏の播磨奪還に貢献

垣屋家は但馬の守護を歴任した山名家の家臣で、1391年（明徳2）の明徳の乱と、1399年（応永6）の応永の乱で活躍したことによって山名家中での地位が上昇し、但馬の守護代を務める家柄となった。一説に垣屋家は、相模出身の土屋家の分流とする。

豊遠の主君・山名政豊は、但馬と備後の守護を務めていたが、かつての領国だった播磨・美作・備前は赤松家に奪われており、赤松家とは長年、対立していた。1483年（文明15）、政豊は播磨奪還を期して兵を挙げ、このとき豊遠は山名軍の先陣を務め、但馬と播磨の国境あたりの真弓峠で赤松軍と対峙し、雪に不慣れな赤松軍を敗走させた。豊遠の活躍もあって政豊はこのとき播磨の奪還に成功した。

しかし、1485年（文明17）、再挙した赤松軍が播磨に侵攻し、豊遠の播磨の拠点だった蔭木城に攻め寄せ、豊遠は赤松

軍の猛攻によって敗退、落城とともに豊遠は討ち死にした。

小寺豊職
こでら・とよもと

生没年 ？～1491年（延徳3）
出身 播磨国
主君 赤松政則
死因 病死

◇主家赤松家を再興して有力家臣に

小寺家は赤松家の一族である。赤松家が播磨の守護になると、小寺家が姫路城代となり、その後は小寺家の当主が代々、姫路城代を受け継ぐことになった。

豊職は小寺職治の子。職治は1441年（嘉吉1）の嘉吉の変で、主君・赤松満祐とともに幕府軍と戦ったが、戦いのなかで討ち死にした。嘉吉の変によって赤松家は没落し、主家を失った小寺家は浪人として過ごすことを余儀なくされた。

そこで豊職は、赤松家の旧臣たちを糾合して、満祐の弟の孫にあたる赤松政則を担ぎ出して赤松家復興をめざした。豊職は、大納言・三条実雅に仕えていた赤松家旧臣の岩見利雅助と協力して、旧南朝勢力に奪われていた三種の神器のひとつである神璽を取り返すことを条件に、赤松家の再興を認めさせることに成功した。

そして1458年（長禄2）、大和の国人・越智家の支援を得た豊職らは旧南朝軍を破り、神璽を奪還した。この功績が認められ、赤松家は17年ぶりに再興を果たし、主家再興に尽力した豊職は赤松家の重臣の座におさまったのである。

1467年（応仁1）、応仁の乱が勃発すると、赤松家は細川勝元率いる東軍に属して播磨の守護に返り咲き、播磨を拠点に山名軍と戦った。その後、政則は美作・

備前2国の守護にも補任され、さらに侍所頭人にも任じられ、赤松家は勢力を回復していった。

豊職は姫路城代に復帰して、政則とともに播磨の領国支配に尽力したが、応仁の乱が終結後も前播磨・備前守護の山名家と対立し、1483年（文明15）、備前の国人・松田元成を味方に引き入れた山名軍が、赤松方の備前福岡城に攻め寄せた。備前からの急報を受けた豊職は、政則に備前への救援を打診したが、政則は山名家の本拠地・但馬をこのすきにつく作戦をとって出陣した。しかし、政則は山名軍との戦いに敗れ、備前福岡城も陥落してしまった。この敗戦によって政則の求心力は急速に衰え、国人の多くが浦上則宗のもとに参集した。豊職も政則を見限って則宗と行動をともにし、1484年（文明16）、政則を追放した。

その後も山名軍との戦いは続行され、いったんは播磨を放棄するが、まもなく政則と和解して播磨を取り戻し、1488年（長享2）には播磨・備前から山名家の影響力を排除することに成功した。

1491年（延徳3）、没落していた赤松家を再興し、さらに赤松家の旧領を回復することに大功を挙げた豊職は病没した。

別所則治
べっしょ・のりはる

生没年 ？～1513年（永正10）
出身 播磨国
主君 赤松政則
死因 病死

◇別所家を戦国大名化させた赤松家一族

東播磨で勢力をもっていた別所家は、播磨の守護・赤松家の一族とされる。

則治は別所則忠の子で、父・則忠は1441年（嘉吉1）の嘉吉の変で赤松家と

ともに幕府軍と戦って戦死した。赤子だった則治は助命され、1458年（長禄2）に浦上則宗や小寺豊職らの赤松家の旧家臣の努力によって赤松家が再興されると、則治も参じて赤松家に仕えることになった。

赤松家は、新たな当主・政則のもとに結集して旧領回復に尽力し、応仁の乱で将軍・足利義政を擁する東軍に加担したことで赤松家は播磨守護に復帰し、さらに備前と美作の守護にも補任されるなど、勢力範囲を広げていった。

1483年（文明15）、但馬の守護・山名政豊と戦って大敗を喫した政則は求心力を失い、多くの家臣や国人が離反して、赤松家重臣の浦上則宗が力をもつようになり、政則は和泉へ遁走した。このとき則治は数少ない政則派の国人として活動し、上洛して将軍・義政に仲介を頼んだ。一方、山名軍との戦いに敗れて播磨を放棄した浦上家を中心とした赤松軍は、播磨奪回のためにも名目上の盟主としての政則の存在が必要となり、両者は和睦した。

政則の当主復帰に功のあった則治は、その後政則に重用され、また山名軍との抗争においても軍功を挙げ、1488年（長享2）に山名軍を播磨から追い出すと、則治は東播磨8郡の守護代に任ぜられた。

1492年（明応1）、則治は釜山城（のちの三木城）を築き、ここを拠点として東播磨に着実に勢力を広げていき、別所家を戦国大名として成長させたのである。

二階堂行通

にかいどう・ゆきみち

生没年	？〜1351年（正平6・観応2）
出身	不明
主君	足利尊氏→足利直義→足利尊氏
死因	病死

◇観応の擾乱で直義方に

二階堂行朝の子とされる。

1335年（建武2）、足利尊氏が後醍醐天皇から離反した際、父とともに尊氏にしたがって上洛した。入京した尊氏軍は、後醍醐天皇方の北畠顕家・新田義貞軍と激しい合戦を繰り広げ、このとき弟の二階堂行親が新田軍との戦いで戦死している。

同年、尊氏が北朝を興して征夷大将軍に就任すると、幕府に出仕した。

1345年（興国6・貞和1）、後醍醐天皇の菩提をとむらうために尊氏が建立した天竜寺の落慶供養には、京極高秀らとともに帯刀を務めた。

1347年（正平2・貞和3）正月、足利直義邸で行われた弓場始（正月に行われる矢弓行事）で、尊氏側近の中条秀長と座位を争って敗れ、面目を失った行通は出家したという。しかし、秀長は鎌倉幕府滅亡前からの足利家の家臣であり、幕府開設後には尾張の守護にも補任されたほどの人物であり、この話の真偽のほどは定かではない。

1349年（正平4・貞和5）に、直義と幕府執事の高師直が対立すると、直義方につき、直義邸の守備についた。

しかし、1351年（正平6・観応2）に直義が京を出奔すると、尊氏方に寝返った。同年、政所執事に任ぜられたが、その直後に没した。

第6章 近畿地方の氏族／近畿地方の武将

飯尾為数

いのお・ためかず

生没年 ？～1467年（応仁1）

出身 不明

主君 足利義政

死因 暗殺

◇将軍義政に重用されて重職を歴任

　室町幕府の幕府奉行人。父は飯尾為種。飯尾家は三善家の末裔で、鎌倉幕府の時代から幕府官僚として仕えていた。六波羅探題の奉行人を務めていた関係で、鎌倉幕府滅亡後は建武の新政下で雑訴決断所に出仕した。建武政権崩壊後は室町幕府に出仕し、代々幕府奉行人を務めるようになった。

　6代将軍・足利義教は、守護権力を弱めるために幕府官僚である奉行人を積極的に登用したため、飯尾家も引き立てられ、父の為種は山門奉行として重んじられた。しかし、その強権ぶりが延暦寺宗徒から疎んじられて尾張へ逐電した。

　1441年（嘉吉1）に義教が謀殺されると、為種・為数父子は政権に復帰して、足利義政政権下で奉行人となった。

　為数は義政に寵愛され、政所寄人・政所執事代・公人奉行など幕府の要職を歴任し、幕閣の昇格人事にも関与するようになった。また、山門奉行や南都奉行を兼職して、領地問題に関する訴訟に関与することで有力寺社の生殺与奪の権を握り、その権勢を強めていった。

　しかし、1463年（寛正4）、伯耆の守護・山名豊之の訴えにより出仕を停止され、1467年（応仁1）に応仁の乱が勃発すると、幕府権力の掌握をめざして義政・義尚父子を掌中に収めた細川勝元によって殺害された。

大館尚氏

おおだて・なおうじ

生没年 1454年（享徳3）～？

出身 不明

主君 足利義尚→足利義材→足利義澄→足利義晴

死因 不明

◇将軍義尚、義晴に重用される

　大館教氏の子。応仁の乱のさなかの1469年（文明1）、将軍・足利義政の世嗣義尚に仕えて奏者となった。1473年（文明5）に義尚が将軍に就任すると、将軍の直轄軍である奉公衆の五番番頭に任ぜられた。

　1489年（延徳1）、将軍・義尚が近江の陣中で没すると、尚氏は奉公衆の任を解かれ、政治的に失脚した。

　とはいえ、尚氏は義尚の後任である足利義材、そのあとの義澄政権にも出仕し、幕政を支えた。しかし、1508年（永正5）に、明応の政変で将軍位を廃立された義材が将軍に復帰すると幕閣から退けられ、出家して所領のあった若狭に隠居した。だが、義材が管領の細川高国との対立から近江に出奔し、1521年（大永1）に義澄の子・義晴が新将軍に就任すると呼び戻されて、幕政に復帰した。1536年（天文5）には、将軍直属の政務決済機関である内談衆の中心メンバーに抜擢された。

　将軍・義晴は、尚氏の娘を娶るなど、尚氏を重用し、尚氏は幕府と各地の戦国大名との連絡役も任された。

　1546年（天文15）に将軍・義晴が管領の細川晴元と対立して近江に出奔すると、尚氏も同行したが、それ以降の消息は不明となり、そのころ死去したと考えられる。

第 **7** 章

中国・四国地方の氏族

名和家‥‥‥‥‥‥‥‥‥‥‥496
尼子家‥‥‥‥‥‥‥‥‥‥‥501
益田家‥‥‥‥‥‥‥‥‥‥‥505
安芸武田家‥‥‥‥‥‥‥‥‥508
毛利家‥‥‥‥‥‥‥‥‥‥‥512
吉川家‥‥‥‥‥‥‥‥‥‥‥516
小早川家‥‥‥‥‥‥‥‥‥‥521
大内家‥‥‥‥‥‥‥‥‥‥‥525
三好家‥‥‥‥‥‥‥‥‥‥‥536
河野家‥‥‥‥‥‥‥‥‥‥‥542
長宗我部家‥‥‥‥‥‥‥‥‥547
中国地方の武将‥‥‥‥‥‥‥551
四国地方の武将‥‥‥‥‥‥‥568

名和家

村上源氏の流れを汲むとされる伯耆の国人。長田を名乗っていた行明が、伯耆国名和荘に移って名和姓を名乗った。海運業などで経済的に成長し、後醍醐天皇に拠る鎌倉幕府打倒に大功を挙げて建武の新政で重職を占めた。南北朝時代は南朝に属して活動したが、顕興の代に北朝への帰順を余儀なくされ没落。その後は肥後国八代に移住して同地を拠点に活動し、室町時代後期には相良家や島津家と対立し衰退したが、滅亡することなく明治維新まで存続した。

名和長年

なわ・ながとし

生没年 ?～1336年（建武3・延元1）
出身 伯耆国
主君 後醍醐天皇
死因 戦死

◆圧倒的な経済力で後醍醐天皇を助ける

伯耆国の有力国人で、後醍醐天皇の寵臣を表す「三木一草」の1人に数えられる。

1332年（元弘2）、後醍醐天皇とともに隠岐に流されていた千種忠顕が、島を密かに脱出して伯耆に至った。忠顕は、後醍醐天皇の倒幕活動に協力してくれる人物を探しはじめ、その際に「家は裕福で、一族広く栄え、思慮に富んだ男がいる」と紹介されたのが、長年だったという。長年は忠顕に対して天皇への協力を誓ったが、同年11月に後醍醐天皇に呼応した楠木正成が倒幕の兵を挙げると、幕府の要請を受けて子の義高を討伐軍とし

て派遣するなど、当初は両天秤をかけていた。

1333年（元弘3）、後醍醐天皇が隠岐を脱出して伯耆にたどり着くと、長年は天皇を迎え入れて船上山に籠り、幕府方の隠岐守護・佐々木清高と対峙した。このとき長年は、船上山に兵糧を運ぶ際に、近辺の民家に「蔵の中にある米穀を一荷運んだ者には、銭500を与える」と触れ回り、5000人を集めてまたたく間に兵糧5000石を運び込むことに成功したといい、天皇方の公卿はその経済力に目を見張ったという。

こうして仲間を着実に増やしながら幕府軍に抵抗を続けると、周辺の土豪も長年になびきはじめ、出雲の守護・塩冶高貞が天皇方に寝返ったことで戦局は天皇軍が優勢となり、ついに佐々木清高軍を敗走させることに成功し、余勢を駆って長年は伯耆一国を制圧した。長年は、この功績により、後醍醐天皇から伯耆守に任命された。

その頃、足利尊氏や赤松則村らによって六波羅探題が陥落し、長年は後醍醐天皇の上洛の警護役となって上洛の途につき、その途上、新田義貞によって鎌倉幕府が完全に滅んだことを知った。

◇ わずか3年の絶頂期

入京した後醍醐天皇は、幕府方の光厳天皇を追放すると親政を開始し、長年は千種忠顕とともに天皇の隠岐脱出の立役者として重用され、恩賞方、記録所、雑訴決断所などの重要職務を歴任し、楠木正成を上回る従四位下の官位も下賜され、建武の新政を支える重臣のひとりとなった。また、京の東の市場を管轄する東市正に任命されて京都の商工業を掌握したことで経済力も増し、長年の直垂や烏帽子の折様が「伯耆様」と呼ばれてもてはやされるなど、絶頂期を迎えた。

1334年（建武1）には結城親光とともに、護良親王を謀反の疑いで捕縛し、1335年（建武2）には後醍醐天皇暗殺を謀った西園寺公宗を捕らえ、これを殺害するなど、親政反対派の粛清に手を貸すことになった。

しかし、後醍醐天皇の親政は多くの武士に不評で、先例を無視する後醍醐天皇のやり方に不満をもつ公家もおり、1335年（建武2）、北条時行の反乱（中先代の乱）を契機に、足利尊氏が建武の新政から離反すると、各地の武士たちは尊氏を武家の棟梁と仰いで、次々と後醍醐天皇に反旗を翻した。

翌1336年（建武3）正月、尊氏討伐のために出陣した新田義貞が尊氏軍に敗れると、長年は近江に出陣して勢多に布陣し、尊氏軍と対峙したが敗北。長年はすぐに軍勢を整えると入京した尊氏軍を追撃し、やがて奥州から急ぎ戻ってきた北畠顕家と合流して、楠木正成らとともに尊氏軍と戦い、洛中の戦いで尊氏軍を破り、尊氏を九州に敗走させた。

しかし、約半年後、九州で態勢を立て直した尊氏が再挙して上洛してくると、湊川の戦いで楠木正成が戦死し、新田義貞は京に逃れた。京を守っていた長年は義貞と合流し、後醍醐天皇を近江に逃すと、入京してきた尊氏軍と対峙した。しかし、中国・九州勢を引き連れて戦力を大幅に強化した尊氏軍の前に、天皇軍は苦戦を強いられ、義貞は近江へ逃亡。長年は最後まで奮戦したが、ついに討ち取られて死去した。

第7章 中国・四国地方の氏族／名和家

名和家略系図

```
長年 ─┬─ 義高 ─┬─ 顕興
      │        │
      │        ├─ 光顕
      │        │
      │        └─ 泰興
      │           （肥後名和家）
      ├─ 基長
      │
      │
      │
      └─ ○ ─── 長重
```

497

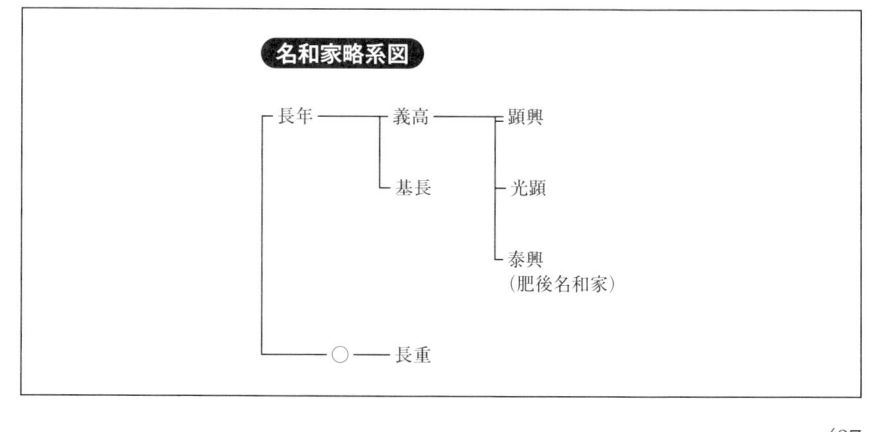

名和長重

なわ・ながしげ

生没年 不詳
出身 伯耆国
主君 後醍醐天皇→後村上天皇
死因 不明

◇船上山の後醍醐天皇に馳せ参じる

　名和長年の甥（弟とする説もある）。名和一族として、伯耆国内では名のある人物だったという。長年に信頼され、長年は長重の言葉を多く取り入れたといわれる。

　1333年（元弘3）、後醍醐天皇が配流先の隠岐を脱出して伯耆にたどり着くと、一族の当主・名和長年は天皇への帰順を決め、長重もそれに従って、長年とともに後醍醐天皇を迎えて船上山で幕府打倒の兵を挙げた。

　『太平記』によると、このとき長重は、「古より今に至るまで、人々の望むところは名と利の二也」と言って倒幕軍に加わったという。

　同年、船上山の戦いで幕府軍を破った名和一族は、足利尊氏らによって京の六波羅探題が陥落すると山を下りて京を目指した。このとき長重は、長年とともに天皇の警護役を務め、無事に天皇を京に送り戻した。後醍醐天皇による建武の新政下で長年が躍進を遂げると、長重も昇進した。

　1336年（延元1・建武3）、足利尊氏が後醍醐天皇に反旗を翻して兵を挙げた。入京した尊氏は敗れていったん九州に逃れたが、すぐさま態勢を立て直して上洛し、長年はそのときの戦いで尊氏軍に討ち取られた。長重は長年とともに京の戦いに参戦したが戦場から逃れて近江へ遁走し、同年、後醍醐天皇が吉野で南朝を樹立すると、後醍醐天皇に再び仕えるようになった。

　1351年（正平6・観応2）、足利尊氏と足利直義の対立が激化して、直義が鎌倉に入ると、尊氏は直義討伐のために南朝と和議を結んで鎌倉へ向けて出陣した。南朝勢は、尊氏の留守を狙って京を制圧しようともくろみ、翌1352年（正平7・観応3）に北畠親房・楠木正儀らが京に乱入。正儀らは尊氏の子・足利義詮率いる幕府軍を敗走させ、北朝方の3上皇と皇太子を拉致して京を制圧した。後村上天皇とともに摂津天王寺に待機していた長重は、天皇を警護しながら上洛の途についたが、幕府軍の猛攻にあい、このとき幕府軍に三種の神器のひとつである神鏡を奪われたが、長重がこれを取り返したという。

　近江に逃れた義詮は、すぐさま態勢を立て直すと京に侵攻して南朝軍を破り、南朝勢は男山八幡へ撤退したが、幕府軍はさらに追撃して男山八幡を包囲した。長重も幕府軍との戦いに奮戦したが、糧道を断たれた男山八幡は陥落し、長重は後村上天皇とともに吉野へ落ちていった。

　以降も南朝軍の柱石として後村上天皇を支えたと考えられるが、以降の消息は不明となる。名和長年の嫡孫で名和家の当主を継いでいた名和顕興が1358年（正平13・延文3）に肥後八代に下っており、その頃に死去したとされる。

名和義高

なわ・よしたか

生没年 1302年（正安4）～1338年（延元3・暦応1）

出身 伯耆国

主君 後醍醐天皇

死因 戦死

❖ **後醍醐天皇に臣従し高師直に敗死**

　名和長年の嫡男。1333年（元弘3）、父の長年とともに船上山での倒幕挙兵に参加し、鎌倉幕府軍の敗走に軍功を挙げた。

　上洛して皇位に返り咲いた後醍醐天皇が新政を開始すると、名和一族は天皇に引き立てられ、義高は検非違使・左衛門尉に叙任され、武者所に出仕して在京し、三条富小路に居館を与えられた。翌年には恩賞として肥後八代荘の地頭職を与えられた。八代は、その後の名和家の本拠地となる。義高は八代荘を拝領した直後に、一村を出雲大社に寄進し、出雲大社を八代に勧請したという。

　1335年（建武2）、足利尊氏が後醍醐天皇に反旗を翻すと、一族ともども後醍醐天皇側について、尊氏軍と戦った。

　1338年（延元3・暦応1）、奥州で幕府軍と戦っていた北畠顕家が上洛を開始し、鎌倉を占領して、美濃の戦いでは土岐頼遠・高師冬・桃井直常ら幕府の主力軍を破って京に迫った。顕家は、近江を幕府の大軍に押さえられていることを知ると、海路で伊勢に渡り、軍勢を立て直したが、義高はこのとき顕家のもとにはせ参じた。義高は顕家とともに摂津・河内・和泉を転戦したが、摂津堺浦で高師直軍と戦い、討ち取られて戦死した。

名和顕興

なわ・あきおき

生没年 不詳

出身 伯耆国

主君 後醍醐天皇→後村上天皇→懐良親王→足利義満

死因 不明

❖ **九州南朝の主力となった名和長年の孫**

　建武の新政で後醍醐天皇に重用された名和長年の孫。1338年（延元3・暦応1）に名和家の当主・義高が幕府軍との戦いのなかで戦死し、義高に後を継げる男子がいなかったため顕興が家督を受け継いだ。

　名和家の当主となった顕興は、従兄弟叔父（父の従兄弟）の長重とともに南朝軍の一翼として後村上天皇を軍事的に支えた。1351年（正平6・観応2）、足利尊氏と足利直義の対立が激化して、直義が鎌倉に入ると、尊氏は直義討伐のために南朝と和議を結んで鎌倉へ出陣した。南朝勢は、尊氏の留守を狙って京を制圧しようともくろみ、翌1352年（正平7・観応3）に北畠親房・楠木正儀らが京に乱入し、尊氏の子・足利義詮率いる幕府軍を敗走させ、北朝方の3上皇を拉致して京を制圧した。顕興は長重とともに南朝軍として従軍したが、幕府軍の反撃にあって京から敗走し、男山八幡に撤退した。しかし、そこも幕府軍の猛攻にさらされ、後村上天皇とともに吉野賀名生に逃れた。

　その後も吉野を拠点に各地で幕府軍と戦ったが戦況は芳しくなく、顕興は1358年（正平13・延文3）、九州での再起を図り一族を率いて肥後八代へ下向した。

　八代は先代の当主・義高の領地であり、顕興は肥後の南朝勢力・菊池家とと

499

もに幕府方の大友家・少弐家などと戦い、九州南朝軍の主力となった。九州南朝軍は一時的に大宰府を奪うなど勢力を拡大したが、1371年（建徳2・応安4）に今川了俊が九州探題として赴任してくると南朝軍は劣勢になり、翌年には大宰府を奪回されてしまった。

その間も菊池家とともに懐良親王と良成親王（後村上天皇の子で、懐良親王の後継）を支えて南朝軍として戦ったが、1391年（元中8・明徳2）、了俊の軍勢に八代城を攻められて城は陥落し、顕興はついに了俊に降った。

名和顕忠

なわ・あきただ

生没年	1452年（享徳1）～？
出身	肥後国
主君	菊池能運
死因	自害

❖八代の領有をめぐって相良家と対立

名和教長の子。1459年（長禄3）、父・教長の後を継いでいた兄の義興が家臣に殺されるという事件が起こった（一説には1463年とも）。義興には子がおらず、顕忠も若かったため、名和家中では一族・重臣たちを巻き込んだ抗争が勃発した。顕忠はこのとき、重臣の内河式部少輔によって名和家の居城・肥後古麓城から脱出し、肥後の有力国人・相良家を頼った。相良長続は顕忠を庇護し、顕忠は長続が作ってくれた水江館に入り、その後6年間を同地で過ごした。

1465年（寛正6）、長続の援助を受けた顕忠は八代に帰還して名和家を継ぎ、名和家当主が代々受け継いできた伯耆守に叙任された。八代に復帰した顕忠は、大恩ある長続に八代郡高田郷のうち350町を割譲して、その恩義に報いたという。

しかし、1468年（応仁2）に長続が死去すると、後を継いだ相良為続とは徐々に不仲となった。1482年（文明14）、顕忠はかつて長続に割譲した高田郷を奪還するために高田に侵攻したが、為続に撃退され、翌年には薩摩の島津国久や大隅の菱刈家の援助を受けた為続が、逆に八代に侵攻してきた。顕忠は古麓城に入って抵抗したが、肥前の志岐家や栖本家などの天草衆が為続に加勢し、顕忠は挟撃される形になり、古麓城は落城した。顕忠は為続と和睦を図るが失敗し、さらに為続に攻められて、ついに八代を放棄して宇土へ逃亡した。

しかし、1499年（明応8）に為続が肥後の守護・菊池能運に敗れて八代を放棄したため、顕忠は能運によって八代への復帰を許され、古麓城に入った。ところが、能運が一族の宇土為光によって肥後を追放されると、能運は為続と結んで為光と対峙したため、1504年（永正1）には為続の子・長毎に攻められて再び八代から逃亡し、宇土へ奔った。

その後も八代の領有をめぐって相良家と対立し、1516年（永正13）には相良領の守山に侵攻したが、為続の後を継いでいた相良長毎との戦いに敗れ、豊後の守護・大友家の斡旋によって長毎と和睦した。その後の消息は不明。

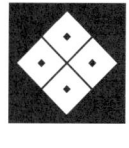

尼子家

近江の守護・京極家の一族で、室町時代に入ってから高久が出雲の守護代となって下向し、土着した。応仁の乱後に守護の京極家と対立し、出雲を代表する大名となった。経久の代に宗家からの独立をはかり、京極家を追いやって出雲の支配権を掌握した。晴久の代には8カ国の守護を兼ねる守護大名に成長したが、急速に拡大した尼子家の権力に反発する勢力は多く、義久の代に、安芸の国人・毛利家との抗争に敗れて滅亡した。

尼子清定

あまご・きよさだ

生没年	不詳
出身	出雲国
主君	京極持清→京極政経
死因	不明

◆応仁の乱に乗じて出雲支配を強化

出雲の守護代・尼子持久の子で、父の死後に家督を継いだ。

1467年（応仁1）、京で応仁の乱が勃発すると、主君の出雲守護・京極持清は細川勝元率いる東軍に加担して畿内を転戦するようになったが、応仁の乱は出雲国にも波及し、山名家を後ろ盾にした国内の西軍派が蜂起した。

蜂起したのは、十神山城主・松田備前守、国人一揆の領袖である三沢家などであった。1468年（応仁2）、松田軍が清定の居城・月山富田城に攻め寄せると、清定は京極家家臣を統率して迎撃にあたり松田軍を撃退し、松田家の居城である十

神山城に攻撃を加えた。十神山城を落城させることはできなかったが、出雲、伯耆両国の反対派に転じた武将、国人を100余名も討ち取ったといわれる。さらに出雲国内を転戦して反対派を鎮圧し、伯耆美保関から侵入してきた山名軍を撃退、再び十神山城を攻めて、今度は松田備前守を追放させることに成功した。

これらの軍功を持清に認められ、清定は美保関代官職に任命され、恩賞として出雲国内に多くの所領を与えられた。こうして尼子氏は出雲国内の影響力を強め、経済的にも潤っていく。

1470年（文明2）、主君・持清が死去すると、京極家中で後継者争いが勃発し、持清の2人の弟、政光派と政経派に分裂した。清定はこの内訌に積極的に介入することはなかったが、幕府から家督を認められた政経を主君とし、出雲における尼子の所領を安堵してもらっている。

その後も国内支配に力を入れ、1476年（文明8）の松田家が扇動したといわれる

第7章 中国・四国地方の氏族／尼子家

501

能義郡土一揆を鎮圧するなど、尼子家の出雲国内における地位を確立していった。

　没年は不明だが、1477年（文明9）に長男の経久が家督を継いでおり、その頃に死去したとされる。

尼子経久

あまご・つねひさ

生没年	1458年（長禄2）〜1541年（天文10）
出身	出雲国
主君	京極政経→京極高清
死因	病死

◇京極家に代わって出雲の実力者へ

　尼子清定の嫡男。1477年（文明9）に家督を継いだ。当時の中国地方は、応仁の乱によって幕府権威が低下したことにともない、守護の支配力も変化を見せていた。経久の主君・京極家は後継者争いによって弱体化し、伯耆・因幡・備後の山名家は美作・備前の赤松家に押され気味で、その赤松家は家臣の浦上家の台頭を招いて支配力は衰えていた。周防・長門を支配する大内家だけは支配力を強め、石見・安芸・備後まで勢力範囲を広げていた。

　尼子家は、清定の活躍によって京極家中随一の勢力となっていたが、それは京極家の権威を背景にしたものであり、独立した勢力ではなかった。そこで経久は、尼子家の勢力伸張をめざし、京極政経に従う一方で美保関から船役を徴収し、島根半島にある問屋の支配権を掌握し、さらには独自に朝鮮と交易をおこなうなど経済的基盤を確立し、京極家からの独立を図っていった。

　1482年（文明14）、幕府は出雲に対して、段銭（税金の一種）の納入を要求してきたが、経久はこれを拒否し、さらに国内の寺社領を押領するなど、幕命に逆らうことが多くなっていった。そのため、1484年（文明16）に居城の月山富田城を幕府軍に包囲されると、多くの国人が経久から離反し、経久は出雲の守護代を解任された。

　しかし、守護代の地位を失ったとはいえ、尼子家の国内における影響力は低下せず、1486年（文明18）には出雲に下向していた主君・京極政経の了解を取り付けたうえで再起して月山富田城を攻め、経久に代わって守護代となっていた塩谷掃部介を追放して、守護代の座に返り咲いた。さらに1488年（長享2）には有力

尼子家略系図

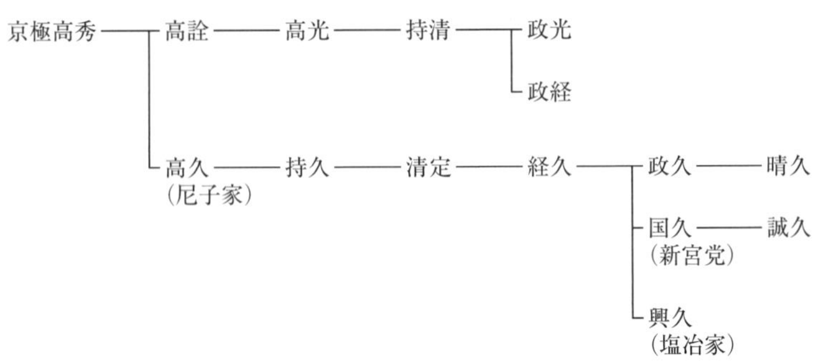

京極高秀 ── 高詮 ── 高光 ── 持清 ┬ 政光
　　　　　　　　　　　　　　　　　└ 政経

　　　　　└ 高久 ── 持久 ── 清定 ── 経久 ┬ 政久 ── 晴久
　　　　　　（尼子家）
　　　　　　　　　　　　　　　　　　　　　　├ 国久 ── 誠久
　　　　　　　　　　　　　　　　　　　　　　│（新宮党）
　　　　　　　　　　　　　　　　　　　　　　└ 興久
　　　　　　　　　　　　　　　　　　　　　　　（塩冶家）

国人の三沢家を降し、続いて三刀屋家・赤穴家なども軍門に降し、出雲の大半を制圧した。

家督を甥の京極高清に譲っていた京極政経が出雲で死去すると、1508年（永正5）、経久はついに出雲を横領し、出雲の実質的な支配者として君臨した。主君の高清は六角家などと対立しており本拠地の近江を離れることができず、経久の出雲横領は比較的穏当に進んだとされる。

◇ 中国各国に勢力拡大

出雲を制圧した経久は、さらなる領土拡大をめざし、伯耆や備前、安芸の国人たちと対立することになった。1517年（永正14）に備中の三村家と対立していた新見家を援助して備中北部へ侵攻し、1518年（永正15）には、伯耆へ侵攻して南条宗勝を破り、1521年（大永1）には石見の波子の浦を攻略し、1523年（大永3）には安芸へ侵攻して蔵田家を討ち滅ぼすなど、経久は徐々に勢力範囲を広げていった。1524年（大永4）には再び伯耆に侵攻して南条家・行松家・小鴨家などの有力国人を伯耆から追放し、伯耆を制圧した。

しかし、領土を拡大するにつれ、安芸・石見の領有権をめぐって、経久と周防の大内家との確執は深まり、1524年（大永4）に経久にとって安芸の押さえだった安芸武田家が大内軍に敗れ、さらに、安芸の有力国人・毛利家が経久から離反し、安芸の大半が大内家の支配下に入った。備後でも国人の離反が相次ぎ、1527年（大永7）には備後に侵攻した大内軍に敗北した。

1530年（享禄3）、同族の塩冶家を継いでいた三男の興久が、経久に対して反旗を翻した。経久の支配下にある国人も、経久派と興久派に分裂し、経久はいった

ん大内義隆と和睦するなどして興久軍に対抗し、1534年（天文3）に興久を自害に追い込んで反乱を鎮圧した。

1537年（天文6）に嫡孫の尼子晴久に家督を譲り、その後見となったが、積極的に家政に介入することはなく、その4年後に死去した。

尼子国久

あまご・くにひさ

生没年 ？〜1554年（天文23）
出身 出雲国
主君 尼子経久→尼子晴久
死因 戦死

◇ 軍務にかけては鬼神のごとき

尼子経久の2男で、出雲吉田荘の吉田家に養子となった。新宮党と呼ばれる軍事集団を組織し、尼子家の軍事面を担当した。

1518年（永正15）、出雲大原郡の阿用城主・桜井宗的が、尼子家による出雲支配に反対し、伯耆の国人・南条宗勝と結んで経久に対して反旗を翻した。討伐に向かった国久は、阿用城に到着するや総攻撃をかけ、宗的を自害に追い込み、桜井家を討ち滅ぼした。

帰国した国久は、桜井の反乱に加担した南条宗勝を討伐するために出陣してこれを破り、さらに1524年（大永4）に再び伯耆に侵攻して南条家を含む伯耆の国人衆を国外に敗走させる完勝を収め、尼子家による伯耆支配に貢献した。

1530年（享禄3）、国久の弟で塩冶家を継いでいた塩冶興久が、父・経久に対して反旗を翻した際には、宍道湖東端の佐陀城・末次城に興久を攻め、敗走させるなどの戦功を挙げた。1534年（天文3）に興久が滅亡すると、興久の遺領を与えられ、尼子家中での国久の発言力は高ま

り、1537年（天文6）に経久が引退して甥の晴久が家督を継ぐと、家中での影響力はさらに高まった。

1543年（天文12）、出雲征伐をめざした大内義隆が自ら大軍を率いて尼子家の拠点である月山富田城へ攻め寄せた。国久は当主の晴久とともに迎撃にあたって大内軍を敗走させると、さらに大内軍を追撃して戦果を収め、大内家に大打撃を与えた。

しかし、国内における国久の権威が上がると、当主の晴久との確執が生じるようになり、また国久一族やその家臣に傲慢な振る舞いが多くなり、尼子家譜代の家臣との軋轢も生じるようになった。

そして1554年（天文23）、国久が毛利家と結んで謀反を企てているとの噂が立ち、国久は評定に参加するために居城に登城するところを晴久軍に攻められ、討ち死にした。翌日、国久の息子たちもことごとく討たれ、国久一族は滅亡した。

尼子晴久

あまご・はるひさ

生没年	1514年（永正11）～1561年（永禄3）
出身	出雲国
主君	足利義晴→足利義輝
死因	病死

◇山陰山陽8カ国の守護となる

尼子政久の2男で、尼子経久の嫡孫にあたる。父と長兄が早世したため、1537年（天文6）に祖父・経久が隠居すると尼子家の家督を継いだ。

晴久は家督継承前から戦場に立ち、1531年（享禄4）の塩冶興久攻めに参陣したのを皮切りに、1536年（天文5）の美作・備前攻めでは軍功を挙げた。

家督継承後の1540年（天文9）には石見銀山を奪って経済力の強化をはかり、

因幡の山名誠通を従属させて因幡にまで影響力を広げた。晴久はさらに播磨国へ進出し、播磨の守護・赤松晴政を破って勢力を中国東部にまで広げた。

当時の晴久は出雲・伯耆の実質的な支配者だったが、幕府に認められた守護ではなかったため、上洛して守護に補任されることを望んでいた。そのためには対立する安芸の国人・毛利家を排除しなければならず、1540年（天文9）、晴久は安芸へ侵攻した。しかし、大内家家臣の陶晴賢が毛利軍の援軍として参戦すると毛利軍に敗れ、その結果、三沢家や三刀屋家など、それまで晴久に従っていた国人の多くが大内家に寝返ってしまった。

しかし、1542年（天文11）、出雲に侵攻してきた大内軍を月山富田城の戦いで破って息を吹き返し、因幡の山名家を降し、美作の中村家ら国人を破って勢力を拡大、さらに備前の守護代・浦上家と結んで山陽道方面にまで影響力を強めていった。1551年（天文20）に大内義隆が陶晴賢の謀反によって謀殺されると、その翌年には、幕府から出雲・伯耆・隠岐・因幡・美作・備前・備中・備後の8カ国の守護職に任命され、名実ともに国持ち大名となった。

1554年（天文23）には、家中でほぼ独立勢力化していた叔父の国久率いる新宮党を打ち滅ぼし、尼子家の統率に努めた。しかし、尼子軍の主力だった新宮党の滅亡によって、尼子家の軍事力は著しく弱体化してしまった。大内家滅亡後は、安芸で急激に力をつけてきた毛利家との対立が深まり、石見銀山や備中支配をめぐって攻防を繰り広げた。

1561年（永禄3）、死去。子の義久が家督を継いだ。

益田家

平安時代後期に石見国に下向して土着し、その後、石見の有力国人に成長し、室町時代を通して一定の勢力を保持した。観応の擾乱では周防の守護・大内家とともに足利直義派に属し、以降は大内家の麾下に入り、石見国内に影響力を保持した。武勇に優れた兼堯・貞兼父子の代に最盛期を迎えたが、大内家の没落とともに衰退し、室町時代後期には吉川家との抗争に敗れて吉川家に属した。家名は存続したが、石見国内における影響力は失った。

益田兼世

ますだ・かねよ

生没年	？～1407年（応永14）
出身	石見国
主君	大内義弘
死因	病死？

◇応永の乱で幕府と戦った石見の名家

石見の国人・益田兼見の子。益田家は平安時代以来の石見の名族。

1333年（元弘3）に後醍醐天皇が倒幕の兵を挙げると、益田家は天皇に呼応して挙兵し、分家の三隅家・福屋家・周布家らもこれに従った。しかし、1335年（建武2）に足利尊氏が後醍醐天皇に反旗を翻すと、益田家は尊氏に従ったが、ほかの分家は天皇方につき、一族間で争うことになった。1349年（正平4・貞和5）に尊氏の弟・足利直義と尊氏側近の高師直が対立して幕府が二分されると、父の兼見は直義に味方して中国地方各地を転戦した。このとき、兼見は直義派だった大内家の麾下に入った。

兼世は、1378年（天授4・永和4）に兼見から家督を譲られた。この頃、中国地方に覇を唱えていたのは、周防・長門・石見・豊前・和泉・紀伊の6カ国の守護を務めていた大内義弘だった。時の将軍・足利義満は、幕府権力の強化を目指しており、6カ国の守護を兼ねる大内家の弱体化の機会をうかがっていた。

義弘は九州の少弐家討伐の幕命に従って筑前に出陣するなど幕府に臣従していたが、少弐家との戦いで戦死した弟の満弘に対する勲功がなかったことや、和泉と紀伊の守護を剥奪するといううわさが立ったことなどから、義弘は1399年（応永6）、幕府に対して兵を挙げた。大内麾下だった兼世も、上京する大内軍に加わり、さらに石見の国人に対して大内軍への参陣を催促した。

和泉堺に到着した兼世は、義弘とともに堺城にこもって幕府軍と戦ったが、義弘が討ち死にし、幕府に降伏した。

第7章 中国・四国地方の氏族／益田家

505

益田兼理

ますだ・かねこと

生没年 ？～1431年（永享3）
出身 石見国
主君 足利義満→大内盛見
死因 戦死

❖大内氏とともに筑前に戦死

　益田兼世の嫡男・益田秀兼の子で、兼世の嫡孫にあたる。

　1399年（応永6）の応永の乱で当主の大内義弘を失った大内家では、義弘の弟である盛見が兄の戦死後も幕府に抵抗を続けていた。幕府に降った益田家は、盛見討伐を命じられ、兼世・秀兼父子が出陣したが、周防・長門の国人の多くが大内方について反抗を続けたため、兼理は領国に撤退した。結局、幕府も盛見に大内家の家督継承を認めざるを得なくなり、益田家は再び大内家の麾下に入った。

　その後、大内家は九州進出をはかって豊後の大友家と対立を深めていった。盛見は、筑前への進出を企図する大友家を討つため筑前へ兵を進めた。この大友家討伐軍に、兼理は嫡男の常兼とともに加わり、立花城を攻略して筑前西部へ入り込むなどの軍功を挙げた。しかし、1431年（永享3）に筑前の少弐家が大友家と結んで援軍を送ると、大内軍は劣勢となり、兼理と常兼は筑前深江で少弐軍に攻められて討ち死にした。兼理の後は、常兼の弟・兼堯が継いだ。

当主と跡取りを失った益田家には、6代将軍・足利義教から、兼理の軍功を認める御内書が与えられた。

益田兼堯

ますだ・かねたか

生没年 ？～1485年（文明17）
出身 石見国
主君 大内持世→大内教弘→大内政弘
死因 病死

❖応仁の乱で両軍から請われる

　益田兼理の2男。父の兼理と兄の益田常兼が、1431年（永享3）に筑前における少弐家との戦いで戦死したため、幼少ながら家督を継いだ。兼理と常兼の働きが認められ、兼堯は6代将軍・足利義教に重用され、1438年（永享10）には大和の反乱鎮圧に貢献して、義教から「屋形号」の使用を許されたという。

　兼堯は「益田歴代の兵」と呼ばれるほどに武勇に優れ、戦に明け暮れる生涯であった。

　1441年（嘉吉1）に、義教が殺害される嘉吉の変が起こると、兼堯は赤松満祐が拠る美作高尾城を攻めて落城させ、管領・細川持之から感状が送られた。1451年（宝徳3）には、幕府に敵対する伊予の守護・河野通春を討伐するために伊予に渡り、安芸の国人・吉川経信と連合してこれを破った。このときも、管領・畠山持国から感状が送られている。

　その後も、1455年（享徳4）に肥後で

益田家略系図

兼見 ——— 兼世 ——— 秀兼 ——— 兼理 ┬── 常兼

└── 兼堯 ——— 貞兼

勃発した一揆を鎮圧するために出陣し、1461年（寛正2）には河内に出陣して畠山義就と戦い、1463年（寛正4）には毛利豊元らと連合して再び畠山義就を攻めて、ついに義就を降した。

1467年（応仁1）の応仁の乱では、山名宗全率いる西軍に与して軍を出した。

兼堯は武力一辺倒だけでなく、文化への造詣も深く、当時の画壇の第一人者でもあった雪舟と親交を持ち、雪舟を石見に呼び寄せて厚遇した。雪舟は兼堯に感謝の念を表し、「益田兼堯像」を残したといわれる。

益田貞兼

ますだ・さだかね

生没年	？～1526年（大永6）
出身	石見国
主君	大内政弘→大内義興
死因	病死

◇後世まで続く益田家の中興の祖

益田兼堯の嫡男。父に劣らぬ武勇の持ち主で、益田家は貞兼の代に最盛期を創出することになる。

早くから父に従って戦場を駆け巡り、応仁の乱では西軍の大内政弘の軍に加わって各地で武功を挙げた。とくに、武庫郡越水、難波氷室における活躍はめざましく、西軍の大将・足利義視から褒美として太刀と鎧を与えられた。

1470年（文明2）に、大内政弘の留守を狙った大内一族の大内教幸が、東軍に内応して挙兵すると、石見の国人たちはこぞって東軍に寝返ってしまった。しかし、貞兼は政弘を支持して西軍に残り、父・兼堯とともに教幸軍と対立した。翌年には、教幸側の吉見信頼を長門嘉年城に破って劣勢を覆すと、ついに教幸を九州へ敗走させた。

乱後、貞兼には高津・須子・角井・安富・豊田・市原の旧吉見領6郡が与えられ、大幅に勢力を拡大させることに成功した。その権勢は幕府内にも轟き、1479年（文明11）には9代将軍・足利義尚の接待を受けてもいる。その後、貞兼は大内家の重鎮として活動し、本格的な戦国時代の到来を前に病没した。

第7章

中国・四国地方の氏族／益田家

安芸武田家

甲斐源氏の嫡流武田家の流れを汲み、承久の乱（1221年）後に、甲斐武田氏の信満が安芸国守護に補任され、鎌倉時代後期に、本家から守護代として送られた信武が土着した。鎌倉幕府御家人として、元弘の乱では幕府方として活動したため、建武の新政では不遇をかこったが、足利尊氏に臣従したことで室町幕府で安芸国守護に再任された。防長守護の大内家や、毛利家との抗争に敗れて信実の代に滅亡した。

武田氏信

たけだ・うじのぶ

生没年 ？～1394年（応永1）
出身 甲斐国
主君 足利尊氏
死因 病死

◇安芸国に影響力をもった武田家の祖

室町幕府創成期の功臣で、甲斐の守護となった武田信武の子。氏信は安芸武田家の祖となった。父の信武は、建武の新政から離反した足利尊氏に従い、安芸国守護と甲斐国守護を与えられた。

室町幕府が成立し、やがて尊氏と弟の足利直義が対立する観応の擾乱がはじまると、武田家は尊氏方についた。安芸国でも両派の争いが勃発し、1350年（正平5・観応1）に氏信は領国の安定のために安芸へ下向した。

安芸に到着した氏信は、尊氏方の国人・吉川実経らとともに兵を挙げ、直義派の毛利親胤を吉田荘に攻めて討ち滅ぼ

し、続いて安芸高田地方を支配していた国人・寺原時親がこもる寺原・与谷両城を陥落させ、さらに同地方の猿喰山城の山県為継、壬生道忠を攻略し、安芸国内の直義派を制圧していった。緒戦は氏信率いる尊氏派が優勢だったが、毛利親衡の坂城を攻めきれず、石見吉川家ら直義派が援軍に参戦すると敗走を余儀なくされ、以降は戦況を有利に運ぶことができず、一進一退を繰り返すこととなる。

1359年（正平14・延文4）に父が死去すると、氏信は安芸の守護に補任された。甲斐の守護は、兄の信成が相続した。安芸では、南朝方の周防の支配者・大内弘世も機に乗じて侵攻してくるなど、氏信支配の動揺は続いた。結局、支配体制を整えることはできず、1368年（正平23・応安1）、その責任を問われる形で安芸の守護を解任された。安芸の守護には今川了俊が補任されたが、氏信は守護代として領国経営に携わり、銀山城に拠って安芸での影響力を保持した。

武田信繁

たけだ・のぶしげ

生没年 1390年（明徳1・元中7）～1465年（寛正6）

出身 安芸国

主君 足利義教→足利義政

死因 病死

◇ 幕府に反発しながらも生き残る

安芸の分郡守護・武田信在の子。武田家はもともと安芸の守護だったが、1368年（正平23・応安1）に武田氏信が守護を解任され、佐東郡の分郡守護に降格された。氏信が守護を解任されたあと、安芸の守護には今川了俊、細川頼元、渋川満頼、山名満氏が補任されたが、それぞれの守護就任期間は短く、安芸国内に勢力を張ることはできず、安芸は武田家を含む国人領主が各地を支配するようになっていた。

武田家は、1404年（応永11）に守護に就任した山名満氏の支配に反発して安芸の国人と一揆契約を結んで対抗した時期もあったが、信繁の代になって幕府に帰順し、1430年（永享2）までには、佐東郡のほかに、山県郡と安南郡の3郡の分郡守護に任命された。

しかし、信繁はしばしば幕府に反抗しており、独立志向が高かったことも窺える。1431年（永享3）に周防と長門の守護・大内盛見が少弐家・大友家連合軍に討たれたとき、安芸の守護・山名時熙から幕命として出陣命令が下されたが、信繁は従わなかった。このときは6代将軍・足利義教から直接命令が下ったため、信繁は九州へ出陣したが、無断で帰国して義教の怒りを買ったという。

ただ、嫡男の信栄は幕府に従順で、1440年（永享12）には義教と対立していた丹後の守護・一色義貫を討伐する大勲を挙げ、若狭の守護を与えられた。信栄が若狭に下向したため、安芸は信繁が経営にあたることとなる。

この頃から、大内家による安芸への侵攻が目立ちはじめ、信繁はたびたび大内軍と対峙したが、大内家の威勢に危機感を持っていた幕府が信繁の支援に回ったことで、大内家による浸食は免れた。その後、幕府から安芸国東西条を与えられるなど、安芸国内での影響力を保持したまま、4男・元綱に分郡守護を継承させた。

第7章　中国・四国地方の氏族／安芸武田家

安芸武田家略系図

```
信武 ─┬─ 信成
       │   （甲斐武田家）
       │
       └─ 氏信 ─── 信在 ─── 信繁 ─┬─ 信栄
           （安芸武田家）              │   （若狭武田家初代）
                                       │
                                       ├─ 信賢
                                       │
                                       ├─ 国信 ─── 元信
                                       │   （若狭武田家）
                                       │
                                       └─ 元綱 ─── 元繁 ─── 光和
```

武田元綱

たけだ・もとつな

生没年 1441年（嘉吉1）～1505年（永正2）
出身 安芸国
主君 武田信賢→足利義視→武田国信
死因 病死

◇安芸国保持のために兄と袂を分かつ

武田信繁の4男。長兄の信栄が若狭の守護となって領国に下向し、次兄の信賢が武田家の家督を継いだが、信賢は信栄の後を継いで若狭の守護にも任じられていて若狭の統治にかかりっきりだったため、安芸は父・信繁とともに元綱が経営にあたっていた。

1467年（応仁1）に勃発した応仁の乱では、兄・信賢とともに細川勝元率いる東軍に属し、その中核をなして市街戦で活躍した。当初は東軍有利に進んでいた戦は、防長の守護・大内政弘が大軍を率いて西軍に加わると、安芸国内でも西軍の勢力が増し、元綱は父の命で京を離れて安芸に帰国した。すると元綱は、大内方の毛利家、福原家からの誘いを受けて西軍に寝返り、郡代を殺害し、西軍の大将である足利義視から安芸4郡の分郡守護に任じられ、兄・信賢らと袂を分かった。

兄の信賢は、元綱の寝返りについて幕府に陳情し、東軍方の安芸4郡の分郡守護は武田家のままとされた。

1471年（文明3）、兄の信賢が病死した後、家督を継いだのは三兄の国信だったが、しばらくの間、両者の関係は修復されなかった。1483年（文明15）、大内政弘の仲介を得てようやく和解し、分郡守護職は国信が掌握することとなった。ただ、安芸国の経営は元綱に一任されており、元綱の死後は嫡男の元繁が後を継ぎ、安芸国経営に携わっていくことになる。

武田元繁

たけだ・もとしげ

生没年 1467年（応仁1）～1517年（永正14）
出身 安芸国
主君 大内義興
死因 戦死

◇大内家から離反して独立

武田元綱の嫡男。

応仁の乱勃発（1467年）の前後から、安芸は再三にわたって大内家からの侵攻を受けており、安芸武田家は大内家と対立したり協調したりを繰り返し、元繁の頃には大内義興の支配下にあった。

1508年（永正5）、義興は前将軍・足利義稙を奉じて上洛の途につき、元繁は義興軍に従軍して上洛した。しかし、若狭の守護を務める武田家惣領の武田元信は、現将軍・足利義澄を支持したため、武田家は元繁派（義稙派）と元信派（義澄派）に分裂してしまった。

元繁は、義興とともに京にとどまって事後収拾にあたっていたが、元繁とともに上洛していた厳島神社の神主・藤原興親が急死すると、厳島神主家中で後継者争いが起こり、国内にある厳島神社の所領の代官や社人が東西に分かれて対立しはじめ、安芸国内は動揺した。

この事態の収拾に、義興は1515年（永正12）、元繁を安芸国へ帰国させることにした。このとき義興は、元繁の離反を怖れて、自らの養女にしていた権大納言・飛鳥井雅俊の娘を元繁に嫁がせた。

ところが、安芸へ戻った元繁は、飛鳥井家の娘を離縁し、大内家に反旗を翻した。そして、神領衆東軍について、国内の大内家所領への侵攻をはじめた。当時は、義興が在京している隙をついて、山陰で急速に勢力を伸ばしていた尼子家が

安芸へもたびたび侵攻していた頃であり、元繁は尼子家との関係を優先させたのだった。元繁はその後、尼子経久の弟・久幸に娘を嫁がせ、姻戚関係を結び、尼子家との結びつきを強化した。

これに対し、義興は毛利家と吉川家に命じて、元繁方の有田城を攻略させ、元繁は安芸の有力国人である毛利家と吉川家と対立することになる。

◇ 有田合戦で毛利元就に大敗

1516年（永正13）、毛利興元が没し、興元の嫡男・幸松丸がわずか2歳で家督を継いだ。元繁は、毛利家の家督交替を好機と見て、1517年（永正14）、5500騎の大軍を率いて有田城奪回めざして進軍した。対する毛利軍は、幸松丸の叔父・毛利元就率いる1700余騎が迎撃した。

元繁は700騎を先発させて有田城を牽制し、残りの軍勢を5手に分けて備え、元就もまた5手に分けて武田軍を迎え撃った。

元繁軍の士気は高く数にも勝り、戦局は元繁に有利に運んでいた。そのなか、元就が兵を率いて突然、元繁の本陣めがけて突撃してきた。元繁軍は元就軍を迎撃し、元繁は自ら馬に跨り敗走する元就を追撃した。そして、元繁が河川を飛び越えようとしたところ、毛利軍が一斉に矢を放ち、元繁は胸を射られて絶命した。

元繁を失った武田軍は総崩れとなり敗走、後を嫡男の光和が継いだが、安芸武田家はその後ふるわなかった。

第7章 中国・四国地方の氏族／安芸武田家

毛利家

鎌倉幕府創成期の重臣・大江広元を祖とし、大江季光が相模の毛利荘の地頭となり毛利姓を名乗った。その子・経光が鎌倉時代中期に安芸国内に吉田荘を与えられて安芸に下向し、その後、安芸を代表する有力国人となった。後醍醐天皇が倒幕の兵を挙げた際は中立を保ったが、建武の新政に反した足利尊氏に従って本領を安堵された。その後は大内家や尼子家に属して活動し、元就の代に戦国大名に成長した。

毛利元春
もうり・もとはる

生没年	不詳
出身	安芸国
主君	足利尊氏→足利義詮→足利義満
死因	不明

◇ 毛利家の礎を築く

1333年（元弘3）、配流先の隠岐を脱出した後醍醐天皇が倒幕の兵を起こすと、元春は当初は中立の立場を守ったが、足利尊氏が後醍醐天皇に寝返って幕府を裏切ると、尊氏に呼応して挙兵した。

しかし、建武の新政下で、毛利家の本貫地である安芸国吉田荘が公卿の花山院家の所領とされたため、1335年（建武2）に尊氏が後醍醐天皇に背くと、元春は尊氏に従った。尊氏が京での戦いに敗れて九州に落ち、1336年（延元1・建武3）に再挙して上洛すると、陸路を西下してきた足利直義軍に従軍。京を制圧した尊氏が翌年に幕府を開くと、軍功を認

められて吉田荘を返還された。

しかし、祖父の毛利貞親と父の毛利親衡は安芸ではなく越後の毛利家領地にいたため、尊氏の離反後も後醍醐天皇側につき、一族は分裂してしまった。

1370年（建徳1・応安3）、九州制圧のために九州探題・今川了俊が西下した際、了俊は備後・安芸などの中国地方の諸将を糾合したが、元春も了俊に従って九州へ出陣した。1371年（建徳2・応安4）には、九州に上陸した了俊の大宰府攻めに加わって武功を挙げ、その後、南朝勢の中核をなしていた菊池家討伐のために高良山攻撃を了俊に進言し、菊池武安らを敗走させる殊勲を挙げた。

しかし、元春が九州に出陣中に、父の親衡が周防の大内弘世と結んで安芸吉田に攻め込み、留守を守っていた元春の子・広房が殺害されてしまった。九州から戻った元春は親衡軍を破って撤退させると親衡を追放し、元春が正式に毛利宗家を継いだ。

福原広世

ふくはら・ひろよ

生没年 不詳
出身 安芸国
主君 足利義満
死因 不明

◇毛利家の縁の下の力持ち

毛利元春の5男で、同族の長井貞広の養子となった。1375年（天授1・永和1）、養父の貞広が、九州探題・今川了俊に従って九州を転戦中に戦死したため、広世が長井家の家督を継いだ。広世は、安芸福原荘に移住して福原を名乗り、1385年（元中2・至徳2）には幕府から所領を安堵された。

1399年（応永6）に応永の乱が起こり、大内義弘が討死すると、3代将軍・足利義満から広世のもとに、周防・長門の守護職を継いでいた大内盛見の討伐令が下った。このとき広世が毛利家の家督を継ぎ、広世の家督相続は御教書でも認められた。しかし、盛見の武勇に幕府軍は劣勢を強いられ、幕府は盛見の家督継承を正式に認めて盛見と和睦し、それ以降、広世は大内家に従った。

その後、元春の嫡孫である甥の光房が成長すると光房に家督を譲り、広世自身は毛利一族の長老として光房を補佐し、福原家の家督は嫡男の朝広に譲った。

1418年（応永25）頃、毛利惣領家と庶家の間で溝が深まり、武力衝突に発展するという事件が起こった。惣領家の居城・吉田城が志道家ら庶家に攻められたとき、惣領の光房は在京していたため、吉田城に入って惣領家を守ったのが、広世と朝広の福原父子だった。この内紛は、近隣の国人・平賀家、宍戸家らが仲介に入って和睦が成立して収まった。

惣領家を守って事態を収拾した広世に対して光房は、今後福原家を粗末に扱わないことを誓った起誓文を送って、広世の軍功に応えた。

毛利豊元

もうり・とよもと

生没年 1444年（文安1）～1476年（文明8）
出身 安芸国
主君 山名是豊→大内政弘
死因 病死

◇応仁の乱で西軍に寝返り

毛利熙元の子で、毛利元就の祖父にあたる。1464年（寛正5）に家督を継いだ。

1467年（応仁1）に応仁の乱が勃発すると、当時の安芸の守護・山名是豊が東軍に加担したため、豊元も東軍に属し、上京して是豊軍に従軍した。その後はおもに京での戦いに従事し、西軍の大内政弘らと戦ったが、1471年（文明3）、毛利家所領の扱いをめぐって幕府と対立した

第7章

中国・四国地方の氏族／毛利家

毛利家略系図

```
          ┌ 広房 ── 光房 ── 熙元 ── 豊元 ── 弘元 ── 興元
元春 ──┤
          └ 広世 ── 朝広                        └ 元就
            （福原家）
```

513

ため領国に戻って西軍に寝返り、大内政弘の麾下に属した。

1475年（文明7）、安芸東西条で大規模な徳政一揆が勃発し、さらにそれに呼応するかのように武田家・沼田小早川家ら東軍の諸将が兵を挙げ、東西条の拠点である鏡山城へ攻め寄せた。在京していた政弘の命を受けた豊元は鏡山城へ兵を進め、城を包囲していた武田軍を打ち破り、鏡山城の陥落を死守した。さらに豊元は東西条で起こっていた徳政一揆を鎮圧。戦後、戦功を認められて、政弘から西条盆地を所領として与えられた。

その翌年、病に倒れて没した。

毛利興元

もうり・おきもと

生没年 1493年（明応2）～1516年（永正13）
出身 安芸国
主君 大内義興
死因 病死

◇大内家に従い安芸を制圧へ

毛利弘元の子。弟に、戦国時代を代表する戦国大名となる毛利元就がいる。

1500年（明応9）、父・弘元が隠退したため家督を継いだ。毛利家の本拠地である安芸国は、応仁の乱後、守護が誰だったのかもわからないほど混乱した状態にあり、隣国周防国の守護・大内家の支配下同然という状態だった。その大内家は、1493年（明応2）の明応の政変によって将軍位を廃された足利義材（義稙）を庇護して、京の細川政元と対立していたが、興元は政元派に与していた。

1506年（永正3）に父・弘元が死去すると、興元は重臣たちの勧めによって大内方に転じた。

1507年（永正4）、細川政元が養子の細川澄之らによって殺害され、政元のもう

2人の養子である澄元と高国が澄之派と対立して合戦に及ぶと、京は混乱をきわめた。京への復帰をもくろんでいた義材は、この機に乗じて上洛をめざし、大内義興は翌年、義材を奉じて上洛を開始した。興元は義興軍に従軍して、同年6月、入京を果たすと、その後4年間、義興とともに在京することになった。

その頃、出雲の守護代・尼子経久が急速に勢力を伸ばし、備後・安芸へもたびたび侵攻してくるようになったため、興元は義興の命を受けて1512年（永正9）に帰国した。

安芸に帰り着いた興元は、尼子軍と対抗するため、安芸の国人8家と一揆契約を結んだ。また、備後国で争っていた山内家と木梨杉原家の紛争に介入して、争いを調停し、ともに尼子軍とあたることにした。

安芸国内の制圧をめざしたが、1516年（永正13）、24歳の若さで死去。後を嫡子の幸松丸が継いだが、幸松丸も早世したため、興元の弟・元就が当主となった。

毛利元就

もうり・もとなり

生没年 1497年（明応6）～1571年（元亀2）
出身 安芸国
主君 尼子経久→大内義隆
死因 病死

◇尼子軍を破り武名を轟かせる

毛利弘元の子。1516年（永正13）、毛利家の当主だった兄の興元が死去し、興元の嫡男・幸松丸が後を継いだ。このとき幸松丸はまだ2歳だったため、元就が後見役として政務を司った。1523年（大永3）、幸松丸がわずか9歳で逝去すると、元就が家督を継いだ。

当時の安芸は守護勢力が不在で、各地

に国人が割拠していたうえ、山陰の尼子家と防長の大内家がたびたび侵攻してきていた。そのため元就は、大内家に人質を送る一方で、尼子家には臣下の礼をとって、両勢力に対応した。

しかし、1537年（天文6）、元就は尼子家と完全に手を切って大内家と結んだ。怒った尼子晴久は3万の軍勢を率いて毛利領内に攻め寄せた。元就は大内義隆に援軍を要請するとともに、郡山城に立て籠もって尼子軍と対峙した。元就は3カ月の籠城戦を耐え、陶晴賢率いる大内軍が到着すると出陣し、尼子軍を敗走させた。1541年（天文10）には、かつての守護家で佐東郡を領有していた安芸武田家を攻め滅ぼして版図を広げ、安芸を代表する国人となった。

1551年（天文20）、大内義隆が家臣の陶晴賢の謀反にあい大内家は滅んだ。当初、元就は晴賢と結んで安芸国内の支配権を得て、さらに勢力を拡大させた。そして1553年（天文22）、石見の国人・吉見正頼が晴賢に反して兵を挙げると、元就は嫡男・隆元の意見を容れて晴賢と決別し、翌年には晴賢の主力・宮川房長を折敷畑の戦いで破り、さらに佐東銀山城を奪い取ると、海を渡って厳島を占拠した。一方で元就は謀略戦を駆使して、晴賢麾下随一の武将であった江良房栄を晴賢に殺させることに成功した。

そして1555年（天文24）、厳島に渡海してきた陶軍を破ると、そのまま周防・長門に攻め寄せて両国を制圧、さらに石見にも侵攻して石見西部も手に入れた。こうして元就は山陽地方の支配者として君臨することになった。

山陽を押さえた元就の最大の敵は、山陰の覇者・尼子家だった。1562年（永禄5）、元就は尼子家領の石見銀山を奪い取

って石見全域を支配下に収めると、同年、出雲へ侵攻した。両軍の戦いは長期化したが、1566年（永禄9）、元就はついに尼子家の居城・月山富田城を落とし、中国地方の大部分を版図に組み入れたのである。

その後は豊後の大友宗麟や、大内一族の大内輝弘などと戦いながらも中国地方の支配権を保持し、1571年（元亀2）に死去した。

第7章　中国・四国地方の氏族／毛利家

☰ 吉川家

もともとは駿河に下向した下級貴族だったが、承久の乱後に安芸国内の地頭に補任され勢力を拡大した。後醍醐天皇倒幕活動に際しては足利尊氏に従い行動したが、朝廷が南北に分裂すると吉川家も分裂してしまった。一枚岩とはいかずに勢力を衰退させたが、経見の代に家中を統一し、勢力を復活させた。その後は、安芸武田家や尼子家に属して動乱の世を渡り歩いたが、興経の代に毛利家と対立して嫡流を断絶させた。

吉川経兼

きっかわ・つねかね

生没年 不詳
出身 石見国
主君 後醍醐天皇→後村上天皇
死因 病死

◇南朝として奮戦した石見吉川氏の祖

石見吉川家の当主・吉川経茂の子。後醍醐天皇が吉野に南朝を樹立して南北朝の動乱がはじまると、宗家は足利尊氏方についたが、経兼は南朝に与した。

経兼が南朝に味方したのは、母方の実家である石見の有力国人・三隅家との関係による。三隅家は、1333年（元弘3）に後醍醐天皇が隠岐から脱出して伯耆船上山で兵を挙げたとき一族を率いて天皇のもとに参じ、それ以来南朝方の武将として活躍し、石見周辺で幕府方と何度も交戦していたのである。

やがて、室町幕府内で尊氏と弟の足利直義の対立が表面化し、観応の擾乱が勃発すると、直義の養子である足利直冬が長門探題として中国地方に下向してきた。直義が尊氏に対抗するために南朝に降ると直冬も南朝に従い、経兼は直冬とともに南朝軍として戦った。

1350年（正平5・観応1）には、直冬方の武将・今川頼貞の命を受けて尊氏方の毛利親衡を坂城に攻め、親衡を降した。経兼はさらに西に兵を進め、尊氏方の安芸の守護・武田氏信を敗走させた。

これらの功績が認められ、1358年（正平13・延文3）には南朝の後村上天皇から駿河権守に任命された。

吉川経見

きっかわ・つねみ

生没年 ?～1435年（永享7）
出身 石見国
主君 後村上天皇→足利義満
死因 病死

◇石見、安芸両国の吉川氏を統合

石見吉川家の当主・吉川経兼の嫡男。

父・経兼とともに南朝方の武将として、安芸・長門方面を転戦し、後村上天皇からは左衛門尉に任命された。宗家の安芸吉川家は幕府に従っていたため対立関係にあったが、時の安芸吉川家の当主・吉川経秋に後継者となる男子がいなかったため、経見が経秋の婿養子となって安芸吉川家の家督も相続した。

こうして経見は安芸吉川家を併合し、石見吉川家の自領とともに惣領家の領地も継承することになり、吉川家の支配領域は一気に拡大した。

その後、南朝勢力が弱体化すると経見は幕府に降り、1370年（建徳1・応安3）に九州探題の今川了俊が中国地方に下向してくると了俊軍に従軍し、翌年、了俊に従って九州へ渡った。

1372年（文中1・応安5）、九州南朝勢の筑前多良倉城、鷹見城の攻略軍として参加し、続けて小倉、宗像へ転戦して武功を挙げた。1376年（天授2・永和2）には再び筑前に渡り、南朝勢の主力だった菊池武朝軍と対峙し、翌年には肥前まで侵攻し、肥前蜷打の戦いで菊池方の阿蘇惟武を討つなどの軍功を挙げ、幕府の九州制圧に大きく貢献した。

これら経見の働きは、3代将軍・足利義満にも認められ、大朝など安芸国内に所領を与えられ、また播磨にも新たに領地を獲得し、吉川家の所領は拡大した。

1406年（応永13）には、安芸の守護・武田家から、正式に吉川家の宗家当主として認められ、以降は経見の嫡流が吉川家を継いでいくことになる。

吉川之経

きっかわ・ゆきつね

生没年 1415年（応永22）～1477年（文明9）
出身 安芸国
主君 武田信賢
死因 不明

◇応仁の乱前の吉川家の基礎を築く

吉川経見の孫にあたる。安芸の分郡守護・武田家に従っていたが、一時は領地をめぐって武田家と対立した。その際は、安芸南部の有力国人・小早川家の仲介を得て和睦した。その後は、武田家と友好関係を築きながら、安芸のなかでは最有力の国人に成長した。

1457年（長禄1）、守護の武田信賢が厳島神主家と領地争いを起こし、神主家が防長の有力守護だった大内教弘に救援を

第7章　中国・四国地方の氏族／吉川家

吉川家略系図

```
┌ 経高 ──── (2代略) ──── 経秋 ══ 経見 ──── 経信 ──── 之経 ─┐
│ (安芸吉川)                      ↑                        │
│                                ┆                        │
└ 経茂 ──── 経兼 ──── 経見┄┄┄┄┘                        │
  (石見吉川)                                               │
                                                          │
                    ┌ 経基 ──── 国経 ──── 元経 ──── 興経 ─┘
                    │                  │
                    └                  └ 女
                                         ║
                                         ║ ──── 元春
                                       毛利元就
```

517

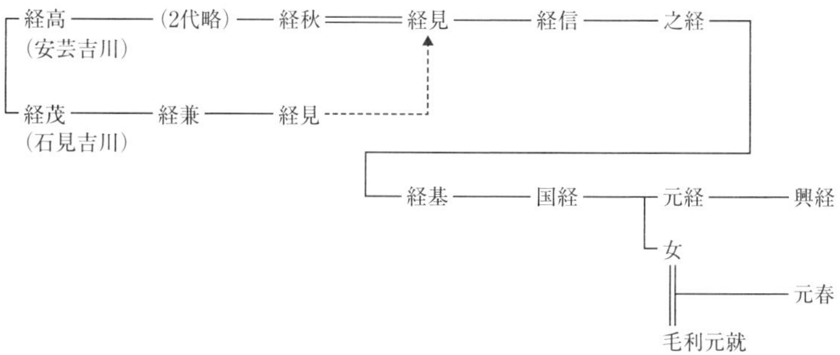

依頼したため、大内軍が安芸に侵攻してきた。大内軍は武田方の安芸釈迦岳城を攻め落とし、続いて己斐城に攻め寄せた。さらに北上して金山城を攻め、ふもとの山本では、大内軍と武田軍が白兵戦を展開した。このとき之経のもとには、管領の細川勝元より、武田家への援軍出兵の命が下された。之経は、毛利家らとともに出陣して武田軍を援け、8代将軍・足利義政から感状を受けている。

1467年（応仁1）、応仁の乱が勃発すると、之経は武田家に従って細川勝元率いる東軍に与して上洛し、京を舞台に西軍と戦った。

吉川経基

きっかわ・つねもと

生没年 1428年（正長1）～1520年（永正17）
出身 安芸国
主君 足利義政→足利義尚
死因 病死

◆鬼吉川の異名で応仁の乱で活躍

吉川之経の嫡男。その武勇は当時でも有名で、「鬼吉川」と呼ばれたという。

1460年（長禄4）、管領家の畠山家で家督をめぐって畠山政長と畠山義就が武力抗争を起こすと、経基は8代将軍・足利義政の命を受けて政長軍に援軍を派兵した。翌年には安芸の守護・山名是豊（山名宗全の子）に従って河内へ出陣し、再び政長を助けて義就軍と戦った。

1467年（応仁1）、政長と義就が京で武力衝突を起こしたことをきっかけに応仁の乱が勃発すると、経基は是豊と対立する細川勝元率いる東軍に属し、京都各地を転戦した。

応仁の乱最大の戦闘である相国寺の戦いにも参戦し、西軍の義就軍を撤退させる戦功を挙げた。この戦いで経基自身も

傷を負い、経基の顔面があまりに傷だらけだったことから、「俎板吉川」と呼ばれて怖れられたという。

経基は応仁の乱の勲功で、安芸・石見・播磨に新たに所領を与えられ、吉川家の勢力は拡大した。

応仁の乱の終結後は、9代将軍・足利義尚に従い、1482年（文明14）には義尚の命を受け、河内で兵を挙げた畠山義就を討伐するために畠山政長・細川政元らとともに河内に出陣した。その後は安芸に戻り、1487年（長享1）には播磨の領有をめぐって山名家と対立していた赤松政則に請われて出陣するなど、武勇を買われて各地を転戦した。

1504年（永正1）、安芸国内で吉川家と領地を接して対立していた高橋久光が、経基方の有田城に攻め寄せた。経基は、嫡男の国経とともに久光軍を迎え撃ち、これを撤退させた。

経基は武勇一辺倒ではなく、和歌や書道にも造詣が深い文化人だった。とくに書道にすぐれ、後柏原天皇の命で『古今和歌集』を筆写して献上し、また吉川家の菩提寺・洞пари春寺には『元亨釈書』を書写して納めた。文人としても優れていた経基は後柏原天皇からも一目置かれており、天皇に招かれて私的に懇談したこともあったという。

吉川国経

きっかわ・くにつね

生没年 1443年（嘉吉3）～1531年（享禄4）
出身 安芸国
主君 足利義稙→足利義晴
死因 病死

◆毛利氏と協調し戦国吉川氏の礎となる

吉川経基の嫡男。経基が長く実権を握っていたため家督を継いだのは1509年

518

（永正6）で、すでに60歳を超えていた。

この頃、幕府の実力者だった細川家と、中国地方西部を支配する防長の守護・大内家との対立が激化し、山陰地方では出雲の守護代・尼子家が台頭してきて安芸国内にもたびたび侵攻してくるなど、国経の周辺は動揺していた。

1498年（明応7）、10代将軍・足利義稙が、管領・細川政元によって将軍職を追われて周防の大内義興を頼って下向してきた。義興は義稙をかくまい、1507年（永正4）に政元が殺害されると、義稙を奉じて上洛し、義稙を将軍位に復帰させた。この際、国経は尼子経久とともに義興に従って入京した。

幕府内で義稙と前将軍の足利義澄を擁立する細川澄元（政元の養子）が対立し、義興はそのまま在京することになり、国経も義興とともに在京した。1511年（永正8）、澄元が兵を挙げて京を奪還したが、義興は船岡山の戦いで澄元軍を破った。国経は子の元経とともに合戦に参陣して武功を挙げ、義稙の京復帰に貢献した。

しかし、義興が京に滞在している隙をついて、出雲・備前・美作・備後では尼子家が勢力を拡大して安芸をうかがうようになり、また安芸武田家の元繁も自領拡大に努めるようになって、安芸国内は騒然としはじめた。

国経は、家督を譲っていた元経とともに戦局の打開に努め、安芸の有力国人・毛利家と同盟して元繁の討伐に成功し、自領を守ることに成功した。

その後は大内家や尼子家と対立・和睦を繰り返しながら安芸国内での影響力を保ち、娘を毛利元就に嫁がせて毛利家とは常に協力関係を築いた。

吉川興経

きっかわ・おきつね

生没年 ？～1550年（天文19）
出身 安芸国
主君 尼子経久→大内義興
死因 殺害

◆吉川家最後の嫡流

1522年（大永2）に父・吉川元経の後を継いで、吉川家14代当主となる。

当時の安芸は、分郡守護の山名家と安芸武田家の勢力が弱まり、国人の毛利家が大きく力を伸ばしていた。また、隣国の大内義興と尼子経久が安芸と石見の支配権をめぐって対立し、安芸国内でも両家がたびたび衝突するようになっていた。

興経が家督を継いだときは、5歳とも14歳ともいわれ、健在だった祖父の国経がその後見となって政務を執った。

興経が家督を継いだ翌年、厳島神主家の友田興藤が一族間の家督争いを制すると、大内家に対して反旗を翻した。大内家と対立していた尼子経久は興藤を支援して安芸に出陣し、大内家の直轄領だった安芸東西条の鏡山城に軍を進めた。

興経は、自領が尼子家と接していたことから経久側につき、反大内方だった安芸武田家や毛利家も尼子方となって出陣した。

◆吉川家嫡流を断絶させる

鏡山城攻めの後、毛利元就が毛利家の家督を継いだが、尼子家による元就暗殺のうわさが立ち、経久に不信感を抱いた元就は大内方に転じた。興経の元にも、元就から誘いがあったが、興経はこれを拒否して毛利家と対立した。

1540年（天文9）、経久の後を継いだ尼子晴久が毛利家の拠点・吉田郡山城を攻めた。興経は尼子側として参戦し、打っ

第7章 中国・四国地方の氏族／吉川家

519

て出てきた元就軍3000余騎を1000余騎で迎え撃った。興経は自ら強弓を引き放って抗戦し、元就軍と互角に戦った。

　結局、吉田郡山城は落ちず、晴久は兵を撤退させた。その後、備中・備後・安芸・石見では、国人の多くが大内側につき、興経も尼子家を離反して大内家に寝返った。

　1542年（天文11）、大内義隆は尼子家を討伐するために自ら兵を率いて出陣し、尼子家の居城・月山富田城を攻めた。興経も大内軍に従軍して月山富田城を攻め、義隆から「その勇気群を抜く」と褒めたたえられるほどの武勇を見せたという。

　しかし、月山富田城はなかなか落ちず、大内軍は兵糧不足となって劣勢に陥ると、大内方として参戦していた三刀屋久扶・三沢為清らの国人が次々と尼子側に寝返った。このとき興経も三刀屋や三沢らとともに尼子方に寝返り、結果、大内軍は敗退した。この敗戦をきっかけに大内家は衰退した。

　しかし、興経の自領では大内派が多数を占めていたため、興経は自国へ戻ることができなくなってしまい、自国の経営は重臣の大塩家に任せっきりとなってしまう。やがて吉川家中では大塩家の専制化が強まり、1550年（天文19）、吉川家中でクーデターが起こって、興経は強制隠居させられてしまう。そして同年、興経は安芸の制圧をめざす元就に殺害された。

　吉川家を継いだのは、興経の従兄弟にあたる元就の2男・元春となり、興経の死によって吉川家の嫡流は断絶してしまった。

小早川家

桓武平氏の相模土肥家の庶流で、相模国早川荘を領して小早川姓を名乗り、鎌倉時代初期に安芸国沼田荘に土着。その後、本家の沼田小早川家と庶家の竹原小早川家に分裂し、竹原小早川家が足利尊氏にしたがったことで、本家を上回る力をつけた。両者は応仁の乱でも分かれて戦うなど対立し、互いに勢力を減退させていった。室町時代後期に安芸の国人・毛利家が勢力を拡大させると、これに抵抗する力もなく、両家ともに毛利家の支配下に置かれた。

小早川貞平

こばやかわ・さだひら

生没年 不詳
出身 安芸国
主君 鎌倉幕府→足利尊氏
死因 不明

◇六波羅探題陥落の際に北条家に加担

小早川家の惣領である沼田小早川家の当主。1333年（元弘3）、後醍醐天皇が鎌倉幕府討伐の兵を挙げると、上洛して幕府方の六波羅探題軍の一員として天皇方と戦った。

しかし、幕府の有力御家人だった足利尊氏が天皇方に寝返り、播磨の赤松家や近江の佐々木家を味方につけた倒幕軍が六波羅探題に攻め寄せ、探題北方の北条仲時と探題南方の北条時益は京を捨て、光厳天皇を奉じて鎌倉をめざして近江へ奔った。

このとき貞平も北条軍とともに近江へ逃れたが、倒幕軍の追撃は厳しく、一行は近江番場で追いつかれて合戦に及んだが敗れ、北条家の一族郎党は自刃した。貞平もこの合戦に参戦したが、幕府軍が敗れると近江を脱出して領国の安芸へ逃れた。その後は足利尊氏に帰順したが、六波羅探題攻めでの北条方加担を咎められて所領を没収されてしまった。

しかし、庶家の竹原小早川家の小早川景宗は、後醍醐天皇が伯耆で挙兵したときから倒幕軍に加わり、尊氏の上洛戦にも加わっていたことから尊氏の信任を得ており、景宗の尽力があって貞平の所領はのちに回復されたという。

1335年（建武2）に尊氏が後醍醐天皇に反旗を翻すと、貞平は尊氏に従い、京での戦いに敗れた尊氏が九州に敗走する際には尊氏に協力している。尊氏が京を奪還して幕府を開くと、九州敗走の際の功績が認められて従五位下・備後守に叙任された。

1351年（観応2）には安芸因島の地頭に任じられて因島での地歩を固めた。こ

第7章 中国・四国地方の氏族／小早川家

521

れが、のちの小早川水軍へとつながる。

　没年は定かでないが、一説には1375年（天授1・永和1）とされる。

小早川祐景

こばやかわ・すけかげ

生没年 ？～1338年（延元3・暦応1）
出身 安芸国
主君 鎌倉幕府→足利尊氏
死因 戦死

◇ **倒幕派に転じた小早川家の庶流**

　竹原小早川家の小早川景宗の子。

　1333年（元弘3）、隠岐に配流されていた後醍醐天皇が島を脱出して伯耆で挙兵した。本家の沼田小早川家は鎌倉幕府軍として参戦したが、竹原小早川家は土地領有をめぐって幕府と対立しており、祐景は父・景宗とともに天皇の倒幕挙兵に呼応して、丹波篠村で天皇方に寝返った足利尊氏軍に合流し、尊氏とともに上洛して六波羅探題攻めに参戦した。このとき、本家の小早川貞平は六波羅探題方として参戦しており、小早川家は本家と庶家が戦うことになってしまった。

　しかし、後醍醐天皇による建武の新政がはじまると、竹原小早川家は冷遇され、所領の一部が建武政権に取り上げられてしまうこともあった。祐景は不満を

つのらせ、1335年（建武2）に尊氏が後醍醐天皇に背いて兵を挙げると尊氏に従い、京の戦いに敗れた尊氏が播磨に撤退して周辺国人に軍事催促をすると、祐景はいちはやく尊氏のもとに参戦したという。その後、九州に逃げた尊氏が上京した際には尊氏軍に協力し、京を奪還して幕府を開いた尊氏に所領を安堵された。

　1338年（延元3・暦応1）、南朝の鎮守府将軍・北畠顕家が上洛を開始し、鎌倉・美濃で幕府軍を破って伊勢に入った。顕家は入京をめざして畿内各地を転戦し、祐景は顕家討伐に大和へ出陣したが、顕家軍に敗れて戦死した。

小早川熙平

こばやかわ・ひろひら

生没年 1416年（応永23）～1473年（文明5）
出身 安芸国
主君 足利義持→足利義教→足利義勝→足利義政
死因 病死

◇ **応仁の乱で小早川家分裂**

　沼田小早川家の小早川則平の子。沼田小早川家は熙平の祖父・春平のときに幕府の奉公衆となり、当主は在京するようになった。熙平も7代将軍・足利義勝と8代将軍・足利義政の奉公衆となり、猿楽

小早川家略系図

```
┌ 雅平 ──(2代略)── 貞平 ── 春平 ── 則平 ─┬ 持平
│ (沼田小早川家)                          │
│                                         └ 熙平 ── 敬平
│
└ 政景 ── 景宗 ── 祐景 ──(5代略)── 入道陽満 ── 盛景 ── 弘景
  (竹原小早川家)
```

興行に供奉している。

　父の則平には7人の男子がおり、熙平は2男で、持平という兄がいた。当初は長兄の持平が家督を継ぐはずだったが、持平に不孝の行いがあったとして持平は廃嫡され、代わって熙平が嫡男となった。1433年（永享5）、則平が大内持世の九州出兵に参戦中に陣没し、熙平が家督を継いだが、反発した持平が幕府に訴えたことで両者の対立が表面化した。管領の細川持之は所領を折半して両者に与え、家督は熙平が継ぐという和解案を出し、持平もこれを受け入れた。しかし、1441年（嘉吉1）、6代将軍・足利義教が小早川家の家督争いを蒸し返して介入し、持平の所領を没収して熙平に与えるという裁定を下した。さらに義教は、沼田小早川家の所領を熙平に集中させると、今度は熙平に代えて庶家の竹原小早川家の当主・小早川盛景を惣領にするように命じた。驚いた熙平は幕府に不服を申し立てたが、同年6月に義教が赤松満祐に殺害されたため、新将軍・足利義勝の管領・細川持之の裁定によって盛景への家督相続は取り消され、改めて熙平の家督が安堵された。

　熙平は小早川家の結束を高めようと、1451年（宝徳3）に庶家13名と盟約を締結した。だが、対立していた竹原小早川家とは1455年（享徳4）に和睦したあとも緊張関係が続いた。

　そして1467年（応仁1）に応仁の乱が勃発すると、熙平は持之への恩義もあって細川勝元（持之の子）率いる東軍に加担したが、竹原小早川家は山名宗全を支持する大内家と結んで西軍に味方し、翌年には竹原小早川弘景に居城の高山城を攻められるなど、小早川家は分裂してしまった。その後の応仁の乱は熙平にとっ

ては竹原小早川家との戦いに終始することになる。

　1473年（文明5）、熙平は竹原小早川家との対立関係を解消できないまま没した。

小早川盛景

こばやかわ・もりかげ

生没年	不詳
出身	安芸国
主君	足利義教→足利義勝→足利義政
死因	不明

◇将軍義教の裁定で沼田小早川家と対立

　竹原小早川家の当主・小早川弘景の子。なお、盛景は嫡男に父と同じ弘景の名を与えている。

　竹原小早川家は小早川家の庶家であったが、盛景は音戸の瀬戸や安芸三津など瀬戸内海交通の要所となる港を押さえ、本家の沼田小早川家と並ぶ勢力を獲得した。

　盛景は大内家と結ぶ一方で、幕府と密接な関係を築いており、1437年（永享9）に6代将軍・足利義教の弟・大覚寺義昭が京を出奔した際には、義昭討伐のために軍勢を率いて参戦した。

　1441年（嘉吉1）には、将軍・義教から小早川家の惣領となるように命じられたが、その直後に義教が赤松満祐に殺害されたため、盛景の惣領就任は取り消された。義教の裁定は、盛景自身が惣領職を望んだわけではなかったが、この事件を機に盛景と沼田小早川家との間に確執が生じる結果となった。

　沼田小早川熙平は、分裂含みの小早川家を結束させようと、1451年（宝徳3）に庶家13名と会合して盟約の契状を締結したが、盛景は盟約への参加を拒否している。

第7章

中国・四国地方の氏族／小早川家

その後、幕府奉行人の飯尾為数の斡旋もあり、1455年（享徳4）に盛景は熙平と和睦したが、その後も対立関係が解消されることはなかった。

小早川弘景

こばやかわ・ひろかげ

生没年	不詳
出身	安芸国
主君	足利義政
死因	不明

❖宗家との対立を有利な条件で和睦

竹原小早川家の当主・小早川盛景の子。祖父の小早川弘景（入道陽満）と同名である。

竹原小早川家は、弘景の父・盛景の代から本家の沼田小早川家と対立するようになり、安芸への進出を図る大内家と結んで安芸東部へ所領を拡大していった。弘景は1465年（寛正6）頃に家督を継ぎ、大内家と対立する安芸の守護・武田家と戦うなど、大内家麾下として活動した。

1467年（応仁1）に応仁の乱が勃発すると、大内政弘に従って西軍に加担し、東軍に味方した沼田小早川熙平と対立した。同年、弘景は安芸の有力国人・毛利家とも協力して沼田小早川家の拠点である高山城を包囲攻撃、翌年にも再び高山城を攻めた。1473年（文明5）に再度高山城を攻撃。翌年には西軍方についていた足利義視（8代将軍・足利義政の弟）から小早川家の惣領を与えられた。さらに安芸と備後の国人衆に対し、沼田小早川敬平討伐の御内書が義視の名で出された。一方、在京していた敬平は急いで帰国し、将軍・足利義政から弘景討伐の御内書を出してもらい、両軍の対立は高山城をめぐって激化した。

弘景軍による高山城の包囲は1477年

（文明9）まで続いたが、弘景は敬平からの和睦提案を受け入れ、沼田小早川家の所領の一部を弘景に割譲することで和睦が成立した。

小早川興景

こばやかわ・おきかげ

生没年	1519年（永正16）〜1543年（天文12）
出身	安芸国
主君	大内義隆
死因	病死

❖竹原小早川家嫡流の滅亡

竹原小早川家の小早川弘平の子。当時は山陽の大内義隆と、山陰で力をつけてきた尼子晴久が安芸の領有をめぐって抗争し、国内の国人も両派に分かれて争っていた。1540年（天文9）、晴久が大内方の毛利元就の居城・吉田郡山城に攻め寄せた。興景は元就の兄・毛利興元の娘を正室に迎えていたこともあり、元就救援のために出陣し、尼子軍の湯原宗綱を破った。1543年（天文12）、前年に出雲に侵攻してきた義隆を破った晴久が再び安芸に進出し、大内方の銀山城を攻めた。興景は元就とともに銀山城救援のために出陣した。しかし、興景はその最中に病を得て、陣中で死去した。興景には男子がいなかったため、元就の三男が竹原小早川家を継いで小早川隆景と名乗り、竹原小早川家の嫡流は滅んだ。

大内家

百済の聖明王の末裔を自称した周防土着の国人。平安時代に周防国府の在庁官人となり、周防を代表する国人となった。鎌倉幕府御家人として活動していたが、元弘の乱で後醍醐天皇に従い、観応の擾乱では足利尊氏に従って周防・長門両国を支配した。安芸・石見・九州北部までを版図に組み込み、また日明貿易によって財政的にも豊かになり、西国の覇者として君臨した。義隆の代に家臣の陶家の下剋上を許し滅亡した。

大内長弘

おおうち・ながひろ

生没年 ？〜1351年（正平6・観応2）
出身 周防国
主君 足利尊氏
死因 病死

◇元弘の乱で家中を統一し倒幕派へ

大内弘家の子。のちに一族の鷲頭家の養子となり、鷲頭長弘に改名した。

兄の重弘が1320年（元応2）に死去し、重弘の嫡男の弘幸が家督を継いだが、1331年（元弘1）に後醍醐天皇の倒幕計画が露見すると、弘幸は周防守護兼長門探題の北条時直に従って、天皇方に対抗した。周防国はもともと幕府の直轄地であり、守護も代々北条家の人間が任じられていた。また、隣国の長門国も同様で、さらに九州大宰府には鎮西探題が置かれ、中国地方西部は幕府勢力の強い地だったのである。

しかし、1333年（元弘3）に後醍醐天皇が再挙して倒幕の兵を挙げると、長弘が大内家の実権を奪って幕府に反旗を翻し、家中をまとめて足利尊氏支持を決め、周防国内を制圧した。1335年（建武2）に尊氏が天皇から離反した際には尊氏方につき、1336年（建武3）に京での戦いに敗れた尊氏が播磨に逃れたときは、兵船500艘を派遣して尊氏を支えた。

九州へ逃れる途上に周防に立ち寄った尊氏は長弘の戦功を認め、長弘は大内家当主の弘幸を差し置いて、周防守護に任じられた。

その後も、長弘が実質的に大内家の采配を振るうが、当主の弘幸とその嫡男・弘世はこれをよしとせず、長弘と対立することになる。

しかし、大内家中における長弘の声望は高く、弘幸と弘世は表面的には従属せざるを得ない状況が続いた。

長弘はその後も幕府方の有力武将として活躍した。1349年（正平4・貞和5）に観応の擾乱が勃発したときも尊氏方につ

き、長門探題として下向してきていた足利直義の養子・足利直冬が尊氏に反旗を翻すと、尊氏に従って直冬を九州へ追い落とした。

1351年（正平6・観応2）に死去し、後を次男の長弘が継いだ。しかし、長弘が死ぬと、惣領家の弘世が巻き返しに出て、1352年（正平7・文和1）に弘直は討ち取られ、実権は惣領家に戻った。

大内弘世

おおうち・ひろよ

生没年 ？～1380年（天授6・康暦2）
出身 周防国
主君 足利尊氏→後村上天皇→足利義詮→足利義満
死因 病死

◇大内氏繁栄の礎を築く

高麗との貿易で得た巨利を元手に屈強な精鋭軍を保持し、また風流を好んだ武将として有名。弘世は上洛したときに、京の街や文化に感動し、本拠地を山口に移し、同地で京都に倣った都市計画を推し進め、「西ノ京」といわれる大内文化の礎を築いた。弘世の父・大内弘幸は大

内家当主を継いだものの、叔父の鷲頭長弘に実権を握られ、周防守護職も長弘に与えられるなど不遇で、弘世も長弘のもとで逼塞していた。

しかし、1351年（正平6・観応2）に長弘が死去すると、弘世は巻き返しに出た。弘世は、長弘の後を継いだ鷲頭弘直に対抗して南朝に帰順し、公然と反弘直の兵を挙げたのである。

1352年（正平7・文和1）2月、弘世は軍勢を率いて鷲頭領に侵攻し弘直を討ち、さらに軍を進めて同年8月には鷲頭家一党を従属させ、周防を制圧した。

弘世はその後、長門に侵攻し、1358年（正平13・延文3）には幕府方守護の厚東義武を九州に追い落として長門を制圧、弘世は実力で2カ国を支配下に治めた。

九州制圧に苦心していた幕府にとって、南朝方の弘世の存在は頭痛の種だった。九州への渡海地点である下関を南朝方の大内家に押さえられては、九州への援軍派遣もままならないからだ。そこで幕府は弘世を味方に引き入れようと懐柔し、弘世は1363年（正平18・貞治2）、周防と長門の守護補任を条件に幕府に恭順

大内家略系図

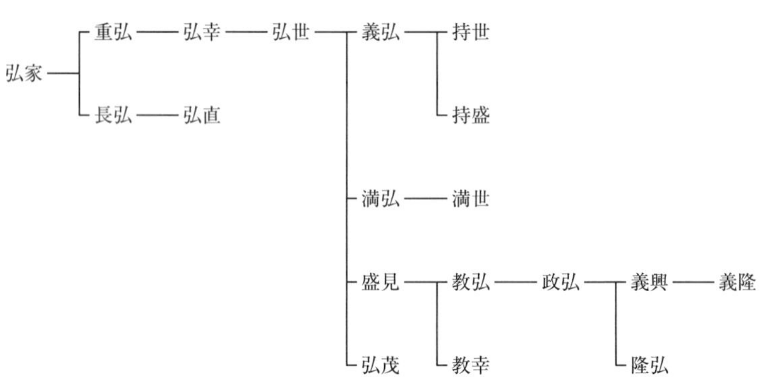

```
弘家 ┬ 重弘 ── 弘幸 ── 弘世 ┬ 義弘 ┬ 持世
     │                      │      └ 持盛
     └ 長弘 ── 弘直          │
                             ├ 満弘 ── 満世
                             │
                             ├ 盛見 ── 教弘 ── 政弘 ┬ 義興 ── 義隆
                             │                      └ 隆弘
                             └ 弘茂 ── 教幸
```

した。

1364年（正平19・貞治3）、九州で南朝方に転向した厚東義武が、菊池家・名和家と結んで打倒弘世の兵を挙げた。九州に出兵した弘世は豊前まで兵を進めたが、義武連合軍に敗れ、筑前まで撤退した。敗退した弘世は名和家に使者を出し、義武に長門を返還することを条件に和睦し、長門へ帰国した。しかし、帰国した弘世は和睦を破って再び軍勢を整えはじめた。弘世の違約に激怒した菊池武光は同年5月、厚東軍とともに長門へ侵攻して再び大内軍を破り、弘世は周防で撤退した。

こうして、厚東義武が長門を回復したが、弘世は1366年（正平21・貞治5）に長門へ侵攻。このとき弘世は再び菊池軍の前に敗れたが、筑前の門司親尚と結んで菊池軍を挟撃する形をとり、さらにせっかく長門を回復した厚東家が内訌を起こす有り様で、菊池武光は自領へ撤退していった。その後も弘世は内訌中の厚東軍を攻めきれなかったが、1368年（正平23・応安1）になってようやく長門を制圧し、長門を奪回した。

◇ 九州探題への加勢

1371年（建徳2・応安4）、遠江の守護だった今川了俊が九州探題に任命され西下してきた。当時はすでに3代将軍・足利義満の時代になっていた。

九州へ下向する途上で周防に立ち寄った了俊に対し、弘世は支援を約束し、了俊が1372年（文中1・応安5）に征西府の大宰府を陥落させたときには、援軍を送りこれを助けた。

しかし、1375年（天授1・永和1）に了俊が、筑前の名門・少弐冬資を菊池攻めの陣内で誅殺したことで、弘世と了俊の仲は険悪化した。菊池軍に敗れた了俊

は、幕府を通じて弘世に出兵を要請したが、弘世は応じようとしなかった。このとき、嫡男で次期当主の義弘は、了俊の弟・仲秋の娘を嫁にしていたこともあり出兵を強硬に主張し、弘世の意思に逆らって九州に出陣し、了俊を助けた。

このとき以来、弘世と義弘の間はしっくりいかなかったようで、1380年（天授6・康暦2）に弘世が死去すると、嫡男の義弘と次男の満弘の間で家督争いが勃発するのである。

大内義弘

おおうち・よしひろ

生没年 1356年（正平11・延文1）～1399年（応永6）

出身 周防国

主君 足利義満

死因 戦死

◇ 南北朝合一に奔走

大内弘世の嫡男。父の弘世が九州探題・今川了俊と不和になり、1375年（天授1・永和1）の幕府を通じた援軍要請を断ったとき、義弘はあくまでも了俊援助を主張した。

当時の九州地方は、南朝方の懐良親王の征西府の勢力は衰えていたが、了俊が少弐冬資を謀殺したことで島津家が離反して南朝方の菊池家と結び、大友家も積極的に了俊に加担しないという状況で、了俊は一転して苦境に陥っていた。

1377年（天授3・永和3）、義弘は吉川・毛利などの中国勢を率いて九州に出陣し、肥前で了俊と合流して肥前蜷打で南朝方の菊池軍と戦った。このとき義弘は、中立を保っていた大友親世を説得して味方につけ、菊池武義や阿蘇惟武など菊池軍の有力武将を討ち取る大勝を挙げた。この勝利により、島津家惣家の島津

第7章　中国・四国地方の氏族／大内家

527

伊久が幕府方になびき、それにともない多くの国人が幕府に帰順し、九州における形成は逆転した。翌年の詫磨原の戦いでは、菊池武朝の逆襲を受けて敗北を喫したが、大勢を覆すほどのことはなく、義弘は1381年（弘和1・永徳1）、了俊と協力して菊池本城を落とし、南朝軍の最後の砦だった菊池家の本領・肥後を制圧した。義弘は、このときの軍功で豊前の守護を与えられた。

九州を制圧した幕府は、将軍権力の強化を狙い、3代将軍・足利義満は有力守護大名の弱体化をはかりはじめた。

1390年（元中7・明徳2）末、一族で11カ国の守護を兼ね六分の一殿と呼ばれた山名家が、義満の策略に乗せられて反乱を起こし、京へ攻め寄せた。このとき在京していた義弘も討伐軍に加わり、一色軍とともに二条大宮に布陣した。義弘は、山名軍の主将のひとりである山名氏清と対峙し、氏清討伐に武功を挙げた。戦後、義弘は戦功を認められて、和泉と紀伊の守護に任命された。和泉国は貿易港であり最大の商業地でもあった堺を含む国であり、大内家の経済力の発展に大いに貢献することになる。

義満の信任を得た義弘は、この頃から幕府を代表して南朝との和睦工作に取りかかった。義弘は南朝との間を奔走し、三種の神器を北朝方の後小松天皇に渡す代わりに、皇位は両朝迭立にすること、長講堂領（皇室の領地のひとつ）を南朝領にすることなどを条件に、1392年（元中8・明徳3）、ついに南北朝の合一を成功させた。ここに50年以上にわたって続いた南北朝の争いは終焉した。

◇ 朝鮮との貿易を開始

幕府での地位を確立した義弘は、さらなる勢力の拡大をめざし、本格的に九州

への進出を画策するようになったが、九州には九州探題の今川了俊がいた。了俊は南北朝合一後の1394年（応永1）には島津家を従属させ、九州をほぼ制圧していた。しかし1395年（応永2）、了俊は突如として九州探題を解任され、駿河と遠江の半国守護に左遷されてしまった。この了俊追放劇の裏には、探題支配を嫌悪した豊後の守護・大友親世と義弘の謀略があったとされている。

いずれにしろ、20年にわたって九州探題の地位にあった了俊がいなくなり、後任の渋川満頼には了俊ほどの力はなく、義弘は実質的な筑前の支配者となった。

義弘が筑前の地を欲しがったのは、朝鮮や明との貿易港である博多に目をつけたからだった。了俊追放後、義弘は対鮮貿易を軌道に乗せ、古代朝鮮王朝・百済の末裔であると自称して李氏朝鮮の歓心を買い、対鮮貿易を有利に導いた。対鮮貿易によって大内家は巨額の利益を得、やがてその経済力は幕府をもしのぐほどになったのである。

◇ 将軍義満との確執と応永の乱

今川了俊が九州の地を去ると、旧南朝の菊池家と少弐家が、再び不穏な動きを見せはじめた。そこで幕府は、義弘に菊池・少弐討伐を命じ、在京していた義弘は2人の弟満弘と盛見を九州に派遣した。1397年（応永4）、大内軍は5000騎を率いて出陣したが、満弘が討死するなど思わぬ苦戦を強いられ、驚いた義弘は周防に帰国して自ら戦場に立ち、ようやく反乱を鎮圧した。しかし、これに対する義満からの恩賞は一切なく、さらに対戦中の菊池・少弐両家に義弘討伐の密命が下っていたとのうわさが立ち、義弘は義満への不信感を募らせていった。義弘は義満からの上洛要請に応えず、北山第新

築の賦役も拒否し、義弘と義満の関係は急速に冷めていった。

　幕命に逆らい続けた義弘は、幕府との対決を覚悟し、反幕府勢力と連絡を取りはじめた。幕府と折り合いが悪かった鎌倉公方の足利満兼、駿河に逼塞していた今川了俊、義満によって没落させられた美濃の土岐家、明徳の乱で滅ぼされた山名氏清の嫡男・宮田時清のほか、菊池家や少弐家などの旧南朝勢力にも声をかけた。彼らと密約を結んだ義弘は1399年（応永6）、2万の軍勢を率いて領国である和泉堺へ入り、城を築いて入城した。対する義満は、政治顧問だった禅僧の絶海中津を使者として義弘のもとへ送った。絶海中津は上洛して義満と会談し、両者の誤解を解くよう義弘を説得したが、義弘は聞き入れず、両者は決裂した。

　義満はついに義弘討伐を宣言し、自ら3万余騎を率いて出陣し堺に兵を進めた。義満出陣の知らせを受けた義弘は防備を固め、これを迎撃した。

　しかし、呼応するはずだった満兼は、関東管領・上杉憲定に制止されて関東を動けず、土岐家も同族の意思統一がならずに軍を出せず、時清は京に侵攻したが幕府軍の包囲網を解けずに撤退するという状況で、義弘は孤立した。

　義弘は籠城戦を展開して1カ月ほど持ちこたえたが、幕府軍の総攻撃の前に敗れ、家臣陶弘長の制止をふりきって敵陣に突入し、戦死した。

　戦後、大内家は周防・長門以外の領地を没収され、さらに義弘の弟である盛見と弘茂の間で家督争いが勃発するなど、一時期停滞することになった。

大内盛見

おおうち・もりみ

生没年 1377年（天授3・永和3）〜1431年（永享3）

出身 周防国

主君 足利義満→足利義持→足利義教

死因 戦死

◇ 幕府と対立して領国から遁走

　大内弘世の6男で、兄に大内義弘、弟に大内弘茂がいる。

　1399年（応永6）、兄で当主の義弘が幕府に背いて挙兵した（応永の乱）。このとき盛見は、防長の備えのために山口にとどまったが、堺に上陸した義弘は、幕府軍の前に敗れて討ち死にした。

　義弘は自らの後継を盛見にするつもりだったが、当時の守護家は、将軍の裁定がなければ家督を相続できなかった。盛見は家督相続を認めさせる運動をはじめたが、大内家の勢力削減をめざす将軍・足利義満は、応永の乱で幕府に降った盛見の弟・弘茂を義弘の後継とし、周防・長門の守護職に任命した。

　こうして大内家は、盛見派と弘茂派に分裂して争うことになった。1400年（応永7）、敗残の兵をかき集めた弘茂は京を出陣し、山口をめざした。義満は弘茂を支援するために、九州探題の渋川満頼に盛見討伐を命じ、盛見は東西から挟撃される状況に陥った。

　盛見は弘茂軍が到着するまで渋川軍と対峙するために豊前に出兵したが、周防の守りについていた甥の満世が、幕府を後ろ盾とする弘茂軍に恐れをなして幕府に降り、石見の国人で盛見軍の主力をなしていた益田兼世も盛見に反してしまった。形勢不利とみた盛見は、国元には戻らず豊前から豊後へ撤退し、そのすきを

第7章 中国・四国地方の氏族／大内家

529

ついた弘茂はやすやすと周防に入国し、実権を奪い取った。

◇ 力づくで幕府に守護職を認めさせる

豊後に逃れた盛見は、筑前の国人・門司家を頼って北上し、関門海峡を臨む門司城に入った。対する弘茂は、対岸の長府の盛山城に入城し、両者は海峡を挟んで対峙した。

そして1401年（応永8）12月、盛見は3000の兵を率いて門司城を出て下関に上陸し、一気に盛山城を攻め落とし、弘茂を敗死させた。さらに盛見は、弘茂派だった弟の道通を攻め滅ぼして、幕府方に変節した満世も討ち取った。

盛見は続いて石見へ侵攻して、益田家を再び臣従させて石見を制圧し、さらに安芸にも転戦して反盛見派の残党を討ち取っていった。

こうして盛見は実力で幕府に当主就任を認めさせ、周防・長門の守護となった。1404年（応永11）には豊前の守護にも任ぜられて九州経営の一端を担い、幕府に重用された（このとき筑前守護にも補任されたとする説もある）。

その後も幕府に臣従して、1425年（応永32）には、幕府に反した少弐満貞を筑前に破った。しかし、1431年（永享3）、再起を図って豊後の守護・大友持直と結んだ満貞に攻められて戦死した。

大内弘茂

おおうち・ひろしげ

生没年 ？～1402年（応永8）

出身 周防国

主君 足利義満

死因 戦死

◇ 応永の乱で兄義弘を失う

大内弘世の7男。兄に大内義弘、大内盛見がいる。

1399年（応永6）に兄の義弘が幕府に反旗を翻して挙兵した。義弘が反乱を起こしたのは、九州の少弐・菊池征伐に対する恩賞がなかったこと、少弐・菊池勢に義弘討伐の幕命がくだったとするうわさが立ったこと、大内家の所領である和泉国と紀伊国を没収するといううわさが立ったことなどにより、義弘の不信が高まったことによる。

このとき弘茂は、義弘に同道して出陣し、同年10月、和泉国堺に着陣した。

義弘のもとには3代将軍・足利義満から上洛をうながす書状が届いたが、義弘はこれを黙殺し、やがて義満の使者として禅僧の絶海中津が堺までやってきた。

絶海中津との会談に臨むにあたり、義弘は群臣に意見を求めた。弘茂はその席上で、「大内家が6カ国の太守になれたのは幕府のおかげで、うわさの真偽を確かめずに大恩ある幕府に逆らうのは愚策であり、上洛すべし」と主張した。

しかし、義弘は強硬策を主張する老臣・杉弘信の意見をとり、義弘と幕府は決裂した。

こうして戦いがはじまり、弘茂は堺の東口に布陣し、一色満範・今川泰範軍と対峙した。やがて義弘が討ち取られると、弘茂も後を追って切腹しようとしたが、臣下に諫められて幕府に降伏した。

◇ 守護職をめぐって兄盛見と対立

戦後、義満に臣従を誓った弘茂は、幕府から大内家の当主就任のお墨付きをもらい、周防・長門の守護に任じられた。

しかし、領地を守っていた兄の盛見は、弘茂の当主就任を認めず、両者の対立は激化した。弘茂は幕府の支援を受けて1400年（応永7）、盛見討伐のために京を出陣し、周防へ兵を進めた。幕府は九州探題の渋川満頼に弘茂を支援するよう

に命じ、さらに安芸と石見の国人にも盛見討伐の御教書が出された。

弘茂と満頼に挟撃される形になった盛見は、家臣団を引き連れていったん豊後に逃れ、その後に豊前門司城に着陣した。

弘茂は盛見がいなくなった周防に入り、長門国長府へ進出し、盛見軍の襲来に備えて防備を固めた。

1401年（応永8）、豊後の守護・大友家の援助を得た盛見が下関に渡り、弘茂軍の前衛である四王司山城に攻め寄せた。四王司山城はたちまち落とされ、盛見軍は弘茂が布陣する盛山城を攻撃した。大内家中では、敵の軍門に降ったうえに保身のために同族を討とうとする弘茂に対する批判は多く、優勢だった盛見方につく家臣も現れ、弘茂は盛山城で討ち死にした。

大内持世

おおうち・もちよ

生没年	1394年（明徳5）～1441年（嘉吉1）
出身	周防国
主君	足利義教
死因	病死

◇弟持盛との対立を制す

大内義弘の嫡男。1399年（応永6）に父の義弘が反乱を起こして戦死したが、幼少だったため、叔父の盛見が家督を継いだ。その後、もう一人の叔父である弘茂と盛見との間で家督をめぐって争いが起こると、持世は盛見に後見された。

1431年（永享3）、筑前の秋月種春と原田信朝らの反乱の討伐に向かった盛見が戦死し、持世が後を継ぐことになった。しかし、弟の持盛が持世の家督継承に異を唱えた。その頃、持盛は盛見の死後も豊前に残って反乱軍と戦っており、なん

の相談もなく家督を継いだ持世に反感を持ったのだった。

大内家の家督争いを知った6代将軍・足利義教は、持世に家督を継がせて周防の守護に任命し、持盛を長門の守護に任じる折衷案を出した。当初は幕命に従っていた持世だったが、この裁定に納得がいかず、1432年（永享4）に兵を挙げ、いまだ豊前に在陣していた持盛を攻めた。しかし、持盛は豊後の守護・大友家と、筑前の実力者・少弐家と手を結んで持世軍を追い返し、さらに兵を進めて領国の長門へ入った。

九州勢と同盟した持盛に対し、幕府は持世支持を決め、持盛の長門守護を解任して、持世が改めて長門守護に就任した。幕府という後ろ盾を得た持世は大内家中をまとめて長門の持盛を攻め、持盛は豊前に逃走した。そして翌1433年（永享5）、持世は持盛討伐に豊前に侵攻、大友軍を蹴散らして、豊前篠崎の戦いで、ついに持盛を討ち取った。

◇将軍との結びつきを強める

弟・持盛を滅ぼしたものの、大友家と少弐家は反幕的な態度を崩さず、大友・少弐討伐の幕命を受けた持世は九州に残り、援軍に駆けつけた石見・備後・安芸の山名軍とともに、両軍と争った。同年8月には少弐満貞を討ち滅ぼし、大友持直は豊後へ逃亡した。

その後も持直は抵抗を続け、満貞の子・少弐嘉頼も対馬の宗家の支援を受けて再挙するなど、九州の戦乱は収まらなかった。持世はその後も幕命を受けては九州に出陣を繰り返した。1436年（永享8）には、大友持直が拠る臼杵姫岳を攻めてこれを焼き討ちし、持直は行方不明となり、ようやく大友・少弐の反乱を鎮圧した。

第7章　中国・四国地方の氏族／大内家

531

持世は九州平定の戦功を認められて豊前と筑前の守護に任ぜられ、防長と合わせて4カ国の守護となり、義弘の反乱のために傾きかけた家勢を取り戻した。

6代将軍・足利義教の覚えもめでたかった持世は、その後上洛する機会も増え、将軍家との結びつきを強めていった。1441年（嘉吉1）、鎌倉公方の反乱を鎮圧したことを祝う宴席が、播磨・備前・美作の3国の守護・赤松家の京の別邸で行われ、持世は義教に陪席してこれに参加した。しかし、時の赤松家当主・赤松満祐は、自領を義教が召し上げるという風評を信じ、その席で将軍義教を暗殺するという暴挙に出た。持世は刀を抜いて応戦したが重症を負い、その傷がもとで事件の1カ月後に死去した。持世には子がいなかったため、盛見の子・教弘が後を継いだ。

大内教弘

おおうち・のりひろ

生没年	1420年（応永27）～1465年（寛正6）
出身	周防国
主君	足利義政
死因	病死

◇全国に名を知られた文武両道の将

大内盛見の子。大内持盛の子とする説もある。当主の大内持世に子がいなかったため、従兄弟にあたる持世の養子となり、1441年（嘉吉1）に嘉吉の変に巻き込まれて死去した持世の後を継いで当主に就任した。

教弘の領国のひとつ長門には当時、大内家の庶流である鷲頭家が守護代として入っており、当時の当主は鷲頭弘忠だった。1446年（文安3）、教弘は弘忠に代えて、内藤有貞を長門の守護代に任命し、派遣した。教弘は、鷲頭家が大内家一族

として長門に勢力を拡大していくことに脅威を覚えたのである。

一方の弘忠は、守護代解任の知らせを受け取ると、教弘の思惑を見抜き、長門と周防の国境近くに堅田城・沢差城・岩尾城など新たに砦を築き、居城の深川城の守りを固めて長門の防備を固めた。

1448年（文安5）、教弘は兵を率いて長門に攻め寄せた。急造の堅田城や沢差城を落とした教弘は、さらに北上を続けて弘忠のこもる深川城に押し寄せ、弘忠を殺害、一族郎党を討ち取った。

一方、教弘は安芸国内の大内領の西条をめぐって安芸の守護・武田家と対立していた。幕府や管領の細川家は武田家を支持し、毛利家や吉川家などの国人を味方につけていた。対する教弘は、竹原小早川家や厳島神社の支持をとりつけ、妻の実家である備後の守護・山名家も教弘を支援した。また、日朝貿易の利権をめぐっても細川家とは対立した。1459年（長禄3）には、越前支配をめぐる内訌に敗れた越前守護・斯波義敏が、教弘を頼って下向してくるなど、教弘は中央の権力争いにも介入せざるを得ない状況に陥っていった。

1465年（寛正6）、伊予の守護・河野通春と細川家との対立が武力闘争に発展すると、教弘は通春討伐の幕命を受けて伊予に渡った。しかし、日朝貿易および日明貿易の主導権を握りたい教弘は、幕命に背いて通春方に寝返った。同年9月、その戦の最中、伊予の陣中で病に倒れて死去した。

教弘は代々の大内家当主がそうだったように文化に明るく、和歌や連歌をたしなみ、画僧雪舟を山口に呼び寄せたりした。また、前関東管領の上杉憲実を長門に招聘した。

大内政弘

おおうち・まさひろ

生没年 1446年（文安3）～1495年（明応4）
出身 周防国
主君 足利義政→足利義尚→足利義稙
死因 病死

◇ 応仁の乱における西軍の切り札

大内教弘の子。1465年（寛正6）に病死した教弘の後を継いで、周防・長門・筑前・豊前の守護となった。

政弘が大内家の当主となった2年後の1467年（応仁1）、京で応仁の乱が勃発した。政弘は実母が山名家の人間だったこと、また日明貿易をめぐって細川勝元と対立していたこともあり、山名宗全率いる西軍に属した。応仁の乱は当初、兵力にまさる東軍が優位に戦いを進めたが、同年6月に政弘が2万の兵を率いて上洛すると西軍が盛り返し、その後は一進一退を繰り返す膠着状態に陥った。

政弘が京に出兵中の1470年（文明2）、筑前の守護代だった一族の大内教幸（大内教弘の弟で、政弘の叔父にあたる）が政弘の留守の隙をついて、豊後の大友親繁と手を結んで、赤間関で政弘に対して反乱を起こした。当時、周防に残って本国を守っていた守護代の陶弘護のもとにも決起を促す書状が届いたが、弘護は反乱軍に与せず挙兵、教幸軍を防長国境付近で打ち破った。周防に入れなかった教幸は進路を石見にとり、さらに備後・安芸へ侵攻して弘護軍と戦った。その間、政弘は京での戦いに奔走しており、反乱鎮圧を弘護に託すよりほかなかった。1471年（文明3）、弘護が教幸を討ち取り、ようやく反乱は収まった。

◇ 政弘の領内統治と文化事業

1477年（文明9）、応仁の乱は両軍痛み分けの形で終息したが、政弘は結局、最後まで在京し、同年、10年ぶりに山口に帰国した。応仁の乱の結果、幕府の統制力は弱まり、各国の守護大名は実力で領国を支配しなければならなくなった。政弘も領国支配の強化をめざし、翌1478年（文明10）には九州に出陣して、政弘が在京している間に大内家の領国だった筑前・豊前で力をつけていた少弐政資を破り、筑前と豊前を平定、さらに石見や安芸の領地を確保し、周辺国人を臣従させていった。また、政弘は「大内家壁書」をつくり、厳しい規則を制定した。夜中の往来を制限するなど取り締まりを厳重にし、警察制度を固めて領国内の治安維持にも努めた。

一方で政弘は、自作の歌を『拾塵和歌集』として編纂するなど和歌や連歌などの文化に造詣が深く、応仁の乱で荒廃した京を離れた公家や僧侶を招聘し、山口の「小京都」化を進めた。父・教弘の代から知遇を与えていた雪舟の渡明に尽力し、帰国した雪舟に居宅を与えて庇護したほか「大内版」と呼ばれる書籍を出版するなど、山口の文化発展に尽力した。

大内教幸

おおうち・のりゆき

生没年 1430年（永享2）～1471年（文明3）
出身 周防国
主君 大内教弘→大内政弘
死因 自害

◇ 当主に謀反の兵を挙げた野心の塊

大内家13代当主・大内教弘の弟で、筑前の代官に任ぜられて九州へ渡った。

1467年（応仁1）、京で応仁の乱が勃発すると、大内家当主の大内政弘は西軍の山名方につき、軍勢2万を率いて上洛した。当時、長門の赤間関にいて政弘軍に

第7章 中国・四国地方の氏族／大内家

533

従軍していなかった教幸は、政弘の留守の隙をついて本家の乗っ取りを画策し、筑前守護代の仁保盛安を味方につけた。その後、周布和兼、三隅長信、小笠原又太郎ら石見の国人を懐柔。さらに豊後の守護・大友親繁の支援をとりつけたうえ、政弘と敵対する東軍の大将・細川勝元を後ろ盾にすることにも成功した。

そして、1470年（文明2）3月、赤間関で反乱の兵を挙げた。

軍を率いた教幸は周防をめざして進軍したが、政弘の留守役として周防に残っていた守護代の陶弘護の軍勢に阻まれ、石見へ奔った。当時の石見は、守護・山名政清の支配下にあったが、美作の守護を兼任していた政清は美作を拠点にしていたため、守護の権威よりも国人層が強い地域だった。石見に入った教幸は、石見の有力国人・吉見信頼を仲間に引き入れ、態勢を立て直すと備後・安芸へと転戦し、陶軍と戦いを続けた。

その後、教幸は石見の津和野に戻ったが、陶軍を攻め切れないまま1年が過ぎ、1471年（文明3）11月に吉見信頼の豊田城と赤城が落とされ、さらに嘉年城が攻略されて吉見軍は陶軍に降伏した。石見における拠点を失った教幸は、豊後の大友家を頼ろうと九州に渡ったが、豊前の馬岳城に入ったところを、追撃してきた陶弘護に攻められ自害した。

大内義興

おおうち・よしおき

生没年	1477年（文明9）～1528年（享禄1）
出身	周防国
主君	足利義材→足利義稙
死因	病死

◇家内統一から幕政掌握

大内政弘の子。1494年（明応3）、父の

隠居にともない、家督を継いだ。その翌年に父・政弘が死去すると、弟の隆弘を擁した反乱計画が露見した。義興は、首謀者と目される長門の守護代・内藤弘矩を誅殺して事態の収拾をはかったが、これは大内家内で権勢を誇っていた内藤家を失脚させるための、陶武護による讒言であった。そのため義興は武護を討ち、ようやく家内の動揺は収まった。

その頃、北九州で大内家と対立していた少弐政資が、千葉家・龍造寺家・高木家ら肥前の有力国人を従え、上松浦を制圧し、義興の領国である筑前国怡土郡にまで手を伸ばしはじめた。これに対して、義興は1497年（明応6）に政資攻撃を本格化させ、少弐政資・高経父子を自害に追い込むと、北九州における基盤を確保するとともに肥前にまで勢力を拡大させることに成功した。

1499年（明応8）、明応の政変によって10代将軍・足利義稙が将軍職を追われ、義興を頼って山口に下向してくると、義興はこれを庇護し、1507年（永正4）に義稙を奉じて上洛、細川高国を味方につけて翌年に義稙を将軍職に復帰させ、自身は管領代となった。

幕府の実権を握った義興は、明との貿易に必要だった勘合符の管理を手中に収め、日明貿易を独占した。当時、朝鮮との関係が悪化して日朝貿易による利益を期待できなくなっていた義興にとって、日明貿易の独占は大内家の経済力を強化することにつながった。

◇日本国随一の経済力

義興は、しばらく在京して幕政を牛耳っていたが、義稙は権力を肥大させる義興を遠ざけるようになり、日明貿易をめぐって細川高国とも不仲となっていった。さらに、領国では出雲の守護代・尼

子経久が石見国や安芸国に侵攻を繰り返していたため、1518年（永正15）に帰国し、以降は領国経営に腐心することになる。だが、尼子家の勢力は衰えず、安芸の有力国人で義興に臣従していた毛利家が尼子側に寝返ったことで、状況はさらに悪化した。義興は、経久との戦いに忙殺されるが、1524年（大永4）の安芸国佐東銀山城攻防戦で尼子軍を撃破し、尼子家の勢力を安芸から放逐することに成功した。

一方、義興は、日明貿易を円滑に行うために、博多湾の整備を行い、博多を大内家の直轄地として支配した。さらに、博多商人からは抽分銭を徴収し、貿易利益だけではない利益を手中にしていた。義興は、この経済力を利用し、高嶺大神宮を建立するなど、その力を内外に誇示してみせたのである。

以降も、石見国における尼子家との戦い、北九州における少弐家との戦いに明け暮れ、いずれの戦いも義興は有利に戦況を進めた。義興は、これら一連の戦いで最前線で指揮を振るっていたようで、1528年（享禄1）に死去するときも、安芸門山城攻めで指揮を執っていたといわれる。

大内義隆

おおうち・よしたか

生没年	1507年（永正4）～1551年（天文20）
出身	周防国
主君	足利義晴
死因	自害

◇猛将から文治派に転じ滅亡を招く

大内義興の嫡男。15歳のときに初陣を済ませ、その後は出雲の尼子家や安芸の毛利家と何度も戦戈を交えた。

義興が死去した1528年（享禄1）に、

大内家の家督を継いだ。安芸をめぐって対立していた尼子家との戦いは、尼子領内で反乱が起こったため中断しており、義隆は北九州に兵を進め、豊後の守護・大友家や、筑前の少弐家と戦った。

義隆は、少弐家の家臣だった龍造寺家を内応させて少弐家を弱体化させ、肥前北部に大きな影響力を持っていた九州探題渋川家を滅ぼすと、1536年（天文5）には少弐資元を討ち取って少弐家を滅ぼした。大友家との対立は続いたが、それも1538年（天文7）に、12代将軍・足利義晴の仲介によって和議を結ぶことで合意した。

1540年（天文9）、尼子晴久が大挙して、大内方の安芸国吉田郡山城の毛利元就を攻めた。義隆は、これに対して自ら援軍となって出陣し、尼子軍を撃破した。義隆は、勢いに乗じて尼子家を殲滅するべく出雲国へ遠征し、月山富田城を攻囲したが、味方のなかに内応者が続出し大敗を喫し、養嗣子の大内晴持を失うなど、大打撃を被った。

この敗戦以降も、尼子家との戦いは続いたが、義隆自身は戦意を失い、軍事のことはすべて家臣たちに丸投げし、文事にいそしむようになる。義隆は「末世の道者」と称されるほど文事を極めたが、大内家内では武断派と文治派の対立が鮮明になり、1551年（天文20）に武断派の中心だった陶隆房がついに謀反の兵を挙げた。

義隆は難を逃れて長門国へ逃亡したが、すでに求心力を失っていた義隆に従うのはわずかな家臣だけで、義隆は同年、反乱軍に包囲された大寧寺で自害して果てた。

三好家

清和源氏小笠原家の後裔で、長房の代に阿波国三好郡を領して三好姓を名乗った。室町幕府が開幕すると、阿波の守護として下向してきた細川家に仕えた。応仁の乱など軍事面で細川家を支え、細川家の内訌では細川澄元を支持し、之長の代に大いに成長した。元長の代には畿内への進出に成功し、長慶の代になると13代将軍・足利義輝を追放して幕政を握ったが、尾張の戦国大名・織田信長との抗争に敗れて滅亡した。

三好之長

みよし・ゆきなが

生没年 1458年（長禄2）～1520年（永正17）

出身 阿波国

主君 細川成之→細川政之→細川政之→細川澄元

死因 自害

◇宗家細川家の内訌

阿波細川家の家臣・三好長之の子。

父の長之は、1467年（応仁1）に応仁の乱が勃発すると、主家の阿波守護・細川成之に従って参陣し、細川勝元率いる東軍に属して活躍した。之長は成長したあとに父に呼ばれて入京し、応仁の乱が終結したあとも、成之のもとに父とともに出仕し京にとどまった。

1485年（文明17）、阿波で反乱が起こったため、成之に従って阿波に帰国し、反乱鎮圧後は成之の命を受けて阿波防衛のために同地にとどまった。

1493年（明応2）、管領職をめぐって畠

山政長と対立していた細川宗家の政元がクーデターを起こし、政長を自害に追い込むとともに将軍・足利義材は廃して足利義澄を新将軍に擁立した。

政元には嗣子がなかったため、関白・九条政基の子・澄之を養子に迎えていたが、その後に阿波守護・細川義春（成之の子）の子・澄元を養子としたため、細川家は両派に分裂した。

◇京で権威を回復するもまもなく没落

1506年（永正3）、之長は澄元を擁して上洛し、澄元が摂津の守護に補任されると摂津の半国守護代に任命されて権勢をふるった。

翌年6月、澄之派の香西元長と薬師寺長忠が宗家の細川政元を殺害するという事件が起こった。元長と長忠は次いで澄元と之長を襲い、之長は澄元を連れて脱出し、近江に逃亡した。

こうして澄之が細川宗家の家督を継いだが、養父を殺害した澄之に対する細川一門の風当たりは強く、和泉守護家の細

川政賢・高国父子、淡路守護家の細川尚春らは澄元を支持した。

之長は細川一門の支持をとりつけると、近江で国人を糾合して同年8月、京へ攻め上り、澄之を自害に追い込んだ。之長は澄元に細川宗家の家督を継がせ、澄元の側近としてその勢威はますます盛んになった。

しかし、1508年（永正5）、かつて細川政元に将軍位を追われて周防に逃れていた足利義材が、大内義興の協力を得て上京すると、細川高国が義材を支持して澄元・之長と対立するようになった。義興の軍事力に圧倒された之長は、再び澄元とともに近江に奔り、京は義材・高国が制圧した。近江に入った之長は翌年6月、京へ侵攻したが大内軍に敗れ、8月に再挙したが再び敗れて澄元とともに阿波に帰った。

1519年（永正16）、京に在陣していた大内義興が帰国し、高国と将軍・義材（改名して義種）との間にも亀裂が生まれると、之長は大軍を擁して播磨に上陸し、再び京に迫った。そして翌年、高国を打ち破って京から追放し、将軍・義種に澄元の家督継承を認めさせた。

だが、近江に逃亡した高国は、近江の半国守護・六角定頼の後援を得て再起して京へ乱入、之長は敗れて洛中で自害した。翌月には澄元も病死し、京は再び高国が制圧するところとなった。

三好元長

みよし・もとなが

生没年 1501年（文亀1）～1532年（天文1）
出身 阿波国
主君 細川晴元→細川持隆
死因 自害

◇堺公方足利義維を擁立

三好長秀の子。1520年（永正17）に祖父・三好之長が死去すると、父の長秀がすでに死んでいたため、元長が三好家の家督を継いだ。

之長が擁立していた細川澄元が、之長の死後1カ月で死去し、元長は澄元の子・晴元のもとに仕えた。

1526年（大永6）、管領・細川高国が被官の香西元盛を殺害し、元盛の兄弟である波多野種通・柳本賢治が高国のもとを離れて晴元に通じてきた。

これを好機ととらえた元長は、1527年（大永7）、晴元を擁して阿波で兵を挙げた。元長は一族の三好政長を京に先発させ、和泉の守護・細川澄賢と協力し、柳

三好家略系図

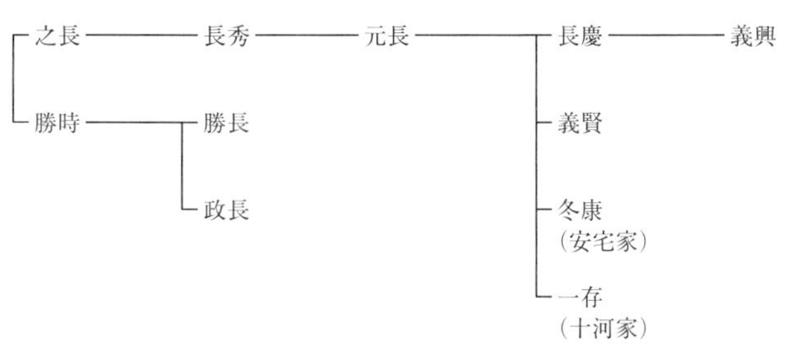

```
┌─ 之長 ──── 長秀 ──── 元長 ──── 長慶 ──── 義興
│
└─ 勝時 ──┬─ 勝長                  ├─ 義賢
          │                        │
          └─ 政長                  ├─ 冬康
                                    │  （安宅家）
                                    │
                                    └─ 一存
                                       （十河家）
```

第7章 中国・四国地方の氏族／三好家

本賢治軍と合流して桂川の戦いで高国軍を破り、高国は将軍・足利義晴とともに近江に奔った。

元長は、阿波細川家のもとで成長していた義晴の異母弟・義維を推戴して、晴元とともに和泉堺に上陸した。

しかし、義晴・高国派の勢力が京に残存していたため、義維は京に入れず、堺に御所をつくって高国と対立していた。そのため義維は「堺公方」と呼ばれた。

京に入った元長は、山城の守護代に任ぜられた。元長は、晴元と高国の和解を図り奔走したが、かえって柳本賢治らの不興を買い、晴元も柳本派に与したため、元長は怒って阿波に帰った。

◇一族政長の讒言で晴元と対立

1530年（享禄3）、近江に逃亡後、各地を流浪して再起を図っていた高国が、備前守護代の浦上家の援助を得て兵を挙げ、晴元軍を京に破った。晴元は阿波の元長のもとに救援の使者を派遣し、元長はたびたびの催促に応じて、翌1531年（享禄4）、出陣して堺に上陸した。阿波の守護・細川持隆も、元長に続いて上陸した。元長は摂津に侵攻すると天王寺の戦いで浦上村宗を討ち取り、敗走した高国は自害した。

戦後、晴元が細川宗家を受け継ぎ、元長も再び京に復帰したが、元長が阿波に帰っていた間、晴元を支えてきた三好政長は元長の復帰を望まず、河内の守護・畠山家の家臣である木沢長政と手を結んで、元長を讒言した。

元長は、讒言を信じた晴元によって排斥され、1532年（天文1）、元長は木沢長政が拠る河内飯盛城に攻め寄せた。晴元は長政救援のために、摂津国内の一向一揆の蜂起を認めて元長軍を攻撃させた。元長は子の長慶を阿波に脱出させ

ると和泉堺に入って、堺公方・義維とともに抗戦した。しかし、木沢・一向一揆連合軍に大挙して攻められ、顕本寺まで逃れたが、ついに自害した。

三好政長

みよし・まさなが

生没年 ？～1549年（天文18）
出身 阿波国
主君 細川晴元
死因 戦死

◇細川晴元の政権樹立に奔走

三好勝時の子。三好之長の甥にあたる。

一族の三好元長とともに、細川晴元に仕えた。晴元は当時、父の澄元を殺害した管領・細川高国と対立していたが、1526年（大永6）に高国が家臣の波多野稙通と柳本賢治の離反にあい、高国政権は混乱しはじめた。

晴元はこれを機に上洛をもくろみ、1527年（大永7）、政長は元長の命を受けて、兄の勝長や細川澄賢らとともに阿波を出立して和泉国堺に上陸した。政長は摂津国まで進軍して柳本賢治軍と合流し、高国方の若狭守護・武田元光軍と対峙した。桂川を挟んで対陣した政長は、一気に桂川を渡って武田元光軍を急襲して敗走させ、救援にかけつけた高国軍も撤退させた。

京に戻った高国は将軍・足利義晴とともに近江に出奔し、政長は京に入った。しかし、その後、政長が前将軍・足利義澄の子・義維と晴元を奉じて堺に入ったが、高国残党が京に残っていたため、義維と晴元は入京できず、政長も堺へ戻った。

政長と元長は堺に擬似幕府を作り（堺公方）、義維を擁立して堺を本拠地とし

た。しかし、高国と晴元の和睦をめざす元長に対し、政長はあくまで晴元単独政権を想定したため、政長と元長は対立した。そして1528年（享禄1）、政長は柳本賢治らと結んで一向一揆を扇動して元長を襲わせ、激怒した元長は阿波に帰ってしまった。

こうして政長は元長に代わって晴元政権の重臣となったが、1530年（享禄3）に高国が再挙して晴元を攻撃すると、支えきれなくなった晴元は元長を阿波から呼び戻し、元長が各地で高国軍を破ってついに高国を自害に追い込む戦功を挙げた。

◇ 元長との対立を制すも長慶に返り討ち

高国の死によって晴元はようやく細川宗家を継いで管領に就任し、高国滅亡の軍功を挙げた元長が晴元政権の筆頭として復帰した。この状況に政長は不満を抱き、政長は晴元に元長を讒言し、1532年（天文1）、元長は討ち取られた。

これで名実ともに三好家の筆頭として、木沢長政らとともに晴元政権下で力をもち、河内の代官として勢威をふるった。

しかし、元長の子・長慶が成長して淡路・阿波・讃岐を押さえて台頭すると、これと対立するようになり、長慶は晴元に政長討伐を願い出た。しかし、晴元が政長をかばったため長慶は晴元から離反し、1549年（天文18）、高国の子・氏綱を擁して摂津で兵を挙げた。

京を出陣した政長は摂津江口へ進軍し、長慶の弟・十河一存軍と対峙した。しかし、十河軍の勢いに押された政長は、この戦いで討ち取られた。

その後、入京した長慶は晴元と将軍・義晴を京から追放し、長慶が畿内を制圧して三好時代が現出することになる。

三好長慶

みよし・ながよし

生没年 1523年（大永3）～1564年（永禄7）
出身 阿波国
主君 細川晴元→細川氏綱→足利義輝
死因 病死

◇ 主家を超えて畿内に一大勢力を築く

三好元長の子。1532年（天文1）に父の元長が細川晴元軍に攻められて戦死すると、長慶は阿波に逃れたが、翌年、晴元に召されて入京した。

晴元の家臣となった長慶は、やがて晴元の重臣・木沢長政と対立するようになり、1542年（天文11）、晴元の命を受けて長政を河内に攻めて殺害した。この戦功を認められた長慶は摂津の守護代に任じられ、摂津に勢力を伸ばした。

1549年（天文18）には細川晴元と対立していた細川高国の子・細川氏綱のもとに奔って晴元を裏切り、晴元は長慶討伐の兵を挙げた。晴元は近江の六角定頼、長慶の一族・三好政長らを味方につけ、摂津江口城に入って長慶と対峙した。

長慶は、淡路を支配する安宅冬康と、讃岐をおさえる十河一存という2人の弟を中心に態勢を整えると、六角軍が到着する前に攻撃をしかけて政長を討ち取り、晴元は13代将軍・足利義輝とともに京を脱出して近江に下った。

入京した長慶は新たな将軍を担ぎ出さず、細川氏綱を擁して実権を握り、畿内の支配権を手中に収めた。

1552年（天文21）、義輝と和睦したが、翌年、晴元と義輝が結んで挙兵したため長慶はこれを破って義輝を近江に追放した。

その後も勢力の拡大に努めた長慶は、1555年（弘治1）には播磨東部へ侵攻し

第7章 中国・四国地方の氏族／三好家

て制圧し、1557年（弘治3）には丹波を平定した。こうして長慶は、摂津・和泉・山城・河内・丹波・阿波・讃岐・播磨の一部という広大な領地を有し、西を代表する大名として君臨した。

1558年（永禄1）、将軍・義輝と再び和睦して義輝を京に迎えたが、実権が義輝に移ることはなかった。

1561年（永禄4）、河内の畠山高政が近江の六角義賢と結んで兵を挙げ、晴元残党や紀伊の根来衆などもこれに呼応して挙兵した。翌年、長慶は河内に出陣して反乱を鎮圧したが、この戦いで弟の三好義賢が戦死した。また、もうひとりの弟・十河一存も同時期に病死し、さらに1563年（永禄6）には嫡男の義興も失い、長慶は急速に政治への意欲を失い、政権は家臣の三好三人衆と松永久秀に任せるようになる。そして、翌年には久秀の讒言を信じた長慶は弟の安宅冬康を謀殺し、その求心力を失い、冬康の死から2カ月後に病死した。

三好義賢

みよし・よしかた

生没年 ？～1562年（永禄5）
出身 阿波国
主君 細川持隆→三好長慶
死因 戦死

◇兄・長慶の畿内支配を側面支援

三好元長の子。三好長慶の弟にあたる。1544年（天文13）、細川晴元に仕えていた兄・長慶が、晴元と対立していた将軍・足利義晴率いる細川氏綱・畠山政国軍に拠点の摂津を攻められると、これを援助するために摂津に上陸し、将軍方の城を落とした。長慶とともに入京した義賢は1547年（天文16）には舎利寺の戦いで氏綱・政国連合を破り、長慶の畿内

支配を手助けした。その後は阿波に戻って讃岐・阿波地方の三好家の地盤を守り、1553年（天文22）には三好家の後ろ盾であった阿波の国主・細川持隆を殺害して阿波の実権を握った。一方で、長慶の求めに応じて再三軍勢を率いて畿内に進出し、1560年（永禄3）、長慶と対立する河内の守護・畠山高政との戦いに勝利を得て高政を河内から追放し、その後は同国に駐屯することになった。しかし1562年（永禄5）、河内奪還を図る高政との戦いの最中、戦死した。

十河一存

そごう・かずまさ

生没年 ？～1561年（永禄4）
出身 阿波国
主君 三好長慶
死因 病死

◇三好家の隆盛を支えた鬼十河

三好元長の4男で、長兄に長慶がおり、若年の頃より長慶に従って各地を転戦した。讃岐の有力国人で、讃岐十河城主の十河景滋の嫡男が早世したため、景滋の養子となって十河家の家督を継いだ。

一存は若い頃から戦に明け暮れ、兄にあたる長慶、義賢、安宅冬康を何度も助け、その勇猛ぶりから「鬼十河」、「夜叉十河」などの異名を天下に響かせた。

この頃、幕政に重きをなしていたのが細川家で、その重鎮として活躍していたのが、同族の三好政長だった。しかし、政長は1532年（天文1）の天文の錯乱で、一存らの実父・三好元長を自害に追い込んだ張本人であり、細川家に出仕していた長慶とは折り合いが悪かった。

1549年（天文18）、長慶は畿内周辺の反細川家の国人たちを糾合して、細川晴元に反旗を翻し、晴元とともに政長の討

伐に乗り出した。

この合戦に参戦した一存の活躍は目覚ましく、摂津江口の戦いで政長軍を撃破し、長慶方の勝利に大きく貢献し、細川政権を崩壊に導いた。その後は、大和岸和田城主となって、三好政権の南畿方面の軍事を担当した。

1553年（天文22）、阿波に渡って兄の義賢と協力して、阿波の守護・細川持隆を討ち滅ぼして、三好家による阿波支配を完成させた。その後も三好政権の有力武将として各地を転戦し、三好政権の維持に努めた。

1561年（永禄4）、有馬温泉で湯治中に死去。まだ30歳前後だったといわれる。一説には長慶の家臣・松永久秀に毒殺されたという。

安宅冬康

あたぎ・ふゆやす

| **生没年** ？〜1564年（永禄7） |
| **出身** 阿波国 |
| **主君** 三好長慶 |
| **死因** 自害 |

◇ 安宅水軍を率いた三好長慶の弟

三好元長の子。兄に三好長慶、三好義賢がいる。

兄の三好長慶は管領・細川晴元の被官として実力をつけ、晴元に代わって大和・摂津・近江などの諸大名に軍勢催促をするほど、その権力は強大なものとなった。

1500年代、細川家の分国であった淡路では、淡路代官の安宅家が安宅水軍を擁して細川家の軍事力を支えていた。その頃の安宅家では家督をめぐって内訌が起こっており、長慶は安宅家の内訌に介入し、弟である冬康が安宅家に送り込まれ、安宅家の家督を継いで安宅冬康とな

った。一説には、冬康はもともと安宅家の子であり、いったん三好家に養子に入り、その後安宅家に戻ったとされている。

安宅家に入った冬康はその後、安宅水軍を率いて兄の長慶を助けた。

1562年（永禄5）、冬康は長慶の命を受けて義賢とともに和泉に侵攻し、長慶と対立していた畠山高政と戦った。しかし、高政軍に敗れ、兄の義賢は討ち取られ、冬康は阿波に逃れた。

その後、再び畿内に入って兄の長慶を補佐したが、長慶の家臣である松永久秀の讒言によって長慶から自害を言い渡され、1564年（永禄7）、長慶の居城である飯盛山城で自害して果てた。

第7章

中国・四国地方の氏族／三好家

541

河野家

奈良時代から伊予に土着した名家で、鎌倉幕府の御家人となって伊予を支配したが、承久の乱でいったん没落。元寇での活躍が認められて復活し、室町時代を通じて伊予の最大勢力となる。建武の新政から離反した足利尊氏に従って伊予国守護に補任された。通能の代に伊予の最大勢力だった細川家と和睦し、細川家に入った通之が予州河野家に分離し、やがて本家と予州家との対立を招いて勢力を衰退させた。

河野通盛

こうの・みちもり

生没年 ？～1364年（正平19・貞治3）
出身 伊予国
主君 鎌倉幕府→足利尊氏
死因 病死？

◇ 河野家の礎を築く

河野家は、平安時代末期に平氏討伐に功を挙げて伊予国惣領を与えられ、伊予国に盤石の権勢を築いた名族で、通盛の時代には伊予を代表する国人に成長していた。

1333年（元弘3）、配流先の隠岐を脱出した後醍醐天皇が倒幕の兵を挙げると、鎌倉幕府の命令を受けた通盛は渡海、上洛し、幕府軍として後醍醐天皇軍と戦った。足利尊氏が天皇方に寝返ったため戦況は天皇軍の優位に進み、ついに六波羅探題は陥落、鎌倉の北条一族も滅亡した。六波羅探題の幕府軍は敗走し、通盛も遁走して伊予へ戻った。

1336年（延元1・建武3）、前年に後醍醐天皇から離反した足利尊氏が京の戦いに敗れて九州に逃れ、同年に九州で態勢を立て直して再上洛してきた。このとき通盛は尊氏方として活動しており、瀬戸内海を通過する尊氏軍に軍船を提供して便宜を図っている。通盛がいつ頃尊氏に従属したのかは不明だが、一説には、六波羅探題陥落後、鎌倉まで逃げのびて建長寺で僧籍に入り、中先代の乱の鎮圧のために鎌倉に戻っていた尊氏に面会したとされる。

通盛は建武年間（1334～1338年）に新たに湯築城を築城して居城とし、伊予の有力国人として南朝軍と戦った。当時の伊予には南朝方として忽那水軍と村上水軍がおり、瀬戸内海の制海権をめぐって争っており、また九州では南朝勢力が強く、尊氏にとって伊予は重要な中継地点でもあり、古代以来の土着の有力国人であった通盛は尊氏に取り立てられ、1350年（正平5・観応1）には細川頼春に代わ

って伊予の守護に任じられた。伊予国守
護職は、戦国時代まで河野家が受け継い
でいくこととなり、伊予における河野家
の基礎を築いたのが通盛であった。

河野通朝

こうの・みちとも

生没年 ？～1364年（正平19・貞治3）
出身 伊予国
主君 足利尊氏
死因 自害

◇ 細川家に攻められ自害

河野通盛の嫡男で、父とともに足利尊
氏方に与して各地を転戦した。

通朝が家督を継いだ時期はわかってい
ないが、通盛の隠居を機に家督を譲られ
たという。当時の伊予国は、北朝方の河
野家に対し、同族の得能家や土居家は南
朝に加担しており、また国人領主のなか
にも忽那家のように南朝側の者も存在
し、国内は混乱していた。

1349年（正平4・貞和5）、幕府内で足
利尊氏の弟・足利直義と幕府執事の高師
直の対立をきっかけに直義が幕府に反旗
を翻す観応の擾乱が勃発した。直義の養
子・足利直冬が中国・九州で勢力を肥大
化させると、四国の尊氏方の役割は大き
なものとなった。幕府からは、重鎮の細
川頼之が派遣され、讃岐・土佐の守護と
なり四国管領に任命された。1364年（正

平19・貞治3）、頼之は、南朝勢の一掃と
ともに四国全土を支配下に収めようと図
り、通朝の伊予国に攻め寄せた。

同じ北朝方の頼之に攻められることに
なった通朝は、桑村郡世田山城に籠って
奮戦するが、戦況は芳しくなかった。籠
城して2カ月になると、城内の兵士の士
気も衰え、さらに家臣からも内応者が出
たことで河野軍は敗れ、通朝は、城内で
自害した。

河野通堯

こうの・みちたか

生没年 ？～1379年（天授5・康暦1）
出身 伊予国
主君 足利義詮→懐良親王→足利義満
死因 自害

◇ 南北朝を往来し、ついに伊予国回復

河野通朝の嫡男。1364年（正平19・貞
治3）、父の通朝が細川頼之に攻められて
世田山城で自害した。通堯は落城前に城
を脱出して高縄城に入城したが、ここも
細川頼之に攻められ、通堯は伊予から敗
走した。

伊予を離れた通堯は、瀬戸内海の忽那
諸島を根拠地にしていた南朝方の忽那家
を頼り、1365年（正平20・貞治4）には
九州へ渡って征西府の懐良親王と接見し
て、南朝に帰順した。

翌年、征西府の支援を受けた通堯は、

第7章 中国・四国地方の氏族／河野家

河野家略系図

通盛 ── 通朝 ── 通堯 ─┬─ 通能 ── 通久 ── 教通

　　　　　　　　　　　　└─ 通之 ── 通元 ── 通春 ── 通篤
　　　　　　　　　　　　　（予州家）

543

伊予国の回復を目論み帰国した。通朝亡き後の伊予国守護は仁木家が務めていたが、通堯は四国の南朝勢の後押しを受けて破竹の勢いで戦勝を重ね、1368年（正平23・応安1）、ついに伊予国の奪回に成功した。

1379年（天授5・康暦1）、かつて父を攻め滅ぼし、通堯を伊予から追いやった細川頼之が政争に敗れて京を追放され、四国に下向してきた。通堯は、対立する頼之が失脚したことで幕府方に転じ、同年、伊予の守護に補任された。

そして通堯は、幕府の実権を握った管領の斯波高経から頼之の討伐を命じられた。しかし、頼之は通堯が行動を開始する前に出陣し、阿波・讃岐の兵4万を率いて伊予に侵攻してきた。通堯は新居まで兵を進めて布陣し、頼之を迎撃したが、家臣に頼之に内通する者が現れ、頼之は山地を迂回して通堯軍の背後から攻め寄せた。夜討ちだったことも重なって通堯軍は壊滅し、通堯は西園寺家や得能家ら一族郎党とともに自害した。

河野通能

こうの・みちよし

生没年	1370年（応安3・建徳1）～1394年（応永1）
出身	伊予国
主君	足利義満
死因	病死

◇将軍義満によって本領安堵

河野通堯の嫡男。1379年（天授5・康暦1）、父の通堯が細川頼之との戦いに敗れて自害すると、9歳という幼年で家督を継いだ。当時は南北朝の合一前で、いまだに南朝勢が活動しており、また父を討滅した細川頼之も讃岐・阿波を制圧して伊予への侵攻をうかがっており、河野

家は苦境に立たされていた。この危機に救いの手を差し伸べたのが、3代将軍・足利義満だった。

義満は通能の本領を改めて安堵するとともに、通能と頼之の間を仲介し、河野家は宇摩・新居の2郡を細川領とすることで頼之と和睦した。これにともない、通能は、それまでの本拠地である風早郡河野郷の高縄城から、3代前の河野通盛が築いた湯築城に移った。その後は1388年（元中5・嘉慶2）に風早郡善応寺通玄庵に禁制を掲げるなど領内支配に尽力した。また、幕府との結びつきも重視し、1389年（元中6・康応1）には安芸の厳島神社に参詣して周防に立ち寄った義満のもとを訪れ謁見した。

通能は元来病弱だったようで、1391年（元中8・明徳2）の明徳の乱や、1392年（元中9・明徳3）の南北朝の合一などに関して、まったく名前が出てこない。

やがて1394年（応永1）、通能は病没する。このとき、通能の妻が子を身ごもっており、通能は弟の通之に家督を譲ったうえで、「自分の子供が男子で、棟梁としての器があれば宗家を継がせてほしい」と遺言して、この世を去ったという。

河野通之

こうの・みちゆき

生没年	不詳
出身	伊予国
主君	足利義満
死因	不明

◇兄の後を継ぎ伊予支配を強化

河野通堯の2男。3代将軍・足利義満の斡旋で河野家と細川家が和睦したとき、細川頼之の養子として引き取られた。しかし、1394年（応永1）、兄の通能が早世したため、通之が宗家の家督を継いだ。

この頃になると、南北朝の合一（1392年）がなり、四国の南朝勢もほぼ幕府に帰順しており、反目していた同族の得能家や土居家も河野家に従っていたため、伊予にもようやく平穏が訪れていた。

通之は、数々の文書を発給して伊予支配を強化しながら、1399年（応永6）の応永の乱には幕府に従軍し、大内義弘征討軍に加わった。また、瀬戸内海を縄張りにする海賊を討伐するために幕命を受けてたびたび軍を出した。

通之は1409年（応永16）、兄・通能の子・通久に家督を譲って引退した。通能は死に際して、「自分の子供が男子で、棟梁としての器があれば宗家を継がせてほしい」と通之に遺言していたが、通之は通能死後に誕生した通久を養育しており、元服を待って通久を後継としたのである。その後は通久を支えつつ、予州河野家を創設して宇摩・新居郡を支配した。

没年は不明だが、一説には、1415年（応永22）に温泉郡御幸寺で重見通勝と戦って戦死したと伝えられる。

河野教通

こうの・のりみち

生没年 ？～1500年（明応9）
出身 伊予国
主君 足利義教→足利義政
死因 病死

◇予州家と争い宗家を弱体化させる

河野通久の嫡男。1435年（永享7）、父の通久は豊後大友家の内訌に介入して出陣したが豊後で戦死したため、教通が家督を継いだ。

1441年（嘉吉1）、6代将軍・足利義教が、播磨の守護・赤松満祐らに暗殺されるという事件が起こった。管領・細川持之と侍所頭人・山名持豊（山名宗全）は

すぐさま満祐討伐を決定し、教通のもとにも出陣の幕命が届いた。同年、教通は兵を率いて伊予を出立して上洛、赤松満祐の追討軍に加わって播磨に侵攻した。

このとき、河野家の別家である予州家の河野通春にも出陣の幕命が出されたが、通春の参陣が遅れてしまった。幕府は通春の失態を咎め、同年、教通に通春の討伐を命じ、教通は通春を攻めた。これに対し、通春は周防など4カ国の守護を務めていた大内教弘に支援を願い対抗したため、幕府は細川家とともに、大内家と対立する安芸の国人である毛利家と小早川家を動員して教通の援軍として派遣した。両家の対立は幕府内における権力闘争ともつながって、伊予の守護に教通と通春の両者が交互に補任されるなど幕府も一方を支持することができず、なかなか決着がつかなかった。

1451年（宝徳3）、重臣・重見通実らの奮戦で教通が通春に勝利を収めるが、1456年（康正2）には通春の逆襲に遭って居城の湯築城を追われて菊万荘に没落した。

1467年（応仁1）に応仁の乱が勃発すると、教通は東軍に加担し、通春は西軍に与した。教通は上洛せず、伊予国内で通春を中心とした西軍と戦ったが決着がつかないまま乱は終結した。1479年（文明11）、長年にわたる河野家の内訌につけこんで、阿波の守護・細川成之が伊予奪取を画策して、子の細川義春を伊予に侵攻させた。

教通は、いったん予州家と和解して細川軍を撃退するが、予州家とはすぐに決裂して再び対立していく。そして、教通は両者の決着を見ることなく、1500年（明応9）に病没した。

河野宗家と予州家との争いは、河野家

第7章　中国・四国地方の氏族／河野家

545

を弱体化させ、やがて国人衆の離反を招き、その勢力を衰退させていくことになる。

河野通春

こうの・みちはる

生没年 ？～1482年（文明14）

出身 伊予国

主君 足利義教→足利義政

死因 病死？

◇ 諸将を巻き込んで宗家と対立

河野通之の嫡孫にあたり、河野家の別家である予州家の3代当主となる。宗家の河野教通と争い、河野家の勢力を弱体化させた。

1441年（嘉吉1）、6代将軍・足利義教が、播磨の守護・赤松満祐に殺害されるという重大事件が勃発し、通春は幕府から赤松家討伐のために出陣するよう命を受けた。しかし、通春の参陣が遅れたために幕府から討伐される身となり、宗家の教通が討伐軍に名を連ねたことから、通春は宗家と対立することになった。

幕府は、細川家・毛利家・小早川家に命じて宗家の教通を支援させた。これに対し、通春は周防の大内教弘を頼って教通に対抗した。

両者の対立はなかなか解決されず、1467年（応仁1）に応仁の乱が勃発すると、通春は東軍に属した宗家に対して西軍に与して戦った。その後も両家の対立は続いたが、1479年（文明11）に阿波の細川家が伊予に侵攻してくると、通春は一時的に教通と和睦し、教通と協同して細川軍を破った。しかし、通春の宗家に対する不信感は根強く、再び決裂して不毛な同族争いが続けられた。

通春は1482年（文明14）に病没するが（戦死ともいわれる）、後を継いだ嫡男・

通篤の代になっても両家の争いは収まらず、伊予の名族だった河野家の勢力は著しく衰退することになる。

長宗我部家

長宗我部家は、中国からの渡来人である秦氏の流れを汲んでいるとされる。平安時代末期に地頭として土佐国長岡郡宗我部郷に入り、宗我部姓を名乗ったとされる。長岡郡の長宗我部家と香美郡の香宗我部家に分かれて室町時代を迎えた。建武の新政崩壊後から足利尊氏に従い、四国に入国した細川家に仕えて勢力を伸張した。応仁の乱後の混乱でいったんは没落したが、国親・元親父子の代に再興を遂げた。

長宗我部文兼

ちょうそかべ・ふみかね

生没年 不詳

出身 土佐国

主君 細川勝元→一条教房

死因 不明

◆戦国時代に続く長宗我部家発展の礎

長宗我部家は、もともと宗我部家を称していたが、あるとき長岡郡の宗我部家と、香美郡の宗我部家の二派に分かれた。そして、両者を区別するために群名を冠して、長岡郡の宗我部家を長宗我部と呼び、一方を香宗我部と呼ぶようになった。

長宗我部家は、鎌倉時代末期には名主層を組織化する国人領主に成長し、1333年（元弘3）に後醍醐天皇が鎌倉幕府に対して挙兵すると天皇方につき、足利尊氏から土佐国内の幕府方の反乱を鎮めるよう命じられた。以降は、足利家側に立って武家方として行動し、土佐の守護と

なった細川家の傘下に収まった。長宗我部家は、細川家と密接な関係を結び、代々寺奉行を務めるなど、細川家の代理として権力を伸張させていった。

文兼は長宗我部家16代当主で、1460年代に家督を継いだ。

1467年（応仁1）に勃発した応仁の乱は、もとは中央政界の政権争いが原因だったが、各地の守護・国人を巻き込む全国的な戦乱に拡大していった。

当時の土佐の守護は、応仁の乱の当事者で東軍を指揮していた細川勝元だった。そのため文兼も東軍側についた。

土佐国内では、守護代の細川遠州家が上洛して勝元とともに戦い、文兼は土佐に残った。そして細川家が土佐を留守にしている間、土佐国内では国人たちの領土紛争が各地で勃発し、細川家の権威は一気に低下した。この状況下で文兼は勢力を拡大し、長宗我部家は土佐七雄に数えられる土佐を代表する国人に成長を遂げた。

第7章 中国・四国地方の氏族／長宗我部家

547

1468年（応仁2）、応仁の乱の戦禍を避けて、元関白の一条教房が土佐へ下向してきた。文兼は、教房を土佐の国司として担ぎ上げ、教房の下知のもとに国人衆の統制をはかり、長宗我部家に権力を集中させることに成功し、以降の長宗我部家の発展の礎を築いた。

長宗我部雄親

ちょうそかべ・かつちか

生没年 ？〜1478年（文明10）
出身 土佐国
主君 細川勝元→一条教房
死因 不明

❖ 家中の分裂を救った文兼の子

長宗我部文兼の2男。長兄の元門が17代当主として長宗我部家を継いでいたが、元門は父・文兼と対立し、雄親との仲もしだいに不仲となっていった。

1470年（文明2）頃、元門が文兼によって追放され、文兼が再び当主に返り咲いた。当時は応仁の乱の最中で、土佐でも各地で国人が挙兵しており、長宗我部家は内訌の混乱によっていくつかの領地を失った。

土佐を追われた元門は家臣である久武家・中内家を連れて土佐を離れて伊勢桑名に入り、そこで桑名家を家臣に加えた。この3家は、後に長宗我部家の家老となった。

雄親は、父の文兼とともに家中の混乱の収拾にあたり、寺社との関係強化をはかるなど奔走した。しばらくすると、兄の元門が改心して土佐に帰国し、雄親が家督を継ぐことで家中の混乱はようやく収まった。

家督を継いだ雄親は、弟を他家の養子に出すなどして家臣団の強化をはかった。この頃、応仁の乱の影響で守護の細川家と守護代の細川遠州家の支配力は低下していた。土佐国内には300を超える城が存在したといい、大小さまざまの国人たちが割拠していた。そのなかで、雄親は家中の混乱をいち早く収拾したことで、土佐国内における長宗我部家の失墜を最小限に留めることに成功している。

長宗我部兼序

ちょうそかべ・かねつぐ

生没年 ？〜1508年（永正5）？
出身 土佐国
主君 細川政元
死因 自害

❖ 武勇に優れるも慢心の末の悲劇

長宗我部雄親の嫡男で、父の雄親の死後に家督を継いだ。兼序は、「武勇才幹衆に越え、柔を以って堅きを挫く事孫呉が妙術を得たる大将」といわれるほど知勇兼備の猛将として君臨したが、土佐の守護だった管領・細川政元の権力を笠に着て、横暴な振る舞いが目立つようになっていった。

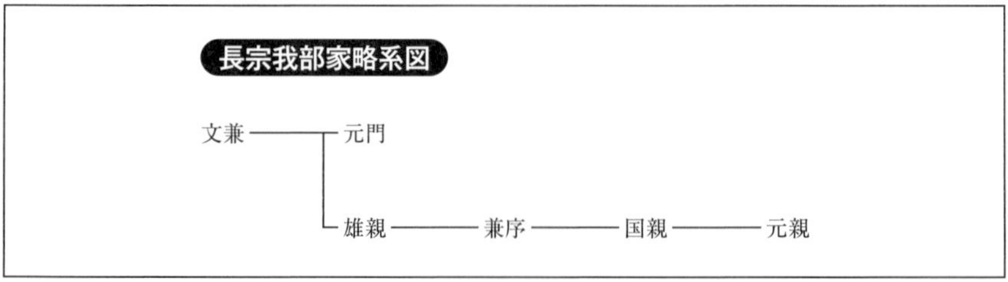

長宗我部家略系図

文兼 ─┬─ 元門

　　　└─ 雄親 ─── 兼序 ─── 国親 ─── 元親

そんな中、細川家で家督争いが勃発し、1507年（永正4）に政元が暗殺された。政元の後ろ盾を失った兼序は、多くの国人に狙われるようになり、とくに所領を接していた本山養明は、これを好機と見て兼序の討伐を企てるようになった。

翌1508年（永正5）、養明は吉良家・大平家・山田家ら、兼序の根拠地である岡豊城周辺の国人に呼びかけて、3000の大軍をもって岡豊城に攻め寄せた。兼序側の家臣からも離反者が相次ぎ、兼序陣営は500ばかりの兵力で劣勢を強いられた。

一時は岩清水川の戦いに勝利するなど善戦したものの、衆寡敵なく岡豊城に追いつめられ、兼序は補給線を断たれて自害して果てた。

岡豊城は落城し、守護細川家の権勢も届かなくなった土佐は、一気に戦国時代に突入していくのである。

だが、兼序はこのとき自害せず、一条家を頼って生き延びたという説もあり、それによると、兼序は後年本山家と和睦し、岡豊城に復帰したことになっている。

長宗我部国親

ちょうそかべ・くにちか

生没年	1504年（永正1）～1560年（永禄3）
出身	土佐国
主君	一条房家
死因	病死

◇長宗我部家の復活と勢力拡大

長宗我部兼序の嫡男で、1508年（永正5）に父の兼序が本山家に攻められて岡豊城で自害した際、家臣の近藤某に守られて城外へ脱出し、幡多荘の一条房家を頼った。国親は房家のもとで育てられ、1518年（永正15）に房家の仲介を得て岡豊城に復帰して長宗我部家の家督を継いだ。

国親の急務は、没落した長宗我部家の再興にあった。国親は家臣の吉田周孝を登用して、富国強兵に努め、徐々に勢力を回復していった。また、父を葬り去った仇敵の本山家とは、娘を嫁がせて姻戚関係を結んで和睦した。

国親の政策は順調に進み、1536年（天文5）頃には岡豊から廿枝、野田方面を回復し、また、この頃には旧臣の帰参も相次いで、長宗我部家は再び土佐を代表する国人に復活し、国親は本格的な土佐統一に目を向ける。

1540年（天文9）頃から国親は南征を開始し、まず大津城に天竺家を攻めてこれを滅ぼし、さらに南部に位置する介良荘の横山家を降伏させ、さらに下田城の下田駿河守を討ち取った。国親の進軍は止まらず、続いて十市城の細川宗桃、池城の池頼貞を降し、蚊居田家を支配下に収めて土佐南西部をほぼ制圧した。さらに岡豊城と接する布師田の石谷家、布師田の先の一宮の永吉家を帰服させ、物部川以西、仁淀川以東の土佐中央部を支配下に収めた。

国親は、武力をもって他家を制圧するだけでなく、池家には娘を嫁がせるなどの懐柔策も行っており、硬軟織り交ぜた国親の軍略は、他家を圧倒した。

◇怨敵本山家との戦い

勢力を伸張させた国親が、次に目を向けたのが父を滅ぼした仇敵のひとり山田家だった。この頃の山田家は、以前ほどの権勢はなく、当主・山田元通の下で政治腐敗が続いていた。1549年（天文18）、国親は山田家領に攻め寄せて山田家を打倒すると、続いて同族の香宗我部家と姻戚関係を結んで同家を取り込み、勢

第7章　中国・四国地方の氏族／長宗我部家

549

力範囲を土佐東部にまで拡大していった。

　この頃には、土佐七雄と呼ばれた各家も、長宗我部家を除けば本山家と安芸家だけになっていたが、1555年（天文24）に本山家の当主・本山梅慶が急死し、本山家に動揺が走った。国親は、この機を逃さず、いよいよ本山家の駆逐に乗り出した。

　翌年、国親は本山家配下の大高坂家、国沢家を攻め滅ぼして土佐郡中央部へ進出し、ここを根拠に攻勢を強めた。土佐国を動揺させる両者の対立に、一条家は国親に和議を進言するが、国親はこれを容れず、1560年（永禄3）に本山家の前線拠点である長浜城に攻め寄せた。本山家は総勢2000ともいわれる兵力を繰り出して国親に対抗したが、長浜城は落城、本山勢は土佐湾を臨む桂浜の浦戸城まで敗走した。

　国親は本山軍を追撃したが、浦戸城へ進軍する陣中で急病を発し、長宗我部軍は撤退。まもなく国親は世を去った。国親の悲願だった本山家の駆逐は、国親の死から2年後、子の元親によって成し遂げられる。

中国地方の武将

周防・長門に大きな勢力を築いた大内家の影響力が強く、応永の乱
（1399年）で幕府に反して敗れたがすぐに勢力を復活させ、室町
時代を通して大内家を中心に歴史は動いた。応仁の乱で西軍の大将
となったのも大内家だったが、乱中乱後の混乱に乗じて各地の国人
たちが野心を高めて勢力を拡大し、尼子家や毛利家を登場させた。
大内家の勢力が強かっただけに、幕府の守護領国制が崩壊すると、
大内家の衰退とともにあっという間に戦国時代を迎えた。

南条宗勝

なんじょう・むねかつ

生没年	？～1575年（天正3）
出身	伯耆国
主君	尼子晴久→大内義隆→毛利元就
死因	不明

◆戦国乱世に翻弄された伯耆の国人

　南条家は古くから伯耆国に土着した氏
族だが、一方で近江源氏の佐々木一族を
祖とする系図も存在する。宗勝の父・宗
皓は伯耆の守護・山名家に重用され、伯
耆東部に勢力をもつ有力国人となった。

　しかし、宗勝が父の死後に家督を継い
だ頃は、山名家は応仁の乱後の家督相続
争いが泥沼化して権威を失墜させ、隣国
出雲で勢力を拡大させた守護代・尼子家
が、伯耆国へたびたび侵攻してくるよう
になっていた。

　宗勝は、小鴨家・行松家ら伯耆の国人
とともに尼子軍と対峙したが、1524年
（大永4）に行松家の尾高城、山田家の北

条堤城が落とされて両家は没落し、尼子
軍はさらに伯耆西部へ兵を進めて、岩倉
城の小鴨家と羽衣石城の宗勝も敗退し
た。宗勝は美作の国人たちとも協力し
て、さらなる尼子軍の侵攻を食い止めた
が、1529年（享禄2）に大敗を喫し、尼
子経久に降った。

　その後は尼子軍の軍事活動に従軍して
活躍したが、1540年（天文9）に尼子晴
久が吉田郡山城の戦いで大内・毛利連合
軍に敗れると大内方に鞍替えし、翌年の
大内義隆による尼子攻めの際には、大内
軍の先陣を務めた。しかし、その戦いで
大内軍は大敗を喫して敗走し、宗勝は先
祖伝来の伯耆の地を失い、但馬の守護・
山名家を頼って但馬へ落ちた。その後の
宗勝は居場所が一定せず、因幡、美作、
備前と流浪し、最終的には大内家を滅ぼ
した安芸の毛利元就の庇護を受けた。
1562年（永禄5）、尼子晴久の死によって
弱体化した尼子家は、毛利軍に敗北し、
元就が中国地方の覇者となった。宗勝は

第7章

中国・四国地方の氏族／中国地方の武将

551

毛利家を後ろ盾として、20数年ぶりに本貫地である伯耆の所領を回復した。

塩冶高貞

えんや・たかさだ

生没年 ?〜1341年（暦応4・興国2）
出身 不明
主君 鎌倉幕府→後醍醐天皇→足利尊氏
死因 自害

◇箱根竹ノ下の戦いで尊氏軍に寝返る

鎌倉幕府により出雲の守護に補任され、出雲に下向した佐々木六角家の庶流にあたる。

当初は幕府側として活動したが、倒幕軍の形勢が有利となると後醍醐天皇方に加担した。高貞は天皇に従って丹後周辺を転戦し、六波羅探題陥落後に天皇が京に還幸する際には、1000余騎を率いて先陣を務めた。1334年（建武1）、雑訴決断所四番局（北陸道担当）筆頭に抜擢された。出雲国司とともに出雲の守護にも補任されたが、出雲には行かず在京し、後醍醐天皇の側近として親衛隊長を務めた。

1336年（建武3）に、北条時行が挙兵した中先代の乱の鎮圧のために鎌倉へ下向した足利尊氏が後醍醐天皇に背いたときも、高貞は後醍醐天皇方に残り、天皇が尊氏討伐の綸旨をくだして新田義貞を大将とする討伐軍を編成すると、高貞もこれに従軍して京を出陣した。

新田軍は鎌倉への道中、鎌倉から三河国矢作まで出陣してきていた足利直義・佐々木道誉軍と合戦してこれを破り、駿河国匂坂、同国手越でも直義軍を破って相模へ侵攻した。直義と道誉は箱根竹ノ下まで撤退して尊氏軍と合流し、新田軍は尊氏軍と対峙した。このとき高貞は、尊氏軍に従軍していた同族の道誉の勧め

もあって、突如として尊氏軍に寝返り、さらに大友貞載も新田軍を裏切ったため新田軍は総崩れとなり撤退した。

尊氏方についた高貞は、尊氏が幕府を開くと出雲と隠岐の守護に補任された。しかし、尊氏側近の高師直と対立して謀反の疑いをかけられ、1341年（暦応4・興国2）に京を出奔した。幕府の追討を受けて領国の出雲まで逃げたが、山名時氏軍に攻められて自害した。

富士名義綱

ふじな・よしつな

生没年 ?〜1336年（建武3・延元1）
出身 出雲国
主君 鎌倉幕府→後醍醐天皇
死因 戦死

◇後醍醐天皇の隠岐脱出を助ける

近江源氏佐々木家の一族で、出雲国布志名郷の地頭として、出雲国内では有力国人となった。

元弘の変（1331年）で、後醍醐天皇が隠岐に配流されたとき、出雲守護・塩冶高貞の命を受けて、義綱も隠岐に渡り、後醍醐天皇の警護役を務めた。

隠岐に流された後醍醐天皇は反幕府運動をあきらめず、隠岐を脱出するための味方として、義綱に白羽の矢を立てた。

1333年（元弘3）、後醍醐天皇は配流時の義綱の労をねぎらって盃を与えたが、その際、義綱は京都周辺の情勢を後醍醐天皇に伝えたという。その情報には、河内で楠木正成が挙兵したこと、備前では伊藤大和二郎が三石城にこもって奮戦していること、播磨の赤松則村が護良親王の令旨を受けて摂津で合戦に及んでいることなどが含まれていたという。

話を重ねた後醍醐天皇は、義綱に1人の女官を与えた。これに義綱は感激し、

後醍醐天皇への忠誠を誓ったとされている。後醍醐天皇は、「出雲へ戻って同心する味方を集めて迎えに来てほしい」と、義綱に語った。

義綱は、幕府方だった一族の高貞を説得して翻意させ、やがて伯耆船上山で挙兵した後醍醐天皇のもとへ参上すると、幕府軍撃退に功を挙げた。

建武の新政では若狭の守護に抜擢されるなど、後醍醐天皇の寵愛を受けた。1335年（建武2）に足利尊氏が天皇に反旗を翻した際にも天皇方として戦い、1336年（建武3・延元1）、洛中に侵攻してきた尊氏軍との戦いのなかで戦死した。

吉田厳覚

よしだ・げんかく

生没年 ？〜1363年（正平18・貞治2）
出身 出雲国
主君 佐々木道誉
死因 暗殺

◇佐々木道誉の筆頭家臣

出雲の国人で、近江源氏佐々木一門の傍流といわれる。室町幕府で権勢をふるった佐々木道誉の被官筆頭である。

1338年（延元3・暦応1）、近江の守護に補任された佐々木道誉の守護代に任ぜられた。そのとき、近江の国人・田代利綱の所領を横領するなど、道誉の笠を着た傲岸な振る舞いが多く、人心は離れたという。

1343年（興国4・康永2）、道誉が出雲の守護に任命されると、厳覚は近江の守護代から出雲の守護代に転じた。出雲は厳覚の本貫地でもあり、出雲杵筑大社の国造、神主職をめぐる社家の訴訟に関わるなど、現地代官としての役割を十分に果たした。1351年（正平6・観応2）に観応の擾乱が勃発し、幕府執事の高師直を

排斥した足利直義が政権を握ると、道誉の出雲守護は剥奪され、厳覚も守護代を解任された。しかし、佐々木家重臣という立場に変わりはなく、京へ戻った厳覚は刑事事件を管轄する侍所の下部機関である検断賊に補任された。

1363年（正平18・貞治2）、佐々木家中で、道誉の後継をめぐる家督問題が勃発した。厳覚は、道誉の嫡男・秀綱（故人）の孫で、道誉の嫡孫となる京極秀頼を推し、道誉の3男・佐々木高秀派と対立した。その結果、同年、厳覚は高秀派の手にかかって暗殺された。

赤穴久清

あかな・ひさきよ

生没年 1471年（文明3）〜1553年（天文22）
出身 出雲国
主君 尼子経久→大内義隆→毛利元就
死因 病死

◇名のために寝返った赤穴家の武将

赤穴家は、石見国佐波荘の地頭だった佐波家の庶家で、佐波常連が出雲国赤穴荘の地頭となった。

赤穴荘は、石見・備後両国の境界にあったことから、久清は1517年（永正14）頃からはじまった大内家と尼子家の対立に巻き込まれることになった。

久清は当初は尼子方につき、その居城・瀬戸山城は尼子十旗として尼子家の本拠・月山富田城を防衛する4番目の拠点として位置づけられた。

1542年（天文11）、安芸の吉田郡山の戦いで尼子晴久が毛利・大内連合軍に敗れたとき、多くの国人が尼子方から大内方に寝返ったが、久清は尼子方にとどまった。同年、大内義隆が晴久の居城である月山富田城を攻めるために自ら山口を出陣した。その際の、最初の関門が久清

第7章 中国・四国地方の氏族／中国地方の武将

553

の拠る赤穴城であった。久清は、嫡子の光清とともに迎撃にあたり、大軍で押し寄せる大内・毛利連合軍を防いだ。

久清は、近くを流れる赤穴川をせき止めて前面を湖水とし、背後に山を背負った天然の要害である赤穴城にこもった。

大内軍は数万騎、対する久清軍はわずか2000騎だったが、久清らは城門を開いては決戦数度に及び、毛利軍の武将・熊谷直続を討ち取り、大内軍を一時的とはいえ退却に追い込んだ。

しかし、再び攻め寄せた大内軍との戦いで子の光清が戦死すると、久清はついに降伏した。

その後、大内軍の武将として九州方面へ転戦し、やがて安芸の大勢力となった毛利元就に臣従した。あるとき、最後まで尼子家への忠義を主張した数人の家臣が元就に兵を起こす事件が起こった。元就が久清を叱責すると、久清は「名のために寝返った己にこそ非があり、彼等こそ誠の忠臣だ」と答えて、元就を感心させたという。

三沢為忠

みさわ・ためただ

生没年 不詳
出身 出雲国
主君 京極政経→尼子経久
死因 病死

◇出雲の勢力争いに敗れた有力国人

三沢家は、清和源氏の流れを汲む名門で、木曽義仲を祖とするといわれる。承久の乱の恩賞として出雲国三沢郷が与えられ、三沢を名乗った。為忠は、父の三沢為清が出雲の守護・京極政経に従軍して六角高頼との戦いに戦死した1475年（文明7）に、家督を継いだ。

当時の出雲は京極政経が守護に任じら

れていたが、本拠地である近江で内訌を繰り返していた京極家の権威は衰え、代わって守護代の尼子家の勢力が強まっていた。当時の三沢家は出雲を代表する有力国人に成長しており、為忠は尼子家による出雲支配に徹底的に対抗した。

そして1484年（文明16）、軍事費の増大により公用銭などの滞納が続いた尼子家に対して、幕府は尼子経久の守護代解任を決め、為忠ら出雲の国人に出動要請が下された。これを受けて為忠は、三刀屋家、朝山家らとともに経久の居城・月山富田城を襲い、落城させた。

しかし、守護代を解任されたとはいえ、一定の地盤を築いていた経久は態勢を建て直して、1486年（文明18）に兵を挙げた。経久軍は月山富田城を落とすと三沢へ侵攻した。そして1488年（長享2）、謀略をもって為忠陣営を混乱させ、為忠は敗れて経久に降伏した。

その後、為忠は三沢郷から横田荘に移り、尼子家に降ったとはいえ以降も出雲の有力国人としての地位を保った。1519年（永正16）頃に死去したと伝わるが確証はない。

三刀屋宗忠

みとや・むねただ

生没年 ？～1570年（元亀1）
出身 出雲国
主君 尼子晴久→尼子義久→尼子勝久
死因 戦死

◇最期まで尼子氏に命を懸けた忠臣

三刀屋宗忠は、出雲の国人・三沢家の一族の出自といわれ、出雲国の三刀屋城を居城とした三刀屋家とは別の系譜とされる。宗忠は出雲の守護代から戦国大名に成長した尼子家の家臣として、晴久・義久・勝久の3代にわたって仕え、備中

国内に1万石を領した。

1540年（天文9）に尼子晴久が、毛利元就を吉田郡山城に攻めたとき、宗忠は晴久の側近として従軍し毛利軍と対峙した。ところが、大内軍の援軍を得た毛利家に晴久が大敗を喫すると、それまで尼子家に味方していた出雲の国人たちは、大内方になびき、尼子家の権勢は一気に衰えた。このとき、宗忠の一族である三沢家も晴久を見限ったが、宗忠はあくまで晴久に忠誠を誓ったという。

没落しかけた尼子家はかろうじて出雲に拠点を残したが、1561年（永禄3）に晴久が急死すると、その勢力はさらに弱まり、晴久の後を継いだ義久が、家臣の讒言を受けて罪なきものを刑罰に処したことから、数少ない家臣の中からも離反するものが相次いだ。

宗忠はこのときも義久のもとを離れなかったが、重臣としてどのように立ち振る舞ったのかは記録にない。

やがて1566年（永禄9）に義久が毛利元就に降ると、宗忠は上洛し、尼子家家臣の山中幸盛らとはかって東福寺にいた尼子勝久を担いで出雲奪回を目指したが、1570年（元亀1）、毛利軍の主力と衝突し、討ち取られた。

三隅兼連

みすみ・かねつら

生没年 ？〜1355年（正平10・文和4）
出身 石見国
主君 後醍醐天皇→後村上天皇
死因 戦死

◇蜂起した後醍醐天皇の元に馳せ参じる

父は三隅兼盛とされる。三隅家は石見の国人。同国の有力国人・益田家は同族で、兼連は益田兼信の曾孫にあたる。

1333年（元弘3）、配流先の隠岐を脱出

して伯耆船上山に拠って挙兵した後醍醐天皇は、各地に倒幕の綸旨を送った。

兼連は、一族の益田家らとともに天皇の綸旨に呼応して兵を挙げ、ただちに伯耆に入って天皇のもとに参じた。しかし、後醍醐天皇の建武の新政は多くの武士に不評で、1335年（建武2）には足利尊氏の離反を招き、わずか2年ほどで新政は崩壊した。このとき兼連は惣領家の益田家と袂を分かって天皇方についた。

翌年、光明天皇を擁立した尊氏は征夷大将軍となって幕府を開き、各国に守護を設置し、石見国には上野頼兼が入府した。1337年（延元2・建武4）、大軍を率いた頼兼が、兼連の居城である三隅城に攻め寄せたが、兼連はよく防戦し、これを撤退させた。

翌年、兼連は幕府方の益田兼見の拠る七尾城を攻め、1340年（興国1・暦応3）には石見の国司・日野邦光らとともに幕府方の豊田城を攻め落とした。

その後も、山陰地方の南朝方として活発な軍事行動を起こし、1344年（興国5・康永3）には石見府中に攻め寄せ、1346年（正平1・貞和2）にも上野頼兼・益田兼見連合と戦った。

1350年（正平5・観応1）、尊氏とその弟・足利直義が仲違いして武力衝突すると、九州にいた直義の養子・足利直冬が再挙して兵を挙げた。尊氏は直冬討伐に高師泰を派遣した。

兼連はこのとき直冬と通じて師泰率いる幕府軍を挟撃しようと図り、師泰軍は直冬討伐の前に石見を押さえようと石見の守護に補任されて石見をめざし、中国諸将にも檄を飛ばした。

師泰軍は南朝方の鼓ヶ崎城を陥落させると、兼連が拠る三隅高城に攻め寄せたが、兼連は籠城戦に持ち込んで師泰の足

を止めた。師泰は三隅高城を包囲したが、京で直義が南朝に降って大規模な軍事行動を開始したため、尊氏から帰京命令が届き、師泰は包囲を解いて撤退した。兼連はこの機を逃さずに師泰軍を追撃し、多くの兵を討ち取った。

　1353年（正平8・文和2）、周防の守護・大内弘世が幕府に反して南朝に降ると、直冬と弘世が結託して、直冬が石見に入国した。兼連は直冬を迎え入れると、石見美濃郡に高嶽城を築いて、そこを直冬の居城とした。翌年、南朝朝廷から直冬のもとに尊氏討伐の命がくだり、兼連は直冬を奉じて石見を出陣した。直冬・兼連軍は但馬で山名時氏軍と合流して京をめざし、播磨で足利義詮軍を破って京に迫った。尊氏は後光厳上皇らを奉じて近江へ出奔し、翌年、兼連は直冬・時氏・桃井直常らとともに入京した。

　しかし、播磨から軍を返してきた義詮軍と洛中で合戦が起こり、兼連は京都七条の戦いで討ち取られた。

吉見頼弘

よしみ・よりひろ

生没年	不詳
出身	石見国
主君	大内弘世→大内盛見
死因	不明

◇吉見家繁栄の礎を築いた中興の祖

　石見の国人・吉見弘信の子。吉見家は、源頼朝の弟・源範頼を祖とする清和源氏の一族を称し、鎌倉時代末期に石見津和野に下向して土着した。鎌倉幕府崩壊時には天皇方として戦い、朝廷が南北朝に分裂すると本家は幕府方となった。室町幕府創成期に能登の守護となった吉見家とは同族である。

　頼弘の父・弘信は、1363年（正平18・

貞治2）に山陽の実力者・大内弘世が幕府方に転じて周防・長門の守護に任じられると、大内家に従い、大内家の力を背景に石見国内で勢力を伸ばし、生田家・三宅家・中屋家などの石見の国人衆を取り込み、益田家と並ぶ石見の有力国人に成長した。弘信の後を継いだ頼弘は、津和野城を拠点に吉見家の勢力伸張に尽力し、後世に「吉見家中興の祖」と呼ばれることになる。

　当時の石見国は、1399年（応永6）の応永の乱で大内家が失脚したため1402年（応永9）に山名氏利が守護となったが、山名家の石見に対する支配力は弱かった。頼弘を含む石見西部の国人は、隣国周防の守護・大内家に近い家が多く、山名家の支配下には入らず、1405年（応永12）、頼弘は福屋氏兼・周布兼宗・三隅氏世・益田兼家とともに一揆契状を結び、国人連合を同盟して守護支配に対抗した。

　頼弘は一揆契状を結んだあとから、4代将軍・足利義持の正室・日野栄子の御料所だった吉賀郷を横領し、これに対し幕府は益田兼理と三隅助信に頼弘討伐を申し渡したが、兼理と助信は一揆契状を理由に幕府の命令に背き、頼弘の吉賀郷横領は黙殺された。1425年（応永32）に再び幕府は頼弘討伐を石見の国人に命じたが、兼理は再びこの命令を辞退した。

　頼弘が所領を拡大させていくと、源平時代以来の石見の有力国人である益田家との確執が深まったが、頼弘の生存中は大規模な対立は発生しなかった。

隠岐宗清

おき・むねきよ

生没年 ?～1544年（天文13）

出身 隠岐国

主君 尼子経久→尼子晴久

死因 病死

◇尼子家の協力で隠岐を統一

隠岐国の守護代で、隠岐島を統一した。隠岐国は鎌倉時代を通じて、近江の佐々木家が守護となり、その庶流が守護代として赴任して隠岐家を称した。室町時代になって、隠岐の守護を代々務めた佐々木家は没落し、隠岐の守護は山名家と京極家（佐々木一族）が補任された。1391年（元中8・明徳2）の明徳の乱で、山名家の勢力が一時的に弱まると、以降は京極家が世襲するようになった。1392年（明徳3）に隠岐の守護に補任された京極高詮は、隠岐の守護代として弟の秀重を派遣し、秀重も隠岐家を称するようになった。宗清は、秀重の曾孫にあたる。

1510年代に宗清が家督を相続した当時、京極家が隠岐の守護となっていたが、それは名目上だけで、実質的には出雲の守護代・尼子経久が支配下に置いており、宗清は経久に臣従していた。

1523年（大永3）、宗清は天然の要害である城山に国府尾城を築いて、ここを新たな拠点とし、隠岐の統一に向けて活動をはじめる。1530年（享禄3）、北島後の水若酢神社の神主の忌部氏一族が、宗清の隠岐支配に反発して反乱を起こした。水若酢神社は隠岐国の一宮であり島民の信仰も厚かったため、宗清は武力討伐をあきらめ、和議を結んで事態を収拾した。しかし、宗清の弱腰を見た各地の国人領主が、水若酢神社を擁して反旗を翻

し、宗清と国人たちとの対立は、その後10年にわたって継続することになる。1541年（天文10）、宗清は尼子晴久に援軍を要請し、尼子軍の助力を得た宗清は、島後西部の都万城に攻め寄せて都万家を滅ぼすと、兵を進めて桃井家の那久城、箕尾家の小路城を落城させ、島後の反乱を平定した。さらに渡海して福瀬家を討つなど島前3島を平定し、隠岐国の統一を果たした。

松田元成

まつだ・もとなり

生没年 ?～1484年（文明16）

出身 備前国

主君 赤松政則

死因 自害

◇備前に勢力を伸張し主家赤松家と対立

松田家はもともと相模の国人で、鎌倉幕府滅亡の際に軍功を上げて備前国伊福郷を与えられた。1336年（延元2・建武3）から1352年（正平7・文和1）までは松田家が備前の守護を務めた。その後、守護家としては没落したが、備前西部に勢力をもち、守護代の浦上家とともに、守護の赤松家の被官として、備前を代表する国人となった。

元成は応仁の乱（1467～1477年）の頃に家督を継ぎ、備前の守護・赤松政則に仕えた。しかし、赤松家は嘉吉の変（1441年）の結果、一度没落し、1467年（応仁1）に備前の守護に復帰したという経緯があり、その間に松田家は備後西部に大きな勢力をもつようになっていた。

そのため元成は、新たな主君である政則に疎まれるようになり、1484年（文明16）、政則は元成追討を決め、守護代の浦上則国を出陣させた。

元成は赤松家の前の守護・山名家とす

第7章 中国・四国地方の氏族／中国地方の武将

557

でに誼を通じており、山名俊豊とともに赤松方の福岡城に攻め寄せた。松田・山名連合軍は戦況を優位に進め、則国は城を捨てて播磨へ逃走し、元成は城を焼き払った。ここで山名軍は領国へ引き揚げたが、元成は勝ちに乗じてさらに則国の居城である三石城に兵を進めた。

しかし、その途上で則国軍と合戦となり、天王原の戦いで敗北し、さらに則国軍の追撃を受けて千種山の戦いで大敗を喫し、同地の光長寺で自刃して果てた。

宇喜多能家

うきた・よしいえ

生没年 ?〜1534年（天文3）
出身 備前国
主君 浦上則宗→浦上宗助→浦上村宗
死因 自害

◇浦上家を支える知勇兼備の将

宇喜多家は、朝鮮半島の百済から渡来して備前国に至った三宅を祖とすると伝わる。一説には、近江源氏佐々木家の庶流、児島高徳を祖とするともいわれる。

宇喜多家が歴史上に現れるのは高秀の代からで、その4代後の宇喜多家当主が能家になる。能家は、備前の守護代・浦上家に仕えて重用された。

応仁の乱（1467〜1477年）を経て、幕府の支配力が弱まってくると、備前国内でも国人たちの間で権力争い、領土争いが頻発するようになった。そのなかでも有力だったのが松田家であった。松田家は備前の守護を務めたこともある名門で、1483年（文明15）、松田元成は備前国内から守護の赤松家、守護代の浦上家の勢力を駆逐しようと兵を挙げた。能家はこのとき、浦上軍の主力として出陣した。両者の争いは福岡合戦と呼ばれ、約20年にわたって対立し続けた。

福岡合戦の最中、浦上家内で内訌が起こり、1499年（明応8）に浦上則宗と浦上村国が播磨の国境付近で武力衝突した。能家は則宗方の大将格として出陣したが、村国軍の猛攻にさらされ、白旗城に追い込まれてしまった。則宗陣営内には村国側への内応を考える者が増え、則宗は窮地に陥った。このとき、能家が家臣たちを引き止め、自ら奮戦したことで陣営内の結束は高まり、村国軍をからくも撤退させることができたという。

◇浦上家の下剋上の立役者

松田家との戦いは続いており、1502年（文亀2）に能家は、300余騎を率いて出陣し、宍甘村という地で松田軍と激突した。能家は松田軍の先陣を破ると、さらに兵を進め、翌年には松田家の本拠地である上道郡まで進軍し、ついに松田軍を打ち破った。しかし浦上家は、今度は主家である赤松家と不和となり、赤松家からの攻撃を受けることになった。赤松義村は浦上方の諸城を攻め落とし、浦上村宗の拠る三石城に迫った。城内からは赤松方に寝返るものが相次いだが、能家の奮戦で赤松軍を迎撃、義村は撤退を余儀なくされた。

1520年（永正17）、義村が再び攻め込んできた。村宗は総力戦で迎撃にあたり、残った将兵わずか70余騎という完敗を喫したが、能家の奇襲によって義村軍を攪乱させ、さらに義村側の主力である小寺家を内応させることに成功し、義村を敗走させた。

この勝利により、浦上家は主家の赤松家をしのぐ勢力をもち、備前から播磨西部を支配下に入れた。浦上家を備前の覇者とした能家は、浦上家の重臣となってその後も多くの軍功を挙げ、その名は京にもとどろき、管領の細川高国が能家の

武勇に対して褒賞を贈ったほどだった。

しかし、浦上家中の権力争いから家臣の島村盛実と対立するようになり、1534年（天文3）、盛実の奇襲を受けて、居城の砥石城で自害した。

安富智安
やすとみ・ともやす

生没年 不詳
出身 不明
主君 細川氏久
死因 不明

❖圧政から領民の蜂起を招いて追放

備中の守護・細川家の被官。守護となった細川氏久・勝久父子に仕えた。父の安富宝城とともに、氏久から、同国にあった東寺の荘園である新見荘の代官職を請け負った。新見荘は荘園領主が東寺で、現地で実際に荘園を管理していたのが地頭が新見家だった。年貢の取り立てなどは新見家が行い、東寺がそれを受け取るという形になっていたが、足利尊氏が荘園の年貢の半分を、兵糧の名目で守護が横領してもいいとする半済令を出したため、新見荘は東寺側と細川家側に二分された。氏久は、新見荘のさらなる支配をもくろみ、安富父子を荘園代官として派遣し、東寺領の年貢の請け負いも行うようになった。

1429年（永享1）に新見荘代官となった智安は、1441年（嘉吉1）頃から東寺に対する年貢の一部を滞納するようになった。1441年というのは嘉吉の変で6代将軍・義教が暗殺され、幕政が混乱していた年である。年貢を納めるだけの収穫がなかったわけではなく、智安は苛政をしいて農民から相場以上の年貢を受け取り、横領していたのだった。

智安はさらに1452年（享徳1）になる

と、全額を不納するようになり、事実上、新見荘の乗っ取りに成功した。しかし、1461年（寛正2）、智安の圧政に対して農民が反乱を起こし、さらに農民たちは東寺に対して直接支配を訴え出て、東寺が選んだ代官が京から下向することになり、智安は新見荘を追放された。

三村家親
みむら・いえちか

生没年 1517年（永正14）～1566年（永禄9）
出身 備中国
主君 尼子経久→尼子晴久→毛利元就
死因 暗殺

❖出自不明の備中国の雄

備中の国人・三村宗親の子。三村家は鎌倉時代末期に備中に土着した国人で、南北朝の動乱の際は幕府方についた。

家親は豪勇の武将として周辺に知られており、後年、毛利家と尼子家の対立のなかで家親が毛利側についたとき、毛利元就は「これで備中一国は毛利のものとなったも同然だ」と喜んだという。

家親は、当初は備中で独立勢力を築いていたが、出雲の尼子家が勢力を拡大し、その影響力が備中にまで及ぶと尼子経久の麾下に加わった。1540年（天文9）、経久による備後比叡尾山城攻略に参戦し、その勝利に貢献した。

しかし、その翌年、尼子家と毛利家が戦った吉田郡山城の戦いで尼子晴久が大敗を喫すると、家親は尼子家から離れて毛利側に寝返った。

毛利家の後ろ盾を得た家親は備中平定を進め、尼子方の松山城主・庄為資と対立するようになり、1551年（天文20）、為資が三村領へ侵攻してきた。これに対し、家親は毛利元就に援軍を要請すると、元就は自ら兵を率いて備中に着陣し

第7章 中国・四国地方の氏族／中国地方の武将

559

た。家親は自ら陣頭にたって庄方の猿掛城へ攻め寄せたが、為資軍に敗れて敗走。しかし、毛利軍が庄軍を圧倒して両軍は和睦した。この戦いの結果、備中では家親が優勢となったが、それとともに毛利家の介入を受けることにもなった。以降、家親は毛利家を後ろ盾にして、備前・美作にも侵攻し、その合間には、毛利家への支援として伯耆国へ出兵したり、毛利家との協調関係は続行された。

家親の備前・美作侵攻は、備前の守護代・浦上宗景や美作の国人衆との対立を生んだ。1563年（永禄6）、家親は備前船山城を攻めて、宗景の重臣・宇喜多直家を牽制し、1566年（永禄9）には美作の三星城を攻め、美作の有力国人・後藤勝基を撃破した。さらに、宇喜多家の支城も次々と攻略し、直家の本城だった亀山城に迫った。

直家は、備中の覇者となった三村軍を正面から迎撃しても勝ち目はないと考え、遠藤又三郎という刺客を家親の陣中に放ち、家親は同年、又三郎によって暗殺された。

家親を失った三村家は急速に衰退し、後を継いだ子の元親は、宇喜多家と結んだ毛利家から離反し、織田信長を頼ったが、毛利家と宇喜多家からの挟撃を支えきれず、1575年（天正3）に滅亡した。

原田佐秀

はらだ・すけひで

生没年	？〜1333年（元弘3）
出身	美作国
主君	後醍醐天皇
死因	戦死

◇護良親王の令旨を受け取り倒幕派へ

原田家は、美作国の菅家七流のひとつで、勝田郡原田郷に居住して原田を名乗

った氏族である。ちなみに美作菅家は、菅原道真の曾孫・資忠が美作国勝田郡香爐寺に土着し、美作の国人領主として力をつけていった。

鎌倉時代末期、公家政権を取り返そうとした後醍醐天皇が、倒幕の兵を挙げた。1331年（元弘1）の挙兵は、側近の公卿・吉田定房の密告によって失敗し、後醍醐天皇は翌年に隠岐へ流されたが、1333年（元弘3）、後醍醐天皇は隠岐から脱出して伯耆船上山で再び挙兵した。このとき、佐秀は護良親王の倒幕の令旨を受けて倒幕軍に参加すると、そのまま進軍して京へ入り、同じ天皇軍の播磨の赤松軍とともに京都四条猪熊まで攻め入り、幕府方の武田家と激突した。

この戦いで、菅家の宗家・有本佐弘、佐光、佐吉、福永佐長、植月重佐、鷹取種佐らとともに、佐秀も討死したと伝えられている。

その後、原田家は建武の新政から離反した足利尊氏に従い、その一族の多くは赤松家に仕えて室町時代を乗り切った。

児島高徳

こじま・たかのり

生没年	不詳
出身	備前国
主君	後醍醐天皇
死因	不明

◇後醍醐天皇の忠臣

備前国の生まれとされる南北朝時代の武将。『太平記』でしか存在を確認できないため、その実在を疑問視されていたが、近年は実在説が主流である。

元弘の変（1331年）では、後醍醐天皇の倒幕の挙兵に呼応して京をめざして出陣したが、後醍醐天皇の拠る笠置山に到着する前に後醍醐天皇は捕らえられ、

河内赤坂城の楠木正成も敗退してしまい、やむなく備前に戻った。

後醍醐天皇が隠岐へ配流されると聞いた高徳は、「自分一身の安全のために仁を失ってはならない。義を見てせざるは勇無きなり」と一族に訴え、その道中で後醍醐天皇の奪還を主張する。

高徳は天皇一行を山陽道に待ち受けたが、一行は山陰道を進んでしまったため計画はとん挫した。しかし、高徳はあきらめず、山陰道の後醍醐天皇を目指して美作へ向かったが、一行はすでに警護の厳しい院庄に入ったあとで、高徳は天皇奪回をあきらめ、自軍を備前へ帰した。

しかし、自身は院庄に残り、せめて自分のような者が在野には多くいるということを知らせたいと、後醍醐天皇の行在所に潜入して面会を果たそうと試みる。

警護が厳しい行在所に潜入したものの玉座に近づくことができなかった高徳は、庭にあった木の幹を削り、

　天莫空勾践

　時非無范蠡

（天、勾践を空しうすること莫れ
　時に范蠡無きにしも非ず）

と書きつけた。

中国の故事で、春秋戦国時代の越王勾践が呉の捕虜となったとき、范蠡という忠臣が在野で兵を集め、20余年後に呉を滅ぼしたという逸話にならい、後醍醐天皇のもとにも、必ず范蠡が現れ、倒幕の願いを成就できるという意味だ。

院庄の武士たちは、この詩の意味がわからなかったが、故事に精通する後醍醐天皇には高徳の思いは届き、天皇は大いに励まされたという。やがて後醍醐天皇は1333年（元弘3）、隠岐を脱出し、伯耆船上山で挙兵。高徳は一族郎党を率いて馳せ参じ、千種忠顕の軍に編成されて上

洛し、足利尊氏軍と合流して六波羅探題陥落に功を挙げ、建武の新政が破たんした後も、後醍醐天皇に忠誠を誓った。

1335年（建武2）に尊氏が天皇に反旗を翻した際には、新田義貞の軍に加わって洛中の戦いに参加し、1342年（興国3・康永1）には脇屋義助とともに伊予にわたって尊氏方の伊予の守護・河野家と戦った。その後帰国して1343年（興国4・康永2）、脇屋義助の子・義治を大将にいただいて上野国に挙兵するが、幕府軍の猛攻にさらされて遁走、今度は京に潜伏して尊氏・直義兄弟の襲撃を狙った。しかし、この計画は事前に尊氏に察知されてしまい、逆に五条坊門壬生の宿を襲撃されて、高徳は逃走した。

高徳は信濃へ落ちたというが、それ以降、行方知れずとなった。一説には播磨に落ちて、四国・淡路方面の国人を糾合して挙兵したが、1365年（正平20・貞治4）に播磨で没したという。

天野興定

あまの・おきさだ

生没年	1475年（文明7）～1541年（天文10）
出身	安芸国？
主君	大内義興→尼子経久→大内義隆
死因	病死

◇右田毛利氏の祖となった中国の雄

天野家は、藤原南家工藤家の流れを汲み、鎌倉時代には長門の守護にも補任された名家。南北朝時代には南朝に属したが、3代将軍・足利義満のときに幕府に帰順し、応仁の乱（1467）後に周防など6カ国の守護を務める大内家に従った。

興定の代になると、出雲の守護代・尼子の勢力が強まり、1521年（大永1）に尼子経久が安芸へ侵攻してくると、大内家を離反し、経久に従った。

第7章 中国・四国地方の氏族／中国地方の武将

561

1525年（大永5）、大内義興が尼子討伐のために出陣し、尼子方である興定の居城・米山城に攻め寄せた。

安芸の有力国人だった毛利元就が大内方に鞍替えしたこともあり興定は敗れ、元就の仲介を得て和睦し、米山城を開城して嫡男の隆綱を周防へ人質として差し出し、大内家に臣従した。

興定はその後、毛利家と協調して対尼子戦を戦った。1540年（天文9）に、尼子晴久が元就の拠る吉田郡山城に攻め寄せたとき、安芸から大軍を派遣して元就を援護した。1541年（天文10）、大内義隆が自ら陣頭に立って尼子家の月山富田城に進軍した際にも、元就とともに参陣したが、その途上で死去した。

興定の死後、子の隆綱、隆綱の弟・元定と跡を継いだが、元定に嗣子がなく、元就の子が天野家に入ったのち、右田毛利家を名乗り、天野家は滅んだ。

友田興藤

ともだ・おきふじ

生没年 ？～1541年（天文10）

出身 安芸国

主君 大内義興

死因 自害

◇大内家を裏切った厳島神社の神主

厳島神社の神主。友田家は大内家累代の被官という立場でもあり、興藤も大内義興から偏諱を受けている。

厳島神社の神主職は代々、藤原家が世襲してきたが、安芸武田家との確執もあり藤原家の勢力は衰退し、一族である興藤と小守加賀守の2人がその職を奪い合うことになった。しかし大内義興は興藤の神主職を認めず、さらに厳島領を武田家から奪い取ってしまった。義興の仕打ちに反発した興藤は1523年（大永3）、武

田光和と結んで大内家に反旗を翻し、大内軍に奪われた桜尾城を奪い返し、厳島神社の神主を自称した。

こうした安芸地方の不穏の状況を好機と見たのが、当時山陰で勢力を拡大していた尼子家だった。尼子経久は軍を率いて安芸へと侵攻し、大内方の諸城を攻略。驚いた大内義興は、諸国から軍団を大動員し、息子の義隆とともに軍を率いて尼子経久と対峙した。興藤は反大内ということで尼子陣営に与していたが、尼子軍との戦いに集中したかった義興は、興藤と和議を結び、興藤は桜尾城を開城した。

1541年（天文10）、興藤は再び大内家を裏切り、厳島を占領した。しかし、尼子軍が安芸での戦いに敗れ、大内の大軍が厳島に侵攻すると支えきれず、同年9月、敗れて切腹して果てた。

陶興房

すえ・おきふさ

生没年 ？～1539年（天文8）

出身 周防国

主君 大内義興→大内義隆

死因 病死

◇大内家の筆頭家臣として大活躍

陶家は大内家の一族で、大内家の家臣のなかでも家格が上であり、代々周防の守護代を務めた家柄である。興房は陶弘護の3男で、兄2人が早世したため興房が家督を継承した。

1507年（永正4）、大内義興が山口に下向してきていた前将軍・足利義稙を奉じて上洛すると、興房もこれに従って入京し、1511年（永世8）、11代将軍・足利義澄を擁立する細川澄元らとの船岡山の戦いでは先陣を務めて戦功を挙げ、義稙の将軍復帰に貢献した。その後は義興の側近となり、義興とともに在京することに

なった。

ながらく京にとどまった義興と興房は、留守中に出雲を拠点に山陰一帯に勢力を伸張させてきた尼子家を討伐するため1518年（永正15）に帰国した。1524年（大永4）、義興が尼子方の安芸の守護・武田家を攻めると、興房は義興の嫡子・義隆の後見として従軍し、銀山城へ軍を進めた。銀山城での戦いは、尼子方についた毛利元就の援軍により敗走するが、興房はこのときの毛利軍の働きに目をつけ、元就の籠絡を義興に勧め、元就を大内方に転じさせるきっかけをつくった。

1528年（享禄1）の義興の死後、家督を継いだ義隆は、積極的に北九州の領国経営にあたり、興房は九州に出陣し、筑前守護代の杉興運らとともに大内家と対立する大友家と少弐家と戦った。

1534年（天文3）、興房は豊後へ進出し、豊後の守護・大友義鑑と勢場原の戦いで激突したが、地の利を得た大友軍に敗れ、興房は周防への撤退を余儀なくされた。

しかし、興房に対する義隆の信頼は厚く、この敗戦による責任は問われず、その後も九州侵攻の大将として興房が派遣された。

大内家と大友家との戦いは、1538年（天文7）に12代将軍・足利義晴の仲介を得て和睦し、興房も周防へ戻った。

その後は尼子家対策に専念し、中国地方を転戦したが、1539年（天文8）、病に倒れて死去した。

興房は義興・義隆時代の大内家を軍事面で支えた有能な武将だったが、一方で義興の影響を受けて和歌にも堪能だったことで知られ、公卿の飛鳥井雅俊や連歌師の宗碩らとも交流した。

陶隆房

すえ・たかふさ

生没年 1521年（大永1）～1555年（弘治1）
出身 周防国
主君 大内義隆→大内義長
死因 自害

◇主君義隆を自害に追い込み下剋上

周防の守護代・陶興房の子。1539年（天文8）、父の死去にともない家督を継ぎ、周防の守護代に補任された。

陶家は大内家の庶流にあたり、隆房は当主・大内義隆に重用され、大内家中では筆頭格の重臣として重きをなした。1540年（天文9）、大内方の安芸の国人・毛利元就が尼子晴久に攻められたときには、大内軍の総大将として派遣され、尼子軍を撃退する軍功を挙げた。

当時の中国地方は、西の大内義隆と東の尼子晴久が覇権をかけて争っており、1542年（天文11）、義隆は晴久の本拠地である出雲の月山富田城を攻撃するために、自らが陣頭に立って山口を出陣し、隆房も総大将として従軍した。しかし、大内軍は尼子軍に敗れ、山口に帰った義隆はその後、出雲遠征に積極的だった隆房を遠ざけはじめ、右筆の相良武任を重用するようになった。そのため大内家中は、隆房を中心とする武断派と、義隆・武任を中心とする文治派に分裂した。隆房は1550年（天文19）に病気を理由に隠退すると、武任追討の軍勢を集めはじめた。隆房方には豊前の守護代・杉重矩、石見の守護代・問田隆盛がつき、長門の守護代・内藤興盛は中立を約束し、安芸の守護代・弘中隆兼は尼子軍との戦いに忙殺されていた。6カ国の分国のうち、義隆・武任側についたのは筑前の守護代・杉興運だけだった。そして翌年、隆房は

第7章 中国・四国地方の氏族／中国地方の武将

563

義隆に対して反旗を翻し、山口に攻め寄せて義隆を自害に追い込んだ。隆房はさらに兵を進めて筑前に逃れていた武任を討ち取った。この際、隆房は義隆の嫡男・義尊を大内家の当主に据えようと考えていたが、杉重矩が義尊を誅殺したため、重矩を攻めて殺害した。

隆房は、豊後の守護・大友義鎮の弟で、義隆の甥にあたる大友晴英を大内家に迎えて大内義長に改名させて、新たな当主に据えて、大内家の実権を握った。

◇厳島の戦いで毛利元就に敗北

隆房は、安芸の守護代だった弘中隆兼を呼び戻して奉行人筆頭として、義長を表に立てながら大内家を取り仕切っていった。しかし、隆房の下克上に不満をもった石見の国人・吉見正頼が1554年（天文23）、隆房に反旗を翻して挙兵した。隆房は石見へ進軍し、さらに筑前に出陣中だった隆兼を呼び戻して鎮圧にあたったが、その隙をついて毛利元就が正頼に呼応して安芸で反乱した。吉見討伐に多くの兵を割いていた隆房は、毛利討伐に十分な兵を送ることができず、毛利軍は破竹の勢いで安芸国内の大内方の諸城を落としていった。隆房は正頼と和議を結び、腹心の宮川房長を安芸へ派遣したが、毛利軍の前に房長は敗退し、毛利家が安芸を制圧した。

その後も両者の対立は続き、元就が瀬戸内海の交通の要衝である厳島に兵を進めると、隆房は毛利軍への総攻撃を決め、1555年（弘治1）、厳島に渡海して毛利軍と対峙した。しかし、毛利軍の奇襲を受けた隆房軍は大敗を喫し、隆房は山口へ逃れようとしたが、海上を村上・能島水軍に押さえられてしまい渡海できず、大江浦で自害して果てた。

右田弘詮

みぎた・ひろあき

生没年 ？〜1523年（大永3）
出身 周防国
主君 大内政弘→大内義興
死因 病死

◆陶家当主の代行を務めた大内家の庶流

周防の守護代・陶弘房の2男。右田家は、大内家重臣の陶家の一族であり、父・弘房の兄である陶弘正が1465年（寛正6）に戦死したため、弘房が長男の弘護とともに右田家から陶家に移って本家を継ぐことになり、それにともない2男の弘詮が右田家を継いだ。

右田家は、平安末期に大内盛長が佐波郡右田荘を領して右田姓を名乗ったとされ、厳密には大内家の庶流である。

弘詮は大内家の家臣として、1478年（文明10）には北九州を転戦して少弐家と戦い、これを破って筑前の守護代に任命された。

だが、1482年（文明14）に大内政弘が催した宴会の席で、陶家を継いでいた兄の弘護が吉見信頼に殺害される事件が起こった。弘護の子たちはみな幼少だったため、政弘の命により弘詮が陶家に入り、当主代行を務めた。以降は、陶弘詮と名乗っていたようだ。

以降は陶家を守り、政弘の後を継いだ義興に仕えた。

弘詮は文人としても知られ、『吾妻鏡』全47丁を書写させ秘蔵していた。『吾妻鏡』の欠落部分を集めるために、弘詮は東国、北陸にまで使者を遣わして探し出したという。弘詮が集めた『吾妻鏡』は現在に伝わり、吉川史料館（山口県岩国市）に所蔵されている。

弘中隆兼

ひろなか・たかかね

生没年 ？〜1555年（弘治1）
出身 周防国
主君 大内義興→大内義隆→大内義長
死因 戦死

◇毛利家をしたがえた大内家重臣

　弘中家は、周防土着の国人。周防の守護になった大内家に従い、大内家家臣のなかでも中心的な存在となった。

　隆兼は本名を「隆包」というが、隆兼と表記されることのほうが多い。知勇兼備の武将で、大内義興からも目をかけられており、1542年（天文11）には空位となっていた安芸の守護代に任じられ、義興の子・大内義隆からは偏諱を与えられるなど優遇された。

　安芸に入った隆兼は、有力国人の毛利元就・隆元父子と協力しながら、尼子家の勢力と対立しつつ安芸支配を行っていった。1543年（天文12）、備後の山名理興が大内方の安芸の国人・小早川家の高山城に攻め寄せた。隆兼は弟の方明とともに出陣して山名軍を撃退し、戦後、毛利元就の3男を小早川家の養子に入れて、隆景と名乗らせた。隆兼はさらに備後に兵を進めて鞆の浦を制圧し、鞆城を築城すると、隆兼は毛利元就・小早川隆景・吉川元春ら毛利一族を従えて理興の居城・神辺城を攻め、1549年（天文18）に理興を出雲に追い落とした。備後西部を制圧した隆兼は、佐東に大規模な港を作るなど安芸の領国経営に尽力した。

　1551年（天文20）、大内家中の武断派と文治派による権力争いが発端となり、当主の義隆が周防の守護代・陶隆房（晴賢）に襲われ、自害に追い込まれるという事件が起こった。このとき隆兼は、尼子軍との戦いの真っ最中で安芸を離れられず、事変の蚊帳の外にあったが、隆房が豊後から大友晴英（生母が大内義隆の妹）を迎えて大内義長として主君に据えると、隆兼は大内家の奉行人筆頭となって山口へ戻り、隆房とともに大内家を取り仕切ることになった。

　隆房の謀反は、支配下の国人たちを動揺させ、1554年（天文23）、石見の最大勢力だった吉見家が謀反を起こし、安芸の毛利元就も吉見家に通じて大内家から離反し、安芸国内の大内方の諸城を落としていった。隆兼は吉見討伐に石見へ兵を進めると、戦況を優位に進め、吉見正頼と和議を結んで反乱を鎮圧した。しかし、毛利軍の反乱を抑えることはできず、安芸は毛利家の支配下に落ちた。

　そして1555年（弘治1）、瀬戸内海の交通の要衝である厳島をめぐって、同島を舞台に陶軍と毛利軍の戦いが勃発した。毛利軍の奇襲の前に大内軍は大敗を喫し、隆房は自害して果て、隆兼は3日間にわたって抵抗したが討ち取られた。

厚東義武

ことう・よしたけ

生没年 不詳
出身 長門国
主君 足利尊氏→足利義詮
死因 不明

◇領国長門奪還のため大内家と対立

　厚東家は、大内家が守護職を得る前の長門守護で、義武の代まで厚東家が守護を歴任した。

　義武は1353年（正平8・文和2）に父・武直の死にともなって長門守護となった。当時の長門は、隣国の周防守護・大内家が南朝方に鞍替えして勢力を拡大させており、また背後の九州地方では南朝

第7章　中国・四国地方の氏族／中国地方の武将

565

方が優勢という状況にあり、義武は両面を南朝方に押さえられてしまっていた。

1357年（正平12・延文2）、周防の守護・大内弘世が、長門併呑を画策して武力討伐の兵を挙げた。当時、九州を統括する幕府機関の九州探題は南朝軍の勢いのために空席で、九州の幕府方である大友家・少弐家は本拠地を失うほどの劣勢にあり、義武は孤立無援の状態に陥った。さらに厚東家中も本家と分家が所領をめぐって争っている状態で一枚岩となれず、義武は大内軍の猛攻をおさえられなかった。義武は、居城の霜降城を捨てて海路、豊前へ逃げ落ちた。

長門を制圧した弘世は、周防と長門の守護職就任を条件に幕府に恭順し、豊前に逃れた義武は、打倒大内家のために南朝に降った。1364年（正平19・貞治3）、弘世は厚東家討滅を図って豊前に攻め込んだが、義武は菊池家・名和家などの南朝軍とともに大内軍を撃退した。このとき弘世は、長門を義武に返すことを条件に和睦して周防に引き揚げたが、本拠地に戻った弘世は和睦の条件をすべて反故にして再び兵を挙げ、義武は長門に帰ることはできなかった。

その後も義武は豊前にいながら、長門奪還を目指したが目立った活躍はできず、1368年（正平23・応安1）を境に消息を絶った。

内藤弘矩

ないとう・ひろのり

生没年	1446年（文安3）～1495年（明応4）
出身	長門国
主君	大内政弘→大内義興
死因	殺害

◇大内家に仕えた長門守護代

内藤家は藤原秀郷の流れを汲み、平安時代に内舎人を務め、内藤検校と呼ばれたことから内藤を名乗るようになった。その後、鎌倉幕府の御家人となって周防を代表する国人に成長し、大内家が周防・長門の守護になってからは大内家に従い、大内家内では重きをなして代々長門の守護代を務めた。

弘矩は内藤盛世の2男で、父の死後は兄の武盛が家督を継いでいた。1467年（応仁1）、応仁の乱が勃発すると、弘矩は大内政弘の上京に従軍し、京周辺での戦乱に活躍した。ところが、1470年（文明2）に政弘の留守の隙をついて大内教幸（政弘の叔父）が謀反を起こし、その謀反に内藤家当主の武盛が加担した。

この謀反は、周防の守護代・陶弘護によって鎮圧、武盛も粛清されたため、弘矩が内藤家の家督を継ぎ、長門の守護代に補任された。

1482年（文明14）に石見の国人で津和野城主だった吉見信頼が、酒宴の席で、大内家重臣として重きをなしていた陶弘護を殺害するという事件が起こった。このとき、その場に居合わせた弘矩は、いち早く信頼を討ち取り、事態の収拾をはかったことで政弘からの信頼を厚くし、大内家内での権勢を確かなものとした。

しかし、それを快く思わなかったのが、弘護の嫡男・武護だった。武護は、大内政弘の死後、大内家の家督を継いだ義興に、弘矩が大内隆弘（義興の弟）を当主に擁立し、義興を追放しようと画策していると讒言し、武護の讒言を信じた義興によって、1495年（明応4）、弘矩は嫡男・弘一とともに殺害された。

内藤隆世

ないとう・たかよ

生没年 1536年（天文5）〜1557年（弘治3）
出身 長門国
主君 大内義長
死因 自害

◇陶隆房の下剋上後の大内家を支える

　大内家の重臣で長門の守護代だった内藤興盛の孫。1551年（天文20）、大内家の重臣で周防の守護代だった陶隆房が、当主の大内義隆に反旗を翻して挙兵し、義隆を自害に追い込んだ。このとき隆世の祖父・興盛は中立を保って主君の義隆に援軍を送らなかったことから隠退し、父の隆時が早世していたため、隆世が家督を継いだ。

　1555年（弘治1）、大内家から離反した安芸の国人・毛利元就と隆房が、厳島の戦いで衝突した。このとき隆世は長門に残った。厳島の戦いで隆房が敗れ自刃すると、家臣のなかには毛利家との和議を勧める者も少なくなかったが、隆世は徹底抗戦の姿勢を崩さなかった。

　その矢先、かつての豊前守護代で大内家重臣の杉重輔が謀反を起こし、隆房の子・長房を周防若山城に攻め滅ぼした。激怒した隆世は兵を挙げ、重輔を討伐したが、これら一連の戦いは大内家の弱体化に拍車をかけることになった。

　隆世は周防国内に新たに高嶺城を築城するなど毛利軍と戦ったが、大内家中からは内応者が続出し、さらに内藤家も抗戦派と和睦派に分裂し、毛利軍を押さえきれず周防から撤退した。しかし、毛利軍の攻勢はやむことなく、ついに隆世の切腹を条件に義長を助命するという降服勧告を受け入れて自刃した。

第7章

中国・四国地方の氏族／中国地方の武将

四国地方の武将

足利尊氏が、建武の新政から離れて九州で再挙したときに影響力を増したが、室町幕府開幕後も南朝勢の勢力が強い地域で、足利一門の細川家が四国に入って支配力を高めた。しかし、鎌倉時代以前からの土着勢力だった長宗我部家や安芸家、水軍を有する河野家や村上家なども十分な勢力を保持しており、さらに応仁の乱後には公家出身の一条家が武士化して影響力を高めるなど、時代を通して国内は一触即発の状況が続いた。

高松頼重

たかまつ・よりしげ

生没年	不詳
出身	不明
主君	鎌倉幕府→後醍醐天皇
死因	不明

◇建武の新政で讃岐守護に就任

讃岐喜岡城城主で、南北朝の戦乱では南朝方に与して戦った。

頼重は、1333年（元弘3）に後醍醐天皇による鎌倉幕府討伐の綸旨が出されると、これに呼応し、建武の新政下で讃岐の守護に補任されたといわれる。

1335年（建武2）、足利尊氏の命を受けた細川定禅が、四国平定をめざして讃岐に渡海してきた。同年、定禅は讃岐の国人・香西家と詫間家の援助を取り付けて挙兵し、これに三木・寒川家が呼応した。居城の喜岡城で定禅挙兵の知らせを受けた頼重は、城に父・光貞ら一族を残して城を出陣すると、城の北方の屋島山麓に布陣した。定禅は喜岡城に夜襲をかけ、光貞以下の高松一族14人と郎党数十人を討ち取った。

屋島に布陣していた頼重は、後醍醐天皇のもとに密使を派遣して事件を報告して援軍を要請した。その後、頼重は屋島から船で脱出し、その後行方不明となって、歴史の表舞台から姿を消した。

香西元長

こうざい・もとなが

生没年	？～1507年（永正4）
出身	讃岐国
主君	細川政元→細川澄之
死因	戦死

◇細川家内の内訌に介入し、主君を殺害

香西元資の嫡孫で、上香西家の家督を継いだ。上香西家とは、讃岐の守護・細川家に仕えて在京していた香西家のことで、讃岐にとどまっていた香西家を下香西家と呼んだ。

元長は、時の管領・細川政元に仕え、

1497年（明応6）には山城の守護代に任命されるなど、政元からの信頼を得た。

ところが、実子のなかった政元が、3人の養子を迎えたことで、細川家は分裂してしまう。元長は、1502年（文亀2）に最初に養子に入った関白・九条政基の末子・澄之を支持しており、もう2人の養子である澄元派、高国派と対立した。

なかでも、澄元派の三好之長が政元に重用されはじめると、それまで内衆のなかでも細川四天王とも呼ばれていた香西家の当主として、元長の焦燥感は募っていった。さらに政元も、澄之を廃嫡して澄元を後継にしようと動き出し、澄元派の影響力が高まった。之長はこれを機に勢力の拡大をもくろみ、讃岐の香西家領へ侵攻してきた。

之長の増長に激怒した元長は、1507年（永正4）6月、同じく澄之派だった薬師寺長忠・竹田孫七らとはかり、自邸の湯殿に入っていた政元を襲い、殺害してしまった。その翌日、元長は之長と澄元の屋敷に攻め寄せると、2人を近江に敗走させて京を制圧。将軍・足利義澄に迫って、澄之に家督を継承させたのである。同年7月、澄元派は高国派と連合して、反撃ののろしを上げた。まず、薬師寺長忠が居城の茨木城を攻められ敗退すると、連合軍は翌日に元長の居城・嵐山城に攻め寄せた。嵐山城はほどなくして落城、元長は澄之邸へ逃走した。しかし、澄之邸も攻められて、元長はその合戦中に流れ矢を受けて死去した。

その後、香西家は阿波の三好家との対立のなかで勢力を衰退させ、三好家側の十河家の支配下に収まった。

安富盛長

やすとみ・もりなが

生没年	不詳
出身	讃岐国
主君	細川勝元
死因	不明

◆応仁の乱で細川軍の中核をなした細川四天王

安富家はもともと下総の国人で、南北朝の戦乱のときに足利尊氏に仕えて播磨に所領を与えられた。その後、細川家に仕えて、細川頼之が讃岐の守護となったときに頼之に従って讃岐に入国した。香川家とともに讃岐の守護代に任ぜられ、安富家は讃岐13郡のうち7郡を領有する有力国人となった。

盛長は管領・細川勝元に仕え、香川元明・香西元資・奈良元安とともに「細川四天王」の一人に数えられた。

1457年（長禄1）頃、盛長は、讃岐寒川郡のうち鶴羽・鴨部・志度の3郷を寒川家から奪う形で領有し、ここに本城となる雨滝城を築いた。

1467年（応仁1）、応仁の乱が勃発すると、主家の細川勝元の命を受けて出陣した。盛長は弟の盛保に命じて讃岐軍を率いさせて上洛させた。盛長は香川元明らとともに5万の兵を指揮したとされ、勝元軍の中核をなした。

盛長は細川家中では重きをなしたが、領国支配は寒川家や香西家などの勢力に押され気味だった。しかし、盛長は讃岐守護代とともに、社寺奉行にも任命され、讃岐国内における影響力は保持していた。

1477年（文明9）、応仁の乱が終結し、その頃に盛長は死去したとされる。

盛長の後は子・盛正が継ぎ、寒川家や香西家との対立を続けていくことになる。

香川元景

かがわ・もとかげ

生没年 不詳
出身 讃岐国
主君 細川澄元→細川高国→細川晴元
死因 不明

❖ 細川家の内訌を渡り歩く

　香川家は、もともと相模香川荘を領有していた相模の在地領主で、讃岐に下向したとされる。その後、讃岐東部で勢力を拡大し、安富家とともに讃岐を代表する国人に成長。讃岐13郡のうち6郡を領有する有力国人となった。

　1507年（永正4）、細川宗家の当主・細川政元が、政元の養子・澄之を擁立する香西元長らに暗殺されるという事件が起こった。その後、あとふたりの養子である澄元と高国が澄之に反して、細川家中は争いが続き、この抗争のなかで澄之派だった元景の父・満景は戦死した。

　父の後を継いで讃岐の守護代となった元景は、澄之の死後は澄元派となり、京を離れて讃岐へ帰った。

　1518年（永正15）、細川家の内訌のすえ家督を継いだ高国を支援していた大内義興が周防に帰国すると、再び細川家で内訌がはじまった。元景は阿波に逼塞していた澄元を支持して畿内に入ったが、1520年（永正17）に高国が盛り返して澄元を播磨に追いやると、高国に臣従した。

　ところが、澄元の死後に後を継いだ細川晴元が勢力を拡大すると高国派を離脱して晴元に仕えた。

　1531年（享禄4）、摂津天王寺の戦いで高国が滅ぼされると、晴元政権下で改めて讃岐の守護代に任ぜられた。

小笠原頼清

おがさわら・よりきよ

生没年 不詳
出身 阿波国
主君 鎌倉幕府→後醍醐天皇→後村上天皇
死因 不明

❖ 倒幕に加担して阿波の守護に就任

　阿波小笠原は信濃守護・小笠原の一族で、承久の乱の戦功によって阿波の守護に補任され、鎌倉時代を通じて代々阿波の守護を務めた阿波の名門であった。

　鎌倉幕府と後醍醐天皇が対立して、天皇が倒幕の兵を挙げると、小笠原家は一宮家・河村家など一族ともども天皇方に与し、阿波国内の鎌倉幕府軍の掃討に活躍し、軍功を認められた頼清は建武の新政下で阿波の守護に補任された。

　1335年（建武2）に足利尊氏が後醍醐天皇に反旗を翻して朝廷が南北に分裂すると、頼清は後醍醐天皇に従った。1336年（延元1・建武3）に尊氏方の細川和氏が阿波の守護として入部してくると、頼清は淡路の国人らも糾合してこれに激しく抵抗したが敗退。このとき父の小笠原義盛は幕府と和睦して降ったが、頼清はあくまで南朝にこだわり、新たに阿波田尾城を築き、吉野から讃岐に派遣された脇屋義助とも協力しながら幕府軍と戦った。

　1350年（正平5・観応1）、幕府内で尊氏の弟・足利直義と幕府執事（のちの管領）の高師直の対立が激化し、直義の養子・足利直冬と各地の南朝軍が連携するなど直義派の諸将が各地で挙兵し、さらに直義は尊氏・師直と対峙するために南朝と手を結んだ。こうして南朝軍の動きが活発になると、頼清も阿波で再挙して、阿波の守護・細川頼春方を攻撃した

が、頼春の弟・細川頼之や守護代・新開家の軍勢の前に敗退した。

1362年（正平17・康安2）、細川和氏の子・清氏が政争に敗れて阿波に下向してくると、頼清は和氏と結んで細川頼之と再び戦った。しかし、清氏は讃岐白峰城の戦いに敗れて戦死し、阿波の南朝軍も頼之軍に一掃され、頼清は淡路へ敗走。翌年、頼清は頼之に降り、阿波国美馬郡に隠退し、以降、消息不明となった。

土居通増

どい・みちます

生没年 ？〜1336年（延元1・建武3）
出身 伊予国
主君 鎌倉幕府→後醍醐天皇
死因 戦死

◇四国地方の倒幕勢の中心人物

土居家は、伊予国の国人・河野家の流れを汲む家柄で、13世紀後半に伊予国久米郡石井郷南土居に土着し、土居姓を名乗った。

通増は土居通成の子で、1333年（元弘3）に後醍醐天皇が倒幕の兵を挙げると、同族の得能通綱とともに後醍醐天皇に呼応して挙兵した。通増は伊予の国人・忽那家と連合して四国地方の幕府勢と戦闘を繰り返した。

同年3月には、喜多郡根来山城に宇都宮貞泰を攻めて、伊予の守護館を落とし、四国の倒幕勢力の中心として活躍した。さらに、四国へ渡ってきた長門探題の北条時直軍を伊予松山の戦いで破り、5月には讃岐国鳥坂に兵を進めて幕府軍を退け、後醍醐天皇を迎えるために伯耆国まで遠征した。

鎌倉幕府が滅び、建武の新政が成立すると、通増は従五位下・伊予権介、のち備中守に叙された。1335年（建武2）に

は、伊予国風早郡に挙兵した北条一族の赤橋重時を打ち破る軍功を挙げた。

1335年（建武2）に足利尊氏が建武の新政に反旗を翻すと、後醍醐天皇に従って得能家らとともに上京して新田義貞の軍に属した。翌年、鎌倉から入京してきた尊氏軍と京で戦い、さらに尊氏が九州へ敗走した摂津豊島河原の戦いにも参戦した。九州地方で再起して再上洛してきた尊氏軍と天皇軍との戦いである湊川の戦いでは、義貞麾下として参戦したが敗れ、義貞とともに越前へ落ちた。しかし、通増は越前へ向かう途上、尊氏軍の斯波高経の襲撃を受けて戦死した。

その後の土居家は、伊予国において南朝勢の中心となったものの、南朝の凋落とともに土居家も衰退の一途をたどり、戦国時代には河野家の家臣団に組み入れられることになる。

大館氏明

おおだち・うじあき

生没年 ？〜1342年（興国3・康永1）
出身 不明
主君 後醍醐天皇→後村上天皇
死因 自害

◇細川家に敗れた四国の南朝勢力

新田義貞の甥で、義貞とともに後醍醐天皇にしたがって足利尊氏率いる幕府軍と戦った。

1336年（延元1・建武3）、南朝方の伊予守護に任ぜられて渡海し、翌年、伊予の国府に入った。これに対し、幕府から岩松頼有が派遣され、讃岐で勢力を固めていた細川頼春とともに伊予の国府に攻め寄せた。氏明は国司の四条有資とともに幕府軍を迎え撃ち、頼春を讃岐に追い返すなど武功を上げたが、1338年（延元3・暦応1）、頼有に新居郡を制圧される

第7章

中国・四国地方の氏族／四国地方の武将

571

など劣勢に陥った。

1342年（興国3・康永1）、氏明は事態を打開するために特使を吉野の後村上天皇のもとに送り、幕府軍と対峙できる優秀な大将の下向を督促した。そこで、南朝朝廷は新田義貞の弟・脇屋義助を派遣してきた。義助は、氏明の叔父にあたる人物で、義貞とともに鎌倉幕府滅亡に大功のあった武将である。

氏明は、伊予に入った義助を大将に据え、土居家・得能家などの伊予の国人らとともに讃岐の細川頼春を討伐することに決め、出陣の準備をはじめた。しかし、そんな折に、病に倒れた義助が急死してしまった。同年5月のことだった。

義助死去の知らせを受けた頼春は、この機を逃さず、同年8月、大挙して伊予に攻め寄せた。氏明は伊予と讃岐の国境近くの仏殿城に土居三郎左衛門を入れて防備を固めると、自らは桑村郡の世田山城に入った。

しかし、安芸の竹原小早川家を味方に引き入れた頼春は、瀬戸内海から伊予国府をめざし、同年9月、氏明がこもる世田山城を1万という軍勢で包囲した。

氏明は細川軍500余騎を打ち破るなど奮戦したが多勢に無勢で、翌月、世田山城山頂にあった栴檀寺で自刃を遂げた。

村上義弘
むらかみ・よしひろ

生没年	不詳
出身	伊予国
主君	懐良親王
死因	不明

◇懐良親王の九州上陸を助けた村上水軍

瀬戸内海上の新居大島を拠点にした「村上水軍」の祖とされる。清和源氏の源頼信の子孫を称するが真偽は不明。

1338年（延元3・暦応1）、南朝の征西将軍に任ぜられた懐良親王（後醍醐天皇の第9皇子）が四国に上陸した。懐良親王は讃岐から忽那島に渡ることになったが、このとき義弘の根拠地である新居大島に立ち寄り、義弘が親王を庇護することになった。

しかし、当時の村上家は、のちに「村上水軍」と呼ばれるような軍事力はまだもっておらず、また幕府方の讃岐守護・細川頼春の追及をかわすため、より九州に近い瀬戸内海上の忽那島の忽那義範と連絡をとり、親王一行を忽那島へ案内することにした。当時は、忽那家の軍事力のほうが村上家をしのいでおり、「忽那水軍」として名を上げていたのである。

翌1339年（延元4・暦応2）、義弘は親王一行を護送して新居大島を出航し、忽那義範に親王一行を無事に引き渡した。

その後、親王が1342年（興国3・康永1）に薩摩に渡るまで、義弘は義範とともに忽那島を攻撃する幕府軍との戦いに従軍した。また、親王が薩摩に上陸後も、紀伊の熊野水軍も加えて海上から南朝軍を支援した。

義弘はその後、南朝の財源確保のために海賊行為に従事し、瀬戸内海から朝鮮半島や中国大陸方面にまで足を伸ばしたとされる。

1365年（正平20・貞治4）、義弘は、細川頼春の子・頼之に攻められていた河野通堯（のちの通直）を救援するために出陣した。伊予恵良城にこもっていた通堯主従を救い出した義弘は、そのまま通堯を大宰府の懐良親王のもとへ送ることになった。しかし、いざ帰る段になると伊予の海上は頼之率いる幕府軍に制圧されており、義弘は本拠地に戻ることができず、仕方なく豊後に上陸した。

572

その後、義弘は豊後にとどまって肥後の菊池家とともに幕府軍と戦い、1367（正平22・貞治6）には懐良親王の命で淡路まで遠征した。翌1368年（正平23・応安1）、義弘は通直とともに伊予奪回をめざして出航し、細川軍に制されていた屋島を取り戻すと、勢いのまま伊予松前浜に上陸した。河野家の帰還を知った周辺の国人の多くが河野家のもとに参集し、細川勢は伊予から撤退した。このとき義弘は瀬戸内海に陣し、中国地方から伊予へ押し寄せる幕府軍を海上で食い止める形で河野軍を支援した。

こうして義弘は3年ぶりに本拠地である新居大島に復帰したが、その後は史料上に名を見られなくなった。

忽那重清

くつな・しげきよ

生没年 不詳
出身 伊予国
主君 後醍醐天皇→足利尊氏
死因 不明

◇伊予水軍の棟梁

伊予国の水軍棟梁。鎌倉幕府から御家人の地位を得ていたが、後醍醐天皇が倒幕の兵を挙げると、1333年（元弘3）に護良親王の令旨を得て、土居通増や河野一族らとともに兵を挙げ、北条時直率いる長門探題軍と激戦を繰り広げた。

水上戦に長けた忽那水軍は、時直率いる長門・周防水軍を蹴散らし、伊予の守護・宇都宮家を攻めた。その後、上洛を果たして天皇軍に合流し、信濃や畿内を転戦して幕府軍と戦い戦功を挙げて、後醍醐天皇の建武の新政樹立に貢献した。

建武の新政では左少弁の官位を得たが、所領は本領を安堵されたのみで、重清の不満は高じた。1335年（建武2）、鎌倉に出陣中の足利尊氏が、後醍醐天皇に反旗を翻して挙兵した。京に入った尊氏は天皇軍の前に敗れ、いったん九州へ逃走したが、このとき重清は尊氏側に寝返り、尊氏の九州下向に協力した。

その後、九州で軍勢を整えた尊氏が再上洛してくると、尊氏軍のために軍船を調達して、ともに京にのぼって奮戦した。尊氏が京を制圧すると伊予に戻って南朝軍との戦いに従事し、土佐や安芸まで兵を進めることもあった。

しかし、父の重義と弟の義範は南朝軍に与し、忽那家内部では常に内訌が絶えなかった。

そして、大軍を擁した義範に圧倒されてしだいに力を失い、家督を義範に乗っ取られ、その後は消息不明となった。

忽那義範

くつな・よしのり

生没年 不詳
出身 伊予国
主君 後醍醐天皇
死因 不明

◇兄を滅ぼして忽那家を南朝派に統一

忽那重義の子で、兄に忽那重清がいる。1333年（元弘3）に後醍醐天皇が隠岐を脱出して伯耆船上山で倒幕の兵を挙げると、兄の重清とともに後醍醐天皇に呼応し、各地を転戦して何度も武功を挙げた。

1335年（建武2）に足利尊氏が後醍醐天皇から離反すると、兄の重清は尊氏方に寝返ったが、義範は父の重義とともに南朝方に残った。義範は分裂した忽那家を統一するために、兄の重清を攻め滅ぼして、重清から家督を奪った。

尊氏方との戦いで劣勢を強いられていた後醍醐天皇は、九州における南朝勢を

第7章

中国・四国地方の氏族／四国地方の武将

573

強化するために自らの子・懐良親王を九州に派遣することにし、1338年（延元3・暦応1）、親王が四国に上陸してきた。親王一行は讃岐から伊予の新居大島へ渡り、その後、幕府軍の追及を避けるために義範が支配する忽那島へ渡ることになった。義範は、新居大島の村上義弘と連携をとって1339年（延元4・暦応2）、無事に親王一行を忽那島に迎え入れた。

その後、義範は3年にわたって懐良親王一行を保護し、尊氏方の細川頼春の猛攻にさらされながら、懐良親王を守り抜いた。

当時の伊予は、四国地方のなかで数少ない南朝軍の拠点であり、決して裕福とはいえなかったが、義範は懐良親王が九州へ上陸するための食糧、衣服、武装用具一式を調達し、1342年（興国3・康永1）、自らの水軍を率いて、無事に懐良親王らを薩摩へ送り届けた。

その後も四国の南朝軍の主力として、伊予の国人・土居家らと協力して幕府軍と戦い、水軍を駆使して周防国まで兵を進めるなど、一時期は伊予側の内海を制圧するまでに成長した。しかし、その後は幕府方の河野家に押され、1356年（正平11・延文1）を最後に名を消した。

得能通綱

とくのう・みちつな

生没年	？～1337年（建武4・延元2）
出身	伊予国
主君	後醍醐天皇
死因	戦死

◆極寒の北国で戦死した伊予の大将

伊予守護河野家の一族で、桑村郡得能荘を領して得能姓を名乗った。

1333年（元弘3）に後醍醐天皇が反幕の兵を挙げると、天皇の倒幕の綸旨を得

て、同じ河野一族の土居通増とともに伊予で挙兵した。通綱は四国に渡ってきた長門探題の北条時直を攻め、長門探題滅亡に軍功を上げ、さらに忽那家や村上家の水軍と合流して四国を制圧、建武の新政成立に大きく貢献した。

建武の新政内での動向は不明で、通綱の名が出てくるのは、新政崩壊後の金ヶ崎城の戦いである。1336年（延元1・建武3）、通綱は通増らとともに新田義貞に従軍して、越後金ヶ崎城へ向かった。

しかし、木芽峠を過ぎたあたりで、通綱一行は猛吹雪に襲われ、その道中で、挙兵からともに戦ってきた土居通増が、力尽きて倒れてしまった。

ようやく金ヶ崎城にたどりついたものの、足利尊氏方の斯波高経、高師泰ら6万の大軍の攻撃を受けた。このときは幕府軍を追いやり、その後5カ月に及ぶ籠城に耐えた。食糧も尽きるなか、援軍を待ったが、とうとう援軍は来なかった。

翌年、金ヶ崎城は落ち、通綱は最後の死力を振り絞って斯波高経軍と対峙したが、ついに討死した。

佐河道覚

さがわ・どうかく

生没年	不詳
出身	土佐国
主君	後醍醐天皇→細川頼之
死因	不明

◆四国地方の南朝勢力の中心

佐川とも書き、宇多源氏佐々木家の流れを汲むといわれる。一方で、京の明法家・惟宗家が土佐国高岡郡の佐川に土着して佐河姓を名乗ったともいわれる。

建武の新政が崩壊し、1336年（延元1・建武3）に後醍醐天皇が京を脱出して吉野に南朝を樹立すると、道覚は南朝にし

たがって足利尊氏と対立した。

道覚は、足利政権下の土佐の守護として下向してきた細川顕氏と執拗に対立しており、同じく南朝方の大高坂家と結び、佐川城（後の高知城）を拠点に四国地方の南朝勢力として活動した。

佐河家は、浦戸湾の水上支配にかかわっており、尊氏は佐河家からその支配権を取り上げようとしていたため、道覚は南朝についたのであった。

しかし、南朝勢力の衰退にともない、道覚も室町幕府への恭順を余儀なくされた。

1371年（建徳2・応安4）、道覚は土佐の守護・細川頼之に従って上洛した。しかし、その際に道覚は南朝に通じる素振りを見せたために討伐の対象となり、陣中から逃亡したといい、その後の消息は不明となった。

なお、佐河家はその後も細川家や幕府と対立を続け、1438年（永享10）に6代将軍・足利義教の討伐を受けて、勢力を衰退させていくことになる。

津野之高

つの・これたか

生没年	1418年（応永25）〜1479年（文明11）
出身	土佐国
主君	足利義教→足利義政
死因	病死

◇土佐に一時代を築いた津野家の武将

津野家は、戦国時代に土佐の七雄の1つに数えられた、土佐の有力国人である。平安時代に活躍した関白・藤原基経の末裔とされ、伊予に流された基経の孫・藤原経高が土佐に移り、津野山の開拓を行って周辺を領有するようになり津野家を名乗ったという。

1333年（元弘3）に鎌倉幕府が崩壊す

ると、津野家は足利尊氏にしたがい、足利政権の四国統治に貢献した。

之高は、津野家の中興の祖と呼ばれ、伊予の守護・河野家から津野家に入って家督を継いだ。

之高の文才は有名で、16歳のとき上洛した之高は、6代将軍・足利義教に謁見し、そこで披露した詩を称賛されたという。義教は之高の才能に感心し、朝廷に奏上して備前守に任命した。

その後、8代将軍・義政の代になった1450年（宝徳2）、之高は義政の命によって討伐軍を出されている。この討伐には、土佐の守護代・細川勝益や、伊予の国人である大野家や富永家らが出陣したが、之高はこれを迎撃して勢力を拡大させた。

津野家は、応仁の乱後の混乱期にさらに勢力を伸張させたが、徐々に土佐一条家、長宗我部家の勢いに押され、江戸時代を前に滅びてしまった。

安芸国虎

あき・くにとら

生没年	1530年（享禄3）〜1569年（永禄12）
出身	土佐国
主君	特になし
死因	自害

◇長宗我部家に滅ぼされた土佐七雄

安芸家は、壬申の乱（672年）で土佐に流された蘇我赤兄の末裔ともいわれるが、安芸郡に土着した豪族という説が有力となっている。

国虎が家督を継いだ頃は、土佐守護の細川家の勢力は衰え、国内は国人層が自領の拡大を図って対立するようになっていた。安芸家は土佐を代表する国人であり、本山家・吉良家・津野家・香宗我部家・大平家・長宗我部家とともに「土佐

第7章

中国・四国地方の氏族／四国地方の武将

575

「七雄」と称された。そのなかでも、国虎は境界を接していた長宗我部家と対立していた。

国虎は、関白一条家を祖とし、当時の土佐国内では別格の存在だった一条房基の娘を正室に娶っており、房基の孫に当たる一条兼定と同盟を結んで長宗我部元親に対抗した。

1563年（永禄6）には、元親が土佐の有力国人でもある本山家を攻めている隙を突き、長宗我部家方の岡豊城に攻め寄せた。兼定の3000余騎の援軍も得て有利に戦局を進めていたが、元親の家臣で夜須城主の吉田重俊の逆襲にあって退却を余儀なくされた。

国虎と元親は一時的には和睦したものの、元親が本山家を滅ぼすと和睦は反故にされ、1569年（永禄12）、元親は国虎の居城・安芸城に攻め寄せた。

国虎は、24日間にわたって籠城したが、兼定の援軍も間に合わず、城兵と民衆の助命を条件に開城し、自身は淨貞寺に入り自害して果てた。

このとき重臣の多くが殉死したため、安芸家はほどなく滅亡した。

香宗我部親秀

こうそかべ・ちかひで

生没年	不詳
出身	土佐国
主君	特になし
死因	不明

◇没落を避けるために弟を殺害

香宗我部家は、出自を長宗我部家と同じくし、香美郡で発展した宗我部家が香宗我部となった。

香宗我部家は、秀頼の代に鎌倉幕府の滅亡を迎え、秀頼は足利尊氏にしたがって倒幕活動に寄与した。このときの活躍を認められ、香宗我部家は土佐国香美郡大忍荘の代官となり、香美郡東部を支配下に入れた。その後、細川家が土佐の守護に任じられると細川家に接近して所領を拡大し、香宗我部家は土佐を代表する国人に成長した。

親秀は室町時代末期に生まれ、一説には1471年（文明3）を生年とする。父は香宗我部通長、母は細川家の当主で管領も務めた細川勝元の娘とされる。父の通長は人望が厚く、応仁の乱の戦禍を避けて落ちてきた一条教房を土佐に迎え入れ、土佐一条家の地盤づくりに功があった。

後を継いだ親秀はさらなる勢力拡張を図って東進したため、1526年（大永6）、土佐東部に君臨していた安芸家と対立した。しかし、安芸軍との戦いは嫡男・秀義を失う大敗を喫し、香宗我部家は一気に没落。親秀は弟の秀通に家督を譲って、自らは出家して隠居した。

しかし、その頃、土佐国内では一族の長宗我部家が勢力を伸ばしており、香宗我部家は長宗我部家と安芸家に挟まれる苦境に陥り、親秀は長宗我部国親の3男を養子として迎えることで、長宗我部家と誼を通じようとはかった。しかし、新たに当主となった秀通にはすでに後継となる男子がおり、長宗我部家から養子を受け入れることに反対して両者が対立し、1556年（弘治2）、ついに親秀は秀通を殺害してしまった。

こうして香宗我部家の家名は守ったが、実質的には長宗我部家に乗っ取られる結果となるのである。

第 **8** 章

九州地方の氏族

少弐家‥‥‥‥‥‥‥‥‥‥	578
渋川家‥‥‥‥‥‥‥‥‥‥	584
宗家‥‥‥‥‥‥‥‥‥‥‥	588
大友家‥‥‥‥‥‥‥‥‥‥	592
菊池家‥‥‥‥‥‥‥‥‥‥	597
阿蘇家‥‥‥‥‥‥‥‥‥‥	606
相良家‥‥‥‥‥‥‥‥‥‥	612
伊東家‥‥‥‥‥‥‥‥‥‥	617
島津家‥‥‥‥‥‥‥‥‥‥	621
尚家‥‥‥‥‥‥‥‥‥‥‥	629
九州地方の武将‥‥‥‥‥‥	635

少弐家

武蔵戸塚郷の武藤資頼が筑前・肥後・豊前・壱岐・対馬の守護職となり、官位の少弐を姓に名乗った。貞経の代に鎌倉幕府が滅亡し、建武の新政から離反した足利尊氏にしたがった。南北朝の動乱期には、両朝を渡り歩いて北九州における影響力を保持し、南北朝合一後は九州探題や大内家と対立を続けた。抗争のなか、力をつけてきた家臣の龍造寺家と軋轢が生じ、冬尚の代に龍造寺家に攻められて滅亡した。大友家、島津家とともに西国三人衆と呼ばれる。

少弐貞経

しょうに・さだつね

生没年 1272年（文永9）～1336年（建武3・延元1）

出身 筑前国

主君 鎌倉幕府→後醍醐天皇→足利尊氏

死因 自害

◇探題支配への反抗

鎌倉幕府の御家人で筑前の守護を務めた少弐盛経の子。

1333年（元弘3）、後醍醐天皇が倒幕の兵を挙げると、九州地方では菊池家がいちはやくこれに呼応し、貞経のもとにも菊池武時から誘いの使者がやってきた。このとき貞経は、豊後の大友貞宗とともに武時の誘いに応じて挙兵することを約束した。しかし、鎮西探題の北条英時が貞経らの計画を事前に察知して牽制したため、貞経は土壇場で幕府方に寝返り、武時からの挙兵の催促も無視して動かなかった。同じように貞宗も動かず、武時だけが探題攻略に兵を挙げる結果となった。

一方の武時はあくまで倒幕の姿勢を崩さず、鎮西探題に攻め寄せたが、英時方についた貞経は3000の兵を率いて武時軍に襲いかかり、武時は戦死した。

しかし、そのわずか2か月後に、足利尊氏によって六波羅探題が落ち、新田義貞によって鎌倉が制圧されると、貞経は天皇方に寝返り、大友貞宗と薩摩の島津貞久らとともに鎮西探題を攻め落として英時を討ち取った。後醍醐天皇の親政がはじまると、その功績を認められて筑前と豊後の守護に補任された。

1336年（建武3）、後醍醐天皇に反旗を翻した足利尊氏が京の戦いに敗れて九州へ落ちてくると、尊氏に帰順して再挙の便宜を図った。

貞経は豊前に上陸した尊氏を、領国である筑前博多へ迎え入れたが、その直後に菊池武時の子・菊池武敏に居館である大宰府館を攻められて敗北し、自刃した。

少弐頼尚

しょうに・よりなお

生没年 1294年（永仁2）〜1372年（応安4・建徳2）

出身 筑前国

主君 足利尊氏→足利直義→懐良親王→足利尊氏

死因 不明

◇多々良浜の戦いで尊氏を援護

筑前の守護・少弐貞経の嫡男。1333年（元弘3）、父の貞経が足利尊氏に呼応して鎮西探題に反旗を翻すとこれに従軍し、ともに鎮西探題の北条英時を攻め滅ぼした。1334年（建武1）、貞経の後を継いで筑前と豊前の守護に任じられた。

1335年（建武2）、尊氏が後醍醐天皇に背くと尊氏にしたがい、京の戦いに敗れた尊氏が九州に落ちてくると、頼尚は筑前門司に進出し尊氏を迎えたが、その隙をついた菊池武敏に大宰府を攻められ、敗れた父・貞経は自害した。

1336年（延元1・建武3）、大宰府を制した菊池軍が博多に攻め寄せ、頼尚は尊氏らとともに多々良浜で菊池軍を迎え撃った。菊池軍3万に対して尊氏軍は300と

いう寡兵で、尊氏は敗戦を覚悟して撤退も考えたというが、頼尚は「菊池軍はしょせん烏合の衆である。本隊はわずか500ほどであるから、果敢に攻め込めば必ず内応者が出る」と、菊池軍への突撃を進言した。

前線に立った足利直義軍が敗走の危機に陥り、頼尚も劣勢に立たされたが、松浦・神田家などの肥前衆が尊氏方に寝返ると、菊池軍から内応者が続出し、尊氏軍は菊池軍を敗走させた。

◇執念実り九州探題を駆逐

1337年（延元2・建武4）、京を制圧した尊氏が幕府を開くと、戦功を認められた頼尚は筑前・豊前を安堵され、それに加えて肥後の守護にも補任された。

しかし、尊氏が九州に設置した九州探題として一色範家が下向してくると範家と対立し、以降は北九州の覇権をめぐって、一色家や懐良親王率いる南朝勢と何度も合戦を繰り返した。

1350年（正平5・貞和6）、尊氏と直義の対立が激化して観応の擾乱が勃発し、直義の養子・足利直冬が九州に下向してくると、頼尚は一色家に対抗するために直冬と結んだ。直義が鎌倉で死去したことで観応の擾乱は直義派の敗北となり、

第8章 九州地方の氏族／少弐家

少弐家略系図

```
貞経 ─── 頼尚 ─── 直資
                 冬資
         経貞    頼澄 ─── 貞頼 ─── 満貞 ─── 資嗣
                                        教頼 ─── 政資
                                        嘉頼 ─── 胤資
                                                （千葉家）
```

579

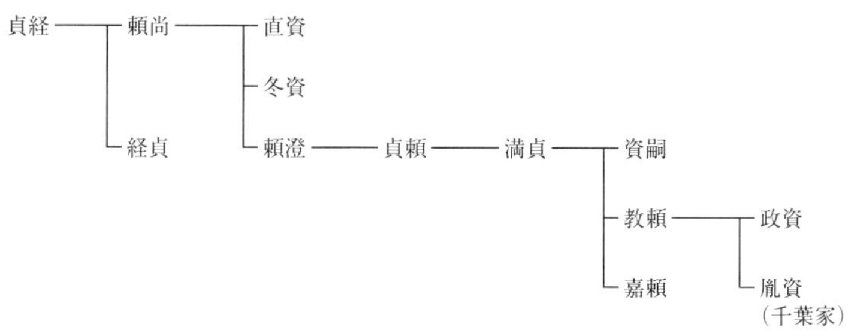

直冬も没落して九州を離れたため、頼尚は今度は南朝と手を組んであくまで探題支配に抵抗した。

そして1355年（正平10・文和4）、南朝軍とともに一色範氏を攻めて勝利し、範氏は博多を放棄して九州から逃れ、頼尚が博多を制圧した。しかし、一色家が九州からいなくなると再び幕府方に転じて南朝と対立し、菊池軍と各地で戦った。

1359年（正平14・延文4）、菊池武光率いる南朝軍が筑前に侵攻し、頼尚は豊後の守護・大友氏時らとともに迎え撃ったが大敗を喫し、1361年（正平16・康安1）には南朝軍に大宰府を奪われてしまった。大宰府陥落は幕府にとっても衝撃であり、頼尚は責任をとって引退し、その後は冬資に任せて、歴史の表舞台から姿を消した。

少弐冬資

しょうに・ふゆすけ

生没年 1333年（元弘3）～1375年（永和1・天授1）

出身 筑前国

主君 足利義詮→足利義満

死因 殺害

◇水島の変で探題今川了俊によって殺害

少弐頼尚の子。1361年（正平16・康安1）頃に父・頼尚から家督を受け継ぎ、筑前と肥後の守護に補任された。

当時の九州地方は南朝勢力の勢いが強く、1355年（正平10・文和4）には一色範氏が南朝方の菊池軍に敗れて九州から逃亡し、1359年（正平14・延文4）には父の頼尚が南朝軍に敗れて豊後の大友家を頼って筑前を遁走したこともあった。

同時期に九州探題に任命された斯波氏経が九州に下向したが、氏経は筑前に入れず、豊後に身を落ちつけた。氏経は

1362年（正平17・康安2）、大宰府の征西府を攻めることにし、冬資は7000の軍勢を率いて氏経軍に加担した。しかし、九州南朝の主力である菊池武義によって幕府軍は敗れ、冬資も豊後に敗走した。

この敗戦によって氏経は九州探題を解任され、新たに渋川義行が任命されたが、義行は南朝勢力におされて九州に入ることさえできなかった。

1367年（正平22・貞治6）、九州では南朝軍の勢力がますます増大し、冬資は父の頼尚とともに九州を離れ上洛した。その後、しばらく在京した冬資は、1370年（建徳1・応安3）に今川了俊とともに肥前に入った。その後、了俊の活躍によって九州南朝勢力は徐々に駆逐され、南朝の懐良親王は大宰府を追われ、冬資は1372年（文中1・応安5）に大宰府に復帰した。

しかし、平安時代から代々大宰少弐を継承してきた名門意識が冬資にはあり、やがて了俊と対立するようになった。1375年（天授1・永和1）、了俊は南朝方の肥後菊池城を攻めるために、大友家と島津家に出兵を命じ、冬資のもとにも了俊からの出兵命令が届いた。

了俊と対立していた冬資は、了俊からの命令を拒否したが、島津氏久が冬資と了俊の間をとりなして、ようやく冬資は出兵を了承し、肥後水島にあった了俊の陣営に赴いた。しかし、酒宴に招かれた冬資は、その席で了俊によって殺害された。

少弐貞頼

しょうに・さだより

生没年 1372年（応安5・文中1）〜1404年
（応永11）

出身 筑前国

主君 懐良親王→良成親王→足利義満

死因 病死

◇衰退しかけた少弐家を復活させる

　南朝方の豊前の守護・少弐頼澄の子。
1377年（天授3・永和3）頃、父の頼澄か
ら家督を継いだ。父の頼澄は、1375年
（天授1・永和1）に兄の少弐冬資が九州
探題・今川了俊に謀殺されたことで南朝
方に転じ、貞頼も南朝方に与して今川家
と対立していた。

　1395年（応永2）に了俊が九州探題を
解任され、後任に渋川満頼が下向してき
たが、貞頼と九州探題との対立は解消さ
れず、貞頼は南朝方の菊池家と同盟して
九州探題に反抗した。

　これに対し、満頼は周防の守護・大内
義弘の支援を得て、貞頼の討伐軍を起こ
した。1397年（応永4）、貞頼軍と渋川・
大内連合軍は筑前国で激突し、この戦い
で貞頼は、大内義弘の弟・大内満弘を討
ち取って勝利をおさめた。しかし、翌年
に義弘は再び貞頼を攻め、貞頼は筑前岩
屋山、天拝山で包囲されて敗北した。

　この敗戦によって貞頼はいったん逼塞
を余儀なくされたが、1399年（応永6）に
大内義弘が幕府に反して兵を挙げて敗死
したため、貞頼は再び息を吹き返した。

　その後も、筑前の領有をめぐって大内
家と激しく対立し、一方で大内家の支援
を受けている九州探題の渋川家とも戦
い、同じく探題支配に反抗する豊後の大
友家とも協力しながら、北九州における
少弐家の権威を保った。

　1404年（応永11）、32歳の若さで死
去。病死といわれるが、大内盛見との戦
いで戦死したともいわれている。

少弐満貞

しょうに・みつさだ

生没年 ？〜1433年（永享5）

出身 筑前国

主君 足利義持→足利義教

死因 戦死

◇大内盛見を敗死させる大金星

　少弐貞頼の嫡男で、1404年（応永11）
に父が病死したため家督を継いだ。父と
同様、山陽の支配者である大内家と九州
探題・渋川家と対立した。1423年（応永
30）、満貞は九州探題の渋川義俊を博多
に攻め、この合戦に勝利をおさめると義
俊を博多から駆逐することに成功した。
博多を手中に収めた満貞は、朝鮮との交
易にも着手するようになる。

　しかし、朝鮮貿易においては大内家が
先に活動しており、大内家との対立はま
すます激化した。1425年（応永32）、大
内盛見を頼った渋川義俊の反撃にあい、
今度は満貞が敗北して博多を手放すこと
となった。

　こうした情勢のなか、1429年（永享
1）、6代将軍・足利義教が筑前を直轄領
とし、大内盛見を代官に任命した。これ
に対して、豊後の守護・大友持直は、大
内家の九州進出を危惧して満貞と結んで
対抗した。

　1431年（永享3）、満貞・大友連合軍
と、大内・渋川連合軍が筑前で激突し
た。当初は、立花城を落とすなど大内側
が優勢に展開していたが、筑前深江の戦
いで満貞が盛見を討ち取ると大内軍は崩
壊し、合戦は満貞側に軍配が上がった。
満貞の勝利は幕府を驚かせ、盛見の死

第8章　九州地方の氏族／少弐家

581

は、「名将犬死」と惜しまれたという。

しかし、盛見の後を継いだ大内持世が、1433年（永享5）に筑前に侵攻し、再び合戦となったが、満貞は子の資嗣とともに筑前秋月城で討ち取られ、資嗣も肥前国与賀荘で敗死した。

少弐教頼

しょうに・のりより

生没年 ？～1468年（応仁2）
出身 筑前国
主君 足利義教
死因 自害

◇少弐家再興に生涯をささげる

少弐満貞の4男。1433年（永享5）、父の満貞と、兄の資嗣が大内持世との合戦で戦死すると、三兄・少弐嘉頼とともに、宗貞盛を頼って対馬に渡った。

満貞の後を継いだのは嘉頼だったが、嘉頼が1441年（嘉吉1）に早世したため、教頼が家督を継いだ。

教頼は、宗家を通じて6代将軍・足利義教と通じていたようで、教頼の名は義教からの偏諱である。

1441年（嘉吉1）、義教が播磨の守護・赤松満祐に殺害される嘉吉の変が勃発した。このとき教頼は、満祐討伐の幕命を無視し、播磨から逃亡した満祐の弟・赤松則繁をかくまったとして、幕府の追討を受ける身となった。

その後は、幕命を受けた大内教弘や九州探題・渋川教直らの攻撃を受けては、対馬や肥前に逃亡する生活が続いた。

やがて、1467年（応仁1）に京都で応仁の乱が起こると、教頼は勢力の挽回を狙って兵を挙げた。大内家が西軍についたため、教頼は細川勝元率いる東軍に味方し、対馬の守護・宗貞国の支援を受けて、大内政弘が上洛している隙をついて

筑前に侵攻した。

しかし、翌年の大内軍との戦いに敗れ、筑前高祖城に撤退したが、城を包囲されて自害した。

少弐政資

しょうに・まさすけ

生没年 1441年（嘉吉1）？～1497年（明応6）
出身 筑前国
主君 足利義政
死因 自害

◇少弐家再興を果たす

少弐教頼の嫡男。1468年（応仁2）に父・教頼は大内軍との戦いに敗れて自害したため家督を継いだ。当時は、応仁の乱の真っただ中で、長年にわたる少弐家の宿敵・大内家の主力は、京都方面で活動していた。政資は、この機をとらえて少弐家の再興を目指し、1469年（文明1）、対馬の守護・宗貞国の支援を得て挙兵、主力不在の大内軍を破って大宰府を制圧した。さらに豊前の旧領と博多を回復し、大内家に代わって朝鮮との交易を開始し、経済的にも力をつけた。

政資による少弐家再興に驚いた大内政弘は、博多奪還をめざし、政資を支援する宗家と政資の離間を画策した。

宗家はもともと少弐家の家臣で、対馬の守護となった少弐家の守護代だった関係で、それまでも没落した少弐家を支えてきた。しかし、宗貞国は功績に対する十分な報賞がないことに不満を抱いていた。それに加え、政資の援軍として肥前に出陣した貞国軍が、大内家の迎撃にあって大敗を喫したこともあり、政資と貞国には軋轢が生じていた。そして貞国は1477年（文明9）、政資からの出兵要請を拒否して政資と手を切った。同年、応仁

の乱が終結し、大内政弘が周防に戻って
くると、貞国の支援をなくした政資は劣
勢を強いられるようになった。

◇ 松浦党と大内家との対立

政弘に押される形で本拠を筑前から肥
前に移した政資は、肥前での勢力拡大を
はかって1486年（文明18）、肥前で勢力
を保持していた千葉家の内紛に介入し
た。千葉家は、千葉胤朝・胤将兄弟が対
立しており、胤将が胤朝を殺害して出
奔、千葉家は家系断絶の危機に見舞われ
ていた。そこで政資は、弟と胤朝の娘を
結婚させて胤資と名乗らせ、千葉家を傘
下に収めた。

肥前における影響力を増した政資は、
再び勢力を盛り返し、1489年（長享3）
には衰退していた九州探題・渋川家を攻
めて肥前から追放した。

1494年（明応3）、政資は弟の千葉胤
資、龍造寺康家、高木家重、於保家、内
田家、江上家らを率いて、肥前唐津地方
の大勢力だった上松浦党の領地に侵攻
し、波多家、鶴田家、相知家、有浦家を
服属させた。さらに島原地方の有馬貴純
と結んで平戸の下松浦党の松浦広定を破
り、肥前の大半を制圧した。翌年には筑
後に兵を進めて、大内方の筑前高祖城
主・原田興種を降した。

政資の筑前侵攻に驚いた大内義興は、
10代将軍・足利義稙の同意を得ると、
1497年（明応6）に本格的な少弐家討伐
に乗り出した。義興は、大内家の重臣・
陶興房を大将とする大軍を送り込み、政
資は大宰府を追われて千葉家の本城・晴
気城に逃げ込んだ。しかし、晴気城も落
とされ、政資は敗走してさらに西部の梶
峰城を目指した。その途上では、興房軍
の追撃を受けて嫡男の高経を失った。

政資は梶峰城に入ったが、城主の多久

宗時が大内方に内応したため城を脱出し
て牛津川河岸まで逃げたが追撃され、専
称寺に入って自刃した。

第8章

九州地方の氏族／少弐家

渋川家

清和源氏の流れを汲む足利家の一門。上野国渋川荘を本貫地とした。本家の足利尊氏が鎌倉幕府に反するとこれにしたがい、室町幕府創設後は一門として重用された。義行の代に九州探題に任じられて九州の地を踏み、いったん今川了俊にその職を奪われたが、了俊の失脚後は渋川家が代々九州探題を務め、肥前の守護も兼任するなど九州の一大勢力となった。北九州の名門・少弐家と抗争を繰り返し、やがて九州に進出してきた大内家に圧迫されて衰退した。

渋川義季

しぶかわ・よしすえ

生没年 1314年（正和3）〜1335年（建武2）
出身 上野国
主君 足利尊氏
死因 自害

◇足利家に信頼された若武者の自刃

　渋川家は上野国渋川荘を本貫地とする氏族で、足利一門に連なる名門。義季は1331年（元弘1）からはじまる後醍醐天皇による倒幕挙兵において、少弐家・斯波家ら他の足利一門とともに、足利尊氏にしたがって鎌倉幕府と戦い、1333年（元弘3）の六波羅探題陥落に功があった。

　後醍醐天皇による建武の新政が始まると、義季は足利直義とともに鎌倉府の所属となり、成良親王の近衛組織にあたる関東廂番に任命された。

　1334年（建武1）には、鎌倉幕府残党の本間家、渋谷家らが鎌倉奪還を目論んで兵を挙げたが、義季がすぐさま迎撃に向かい、鎌倉極楽寺辺りでこれを撃退した。

　1335年（建武2）、北条高時の遺児・北条時行が、信濃の国人・諏訪頼重に擁立されて信濃で挙兵し、鎌倉へ向けて進軍を開始した。

　義季は、直義の命を受けて時行討伐軍の大将として新田一族の岩松経家とともに出陣した。

　500騎を率いた義季は、女影原で時行軍と激突したが、意気上がる時行軍に敗れ、義季は岩松経家とともに自刃した。義季は、21歳の若さだった。

　『太平記』異本の1つに、義季の逸話が残されている。

　義季は自害する際に、新参の家臣の1人に「お前は私に仕えて間もないし、見知った者もいないだろうから、一緒に死ぬには及ばぬ。ここから抜け出して、合戦と私の最期を、直義どのに伝えてほしい。あとは好きにせよ」と命じた。

　だが、その家臣は「口惜しいことをおっしゃる。武士に古参も新参もありませ

ん」と真っ先に切腹して果てたという。

義季の忠節は、足利宗家からも大きく評価された。直義は、義季の死を悼んで「世の為に消にし露の草の陰　思やるにも濡るる袖かな」と追悼の歌を詠んだとされる。また、義季の娘は足利家に引き取られ、その後、2代将軍・義詮の正室となり、一族は幕府内で重きをなしていく。

渋川満頼

しぶかわ・みつより

生没年 1372年（応安5・文中1）～1446年（文安3）

出身 筑前国

主君 足利義満→足利義持

死因 病死

◇ 今川了俊の後を受けて九州探題に

九州探題・渋川義行の子。1375年（天授1・永和1）に父・義行の死後、わずか3歳で家督を継いだ。幼年ではあったが、渋川家は幕府創設の功臣として重んじられており、満頼は家督を継ぐと備中の守護に補任された。

1396年（応永3）、今川了俊が九州探題

を解任されると、満頼が九州探題に任じられ、同年、九州に下向した。博多に本拠地を構えた満頼は、子の氏重・満泰・守護代の吉見家らの被官を配し、北九州に大きな勢力を持っていた少弐家と千葉家に対抗した。

しかし、先代の了俊が九州に勢力を大きく伸ばしたこともあって、渋川家に対する幕府の支援は限定的で、満頼は山陽の支配者・大内家や豊後の守護・大友家といった有力大名に頼らざるを得なかった。それでも満頼は寺社との関係を深め、朝鮮との貿易で財を築くなど、九州における渋川家の基盤を作り上げていった。

1398年（応永5）から1405年（応永12）まで、満頼は少弐貞頼、菊池武朝、千葉胤基を相手にたびたび合戦を繰り広げ、勝利と敗北を繰り返した。

1415年（応永22）には肥前の守護も兼任するようになり、本拠を肥前国養父郡の綾部城に移した。1419年（応永26）、対馬に朝鮮軍が攻め寄せる応永の外寇が起こると、対立していた少弐家と連携し

第8章 九州地方の氏族／渋川家

渋川家略系図

```
頼氏 ――― (2代略) ――― 尊氏 ――― 義詮
(足利家)                          ‖
義顕 ――― (2代略) ――― 義季 ――― 幸子
(渋川家)
                      直頼 ――― 義行
                      満頼 ――― 義俊 ――― 義鏡 ――― 義廉
                             ├ 氏重
                             └ 満泰
                      満行 ――― 満直 ――― 教直
家氏 ―――――――――― (8代略) ――――― 義敏 ＝＝ 義廉
(斯波家)
```

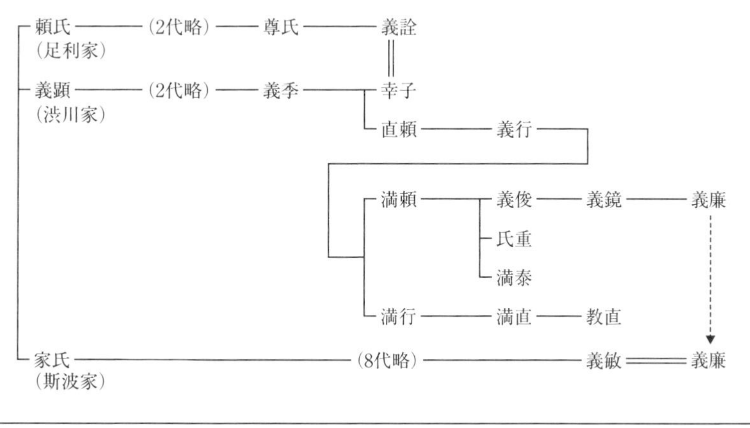

て朝鮮軍を破り、その戦後交渉で朝鮮軍と対したのは、満頼と嫡子・義俊だったという。

こうして、満頼は九州地方に渋川家の土台を作り上げたが、少弐家をはじめとする九州の諸将は探題支配を嫌っており、最後まで折り合いをつけることはできなかった。

1419年（応永26）、満頼は家督を嫡男の義俊に譲って隠退した。

渋川義俊
しぶかわ・よしとし

生没年	1400年（応永7）〜1434年（永享6）
出身	筑前国
主君	足利義持
死因	病死

◇渋川家を衰退させた渋川探題2代目

九州探題・渋川満頼の嫡男で、1419年（応永26）に父の隠退にともない家督を受け継ぎ、九州探題に任じられた。

1419年（応永26）、対馬に朝鮮軍が攻め寄せる応永の外寇が起こると、義俊は父・満頼とともに筑前の守護・少弐満貞と協力して、朝鮮軍を撃退した。翌年の朝鮮との戦後交渉には父の満頼とともに同席し、朝鮮との和解交渉を行った。その後は幕府の命を受けて、倭寇の取り締まりを強化した。

しかし、北九州支配をめぐって少弐家とは対立関係にあり、1423年（応永30）には満貞と武力抗争が再燃し、義俊は満貞軍に敗れて博多を失い、肥前に逃れた。義俊は筑前における勢力圏を奪われ、渋川家の勢力は衰退した。

肥前に逃れた義俊は、再起をはかるために長門・周防の守護で北九州にも勢力を伸ばしてきた大内家を頼った。

少弐家は従来から探題支配に批判的で

幕府とも対立しており、幕府は義俊を支持して1426年（応永33）には義俊を肥前の守護に任じた。しかし、北九州における大内家の勢力はしだいに大きくなり、結局、義俊は筑前の奪回を果たせないまま、1428年（正長1）、従兄弟の渋川満直に家督を譲って隠退した。

渋川満直
しぶかわ・みつなお

生没年	1390年（明徳1）〜1434年（永享6）
出身	筑前国
主君	足利義持→足利義教
死因	戦死

◇大内家の野心に利用されて戦死

渋川満頼の弟・満行の子で、1428年（正長1）、従兄弟の渋川義俊の後を継いで渋川家当主となり、九州探題と肥前の守護に任じられた。義俊には義鏡という嫡子がいたが、満直の探題就任には大内家の介入があったといわれる。実際、満直の代の九州探題は、実権は大内家が握っていた。

ただ、名目上は探題職と肥前国守護にあり、1432年（永享4）には森戸家、本告家を奉行人にして、肥前国佐賀郡高木村河野30町を社家に引き渡すなどの活動を行っている。

また、満直は大内家の支援を受けながら少弐家との対立を続け、肥前・筑前でたびたび武力衝突した。しかし、1434年（永享6）に、少弐家一族の横岳頼房率いる千葉家・高木家・龍造寺家の連合軍の攻撃を受け、肥前の神埼で戦死した。

満直の死後も、九州探題は渋川家の世襲となったが、引き続き大内家に実権を握られ、渋川家の存在感は徐々に薄れていった。そして九州探題渋川家7代目にあたる尹繁が1534年（天文3）、少弐家に

味方して戦死したことで渋川家は滅亡した。

渋川義鏡

しぶかわ・よしかね

生没年 不詳
出身 筑前国
主君 足利義政→足利政知
死因 不明

◇政知を護衛できずに堀越公方に

九州探題・渋川義俊の子。1428年（正長1）、父の義俊が隠退したが、後を継いだのは義俊の従兄弟・満直だったため、義鏡は在京して過ごすことになった。

1454年（享徳3）、鎌倉公方の足利成氏と、関東管領の山内上杉憲忠の対立が激化し、成氏が憲忠を殺害したことから、関東地方では享徳の乱と呼ばれる大乱が起こった。

従来から鎌倉公方と対立していた幕府は上杉家を支持し、1457年（長禄1）、成氏討伐の軍勢を組織し、義鏡がその大将に選ばれた。もともと渋川家は上野国を本貫地とする足利一門であり、武蔵にも所領をもっていたための抜擢であった。

武蔵の蕨城に入った義鏡は、河越城を拠点とする上杉持朝と連携して相模・武蔵の軍勢を集めて成氏軍と戦い、さらに房総半島で成氏軍と戦っていた東常縁とも連絡をとって成氏方を圧迫した。しかし、常陸・下野方面の国人の多くが成氏を支持したため、義鏡は関東の戦乱を収めることができなかった。そこで義鏡は成氏に代わる鎌倉公方を新たに派遣し、足利将軍家の威光のもとに戦乱を収めようと幕府に進言し、8代将軍・足利義政の弟・足利政知が関東に下向することになった。同年、政知が下向してくると、義政の命により政知の補佐役に義鏡が選ばれた。

しかし、鎌倉は両軍の戦いによって荒廃したうえ、いまだに戦乱の舞台となっていたため、政知は鎌倉へ入ることができずに、伊豆の堀越にとどまることになった。

義鏡は、政知を鎌倉へ入れようと何度も試みるが失敗し、補佐役の役目を果たせずに終わった。

1462年（寛正3）、扇谷上杉持朝と政知の関係が悪化し、義鏡が義政に讒言したため、上杉家の重臣大森氏頼、三浦時高、千葉実胤の3名が、持朝をかばって引退するという事件が起こった。この事態に対し、幕府は上杉家の慰留をはかったため義鏡は失脚し、これ以降、消息不明となる。一説には、1477年（文明9）に太田道灌が長尾景春を破った榛沢郡用土原の合戦で、道灌側について戦ったとされる。

宗家

少弐家の被官だった惟宗家が鎌倉時代初期に守護代として対馬に入り、宗家を名乗った。室町時代中期から少弐家に取って代わって対馬守護に昇格、その後は明治維新を迎えるまで対馬の支配者として君臨した。室町時代には朝鮮と友好関係を結んで、宗家に有利な条件で幕府と朝鮮との仲介役となり、外交の玄関口として存在感を増した。北九州の覇権をめぐる少弐家と大内家の対立では少弐家を支援し敗れたが、対馬領主としての存在感は揺るがなかった。

宗経茂

そう・つねしげ

生没年 不詳
出身 対馬国
主君 少弐頼尚
死因 不明

◇対馬で独自の勢力を確立

宗盛国の子。宗家は大宰府の在庁官人として北九州に勢力をもっていた少弐家に仕えており、鎌倉時代になって対馬に渡り在地勢力に勝利して在地領主化し、対馬に土着したとされる。宗家の活動によって対馬は少弐家の領地となり、少弐家が対馬守護、宗家が対馬の守護代となった。

経茂の父・盛国の代には、少弐家が在島しなかったことから守護代として影響力を全島に広め、対馬の支配者となっていた。そして盛国の時代に鎌倉幕府の滅亡を迎える。

経茂はその頃に家督を継承したとみら

れ、足利尊氏方に与した少弐家の家臣として、南北朝の戦乱に参戦した。経茂は少弐頼尚の信任が厚く、おもに筑前の領国経営にかかわった。少弐家が筑前で影響力を保持できたのには、経茂の力があったといわれる。経茂が対馬を離れていたため、対馬支配は弟の頼次が代行していた。

1349年（正平4・貞和5）、尊氏の弟・足利直義と幕府執事の高師直との対立が激化して観応の擾乱が勃発すると、直義の養子・足利直冬が九州に下向してきた。経茂の主家・頼尚は尊氏にそむいて直冬に臣従し、経茂も頼尚にしたがった。そのため頼尚は筑前と対馬の守護職を剥奪されたが、経茂はその後も守護代の地位にあった。

1359年（正平14・延文4）、頼尚が南朝方の菊池武光との戦いに大敗して勢力を衰退させると、経茂は対馬で実質的に独立し（地位は守護代のまま）、1368年（正平23・応安1）には朝鮮半島の高麗王朝

に使者を派遣し、日朝貿易の端緒をつくった。

1370年（建徳1・応安3）頃に死去したとされる。

宗頼茂

そう・よりしげ

生没年 不詳
出身 対馬国
主君 今川了俊→足利義満
死因 不明

◇南北朝合一後に対馬守護に就任

宗澄茂の子。澄茂は経茂の弟・頼次の子で、澄茂が対馬守護代、経茂の子が筑前守護代となっていた。澄茂の代に、九州は九州探題・今川了俊の支配下に置かれ、対馬守護も了俊が兼任していた。しかし、1392年（明徳3）の南北朝合一後に了俊が失脚して九州を去ると、代わって澄茂が対馬の守護に補任された。

父の澄茂の死後、頼茂がその後を継いで対馬守護となった。1397年（応永4）に、朝鮮半島の李氏朝鮮王朝から、頼茂あてに倭寇の取り締まりを要求する文書が届けられており、その頃に家督を継いだとみられる。

翌1398年（応永5）、頼茂は国府を志多賀に移した。しかし、その頃筑前から対馬に帰国してきた経茂の孫・貞茂との確

執が深まり、両者は宗家の家督をめぐって対立するようになった。本来は経茂の系統が嫡流であり、経茂の孫である貞茂にも当主の座につく資格はあったのである。

この対立がどのような経過をたどったのか詳細は伝わらないが、同年、頼茂は貞茂に当主の座を奪われている。その後、頼茂の動向は定かではないが、頼茂の系統が対馬守護代を継承していくようになり、やがて両者は和解したようだ。

ただし、宗家の家督は経茂流とされたため、『宗氏家譜』では澄茂と頼茂は当主からはずされている。

宗貞盛

そう・さだもり

生没年 ？〜1452年（享徳1）
出身 対馬国
主君 足利義満→足利義持→足利義教
死因 病死

◇応永の外寇で朝鮮軍と戦う

宗貞茂の子で、1418年（応永25）に父の死にともない家督を相続し、対馬の守護に任ぜられた。

当時の対馬は耕地が少なかったこともあり、倭寇と呼ばれる海賊が周辺海域を暴れ回り、朝鮮半島まで行って略奪を繰り返していた。貞盛の父・貞茂は、こう

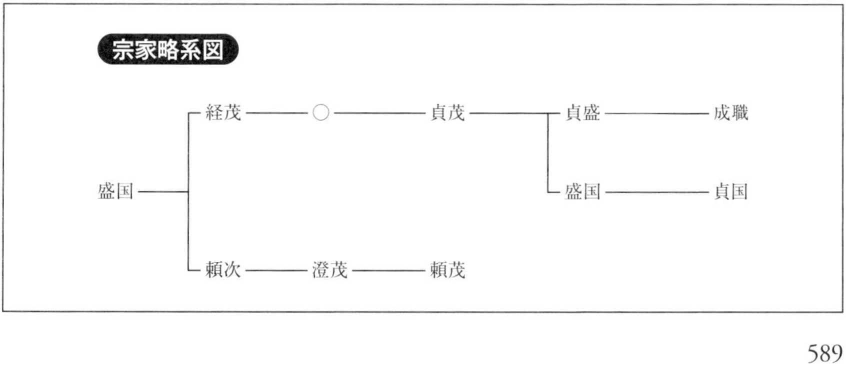

第8章

九州地方の氏族／宗家

宗家略系図

```
                  ┌─ 経茂 ──── ○ ──── 貞茂 ──┬─ 貞盛 ──── 成職
                  │                          │
        盛国 ─────┤                          └─ 盛国 ──── 貞国
                  │
                  └─ 頼次 ──── 澄茂 ──── 頼茂
```

589

した倭寇の活動を厳しく取り締まり、貞茂の代に対馬倭寇の活動は控えられた。しかし、貞茂が死去すると、再び倭寇が息を吹き返した。

当時の朝鮮王朝・李氏朝鮮は翌1419年（応永26）、倭寇に対する報復として朝鮮水軍の提督・李従茂を大将にして、対馬討伐を決めた。同年6月、227隻の兵船を率いた朝鮮軍が対馬に上陸した。これを応永の外寇という。

対馬に上陸した李従茂は、朝鮮半島における倭寇の暴挙を書き連ねた書状を貞盛に送って宣戦布告し、無条件降伏を求めた。

しかし貞盛は、「朝鮮を襲っている倭寇は対馬の人間ではなく、島を足場に利用している九州の海賊である」として、「ゆえに、私の知るところではない」と、抗戦の意思を伝えた。

こうして両軍の戦いがはじまったが、不意をつかれた形の貞盛側は、まったく戦備が整っておらず、海賊船129隻が破壊され、2000戸に近い民家が焼き討ちされ、島民は山に逃げ込むのがやっとという状況だった。対馬の数少ない平地を制圧した朝鮮軍は、山に逃げ込んだ島民の糧道を断ち、持久戦に持ち込んだ。

貞盛はゲリラ戦を展開して対抗したが、やがて両軍ともに疲弊し、貞盛は和議を申し入れた。李従茂にしてみれば、とりあえず倭寇の船のほとんどを破壊したことで当初の目的は達しており、和議を入れて全軍撤退していった。

応永の外寇においては、当時の九州探題・渋川持範が九州の軍勢とともに対馬を救援したとする史料もあるが、真偽は定かではない。

◇ 朝鮮との貿易で巨利を得る

この事件は京の幕府にも聞こえ、4代

将軍・足利義持は倭寇の取り締まりを厳重にし、倭寇の活動は停滞することになる。

貞盛はその後、李氏朝鮮との関係修復に努め、1443年（嘉吉3）、李氏朝鮮との間に通商条約を結び、ようやく国交を回復した。

この条約は、対馬が朝鮮の属州となるという内容だったが、貞盛は朝鮮の代官という立場となり、朝鮮と日本との貿易の窓口を独占することになった。その結果、宗家は貿易の実利を得て財政的におおいに潤ったという。

貞盛は一方で、大内持世に大宰府を追われた筑前の名門で、宗家のもともとの主家である少弐家とともに、九州北部領有をめぐって大内家と対立し、少弐教頼を擁して九州に渡り大内軍と戦ったが敗れた。

宗貞国

そう・さだくに

生没年	1422年（応永29）〜1494年（明応3）
出身	対馬国
主君	足利義政→足利義尚→足利義稙
死因	病死

◇ 応仁の乱で東軍についた宗家当主

宗貞盛の弟・宗盛国の子。貞盛の嫡男で家督を継いだ成職に子がなかったため、1467年（応仁1）、成職の死後に家督を継いだ。

当時の北九州地方は、中国地方の大大名・大内氏が筑前守護となって影響力を高めており、それに対して、北九州の名門・少弐家が対抗するという状況下にあった。宗家は、かつての主家である少弐家を援助して、大内家に敗れた少弐嘉頼・教頼兄弟を対馬に呼び寄せた。貞国も、宗家代々の施策を受け継ぎ、嘉頼の

死後に少弐家の当主となっていた少弐教頼を助けて、少弐氏の筑前復帰をめざしていた。

そんな折の1467年（応仁1）、京で応仁の乱が勃発した。大内政弘は山名宗全率いる西軍に加担し、大軍を引き連れて上洛したため、貞国は教頼を擁立して細川勝元率いる東軍によしみを通じて兵を挙げ、政弘の留守の隙をついて筑前大宰府を攻めた。

しかし、貞国・教頼連合は大内軍に敗れ、教頼は戦死してしまった。貞国はそれでも大宰府奪還をあきらめず、1469年（文明1）、教頼の子・政資を擁して再び挙兵し、大宰府の奪還に成功した。

その後、貞国は政資を補佐するために博多にとどまったが、政資は貞国の功に報いず、肥前で力をつけつつあった龍造寺家と結んだため、貞国は政資を見限って対馬に帰国した。

1477年（文明9）、大内軍に攻められた政資から出兵要請が貞国のもとに届けられた。このとき貞国のもとには、大内政弘を通じて将軍・足利義尚から、少弐家への支援をしないようにという要請もきており、貞国は大内家との仲を優先し、出陣しなかった。

少弐家と縁を切った貞国は九州での地盤を失い、その後は朝鮮との貿易を拡大するなど対馬の領国経営に専念した。1492年（明応1）に引退して、家督を子の材盛に譲り、その2年後に死去した。

第8章

九州地方の氏族／宗家

大友家

中原氏に養子に入った能直が、鎌倉時代に相模国大友郷を領して大友氏を名乗り、源頼朝から豊後守護職を与えられ世襲、その子孫が豊後に土着した。鎌倉時代以来の豊俊の大勢力であり、少弐家・津島家とともに「九州三人衆」と称された。貞宗の代に鎌倉幕府滅亡を迎え、南北朝時代には北朝方に与して、九州南朝勢の征西府と激戦を繰り広げた。親世、親繁の代に繁栄期を迎え、義長、宗麟の代に戦国大名へ発展し、九州地方を代表する大名へ成長した。

大友貞宗

おおとも・さだむね

生没年	?～1334年（正慶2・元弘3）
出身	豊後国
主君	鎌倉幕府→後醍醐天皇
死因	病死

◇ 単独惣領制の元祖

1333年（元弘3）に吉野で挙兵した後醍醐天皇の皇子護良親王は各地に倒幕の令旨を発布し、その令旨は豊後の貞宗にも届けられた。

同じく令旨を受け取った肥後の菊池武時が旗振り役を担って、当時の九州地方を支配していた鎌倉幕府の鎮西探題・北条英時に反旗を翻すべく、筑前の少弐貞経と貞宗に盟約を申し込んできた。貞宗は武時の求めに応じて反幕軍への加担を決定したが、武時の計画は事前に鎮西探題に察知されてしまい、貞宗は土壇場で武時を裏切って幕府方につき、結果、鎮西探題に攻め寄せた菊池軍は敗走した。

しかし、幕府軍の足利尊氏が後醍醐天皇側に寝返ると情勢は一変し、同年5月に六波羅探題が陥落した。

貞宗はこの機をとらえて天皇方に転じ西国三人衆といわれる少弐家・島津家とともに鎮西探題を攻め落とし、九州の幕府軍の壊滅に大きく貢献した。

貞宗は没前、家督を5男の千代松丸（のちの氏泰）に譲った。しかし、長男の貞順が貞宗の決定に反発し、貞宗の死後、玖珠城に立てこもって蜂起した。貞順は、謀反人として討伐されて自害した。

大友氏時

おおとも・うじとき

生没年	?～1368年（応安1・正平23）
出身	豊後国
主君	足利尊氏→南朝（懐良親王）→足利義詮
死因	病死

◇ 菊池家との戦いで敗退

大友貞宗の7男。兄の大友氏泰の死後、大友家の家督を継いだ。

592

その頃の九州地方は、懐良親王率いる南朝勢が勢力を拡大させており、氏時は幕府機関である九州探題に派遣された一色範氏とともに、南朝軍の鎮圧にあたった。

1355年（正平10・観応4）に一色範氏が敗れて九州から撤退すると、氏時は南朝に降伏した。しかし、同年末には、筑前の少弐頼尚・肥後の阿蘇惟村と結んで南朝に反旗を翻し、氏時は豊後で兵を挙げ、南朝軍の主力だった菊池武光を誘い出し、同時に少弐頼尚が筑後に兵を挙げて動揺を誘い、阿蘇惟村が菊池軍の後方支援を遮断、その隙に氏時の本隊が南へ下り、最終的には少弐軍との挟撃で、南朝軍を殲滅しようと画策した。

しかし、武光は惟村の行動に気がつくと後方に反転して惟村軍を打ち破り、さらに南下してきた氏時率いる本隊を迎え撃った。氏時軍は、武光と菊池家の重臣・恵良惟澄の策略にはまって敗走、豊後へ撤退した。

この南肥後への進軍は、時の将軍足利義詮が感状を与えるほどに賞賛されたが、その後は菊池軍に敗戦を繰り返し、大友家の勢力は一時的に衰微した。

大友貞載

おおとも・さだとし

生没年 ？〜1336年（建武3・延元1）
出身 豊後国
主君 後醍醐天皇→足利尊氏
死因 殺害

◇尊氏に寝返り新田義貞を破る

大友貞宗の2男。六波羅探題陥落の報を聞きつけると、父の貞宗に従軍して鎮西探題・北条英時を討ち取った。その後、大友家を継いだ弟の千代松丸（氏泰）を補佐し、後醍醐天皇の建武の新政樹立を助け、鎌倉幕府旧臣と戦った。

北条時行が鎌倉奪還を目指して蜂起した中先代の乱（1335年）を機に、足利尊氏が後醍醐天皇から離反すると、新田義貞の尊氏追討軍に加わって、鎌倉へ向けて進軍した。しかし、貞載は塩冶高貞とともに尊氏方に寝返り、箱根・竹ノ下の戦いで劣勢にあった尊氏を援け、新田義貞軍を敗走させる立役者となった。

尊氏は新田軍を破るとそのまま西上して入京すると、天皇軍を破って後醍醐天皇は近江坂本に撤退した。すると、後醍醐天皇の重臣として「三木一草」に数え

第8章

九州地方の氏族／大友家

大友家略系図

```
貞宗 ─┬─ 貞順
      │
      ├─ 貞載
      │
      ├─ 貞匡
      │  （立花家）
      │
      ├─ 氏泰 ─┬─ 氏継 ─── 親著 ─┬─ 親綱 ─── 宗心
      │        │                  │
      └─ 氏時 ─┴─ 親世 ─── 持直   └─ 親繁 ─┬─ 政親 ─── 義右
                                            │
                                            ├─ 親胤
                                            │  （日田家）
                                            │
                                            └─ 親治 ─── 義長
```

593

られた一人、結城親光が、貞載を通じて尊氏への降伏を申し出てきた。貞載が親光をともなって尊氏の陣所を訪れると、突然、親光が貞載に斬りかかった。深手を負った貞載は、『太平記』によれば即死、『梅松論』によると重傷を負って翌日に死亡した。『太平記』は、貞載のことを「元来少し思慮分別の足りない者」と評している。

大友親世

おおとも・ちかよ

生没年	？～1418年（応永25）
出身	豊後国
主君	足利義満→足利義持
死因	病死

◇勢力を伸張させた大友家中興の祖

大友氏時の子。1370年（建徳1・応安3）、当主だった兄の氏継が突如出奔して南朝方に寝返ったため、親世が家督を継いだ。1371年（建徳2・応安4）、九州探題として下向してきた今川了俊にしたがい、豊後国内の国人たちに了俊軍への軍事催促を下知した。

1372年（建徳3・応安5）、親世が拠る高崎山城に、南朝軍の主力だった菊池武政が攻め寄せた。菊池軍との戦いは数カ月にもわたり、戦いは100余度にも及んだが、親世は菊池軍を撤退させ、了俊軍の南朝勢掃討に貢献した。

しかし、1375年（天授1・永和1）に了俊が筑前の有力大名だった少弐冬資を誅殺すると、島津家が了俊に反発して帰国、少弐軍も自領へ引き揚げた。このとき親世は了俊に慰留されてとどまり、親世の所領も増やされ、1383年（弘和3・永徳3）までには、知行地は86カ所にのぼったとされる。その後も、了俊とともに九州南朝軍と戦い勢力を伸ばすが、了

俊の勢力拡大は、親世の不信感を増大させていった。そして1395年（応永2）、親世は中国地方の支配者・大内義弘と謀って、3代将軍・足利義満に讒言を行い、了俊を失脚に追い込んだ。翌年に渋川満頼が九州探題として下向してくるまで、親世が探題代行を任された。

親世は幕府からの信頼も厚かったようで、検非違使や惣追捕使などにも任命されており、これらの功績から大友家中興の祖といわれる。

親世は1401年（応永8）頃、家督を兄・氏継の子・親著に譲って引退した。

大友親繁

おおとも・ちかしげ

生没年	1411年（応永18）～1493年（明応2）
出身	豊後国
主君	足利義教→足利義政→足利義尚
死因	病死

◇衰退した大友家を復興させた優将

大友親世の後を継いだ大友親著の4男。当時の当主・大友持直が長門・周防の守護・大内盛見と対立し、幕府から追討される身となると、親繁は持直とともに幕府と対立した。そのため、大友家内は親幕府派と親持直派に分裂してしまった。

親繁らは幕府の追討軍に対して強硬に抵抗し、1435年（永享7）の姫岳合戦では幕府方の河野通久を討ち取るなど善戦した。しかし、結局は幕府軍に敗れ、親繁は日向の山中に逃げ込み、10年にわたって雌伏の時を過ごした。

しかし、大友家中はこのときの分裂をきっかけに内訌が勃発し、そのため1444年（文安1）、親繁が呼び戻されて大友家の家督を継いだ。親繁は、分裂によって混乱していた大友家中の統制をはかり、領国の支配を強力に推進していった。ま

た、1451年（宝徳3）には明国へ使者を送るなど対外貿易にも力を入れ、経済力の強化にも努め、大友家の権威と勢力の回復にまい進した。

1467年（応仁1）に応仁の乱が勃発すると、親繁は細川勝元率いる東軍に属した。親繁は、西軍に加担した山陽の実力者・大内政弘が上京している隙をついて、北九州の大内家の所領を攻撃した。1469年（文明1）には、少弐家らとともに大宰府を制圧したが、政弘の留守を任されていた大内家の重臣・陶弘護の活躍により敗走した。

応仁の乱は、東軍・西軍ともに決定打を打てずにこう着状態に陥り、1477年（文明9）に終戦するまで11年の時間を要した。親繁は、乱終結の前年に、家督を嫡男の政親に譲って隠居した。

大友義右

おおとも・よしすけ

生没年 1459年（長禄3）～1496年（明応5）
出身 豊後国
主君 足利義尚→足利義材
死因 病死

❖ 父との対立は最悪の結末を迎える

大友親繁の嫡孫にあたり、1484年（文明16）に父の政親から家督を譲られた。しかし、家督を継承してすぐに、義右は母方の叔父・大内政弘のもとへ出奔した。この理由は定かではないが、大内家が大友家内における影響力を増すための介入だったともいわれる。また、この頃から13代当主・大友親綱の子・大聖院宗心が、大友の家督を狙って義右と対立、さらに宗心との関係をめぐって父・政親とも対立するようになった。

そんな中、1489年（長享3・延徳1）、義右の家督継承に不満を持っていた政親

の異母弟・日田親胤が、義右に対して兵を挙げた。この反乱は、政親のもうひとりの異母弟・大友親治によって鎮圧されたが、宗心がこの謀反は政親の謀略であると讒言したため、義右と政親の対立は決定的となった。

1493年（明応2）、幕府では管領の細川政元が政変を起こし、対立していた10代将軍・足利義材を京から追放するという事件が起こった。義右は、義材に臣従することを申し出たが、政親は政元を支持したため、大友家中は二派に分裂し、両者の対立は、田原家などの重臣たちを巻き込んで激化の一途をたどった。そして1496年（明応5）、政親が突如筑前に逐電すると、そのわずか14日後に義右は急逝した。義右の死は病死だったが、政親による毒殺だといううわさが飛び交った。それを伝え聞いた大内家は政親を捕らえて自害に追い込んだ。

大友親治

おおとも・ちかはる

生没年 1461年（寛正2）～1524年（大永4）
出身 豊後国
主君 大友義右→足利義澄
死因 病死

❖ 大友家を戦国大名へ飛躍させる

大友親繁の5男で、大友家18代当主。幼少の頃に僧籍に入り肥後国瑞光寺に入室し、家督継承の枠からは外されていた。しかし、長兄の政親が家督を継ぐと還俗して、兄の補佐にあたった。

1484年（文明16）に、政親の嫡男・大友義右が家督を継ぐと、大聖院宗心や大内家の介入などから、政親・義右父子が対立するようになった。親治は、兄・政親を支持して事態の収拾をはかったが、家中の内訌は結局、政親と義右がともに

第8章 九州地方の氏族／大友家

595

死亡するまで収束しなかった。

親治は、義右が死去した1496年（明応5）に家督を継ぐと、政親・義右の対立で混乱していた大友家内の収拾にあたり、反乱分子を排除していった。さらに、政所や郡代を設置して所領統治を徹底させ、闕所奉行や検使を独自に設置するなど、その政治力は歴代当主のなかでも群を抜いていた。また、寄親寄子制を確立させて、軍事面においても画期的な政策を推進させ、大友家を戦国大名へ押し上げる原動力を作り上げた。

親治は、前代に家督をめぐって家中が混乱したことを踏まえ、1501年（文亀1）に嫡男の義長に家督を譲って、大友家の嫡子相続を確立させた。

大友義長

おおとも・よしなが

生没年	1478年（文明10）～1518年（永正15）
出身	豊後国
主君	足利義澄→足利義稙
死因	病死

◇戦国大名への第一歩

大友親治の嫡男で、1501年（文亀1）に親治の隠居にともない家督を継いだ。

家督を継ぐ前には、13代当主親綱の子・大聖院宗心が、自身の家督継承を求めて宗家に反して兵を起こしたが、義長は1499年（明応8）に門松城を攻めて宗心を周防へ敗走させた。

1507年（永正4）、中央で管領の細川政元が殺害されるという事件が起こり、この機をとらえて周防の守護・大内義興が義稙を擁して上洛した。義長は、この情勢下で義興へ接近をはかり、義興の上洛を支援した。また、義長は九州における大友家の覇権確立をはかり、肥後の守護・菊池家の家督継承問題に介入し、実

子の重治を菊池家に入嗣させ、菊池家の乗っ取りをはかった。

1507年（永正4）、筑後の国人で大友家の家臣・星野重泰が、義長に対して謀反の兵を挙げた。義長は1万以上の大軍を率いて自ら筑後へ入って反乱の鎮圧にかかったが、星野家の討伐は遅々として進まず、対陣は6年以上に及んだが、義長はようやくこれを鎮圧した。

大友義鎮

おおとも・よししげ

生没年	1530年（享禄3）～1587年（天正15）
出身	豊後国
主君	足利義輝→足利義昭→豊臣秀吉
死因	病死

◇九州6カ国を支配した豊後の大大名

大友義鑑の子。出家後の宗麟という名が著名。キリスト教に受洗したキリシタン大名としても有名。

1550年（天文19）に父・義鑑が二階崩れの変と呼ばれる政変で横死したため後を継いだ。翌年、中国地方西部から九州地方南部を支配していた大内義隆が家臣の陶晴賢に殺害されると、弟の晴英を大内家の養子として送り込んで、豊前を手中に収めた。1557年（弘治3）には毛利元就と通じた筑前の国人・秋月文種を攻め滅ぼし筑前を領した。

その後、陶晴賢を滅ぼして大内家の旧領を手に入れた毛利元就が九州に進出し、これと対立したが、1564年（永禄7）に和睦して肥前に侵攻して同地を制覇。さらに1567年（永禄10）には筑前から毛利軍を撤退させて九州6カ国を支配した。しかし、薩摩の島津家、肥前の龍造寺家の圧迫を受け、豊臣秀吉の援助を受けて豊後一国を守った。

菊池家

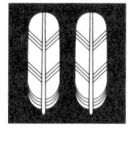

肥後菊池郡の土着の国人で、藤原隆家の郎等・藤原則隆を祖とする。元弘の乱が起こると、九州勢ではいち早く後醍醐天皇の支持を表明し、建武の新政で肥後守護に補任された。室町時代には九州南朝軍の主力として、懐良親王率いる南朝征西府を助け、南北朝合一まで幕府に対する抗戦をやめなかった。南北朝合一後も肥後守護として君臨したが、応仁の乱後の動乱期に家中が乱れ、大友家との抗争に敗れて滅亡した。

菊池武時

きくち・たけとき

生没年 1292年（正応5）～1333年（正慶2・元弘3）

出身 肥後国

主君 鎌倉幕府→後醍醐天皇

死因 戦死

◇九州でいちはやく後醍醐天皇に呼応

鎌倉幕府の肥後の守護で、鎌倉幕府滅亡時の菊池家の当主。

1333年（元弘3）、後醍醐天皇が配流先の隠岐を脱出して倒幕の兵を挙げた。同時に天皇の子・護良親王が倒幕の挙兵を各地の国人に呼びかけた。

武時は当時、鎌倉幕府から肥後の守護に任じられていたが、菊池家は13世紀後半の元寇で活躍したにもかかわらず幕府からなんの恩賞もなかったことから幕府と距離を置くようになっていた。また、元寇後に置かれた幕府機関の鎮西探題との折り合いも悪かった。

護良親王の令旨を受けた武時は、こうした背景もあり九州でもいちはやく天皇支持を表明して挙兵し、幕府機関である鎮西探題の北条英時を攻めた。

さらに武時は、土佐から九州に逃れてきた後醍醐天皇の皇子・尊良親王を肥後に迎えて態勢を整えると、九州諸国の武将たちに誘いをかけた。この誘いに少弐家、大友家、阿蘇家、葉室家らが応じ、九州地方は反北条にまとまった。

しかし、いよいよ探題攻略の予定日が近づいたとき、武時らの謀略は英時側に露見してしまう。武時は探題に攻め寄せ、英時を自刃寸前にまで追い込むが、突如として少弐家と大友家が幕府軍に寝返り、劣勢に追い込まれた。

敗戦を悟った武時は、肥後の豪族・阿蘇惟直に嫡男の武重と、その弟の武敏の後見を頼んで戦場を離脱させると、3000の少弐軍に、100余騎で立ち向かったが迎撃されて戦死した。

第8章 九州地方の氏族／菊池家

菊池武重

きくち・たけしげ

生没年 不詳
出身 肥後国
主君 鎌倉幕府→後醍醐天皇
死因 不明

◇ 猛将の証「菊池千本槍」

菊池武時の嫡男。1333年（元弘3）に父・武時が後醍醐天皇の挙兵に応じて鎮西探題の北条英時を攻めると、これに従軍した。しかし、少弐軍と大友軍が直前に幕府方に寝返ったため武時は戦死し、武重はその直前に父の手によって戦場から離脱して肥後へ逃げ延びた。

しかし、幕府の有力御家人・足利尊氏が倒幕派に寝返ったことで事態は一変し、同年5月、鎌倉幕府は滅亡した。九州地方でも、旗色が悪くなった鎮西探題を見限った少弐家と大友家が天皇方に転じ、北条英時らを攻め滅ぼした。このとき武重は肥後方面で反幕府の戦いを継続していたが、武重の少弐・大友への恨みは深まった。

後醍醐天皇による建武の新政がはじまると、武重は後醍醐天皇に忠誠を尽くし

た亡父の功績から、建武の新政では肥後の守護に任じられた。

1335年（建武2）、北条時行の反乱鎮圧のために鎌倉に出陣した足利尊氏が、同地で後醍醐天皇に反旗を翻した。武者所の構成員として上洛していた武重は、弟の菊池武吉とともに新田義貞軍に従軍して尊氏討伐に出陣、箱根・竹ノ下の戦いに参加した。足利直義軍に攻め込まれた武重は、竹の先に鋭い小刀をくくりつけた竹槍を急造し、それを得意の騎馬部隊に装備させて、直義軍を打ち破った。この竹槍は「菊池千本槍」と呼ばれ、足利軍を恐れさせた。武重は直義軍を敗走させたものの、本隊の義貞軍が尊氏に敗れたため、武重も京へ撤退した。

京へ戻った武重は義貞とともに、京に迫る尊氏軍を迎え撃ち、東北から急ぎ上洛してきた北畠顕家軍とも合流して、入洛してきた尊氏軍を破り、尊氏を九州へ敗走させた。

武重は中国地方の尊氏派を討伐するために、脇屋義助らとともに播磨国白旗城の赤松則村を攻めたが、白旗城はなかなか落城しない。武重は援軍を阻止するために備前三石城を攻略するが、肝心の白

菊池家略系図

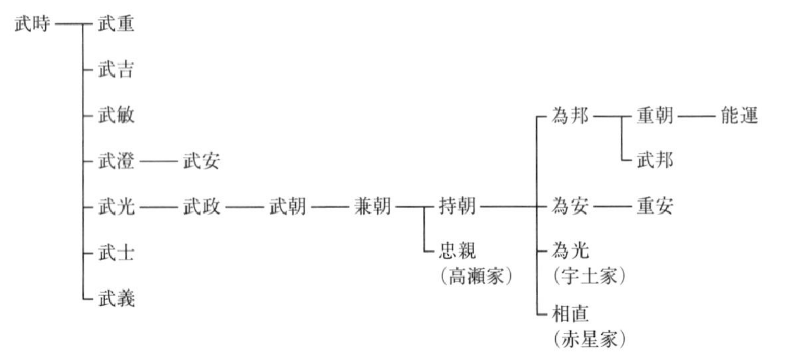

```
武時 ┬ 武重
     ├ 武吉
     ├ 武敏
     ├ 武澄 ── 武安
     ├ 武光 ── 武政 ── 武朝 ── 兼朝 ┬ 持朝 ┬ 為邦 ┬ 重朝 ── 能運
     ├ 武士                          │      │      └ 武邦
     └ 武義                          │      ├ 為安 ── 重安
                                     │      ├ 為光
                                     │      │ （宇土家）
                                     │      └ 相直
                                     │        （赤星家）
                                     └ 忠親
                                       （高瀬家）
```

旗城を落城させることはできなかった。

◆ 肥後守護職惣領としての最後の戦い

やがて尊氏が九州で再挙すると、一気に攻め立てられて撤退、1336年（建武3）、再起を図るために肥後へ戻った。

領国に帰った武重は、留守を守っていた弟の菊池武敏とともに、菊池家の盟友である阿蘇惟済などの周辺国人を糾合し、さらに豊後の守護・大友貞順や筑後の黒木家・河崎家らともわたりをつけ、尊氏方の九州探題・一色範氏を圧迫していった。

1337年（延元2・建武4）、武重は、肥後に攻め入ってきた範氏軍を連合軍で迎撃し、範氏の弟・頼行を討ち取る勝利をおさめた。

翌1338年（延元3・暦応1）には、自ら筑後へ進出して範氏と戦い、同年10月には再び筑後に侵攻し、範氏を追い詰めていった。しかし、10月の戦いを境に、武重は消息を絶った。同年末までに死去したとされる。

菊池武敏

きくち・たけとし

生没年 ？～1341年（興国2・暦応4）
出身 肥後国
主君 鎌倉幕府→後醍醐天皇→後村上天皇
死因 病死

◆ 少弐貞経を討って父の無念を晴らす

菊池武時の子で、兄に菊池武重がいる。九州南朝勢力の要として活躍した。

1334年（建武1）、建武の新政下で武者所の役人となった兄の武重と武吉が上洛すると、地元の留守を預かった。翌年に足利尊氏が後醍醐天皇に背くと、父や兄とともに後醍醐天皇方についた。

そして1336年（建武3）、京での戦いに敗れた尊氏が九州に入ってきた。武敏は、肥後の国人・阿蘇惟直と協力して筑前に侵攻し、尊氏方についた大宰府の少弐貞経を攻めた。少弐軍は、筑前宗像に入った尊氏のもとに主力を送っていたため、菊池・阿蘇連合軍の猛攻を支えきれず有智山城は陥落、貞経は自害して果て、少弐軍の多くも自害した。

大宰府を制圧した武敏はさらに北上して多々良浜に布陣した。少弐貞経の死は周辺国人の趨勢にも影響を及ぼし、秋月家・蒲池家・星野家・神田家・松浦家などが尊氏方から離反して、菊池・阿蘇連合に合流した。

多々良浜の戦いは、『太平記』によれば尊氏軍300、武敏軍3万、『梅松論』では尊氏軍1000に対して武敏軍は6万とされている。数字は信頼できないが、武敏軍が圧倒的に数に勝っていたのは間違いないだろう。

しかし、武敏軍は大軍とはいっても、軍勢の多くは日和見的にしたがっているだけで、根っからの天皇方は菊池軍と阿蘇軍だけというありさまだった。一方の尊氏軍は、ここで負けたら後がないだけに結束力も強く、武敏率いる天皇方は次々に打ち破られていった。

劣勢に陥った菊池軍の崩壊は早かった。松浦家と神田家が尊氏方に寝返ると、それを見た元尊氏方の諸将も相次いで武敏を見限って尊氏側についてしまい、武敏軍は阿蘇惟直・惟成兄弟が討ち取られるなど大敗を喫して敗走した。

武敏は重傷を負いながら肥後黒木城に逃げ込んだが、そのときの兵数はわずか200騎ほどだったという。

多々良浜の戦いに勝利した尊氏は、再び京に攻め上り、そのとき九州のおさえとして一色範氏と仁木義長を残していった。義長は肥後に侵攻して菊池軍を追

第8章 九州地方の氏族／菊池家

詰め、手負いの武敏は防ぎきれず、阿蘇山中に遁走した。

それから、しばらく雌伏の時を過ごし、1337年（延元2・建武4）に兄の武重が帰国すると、兄とともに九州探題一色家との戦いをはじめた。

武敏の前に立ちふさがったのは、範氏と手を組んだ少弐頼尚だった。武重・武敏の菊池軍は、少弐軍を撃破し、さらに1340年（興国1・暦応3）には筑後に進出して一色範氏をも打ち破った。

武敏は翌年、幕府軍との戦いを続行中、病没した。

菊池武澄

きくち・たけずみ

生没年 ？～1356年（正平11・延文1）
出身 肥後国
主君 懐良親王
死因 病死

◇ 家中統一のために奔走する

菊池武時の子で、兄に菊池武重・武敏がいる。兄の武敏や弟の武光とともに、九州南朝軍の柱として連戦し、幕府方の少弐軍を追い詰めるなど武勇に優れ、南朝軍の武力の要の1人だった。

1338年（延元3・暦応1）頃、兄の武重が死去すると、その後を武時の12男・武士が継いだ。武士は、武敏・武澄・武光の弟にあたる人物である。しかし、嫡子とはいえ、武勇に優れていた兄たちを差し置いての家督相続は、家中に不満分子を現出させた。また、武士が歴代の当主と比較して凡庸だったことも、家中の不満を高めた。

1341年（興国2・暦応4）に武士を後見していた武敏が死ぬと、その機に乗じて幕府軍に菊池城を攻められ、武士は城を捨てて逃走した。そこに武光の軍勢が駆

けつけ、菊池城を奪還した。

これにより、菊池家中では武光を当主に推す声が高まり、家中は二派に分裂してしまった。

武澄は、弟の武光を推して、一族から武光の家督継承の承認を取りつけるために奔走し、武士と武光と兄弟の仲を取り持つなど、戦の合間を縫って立ち回った。武士自身も当主の座に執着せず、また武士派の一族も、武光に劣らない武功を持つ武澄の頼みとあって、1345年（興国6・貞和1）、武光の当主就任が実現した。家中の動揺を最低限でおさえたのは武澄の功績であった。

こうして再び一枚岩となった菊池一族は、九州に上陸していた後醍醐天皇の皇子・懐良親王を助け、武澄は武光とともに1348年（正平3・貞和4）に親王を肥後隈府城に迎え入れた。武澄はその後も戦に明け暮れ、1351年（正平6・観応2）には阿蘇惟澄らとともに筑後溝口城を攻め、1353年（正平8・文和2）には筑前針摺原の戦いで武光とともに一色範氏を敗走させた。さらに翌年には多比良城を攻略するなど、京で劣勢を強いられていた南朝に対し、南朝の九州制圧に貢献した。

しかし、決定的な勝利は得られず、大勢が徐々に幕府方に傾いていくなか、1356年（正平11・延文1）に死去した。

菊池武光

きくち・たけみつ

生没年 ？～1373年（文中2・応安6）
出身 肥後国
主君 懐良親王
死因 病死

◇ 九州南朝を救った武将

菊池武時の子で、1345年（興国6・貞和1）に当主の武士を押しのけて当主の

座についた。武勇に優れ、北朝の後光厳天皇が武光追討の綸旨を下すほど、その強さは天下に轟いていた。

1348年（正平3・貞和4）、武光は九州に上陸した懐良親王を肥後隈府城に迎え入れた。それからは、南朝軍の大将格として幕府方の九州探題・一色家や、九州の幕府方諸将と激戦を繰り広げた。

1350年（正平5・観応1）、幕府の内訌である観応の擾乱が勃発し、足利直義が幕府から離反すると、直義の養子・直冬が九州へ下向してきた。直冬軍に押された一色範氏が南朝に降ると、1352年（正平7・文和1）、武光は範氏とともに大宰府原山の直冬本陣に総攻撃をかけた。

直義が鎌倉で殺害されたこともあって、直冬軍からは離反者が続出していた。そのため、武光らの総攻撃に直冬軍は総崩れとなり、武光は大宰府を落とした。

大宰府を追われた直冬が南朝に降ると、直冬に従っていた少弐頼尚も懐良親王軍に加わった。すると、筑前の領有をめぐって少弐家と対立していた範氏が、頼尚の投降を知ると懐良親王のもとを去ってしまった。

そこで武光は、肥前に逃れた範氏軍を襲うが敗北。勢いをつけた範氏は、武光勢が制圧した大宰府に軍を進め、頼尚を襲った。武光は、大宰府を死守するために、敗残の軍勢をかき集めて頼尚の救援に向かった。1353年（正平8・文和2）、3000余騎を率いた武光は筑前針摺原に布陣し、5000余騎の一色軍と激突した。大宰府はもともと少弐家の所領であり、武光の援軍を得た頼尚軍の士気は高く、合戦開始直後に菊池家の安富泰重という武将が、一色軍の副将・田原貞広を討ち取る金星を挙げると、一色軍はあっという間に総崩れとなった。範氏はこの敗戦が

きっかけとなり、九州の地を去った。

窮地を救われた頼尚は、武光に対して「いまより後、少弐が子孫七代に至るまで、菊池に弓を引き矢を放つ事、あるべからず」と血判書を奉納したという。だが、この頼尚の誓約が守られることはなく、子孫七代どころか頼尚自身が菊池家を攻撃することになる。

◇少弐頼尚に勝利し、大宰府攻略

直冬と九州探題の一色範氏を九州から追い出した南朝軍は、次に南九州の制圧に乗り出した。武光にとっての南九州の大敵は、薩摩と大隅を支配する島津家であった。しかし、当時の島津家は、同じ幕府方の日向守護・畠山直顕と所領をめぐって争っており、畠山討伐に専念するために南朝に降った。

幕府に属す畠山軍は武光にとっても敵であり、武光は1358年（正平13・延文3）、島津家と協力して畠山直顕を攻め、直顕方の日向穆佐城と三股城を一気に攻め落とし、直顕を敗走させた。このとき、豊後の大友氏時が、武光の帰路を遮断すべく行軍してきたが、武光はこれも突破した。

しかし1359年（正平14・延文4）、少弐頼尚が幕府方に寝返り、大友氏時・阿蘇惟村を誘って兵を挙げた。

懐良親王を奉じた武光は5000余騎を率いて筑前に進出し、筑後川を挟んだ水縄山に布陣した。対する頼尚軍には、肥前の松浦家や龍造寺家なども加勢し、対岸の北味坂に陣をしいた。武光は嫡男の武政に300騎を与えて、少弐軍の本陣の後方へ回して本陣を攪乱し、数で勝る頼尚軍に対抗しようとした。武光の思惑どおり、武政の奇襲に頼尚軍は混乱をきたし、緒戦は武光軍の圧勝となった。頼尚は、息子の直資と2000の軍勢を失った。

第8章

九州地方の氏族／菊池家

601

だが、その後は少弐軍の反撃にあい、一進一退の攻防の末、とうとう懐良親王自ら戦場を駆け巡る事態となった。軍勢を率いた懐良親王は頼尚本陣へ突撃し、これにより菊池軍の士気は大いに上がり、戦局は武光軍に傾いた。武光は、そのなかで頼尚軍屈指の猛将として知られる少弐武藤を討ち取り、ついに頼尚を敗走させた。

筑前での優位を勝ち取った武光は、1361年（正平16・康安1）、大宰府攻略へ向かった。大友氏時の援軍にてこずる場面もあったが、武光軍は少弐軍を次々と撃破し、ついに頼尚本拠の有智山城を攻め落とすと、ついに念願の大宰府攻略を成し遂げ、懐良親王を大宰府に迎えて、ここに征西府を開いた。

その後は、九州探題に任命されて京から下向してきた斯波氏経、豊前に逃げ込んだ頼尚の子・少弐冬資、そして大友氏時を退け、九州は南朝の支配下に置かれた。しかし、1371年（建徳2・応安4）に九州探題として今川了俊が派遣されると、情勢は逆転した。了俊は大内弘世を味方につけ、肥前の松浦家や豊後の田原家などを調略して仲間に引き入れ、肥前と豊後から大宰府を挟撃する形で攻めてきた。武光は嫡男の武政とともに対抗したが敗北し、大宰府を捨てて高良山に奔った。

大宰府を失った武光は、懐良親王とともにその後も了俊に対して頑強に抵抗を続けたが、畿内での南朝衰退もあって幕府方に転じる国人が増え、しだいに劣勢に追い込まれていった。そして、了俊と対峙しているさなかの1373年（文中2・応安6）、病を得た武光は死去した。

菊池武朝

きくち・たけとも

生没年 1363年（貞治2・正平18）～1407年（応永14）
出身 肥後国
主君 懐良親王→良成親王→足利義満
死因 病死

◇南朝軍として最後まで抵抗

九州南朝の主柱として活躍した菊池武光の孫。1374年（文中3・応安7）、父・武政の後を継いだが、まだ幼かったため、大叔父の菊池武義（武光の弟）が武朝を補佐した。

武朝が当主に就任した頃の九州地方は、九州探題の今川了俊の勢力が拡大し、南朝勢力は衰退の一途をたどっていた。また、畿内方面の南朝軍も局地戦でたまに勝利するという状況だった。

しかし、菊池家代々の想いは、武朝にも確実に流れており、今川了俊が「降伏すれば、菊池の地安堵申すべし」と誘ったとき、弱冠12歳だった武朝はこれをはねつけたといわれている。

1371年（建徳2・応安4）に大宰府を失ったあと、菊池軍は拠点を筑前高良山に置いていたが、菊池家の代替わりをチャンスと見た了俊に攻められ、武朝ら南朝軍は高良山を捨てて肥後へ帰還した。そして、このタイミングで懐良親王は征西将軍を、甥の良成親王（後村上天皇の皇子）に譲って引退した。良成親王は14歳で、武朝とはほぼ同年代だった。

武朝が当主に就任した翌年の1375年（天授1・永和1）、了俊が6万という大軍勢を率いて肥後に侵攻し、水島原に布陣した。南朝方には武朝のほかに阿蘇惟武・名和顕興・宇土道光・少弐頼澄・大友氏継らが参陣したが、了俊軍には薩摩

の島津軍と豊後の大友軍が加わり、武朝は不利な状況に陥った。しかし、了俊が陣中で筑前の名門である少弐冬資を謀殺したことに怒った島津氏久と大友親世は、陣をたたんで領国に引き揚げてしまい、了俊方についていた諸国人も大いに戦意を低下させた。了俊軍の動揺を見て取った南朝軍は、水島原へ押し寄せて了俊軍を敗走させた。

武朝は親王とともに敗走する了俊軍を追撃し、肥前に入って了俊と対峙した。了俊方には中国の大内義弘が援軍に駆けつけ、いったんは了俊を見限った大友親世も、義弘の説得に負けて再び了俊軍として参戦してきた。島津は南朝に恭順したが、薩摩を動かない。そして1377年（天授3・永和3）、両軍は激突したが、大内・大友を味方につけた了俊の軍事力にはかなわず南朝軍は敗北。武朝は親王を連れて肥後へ逃れたが、南北朝に分裂した頃から戦場に出ていた老臣・菊池武義と菊池武安は戦死、阿蘇惟武・饗庭道哲らの勇将も討ち取られ、南朝軍は壊滅的なダメージを受けた。

その後は、1378年（天授4・永和4）の板井城の戦いと詫磨原の戦いで一矢報いたほかは連戦連敗となり、1381年（弘和1・永徳1）には、今川仲秋によって本城の隈府城が陥落し、武朝は良成親王とともに阿蘇山中に逃走した。

1386年（元中3・至徳3）、5年の時を経て武朝は肥後宇土城で兵を挙げた。時代はすでに、3代将軍・足利義満が幕府体制を盤石にしていた頃である。南朝に与する者は少なく、探題支配に反発する者も、積極的に武朝を支援しようとはしなかった。全面的に支援したのは、肥後の国人・相良前頼だけだった。

武朝と前頼は、宇土城、川尻城、八代城を拠点に、今川勢と戦い続けた。武朝の思わぬ挙兵に驚いた了俊は、一時的ではあるが武朝討伐に攻めあぐんだ場面もあったが、大勢は変わらなかった。

それでも武朝は、その後4年間ほど徹底抗戦を続けたが、ほとんど支援のない戦いは武朝の完敗で、頼りの前頼も幕府の威勢の前に兵を出すことをためらい始めた。1391年（元中8・明徳2）には、最後の八代城を落とされ、武朝は敗走した。

翌1392年（元中9・明徳3）、南北朝の合一がなり、後亀山天皇が京に戻ると、武朝は了俊と和睦して、領国の肥後に戻り、幕府から肥後の守護に任ぜられた。

南北朝の戦いは終わったが、今度は九州へ勢力を伸ばそうとする大内家と対立し、武朝は少弐家と大友家と結んで、大内家と抗争した。

菊池為邦

きくち・ためくに

生没年	1430年（永享2）～1488年（長享2）
出身	肥後国
主君	足利義政
死因	病死

◆大友家に実権を奪われた菊池家当主

菊池持朝の子で、1446年（文安3）に父が死去したため家督を継ぎ、肥後と筑後の守護に補任された。儒学と禅道をきわめた文武両道の武将だったという。

父の持朝は、中国地方の守護大名・大内家と協力して少弐家を弱体化させるなど、再び九州における菊池家の名を上げた人物だったが、38歳で早世し、後を継いだのが16歳の為邦だった。為邦の領国だった筑後の簒奪を狙っていた豊後の守護・大友親繁は、たびたび筑後へ侵攻しており、1462年（寛正3）、幕府に働きかけて、筑後の半国守護に補任された。

第8章 九州地方の氏族／菊池家

603

為邦は筑後を奪回するために、弟の菊池為安を筑後に派遣するとともに、黒木家や三池家などの筑後の国人を糾合して大友軍と対立した。為安は、筑後における大友家の拠点である高良山の別所城を攻撃したが、大友家重臣の志賀親明（親家とする説もある）の軍勢に敗れ、為安は戦死した。戦後、筑後の守護は為邦のままとされたが、実質的な支配者は大友家となった。

為邦は1466年（文正1）に家督を嫡男の重朝に譲ったとされるが、1470年（文明2）に朝鮮から貿易のための図書（貿易を許可する印）を為邦が受け取っており、この頃はまだ当主の地位にいた可能性も残る。しかし、早いうちに家督を譲ったことは確かなようで、引退後は出家して肥後玉祥寺に入り、中国の仏教書『碧巌録』を学び、表舞台には立たなかった。1481年（文明13）に弟の宇土為光が、子の菊池重朝に対して反旗を翻したときも、為邦は動かなかった。

菊池重朝

きくち・しげとも

生没年	1449年（宝徳1）～1493年（明応2）
出身	肥後国
主君	足利義政→足利義尚→足利義稙
死因	戦死

❖応仁の乱の混乱に巻き込まれる

菊池為邦の嫡男で、1466年（文正1）の父の隠退にともなって家督を継ぎ、肥後・筑後の守護に補任された（筑後は半国守護）。このとき、菊池一族の宇土家などが、重朝の弟の菊池武邦を擁立して主家に対して反乱を起こした。重朝は反乱軍が拠る豊福城を攻めて武邦を誅殺して反乱を鎮め、菊池家21代当主に就任したのだった。

重朝が当主になった翌年、応仁の乱が勃発すると、重朝は筑前の少弐教頼の誘いに応じて細川勝元率いる東軍に属した。しかし、筑後をめぐって対立する豊後の守護の大友家も東軍だったため、すぐさま西軍に鞍替えし、大内政弘と結んで筑後に出兵して大友軍と対峙した。こうした動乱のなか、肥後国内の国人同士の争いも活発化した。国内最大の勢力を誇る相良家と名和家が、八代郡内高田郷の領有権をめぐって敵対し、かつての守護家・阿蘇家でも家督争いから内乱が勃発していた。重朝は守護として、これらの対立に積極的に介入したが、有効な手立てを打てず、1481年（文明13）には、重朝の叔父にあたる宇土為光が、家督の奪取を図って重朝に対して反旗を翻した。

為光を支援したのは相良為続と阿蘇惟憲で、重朝軍には名和顕忠と阿蘇惟家が加わった。1484年（文明16）、重朝は為光軍を破って為光を宇土から追放したが、翌年の戦いで敗北を喫し、為光は宇土に復帰した。

1493年（明応2）、重朝は分裂していた阿蘇家の対立を鎮めるために惟家側に立って出陣したが、戦死した。

菊池能運

きくち・よしゆき

生没年	1482年（文明14）～1504年（永正1）
出身	肥後国
主君	足利義稙→足利義澄
死因	病死

❖宇土家を滅ぼし内訌を収拾

菊池重朝の嫡男で、1493年（明応2）に父が戦死したため、家督を継いだ。就任時は11歳の若年だったため、城家・赤星家・高瀬家などの一族・重臣たちの援助を得た。

1498年（明応7）、重臣の隈府家が反旗を翻し、肥後の有力国人・相良為続がこれに呼応して能運の居城・菊池城を攻めた。能運は城家や赤星家などと防戦に努め、翌年には反撃に転じ、相良家の領地である八代に攻め込んで八代を占拠した。

　しかし、その後も家臣や国人の離反は相次ぎ、1501年（文亀1）には大叔父で菊池家家臣の宇土家を継いでいた宇土為光が、能運に対して反旗を翻し、兵を挙げた。隈府城を落とされた能運は、一族の菊池肥前家の菊池重安らとともに戦ったが、玉祥寺原の戦いで敗北を喫し、肥後から遁走して島原半島へ逃げ落ちた。

　能運が肥後を離れたため、能運は肥後の守護職を剥奪され、為光が肥後の守護に補任された。

　島原の有馬家に庇護された能運は、軍勢を整えると1503年（文亀3）、有馬軍の援助を得て兵を挙げ、肥後に侵攻した。このとき、相馬為続の後を継いでいた相良長毎が為光側から能運側に変心し、旧臣たちも駆けつけて為光軍を敗走させた。能運はさらに兵を進めて、為光が逃げ込んだ宇土城を包囲し、為光一族を自害に追い込み、宇土家は滅亡した。

　しかし、能運はこの戦いの最中に傷を受け、翌年、その傷が悪化して死去した。

第8章

九州地方の氏族／菊池家

阿蘇家

代々阿蘇神社の大宮司職を務めた家で、九州地方が大和朝廷によって統一される以前からの肥後の名門。後醍醐天皇の倒幕活動がはじまると天皇の綸旨を受けて北条家に反し、南北朝の戦いでは南朝方として活動。九州探題の今川了俊が下向するまで南朝方だったが、その間に家中は分裂と抗争を繰り返した。南北朝合一後も家中の分裂は収まらず、15世紀中頃にようやく収束。しかし、その後すぐに応仁の乱が勃発し、再び家中は分裂してしまった。

阿蘇惟時

あそ・これとき

生没年	？～1353年（正平8・文和2）
出身	肥後国
主君	後醍醐天皇→足利尊氏
死因	病死

◇鎌倉幕府を見限り北条家討伐の挙兵

阿蘇神社大宮司家の当主。

1333年（元弘3）に後醍醐天皇が配流先の隠岐を脱出して伯耆船上山で倒幕の挙兵を起こすと、肥後の有力国人だった菊池家とともにこれにしたがって本拠地の肥後矢部で兵を挙げた。惟時は足利尊氏とともに六波羅探題攻略戦に参戦し、子の惟直は鎮西探題の北条英時攻めに参加したが敗れて肥後へ逃走している。

後醍醐天皇による建武の新政がはじまると、家督を子の惟直に譲って、自身は在京した。1335年（建武2）に足利尊氏が天皇に背いて挙兵すると、新田義貞にしたがって東上し、箱根・竹ノ下の戦い

に参戦したが敗れて京へ戻った。

1336年（建武3）に多々良浜の戦いで子の惟直・惟成兄弟が死去したため、肥後に戻って当主に復帰した。しかし、惟時の子で惟直の弟にあたる孫熊丸が幕府方につき、尊氏から大宮司職就任の御教書を受け取っていたため家臣団が分裂。この事態に対して惟時は中立の立場を崩さなかったため、阿蘇家は幕府派・南朝派・中立派の三派に分かれてしまった。

1341年（興国2・暦応4）、惟時の娘婿で南朝派の主力だった阿蘇惟澄が、孫熊丸の南郷城を落として阿蘇家中の幕府派を滅ぼすと、惟時は突然幕府方に転じて惟澄と対立することになった。

しかし、肥後国内は大豪族の菊池家が南朝方であり、惟時は苦戦を強いられ、やがて惟澄に矢部を占領され、惟時は西走して甲佐へ逃げ込んだ。惟時は幕府方だった少弐頼尚に支援を要請し、協力して惟澄に対抗したが、少弐軍が惟澄に敗れ、さらに少弐頼尚と結んだ大友軍も惟

澄に敗れてしまい、阿蘇家中での惟澄の声望は高まった。

その後も惟時はあくまでも惟澄との対立を続けたが事態は変わらず、1348年（正平3・貞和4）に家督を惟澄の子・惟村に譲って引退した。

阿蘇惟直

あそ・これなお

生没年 ？～1336年（建武3・延元1）
出身 肥後国
主君 鎌倉幕府→後醍醐天皇
死因 自害

◇ 九州南朝の礎を築く

阿蘇惟時の子。1333年（元弘3）、後醍醐天皇が倒幕の挙兵を起こすと、楠木正成がこれに呼応して蜂起し、惟直は鎌倉幕府の命を受けて、楠木正成を千早城に攻めるため上京した。

しかし、その途上で護良親王の倒幕の令旨を受け取ると変心し、肥後へ戻って後醍醐天皇方の菊池武時と合流すると、鎮西探題・北条英時の討伐のために改めて兵を挙げた。

しかし、この挙兵は、九州地方の有力御家人であった少弐貞経と大友貞宗が直前に裏切って兵を出さなかったため、惟直と武時はたちまち劣勢に追い込まれた。惟直は武時とともに討ち死にを覚悟したが、武時の子である武重・武敏兄弟の後見を武時に頼まれたため戦場を離脱し、武時が決死の突撃で時間を稼いでいるうちに肥後へ帰国した。

その後は菊池家とともに九州南朝方の主力となり、九州各地を転戦した。

1336年（延元1・建武3）、後醍醐天皇から離反した足利尊氏が九州に落ちてくると、菊池軍とともに筑前に出兵し、少弐軍を破って大宰府を制圧、さらに北上して多々良浜に陣をしいて尊氏軍と対峙した。しかし、団結力が強かった尊氏軍に対し、菊池・阿蘇連合軍は大勢を見極めようとする日和見主義の諸将が多く、いったん劣勢に陥ると、彼らは次々と尊氏方に寝返り、惟直は重傷を負って戦場を離脱した。

その敗走途中、尊氏方の武将・千葉胤貞に発見され、「わがふるさと阿蘇の噴

第8章

九州地方の氏族／阿蘇家

阿蘇家略系図

```
        ┌ 惟資 ──────── 惟澄 ┬ 惟武 ── 惟政 ── 惟兼 ── 惟歳
        │                     └ 惟村
        │
        └ 惟国 ── 惟時 ┬ 女
                        ├ 惟直
                        ├ 惟成
                        ├ 孫熊丸
                        └ 惟村 ── 惟郷 ── 惟忠 ┬ 惟歳 ┬ 惟長 ── 惟前
                                                │       （菊池武経）
                                                └ 惟憲 ┤
                                                        └ 惟豊
```

607

煙をのぞむべく、小杵の山頂に葬っていただきたい」と胤貞に頼むと、割腹して果てた。

阿蘇惟澄

あそ・これずみ

生没年	？〜1364年（正平19・貞治3）
出身	肥後国
主君	後醍醐天皇→懐良親王
死因	病死

◇ 多々良浜の戦いで敗北し家中分裂

阿蘇神社大宮司家の第10代当主。阿蘇惟資の子とされるが異説もある。阿蘇惟時（惟資の子とすると、従兄弟にあたる）の娘婿となった。菊池家とともに一貫して南朝に尽くした。

1333年（元弘3）に後醍醐天皇による倒幕挙兵が起こると、当主の阿蘇惟直とともに楠木正成討伐のために肥後を出陣し、河内へ兵を進めた。しかし、その途上で当主の惟直が、護良親王の倒幕の令旨を得て寝返ったため、惟澄もこれにしたがった。

その後は惟直とともに九州南朝軍の主力として、幕府方の筑前少弐家や、豊後の大友家と抗争を続けた。1336年（建武3）、後醍醐天皇に背いた足利尊氏が京での戦いに敗れて九州に落ちてくると、惟直とともに多々良浜の戦いで尊氏軍と対峙するが敗北した。

しかし、この合戦で当主の惟直が戦死したことで、阿蘇家に混乱が生じる。

惟直の死後、惟直の父・惟時が当主の座に復帰したが、惟時の子で惟直の弟にあたる孫熊丸が幕府方に転じて尊氏の御教書を楯に当主就任を訴えたのである。南朝方の惟澄は、惟時に孫熊丸討伐を訴えたが、惟時は中立の立場をとり、これにより阿蘇家は惟澄派（南朝）・孫熊丸派（幕府）・惟時派（中立）の三派に分裂してしまった。

◇ 大宰府を落とし懐良親王を征西府に

1337年（延元2・建武4）、肥後制圧を目論んだ幕府方の九州探題・一色範氏が進出してきた。惟澄は菊池武重とともに一色軍と対峙し、範氏の兄・頼行を討ち取るなど大勝。1339年（延元4・暦応2）にはいったん仁木義長に阿蘇郡を奪われるが、すぐに取り戻すなど、劣勢の南朝軍にあって奮戦した。

そして1341年（興国2・暦応4）、阿蘇家分裂のきっかけをつくった孫熊丸を南郷城に攻め滅ぼした。

しかし、孫熊丸が死ぬと、今度は岳父の惟時が幕府方に転向し、阿蘇家は再び内訌の時を迎えた。

惟時は筑前の少弐家に援助を要請し、1345年（興国6・貞和1）、少弐軍が惟澄のもとに攻め寄せた。惟澄はこれをなんとか迎撃したが、少弐軍は豊後大友家と結んで翌年、再び肥後に侵攻し、惟澄は菊池軍の援助を得て、これを撃退した。

1348年（正平3・貞和4）に後醍醐天皇の皇子で薩摩に上陸していた懐良親王が、菊池家の援助を得て肥後に入ると、惟澄も親王に恭順し、ともに九州の幕府軍との戦いに転戦した。

一方で、惟時との対立はその後も続いたが、1353年（正平8・文和2）に惟時が死去。これまでの幕府軍との戦いぶりからも、家中での惟澄の声望は高まり、ようやく阿蘇家の内訌は一段落した。

阿蘇家をまとめ上げた惟澄は、その後は幕府軍との戦いに専念し、1361年（正平16・康安1）には菊池武光と協力して筑前へ進出して大宰府を制圧し、九州南朝の最盛期の現出に貢献した。

その後も南朝勢力拡大のために尽力

し、豊前の戦い（1362年）、筑前長者原の戦い（1362年）などで幕府軍と渡り合い、1364年（正平19・貞治3）に死去した。

阿蘇惟村

あそ・これむら

生没年 ？〜1406年（応永13）
出身 肥後国
主君 足利義詮→足利義満
死因 病死

◇実父と袂を分かって幕府軍に加担

阿蘇惟澄の長男。阿蘇家当主・阿蘇惟時の養子となった。父・惟澄は九州南朝軍の主力として奮戦したが、惟村は実父の惟澄とは袂を分かって、養父とともに幕府方として活動した。

1351年（正平6・観応2）、惟時から北朝大宮司職を相続し、南朝大宮司職の父・惟澄と本格的に対立することになった。しかし、肥後国内は南朝方の菊池家の勢力が大きく、惟村の存在感は薄かった。

1359年（正平14・延文4）、豊後の大友氏時、筑前の少弐頼尚が懐良親王討伐を掲げて筑後川岸に陣を敷くと、惟村も出陣した。惟村は、豊後へ出陣してきた菊池武光の退路を遮断すべく進軍し、9カ所の城塁を築いて態勢を整えた。しかし、筑後川の戦いは菊池武光率いる南朝軍の勝利に終わり、惟村は陣をたたんで帰国した。

さらに1361年（正平16・康安1）に大宰府が南朝方に制圧されると、九州では南朝軍の勢いが増し、惟村は阿蘇郡から逃げ出し、山中に身を隠した。

1364年（正平19・貞治3）に父・惟澄が死去すると、惟澄から大宮司職と所領のすべてを譲られ、阿蘇郡に復帰した。しかし、征西府の懐良親王は惟村の大宮司職を認めず、惟村の弟・惟武を大宮司

に任じたため、阿蘇家は再び二派に分裂することになった。

1371年（建徳2・応安4）に九州探題に補任された今川了俊が下向してくると、了俊の支配下に入り、1375年（天授1・永和1）の水島の陣では、菊池武朝へ降伏を勧告する使者となった。

1377年（天授3・永和3）に弟の惟武が死去すると、了俊に代わって肥後守護に任ぜられるなど、幕府には認められていたが、惟武の子・惟政との対立は続いた。1392年（明徳3）に南北朝が合一したあとも、両者の関係は改善されず、阿蘇家の分裂を解消できないまま、1406年（応永13）に死去した。

菊池武経

きくち・たけつね

生没年 1480年（文明12）〜1537年（天文6）
出身 肥後国
主君 足利義澄→足利義稙
死因 病死

◇守護菊池家を乗っ取った阿蘇家の人

菊池姓を名乗っているが、出身は肥後阿蘇神社の大宮司を務めていた阿蘇家で、初名を阿蘇惟長という。

阿蘇家16代当主・阿蘇惟憲の嫡男で、1500年（明応9）頃には家督を継承し、阿蘇神社大宮司の職についていた。

肥後の守護は南北朝合一以来、菊池家が世襲していたが、当時の菊池家は家中の分裂などで衰退の一途をたどっていた。

菊池家の凋落を見た惟長は、肥後守護家の乗っ取りを画策し、同じく菊池勢力の削減を図る豊後の大友義長と手を結んだ。義長は菊池家臣団の分裂に乗じて、当主の菊池政隆に不満をもつ肥後の豪族を糾合することに成功し、1505年（永正2）、肥後の土豪84人による政隆追放と惟

第8章 九州地方の氏族／阿蘇家

609

長の菊池家当主就任の連判の誓書を、菊池家につきつけた。反政隆派だった家臣団の城家・赤星家・隈府家らはこれを受けて政隆排斥に動き、1507年（永正4）、惟長は義長の援軍とともに政隆の居城・隈府城に攻め寄せた。政隆は自派の家臣団を率いて防戦に努めるが敗れ、惟長は政隆を隈府城から追放し、菊池武経に改名して菊池家17代当主の座に収まった。

◇ 阿蘇家の家督を弟と争う

しかし、応仁の乱以降の混乱と幕府の凋落にともない、守護職とは名ばかりで実権もともなわず、菊池宗家の所領も阿蘇大宮司家の半分にも満たない状況だった。さらに、菊池一族のなかにはよそ者の武経を疎んじる者も多く武経にしたがわず、大友義長も菊池家中に介入してくる有り様で、武経は菊池家に入ったことを後悔するようになった。

そして1511年（永正8）、武経は菊池家に見切りをつけ、一方的に旧名・阿蘇惟長に復し、阿蘇家に戻ることを宣言した。

しかし、惟長が菊池家に入るとき、惟長は弟の惟豊に家督を譲っており、惟長と惟豊が阿蘇家当主をめぐって争うことになった。

隈府城を出た惟長は、阿蘇家の本領・矢部郷をめざして進軍したが、惟豊の先制攻撃の前に敗退し、薩摩の島津家を頼って敗走した。

島津家の支援を受けた惟長は再起して、1513年（永正10）に兵を挙げた。不意をついた惟長は、惟豊軍を一掃して矢部の大宮司館を制圧し、惟豊を日向に追放した。こうして惟長は、6年ぶりに故郷に戻り、嫡男の惟前を大宮司職につけて阿蘇家の実権を握った。

しかし、惟長と惟豊の対立は解消されず、日向で英気を養った惟豊は1517年（永正14）、再起をかけて挙兵した。惟長は嫡男・惟前とともに出陣したが敗れ、再び薩摩へ逃げ落ちた。

その後も惟長は島津家に庇護されながら、阿蘇家奪回を図り、1523年（大永3）、子の惟前が肥後堅志田城を攻め落とすと、堅志田城に入り、惟豊率いる阿蘇本宗家と対峙した。

しかし、その後は家督奪回のチャンスはめぐってこず、1537年（天文6）に堅志田城で死去した。

阿蘇惟豊

あそ・これとよ

生没年	1493年（明応2）〜1559年（永禄2）
出身	肥後国
主君	足利義澄→足利義晴
死因	病死

◇ 阿蘇家の最盛期を創出

阿蘇惟憲の子で、阿蘇神社大宮司家第18代当主。

本来は当主の座につくはずではなかったが、1505年（永正2）に兄の惟長が凋落した肥後守護家の菊池家を乗っ取って菊池家に入ったため、兄から家督を譲られ、大宮司職に就任した。

しかし、1511年（永正8）、名ばかりで実権のともなわない守護職に嫌気がさした惟長が阿蘇家に復帰すると宣言し、矢部郷の大宮司館を襲おうとした。

菊池家の本拠地である隈府からの早馬で事態を知った惟豊は、すぐさま周辺の土豪を糾合して軍勢を差し向け、矢部へ進軍中の惟長軍を破った。

だが、惟長の野望はついえず、1513年（永正10）、再び矢部に攻め寄せた。惟豊は惟長の動きを察知できておらず、不意をつかれた惟豊は防戦できずに大宮司館を捨てて日向へ敗走した。

惟豊は日向の高千穂を支配していた菊池一族の甲斐親宣の助けを得て、同地に身を潜めた。そして1517年（永正14）、再起をかけて軍勢を整えた惟豊は兵を挙げ、大宮司館の惟長を攻め、これを薩摩に追い落とした。

　阿蘇家の当主に復帰した惟豊は、甲斐家を筆頭に家臣団を再編成し、内政を整えて戦国大名家への転身を図った。

　しかし、肥後の守護家・菊池家の凋落は止まらず、肥後を狙って豊後の大友家と薩摩の島津家が動きはじめ、1541年（天文10）、島津家に籠絡された家臣の御船房行が惟豊に反旗を翻したが、惟豊は嫡男の惟将を大将とした鎮圧軍を送り、これを鎮圧。1543年（天文12）には惟長の子・惟前が矢部に攻め寄せたが、これも蹴散らし、惟前は薩摩へ敗走した。

　惟豊はさらに反阿蘇派の周辺豪族を従属させて、阿蘇・益城・宇土の3郡を制圧し、35万石を領する勢力に成長し、阿蘇家の最盛期を現出させたのである。

　1554年（天文23）に菊池義武が大友義鎮に殺害されて菊池家が滅びると、相馬家とともに肥後を代表する大名となったが、大友義鎮の武力に押され、この支配下に入ることを余儀なくされた。

　しかし、肥後での独立勢力としての立場は守り、1559年（永禄2）に死去した。

第8章

九州地方の氏族／阿蘇家

相良家

遠江の出身で、鎌倉時代初期に肥後に領地を得て下向して土着した国人。南北朝時代がはじまる頃には、菊池家とともに肥後を代表する国人に成長しており、菊池家とともに南朝に味方して幕府方と戦ったが、その後は情勢によって南朝と幕府の間を変転した。南北朝合一後は、内訌が勃発したことがあったが、庶家の長続が惣領を奪って内訌を収めた。その後は幕府方の九州探題や薩摩の島津家と争いながら勢力を拡大させ、戦国大名へと成長していった。

相良定頼

さがら・さだより

生没年	？〜1372年（文中1・応安5）
出身	肥後国
主君	後醍醐天皇→足利尊氏→足利義詮
死因	病死

◆尊氏に臣従し幕府方として戦う

相良頼広の子。1333年（元弘3）、隠岐に流されていた後醍醐天皇が鎌倉幕府打倒の兵を挙げると、九州地方でも肥後の菊池家などが天皇に呼応して挙兵し、幕府の機関である鎮西探題に攻め寄せた。

相良家はこのとき鎮西探題の要請にしたがって幕府軍として立ち、定頼は父・頼広とともに博多へ出陣した。しかし、京で六波羅探題が陥落すると、探題方の九州勢も反幕府に転向し、相良家も寝返って鎮西探題攻めに参加して、これを落とした。

1336年（延元1・建武3）に足利尊氏が後醍醐天皇と袂を分かつと、定頼は尊氏

方についたが、一族の多良木家は南朝方につき、相良家は分裂した。同年、定頼は南朝軍の菊池家代官・荒木家を打ち破り、続いて日向まで兵を進めて南朝方の飯尾軍を破った。その後、京の戦いで敗れた尊氏が九州に落ちてくると、尊氏の陣中に参じた。同年4月、尊氏が再挙して上京する際、定頼もこれに従うために出陣したが、南朝方の名和一族の内河義真に阻まれ、定頼軍は敗走した。

尊氏が上京した後は、肥後国内の幕府方として定頼は南朝軍との戦いに奔走し、肥後山田城をめぐって多良木経頼と戦い、1339年（延元4・暦応2）には経頼軍を敗走させて、多良木家の領地だった多良木荘の地頭職を宛がわれた。

肥後国内は、最有力の国人である菊池家が南朝の主力として活動しており、相良家は南朝軍の攻撃をたびたび受けることになった。1347年（正平2・貞和3）には南朝から恭順の誘いがあったが、定頼はこれを拒否し、1350年（正平5・観応

1）に、幕府内の大規模な内訌である観応の擾乱が勃発したときも、一貫して幕府方につき、翌年、足利直義方についた多良木経頼を破り、九州探題の一色範氏から感状を与えられた。

その後も肥後国内はもちろん日向方面にも遠征して戦功を挙げ、相良家の所領は定頼の代で大きく広がり、相良家は肥後を代表する国人へと成長した。

1353年（正平8・文和2）頃に、家督を嫡男の前頼に譲ったが、以降も前頼を後見しながら戦場にも立ち、1372年（文中1・応安5）に死去した。

相良前頼

さがら・さきより

生没年 ？〜1394年（応永1）
出身 肥後国
主君 足利尊氏→足利義詮→後亀山天皇→足利義満
死因 戦死

◇ 今川家に従うが、後に南朝に寝返り

相良定頼の嫡男。1353年（正平8・文和2）頃に父・定頼から家督を譲られた。当初は父・定頼とともに幕府方として各地を転戦した。この頃の相良家は、多くの軍功を挙げたために所領が拡大し、日向にも多くの所領を得ていた。そのた

め、日向守護の一色範親とは所領をめぐって対立するようになり、前頼は1368年（正平23・応安1）頃、南朝方に転じた。

しかし、薩摩・大隅を支配下に置いていた島津家との争いに敗れた一色軍が日向から撤退すると、前頼は再び幕府方に戻った。

1372年（文中1・応安5）、新たに九州探題に任命された今川了俊が上陸すると、中国の大大名・大内家の援助を得た了俊は大宰府の征西府を陥落させ、同年中には九州北部を制圧した。前頼は翌年に了俊陣営に参じて、1375年（天授1・永和1）の了俊による肥後侵攻に従軍した。このとき了俊が少弐冬資を謀殺したことで、島津家が了俊から離反したが、前頼は了俊軍の後詰めとして奮戦した。

1376年（天授2・永和2）、前頼は島津家に臣従していた大隅の国人・禰寝家に寝返りの書状を送り、さらに肝付家にも幕府方への寝返りを勧めたが、両者とも誘いには乗らなかった。そこで前頼は同年、日向に侵攻し、島津方の北郷家の居城・都城を包囲した。さらに翌年には南九州の国人60余家が反島津の国人一揆を形成して島津家を圧迫した。

その後も前頼は了俊軍の主力として活動し、1381年（弘和1・永徳1）には菊池

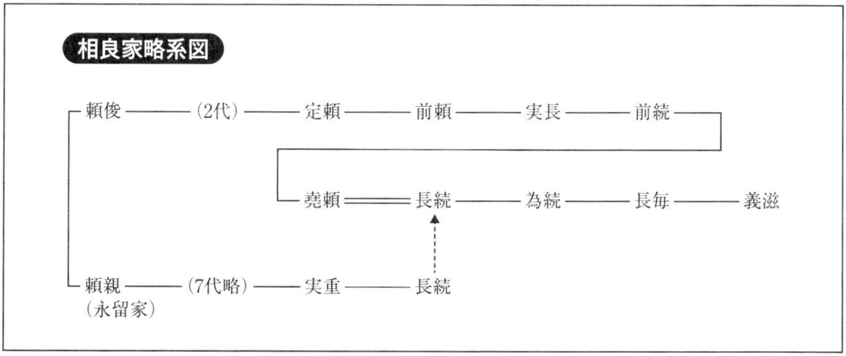

```
┌─ 頼俊 ──── (2代) ──── 定頼 ──── 前頼 ──── 実長 ──── 前続 ──┐
│                                                              │
│          ┌──────────────────────────────────────────────────┘
│          堯頼 ──── 長続 ──── 為続 ──── 長毎 ──── 義滋
│                    ▲
│                    ┊
└─ 頼親 ──── (7代略) ──── 実重 ──── 長続
   （永留家）
```

相良家略系図

家攻めに参戦し、菊池家の拠点・肥後隈部城陥落に貢献した。

しかし、了俊の勢力が増大していくと、各地の国人たちと了俊の利害が相反するようになり、1383年（弘和3・永徳3）、前頼は了俊から離反して、再び南朝方に転じた。前頼は南朝朝廷から日向守護に任じられ、1385年（元中2・至徳2）には後亀山天皇から昇殿を許され、前頼は天皇に拝謁するために、わざわざ吉野まで出向いたという。

その後、前頼は1392年（明徳3）に南北朝が合一するまで南朝方として活動した。南北朝合一後は、南九州で勢力を広げていた島津家と対立し、1394年（応永1）、日向の北原家や伊東家などとともに島津方の日向野々美谷城を落としたが、島津軍の逆襲にあい、前頼はその戦いで戦死した。

相良長続

さがら・ながつぐ

生没年 1411年（応永18）～1468年（応仁2）
出身 肥後国
主君 菊池為邦→菊池重朝
死因 病死

◇宗家の当主となった相良家庶流

相良一族の永留実重の子で、代々肥後山田城にいた。

1443年（嘉吉3）、主家の相良前続が死去し、その嫡男・堯頼が家督を継いだ。

しかし、堯頼はわずか11歳であったため、堯頼の母方の実家である薩摩守護の島津家が、相良家の領国である球磨支配に介入してきた。そして1448年（文安5）、相良家の庶流である多良木頼観が主家に対して反旗を翻し、堯頼の居城である人吉城に攻め寄せた。多良木軍は夜陰にまぎれて城下に火を放ち、不意をつか

れた堯頼は大隅菱刈に逃亡し、多良木兄弟が人吉城を制圧した。

人吉城陥落の知らせを受けた長続は、山田城から出陣して人吉城に殺到すると、多良木兄弟を多良木へ敗走させた。人吉城を奪還した長続は、菱刈に逃げた堯頼に人吉に戻るように説得したが、堯頼は長続に家督を譲って引退すると言ってきかない。長続はこの要請を拒絶したが、人吉奪還からわずか1カ月後、堯頼が菱刈で急死してしまった。

堯頼には子がいなかったため、堯頼の死によって相良家の嫡流は断絶し、長続は改めて相良家当主への就任を打診され、同年、相良家の11代当主となった。

長続が当主に就任する経緯については、堯頼が人吉ではなく菱刈に葬られていること、長続が島津家の庶流である豊州島津家の支援を受けていたことなどから、長続による主家乗っ取りとする説もある。

主家の当主となった長続は、反乱の首謀者である多良木頼観・頼仙兄弟を討伐して、多良木相良家を滅ぼし、多良木相良家配下の5郡を支配下に入れた。

長続はその後も、相良家領内の反乱分子の討伐に意を注ぎ、1449年（宝徳1）には多良木頼観の協力者だった国人の桑原家を滅ぼし、1451年（宝徳3）には斉木家、1457年（長禄1）には橋本家を降した。長続は薩摩守護の島津忠昌の要請に応じて牛屎院に進出し、島津家に敵対する日向の北原家や大隅の菱刈家と対立した。また、肥後守護の菊池家が球磨侵食の動きを見せると、島津家とともに対立したうえで和睦し、菊池家から新たに葦北郡を安堵されるなど、南九州における相良家の権威を向上させることに貢献した。

1467年（応仁1）、京で応仁の乱が勃発すると、長続は東軍の細川勝元の求めに応じて兵を率いて上京したが、翌年、病に倒れて帰国し、まもなく死去した。

相良為続

さがら・ためつぐ

生没年 1447年（文安4）～1500年（明応9）
出身 肥後国
主君 菊池重朝→菊池能運
死因 病死

◇ 守護菊池家に匹敵する影響力

相良長続の3男。1467年（応仁1）、父の長続が京での応仁の乱に参戦するために上京するときに家督を継いだ。

翌年、帰国していた病身の父が亡くなると、東軍の細川勝元を通じて8代将軍・足利義政から、改めて相馬家の東軍参戦を要請する書状が届いた。そのとき将軍からは、西軍の主力・大内政弘の所領を攻撃するようにも要請された。

これに対して為続は、肥後の守護・菊池家（西軍）と薩摩の守護・島津家（中立）と談合し、上洛しての参戦は拒否した。為続はその後も京の内乱には直接関わらなかったものの、翌年には大内政弘に通じて西軍へ加担するようになった。

この頃、島津家では本宗家と庶流である薩州家・豊州家が権力争いを繰り広げる内訌が勃発していた。

1476年（文明8）、豊州家の島津季久が大隅の国人・菱刈家を攻撃した。為続は菱刈家の女を正室に迎えていたことから豊州家と対立し、薩州家の島津国久と結んで、菱刈家救援のために兵を出した。さらに日向の有力国人である北原家を味方に引き入れて豊州方の牛山城を陥落させて、菱刈家を援助した。

1482年（文明14）、かつて為続が庇護

したことがある古麓城の名和顕忠が、為続に反して兵を挙げた。為続は翌年、島津国久の後ろ盾を得たうえで、薩摩の祁答院重度や日向の北原家、大隅の菱刈道秀の援助を受けて古麓城を落とし、さらに名和家の領地・八代に侵攻して名和軍を敗走させ、八代を相良家支配下に置いた。

1499年（明応8）、為続の勢力伸張に危機感をもった肥後の守護・菊池能運が八代に攻め寄せた。古麓城に入った為続は菊池軍と戦ったが敗れ、古麓城から逃れて球磨へ戻った。為続が菊池軍に敗れると、薩州島津家が水俣に攻め寄せ、さらに日向の北原家も為続に反して挙兵し、為続は八代を放棄して球磨・葦北2郡の維持に努めた。

こうして相良家の周辺が騒がしくなった最中の1500年（明応9）、為続は死去した。

為続はその生涯で相良家の所領を拡大させ、肥後の守護・菊池家に匹敵するほどの権威をもつまでに成長させた武人であった。その一方で文化もたしなみ、宗祇が編集した『新撰菟玖波集』には、九州からは唯一採用された。

相良長毎

さがら・ながつね

生没年 1469年（文明1）～1518年（永正15）
出身 肥後国
主君 菊池能運
死因 病死

◇ 奪われた八代奪還に成功

相良為続の嫡男。1499年（明応8）に父・為続から家督を譲られ、相良家当主に就任した。

父の為続は相良家の所領を拡大させた優秀な当主だったが、その晩年に肥後守

第8章 九州地方の氏族／相良家

護の菊池家や薩摩の薩州島津家、日向の北原家などと対立して八代郡と豊福郡を失った。長毎は父が放棄した八代郡の奪還をめざした。

1501年（文亀1）、菊池家で再び内訌が勃発し、当主の菊池能運が一族の宇土為光によって肥後を追放され、肥前の有馬家を頼って落ちていった。長毎はこのとき能運と結んで、八代に入っていた名和顕忠と対峙した。

1503年（文亀3）には、肥前から肥後奪回のために兵を進めた能運に協力して為光を破り、能運の肥後復帰に尽力した。肥後に復帰した能運は、今度は長毎のために天草の諸将に檄を飛ばして長毎を救援し、また相良家とともに肥後の有力国人である阿蘇惟長も長毎を支援し、1504年（永正1）、長毎は顕忠を破って、念願の八代を回復した。

同年、為光との戦いで受けた傷が悪化して能運が死去すると、菊池家ではまたしても家督争いが勃発し、能運の2人の養子である政隆と武経が対立した。長毎は政隆を支援したが、実家の阿蘇家と豊後の守護・大友家の支援を受けた武経が武力で圧倒し、1505年（永正2）には政隆が相良家のもとへ逃げてきた。1507年（永正4）、武経が菊池家当主の座を勝ち取り、政隆は島原へ追放されたが、阿蘇家からの養子だった武経は、菊池家の家臣たちの理解を得られず、1511年（永正8）に阿蘇へ帰ってしまった。

1516年（永正13）、長毎に敗れて八代から宇土に移っていた名和顕忠が八代に侵攻してきた。長毎は八代に城を築いてこれに対抗し戦線は膠着したが、大友義鎮の仲介で和睦し、長毎は八代を維持することができた。

1518年（永正15）に死去。長毎の死

後、相良家では後継争いが勃発したが、長毎の嫡男・義滋がこれを制し、相良家をさらに成長させていった。

相良晴広

さがら・はるひろ

生没年	1513年（永正10）～1555年（天文24）
出身	肥後国
主君	足利義晴
死因	病死

◇分国法の先駆け「相良氏法度」を制定

相良義滋の従兄弟・上村頼興の子。義滋が弟の長隆と家督を争った際、頼興の子を義滋の後継とすることを条件に頼興が義滋方に加担し、その約束どおり1546年（天文15）、晴広が相良家の家督を継いだ。1550年（天文19）、豊後の大友義鎮に敗れた肥後隈府城主の菊池義武（義鎮の叔父）が晴広を頼って落ちてきた。晴広は義武の隈府城復帰を図ったが、叶わなかった。

1555年（弘治1）に分国法である「相良氏法度二十ヵ条」を制定して領内統治に努めるとともに、島原半島方面に進出して天草の諸氏をしたがえるなど相良家の勢力を伸ばすことに成功した。

1555年（天文24）、居城である八代鷹峰城で死去。まだ42歳だった。

伊東家

伊豆国伊東荘の出身で、鎌倉時代初期に日向に地頭職を得て庶家が下向・土着し、在地領主化した。朝廷が南北朝に分裂した際、日向の伊東家は本家の伊豆伊東家と対立し、南朝方についた。南北朝合一後は日向国内の勢力争いに明け暮れ、祐堯の代に曽井家・土持家などの有力国人を没落させ、日向随一の実力者となった。しかし、薩摩の島津家との抗争に敗れ、さらに尹祐が一族の祐邑を殺害したことで弱体化し、義祐の代に日向から追われた。

伊東祐広

いとう・すけひろ

生没年 ？～1339年（延元4・暦応2）

出身 日向国

主君 後醍醐天皇

死因 戦死

◇九州南朝勢として尊氏軍と戦う

伊東家はもともと伊豆国を地盤にしていた氏族で、鎌倉時代に日向の地頭職についた。ただし、日向には地頭代として分家がおもむき、本家の当主は伊豆の拠点に残っていた。

日向におもむいた分家が、祐広の系統で、祐広は日向に土着した伊東家の5代目だった。

1333年（元弘3）、足利尊氏が鎌倉幕府に背き後醍醐天皇の倒幕派に加担すると、本家の当主・伊東祐持は尊氏方に加担し、竹ノ下の戦いでの戦功が認められて、新たに日向の都於郡に領地を与えられた。このとき祐持が都於郡に下向して

きたため、すでに日向に地盤を築いていた祐広と対立することになった。

祐広は九州地方の南朝方の中心的武将として活動していた肥後の菊池家と連絡をとって1335年（建武2）、八代城で南朝方として挙兵、本家の祐持に対抗した。

祐広と祐持の争いはやがて南北朝の対立となり、足利方には祐持のほかに細川家、土持家、太田家などが加わり、天皇方には祐広とともに図師家、瓜生野家などが加わった。

翌1336年（延元1・建武3）、京の戦いに敗れた足利尊氏が九州に上陸し、多々良浜の戦いで菊池軍が敗れ、九州の南朝方は一時期衰退した。このとき祐持が尊氏にしたがって九州の地を離れて東上したため、祐広と祐持との対立には終止符が打たれたが、尊氏は祐持に代えて島津貞久を日向のおさえとして残していき、祐広は今度は貞久と対立することになった。

尊氏が九州を離れると、再び天皇方の

第8章　九州地方の氏族／伊東家

617

勢力が拡大し、その後は両軍の一進一退が続き、戦線は膠着した。しかし1339年（延元4・暦応2）、祐広とともに日向の南朝方の主力として戦っていた肝付兼重が敗れると、南朝軍は一気に劣勢となり、祐広も居城の猪野見城にこもって戦ったが、同年、ついに幕府軍に討ち取られた。

伊東祐堯

いとう・すけたか

生没年	1409年（応永16）～1485年（文明17）
出身	日向国
主君	足利義政→足利義政
死因	病死

◇ 田嶋家を滅ぼし日向に地盤を築く

伊東祐立の子。日向国における伊東家の地盤を確固たるものとした人物である。

兄の祐家と弟の祐郡が家督をめぐって対立し、祐家が祐郡に殺害されたが、家臣団が祐郡の家督継承を認めなかったため、1444年（文安1）、祐堯が家督を継ぐことになった。

当時の日向国は、守護として島津家が補任されていたが、島津家は日向南部に勢力をもっていた程度で、伊東家・土持家・北郷家・北原家などの国人が割拠、対立していた。

祐堯は土持家の娘を正室に迎えて土持家と結ぶと、1444年（文安1）、家督を継

いですぐに紫波洲崎城の長井式部少輔を攻め滅ぼし、翌年には宮崎城を攻めて曽井家を破り、1448年（文安5）には清武城を奪うなど、着実に伊東家の勢力を拡大させていった。また、1446年（文安3）頃には、田嶋之城の城主・田嶋家に弟の祐賀を娘婿として送り込み、やがて祐賀は田嶋家を乗っ取り、伊東家の発展に貢献した。

1456年（康正2）には、婚姻関係を結んでいた土持家が反旗を翻し、翌年、祐堯は土持家の居城・財部城を落として土持家を没落させた。

こうして日向の有力国人として内外に名をしらしめた祐堯は、京に働きかけて日向守護職を求めるようになったが、これは実現しなかった。

1467年（応仁1）に応仁の乱が勃発すると、島津家は東軍に属したが兵は出さず、日向・大隅・薩摩の3国は応仁の乱の余波をあまり受けずにすんだ。

祐堯は島津家といったんは和解したが、1473年（文明5）頃から再び対立するようになり、1480年（文明12）に島津立久が紫波洲崎城を攻撃し、祐堯はこれを撃退した。

1484年（文明16）、島津家当主の島津忠昌と島津家庶流の島津久逸が対立して島津家中が分裂すると、久逸は祐堯に助けを求めてきた。翌年、祐堯は久逸の求

伊東家略系図

```
      ┌ 祐光 ─（2代略）─ 祐持 ─（2代略）─ 祐立 ┬ 祐家
      └ 祐頼 ─ 祐広                          ├ 祐郡
                                            ├ 祐堯 ┬ 祐国 ─ 尹祐 ─ 義祐
                                            │      └ 祐邑
                                            └ 祐賀
                                              （佐土原家）
```

めに応じて、飫肥城にこもる忠昌麾下の新納忠続を攻めるために出陣したが、清武城で陣を整えている最中に病を得て死去した。

伊東祐国

いとう・すけくに

生没年 1450年（宝徳2）～1485年（文明17）
出身 日向国
主君 足利義尚
死因 戦死

◇島津家との対立に敗北

伊東祐堯の嫡男。将来の伊東家当主として若い頃から表舞台に立ち、1464年（寛正5）に父の祐堯が島津家と和睦した際には、祐国も父とともに鵜戸山の会合に参加している。さらに1466年（寛正7）には友好のしるしとして、島津家が日向櫛間で催した犬追物に、伊東家の名代として参加した。

1480年（文明12）、祐国は佐土原家の養子となって佐土原城に入った。佐土原家は、もともとは田嶋家を名乗った家で、鎌倉時代中期に土着した伊東家の庶流である。しかし、田嶋家と伊東家は同じ一族とはいえ、すでに疎遠になっていて、祐国の父・祐堯の代に、祐堯の弟・祐賀が田嶋家に婿入りして家を乗っ取り、佐土原家と名を変えたのである。祐国は祐賀の養子となって佐土原に入ったわけだが、これはあくまで形式上のものであり、祐国はその後も伊東を名乗り、伊東本宗家の跡継ぎとしての立場を変えなかった。

同年、島津家が和睦を破って、伊東家の領土であった紫波洲崎に攻め寄せた。祐国は佐土原から宮崎まで出陣し、島津軍と戦い、これを機に再び島津家とは対立関係になった。

1484年（文明16）になると両者の対立は激化し、6月の飫肥合戦を皮切りに、11月に祐国が弟の祐邑とともに飫肥に出陣し、島津方の新山城を攻め落とした。さらに翌月には再び飫肥で両軍が激突し、島津家の重臣・島津豊久（時の島津家当主・島津忠昌の大叔父）を討ち取った。

当時、島津家は本宗家の島津忠昌と、庶流家の島津久逸が対立しており、久逸が伊東家に援軍を申し出たことから、祐国は父・祐堯の命を受けて久逸支援のために1485年（文明17）に臼杵へ出陣し、忠昌方の城を落とす戦功を挙げた。さらに弟・祐邑とともに1万6000余りの兵を率いて飫肥城に攻め寄せた。

この戦いは、忠昌が自ら出陣してきたため総力戦となり、祐国はついに楠原の戦いで島津軍に討ち取られ戦死した。

伊東尹祐

いとう・ただすけ

生没年 1468年（応仁2）～1523年（大永3）
出身 日向国
主君 足利義尚→足利義植→足利義澄
死因 戦死

◇北郷家との戦いで戦死

伊東祐国の嫡男。1485年（文明17）、父の祐国が日向守護・島津忠昌との戦いで戦死した。このとき祐国とともに出陣していた祐国の弟・祐邑（尹祐にとっては叔父にあたる）は兵を収めて日知屋城に戻り、豊後の大友家に救援を求める書状を送った。

しかし尹祐は、祐邑の行動を宗家の乗っ取りととらえ、同年、刺客を放って祐邑を暗殺し、さらに祐邑の母方の外戚である野村一族を葬った。

こうして尹祐は祐国の後を継いだが、

第8章 九州地方の氏族／伊東家

619

祐邑は伊東軍の中核であり、祐邑の死は伊東家を弱体化させ、尹祐はその後しばらく軍事行動を起こすことができなくなった。

1494年（明応3）、尹祐は打倒島津忠昌をかかげて都於郡城を出陣して、島津領の飫肥へ侵攻し、島津方の新納忠親を討ち取った。驚いた忠昌は、豊後守護の大友政親を仲介役にして尹祐との和睦を図り、尹祐は日向三俣院地域の1000町を忠昌から割譲させることで和睦を受け入れた。

しかし、同年、忠昌と大隅の国人・肝付兼久が戦闘状態に入ると、尹祐は兼久の求めに応じて出陣して忠昌と対立するなど、忠昌との関係は改善されることはなかった。しかし、1508年（永正5）に忠昌が死ぬと島津家との協調を図るようになり、1510年（永正7）、忠昌の後を継いだ島津忠治に自分の娘を娶らせた。

一方、尹祐は日向南部の領有をめぐって、国人の北郷家とも衝突しており、1522年（大永2）には北原家と連合して、山田城の北郷久家を攻め、山田城を奪取した。翌年には、再び北原家を仲間に引き入れて北郷氏領に侵攻し、野々美谷城の北郷尚久を攻めたが、北郷軍に敗れて戦死した。

伊東義祐
いとう・よしすけ

生没年	1512年（永正9）～1585年（天正13）
出身	日向国
主君	足利義晴→足利義輝
死因	病死

◇ 日向一国を支配

伊東尹祐の子。1533年（天文2）、父の後を継いでいた兄の祐充が死去すると、叔父の祐武が兵を挙げた。義祐は拠点の都於郡を追われたが、弟の祐吉とともに反撃し、祐武を自害に追い込んだ。祐吉が家督を継いだが早世したため、1536年（天文5）に義祐が家督を継承した。

その後は北上を図る薩摩の島津家と抗争を繰り返し、1568年（永禄12）に島津方の飫肥城を攻略。島津軍を日向から撤退させた義祐は日向国内に48の城を構える実力者にのし上がり、実質的な日向の支配者となった。しかし、1577年（天正5）に再び島津家の侵攻を受けて日向を追放された。義祐は豊後の大友宗麟を頼ったが、宗麟が島津軍に敗れると伊予の河野通直を頼り、さらに豊臣秀吉に仕えて播磨に移った。その後は世俗を離れて中国地方を放浪し、1585年（天正13）に堺で病死した。

十 島津家

秦氏の子孫で平安時代に繁栄した惟宗氏を出自とし、鎌倉時代に忠久が薩摩、大隈、日向の守護職に補任され、そのまま土着した。西国三人衆の1つとして南九州に勢力を広げ、貞久の代に鎌倉幕府が滅亡したときには足利尊氏にしたがい、九州南朝勢力の征西府と対立した。南北朝合一後は、幕府方の九州探題と対立したり庶家との対立に忙殺されるが、薩摩国を死守し続けた。貴久の代に戦国大名化に成功し、九州最大の勢力に成長した。

島津貞久

しまづ・さだひさ

生没年 1269年（文永6）～1363年（正平18・貞治2）

出身 薩摩国

主君 鎌倉幕府→足利尊氏→懐良親王→足利尊氏

死因 病死

◇尊氏に従った西国三人衆

　鎌倉幕府の御家人・島津忠宗の子。

　1318年（文保2）に家督を継いだ貞久は、1333年（元弘3）に足利尊氏が鎌倉幕府に反旗を翻すと、尊氏の誘いを受けて挙兵し、筑前の少弐家、豊後の大友家と連合して鎮西探題を落とした。翌年、戦功を認められた貞久は大隅と日向の守護に補任された。1335年（建武2）に尊氏が後醍醐天皇に背くと尊氏に従い、尊氏が南朝軍に敗れて九州に逃れてきたときは尊氏を助けて多々良浜の戦いに参戦し、尊氏の東上を助けた。

　南北朝の争いは九州にも波及し、薩摩でも南朝方が蜂起するとともに、それまでの島津支配に不満をもっていた国人も島津家と対立するようになった。そして1342年（興国3・康永1）に懐良親王ら南朝勢が薩摩に上陸すると、反島津勢力との対立は決定的となった。

　貞久は、懐良親王軍と幾度も矛を交えたが、一進一退を繰り返すばかりで決着はつけられなかった。

　1347年（正平2・貞和3）、日向沖に突如として南朝方の水軍が姿を現し、薩摩谷山城を根拠とする国人・谷山隆信と合流して、島津軍が拠っていた東福寺城に攻め寄せてきた。西方の伊集院忠国との戦に集中していた貞久は不意を突かれた形となり、一族多数が命を落とし、子の重久と氏久も重傷を負う完敗を喫したが、それ以上の攻勢を許さず、南朝の勢力拡大を抑制することには成功した。

　1350年（正平5・観応1）頃から尊氏とその弟・足利直義兄弟の争いが深刻化

第8章　九州地方の氏族／島津家

621

し、その影響は九州にも及んだ。貞久は
尊氏方についたが、南朝軍との戦いのた
めに日向に下向していた畠山直顕が直義
に味方したため、両者の武力衝突が本格
化し、貞久は南朝軍だけでなく直義軍と
の戦いにも駆り出されることになった。

　日向の諸豪族をまとめあげていた直顕
の武力は貞久を勝り、貞久はしばしば劣
勢を強いられ、幕府に救援を求める書状
がいくつも残されている。

　しかし、京でも南朝軍、旧直義一派と
の戦いは熾烈を極めており、幕府も遠く
九州まで援軍を寄越す余裕はなかった。
貞久はやむなく南朝と手を結んで直顕に
対抗し、1357年（正平12・延文2）に直
顕の居城である加治木城を落城させて、
ようやく直顕の駆逐に成功した。

　直顕討伐後、貞久は南朝から離脱し、
再び幕府方についたが、今度は幕府から
派遣された九州探題の斯波氏経の支配に
反発し、再び幕府との折り合いは悪くな
った。しかし、氏経は南朝軍との戦いに
敗れて京へ逃げ帰り、貞久の存命中は幕
府と本格的に対立することはなかった。

島津師久

しまづ・もろひさ

生没年 1325年（正中2）～1376年（天授2・永和2）

出身 薩摩国

主君 足利義詮→懐良親王→足利義詮→足利義満→懐良親王

死因 病死

◇九州南朝勢と戦った島津総州家の祖

　島津貞久の3男。兄の宗久が早世した
ため、1363年（正平18・貞治2）の父・
貞久の死後、島津家の家督を継ぎ、薩摩
の守護に任じられた。このとき、貞久は
大隅の守護職を弟の氏久に譲ったため、
島津家は2家に分裂することになった。
その後、師久の系統は総州家、氏久の系
統は奥州家と呼ばれるようになった。

　南北朝の争いが勃発したことで、師久
も若いうちから父・貞久、弟・氏久とと
もに戦場に出ていた。島津家を脅かすの
は、懐良親王率いる南朝軍と、日向の守
護・畠山直顕だった。直顕は島津家と同
じく幕府派だったが、野心旺盛で、領土

島津家略系図

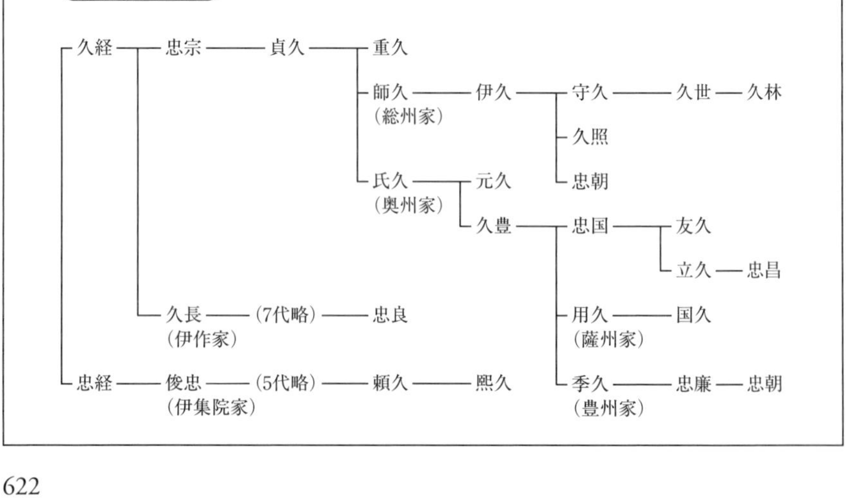

```
久経─┬─忠宗─┬─貞久─┬─重久
　　　│　　　│　　　│
　　　│　　　│　　　├─師久──伊久─┬─守久──久世──久林
　　　│　　　│　　　│（総州家）　　│
　　　│　　　│　　　│　　　　　　　└─久照
　　　│　　　│　　　│
　　　│　　　│　　　└─氏久─┬─元久─────忠朝
　　　│　　　│　　　　（奥州家）　　│
　　　│　　　│　　　　　　　　　　└─久豊──忠国─┬─友久
　　　│　　　│　　　　　　　　　　　　　　　　　　│
　　　│　　　│　　　　　　　　　　　　　　　　　　└─立久──忠昌
　　　│　　　│
　　　│　　　└─久長──（7代略）──忠良　　　　　用久──国久
　　　│　　　　（伊作家）　　　　　　　　　　　　（薩州家）
　　　│
　　　└─忠経──俊忠──（5代略）──頼久──煕久　　季久──忠廉──忠朝
　　　　　　　　（伊集院家）　　　　　　　　　　　（豊州家）
```

拡大を図って島津家の所領だった大隅を狙い、島津家と対立していた。

　足利尊氏と足利直義の対立が武力闘争へと発展した観応の擾乱が勃発し、1351年（正平6・観応2）に直義の養子・足利直冬が九州に下向してくると、直顕は直冬と誼を通じて以前に増して激しく島津家を攻撃しはじめた。

　師久らは幕府に援軍を要請したが、擾乱の真っただ中の尊氏から援軍が送られてくることはなく、一方では南朝軍との戦いも続き、島津軍は疲弊していった。

　1355年（正平10・文和4）、三条泰季率いる南朝軍が、島津軍の肥後方面の前線拠点である串木野城に攻め寄せた。師久は急ぎ救援に赴いて、南朝軍をなんとか撃破したが、別働隊に居城の木牟礼城を攻められ、土田五郎、愛甲弥四郎など主力を失う大ダメージを受けて、南朝の攻勢を支えきれなくなってしまう。

　師久は幕府に急使を立て、「尊氏か義詮が援軍を率いて鎮圧してもらわねば、薩摩を捨てて上洛せざるを得ない」と訴えた。だが、時期悪く、京では足利直冬や楠木正儀に京を3度も奪還される激戦が繰り返されており、幕府には薩摩まで援軍を送る余裕はなかった。そのため師久は、弟・氏久とともに南朝に降って直顕と対抗することにした。しかし、1357年（正平12・延文2）に弟・氏久が南朝軍と協同して直顕を日向から追い落とすと、南朝を裏切って幕府側に戻った。その後も南九州の幕府側の有力武将として活動するが、1375年（天授1・永和1）に九州探題の今川了俊と対立し、了俊討伐のために再び南朝と結び、肥後の菊池家とともに幕府軍と戦った。

　師久は翌年に死去し、了俊との対立は子の伊久の代に持ち越された。

島津氏久

しまづ・うじひさ

生没年 1328年（嘉暦3）〜1387年（元中4・嘉慶1）

出身 薩摩国

主君 足利尊氏→懐良親王→足利義詮→足利義満→懐良親王

死因 病死

◇勇猛な西国三人衆の4男

　島津貞久の4男。父・貞久と兄・師久とともに南北朝の戦乱を戦った。馬術の達人としても知られ、馬術書『在轡集』を著した。

　1335年（建武2）に足利尊氏が後醍醐天皇に背くと、島津家は一族をあげて尊氏方につき、九州の南朝勢力と対峙することになった。京や東国では幕府勢力が優位に戦いを進めていたが、九州地方は事情が違った。1341年（興国2・暦応4）に後醍醐天皇の皇子・懐良親王が薩摩に上陸すると南朝軍が勢いづき、有力な勢力となっていた。さらに1350年（正平5・観応1）に観応の擾乱と呼ばれる幕府の内訌が勃発すると、足利直義の養子・直冬が九州に上陸し、九州は尊氏派・直冬派・南朝の3つの勢力が併存する混戦状態に陥った。

　1352年（正平7・文和1）、直義が尊氏に敗れたことで直冬も九州から離れ、九州の直冬派は壊滅したが、新たに日向守護の畠山直顕という敵が、氏久の前に現れた。日向をおさえた直顕は、所領拡大を図って島津家の所領である大隅に目をつけたのである。

　直顕が日向をまとめ上げた一方で、島津家領内は多くの在地勢力が南朝方についており、兵力で劣勢だった島津家はやむなく南朝に降った。氏久は兄の師久と

第8章　九州地方の氏族／島津家

623

ともに、薩摩・大隅の南朝方の在地勢力を糾合することに成功し、1356年（正平11・延文1）、直顕方の加治木岩屋城へ攻め寄せ、これを落とした。翌年には、城奪還を期して兵を挙げた直顕を敗走させ、形勢を逆転した。そして1358年（正平13・延文3）、氏久は南朝方の菊池武光とともに、直顕の居城・三俣院高城を攻め、ついに直顕を豊後へ追いやった。

直顕を破った氏久は、一族をあげて再び幕府方に寝返り、1363年（正平18・貞治2）に父・貞久から大隅守護を受け継ぎ、同時期に薩摩守護となった兄の師久とともに、九州の幕府方の有力武将としての存在感を高めていった。

1371年（建徳2・応安4）に今川了俊が九州探題に赴任してくると、氏久は了俊とともに南朝軍討伐に尽力し、翌年には南朝軍の主力・菊池軍を高良山城に攻めて大宰府を奪回するなど、幕府の九州制圧の先鞭に貢献した。

しかし1375年（天授1・永和1）、了俊が陣中で筑前の守護・少弐冬資を謀殺するという事件が起こった。了俊に従わない冬資を説得して連れてきたのが氏久だったため、面目を潰されたことに憤慨した氏久は、「九州の三人面目を失う」という書き置きを残して国元へ帰ってしまった。

驚いた了俊は、筑後一国を与えることを条件に氏久を慰撫したが、氏久の了俊に対する疑念は晴れず、氏久は南朝と手を結んで了俊から離反した。

了俊は、島津家をかく乱しようと、氏久の甥（兄・師久の子）で薩摩守護家を継いでいた伊久を懐柔しようと試みたが、伊久はこれに応じず、了俊は1376年（天授2・永和2）、子の満範を南九州に派遣して本格的に島津家討伐の兵を挙げた。氏久は伊久とともに立ち向かい、ここから両軍は約20年にもわたる戦いを繰り広げることになる。

氏久は了俊との戦いが続くなか、1387年（元中4・嘉慶1）に死去した。

島津伊久

しまづ・これひさ

生没年 1347年（正平2・貞和3）～1407年（応永14）

出身 薩摩国

主君 懐良親王→良成親王→足利義満→足利義持

死因 病死

◇南北朝合一後も九州探題と対立

島津師久の嫡男。島津家は、伊久の父・師久の代に総州家と奥州家の二家に分裂しており、伊久は総州家の2代目にあたる。1376年（天授2・永和2）に父・師久が死去し、後を継いだ。その前年、父の師久は、少弐冬資を殺害した九州探題・今川了俊から離反し、南朝側に寝返っており、伊久も父の遺志を継いで了俊と対立した。そのため幕府からは薩摩守護に補任されなかった。

伊久は奥州家当主・島津氏久と連携して今川軍にあたり、1377年（天授3・永和3）には日向国都城で了俊の子・今川満範を破り、1379年（天授5・康暦1）には薩摩に侵攻してきた満範軍を激戦のすえに再び破って薩摩を死守した。

1392年（明徳3）に南北朝が合一して伊久は幕府に恭順して薩摩守護に補任されたが、その後も了俊とは敵対し、1395年（応永2）に了俊が九州探題を解任されて京に戻ったときには、水島の陣の面目を回復したと、豊後の大友親世にわざわざ手紙を送って了俊の解任を祝福しあったという。

了俊の後任の渋川満頼は了俊ほどの力はなく、守護の力が再び強まったが、島津総州家では領国経営をめぐって伊久と子の守久が対立するようになった。両者の対立は1393年（明徳4）、武力衝突に発展し、伊久は居城の川辺城を守久に囲まれてしまった。両者の争いは、奥州家の当主・島津元久が仲介に入ったことで守久が撤退し、伊久は守久と和睦した。しかし、この父子対立の結果、伊久は子の久照を元久の養子に入れる代わりに、薩摩守護職を元久に譲らざるをえなくなった。元久には跡を継ぐ男子がいなかったため、伊久はやがては我が子が薩摩守護になると考えていたが、元久が久照を離縁したことで元久との関係は悪化し、1401年（応永8）、両軍は武力衝突した。

この戦いは薩摩の国人衆を二分するものとなり、ついに幕府が調停に乗り出し、1404年（応永11）、両軍は幕府の調停で和睦した。しかし、薩摩の守護は奥州家のものとなり、以降、総州家の勢力は衰退していくことになる。

島津元久

しまづ・もとひさ

生没年 1363年（正平18・貞治2）～1411年（応永18）

出身 薩摩国

主君 足利義満→足利義持

死因 病死

◇奥州島津家を宗家にする

島津氏久の子で、1387年（元中4・嘉慶1）、父の死にともない島津奥州家の2代当主となる。当時、元久は総州家の島津伊久と連合して九州探題の今川了俊と対立していた。

1393年（明徳4）、総州家の島津伊久・守久父子が領国経営をめぐって武力衝突

すると、元久が両者の仲介に乗り出し、守久を説得して軍勢を撤退させた。

元久はこの事件のあと、伊久から島津家伝来の家宝を譲られ、伊久の子・久照を養子に入れる代わりに薩摩の守護職を手に入れることに成功した。

1401年（応永8）、元久が久照との養子縁組を破棄したことで、伊久との仲はこじれ、奥州家と総州家が全面的に対立し、薩摩国内も両派に分裂した。当初、元久軍が圧倒して戦況を優位に進めたが、1404年（応永11）、幕府の調停によって、元久が薩摩守護を継続することを条件に伊久と和睦した。これ以降、奥州島津家が日向・大隅・薩摩の3国の守護を世襲していくことになり、奥州家が島津宗家と認められるようになった。1410年（応永17）にはそのお礼と称して上洛し、将軍足利義持に謁見している。

元久は当時、肝付家や蒲生家、禰寝家などの国人をしたがえて大隅支配を完成させていた。薩摩については、すでに国内に清水城（現在の鹿児島市）を築いて居城としていたが、総州家はいまだに健在であり、国内には総州家を支援する勢力も存在していた。

1411年（応永18）、元久は総州家方の入来院家を討つために出陣したが、その陣中で病に倒れ、死去した。

島津久豊

しまづ・ひさとよ

生没年 1375年（天授1・永和1）～1425年（応永32）

出身 薩摩国

主君 足利義持

死因 病死

◇伊集院家との対立を制して薩摩を死守

奥州島津の初代当主・島津氏久の子

第8章

九州地方の氏族／島津家

625

で、2代当主・島津元久の異母弟。

1411年（応永18）、兄の元久が、入来院家討伐の陣中で急死した。元久には後継者となりうる男子がいなかったため、一族の伊集院頼久は、自身の子・熙久を後継にしようと画策し、熙久の相続は元久の遺言であると称して、元久の葬儀を執り行おうとした。

このとき久豊は、日向国宮崎で伊東家と戦っていたが、兄の死を知ると急ぎ帰国し、葬儀中だった頼久父子から元久の位牌を奪い取って自身の手で葬儀を行い、自身の家督相続を強行した。

激怒した頼久は領地である伊集院に帰って兵を挙げ、総州家の島津守久を味方につけるとともに、入来院家・祁答院家・菱刈家などの北薩摩の国人と結んで久豊に反旗を翻した。久豊は和泉島津家・北郷家・蒲生家などを味方に引き入れて対抗。1413年（応永20）、菱刈家領に侵攻したが、その隙を頼久につかれて居城の清水城を落とされた。久豊は急ぎ本領に戻って原良の戦いで頼久軍を破り、翌年には頼久の領地であった給黎を占拠した。

その後も久豊の有利に戦況は進展したが、1417年（応永24）、薺野原の戦いで大敗を喫し窮地に陥った。ここで頼久は、鹿児島・谷山・給黎の割譲を条件とした和平案を久豊に提示した。久豊にとって谷山と給黎はまだしも、鹿児島は島津宗家の代々の本拠地であり、同地を他者に譲ることは承服できなかったが、その場を収めるために久豊は、いったん頼久と和議を結んだ。同年、頼久はさっそく谷山と給黎に進出して鹿児島の割譲を求めてきたが、久豊はこれを拒絶して谷山に侵攻し、頼久を敗走させた。久豊は追撃してさらに攻撃を加えて頼久軍は大敗を喫し、頼久はついに久豊に降伏。久

豊は頼久の娘を側室に迎え入れて伊集院家と和睦した。

頼久の反乱を鎮圧した久豊は、薩摩の平定を図り、1422年（応永29）には総州家の島津守久を攻め、守久一族を肥後に追放して総州家を滅ぼし、奥州家による薩摩支配を確固たるものとした。

島津忠国

しまづ・ただくに

生没年 1403年（応永10）〜1470年（文明2）
出身 日向国
主君 足利義持→足利義教
死因 病死

◇総州家を討ち島津家を統一

島津久豊の子で、1425年（応永32）に父の死後、家督を継いで薩摩・大隅・日向守護に補任された。

忠国が生まれた頃の薩摩は、奥州島津家と総州島津家が争っており、それが収まると父の久豊と伊集院頼久との争いがはじまった。そのため忠国は、若い頃から戦場に出て父を助けた。

頼久の反乱が収束すると、久豊は薩摩支配の確立をめざして、再び総州家と対立。忠国も父とともに総州家と戦い、1421年（応永28）には隈之城を攻めて総州家方の豊州家・島津忠朝を破り、翌年には総州家の当主・島津守久を木牟礼城に攻めて守久を肥後へ遁走させるなど、久豊の薩摩支配に大きく貢献した。

父の死後は、薩摩と大隅の領国経営に尽力するとともに、日向に進出した。当時の日向は、島津家が守護職に補任されていたが、伊東家・北原家・土持家などの国人衆の勢力が強く、島津家の勢力は日向南部に限られていたのである。1430年（永享2）には肥後から日向に逃れていた島津守久の後継・島津久林を自害に

追い込み、名実ともに総州家を滅ぼし、島津家を統一した。

しかし、総州家に肩入れしていた国人たちがたびたび一揆を起こすようになり、薩摩国内の混乱はなかなか収まらなかった。忠国は混乱を避けるように居城を薩摩から大隅に代え、弟の用久を薩摩の守護代に任命して国人一揆の収拾を委ねた。用久は連年にわたって反乱鎮圧のために出陣し、また用久の人徳もあり、1440年（永享12）頃には国人一揆は沈静化した。しかし、こうした活躍の結果、用久の声望が高まると、忠国と用久が対立するようになった。

1441年（嘉吉1）、6代将軍・足利義教の異母弟・大覚寺義昭が京を出奔して日向に入国した。島津家中では義昭の対処に関して意見が二分されたが、忠国は義昭の庇護を決めた。しかし、義教からの執拗な討伐命令に抗し得ず、重臣の新納忠臣らに義昭を攻めさせ自害に追い込んだ。忠国はこのとき、忠臣らに対し、義昭の名誉に配慮するように命じたという。その間にも忠国と用久の対立関係は解消されず、同年、忠国が拠点を鹿児島に移して用久の守護代を解任したことで、さらに亀裂は深まった。

鹿児島を追い出された用久は谷山城に入り、市来久家・和田正存・高木殖家らの国人を糾合し、さらに大隅守護代の本田重経の支援を受けて、忠国に対して反旗を翻した。忠国はすぐさま谷山城を攻撃したが、用久軍の抵抗はしぶとく、両軍は膠着状態に陥った。そこに、島津家の内紛を好機ととらえた日向の伊東祐堯が兵を挙げ、島津方の曽井城を落とすと、本郷・田吉・大塚などの島津領を横領し、伊東軍はさらに南下して、日向の島津領を次々に侵食していった。

驚いた忠国は、1448年（文安5）、用久方の和田正存を謀略を駆使して用久から離反させると、高木殖家を打ち滅ぼし、伊東家とも山東地方の割譲を条件に和睦した。要の一角だった高木家が滅んだことで用久軍は弱体化し、忠国は用久に和睦を申し入れ、同年10月、7年にわたった島津家の内乱は終息した。

島津立久

しまづ・たつひさ

生没年 1432年（永享4）〜1474年（文明6）
出身 薩摩国
主君 足利義政
死因 病死

◇応仁の乱に加担せず領国経営に尽力

島津忠国の嫡男。家督を継いだのは父・忠国が死去した1470年（文明2）だが、その生前から薩摩支配を代行していた。1459年（長禄3）、忠国と対立していた忠国の弟・用久が死去すると、立久はそれまでの忠国の専制支配を諭し、忠国は立久の進言を容れて加世田に隠遁し、その後は立久が忠国を代行する形で実質的な守護として君臨していたのである。

守護代行となった立久は薩摩国内の安定化をめざし、1462年（寛正3）には、長年対立していた西薩摩の国人・市来家親を打ち滅ぼし、島津家による薩摩支配を確固たるものとした。

また、1461年（寛正2）に琉球国王・尚徳の即位を祝う使者を琉球王国に派遣するなど琉球王国との交流をはかり、貿易を積極的に推進して、島津家の財政の立て直しにも尽力した。

1467年（応仁1）に京で応仁の乱が勃発すると、細川勝元の誘いを受けて東軍に属したが、上洛することも兵を出すこともなく中立を保った。

第8章
九州地方の氏族／島津家

1474年（文明6）に死去し、後を子の忠昌が継いだ。

島津忠昌

しまづ・ただまさ

生没年 1463年（寛正4）〜1508年（永正5）
出身 薩摩国
主君 足利義政→足利義尚→足利義稙→足利義澄
死因 自害

◇幼少の当主のため国内に反乱が相次ぐ

島津立久の子。1474年（文明6）に父の立久が死去したため、若くして家督を継いだ。立久の時代に、本宗家と薩州家との対立は収まったが、新たな火種として豊州家の島津季久との対立が表面化するようになった。

同年、季久は薩州家の島津国久と共謀して忠昌に反旗を翻して兵を挙げた。若年の忠昌は家臣らに守られて居城の清水城にこもったが、季久軍に城を囲まれて敗れ、忠昌は鹿児島を離れて鹿児島西部の一宇治城へ逃れた。さらに季久の反乱に呼応して、総州家の島津友久まで挙兵して忠昌を攻め立てたため、薩摩国内は騒然となった。忠昌側は伊作久逸や新納忠続らが中心となって忠昌を守り、1477年（文明9）、友久が降伏すると、季久も忠昌に恭順し、薩摩の内乱は収まった。

しかし、その後も国内の反乱は収まらず、1484年（文明16）には祁答院重貴が反旗を翻し、1485年（文明17）には薩摩の国人・東郷重理が祁答院家に呼応した。さらに同年には伊作久逸が日向の国人・伊東祐堯と結んで挙兵するなど反乱が相次いだ。忠昌は、まず久逸を攻め、日向に侵攻して祐堯の居城・飫肥城を攻めて伊東軍を打ち破り、久逸を降伏させた。翌年には重理を討ち、1500年（明応

9）には再び反乱した久逸を討ち取った。

1506年（永正3）には、立久の代からの老臣・新納忠続と結んだ大隅の国人・肝付兼久が兵を挙げた。忠昌は反乱の鎮圧に向かったが敗走し、2年たっても反乱を鎮圧することはできず、1508年（永正5）、忠昌は清水城で自害した。

忠昌は、1478年（文明10）に臨済僧で薩南学派の祖となった朱子学者・桂庵玄樹を呼び寄せたり、宋学の普及に努めたりするなど文人肌のところがあり、忠昌の自害は打ち続く戦乱に嫌気がさしたためだともいわれている。

島津忠良

しまづ・ただよし

生没年 1492年（明応1）〜1568年（永禄11）
出身 薩摩国
主君 足利義輝→足利義昭
死因 病死

◇島津三州を統一

伊作島津家の島津善久の子。父の死後に伊作家の家督を継ぎ、1501年（文亀1）に実母が総州島津家の島津運久と再婚したため、1512年（永正9）に総州家の家督も継いだ。さらに1526年（大永6）には守護家の島津勝久と、勝久の舅で実質的な権力者だった薩州家の島津実久を追放し、子の貴久を勝久の養子として守護を継承させ、島津家を支配した。

しかし、島津宗家の家督をめぐって、その後も勝久・実久連合と抗争を繰り返し、1539年（天文8）に実久軍を破って、ようやく島津家を統一した。

その後は貴久に政治を任せ、忠良自身は隠居しながら琉球貿易を推進するとともに国内の富国強兵に努めた。

尚家

現在の沖縄県である琉球王国を室町時代に支配していた王家。琉球
王国は14世紀まで3つの国に分かれていたが、そのうちのひとつ中
山国の尚巴志が統一に成功し、尚家が国王となって琉球に君臨し
た。その後、尚家の家臣・金丸によって第二尚家が樹立された。尚
家が君臨した琉球王国は江戸時代に入って薩摩藩の干渉を受けるま
で、室町時代を通して独立国として存在し、日本や明との交易で発
展した。

尚巴志
しょう・はし

生没年 1372年（文中1・応安5）～1439年
（永享11）
出身 琉球王国佐敷
主君 琉球王国第一尚氏王統2代国王
死因 病死

◇中山を制して琉球王を手中に収める

史上初めて琉球統一を成し遂げ、1879
年（明治12年）の琉球処分まで連綿と続
く琉球王国の基礎を作り上げた琉球国
王。

尚巴志が生まれた頃、琉球は中山、北
山、南山の三国が鼎立する状態で、中山
国の察度が明の洪武帝から冊封を受けて
琉球国王を名乗っていた。尚巴志は南山
王国に属していた。

尚家は、尚巴志の祖父・鮫川大主の頃
から日本本土との交易で財を築いてお
り、尚巴志の代になると、その経済力は
中山王の察度にも匹敵するほどだった。

尚巴志は、その財源を使って軍事力を増
強し、1402年（応永9）に南山国王一族
の島添大里按司を滅ぼし、琉球統一の道
を歩みはじめる。

尚巴志は、明から流れてきた懐機とい
う人物を重用した。この懐機という男
は、その出自も、琉球に渡来してきた理
由もわからない謎の人物だが、尚巴志は
懐機の易姓革命思想に触れ、琉球の統一
を目指しはじめたといわれる。

兵を挙げた尚巴志は、1405年（応永
12）に琉球国王の座を狙って中山国へ侵
攻した。察度の後を継いで国王になって
いた武寧は、酒色に溺れて政治を顧み
ず、人心は離れていたといい、尚巴志の
猛攻を支えきれず敗退した。

中山国を制した尚巴志は、父・尚思紹
を中山王に擁立し、自身は北山国と南山
国の攻略に乗り出した。

◇琉球三山を統一

尚巴志は、東南アジア諸国との交易を
開始し、さらに富を蓄えて首里城を築城

第8章
九州地方の氏族／尚家

629

し（尚巴志以前から首里城はあったとする説もある）、内外にその力を誇示した。そして、周辺豪族に財をばらまいて籠絡し、琉球統一への準備を着々と整えていった。1416年（応永23）、尚巴志は大軍を率いて北山国へ攻め込んだ。このとき尚巴志は、船団を組んで兵を移動させた。それまで、琉球の合戦で船団を組むという発想はなかったといい、尚巴志の戦術は北山軍を驚かせたという。北山国は間もなく陥落し、1429年（永享1）には南山国も尚巴志によって制圧された。こうして、尚巴志は史上初となる琉球統一を達成した。

その後の尚巴志は、琉球国内の整備に全力を注ぐことになる。行政単位を村単位に改め（間切り制度という）、街道を整備して早馬を設置し、情報収集を簡単確実なものとした。

また、那覇港を築港し、周辺各国との交易を広げ、輸入品を輸出するという中継ぎ貿易のシステムを確立し、さらなる利益をもたらした。泡盛や三線などは、尚巴志の時代にアジア地域から伝えられたといわれている。

尚金福
しょう・きんぷく

生没年 1398年（応永5）〜1453年（享徳2）
出身 琉球国
主君 琉球王国第一尚氏王統5代国王
死因 病死

◇ 那覇を整備する

尚巴志の3男で、次兄・尚忠が没した後の1449年（宝徳1）、長兄・佐敷王子が早世していたため、後を継いで5代琉球国王となった。

琉球王国は、尚巴志の統一以降は平和外交による国力増強に国策を転じ、先代の尚忠もジャワとの交易を開始するなど門戸を開いた。金福も、兄の政策を踏襲し、積極的に外交を進めた。

1451年（宝徳3）、金福は明からの冊封使を迎えるために浮島と呼ばれた港町の整備に乗り出した。これが現在の那覇である。金福は、首里と那覇を結ぶ輸送路として「長虹堤」（日本最古の石橋とされる）を造り、那覇を貿易港として発展させていった。

また、8代将軍・足利義政に使者を送るとともに朝廷にも朝貢・献金し、日本

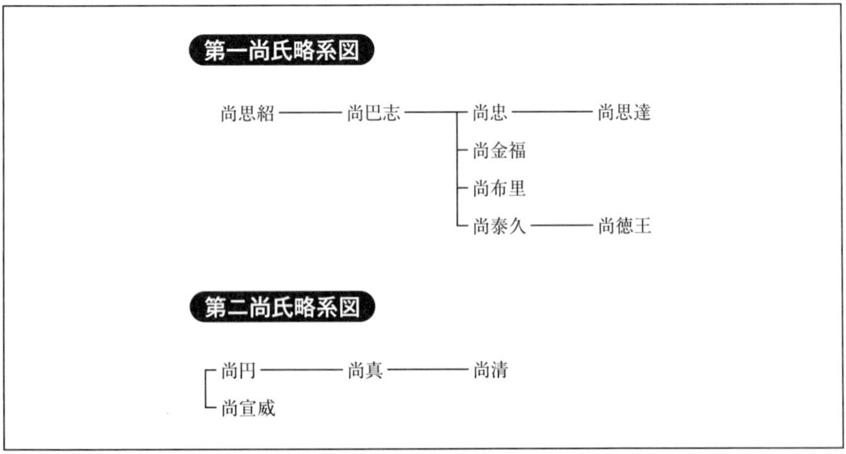

第一尚氏略系図

```
尚思紹 ── 尚巴志 ┬─ 尚忠 ─── 尚思達
                ├─ 尚金福
                ├─ 尚布里
                └─ 尚泰久 ─── 尚徳王
```

第二尚氏略系図

```
┬─ 尚円 ─── 尚真 ─── 尚清
└─ 尚宣威
```

本土と友好関係を築いた。日本本土からは僧侶が那覇に渡来しており、金福は各地に寺社の建立を許可した。

ただ、尚巴志の死後、国王の在位期間が極端に短く、兄も在位5年で世を去った。国王が交代すると、その就任式の出費もかさみ、経済的にも政権的にも、まだまだ不安定だった。そんななか、1453年（享徳2）、金福も在位5年弱で没した。

金福の死後、尚家中では後継をめぐってお家騒動が勃発した。金福の長子・志魯と、金福の弟・布里が争い、国内は二派に分裂した。

この争乱で国庫は焼かれ、首里城は灰塵と化し、明国からの鍍金銀印も焼失したという。

この結末は、志魯の戦死によって終止符が打たれ、布里も逃亡の身となった。結局、金福と布里の弟・尚泰久が後を継ぐこととなる。

尚泰久

しょう・たいきゅう

生没年	1415年（応永22）～1460年（長禄4）
出身	琉球国
主君	琉球王国第一尚氏王統6代国王
死因	病死

◇有力按司を廃して王国復権に成功

尚巴志の7男で、兄・布里と甥・志魯の後継争いを経て、琉球王国6代国王の座に就いた。

国王となる40歳まで、泰久は北山と中山を結ぶ陸路の要所である越来を治めており、中央政界とは離れた生活をしていた。ところが、1453年（享徳2）に先代の尚金福の後継をめぐって志魯と布里が対立し、国を二分する大乱となり、首里城は焼け落ち、志魯は殺され、布里は逃亡してしまった。そこで、金福の弟である

る泰久が、国王に推挙されたのである。泰久の国王就任には、初代国王・尚巴志とともに琉球統一を成し遂げた家臣の護佐丸や、泰久の家臣で首里に出仕していた金丸が奔走した。

国王となった泰久にとって、国家体制の安泰が何よりの優先事項であった。家督争いによって、琉球国内は混乱をきたし、尚家の支配力も衰退をきたしていた。

そして、1458年（長禄2）に護佐丸・阿麻和利の乱が勃発する。

尚巴志の忠臣として琉球統一に多大な貢献のあった護佐丸に、謀反の疑いがかけられ、これに対して泰久は、娘婿でもある勝連城主・阿麻和利を討伐に向かわせたのである。

この乱は、護佐丸が抵抗せずに自害したことで終結したかに思われたが、今度は阿麻和利が王府転覆を狙って泰久に反旗を翻し、王府軍によって阿麻和利も征討された。

2人の有力家臣を排斥したことで、泰久は海外交易の利権を独占することとなり、琉球王国は復活の兆しを見せはじめた。そのため、護佐丸・阿麻和利の乱は、琉球王国復権のために泰久が仕組んだものであるともいわれている。護佐丸は娘を泰久の正室に入れるなど国内に多大な影響力をもつ王国の重鎮であり、混乱する国内で反対派が結束したときの脅威であったし、倭寇とつながって財をなした娘婿の阿麻和利も新興勢力として看過できない存在であったのは事実である。

◇仏教に傾倒し経済を逼迫させる

護佐丸・阿麻和利の乱後、泰久は仏教に傾倒していく。両者の弔いのためとも、岳父と婿を滅ぼした罪の意識からともいわれる。泰久は以前からも仏教を支

持していたが、寺社仏閣の建立は、乱後に集中している。

泰久は18以上の鐘を鋳造し、寺社に寄進しているが、琉球国内にある鐘のほとんどは泰久の代に鋳造されたものである。なかでも「万国津梁の鐘」は有名で、そこに刻まれた銘文は、万国津梁の精神と呼ばれて、沖縄人の価値観として浸透していった。

しかし、これらの事業には莫大な費用がかかり、琉球王国の国庫を圧迫していった。このため、王家の財政は逼迫し、復権を果たしたはずの琉球王国は、泰久の時代に弱体化していくことになった。

尚徳王

しょう・とくおう

生没年 1441年（永享13）〜1469年（応仁3）
出身 琉球国
主君 琉球王国第一尚氏王統7代国王
死因 不明

◇第一尚氏最後の国王

尚泰久の3男で、1460年（長禄4）に琉球王国7代国王に就任した。第一尚氏王朝最後の国王である。

尚徳王の母は、父・泰久の側室だったが、泰久の正室が謀反の疑いで自害した護佐丸の娘だったため、長兄・安次富金橋、次兄・三津葉多武喜は王位継承から外されたといわれている。

父・泰久の晩年の出費のため経済的に逼迫していた国庫を回復させるため、徳王はマラッカやシャムとの交易を開始し、市場を拡大させた。また、朝鮮との交易も強化し、さらに8代将軍・足利義政に使節を送り、本土との交易もスムーズに行い、財政の回復に努めた。

徳王は、大島諸島に入貢を要求し、奄美大島や与論島など、その大半は徳王へ

の恭順の意を示したが、喜界島だけは徳王の命に従わず、首里から派遣された役人に対しても攻撃的に接した。そのため1466年（文正1）、徳王は自ら2000名の兵と50の船団を率いて親征を敢行する。徳王軍は、出航後わずか1週間もたたないうちに喜界島を制圧し、喜界島の首長を斬首に処して、徳王に帰順する人間を新たな首長に立てて帰国した。

国王自ら軍を率いるのは、初代国王・尚巴志以来のことで、徳王は「血気の勇者」と呼ばれたという。

1469年（応仁3）に死去。一説には、その直後に家臣の金丸のクーデターが起こったため、金丸派によって暗殺されたともいう。

父・泰久の側近でもあった金丸のクーデターにより、尚巴志から連なる第一尚氏は滅亡し、以降は金丸が尚氏を名乗り、第二尚氏の時代となる。

尚円

しょう・えん

生没年 1415年（応永22）〜1476年（文明8）
出身 琉球国
主君 琉球王国第二尚氏王統初代国王
死因 病死

◇尚泰久に仕えた屈指の名臣

一般的には金丸の名で知られる、第二尚氏の祖。第一尚氏を滅ぼし、第二尚氏を興して尚円を名乗った。

沖縄本島北方の浮島・伊是名島の出身。1438年（永享10）、水泥棒の濡れ衣で故郷を追放された金丸は、本島最北端の宜名真へ移住した。

1441年（嘉吉1）、宜名真から首里に入った金丸は琉球王国の下役として雇われ、当時、北山と中山を結ぶ陸路の要所である越来を治めていた尚泰久に出仕し

632

た。金丸は尚泰久のもとで才能を開花させ、泰久からの信頼を勝ち取った。才能を買われた金丸は首里王府へ出向し、4代国王・尚思達、5代国王・尚金福の信頼も勝ち取り、38歳の若さで高官に抜擢された。

1453年（享徳2）、尚金福の死後、尚一族の志魯と布里による後継者争いが勃発し、両者が共倒れになると、かつての主君である泰久の王位就任に尽力した。1458年（長禄2）の護佐丸・阿麻和利の乱でも鎮圧に活躍し、翌年に御物城御鎖之側に任命された。御物城御鎖之側は、財政や外交などを一手に引き受けるという重職である。

1460年（長禄4）に泰久が死ぬと、後を継いだ尚徳王に仕え、王国の重鎮としてさらに影響力を増していった。

泰久が仏教に傾倒したため王国は財政難に陥っており、金丸は貿易を強化して国庫回復に努めた。久米村に在留していた久米三十六姓という中国人の協力を得て、東南アジア、東アジアへと市場を拡大し、久米三十六姓の意向を政策に反映させていった。しかし、金丸の影響力が増大していくにつれ、徳王との軋轢が深まり、1468年（応仁2）、金丸は内間村に隠遁してしまった。

◇クーデターで第一尚氏を滅ぼす

1469年（応仁3）、徳王が没した。王朝内では重臣が招集され、王位継承の会議が開かれ、徳王の嫡子が世継ぎとなる予定だった。ところが、ひとりの重臣が立ち上がり、「国民が安心して生活できるようにする者こそ国王である。金丸こそ我が主である」と発言すると、居合わせた者たちもそれに同調し、第一尚家による家督継承を認めずに散会した。

会議の結果、徳王の嫡子と王妃は殺さ

れ、一族郎党も殺害あるいは追放され、金丸が即位し、尚円王となった。この一件は金丸の知らぬところで行われ、金丸は無理に請われて国王に就任したことになっているが、金丸派によるクーデターだったとする説が有力である。

また、第二尚家が編纂した史書『球陽』では、徳王の乱心や圧政が書かれているが、自身の王朝を正当化するための方便であるとの見方が一般的である。

金丸は国王に就くと、尚一族の人間を詐称して、徳王からの禅譲という形で尚円を名乗った。これは、明との貿易の際に使われる鍍金銀印が、尚家の名であったからである。

いずれにせよ、金丸派のクーデターは成功し、尚巴志が興した第一尚家は64年で滅び、以降400余年にわたって繁栄する第二尚家が誕生した。

尚真
しょう・しん

生没年	1465年（寛正6）～1527年（大永7）
出身	琉球国
主君	琉球王国第二尚氏王統3代国王
死因	病死

◇大家赤蜂を討伐し中央集権化を完成

尚円の嫡男で、琉球王国第二尚家3代国王。1476年（文明8）に父・尚円の没後、尚円の弟・尚宣威が2代国王に就任したが、尚真の母・宇喜也嘉の策謀によって退位させられ、代わって尚真が13歳の若さで国王に即位した。尚真は、以降50年にわたって琉球を支配し、黄金期を創設した名君と呼ばれるようになる。

第二尚家による統治は、尚円のクーデターによる政権奪取だっただけに、国内はいまだ不安定で、尚真は琉球王府の中央集権化に力を注ぐことからはじめた。

第8章

九州地方の氏族／尚家

まず、各地に点在する按司たちを首里に住まわせ、按司への支配力を強めるとともに、国内の領土を王府所有として支配下におさめた。首里に集められた按司には官位が定められ、身分に応じてハチマキの色やかんざしが与えられ、行政組織を完成させた。

続いて、按司たちから刀剣などの武器を取り上げ、武力を削いだ。

さらに、聞得大君の制度を導入し、政教一致の政策を確立した。当時、琉球国内には神女と呼ばれる祭祀を取り仕切る女性がおり、各地に影響力を持っていた。尚真は、彼女たちを統括支配する役職として聞得大君を設置したのである。聞得大君には、尚家の子女が就任することになり、琉球王家の支配力はますます高まったのである。

しかし、祭祀を禁じられた八重山の大家赤蜂という人物が1500年（明応9）、王朝に反旗を翻して兵を挙げた。この反乱に対して尚真は、動員できるすべての兵を集め、46隻の船団からなる大軍を派遣して、赤蜂を討ち取った。

◇ **繁栄する琉球王国の土台を築く**

尚真は財政を充実させるため、貿易を王朝の専制とし、各国と積極的に交易を進めていった。1506年（永正3）に、明との貿易の要所だった久米島の伊敷索家を倒し、これによって明との交易を名実ともに独占した。また、明だけではなく、朝鮮、日本本土、タイ、マレーシア、インドネシアとも交易を行い、尚真の代に王朝の経済は盤石になったといわれるほどの利益をあげた。そして、明への朝貢を年に1度だけにすることで出費を抑えたのである。

ほかにも、仏教に信心していた尚真は、大和の僧侶・芥隠を琉球に呼び寄

せ、第二尚家の菩提寺として円覚寺を建立し、その傍らに円鑑地を造らせた。円覚寺には玉陵の碑文が刻まれ、尚真の血脈が国王となることを宣言している。

さらに、それまで風習となっていた殉死を禁じ、首里城下に住まわせた上士の子弟たちを抜擢し、後進の育成にも直接携わったという。

尚真は、老齢となった1522年（大永2）に与那国の鬼虎を討ち取り、ついに存命中に先島諸島全域の統一を成し遂げた。

九州地方の武将

室町時代の九州地方は、鎌倉時代以来土着して在地領主化した筑前の少弐家、豊後の大友家、薩摩の島津家が大きな勢力を有していた。後醍醐天皇と足利尊氏の対立が南北朝の戦いを引き起こすと、この3家を中心に九州の国人たちも2派に分かれて抗争を繰り返した。南北朝合一後でいったん抗争は沈静化したが、100年もたたないうちに応仁の乱が勃発し、再び九州諸家は東西両軍に分裂し、そのまま戦国時代へ突入した。

宗像氏俊

むなかた・うじとし

生没年 不詳

出身 筑前国

主君 足利尊氏→足利義詮

死因 不明

◇ 尊氏を助けた宗像神社の大宮司

宗像家は宗像神社の大宮司家で、出雲の氏族とされる由緒正しい家系である。

1333年（元弘3）に後醍醐天皇が、鎌倉幕府倒幕の兵を挙げ、少弐家や大友家、島津家らが鎮西探題・北条英時を滅ぼしたとき、宗像家も鎌倉幕府の支配から離れ、氏俊の父・氏勝が探題攻撃に加わった。

氏俊が大宮司を継いだ時期は不明だが、足利尊氏が建武の新政に背いて九州に落ちてきた1336年（延元1・建武3）、氏俊が大宮司として尊氏に邸宅を提供して支援したとされる。その後も尊氏方として活動し、尊氏が設置した九州探題に

したがうようになった。

九州では南朝勢力が幅を利かせており、一族のなかには南朝に鞍替えする者もあったが、氏俊は一貫して幕府方についた。1349年（正平4・貞和5）に幕府内の内訌が武力衝突に発展した観応の擾乱が勃発し、足利直冬が九州に渡って少弐家と結んで大勢力を構築したときも、氏俊は九州探題・一色氏とともに武家方の勢力維持に尽力した。

九州南朝軍が勢力を拡大させると、氏俊は南朝方の菊池家と合戦を繰り返し、1361年（正平16・康安1）には2代将軍・足利義詮から宗像城合戦における軍功を認められて感状を送られており、1365年（正平20・貞治4）には壱岐の守護に任命された。

南朝側に押された一時期、南朝方についていた弟の氏名が大宮司となっていたが、今川了俊が九州探題となって南朝勢力を駆逐すると、氏俊も了俊に属して大宮司職と所領を安堵された。

第8章 九州地方の氏族／九州地方の武将

635

千葉胤朝

ちば・たねとも

生没年	？～1486年（文明18）
出身	肥前国
主君	足利義政→足利義尚
死因	殺害

◇九州千葉家の成立と内紛

　肥前に勢力を伸ばした千葉胤紹の子。肥前千葉家は、室町時代に下総の守護を歴任した千葉家の庶流で、胤朝は肥前千葉家の庶流の出である。室町時代、肥前は少弐家や九州探題が守護職を任されていたが、国人勢力が強い地域であり、千葉家は、朝鮮の外交手引書である『海東諸国記』に、大友家や少弐家らと並ぶ勢力を持っていたことが記されている。

　1464年（寛正5）、肥前千葉家の宗家の千葉胤鎮が死去し、14歳の教胤が家督を継いだ。胤朝の父・胤紹が宗家との対立のすえに討ち死にしていたことから、胤朝も宗家とは対立しており、この機をとらえた胤朝は、宗家に反旗を翻した。

　胤朝は九州探題・渋川教直、佐賀郡与賀と川副を本貫とする今川胤秋と結び、1467年（応仁1）、千葉宗家の本領・小城郡へ侵攻した。しかし、教胤軍に迎撃され、今川家が壊滅的なダメージを受け、胤朝は敗れた。

　しかし、1469年（文明1）に教胤が出陣先で水難に見舞われて事故死すると、肥前千葉家の断絶を恐れた教胤の家臣によって、教胤の従兄弟でもある胤朝が当主として迎えられることとなり、胤朝は肥前千葉家の当主となった。

　だが、かつて宗家に反した胤朝に反感をもつ家臣は多く、家中はまとまらず、やがて胤朝派の中村胤頼と反胤朝派の岩部常楽の2人の重臣の対立が激化した。

胤頼は、胤朝に常楽が謀反を考えていると讒言し、これを信じた胤朝は常楽を家中から追放した。常楽は少弐家を介して胤朝に弁明したが、胤朝は無断で少弐家と通じたことを槍玉に挙げて常楽討伐の兵を挙げた。対する常楽は、胤朝の弟・千葉胤将を擁立して対抗するが、胤朝らに攻められて常楽は討ち取られた。しかし、常楽死後も胤将は屈服せず、重臣同士の対立は、胤朝・胤将兄弟の対決を生じさせる結果となった。

　両者の対立は、幕府の調停が入っていったんは和議が成立したが、1486年（文明18）に胤朝は胤将によって殺害されてしまった。

　胤朝を支持していた少弐政資は、胤朝が死ぬと胤将討伐の兵を挙げたが、胤将はいち早く逃亡してしまい、千葉家は断絶の危機に直面した。そこで政資は弟と胤朝の娘とを結婚させて胤資と名乗らせて千葉家の家督を継がせた。

千葉興常

ちば・おきつね

生没年	不詳
出身	肥前国
主君	大内義興→渋川尹繁
死因	不明

◇東千葉家の祖として宗家と対立

　千葉胤朝の弟・胤盛の子で、父が早世したため、周防の守護・大内家で育てられた。元服の際に、大内義興から一字を与えられ、胤棟から興常に改名した。叔父の胤朝の死後に、少弐家から入って家督を継いだ胤資と対立し、博多の支配権をめぐって少弐家と対立していた大内家と協力して、少弐家と戦った。

　興常は、小城郡赤自館に居を構え、牛頭山城を本拠にし、宗家に対して東千葉

636

家と呼ばれるようになった。また、牛頭山にはかつて大隈守護だった先祖が、京都より勧請した祇園社が祀られていたため、祇園千葉家ともいう。以降、宗家を西千葉家と呼び、千葉家は東西に分裂するのである。

1497年（明応6）、大内義興の少弐家攻めに興常も加わり、少弐政資・高経父子を太宰府から駆逐し、さらに西千葉家の晴気城へと攻め寄せた。晴気城を守っていた千葉胤資は、興常らの猛攻を支えきれず、太宰府から移ってきていた政資・高経父子を城から逃がし、自らは城外に打って出て戦死を遂げた。

こうして西千葉家の勢力は大きく後退し、興常が肥前守護代に任命されるなど、興常の勢力は伸長した。興常は、東千葉家の祖として、九州においてその影響力を大きくしていったのである。

有馬貴純

ありま・たかずみ

生没年	不詳
出身	肥前国
主君	少弐政資
死因	不明

◇応仁の乱後に勢力を拡大

有馬家は藤原純友の末裔を称し、鎌倉時代初期に肥前国高来郡有間荘の地頭に任ぜられて同地に下向し、そのまま土着した。有馬家は後醍醐天皇と鎌倉幕府との対立においては戦乱に参加しなかったようだが、九州で一時威勢をほこった足利直義の養子・足利直冬に従って、高来郡に侵攻してきた九州探題の一色家と戦った。直冬没落後は南朝の征西将軍・懐良親王に従った。今川了俊没落後、肥前には少弐家が守護として入部したが、九州探題の渋川家や隣国筑前の守護・大内

家などと争い、肥前の守護領国化は進まず、さらに奥地の島原半島には支配が及ばず国人領主が割拠する状態にあった。

貴純が有馬家当主になったのは応仁の乱（1467年）の頃で、1470年（文明2）、貴純は島原大村領の大村家徳を攻めて松浦に追い、1474年（文明6）にも再び大村家と戦った。

その後も貴純は領土拡大を図って、1494年（明応3）には守護の少弐政資を擁して松浦へ侵攻して松浦家を筑前に追い、さらに平井家・後藤家・多久家などの近隣国人と争い、藤津郡と杵島郡の両郡を勢力下に収めて力を拡大させた。

その後も日野江城を拠点に争いを続け、島原半島を代表する国人へと成長していった。

龍造寺家兼

りゅうぞうじ・いえかね

生没年	1454年（享徳3）～1546年（天文15）
出身	肥前国
主君	少弐資元→少弐冬尚
死因	病死

◇危機を乗り越え龍造寺家の再興に成功

龍造寺家康家の5男で、家督は兄の家和が継いでいた。ところが、1530年（享禄3）に主家である少弐資元と大内義隆が争った田手畷の戦いで、家兼が武名を挙げたことで、龍造寺家内で家兼の存在感が大きくなった。そのため家和の子・胤久は一族間の紛争を避けるため、自ら隠居して家兼に家督を譲った。以降、家兼の嫡流を水ケ江龍造寺家、胤久の系統を村中龍造寺家と称した。

家兼は少弐家臣団のなかでも勢力を増し、義隆の侵攻を何度も食い止める働きを見せ、1534年（天文3）には大内家と少弐家の和睦交渉の中心人物となった。

第8章 九州地方の氏族／九州地方の武将

637

しかし、その翌年に義隆が和議を反故にして少弐家の所領を没収し、資元を多久に攻めると、資元は進退窮まって自害に追い込まれた。この合戦における家兼の動向は不明で、家兼が積極的に救援しなかったことは主家への裏切りであると、少弐家の家臣・馬場頼周が少弐冬尚に讒言し、1545年（天文14）に龍造寺家の一族はことごとく誅殺されてしまった。家兼は蒲池鑑盛を頼って筑後に逃れ、翌年には鍋島清久の力を借りて頼周を討ち取り、龍造寺家を復活させた。

家兼の死後は曾孫の隆信が継ぎ、隆信の代に戦国大名へ飛躍する。

志賀頼房

しが・よりふさ

生没年	不詳
出身	豊後国
主君	大友貞載→大友氏泰
死因	不明

◇九州北朝勢の有力武将

志賀家は、詫磨家・田原家と並ぶ豊後の守護・大友家の重臣。1335年（建武2）、足利尊氏が建武の新政に反旗を翻すと、大友家に従って尊氏軍に従軍し各地を転戦した。九州各地だけでなく、京都・美濃にまで出陣している。

1336年（延元1・建武3）、箱根・竹ノ下の戦いで後醍醐天皇方の新田義貞軍を破った尊氏は、そのまま西上して京に攻め寄せた。このとき頼房は主家の大友貞載とともに入京し、天皇方の結城親光と戦った。貞載は結城軍に討ち取られたが、頼房は奮戦して結城勢の首級を挙げるなど活躍した。

その後も頼房は畿内にとどまって南朝軍との戦いに転戦したが、東国・畿内の南朝勢が衰退すると九州へ戻り、いまだ

勢力を増長し続ける九州南朝勢の征西宮懐良親王軍との戦いに挑み、筑前守護で北九州に大きな影響力を保持していた少弐家と結んだ大友家のもと、征西宮の駆逐に乗り出した。

1359年（正平14・延文4）、大友・少弐連合軍は、筑後川を挟んで九州南朝軍と激突した。この戦いで、頼房は大友軍の後方支援部隊として居城の豊後志賀城を守った。その後も九州幕府方の有力武将の1人として、南朝軍の支柱ともいえる肥前の菊池家と何度も矛を交えて撃退するなど、南朝勢を悩ました。

一連の勲功から、頼房の子・氏房に直入郷の代官職、検断職が与えられ、志賀家は豊後南部に勢力を広げていった。

田原直貞

たわら・なおさだ

生没年	不詳
出身	豊後国
主君	後醍醐天皇→足利尊氏
死因	不明

◇鎮西探題滅亡に武功を立てる

大友家の庶流である田原家は、大友能直の庶子・大友泰広を始祖とする。2代当主・元直が元寇で功を挙げて、筑前国怡土荘10町分の恩賞にあずかったという。この元直の子が直貞である。

1333年（元弘3）、後醍醐天皇が各地に倒幕の挙兵を呼びかけると、九州でも倒幕の気勢が上がり、直貞は倒幕軍に加わった。少弐貞経、大友貞宗、島津貞久らとともに鎮西探題へ攻め寄せ、北条英時を滅ぼす功を挙げた。直貞は、このときの武功を認められ、建武の新政が発足すると、豊後国内に新たな領地を与えられた。しかし、兄の盛直が宇佐宮領田染荘に侵入して建武政府から停止を命じられ

たり、盛直の子・直平が悪党化し狼藉を働くなどし、田原家の名声を傷つけた。そのため、直貞の嫡流が田原家の家督を認められるようになった。

1335年（建武2）に足利尊氏が建武の新政に反旗を翻すと、直貞は嫡男の貞広ともに尊氏方に寝返った。鎌倉、箱根、京都と各地を転戦し、尊氏の九州敗走と再上洛にも従い、室町幕府成立に一役買った。これらの功を認められ、嫡男の貞広が1351年（正平6・観応2）に国東郷の地頭職に任じられた。

その後、守護大名制が確立すると大友家の麾下に加わり、豊後における田原家の地盤を築いた。

田原氏能

たはら・うじよし

生没年	？〜1393年（明徳4）
出身	豊後国
主君	大友親世
死因	病死

◇今川了俊の九州平定に大きく貢献

田原忠貞の嫡孫。南北朝の争いでは氏能は本家の大友親世に従って幕府方につき、大友軍の大将格として活動した。

1350年（正平5・観応1）頃から、九州地方では南朝方の勢力が強くなり、幕府方は苦戦を強いられた。1355年（正平10・文和4）には九州探題の一色範氏が博多を放棄し、範氏の後任の斯波氏経も1362年（正平17・貞治1）に九州支配をあきらめて帰京し、そのあとの九州探題・渋川義行は九州の地を踏むことなく京へ帰っていった。

そんななか、本家の大友家では氏継・親世の兄弟が南北朝に分裂して争う事態となり、大友家の勢力は衰退し、氏能の大友家中での立場は相対的に強まった。

1370年（建徳1・応安3）、新たな九州探題に今川了俊が任命されると、氏能は九州の幕府方を代表して了俊を迎えに東上するほどの力をもつようになっていた。1371年（建徳2・応安4）、氏能は了俊の子・義範とともに豊後高崎城に入って、南朝方の菊池家と対峙した。高崎城は海を背にした天然の要害で、氏能は菊池軍とじつに100余度の合戦を繰り返しながら城を守り、翌年正月、菊池軍はついに包囲を解いて退却していった。

その後も氏能は今川了俊に従って活動し、その勢力は本家の大友家をしのぐほどになった。その所領は豊後だけにとどまらず豊前、筑前、筑後、肥後、周防の6カ国にまたがる20数カ所にも及んだ。しかし、氏能が了俊によって引き立てられて勢力を拡大すると、本家の大友家との対立が新たな火種として持ち上がった。氏能は、田原家と大友家が本格的に争う前の1393年（明徳4）に死去した。

田北親員

たきた・ちかかず

生没年	？〜1540年（天文9）
出身	豊後国
主君	大友義長→大友義鑑
死因	病死

◇大友家加判衆として重きをなす

田北家は大友家の庶流で、大友家初代当主・能直の孫・親泰を祖とし、豊後直入郡田北村を領して田北姓を名乗った。

親員は室町時代末期の田北家当主で、大友義長・義鑑の2代にわたって大友家に仕えた。親員は、義鑑が1515年（永正12）に大友家の家督を継ぐと加判衆（家老）として大友家内で重きをなした。

1516年（永正13）、同じ加判衆のひとり朽網親満が、待遇に不満を持って蜂起

第8章

九州地方の氏族／九州地方の武将

した。このとき親満は、大友家の家督争いにたびたび顔を出していた大聖院宗心を懐柔して府中を襲う計画を立てていた。親員は、この鎮圧にあたり、親満と宗心が連合する前に高崎城を攻略し、親満を討ち取る武功を挙げた。

1526年（大永6）には、佐伯栂牟礼城主の佐伯惟治が肥後の菊池義武や筑後の星野親忠らと結んで謀反の兵を挙げた。親員は臼杵長景らを率いて大将として出陣し、嫡男鑑生は東西一揆を率いて父子ともに鎮圧に活躍した。

その後、豊前・筑後をめぐって義鑑が大内家と対立すると、親員も各地を転戦して大内勢と合戦を繰り返した。そのなかで、一族の城後親興を失うなど大友家に忠誠を尽くし、義鑑からの信頼を厚くした。1538年（天文7）には、大内家との和睦交渉にあたっている。

親員の死後も、田北家は大友家に重宝され、重鎮として活動する。宗麟の代に大友家が島津家に圧迫され没落するが、田北家は大友家と運命を共にした。やがて、豊臣秀吉の朝鮮出兵で大友義統が失態を攻められて失脚すると、田北家は清成家と改名して浪人生活に入り、肥後に移って熊本藩士として存続した。

安富泰治
やすとみ・やすはる

生没年 ？〜1359年（延文4・正平14）
出身 肥後国
主君 後醍醐天皇→足利尊氏→懐良親王
死因 戦死

◇大保原の戦いで壮絶な討死を遂げる
安富家は清和源氏の流れを汲み、西遷御人の1人とされている。鎌倉時代に入って肥後国南高来郡深江村の地頭に任じられて土着し、その後、天草など数カ

所の地頭を兼ねる国人勢力に成長した。

泰治は南北朝時代の安富家の庶流家の出で、肥後国大野別府内の岩崎村の地頭職を与えられ、岩崎を称した。惣領の深江安富家と行動をともにし、1333年（元弘3）に後醍醐天皇が倒幕の兵を挙げた際には天皇に呼応して、鎮西探題の北条英時を攻めた。

1336年（建武3）、建武の新政に離反した足利尊氏が九州へ落ちてくると、周辺国人とともに尊氏にしたがった。

1349年（正平4・貞和5）、足利尊氏と弟の足利直義が対立して幕府内で大規模な内訌が起こり、直義の養子・直冬が九州へ下向してくると、泰治は直冬にしたがった。直冬が尊氏に対立するために南朝に降ったため、泰治も南朝に属し、以降は九州南朝軍の大将である懐良親王にしたがって九州各地を転戦した。

1359年（正平14・延文4）、南朝軍は筑前に侵攻して来た幕府方の少弐家・大友家と戦い、このとき泰治は南朝軍の主力・菊池武光にしたがって出陣した。泰治は南朝軍の第三陣として少弐家・大友家連合軍と戦ったが敗れ、討ち取られた。

宇土為光
うと・ためみつ

生没年 ？〜1503年（文亀3）
出身 肥後国
主君 菊池為邦→菊池重朝
死因 自害

◇菊池家を掌握するがほどなくして没落
肥後の守護・菊池持朝の子で、20代当主・菊池為邦の弟。菊池家の家臣・宇土忠豊の養子となり、やがて家督を継いで宇土城主となった。

1481年（文明13）、肥後の有力国人である相良為続の支援を受けた為光は、菊

池家の家督簒奪を狙って、当主の菊池重朝に対して反乱を起こした。相良家と所領をめぐって対立していた名和家を味方につけた重朝は、1484年（文明16）、為光の居城・宇土城を急襲し、敗れた為光は宇土城から追放された。しかし、為続を頼って相良領へ逃れた為光は翌年、阿蘇惟憲を味方に引き入れて再び兵を挙げて重朝軍を破り、宇土城を奪回した。

この戦の結果、家中における重朝の求心力は著しく低下し、肥後国内は国人同士の争いが頻発し、家臣団の中からも離反する者が出た。宇土城でしばらく静観していた為光は1501年（文亀1）、重朝の後を継いだ菊池能運が居城の隈府城を留守にした隙をついてまたしても兵を挙げ、隈府城を占拠した。さらに為光は、急いで戻ってきた能運を破り、能運を島原半島へ追い落とした。このとき能運が肥後守護になったとする説もある。

為光は菊池家を手中に収めたが、主家を簒奪した為光を支持する者は少なく、相良家も為光から離反した。

そして1503年（文亀3）、島原の有馬家を味方につけた能運が兵を挙げて肥後に侵攻し、旧敵・相良家の軍勢も引き入れて為光を襲撃。隈府城を落とされた為光は宇土城に逃げ込んだが、同年、城を包囲されて自害した。

子木姓を名乗った。南北朝時代の鹿子木家は足利尊氏にしたがって、九州の南朝勢と戦った。

親員の初出は、1516年（永正13）に阿蘇山宗徒と彦山の紛争を仲介したときである。それからすぐに、相良家・名和家の紛争の調停をするなど、親員の名が登場することが多くなる。

親員は、当時の肥後の守護・菊池義武に仕えていた。義武は、大友家の肥後侵攻の一環として送り込まれた、大友家当主・大友義鑑の弟であった。菊池家古参の家臣を嫌った義武を、親員は自身の居城隈本城に迎え入れ、義鑑からも補佐役を任じられた。ところが、義武が義鑑からの自立をはかり、大友家と対立していた大内家と結んで義鑑に対抗しはじめた。1535年（天文4）、義鑑と義武は隈本城で武力衝突に至り、親員は義武側の主力として奮戦したが、義武は敗走し、親員は義鑑に降伏した。その後は義鑑方として、義武と戦うことになった。

親員は、義鑑に降伏してからは大友家から離反することはなかったが、親員の後を継いだ親俊の子・鑑員が、守護復帰をもくろむ義武と通じて大友家を裏切り、大友義鎮の肥後攻めに敗れてしまう。その後、鹿子木家の動向は不明となり、歴史の表舞台から姿を消した。

鹿子木親員

かのこぎ・ちかかず

生没年 ？〜1549年（天文18）
出身 肥後国
主君 菊池義武→大友義鑑
死因 病死

◇菊池家最後の当主義武に仕える

鹿子木家は大友家の一族で、貞教が肥後国飽託郡鹿子木荘の地頭職を得て、鹿

土持親佐

つちもち・ちかすけ

生没年 不詳
出身 日向国
主君 特になし
死因 不明

◇伊東家と拮抗した名門の日向国人

土持家は田部氏を祖とする名門で、宇佐八幡宮が日向に進出した際、現地から

第8章
九州地方の氏族／九州地方の武将

641

派遣された神官で、そのまま日向国に土着した。

南北朝の争いでは足利尊氏の北朝方に属し、畠山直顕が九州に下向してくると直顕に従った。1350年（正平5・観応1）に勃発した幕府間の大規模な内訌、観応の擾乱で尊氏方についた土持家は、足利直義方についた日向国中央の伊東家と対立を深め、その対立は島津家が九州を平定する室町時代末期まで続くことになる。

親佐の生没年は不詳で、また家督を継いだ時期もわからない。応仁の乱が勃発した1467年（応仁1）の当主が全繁で、親佐はその3代目の当主である。

当時の日向国は、北方を土持家、中央を伊東家、南方を島津家が領有しており、親佐は島津家と結んで伊東家への挟撃態勢を築いていた。ところが、1495年（明応4）に伊東尹祐が島津家と和睦し、後顧の憂いをなくした伊東家が親佐に攻撃を仕掛けてきた。

翌年、夏田で対峙した両者の戦いは、親佐の勝利となった。このとき、どこからともなくおびただしい数の岩が空から降ってきて、伊東軍を撃退したという。神官を祖とする土持家らしい逸話である。その後も伊東家との対立は続いたが、1530年（享禄3）頃、高千穂の国人三田井家の調停により和睦が成立した。

だが、1535年（天文4）に土持家が伊東家を攻めたという記録があり、対立は続行されたようだ。親佐は、この頃に死没したらしい。

その後の土持家は、1578年（天正6）に大友宗麟との戦いに敗れ没落し、島津家の麾下に属して近世に至った。

北郷義久

ほんごう・よしひさ

生没年 不詳
出身 日向国
主君 島津貞久→島津氏久
死因 不明

◇水島の変で探題今川家と対立

北郷資忠の子。父の資忠は島津忠宗の6男で、尾張守の官位をもらって独立して北郷家を称したもので、北郷家は室町時代にあっては、新興の家柄である。

父の資忠は島津家の当主となった兄の島津貞久とともに足利尊氏にしたがい、戦功を認められて1352年（正平7・文和1）に日向国北郷に領土をあてがわれ、このときから北郷家を称した。

父の後を受けた義久は、1375年（天授1・永和1）、拠点を薩摩迫から都城に移し、領内支配を固めていった。

1371年（建徳2・応安4）に九州探題として今川了俊が下向してくると、貞久の子・氏久とともに了俊に臣従したが、1375年（天授1・永和1）に了俊が少弐冬資をだまし討ちにすると離反して、了俊の討伐対象となった。

1376年（天授2・永和2）、了俊の子・今川義範が、伊東家・北原家・土持家など日向の国人、肝付家・禰寝家など大隅の国人などの南九州勢を率いて都城に攻め寄せた。義久は弟の樺山音久らとともに今川軍を迎え撃ち、さらに氏久の援軍を得たが、今川の大軍に押され、弟の基忠や本田重親らの重臣を失い、自身も重傷を負う大敗を喫した。しかし、今川軍も相応の被害をこうむったため陣を退いて日向に帰った。その後も、島津本宗家に協力して今川軍や周辺国人と対立し、島津家の勢力拡大に貢献した。

肝付兼重

きもつき・かねしげ

生没年 不詳
出身 大隈国
主君 後醍醐天皇
死因 病死

◇九州南朝軍の勢力拡大に寄与

　肝付家は、冷泉天皇の968年（安和1）に、伴兼行が薩摩掾に任じられ、曾孫兼貞が大隅国肝属郡弁済使となったのが始まりだといわれる。兼重は、肝付家第8代当主。

　1336年（延元1・建武3）に後醍醐天皇に反旗を翻した足利尊氏が京を制圧し、天皇が吉野に逃れて南北朝時代がはじまると、兼重は後醍醐天皇の南朝方について、足利尊氏方の薩摩の守護・島津貞久と対立した。さらに、尊氏が日向守護に派遣した畠山直顕とも激しく対立し、南朝の九州での勢力拡大に寄与した。

　1336年（延元1・建武3）に、尊氏の命を受けた貞久が、兼重の日向三股院城の支城で、大隅の加世田城に攻め寄せた。兼重は自ら出陣し貞久軍を迎撃するが、加世田城は落城した。さらに、兼重不在の隙をついて、直顕が日向の櫛間城に攻め寄せ、兼重の家臣・野辺盛忠が奮戦しよく守ったが、櫛間城も落ちた。

　兼重は日向高城に移って直顕軍との戦いを続け、その間、南朝の懐良親王軍の先遣隊として三条泰季が薩摩に下向すると兼重軍の士気は上がり、4カ月の籠城戦の末にとうとう直顕を敗走させることに成功した。

　兼重の存在は南九州における南朝の主力であったが、島津も直顕も討てずに、やがて病没したという。兼重を失った南朝は、一時的に鳴りを潜めることになる。

伊集院忠国

いじゅういん・ただくに

生没年 不詳
出身 薩摩国
主君 懐良親王
死因 不明

◇島津一族唯一の南朝勢

　薩摩島津家の一族で、当初は足利尊氏陣営に属していたが、1337年（延元2・建武4）に南朝方の三条泰季が薩摩に来ると、忠国は主家の島津家に逆らって南朝に帰順した。

　そして、1342年（興国3・康永1）に征西将軍・懐良親王が薩摩へ下向してくると、忠国は一族100余騎を率いて親王のもとに参上し、以降は南九州の南朝軍の武力の要となった。九州に上陸したばかりの懐良親王の居城は、島津本宗家の本城である東福寺城の北方わずか4キロあまりのところだったため、忠国はさっそく兵を挙げ、日置郡で島津家久を破り、続いて島津方の武将・若松良意、江田良心を撃破、さらに島津実忠の居城を落城させるなど、快進撃を続けた。

　しかし、島津家当主の貞久が、九州南朝の柱である肥後菊池家と征西府の連絡ルートを遮断したことで、以降6年間、懐良親王は薩摩に足止めされてしまう。

　その間、忠国は何度も島津軍の攻撃を迎え撃っては撃退し、ときには前線で陣頭指揮を執って、南朝軍の勢力を押しとどめることに尽力した。

　1348年（正平3・貞和4）、懐良親王らが海路で肥後へ向かうときにも、島津軍の攻撃を一身に受けて無事に出航させている。その後も、南朝軍として幕府方の畠山直顕と交戦したが、以降の詳細は伝わっていない。

第8章

九州地方の氏族／九州地方の武将

643

伊集院頼久

いじゅういん・よりひさ

生没年 不詳
出身 薩摩国
主君 島津氏久→島津元久→島津久豊
死因 不明

◇奥州島津家の宗家認可に奔走

伊集院忠国の孫。祖父の忠国は南朝に与していたが、頼久の代になると、幕府方の九州探題・今川了俊の手腕により、九州の南朝勢は衰退の一途をたどっていた。また、奥州島津家の当主・島津氏久が、忠国の娘を正室としたことから、頼久は島津家と結んで南九州に独自の勢力を築いていた。

当時の島津家は、奥州家と総州家の2つに分かれてなにかと対立していたが、両家とも今川了俊の九州支配には反発していたので、両者は協調関係を保っていた。しかし、1395年（応永2）に了俊が九州探題を解任されると、両者は再び対立関係となり、頼久は、奥州家を継いだ島津元久に味方した。この島津家の内訌は容易に収拾がつかず、幕府が介入する事態となった。その結果、奥州家が島津家の宗家となり、元久が大隅、薩摩、日向の守護に補任された。このとき、頼久は上洛して幕府に元久の守護補任を嘆願、工作して、奥州家の宗家を認めさせたという。

頼久が上洛中に、薩摩の領国では居城の清敷城が、対立していた渋谷家に奪われてしまう事件が起こっていた。帰国した頼久は、元久の支援を受けて清敷城奪回に向かう。

ところが1411年（応永18）、この陣中で元久が病を発症して急死し、元久に後を継げる男子がいなかったため、島津家中で家督争いが勃発。そこで頼久は、自分の息子で元久の甥にあたる熙久を後継者に指名した。

この裁定に元久の弟・久豊が反発し、久豊は元久の葬儀中に位牌を奪うと、強引に家督を継承してしまった。

面目をつぶされた頼久は本拠の伊集院へ帰ると、久豊に対して挙兵した。そして奥州家と対立していた総州家の守久・久世父子を仲間に引き込み、対立していた渋谷家とも和解し、菱刈家ら薩摩国人も味方につけて一大勢力を築き上げた。

1413年（応永20）、久豊が菱刈に出陣した留守を狙い、頼久は鹿児島へ攻め込んで久豊方の清水城を攻略した。そこで兵を返した久豊軍と大激戦となり、頼久は敗退。頼久は自害を覚悟したが、吉田家、蒲生家のとりなしもあって、頼久は一命をとりとめ謹慎処分となった。

頼久は翌年、再び挙兵して麦生田で激突し、またしても頼久は敗れた。それでもあきらめない頼久は、さらに3年後の1417年（応永24）に三度めの兵を挙げる。さすがに三度めの敗戦は許されないと、頼久の攻撃は熾烈を極め、頼久軍は久豊軍を圧倒して勝利した。頼久は久豊を殺害しようとしたが、1413年（応永20）の戦いで、頼久が久豊に命を助けられたことを持ち出して吉田家が頼久を説得し、頼久も和睦に応じることになった。

しかし、頼久が和睦の条件として鹿児島の明け渡しを求めたため、久豊の家臣が激怒して頼久を急襲、敗れた頼久は島津家主導の和解を受け入れた。

島津家は、この頼久の反乱により、頼久方についていた国人を麾下に収めることにも成功し、島津家の躍進へつながるのである。

入来院重頼

いりきいん・しげより

生没年 不詳

出身 薩摩国

主君 懐良親王→今川了俊→島津元久

死因 不明

◇今川了俊からもっとも信頼された武力

　入来院家は、桓武平氏秩父党の渋谷家の一族で、鎌倉時代に入って薩摩北部一帯の地頭職を与えられ、入来院荘を本領としたため入来院を名乗った。

　南北朝の争いでは、入来院家は南朝側につき、重頼の父・重門は1372年（文中1）に島津家の嶺ヶ城攻略の際に戦死し、重頼が家督を継いだ。この際、重門の戦死に対して、征西宮・懐良親王から重頼に感状が送られた。

　重頼は、南朝方に立って幕府方の薩摩の守護・島津家と対立した。1375年（天授1・永和1）、九州探題・今川了俊が少弐冬資を謀殺すると、それに反発した島津氏久が九州探題から離反して南朝に降ったため、重頼は島津家に対向するため、今川了俊側に寝返った。

　重頼に対する了俊の信頼は厚かったようで、了俊から重頼に送られた書状は、現存するだけでも46通に及ぶ。重頼は幕府方に転じてからも各地を転戦し、1375年（天授1・永和1）には八代堺で南朝の主力・菊池武朝と戦い、1384年（元中1・至徳1）には肥後国二見、翌年には佐敷で南朝勢と戦火を交えて軍功を挙げた。

　了俊の九州平定がなり、1395年（応永2）に了俊が九州探題を解任されてからは、重頼は再び島津家との対立を深めていった。了俊がいなくなると島津家の攻勢が始まり、同年には島津元久と対峙し、これを撃退したが、1397年（応永

4）の元久の総攻撃を支えることができず、重頼は降伏を余儀なくされた。

　その後の入来院家は、ときには島津家と対立することもあったが、基本的には島津家家臣として重用され、豊臣秀吉の九州征伐の際にも、重時が島津家の軍勢に加わって徹底抗戦した。関ヶ原の戦いの後も入来郷の地頭職を与えられ、明治維新まで存続する。

護佐丸

ごさまる

生没年 ？～1458年（長禄2）

出身 琉球国

主君 尚巴志→尚泰久

死因 自害

◇琉球国統一の中心人物

　琉球国恩納村の山田城主の子に生まれたとされる琉球王国の武将。1416年（応永23）に、尚巴志が琉球統一を目指して北山討伐の兵を挙げると、護佐丸は尚巴志の軍に合流した。護佐丸は、800名の総大将を任され、海路を行く本隊に対して陸路を進む別動隊を指揮し、北山今帰仁城の攻略に大いに貢献した。

　その後も尚巴志の琉球統一戦にたびたび参戦して武勲を挙げ、尚巴志の信頼を得た。護佐丸は北山監守、座喜味城主、中城城主を歴任し、娘を尚巴志の息子・尚泰久に嫁がせ、尚家の重鎮に上り詰めた。1454年（享徳3）、尚家内で後継者争いが勃発し、尚泰久が6代国王に就任すると、岳父である護佐丸の影響力はますます強大化した。

　護佐丸とともに、当時、琉球王室内で急激に勢力をつけてきたのが阿麻和利という家臣だった。阿麻和利は倭寇を使った外交でのし上がってきた新興勢力で、やがて権力をめぐって護佐丸と対立する

第8章

九州地方の氏族／九州地方の武将

645

ようになった。

そして1458年（享徳7）、護佐丸の娘婿である国王・尚泰久が、阿麻和利を支持して護佐丸討伐の命を下し、阿麻和利を討伐隊の大将に任じて、護佐丸の館を攻めさせた。逆賊とされた護佐丸は、王府軍との合戦をよしとせずに、一切の抵抗もせずに自害して果てた。

阿只抜都
あきばつ

生没年 ？～1380年（天授6・康暦2）
出身 不明
主君 特になし
死因 戦死

◇ 高麗軍に射殺された倭寇の頭領

14世紀後半の倭寇の首領で、肥前松浦党の海賊とされる。倭寇とは、当時の朝鮮王朝である高麗を襲い、略奪を繰り返していた海賊である。阿只抜都の素性は不明だが、10代の少年だったという。

高麗は、当時の九州地方を支配していた懐良親王や、親王没落後に九州探題として勢力をふるった今川了俊などに倭寇の取り締まりを要請したが、南北朝の内乱の最中だったため、取り締まりも徹底されず、倭寇は野放し状態だった。

1380年（天授6・康暦2）、阿只抜都を首領に据えた海賊船が、高麗に向けて出航した。途中で対馬や壱岐の海賊も合流し、高麗に到着した頃には賊船は500隻にもなっていたという。

鎮浦港に上陸した阿只抜都は、白馬にまたがって軍勢を率い、長槍をふるいながら、対する高麗軍を次々と打倒していった。しかし、高麗の将軍・羅生が鎮浦港に残された倭寇の船を焼き討ちし、驚いた阿只抜都は船を調達するために南下を開始した。しかし、李成桂率いる大軍

がこれを阻み、阿只抜都軍は雲峰に封じ込められた。それでも阿只抜都軍は防戦に努め、高麗側にも多くの死傷者が出た。高麗軍を率いる李成桂は、大将である阿只抜都を殺さない限り勝てないと考え、ついに阿只抜都を射殺した。

阿只抜都を失った倭寇は、統率を失って瓦解し、全軍が敗滅した。

第 9 章

公家

五摂家	‥‥‥‥‥‥‥‥‥‥‥‥648
北畠家	‥‥‥‥‥‥‥‥‥‥‥654
三条家	‥‥‥‥‥‥‥‥‥‥‥663
花山院家	‥‥‥‥‥‥‥‥‥‥666
四条家	‥‥‥‥‥‥‥‥‥‥‥669
日野家	‥‥‥‥‥‥‥‥‥‥‥673
万里小路家	‥‥‥‥‥‥‥‥‥679
その他の公家	‥‥‥‥‥‥‥683

五摂家 （※家紋は一条家）

藤原北家の流れを汲む、公卿の中でも名門中の名門で、近衛家・九条家・鷹司家・一条家・二条家の五家をいう。天皇を補佐する摂政・関白を輩出する家で、原則としてこの五家以外からは就任できなかった（例外は豊臣秀吉・秀次父子）。室町時代には政治的な存在感を示すことは多くなかったが、有職故実に詳しく、朝廷儀礼の面で幕府を支えた。このうち一条家からは土佐に下向して同地で在地領主化して戦国大名へ成長を遂げた土佐一条家が出ている。

一条兼良

いちじょう・かねよし

生没年 1402年（応永9）〜1481年（文明13）
出身 山城国
主君 称光天皇→後花園天皇→後土御門天皇
死因 病死

◇応仁期に現れた多才の公卿

関白・一条経嗣の子。後花園天皇政権下で関白・太政大臣となった。名は「かねら」とも読む。「一天無双の才」と称された才人で、多くの書を著した。有職故実、古典の評釈、神道研究、和歌、連歌、能楽、仏教、儒学、政道論など、あらゆる方面の学識に通じて、「本朝三百年来、此才学なし」といわれた。また、著書『樵談治要』で、応仁の乱前後の情勢を、中国の春秋戦国時代になぞらえて戦国期と記したことで、戦国時代がはじまったともいわれている。

1412年（応永19）に病弱の兄・経輔に代わって家督を継ぎ、翌年に従三位とな

って公卿に列し、1446年（文安3）に太政大臣、翌年に関白に任命された。

1467年（応仁1）に応仁の乱が勃発すると、市街戦に巻き込まれて邸宅と書庫を焼失し、戦火を逃れて奈良、ついで斎藤妙椿の招きによって美濃へ落ちた。

その際に、兼良は嫡男の教房を土佐国幡多荘へ下向させ、教房の嫡男・政房を摂津国福原荘へ下向させている。これは、乱世にあって経済的に苦しくなったため、有名無実となっていた荘園の回復を目指したものだといわれている。教房は、そのまま土佐に残り、土佐の戦国大名・一条家の祖となった。

兼良は、奈良では『源氏物語』の注釈書『花鳥余情』を著し、美濃へ逃げたときには旅行記『藤河の記』を書いた。

当時の美濃の守護・土岐成頼は、応仁の乱に際して山名宗全率いる西軍に属して上洛中で、守護代の斎藤妙椿が美濃の経営を行っていた。『藤河の記』には、土岐家の居所革手城や斎藤家のことなどが

書かれており、史料としての価値が高い。

応仁の乱が終結すると、1477年（文明9）末に京へ戻り、9代将軍・足利義尚、その母・日野富子に庇護され、義尚には政治上の意見書となる『樵談治要』を贈呈し、富子の前では『源氏物語』を講じ、『小夜のねざめ』を贈った。兼良にはとにかく著書が多く、有識故実を記した『公事根源』、前述の『花鳥余情』の秘伝書といわれる『源語秘訣』、初心者向けの源氏物語注釈書『源氏和秘抄』、神道書『日本書紀纂疏』、歌学書『古今集童蒙抄』、『歌林良材集』、連歌書『連歌初学抄』などがある。

一条経嗣

いちじょう・つねつぐ

生没年 1358年（正平13・延文3）〜1418年（応永25）
出身 山城国
主君 後円融天皇→後小松天皇→称光天皇
死因 病死

◆後亀山天皇の尊号を特例として認める

関白・二条良基の子で、一条経通の養子となり一条家を継いだ。『公事根源』

や『樵談治要』などを著した関白・一条兼良の父。1392年（明徳3）の南北朝合一時には、従一位内大臣の地位にあり、後小松天皇を補佐した。

南北朝合一後、南朝対策として新たな問題が持ち上がった。合一の条件のひとつとして、南朝側は「譲国の儀」にのっとって三種の神器を北朝側に渡すとしていた。譲国の儀を行えば、南朝の後亀山天皇の即位は正式に認められることになり、3代将軍・足利義満はその条件をのんだうえで南北朝を合一したのだった。

そこで問題となったのが、後亀山天皇に対する尊号の宣下である。後亀山天皇が譲国の儀によって譲位したとなると、後亀山天皇に太上天皇の尊号を与えなければならない。しかし、後亀山天皇に太上天皇の尊号を与えるということは、南朝を正式な朝廷と認めることになるため、義満はその件に関する結論を延ばし延ばしにしていた。

しかし、1394年（明徳5）、後亀山天皇が義満を天竜寺に呼び出して会見した。その内容は明らかではないが、後亀山天皇が上皇の尊号宣下を要求したと考えら

第9章 公家／五摂家

五摂家略系図

```
基房
（藤原家）
                  兼経
基実 ————（2代略）——
（近衛家）          兼平
                  （鷹司家）

兼実 ————（2代略）—— 教実 ——（4代略）== 経教 ——○—— 政基
（九条家）                                ↗

                  実経 ——（4代略）== 経嗣 —— 兼良
                  （一条家）        ↗

                            経教

                  良実 ——○—— 道平 —— 良基 —— 経嗣
                  （二条家）                  └ 師嗣
```

649

れている。

　そこで義満は、朝廷の参議・菅原秀長に対応を指示し、秀長は経嗣に書状を送って指示をあおいできた。南北朝の合一は、じつは幕府と南朝が中心になってまとめたもので、当時、北朝はほとんど蚊帳の外という状況だった。経嗣は、義満が勝手に約束したことを不満に思っていたが、将軍からの依頼を拒否するわけにもいかない。経嗣は後亀山天皇に尊号を与える根拠となる先例を探したが見つからず、結局、経嗣は、後亀山天皇の件を特例として認めるという苦肉の策を打ち出し、秀長に詔書の草案を作成するように命じた。

　義満は秀長から草案を受け取ると、関白の二条師嗣に諮問して了承を得ただけで、後亀山天皇に尊号を与えてしまった。経嗣は朝廷の意思決定システムを無視した義満のやり方に対し、「かくのごとき大儀、勅問におよばず、群議に決せず、左右なく治定す。（中略）凡慮のおよぶところにあらざるか」（このような大問題を朝議だけでなく群議にもかけずに決定してしまった。（中略）凡人の考えである）と日記に書き付けて、不満をぶちまけている。

一条教房

いちじょう・のりふさ

生没年 1423年（応永30）〜1480年（文明12）
出身 山城国
主君 後花園天皇→後土御門天皇
死因 病死

◇戦国大名一条家の祖となった公家

　関白・一条兼良の嫡男で、後に戦国大名となる土佐一条家の祖。

　1467年（応仁1）に勃発した応仁の乱の戦火を逃れるために奈良の興福寺に疎開したが、続いて難を逃れてきた父の兼良に興福寺を譲り、自身は自領のある土佐国幡多荘へ下向した。当時は、難を逃れた公家が地方へ疎開するのは当たり前だったが、関白まで務めた教房の土佐下向は世間を驚かせたという。

　教房の土佐下向は、経済的にひっ迫していた一条家の財政を立て直すためだった。幡多荘は、一条家の所領のなかでも広域な荘園であり、南方交易による利益もあてにできる地だった。

　1468年（応仁2）に入国した教房は、加入見家など幡多荘の有力国人たちに官職を与えて従属させ、直務支配を実現させていった。元関白という肩書は相当に有効だったようで、幡多荘の者たちは教房の入国を歓迎したという。

　教房は、幡多荘の中心となる中村の街を、京にみたてて碁盤の目状に整備し、京都から祇園社や八幡宮を勧請するなど中村を京風の町に変え、中村はさながら小京都の趣であったという。

　教房は土佐で生涯を終えるが、その際には、その冥福を祈った国人たちがこぞって仏門に入ったという。

一条兼定

いちじょう・かねさだ

生没年 1543年（天文12）〜1585年（天正13）
出身 土佐国
主君 後奈良天皇→正親町天皇
死因 病死

◇土佐一条家の実質的な最後の当主

　土佐一条家の5代目当主。父の一条房基が早世したため、7歳で家督を継いだ。

　兼定が成長した頃の土佐は、守護の細川家の権威は失墜し、有力国人の長宗我部家が頭角を現していた。兼定は豊後の大友家と姻戚関係を結び、大友家の伊予

侵攻を支援し、また自らも伊予に侵攻した。しかし、中国地方で勢力をたくわえた毛利家が伊予の河野家を支援すると膠着状態となり、1568年（永禄11）には兼定が大敗を喫することもあった。

一条家は、それまで朝廷や、京都の本家と太いパイプを持っていたが、兼定の頃になると、朝廷も一条家も権威をほとんどなくしており、兼定は土佐の中央から東部を支配下に治めていた長宗我部家や、伊予の西園寺家などと抗争を繰り返し、独自に勢力伸長をはかっていった。

ところが、同盟を結んでいた安芸国虎が長宗我部元親に敗れたことで、兼定は長宗我部家の圧迫を受けるようになり、さらに自身を諫言した重臣の土居宗珊を殺害したことで人望を失い、その内紛に乗じて元親の介入を許し、1574年（天正2）、兼定は土佐を追放されてしまった。

大友家を頼って豊後に渡った兼定は、そこでキリシタンの洗礼を受けてドン・パウロの洗礼名を得た。1575年（天正3）には、幡多荘回復を目論んで元親に対決を挑んだが敗れ、土佐一条家は滅亡した。実際は、兼定の嫡男・内政が、長宗我部家の元で家督を継いではいるが、傀儡にすぎなかった。

九条経教

くじょう・つねのり

生没年 1331年（元弘1）～1400年（応永7）
出身 山城国
主君 光明天皇→崇光天皇→後光厳天皇→後円融天皇→後小松天皇
死因 病死

◇将軍義満に重用された関白

従一位関白・二条道平の子。連歌の大成者として知られる従一位関白太政大臣・二条良基は異母兄にあたる。興福寺

大乗院門跡の経覚は実子。

五摂家のひとつ九条家の当主・九条道教に子がいなかったため九条家に養子に入り、1349年（正平4・貞和5）の道教の死後、九条家の家督を継いだ。

1338年（延元3・暦応1）、従三位に叙されて公卿に列し、1344年（興国5・康永3）に正三位・権大納言、1347年（正平2・貞和3）には右大臣に進んだ。1349年（正平4・貞和5）には左大臣となり、以降11年にわたって同職にとどまり、1358年（正平13・延文3）には藤原氏長者となって関白に就任した。

北朝朝廷で順調に昇進した経教は、将軍家とも深くつながり、とくに3代将軍・足利義満に重用され、公家文化に関する義満の諮問に答えたり、義満が開く歌合に参加するなどして交流を深めた。1395年（応永2）に義満が出家すると、経教も義満にならって出家した。翌年、経教は子の前関白・忠基を後継とする遺誡をしたためたが、忠基に実子がいなかったため、次男の内大臣・教嗣をその猶子とするように定めた。

経教に関する有名なエピソードに、落雷の一件がある。1370年（建徳1・応安3）、経教の屋敷に落雷があり、2人が死亡した。このとき経教は、小狐丸という名刀を手にして落雷を打ち払ったという。

九条政基

くじょう・まさもと

生没年 1445年（文安2）～1516年（永正13）
出身 山城国
主君 後花園天皇→後土御門天皇
死因 病死

◇応仁の乱期の関白

関白・左大臣を務めた九条満教の子。のちに永正の錯乱といわれる細川家の内

訌を引き起こした管領・細川政元の養子・細川澄之は、政基の実子である。

五摂家の男子として昇進は順調で、1459年（長禄3）に元服すると、翌年には従三位・権中納言に任じられて公卿に列せられた。1465年（寛正6）、兄の九条政忠が隠居したため家督を継いだ。

1467年（応仁1）に応仁の乱が勃発すると、政基は戦乱を避けて近江坂本へ移ったが、その間も累進して1468年（応仁2）に正二位・右大臣に叙任され、1475年（文明7）には左大臣まで進んだ。1476年（文明8）に従一位に叙され、二条政嗣の後を受けて関白に任じられ、翌年、藤原氏長者となった。1479年（文明11）に引退し、1482年（文明14）に家督を子の尚経に譲った。

当時の公家は財政的に困窮している家が多く、五摂家といえども九条家も同様だった。あるとき政基は、自領の荘園からの年貢が滞っていたため、現地の代官を咎めた。代官が年貢を納めたと主張したため、政基は家人の唐橋在数が横領していると考え、在数に出仕停止を命じた。しかし、在数が命令を無視して九条邸への出入りを繰り返したため、1496年（明応5）、政基は子の尚経とともに在数を殺害してしまった。

政基はすでに政界を引退していたとはいえ元関白、尚経は将来の関白候補という現役の公卿、在数も正四位下・大学頭という現役の朝廷官僚であったため、事件は朝廷を揺るがすものとなった。在数の一族は政基父子の厳重処分を求め、朝廷は勅使をもって政基の取り調べにあたったが、結局、政基父子は出仕停止という軽い処分で済まされ、1498年（明応7）には赦免され、尚経はその後関白に就任した。

二条道平

にじょう・みちひら

生没年 1287年（弘安10）～1335年（建武2）
出身 山城国
主君 花園天皇→後醍醐天皇
死因 病死

◆ **後醍醐天皇に重用され元弘の乱に関与**

従一位関白・二条兼基の子。五摂家の嫡男として昇進を重ねた。花園天皇朝の関白、後醍醐天皇朝の関白を務めるなど、持明院統と大覚寺統の別なく重んじられたが、道平はどちらかといえば大覚寺統寄りの人物だった。

1331年（元弘1）、後醍醐天皇による倒幕計画が発覚し、京を抜け出して笠置山に拠った天皇が挙兵した。道平も、天皇の計画に関与していたが、笠置山には同行せず、乱の鎮圧後は日野俊基や北畠具行ら重罪とされた公卿ほど関与の度合いが低いとされ、父・兼基のもとに預けられる蟄居処分とされた。その際、子の良基も連座して、権中納言を罷免された。

1333年（元弘3）、隠岐に流されていた後醍醐天皇が島を脱出して名和長年らとともに挙兵すると、護良親王や楠木正成らが畿内で兵を挙げ、ついに六波羅探題を攻め滅ぼして京を制圧した。

道平は、上洛した後醍醐天皇から京に呼び戻され、天皇と相談のうえ、後醍醐天皇が皇位に復するに際して「重祚」ではなく「還御」の形にすることを決めた。道平は新政下で内覧に任じられ、その後も左大臣、東宮傅などを歴任し、また娘の栄子が天皇の女御になるなど、後醍醐天皇に重用された。

1335年（建武2）、足利尊氏が天皇に反旗を翻して建武の新政が破綻する直前に死去した。

二条良基

にじょう・よしもと

生没年 1320年（元応2）〜1388年（元中5・嘉慶2）

出身 三河国

主君 後醍醐天皇→光明天皇→崇光天皇→後光厳天皇→後小松天皇

死因 病死

◇模索した室町幕府との公武合体

従一位・関白左大臣・二条道平の子。朝廷が南北に分裂したあとは北朝に仕え、4代の天皇の摂政・関白を5度務めた。一方、文化人としても名高く、連歌文芸の大成者とされる。

1335年（建武2）に建武の新政が崩壊して翌年に足利尊氏が京を制圧すると、良基は京にとどまり、尊氏による光明天皇の擁立に尽力し、正二位・権大納言に叙任された。有職故実に明るかった良基は、北朝だけでなく幕府にも重用される存在となった。

1352年（正平7・文和1）、南朝軍が京に乱入し、北朝のもとにあった三種の神器を強奪するとともに、京にいた光厳上皇・光明上皇・崇光上皇という北朝の3上皇を拉致するという事件が起こった。当時は足利尊氏が弟の足利直義を討伐するために、北朝と南朝は形だけの和睦をしていたが、これにより和睦は破綻した。しかし、このときの和睦で天皇は南朝の後村上天皇に一本化されていたため、北朝側には天皇も上皇もおらず三種の神器もないという状況に陥ってしまった。新たに天皇を擁立するとしても、即位には三種の神器と院宣（あるいは宣命）が必要であり、その両方を欠いたまま即位した天皇はこれまでいなかった。前関白として朝廷に重きをなしていた良基は、幕府が探し出してきた光厳上皇の母である西園寺寧子を上皇の代理にして院宣を出させるという案を提示した。その際、良基は後鳥羽天皇が三種の神器がないまま即位した事例を引いて「尊氏が剣となり、良基が璽（勾玉）となればよい」と言ったと伝えられる。

こうして後光厳天皇が1352年（正平7・文和1）に即位し、即位に尽力した良基は、後光厳天皇の信頼を得た。1363年（正平18・貞治2）には関白に再任された。

その後も北朝の重鎮として幕府との関わりも深くなり、公家文化に傾倒していた3代将軍・足利義満は、有職故実や文化教養、公事礼儀に精通していた良基を重用し、良基は義満の公家作法の先生のような存在となり、その後の朝政を義満とともに支配するまでになった。1381年（弘和1・永徳1）には太政大臣に就任し、翌年には摂政、1388年（元中5・嘉慶2）には再度関白に任じられるなど、晩年にいたるまで朝廷に重んじられた。

良基は政治的に成功を収める一方、文化にも造詣が深く、なかでも連歌を大成させたとされる。連歌とは、和歌の上の句と下の句を複数人が交互に詠み連ねるもので、のちの俳句に連なる日本を代表する文化である。当時、連歌はすでに公家も武家も行っていたが、良基は応安新式という連歌のルールを制定して、連歌を文化活動に昇華させたのである。その集大成となるのが、全20巻に及ぶ『菟玖波集』だった。

また、義満とともに能楽者の観阿弥・世阿弥父子を庇護し、当時は下賤の遊びと見られていた能楽の芸術性を認めたことでも知られる。

北畠家

村上源氏の流れを汲む公家で、代々皇室に仕えた。北畠親房・顕家
父子は後醍醐天皇の側近として重用され、南北朝時代に南朝の主力
として活躍。南北朝合一まで一貫して南朝方として活動した。合一
後は幕府に恭順し、伊勢の国司として伊勢南部を支配した。伊勢国
内での北畠家の勢力は強く、大和の一部や志摩まで勢力を伸ばし
た。南朝の遺臣として満雅が幕府に反したことはあったが家名は存
続。戦国時代になって織田信長に滅ぼされた。

北畠親房

きたばたけ・ちかふさ

生没年 1293年（正応6）～1354年（正平
9・文和3）

出身 山城国

主君 花園天皇→後醍醐天皇→後村上天皇

死因 病死

◇ 後醍醐天皇に重用される

　正二位権大納言・北畠師重の子。北畠
家は村上源氏の流れを汲む、正二位権大
納言を極官とする名門。親房は1310年
（延慶3）に従三位・参議に叙任され公卿
に列した（当時の天皇は花園天皇）。

　1318年（文保2）に後醍醐天皇が即位
すると、天皇に取り立てられて側近とな
った。天皇の皇子・世良親王の養育係に
任じられるなど天皇の信任は厚かった
が、1324年（正中1）の天皇の倒幕計画
には参画しなかった。また、1330年（元
徳2）に世良親王が早世し、それを機に
親房は出家したため、1331年（元弘1）

の後醍醐天皇による倒幕挙兵にも参加し
なかった。

　1333年（元弘3）、後醍醐天皇による倒
幕挙兵は実を結び鎌倉幕府は滅亡し、建
武の新政がはじまると、親房は天皇に召
しだされ、政界に復帰した。後醍醐天皇
による建武の新政では重用されたが、後
醍醐天皇が武家の棟梁である足利尊氏や
そのほかの武将を重用したことには批判
的で、著書である『神皇正統記』で、
「尊氏の功績は認めるが、武人が高位高
官に昇るのは政治の乱れとなる。足利以
外の武家も多く昇進し、公家の世になっ
たと思ったのに、一層武士の世になって
しまった」と批判している。

　1333年（元弘3）の暮れ、嫡男の北畠
顕家が陸奥守に任じられて陸奥平定を任
されると、親房は顕家とともに後醍醐天
皇の皇子・義良親王（後の後村上天皇）
を奉じて陸奥へ下向、顕家とともに多賀
城に入って陸奥経営に尽力した。

　1335年（建武2）、北条得宗家の遺児・

北条時行が鎌倉奪還の兵を挙げた。時行の反乱を鎮圧するために尊氏が鎌倉へ下向したが、尊氏は時行軍を破ると京に戻らず、そのまま後醍醐天皇に反旗を翻した。このとき親房は、天皇が尊氏討伐の軍を送ろうとすると、「尊氏の不義が聞こえてきたとしても、事実が明らかでない限り罰するべきではない。罪が明らかでない者を罰するのは仁政に反する」といって天皇を諫めたという。

しかし尊氏の反乱が明らかになると、天皇は討伐軍の出陣を命じ、陸奥の顕家に対しても尊氏討伐の命が下り、親房は顕家とともに上洛して天皇と合流した。

◆一貫して南朝にしたがう

1336年（延元1・建武3）、尊氏が京を占領し、後醍醐天皇が吉野へ逃れると、親房は伊勢の水軍を掌握して大湊、尾張宮崎周辺を支配下に置き、陸奥へ戻った顕家に上洛を促し、尊氏らに対抗しようとした。しかし、西上した顕家が和泉石津で尊氏軍の高師直らに討ち取られ、新田義貞も越前で戦死すると、南朝の勢力は一気に弱まった。そこで、親房は奥州を統合して勢力の回復をはかろうと、1338年（延元3・暦応1）、2男の顕信・結城宗広・宗良親王らとともに伊勢大湊から海路で奥州を目指した。しかし、親房らの船団は出航後まもなく暴風雨に見舞われ難破し、一行は奥州入りを果たせず、親房はかろうじて常陸へ上陸した。親房は天皇方の常陸の国人・小田治久を頼って小田城へ入り、そこで奥州、関東各地の諸将に号令を下し、南朝勢力の拡充に努めた。同地で親房は、南朝の正統性を理論的にまとめた『神皇正統記』の執筆をはじめた。

当時の関東地方は尊氏によって鎌倉府が置かれて尊氏の支配下に置かれており、親房に従う者は少なかった。それに対し、尊氏は高師冬を親房討伐に差し向け、関東国人の佐竹義篤・烟田時幹・宮崎幹顕らが師冬軍に加わり、親房は徐々に圧迫され、1341年（興国2・暦応4）には小田治久が幕府軍に降って小田城は落城した。

落城寸前に治久の手引きで城を脱出した親房は、北方の関宗政を頼って関城に入った。親房は同じく南朝方の下妻家の大宝城と連携して幕府軍に対抗したが、1343年（興国4・康永2）、師冬軍に関城と大宝城を落とされ、関宗祐・宗政父子

北畠家略系図

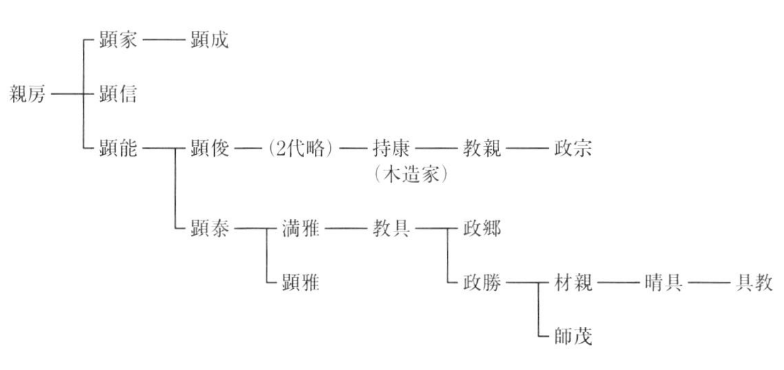

```
親房 ─┬─ 顕家 ── 顕成
      │
      ├─ 顕信
      │
      └─ 顕能 ─┬─ 顕俊 ──(2代略)── 持康 ── 教親 ── 政宗
               │                  （木造家）
               │
               └─ 顕泰 ─┬─ 満雅 ── 教具 ─┬─ 政郷
                        │                │
                        └─ 顕雅         └─ 政勝 ─┬─ 材親 ── 晴具 ── 具教
                                                 │
                                                 └─ 師茂
```

第9章 公家／北畠家

と下妻政泰は討ち取られ、親房は関東を離れて5年ぶりに吉野へ帰還した。

親房が常陸に行っている間に後醍醐天皇は崩御しており、後村上天皇が後を継いでいた。親房は南朝の指導者として再興を目指すことになる。

そして1347年（正平2・貞和3）、楠木正成の遺児・楠木正行が幕府方の山名時氏、細川顕氏らを破って河内を制圧した。しかし、翌年に高師直・師泰兄弟が攻めてくると、親房は主力決戦を命じて正行を出陣させたが、四條畷の戦いで正行軍は敗れて自害した。師直軍は余勢をかって吉野の行宮にも攻め寄せたため、親房は後村上天皇らとともに吉野から逃げ出し、賀名生に本拠地を移した。

正行を失った南朝軍は再び劣勢に陥るが、その直後から幕府内で大規模な内訌が勃発し（観応の擾乱）、1351年（正平6・観応2）、尊氏が対立する弟の足利直義の討伐のために南朝へ降伏を申し出ると、親房はこれを受け入れた。そして尊氏が直義討伐のために京を離れた隙をついて京に侵攻して足利義詮を追放し、京を占領した。親房にとっては18年ぶりの帰京だった。しかし、義詮が態勢を立て直して攻め寄せると敗れ、親房は再び賀名生へ戻った。その後、親房は病を得て、1354年（正平9・文和3）に死去した。

北畠顕家

きたばたけ・あきいえ

生没年 1318年（文保2）～1338年（延元3・暦応1）

出身 京都

主君 後醍醐天皇

死因 戦死

◇ 蛮勇をふるう北方の貴族

後醍醐天皇の側近・北畠親房の長男。

1330年（元徳2）、父の親房が出家引退したため、12歳の若さで家督を継いだ。1331年（元弘1）に正四位上・参議に叙任され公卿に列した。

1333年（元弘3）に鎌倉幕府が滅び、後醍醐天皇による建武の新政がはじまると後醍醐天皇に出仕し、正三位・左近衛中将に任官された。同年、陸奥守を与えられ、10歳に満たない義良親王（のちの後村上天皇）を奉じて、父の親房とともに陸奥に下向し、多賀国府に入って奥州の旧幕府軍の掃討にあたった。

1335年（建武2）、北条高時の遺児・北条時行が挙兵し、鎌倉を守っていた尊氏の弟・直義が敗れ、救援のために尊氏が鎌倉へ下った。すると尊氏は、鎌倉で後醍醐天皇に反旗を翻し、討伐にきた新田義貞軍を倒して西上を開始した。顕家は鎮守府将軍に任じられるとともに天皇から上洛の命を受け、結城宗広ら10万余騎を率いて鎌倉へ進軍した。顕家は、関東の尊氏方の武将・斯波家長、佐竹貞義らを破って鎌倉を占拠し、義貞軍を追撃する尊氏軍を追尾西上した。

顕家は急ぎ京へ上り義貞軍と合流し、3万騎を率いて山科の尊氏に攻め寄せ、尊氏軍を破り、尊氏は九州へ敗走した。

◇ 最期まで後醍醐天皇に尽くした忠臣

京を回復した顕家は、再び陸奥に戻ったが、陸奥の国人たちの間にも後醍醐天皇政権に対する不満は高まっており、尊氏方に寝返った国人たちが、顕家の拠点である多賀国府に攻め寄せた。1336年（延元1・建武3）6月、尊氏が京を制圧し、同年12月に後醍醐天皇が吉野に逃れると、再び天皇から尊氏討伐の命令が下された。しかし、奥州の尊氏方に攻められていた顕家は、なかなか上洛することができず、顕家がようやく上洛の途につ

656

いたのは、1337年（延元2・建武4）8月のことだった。

西上を開始した顕家軍は、北関東を突破して鎌倉に攻め寄せ、尊氏の嫡男・義詮を追い、斯波家長を討ち取った。そのまま顕家は駿河・遠江・三河を難なく突破し、美濃の青野原で尊氏方の土岐頼遠らと激突したが、この戦いにも勝利した顕家はさらに西に兵を進めた。

しかし、顕家軍も大損害を被り、また、高師直・師泰軍が近江に入ったことを知らされた顕家は、近江を避けて北畠家の本拠地であり、父・親房がいる伊勢に入った。伊勢から京を目指すために大和に入った顕家は、南下してきた高師直配下の桃井直常軍に敗れて河内に逃れた。さらに高師直が大軍を率いて和泉石津に進出して布陣した。このとき顕家は、後醍醐天皇に対し、天皇の新政を批判した上奏文をしたためたという。

そして1338年（延元3・暦応1）5月、石津に陣取る師直軍との戦いに敗れ、顕家は戦死した。

北畠顕信
きたばたけ・あきのぶ

生没年 不詳
出身 伊勢国
主君 後醍醐天皇→後村上天皇
死因 不明

◇ 東北南朝の最後の砦

北畠親房の2男で、北畠顕家の弟。伊勢北畠家の初代となった。

1336年（建武3）、足利尊氏の入京によって比叡山に逃れていた後醍醐天皇が尊氏と和睦して下山したが、このとき顕信は伊勢の国司に任じられて同国への下向を命じられた。当時の伊勢には、尊氏方の畠山高国が守護に任じられており、顕

信は同年、高国討伐の兵を挙げた。

しかし、京に入った天皇が尊氏によって花山院に幽閉されたことを知ると伊勢を離れ、同年末の後醍醐天皇脱出に力を貸し、吉野への還幸に尽力した。

その後は再び伊勢に戻って高国軍と戦い、1338年（延元3・暦応1）に奥州で戦っていた兄の顕家が後醍醐天皇の命を受けて西上し伊勢に入国すると顕家軍を迎え入れ、兄とともに伊賀・大和・河内・和泉を転戦した。京への侵攻を画策する顕家は自身は河内に逃れ、顕信を別働隊として山城男山に派遣し、顕信は近江から南下してくる高師直軍を迎え撃った。しかし、師直軍は男山を避けて和泉に転戦していた顕家軍に襲いかかり、顕家は戦死した。

同年、顕信は、顕家に代わって鎮守府将軍に任じられて、父の親房とともに奥州へ下向し、南朝勢力の回復をはかろうとした。陸路は幕府方に押さえられていたため、顕信らは伊勢大湊から海路、陸奥へ向かった。

しかし、この船団は途中の暴風雨で壊滅してしまい、顕信は伊勢へ戻されてしまう。しかし、顕信はあきらめず、翌年に陸奥へ向かい、葛西清貞の葛西城に入り、奥州の南朝方の主力である南部政長と合流して、幕府方の奥州管領・石塔義房と対峙した。

しかし、1343年（興国4・康永2）に父・親房の拠った常陸国関城と、南朝方の大宝城が落城して関東の南朝勢が壊滅すると、顕信は劣勢を強いられた。さらに、幕府から吉良義貞、畠山高国の両将が奥州に派遣されると追いつめられ、1352年（正平7・観応3）には多賀城を攻略され、南下して宇津峰城に撤退した。しかし、翌年には吉良貞家に攻められて宇津峰城

第9章 公家／北畠家

は落城、顕信は出羽へ逃げ込んだ。

　葛西清貞、南部政長、伊達行朝と、顕信とともに戦い続けた諸将も相次いで死没し、奥州の南朝勢力は衰退し、奥州はその後、幕府方の3武将の権力争いの場となり、顕信の消息は絶えた。

北畠顕能
きたばたけ・あきよし

生没年	不詳
出身	不明
主君	後醍醐天皇→後村上天皇
死因	不明

◇常に主戦論を唱える南朝の武断派

　北畠親房の3男。新田義貞ら中心人物を失ったあとの南朝の京における武力の中心として活躍した。

　1338年（延元3・建武5）、次兄の北畠顕信が、長兄の北畠顕家に代わって鎮守府将軍に任命されると、顕信の後を受けて伊勢の国司に任じられた。父の親房と顕信らが、義良親王を奉じて海路で奥州へ向かうと、顕能は伊勢に残り、南朝の守備についた。しかし、南朝軍は徐々に勢力を衰退させていき、1342年（興国3・康永1）には拠点だった玉丸城を、幕府方の仁木義長軍に落とされ、顕能は北上して多気郡に逃れて霧山城を築いて新たな本拠地とした。

　1351年（正平6・観応2）、幕府内で足利尊氏と足利直義の対立が激化し、直義が尊氏に背いて京を出奔すると、尊氏は直義討伐のために南朝と一時的に和睦して鎌倉へ出陣した。

　幕府の混乱と尊氏の留守を好機と見た南朝軍は1352年（正平7・観応3）、関東で新田義貞の子・義宗と義興兄弟が挙兵し、顕能は楠木正儀・千種顕経らとともに京へ向けて進軍した。

　京へ侵攻した顕能らは、京を守っていた細川清氏・土岐頼貞らを相手に勝利をおさめ、摂津・伊賀・大和を転戦して勝利を重ね、吉田河原・神楽岡の戦いで足利義詮を敗走させて京を奪還し、さらに北上して近江堅田で佐々木秀綱を討ち取るなど、いくつもの軍功を挙げた。さらに顕能は、北朝の御所に入って崇光上皇・光明法皇・光厳法皇・直仁親王らを偽って連れ出し、南朝朝廷の重臣・四条隆資とともに北朝の皇太子と3人の上皇を吉野へ拉致した。

　1カ月後、近江で態勢を建て直した義詮軍が京を奪還し、顕能らは山城男山へ撤退した。そこに義詮軍が追撃し、男山は包囲され、南朝軍は約50日にわたって籠城したが敗北を喫し、この戦いで四条隆資・三条雅賢らが討ち取られた。顕能はからくも脱出したが、その後の顕能の軍事活動の記録は残されていない。

北畠顕泰
きたばたけ・あきやす

生没年	不詳
出身	伊勢国
主君	後亀山天皇→足利義満
死因	不明

◇南北朝合一のときの伊勢北畠家当主

　北畠顕能の2男。父・顕能の死後、家督を継いだと考えられるが、その時期は不明。現存する顕泰の国司発給文書の最初は1392年（明徳3）だから、南北朝が合一する前後に伊勢国司に任命されたようだ。

　顕泰は南朝勢力として、伊勢の掌握に努めており、幕府方の伊勢の守護・土岐家と合戦を繰り広げた。しかし、1391年（元中8・明徳2）に、南朝最後の砦として期待されていた肥後八代城が落城し、

翌年、南朝の後亀山天皇は3代将軍・足利義満と和睦し、56年にわたって続いた南北朝の抗争に決着がつけられた。

顕泰は南北朝の合一がなった当初も、南朝の元号だった元中を使い続けるなど和睦に反発したが、やがて幕府に恭順し、伊勢の国司としての地位を安堵され、伊勢南部の領有を認められた。

1399年（応永6）、中国地方の有力守護・大内義弘が幕府に反して兵を挙げ、堺に上陸して堺城にこもった。顕泰は幕府の討伐軍として堺に出陣し、子の満泰を戦死で失うが武功を挙げ、義満から伊賀の半国と近江の甲賀郡を与えられた。以降、伊勢北畠家は、戦国時代まで伊勢の半国守護として君臨することになる。

北畠満雅

きたばたけ・みつまさ

生没年 ？～1428年（正長1）

出身 伊勢国

主君 足利義持→後亀山上皇→足利義持

死因 戦死

◇北朝の不義に伊勢国で挙兵

北畠顕泰の2男。長兄の満泰が、大内義弘と幕府軍が戦った応永の乱（1399年）で戦死していたため、満雅が家督を継いだ。

1410年（応永17）、北朝に帰順していた南朝最後の天皇・後亀山上皇が京を出奔して吉野に入る事件が起こった。これは、幕府と北朝が和睦の条件である両統迭立を履行しなかったことへの抗議であった。そして1415年（応永22）、満雅は後亀山上皇に呼応する形で幕府に反して、後亀山上皇の皇子・小倉宮を奉じて兵を挙げた（1414年とする説もある）。

満雅の挙兵に接し、旧南朝の重臣・楠木家や反対勢力の関家らが呼応し、幕府

方の木造城を攻めた。木造城は満雅の従兄弟にあたる木造俊康の居城である。急襲を受けた俊康は防戦一方となり、木造城は落城。満雅は一族の北畠雅俊を城代として木造城に入れた。

木造家は満雅の父である顕泰の兄・顕俊が幕府に帰順して興した家である。俊康は1395年（応永2）に足利義満の太政大臣拝賀の儀式に参列したりするなど、伊勢北畠家とは違って南北朝合一後は幕府に恭順していた。

満雅は大河内城に弟の顕雅を入れ、さらに伊勢国内の各城に一族を配し、自らは阿坂城で指揮を執った。

満雅のもとには、神戸家、国府家、峰家、加太家などの伊勢の国人衆も加わり、勢力を拡大した。満雅の挙兵は単なる反乱ではなく、南朝再興を掲げた反乱だったから、幕府もこれを看過できず、翌年には一色義範を総大将に、土岐持益ら討伐軍を進発させた。その軍勢は5万にも及んだという。

この大軍に、まず木造城の雅俊が敗走し、阿坂城を包囲されてしまう。このとき、幕府軍は阿坂城の水源を断とうと画策した。それを察知した満雅の重臣・鳥屋尾重澄は、表に出てきて白米で馬を洗い、城内に水が豊富であることを見せつけ、幕府の画策を断念させたという。

幕府の大軍を相手に満雅は奮戦し、幕府軍は阿坂城を落城させることはできなかった。幕府は後亀山上皇に使者を送り、上皇を仲介にして同年、満雅は幕府と和睦した。そして翌年には後亀山上皇も京に戻った。

しかし、満雅の反乱は終わらなかった。1423年（応永30）、鎌倉公方の足利持氏が、幕府の扶持衆として関東に下っていた小栗家と桃井家を攻め滅ぼして、

第9章

公家／北畠家

659

幕府と対立するようになったが、関東の情勢を知った満雅は、再び挙兵した。

このときの挙兵は、持氏が幕府に謝罪したことで満雅も矛を収めたが、1428年（正長1）、称光天皇の後にまたもや北朝の後花園天皇が即位したことで、満雅は小倉宮を奉じてみたび挙兵した。

これに対し、6代将軍・義教は、細川家、仁木家、一色家、土岐家など幕府の主力メンバーを先遣させ、赤松満祐、山名宗全を後詰に配置し、万全の態勢を整えた。満雅は、幕府軍を迎え撃ったが、土岐持頼軍との戦いで敗死した。満雅の首は京の足利義教のもとへ届けられ、「賊首」として六条河原にさらされた。

満雅の戦死後も、反対勢力の抵抗は続いたが、弟の顕雅が幕府と和睦し、伊勢北畠家の反乱はようやく収束した。

北畠顕雅

きたばたけ・あきまさ

生没年	不詳
出身	伊勢国
主君	北畠満雅→足利義教
死因	不明

◇北畠家の危機を救った大河内家の祖

北畠顕泰の3男。1415年（応永22）、次兄の満雅が、両統迭立の約束を反故にした幕府に反旗を翻したとき、顕雅も同調し、伊勢大河内城に入って抗戦の態度を鮮明にした。楠木家や関家などの旧南朝軍も蜂起して伊勢は騒然となったが、翌年、後亀山法皇のとりなしもあって、顕雅らは幕府と和睦した。

1428年（正長1）、顕雅は再び満雅とともに幕府に反して挙兵し、この反乱で満雅が攻め滅ぼされてしまった。その後も幕府は反乱軍の鎮圧を徹底し、顕雅は幕府の護持僧だった三宝院満済と播磨の守

護・赤松満祐を仲介に幕府と和睦。顕雅は1430年（永享2）に、6代将軍・足利義教に銭貨三千疋や太刀、馬を献上し、将軍への謁見が許され、旧領の一志郡、飯高郡を安堵された。また、満雅の嫡男・教具の家督相続も認められた。

顕雅は、翌年に義教が伊勢神宮に参拝したときには将軍に供奉するなど、徐々に幕府との距離を縮めていった。

その甲斐あって、義教は伊勢国の運営を伊勢の国司・北畠家に任せ、守護の土岐世保家を罷免した。さらに、国司の嫡流が途絶えたときには、北畠家の庶流・大河内家から養子を入れて国司家を継がせることができるようになった。

1441年（嘉吉1）に、赤松満祐が義教を殺害する嘉吉の変が起こったとき、満祐の嫡男・教康が伊勢に逃亡し、顕雅を頼ってきた。幕府との連携で家名安泰を実現してきた顕雅は、対処に困った挙句、教康を誅殺したという。

北畠教具

きたばたけ・のりとも

生没年	1423年（応永30）～1471年（文明3）
出身	伊勢国
主君	足利義教→足利義政
死因	病死

◇応仁の乱勃発にも沈黙を守り通す

北畠満雅の嫡男。父の満雅が1428年（正長1）に幕府に反して戦死すると、叔父の顕雅の尽力もあって家督相続を認められた。幼かった教具は顕雅の補佐を受けながら、19歳になったときに正式に伊勢国司に任命された。1441年（嘉吉1）の嘉吉の変で、6代将軍・足利義教を殺害した赤松満祐の嫡男・教康が、幕府の追討から伊勢へ逃げてきたときには、叔父の顕雅と協議して幕府への臣従を示す

ために、教康を誅殺した。

　当時、伊勢には守護として一色家が補任されていたが、教具は伊勢の国司として伊勢南部を領有し、一色家の影響力は限定的だった。北畠家は伊勢国司として伊勢を代表する武家となったが本来、国司は朝廷の役職であり、教具も公家として最終的には正二位・中納言に叙任されたが、朝廷に出仕することはなかった。

　1467年（応仁1）に応仁の乱が勃発すると、教具のもとにも東西両軍から参戦の打診が届いたが、教具は中立を守り、兵を出さなかった。同年、将軍・足利義政やその正室・日野富子らと対立した義政の弟・足利義視が東軍の陣所から遁走し、教具を頼って伊勢に下向してきた。教具は伊賀に入って義視を出迎え、伊勢丹生に屋敷を造って義視の逗留場所とした。このとき、将軍の義政は、義視の滞在費用として教具に対して伊勢国内の半済を認める沙汰を下し、教具を支援した。同年、義政の度重なる帰還依頼を受けた義視は京に戻った。

　1468年（応仁2）、一色家に代わって伊勢の守護となり、北伊勢に入っていた土岐政康が、教具に認められていた半済を勝手に執行していたため、教具は北伊勢に侵攻して政康を攻め、政康方の上箕田城・林崎城・柳城を落とし、わずか10日間ほどで政康の居城・楠原城を攻略し、政康を討ち取った。

　教具は和歌や連歌など文化にも造詣が深く、当代随一の文化人であった一条兼良や宗祇とも交流し、教具は宗祇を伊勢に招いて連歌会を催すこともあった。

　教具は応仁の乱には最後までどちらにも与することなく、乱が終結する前の1471年（文明3）に死去した。

北畠政勝

きたばたけ・まさかつ

生没年 ？～1508年（永正5）
出身 伊勢国
主君 足利義政→足利義尚
死因 病死

◇北伊勢進出をはかって大敗を喫す

　北畠教具の子で、1471年（文明3）に家督を継承。当時は応仁の乱が繰り広げられていた時代で、父の教具は応仁の乱には不介入を貫いたが、政勝は1472年（文明4）に東軍に加担して木津に出陣し、西軍方の大内軍を攻撃した。

　応仁の乱が終結すると、伊勢ではかつての守護・一色家と土岐家が没落し、1478年（文明10）、政勝は北伊勢への進出を図るようになった。これに、安濃郡の国人・長野政高が激しく抵抗した。

　政高は周辺国人らを味方につけ、政勝は幾度も合戦を繰り返したが決着はつかなかった。1480年（文明12）、政勝は「当家安否之境」というほどの大敗を喫し、自領に撤退することもかなわず、家臣の神戸貞盛の拠る神戸城に籠城した。結局、政高とは和睦し、北伊勢への進出は見送られた。

　政勝は仏教への関心が強く、1486年（文明18）に「無外逸方」と号して出家し、嫡男の具方（材親）に家督を譲った。このとき、政勝は40歳前後だったといわれる。

　一方、政勝は中央の公家から敬遠されていたらしい。父教具は従二位権大納言、嫡男の具方は正三位権大納言であるのに対し、政勝は従四位上右近衛権中将までしか出世せず、それすらも「中将になれたのは何かの間違いだ」と言われる始末だったという。

第9章

公家／北畠家

661

北畠材親

きたばたけ・きちか

生没年 1468年（応仁2）～1517年（永正14）
出身 伊勢国
主君 足利義尚→足利義稙→足利義澄
死因 病死

❖被官同士の対立が一族内乱へ発展

　北畠政勝の嫡男。1486年（文明18）に父・政勝が出家したことで家督を継ぎ、伊勢の守護に補任された。ただし、政勝も政界を引退したわけではなく、材親との二頭体制を取った。

　材親が家督を継いだ頃、南伊勢で山田地区と宇治地区の神人の対立が激化し、しばしば材親のもとに仲裁の依頼が届いた。山田、宇治は伊勢神宮の神領であり、国司・守護の権限が及ばなかったため、材親は仲裁に消極的だったが、山田の神人の横暴が激しくなると、材親は宇治の神人の要請を受けて出陣した。

　山田に侵攻してきた材親軍に対し、山田の神人らは一揆を形成して迎撃したが、1493年（明応2）、材親は山田軍が拠る磯城を落とし、神人の対立を収めた。

　1495年（明応4）、大宮勝直、高柳方幸ら材親の重臣11名が、北畠家被官の佐々木秀盛、稲生光遠の追放を要求するクーデターを起こし、材親はその要求を容れて秀盛と光遠を追放した。しかし、追放された秀盛らは、材親の弟・北畠師茂を擁立して挙兵し、さらに一族の木造城主・木造政宗が秀盛方に呼応して兵を挙げたため、北畠家中は内乱状態に陥った。

　この内訌に対し、出家引退していた父の政勝が調停に入り、師茂が切腹させられて材親方の勝利に終わったが、その結果、木造家と対立することになり、北畠家の勢力は衰退することになった。

北畠晴具

きたばたけ・はるとも

生没年 1503年（文亀3）～1563年（永禄6）
出身 伊勢国
主君 足利義晴→足利義輝
死因 病死

❖伊勢国周辺を制覇し戦国大名へ

　北畠材親の嫡男。弓馬の達人であり、一方で和歌にも造詣が深い文武両道の武将だった。1521年（大永1）には多気御所で、細川高国らと600番の歌合を催し、翌年には連歌師宗長を招いて連歌の興行を行っている。

　1529年（享禄2）、高国と義晴が家臣の三好勝長と柳本賢治に攻められ、高国が晴具に援軍を求めるために伊勢まで下向してくると、高国のために北畠家館跡に庭園を造り、2年後、高国とともに摂津へ侵攻した。この戦いで高国が討ち死にし、義晴は京から近江に遁走し、中央政界は混乱をきたした。

　そうしたなか、晴具は積極的に自領拡大をはかった。天文年間（1532～1555年）に鳥羽志摩城を落とし、小浜家、安楽島家、浦家らを降伏させて志摩を制覇した。さらに大和に進出し、吉野・宇智を支配下に置き、紀伊の尾鷲・新宮を占領、十津川まで勢力圏内に広げた。

　また、伊勢国内では北伊勢を抑えていた国人の長野藤定と抗争を繰り広げた。ただ、長野家に勝利を収めるのは、嫡子具教の代に持ち越される。

三条家

藤原北家の支流。公家の中では五摂家に次ぐ家格をもつ「清華家」のひとつ。三条西家・正親町三条家・姉小路家は、三条家から分かれた支流になる。極官が太政大臣という名門で、室町時代になっても代々の天皇の側近として近侍した。実量が、没落していた赤松家の再興に関わるなど幕府との距離も近かった。室町時代末期、公頼が突然死去したため一時断絶したが、三条西家から養子を入れることで家名は存続した。

三条公忠

さんじょう・きんただ

生没年 1325年（元亨5）～1383年（弘和3・永徳3）

出身 山城国

主君 光明天皇→崇光天皇→後光厳天皇→後円融天皇

死因 病死

◇後円融天皇との不和

従一位・内大臣の三条実忠の子。生後直後に従五位下に叙される。1333年（元弘3）に後醍醐天皇と鎌倉幕府が対立すると、父の実忠は後醍醐天皇側につき、朝廷が南北に分裂したときは北朝側についたため、公忠も北朝に残って昇進を重ね、1337年（延元2・建武4）に従三位、1339年（延元4・暦応2）に正三位に昇った。公忠が参議に任じられた記録はないが、この頃参議になったと考えられている。公忠はその後も累進して、最終的には1360年（正平15・延文5）に内大臣に昇り、その2年後に内大臣を辞して従一位に叙された。その後は散位のまま在京した。

1371年（建徳2・応安4）、娘の三条厳子が後円融天皇の後宮に入り、1377年（天授3・永和3）に天皇の嫡男となる幹仁親王（のちの後小松天皇）を生んだ。こうして公忠は、将来の天皇の外戚という地位を手に入れた。

しかし、当時は3代将軍・足利義満を頂点とする武家の勢力が強まっていた時代であり、地位と名誉だけでは生きていけなかった。公忠も、地方の荘園を次々に武家に横領され、経済的に困窮していた。そこで公忠は1381年（弘和1・永徳1）、洛中の土地を後円融天皇から譲渡してもらおうと画策した。当時、京の土地を下賜される場合には、将軍の義満を仲介役にして天皇に綸旨を出してもらうという不文律が一般化しており、公忠も通例どおり義満を通して天皇に土地の譲渡を願った。ところが後円融天皇は、天皇

の外戚である公忠までも武家にすりよる態度をとったことに立腹し、後宮の厳子を通して公忠を詰問した。驚いた公忠はあわてて申請を取り下げたという。

こうしたことから、公忠と後円融天皇との関係は悪く、公忠はその日記に天皇を批判する記事を書いている。

三条実冬

さんじょう・さねふゆ

生没年	1354年（正平9・文和3）～1411年（応永18）
出身	山城国
主君	後光厳天皇→後円融天皇→後小松天皇
死因	病死

◇天皇の外戚として太政大臣に就任

従一位・内大臣の三条公忠の子。後小松天皇の生母である三条厳子は異母姉にあたり、後小松天皇は実冬の甥である。

前内大臣という肩書きをもつ父・公忠の後押しもあって若くして昇進を重ね、1367年（正平22・貞治6）にはわずか13歳で従三位に叙され公卿に列し、1375年（天授1・永和1）には従二位・権中納言に叙任された。

1381年（天授7・康暦3）、大納言の席がひとつ空いたため、実冬は大納言就任を望んだが、3代将軍・足利義満に取り入った花山院通定が義満の推挙を得て新たな大納言に就任した。実冬は権大納言

にとどまり、通定のやり方に憤怒した。また、1383年（弘和3・永徳3）、義満の怒りを買った実冬は、義満の許しを得るために家宝である源有仁自筆の『節会次第』を義満に献じるという屈辱を味わった。

1387年（元中4・嘉慶1）、後小松天皇が元服すると、天皇の外戚として昇進を重ね、1395年（応永2）に内大臣、1399年（応永6）には従一位・左大臣に進んだ。そして1402年（応永9）、三条家としては三条実重（実冬の曽祖父）以来80余年ぶりの太政大臣に就任した。

三条実量

さんじょう・さねかず

生没年	1415年（応永22）～1483年（文明15）
出身	山城国
主君	後花園天皇→後土御門天皇
死因	病死

◇赤松家の再興に力を貸した公卿

従一位・右大臣の三条公冬の子。生後すぐに叙爵され、1429年（正長2）に従三位に上って公卿に列した。その後も順調に昇進して、1432年（永享4）に権大納言、1440年（永享12）に正二位、1450年（宝徳2）には内大臣まで進んだ。

1457年（長禄1）頃、内大臣を辞していた実量のところに、実量の食客だった石見太郎左衛門という人物が訪ねてき

三条家略系図

```
┌ 公房 ──── 実親 ──── （4代略）──── 公忠 ──── 実冬 ──── 公冬 ──── 実量 ┐
│ （三条家）                                                            │
├ 公宣                                                                  │
│ （姉小路家）                                      └ 公敦 ──── 実香 ──── 公頼
└ 公氏
  （正親町三条家）
```

664

た。石見はもともと、1441年（嘉吉1）の嘉吉の変で滅ぼされた赤松家の家臣で、赤松家の旧臣たちとともに赤松家の再興をめざしていた。有職故実に長けていた実量は朝廷に重んじられただけでなく、幕府とも良好な関係を築いており、赤松家の旧臣たちの頼りにされたのだった。

石見たちは、旧南朝勢力によって奪われていた三種の神器のひとつである神璽を奪い返すことを条件に、赤松家の再興を図ろうとした。実量はその旨をまず朝廷の後花園天皇に諮問して許しを得ると、次に幕府に伺いを立てた。当時の管領で幕府の実力者であった細川勝元は、赤松家の旧領を支配している山名家の弱体化を図り、実量の話を受け入れた。こうして1458年（長禄2）、赤松家の旧臣たちが旧南朝勢力から神璽を奪還し、赤松家の再興が果たされたのだった。

その後、実量は1459年（長禄3）に左大臣まで昇進したが翌年に辞任、応仁の乱が勃発した1467年（応仁1）に出家して、家督を子の公敦に譲った。

三条公頼

さんじょう・きんより

生没年	1495年（明応4）〜1551年（天文20）
出身	不明
主君	後柏原天皇→後奈良天皇→正親町天皇
死因	殺害

◇陶隆房の下剋上に巻き込まれて戦死

従一位・太政大臣・三条実香の子。娘のひとりは武田信玄の正室・三条夫人となり、長女は細川晴元の正室となった。また、晴元の養女で、本願寺顕如の室となった如春尼も公頼の娘である。

1511年（永正8）に従四位下・左近衛権中将に叙任され、1514年（永正11）には従三位・権中納言となり公卿に列した。

1536年（天文5）、甲斐の守護である武田信虎の嫡男・武田晴信（信玄）の元服が行われた際には、正二位・権大納言だった公頼が天皇の勅使として甲斐に下向し、元服式に参加した。

1541年（天文10）に内大臣、1543年（天文12）には右大臣に進み、1546年（天文15）には左大臣、その翌年には従一位に叙任された。

1551年（天文20）、公頼は周防・長門・石見など5カ国の守護・大内義隆を頼って周防に下向した。当時、三条家は周防国内の深川荘を領有しており、義隆とは以前から面識があったのである。しかし、公頼が周防に滞在していたとき、義隆の重臣である陶隆房が謀反を起こし、義隆の住む大内館に攻め寄せた。公頼も義隆とともに館を脱出し、深川荘へ避難しようとしたが、陶軍に追いつかれて殺害された。

公頼には子がおらず、また予想もしない死であったため養子もとっておらず、三条家は公頼の代で一時断絶してしまった。

花山院家

藤原北家の支流で、五摂家に次ぐ家格を有する「清華家」のひとつ。鎌倉時代に2家に分かれ、南北朝時代には嫡流は北朝、支流は南朝に属した。南朝に属した師賢は後醍醐天皇の寵愛を得て、その子・家賢も南朝の重臣として活動した。師賢の系統は長親の代に南北朝合一となり、北朝に恭順し、長親の代で断絶したが、北朝に仕えていた嫡流はその後も存続し、他家から養子を入れながら明治維新の時代まで続いた。

花山院師賢

かざんいん・もろかた

生没年	1301年（正安3）〜1332年（元弘2）
出身	山城国
主君	花園天皇→後醍醐天皇
死因	病死

◆ 後醍醐天皇に寵愛され倒幕に助力

大納言・花山院師信の子。1302年（乾元1）に叙爵後、父が花園天皇の寵愛を受けていたことからスピード昇進し、1316年（正和5）に従三位、翌1317年（文保1）には参議に任じられた。当初は父とともに持明院統に奉仕していたが、1318年（文保2）に大覚寺統の後醍醐天皇が践祚したあとも天皇に重用され、1319年（元応1）に正三位、1326年（嘉暦1）には権大納言に昇進した。

1324年（正中1）、後醍醐天皇の最初の倒幕計画が暴露された正中の変が起こったときは、師賢もその密議に参加していたとされる。しかし、正中の変は鎌倉幕府が穏便に事を収めたため、師賢に嫌疑がかかることはなく、その後も後醍醐天皇の側近として供奉し、1327年（嘉暦2）に正二位、1329年（嘉暦4）には大納言に進んだ。その間も、後醍醐天皇の倒幕活動を助けた。

1331年（元弘1）、後醍醐天皇は倒幕計画を実行に移すべく京を脱出したが、師賢もこのとき天皇の奈良東大寺行きに随行した。その途次、天皇の命を受けた師賢は、天皇のふりをして比叡山にのぼり、衆徒を天皇方にすることに成功した。

幕府方の六波羅探題は、師賢を後醍醐天皇と見誤り比叡山に押し寄せたが、衆徒の抵抗が激しく容易に落とすことができなかった。しかし、師賢の変装がばれたことで比叡山の衆徒が戦をやめてしまったため、師賢は山を下りて笠置山に拠っていた後醍醐天皇のもとへ奔った。

しかし、比叡山との戦いをやめた六波羅探題勢に笠置山は包囲され、1カ月

後、笠置山は陥落、師賢は幕府軍に捕らえられた。

翌1332年（元弘2）、師賢は幕府によって遠流とされ、下総に流され、千葉貞胤に預けられることになったが、同年10月、病に倒れて死去した。死後、後醍醐天皇によって太政大臣を追贈された。

花山院家賢

かざんいん・いえかた

生没年	？〜1366年（正平21・貞治5）
出身	山城国
主君	後醍醐天皇→光明天皇→後村上天皇
死因	病死

❖南朝と北朝を往来して昇進を重ねる

正二位・大納言・花山院師賢の子。家賢の家系は花山院家の嫡流ではなく庶流にあたる。

父・師賢は1331年（元弘1）に後醍醐天皇とともに倒幕の兵を挙げたが、笠置山の戦いに敗れ、天皇を逃したあとに鎌倉幕府に捕らえられて下総に配流され、翌年に病没した。

父は没後に太政大臣を追贈されるほどの後醍醐天皇の側近だったため、家賢も天皇に重用され、鎌倉幕府が倒れて後醍醐天皇による建武の親政がはじまると、1335年（建武2）に侍従に取り立てられた。

翌1336年（建武3）、前年に後醍醐天皇

からの離反を表明した足利尊氏が、鎌倉から西上して京に乱入した。天皇方の新田義貞や北畠顕家の奮戦により、尊氏軍は九州へと逃亡したが、態勢を立て直した尊氏は約半年後に、再び上洛して京を制圧。後醍醐天皇は比叡山へ逃亡し、同年末に吉野へ下向して南朝を樹立した。

このとき家賢は後醍醐天皇には従わず、尊氏が擁立した光明天皇のもとに出仕した。1348年（正平3・貞和4）に参議に任じられ、1352年（正平7・文和1）に権中納言となった。同年、南朝軍が京を制圧して光明上皇ら北朝方の上皇3人を拉致する事件が起こり、後光厳天皇が新たに即位すると出仕をとめられ、1354年（正平9・文和3）に京を出奔して南朝に鞍替えした。南朝の後村上天皇政権下では権大納言に任じられ、正二位に叙されて内大臣まで昇進するなど取り立てられた。

花山院長親

かざんいん・ながちか

生没年	？〜1429年（永享1）
出身	不明
主君	後村上天皇→長慶天皇→後亀山天皇→後小松天皇
死因	病死

❖和歌に秀でて将軍家にも重用される

花山院家賢の子。祖父の花山院師賢は

第9章 公家／花山院家

花山院家略系図

```
師実 ─┬─ 師通 ─── (2代略) ─┬─ 基実
      │   (藤原家)           │   (近衛家)
      │                      │
      │                      └─ 兼実
      │                          (九条家)
      │
      └─ 家忠 ─── (4代略) ─┬─ 忠顕
          (花山院家)         │
                            └─ 師継 ─── 師信 ─── 師賢 ─── 家賢 ─── 長親
```

667

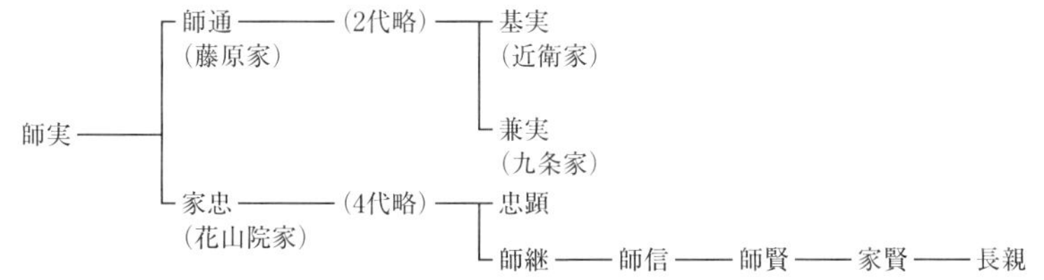

後醍醐天皇の側近で、天皇の倒幕運動に深く関わった。

父・家賢とともに南朝に出仕し、1362年（正平17・貞治1）に従三位・権中納言に叙任された。和歌にすぐれ、後村上天皇の東宮・寛成親王（のちの長慶天皇）の和歌師範のような役割をにない、1368年（正平23・応安1）に後村上天皇が崩御して長慶天皇が践祚すると重用された。長慶朝では、宗良親王が吉野に帰還した1374年（文中3・応安7）以降、盛んに歌合が開かれており、長親もよく参加し、この頃権大納言に昇った。長親は南朝の勅撰和歌集である『新葉和歌集』の編纂にも携わり（選者は宗良親王）、『新葉和歌集』が完成した1381年（弘和1・永徳1）頃に従一位・内大臣まで昇進したとされる。

1392年（元中9・明徳3）、南北朝合一を目前にして出家し、上洛して東山に隠棲した。

南北朝合一後は、和歌の才能を買われて3代将軍・足利義満の信任を得て後小松朝に出仕した。4代将軍・足利義持にも重用され、長親は多くの『源氏物語』の注釈書を義持に献上しており、また1418年（応永25）の義持の伊勢神宮参詣にも同行した。長親はこのときの様子を『耕雲紀行』という著書にまとめている。

四条家

藤原北家の支流。代々公卿に列せられる「羽林家」の家格を有する名門公家。極官は大納言。鎌倉時代末期に2家に分裂し、房名の系統が北朝に、隆親の系統が南朝に仕えるようになった。隆親の系統からは、後醍醐天皇の側近として活躍し、公卿でありながら戦死した隆資が出たが、南朝が北朝に吸収された際に断絶した。一方、房名の系統は一貫して北朝に仕えて室町・戦国期を生き抜き明治維新を迎える。

四条隆資

しじょう・たかすけ

生没年 1292年（正応5）〜1352年（正平7・文和1）

出身 山城国

主君 後醍醐天皇→後村上天皇

死因 戦死

◇正中の変から倒幕運動に参加

南北朝時代の南朝方の公卿。後醍醐天皇の皇太子時代からの側近で、天皇の第一次倒幕計画である正中の変の際には、後醍醐天皇与党としてこれに参加した。しかし計画が露見すると、日野資朝がその責任を引き受けてくれたため、隆資にまで累が及ぶことはなかった。

1327年（嘉暦2）に参議に昇進して公卿となり、1330年（元徳2）には正三位・検非違使別当に任じられる。その間も後醍醐天皇とともに倒幕の準備を進め、天皇が同年に興福寺と延暦寺に行幸した際にはこれに同行し、南都北嶺の僧

兵を味方につけるための事前工作をしている。

しかし、1331年（元弘1）、後醍醐天皇側近の吉田定房が計画を六波羅探題に密告したことにより計画が露顕、天皇が大和へ脱出すると、隆資は千種忠顕や万里小路藤房らとともに同行した。天皇一行が笠置山に入ると、隆資は赤坂城で天皇を迎えるための準備をするために護良親王とともに一足先に出発したが、その間に笠置山は陥落、天皇以下側近たちが捕縛されてしまった。

その後、隆資は幕府の捜索の手からなんとか逃げ延び、隠岐に流された後醍醐天皇の脱出まで、剃髪して幕府の追っ手から身をかわしながら地下に潜って活動した。

1333年（元弘3）、後醍醐天皇が隠岐を脱出して伯耆船上山に入ると、各地で反幕府軍が蜂起し、新田義貞が鎌倉を落とし、足利尊氏が京を制圧して、鎌倉幕府は滅びた。

第9章 公家／四条家

669

◆公卿の身で戦場に立つ

　隆資は京に戻った後醍醐天皇のもとに参じ、再び出仕した。建武の新政下では後醍醐天皇に重用され、従二位・権大納言に叙任され、恩賞方や雑訴決断所の筆頭として政務をとって親政を支えた。

　しかし、建武の新政は失政が続いて崩壊し、尊氏の離反につながり、天皇方と尊氏方との間で戦争が勃発、南北朝の動乱がはじまった。隆資は公家出身でありながら天皇軍の一武将として戦場に立ち、1336年（建武3）に九州に落ち延びていた尊氏が京に攻め上ってきたときは、楠木正成・新田義貞軍の後詰めとして、500余騎を率いて八幡に布陣した。同年、後醍醐天皇が吉野に脱出すると同行し、北畠親房とともに天皇側近のなかでも重臣のひとりとして天皇を支えた。

　1339年（延元4）、後醍醐天皇が崩御し、その後を後醍醐天皇の皇子・後村上天皇が継承した。後村上天皇は即位当時は11歳の幼君だったため、後醍醐天皇の側近中の側近だった隆資が、洞院実世とともに南朝政権をになうことになった。

　1348年（正平3・貞和4）、幕府軍は吉野の南朝追討を決め、高師直・師泰兄弟を筆頭に細川顕氏・山名時氏などの軍勢で組織する大軍を派遣し、途中の河内四條畷で南朝方の楠木正行・正時兄弟、和田賢秀らと合戦に及んだ。このとき隆資

も河内飯盛山に布陣して、幕府軍と戦ったが、南朝軍は惨敗。四條畷を突破した幕府軍は、吉野に攻め寄せた。四條畷に主力を投入していた南朝軍はなすすべなく、幕府軍は吉野の朝廷に放火して、隆資は後村上天皇らとともに吉野を捨てて、さらに奥地の賀名生へ逃亡した。賀名生への遷幸を提言したのは隆資だったという。

◆北朝側からも一目置かれた武勇

　1351年（正平6・観応2）、尊氏と足利直義との対立が武力抗争へと発展すると、まず直義が南朝への帰順を申し出てきた。このとき、直義の書状を仲介したのが隆資だった。直義が政変によって京を追われると、直義との和議は反故となったが、今度は直義討伐のために鎌倉へ下ることになった尊氏から帰順の申し入れがあった。尊氏にとっては、京を留守にしている間の京の治安を維持するための一時的な和睦にすぎなかった。後村上天皇側近として、隆資はこの講和の周旋に尽力し、尊氏が京からいなくなった機会をとらえて翌年（正平7、文和1）2月、南朝軍を京に乱入させて尊氏の子・義詮を追放し、京を制圧した。隆資は17年ぶりに京の地に戻り、あとは賀名生を出て男山八幡に移っていた後村上天皇を凱旋させるだけとなった。

　しかし、近江に逃亡した義詮は早急に

四条家略系図

```
隆実 ─── 隆資 ─┬─ 隆量
                ├─ 隆貞
                ├─ 隆俊
                └─ 隆保
```

軍勢を整えると反撃に転じ、同年5月、後村上天皇以下の南朝軍は足利義詮軍によって男山八幡（山城国）の行在所を包囲された。このとき、南朝軍の主力だった楠木正儀と和田正忠は河内に転戦しており、男山八幡の防備は手薄だった。そのうえ食料にも欠乏しており、逃亡する兵が続出するありさまで、北畠顕能（親房の子）の腹心だった湯河庄司もこれを機に義詮軍に寝返ってしまった。隆資は後村上天皇を夜陰に乗じて逃してから義詮軍と戦ったが、ついに討ち取られてしまった。

　公卿でありながら南朝軍の武将として戦っていた隆資は、幕府内でも一目置かれる存在であり、その戦死の報は伊予で南朝軍と戦っていた伊予の守護・河野氏のもとにも届けられたという。

四条隆貞

しじょう・たかさだ

生没年	不詳
出身	山城国
主君	後醍醐天皇
死因	不明

◇護良親王の令旨を発する

　四条隆資の子。父・隆資とともに後醍醐天皇に仕えた。1331年（元弘1）、天皇の2度めの倒幕計画である元弘の変の際には父とともに参画し、同年、比叡山から下りてきて還俗した護良親王の侍従となった。

　天皇の計画は再び露見し、天皇は幕府軍の追及を逃れて京を脱出して大和笠置山に入ったが、そのとき隆貞は護良親王とともに、これに同行した。

　しかし、幕府軍が笠置山を包囲し、陥落も目前となったとき、隆貞は父の隆資と主君の護良親王とともに笠置山を先に

脱出し、天皇方について挙兵した楠木正成が拠る赤坂城へ向かい、天皇を迎える準備をすることになった。しかし、その間に笠置山は陥落、後醍醐天皇は捕らえられ、その他の公卿も幽閉された。その中には、隆貞の兄弟である隆量もいた。隆量はその後の行方がわからず、日野俊基や北畠具行とともに処刑されたものと考えられている。

　天皇方が一網打尽にされるなか、隆貞は護良親王とともに赤坂城から脱出し、その後も親王と行動をともにした。護良親王は幕府軍からの追及を逃れて、各地で幕府追討の令旨を発して軍勢を集めることに専念したが、このとき親王の令旨を発していたのが侍従の隆貞だった。

　鎌倉幕府が滅びて建武の新政がはじまると、護良親王は足利尊氏を警戒して京には入らず、信貴山にこもって軍勢を集めはじめた。隆貞も入京せずに護良親王に従ったが、親王が尊氏方に捕らえられたあとは消息を絶った。

四条隆俊

しじょう・たかとし

生没年	？～1373年（文中2・応安6）
出身	山城国
主君	後醍醐天皇→後村上天皇→長慶天皇
死因	戦死

◇父の遺志を継いだ武闘派公卿

　四条隆資の子。父・隆資とともに南朝に仕え、1351年（正平6・観応2）に足利尊氏が南朝に帰順して、南朝が一時期京に凱旋したときは検非違使別当に補任された。

　1352年（正平7、文和1）に男山八幡で、父・隆資が足利義詮軍との戦いで戦死したため、家督を継いだ。その後は父の遺志を受け継ぎ、一貫して南朝方に与

第9章　公家／四条家

671

し、父と同様に戦場にも出陣。楠木正成の子・楠木正儀とともに南朝軍の支柱として活躍した。

1353年（正平8・文和2）、賀名生の南朝御所を出て紀伊に入った隆俊は、熊野の土豪らを糾合して、弟の隆保とともに同地で挙兵し、熊野の軍勢とともに京に攻め上った。途中、河内で楠木正儀軍と合流した隆資は、宇治から入京。同年に南朝に帰順していた山名時氏・師氏父子が北から乱入し、また足利直冬軍も播磨方面から京へ攻め寄せて隆俊軍らに合流し、南朝軍は戦局を優位に進めて、足利義詮を再び追放して、ついに京を奪還した。

隆俊は戦功が認められて大納言に昇進し、天皇が入京するまでの京の全権を委託された。

しかし、播磨に逃亡した義詮は、同地の守護・赤松則祐とともにすぐさま反撃を開始し、京はみたび幕府軍に占拠され、隆俊以下の南朝軍は追放された。このときの戦いで、隆俊の弟・隆保は討ち取られた。

その後も隆俊は、大納言という公卿の上席で後村上天皇を輔弼する一方で、各地を転戦し、1355年（正平10・文和4）には、前年にまたしても京を奪還されていた義詮が京への進軍を開始すると、隆俊は八幡に布陣して神南で迎撃するが敗れた。

1359年（正平14・延文4）、賀名生から河内の天野山金剛寺に行宮を移していた後村上天皇のもとに幕府軍が攻め寄せると、隆俊はいちはやく天皇を連れ出して楠木家の菩提寺である河内の観心寺に行宮を移した。そして楠木正儀が赤坂城に拠り、隆俊は紀伊に入って幕府軍と戦った。1361年（正平16・康安1）には、そ

の年に南朝に帰順してきた細川清氏と楠木正儀とともに京へ侵攻するが敗れている。

1368年（正平23・応安1）に後村上天皇が崩御したあとは長慶天皇に仕え、幕府との戦いを続行した。しかし、その翌年、主力として南朝軍を支えていた楠木正儀が北朝に転じ、1373年（文中2・応安6）、北朝軍となった楠木正儀が天野山金剛寺に攻め寄せ、この戦いで戦死した。隆俊の死により、四条家の嫡流は断絶した。

日野家

藤原北家の支流。鎌倉時代までは儒学を家業とする目立たない公家のひとつだったが、日野資朝が後醍醐天皇の倒幕運動に関わって名を上げた。3代将軍・足利義満が日野家の娘を正室にして以来、代々の将軍に日野家の娘が嫁ぐようになって権勢を得た。3代将軍・足利義満以降、一族から5人の将軍正室が出て、将軍家の縁戚として室町幕府内で重用された。幕府の衰退とともに没落したが、家名は存続し明治維新を迎える。

日野資朝

ひの・すけとも

生没年 1290年（正応3）～1332年（正慶1・元弘2）

出身 山城国

主君 花園天皇→後醍醐天皇

死因 斬首

❖ 逸話から感じられる資朝の気概

持明院統の花園天皇の蔵人となり、1318年（文保2）に大覚寺統の後醍醐天皇が即位した後も花園上皇に仕えたが、しだいに後醍醐天皇にも重用されるようになった。

資朝は先進的な公家で、いくつもの逸話が残っている。

あるとき、静然上人という老僧が参内したとき、上人の腰は曲がり眉まで白髪に覆われ、いかにも徳が高そうな風体に見えた。それを、西園寺実衡が「まことに尊いお姿です」と言うと、資朝は「ただ年老いただけですよ」と返し、後日、

老いたむく犬を実衡に送りつけ、「尊く見えますな」と皮肉った。

また、持明院統の重臣・京極為兼が鎌倉幕府と対立して逮捕され、六波羅探題に連行されるのを目撃した資朝は、「世に処して、かくの如くありたい」と羨ましがったという。

資朝は、古い価値観にとらわれず、新しい秩序を作りだそうという気概や、伝統に媚びない先鋭的な感覚の持ち主であり、そのために後醍醐天皇に重用されたという。

❖ 倒幕に賛同し、正中の変で流罪

後醍醐天皇は、それまでの家格を無視した実力主義の人材登用を推し進め、資朝もその恩恵に賜った。

後醍醐天皇に抜擢されてから、左兵衛督、参議となり、文章博士兼山城権守、検非違使別当を務め、1324年（元亨4）に権中納言に登用された。

そして、後醍醐天皇の倒幕運動にも早くから関わり、やがて日野俊基とともに

673

中心的な役割を担うようになる。

資朝は俊基とともに、無礼講と呼ばれた遊宴を催し、その席の中で倒幕の密儀を繰り返した。

資朝らは、1324年（元亨4）9月末に行われる北野神社の祭礼を、挙兵のときと決めた。人が大勢集まるその祭礼には、六波羅探題からも警護が駆り出され、探題の警護が手薄になる。そこを一気に攻め立て、同時に比叡山らの僧兵に命じて鎌倉からやってくるであろう幕府軍を迎撃するつもりだったらしい。

しかし、この計画は事前に漏れ、六波羅探題の知るところとなってしまう。首謀者とされた資朝は、六波羅探題に拘束され、佐渡に配流となった。

このとき同じく逮捕された日野俊基は容疑不十分で赦免されたが、資朝は許されず、京へ戻ることはできなかった。

このとき、旗振り役の後醍醐天皇はお咎めなしだった。これは、資朝と俊基が一身に罪をかぶり、後醍醐天皇をかばったためだといわれている。

資朝と俊基を失った後醍醐天皇ではあったが、倒幕を諦めたわけではなかった。1331年（元弘1）、後醍醐天皇は再び倒幕の計画を実行する。ところが、今度の計画も六波羅探題に知られてしまい、

今度こそ後醍醐天皇は罪を問われて隠岐へ配流された。

そして、その余波は佐渡に拘束されていた資朝の運命を決する。幕府は将来の禍根を断つために、佐渡守護本間入道泰宣に命じて、資朝は斬首された。

死を前にした資朝は、

　　五蘊に仮に形を成し
　　四大今空に帰す
　　首をもって白刃に当つ
　　截断す一陣の風

と辞世の句を残した。

日野俊基

ひの・としもと

生没年 ？～1332年（正慶1・元弘2）
出身 山城国
主君 後醍醐天皇
死因 斬首

◇倒幕計画を首謀した気鋭の公卿

後醍醐天皇が即位した1318年（文保2）の頃から仕え、蔵人に任命される。後醍醐天皇とは宋学を通じて緊密な関係を保ち、倒幕運動にも早くから関わっていた。

後醍醐天皇の命を受けて、山伏姿に変装して各地へ至り、畿内において軍事拠点となるような場所、また、幕府に批判

日野家略系図

```
俊光─┬資名─時光─┬資康─┬重光──────┬義資──重政─┬勝光
　　　│　　　　　　│　　　│　　　　　　　│　　　　　　　│
　　　└資朝　　　　│　　　└─────栄子─┤宗子　　　　　└富子
　　　　　　　　　　│　　　　　　　　　　　│　　　　　　　　　　┬義尚
　　　　　　　　　　│　　　　　　　　　　　│
　　　　　　　　　　└康子　　　　　　　　　│
　　　　　　　　　　　　　　　　　　　　　　│
　　　　　　　　　　足利義満─義持　　　　　│
　　　　　　　　　　　　　　　　　　　　　　│
　　　　　　　　　　資教──有光　　　　　　└義教──────義政
```

的な武士たちの経済力や軍事力を調査したといわれる。

このとき、多くの反北条氏の武士と対面したといわれ、美濃の土岐頼遠、多治見国長、船木頼原と接近しており、また関東まで出向いて新田義貞にも接触したとされる。

そして、後醍醐天皇が倒幕計画を練るための密会として催した、無礼講（また破仏講とも）と称する遊宴の会にも参加していた。そもそも、この会の発案者が、俊基だとする説もある。

だが、土岐頼員が、寝物語で妻に計画を漏らしてしまう。その妻の父が六波羅探題の奉行だったことから、計画は六波羅探題の知るところとなった。

俊基は1324年（元亨4）に、首謀者の1人として捕縛されて鎌倉へ送られることになった。

このときは嫌疑不十分で赦免されたが、1331年（元弘1）に再び倒幕計画が露見して、俊基は六波羅探題に捕らえられた。

俊基は2度目の逮捕で死を覚悟し、道中、休息した菊川の宿で、

　　古もかかるためしを菊川の
　　同じ流れに身をや沈めん

と、柱に書きつけた。

その後俊基は鎌倉に送られ、1332年（元弘2）、幕命により斬首された。

明治維新後、南朝が正統とされると倒幕の功労者として認められ、従三位が追贈された。

日野資名

ひの・すけな

生没年 1287年（弘安10）～1338年（延元3・暦応1）

出身 山城国

主君 伏見天皇→後伏見天皇→後二条天皇→花園天皇→光厳天皇

死因 病死

◇尊氏と光厳上皇を結びつける

正二位・大納言・日野俊光の子。弟に日野資朝がいる。資朝とともに後醍醐天皇に仕えた日野俊基は一族だが、遠い縁戚にあたる。

1296年（永仁4）に叙爵されて朝廷に出仕し、1315年（正和4）に正四位上にのぼり参議に任じられて公卿に列した。花園天皇朝で累進したため持明院統に属し、皇太子時代の光厳天皇の側近となった。大覚寺統の後醍醐天皇が践祚すると権中納言を解任された。1331年（元弘1）、後醍醐天皇が倒幕計画の暴露によって皇位を廃された際、資名は光厳天皇の践祚のために後醍醐天皇からの三種の神器の譲渡に関して尽力したという。

1333年（元弘3）、後醍醐天皇が倒幕の兵を挙げ、京の六波羅探題は足利尊氏軍によって攻め滅ぼされた。資名は、六波羅探題南方の北条時益らとともに、光厳天皇・後伏見上皇・花園上皇を擁して京を脱出した。しかし、倒幕軍に近江で追いつかれて北条軍は全滅、資名は出家して倒幕軍に降った。

1335年（建武2）、北条家の遺児・北条時行が兵を挙げた中先代の乱が勃発した。この反乱に公卿の西園寺公宗が関わっていたとされて捕縛されたが、資名の娘が公宗に嫁いでいたため、資名も疑われて逮捕された。しかし、この乱をきっ

第9章

公家／日野家

675

かけに足利尊氏が後醍醐天皇に反旗を翻したため、尊氏によって赦免された。

翌年、尊氏が後醍醐天皇と戦うための大義名分として、後醍醐天皇から「上皇待遇」として遇されていた光厳上皇の院宣を得ようと考えた。上皇側近だった資名は、光厳上皇と尊氏の仲をとりもち、上皇に新田義貞追討の院宣を出させることに成功し、それを尊氏のもとに届けた。この働きによって資名は尊氏の知遇を得て、のちの日野家の隆盛のもとを築いた。

日野義資

ひの・よしすけ

生没年	1397年（応永4）～1434年（永享6）
出身	山城国
主君	称光天皇→後花園天皇
死因	暗殺

◇将軍・義教と不和になり没落

日野重光の子。妹の宗子は、6代将軍・足利義教の正室となり、もうひとりの妹・重子は義教の側室となった。

叔母の日野康子が3代将軍・足利義満の正室であるとともに後小松天皇の准母となったことから、義満に引き立てられ、義満を烏帽子親として元服した。そのため若くして出世し、1414年（応永21）に権右中弁・蔵人となって朝廷に出仕し、1416年（応永23）に蔵人頭、1419年（応永26）には権中納言に昇進し、参議に任ぜられた。

義満の後を継いだ4代将軍・足利義持にも重用され、1428年（応永35）に義持の死を前にして義教が還俗したときには、義教は義資の邸宅に移っている。義教が6代将軍に就任すると、妹の宗子を正室として送り込むことに成功した。

しかし、義教は妻となった宗子と不仲

で、妻の実家である日野家とも折り合いが悪くなり、義資が近江国と三河国にもっていた荘園を取り上げられ、義資は義教に蟄居を命じられた。

1434年（永享6）2月、義教の側室の重子が、義教の嫡男となる義勝を生んだ。当時、義資は蟄居中の身だったが、次期将軍候補の男子の誕生を祝って、義資邸には多くの公家や僧侶が駆けつけた。しかし、これが義教の怒りを買い、訪問した者のうち60人以上が処分される事態になった。

そして同年6月、義資邸に強盗が押し入り、義資は殺害され、義資の首まで持ち去られたという。死後、義資の所領はすべて義教の寵愛を受けていた烏丸資任に与えられ、2月の事件の記憶も新しく、洛中では義資が義教に暗殺されたとするうわさが飛び交ったという。

日野有光

ひの・ありみつ

生没年	1387年（元中4・嘉慶1）～1443年（嘉吉3）
出身	山城国
主君	称光天皇
死因	戦死

◇天皇御所を襲い神璽を奪い去る

権大納言・日野資教の子。叔母の日野業子は足利義満の御台所となり、義理の妹に称光天皇の生母で、後花園天皇の准母となった日野西資子がいる。

将軍家と皇室の縁戚である有光は、1421年（応永28）に権大納言に任じられ、1425年（応永32）に従一位に叙されるなど、順調に出世を遂げた。しかし、従一位に叙された翌月に出家した。有光の出家は、将軍・足利義持の強い意向があってのもので、有光の意に反するもの

だったといわれる。

義持死後に将軍に就任した足利義教は、日野家の幕政介入を嫌ったため、有光も遠ざけられ、1432年（永享4）には、義教の怒りを買って、日野家代々の能登国若山荘を取り上げられ、さらに2年後に再び義教の勘気に触れたため、有光は京を出奔した。

1443年（嘉吉3）、有光は子の資親とともに兵を挙げ、天皇御所を急襲した。このとき有光に与同したのは、乱の首謀者である源尊秀、旧南朝の皇胤である金蔵主・通蔵主の兄弟のほか、細川家や山名家などの諸大名や公家からも賛同者が多数いたという。源尊秀は後鳥羽天皇の末裔を称する人物だが詳細は不明。金蔵主は万寿寺の僧、通蔵主は相国寺の僧で、後村上天皇の子・護聖院宮の子（あるいは孫）とされる。

御所を襲撃した有光らは、三種の神器のうちのひとつである神璽を強奪して、御所に火をかけた。幕府の討伐軍がすぐさま派遣されて、内裏で両軍が激突、有光は尊秀の主導のもと比叡山へ逃げ込んだ。延暦寺の僧兵に決起を促したが、朝廷が素早い対応で綸旨を延暦寺に出したため失敗し、有光は尊秀とともに山上で討たれた。

有光らに奪われた神璽は旧南朝の皇胤のもとで保管され、15年後に朝廷に戻されるまで行方不明となった。

日野勝光

ひの・かつみつ

生没年	1429年（永享1）～1476年（文明8）
出身	山城国
主君	後花園天皇→後土御門天皇
死因	病死

◇将軍家の後継者争いで義尚派に属す

正五位上・侍従・日野重政の子。祖父・日野義資の養嗣子となって日野家を継いだ（義資の子とする説もある）。8代将軍・足利義政の正室となった日野富子の兄で、富子とともに幕府内で重きをなした。義政の弟・足利義視の正室となった妙音院は姪にあたり、娘は9代将軍・足利義尚の正室となった。

祖父の義資が1434年（永享6）、6代将軍・足利義教に疎まれて殺害されると、父の重政が出家してしまったため、1448年（文安5）に勝光が義資の養嗣子になって家督を継いだ。妹の富子が将軍正室だったことから累進して、1450年（宝徳2）には早くも参議に任じられ公卿に列した。1455年（康正1）に権大納言、1459年（長禄3）には正二位に叙任され、後花園天皇朝で重きをなした。

1464年（寛正5）、義政は富子に男子が生まれなかったため、弟の義尋（足利義視）を還俗させて自分の後継としたが、翌年、富子が義尚を出産した。そのため幕府内は義視派と義尚派に分裂した。勝光は、富子とともに強硬な義尚派となり、義視派の管領・細川勝元と対立した。勝光は富子とともに、勝元に対抗するために幕府の重鎮・山名宗全を頼り、さらに宗全が内訌中の畠山家のうち畠山義就と結んだため、将軍継嗣問題は管領家の家督問題とも結びついて一触即発の状態となってしまった。そんななか、勝

第9章 公家／日野家

677

光は1467年（応仁1）、従一位・内大臣に叙任され栄華を極めた。

◇ 応仁の乱では東軍に鞍替え

勝光が内大臣に任官して約3カ月後、両派の対立は武力抗争へ発展し、応仁の乱が勃発した。勝光と富子は義尚を奉じる山名宗全率いる西軍に加担し、将軍の義政は弟・義視とともに細川勝元率いる東軍に属し、将軍家も分裂して戦うことになった。しかし、勝光は乱後まもなく東軍に転じ、義政の側近として幕政を主導していくことになる。東軍に転じはしたものの、勝光はあくまで義尚を次期将軍に推していた。

勝元は、大義名分を得るために、義政から牙旗（いわゆる錦の御旗）をもらうことで正統性を主張しようとした。牙旗とは将軍家が戦のときに掲げる旗のことで、これを掲げた陣営が官軍になることができるのである。

このとき義政から諮問を受けた勝光は、この戦いはもともと畠山家の内訌がきっかけで勃発したのだから、将軍が牙旗を下賜して戦に積極的にかかわるべきではないとして、牙旗の下賜に反対した。

しかし、勝元の圧力に屈した義政によって、勝光は自邸への謹慎を命じられ、その間に牙旗は下賜されてしまった。

また、勝元は後花園上皇（1464年に譲位）に対しても山名討伐の綸旨を要求したが、このときも勝光は反対意見を述べている。

その後、戦いは膠着状態に陥り、1473年（文明5）には山名宗全と細川勝元が相次いで死去したが、戦いは収まらなかった。1474年（文明6）に義尚が9代将軍に就任したこともあり、両軍の間で和平の気運が高まり、勝光は西軍の大内政弘から和平の提案を持ちかけられ、勝光は和平に尽力し、山名政豊と細川政元の間に和睦を成立させた。しかし、その後も両軍は陣を解かずに京を占拠し続けた。

1476年（文明8）、乱の終結を見ないまま死去した。

万里小路家

藤原北家の流れをくむ公家。公卿になれる資格を持ち、極官を大納言とする名家の家格を有する。鎌倉時代末期の宣房が後醍醐天皇に重用されて名を上げたが、南北朝に分裂した際には幕府にしたがって北朝に出仕した。有職故実を家学としたことから、幕府・朝廷ともに重用され、時房の代に、極官である大納言を超えて内大臣まで昇進した。しかし、時房の孫・春房が若くして出家したため一時的に断絶した。

万里小路宣房

までのこうじ・のぶふさ

生没年 1258年（正嘉2）～1348年（貞和4・正平3）

出身 山城国

主君 後二条天皇→後醍醐天皇→光厳天皇→後醍醐天皇

死因 病死

◇ 必死の弁明で後醍醐天皇を無罪に

従三位・万里小路資通の子。北畠親房、吉田定房とともに「後の三房」と呼ばれる、後醍醐天皇の側近の1人。

父の資通が4男だったこともあって参議になれなかったため、宣房の出世も遅れ、1301年（正安3）、43歳でようやく五位蔵人に任官された。その後、当時の天皇である後二条天皇に才を見出されて順調に出世を重ね、1302年（乾元1）に従四位上に叙任され、1305年（嘉元3）には参議となり公卿に列した。さらに後二条天皇の弟にあたる後醍醐天皇にも重用

され、1318年（文保2）には正三位・権中納言、その翌年には従二位まで昇進し、1322年（元亨2）には名家の極官である権大納言まで登りつめた。

1324年（正中1）、後醍醐天皇による倒幕計画が発覚するという事件が起こり、日野資朝と日野俊基という後醍醐天皇の側近2人が幕府に捕らえられて鎌倉に連行された。このとき、宣房は後醍醐天皇の親書を持って鎌倉へ入り、後醍醐天皇に逆心のないことを必死に弁明した。宣房は、今回の一件は「北野の祭りの騒乱に乗じて、多治見国長と土岐頼兼らが六波羅探題を攻撃しようとした」と主張し、天皇の関与を否定した。

幕府側は当初、後醍醐天皇の関与は明確であるとして厳罰を求めていたが、宣房の説得に折れ、後醍醐天皇の罪は問わないことで決着した。

1331年（元弘1）、再び後醍醐天皇の倒幕計画が暴露された。宣房はこの計画に関与していなかったが、子の藤房が関わ

第9章 公家／万里小路家

679

っていたため連座して捕らえられ、官爵停止と蟄居処分となった。しかし、翌年には許されて光厳天皇に出仕し、翌年には大納言に任じられた。1333年（元弘3）、後醍醐天皇が幕府打倒の兵を挙げて鎌倉幕府が滅び、後醍醐天皇による建武の新政がはじまると後醍醐天皇に出仕して、雑訴決断所の頭人に任命され、翌年には従一位に昇った。しかし、建武の新政は武家や民衆からの評判が悪く、1335年（建武2）には足利尊氏が後醍醐天皇から離反し、宣房はその翌年、失政の責任を問われて出家した。同年末、尊氏に京を制圧された後醍醐天皇は吉野に入って南朝を樹立したが、宣房は後醍醐天皇にはしたがわずに京に残り、その後は父子ともに北朝に仕えて生涯を終えた。

万里小路藤房

までのこうじ・ふじふさ

生没年	1296年（永仁4）～？
出身	山城国
主君	後醍醐天皇
死因	不明

◇ 後醍醐天皇へ諫言する

従一位・大納言・万里小路宣房の子で、後醍醐天皇の側近として活躍した。

父・宣房が後醍醐天皇に重用されたため藤房も出世を重ね、1325年（正中2）に正四位上・参議に叙任され、検非違使、左衛門督などを経て、1331年（元弘1）には正二位・中納言に任じられた。

後醍醐天皇による倒幕運動に参画しており、1331年（元弘1）、倒幕計画が発覚した後醍醐天皇が京を出て笠置山で挙兵した際には天皇にしたがい、笠置山で幕府軍と戦った。笠置山が落城すると、敗走する後醍醐天皇に付き添い、天皇の逃亡を助けたが、鎌倉幕府に捕らえられて鎌倉に護送された。天皇は隠岐の島に、藤房は下総国へ配流された。その後、藤房は常陸に移され、常陸の御家人・小田治久のもとに預けられた。

1333年（元弘3）、後醍醐天皇が隠岐を脱出して幕府打倒の兵を挙げ、鎌倉幕府が滅ぶと、藤房は治久とともに上洛して皇位に復帰した後醍醐天皇のもとで中納言に任じられて政界に復帰し、洞院実世の後を受けて恩賞方の2代目長官に就任した。

しかし、天皇による新政は公家と寺社が優遇されたため、賄賂や不正が横行し、さらに後醍醐天皇の寵妃・阿野廉子や側近の公卿が政治に介入して天皇の決定が変節することもしばしばで、恩賞の不公平がはびこった。

藤房は恩賞を公平に行うように天皇に奏上し、側近重用の政治体制からの脱却を進言した。また、天皇による大内裏の造営命令に対しても、荘園の横領が頻発

万里小路家略系図

資通 ━━━ 宣房 ┳━ 藤房

┗━ 季房 ━━━ 仲房 ━━━ 嗣房 ━━━ 時房

する現状ではやめるべきであると意見した。しかし、藤房の進言は受け入れられず、1334年（建武1）、天皇の怒りを買った藤房は京の郊外の岩倉に出奔して出家し、政界から引退した。

藤房はその後、都に近い岩倉では世俗の人間に訪問されてしまうといって諸国を行脚する旅に出て、その後消息を絶った。三河、常陸、出羽などに、藤房に関する遺跡が残っている。

万里小路季房

までのこうじ・すえふさ

生没年 ？～1333（元弘3）
出身 山城国
主君 後醍醐天皇
死因 暗殺

◇元弘の変で関東に流罪

従一位・大納言・万里小路宣房の子。正二位・中納言・万里小路藤房は実兄にあたる。

兄・藤房とともに後醍醐天皇に仕えて、その側近として重用された。1301年（正安3）に従五位下に叙され、1308年（延慶1）に立太子した後醍醐天皇のもとに出仕した。

1324年（正中1）、後醍醐天皇の倒幕計画が暴露されたとき（正中の変）、父と兄とともに季房もこの計画に参加していたが、幕府が穏便な対応で済ませたため、その後も累進して1328年（嘉暦3）、従四位上に叙され、蔵人頭に任ぜられた。1330年（元徳2）には参議に進んだ。

1331年（元弘1）、後醍醐天皇の2度めの倒幕計画が幕府に漏れ、天皇は季房の兄・藤房とともに洛外へ逃亡した。このとき季房は、天皇の中宮・禧子を嵯峨の野宮に避難させたが、まもなく幕府方の六波羅探題に捕らえられた。

京を脱出した天皇と藤房も、笠置山で挙兵したが陥落して捕らえられた。同年、季房は下野に配流とされた（配流先は下総、あるいは常陸とする説もある）。

1333年（元弘3）に後醍醐天皇が再び挙兵し、足利尊氏が六波羅探題を攻め滅ぼし、関東では新田義貞が挙兵した。このとき配流先にいた季房は、幕府方の手によって斬られたという。

万里小路時房

までのこうじ・ときふさ

生没年 1394年（応永1）～1457年（長禄1）
出身 山城国
主君 後小松天皇→称光天皇→後花園天皇
死因 病死

◇将軍家と朝廷の仲介を務める

父は内大臣・万里小路嗣房。後醍醐天皇が倒幕の兵を挙げた元弘の変（1333年）で殺害された、参議・万里小路季房の曾孫にあたる。

1401年（応永8）、従五位下に叙され、1411年（応永18）に蔵人に任ぜられて後小松天皇のもとに出仕した。1416年（応永23）に参議に昇進。1418年（応永25）に従三位となって公卿に列した。

1428年（正長1）に足利義教が6代将軍になると（正式就任は翌年）、時房は後花園天皇の武家伝奏に任命され、公武の連絡役となる要職についた。その後、興福寺との仲介役である南都伝奏にも任ぜられた。当時の将軍は義持と義教で、両将軍からの信任も厚かった。恐怖政治とも呼ばれ、独善的に幕政を主導する義教と、朝廷の権威を少しでも回復しようとする後花園天皇の間に挟まれて、武家伝奏の時房は公武間の周旋に憔悴したと、自らの日記に記している。

1441年（嘉吉1）に将軍・義教が赤松

第9章 公家／万里小路家

満祐ら赤松一族に弑逆されたときは（嘉吉の乱）、義教の子・義勝を後継とするよう、幕府と朝廷の連絡役として重責をになった。

政治的には重用された時房だったが、金銭的には困窮していた。将軍家の祝事には、当時は拝謁したうえで贈り物を届けるのが通例だったが、あるときの祝事に時房は土倉などの金貸しを回ったものの拝賀用の太刀を都合できず、武家伝奏でありながら将軍に拝謁することすら叶わなかったこともあった。

1445年（文安2）12月に内大臣に就任して官位を極めたが、翌月には権大納言・洞院実熙が強引に内大臣への任官を求めたため、朝廷も実熙の要求に屈し、時房は拝賀することもできないまま、わずか1カ月足らずで内大臣を辞任する羽目になった。

1450年（宝徳2）に従一位に昇進したが、間もなく引退し、1457年（長禄1）に死去した。その日記『建内記』は中世の政治を知る重要な史料となっている。

その他の公家

室町時代は幕府が実権を握っていたが、一方で天皇を頂点とした朝廷も併存していた。朝廷には原則として公家が出仕し、奈良時代以来の律令制度のもと、朝廷の仕事に従事した。朝廷内では五摂家を筆頭に公卿が中心となって朝政を取り仕切った。ここでは、朝政・幕政に関わり歴史に名を残した公卿を取り上げる。

西園寺公宗

さいおんじ・きんむね

生没年 1310年（延慶3）～1335年（建武2）
出身 不明
主君 花園天皇
死因 斬首

◇176年ぶりに処刑された公卿

西園寺家は承久の乱以来、代々武家伝奏として鎌倉時代に隆盛を誇った家柄である。そのため、鎌倉幕府と結びつきも強かった。鎌倉幕府のなかで、武家伝奏として朝廷における幕府の代弁者だった西園寺家は、1333年（元弘3）に幕府が滅亡し、後醍醐天皇による建武の新政が樹立されると没落した。

そんな折、北条一族の自害の際に逃げ延びた北条高時の弟・泰家が、公宗を頼って密かに入京してきた。建武の新政下で冷遇されていた公宗は、廷臣の橋本俊季、日野氏光らとともに、西園寺家の復権のためにも北条家の再興を企図して後醍醐天皇の排除を計画した。彼らは後醍醐天皇を西園寺家の山荘に呼び出し、そ

こで暗殺を実行し、後伏見法皇を擁立して新帝即位を目論んだのである。

一方で、泰家のつてで、北条氏の残党とともに北条高時の遺児・時行が信濃で、北条一族の名越時兼が越後で挙兵する手はずを整えていた。

ところが、異母弟の公重による密告で事は露見し、公宗は逮捕、出雲への流刑が決まり中院定平邸に拘置された。出雲への出発日、邸から出されて輿に乗り込もうとしたところ、中院定平が「はやくしろ」と促した。すると、護送役の名和長年が、それを合図と判断して、公宗の首を切り落としてしまった。

現職の公卿が処刑されるのは、じつに平治の乱（1159年）の藤原信頼以来のことだった。

その後、建武の新政が崩壊し、北朝が政権を取ると西園寺家は復興を許され、明治維新までその地位は守られた。

吉田定房

よしだ・さだふさ

生没年	1274年（文永11）～1338年（延元3・暦応1）
出身	丹波国？
主君	亀山上皇→後宇多上皇→後醍醐天皇
死因	病死

◇倒幕の時期尚早を主張し続ける

　亀山上皇の信任を得て、後二条天皇が即位すると、後宇多上皇のもとで院評定衆、及び武家伝奏に任じられて重用された。また、後醍醐天皇の乳父を務めたことから、後醍醐天皇の親王時代からの信任も厚く、北畠親房、万里小路宣房とともに「後の三房」と呼ばれた。

　そうした関係から、後醍醐天皇の倒幕運動にも早くから関わっていた。しかし、倒幕にはやる後醍醐天皇や日野俊基らと、定房の間には温度差があった。

　定房は、武家伝奏として鎌倉幕府と朝廷との間を取り持っており、幕府軍の優勢を身をもって知っていた。

　したがって、正中の変で後醍醐天皇たちが開催していた無礼講と呼ばれる倒幕の密議には参加しなかった。

　一度目の倒幕計画は失敗したが、1331年（元弘1）、後醍醐天皇は再び倒幕の計画を実行する。

　このときの計画には定房も参加していたが、その計画の規模が前回に比べて大掛かりなものになっていたことから、時期尚早と考えて天皇に10箇条の諫奏の書を提出して翻意させようとした。

　定房はその書で、「戦士の勇、山東の民一は千に当る。皇畿近州の嬰児を以て、東関蛮夷の勇健と対せん」と書き、幕府に対する官軍は嬰児に等しいとして時期を待つべきだと訴えた。しかし、後醍醐天皇の怒りを買い、定房は閉門蟄居となってしまった。それでも定房は、兵を動かすのは今ではないと信じ、1331年（元弘1）4月29日、ついに天皇の計画を六波羅探題に密告したのである。

　定房の密告を受けた六波羅探題はただちに侍所頭人の長崎高貞（長崎高資の弟）を上洛させ、日野俊基や円観、文観ら天皇方の有力者を捕縛した。京を脱出した天皇は笠置山に拠って抵抗を試みるが敗れ、隠岐島へ流罪となってしまった。その後、定房は後伏見上皇の院庁に出仕した。

　計画の密告と上皇への出仕という定房の行動は、明らかに後醍醐天皇への裏切りだったが、後醍醐天皇が復帰して建武の新政がはじまると、後醍醐天皇のもとへ参じ、天皇も定房を許して重用した。定房は建武の新政下で内大臣、民部卿に任じられ、恩賞方や雑訴決断所の頭人などの要職を歴任した。

　後醍醐天皇の定房に対する信頼は揺るがず、定房が世を去ったとき、後醍醐天皇は、

　　事問はん人さえまれになりにけり
　　わが世の末のほどぞ知らるる

という歌を詠んだ。

天皇のそばで相談を持ちかける人がなくなったという意味である。

千種忠顕

ちぐさ・ただあき

生没年	？～1336年（延元1・建武3）
出身	不明
主君	後醍醐天皇
死因	戦死

◇武士顔負けの戦上手

　千種家は村上源氏を祖とする羽林家（極官を大納言とする）のひとつ六条家

の分家。父親は権大納言・千種有忠。後醍醐天皇の寵臣で、「三木一草」の1人に数えられる。

　若い頃から自由奔放な性格で、博奕や犬追物に興じ、父から勘当されるなど豪快な男だったとされる。公家の身ながら戦場に出て、数々の戦功を挙げた。

　1331年（元弘1）、後醍醐天皇の倒幕計画が暴露されると、忠顕は天皇にしたがって笠置山に入って挙兵した。しかし、六波羅探題の幕府軍の猛攻の前に笠置山は陥落し、忠顕は天皇とともに河内方面へ逃走したが、その途上で捕らえられ、六波羅探題に送還された。その結果、後醍醐天皇は隠岐に流罪となり、忠顕も天皇とともに隠岐へ流された。

　1333年（元弘3）、忠顕と後醍醐天皇は隠岐を脱出して再び挙兵した。このとき忠顕は、播磨の赤松則村とともに官軍の先鋒隊として入洛し、幕府から寝返った足利尊氏と合流すると、六波羅探題を包囲した。

　籠城する六波羅探題軍に対して、尊氏らは長期戦も辞さない構えだったが、忠顕は楠木正成が千早城で幕府軍の多勢を引き止めているうちに総攻撃をかけるべしと進言し、先陣をきって六波羅探題を攻めて陥落させた。そして、その直後に鎌倉も新田義貞軍によって陥落し、鎌倉幕府は滅び、後醍醐天皇が入京した。

◆ 豪放豪快な南朝武力の要

　後醍醐天皇による建武の新政が成立すると、忠顕は護良親王とともに倒幕の軍功第一と認められ、丹波国など3国の国司に任じられ、そのほか北条家の旧領10カ所を拝領し、従三位に叙せられて公卿に列すると、続いて弾正大弼、参議に任じられた。

　こうして天皇第一の側近として新政府

の重臣となった忠顕は、やがて生活ぶりは奢侈となり、莫大な費用を使って毎日のように酒宴を重ねたといい、武家からは疎まれ、不評を買った。

　1336年（延元1・建武3）、武家に対する不公平な恩賞など、後醍醐政権に不満をもった尊氏は、中先代の乱の鎮圧をきっかけに後醍醐天皇に反旗を翻して挙兵し、鎌倉から兵を進めて一気に京へ侵攻した。忠顕は新田義貞・北畠顕家らとともに洛中で戦い、尊氏軍を破り、尊氏を九州へ敗走させた。

　しかし同年、九州で再挙した尊氏軍が再び京に迫ると、湊川の戦いで楠木正成が敗死し、新田義貞も敗走。忠顕は後醍醐天皇を比叡山へ退去させると、近江坂本に陣をしいて抵抗したが、足利直義らに囲まれ、ついに討ち死にした。

坊門清忠

ぼうもん・きよただ

生没年 ？～1338年（延元3・暦応1）
出身 山城国
主君 後醍醐天皇
死因 病死

◆ 倒幕に加担しなかった天皇の側近

　左近衛中将・坊門俊輔の子。南朝の重臣で従二位大蔵卿。坊門家は関白・藤原道隆に連なる血統で、当主は正四位から正三位を極官とする中流貴族である。

　兄の俊親が後醍醐天皇の侍従となったことから、清忠も後醍醐天皇に出仕し、1326年（正中3）に右大弁に任ぜられ、翌年には従三位に叙せられた。その翌年、参議に列し、父がなれなかった公卿の仲間入りを果たした。その後も後醍醐天皇の側近として活動したが、1331年（元弘1）に天皇が幕府討伐を図った元弘の変には、計画そのものはともかく軍事

685

第9章　公家／その他の公家

行動には参加していなかったようで、翌年に官を辞して逼塞した。

隠岐に流されていた後醍醐天皇が島を脱出して1333年（元弘3）に再び入京すると、清忠も呼び戻され、建武の新政下で参議に復帰し、右大弁も兼ねて後醍醐天皇を支えた。翌年にはその権限を拡大させた新政の中心的な役所である雑訴決断所の二番寄人にも抜擢された。

◇ **楠木正成を湊川に敗死させた張本人**

1335年（建武2）、中先代の乱の鎮圧を目的に鎌倉に下向した足利尊氏が同地で後醍醐天皇に反旗を翻し、西上して京へ侵攻。いったん尊氏は九州に逃げたが、すぐに巻き返して1336年（延元1・建武3）、九州の武士勢力を糾合して陸路と海路で京へ進軍した。

このとき楠木正成は、天皇を比叡山へ逃して尊氏軍を京に招き入れ、そこを包囲して攻撃するという戦略を提案した。側近の公卿たちは、戦は武士に任せればいいと正成の進言を受け入れたが、清忠は1年のうちに天皇が2度も比叡山に入るのは帝位を軽んじることであり、官軍の道理を失う。尊氏軍も去年の上洛時よりは軍勢も少ないだろうし、戦場は洛外で行うべしと、正成の提言を却下し、後醍醐天皇も清忠の言を入れて、正成を摂津湊川へ出陣させた。

この清忠の提言は、戦の現実を知らない公卿の空論によって、南朝随一の軍事力をもった楠木正成を戦死させたとして、昔から評判が悪い。

湊川の戦いで楠木正成は戦死し、新田義貞も敗走して、尊氏軍は一気に京を制圧した。結局、後醍醐天皇は比叡山へ逃げ落ちて、さらに尊氏に降って和議を結び、三種の神器を光厳天皇に引き渡すことになった。

京に戻った後醍醐天皇は花山院に幽閉され、清忠も職を奪われた。同年12月、後醍醐天皇は京を出奔して吉野へ逃れた。後醍醐天皇が同地で南朝を樹立すると、清忠も京を脱出して吉野に入り、再び後醍醐天皇に仕え、左大弁に任ぜられた。しかし、病を得て1337年（延元2・建武4）に官職を辞し、翌年吉野の離宮で死去した。

阿野実為

あの・さねため

生没年 不詳
出身 山城国
主君 後村上天皇→長慶天皇→後亀山天皇
死因 不明

◇ **南北朝合一の話し合いを進める**

阿野家は藤原北家閑院流で、朝廷が南北に分かれた際には南朝方についた。実為の父は阿野季継だが、阿野実村を父とする説もある。後醍醐天皇の寵妃として権勢をふるった阿野廉子は叔母にあたり、後村上天皇とは従兄弟の関係にある。後村上天皇から後亀山天皇までの南朝3代にわたって仕えた。後村上天皇の信任は厚く、実為の娘は後村上天皇の后となり、後亀山天皇の母となった。そのため、後亀山天皇は実為の孫となる。

1351年（正平6・観応2）、幕府の内訌である観応の擾乱の激化にともない、足利尊氏は弟の足利直義を討つために鎌倉へ出陣することになり、後顧の憂いを断つために南朝と和睦した。これにより南朝が京に帰還することになり、翌年2月、実為も後村上天皇の還幸に従って京に入った。南朝はこの機に乗じて京を制圧しようと試みたが、幕府軍の反撃にあって京を追放され、実為は後村上天皇を奉じて吉野に帰り、1357年（正平12・延

686

文2）には御在所を河内に移した。その間に実為は、綸旨の発給をつかさどるなど後村上天皇の側近として重きをなし、南朝朝廷での地位を上げていった。

その後の実為の行動は史料に現れないが、その間にも昇進は重ねており、1384年（元中1・至徳1）に後亀山天皇が即位したときには大納言の地位にあり、その後、内大臣に就任した。

1390年（元中7・明徳1）頃から南北朝の和睦が水面下で図られるようになると、実為は吉田宗房とともに南朝方の交渉役となり、北朝方の大内義弘らと南北朝合一に向けて話し合いを重ねるようになる。そして1392年（元中9・明徳3）、実為と宗房が提示した和平案を3代将軍・足利義満が受け入れたことで南北朝合一が実現し、同年10月、実為は後亀山天皇を補佐して京の嵯峨大覚寺に入った。しかし、実為が和平の条件として提示した譲位の儀式は行われず、後亀山天皇もそのまま嵯峨に隠棲することになった。実為はその後も嵯峨にとどまって後亀山天皇に奉仕し、最後まで北朝には仕えなかったという。

春日顕国

かすが・あきくに

生没年 ？～1344年（興国5・康永3）
出身 不明
主君 後醍醐天皇→後村上天皇
死因 戦死

◇ 尊氏軍との戦いに軍功を挙げる

南北朝時代に北畠親房・顕家父子に仕えた。村上源氏流の源顕行の子とされるが、出自は不明。

1336年（延元1・建武3）、洛中の戦いで足利尊氏軍を破り、尊氏を九州に敗走させた北畠顕家は、再び奥州に下向する

ことになった。このとき顕国も顕家にしたがって出陣した。道中の相模では斯波家長軍と戦って勝利に貢献した。

顕家の父・北畠親房が下向していた常陸に到着した一行は二軍に分かれ、顕家は陸奥多賀城へ向かい、顕国は親房とともに常陸小田城に残って東国の幕府軍と戦うことになった。

1338年（延元3・建武5）、顕家が再び上洛することになると、顕国もこれに従軍し、鎌倉陥落戦に参加して軍功を挙げ、顕家軍は鎌倉を制圧した。さらに西進した顕家軍は、美濃の青野原の戦いで土岐頼遠を中心とする幕府軍を破ったが、この戦いに顕国の名はない。

京の入り口となる近江を幕府軍に押さえられていたため、顕家軍は海をわたって伊勢に上陸した。顕国はここで顕家と分かれて、顕家の弟・顕信とともに男山八幡に出陣した。しかし、摂津の戦いで顕家が戦死すると、男山八幡も落とされ、顕国は伊勢へ戻り、そこから親房がいる常陸へ奔った。

その後は親房とともに関東の幕府方と戦い、1339年（延元4・暦応2）には、宇都宮家の下野益子城や上三川城を攻略した。1341年（興国2・暦応4）、これまで拠点としていた小田城城主の小田治久が幕府側に寝返ったため、親房は関宗祐の関城に、顕国は護良親王の子・興良親王を奉じて下妻政泰の大宝城に入った。顕国は、親房と連絡をとりつつ、高師冬率いる幕府軍と対峙したが、翌年には連絡路を遮断され、1343年（興国4・康永2）には顕国も関城に移った。同年、幕府軍の総攻撃を受け、関城は落城し、翌日には大宝城も落とされた。

東国での拠点を失った親房は吉野へ帰還したが、顕国は常陸に残って馴馬城に

入り幕府軍に抵抗し、翌1344年（興国5・康永3）には一時、大宝城を奪回した。しかし、顕国の抵抗もここまでで、同年、再び幕府軍に襲われて討ち死にした。死後、首級は京に送られ、六条河原にさらされたという。

中院義定

なかのいん・よしさだ

生没年	不詳
出身	山城国
主君	後醍醐天皇→懐良親王
死因	不明

◇九州征西府樹立に尽力

中院家は、村上源氏を祖とする公家のひとつ六条家の分家。建武の新政では、恩賞方の一番局を任されたほど、後醍醐天皇からの信任は厚かったが、生没年も不詳で、『南朝公卿補任』にも、義定の記載はない。

建武の新政崩壊後、1336年（延元1・建武3）に幼少の懐良親王が九州へ下向する際に五条頼元らとともに親王に随行してこれを補佐し、以降は常に懐良親王と行動を共にした。

懐良親王軍は1341年（興国2・暦応4）に薩摩国に上陸したが、薩摩守護の島津家は幕府方だったため、数年薩摩で足止めされた。1346年（興国7・貞和2）に、九州南朝軍の主力・菊池家の拠点である肥後国へ進むことになった。

懐良親王軍は海路で肥後へ向かうことになったが、ルートがわからず、五条頼元は義定を先遣隊として派遣し、海上ルートの状況調査を任せた。

懐良親王に先立って、薩摩から肥後へ入った義定は、懐良親王の出兵催促になかなか応じない肥後の国人・阿蘇惟時の説得に向かった。惟時は恩賞を求めて交渉をするが、義定としては勝手に本領を安堵するなどの恩賞を約束するわけにもいかず、交渉は難航した。

最終的には、義定は独断で本領安堵を条件にし、惟時の説得に成功したといわれる。

先に肥後に入った義定の居館は、後に懐良親王が入り、南北朝合一まで征西府となった。その頃に中納言に任じられたようだが、1348年（正平3・貞和4）以降、消息不明となる。

五条頼元

ごじょう・よりもと

生没年	1290年（正応3）～1367年（正平22・貞治6）
出身	不明
主君	後醍醐天皇→光厳天皇→懐良親王
死因	病死

◇後醍醐天皇の信任厚い忠臣

正四位下を極官とする中堅貴族・清原家の出身で、父は清原良枝。大覚寺統に仕えた。後醍醐天皇からの信頼は厚く、後醍醐天皇は自らの死に際して「深く汝を信頼し、官軍を励し朝敵討伐の策を考えよ。吉野のことは心配いらぬ。宮（懐良親王）を守って聖旨に答えよ」と頼元に遺詔したという。

1334年（建武1）、後醍醐天皇による建武の新政がはじまると、事務能力を買われて抜擢され、雑訴決断所、記録所、恩賞方、勘解由次官などに出仕し、新政の事務全般に関与した。

1335年（建武2）末に後醍醐天皇が京を出奔して吉野に南朝を立てた際には、突然だったこともあり天皇には同行せず、足利尊氏が擁立した光厳天皇に仕えた。しかし、1338年（延元3・暦応1）、後醍醐天皇の皇子・懐良親王が九州に下

向することになったとき、親王側近として南朝方から声がかかり、これを機に南朝方に転じた。

同年、頼元一行は四国に上陸し、伊予の大館家や忽那家などに庇護された。同地で3年ほどとどまったあと、1342年（興国3・康永1）に薩摩に渡った。当時の九州地方は西国三人衆と呼ばれる少弐家・大友家・島津家が幕府方として君臨していた。

薩摩に到着した頼元は谷山城に入り、肥後の菊池家や阿蘇家など周辺諸将に呼びかけ、薩摩制圧に乗り出した。この際、頼元が、まだ幼い懐良親王に代わって綸旨を発したとされる。その後、頼元一行は谷山を拠点として、菊池家らの援助を得ながら島津軍と戦った。

◇九州の征西府で本領発揮

1347年（正平2・貞和3）、頼元らは拠点を肥後国へ移して隈府城に入り、そこを征西府と定めて、菊池家とともに幕府方の少弐頼尚と対立した。

1350年（正平5・観応1）、観応の擾乱が勃発して足利直冬が九州に下向してくると、九州は尊氏派・直冬派・南朝の各勢力に分裂し、頼尚が直冬方に転じ、頼元は対抗策として幕府方の九州探題・一色範氏と同盟した。1352年（正平7・文和1）に足利直義が鎌倉で殺害されると、頼元は頼尚と結び、翌年の針摺原の戦いで一色軍を撃破し、豊後の大友氏泰を降伏させた。続いて豊前、筑前へ兵を進めて、九州探題勢を長門へ追いやった。1359年（正平14・延文4）、少弐頼尚と大友氏泰が再び反すると、筑後川の戦いで少弐軍を破り、1361年（正平16・康安1）には大宰府を落とし、北九州を制圧した。

その後、頼元は征西府の重臣として懐

良親王を支え、中国王朝の明から倭寇の取り締まりを要求されるなど、征西府は九州の太守として君臨した。

1367年（正平22・貞治6）、死去。五条家はその後九州に土着し武家化した。

姉小路尹綱

あねがこうじ・ただつな

生没年 ？～1411年（応永18）

出身 不明

主君 光厳天皇→後村上天皇→長慶天皇→足利義満→足利義持

死因 戦死

◇飛騨の領有をめぐって幕府に謀反

姉小路家は藤原北家の支流の一族で、鎌倉幕府将軍の藤原頼嗣にしたがって鎌倉に下向した。1333年（元弘3）、鎌倉幕府が滅亡すると、鎌倉から京へ逃げたが、鎌倉幕府との結びつきが強かったため、建武の新政下では冷遇され、叙位任官はされなかった。

1336年（建武3）、足利尊氏が後醍醐天皇に背いて朝廷が南北朝に分裂すると、北朝方に与して飛騨の国司に任ぜられた。しかし、守護の佐々木氏や土着の国人らと対立して南朝方に寝返った。

尹綱は、南北朝が合一したときの飛騨国司だったが、当時、姉小路家は小島姉小路家・古川姉小路家・向姉小路家の3家に分裂し、尹綱の古川姉小路家と小島姉小路家が対立していた。

1411年（応永18）、所領をめぐって幕府が小島姉小路家に有利な裁定を下したことに怒った尹綱は、古川城に兵を挙げて小島城と向城に攻め寄せた。

幕府は尹綱の謀反に対して、飛騨の守護・京極高光に討伐命令を下し、高光の弟・高数が出兵した。幕府の討伐軍には越前の斯波軍と信濃の小笠原軍も加わ

り、5000を超える軍勢となった。対する
尹綱軍は500余りで、尹綱は小島城を落
とされて討ち取られた。

烏丸資任

からすま・すけとう

生没年 1417年（応永24）～1482年（文明14）
出身 山城国
主君 後花園天皇
死因 病死

◇将軍義教の後ろ盾を得て権力を掌握

烏丸豊光の子。1429年（正長2）の父
の死後、家督を継いだ。父の豊光は日野
資康の子で、烏丸家を創設した。

父が幕府と朝廷ともに重用されたこ
と、一族に将軍の正室と側室、将軍の生
母がいたことから幕府で大きな権力を握
るようになった。

6代将軍・足利義教は、日野宗子を正
室にしていたが、日野家の幕政介入を疎
ましく感じており、宗子を離縁し、当主
の日野義資を処罰するなど、日野家の影
響力を排除していった。宗子の妹・重子
が義教の側室になったが、日野家の本家
は義教の代に一時、没落してしまった。

そこで、日野本宗家に代わってのし上
がったのが、日野家庶流の烏丸家だっ
た。1434年（永享6）に義資が強盗に殺
害されるという事件が起こったが、この
とき義資の所領は没収され、資任に与え
られた。

1441年（嘉吉1）の義教の死後も、従
姉・重子の子の義勝と義政が将軍となっ
たことから重用され、1444年（文安1）
に参議となって公卿に列し、1446年（文
安3）には従三位・権中納言に叙任され
た。とくに8代将軍・義政は将軍就任当
初は資任邸に住んでいたこともあり、資
任は義政の寵愛を得て、幕府内で大きな

権力をもち、今参局・有馬持家とともに
「三魔」と称されるほどの権勢を得た。
義政の権勢を笠に来て他家の所領を横領
することもあったという。

1453年（享徳2）、従二位・権大納言の
まま官を辞し、1458年（長禄2）には散
位のまま従一位に叙せられた。

1467年（応仁1）、応仁の乱が勃発する
と、その権勢がねたまれて東軍・西軍の
どちらにも属せず、所領があった尾張国
田原に下向して出家。その後は京に戻ら
ず、1482年（文明14）に没した。

高倉永藤

たかくら・ながふじ

生没年 1385年（元中2・至徳2）～1436年
（永享8）
出身 山城国
主君 称光天皇→後花園天皇
死因 病死

◇義教に重用されるが後に流罪

高倉永行の子。高倉家は藤原北家高倉
流で、家格は半家。公家装束の着装と調
製を家職とした。高倉家は本来は四、五
位止まりの家格だが、南北朝時代に後小
松天皇の知遇を得て、さらに永藤の父・
永行が3代将軍・足利義満に重用された
ことで、正三位まで昇進し、朝廷内でも
大きな存在感を示すようになった。義満
はその生涯で石清水八幡宮に何度も参詣
したが、永行は毎回同行した数少ない公
家のひとりでもあった。

永藤は4代将軍・足利義持にも引き立
てられ、1422年（応永29）に従三位、
1424年（応永31）に参議となり公卿に列
した。1428年（正長1）に義持が死ぬ直
前には、義持が没収した万里小路豊房の
所領の一部を宛がわれるなどの恩恵を受
け、義持の死後、出家した。しかし、装

束調製の権威だったため、6代将軍・義教からからも重用され、義教の元服の際には坊主の身分で義教の調製を行った。

1434年（永享6）、義教の側室・日野重子の兄にあたる日野義資が、寝込みを強盗に襲われ殺害され、首を持ち去られるという事件が起こった。その数カ月前、義教と重子の間に長男（のちの義勝）が生まれ、それを祝うために義資邸には多くの公家・僧侶・武士が訪れたのだが、日野家の幕政介入を忌避していた義教は、義資邸を訪問した者たち60数人を処罰していた。そのため、義資殺害は、義教がやらせたという流言が飛び交った。

永藤も、「裏松（義資のこと）討たる事公方の御沙汰」と、義教が事件の黒幕であると公言した。この発言が義教の怒りを買い、永藤は捕らえられ死罪を命じられた。当時の天皇である後花園天皇の父・伏見宮貞成親王のとりなしもあって、永藤は罪一等を減じられたが、薩摩の硫黄島に配流されることになった。

同年、硫黄島に流され、その後は京に戻ることはできず、1436年（永享8）に同地で没した。

洞院公賢

とういん・きんかた

生没年	1291年（正応4）〜1360年（正平15・延文5）
出身	山城国
主君	花園天皇→後醍醐天皇→光明天皇→後亀山天皇→後光厳天皇
死因	病死

◇南北両朝から重んじられた公家

洞院家は藤原道長の叔父・藤原公季を祖とする閑院流の分家。公賢の曽祖父の洞院実雄は、亀山天皇・後深草天皇・伏見天皇という3人の天皇の中宮に娘を入

れ、後宇多天皇・伏見天皇・花園天皇の外戚となって朝廷で重きをなした。

そうした家柄の嫡子だったため、公賢の出世も早く、8歳で左少将に任じられ、18歳には従三位に達した。後醍醐朝でも軽んじられることはなく、1319年（元応1）に権大納言に昇進し、1331年（元徳3）には内大臣まで進んだ。後醍醐天皇からの信頼は厚く、天皇の愛妾・阿野廉子の養父に選ばれている。建武の新政がはじまると式部卿に任じられ、雑訴決断所の奉行人にも取り立てられた。

建武の新政の崩壊後は後醍醐天皇と袂を分かち北朝につき、1344年（興国5・康永3）に左大臣、1348年（正平3・貞和4）に太政大臣となり、清華家としては栄華を極めた。公賢が生きた時代は、南北朝時代であったが、公賢は北朝と南朝のどちらからも重んじられた。

◇有職故実に明るく幕府から重用

1351年（正平6・観応2）、観応の擾乱が起こり、足利尊氏・直義兄弟の対立が深刻化し、ついに武力闘争にまで発展した。尊氏は鎌倉へ下向した直義を討伐するために、南朝と和睦して、三種の神器を南朝に渡すとともに政権を南朝に引き渡すことになった。

尊氏が鎌倉へ出陣中、南朝の北畠親房から公賢のもとに南朝政権での重用を約束する知らせが届いた。有職故実に明るい公賢の知識が必要とされたのである。公賢は南朝政権の左大臣となったが、三種の神器は後亀山天皇の上洛後に引き渡すべきと考えていた。しかし、南朝に出仕していた子の実世らの計略によって、三種の神器は賀名生の後亀山天皇のもとに渡されてしまい、南朝方は後亀山天皇を奉じて兵を挙げ、京を制圧してしまった。そのため公賢は再び北朝に転じた。

第9章 公家／その他の公家

691

しかし、公賢の南北両朝に寄り添うような政治姿勢は、後光厳天皇の不興を買い、しだいに中央からは遠ざけられた。だが、公賢の知識は朝廷にとっては捨てがたく、その後も公事についての諮問を受けるなど重鎮的な立場にはとどまった。

公賢は『園太暦』という日記を残しており、かなりの部分が散逸してしまっているが、当時の朝廷儀式や、公武との応答などが残されており、貴重な史料となっている。

公賢の孫に、『尊卑分脈』を編纂した洞院公定がいる。

洞院実世

とういん・さねよ

生没年 1308年（延慶1）～1358年（正平13・延文3）

出身 山城国

主君 後醍醐天皇→後村上天皇

死因 病死

◇貴族の不正に心折れる

従一位・太政大臣・洞院公賢の子。後醍醐天皇が践祚した1318年（文保2）に侍従に任じられるなど、幼い頃から後醍醐天皇に近侍し、1328年（嘉暦3）には参議となって公卿に列し、天皇の側近として活動した。そのため、天皇の反幕活動にも早くから参画していた。1331年（元弘1）、天皇の倒幕計画が露見し、笠置山で兵を挙げた天皇が捕らえられると、実世も六波羅探題に捕縛され、官職を解かれた。しかし、日野俊基ら多数の公卿が処刑・流罪になるなか、実世の関与の度合いは少ないと判断され、実世の処分は蟄居で済まされた。

1333年（元弘3）、護良親王を中心とした倒幕派が六波羅探題を陥落させて鎌倉

幕府は滅び、上洛した後醍醐天皇が皇位に復帰すると、実世も京に呼び戻され、検非違使別当・修理大夫に任じられた。天皇による建武の新政がはじまると、恩賞方の初代長官に就任したが、恩賞の最終的な決断者は後醍醐天皇であり、また恩賞をめぐる問題について実世ら恩賞方がくだした裁定とは反対の綸旨を天皇が出すこともあり、恩賞裁定の公平化を目指していた実世は、同年中に病気と偽って恩賞方を辞職した。

ただし、後醍醐政権に背くことはなく、1335年（建武2）に足利尊氏が天皇に反旗を翻した際には、尊氏討伐のために軍を率いて出陣し、翌年の尊氏軍と天皇軍による洛中の戦いにも参戦した。

1336年（建武3）に尊氏が九州から再上洛した際には、天皇とともに比叡山へ逃れ、5カ月後に後醍醐天皇が尊氏と一時和睦して下山するまで行動をともにした。天皇が京に入ると、新田義貞とともに尊良親王と恒良親王を奉じて越前に下り、1337年（延元2・建武4）に越前金ヶ崎城が落城するまで尊氏軍と戦った。越前での戦いで尊良親王は自害し、捕らえられた恒良親王は殺害され、新田義貞も討ち死にしたが、実世はからくも戦線を逃れて、後醍醐天皇の行宮がある吉野へ入った。

1339年（延元4・暦応2）、後醍醐天皇が崩御して後村上天皇が即位すると、北畠親房・四条隆資とともに南朝の重臣となって幼少の後村上天皇をよく補佐した。1350年（正平5・観応1）、兄の尊氏と対立した足利直義が南朝に降伏してくると、「これは偽りの降伏であり、この機に直義を誅殺すべし」と進言したが、南朝は直義の降伏を受け入れた。そして翌年には直義と対立した尊氏が南朝に降

り、いったん南北朝の和睦が成ったときには、尊氏が東国へ出陣した隙をついて軍を率いて京へ侵攻し、尊氏の嫡男・足利義詮（よしあきら）を近江へ追いやった。しかし、すぐに北朝軍に盛り返され、男山八幡まで退き、次いで賀名生（あのう）へ移った。この戦いで、ともに南朝を支えてきた四条隆資が戦死している。

1354年（正平9・文和（ぶんわ）3）に北畠親房が死去すると南朝の重鎮となり、最終的には従一位・太政大臣に叙任された。

甘露寺親長
かんろじ・ちかなが

生没年 1425年（応永31）〜1500年（明応9）
出身 山城国
主君 後花園天皇→後土御門天皇
死因 病死

◇公事に詳しく朝廷から重用される

甘露寺家は勧修寺流（かじゅうじ）に属す中流貴族で、中御門家（なかみかど）、万里小路家（までのこうじ）と同門となる名家の家格をもつ。正二位・権大納言を極位極官とする。

父・甘露寺房長（ふさなが）は公卿になれないまま死去し、甥の忠長（ただなが）が甘露寺家を継いだ。しかし、忠長は将軍・足利義教の不興を買ったため失脚し、親長が10歳で家督を継ぐことになった。1441年（嘉吉（かきつ）1）に昇殿を許され後花園天皇の信頼を得て、その臨終にも立ち会うほどだった。1443年（嘉吉3）、旧南朝勢力が内裏に乱入して三種の神器のひとつである神璽（しんじ）が奪われるという事件が起こったときは、刀を抜いて乱入してきた賊軍から後花園天皇を守ったという。

その後の後土御門天皇（ごつちみかど）にも仕えた。当時の朝廷は応仁の乱などの影響で不安定で、公事に関する知識も失われつつあり、朝廷の重鎮として親長はたびたび諮

問を受けるなど重用された。

後土御門天皇は通例にしたがって譲位して上皇になることを望んだが、財政的な理由から認められなかった（上皇御所を新たに建設しなければならないため）。1478年（文明（ぶんめい）10）、後土御門天皇は再び譲位の意向をもらし、親長が諮問を受けた。この直前に、天皇が幕府に要請された出資を断ったことがあったため、親長は今譲位の意向を幕府に伝えると、幕府は天皇が怒りに任せて譲位しようとしていると判断して譲位を許さないだろうから、時期を待ったほうがいいと答えた。それでも後土御門天皇は数時間にわたって引き下がらなかったが、親長も意見を変えなかったため、ついに天皇が折れたという。

◇後土御門天皇の懐刀

1493年（明応2）、細川政元（まさもと）が将軍・足利義稙（よしたね）に背いて、堀越公方（ほりごえ）・足利政知（まさとも）の子・義澄（よしずみ）を担ぎ出し、これを新たな将軍に擁立する明応の政変が起こった。将軍への任官は天皇の役目であり、政元は朝廷に義稙の廃立と義澄の任官を求めてきた。後土御門天皇は政元の行為を許しがたく、自分の代で義澄の任官を認めたくなかったため、再び譲位したいともらすようになった。再び諮問を受けた親長は、起こってしまったことは仕方がないので、譲位については後日伝えて、今回は武家の意向をくんで将軍に任命すべきであると答え、天皇に冷静な対応を求めた。後土御門天皇はこのときも親長の意見に従った。

親長の昇進は天皇の信任を得ていたわりには遅く、権大納言（ごんだいなごん）になったのは1492年（延徳（えんとく）4）、69歳のときだった。これは親長自身が昇進を希望しなかったためだという。親長が朝政に参画していた時期

第9章 公家／その他の公家

693

が応仁の乱の前後であり、当時は皇室すら困窮している時代で、親長も皇室に献上するお金がなかった。また、朝廷の行事も滞りがちで、親長は昇進しても役目を果たせないと考えていた。そして、応仁の乱が終わり、朝廷の三節会が再興された1492年（延徳4）、公事が再興されたため、子孫のことも考えて大納言に任官した。

しかし、親長はその日の日記に「遠慮なきことなり、神慮また如何」（短慮であり、神慮にも違うのではないだろうか）と記し、大納言任官を喜んではいない。実際、その翌年には大納言を辞退した。

三条西実隆

さんじょうにし・さねたか

生没年 1455年（康正1）～1537年（天文6）

出身 山城国

主君 御土御門天皇→後柏原天皇→後奈良天皇

死因 病死

◇古今伝授を授かる

藤原北家閑院流・三条西家の当主で、父は従一位・内大臣・三条西公保。長兄の実連、父の公保を相次いで失い、1460年（長禄4）にわずか5歳で家督を継いだ。後土御門天皇・後柏原天皇・後奈良天皇の3代の天皇に仕え、最終的には正二位・内大臣まで昇進した。

実隆は室町時代を代表する文人であり、和歌・連歌・書道・茶道に精通していた。とくに実隆は和歌の第一人者として知られ、1487年（長享1）には歌人の宗祇から古今伝授を受けた。

古今伝授とは、『古今和歌集』の読み方や語句の注釈、発音の仕方などを師匠が弟子に教えることをいう。当時、平安

時代に誕生した『古今和歌集』は読み方や解釈の仕方などに難解なものが多くなっており、また平安時代前期と室町時代では発音が異なるものも出てきていたため、注釈がなければ読み解くのは困難だった。古今伝授は、師匠が講義し、弟子がそれをまとめたものを師匠に見せて、師匠がそれを認めて証判を加えて成立した。当時、正式に古今伝授を受けていたのは足利義尚や牡丹花肖柏、近衛政家など限られた人物しかおらず、古今伝授の継承者には大きな権威が伴った。実隆はそうした権威を手に入れるとともに、後柏原天皇の女御として宮中に入った観修寺藤子が実隆の妻の姉妹だった関係もあり、天皇の和歌の師範に抜擢された。実隆はのちに後奈良天皇に古今伝授を与えている。古今伝授を受けたことで実隆の名声は高まり、また旅行好きだった師匠の宗祇が全国を旅するなか、訪問先への土産として、実隆の短冊や色紙を持っていったため、地方にも実隆の名は聞こえるようになった。実隆のもとには各方面から典籍の書写や絵巻物の詞書きなどの要請が舞い込むようになり、そのおかげで、困窮する公家が多いなか、三条西家は京都を離れずにすんだといわれる。

また、実隆は茶道への造詣も深かった。千利休や今井宗久も師事したわび茶の祖とされる武野紹鷗は、もともと実隆の和歌の弟子だった。紹鷗がわび茶の極意を開眼したのは、実隆の『詠歌大概』の講義を受けたことがきっかけだったと伝わる。

1536年（天文5）2月3日、実隆は63年にわたって書き綴った『実隆公記』執筆の筆を置き、翌年10月に死去した。『実隆公記』は現在、57年分が現存しており、当時を知る貴重な資料となっている。

第10章

女性・僧侶・文化人など

女性‥‥‥‥‥‥‥‥‥‥‥‥‥‥696
僧侶‥‥‥‥‥‥‥‥‥‥‥‥‥‥706
文化人‥‥‥‥‥‥‥‥‥‥‥‥718
その他の人々‥‥‥‥‥‥‥‥729

女性

鎌倉時代まで歴史に名を残す女性の多くは、皇族を除けば文化活動に従事した女性であった。しかし、武士の時代になって女性の役割が多様化したことで女性の存在感は増し、阿野廉子や今参局のように政治的に大きな権力をもって歴史に名を残した女性も現れた。とくに、室町幕府の将軍家・足利家に代々嫁いだ日野家からは、歴史上に足跡を残した女性が多く輩出した。

西園寺禧子

さいおんじ・きし

生没年 ？〜1333年（元弘3）

出身 山城国

主君 後醍醐天皇

死因 病死

◇ 皇太后宮となった後醍醐天皇の中宮

後醍醐天皇の中宮。父は太政大臣・西園寺実兼。姉妹に伏見天皇の中宮・永福門院、亀山上皇の妃・昭訓門院がいる。西園寺家は当時、朝廷と幕府の間の交渉をつかさどる関東申次を代々世襲しており、幕府にも通じる有力公家だった。

1313年（正和2）、皇太子時代の後醍醐天皇に見初められて東宮に入った。このときのことを花園天皇は日記に「東宮（後醍醐天皇のこと）密かに盗み取る」と書き記しており、東宮が禧子を略奪したとされる。1315年（正和4）には後醍醐の第二皇女となる懽子内親王を生んだ。懽子内親王はのちに北朝の光厳上皇の後宮に入り、宣政門院を宣下された。

1318年（文保2）、即位直後の後醍醐天皇の女御に任じられ、翌年8月、中宮となった。皇子が生まれなかったため、天皇は1326年（嘉暦1）以来、禧子のために御産御祈の祈祷を何度か行った。

1331年（元弘1）に天皇の倒幕計画が発覚して幕府に捕らえられると、禧子は幕府の指示で実家の西園寺家に戻された。翌年、北朝の光厳天皇によって礼成門の院号を下されたが、同年出家した。1333年（元弘3）に鎌倉幕府が滅び、後醍醐天皇が復帰すると内裏に呼び戻され、禧子も再び中宮に復帰した。皇太后宮という尊号が贈られ、光厳天皇から宣下された礼成門院を廃し、後醍醐天皇によって後京極院の院号が与えられた。

しかし、当時はすでに病に侵されていたようで、同年10月に没した。

禧子は公家の出らしく和歌をよくし、『続後拾遺和歌集』以下の4つの勅撰和歌集に14首が選ばれている。

上杉清子

うえすぎ・せいし

生没年 ？〜1342年（興国3・康永1）
出身 丹波国
主君 足利尊氏
死因 病死

◇尊氏・直義兄弟の母

　足利尊氏・直義兄弟の実母。父は上杉頼重で、尊氏の寵臣・上杉憲房は清子の兄、山名時氏はいとこにあたる。また、清子の妹が高師直に嫁いでおり、師直の義姉という関係にもあった。

　慣例では、足利家に嫁ぐのは北条一族の女性だった。清子の夫・貞氏も、北条顕時の娘を正室に迎えていたが、2人の間に生まれた子が早世し、顕時の娘も間もなく死亡してしまった。

　清子がいつ頃貞氏の側室になったかは定かではないが、清子が生んだ高氏（のちの尊氏）が足利家の嫡男とされたあとは、正室同然の扱いを受けるようになった。清子と貞氏は縁続きで、貞氏の父方の祖母が清子の叔母にあたる。

　尊氏を身ごもった清子は、男子誕生を紀伊粉河寺に祈願し、7日間にわたって堂に籠った。無事、尊氏を生んだ清子は、粉河寺に戸帳を寄進したと伝えられている。

　清子の実家である上杉家は、本来は公家の出で、鎌倉幕府6代将軍・宗尊親王にしたがって鎌倉に下向してきた家で、その後は幕府の有力御家人だった足利家と姻戚関係を結ぶことで勢力を伸ばしてきた。北条家とは縁もゆかりもない家であり、このことは尊氏や直義の反幕府活動に少なからず影響を与えた。

　尊氏と直義が幕府に背くと、清子も上京して行動をともにし、その後は、甥の

上杉憲顕や重能らとも頻繁に連絡を取り合い、上杉家の地位向上に努めた。

　一方で清子は公家風の教養を身につけた女性であり、勅撰和歌集『風雅和歌集』にも一首とられている。

　清子が世を去ったのは1342年（興国3・康永1）。尊氏と直義が仲違いをはじめる観応の擾乱より8年前のことであった。

足利登子

あしかが・とうし

生没年 1306年（徳治1）〜1365年（正平20・貞治4）
出身 相模国
主君 足利尊氏
死因 病死

◇北条一族で尊氏の正室

　足利尊氏の正室。父は六波羅探題をつとめた赤橋久時。兄に16代執権（鎌倉幕府最後の執権）・赤橋守時がいる。

　赤橋家は、鎌倉幕府3代執権・北条泰時の弟・重時からはじまる北条家一門で、執権・守時のほかにも、守時の弟の英時が鎮西探題に任じられるなど、一門のなかでも有力な家格だった。

　登子が尊氏に嫁いだのも、足利氏が御家人のなかでも最有力の家だったからで、足利家の当主には北条一門の娘が嫁ぐのが慣例となっていた。

　登子が尊氏に嫁いだのは元徳年間（1329〜1331年）で、1330年（元徳2）には長男・千寿王（のちの義詮）を生んだ。この頃は、その数年前の1324年（正中1）には後醍醐天皇の第一次倒幕計画が発覚するなど、すでに鎌倉幕府は末期的な状況にあった。そして結婚後すぐの1331年（元弘1）、後醍醐天皇の第二次倒幕計画が暴露され、ついに天皇は笠置山に拠って幕府打倒の兵を挙げた。

第10章

女性・僧侶・文化人など／女性

697

夫の尊氏は金沢貞冬や大仏貞直らとともに天皇討伐のために上京し、反乱を鎮圧した。しかし、その2年後、再び後醍醐天皇が挙兵し、再び尊氏に出兵要請が届いた。このとき尊氏は、登子と千寿王も京へ連れていこうと考えていたが、幕府はそれを許さず、登子は千寿王とともに人質として鎌倉に残された。このとき尊氏の弟の直義は、「千寿王は万一の場合は郎従どもが抱きかかえて隠すでしょうし、御台（登子のこと）は赤橋殿もおられますから心配ないでしょう」と言って尊氏を説得したという。

1333年（元弘3）閏2月、尊氏は京へ向けて出陣したが、丹波で幕府に反して六波羅探題を攻めた。登子は尊氏謀反の報告が幕府に伝わる前の5月、千寿王とともに鎌倉を脱出し、尊氏のもとへ奔った。その後は京に住まい、戦に明け暮れる尊氏の留守を守り、1340年（興国1・暦応3）には基氏を生んだ。基氏はのちに鎌倉へ下り、初代の鎌倉公方となった。その4年後には女子を生んだが、残念ながら夭折した。そのほか、尊氏との間に男子をひとりもうけたが、こちらも早世してしまった。

1358年（正平13・延文3）に夫の尊氏が死ぬと出家し、その7年後、登子も死去した。死後、従一位が追贈された。

阿野廉子

あの・れんし

生没年 1311年（応長1）～1359年（延文4・正平14）

出身 山城国

主君 後醍醐天皇

死因 病死

◇後醍醐天皇に寵愛され権勢が増長

後醍醐天皇の寵妃で、後村上天皇の母。父は右中将・阿野公廉。後醍醐天皇の死後に院号宣下を受けて新待賢門院と称した。

1318年（文保2）、西園寺嬉子が後醍醐天皇中宮として入内したとき上臈として入侍し、才色兼備の誉れ高かった廉子は、すぐさま後醍醐天皇の目にとまったという。以後は常に後醍醐天皇の側につき従い、1332年（元弘2）に天皇が隠岐に配流されたときにも隠岐まで従った。翌年、後醍醐天皇が隠岐を脱出して鎌倉幕府を滅ぼし、建武の新政が成立すると、廉子には北条一族の大仏家の遺領が与えられた。

建武の新政は天皇親政を理想としており、そのすべてが天皇の綸旨をもって沙汰されることとなった。それは、倒幕に功があった武士たちへの恩賞沙汰にしても同じであった。恩賞方が設けられ、そこで恩賞の沙汰が下っても、後醍醐天皇の綸旨がなければ執行されなかった。

各地の武士たちは、後醍醐天皇側近の公家たちに賄賂を贈り、誰よりも先に天皇の綸旨を得ようと不正が横行した。天皇の寵愛を受けていた廉子も有力な賄賂の贈り先で、廉子の権勢は高まった。

北畠顕家が1338年（延元3・建武5）に後醍醐天皇に奏上した諫奏文には、「女官の中に、私利私欲により国政を乱すものがいる」とあり、これは廉子を指していると解釈されている。

◇護良親王との対立

廉子は、後醍醐天皇との間に恒良親王、成良親王、義良親王の3人の皇子を生んでいる。廉子は、自身の子を皇太子に据えることを望んだが、当時皇太子の座にいちばん近かったのは護良親王だった。

護良親王は倒幕に際し、各地の武家を

糾合して一斉蜂起させ、自身も戦場に立って幕府軍と戦うなど、建武の新政樹立にもっとも貢献した皇子であった。

護良親王を排除したい廉子の思惑は、武家の棟梁として開幕を目指す足利尊氏の思惑と一致した。尊氏も、征夷大将軍に補任された護良親王を疎ましく思っていたのである。

この結果、護良親王は挙兵の嫌疑をかけられて捕縛され、皇太子には廉子の子である恒良親王が選ばれた。1334年（建武1）、正式に立太子の儀が行われたが、親王はのちに新田義貞とともに北陸へ下向し、尊氏軍に攻められて自害した。そのため第三子の義良親王（のちの後村上天皇）が立太子した。

1339年（延元4・暦応2）、後醍醐天皇が崩御し、息子の義良親王が即位した。廉子は南朝の皇太后となり、後醍醐天皇死後も重きをなしたが、その後は目立った活動はなく、1359年（正平14・延文4）に死去した。

勾当内侍

こうとうのないし

生没年	不詳
出身	不明
主君	後醍醐天皇
死因	不明

◇ 新田義貞が恋した後醍醐天皇の女官

後醍醐天皇に仕えた女官。兄（父とする説もある）の一条行房は後醍醐天皇の側近として、二度目の倒幕計画に加わり、後醍醐天皇が笠置山に入ったときも同道してともに反幕府の兵を挙げた。こうした関係から、勾当内侍も後醍醐天皇のもとに出仕した。

1332年（元弘2）に後醍醐天皇が隠岐に流され、持明院統の光厳天皇が即位す

ると、いったん朝廷から離れた。しかし、翌年に隠岐を脱出した後醍醐天皇が再挙して、足利尊氏・新田義貞などの助力を得て鎌倉幕府を滅ぼして皇位に復帰すると、勾当内侍も再び呼び戻された。これには兄の行房が天皇とともに隠岐に配流されたことが大きく影響していると考えられている。

1335年（建武2）、内裏を警固中の新田義貞が、琴を弾いている勾当内侍を見初めて、勾当内侍のもとに義貞から和歌が届いた。後醍醐天皇の後宮にいた勾当内侍は、天皇の知らないところで恋を詠んだ歌を受け取るわけにはいかず、丁重に断った。

当時は、中先代の乱の鎮圧に向かった足利尊氏が鎌倉で後醍醐天皇に反旗を翻し、京に攻め込んできた時期だった。北畠顕家軍の奮戦で尊氏を九州に敗走させたが、後醍醐天皇はほかの武将たちが尊氏方につくことを恐れた。

義貞の恋慕を知った天皇は、勾当内侍を義貞に与えた。義貞を南朝方につなぎとめておくための方便であった。

翌年、九州へ逃走した尊氏が再挙して上京の途へついた。尊氏軍は義貞・楠木正成軍を破り入京し、後醍醐天皇は比叡山へ落ち延びることになった。このとき勾当内侍は、嵯峨の乳母の家へ逃れた。義貞は後醍醐天皇の皇子・恒良親王を奉じて北陸に下向したが、尊氏軍に攻められて1338年（延元3）、討ち死にした。

勾当内侍は義貞のもとへ行くために嵯峨を出て近江の堅田まで来ていたが、そこで義貞の戦死の知らせを聞いた。その後、落飾して義貞の菩提を弔いながら生きたといわれるが、琵琶湖に入水自殺したとする伝説もある。

第10章 女性・僧侶・文化人など／女性

699

楠木久子

くすのき・ひさこ

生没年 不詳
出身 不明
主君 楠木正成
死因 不明

◇楠木正成の正室

楠木正成の正室で、正成との間に正行、正時、正儀の3人の男子を生んだ。後醍醐天皇の側近で、天皇に正成を推挙したとされる万里小路藤房の妹とも、河内東条村の土豪・南江家の娘ともいわれるが出自は不明。

1325年（正中2）頃、正成に嫁いだものと考えられている。当時の正成はまだ天皇に出仕する前で、河内周辺の荘園や社寺に押し入っては略奪を行う「悪党」行為を行なっていた。

1331年（元弘1）、後醍醐天皇の二度目の倒幕計画が表面化すると、正成は千早城で反幕府の兵を挙げ、笠置山に入った天皇を援護した。このとき天皇は捕らえられて隠岐に流されたが、正成は逃げ延びて雌伏し、2年後に再び天皇が挙兵すると、正成も呼応した。その間、久子は夫の実家である玉櫛荘の館で銃後を守ったという。

後醍醐天皇が足利尊氏と袂を分かつと、正成は後醍醐天皇方につき、尊氏を九州へ追いやるなど戦功をあげた。しかし、1336年（延元1・建武3）、正成は九州から東上してきた尊氏と湊川で戦い敗死した。久子は3人の息子とともに観心寺中院にいたが、そこに尊氏から正成の首級が届けられた。父・正成の首級を見た長男の正行は自害を遂げようとしたが、久子はそれを押しとどめ、父の遺志を継ぐように訓戒した。

その後の久子の消息は伝わらず、1364年（正平19・貞治3）に、万里小路藤房が創建した河内国観音殿で死去したという。1348年（正平3・貞和4）には正行と正時の2人の息子が戦死しており、残るは正儀ひとりとなっていた。

伊賀局

いがのつぼね

生没年 不詳
出身 不明
主君 阿野廉子→楠木正儀
死因 不明

◇阿野廉子に仕えた楠木正儀の正室

新待賢門院こと阿野廉子に仕えた女官で、楠木正儀の妻。新田義貞の家臣・篠塚伊賀守重広の娘のため、伊賀局と呼ばれるようになった。

1348年（正平3・貞和4）、楠木正行・正時兄弟率いる南朝軍が、河内四條畷で高師直率いる幕府軍と戦った。のちに伊賀局の夫になる正儀も出陣しており、正儀は東条（現在の富田林市付近）に布陣していた。

4万を超える軍勢で押し寄せた幕府軍の前に、正行・正時兄弟は戦死し、勝ちに乗じた高師直軍は、南朝の本拠地である吉野を攻め、後村上天皇のいる行宮へ乱入した。

阿野廉子は後村上天皇の生母だったため吉野におり、伊賀局もそばにいた。師直軍の進撃の知らせを受けた一行は行宮を脱出し、山深く逃れた。しかし、途中の吉野川にかかる橋が壊れていて立ち往生してしまった。このとき、同道していた伊賀局は、周辺の大木から大きめの枝を何本もへし折って橋に渡し、廉子を背負って渡り、一行の皆も無事に渡ることができたという。この話の真偽のほどは

700

定かではないが、伊賀局が機転の効く女性であったことはうわさとして広まっていたのだろう。

その後、伊賀局は楠木正成の3男・正儀の妻となったが、その後の消息は不明である。正儀には正秀以下4人の男子がいたが、彼らが伊賀局の子であるかどうかもわからない。

渋川幸子

しぶかわ・こうし

生没年 1332年（元弘2）～1392年（明徳3）
出身 不明
主君 足利義詮→足利義満
死因 病死

◇ **幕府内に影響力を持った将軍正室**

足利家一門の渋川義季の娘で、2代将軍・足利義詮の正室となった。姉が足利直義の妻となるなど、足利将軍家と深く結びついていた。

1350年（正平5・観応1）頃に義詮に嫁ぎ、1351年（正平6・観応2）に義詮との間に男子をひとり生んだ。この男子は、義詮と同じ幼名である千寿王と名付けられ、将来の将軍候補となったが、1356年（正平11・延文1）に早世した。

1358年（正平13・延文3）、義詮の側室・紀良子が義満を生むと、当初は伊勢家で養育されていた義満を幸子が引き取る形で養育することになった。さらに1364年（正平19・貞治3）に生まれた満詮も幸子が養育した。

将軍正室として幕府内で影響力をもち、1365年（正平20・貞治4）に甥の渋川義行が九州探題に大抜擢されたのは、幸子の尽力があったという。

1367年（正平22・貞治6）に夫の義詮が死去したあとも、義満の養母として生母の良子よりも重んじられ、幕府内には

隠然たる影響力を保った。幕府内では、桃井直信を廃して同じく足利一門の斯波義将を越中守護に補任するなど義将派となり、義満の後見役だった細川頼之と対立した。

日野康子

ひの・やすこ

生没年 1369年（正平24・応安2）～1419年（応永26）
出身 山城国
主君 足利義満
死因 病死

◇ **天皇の准母となった将軍義満の正室**

従一位権大納言・日野資康の子。3代将軍・足利義満の正室で、後小松天皇の准母となる。

1400年（応永7）頃に義満の側室となり、義満の寵愛を受けて「南御所」と呼ばれた。1405年（応永12）に義満の正室・日野業子（康子の叔母にあたる）が死ぬと、康子が新たな正室となった。

1406年（応永13）、後小松天皇の生母にあたる三条厳子が死去した。義満は、天皇が一代の間に2度も諒闇（天皇が父母の喪に服すこと）するのは不吉であるという理屈をつけて、関白の一条経嗣と善後策を話し合った。その席上で経嗣は、義満の意を受けて、康子を准母（国母の代理）とすることを提案した。義満は康子を後小松天皇の准母として三宮に准じさせ、諒闇を回避させた。こうして翌年、康子は准三后・従一位に叙され、院号を宣下されて北山院を得て、入内の儀が執り行われた。

その後は義満とともに鹿苑寺北山第に住み、1408年（応永15）に義満が死んだあとも住み続けた。義満の後を継いだ4代将軍・足利義持は妹・栄子の夫だった

が、康子とは折り合いが悪く、義満死後は表舞台に立つことなく、1419年（応永26）、北山第で没した。

日野重子

ひの・しげこ

生没年 1411年（応永18）～1463年（寛正4）
出身 山城国
主君 足利義勝→足利義政
死因 病死

◇ 将軍義勝、義政の生母

日野重光の子。6代将軍・足利義教の側室となり、7代将軍・足利義勝、8代将軍・足利義政を生んだ。義教の正室・日野宗子は実姉。義政の正室・日野富子は、兄・日野義資の孫にあたる。2人の将軍の生母として権勢を得て、富子の兄・日野勝光とともに義政時代の幕政に深く関与した。

6代将軍となった義教には、重子の姉である宗子が正室にあてがわれたが、義教は宗子の実家の日野家が政治に介入してくることを疎ましく思うようになり、そのため宗子と義教は折り合いが悪かったという。そして1431年（永享3）、義教は宗子と離縁して宗子を御所から追放した。このとき、宗子離縁の代償として、重子が義教の側室として迎え入れられることになった。

1434年（永享6）、重子は義教との間に男児を生んだ。義教にとってはじめての男児で、のちの7代将軍・義勝である。1436年（永享8）には次男が誕生し、こちらはのちに8代将軍・義政となった。

1441年（嘉吉1）、播磨の守護・赤松満祐の謀反によって義教が殺害されたため、重子の長男が将軍に就任した。7歳の幼児だったため、管領の細川持之とともに重子も後見人となり、これ以降、重

子は幕政に介入することになる。

2年後に義勝が病死すると、重子の次男・義政が8代将軍となったが、義政もまた幼年であったため、引き続き重子は幕府に残り、管領の畠山持国とともに幕政を主導した。義政が正式に征夷大将軍に任命されるのは1449年（宝徳1）であり、それまでの7年間は重子と持国を中心に、評定衆の諸大名との合議により政務を司り、幕府内における重子の権威は向上した。

また、重子は、姉・宗子の御所追放以来没落していた実家の日野家を引き立て、当主の日野勝光をスピード昇進させた。勝光は1450年（宝徳2）には参議となり、翌年には従三位・権中納言に叙任され公卿の仲間入りを果たした。

◇ 日野家の影響力を取り戻す

将軍・義政には、今参局という乳母上がりの側室がいたが、やがて義政側近として幕政に介入するようになり、重子と対立するようになった。1451年（宝徳3）、義政が尾張の守護代・織田敏広を更迭して織田郷広を守護代にする御教書を発した。これは、郷広から陳情を受けた今参局が義政に働きかけた人事とされるが、郷広は公卿の万里小路時房の所領を横領するなど評判のよくない人物で、管領の持国をはじめ細川勝元や山名持豊などの幕府重臣も大いに反対した。重子もこの人事に反対し、義政を諫言したが容れられず、同年、重子は御所を出奔して嵯峨に隠居してしまった。

義政は、郷広の守護代就任を撤回し、今参局を御所から追放することを約束して重子を呼び戻したが、1年もたたないうちに今参局を復帰させた。重子は今参局に対抗するために、1455年（康正1）、勝光の妹・日野富子を義政の正室とした。

1459年（長禄3）、富子が男児を死産すると、重子はこれを今参局の呪詛によるものと義政に讒言し、義政は局を近江に追放した。これ以降、重子・勝光・富子の日野家が幕府の中心となった。

1462年（寛正3）、洛中東山の高松に隠居し、翌年、病死した。重子は病に倒れた際、今参局の怨霊のためと考え、局の法要を営んだという。

日野富子

ひの・とみこ

生没年	1440年（永享12）～1496年（明応5）
出身	山城国
主君	足利義政→足利義尚→足利義澄
死因	病死

◇将軍義政の正室として権勢をほこる

父は内大臣・日野重政。8代将軍・足利義政の正室となり、9代将軍・足利義尚を生んだ。兄に左大臣・日野勝光、妹に足利義視の正室となった妙音院がいる。

1455年（康正1）に足利義政のもとに輿入れした。当時の将軍家は、義政の乳母・今参局が権勢をふるい、義政の生母で富子の大叔母にあたる日野重子と対立していた。1459年（長禄3）、富子は義政との間に男子を生んだが、その子は半日もたたずに死去してしまった。そこで富子は重子と図って、男子の死は今参局の呪詛によるものと義政に讒言した。捕らえられた2人の巫女が、今参局に頼まれて呪詛したと白状したため、義政もこれを信じ、今参局は琵琶湖沖島に配流され、その途上で自害した。

1463年（寛正4）に重子が死んで富子の権勢は高まったが、義政との間に男子は生まれず、義政は1464年（寛正5）、異母弟の義視を還俗させて、自らの後継者

とした。富子は義視還俗に当初は反対したが、自分の妹を義視の正室に入れることで折り合いをつけたという。

しかし、その翌年に富子が男子・義尚を生んだため、義視と対立。富子は義視の後見人だった細川勝元に対抗するために幕府重鎮の山名宗全を義尚の後見人とし、幕府は義視派と義尚派に分裂した。さらに管領家の畠山家と斯波家でも同時期に家督問題が勃発し、勝元と宗全がそれに介入したことで、両者の対立は武力闘争へ発展し、1467年（応仁1）、応仁の乱が勃発した。

富子は夫・義政と子・義尚とともに、勝元率いる東軍に属した。勝元が室町御所自体をおさえたため、将軍継嗣で対立する義視も東軍陣営にいたが、義視は翌年、西軍に寝返った。東軍は朝廷を保護していたため、義視の出奔によって義尚が将軍後継に認められ、1473年（文明5）、義尚は義政の後を受けて9代将軍に就任した。1475年（文明7）に、不和となった義政が室町御所を出奔すると、幕政は義尚を擁した富子と、富子の兄・日野勝光を中心に行われるようになった。当時は勝元と宗全がすでに死去し、細川家と山名家との間には和睦が成立していたが、西軍の畠山義就と大内政弘は乱の終結に反発し、京に居座っていた。富子は乱の最中、東西の区別なく武家に金貸しを行っていたこともあって西軍諸将にも顔が利き、富子は義就に多額の金を貸し付けることで義就を京から撤退させ、政弘には朝廷に働きかけて従四位下・左京大夫の官位を与えるとともに周防など4カ国の守護を安堵して帰国させた。

1489年（延徳1）、近江の六角高頼を討伐するために近江に出陣していた義尚が病に倒れた。富子は近江の陣中にかけつ

第10章 女性・僧侶・文化人など／女性

703

けて自ら義尚を看病したが、義尚は手当の甲斐なく陣没してしまった。

義尚には子がなく、義政にも後を継げる男子がいなかったため、富子は応仁の乱後美濃に隠遁していた義視と自分の妹・妙音院との子である義材を次期将軍に擁立した。このとき管領の細川政元（勝元の子）は、義材擁立に反対したが、富子は義視とともに義材の将軍就任を強硬に主張して実現させた。

しかし、義材が将軍になると、その父・義視が大御所として幕政に重きをなすようになり富子と対立、1490年（延徳2）に義政が死去すると、富子と義視・義材父子との対立はさらに激化した。翌年、義視が他界し、富子を遠ざけて義材が親政を開始すると、富子と義材の仲はさらに険悪となり、1493年（明応2）、富子は細川政元と図って、河内で挙兵した畠山義豊を討伐するために義材が出陣したすきをついて義材廃位のクーデターを起こした（これを明応の政変という）。富子と政元は、義政の弟で堀越公方となって伊豆に下向していた足利政知の子・義澄を次期将軍に奏請した。当時の天皇・後土御門天皇は、富子らのクーデターを「悪行非道」となじって義澄の征夷大将軍への任官をしぶったが、富子がかつて内裏修復のために巨費を投じたこともあり、武家伝奏の勧修寺教秀が天皇をとりなし、翌年、義澄は正式に将軍に就任した。富子は義澄の後見人として、かつて義尚の養育係だった伊勢貞宗とその子貞陸を送り込み、晩年になっても幕政に関与した。

1496年（明応5）に死去。富子の引き立てで将軍位についた義澄だったが、富子の幕政介入を不満としており、富子の葬儀には参列しなかったという。

今参局
いままいりのつぼね

生没年	?～1459年（長禄3）
出身	不明
主君	足利義政
死因	自害

◇将軍義政の乳母として権勢を振るう

今参局とは「新参の女官」という意味で、本来は特定の人物を指す言葉ではなく、この名で呼ばれた女官は多く存在する。ただし、歴史上で「今参局」というと、室町時代に8代将軍・足利義政の乳母として権勢を得た大館満冬の娘を指すことが多い。

局は伯父の大館満信や、その子・持房と持員が6代将軍・足利義教の側近として仕えていたことから、義教の子・義政の乳母に抜擢された。

1443年（嘉吉3）に義政が将軍に就任すると（正式就任は1449年）、まだ8歳の幼帝だったこともあり、局は幕政に積極的に介入するようになった。

その権勢は、義政生母の日野重子をしのぎ、朝廷人事にも局の意見が反映されるようになったため、公卿大臣はこぞって局に賄賂を贈ったという。

1451年（宝徳3）、尾張の前守護代・織田郷広が、守護代復帰をもくろんで局のもとに陳情した。局はこれを受けて、守護代・織田敏広を罷免させて郷広を守護代にするように命じた。

しかし、郷広はもともと、尾張にあった公卿・万里小路時房領の横領をめぐって責任逃れのために逐電した人物であり、守護の斯波義健と、斯波家重臣で越前守護代の甲斐常治は、この命令を受け入れることはできなかった。

また、管領の畠山持国や、幕府重臣の

細川勝元と山名持豊も、郷広の復帰には反対し、将軍・義政を諫めた。義政生母の日野重子も、局の強引なやり方に不満を抱き、御所を出奔して嵯峨へ隠居し、義政に圧力をかけた。四囲の圧力を受けた義政により、局はこのとき御所から追放された。

◇幕政に介入して三魔と呼ばれる

しかし、局に対する義政の信頼は揺るがず、直後に復帰し、再び権勢をふるうようになった。東福寺の僧正はその日記に、局のことを「その気勢焔焔として近づくべからず、そのなすところはほとんど大臣の執事のごとし」と記した。

当時、幕府では局のほかに、烏丸資任と有馬持家が義政の寵愛を受けて幕政を牛耳り、世間はこの3人を「三魔」と呼び、「政は三魔より出ず」といわれるほどの権勢をほこったという。

1459年（長禄3）、義政の正室・日野富子が懐妊したが、死産だった。これが局の呪詛によるものという風聞がたち、義政に讒言する者もあり、局は琵琶湖の沖島へ配流された。

しかし、琵琶湖への護送の途中に、護送役だった侍所頭人の京極持清のもとに、局を死罪とするという連絡が届いた。知らせを聞いた局は、近江国蒲生郡の甲良寺に入って、同所で切腹して果てた。局の死後、局の息がかかっていた女官たちは御所から追放された。

しかし、義政はのちに局の冤罪を知り、局の所領を没収することをやめ、所領は一族の大館家に与えられ、1463年（寛正4）には近江国寿千寺領に局の追善料所を寄進して、局の冥福を祈ったという。

慧春尼

えしゅんに

生没年 ？〜1408年（応永15）
出身 相模国
主君 特になし
死因 自殺

◇業火に身を投じて即身仏となる

慧春尼は、相模の足柄に最乗寺を開いた了庵慧妙の妹で、女性による出家の道を開いた高僧として名を残した。

了庵慧妙は強力な法力を得たとされる高僧で、慧春尼も幼少の頃から兄の影響を受け、出家・得度することを望んだ。

当時、出家する女性はいたが、菩提を弔うことが目的であるか、尼寺に入ることが普通だった。しかし慧春尼は男僧と同様の修行を求めたため、了庵慧妙は慧春尼の出家を許さなかった。そこで慧春尼は、自ら火箸で顔を焼いて覚悟を示し、兄に出家を認めさせたという。得度した慧春尼は熱心に修行に取り組み、やがて悟りを得て了庵慧妙から印可を受けた。

あるとき了庵慧妙が鎌倉の円覚寺に使いを出さなければならなくなったことがあった。円覚寺は禅宗の総本山で、円覚寺僧の禅問答のうまさには定評があった。弟子の誰もが尻込みするなか、名乗りを挙げた慧春尼が円覚寺に向かった。円覚寺の僧侶が慧春尼に対し法衣の裾をまくって「僧の物三尺、如何とす」と問うと、慧春尼は自らも法衣をまくり上げて「尼の物底なし」と切り返したという。

その後、慧春尼は最乗寺のふもとに3つの寺を建立して説法を続け、庶民からも慕われたという。

1408年（応永15）、慧春尼は女性救済を祈願して山門前に薪を積み、業火の中で座禅を組んで命を絶ったという。

僧侶

日本では古来、僧侶の地位が重んじられ、朝廷や幕府には護持僧と呼ばれる僧侶が入り込み、僧侶が政治に介入することも少なくなかった。たとえば義堂周信は3代将軍・足利義満の護持僧として政治的な諮問をたびたび受ける存在であり、玄恵のように幕府の規範を記した『建武式目』を起草する僧侶も現れた。また、絶海中津や桂庵玄樹のように中国に留学する僧もいた。一方、一休宗純や蓮如のように、自らの信仰に忠実に生きた僧侶もいた。

文観

もんかん

生没年 1278年（弘安1）～1357年（正平12・延文2）

出身 播磨国？

主君 後醍醐天皇→後村上天皇

死因 病死

◇ 後醍醐天皇お気に入りの律僧

律宗・真言密教の僧侶で、後醍醐天皇の信任を得て活動した政治僧。

播磨国に生まれた文観は幼くして出家して律宗を学び、やがて興福寺に入室して法相宗を学んだ。1316年（正和5）に醍醐寺に入って真言宗を学び、醍醐寺報恩院の道順から真言密教の灌頂を受けた。道順は後宇多天皇の帰依を受けていた真言僧で、文観はその縁で後宇多天皇の皇子・後醍醐天皇に近づく機会を得たとされ、所持していた聖教を後醍醐天皇に授けるなどして天皇に取り入った。やがて天皇の信任を得た文観は、後醍醐天皇の護持僧として仕えることになり、醍醐寺座主・天王寺別当に任じられるなど重用された。

当時、倒幕を計画していた後醍醐天皇にとって寺社勢力を味方につけることが必要であり、広い人脈をもっていた文観に白羽の矢が立った。たとえば、楠木正成が拠った金剛寺は文観のいた醍醐寺と深いつながりがある寺院であり、倒幕計画が暴露された後醍醐天皇が逃げ込んだ笠置山や、天皇が吉野へ落ちる際に拠った観心寺も、文観の手引きで天皇方についた寺院だった。また、護良親王が身を隠した般若寺と、のちの南朝の拠点となる吉野も醍醐寺系列であり、ここでも文観の人脈が後醍醐天皇の抵抗を支えた。

1331年（元弘1）、後醍醐天皇の倒幕計画が露見すると、天皇は京を脱出して笠置山に拠って兵を挙げた。しかし、天皇の挙兵は鎮圧され、文観はその他の関係者とともに幕府に捕らえられ、薩摩の硫黄島へ流罪となった。

しかし、1333年（元弘3）に再び蜂起した後醍醐天皇は、今度は多くの武将を糾合することに成功して幕府を倒し、天皇親政による新たな政治体制を整えた（建武の新政）。その際、文観は倒幕の功臣のひとりとして罪を許されて京に復帰した。後醍醐天皇側近として文観は僧正に昇進し、東寺大勧進に補任され、多くの領地をあてがわれ、民間出身の僧侶として栄華を極めた。だが、この頃から世人や寺社衆から、その傲慢、成金ぶりが嫌われるようになり、高野山からは「文観は卜筮（古代の占い）を好み、呪術を習い、修験を立て、荼吉尼も祭り、（中略）その心は貪欲で傲慢はなはだしく」と文観を糾弾した奏状が、後醍醐天皇のもとへ提出されている。

1336年（延元1・建武3）、政争に敗れた後醍醐天皇が京から遁走して吉野に入ると、文観も随行した。1339年（延元4・暦応2）に後醍醐天皇が崩御したあとは、後村上天皇の護持僧として仕え、1350年（正平5・観応1）に南朝が京を奪回すると、文観も十数年ぶりに京に戻った。しかし、南朝は再び京を追われ、1357年（正平12・延文2）、河内の金剛寺で没した。

円観

えんかん

生没年 1281年（弘安4）～1356年（正平11・延文1）

出身 近江国

主君 後醍醐天皇→足利尊氏

死因 病死

◇ **南北両朝に認められる**

比叡山で天台宗を学んだ近江出身の僧侶。円観は『太平記』編纂の初期段階にかかわっていたともいわれている。

円観は1295年（永仁3）に比叡山に入って出家し、天台宗とともに顕教密教を修めた。後伏見天皇や花園天皇は円観から受戒しており、朝廷との結びつきは深く、その縁で後醍醐天皇の知遇を得るようになった。

1331年（元弘1）、円観は、関東調伏の祈祷をして、後醍醐天皇による倒幕計画の成就を願ったとして、幕府によって捕らえられた。鎌倉に連行された円観・文観・忠円は詮議を受け、拷問を受けた文観と忠円が調伏の事実と、後醍醐天皇の倒幕計画の一部を白状した。このとき幕府は、円観と朝廷との結びつきを考慮して、円観に対しては拷問を行わなかったという。

円観らは幕府に対する反逆罪に問われ、円観は陸奥に流罪となり、南奥州の有力御家人だった白河結城家に預けられることになった。

その後、鎌倉幕府が滅亡して建武の新政が成立すると、後醍醐天皇に呼び戻されて東大寺大勧進職に任じられたが、1336年（延元1・建武3）に後醍醐天皇が吉野に出奔した際には同行せず、幕府方として京に残った。幕府にも疎まれることはなく、北朝の光厳天皇、光明天皇に受戒した。

1350年（観応1）頃から足利直義と高師直の対立から観応の擾乱が勃発すると、幕府軍は直義派と尊氏派に分裂し、さらに南朝側に寝返る者も現れた。翌年、播磨の赤松則祐が幕府を裏切って南朝軍として挙兵した。このとき円観は、尊氏方の使者として南朝側に派遣され、和睦の交渉をしている。

祐覚

ゆうかく

生没年 ？～1336年（延元1・建武3）

出身 不明

主君 後醍醐天皇

死因 斬首

◇ 後醍醐天皇の戦費を調達

　法勝寺の律僧だったが、1331年（元弘1）に後醍醐天皇が倒幕の兵を挙げたときに延暦寺に入ったとされる。

　1335年（建武2）、中先代の乱の鎮圧に向かった足利尊氏が鎌倉で後醍醐天皇に反旗を翻して兵を挙げたとき、稚児10人ら30余人を率いて新田義貞率いる討伐軍のもとに駆けつけ、東海道を下って東上した。三河矢作川の戦いから箱根竹ノ下の戦いまで参戦し、敗れはしたが竹ノ下の戦いでは奮戦したと伝わる。

　敗走した祐覚は近江に戻り、琵琶湖を挟んで比叡山の対岸あたりに伊岐代城を築いて、延暦寺の僧兵1000人らとともにこもって、尊氏軍と対峙した。伊岐代は美濃と近江をつなぐ要所だったため、尊氏軍の猛攻を受け、1336年（建武3）、高師直率いる軍勢に包囲され落城、祐覚は比叡山に奔った。

　祐覚は後醍醐天皇のために比叡山の各所を説得して回り、銭6万貫、米7000石を用立てて、後醍醐天皇軍に分け与え、天皇の信任を得た。

　同年5月、北畠顕家らとの戦いに敗れて九州に落ちていた足利尊氏が再挙して、湊川の戦いで楠木正成軍を破って入京し、後醍醐天皇は比叡山に逃げてきた。そして11月、天皇は尊氏と和睦して比叡山を下り、三種の神器を尊氏が擁立した光明天皇に渡した。このとき、祐覚も一緒に比叡山を下りて入京した。

　しかし、後醍醐天皇は幕府に捕らえられて花山院に幽閉され、祐覚も捕縛されてしまった。翌月、後醍醐天皇は吉野へ出奔したが、祐覚は後醍醐天皇軍への軍費調達を責められて処刑を宣告され、阿弥陀が峰で斬られた。

夢窓疎石

むそうそせき

生没年 1275年（建治1）～1351年（正平6・観応2）

出身 伊勢国

主君 北条高時→後醍醐天皇→足利尊氏

死因 病死

◇ 尊氏・直義兄弟に重んじられる

　臨済宗の禅僧。後醍醐天皇の菩提を弔った天龍寺を開山したことで知られる。宇多源氏の出身。

　9歳で出家して東大寺や建仁寺を経て鎌倉へ下向し、建長寺の蘭渓道隆や一山一寧に学んだ。その後は各地を放浪し、得宗・北条貞時の招きで鎌倉に戻ったが、1325年（正中2）、後醍醐天皇に招かれて京の南禅寺の住持となった。翌年、鎌倉に帰って得宗・北条高時の庇護を受け、1332年（元弘2）には甲斐の恵林寺の開山となった。このとき、細川顕氏が恵林寺を訪れて夢窓疎石に授衣し、足利尊氏に推薦したという。

　鎌倉幕府が滅亡すると、疎石は京に戻って後醍醐天皇の庇護を受け、1335年（建武2）、臨川寺の開山となった。

　建武の新政が崩壊して後醍醐天皇が吉野に入り、足利尊氏が京を制圧すると、疎石は今度は尊氏の帰依を受けることになった。1339年（延元4・暦応2）に後醍醐天皇が崩御すると、疎石は天龍寺の創建を尊氏に進言し、造営費用をまかなうために天龍寺船の派遣を要請した。天龍

寺船の派遣には幕府・朝廷とも反対意見が多数を占めたが、疎石は再三、直義に要請して出航を認めさせたという。

その後も尊氏・直義兄弟に重んじられた疎石は、しだいに政治的にも影響を与えるようになり、幕政に禅僧が介入する先例となり、その端緒をつくった。

賢俊

けんしゅん

生没年 1299年（正安1）～1357年（延文2・正平12）

出身 山城国

主君 足利尊氏

死因 病死

◇ 公武両者からの絶大な支持

公武双方から絶大な信頼を寄せられた僧で、幕府の枢機にも参加していた。俗名は日野賢俊といい、後醍醐天皇の側近・日野資朝は兄にあたる。

兄の資朝は後醍醐天皇（大覚寺統）に仕えたが、賢俊は持明院統に属し、後に足利尊氏の信任を得て、その後の将軍家と日野家の関係を築いた。

1336年（延元1・建武3）、九州で再挙して京へ向かった尊氏は、後醍醐天皇と敵対するからには、後醍醐天皇に代わる権威を必要としていた。このとき京には後醍醐天皇とともに、後醍醐天皇から上皇の尊号を受けていた光厳上皇がいた。そこで賢俊は、光厳上皇の弟である豊仁親王（のちの光明天皇）を天皇に即位させることを尊氏に進言し、光厳上皇から豊仁親王即位の院宣をもらうことに成功した。上皇の院宣は賢俊の手配で京へ進軍中の尊氏のもとに届けられ、尊氏は上洛の大義名分を手に入れた。この功績によって、賢俊は尊氏の信任を得た。

その後、醍醐寺座主、東寺長者、根来

寺座主などを兼任し、宗教界においても影響力をもつようになった。1352年（正平7・文和1）、後光厳天皇が践祚する際、三種の神器は南朝のもとにあったが、賢俊は男山八幡にあった後村上天皇の行宮跡から神鏡の容器である朱塗りの唐櫃を探し出してきて、それを神器の代用にして後光厳天皇を践祚させた。この功績で、賢俊は北朝の護持僧を務めることとなり、朝廷内での影響力も大きくなった。一方で尊氏の信頼も得て、賢俊は将軍家の結びつきも強くして、以降の日野家の躍進の基礎を築いた。

賢俊が没したとき、太政大臣・洞院公賢は日記に、「賢俊僧正、栄耀至極、公家・武家権勢比肩の人なし、（中略）公家御不信の事等これ有り」と記した。

玄恵

げんえ

生没年 ？～1350年（正平5・観応1）

出身 不明

主君 後醍醐天皇→足利尊氏

死因 病死

◇ 『建武式目』を草案

天台宗の僧。一説には、虎関師錬の弟ともいう。

鎌倉時代末期に出家し、比叡山に入った。八宗の教学を修め、漢学にも通じていた教養人であり、儒学の経書や宋代の詩論にも詳しく、京の公家たちに進講する機会も多かったという。そのため、公家社会では広く名を知られており、一方で儒学者としても高名だったため禅宗の僧侶たちとも交友をもち、詩僧たちの間でも玄恵の名声は高まった。

やがてその声望は後醍醐天皇にも届いた。正中の変の際に無礼講の場で倒幕の密議をこらしたときに玄恵も参加してお

第10章 女性・僧侶・文化人など／僧侶

709

り、その場で漢詩を講じたことが『太平記』に記されている。

鎌倉幕府が倒れて多くの武士が入京してくると、その名声の高さから武士たちからも声がかかるようになった。足利尊氏もそのうちのひとりで、尊氏は玄恵の博識ぶりに驚嘆し、玄恵は幕府の基本方針を定める際に尊氏の諮問を受け、幕府の基本方針を示した『建武式目』の草案者のひとりとして名を連ねた。玄恵は尊氏の弟・直義にも厚遇され、室町幕府初期の政治顧問のような立場を得た。室町時代には夢窓疎石や義堂周信など、武家の信用を得て政治顧問のような活動をする禅僧が増えるが、玄恵はその先駆けというべき存在だった。

玄恵は文筆家としても高名で、1340年代頃成立の『後三年合戦絵巻』の序文を書いたことで知られる。そうした理由からか、昔から『庭訓往来』の作者とも伝えられている。『庭訓往来』とは、室町時代以降の初級の教科書で、江戸時代になってからも寺子屋の教科書として使われたロングセラーの書である。そのほかにも『末広がり』や『靫猿』などの狂言作品も玄恵の作といわれるなど、文筆家・玄恵の名は後世にもとどろいていた。その最たるものとして、『太平記』の作者に擬せられている。

雪村友梅
せっそん・ゆうばい

生没年 1290年（正応3）～1346年（興国7・貞和2）

出身 越後国

主君 特になし

死因 病死

◇元に渡って学問を修める
越後の人だが、幼い頃に鎌倉へ下向し

て建長寺に入り、元からの渡来僧である一山一寧に師事した。正安～嘉元年間（1299～1306年）に上洛して建仁寺に入り、師である一寧の影響を受けて1307年（徳治2）、元に渡海した。

ところが、入元した友梅はスパイ容疑で捕らえられるという不運に見舞われてしまう。いったんは許されて長安に学んだが、その後再び捕らえられて成都へ流罪となり、同地で10年を過ごすことになる。成都では、儒教を中心に中国の典籍を読みあさり、同地の儒家とも交友したという。

その後、罪を許されて長安に戻り、1329年（元徳1）、22年ぶりに帰国した。いったん鎌倉に戻って建長寺玉雲庵の塔主となったあと、信濃諏訪の慈雲寺、信濃山部の徳雲寺、京の西禅寺と移って、1334年（建武1）、豊後守護の大友家に請われて豊後へ下向し、万寿寺の住持となった。1337年（延元2・建武4）には、播磨守護の赤松則村の招きに応じて播磨に入り、法雲寺の開山となった。その後、友梅と赤松家の結びつきは強まり、赤松家は友梅の死後には塔所を建てて友梅を弔った。

その後も足利尊氏・足利直義兄弟の招きで京の万寿寺（豊後の寺とは同名異寺）に入り、さらに1345年（興国6・貞和1）には光明天皇の勅命を受けて建仁寺の住職となるなど、当代随一の禅僧として敬われた。

1346年（興国7・貞和2）、病に倒れた友梅は、朝廷からの薬も断り、建仁寺で没した。友梅は生前、漢詩をよくし、『岷峨集』『宝覚真空禅師語録』を著し、義堂周信や絶海中津などとともに五山文学の担い手として活躍した。

春屋妙葩

しゅんおく・みょうは

生没年 1311年（応長1）～1388年（元中5・嘉慶2）

出身 甲斐国

主君 足利義満

死因 病死

◇政治手腕に長けた夢窓の一番弟子

夢窓疎石の甥であり、かつ夢窓の一番弟子とされる。7歳で法華経を学び、17歳で出家、夢窓の法を継いだ。禅僧としての才能も豊かだったが、それに加え政治手腕にも長けており、旧仏教勢力を敵に回しながら、五山十刹制度を作り上げて五山文化の発展に貢献した。寺院経営に抜群の才を発揮し、修復や造営を何度も手がけた。1358年（正平13・延文3）に焼失した天龍寺を修復し、1361年（正平16・康安1）に臨川寺が災厄に遭ったときは住持となって修復を成し遂げた。

1367年（正平22・貞治6）、3代将軍・足利義満が参詣にやってきて仏弟子として帰依し、以降、春屋は義満のブレーンとして政界にも強い影響力を持つようになった。

1369年（正平24・応安2）、南禅寺は楼門を新築するため、関所を設けて関銭を徴収していたのだが、三井寺の小僧が関銭を払わずに通ろうとしたため、関番が小僧を殺してしまった。激怒した三井寺は、延暦寺と興福寺とともに強訴を繰り返し、管領の細川頼之はついに屈して、南禅寺の定山祖禅を流罪とした。

禅僧である春屋は当然、南禅寺側であり、頼之の対応に怒り丹後に隠棲した。さらに頼之が、このとき春屋に同道した弟子230人の僧籍を剥奪したため、春屋と頼之の対立は決定的になった。

やがて1379年（天授5・康暦1）の康暦の政変で頼之が失脚すると、頼之が京を離れた翌日に春屋は入京し、南禅寺住職に就任した。義満からの信頼が厚かった春屋は、全国の僧を管轄するための初代僧録に任命され、全国の禅寺を統括管理する役目を担った。1382年（弘和2・永徳2）に義満が相国寺の創建に着手すると、春屋が造営責任者に選ばれた。当時の幕府は経済的に余裕があったわけではなく、春屋はさまざまに策をめぐらせる。法堂には等持院の旧法堂を使い、方丈は畠山基国の五条邸宅を寄進してもらい、それを移築した。さらに、近辺の住家屋の移転も迅速に進め、そのさまは平家の福原遷都に並ぶ強引さといわれた。

こうした春屋の活躍によって、相国寺は着工から4年でほぼ完成した。義満は、相国寺建立に執心しており、現場で土を運んでもっこを担ぎ、自らも作業に加わっていたという。

義満は相国寺の開山に春屋を要請したが、春屋はすでに他界した師・夢窓疎石を開山、自らは第二世住持となることを進言し、義満はこれを容れた。その後、義満は南禅寺を「五山の上」に置き、相国寺を五山の第二位に列した。

義堂周信

ぎどう・しゅうしん

生没年 1325年（正中2）～1388年（元中5・嘉慶2）

出身 土佐国

主君 足利基氏→足利氏満→足利義満

死因 病死

◇足利家からの絶大な信頼で頂点へ

土佐の人。のちに上洛して夢窓疎石の門下となった。初代鎌倉公方・足利基氏（尊氏の子）の要請で鎌倉へ下り、基氏

第10章 女性・僧侶・文化人など／僧侶

の死後はその嫡男・氏満の教育係を務め、氏満ら鎌倉公方家からの信任は厚かった。1369年（正平24・応安2）に関東管領・上杉朝房の辞任が問題になったとき、氏満はまっさきに周信に相談を持ちかけたという。

1374年（文中3・応安7）に、宗派内の対立から鎌倉の円覚寺が炎上したときには、周信は氏満に田地を寄進させ、さらに安房・上総・上野・下野から棟別銭10文を造営費用として徴収させており、氏満に対しては大きな影響力を保持していたという。

その後、1380年（天授6・康暦2）になると3代将軍・足利義満に請われて上洛し、建仁寺住持となった。周信の突然の上洛は、当時、義満と氏満の仲が険悪となっていたことによるもので、周信は義満から再三にわたって氏満の本意を問いただされている。そのたびに周信は、「東西両府の和こそ天下の安全であり、故に小人の讒言など聞かないように」と、義満に答えたという。

その後は義満の信任を得て、1386年（元中3・至徳3）には南禅寺の住職となり、南禅寺は周信の在職中に五山の別格となった。

絶海中津

ぜっかい・ちゅうしん

生没年	1334年（建武1）～1405年（応永12）
出身	土佐国
主君	足利義満
死因	病死

◇将軍義満に重用される

臨済宗夢窓派の禅僧。蕉堅道人ともいう。1348年（正平3・貞和4）、上洛して天龍寺に入寺し、出家した。その後、夢窓疎石、春屋妙葩に師事し、1351年（正平6・観応2）には具足戒を受けて大僧となった。

1364年（正平19・貞治3）に関東に下向し、義堂周信などに師事した。1368年（正平23・貞治7）、建国されたばかりの中国王朝・明に渡って修行を積むとともに詩文を学んだ。1376年（天授2・永和2）には明の太祖・朱元璋にも謁見した。

1378年（天授4・永和4）に帰国して入京。当時の室町幕府は明との国交を樹立しておらず、また明が建国されたばかりだったことから、明へ留学した絶海中津の名は幕府内に聞こえるようになり、播磨守護・赤松則祐や管領の細川頼之などに招かれた。1385年（元中2・至徳2）には頼之の招きで阿波に移ったが、同年末に将軍・足利義満に呼び戻されて、足利家の菩提寺である等持寺に入った。1397年（応永4）、中津は義満の命で相国寺住持となり、義満に重んじられた。

1399年（応永6）、周防・長門・和泉・紀伊・豊前・石見の6カ国の守護を務め、管領家をも凌駕する勢力をもっていた大内義弘が、幕府に反して兵を挙げた。義弘は鎌倉公方の足利満兼と通じ、さらに美濃の土岐詮直、近江の京極秀満、丹波の山名時清らも義弘に呼応した。義弘は10月に周防を出発して堺に上陸した。

このとき、将軍・義満の命を受けて義弘の説得に向かったのが中津だった。義弘は中津に向かって、「九州平定、明徳の乱、少弐討伐などに功を挙げたのに、将軍は少弐貞頼に大内討伐を命じたうえに、紀伊と和泉を取り上げ、少弐との戦いで弟の満幸が戦死したのに何の恩賞もなく、さらに上洛させて討ち取ろうとしているという風説がある」と詰問した。中津は、これらのうわさはすべて事実無根で、将軍にそういう意思はないと説得

したが、義弘は「今上洛したら、鎌倉殿（足利満兼のこと）との約束に違うことになる」と言って聞く耳をもたなかった。中津は仕方なく京に戻り、事の顛末を義満に報告し、ついに応永の乱が勃発したのである。

◇義満のもとで外交僧として活躍

その後も中津は、義満の政治顧問的な立場で義満に近侍し、日明貿易では国書の文面を作成するという重要任務についた。また、中国情勢に詳しい禅僧として外交顧問的な立場にもなり、日明貿易でも重要な立場にいた。義満は、明皇帝からの国書を受け取ると、焼香三拝したのちひざまずいて拝読したといい、また明使に対しても丁重に応対した。こうした明に対する態度も、中津ら禅僧の意見が取り入れられているとされる。

しかし、義満の態度に対しては当時から公武ともに非難の声があがり、義満の護持僧だった満済や管領・斯波義将は、丁重の度がすぎると言って批判した。また、中津の作った国書も、批判を受けた。中津は、国書の表書きを「日本国王臣源」としたが、これについて禅僧の瑞渓周鳳は「臣の字は皇室に属する者のみ」が使用するものであると述べ、また中津が日本の年号ではなく明の年号を使ったことに対しても批判した。そして、国王として修好するのならば、国書は朝廷にも差し出すべきだとした。

一方、中津は幕府だけでなく皇室の帰依も受け、当代随一の禅僧としての立場を確実なものとした。

1404年（応永11）に引退して、翌年死去した。

満済

まんさい

生没年 1378年（永和4）～1435年（永享7）

出身 山城国

主君 足利義満→足利義持→足利義教

死因 病死

◇将軍義持、義教の護持僧

醍醐寺座主、三宝院門跡。住んでいた坊舎にちなんで「法身院准后」とも呼ばれる。父は二条家の傍流・権大納言今小路基冬で、のち兄の今小路師冬の養子となった。師冬の正室が、将軍・足利義満の室・日野業子に仕えていたことから義満の猶子となり、醍醐寺三宝院に入室した。1395年（応永2）に醍醐寺座主となり、その後40年間にわたって座主をつとめた。ほかにも東寺長者、四天王寺検校なども歴任し、1428年（正長1）には准三后の地位を与えられ、京の宗教界に君臨した。

当時の醍醐寺は、国家護持の祈祷を行う有力寺院で、公武と密接な関係を築いていた。満済は義持・義教の両将軍の護持僧となって幕府内での発言力・影響力を高め、将軍から政治や外交の問題について諮問を受けるようになり、政権の中枢を担った。

4代将軍・足利義持は、5代将軍となった子の義量の死後、どういうわけか後継を定めず、1428年（応永35）、重篤に陥った。このとき義持は、幕府の重鎮である管領以下の諸大名の合議によって次期将軍を決めるように言った。将軍候補として上がったのが義持の4人の兄弟で、このとき満済が、くじを神前で引いて当たった者を将軍とするという選出方法を提案し、公武の信頼が厚かった満済の言葉を諸大名も受け入れた。満済は、重篤

の義持の枕元でくじを作り、のりで固く封じて、そこに義満以来の重臣である山名時熙が封を書いた。その結果、青蓮院義円が将軍に決まり、義円は還俗して6代将軍・足利義教となった。

◇ **幕府内だけでなく朝廷にも影響力**

満済は公武の信頼が厚かったこともあって、晩年まで公武の枢機に関与していた。たとえば、101代天皇の称光天皇の死後の後継決定に関しても、将軍・義持とともに介入して、伏見宮家の嫡男を後小松上皇の養子にして後花園天皇として即位させることに成功した。

後花園天皇即位に際しては、その直前に南朝の後亀山天皇の孫の小倉宮が京を出奔し伊勢の国司・北畠満雅を頼って挙兵するという事件が起こった（1428年）。小倉宮が次期天皇の座を狙った可能性が高く、小倉宮の出奔は幕府にとっては衝撃だった。満済は、後花園天皇擁立のための手続きを手はずどおりに行うように指示するなど事後処理に奔走し、天皇の践祚を無事に終えた。

満雅の死後、満雅の弟・顕雅が降伏してきたが、満済は伊勢国司としての北畠家を存続させることに尽力している。

1453年（永享7）死去。満済の死に際しては、「公方ことに御周章」（『看聞日記』、周章は周章狼狽の意）と記されており、将軍・義教の信頼も厚かったことがうかがえる。

また、「黒衣の宰相」と呼ばれ、政治に深く関わっていたが、生涯にわたって私党を作らず公平な人柄で、伏見宮貞成親王は満済を「天下の義者」と評した。満済は23年分という膨大な日記『満済准后日記』を残しており（うち数カ月分は散逸）、中世日本をひもとく重要史料となっている。

一休宗純

いっきゅう・そうじゅん

生没年	1394年（応永1）～1481年（文明13）
出身	山城国
主君	後花園天皇→後土御門天皇
死因	病死

◇ **一寺に拠らない珍しい禅僧**

臨済宗大応派大徳寺の禅僧。後小松天皇の皇子。母は南朝の遺臣・花山院家の女とされる。

1399年（応永6）、山城安国寺の住持で、夢窓疎石の孫弟子にあたる象外集鑑のもとで出家した。1406年（応永13）、建仁寺に移り、霊泉院の慕哲龍攀に作詩を学んだ。1409年（応永16）に建仁寺を出て、山城西金寺に隠遁していた謙翁宗為に師事し、このころ宗純と名乗ったとされる。また、このころ4代将軍・足利義持に謁見している。

1414年（応永21）に謙翁が死去したため、京を離れて近江に入り、堅田祥瑞庵の華叟禅師の弟子となった。その後、13年間、一休は華叟のもとで禅道に励んだ。その間、「洞山三頓の棒」という問に対して「うろじよりむろじへ帰る一休み雨ふらば降れ風ふかば吹け」と答えたことから、華叟から「一休」の名を与えられた。1420年（応永27）には、琵琶湖岸の船上で坐禅をしているときに悟りを開いた。このとき華叟から印可を授けられたが、一休はこれを拒否したという。1422年（応永29）、大徳寺7世の言外宗忠（華叟の師にあたる）の33回忌が行われたとき、一休は粗末な着物で参列したため、このころより「風狂」といわれはじめた。

1428年（正長1）に華叟が死去したため近江を出て京に戻ったが、一寺に拠ら

ずに畿内周辺を放浪した。

◇応仁の乱で焼失した大徳寺を復興

1432年（永享4）頃に和泉堺の南宗寺に移った。このころ後小松上皇に謁見して宝物を与えられ、翌年の上皇崩御の直前にも再び召されて遺品を受け取ったといわれる。

1447年（文安4）、大徳寺で派閥抗争が起こり、一僧が自殺し、投獄される僧数人という一大事件が起こった。怒った一休は山に入って断食して自殺を図ったが、後花園天皇の勅命がくだったため断食を中止したという。

京に戻った一休は、このころから兄弟子の養叟と不和になり、1455年（康正1）には養叟の禅に対する態度を非難した詩集『自戒集』を著した。

翌年、山城妙勝寺を修復して大応国師の木像を安置し、その隣に酬恩庵を建てて、ここに住んだ。

1467年（応仁1）に応仁の乱が勃発すると、戦火を避けて東山虎丘庵に移り、その後も山城・大和・和泉・摂津を転々とした。

1473年（文明5）、一休は後土御門天皇から応仁の乱で焼失した大徳寺の再興を命じられて、大徳寺の住持に任じられた。一休は援助を得るために、貿易などで経済的に発展していた堺を訪れた。堺の住人の多くは一休に協力的で、南北27名の町衆が大徳寺再建のために250貫文を寄進した。なかでも堺の豪商・尾和宗臨は貿易船の帆柱や船板を建材として寄付したり、遺産を寄進したりするなど私財を投じて大徳寺再建に尽力してくれた。一休は尾和らの協力を得て、8年で主要な伽藍の復興を遂げたのだった。

その後は山城酬恩庵に住し、1481年（文明13）、同地で死去した。

日親

にっしん

生没年	1407年（応永14）〜1488年（長享2）
出身	上総国
主君	特になし
死因	病死

◇将軍義教の怒りを買う

上総の国人・埴谷家の生まれ。埴谷家が帰依していた中山法華経寺の僧・日英の弟子となり出家した。日英の死後、後を継いだ日暹・日薩に師事し、1433年（永享5）、中山門流の鎮西総導師として九州へ下向し、肥前小城郡の光勝寺に入った。当時の肥前は、南北朝の動乱は終了して40年がたっていたものの、戦乱の余韻は残っており、同地門徒の信仰は混乱していた。

日親は厳格な法華宗を主張する門徒だったため、同地の門徒を批判し、中山法華経寺貫首の日有の責任も糾弾した。

批判を受けた日有は日親を恨み、また肥前の門徒からの訴えもあり、1436年（永享8）、日親は鎮西総導師の職を解かれ、翌年には中山門流を破門された。破門を受けて日親は九州の地を離れ、同年、上洛を果たした。その際、日親は本来の法華宗の教えを説いた『折伏正義抄』を著して、九州の門徒に送ったという。

上洛した日親は京に本法寺を建立し、1439年（永享11）に、時の将軍・足利義教に直訴して、法華経を信奉して他宗の排斥を訴えた。しかし、かつて天台座主を経験していた義教は日親の直訴に怒り、これ以降の建言を禁止した。

しかし、日親は翌年、『立正治国論』を著して再び義教に直訴を試みた。『立正治国論』は法華経を至上の宗教として、幕府の庇護を受けていた禅宗の教え

第10章 女性・僧侶・文化人など／僧侶

715

を批判したものだった。しかし、その内容が再び将軍・義教の怒りに触れ、『立正治国論』を清書中に捕らえられ、獄舎につながれるとともに本法寺も焼却されてしまった。このとき、真っ赤に焼けた鍋を頭に被せられるなどの拷問を受けたとされる。「なべかぶり日親」といわれるのはこれによるが、実際にはこの刑は行われなかったとされている。

翌1441年（嘉吉1）、義教が赤松満祐に殺害される事件が起こり、日親は特別の恩赦によって出獄が許された。

その後、日親は本法寺を再建して、そこを拠点として全国を布教して回った。日親の厳格な教えは各地で摩擦を生み、日親は迫害を受けたが、徐々に門徒を増やしていった。1460年（寛正1）までに建立した寺は30を超えたという。

しかし、あくまで禅宗を排斥しようとする日親に対して、幕府は再び弾圧を加え、1460年（寛正1）、肥前にいた日親は捕縛の命を受けた。しかし、日親に帰依していた肥前の千葉家は、いろいろと理由をつけて日親の上洛を延ばし延ばしにして、1462年（寛正3）にようやく日親を京に送った。京に到着した日親は再び獄中の人となったが、翌年に将軍・足利義政の母の死にともなう恩赦によって出獄した。

その後は本法寺を拠点に伝道の旅に出ることも少なくなった。1467年（応仁1）に応仁の乱が勃発したときも京にとどまり、荒廃した京の町で布教を進めていった。1470年（文明2）には中山門流貫首の日有を批判した『埴谷抄』を執筆し、続いて自身が日蓮の正統な後継者であると主張した『伝燈抄』を著した。

1488年（長享2）、門弟や最大の庇護者・本阿弥清信に看取られて死去した。

桂庵玄樹
けいあん・げんじゅ

生没年	1427年（応永34）～1508年（永正5）
出身	周防国
主君	島津忠昌
死因	病死

◇明で宋学を学んだ薩南学派の祖

臨済宗の禅僧で、朱子学を基礎にした朱子学の一派・薩南学派の祖。

1435年（永享7）、故郷の周防を離れて上京し、南禅寺に入って出家した。南禅寺では景蒲玄忻に師事し、詩文なども学んだ。

その後、南禅寺を出て長門国永福寺に移り、1468年（応仁2）、大内家の遣明船の随員に選ばれて渡明する機会を得た。このときの大内船には、日本流水墨画の大家となった雪舟も乗船していた。明では宋学（朱子学）をおもに学び、苦学して1473年（文明5）、無事に帰国した。

帰国後は石見に住んだが、1476年（文明8）から九州各地を巡遊し、肥後の守護・菊池家の重臣だった隈部忠直の招きに応じて肥後に入り、忠直の帰依を受けた。1478年（文明10）には、薩摩・日向・大隅の3カ国の守護を務める九州最大の大名である島津忠昌に招かれて薩摩に赴き、竜雲寺の住職となった。さらに翌年には、忠昌が玄樹のために島陰寺を開基してもらい、同寺に入った。

その後は薩摩を拠点にして、日向と薩摩を行き来しながら朱子学を講じて、儒教や朱子学の普及に尽力した。

玄樹の教えはその後、薩南学派として確立され、近世朱子学の祖となった。

蓮如

れんにょ

生没年	1415年（応永22）～1499年（明応8）
出身	山城国
主君	特になし
死因	病死

◇**本願寺を成長させた中興の祖**

　浄土真宗の僧で、本願寺7世・存如の子。生母は身分の低い女性だったため、存如の正室のもとで冷遇されて育ったという。のちに世情を騒然とさせ、戦国時代にも有力な勢力となった一向一揆を起こしたときの法主でもある。

　1431年（永享3）、中納言・広橋兼郷の猶子となり、青蓮院に入所して出家した。

　1457年（長禄1）に父の存如の死にともない後を継ぎ、本願寺8世となった。

　蓮如は浄土真宗の再興を願い、法主になると積極的な布教活動を開始し、それは山城や摂津だけでなく、近江や三河にまで及んだ。しかし、蓮如の活動は近江比叡山の延暦寺を刺激し、1465年（寛正6）、延暦寺衆徒によって東山大谷の堂舎を襲われるという法難にあった。

　延暦寺とは1467年（応仁1）に和議を結んだが、その後も対立関係は続き、翌年にも延暦寺の攻撃を受けた。

　1471年（文明3）、蓮如は越前に下り、越前吉崎に坊舎などを創建して、以降はここを本拠地として活動した。吉崎には周辺の信者だけでなく、奥羽地方からも信者が集まり、寺内町ができるほどの繁栄を見せた。

　蓮如の布教は「御文」という、浄土真宗の教義をわかりやすく説いたものを使い、徐々に信徒を増やしていった。また、蓮如は信徒同士の結びつきを強める

ために、信徒同士の話し合いの場を重視し、信徒が集まる寄合を「講」という集団に組織した。

　しかし、こうした信徒たちの連帯感や団結力は、応仁の乱以降、全国的に広まった戦乱に利用されるようになり、やがて一向一揆という暴力組織に変質してしまった。加賀の守護・富樫家の内紛にともない信者が一揆を形成して加賀の一向一揆を起こすと、越前・越中・越後にも波及して各国の信徒たちが蜂起するようになり、時の国主たちを悩ませる存在となっていった。加賀の一向一揆は守護の富樫家を葬って、一国を占拠するほどの勢力にもなったのである。

　こうした事態に蓮如は有効な策をとれず、富樫家と一向一揆との対立から吉崎の御坊が襲撃される危険を察知して1475年（文明7）、吉崎を退去して若狭小浜へ移った。その後、河内・和泉などを流浪したあと、1478年（文明10）に山城山科に移って本願寺を再建した。

　1489年（延徳1）に子の実如に法主の座を譲って引退し、1499年（明応8）に死去した。生涯に5度の結婚をし、男子13人、女子14人をもうけた。蓮如の妻は伊勢貞親や姉小路基綱、畠山政栄など有力武家の子女であり、蓮如の娘のなかには公家に嫁いだ女子もおり、こうした権威との結びつきが蓮如の布教活動を支えていた。

第10章　女性・僧侶・文化人など／僧侶

717

文化人

室町時代は3代将軍・足利義満から4代将軍・足利義持にかけての一時期を除き、戦乱が続いた動乱の時代だった。しかし、そんななかでも文化活動は活発化し、観阿弥・世阿弥による能、宗祇らによる連歌、山崎宗鑑らによる俳諧、村田珠光による茶の湯など、新しい文化も誕生した。そのほか、絵画の分野でも雪舟や狩野正信など、後世に名を残す者も現れた。

渡会家行

わたらい・いえゆき

生没年 1256年（康元1）～1351年（観応2・正平6）

出身 伊勢国

主君 後醍醐天皇

死因 病死

◇伊勢神道の大成者

伊勢神道を大成した、伊勢神宮の外宮の神官。後醍醐天皇は、当時商業活動が活発だった伊勢国に目をかけており、家行も自然と後醍醐天皇方についていた。

伊勢神宮には内宮と外宮があるが、家行は外宮の神官だった。内宮の祭神は天照大神、外宮の祭神は豊受大神だが、豊受大神は本来、天照大神の食物神である。つまり、外宮神はもともと皇祖神ではなく、家行の手によって皇祖神の地位を与えられたといえる。家行が伊勢神道を創始したのも、そもそもは外宮の立場を内宮と同等以上に上げることが目的だった。また、当時は鎌倉仏教など仏教全

盛の時代で、平安時代以来の本地垂迹説（神は仏の仮の姿であるとする思想）も根づいており、家行は神主仏従を唱えることで伊勢神宮の地位を上げようとしたのである。

儒教と道教の思想を取り入れた、家行の新たな神道論は、仏教や儒教に対峙し得る日本固有の神道を確立し、以後の神道にも大きな影響を与えることになる。

家行は神官であったが、周辺に領地を有する土豪でもあった。そのため、家行の指示で集まる武力も、南朝勢にとっては頼りだった。北畠親房が去った後、伊勢国司になった北畠顕能を支え、1348年（正平3・貞和4）には泊浦の守護代城攻めに軍を出し、また楠木正成の息子・正行とも行動をともにするなど、軍事活動も活発に行った。

1349年（正平4・貞和5）、北朝によって神職の任を解かれ、その後は伊勢神道の布教に尽力した。

718

吉田兼好

よしだ・けんこう

生没年 不詳
出身 山城国
主君 源具守
死因 不明

◇ 貴族から出家し『徒然草』を執筆

日本三大随筆のひとつに数えられる『徒然草』の作者。本名は卜部兼好。生年は不詳だが、1283年（弘安6）頃の生まれと考えられている。

父は吉田神社の神職・卜部兼顕で、吉田神社神職は卜部家が代々世襲していた職であった。吉田神社は、平安時代初期に創建された由緒ある神社で、春日大社、大原野神社とともに、藤原氏の氏神ともなった神社である。卜部家は身分の低い家柄ではなく、兄弟には比叡山延暦寺の大僧正になった人物もいる。

兼好は1299年（永仁7）、正二位権大納言・源具守の家司となり、貴族としての人生を歩みはじめた。1307年（嘉元4）には従五位下に昇り、貴族の仲間入りを果たした。

1313年（正和2）ごろに出家。このころ30歳前後だったという。出家後の兼好は京都修学院や比叡山横川、山城双が丘などを転居しながら、1331年（元弘1）頃に『徒然草』をまとめた。

吉田兼好といえば『徒然草』であるが、彼のエピソードとして有名なのが、高師直が塩冶高貞の妻に送る恋文を兼好に代筆してもらったという話である。これは『太平記』にのみ書かれている挿話であり、真偽のほどは定かではないが、決して虚構とばかりは言い切れない。兼好は鎌倉幕府が滅びたあとも、およそ20年ほど生きているが、その間は新興の武

士たちに和歌や有職故実を教えることで生活していたことが知られている。実際に、師直と付き合いがあったことは事実で、師直が着る狩衣のことで、当時の太政大臣・洞院公賢のもとに出向いて相談している。

また、恋歌の代作は、当時の歌人などの文化人は日常的に行なっていた。兼好の自選歌集『兼好法師集』にも、兼好が代作した恋歌が載せられており、師直ほどの高い地位の武士から請われれば、恋文の代作もしたことはあっただろう。

兼好は隠遁者だったが、世捨て人というわけではなかった。隠遁後も権大納言・二条為世に和歌を学び、後二条天皇の皇子・邦良親王の歌合に参加するなど、世俗との交流をもっていた。

没年は不詳だが、1352年（正平7・文和1）に活動の事実があるので、それ以降に死去した。

観阿弥

かんあみ

生没年 1333年（元弘3）〜1384年（元中1・至徳1）
出身 不明
主君 足利義満
死因 病死

◇ 義満に寵愛された能楽者

3代将軍・足利義満の絶大な支持を受けて能楽を大成した能楽者。名は清次。父は山田猿楽太夫の養子で、伊賀の服部家の出身といわれる。母を楠木正成の一族とする系図もあるが真偽は不詳。子に世阿弥、孫に音阿弥がいる。

当初は伊賀の猿楽座に属していたとされ、貞治・応安年間（1362〜1375年）に大和に移り、猿楽座である結崎座を組織した。大和に拠点を移した観阿弥は興福

第10章 女性・僧侶・文化人など／文化人

寺や多武峰寺などで神事猿楽を披露し、その名を高めていった。やがて結崎座は外山座・坂戸座・円満井座とともに大和猿楽四座のひとつに数えられるまでになった。

1372年（応安5）、醍醐寺で猿楽興行を行い、はじめて京に進出した。この興行は大成功し、観阿弥の名は京にも響き渡った。1374年（応安7）、京の泉涌寺の塔頭である今熊野観音寺で興行したところ、それを見物していた3代将軍・足利義満の歓心を買い、以後、義満の庇護を受けることになり、観阿弥は拠点を京に移すことになる。観阿弥の興行は、義満の後援を受けたことで公家層の間にも浸透していった。

この頃、観阿弥は、物真似中心の大衆芸だった猿楽に、田楽や曲舞などの芸能を取り入れ、猿楽に歌舞の要素を多く取り入れて能楽を創始し、結崎座を観世座と改名した。

その後も京を拠点に、引き続き大和の興福寺や春日大社などでも興行を行い、大衆にも親しまれた。

1384年（元中1・至徳1）、駿河国浅間神社で法楽能を興行するために駿河へ下向中に病に倒れて没した。子の世阿弥が著した『風姿花伝』は、観阿弥の芸道論をまとめたものとされる。

世阿弥

ぜあみ

生没年 不詳
出身 不明
主君 足利義満→足利義持
死因 不明

◇ 将軍義満が最大の後援者

観世座初代大夫の観阿弥清次の子で、2代目の大夫となった。父の観阿弥とともに能を大成した。生年は不詳だが、1363年（正平18・貞治2）説が有力。

世阿弥が生まれた当時、観阿弥はすでに猿楽役者として脚光を浴びており、観阿弥の醍醐寺における7日間猿楽興行を催した際には、少年の世阿弥も出演していた。世阿弥が12歳の頃（1374年か1375年といわれる）、観阿弥が京の今熊野で猿楽を興行したが、そこに3代将軍・足利義満が見学にきていた。そこで世阿弥は義満に見出され、その後は義満の寵愛を得て、義満は観世座の最大の後援者となった。

当時の義満は朝廷内でも発言力を増しており、義満にへつらう公卿も多かった。二条良基もそのひとりで、義満の歓心を買うために観阿弥・世阿弥父子を呼び寄せ、世阿弥は良基から和歌と連歌の知識を学んだ。世阿弥は公家社会で行われる連歌会にも数多く出席し、貴族的な教養を身につけていった。

1384年（元中1・至徳1）、観阿弥の死去にともない、観世座2代大夫に就任。その後も、義満と公卿の援助を受けて観世座はにぎわったが、1400年（応永7）頃から義満は、近江猿楽の犬王を世阿弥以上に寵愛するようになり、1408年（応永15）に後小松天皇の北山第行幸の際に行われた天覧能では、世阿弥ではなく犬王が抜擢された。

しかし、義満の寵愛をまったく失ったわけではなく、観世座は大和四座の地位を保った。義満が1408年（応永15）に死去し、子の義持が4代将軍に就任すると、義満の時代ほどの恩恵を受けることはなくなったが、冷遇されることもなかった。1400年（応永7）には最初の能楽論書である『風姿花伝』を著した。

1422年（応永29）頃、大夫職を子の元

雅に譲って出家。その後も舞台には立ち、後進の育成に力を注いだ。

しかし、1428年（正長1）に6代将軍に就任した足利義教は、世阿弥の甥である音阿弥を寵愛し、世阿弥父子は徐々に立場を失っていった。1429年（永享1）には、後小松上皇の居所である仙洞御所への出入りを禁止され、翌年には、醍醐清滝宮での猿楽主催権を取り上げられてしまった。また、同年に次男の元能が出家して引退してしまい、1432年（永享4）には長男の元雅が伊勢への巡業中に死去、世阿弥を悲劇が次々と襲った。

元雅が死ぬと、将軍・義教の口添えもあって音阿弥が観世座の3代大夫となったが、世阿弥は音阿弥の大夫就任に不満を抱き、1434年（永享6）、義教の怒りを買って佐渡へ流罪となった。

佐渡でも『金島集』を著すなど能への意欲を失わなかったが、1436年（永享8）以降、消息不明となった。一説には、許されて帰洛したとも伝わる。

音阿弥
おんあみ

生没年 1398年（応永5）～1467年（文正2）
出身 不明
主君 足利義教→足利義政
死因 病死

◇ 観世大夫となり観世座を再興

能楽を大成した観阿弥の子・四郎の子で、世阿弥は叔父にあたる。のちに世阿弥の養子となった（一説には娘婿だったともいう）。世阿弥から能楽を学び、観阿弥が創立した観世座の興行にも若い頃から参加して、観世座を支えた。

当初は世阿弥の後継とも目されたが、1422年（応永29）、世阿弥は後継の観世大夫を実子の元雅に譲った。

この頃、世阿弥・元雅父子の最大の庇護者だった3代将軍・足利義満はすでに亡く、義持が4代将軍に就任してからは義満時代ほどの厚遇を受けられなくなっていた。音阿弥は、世阿弥・元雅父子が新たな庇護者を探すふうでもないため、自ら義持の弟で天台座主を務めた青蓮院義円（のちの足利義教）のもとに赴き、その寵愛を得ることに成功した。1427年（応永34）には、義円が主催者となって勧進猿楽を催した。

その翌年、義円は6代将軍に就任し、音阿弥は予想外に将軍の庇護を受けることになった。音阿弥はこれを機に観世座の再興をめざすが、音阿弥が義教の寵愛を受ければ受けるほど、世阿弥父子は徐々に義教に冷遇されるようになった。

結局、義教の命で1433年（永享5）に音阿弥が元雅の後を受けて観世大夫となり、翌年には義教によって世阿弥は佐渡に流罪となった。

◇ 将軍義教、義政の寵愛を受ける

師匠であり養父でもあった世阿弥を失った音阿弥は、その後は3代観世大夫として活躍する。義教との密接な関係はその後も続き、諸大名も義教の意を汲んで音阿弥を重用したため、観世座は再び勢いを盛り返した。

1441年（嘉吉1）、播磨の守護・赤松家が、結城合戦の戦勝祝賀会を自邸で開くことになった。そこには義教も招かれたほか、有力諸大名や一流公卿も列席しており、音阿弥は赤松家の招きに応じて、能を舞うことになっていた。

しかし、宴席のさなか、義教は乱入してきた赤松家の兵士たちに討ち取られてしまった。音阿弥はかろうじて屋敷を脱出したが、最大の庇護者だった義教を失った痛手は大きかった。

第10章

女性・僧侶・文化人など／文化人

義教のあと、2代続けて幼少の将軍が就任したため、将軍家の寵愛を受けることができず、また将軍家の歓心を買う必要がなくなった諸大名からの重用も薄れていった。しかし、8代将軍・足利義政が成長すると、義政に気に入られて観世座は再び復活した。

1458年（長禄2）に、大夫の座を子の正盛に譲り、1467年（文正2）に死去。その後も観世座は幕府と結びついて発展し、現代にまで受け継がれている。

金春禅竹

こんぱる・ぜんちく

生没年	1405年（応永12）〜？
出身	不明
主君	特になし
死因	病死

◇大和猿楽最古流・金春流の中興の祖

大和猿楽の古参四座のひとつ円満井座に生まれた。本名は氏信。世阿弥の娘婿となり、世阿弥を実質的な指導者と仰ぎ、1428年（応永35・正長1）には『六義』や『拾玉得花』の相伝を受けるなど、世阿弥からも将来を嘱望された。

音阿弥の大夫後継の件で、世阿弥が佐渡に流罪となると、禅竹は佐渡の世阿弥に送金したり、奈良に残った義母の寿椿の世話を買って出るなど、世阿弥に対する恩義を忘れなかった。また、6代将軍・足利義教が暗殺された、1441年（嘉吉1）の嘉吉の乱後に流罪を許された世阿弥を世話したとも、佐渡で天寿を全うした世阿弥を看取ったともいわれている。

禅竹は、音阿弥のように将軍からの寵愛を得るような派手な活動はしなかったが、奈良を中心に地道な活動を続け、一条兼良の『申楽後証記』には音阿弥と並び、当代きっての名人と評されている。

1456年（康正2）には、周防国守護大内教弘に招かれて山口を訪れて能を披露するなど、晩年まで精力的に活動した。

1465年（寛正6）頃に出家し、子の元氏に家督を譲って引退した。

周文

しゅうぶん

生没年	不詳
出身	不明
主君	足利義政
死因	不詳

◇経済感覚に長けた幕府の御用絵師

室町時代の画僧で、室町幕府の御用絵師となった。そのほか仏像の制作にも多く携わっている。

前半生は不明で、やがて京都五山の第二位に列する京最大の禅寺である相国寺に入り、そこで幕府御用絵師だった如拙に絵を学んだ。その後、如拙の後を受けて幕府御用絵師になったようで、同時に相国寺の都管に任ぜられて同寺の会計と財政、書画の管理などを担当した。

周文は、荘園の経営や資金の運用、会計事務などに従事する禅院内の東班衆と呼ばれる禅僧であった。彼は画家としての才能よりも、仏像を作ったり寺院を建てたりする際の金策や経理面に才があり、東寺における東班衆の最高職である都聞職まで上り詰めた。

相国寺は前代の将軍・足利義満の肝いりで建立された大寺院で、幕府との交渉事も多く、また鹿苑院や蔭涼軒などの多くの塔頭が立ち並び、信徒以外の世俗者との経済的な交渉も発生し、都管という役職は役人のような立場にあった。

1423年（応永30）、周文は足利義持が派遣した朝鮮使節の随員に選ばれ入朝し、大蔵経を持ち帰った。1430年（永享

2）、大和の達磨寺の達磨大師坐像に彩色したことが同像の銘文に見える。

　義持死後の義教の時代にも引き続き御用絵師の地位を保ち、1438年（永享10）には後崇光院（伏見宮貞成親王）が周文の描いた障子絵を見たという記事が残されており、当時は一流の絵師であったことを伝える。

　周文は、1430年（永享2）頃に相国寺に入ってきた雪舟の絵の師となったことで知られる。1458年（長禄2）、周文は画書「君台観」を雪舟に授け、雪舟の画家としての独り立ちを認めた。

　幕府御用絵師として名声を得た周文だが、周文には確実な印章がないため、確実に周文が描いたとされる遺作はない。

雪舟

せっしゅう

生没年	1420年（応永27）～？
出身	備中国
主君	特になし
死因	病死

◇応仁の乱のさなかに明へ渡る

　日本独自の水墨画を確立した室町時代の画僧。備中細川家の家臣・小田家の出身とされる。1430年（永享2）頃に上京して相国寺に入った。当時、相国寺には都管職として幕府御用絵師の画僧・周文がおり、雪舟は周文に師事して画を学んだ。また、相国寺には周文の師匠で、「唐絵の祖」とされる如拙がかつて住んでおり、雪舟は生涯、如拙を祖と仰いだ。

　その後は20年間ほど相国寺にとどまり、1458年（長禄2）、周文から「君台観」という画書を授けられた。これは、周文が師匠の如拙から授与された画書とされ、このとき雪舟は師匠からの独立を認められたのである。こうして同年、雪

舟は京を離れて周防山口に移った。

　雪舟が山口に赴いたのは、絵の修行のために明への渡海を望んでおり、日明貿易を一手に引き受けていた大内家を頼ったためであった。当時は大内教弘の時代で、大内家は5カ国の守護に補任される大大名で、日明貿易や日朝貿易によって財を成し、経済的にも文化的にも繁栄をきわめていた。

　そうした状況だったため、教弘は幕府の御用絵師だった周文の弟子という肩書きをもった雪舟を歓待し、山口に住まわせた。

　雪舟はしばらく山口にとどまったが、1465年（寛正6）に教弘が死去し、さらに1467年（応仁1）に京で応仁の乱が勃発して当主の政弘が京へ出陣してしまった。

　雪舟はこうした戦乱を避けるかのように、1468年（応仁2）、大内家の遣明船に同船し、念願の渡明を果たした。

◇水墨画を確立

　明に上陸した雪舟は、かつて栄西や道元も学んだという寧波の天童山景徳寺に入り第一座の位を授けられた。その後、北京など中国各地を巡遊し、宋代から明代にかけての山水画を模写するなど修行に励んだという。1469年（文明1）に帰国、周防に戻った後は各国を放浪し、豊後・石見・美濃・越前などに足跡を残している。

　1476年（文明8）、再び豊後に下り、同国に天開図画楼という画室を結んだ。

　1479年（文明11）には、石見益田の七尾城主・益田兼堯の招きに応じて石見に下り、宗観寺（現在の医光寺）の住職となったが、1483年（文明15）に再び周防山口へ移った。応仁の乱後の山口は、和歌や連歌など文化的な趣味に傾倒してい

第10章

女性・僧侶・文化人など／文化人

723

た当主・大内政弘の尽力によって、一条兼良や三条西実隆、宗祇といった当代一流の文化人が訪れるなど、文化的な繁栄を見ていた。このとき大内政弘から、雲谷庵という画室を与えられた。

その後は山口にとどまって画作に励み、『山水長巻』（国宝）や『四季山水図』（国宝）、『慧可断臂図』（国宝）などの代表作を描いた。

1506年（永正3）頃に死去したと伝えられる。

宗祇
そうぎ

生没年 1421年（応永28）〜1502年（文亀2）
出身 近江国
主君 特になし
死因 病死

◇各守護家の歌会に招かれた連歌師

正風連歌を確立した連歌師。紀伊国出身とする説もあるが、近江国とするのが通説。実家は近江守護代の伊庭家とする説もあるが真偽は不詳。

前半生は不明な部分が多く、若くして出家して相国寺に入室したことが知られる。1450年（宝徳2）頃に連歌師の宗砌の弟子となり連歌を学んだ。1454年（享徳3）、宗砌が但馬の守護・山名家の家臣出身だったことから、宗砌とともに但馬に下向し、宗砌が没する1455年（享徳4）まで但馬で過ごした。

宗砌の死後、上洛して専順に師事し、1457年（康正3）に専順配下として百韻に参加し10句を詠んだ。これが現存している最初の作品である。専順は当時、連歌界の第一人者と目されており、各守護家ともつながりをもっていた。1465年（寛正6）には前管領の細川勝元主催の連歌会に参加し、翌年正月には時の将軍・

足利義政が統括する「北野法楽何人百韻」にも赴き、7句を詠んだ。この頃になると、宗祇は堺の商人・宗友という知己を得て拠点を堺に移し、連歌師として独立した。

1466年（寛正7）、宗祇は東国へと旅立った。途中、駿河守護の今川義忠の歓待を受け、ここでのちの弟子となる宗長と出会う。その後、さらに下って武蔵に入った。当時の関東地方は享徳の乱の真っ最中で、鎌倉公方と関東管領である両上杉家とが争っており、両軍は武蔵五十子に陣をはって睨み合っていた。宗祇は五十子に行って山内上杉家の家宰・長尾景信の陣所を訪れ、景信ら関東武士と連歌を詠んだ。これは、専順の連歌仲間だった武蔵品川の国人・鈴木長敏の仲介によるものと考えられる。

◇幅広い知識で賞賛を浴びる

宗祇は1年以上を関東で過ごし、1468年（応仁2）に日光を経て陸奥白河へ入った。このときのことを宗祇は『白河紀行』という書に著している。

その後、関東に戻って長尾家や太田道灌、赤井綱秀など、武蔵から上野・下野方面の武将と交わりながら連歌会を催し、応仁の乱によって荒廃した京を避けて東下してきた連歌師・心敬とも交友した。また、その間、下総に在陣していた東常縁と交友を深め、1471年（文明3）に常縁から古今伝授を受けた（1473年に伝授完了）。なお、宗祇は常縁から百人一首の講義も受けており、和歌に対する造詣も深かったことがわかる。

1472年（文明4）、宗祇は関東を離れて常縁の領地がある美濃へ行き、京を避難してきていた師の専順と再会した。翌年、美濃を旅立ち、7年ぶりに上洛した。京では山科言国や飛鳥井雅親、三条

西実隆ら公卿との旧交をあたため、奈良に避難していた一条兼良のもとにも何度か通っている。1476年（文明8）には9代将軍・足利義尚主催の連歌会に出席し、同年には後土御門天皇に『古今集』一部を献上するなど、当時の権威からも連歌師として実力を認められていた。その後は京を拠点に美濃や大和を往復しながら、宗祇の先達7人の連歌をまとめた『竹林抄』を編纂したり、公卿に対して『源氏物語』や『伊勢物語』の講釈を行ったり、多数の連歌会を催すなどして過ごした。その間にも越後や若狭、周防、筑前などへ旅行もしている。1481年（文明13）に牡丹花肖柏に、1487年（長享1）には三条西実隆に古今伝授を行った。

　当代随一の連歌師と目され、また古今伝授をはじめ有職故実や神道論にも造詣が深かった宗祇は幅広い知識を有する知識人としても名を上げ、多くの公卿や武将と交わり、将軍・義尚の実質的な連歌の師にもなった。1495年（明応4）には准勅撰連歌集『新撰菟玖波集』を編纂し、文化人として頂点を極めた。

　1500年（明応9）、連歌会からの引退を宣言して越後へ向けて旅立ち、翌年には駿河に帰っていた弟子の宗長と越後で合流し、1502年（文亀2）、美濃をめざして越後を後にした。上野・武蔵を経由して相模に入ったが、箱根で病没した。

山崎宗鑑

やまざき・そうかん

生没年	不詳
出身	不明
主君	足利義尚
死因	不明

◇俳諧連歌の大成者

　室町時代の連歌師で、俳諧の祖といわれる。一説には、近江佐々木家の末裔ともされ、9代将軍・足利義尚に仕えていたとされる。山城国山崎に住んでいたため「山崎」と称されるが、実名は不明。

　宗祇・宗長・肖柏ら当代きっての文化人と交流をもち、細川家家臣で摂津芥川城主・能勢頼則が1488年（長享2）に開いた連歌の会に、宗鑑も前出3人とともに招聘されており、当時を代表する連歌師だったことが伝えられる。

　一休宗純に私淑していた宗長との交流を通じて、宗鑑も一休ゆかりの大徳寺に参禅するようになり、大徳寺真珠庵を再興する際には寄付をした。やがて宗鑑は従来の連歌の世界から離れて、より滑稽を作品の基軸とする俳諧連歌の世界にのめり込むようになったという。

　晩年には、俳諧連歌の作品を集めた『犬筑波集』を編纂した。『犬筑波集』は宗鑑の死後にも作品が加えられ、天文年間（1532～1555年）に『新撰犬筑波集』としてまとめられた。

牡丹花肖柏

ぼたんか・しょうはく

生没年	1443年（嘉吉3）～1527年（大永7）
出身	山城国
主君	特になし
死因	病死

◇宗祇から古今伝授を受ける

　歌人・連歌師。公家の中院家の生まれ。2男だったため幼くして出家し、肖柏と称した。牡丹をこよなく愛したので牡丹花の号をつけたという。

　肖柏がどの寺に入室したかは定かではないが、肖柏という名をつけたのは建仁寺の正宗龍統という僧で、建仁寺に学んだことは伝わっている。なお、正宗龍統の兄に古今伝授で有名な東常縁がおり、

肖柏は東常縁の弟子である宗祇から古今
伝授を受けた。古今伝授とは、『古今和
歌集』の語句の注釈や読み方、発音の仕
方などを師匠が弟子に教えることをい
う。当時、平安時代に誕生した『古今和
歌集』は読み方や解釈の仕方などに難解
なものが多くなっており、また平安時代
前期と室町時代では発音が異なるものも
出てきていたため、注釈がなければ読み
解くのは困難だった。古今伝授は、師匠
が講義し、弟子がそれをまとめたものを
師匠に見せて、師匠がそれを認めて証判
を加えて成立した。

『古今和歌集』の大家となった肖柏は、
自らが師匠となって河内屋宗迅、松屋宗
珀という堺の町人に伝授し、奈良の町
人・林宗二にも伝授した。その後、河内
屋と松屋に伝わった古今伝授を堺伝授と
いい、林に伝わった古今伝授を奈良伝授
というようになった。それまで貴族だけ
で伝授されてきたものが町人層にまで伝
わったことで、公家文化の一端が町人に
も広まることになった。

肖柏は宗祇の弟子だったことから連歌
もよくし、出自が中院家ということもあ
り朝廷への出入りも許され、内裏連歌に
も参加した。

京で応仁の乱（1467年）が勃発する
と、ほかの公家たちと同様に京を脱出
し、摂津池田に身をおいた。その後、
1518年（永正15）に和泉国堺の豪商・紅
粉屋喜平の招きに応じて同地に移った。
堺に移住してからは、堺の町人たちと積
極的に関わり、和歌や連歌を教えるとと
もに『源氏物語』を講義するなど、堺の
文化の発展に寄与した。

宗祇の兄弟弟子である三条西実隆とは
古くから付き合いがあり、堺に移ったあ
とも交流をもっていたという。

村田珠光

むらた・じゅこう

生没年	1423年（応永30）～1502年（文亀2）
出身	大和国
主君	特になし
死因	不明

◇ 茶の湯を発展させたわび茶の祖

室町時代の禅僧で、わび茶の祖とされ
る。1433年（永享5）に大和称名寺に入
って出家したが、仏道の修行に身が入ら
ず1442年（嘉吉2）に寺から追放された。

その後、入京し、1452年（享徳1）頃
から、当時山城睡驢庵に住していた一休
宗純の弟子となり、再び禅の道に入っ
た。3年後、悟境の向上のしるしとして
休心珠光の名と、圜悟禅師の墨蹟を一休
より与えられた。

一休のもとを離れた珠光は、将軍・足
利義政の同朋衆で唐物の鑑定や管理を行
っていた能阿弥につき、目利きや水墨画
などを学んだ。また、志野宗信という香
道家のもとでお香についても学んだ。

1463年（寛正4）、将軍・義政の茶の湯
の師範に抜擢された。能阿弥の推挙があ
ったことは間違いないだろう。

当時の茶道は、お茶を点てる場所と飲
む場所が分かれており、飲むところも
広々とした座敷だった。また高価な唐物
の茶碗を使い、お茶会は、お茶を飲むよ
りも茶器の見事さを褒め合う場となって
いた。珠光は、従来とは違って客の前で
お茶を点てるようにして、それまでの広
い場所で飲むのではなく、四畳半の茶室
を考案した。ここに、現在の茶道の原型
が成立し、珠光はわび茶の祖となった。

その後も義政の茶の湯の師範として重
んじられ、京を中心に茶の湯を伝導し
た。多くの弟子もとり、津田宗柏・藤田

宗理（武野紹鷗の師）・古市澄胤・尊行院などが輩出した。

吉田兼俱

よしだ・かねとも

生没年 1435年（永享7）〜1511年（永正8）
出身 山城国
主君 後土御門天皇
死因 病死

◇唯一神道の創始者

唯一神道の創始者。吉田家は本姓を卜部氏といい、代々神祇官に出仕する家柄で、兼俱も13歳のときに伊勢新嘗祭の奉幣使に任ぜられ、1467年（応仁1）に昇殿を許され、1472年（文明4）には従三位に昇進するなど順調に出世した。

吉田家はもともと学問の家系でもあり、兼俱も神道について多くの学問を研鑽した。1467年（応仁1）に応仁の乱がはじまり京が荒廃すると、神道の復興に力を尽くした。1471年（文明3）頃、唯一神道の基本体系が完成した。

兼俱は唯一神道の布教のために、『日本書紀』の講釈を行うようになり、1476年（文明8）には後土御門天皇に進講する栄誉にも浴した。その後、この功により従二位にのぼった。天皇進講の実績は兼俱の評価を上げ、その後は多くの公卿たちにも講義を行い、将軍家や禅僧も兼俱の講義を聞いたという。

こうした実績をかかげて、兼俱は1481年（文明13）には比叡山に上って、延暦寺衆徒の前で神道の教義を講義した。

その後は朝廷や将軍家との結びつきを利用して、「神祇管領長上」を自称して全国の神社の神職の位階を与える権利を得るなど増長し、1489年（延徳1）、兼俱は皇大神宮（伊勢神宮内宮）の神器が吉田神社に降臨したと偽りの密奏を行い、

三条西実隆らの反発を受けた。

その後も唯一神道の普及に尽力し、1511年（永正8）に死去した。

狩野正信

かのう・まさのぶ

生没年 ？〜1530年（享禄3）
出身 不明
主君 足利義政→足利義尚
死因 病死

◇足利義尚の代に御用絵師となる

室町時代を代表する絵師で、日本を代表する絵画集団である狩野派の祖。

関東で生まれ、1450年代後半頃に京に上って絵師として活動した。1460年代前半には、8代将軍・足利義政の側近で、相国寺塔頭の雲頂院の住持だった季瓊真蘂の知遇を得て、雲頂院に出入りするようになった。1463年（寛正4）、真蘂の求めに応じて雲頂院昭堂に観音図と羅漢図を描き、当時の画壇界に登場した。このとき正信は30歳くらいだったとされる。

1467年（応仁1）に応仁の乱が勃発すると、戦火を避けて京を離れ、その後、京に戻った。1484年（文明16）、9代将軍・足利義尚に「九条道家像」の模写を命じられており、この頃に将軍家の御用絵師になったとみられる。そのほかにも義尚からは「弥勒菩薩像」や「藤原良経像」の制作も依頼されている。1489年（長享3）に近江に出陣した義尚が陣中で病没すると、義尚の実母・日野富子に依頼されて「足利義尚像」を描き、その出来の良さから義尚の父である義政や、播磨の守護・赤松政則らからも義尚像を求められて描いたという。とくに義政は正信の絵を評価し、同年に慈照寺を完成させると、これまで正信が描いてきた仏画を集めさせた。1490年（延徳2）に義政

第10章　女性・僧侶・文化人など／文化人

が死去した際には義政の遺像を描き、1496年（明応5）には病没した日野富子の遺像を描いた。

正信は肖像画や仏画以外に障壁画も多く描いたとされ、将軍・義政の別邸である東山殿持仏堂の障子絵や、当時の管領・細川政元の別邸や南禅寺の末寺・岩栖院の座敷絵を描いた正信はその後、子の狩野元信に後を譲り、1507年（永正4）に元信が「細川澄元出陣像」を描いており、その頃に隠退したとされる。

土佐光信

とさ・みつのぶ

生没年	不詳
出身	不明
主君	後花園天皇→後土御門天皇→後柏原天皇
死因	不明

◇朝廷の御用絵師だった土佐派の祖

狩野正信と並ぶ、室町時代を代表する絵師。狩野派は将軍家の御用絵師だが、光信は朝廷の御用絵師だった。ただし、光信は将軍家の御用絵師ではないが、将軍家のために多くの作品を描いており、朝廷と将軍家のどちらとも深く結びついていた。

光信は、1440年代に朝廷の御用絵師を務めた土佐光弘の子とされる。1469年（文明1）、朝廷の御用絵師である絵所預に補任された（当時の天皇は後土御門天皇）。その後は、少なくとも1506年（永正3）まで約40年間、絵所預を務め、当時の画壇に影響力を保った。その間には、朝廷や寺社だけでなく将軍家にも出入りし、またその関係から各地の守護大名のためにも絵を描いた。1495年（明応4）に従五位下、1501年（明応10）には従四位下に叙任され、絵師としての栄華を極めた。

朝廷に出仕していたため、多くの公家とも交友があり、甘露寺親長や三条西実隆など当時の一流貴族とも付き合い、連歌会などに出席したという。また、当時の一方の大家であった狩野元信とも親しく付き合い、晩年には娘を元信に嫁がせた。

光信は絵巻物と肖像画をとくに得意とし、現存する作品の多くが重要文化財に指定されるなど、その筆致は現在でも評価されている。

光信の死後は、光信の弟子である土佐光吉が御用絵師となり、その後、光信の子・光茂が御用絵師に登用され、土佐派は日本画の代表的な流派のひとつとして江戸時代まで続くことになる。

その他の人々

歴史上、史料に残るのは政治的、軍事的、文化的に活躍した人々が多いが、室町時代に入ると経済活動が活発化し、畿内や博多などで商業が発達した結果、多くの商人が登場して歴史に名を残した。また、室町時代には武術や剣術などの武芸を教える人々も現れた。ここでは室町時代に活躍した商人を中心に、庶民ながら歴史に名を残した人々の事蹟を見ていく。

鈴木九郎
すずき・くろう

生没年	？〜1440年（永享12）
出身	不明
主君	特になし
死因	病死

◇人間不信になった中野長者

室町時代に武蔵国豊島郡西部から多摩郡東部（現在の東京都中野区から新宿区あたり）を開墾して財をなし、「中野長者」と呼ばれた商人。

九郎は紀伊国藤代出身で、代々熊野三山の祠官を務めていた鈴木家の末裔という。戦国時代に鉄砲隊として活躍した雑賀党鈴木家とは同族にあたる。

九郎はもともと武士として生活していたとされる。九郎が生きた時代は南北朝時代の末期で、紀伊国は南朝勢力が強い地域であった。1392年（元中9・明徳3）に南北朝の合一が成立し、武士としての活躍の場を失った九郎はその直後の応永年間（1394〜1428年）前半に紀伊を離れ

て武蔵国多摩郡中野郷に移住したとされる。

当時の中野郷は未開拓の地で、九郎は当初、馬を売って生計を立てていたがすぐに行き詰まり、周辺の土地を開墾するようになった。九郎の商売は軌道に乗り、やがて地域を代表する分限者となり、「中野長者」と呼ばれるようになったといわれる。九郎は武蔵に移住した初期の頃、商売の繁盛を浅草観音に祈り、その後、家盛は上昇した。そこで九郎は、その御利益は郷里の熊野神社のおかげだと考え、1403年（応永10）に熊野三山の十二社権現を祀った十二社熊野神社を建立した。

財をなした九郎は、お金をある土地の地中に埋めていたが、お金を埋める役目は下男がになっていた。しかし、九郎は下男のことが信用できず、埋めて戻ってきた下男をことごとく殺害し、その数は10人にも及んだという。

729

長船兼光

おさふね・かねみつ

生没年	不詳
出身	備前国
主君	特になし
死因	不明

◇ 尊氏に刀を仕立てた備前の刀工

　南北朝時代、備前国邑久郡長船郷に住んだ有名な刀工。「長船兼光」という名は、刀工の通り名で代々受け継がれたものである。南北朝時代に活躍した兼光は、おもに延文年間（1356〜1361年）に活躍したことから「延文兼光」と称することもある。備前は鉄の産地だったことから、もともと刀鍛冶が発達した地域で、刀工も多かったという。

　兼光のつくった刀は当時でも有名であり、『太平記』にも「長船打の矢根をもって、鎧の前後二重にかけて、大の男の胸板を背へぐさと射通したり」と、その刀の鋭利さを記述している。

　1350年（正平5・観応1）、兼光は、幕府に反する足利直冬を討伐するために備前に下向してきた足利尊氏から太刀の注文を受けた。兼光は氏神である崇神天皇社の境内に鍛冶場を設置して刀をつくり、尊氏に届けたところ、尊氏はその刀をいたく気に入り、報賞として1丁四方の屋敷を与えられたという。

楠葉西忍

くずば・さいにん

生没年	1395年（応永2）〜1486年（文明18）
出身	山城国？
主君	足利義政
死因	病死

◇ 義政の代に日明貿易を担当

　鎌倉時代以降、日本には中国大陸から僧侶が来日するようになった。また倭寇という日本の海賊に囚われて日本に連れて来られた中国人や朝鮮人、交易のために九州に上陸して活躍する異国人も見られるようになった。

　楠葉西忍も同じような立場の人物で、渡来人の子である。西忍の父は3代将軍・足利義満の寵愛を受けて召し抱えられたが、義満の死後、4代将軍・義持によって遠ざけられ、西忍は父とともに四職家筆頭の一色家に預けられた。父の死後、西忍は大和国立野に居を移し、興福寺別当の経覚のもとで出家した。このとき法名を西忍とした。なお、楠葉という姓は、母の出身地にちなんだものである。

　1428年（正長1）に義持が死去し、義教が6代将軍に就任すると、西忍は赦免され、明との貿易に従事するようになった。1432年（永享4）には興福寺大乗院の船に乗って明に渡ったが、このときは幕府のほかに山名家・細川家・一色家・畠山家・斯波家・赤松家など、そうそうたる守護大名の船が同道した。

　1453年（享徳2）に二度目の渡明を行った。このときは、興福寺の末寺の長谷寺の使節として明に渡った。

　1459年（長禄3）に将軍・足利義政によって肥前奉行に補任され、その後の日明貿易の実務を担当した。

肥富

こいずみ

生没年	不詳
出身	不明
主君	足利義満
死因	不明

◇ 将軍義満に日明貿易を進言

　室町時代の筑前国博多の商人で、第1回日明貿易の副使として知られる。

室町時代には中国大陸へ留学する学僧も増え、中国帰りの僧が重んじられる時代であった。そうした留学僧は、筑前博多から往来することが多く、博多で商売をしていた肥富は、留学僧から明王朝の話を聞き、貿易の有効性を確信した。

1401年（応永8）、肥富は3代将軍・足利義満に謁見し、明と修好して貿易を行うことを進言した。当時、義満は将軍職から離れていたとはいえ実権は握っており、一介の商人が簡単に義満に会えるわけはなく、おそらく筑前守護の少弐貞頼か長門守護の大内盛見、あるいは明帰りの禅僧で義満に重用されていた義堂周信あたりの斡旋があったと考えられる。

尊氏の時代に天龍寺船という前例があったこともあり、義満は肥富の献策を採用して遣明船を造営、同年5月、肥富は副使として遣明船に乗り込み（正使は禅僧の祖阿）、明へ向かった。

このときの国書は「日本准三后道義上書大明皇帝陛下」にはじまり、朝貢貿易の形で修好を結びたいとするものだった。遣明船には、金千両、馬十疋、鎧一領、そのほか刀剣や屏風など明皇帝への贈物が載せられたが、その手配に肥富が一役買ったことは間違いないだろう。

無事に明へたどり着いた肥富らは、明の皇帝に拝謁し、翌年、明の使節とともに帰国した。このとき義満は兵庫までやってきて唐船を見物したという。その後、明使節は入洛して義満に謁見したが、肥富がこれに同道したかどうかは定かではない。

宗金

そうきん

生没年	?〜1454年（享徳3）
出身	筑前国
主君	渋川義俊→足利義教
死因	病死

◇ 日明貿易に影響力をもった博多商人

筑前博多の商人で、日朝貿易と日明貿易に関与して巨利を得た。

1420年（応永27）、前年に起こった応永の外寇の事後処理として、李氏朝鮮から使節が来日し、この一行を博多で歓待し、京まで案内したのが宗金だった。当時の筑前は九州探題・渋川義俊の支配下にあり、宗金は義俊の知遇を得ており、それがこのたびの抜擢につながった。

そのうち渋川家から離れて豊後の守護・大友家の代官として貿易に従事するようになった。それまで日朝貿易の窓口となっていた対馬の宗家が、応永の外寇の結果、朝鮮との国交が断絶していたこともあり、宗金は1425年（応永32）、個人的に朝鮮から貿易商として認められるようになった。当時の日朝貿易は、朝鮮側から正式に認められなければならなかったため、宗金は大友家だけでなく少弐家、斯波家などの下請貿易を担うことで蓄財した。

一方で、宗家に代わって朝鮮からの使節の接待や護送、幕府による使節派遣の準備などにもかかわり、1431年（永享3）には6代将軍・足利義教の名代として渡鮮するなど、一時は日本と李氏朝鮮の橋渡し役となって活躍した。しかし、1440年代に入って宗家が朝鮮との国交を回復し、さらに筑前守護として大内家が乗り込んでくると、宗金の私貿易は終了した。とはいえ、その後も日朝貿易にお

ける宗金の影響力は大きく、1454年（享徳3）に宗金が死去したときは、死の知らせが朝鮮にまで届いたという。

骨皮道賢

ほねかわ・どうけん

生没年	？～1468年（応仁2）
出身	不明
主君	多賀高忠
死因	戦死

◇応仁の乱で西軍の兵糧を奪取

　山城伏見の足軽大将で、近江の守護・京極家の家臣である多賀高忠の配下に属した。当時、京極持清が侍所頭人を務めていて、高忠は侍所所司代（侍所頭人の代理）に就任し、持清に代わって京の治安警備を担当していた。

　道賢は京の盗賊の頭領のような立場にあり、京やその周辺に多くの手下を抱えていたため、高忠によって目付に抜擢されたという。

　1468年（応仁2）、前年に勃発した応仁の乱において、京極家は細川勝元率いる東軍に属しており、道賢のもとに勝元から西軍方の糧道を断つように命令が下された。道賢は手下300人ばかりを集めて伏見の稲荷山に拠って、西軍の補給路を断った。道賢はさらに兵を進めて下京に侵攻して西軍方を攻め、その兵糧の多くを奪って帰還したという。

　激怒した西軍は、畠山・山名・斯波・大内といった主力の兵を道賢追討に差し向け、道賢は西軍の反撃にあって敗れ、女装して逃亡を試みたが捕らえられて討ち取られた。

後藤祐乗

ごとう・ゆうじょう

生没年	1440年（永享12）～1512年（永正9）
出身	美濃国
主君	足利義政
死因	病死

◇義政の同朋衆となった金工家

　室町時代の金工家。美濃国中島郡加賀野の生まれという。幼い頃から彫刻を好み、8歳のときに猿を作ったところ、鳥がその木彫りの猿をくわえて飛び去ったという伝説まである。

　その後上京して8代将軍・足利義政のもとに同朋衆として出仕し、近江国坂本に領地を与えられたという。しかし、1457年（長禄1）に讒言を受けて投獄された。そのとき祐乗は、木材と小刀を獄吏に所望して、木彫りの猿60匹と船14艘を作ってみせた。祐乗の作品の出来栄えに感嘆した獄吏は、それを将軍・義政に献上したところ、義政もそれを大いに気に入り、祐乗は許されて出獄できたという。

　その後、金工として幕府に仕え、出家して祐乗と号した。祐乗は、幕府の御用絵師だった狩野元信に下絵を描いてもらって、いくつもの金工作品を仕上げていった。義政の腰刀を作ったときは、日本で初めてとなる金無垢で彫金し、さらなる義政の信頼を勝ち取った。

　その名声は朝廷にも聞こえるようになり、宮中の宝剣装具の彫金も担当し、その功によって従五位下・右衛門尉に叙任された。

　1512年（永正9）に死去。その後、後藤家は代々幕府の金工家として仕え、安土桃山時代以降は大判の鋳造を一手に引き受け、権威と権力を掌中にした。

神谷寿禎

かみや・じゅてい

生没年 不詳
出身 不明
主君 特になし
死因 不明

◇石見銀山を発見した博多商人

筑前国博多の貿易商人。石見銀山を発見したことで知られる。

神谷寿禎が活躍したのは16世紀前半だが、当時は筑前・周防・長門・石見の守護を務めていた大内家が、山陰西部から九州の日本海側までを支配していた。

15世紀初頭からはじまった日明貿易は当時は博多の商人と結んだ大内家がほぼ独占していた。当時の日明貿易での主要な輸出品は銅だった。寿禎は出雲で産出する銅の買い付けのために、出雲と博多を往来していたが、あるときその途中で、船頭から石見国の銀峯山という山で昔は銀が産出されていたことを聞いた。

博多に戻った寿禎は早速、技術者を率いてその山に入り、1526年（大永6）、銀鉱石の採掘に成功した。これが石見銀山である。その後、寿禎は明から冶金技術者を呼び寄せて、銀の現地製錬を行った。一説には、寿禎自ら明に赴き、製錬の技術を学んだともいう。

アンジロー

あんじろー

生没年 不詳
出身 薩摩国
主君 特になし
死因 不明

◇日本人初のキリスト教徒

日本で最初のキリスト教徒となる。ヤジローともいい、実名は不明だが安次郎・弥次郎という日本名を使われることがある。

薩摩国鹿児島の生まれとされる。若い頃に殺人を犯して僧院に逃げ込んだが、そのときたまたま鹿児島に入港していたポルトガル船に乗り込み、1546年（天文15）にマラッカに上陸した。

マラッカの教会で宣教師のザビエルと出会ったアンジローは、キリスト教の教えに感激し同地で受洗した。

当時、ザビエルは日本への渡航を計画しており、アンジローは日本への案内役を買ってでた。アンジローは日本にいたとき商人をしていたようで、ポルトガル語をかなり習得していたが、語学だけでなくイエズス会の教義や儀礼作法などを覚えさせるために、ザビエとともにインドに渡り聖パウロ学院で学んだ。

1549年（天文18）、アンジローはザビエルとともに鹿児島に上陸し、布教活動をはじめた。アンジローによる布教活動は薩摩の守護・島津貴久の耳にも届いた。貴久は、キリスト教というより彼らがもたらす新知識や異国の情報に興味をもち、アンジローは貴久に交渉してザビエルとの面会を成功させた。ザビエルは、貴久から布教の許可を得た。このとき貴久の母はキリスト教に興味をもち、アンジローは彼女のためにイエズス会の教義を日本語に訳して渡したという。

ザビエル一行は、貴久から正式に布教の許可を得たが、ポルトガル船が肥前平戸の松浦家に鉄砲を与えたことから貴久の怒りを買い、ザビエルは鹿児島を離れたが、アンジローはザビエルに命じられて鹿児島にとどまり、鹿児島での布教活動に従事した。その後、仏教勢力と衝突して再び鹿児島を離れて中国に渡ったとされるが、詳細は不明である。

第10章 女性・僧侶・文化人など／その他

武野紹鴎

たけの・じょうおう

生没年	1502年（文亀2）～1555年（弘治1）
出身	大和国
主君	特になし
死因	病死

◇室町末期にわび茶を大成させる

　和泉堺の商人で、わび茶の大成者として知られる。紹鴎の父は、若狭武田家5代当主・武田元信の3男である武田信孝の子・信久といわれる。

　紹鴎の父・信久は理由は不詳だが若狭を出奔し、各国を流浪したのちに大和吉野郡に入り、その後、和泉堺に移住したという。堺では「皮屋」という屋号で商売を営み、富を蓄えた。

　紹鴎は1525年（大永5）頃に上京し、三条西実隆のもとで連歌や和歌、古典を学んだ。三条西実隆は内大臣まで務めた朝廷の重臣だが、和歌や古典の貴族文化に通じた当代一流の文化人で、当時は出家して引退していた。実隆は若狭の守護・武田元信と親交があり、その縁で実隆の教えを受けることになったようだ。

　一方で紹鴎は、村田珠光門下の藤田宗理や宗伍に茶の湯を学んだ。

　その後、紹鴎は堺に戻り、堺に来ていた大徳寺法主の大林宗套に参禅して教えを請いた。

　こうして紹鴎はさまざまな学問を学んだが、彼の興味は茶道に収斂された。紹鴎の茶道の基本は、藤原定家の「見渡せば花も紅葉もなかりけり　浦のとまやの秋の夕暮」という歌にあったといわれ、紹鴎は珠光の茶道をさらに簡素化した茶道をめざした。

　紹鴎は豪商の家の子で、経済的には豊かだったが、茶道においては質素を求

め、二畳～三畳の狭い茶室で、竹の茶入れや茶杓を使い、いわゆる「わび茶」を大成させたとして歴史に名を残した。

　紹鴎の茶道は、娘婿の今井宗久や津田宗及、千利休らの弟子たちに受け継がれた。また、武将のなかにも紹鴎の茶道を学んだ者も多く、松永久秀や荒木村重が紹鴎の直弟子にあたる。

飯篠長威斎

いいざさ・ちょういさい

生没年	？～1488年（長享2）
出身	下総国
主君	千葉胤直
死因	病死

◇あらゆる武術に精通した武術の祖

　名を家直といい、「天真正伝香取神道流」の開祖。日本武術界にはじめて「型」を持ち込み、武道の原型を体系化した剣客といわれる。幼少の頃から武芸に秀で、8代将軍・足利義政にも仕えたとされる。

　長威斎は、下総の守護を歴任した千葉家に仕えていた。1455年（康正1）、千葉家は古河公方・足利成氏と関東管領上杉家との争いに巻き込まれ、千葉家中は宗家の胤直・胤宣父子派と、庶流の馬加康胤・原胤房派に分かれて激しく争った。その結果、胤直らが敗れ千葉家宗家は滅び、長威斎は以降、仕官の道を捨てて武芸の修練に励むことになった。

　下総の古社・香取神宮にこもった長威斎は、千日にわたる厳しい修行の結果、「兵法は平法なり。敵を討つのではなく敵に勝つ」と悟りを開き、武神大神経津主命から神託を得て、「天真正伝香取神道流」を興した。

　その後、香取神宮近くに道場を開き、多くの門人を抱えた。長威斎が原型を作

ったといわれる武術は、鎖鎌、棒術、薙刀、槍、小太刀、二刀流に及び、以降の武術の発展に大きな影響を与えた。

晩年、隠居した長威斎のもとには、手合わせを願う者が後を絶たず、長威斎は笹の上に浮いたまま座り、訪ねてきた者に同じように笹を傷つけずに座れたなら剣を教えると言って追い返したという。

1488年（長享2）死去。一説には102歳の大往生を遂げたという。

日置正次

へき・まさつぐ

生没年	不詳
出身	大和国
主君	特になし
死因	不明

◇新式弓術「日置射術流」の創始者

弓術の名手で、逸見流を学んで諸国をめぐり、礼式化していた古流弓術を、実践的なものにした日置射術流を興した。

当時の弓術は、戦場において徒歩で行う歩射、馬上から射る騎射が代表的で、日置射術流は歩射を発展させた武射であり、その的中率、貫通率に重点を置いた革新的な射術であった。そのため、それまでの小笠原流などの古弓術を「古流」と呼び、正次の弓術を「新流」と呼んで区別した。

正次は弓術修行中に、中貫久の奥義を極めた。中貫久とは、中てること、貫くこと、持続させることを指し、弓術における悟りといわれるものである。

正次が活躍したのは応仁の乱が勃発した1467年（応仁1）頃といわれ、近江国を訪れて六角佐々木の家臣だった吉田家を訪ね、吉田重賢に日置射術流を相伝したという。

ただ、正次に関しては伝承が多く、そ

の実在も疑われている。日置射術流は、その後にいくつもの流派を生んで枝分かれしていくが、その分派のほとんどが、創始者を正次としており、日置射術流が存在したことは間違いないだろうといわれている。

正次の奥義は、唯一相伝した吉田重賢が後世に伝えており、正次は重賢と同一人物であるとも、重賢の創作であるともいわれる。いずれにせよ、正次の革新的な弓術は全国に広まり、現在でも印西派、雪荷派、竹林派などが存在する。

塚原卜伝

つかはら・ぼくでん

生没年	1490年（延徳2）～1571年（元亀2）
出身	常陸国
主君	鹿島景幹
死因	病死

◇一の太刀の秘剣を得て新当流を開く

武将として出陣回数37回、真剣勝負19回のすべてに負けなかったと伝わる剣豪。卜伝は、鹿島神宮の祝部で、常陸大掾鹿島家の四家老のひとつ卜部家に生まれ、幼少の頃に塚原城主塚原家の養子となった。父の卜部覚賢から鹿島流、塚原家から神道流の剣術を学び、若くしてその才能を開花させた。

1505年（永正2）頃から武者修行のために全国を回るが、その旅は生涯3度、延べ30余年にも及んだといわれる。1522年（大永2）頃、卜伝はさらに剣術を極めるために鹿島に戻り、1000日間、神宮に参詣してついに神意を破って「一の太刀」の秘剣を得たといわれる。ただし、このときの帰郷は、戦乱の絶えない各国を回って心を病んだ末の帰郷で、1000日の参詣も鹿島城家老の松本政信に勧められたためという話も残っている。

第10章 女性・僧侶・文化人など／その他

735

卜伝が開眼した「一の太刀」は、武田家が残した『甲陽軍艦』にも書かれているが、具体的にどのような剣術だったのか不明であり、その秘剣を伝授されたのは伊勢の国司・北畠具教だけだったといわれている。

卜伝の流派は「新当流」と呼ばれ、当時、京都で幅を利かせていた京八流の剣術と双璧をなした。卜伝も、京八流への対抗意識を持っていたといわれる。そのため、世に新当流を喧伝するために、武者修行の際には「大鷹三羽を据えさせ」、「馬三頭をひかせ」、「上下八十ばかり召し連れ」て、その存在を際立たせたという。

◇ 数多の武将に武術を伝授する

古今東西の武将から師と仰がれ、卜伝には数多くの弟子が存在する。13代将軍・足利義輝もその一人である。ほかにも、松岡兵庫則方は、卜伝から剣術を学んで松岡流を興し、徳川家康の師となった。松岡家には、今でも家康が則方に宛てた文書が残されている。

2度目の武者修行を終えて、卜伝が鹿島に戻ったのが1532年（天文1）頃で、塚原城の城主となった。そこでは、後進の育成にあたるとともに、城下の経営に腐心したといわれる。

しかし、1557年（弘治3）には城主を養子の幹重に譲り、卜伝は再び武者修行の旅に出た。義輝、具教に剣術を指南したのはこのときだといわれている。また、甲斐に入って武田信玄、山本勘助、原美濃守などの武田家の武将たちにも、新当流を教えたと伝えられる。

卜伝が鹿島に戻ったのは、1566年（永禄9）頃。それからは悠々自適に暮らし、81年の寿命をまっとうした。

上泉信綱

かみいずみ・のぶつな

生没年	不詳
出身	上野国
主君	長野業正
死因	不明

◇ 一の太刀の秘剣を得て新当流を開く

上野国の国人・長野家に仕え、上野大胡城主を務めた。信綱の家は、藤原秀郷の流れを汲む大胡家といわれ、代々大胡城を守ってきた。信綱の武力は長野家からも信頼を寄せられ、長野の16人槍のひとりに数えられ、上野国一本槍の感状を与えられたという。

信綱は、16歳の頃から各国を渡り歩いて高名な剣客から剣術を学んだといわれており、その中には塚原卜伝や松本政信、愛洲移香斎などの名も見られる。10年間の武者修行で新陰流を興し、26歳で故郷に戻って長野家に仕官したことになっている。

1561年（永禄4）、当主の長野業平が病死すると、これを好機と見た甲斐の武田信玄が総攻撃を仕掛け、業平の嫡男・長野業盛が自刃し長野家の居城・箕輪城は落城した。信綱は信玄に見出され仕官を勧められたが、この誘いを断り、新陰流を普及するための旅に出た。『甲陽軍艦』によれば、このとき信玄の偏諱により、信綱に改名したという。

1564年（永禄7）に上洛を果たした信綱は、13代将軍・足利義輝に招かれて、上覧演武を行った。塚原卜伝の弟子で剣術を極めていた義輝は信綱の演武に感嘆し、「兵法新陰軍法軍配天下一」の栄誉を与えたという。また、正親町天皇の御前でも演武を行い、従四位下に叙され、昇殿も許された。

信綱は1570年（元亀1）頃に京を去り、その後の消息は不明となる。1577年（天正5）に上野国に戻り、国府台合戦（1563年）で戦死した息子の法要をしたという記録も残されている。

津田監物

つだ・けんもつ

生没年	?〜1568年（永禄11）
出身	紀伊国
主君	特になし
死因	病死

◇戦国時代の鉄砲の伝道者

津田家は楠木正成の末裔を称しており、楠木正儀の子正信が河内国交野郡津田に移って津田姓を名乗った。津田家は、紀伊根来寺の武力集団の旗頭で、いわゆる根来衆の家老格で勢力を誇った。津田監物は襲名であり、ここでいう監物は津田算長のことである。

算長は中国語、ポルトガル語を解したといい、語学力を生かして貿易に精を出し、種子島をたびたび訪れていた。そして1544年（天文13）に種子島に渡った算長は、種子島時堯から鉄砲一丁を購入し、根来に持ち帰った。そして、芝辻清右衛門に鉄砲を複製させ、翌年には紀伊生産の鉄砲が完成した。

算長は鉄砲の大量生産に成功し、鉄砲を使った戦術を編み出した。また、諸大名に鉄砲を販売することで富を得て、根来衆は鉄砲傭兵集団として、各地で活躍することになる。ただし、1528年（大永8）頃から種子島で鉄砲の生産方法と砲術訓練に励み、1544年（天文13）に帰国したという伝承もある。

1568年（永禄11）に死去。

その後、津田家は小早川家、浅野家、松平家と主家を替えながら、紀伊に定着して存続した。

⊙室町時代 略年表

西暦	和暦 南朝	和暦 北朝	出来事	天皇	将軍	管領（執事）
1331年	元弘1	元徳3	後醍醐天皇が笠置山に入って挙兵するが幕府に捕えられる。（元弘の変）	後醍醐天皇	守邦親王	
1332年	元弘2	正慶1	護良親王と楠木正成が挙兵。			
1333年	元弘3	正慶2	足利尊氏が六波羅探題を攻め落とす。			
			新田義貞が鎌倉を攻略し、鎌倉幕府が滅亡。			
			後醍醐天皇による建武の新政がはじまる。			
1334年	建武1		護良親王が捕らえられ鎌倉に軟禁される。			
1335年	建武2		北条時行が挙兵し鎌倉を奪回。（中先代の乱）			
			足利尊氏が後醍醐天皇に反し、箱根・竹ノ下の戦いで新田義貞を破る。			
1336年	延元1	建武3	新田義貞・北畠顕家らが尊氏を破り、尊氏は九州に落ちる。	(北) 光明天皇	(南) 後醍醐天皇	高師直
			尊氏が湊川の戦いで楠木正成を破り入京。後醍醐天皇は比叡山へ逃れる。			
			尊氏が「建武式目」を定める。（室町幕府の成立）			
			後醍醐天皇が京を出奔して吉野に移り、南朝を開く。（南北朝時代のはじまり）			
1337年	延元2	建武4	北畠顕家が鎌倉を攻略。			
1338年	延元3	暦応1	石津の戦いで北畠顕家が戦死。		足利尊氏	
			藤島の戦いで新田義貞が戦死。			
1339年	延元4	暦応2	後醍醐天皇没。			
1342年	興国3	康永1	懐良親王が九州に入る。	崇光天皇		
1348年	正平3	貞和4	四條畷の戦いで楠木正行ら戦死。			
			高師直が吉野を攻め、南朝は拠点を賀名生に移す。			
1349年	正平4	貞和5	高師直が足利直義の罷免を訴え尊氏邸を囲む。直義は出家して政界を離れる。			
1350年	正平5	観応1	足利直義が京を脱出して高師直打倒の兵を挙げる。（観応の擾乱）	後村上天皇		
1351年	正平6	観応2	尊氏が南朝と和し、北朝の天皇・皇太子・年号を廃止する。（正平一統）			仁木頼章
1352年	正平7	文和1	尊氏が鎌倉に入り直義を毒殺し、観応の擾乱が終わる。			
			南朝軍が京を制圧し、正平一統破れる。			
1355年	正平10	文和4	桃井直常・山名時氏ら南朝軍が入京するが、幕府軍に破れて撤退する。	後光厳天皇		
1358年	正平13	延文3	足利尊氏没。足利義詮が2代将軍に就任。		足利義詮	細川清氏
1361年	正平16	康安1	細川清氏・楠木正儀ら南朝軍が入京、義詮を追放するが、義詮がすぐに奪還。			
1362年	正平17	貞治1	足利義詮が足利直冬討伐の軍を丹波に出陣させる			斯波義将
1363年	正平18	貞治2	大内弘世・山名時氏が幕府に降る。			
1365年	正平20	貞治4	幕府、北条高時の33回忌法要を行う。			

西暦	和暦		出来事	天皇		将軍	管領 (執事)
	南朝	北朝					
1367年	正平22	貞治6	足利義詮没。	(北)	(南)		細川頼之
1368年	正平23	応安1	足利氏満・上杉憲顕、武蔵河越に平一揆を討つ。				
1370年	建徳1	応安3	今川了俊が九州探題に補任され出京。				
1371年	建徳2	応安4	懐良親王が明より「日本国王」に封ぜられる。	後円融天皇	長慶天皇	足利義満	
1372年	文中1	応安5	今川了俊が大宰府を攻略し、懐良親王は筑後に敗走。				
1378年	天授4	永和4	義満が室町第に移る。				
			今川了俊が高麗に兵を出し倭寇を討つ。				
1379年	天授5	康暦1	細川頼之が政争に敗れて管領職を罷免され讃岐へ下向。(康暦の政変)				斯波義将
1382年	弘和2	永徳2	楠木正儀が南朝に復し、山名氏清と戦う。	後小松天皇	後亀山天皇		
1383年	弘和3	永徳3	義満、源氏長者・准三宮となる。				
1391年	元中8	明徳2	山名満幸と山名氏清が幕府に反して挙兵するが破れる。(明徳の乱)				細川頼元
1392年	元中9	明徳3	後亀山天皇が入京して神器を北朝の後小松天皇に渡し、南北朝合一が成る。				
1394年	応永1		義満、将軍職を義持に譲り太政大臣に就任。				斯波義将
1396年	応永3		小山若犬丸が鎌倉府に反して挙兵するが、翌年敗れて自害。				
1399年	応永6		大内義弘が幕府に反して挙兵するが破れる。(応永の乱)			足利義持	畠山基国
1401年	応永8		義満が明に使節を派遣する。(勘合貿易のはじまり)				
1414年	応永21		伊勢国司・北畠満雅が挙兵(翌年鎮圧される)。	称光天皇			細川満元
1416年	応永23		前関東管領の上杉禅秀が挙兵し、鎌倉を落とす。(上杉禅秀の乱)				
1419年	応永26		朝鮮軍が対馬に来襲し、少弐満貞らがこれを破る。(応永の外寇)				
1423年	応永30		鎌倉公方・足利持氏が幕府に反して宇都宮持綱らを滅ぼすが、同年幕府と和睦。			足利義量	畠山満家
1428年	正長1		近江の民衆が徳政を要求して挙兵。(正長の土一揆)				
1429年	永享1		尚巴志が三山を統一し、琉球王国が成立。	後花園天皇		足利義教	斯波義淳
			播磨の民衆が守護軍の国外退去を求めて蜂起。(播磨の国一揆)				
1438年	永享10		足利持氏が上杉憲実を攻め、幕府が持氏追討の兵を出す。(永享の乱)				細川持之
1440年	永享12		足利持氏の子・春王丸ら下総結城に擁立されて挙兵するが翌年鎮圧。(結城合戦)				
1441年	嘉吉1		足利義教が赤松満祐に殺害される。(嘉吉の乱)				
1447年	文安4		山城、大和、近江、河内など畿内一帯で土一揆が頻発する。				細川勝元
1454年	享徳3		鎌倉公方・足利成氏が上杉憲忠を攻め滅ぼし、享徳の乱が勃発する。			足利義政	

西暦	和暦 南朝	和暦 北朝	出来事	天皇	将軍	管領(執事)
1457年	長禄1		足利政知が鎌倉公方に就任して伊豆に下向し（堀越公方）、鎌倉府が分裂。	後花園天皇		細川勝元
1467年	応仁1		畠山義就と畠山政長が上御霊社で武力衝突し、政長が破れる。 山名宗全・斯波義廉が義就を支持して挙兵。政長を支持する細川勝元らがこれに応戦する。（応仁の乱が勃発）		足利義政	斯波義廉
1474年	文明6		加賀で一向一揆が蜂起。	後土御門天皇		畠山政長
1477年	文明9		大内政弘ら西軍諸将が領国に戻り、応仁の乱が終結。		足利義尚	
1478年	文明10		足利成氏と上杉顕定が和し、享徳の乱が終結。			
1485年	文明17		南山城の国人・百姓が、対陣中の畠山軍に撤兵を要求。（山城の国一揆）			
1488年	長享2		加賀の一向一揆が守護・富樫政親を殺害する。			細川政元
1493年	明応2		細川政元・日野富子らが足利義材の将軍位を廃し、足利義澄を将軍とする。（明応の政変） 北条早雲が足利茶々丸を攻め、堀越公方が滅亡。		足利義材	
1499年	明応8		義材が挙兵し入京を図るが六角高頼に敗れ、周防の大内義興を頼る。		足利義澄	
1507年	永正4		細川政元が養子の澄之に殺害される。	後柏原天皇		
1508年	永正5		足利義材が大内義興・細川高国とともに入京し、義澄は近江に逃れる。			細川高国
1511年	永正8		細川澄元が阿波に挙兵し京に迫るが、足利義材・細川高国がこれを破る。		足利義稙（義材）	
1520年	永正17		前年に挙兵した澄元が摂津の戦いで高国を破るが、家臣の三好之長が敗れ播磨に帰る。			
1521年	大永1		義材が高国の専横に怒り淡路へ出奔。高国は足利義晴を将軍とする。		足利義晴	
1527年	大永7		細川晴元・三好元長が挙兵し、高国と義晴は近江に逃げる。			
1530年	享禄3		細川高国が播磨の浦上村宗の後援を得て挙兵。	後奈良天皇		
1531年	享禄4		細川高国、三好元長に敗れ自害。			
1534年	天文3		足利義晴が細川晴元と和し入京。			
1536年	天文5		法華宗徒と延暦寺衆徒が戦う。（天文法華の乱）			細川晴元
1538年	天文7		古河公方・足利晴氏が小弓公方・足利義明を破り義明が敗死する。			
1539年	天文8		三好長慶が入京し、細川晴元と対立。			
1543年	天文12		ポルトガル船が種子島に来航し鉄砲を伝える。			
1546年	天文15		北条氏康が足利晴氏・上杉憲政・上杉朝定を河越城の戦いで破る。			

西暦	和暦		出来事	天皇	将軍	管領 (執事)
	南朝	北朝				
1549年	天文18		三好長慶が細川晴元に反し、晴元は足利義晴とともに近江に逃れる。	後奈良天皇	足利義輝	細川晴元
			フランシスコ・ザビエルが鹿児島に上陸。			
1551年	天文20		大内義隆が陶晴賢に襲われ、大寧寺で自害する。			
1552年	天文21		上杉憲政が北条氏康によって関東を追われる。			
1555年	弘治1		毛利元就と陶晴賢が厳島で戦い、晴賢が敗れ自害。			
1557年	弘治3		毛利元就が大内義長を攻め殺し防長を制圧。			
1558年	永禄1		足利義輝が三好長慶と和睦して入京する	正親町天皇		
1559年	永禄2		この年、織田信長と長尾景虎が上洛して将軍・足利義輝に謁見する。			
1560年	永禄3		織田信長が桶狭間で今川義元を破り、義元敗死。			
1565年	永禄8		松永久秀と三好三人衆が将軍・足利義輝を殺す。			
1568年	永禄11		織田信長が足利義昭を奉じて入京する。		足利義昭	
1573年	天正1		織田信長、挙兵した足利義昭を京から追放する。			

索引

あ

粟飯原氏光	307
粟飯原清胤	308
饗庭氏直	428
赤沢朝経	489
赤沢長経	490
赤穴久清	553
赤橋守時	290
赤松氏範	134
赤松貞範	136
赤松貞村	140
赤松則繁	140
赤松範資	135
赤松則祐	134
赤松則尚	142
赤松則村	132
赤松晴政	144
赤松政則	143
赤松満祐	138
赤松満政	141
赤松持貞	137
赤松義則	137
安芸国虎	575
阿只抜都	646
浅井亮政	441
浅井久政	442
朝倉氏景	341
朝倉貞景	343
朝倉宗滴	342
朝倉孝景（1428〜1481年）	340
朝倉孝景（1493〜1548年）	344
朝倉教景	339
朝倉将景	342
朝倉義景	345
足利氏満	61
足利成氏	67
足利尊氏	33
足利高基	69

足利直冬	38
足利直義	35
足利茶々丸	72
足利登子	697
足利晴氏	70
足利春王丸	66
足利政氏	68
足利政知	71
足利満詮	42
足利満兼	62
足利満貞	64
足利満隆	63
足利満直	63
足利持氏	65
足利基氏	59
足利義昭	58
足利義明	69
足利義詮	37
足利義量	44
足利義勝	48
足利義澄	54
足利義尊	48
足利義稙（義材）	53
足利義嗣	43
足利義維	56
足利義輝	56
足利義教	45
足利義晴	55
足利義尚	52
足利義栄	57
足利義政	49
足利義視	51
足利義満	40
足利義持	43
蘆名盛詮	174
蘆名盛氏	177
蘆名盛瞬	176
蘆名盛高	175

蘆名盛政	174
足助重範	428
阿蘇惟澄	608
阿蘇惟直	607
阿蘇惟時	606
阿蘇惟豊	610
阿蘇惟村	609
安宅冬康	541
姉小路尹綱	689
阿野実為	686
阿野廉子	698
尼子清定	501
尼子国久	503
尼子経久	502
尼子晴久	504
天野興定	561
有馬貴純	637
有馬持家	141
アンジロー	733
安東盛季	188
安保光泰	313

い

飯篠長威斎	734
井伊高顕	426
伊賀局	700
伊賀盛光	194
池田充正	484
石塔義房	424
石塔頼房	425
石橋和義	429
伊集院忠国	643
伊集院頼久	644
伊勢貞国	447
伊勢貞親	448
伊勢貞継	446
伊勢貞宗	448
伊勢貞行	446

市河興仙	417	
一条兼定	650	
一条兼良	648	
一条経嗣	649	
一条教房	650	
一井貞政	300	
一休宗純	714	
一色詮範	156	
一色直氏	155	
一色範氏	153	
一色教規	158	
一色範光	155	
一色満範	156	
一色義清	160	
一色義直	159	
一色義貫	157	
伊東祐国	619	
伊東祐堯	618	
伊東祐広	617	
伊東尹祐	619	
伊東義祐	620	
糸田貞義	291	
稲葉一鉄	433	
井上俊清	411	
飯尾為数	494	
伊庭貞隆	470	
茨木長隆	485	
今川氏親	370	
今川氏輝	371	
今川仲秋	365	
今川範国	362	
今川範忠	367	
今川範政	367	
今川泰範	366	
今川義忠	368	
今川義元	372	
今川了俊	363	
今参局	704	

入来院重頼	645
岩城常隆	195
岩松経家	303
岩松満純	303
岩見雅助	487

う

上杉顕定	213
上杉顕房	210
上杉顕能	202
上杉謙信	325
上杉定実	320
上杉定正	212
上杉重能	199
上杉清子	697
上杉禅秀	205
上杉朝定	202
上杉朝定	214
上杉朝房	204
上杉朝宗	205
上杉朝良	214
上杉憲顕	200
上杉憲定	203
上杉憲実	207
上杉憲忠	209
上杉憲春	203
上杉憲房（？～1336年）	198
上杉憲房（1467～1525年）	215
上杉憲政	215
上杉憲基	206
上杉房顕	211
上杉房定	318
上杉房能	319
上杉能憲	201
上杉持朝	211
上野頼兼	429
宇喜多能家	558
臼井興胤	307

宇都宮氏綱	217
宇都宮公綱	216
宇都宮成綱	219
宇都宮尚綱	220
宇都宮等綱	218
宇都宮基綱	218
宇土為光	640
浦上則宗	463
浦上政宗	465
浦上宗景	466
浦上村宗	464
瓜生保	414

え

江田行義	302
江戸下野守	277
江戸忠通	279
江戸通房	278
江戸通雅	278
江戸通泰	279
円観	707
塩冶高貞	552

お

大井貞隆	417
大石定重	314
大井田氏経	407
大内長弘	525
大内教弘	532
大内教幸	533
大内弘茂	530
大内政弘	533
大内弘世	526
大内持世	531
大内盛見	529
大内義興	534
大内義隆	535
大内義弘	527

正親町天皇	31	小田孝朝	253	金沢貞将	289
大熊政秀	411	織田寛広	387	懐良親王	12
大河内貞綱	426	織田敏定	387	狩野貞長	422
大崎詮持	166	織田敏広	385	狩野正信	727
大崎教兼	167	小田朝久	254	鹿子木親員	641
大崎義直	168	織田信定	388	上泉信綱	736
大島義政	305	織田信友	388	神谷寿禎	733
大高重成	295	織田信長	391	上山高元	296
太田資清	274	織田信秀	389	烏丸資任	690
大館氏清	304	織田信光	390	河越直重	312
大館氏明	571	小田治久	252	観阿弥	719
大館尚氏	494	小田政治	255	甘露寺親長	693
太田道灌	275	小田持家	254		
大田原資清	295	越智家栄	473	**き**	
大友氏時	592	越智維道	472	菊池重朝	604
大友貞載	593	小野寺泰道	191	菊池武重	598
大友貞宗	592	小山氏政	222	菊池武澄	600
大友親繁	594	小山成長	225	菊池武経	609
大友親治	595	小山高朝	226	菊池武時	597
大友親世	594	小山田高家	309	菊池武敏	599
大友義鎮	596	小山田弥太郎	422	菊池武朝	602
大友義右	595	小山秀朝	221	菊池武光	600
大友義長	596	小山政長	225	菊池為邦	603
大森氏頼	314	小山持政	224	菊池能運	604
小笠原貞宗	346	小山義政	223	木沢長政	490
小笠原長秀	348	小山若犬丸	223	木曾義在	418
小笠原長棟	351	音阿弥	721	木曾義康	418
小笠原政長	347			北畠顕家	656
小笠原政秀	350	**か**		北畠顕信	657
小笠原政康	349	甲斐常治	415	北畠顕雅	660
小笠原持長	349	香川元景	570	北畠顕泰	658
小笠原頼清	570	垣屋豊遠	491	北畠顕能	658
荻野朝忠	479	葛西清貞	189	北畠材親	662
隠岐宗清	557	葛西宗清	190	北畠親房	654
興良親王	17	笠原清繁	420	北畠教具	660
小栗満重	297	花山院家賢	667	北畠晴具	662
長船兼光	730	花山院長親	667	北畠政勝	661
大仏貞直	289	花山院師賢	666	北畠満雅	659
小鹿範満	369	鹿島幹重	298	吉川興経	519
織田郷広	385	春日顕国	687	吉川国経	518
小田成治	255	葛山氏堯	423	吉川経兼	516

吉川経見	515	
吉川経基	518	
吉川之経	517	
義堂周信	711	
木戸法季	294	
肝付兼重	643	
京極高詮	148	
京極高数	149	
京極高清	152	
京極政経	150	
京極持清	150	
京極持光	149	
吉良貞家	380	
吉良成高	383	
吉良満家	382	
吉良満貞	383	
吉良満義	382	
吉良頼康	384	

く

久下時重	479
福島正成	424
九条経教	651
九条政基	651
楠木久子	700
楠木正家	456
楠木正勝	456
楠木正成	450
楠木正季	452
楠木正行	453
楠木正時	454
楠木正儀	455
楠葉西忍	730
朽木貞高	469
朽木経氏	469
忽那重清	573
忽那義範	573
熊谷直経	310
栗生顕友	300
黒川茂実	409

け

桂庵玄樹	716
慧春尼	705
気比氏治	414
玄恵	709
玄広恵探	371
賢俊	709

こ

肥富	730
光厳天皇	22
香西元長	568
香西元盛	483
香宗我部親秀	576
勾当内侍	699
河野教通	545
河野通堯	543
河野通朝	543
河野通春	546
河野通盛	542
河野通之	544
河野通能	544
高重茂	377
高師秋	378
高師詮	378
高師直	373
高師英	379
高師冬	376
高師泰	375
光明天皇	23
後円融天皇	24
後柏原天皇	30
後亀山天皇	20
国分宗綱	191
小倉宮聖承	27
後光厳天皇	23
後小松天皇	25
護佐丸	645
児島高徳	560
コシャマイン	196
五条頼元	688

後醍醐天皇	8
後土御門天皇	29
小寺豊職	492
厚東義武	565
後藤祐乗	732
後奈良天皇	31
後花園天皇	27
小早川興景	524
小早川貞平	521
小早川祐景	522
小早川弘景	524
小早川熙平	522
小早川盛景	523
小峰満政	195
後村上天皇	18
金春禅竹	722

さ

西園寺禧子	696
西園寺公宗	683
斎藤宗円	402
斎藤道三	405
斎藤利藤	403
斎藤妙純	404
斎藤妙椿	404
斎藤義龍	406
相良前頼	613
相良定頼	612
相良為続	615
相良長続	614
相良長毎	615
相良晴広	616
佐河道覚	574
佐々木道誉	145
佐々木秀綱	147
佐竹貞義	246
佐竹師義	247
佐竹義昭	251
佐竹義篤	248
佐竹義瞬	250
佐竹義宣	248

佐竹義治	250	島津伊久	624	絶海中津	712
佐竹義人	249	島津貞久	621	雪舟	723
佐藤元清	468	島津忠国	626	雪村友梅	710
里見家基	272	島津忠昌	628	世良田政義	301
里見時成	271	島津忠良	628	世良田義政	301
里見義実	272	島津立久	627	千秋親昌	430
里見義堯	273	島津久豊	625		
真田幸隆	420	島津元久	625	**そ**	
三条公忠	663	島津師久	622	宗祇	724
三条公頼	665	周文	722	宗金	731
三条実量	664	春屋妙葩	711	宗貞国	590
三条実冬	664	尚円	632	宗貞盛	589
三条西実隆	694	上条定憲	408	宗経茂	588
三戸七郎	427	尚真	633	相馬顕胤	180
		成身院光宣	460	相馬重胤	178
し		尚泰久	631	相馬親胤	179
志賀頼房	638	少弐貞経	578	相馬光胤	180
四条高貞	671	少弐貞頼	581	宗頼茂	589
四条隆資	669	少弐教頼	582	十河一存	540
四条隆俊	671	少弐冬資	580		
篠塚重広	310	少弐政資	582	**た**	
斯波詮高	188	少弐満貞	581	大覚寺義昭	47
斯波家兼	95	少弐頼尚	579	大掾満幹	299
斯波家長	95	尚金福	630	高倉永藤	690
斯波氏経	96	尚徳王	632	高田憲顕	306
斯波兼頼	97	尚巴志	629	高梨政盛	421
斯波高経	93	神保長誠	327	高松頼重	568
斯波直持	97	神保長職	329	高間行秀	471
斯波義廉	101	神保慶宗	328	多賀谷氏家	299
斯波義重	99			尊良親王	12
斯波義達	102	**す**		田北親員	639
斯波義敏	100	陶興房	562	武田氏信	508
斯波義統	102	陶隆房	563	武田国信	335
斯波義将	98	鈴木九郎	729	武田信賢	334
渋川幸子	701	諏訪頼重	352	武田信重	357
渋川満直	586	諏訪頼重	354	武田信繁	509
渋川満頼	585	諏訪頼満	353	武田信武	355
渋川義鏡	587			武田信縄	359
渋川義季	584	**せ**		武田信豊	337
渋川義俊	586	世阿弥	720	武田信虎	359
島津氏久	623	関宗祐	297	武田信長	358

武田信栄	334
武田信昌	358
武田信満	356
武田晴信	360
武田元繁	510
武田元綱	510
武田元信	336
武田元光	337
武野紹鴎	734
多治見国長	431
伊達景宗	423
伊達成宗	171
伊達稙宗	172
伊達晴宗	173
伊達政宗	170
伊達持宗	171
伊達行朝	169
田原氏能	639
田原直貞	638
玉井西阿	472
淡輪助重	477

ち

千種忠顕	684
千葉氏胤	262
千葉興常	636
千葉兼胤	264
千葉貞胤	261
千葉輔胤	266
千葉胤賢	266
千葉胤朝	636
千葉胤直	265
千葉昌胤	267
千葉満胤	263
千葉康胤	264
長慶天皇	19
長宗我部雄親	548
長宗我部兼序	548
長宗我部国親	549
長宗我部文兼	547

つ

塚原卜伝	735
津田監物	737
土持親佐	641
筒井順永	459
筒井順覚	458
筒井順興	461
筒井順慶	462
常田隆永	421
恒良親王	15
津野之高	575

て

天童頼基	193

と

十市遠清	475
土居通増	571
洞院公賢	691
洞院実世	692
道化六郎左衛門	432
東常縁	431
富樫昌家	330
富樫政親	333
富樫満成	331
富樫泰高	332
土岐詮直	396
土岐成頼	400
土岐満貞	397
土岐持益	398
土岐持頼	399
土岐康行	396
土岐頼清	393
土岐頼貞	392
土岐頼遠	394
土岐頼芸	401
土岐頼益	398
土岐頼康	395
得能通綱	574
土佐光信	728
豊島景村	312

友田興藤	562

な

内藤国貞	481
内藤隆世	567
内藤弘矩	566
内藤元貞	480
長井道利	433
長尾顕方	244
長尾景忠	240
長尾景仲	241
長尾景信	242
長尾景春	243
長尾邦景	322
長尾高景	321
長尾忠景	244
長尾為景	323
長尾晴景	325
長尾能景	323
長崎高資	292
中条房資	410
中条藤資	410
那珂通辰	298
中院義定	688
長野藤継	468
名越高家	290
名越時有	291
那須資房	227
那須高資	229
那須政資	228
成田顕泰	313
成良親王	14
名和顕興	499
名和顕忠	500
名和義高	499
名和長重	498
名和長年	496
南条宗勝	551
南部信光	163
南部政長	162
南部守行	164

747

南部師行	164	畠山義就	111	**ほ**	
南部義政	165	畠山義英	113	北条氏綱	282
		畠山義総	118	北条氏康	284
に		畠山義統	116	北条早雲	281
二階堂貞藤	293	畠山義致	117	北条高時	285
二階堂時綱	293	畠山義元	116	北条時行	286
二階堂行嗣	194	畑時能	311	北条長綱	283
二階堂行通	493	波多野稙通	481	北条仲時	287
仁木義尹	445	波多野秀忠	482	北条英時	288
仁木義長	444	服部持法	467	北条泰家	288
仁木頼章	443	原田佐秀	560	坊門清忠	685
二条道平	652	原胤清	269	細川顕氏	74
二条良基	653	原胤貞	269	細川氏春	81
日親	715	原胤房	268	細川和氏	76
新田義顕	234	原虎胤	270	細川勝元	85
新田義興	234			細川清氏	80
新田義貞	230	**ひ**		細川繁氏	79
新田義宗	235	人見四郎	309	細川成之	87
		日野有光	676	細川定禅	76
ぬ		日野勝光	677	細川澄元	89
温井孝宗	413	日野重子	702	細川澄之	89
温井総貞	413	日野資朝	673	細川高国	90
		日野資名	675	細川晴元	91
は		日野俊基	674	細川藤孝	92
箸尾宗信	476	日野富子	703	細川政元	88
橋本正督	487	日野康子	701	細川満元	84
畠山家俊	119	日野義資	676	細川持之	85
畠山国清	103	平賀源心	419	細川師氏	77
畠山高国	105	弘中隆兼	565	細川頼有	83
畠山直顕	105			細川頼春	78
畠山稙長	114	**ふ**		細川頼元	84
畠山尚順	113	福原広世	513	細川頼之	81
畠山政国	115	富士名義綱	552	牡丹花肖柏	725
畠山政長	109	伏見宮貞成親王	26	骨川道賢	732
畠山満家	107	船田義昌	306	堀口貞満	305
畠山満慶	108	古市澄胤	474	北郷義久	642
畠山持国	109			本庄房長	408
畠山基国	107	**へ**			
畠山義綱	119	日置正次	735	**ま**	
畠山義深	106	別所則治	492	益田兼理	506
畠山義豊	112			益田兼堯	506

益田兼世	505	最上兼頼	192	結城宗広	182
益田貞兼	507	最上義定	193	遊佐長教	486
松平信光	430	桃井直詮	239	遊佐長護	486
松田元成	557	桃井直常	237	由良具滋	304
松永久秀	471	桃井直信	238		
万里小路季房	681	護良親王	10	**よ**	
万里小路時房	681	文観	706	吉田兼倶	727
万里小路宣房	679			吉田厳覚	553
万里小路藤房	680	**や**		吉田兼好	719
真里谷信勝	308	薬師寺長忠	484	吉田定房	684
満済	713	安富智安	559	吉見氏頼	412
		安富盛長	569	吉見頼弘	556
み		安富泰治	640	良成親王	19
三浦時高	315	柳本賢治	483		
三浦義同	316	山崎宗鑑	725	**り**	
右田弘詮	564	山名氏清	122	龍造寺家兼	637
三沢為忠	554	山名氏之	125		
三隅兼連	555	山名宗全	127	**る**	
三木直頼	434	山名時氏	120	留守家任	190
三刀屋宗忠	554	山名時熙	126		
三村家親	559	山名豊時	130	**れ**	
三好長慶	539	山名教豊	129	蓮如	717
三好政長	538	山名教之	127		
三好元長	537	山名政豊	130	**ろ**	
三好之長	536	山名満幸	124	六角氏頼	437
三好義賢	540	山名師義	122	六角定頼	440
				六角高頼	439
む		**ゆ**		六角時信	436
夢窓疎石	708	湯浅宗藤	488	六角満高	438
宗像氏俊	635	祐覚	708	六角満綱	438
宗良親王	16	結城顕朝	185		
村上義光	415	結城氏朝	257	**わ**	
村上義清	416	結城成朝	258	和賀定義	189
村上義弘	572	結城親朝	183	脇屋義助	233
村田珠光	726	結城親光	184	和田賢秀	457
		結城朝常	186	和田正忠	478
も		結城直朝	186	和田正遠	477
毛利興元	514	結城政勝	259	和田正武	478
毛利豊元	513	結城政朝	187	渡会家行	718
毛利元就	514	結城政朝	259		
毛利元春	512	結城満朝	185		

参考文献

- 『国史大辞典全15巻』国史大辞典編集委員会編（吉川弘文館）
- 『戦国人名辞典』戦国人名辞典編集委員会編（吉川弘文館）
- 『公家事典』橋本政宣編（吉川弘文館）
- 『新装版大内義隆』福尾猛市郎（吉川弘文館）
- 『新装版足利義昭』奥野高広（吉川弘文館）
- 『新装版三好長慶』長江正一（吉川弘文館）
- 『新装版一条兼良』永島福太郎（吉川弘文館）
- 『新装版卜部兼好』富倉徳次郎（吉川弘文館）
- 『新装版朝倉義景』水藤真（吉川弘文館）
- 『新装版三条西実隆』芳賀幸四郎（吉川弘文館）
- 『新装版宗祇』奥田勲（吉川弘文館）
- 『新装版世阿弥』今泉淑夫（吉川弘文館）
- 『新装版新田義貞』峰岸純夫（吉川弘文館）
- 『新装版金沢貞顕』永井晋（吉川弘文館）
- 『新装版今川了俊』川添昭二（吉川弘文館）
- 『新装版佐々木導誉』森茂暁（吉川弘文館）
- 『新装版今川義元』有光友學（吉川弘文館）
- 『新装版細川頼之』小川信（吉川弘文館）
- 『新装版上杉憲実』田辺久子（吉川弘文館）
- 『新装版赤松円心・満祐』高坂好（吉川弘文館）
- 『新装版足利義満』臼井信義（吉川弘文館）
- 『新装版足利義持』伊藤喜良（吉川弘文館）
- 『新装版足利直冬』瀬野精一郎（吉川弘文館）
- 『新装版山名宗全』川岡勉（吉川弘文館）
- 『日本の時代史10 南北朝の動乱』村井章介編（吉川弘文館）
- 『敗者の日本史7 鎌倉幕府滅亡と北条氏一族』秋山哲雄（吉川弘文館）
- 『動乱の東国史4 南北朝内乱と東国』櫻井彦（吉川弘文館）
- 『動乱の東国史6 古河公方と伊勢宗瑞』則竹雄一（吉川弘文館）
- 『関東公方足利氏四代』田辺久子（吉川弘文館）
- 『中世後期細川氏の権力構造』古野貢（吉川弘文館）
- 『室町期公武関係と南北朝内乱』松永和浩（吉川弘文館）
- 『室町幕府の政治と経済』桑山浩然（吉川弘文館）
- 『室町幕府と守護権力』川岡勉（吉川弘文館）
- 『戦国期室町幕府と将軍』山田康弘（吉川弘文館）
- 『倭寇と「日本国王」』荒野泰典・石井正敏・村井章介編（吉川弘文館）
- 『地獄を二度も見た天皇光厳院』飯倉晴武（吉川弘文館）
- 『鎌倉・室町人名事典』安田元久編（新人物往来社）
- 『戦国合戦大事典　全8巻』戦国合戦史研究会（新人物往来社）
- 『戦国大名系譜人名事典　東国編・西国編』山本大・小和田哲男編（新人物往来社）
- 『日本中世内乱史人名辞典』佐藤和彦・錦昭江・松井吉昭・櫻井彦・鈴木彰・樋口州男編（新人物往来社）
- 『室町幕府守護職家事典　上下』今谷明・藤枝文忠編（新人物往来社）
- 『甲州・武田一族衰亡史』高野賢彦（新人物往来社）
- 『ばさら大名のすべて』佐藤和彦（新人物往来社）
- 『日野富子のすべて』吉見周子編（新人物往来社）
- 『武田信玄のすべて』磯貝正義編（新人物往来社）
- 『今川義元のすべて』小和田哲男編（新人物往来社）
- 『房総里見一族』川名登（新人物往来社）
- 『肥後相良一族』池田こういち（新人物往来社）
- 『筒井順慶とその一族』藪景三（新人物往来社）
- 『出雲尼子一族』米原正義（新人物往来社）
- 『上州新田一族』奥富敬之（新人物往来社）
- 『清和源氏の全家系5 南北朝争乱と足利一族』奥富敬之（新人物往来社）
- 『上総下総千葉一族』丸井敬司（新人物往来社）
- 『下総・奥州相馬一族』七宮涬三（新人物往来社）
- 『下野・宇都宮一族』七宮涬三（新人物往来社）
- 『常陸・秋田佐竹一族』七宮涬三（新人物往来社）
- 『三河松平一族』平野明夫（新人物往来社）
- 『戦国三好一族』今谷明（新人物往来社）
- 『戦国宇喜多一族』立石定夫（新人物往来社）
- 『戦国北条一族』黒田基樹（新人物往来社）
- 『飛騨三木一族』谷口研語（新人物往来社）
- 『尾張織田一族』谷口克広（新人物往来社）
- 『播磨赤松一族』濱田浩一郎（新人物往来社）
- 『越前朝倉一族』松原信之（新人物往来社）
- 『土佐長宗我部氏』山本大（新人物往来社）
- 『村上水軍全紀行』森本繁（新人物往来社）
- 『歴史紀行安芸吉川氏』中国新聞社編著（新人物往来社）
- 『足利将軍暗殺　嘉吉土一揆の背景』今谷明（新人物往来社）
- 『地方別日本の名族』1～10（新人物往来社）
- 『日本の武将25 山名宗全と細川勝元』小川信（新人物往来社）
- 『一休　応仁の乱を生きた禅僧』武田鏡村（新人物往来社）
- 『日本史広辞典』日本史広辞典編集委員会編（山川出版社）
- 『対馬と海峡の中世史』佐伯弘次（山川出版社）
- 『足利義政と日野富子』田端泰子（山川出版社）
- 『中世対馬宗氏領国と朝鮮』荒木和憲（山川出版社）

750

- 『日本史B用語集』全国歴史教育研究協議会編（山川出版社）
- 「県史シリーズ」各巻（山川出版社）
- 『関東足利氏の歴史第1巻　足利基氏とその時代』黒田基樹（戎光祥出版）
- 『中世武士選書2 安芸武田氏』河村昭一（戎光祥出版）
- 『中世武士選書12 備前浦上氏』渡邊大門（戎光祥出版）
- 『中世武士選書13 上杉憲顕』久保田順一（戎光祥出版）
- 『中世武士選書16 菊池武光』川添昭二（戎光祥出版）
- 『阿波細川氏の研究』若松和三郎（戎光祥出版）
- 『室町・戦国期研究を読みなおす』中世後期研究会編（思文閣出版）
- 『室町幕府管領施行システムの研究』亀田俊和（思文閣出版）
- 『戦国大名佐々木六角氏の基礎研究』村井祐樹（思文閣出版）
- 『増補改訂 南北朝期公武関係史の研究』森茂暁（思文閣出版）
- 『葛西氏の研究』入間田宣夫編（名著出版）
- 『三浦氏の研究』峰岸純夫編（名著出版）
- 『河越氏の研究』岡田清一編（名著出版）
- 『千葉氏の研究』野口実編（名著出版）
- 『江戸氏の研究』萩原竜夫（名著出版）
- 『日本史年表 増補版』歴史学研究会編（岩波書店）
- 『日本中世史論集』佐藤進一（岩波書店）
- 『応仁の乱』鈴木良一（岩波書店）
- 『日本の歴史9 南北朝の動乱』佐藤進一（中央公論新社）
- 『日本の中世10 分裂する王権と社会』村井章介（中央公論新社）
- 『皇子たちの南北朝　後醍醐天皇の分身』森茂暁（中央公論新社）
- 『日本史諸家系図人名辞典』小和田哲男監修（講談社）
- 『日本の歴史11 太平記の時代』新田一郎（講談社）
- 『戦国期の室町幕府』今谷明（講談社）
- 『足利将軍列伝』桑田忠親編（秋田書店）
- 『日本武将列伝』桑田忠親（秋田書店）
- 『山入一揆と佐竹氏』大内政之介（筑波書林）
- 『金砂戦国史』大内政之介（筑波書林）
- 桐原光明『南北朝の英雄たち』（筑波書林）
- 『戦国の南奥州』小林清治（歴史春秋社）
- 『会津芦名四代』林哲（歴史春秋社）
- 『小弓公方足利義明　関東足利氏の正嫡争いと房総諸士』千野原靖方（崙書房出版）
- 『戦国房総人名辞典』千野原靖方編著（崙書房出版）

- 『戦国大名里見氏』千野原靖方（崙書房出版）
- 『大内氏の興亡』古川薫（創元社）
- 『北畠太平記』横山高治（創元社）
- 『島根県歴史人物事典』山陰中央新報社編（山陰中央新報社）
- 『山陰の武将』藤岡大拙・藤澤秀晴（山陰中央新報社）
- 『楠木正儀』大谷晃一（河出書房新社）
- 『自由狼藉・下剋上の世界』佐藤和彦（小学館）
- 『葛西城と古河公方足利義氏』葛飾区郷土と天文の博物館（雄山閣）
- 『実像の中世武士団』高橋修編（高志書院）
- 『室町期南奥の政治秩序と抗争』垣内和孝（岩田書院）
- 『古河公方足利氏の研究』佐藤博信（校倉書房）
- 『中世政治史の研究』阿部猛編（日本史史料研究会）
- 『戦国期歴代細川氏の研究』森田恭二（和泉書院）
- 『南北朝動乱と王権』伊藤喜良（東京堂出版）
- 『九州南北朝戦乱』天本孝志（葦書房）
- 『房総の名族 房総武田物語』府馬清（昭和図書出版）
- 『新編 戦国房総の名族』大衆文学研究会千葉支部編（昭和図書出版）
- 『塩冶判官高貞』藤岡大拙（出雲市教育委員会）
- 『武藤少弐興亡史』渡辺文吉（海鳥社）
- 『南部と津軽の争乱』名久井貞美（伊吉書院）
- 『史説北上平野の戦乱』紫桃正隆（宝文堂）
- 『河越氏とその館跡』小泉功（聚海書林）
- 『結城一族の興亡』府馬清（暁印書館）
- 『新田一族の盛衰』久保田順一（あかぎ出版）
- 『闇の歴史、後南朝』森茂暁（角川書店）
- 『倭寇　海の歴史』田中健夫（教育社）
- 『三州諸家史（氏の研究）薩州満家院史』三州郷土史研究会編（国土社）
- 『北条氏康と東国の戦国世界』山口博（夢工房）
- 『但馬の中世史』宿南保（神戸新聞総合出版センター）
- 『岡山県歴史人物事典』岡山県歴史人物事典編纂委員会編（山陽新聞社）
- 『武門の興亡と対馬の交隣　対馬国志』永留久恵（「対馬国志」刊行委員会）
- 『改訂飛騨史の研究』多賀秋五郎（濃飛文化研究会）
- 『贈位功臣言行録』河野正義編（国民書院）
- 『讃岐人物風景2 戦国の武将たち』四国新聞社編（丸山学芸図書）
- 「歴史読本」（新人物往来社）／「歴史と旅」（秋田書店）／「日本歴史」（吉川弘文館）／「歴史学研究」（青木書店）／「日本史研究」（日本史研究会）／「史学雑誌」（史学会）／各自治体史

室町時代人物事典

2014年5月6日　初版発行

著　　　　者	水野大樹（みずの　ひろき）
編　　　　集	有限会社バウンド／新紀元社編集部
発　行　者	藤原健二
発　行　所	株式会社新紀元社
	〒160-0022
	東京都新宿区新宿1-9-2-3F
	TEL:03-5312-4481　FAX:03-5312-4482
	http://www.shinkigensha.co.jp/
	郵便振替　00110-4-27618
カバーデザイン・家紋	大野信長
本文デザイン・DTP	株式会社明昌堂
印 刷 ・ 製 本	大日本印刷株式会社

ISBN978-4-7753-1179-0
本書記事およびイラストの無断複写・転載を禁じます。
乱丁・落丁はお取り替えいたします。
定価はカバーに表示してあります。
Printed in Japan

※家紋は各種文献・画像史料・遺品等から室町時代中期に用いられていたと思われるものを
　可能な限り再現してあります。【家紋考証・作図／©大野信長】